Prag um 1600

Kunst und Kultur
am Hofe Rudolfs II.

Ausstellung
Kulturstiftung Ruhr
Villa Hügel, Essen
10. 6.–30. 10. 1988

Die Ausstellung steht unter der
Schirmherrschaft des
Bundespräsidenten
Richard von Weizsäcker

Prag um 1600

Kunst und Kultur am Hofe Rudolfs II.

Kulturstiftung Ruhr Essen

Luca Verlag Freren 1988

Umschlag:
Hans von Aachen
Venus und Satyr
Wien, Kunsthistorisches Museum, Gemäldegalerie
Kat. Nr. 91

Abbildung Seite 7
Adrian de Vries
Brustbild Rudolfs II.
Wien, Kunsthistorisches Museum, Sammlung für Plastik und Kunstgewerbe
Kat. Nr. 57

Übersetzung der Texte von R. J. W. Evans und Joaneath Spicer
aus dem Englischen:
Petra Kruse

11692

(PRA)

CIP-Titelaufnahme der Deutschen Bibliothek

Prag um 1600 [**sechzehnhundert**] : Kunst u. Kultur am Hofe
Rudolfs II. ; Ausstellung Kulturstiftung Ruhr, Villa Hügel,
Freren : Luca-Verl., 1988
ISBN 3-923641-19-2
NE: Kruse, Petra [Übers.]; Kulturstiftung Ruhr

Organisation der Ausstellung: Jürgen Schultze

© 1988 Luca Verlag, Freren/Emsland
Alle Rechte für die Abbildungen liegen bei der Kulturstiftung Ruhr
Printed in Germany

Herstellung, Lektorat und Layout: Luca Verlag, Freren/Emsland
Umschlagentwurf: Endrik Rehagel, Essen
Redaktion: Luca Verlag, Freren
Lithografien: Laser Litho 4, Düsseldorf
Satz und Druck: Rasch, Bramsche
Bindung: Bramscher Buchbinder Betriebe
Gesetzt in: 9' und 11' Sabon
ISBN 3-923641-19-2

Inhalt

VERANSTALTER DER AUSSTELLUNG
KULTURSTIFTUNG RUHR

VORSTAND
DR. H. C. BERTHOLD BEITZ
VORSITZENDER
PROF. DR. PAUL VOGT
GESCHÄFTSFÜHRENDES VORSTANDSMITGLIED

BEIRAT
PROF. DR. JÜRGEN GRAMKE
DR. SUSANNE HENLE
PROF. DR. PAUL MIKAT
OBERBÜRGERMEISTER PETER REUSCHENBACH,
MDB
DR. WILHELM SCHEIDER
KULTUSMINISTER HANS SCHWIER

GESCHÄFTSFÜHRER
DR. JÜRGEN SCHULTZE

AUSSTELLUNGSARCHITEKT
WERNER ZABEL

Zum Geleit

Mit ›Prag um 1600 – Kunst und Kultur am Hofe Rudolfs II.‹ setzt die Kulturstiftung Ruhr ihre 1986 mit der glanzvollen Dresden-Retrospektive begonnene Reihe zur Geschichte der europäischen Metropolen in Villa Hügel fort.

Im Mittelpunkt der Ausstellung 1988 steht ein Zeitabschnitt unserer Vergangenheit, der durch die schöpferische Leistung von Künstlern und Wissenschaftlern aus vielen Ländern geprägt worden ist, die ein aufgeschlossener Herrscher an seine Residenz in Prag berufen hatte. Von dort gingen zu Beginn der Neuzeit jene Impulse aus, die das geistige Leben Europas über alle politischen Grenzen hinaus befruchten und noch für lange Zeit bestimmen sollten.

Es geht uns um mehr als nur um den längst überfälligen Rückblick auf eines der wichtigsten Zentren europäischer Kunst- und Kulturgeschichte nördlich der Alpen, so wichtig eine solche Aufgabe auch sein mag. Die Ausstellung will und soll zugleich als Mahnung an die heute Lebenden verstanden werden, sich stets des verpflichtenden Erbes einer gemeinsamen Vergangenheit bewußt zu sein.

Ein derart umfangreiches Vorhaben hätte sich ohne die nachdrückliche persönliche und sachliche Unterstützung durch zahlreiche Persönlichkeiten, Museen und wissenschaftliche Institutionen aus dem In- und Ausland nicht verwirklichen lassen. Sie wurde uns in besonders reichem Maße aus jenen Ländern zuteil, die heute die Schätze der rudolfinischen Ära hüten. Ihnen allen gilt der Dank der Kulturstiftung für ihre unersetzliche Hilfe.

Wenn ich vertretend für viele andere namentlich unsere Partner aus Wien nenne, so deshalb, weil sich ohne ihr Engagement und die großzügige Bereitstellung von Leihgaben ein überzeugendes Bild jener Epoche nicht hätte zeichnen lassen.

Mein ganz persönlicher Dank gilt dem Ministerpräsidenten der Tschechoslowakischen Sozialistischen Republik, Dr. Lubomir Strougal, der im Bewußtsein der historischen Gemeinsamkeiten zwischen unseren beiden Ländern unsere Ideen von Beginn an spontan unterstützte und damit die Voraussetzungen zu deren Verwirklichung in Villa Hügel schuf.

Essen, im April 1988 Dr. h. c. Berthold Beitz

Arbeitsausschuß

Dr. Görel Cavalli-Björkman
Nationalmuseum, Stockholm

Dr. Rudolf Distelberger
Kunsthistorisches Museum
Sammlung für Plastik und Kunstgewerbe, Wien

Dr. Klaus Ertz
Luca Verlag, Freren

Dr. Eliška Fučíková
Tschechoslowakische Akademie der Wissenschaften,
Institut für Kunsttheorie und Kunstgeschichte, Prag

Dr. Teréz Gerszi
Szépmüvészeti Múzeum, Budapest

Generaldirektor Prof. Dr. Jiří Kotalík
Národní Galeri, Prag

Professor Dr. Lars Olof Larsson
Kunsthistorisches Institut der Universität, Kiel

Dr. Jürgen Schultze
Kulturstiftung Ruhr, Essen

Professor Dr. Paul Vogt
Kulturstiftung Ruhr, Essen

Autoren des Kataloges

Ch.B.	Christian Beaufort
S.B.	Sylvia Bodnar
K.B.	Katharina Bott
B.B.	Beket Bukovinska
G.C.B.	Görel Cavalli-Björkman
R.D.	Rudolf Distelberger
J.D.	Jana Doleželová
E.F.	Eliška Fučíková
T.G.	Teréz Gerszi
H.H.	Herbert Haupt
Z.H.	Zdeněk Horský
L.K.	Lubomír Konečný
S.K.	Stefan Krenn
L.O.L.	Lars Olof Larsson
J.H.L.	J.H. Leopold
D.L.	Dorothy Limouze
I.M.	Ivan Muchka
V.S.	Vladimir Sadek
R.-A.S.	Rudolf-Alexander Schütte
I.Š.	Iiřina Šedinová
J.Šm.	Jana Šmejkalová
J.S.	Joaneath Spicer
I.S.-W.	Ingrid Szeiklies-Weber
C.V.	Clare Vincent
J.Z.	Jürgen Zimmer
A.Z.	An Zwollo

Leihgeber

Amsterdam, Stichting Collectie P. en N. de Boer

Amsterdam, Rijksmuseum, Generaldirektor Dr. S. H. Levie
Rijksprentenkabinet,
Direktor Dr. J. W. Niemeijer, Drs. M. Schapelhouman

Amsterdam, Sammlung J. Q. van Regteren Altena,
Frau A. L. W. van Regteren Altena van Royen

Antwerpen, Koninklijk Museum voor Schone Kunsten,
Chefkonservatorin Dr. Lydia M. A. Schoonbaert

Augsburg, Städtische Kunstsammlungen Augsburg,
Direktor Dr. Tilman Falk

Bålsta, Skoklosters Slott, Direktor Dr. Arne Losman

Berlin, Staatliche Museen Preußischer Kulturbesitz,
Generaldirektor Prof. Dr. Wolf-Dieter Dube
Kupferstichkabinett, Direktor Prof. Dr. Alexander Dückers,
Dr. Hans Mielke
Skulpturengalerie, Direktor Prof. Dr. Peter Bloch

Bern, Kunstmuseum Bern, Direktor Dr. Hans Christoph von Tavel

Braunschweig, Herzog Anton Ulrich-Museum,
Direktor Dr. Rüdiger Klessmann
Kupferstichkabinett, Dr. Christian von Heusinger

Bremen, Kunsthalle Bremen, Direktor Dr. Siegfried Salzmann
Kupferstichkabinett, Dr. Anne Röver

Brünn, Morawská Galerie

Brüssel, Musées Royaux des Beaux-Arts de Belgique,
Chefkonservator Henri Pauwels

Budapest, Szépmüvészeti Múzeum, Generaldirektor Dr. Ferenc
Merényi, Stellvertretender Direktor Dr. Miklós Szabó

Budapest, Nationalmuseum, Generaldirektor Dr. István Fodor
Abteilung für mittelalterliche Kunst, Dr. Zsuzsa Lovag

Bysta/Schweden, Graf Carl Gripenstedt

Cambridge, The Fitzwilliam Museum, Direktor Prof. Michael Jaffé
Department of Paintings, Drawings and Prints, David Scrase

Dortmund, Museum für Kunst und Kulturgeschichte,
Direktor Wolfgang E. Weick

Dresden, Staatliche Kunstsammlungen Dresden,
Generaldirektor Prof. Dr. Manfred Bachmann
Gemäldegalerie Alte Meister, Direktorin Dr. A. Mayer-Meintschel
Kupferstichkabinett, Direktor Dr. Werner Schmidt,
Dr. Christian Dittrich

Düsseldorf, Kunstmuseum Düsseldorf,
Direktor Dr. Hans Albert Peters
Graphische Sammlung, Dr. Friedrich Heckmanns

Edinburgh, National Galleries of Scotland, Direktor Hugh Macandrew

Schloß Ericsberg/Schweden, Graf G. Bonde

Erlangen, Universitätsbibliothek
Graphische Sammlung der Universität, Dr. Alice Rössler

Florenz, Galleria Palatina – Palazzo Pitti, Direktor Dr. Marco Chiarini

Florenz, Gabinetto Disegni e Stampe degli Uffizi,
Direktorin Annamaria Petrioli Tofani

Friedrichshafen, Städtisches Bodensee-Museum,
Direktor Dr. Lutz Tittel

Göttingen, Kunstsammlungen der Universität Göttingen,
Prof. Dr. Karl Arndt, Dr. Gerd Unverfehrt

Göttweig, Kunstsammlungen und Graphisches Kabinett des Benediktinerstiftes Göttweig, Pater Dr. Gregor Martin Lechner OSB

Hamburg, Hamburger Kunsthalle,
Direktor Prof. Dr. Werner Hofmann
Kupferstichkabinett, Hauptkustos Dr. Eckhard Schaar

Hannover, Niedersächsisches Landesmuseum,
Direktor Dr. Hans Werner Grohn, Dr. Bernd Schälicke

Karlsruhe, Badisches Landesmuseum,
Direktor Prof. Dr. Volker Himmelein, Dr. Reinhard Sänger

Karlsruhe, Staatliche Kunsthalle Karlsruhe,
Direktor Prof. Dr. Horst Vey
Kupferstichkabinett, Dr. Annemarie Winther

Kassel, Staatliche Kunstsammlungen Kassel,
Direktor Dr. Ulrich Schmidt
Gemäldegalerie, Dr. Bernhard Schnackenburg
Graphische Sammlung, Dr. Wolfgang Adler

Klosterneuburg, Stift Klosterneuburg, Kustos Univ. DDoz. Dr. Floridus Röhrig Can. Reg.

Köln, Museen der Stadt Köln, Generaldirektor Prof. Dr. Hugo Borger
Graphische Sammlung, Dr. Uwe Westfehling

Kopenhagen, Statens Museum for Kunst, Direktor Villads Villadsen
Königliches Kupferstichkabinett, Hauptkonservator Dr. Erik Fischer

Oberösterreich, Benediktinerstift Lambach

Leiden, Kunsthistorisch Instituut der Rijksuniversiteit te Leiden Prentenkabinet, Hauptkonservator Drs. J. van Tatenhove

Leipzig, Museum der bildenden Künste, Direktor Dr. Dieter Gleisberg

Linz, Oberösterreichisches Landesmuseum, Direktor Dr. Wilfried Seipel, Kustos Dr. Lothar Schultes

London, University College London, Kuratorin Mary Lightbown
London, Victoria & Albert Museum
Department of Sculptures, Direktor A. F. Radcliffe

Lyon, Musées de la Chambre de Commerce et d'Industrie de Lyon, Direktor Pierre Arizzoli-Clementel, Konservatorin Evelyne Gaudry

Moskau, Staatliches Puschkin Museum für bildende Künste, Direktorin Dr. Irina Antonowa

München, Bayerisches Nationalmuseum, Generaldirektor Dr. Johann Georg Prinz von Hohenzollern, Dr. Lorenz Seelig
München, Bayerische Staatsgemäldesammlungen, Generaldirektor Prof. Dr. Hubertus F. von Sonnenburg, Oberkonservator Dr. Rüdiger an der Heiden
München, Staatliche Münzsammlung, Direktor Dr. Wolfgang Heß, Oberkonservatorin Dr. Ingrid Szeiklies-Weber
München, Staatliche Graphische Sammlungen, Direktor Dr. Dieter Kuhrmann, Dr. Holm Bevers

Münster, Stadtmuseum Münster, Direktor Hans Galen
Münster, Westfälisches Landesmuseum für Kunst und Kulturgeschichte, Direktor Dr. Klaus Bußmann, Dr. Jochen Luckhardt

New York, Metropolitan Museum of Art, Direktor Philippe de Montebello
Department of European Sculpture and Decorative Arts, Chefkonservatorin Olga Raggio

Nürnberg, Germanisches Nationalmuseum, Generaldirektor Prof. Dr. Gerhard Bott, Direktor Dr. Kurt Löcher
Graphische Sammlung, Dr. Axel Janeck, Dr. Rainer Schoch

Olmütz, Oblastní Galerie Výtvarného Ūmĕni

Osnabrück, Kulturgeschichtliches Museum, Direktor Dr. Manfred Meinz

Oxford, Ashmolean Museum of Art and Archeology, Direktor C. J. White
Department of Western Art, Dr. Nicholas Penny

Paris, Musée du Louvre
Département des Objets d'Art, Chefkonservator Daniel Alcouffe

Paris, École Nationale Supérieure des Beaux-Arts, Direktor François Wehrlin, Konservatorin Emmanuelle Brugerolles

Prag, Muzeum Hlavního Mĕsta Prahy
Prag, Národní Galeri v Praze, Generaldirektor Prof. Dr. Jiří Kotalík, Stellvertretender Direktor Dr. Lubomír Slavíček
Prag, Národní Muzeum v Praze – Historické Muzeum
Prag, Národní Technické Muzeum
Prag, Obrazárna Pražského Hradu
Prag, Státní Knihovna
Prag, Státní Židovské Muzeum
Prag, Středočeská Galerie
Prag, Uméleckoprùmyslové Muzeum

Rotterdam, Museum Boymans-van-Beuningen, Direktor Prof. W. H. Crouwel, Drs. A. T. M. Meij, Ger Luyten

Schloß Weissenstein/Pommersfelden, Graf von Schönborn Kunstsammlungen, Dr. Karl Graf von Schönborn-Wiesentheid, Dr. Katharina Bott

Stockholm, Nationalmuseum Stockholm, Direktor Per Bjurström
Stockholm, Privatsammlung
Stockholm, Köngl. Biblioteket, Bibliotheksrat Dr. Birgit Antonsson
Karten- und Bilderabteilung, Leiter Dr. Göran Bäärnhielm

Stuttgart, Staatsgalerie Stuttgart, Direktor Prof. Dr. Peter Beye, Dr. Rüdiger Klapproth
Graphische Sammlung, Dr. Heinrich Geissler, Dr. Ulrike Gauss

Stuttgart, Württembergisches Landesmuseum,
Direktor Prof. Dr. Claus Zoege von Manteuffel, Dr. Sabine Hesse

Toronto, Marianne und Frank Seger

Turin, Umberto Pecchini

Schloß Vaduz, Sammlungen des regierenden Fürsten von Liechtenstein,
Direktor Dr. Reinhold Baumstark

Washington, National Gallery of Art, Director J. Carter Brown
Head Department of Loans, Stephanie Belt

Weimar, Kunstsammlungen zu Weimar, Direktor Rainer Krauß

Wien, Graphische Sammlung Albertina,
Direktor Hofrat Prof. Dr. Konrad Oberhuber,
Dr. Marian Bisanz-Prakken, Dr. Fritz Koreny

Wien, Kunsthistorisches Museum,
Erster Direktor Univ.-Prof. Dr. Hermann Fillitz
Gemäldegalerie, Dr. Karl Schütz
Sammlung für Plastik und Kunstgewerbe,
Direktor Dr. Manfred Leithe-Jasper, Dr. Rudolf Distelberger
Sammlung von Münzen und Medaillen,
Direktor Dr. Helmuth Jungwirth
Waffensammlung, Direktor Dr. Christian Beaufort-Spontin

Wien, Heeresgeschichtliches Museum,
Direktor Hofrat Dr. Franz Kaindl

Wien, Österreichische Nationalbibliothek,
Generaldirektorin Dr. Magda Strebl
Bild-Archiv und Portrait-Sammlung,
Direktor Hofrat Dr. Walter G. Wieser, Dr. Robert Kittler

Zürich, Graphische Sammlung der Eidgenössischen Technischen Hochschule, Konservator Prof. Dr. Reinhold Hohl

sowie ungenannte Leihgeber

Zeittabelle

POLITIK				KUNST · RELIGION · WISSENSCHAFT	
	Rudolf II. und die Habsburger	**im Umkreis**	**an den Höfen**	**im übrigen Europa**	
1551		bis 1552 Zweites Tridentinisches Konzil setzt Kirchenreform fort und bestätigt die Verwandlung beim Abendmahl von 1215	König Ferdinand I. beruft Jesuiten nach Wien	Andrea Palladio: Baubeginn des Palazzo Chiericati in Vicenza 1552 Pieter Bruegel d. Ä. reist nach Italien	**1551**
1552	18. Juli Rudolf wird in Wien als Sohn Maximilians II. und seiner Gemahlin Maria, Tochter Kaiser Karls V. und Schwester Philipps II., geboren Rudolf wird 14 Geschwister haben, sechs Söhne und vier Töchter werden ihren Vater, Kaiser Maximilian II., überleben	Moritz von Sachsen fällt von Kaiser Karl V. ab, bekriegt ihn mit Hilfe Frankreichs und erreicht mit dem Passauer Vertrag Religionsfreiheit für die Protestanten		Gründung des ›Collegium Romanum‹ durch Ignatius von Loyala Bronzino: ›Christus in der Vorhölle‹ Tizian: ›Selbstbildnis‹	**1552**
1553		Tod Heinrichs VIII. von England, Maria I. (die Katholische) wird Königin (bis 1558)	Leone Leoni (1509–1590) fertigt die Büsten Kaiser Karls V. und Philipps II.	bis 1563 Bau der Hofkirche in Innsbruck	**1553**
1554		Maria I. (die Katholische) heiratet Philipp II.		Georg Mercator (1512–1594) veröffentlicht seine Europakarte Frans Floris: ›Engelssturz‹	**1554**
1555 **1555/** **1556**	13. April Tod von Johanna ›der Wahnsinnigen‹, Mutter Karls V. und Ferdinands I. Abdankung Kaiser Karls V.	Reichstag in Augsburg, Augsburger Religionsfriede	Die ersten Jesuiten kommen nach Prag	Tod von Jan Mostaert, Hofmaler der Margarete von Österreich	**1555**
1556	Ferdinand I. wird Kaiser des Heiligen Römischen Reiches (bis 1564) Philipp II. wird König von Spanien (bis 1598). Sein ausgedehntes Erbe umfaßt die Niederlande, Mailand, Neapel, Sizilien und Sardinien, die Freigrafschaft Burgund sowie die span. Kolonien		Alexander Colin beginnt mit der Arbeit am Grabmal für Ferdinand I. und seine Gemahlin Anna im Veitsdom in Prag (vollendet 1589)	Orlando di Lasso wird Kapellmeister in München Süleiman-Moschee in Konstantinopel fertiggestellt Tod des Ignatius von Loyola	**1556**
1557		Wormser Religionsgespräch; letzter Versuch einer konfessionellen Einigung Sieg der Spanier mit Hilfe der Engländer bei Saint Quentin über Heinrich II.			**1557**

	Rudolf II. und die Habsburger	im Umkreis	an den Höfen	im übrigen Europa	
1558	21. Sept. Tod Kaiser Karls V. in San Yuste	Elisabeth I., Tochter Heinrichs VIII., wird Königin von England (bis 1603) Graf Egmont schlägt die Franzosen bei Gravelingen	Ferdinand I. nimmt Jacopo Strada als Hofbaumeister (Neugebäude in Wien) in seine Dienste	Gründung der Universität Jena Verfassung des Jesuitenordens unter Ignatius von Loyola El Greco in Venedig (1558–1570)	1558
1559	24./25. Febr. Totenmesse in Augsburg für Kaiser Karl V., an der sein Bruder Ferdinand teilnimmt	Philipp II. heiratet Isabella v. Valois, Tochter Heinrichs II. von Frankreich Heinrich II. wird im Turnier tödlich verwundet Friede zu Cateau-Cambrésis zwischen Frankreich und Spanien	Kapitelsitzung des Ordens vom Goldenen Vlies	Pieter Bruegel: ›Der Kampf zwischen Fasching und Fasten‹ (Wien) Ott-Heinrichs-Bau des Heidelberger Schloßes fertiggestellt (Baubeginn 1556) Jacopo da Trezzo geht an den Hof Philipps II., ist am Bau und der Ausstattung des Escorial beteiligt Juan de Herrera (1530–1597), Baumeister Philipps II.	1559
1560		Karl IX. wird König von Frankreich (bis 1574) Tod von Gustav I. (Wasa), König von Schweden seit 1523; Förderer der Reformation		Pieter Bruegel: ›Kinderspiele‹ (Wien)	1560
1561		Maria Stuart kehrt nach Schottland zurück und erhebt Anspruch auf den englischen Thron. Sie unterstützt die Gegenreformation		Giovanni Bologna am Hof der Medici bis 1565 Cornelis Floris de Vriendt: Rathaus in Antwerpen Tintoretto: ›Hochzeit zu Kana‹ (Venedig)	1561
1562	Maximilian wird König von Böhmen	Edikt von Saint-Germain: Freie Religionsausübung für die Hugenotten Die Pest in Prag bis 1563 Drittes Tridentinisches Konzil legt Katholisches Glaubensbekenntnis fest, stärkt die Stellung des Papstes	Giuseppe Arcimboldo arbeitet in Wien, wird in den kommenden Jahren zum Vertrauten Maximilians II. und beeinflußt dessen Sammlerinteressen und -leidenschaften	Torquato Tasso: ›Rinaldo‹ Erste Luther-Biographie	1562
1563	8. Sept. Maximilian wird König von Ungarn Herbst Rudolf und sein jüngerer Bruder Ernst (1553–1595) reisen an den Hof ihres Onkels, König Philipp II.			23. April Baubeginn der Klosterresidenz El Escorial. Vollendung 13. Sept. 1584 Baumeister: Juan Bautista de Toledo und nach dessen Tod 1567 Juan de Herrera	1563

POLITIK				KUNST · RELIGION · WISSENSCHAFT	
	Rudolf II. und die Habsburger	**im Umkreis**	**an den Höfen**	**im übrigen Europa**	
1564	17. März Philipp II. empfängt seine Neffen in Barcelona Aug. Tod Kaiser Ferdinands I. Maximilian II. wird Kaiser des Heiligen Römischen Reiches (bis 1576). In der konfessionellen Auseinandersetzung nimmt er eine versöhnliche Haltung ein	Das Ausfuhrverbot von englischer Wolle nach den Niederlanden führt zum Handelskrieg mit Spanien	Giuseppe Arcimboldo wird Hofmaler Maximilians II. Für ihn führt er die Serien ›Die vier Elemente‹ und ›Die vier Jahreszeiten‹ aus John Dee (1527–1608), engl. Astrologe, Mathematiker und Alchimist, veröffentlicht in Antwerpen seine Maximilian II. gewidmete Schrift: ›Monas hieroglyphica‹	Papst Pius IV. (1559–1565): Der Index der verbotenen Bücher erscheint erstmalig Ab 1564 wird nach den Plänen von Michelangelo der Platz vor dem Kapitol gestaltet	**1564**
1565 bis 1568	Während Rudolfs Aufenthalt am spanischen Hof (1564–1571) erleben er und sein Bruder Ernst die Machtpolitik Philipps II., den Kampf gegen den Aufstand der Niederlande, die Strafherrschaft des Herzogs von Alba, die Autodafés und die Tragödie um den Thronfolger Don Carlos, der am 15. Jan. 1568 verhaftet wird und im Juli desselben Jahres stirbt Philipps Kunstsammlungen beeindrucken Rudolf tief, und das am Hof vorgeschriebene spanische Hofzeremoniell wird das äußere Erscheinungsbild Rudolfs zeitlebens prägen			Bartholomäus Spranger reist über Paris und Lyon nach Italien	**1565**
		1566 Aug. Aufstand in Flandern. Bilderstürmer Tod Sultan Süleimans II.	Gerhard Emmoser wird von Kaiser Maximilian II. zum Hofuhrmacher ernannt	Giovanni Bologna vollendet den Neptunbrunnen in Bologna 1579 Andrea Palladio baut in Venedig San Giorgio Maggiore (vollendet von Scamozzi)	**1566**
		1567 Entsendung des Herzogs von Alba in die Niederlande		Hans Sachs: 34 Bände seiner Werke erscheinen	**1567**
		1568 5. Okt. Die Grafen Egmont und Horn werden auf dem Marktplatz von Brüssel enthauptet. Offener Aufstand gegen Spanien in den Niederlanden	Filippo de Monte (1521–1603) wird Hofkapellmeister unter Maximilian II. Martino Rota (1520–1583) wird Hofporträtist und Bildhauer des Kaisers Philipp II. läßt seine beiden Neffen Rudolf und Ernst vom Hofmaler Alonso Sanchez Coello porträtieren (heute Windsor Castle)	Jan Brueghel d. Ä. geboren	**1568**
1569		Cosimo I. Medici wird Großherzog von Toskana Louis Prinz von Condé, Führer der Hugenotten, wird ermordet		Tycho Brahe steigert durch Benutzung eines Riesenquadranten entscheidend die Genauigkeit der Sternbeobachtung	**1569**
1570	Zu Beginn des Jahres reist Philipp II. nach Andalusien und läßt sich von seinen Neffen begleiten 12. Nov. Philipp II. heiratet Anna von Österreich, die Schwester Rudolfs II.	Elisabeth (1554–1592), Tochter Maximilians II., heiratet Karl IX. von Frankreich	Der Bildhauer Pompeo Leoni führt die Kolossalstatuen für die Festdekoration anläßlich der Hochzeit Philipps II. mit Anna von Österreich aus	bis 1572 Bartholomäus Spranger in Diensten Papst Pius V. bis 1581 Andrea Palladio: ›Quattro libri dell' architectura‹	**1570**

	POLITIK		KUNST · RELIGION · WISSENSCHAFT		
	Rudolf II. und die Habsburger	**im Umkreis**	**an den Höfen**	**im übrigen Europa**	
1571	Philipp II. und Maximilian II. planen die Verlobung Rudolfs mit seiner Cousine Isabella Clara Eugenia (1566–1633), der ältesten Tochter Philipps II. 28. Mai Abreise der Brüder Rudolf und Ernst aus Spanien 26. August Hochzeit Erzherzog Karls mit Maria von Bayern in Wien, an der die aus Spanien heimgekehrten Brüder teilnehmen, in Turnieren und in einem ›Tanz der Sterne‹ auftreten	7. Okt. Seeschlacht von Lepanto. Juan d'Austria bricht die türkische Vorherrschaft im Mittelmeer Heilige Liga zwischen Papst Pius V., Spanien, Venedig, Savoyen, Genua und dem Johanniterorden		Tizian: ›Dornenkrönung‹ (München)	**1571**
1572	26. Sept. Rudolf wird König von Ungarn	23./24. Aug. Bartholomäusnacht. Mehr als 2000 Hugenotten werden mit ihrem Führer Gaspard de Coligny auf Veranlassung von Katharina von Medici ermordet Mit Sigismund II. August König von Polen sterben die Jagiellonen aus bis 1585 Papst Gregor XIII. Förderer der Jesuiten	Beginn der Florentiner Steinschneidekunst mit der Ankunft der Mailänder Künstler Gian Ambrogio und Gian Stefano di Girolamo Caroni	Tycho Brahe entdeckt den Stern ›Nova Cassiopeia‹	**1572**
1573				Gaspari Miseroni, Meister der bedeutenden Steinschneiderwerkstatt, stirbt in Mailand. Sein Bruder und vor allem die Söhne knüpfen Beziehungen nach außerhalb, auch zu den Höfen in Wien und später Prag Paolo Veronese: ›Gastmahl im Hause des Levi‹ (Venedig)	**1573**
1574		Tod Karls IX. von Frankreich. Heinrich III. wird Nachfolger	Der Komponist Jakob Handl-Gallus wird Mitglied der kaiserlichen Hofkapelle		**1574**
1575	22. Febr. Maximilian II. eröffnet in Prag den böhmischen Landtag 7. Sept. Rudolf wird im Veitsdom zum König von Böhmen gekrönt	Stephan Báthory wird König von Polen (bis 1586)	Der Bildhauer Hans (Jan de) Mont tritt in den Dienst Maximilians II. Zusammen mit Bartholomäus Spranger, der mit ihm nach Wien gekommen ist, arbeitet er am Neugebäude, einem Lustschloß vor den Toren Wiens	Gründung der calvinistischen Universität Leiden	**1575**

	POLITIK		KUNST · RELIGION · WISSENSCHAFT		
	Rudolf II. und die Habsburger	**im Umkreis**	**an den Höfen**	**im übrigen Europa**	
1576	12. Mai Rudolf eröffnet in Prag seinen ersten Landtag. Religiöse Streitigkeiten 12. Okt. Während des Reichstags von Regensburg stirbt Maximilian II. Am 27. Okt. wird Rudolf einstimmig zum Kaiser ernannt und am 1. Nov. als Rudolf II. im Regensburger Dom gekrönt		Anläßlich der Krönungsfeierlichkeiten in Regensburg begegnen sich der Arzt und Astronom Taddeus Hajek und Tycho Brahe Viele der unter Maximilian II. tätigen Künstler und Gelehrten bleiben auch unter Rudolf II. am Hof – wie Giovanni Bologna, Giuseppe Arcimboldo und Antonio Abondio	Tycho Brahe (1546–1601) errichtet seine Sternwarte Uranienborg auf der Insel Hven im dänischen Sund	1576
1577	Maximilian II. wird neben seinem Vater Ferdinand I. im Veitsdom in Prag bestattet 30. Okt. Matthias (1557–1619) reist ohne Wissen seines Bruders Rudolf in die Niederlande, um ›die Macht zu ergreifen‹ bis 1578 Rudolf versucht durch Erbvergleich seine Brüder zufriedenzustellen		Bartholomäus Spranger und Hans Mont arbeiten zusammem am Triumphbogen für den Einzug Rudolfs II. nach seiner Wahl zum Kaiser in Wien	Georg (Joris) Hoefnagel reist mit dem Humanisten und Kartographen Abraham Ortelius nach Italien El Greco in Toledo 1580 Erdumsegelung des Francis Drake Gründung der ›Accademia di San Luca‹ in Rom	1577
1578	Sept. Rudolf II. erkrankt an einem Magenleiden. Beginn der ›Melancholia‹ Vom Herbst 1578 bis Dezember 1581 weilt Rudolf in Prag		Wenzel Jamnitzer liefert den bereits von Maximilian II. bestellten ›Lustbrunnen‹ an Rudolf II. (1747 bis auf Einzelteile eingeschmolzen)	Gründung der Universität Wilna Adam Elsheimer geboren	1578
1579	Rudolf II. ernennt Melchior Khlesl zum Domprobst und Kanzler des Jesuitenkollegs	22. Jan. Die Nördlichen Niederlande schließen sich unter Wilhelm von Oranien zur ›Utrechter Union‹ gegen Spanien zusammen. Spaltung der Niederlande	Gerhard Emmoser fertigt für Rudolf II. den berühmten Globus, der auf einem Pegasus steht Der Architekt Ulrich Austalis de Sala wird geadelt	Jost Bürgi (1552–1632) wird Uhrmacher und Mechaniker am Hof Wilhelms IV., Landgraf von Hessen, in Kassel	1579
1580	26. Okt. Tod der Anna von Österreich, 4. Gemahlin Philipps II.	Herzog Alba erobert Portugal für Spanien	Giuseppe Arcimboldo und Giovanni Contarini werden geadelt Bartholomäus Spranger wird nach Prag berufen	Frans Hals geboren	1580
1581	Die Kaiserinmutter Maria kehrt nach Spanien zurück bis 1608 Guillén de San Clemente wird spanischer Gesandter am Kaiserlichen Hof	23. Jan. Unabhängigkeitserklärung der Sieben Nördlichen Provinzen der Niederlande	Jacopo Strada, Antiquar und Kunstsachverständiger, kommt nach Prag	Gründung der Universität Olmütz	1581

POLITIK			KUNST · RELIGION · WISSENSCHAFT	
	Rudolf II. und die Habsburger	**im Umkreis**	**an den Höfen**	**im übrigen Europa**	
1582	2. Juli–20. Sept. Reichstag in Augsburg, an dem der Kaiser teilnimmt Erste schwere Depression des Kaisers	Die Pest in Wien	15. Okt. Rudolf II. erklärt die Einführung des Gregorianischen Kalenders		**1582**
1583	Rudolf verlegt seinen Regierungssitz endgültig nach Prag. Erzherzog Ernst residiert als Statthalter in Wien Beginn der langjährigen Beziehung des Kaisers zu Anna Maria [nach Haupt] Strada, mit der Rudolf sechs Kinder haben wird, unter ihnen der geisteskranke Don Julio (1585–1609)	bis 1584 Truchsessischer Krieg		Giovanni Bologna: ›Raub der Sabinerinnen‹ in der Loggia dei Lanzi in Florenz bis 1588 Bau der Libreria di San Marco in Venedig Erste Pendelversuche Galileis	**1583**
1584	Verlängerung des Waffenstillstandes mit den Türken. Rudolf II. leistet wie Ferdinand I. und Maximilian II. einen jährlichen Tribut, das sog. ›Ehrengeschenk‹	Wilhelm von Oranien in Delft ermordet	John Dee und sein Schüler Edward Kelly weilen in Prag. Rudolf läßt sie in den Kaiserlichen Laboratorien arbeiten Mechanischer Himmelsglobus von Georg Roll und Johann Reinhold Hans Ulrich Krafft besucht Spranger in Prag	Giordano Bruno: ›Vom unendlichen All und den Welten‹ Joseph Heintz d. Ä. in Rom Um 1584 bringt Sir Walter Raleigh die Kartoffel nach Irland, die von dort ins übrige Europa gelangt	**1584**
1585	Verleihung des Ordens vom Goldenen Vlies an Rudolf II. Georg Popel von Lobkowitz erhält das Amt des Obersthofmeisters	Krieg zwischen England und Spanien	Hans Hoffmann wird Hofmaler († um 1592) Nach langer Korrespondenz mit dem Rat der Stadt Nürnberg kann der Kaiser Dürers ›Allerheiligenbild‹ in Empfang nehmen Ab 1585 Um- und Neubau der Prager Burg	Gründung der Universität Prag Richelieu wird geboren Begründung der Frankenthaler Malerschule durch Coninxloo	**1585**
1586		Tod des Kurfürsten August von Sachsen		Aegidius Sadeler d. J. (1570–1629) als Lehrling seines Onkels Jan I. in Antwerpen erwähnt El Greco: ›Begräbnis des Grafen Orgaz‹ (Toledo)	**1586**
1587	Erzherzog Maximilian, Bruder des Kaisers, tritt mit Sigismund Wasa in Wettstreit um die Krone Polens und verliert	Hinrichtung Maria Stuarts	1. Mai Anton Schweinberger wird Kammergoldschmied († 1603)	Hans von Aachen: ›Kreuztragung‹	**1587**

	POLITIK			KUNST · RELIGION · WISSENSCHAFT	
	Rudolf II. und die Habsburger	**im Umkreis**	**an den Höfen**	**im übrigen Europa**	
1588	Sigismund Báthory übernimmt die Regentschaft in Siebenbürgen	August Untergang der spanischen Armada im Kampf gegen die englische Flotte. Damit endet die spanische und beginnt die Ära englischer Vormachtstellung in der Seefahrt Sultan Murad III. schließt mit den Persern Frieden	22. Jan. Ottavio Miseroni wird Steinschneider am Hof. Beginn der Prager Schule der Steinschneidekunst 3. Mai Der Kaiser erläßt ein Generalmandat zur Suche nach Edelsteinen in allen Ländern der Krone Tod des Kaiserlichen Hofantiquars Jacopo Strada bis 1593 Bau eines Wasserstollens, der das Wasser der Moldau unter dem Berg Létna hindurchführt, um die Kaiserlichen Tiergärten mit Wasser zu versorgen	Christopher Marlowe: ›Tragical History of Dr. Faustus‹ (gedruckt 1604) In Paris erscheint das Maschinenbuch von Agostino Ramelli: ›Diverse et Artificiose Machine‹ bis 1590 Giacomo della Porta: Wölbung der Kuppel von St. Peter in Rom nach Plänen Michelangelos Arcimboldo läßt sich in Mailand nieder	1588
1589		Ermordung Heinrichs III. von Frankreich, letzter aus dem Hause der Valois Heinrich IV. aus dem Hause Bourbon wird König von Frankreich	Fertigstellung des Mausoleums im Veitsdom Dirck de Quade van Ravesteyn wird Hofmaler Tulpen, Flieder und Levkojen kommen nach Wien und Prag	Jacopo Zucchi: ›Amor und Psyche‹ Hubert Gerhard: ›St. Michael‹ in München	1589
1590		Einnahme von Breda durch Moritz von Oranien	Joris Hoefnagel arbeitet für Rudolf II., behält seinen Wohnsitz in München bei	Caravaggio malt ›Matthäus mit dem Engel‹ bis 1592 Jacopo Tintoretto: ›Das Paradies‹, Wandmalerei im Palazzo Ducale in Venedig	1590
1591			um 1591 Arcimboldo malt ›Rudolf als Vertumnus‹	Vollendung der Universitätskirche in Würzburg William Shakespeare: ›Romeo und Julia‹	1591
1592	Tod des Wilhelm von Rosenberg	Papst Clemens VIII. (1592–1605) Sigismund III., König von Polen, erlangt die schwedische Krone (bis 1604)	1. Jan. Hans von Aachen wird Hofmaler Rudolfs II. Mit von Aachen kommt Joseph Heintz d. Ä. für kurze Zeit nach Prag, bevor ihn der Kaiser nach Italien schickt Bartholomäus Spranger: ›Allegorie auf Kaiser Rudolf II.‹	Aegidius Sadeler d. J. reist nach Italien, trifft dort mit Joseph Heintz zusammen und gibt Stiche nach Vorlagen des Manieristen Jan Speckaert heraus	1592
1593	Frühjahr Hassan, Pascha von Bosnien, überschreitet den Grenzfluß Kulpa und belagert die Festung Sissek Beginn des bis 1606 dauernden türkischen Krieges 22. Juni Niederlage der Türken bei Sissek (Sisak)	Heinrich IV. tritt zur Sicherung der franz. Krone zum katholischen Glauben über	Adrian de Vries arbeitet die Plastiken ›Merkur und Psyche‹ und ›Psyche, getragen von Amorinen‹ Matthias Gundelach kommt nach Prag	Arcimboldo stirbt in Mailand, nachdem ihn Rudolf 1592 noch zum Reichsgrafen ernannt hat Giordano Bruno wird verhaftet Jacob Jordaens und Matthäus Merian geboren	1593

POLITIK			KUNST · RELIGION · WISSENSCHAFT	
	Rudolf II. und die Habsburger	**im Umkreis**	**an den Höfen**	**im übrigen Europa**	
1593	13. Aug. Sultan Muhrad II. erklärt dem Kaiser den Krieg Rückschläge bei den Reichstruppen Philipp II. betraut Erzherzog Ernst mit der Regentschaft der Niederlande Sturz des Obersthofmeisters Georg Popel von Lobkowitz				1593
1594	April Reichstag in Regensburg. Der Kaiser erbittet Hilfe gegen die Türken Eroberung der Festung Raab (Györ) durch die Türken	Gustav Adolf, König von Schweden (1611–1632), wird geboren	15. April Pieter Stevens wird Hofmaler	Johannes Kepler geht als Landschaftsmathematiker nach Graz, wird dort durch die Gegenreformation vertrieben und flüchtet 1600 nach Prag Giovanni Bologna vollendet das Reiterstandbild des Cosimo I. Medici in Florenz	1594
1595	1. Sept. Die Kaiserlichen besetzen die Festungen Gran (Esztergom) und Visegrad (Plintenburg) Sigismund Báthory besiegt bei Tergowist (Tirgoviste) in Siebenbürgen die Türken Tod des Erzherzogs Ernst (Rudolf erbt viele seiner Kunstschätze, darunter Gemälde des ›Bauern-Bruegel‹); Matthias wird Statthalter von Ober- und Niederösterreich	Maria Christina von Steiermark heiratet auf Rudolfs Wunsch Sigismund Báthory, Fürst von Siebenbürgen. Die Ehe wird kurz darauf für ungültig erklärt Beginn der niederländischen Kolonisation in Ostindien	April Durch Majestätsbrief erhebt Rudolf die Prager Malerzunft in den Rang der freien Künstler Nach dem Tod seines Oheims Erzherzog Ferdinand von Tirol läßt Rudolf ›Achatschale und Ainkürn‹ aus Schloß Ambras in seine Kunstkammer bringen		1595
1596	22.–26. Okt. Schlacht bei Meszökeresztes (bei Erlau). Mehmed III. besiegt das kaiserliche Heer Fürst Sigismund Báthory von Siebenbürgen überläßt sein Fürstentum Rudolf II.	Heinrich IV. von Frankreich und Elisabeth von England verbünden sich mit den Niederlanden gegen Spanien	Cosimo Castrucci wird erstmals in Prag erwähnt Rudolf erhält eine in Florenz bestellt Tischplatte in der Technik der Steinschneidekunst (Commessi in pietre dure) bis 1598 Hans und Paul Vredemann de Vries in Prag	Barents und Heemskerk entdecken die Bäreninsel und Spitzbergen Johannes Kepler: ›Mysterium cosmographicum‹	1596
1597			Auf eine Empfehlung Hans von Aachens ruft der Kaiser Joseph Heintz, Daniel Fröschl und Sadeler d. J. an den Hof 1. Okt. Jan Vermeyen wird Kammergoldschmied	William Shakespeare: ›Der Kaufmann von Venedig‹	1597

	Rudolf II. und die Habsburger	**im Umkreis**	**an den Höfen**	**im übrigen Europa**	
1598	29. März Wiedereroberung der Festung Raab (Györ) unter Führung der Generäle Adolph von Schwarzenberg und Nikolaus Pálffy. Dieser Erfolg wird als entscheidender Sieg der Christenheit über den türkischen Erzfeind gewertet	Jan. Tod des Zaren Fjodor, Boris Godunow wird Alleinherrscher Rußlands Philipp II. gibt Rudolfs Bruder Albrecht seine Tochter Isabella Clara Eugenia zur Frau und überträgt dem Paar die Statthalterschaft in den Niederlanden 13. Sept. Tod Philipps II. im Escorial. Nachfolger wird Philipp III. (1598–1621) aus der Ehe mit Anna von Österreich Edikt von Nantes: Friede und Gleichberechtigung für die Hugenotten	Tycho Brahes ›Astronomiae instauratae mechanica‹ erscheint Typotius wird Historiograph am Hof Hans von Aachen, Spranger und Heintz arbeiten an dem Altarbild für die Schloßkapelle	Giacomo della Porta: Villa Aldobrandini in Frascati (1598–1604)	**1598**
1599	Rudolf ernennt Zdenko Adalbert Popel von Lobkowitz zum Oberstkanzler Beginn der schweren geistigen und körperlichen Krise des Kaisers, die bis 1600 andauert		Tycho Brahe tritt in den kaiserlichen Hofdienst, gründet die Prager Sternwarte	Anthonis van Dyck und Velázquez geboren	**1599**
1600	Großwesir Ibrahim Pascha erobert die Grenzfestung Kanischa (Nagkanisza), die aber wieder verlorengeht. Die Jahre 1601–1603 zeigen eine Folge von Schlachten und Gefechten ohne letztendlich einen eigentlichen Sieger Sixtus Graf Trautson und Freiherr von Rumpf verlieren Würden und Ämter am Hof Karl von Liechtenstein wird Obersthofmeister ›Schottwieser Vertrag‹. Die Erzherzöge verlangen von Rudolf aufgrund seiner Erkrankung die Benennung eines Nachfolgers	Englisch-Ostindische Handelskompanie gegründet Heinrich IV. von Frankreich heiratet Katharina von Medici	Rudolf erhält Tizians ›Danae‹ als Geschenk von Kardinal Torrioni und erwirbt Dürers ›Marter der Zehntausend‹ aus dem Nachlaß des Kardinals Granvelle Johannes Kepler in Prag (bis 1602) Kurz nach 1600 Baubeginn des Neuen Saales in der Prager Burg	Giordano Bruno wird als Ketzer verbrannt William Shakespeare: ›Ein Sommernachtstraum‹ Rubens geht nach Italien, wird Hofmaler des Herzogs Gonzaga in Mantua (bis 1608)	**1600**
1601	Eroberung von Stuhlweißenburg durch die Kaiserlichen. Dies wird auf Medaillen und Plaketten als Symbol der Rückkehr Ungarns in den Schoß des Reiches gefeiert		1. Jan. Nikolaus Pfaff wird kaiserlicher Bildschnitzer und Kammertischler Mai Adrian de Vries wird zum Kammerbildhauer ernannt	Hans Leo von Hassler: ›Lustgarten neuer teutscher Gesänge‹	**1601**

	POLITIK		KUNST · RELIGION · WISSENSCHAFT		
	Rudolf II. und die Habsburger	**im Umkreis**	**an den Höfen**	**im übrigen Europa**	
1601			1. Sept. Caspar Lehmann wird Kammeredelsteinschneider 24. Okt. Tod von Tycho Brahe, Kepler wird kaiserlicher Mathematiker und Hofastronom 1603 Jacob Typotius' Emblemsammlung ›Symbola Divina et Humana‹ (3 Bde. Entwurf Ottavio da Strada) enthält nicht nur alle Embleme Rudolfs, sondern auch die anderer weltlicher und geistlicher Potentaten		**1601**
1602	Sigismund Báthory tritt Siebenbürgen endgültig an den Kaiser ab Kurfürst Christian II. von Sachsen besucht Prag	Gründung der Niederländisch-Ostindischen Handelskompanie Die Niederländer gründen die südafrikanische Kapkolonie	Fertigstellung der Krone Rudolfs II. (Jan Vermeyen) Hans von Aachen: ›Kaiser Rudolf II.‹ und ›Allegorie auf die Türkenkriege‹ (bis 1604) bis 1612 Bau der Rochuskapelle in Strahov im Auftrag des Kaisers	Adrian de Vries vollendet ›Herkulesbrunnen‹ in Augsburg Bartholomäus Spranger reist in die Niederlande	**1602**
1603	17. Juni Schlacht bei Kronstadt Tod der Kaiserinmutter Maria	Mit dem Tod Elisabeths I. von England erlischt das Haus Tudor, mit Jakob I. (1603–1625) kommt das Haus Stuart an die Macht	1. Juli Paulus von Vianen wird Kammergoldschmied als Nachfolger des verstorbenen Anton Schweinberger Adrian de Vries: ›Brustbild Kaiser Rudolfs II.‹ und ›Allegorie auf den Türkenkrieg in Ungarn‹ Dirck de Quade van Ravesteyn: ›Allegorie auf die Regierung Kaiser Rudolfs II. und die Türkenkriege‹	William Shakespeare: ›Hamlet‹ P. P. Rubens: ›Reiterbildnis des Herzogs von Lerma‹ (Madrid)	**1603**
1604	Aufstand in Siebenbürgen unter Stephan Bocskay	Der polnische König Sigismund III. verliert die schwedische Krone an den reformationsfreundlichen Karl IX.	1. Jan. Jeremias Günther wird Hofmaler Jan Brueghel besucht Prag Roelant Savery und Paulus van Vianen kommen nach Prag Anselm Boetius de Boodt wird Leibarzt Rudolfs II.	Karel van Mander: ›Het Schilderboek‹ Jan Brueghel: ›Der Weg zum Markt‹ (Vaduz)	**1604**
1605	April Unter starkem äußeren Druck überträgt Rudolf seinem Bruder Matthias die militärische Führung im Türkenkrieg	Katholische ›Pulververschwörung‹ in London gegen Krone und Parlament mißlingt	Jost Bürgi kaiserlicher Uhrmacher in Prag Hans von Aachen: ›Kuppelei-Szene‹ (Galerie Rudolfs II.)	Annibale Carracci vollendet Deckenfresko im Palazzo Farnese in Rom Cervantes: ›Don Quijote‹ erscheint Pellerhaus in Nürnberg	**1605**

POLITIK			KUNST · RELIGION · WISSENSCHAFT		
	Rudolf II. und die Habsburger	**im Umkreis**	**an den Höfen**	**im übrigen Europa**	
1606	25. April Auf Initiative Kardinal Khlesls erkennen die Erzherzöge Matthias als Oberhaupt des Hauses Habsburg an 23. Juni Im ›Wiener Frieden‹ wird Stephan Boczkay als selbständiger Fürst von Siebenbürgen anerkannt 11. Nov. Friedensvertrag von Zsitvatorok leitet eine neue Epoche in den kaiserlich-osmanischen Beziehungen ein. Es folgt eine bis 1683 dauernde Ära des politischen Gleichgewichts		Tod von Erasmus Habermel und Jan Vermeyen bis 1607 Roelant Savery reist im Auftrag des Kaisers nach Tirol, um die ›Wunder‹ der Alpenwelt zu studieren	Adriaen Brouwer, Jan Davidsz van Heem und Rembrandt werden geboren William Shakespeare: ›König Lear‹ und ›Macbeth‹	**1606**
1607	Der betrügerische Kammerdiener Lang fällt in Ungnade. Ihm wird 1608 der Prozeß gemacht	König Sigismund III. von Polen unterwirft den protestantischen Adel seines Landes Gründung der ersten englischen Kolonie in Virginia, Nordamerika	1. Mai Daniel Fröschl wird kaiserlicher Antiquarius und beginnt mit der Inventarisierung der Kunstkammer Rudolfs II. (1607–1611)	Claudio Monteverdis ›Orfeo‹ in Mantua uraufgeführt Elias Holl vollendet das Zeughaus in Augsburg	**1607**
1608	25. Juni Vertrag zu Lieben (Stara Líbena) Die Herrschaft über Ungarn, Mähren und Österreich geht auf Matthias über	Gründung der sog. ›Union‹, eines protestantischen Verteidigungsbündnisses süddeutscher Reichsfürsten	Der Bildhauer Alessandro Vittorio vermacht Rudolf Parmigianinos ›Selbstbildnis im Konvexspiegel‹ (Wien) Ottavio Miseroni: ›Prunkbecken Kaiser Rudolfs II.‹ 2. Sept. Der Kaiser erhebt Ottavio Miseroni und seine Brüder in den Adelsstand	El Greco: ›Bildnis des Kardinals Taverna‹ Rubens kehrt nach Flandern zurück John Milton geboren	**1608**
1609	9. Juli Majestätsbrief sichert den Böhmischen Ständen volle Religionsfreiheit und ihre ständischen Privilegien zu	Beginn des 12jährigen Waffenstillstandes zwischen den Niederlanden und Spanien Katholische ›Liga‹ unter Herzog Maximilian von Bayern gegen protestantische ›Union‹	Boetius de Boodt veröffentlicht: ›Gemmarum et lapidum historia‹, erster wissenschaftlicher Versuch einer Mineralogie Adrian de Vries: ›Rudolf II. als Förderer der Künste‹ (Porträtrelief) und ›Bildnis Rudolfs II.‹ Charles Luyton widmet sein ›Meßbuch‹ dem Kaiser Tod des Hohen Rabbi Löw und Joseph Heintz d. Ä.	Rubens malt für das Antwerpener Rathaus ›Anbetung der Könige‹ Adam Elsheimer: ›Philemon und Baucis‹ Guido Renis römisches Deckengemälde ›Aurora‹	**1609**

	POLITIK		KUNST · RELIGION · WISSENSCHAFT		
	Rudolf II. und die Habsburger	**im Umkreis**	**an den Höfen**	**im übrigen Europa**	
1610	Jülicher Erbfolgestreit, Jülich geht dem Haus Habsburg verloren Kurfürstentag in Braunschweig. Herzog Julius von Braunschweig als Vermittler zwischen dem Kaiser und seinem Bruder Matthias Plünderung Prags durch Erzherzog Leopold (Passauer Kriegsvolk)	Heinrich IV., König von Frankreich, von einem Katholiken ermordet. Ludwig XIII. wird sein Nachfolger	Giovanni Castrucci wird Kammeredelsteinschneider am Hof mit einem Gehalt von monatlich 20 Gulden bis 1612 Heinrich M. Hiesserle von Chodau wird Hofmechaniker	Rubens beginnt ›Kreuzaufrichtung‹ (Antwerpen) Tod von Caravaggio und Adam Elsheimer	**1610**
1611	23. Mai Matthias wird zum König von Böhmen gekrönt Okt. Die Kurfürsten wollen einen Kurfürstentag einberufen, um die Absetzung Rudolfs als Kaiser des Heiligen Römischen Reiches zugunsten von Matthias zu erreichen.	Tod des Kurfürsten Christian II. von Sachsen Gustav Adolf wird König von Schweden	17. Sept. Tod von Bartholomäus Spranger bis 1622 Andreas Osenbruck in Prag nachweisbar. Hauptwerke: Reichsapfel und Zepter (1615) für Kaiser Matthias	Baubeginn des Salzburger Doms Kepler beschreibt in seiner ›Dioptrice‹ das astronomische (bildverkehrte) Fernrohr Heinrich Schütz: ›Il primo libre di madrigali‹	**1611**
1612	20. Jan. Tod Rudolfs II. in der Prager Burg. Er wird in der Krypta des Veitsdoms beigesetzt. Matthias wird Kaiser des Heiligen Römischen Reiches (bis 1619)	Tod des Salzburger Erzbischofs Wolf Dietrich von Raitenau	Mit dem Tod des Kaisers geht die ruhmreiche Ära der rudolfinischen Kunst praktisch zu Ende Hans von Aachen: ›Kaiser Matthias als König von Böhmen‹	Dresdener Kunstkammer zum ersten Mal ›Grünes Gewölbe‹ bezeichnet Andromedanebel entdeckt	**1612**
1618	23. Mai Prager Fenstersturz Beginn des Dreißigjährigen Krieges, dem ersten Krieg von gesamteuropäischen Dimensionen				

Rudolf II.: Prag und Europa um 1600

R. J. W. Evans

In den letzten Jahrzehnten sind die künstlerischen und kulturellen Leistungen im Prag Rudolfs II. in der Öffentlichkeit auf ein gesteigertes Interesse gestoßen: Die gegenwärtige Ausstellung ist der jüngste Beweis für diese Entwicklung. Werke der Maler und Bildhauer, der Architekten, Kunsthandwerker und Musiker, die von ihm gefördert wurden, seine Tätigkeit als Sammler und seine Förderung innovativer Wissenschaftler wie Tycho Brahe und Johannes Kepler werden heute allgemein als Höhepunkt kreativen Schaffens in der späten Renaissance anerkannt. Selbst die eher suspekte Leidenschaft für das Okkulte, für Alchimie, Astrologie und andere geheime Wissenschaften an seinem Hof – die wissenschaftlich noch sehr vorsichtig gehandhabt werden muß – wird mittlerweile als typischer Ausdruck einer in jener Zeit weitverbreiteten Strömung angesehen.

Indem man die Errungenschaften auf den Gebieten der Kunst und Kultur hervorhebt, stellt man jedoch das Versagen des Politikers Rudolf II. noch deutlicher heraus, das schließlich zum Ausbruch des Dreißigjährigen Krieges – einer Katastrophe für große Teile Mitteleuropas – führte. Seine Unentschlossenheit, Fehler in den Beurteilungen der Lage, Vernachlässigung von Staatsgeschäften und der Bruderzwist innerhalb des Kaiserhauses prägen traditionell das einhellige Urteil über die Regierungszeit Rudolfs II. Obwohl es keine wissenschaftliche neuere Untersuchung zu diesem Thema gibt, ist die Nachwelt bis heute nur zu gern bereit, eine Wechselbeziehung zwischen den geistig brillanten Leistungen und dem politischen Versagen anzunehmen. Fungierten die Bemühungen im Bereich der Kultur nicht als Ausgleich für die Enttäuschungen des politischen Alltags? War die durchgängige Vernachlässigung offizieller Pflichten nicht der Hauptgrund für die Verschlechterung der Situation?[1]

Solche Überlegungen treffen sicherlich einen Teil der Wahrheit. Doch übersieht man dabei zu leicht die außerordentliche Komplexität der politischen und diplomatischen Verhältnisse, mit denen sich Rudolf konfrontiert sah, und die einzigartige europäische Situation, die, von Prag ausgehend, während seiner Regierungszeit offenkundig wurde. Dieser breitere Zusammenhang wird bisweilen außer acht gelassen, da es unmöglich scheint, was im folgenden bestätigt werden soll, die Besonderheit seiner ›Großmachtstellung‹ angemessen zu charakterisieren und dieser bloße Versuch mag rückblickend nur wenig sinnvoll erscheinen. Vielleicht ermöglicht er aber doch ein besseres Verständnis des Gesamtcharakters der Zeit Rudolfs II. und des materiellen Scheiterns, indem gezeigt wird, daß Zielsetzungen dieses Zeitalters weniger irrational und dilettantisch waren als bisher gewöhnlich angenommen.

Als Rudolf nach dem Tod seines Vaters Maximilian II. 1576 an die Macht kam, übernahm er den wiedererstarkten Hof und die administrative Struktur der jüngeren Habsburger Linie. Rudolfs Großvater, Ferdinand I., der überlegt ein dynastisches System angestrebt hatte, und dessen Sohn Maximilian II., der seinen weniger straffen Regierungsstil durch weltmännischen Charme und Kunstsinn ausglich, hatten den österreichischen Zweig der Familie aus jeglicher Abhängigkeit von den spanischen Vettern gelöst und einen eigenen kaiserlichen Verantwortungsbereich geschaffen. Bei seinem Amtsantritt übernahm Rudolf auch die politischen Ziele und den personellen Apparat seiner Vorgänger – in weit größerem Umfang, als häufig erkannt wird. Auch er kultivierte das prunkliebende Savoir-vivre der späten Renaissance, demonstrierte seine Herrschaft durch eine kunstvolle höfische Etikette (Giuseppe Arcimboldo war auch unter Rudolf Zeremonienmeister) und versuchte, sich diese für die reale Ausübung der Macht als ranghöchster Monarch in Europa nutzbar zu machen.[2] Darüber hinaus wurde sein wachsendes Interesse an Magie und dem Geheimnisvollen, das bereits in seinen habsburgischen Vorfahren und anderen zeitgenössischen Herrschern vorhanden war, allgemein als ein natürliches Vorrecht des Königtums anerkannt.

Obwohl die körperliche und geistige Verfassung des neuen Kaisers von Anfang an Anlaß zu einiger Beunruhigung gab, darf doch seine Regierungsfähigkeit in dieser Phase nicht unterschätzt werden. Die Kritik an seinem ›Kammerdienerregiment‹ spiegelt eher die Mißgunst der gekränkten aristokratischen Höflinge als wirkliche Unfähigkeit der meisten seiner Berater: Zahlreiche Bürgerliche und niedrige Adelige dienten Rudolf über einen langen Zeitraum und gut. Seine wohlbekannte Unwilligkeit, an Ratsversammlungen teilzunehmen, teilte er mit vielen

Monarchen seiner Zeit, die es vorzogen, die Integrität ihrer Stellung zu erhalten, indem sie sich nicht in die Auseinandersetzungen ihrer Minister einmischten, sondern vielmehr ihre eigenen Entscheidungen unter Einbeziehung der Diskussionen im Geheimen Rat fällten. Beobachter waren oft sowohl von Rudolfs imponierender Haltung als auch von seiner Entschiedenheit beeindruckt, wie zahlreiche Aussagen bezeugen. Vor allem aber wollte er seine eigene Handlungsfreiheit bewahren: Dies scheint auch der tiefere Beweggrund für seine Weigerung, zu heiraten oder einen Nachfolger zu bestimmen, gewesen zu sein.

25 Jahre lang wurden die Regierungsgeschäfte so mit beachtenswertem Erfolg geführt. Dann allerdings trat – zeitgenössischen und heutigen Beobachtern offenkundig – eine Änderung ein. Rudolf entließ einige seiner engsten Vertrauten und Berater: Obersthofmeister Wolfgang Rumpf, Obersthofmarschall Paul Sixt Trautson, Kammerpräsident Ferdinand Hofmann, den Vorsteher der Böhmischen Kanzlei, und andere. Die Fähigkeit des Kaisers, mit den politischen Gegebenheiten fertigzuwerden, ließ plötzlich nach. Dieser Wendepunkt in seinem Leben, der auch seinen künstlerischen Bestrebungen fortschreitend den Boden entzog, ist einer detaillierteren Untersuchung wert. Dabei sollte man versuchen, sich in seine Position genau zu dem Zeitpunkt hineinzudenken, an dem er Pläne für die prunkvolle neue Krone entwickelte, die 1602 fertiggestellt wurde. Diese ›Hauskrone‹ – heute eines der Meisterwerke der Wiener Schatzkammer – ließ Rudolf in einer fast napoleonisch zu nennenden Geste für sich selbst in Auftrag geben (es scheint wie eine Ironie des Schicksals, daß Habsburger im 19. Jahrhundert erstmals diese Krone benutzten, und zwar als Reaktion auf die Zerschlagung des Heiligen Römischen Reiches durch Frankreich, als man dringend eine ›österreichische‹ Kaiserkrone benötigte). Eine genaue Betrachtung der Ornamente sagt eine Menge über Rudolfs Selbstverständnis und seine politischen Absichten aus, war das Stück doch als ›Krone aller Kronen‹, als Epitome all seiner übrigen Regalien, aber auch seiner politischen Ziele konzipiert.

Das erste Segment der Krone zeigt Rudolfs Einsetzung als deutscher Kaiser. Diese Würde – die Hofgelehrte wie Jacopo Strada aus der direkten Abstammung über Karl den Großen bis hin zu den Herrschern des antiken Rom herzuleiten suchten[3] – implizierte den Status als Schützer der Christenheit, eine Stellung, die sogar in Mitteleuropa immer schwieriger zu halten war. Zu Beginn seiner Herrschaft hatte sich die Lage bedeutend einfacher dargestellt: Eine ziemlich harmonische Allianz mit dem Spanien Philipps II. schien durch Rudolfs persönliche Erfahrungen mit dem iberischen Leben gesichert (auf Wunsch seiner Mutter Maria, Philipps Schwester, die sich gerade auf der Reise nach Österreich befand, war er dann an den spanischen Hof zurückgekehrt, um acht entscheidende Jahre, von 1563–1571, bei seinem Onkel zu verbringen); Frankreich unter den Valois wurde von inneren Krisen erschüttert; Deutschland war zu den Bedingungen des Augsburger Friedens befriedet worden. Gegen Ende des Jahrhunderts aber vertieften sich die Spannungen mit Spanien, da Philipp die Vermittlungsversuche in den Niederlanden verächtlich zurückwies und sich stark für die Gegenreformation engagierte (ein weiterer Grund für Rudolfs Weigerung, Philipps Tochter Isabella zu heiraten, zumal er sich nicht zu der Infantin hingezogen fühlte). In Paris war mittlerweile der tatkräftige Heinrich IV. dabei, die Stellung seines Landes in der internationalen Machtpolitik wiederherzustellen, nachdem der letzte Valois dem Attentat eines fanatischen Katholiken zum Opfer gefallen war. Das entscheidende Moment jedoch war, daß in Deutschland ein religiöses Patt herrschte, das gefährliche politische Konsequenzen hatte. Rudolfs zögernde und undogmatische Unterstützung der katholischen Kirche konnte die weitere Entfremdung zu großen Teilen des lutherischen Nordens ebensowenig verhindern wie die Rivalität zu den engagierteren katholischen Herrschern, allen voran die bayerischen Herzöge, die sich mit der Besetzung des Erzbistums Köln gegen des Kaisers Willen ein großes Gebiet aneigneten.

Dennoch blieben die Machtinstrumente des Kaisers beträchtlich. Noch gab es entscheidende Ansatzpunkte für Kontakte und Einflußnahme in den deutschen Landen: bei den großen Versammlungen der Reichstage, an denen Rudolf 1582 in Augsburg und 1594 in Regensburg teilnahm, oder durch die permanenten Institutionen des Reiches, besonders des Reichshofrates, der unmittelbar von den Habsburgern kontrolliert wurde, durch die Steuerpolitik des ähnlich abhängigen Reichspfennigmeisters und durch die Exekutivorgane in den ›Kreisen‹.[4] Förderung konnte – im weltlichen wie im kirchlichen Bereich – als Hilfsmittel eingesetzt werden, besonders in den kleineren Territorien und den Reichsstädten. Eine beträchtliche Anzahl deutscher Protestanten fand sich am Hof Rudolfs ein, und einige von ihnen machten dort Karriere. Ebenso darf man nicht außer acht lassen, daß sich die kaiserliche Verfügungsgewalt auch auf Teile Italiens, besonders den Norden, erstreckte. Der kulturelle und künstlerische Einfluß Italiens war, wie die Ausstellung zeigt, groß, wobei politische Interessen geholfen haben, die Verbindung herzustellen. Die wichtigste Verbindung, die zum Papst, wurde durch Rudolfs Weigerung, die von Rom ausgehende Initiative zur Gegenreformation zu unterstützen, zwar schwer belastet. Zu anderen Gebieten Italiens aber – hier ist die Toskana ein wichtiges Beispiel – blieb das gute

Verhältnis auf offizieller Ebene, von der privaten ganz zu schweigen, bestehen.

Das Zentrum der habsburgischen Macht im Reich waren selbstverständlich die österreichischen Erblande, die älteste Besitzung der Dynastie (sieht man von ihrem längst verlorenem Schweizer Urbesitz ab), die nun den Mittelpunkt der noch jungen Donaumonarchie darstellten. Und doch fehlte es in diesen direkt verwalteten Gebieten an gemeinsamen Institutionen – abgesehen von reinen Provinz- oder größeren Reichsverwaltungen – und einem eindeutig definierten österreichischen Selbstverständnis. Ebensowenig existierte ein einziger Herrscher: Was Ferdinand begonnen hatte auf eine Person hin zu zentralisieren, verteilte er gleich wieder unter seinen Söhnen, so daß Rudolfs Herrschaft sich auf die Herzogtümer von Nieder- und Oberösterreich beschränkte und er selbst dort seine Brüder als Statthalter einsetzen mußte. Eine von Ferdinands Initiativen war die Einberufung der Generallandtage gewesen, eine Zusammenkunft der Repräsentanten aller Erblande, auf der die Steuererhebung und die Militärabgaben untereinander abgestimmt werden sollten. Diesen Versammlungen war kein großer Erfolg beschieden; sie traten daher nicht mehr zusammen. Allerdings sollen sie kurz nach 1600 in völlig veränderter Form wieder eingeführt.[5]

Da das deutschsprachige Publikum mit diesen Gegebenheiten vertraut sein dürfte, scheint es nicht notwendig, darauf näher einzugehen. Statt dessen wenden wir uns jetzt dem zweiten Segment der Krone Rudolfs zu. Das fein gearbeitete Relief zeigt den Besitzer der Krone auf dem Weg zum Prager Veitsdom, um den Thron des Heiligen Wenzel zu besteigen. Diese Krönung, noch zu Lebzeiten Maximilians durchgeführt, hatte damals nur eine formale Bedeutung. Eine wirkliche kam ihr erst ab 1583 zu, als Rudolf sich in Prag niederließ. Seinen Umzug hatte er im Gegensatz zu seinen Vorgängern nicht als Etappe irgend einer maßvollen Reiseroute geplant: Er verlieh der böhmischen Hauptstadt vielmehr immer deutlicher den Status seiner ständigen und einzigen Residenz. Dieser Wahl waren folgende einfache Überlegungen vorausgegangen: Zu Prag gehörte ein weitaus reicheres Hinterland als zu Wien, es bot mehr Schutz gegen die Bedrohung durch die Türken, und es lag verkehrsmäßig günstiger zu den deutschen Landen. Der Palast bot bessere Räumlichkeiten für eine große Hofhaltung, und möglicherweise – wie es manchmal heißt – schätzte der Kaiser auch die scharfen Töne der lutherischen Prediger in Wien nicht so sehr. Doch auch historische Erinnerungen mögen gleichermaßen zu dieser Entscheidung beigetragen haben. Rudolf trat somit das Erbe Karls IV. an, der zwischen den 1340er und 1370er Jahren Prag mit einer einzigartigen Reihe öffentlicher Bauwerke ausstattete: einer Universität, einem dramatischen, wenngleich unvollendeten Dom, Kirchen und Klöstern, der Burgfestung Karlstein und einer kompletten Neustadt auf dem rechten Moldauufer.[6]

Karls Konzept ging von Böhmen als Reichszentrum aus, ohne jedoch das Ideal eines Universalreiches aufzugeben. Auch Rudolfs Staatsdenken beinhaltete diese Reichsvorstellung: Schließlich war der böhmische König der ranghöchste weltliche Kurfürst des Reiches. Übrigens fehlte Rudolf der konkurrierende französische Ansporn für seine Absichten, ein Ansporn, welcher Teil der Weltanschauung des Hauses Luxemburg gewesen war. Zahlreiche Fragen, mit denen er sich in Böhmen auseinandersetzen mußte, waren lokale Ausprägungen von Problemen der deutschen Lande. Verschiedene Formen des regionalen Protestantismus, von denen einige noch aus der hussitischen Zeit stammten, waren von lutherischen Bewegungen überlagert, wie sie besonders in den deutschsprachigen Gebieten Schlesiens, der Lausitz und im Nordwesten Böhmens florierten, wo es enge Verbindungen zu Wittenberg gab. Aber auch einige katholische Enklaven blieben erhalten, und der alte Glaube konnte – gleichfalls mit beträchtlicher Hilfe von außen – verlorenes Terrain zurückgewinnen, erst recht, nachdem 1561 das Erzbistum Karls IV. in Prag wiederbelebt worden war.[7]

Das Verhältnis Böhmens zum Reich war jedoch keinesfalls unproblematisch. Traditionen und Selbstverständnis des Königreiches ähnelten eher denen weiter östlich in Polen-Litauen und Ungarn.[8] Sie müssen für Rudolf und sein zugereistes Gefolge einen ausgesprochen exotischen Charakter gehabt haben: Das Zentrum Europas war gleichzeitig ein Grenzland. Natürlich kann man nicht moderne Vorstellungen von ›osteuropäisch‹ auf die Gegebenheiten des 16. Jahrhunderts übertragen, doch dürfen unterschiedliche Grundeinstellungen auch nicht übersehen werden, unterschwellige Antagonismen, die gerade in der Zeit nach dem ehrgeizigen Aufbauprogramm Karls IV. für Staat und Kirche den hussitischen Zorn, die Urreformation des 15. Jahrhunderts, ausgelöst hatten. Augenfälligstes Zeichen für die bestehenden Unterschiede war die tschechische Sprache, die von der Mehrheit der Bevölkerung gesprochen wurde. Rudolf beherrschte sie nur begrenzt und sprach sie – soweit man heute weiß – nur bei formellen Anlässen. Teile der böhmischen Führungsschicht bestanden darauf, daß die Landessprache in den offiziellen Bereichen des öffentlichen Lebens verwendet wurde.

Ebenso wichtig sind die Zeugnisse politischer und sozialer Strukturen. Das alte Böhmen war eine lose verbundene Ländergemeinschaft, in der der Hochadel, der Landtag (sněm) und die hohen Würdenträger des Königreiches eine dominierende Stellung einnahmen. Dieser Zustand wurde als Folge der hussitischen Kriege, die sowohl den Kron- als auch den Kirchenbesitz stark geschwächt hatten, noch stärker ausgeprägt. Das Königreich mit seiner föderativen inneren Ordnung blieb schwer regierbar. Die angeschlossenen Provinzen Mähren, Schlesien sowie Ober- und Niederlausitz waren in den meisten Bereichen fast völlig eigenständig und verteidigten ihre Privilegien erbittert. Dagegen scheinen die äußeren Verbindungen mit den anderen habsburgischen Landen seit Ferdinands Amtsantritt 1526 lange wenig mehr gewesen zu sein als die zeitgenössische Version der mittelalterlichen Vorstellung einer Personalunion in der Gestalt des Herrschers.[9]

Diese ›Andersartigkeit‹ Böhmens bildete für die tatkräftigen Bestrebungen der habsburgischen Herrscher bereits seit geraumer Zeit eine wachsende Herausforderung. Ihre Regierungen versuchten, innerhalb der Adelskreise Unterstützung zu finden und Druck auf die Städte auszuüben, die ohnehin meist klein und machtlos waren und, wie es auch sonst in Osteuropa der Fall war, weit verstreut lagen, oft außerdem noch eine deutschstämmige Bevölkerung und Stadtverwaltung hatten (sogar Prags eigene Stellung litt unter der Teilung in vier verschiedene eigenständige Bezirke). Die Integrationsbestrebungen verliefen jedoch auch über inoffizielle Kanäle wirtschaftlicher und sozialer Natur. Das wirtschaftliche Wachstum fand seinen Höhepunkt in dem rapiden Anstieg des großbürgerlichen Konsums im Prag Rudolfs II. (so daß die Behörden sich veranlaßt sahen, gegen den ausschweifenden Lebensstil in der Stadt einzuschreiten) und in der gesellschaftlichen Vorrangstellung neueingewanderter Familien wie der Schlicks oder Dietrichsteins. Selbst alteingesessene böhmische Adelige wie die Rosenbergs begannen Heiratsverträge mit den Ausländern zu schließen.[10]

Die intellektuellen und religiösen Kräfte des Landes machten eine ähnliche Entwicklung durch: Die hussitische Urreformation hatte sich letztlich einem breiten Protestantismus eingefügt, dem kein festumrissenes Konzept zugrunde lag und der im christlichen Humanismus der Renaissance verwurzelt war. Der sich ebenfalls mit Verzögerung in Böhmen ausbreitende Humanismus, der durch Reisende, Universitätsstudenten und Druckerzeugnisse Verbreitung fand, bildet eines der grundlegenden Kapitel der Frühgeschichte rudolfinischer Kultur. Mit den vom Hof und den böhmischen Städtern gleichermaßen geschätzten römischen Wertvorstellungen bereitete er den Boden für Gemeinsamkeiten vor. Schlesien nahm in dieser Entwicklung eine besonders wichtige Rolle ein, doch ergriff die Bewegung Tschechen und Deutsche, adelige wie bürgerliche Intellektuelle und erreichte ihre größte Bedeutung – wie das hervorragende neue Lexikon humanistischer Dichter in Böhmen belegt – gerade in den Jahren des Ausgleichs der Kulturen unter Rudolf II.[11]

Diese Entwicklungen beschleunigten sich in der Frühphase der Herrschaft Rudolfs, wenn sie sich auch zu keiner Zeit entscheidend durchsetzen konnten. Der Prunk, das Mäzenatentum und die Kaufkraft des Hofes konnten zumindest Spannungen kaschieren und den zwischen Maximilian II. und den Ständen auf dem Landtag 1575 ausgehandelten politisch-religiösen Waffenstillstand festigen, den Rudolf – vor 1600 – nicht nennenswert störte. Der direkte Einfluß des kaiserlichen Umfeldes auf Böhmen bietet heute noch Diskussionsstoff. Dennoch gibt es eine Reihe wohlbekannter Beispiele, wie die Karriere des Bartholomäus Spranger, der als Hofmaler auch für die Prager Gesellschaft malte. Noch schwieriger zu bewerten ist der Einfluß, den Böhmen auf Rudolf hatte. Der Hof Rudolfs stand aber sowohl gegenüber in- als gegenüber ausländischen Einflüssen offen. Ein Beispiel eines solchen Nebeneinanders von Kulturen innerhalb Prags ist das Verhältnis zum Judentum, mit dem der Hof Rudolfs in direkten Kontakt kam. Als Hauptgläubiger der Regierung und als Unternehmer spielten die Juden zu dieser Zeit eine wichtige Rolle in der Wirtschaftsgeschichte Böhmens. Auch ihre große Zahl spricht für eine relative Toleranz und dokumentiert den Pluralismus in Osteuropa. Das jüdische Ghetto in Prag war nicht nur eines der größten in Europa, sondern auch eines der kreativsten: Es war offen für die Wiederbelebung des jüdischen Mystizismus, der auch christliche Zeitgenossen anzog. Auf der anderen Seite verstanden hier einige jüdische Denker – lange vor Glaubensgenossen, die anderswo lebten – die Bedeutung der Renaissancekultur für ihre eigenen geistigen Traditionen.[12]

Im späten 16. Jahrhundert scheint Böhmen für die habsburgischen Interessen im östlichen Grenzgebiet Europas eine Art Sprungbrett gewesen zu sein. In Polen wurden die Ziele der Dynastie vereitelt oder zumindest modifiziert. Nach dem Aussterben des Herrscherhauses Jagiellon versuchten Maximilian II. und auch Rudolf, die Königswahlen für sich oder ein Mitglied ihrer Familie zu entscheiden. Beide mußten eine deutliche Niederlage hinnehmen und die Heirat von Sigismund III. Wasa mit einer Prinzessin der steirischen Habsburger als Beschwichtigung für ihren gekränkten Stolz akzeptieren. Allein der Versuch der Habsburger, ihren Einfluß auf das damals größte Königreich Europas auszudehnen, erscheint heute illusionär, ja sogar absurd, doch wurde er mit solcher Ernsthaftigkeit verfolgt, daß es 1588 zu kriegerischen Auseinandersetzungen kam. Dabei gab es in Polen selbst nicht zu unterschätzende Kräfte, die die habsburgische Sache unterstützten. Diese Entwicklung ist durchaus eine logische Konsequenz des 1526 in Gang gesetzten Prozesses, als die Habsburger die Erbfolge der älteren Linie der Jagiellonen in Böhmen und Ungarn übernahmen.

Ungarn stellte eine noch unmittelbarere Herausforderung dar; auf diese Verbindung von günstiger Gelegenheit und Verpflichtung wird im dritten Segment der Krone Rudolfs Bezug genommen. Auch hier wird eine Krönung gezeigt; es handelt sich um die Inthronisierung 1572 in Preßburg. Im Mittelpunkt der zeremoniellen Symbolik steht Rudolf, der einen künstlichen kleinen Hügel besteigt und mit seinem Schwert in alle Himmelsrichtungen weist als Zeichen seines Willens, die Grenzen des Landes des Heiligen Stephan zu sichern und auszuweiten. Diese Geste des neuen Herrschers muß unter den damaligen Umständen als besonders idealistisch empfunden worden sein, denn die Situation in Ungarn war über alle Maßen kompliziert, und auch die räumliche Entfernung erwies sich durchaus als Problem. Rudolf kam immer nur in den westlichen Teil des Landes; dort nahm er an einigen Sitzungen des Reichstages teil und suchte den Sitz der königlichen Verwaltung in Preßburg auf. Nachdem er sich auf Dauer in Prag niedergelassen hatte, führten ihn seine Wege nie wieder nach Ungarn.

In noch stärkerem Maß als Böhmen zeigte Ungarn die für osteuropäische Länder charakteristische Vielfalt religiöser Glaubensgemeinschaften und den Mangel an straffer politischer Ordnung. Außerdem war Ungarn zum damaligen Zeitpunkt mehr denn je ein Grenzland, und zwar zwischen Christen und Türken. Das traditionelle Gemeinwesen und die kirchliche Ordnung waren als Folge der militärischen Katastrophe von Mohács 1526 zusammengebrochen. Die andauernden innenpolitischen Streitigkeiten ermöglichten die schnelle Ausbreitung verschiedener protestantischer Glaubensrichtungen, während die Türken nahezu die Hälfte des Königreiches besetzten. Der größte Teil Restungarns formierte sich als ein erweitertes Siebenbürgen, ein Hort autonomer, lokalpatriotischer und antikatholischer Kräfte. Die Habsburger konnten sich nur einen schmalen Landstreifen im Westen sichern, der sich wie ein Bogen von Kroatien um die Bergbaureviere der heutigen Slowakei legte und von Österreich oder Böhmen durch eine provisorische Regierung in Preßburg zu verwalten war. Selbst diese loyalen Gebiete mußten äußerst behutsam regiert werden, denn sie standen in ständigem Kontakt zu politischen und religiösen Oppositionellen im östlichen Teil des Landes.[13]

Trotz dieser Veränderungen und Erschütterungen konnte das habsburgische Ungarn in den ersten Jahren von Rudolfs Herrschaft gewissermaßen gedeihen. Die 1570er und 1580er Jahre brachten einen Höhepunkt für den Handel mit den Zentren Mitteleuropas, besonders mit Vieh und Wein, der nicht nur den ansässigen Grundbesitzern, sondern auch vielen Bürgern der bescheidenen Städte und sogar den erfolgreicheren Kleinbauern Wohlstand ermöglichte. Örtliche politische Interessengruppen akzeptierten in steigendem Maße den *status quo*, der sich seit 1566 gefestigt zu haben schien, als ein unsicherer Waffenstillstand die osmanischen Truppen innerhalb der von Süleiman dem Prächtigen gezogenen Grenzen hielt, der im selben Jahr auf einem Feldzug bei Szigetvár gestorben war. Einige der führenden Familien wie die Pálffys und die Batthyánys begannen, dauerhafte Beziehungen zu ihren westlichen Nachbarn zu knüpfen. Zur selben Zeit wurden die Wertvorstellungen der Renaissance intensiv an den Höfen der Adeligen und in den Kreisen der städtischen ›literati‹ gepflegt, die häufig bei der habsburgischen Regierung um Unterstützung nachsuchten. Viele der besten Schriftsteller dieser Zeit, besonders die lateinischen Chronisten der ungarischen Mission, die als Bollwerk der Christenheit galten, wie Forgách, Brutus und Istvánffy, dienten Rudolf als Prälaten oder weltliche Beamte. Darüber hinaus konnte das Bewußtsein, ein Bollwerk zu sein, an sich innovativ wirken. Es erlaubte denjenigen zahlreiche Blicke über die ›Mauer‹, die die Gelegenheit wahrnahmen, in das Osmanische Reich zu reisen – für die offiziellen Beziehungen zwischen Habsburg und den Türken wurden Unterhändler, Dolmetscher usw. benötigt –, und bedeutete eine wichtige Anregung für den Hof Rudolfs. Rudolfs diplomatischer Vertreter Busbecq war der Autor der scharfsinnigsten zeitgenössischen Kommentare zur islamischen Kultur; und die Bedeutung der Geschenke des Sultans für den Prager Manierismus ist kürzlich ein Thema für die Kunsthistoriker gewesen.

Trotzdem stand der Konflikt immer kurz vor dem Ausbruch – Busbecq entwarf ebenfalls Pläne, wie christliche Truppen am besten einzusetzen seien, um die Ungläubigen zu besiegen –, und in den 1590er Jahren begannen die Dinge sich mit großer Geschwindigkeit zunächst an der osmanischen Grenze, dann im ganzen Reich Rudolfs zu verändern. 1593 nahmen der Sultan Murad III. und sein Großwesir Sinan einen der häufigen Grenzzwischenfälle, die sich regelmäßig in den Jahren des Waffenstillstands ereignet hatten, zum Anlaß, eine förmliche Kriegserklärung gegen den Kaiser abzugeben. Es scheint, als ob die Gründe, die sie dazu bewegten, einigen Zielvorstellungen auch des Habsburger Hofes entsprochen hätten: die Sehnsucht, ein Goldenes Zeitalter der Macht und der Herrlichkeit wiederzubeleben, in diesem Fall das Zeitalter Süleimans, die Unzufriedenen in einem Reich, das immer schwieriger zu führen war, zu befrieden, Autorität, sowohl religiöse als auch weltliche, wiederherzustellen, ja sogar die Prophezeihung zu erfüllen.[14] Wie andere Mitglieder seiner Dynastie vor und nach ihm reagierte Rudolf nur, wenn er von den Türken unter Druck gesetzt wurde (tatsächlich ereignete sich der endgültige Bruch mit dem Osmanischen Reich gerade, als der Kaiser Vorbereitungen traf, Versöhnungsgeschenke nach Istanbul zu schicken); aber einmal herausgefordert, machte er ohne Bedenken die Auseinandersetzung zu seiner eigenen Sache.

Nun stellte sich sehr schnell heraus, daß die beiden Seiten einander viel gleichwertiger gegenüberstanden als zuvor, als nur der Heldenmut der einzelnen ungarischen Befestigungen (végvárak) das Überleben der Christen gesichert hatte. Von der ersten Schlacht an, der Befreiung von Sissek (Sisak), in der der Pascha von Bosnien starb und seine Armee ihr Heil in der Flucht suchte, gewannen die kaiserlichen Truppen eine Schlacht nach der anderen. 1595 fanden erfolgreiche Feldzüge sowohl auf dem westlichen Kriegsschauplatz – mit der Rückeroberung von Gran und anderen Befestigungen – als auch auf dem östlichen statt, wo das gesamte Ufer der Donau bis zu den rumänischen Fürstentümern befreit wurde. Die Türken schlugen zwar im nächsten Jahr in der strategischen Hauptschlacht bei Mezőkeresztes zurück, die drei Tage lang in der Puszta tobte. Aber 1600 und auch noch wenig später konnte man hoffen, daß die Habsburger entscheidend im Vorteil waren, um so mehr, nachdem der Herrscher Siebenbürgens, Sigismund Báthory, Rudolfs Vorherrschaft anerkannte, eine Cousine des Kaisers heiratete und sich in Böhmen mit dem neuen Titel eines Prinzen des Heiligen Römischen Reiches zur Ruhe setzte. Rudolf, der mehrfach den strategischen Schlüssel zu Ungarn, die historische Hauptstadt Buda, belagern konnte, sah hier seine letzte Gelegenheit, Ruhm zu erlangen. Er verewigte seine Vision auf dem vierten und letzten Segment seiner herrlichen neuen Krone, auf dem der siegreiche Herrscher, begleitet von antiken Jungfrauen, die ihn mit Palmwedeln, einem Lorbeerkranz und einem Olivenzweig schmücken, die türkischen Kriegswaffen mit den Füßen tritt.

Dieser ›14jährige Krieg‹ entwickelte sich zum längsten Kampf, der (vor der endgültigen osmanischen Niederlage in Ungarn nach 1683) ohne Unterbrechung zwischen dem Kaiser und dem Sultan geführt wurde. Er hatte weitreichende Konsequenzen nicht nur für Rudolfs Lande, sondern für ganz Europa, was die Historiker, die lediglich registrieren, daß keine signifikanten territorialen Gebietsabtretungen erfolgten, häufig übersehen haben.[15] Die entscheidende Bedeutung des Krieges für die Entwicklung rudolfinischer Kunst wird aus der jüngsten Forschung deutlich.[16] Der Kreis um Hans von Aachen benutzte eine Bildersprache in einem Spektrum ästhetischer Zusammenhänge, die das gerade erwähnte Kronsegment einschließen. Jeder kaiserliche Erfolg wurde das Objekt zahlloser Darstellungen, obwohl ironischerweise die Rückeroberung von Raab im Jahre 1598, einer Festung, die nur vier Jahre zuvor verlorengegangen war, auf die Christenheit den größten Eindruck machte. (Man sagte sogar, daß Rudolf von diesem Sieg durch eine Art Buschtelegraph, der nach wissenschaftlichen Prinzipien konstruiert worden sein soll, erfuhr und so für einen Augenblick die Entfernung zu den Grenzen seiner Lande überwand, die sein Denken und Handeln sonst so leicht lähmen konnten.[17])

Mehrere materielle Aspekte der kriegerischen Auseinandersetzungen verdienen Aufmerksamkeit, nicht zuletzt der militärische, denn die Donauebenen fungierten um 1600 als Gelände zur Erprobung vieler Techniken und Kommandierender, die großangelegte europäische Kriege nach 1618 führen würden; während dieser Kämpfe wurde ebenfalls ein Kapitel in der Geschichte der Seuchen geschrieben. Aber ich möchte an dieser Stelle mehr die politischen Folgen des Konflikts hervorheben. Kurzfristig gab die Auseinandersetzung dem Kaiser neuen Auftrieb, da er erheblichen Rückhalt im Reich und in seinen eigenen Landen erfuhr, von einer halboffiziellen Propagandakampagne verherrlicht wurde und begeisterte Unterstützung von vielen Intellektuellen, Protestanten wie Katholiken, erhielt.[18] Sein diplomatischer Stab arbeitete am Plan eines Kreuzzugs des christlichen Europas und faßte sogar Allianzen mit außereuropäischen Mächten wie Rußland und Persien ins Auge (die russischen Gesandten führten 1595 über 40000 Zobel und 337000 Eichhörnchenfelle auf ihrer Reise nach Prag mit sich[19]). Aber langfristig hatte der Krieg eine zunehmend destruktive Wirkung und arbeitete buchstäblich als Katalysator. Während die kriegerischen Auseinandersetzungen selbst keine bedeutenden Änderungen im Gleichgewicht der Kräfte und Grenzen nach sich gezogen hatten, erwiesen sich nun die anhaltende Zerstörung und irregeleitetes militärisches Engagement, Rudolfs Verlust der Kontrolle über Militär und Geistliche und vor allem die psychologischen Folgen seiner Enttäuschung über den Fehlschlag, einen Durchbruch zu erzielen, als verhängnisvoll für seine überzogenen und immer unrealistischeren Hoffnungen.

Diese Momente kennzeichnen den weiteren Hintergrund der Wende von 1600. Nur auf den ersten Blick war der Hof Rudolfs ein gut integrierter Bestandteil Prags – und auch das, wie ein Kartenhaus, nur in den oberen Bereichen mit seinen Künstlern und Schriftstellern. Unterhalb dieser Ebene existierte eine große Anzahl verschiedener Behörden, die nur locker miteinander verbunden waren und die schwerfällig mit den niedrigen Höfen der Statthalter in den einzelnen Provinzen zusammenarbeiteten, von denen sie zur Durchsetzung ihrer Verwaltungsakte abhängig waren. Die klösterliche Lebensweise des Kaisers auf dem Hradschin in Prag stellte tatsächlich nur eine extreme Ausprägung des weitverbreiteten Bedürfnisses dieser Zeit dar, Regierungsgeschäfte an einem souveränen Punkt zu konzentrieren: Als Beispiel sei hier der Staat Philipps II. genannt, obwohl dieser zahlreiche kurze Reisen zu Palästen in der Nähe von seiner neuen Hauptstadt Madrid machte (wohingegen Rudolf fast ausschließlich nach Brandeis reiste).[20] Diese Tatsache erwies sich jedoch als verhängnisvoll, gerade weil der Hof Rudolfs so kosmopolitisch und wenig homogen war und weil Versuche, Prag als Regierungszentrum aufzubauen, von dem aus Einfluß auf die weiter entfernt liegenden Gebiete ausgeübt werden sollte, kaum verwirklicht werden konnten. Böhmen erwies sich als weniger lenkbar als Kastilien oder Rußland, Brandenburg oder Südengland. Rudolfs Staat blieb seinem Wesen nach nur ein Hofstaat.

Dabei ist zu betonen, daß die Umgebung, in der der Kaiser lebte, keinesfalls ganz von der Außenwelt abgeschnitten war. Das trifft in besonders hohem Maße auf die frühen Regierungsjahre Rudolfs zu: Die dumpfe Atmosphäre der Burg und die Faszination der Legenden können den heutigen Beobachter leicht täuschen. Auch Rudolf baute, um Eindruck zu machen, seine berühmten Sammlungen und Gärten konnten – wenn auch nicht von jedermann – betreten werden; Berichte über seine Unzugänglichkeit mögen von denen, die keinen Anspruch auf Zugang hatten oder versuchten, den Mangel an Sympathie für ihre Sache auf seiten des Kaisers zu verschleiern, in Umlauf gebracht worden sein. Künstler und Intellektuelle konnten eine Rolle in der Öffentlichkeit spielen (z. B. Hans von Aachen) oder umgekehrt (z. B. Hofmann, Kurz). Bis 1600 hatte eine grundsätzlich produktive internationale Zusammenarbeit zwischen den Emigrantengruppen bestanden, von denen viele aus ihren Heimatstaaten, von Frankreich und den Niederlanden bis Litauen und dem Balkan, vertrieben worden waren, in denen ab Mitte des 16. Jahrhunderts Krieg und Intoleranz ihren Tribut forderten. Niederländische Flüchtlinge, Dee, Kelley und die Dichterin Westonia aus dem Elisabethanischen England, Paprocký und Sendivogius aus Polen, italienische Ärzte, Architekten und Häretiker, ungarische und schlesische Humanisten, Agenten von deutschen Höfen, südslawische oder griechische Abenteurer, Tycho Brahe aus Dänemark und Johannes Kepler aus Schwaben, der über Graz gekommen war, Klosterbrüder aus den unterschiedlichsten Orden, Bettelmönche und Prediger, Alchimisten, Maler und Musiker aus ganz Europa, die Liste ist lang. Ausschlaggebend ist aber, daß, je kosmopolitischer und geistiger der Hof wurde, je besser – das muß gesagt werden – er als ästhetischer Nährboden für den Manierismus diente, desto weniger konnte er als kohärentes politisches Zentrum funktionieren. Es erwies sich als wesentlich leichter, in Stilfragen als in sozialen oder politischen Dingen einen Standpunkt zu beziehen. Rudolfs wachsendes Mißtrauen gegenüber seinen aristokratischen Höflingen und sein Unbehagen an der öffentlichen Funktion seines Hofes verschlechterte die Lage nur noch. Ein Hof im 16. Jahrhundert mußte ein Ort des Zusammentreffens sein und durfte nicht als Entschuldigung dafür dienen, solcher aus dem Weg zu gehen.

Nach der Jahrhundertwende, unter dem Druck des Krieges, begann Rudolfs Stellung zusammenzubrechen. Ein erster Grund dafür – ein Grund, der während der Renaissance niemals außer acht gelassen werden darf – liegt zweifellos in der Persönlichkeit des Herrschers selbst. Rudolf hatte bereits früher zu Verstimmungen und Anfällen von Melancholie geneigt: Die besonderen Gründe seines Junggesellentums, verbunden mit einer heimlichen sexuellen Zügellosigkeit, verraten eine psychische Instabilität. Später noch konnten diese von klaren, scharfsichtigen und aktiven Momenten abgelöst werden. Um 1600 ließ jedoch sein geistiger und auch sein physischer Zustand rasch nach.[21] Vielleicht spielte dazu die Furcht vor dem neuen Jahrhundert eine Rolle oder die Angst, sein eigenes halbes Jahrhundert nicht zu vollenden (Maximilian II. starb mit 49 Jahren). Sicherlich kündigten die Entlassung seiner vertrauten Minister, die gleichzeitige Aufgabe seiner letzten ernsthaften Heiratspläne, der offene Bruch mit Mitgliedern seiner Familie und eine wachsende Besessenheit von den Geheimnissen des Okkulten den Beginn eines wesentlich schwerer vorhersehbaren, verschlagenen und zu allem entschlossenen Verhaltens an. Bewegungsfreiheit artete in völlige Bewegungslosigkeit aus.

Der zweite Grund für Rudolfs Fall war der Aufstieg einer militanten katholischen Partei am Hof. Auch diese Entwicklung verlief nicht geradlinig und nicht überall, aber sie erwies sich als stark genug, dem Hof die gemäßigten Kräfte zu entfremden und eine Basis für die Gegenreformation im Zentrum der kaiserlichen Machtsphäre zu schaffen. Der Beichtvater Pistorius, der Bischof von Olmütz, Dietrichstein, die Konvertiten Liechtenstein und Slawata, der böhmische Kanzler Lobkowitz, die Kapuziner unter Laurentius Russo von Brindisi – sie alle fanden sich und verfolgten gemeinsam dasselbe Ziel. Gleichzeitig begann die berüchtigte Säuberungsaktion gegen die Protestanten in der Steiermark durch Erzherzog Ferdinand. Rudolf ging keinesfalls so weit wie sein Vetter in Graz, seine Haltung blieb unentschlossen. Er scheint jedoch seinen gut organisierten und aufdringlichsten Beratern nachgegeben und eine große Anzahl vormaliger Parteigänger, die seine Politik zumindest stillschweigend akzeptiert hatten, verloren zu haben, so daß er sich jeder Möglichkeit, seine Stellung später wieder zu festigen, begab.

Der dritte und entscheidende Schlag gegen Rudolfs Stellung war die Folge des Zusammenbruchs derjenigen breiteren Machtverhältnisse, die der Kaiser zu hegen und zu nutzen versucht hatte. Er begann in dem zuletzt erworbenen, verletzbarsten Randgebiet seines Reiches und breitete sich im Reichsinnern aus, bis er das Machtzentrum lahmlegte. Die vom Türkenkrieg heimgesuchten Gebiete litten unter einem zermürbenden Wechsel von Angriff und Gegenangriff, der das Land schwächte, die militärische Ordnung untergrub und den Sinn des Wortes ›Befreiung‹ für die einheimische christliche Bevölkerung aufhob. Das Ergebnis des Krieges waren ein katastrophaler wirtschaftlicher Zusammenbruch, Unruhen und extreme Entbehrungen. Siebenbürgen, das jüngste und spektakulativste Wagnis des Hauses Habsburg, verwandelte sich in ein Chaos, nachdem erst sein kompliziertes Ordnungssystem gestört worden war. Der psychisch instabile Báthory ergriff erneut die Macht bei drei (!) voneinander unabhängigen Gelegenheiten; Rudolf versuchte, seine Autorität durch einheimische Kriegsherren erneut zu sichern und schickte dann seine Armeegeneräle, von denen besonders der blutdurstige Basta zu erwähnen ist (nicht der erste oder der letzte der kaiserlichen Befehlshaber, gewöhnlich Ausländer, die – von Castaldo über Caraffa bis zu Haynau – rücksichtslos über Ungarn herfielen und dort lang andauernden Abscheu hervorriefen).[22]

Nun begann die wiedererstarkte katholische Kirche, die bereits Báthorys Aktionen durch seinen jesuitischen Beichtvater beeinflußt hatte, aktiv zu werden, indem sie die verfassungsmäßigen Rechte der Protestanten aufhob und versuchte, die Kontrolle über das gesamte östliche Ungarn und Siebenbürgen – besonders die Städte – wiederzugewinnen, die sie als erobertes Gebiet betrachtete. Das brachte das Faß zum Überlaufen: Vormals loyale Adelige organisierten mit Unterstützung zahlreicher inoffizieller Truppen (Heiducken), die bis dahin gegen die Türken gekämpft hatten, den Widerstand. Stephan Bocskay, der ursprünglich die habsburgfreundliche Partei in Siebenbürgen während der 1590er Jahre angeführt hatte, übernahm die Macht, und ganz Ungarn befand sich im Aufstand.

Diese dramatischen Ereignisse brachen das Rückgrat der Offensive gegen die Türken. Diese hatten persönliche Gründe, ein Ende der Feindseligkeiten anzustreben, und es wurde deutlich, daß eine allgemeine Aussöhnung notwendig war. Erzherzog Matthias nahm die Sache in die Hand und schloß Versöhnungsverträge mit Bocskay in Wien und mit dem Sultan in Zsitvatorok.[23] Rudolf fuhr aber fort, seinen Untergang zu beschleunigen, indem er sich weigerte, die Verträge zu akzeptieren: Er werde keine Vereinbarungen mit Ungarn anerkennen, die gegen seinen Krönungseid verstießen, und er wies die Einigung mit den Türken als Ganzes zurück. Seine Halsstarrigkeit entsprang offensichtlich zwei psychologischen Gründen: einer Sehnsucht bedingt durch ein Jahrzehnt des Kampfes, an dem er persönlich nie teilgenommen hatte, nach einer großen Strategie, einer letzten ruhmreichen Anstrengung, die den bereits angeschlagenen osmanischen Widersacher brechen würde; und einer plötzlichen und paranoiden Verachtung für seine eigene Familie, besonders für Matthias, der sich mit dem Kriegshandwerk auskannte und sich nun als Architekt des Friedens hervortat.

Die Beziehung zwischen Rudolf und seinem ältesten Bruder war niemals herzlich gewesen; eine Ursache und Wirkung der Nachfolgerfrage und vielleicht auch der abergläubischen Befürchtungen des Kaisers. Auf jeden Fall fielen in das entscheidende Jahr 1600 die Anfänge einer heimlichen Zusammenarbeit zwischen den Erzherzögen zugunsten von Matthias; für diesen ergab sich dann 1606 die hervorragende Gelegenheit, Kapital aus der Unzufriedenheit in Ungarn und anderen Mißständen zu schlagen und übertriebene Berichte über Rudolfs geistige und religiöse Haltung zu verbreiten.

»So ist wohl zu bedenken, wie weit I. Mt. kummen, das si Gott ganz und gar verlassen, davon weder hören noch reden, auch kain zaichen desselben leiden noch dulden wöllen ... Danebens wo sie nuer zauberer, alchimisten, caballisten und dergleichen bekumen mögen, lassen si sich keines uncostens daurn, damit si ... die gehaimbnussen wissen und ungebürliche mitl iren feunden zu widerstehen gebrauchen kunten.«[24] Die gesamte Struktur der kaiserlichen Ordnung und Klientel begann zu zersplittern, ohne daß sich der Bruch an bestimmten Parteiformationen zu orientieren schien. Matthias, der wichtige katholische und dynastische Gefolgsleute mobilisieren konnte, mußte mit den von Protestanten beherrschten Ständen in den verschiedenen Provinzen einen Kompromiß eingehen (obschon er früher fleißiger als sein Bruder daran gearbeitet hatte, ihre Privilegien anzugreifen). Der Großteil der militanten Katholiken und der Gemäßigten hielten sich aus dem Bruderzwist, soweit sie konnten, heraus.

Die Rebellion griff auf Mähren über, wo sie von Karl von Zierotin angeführt wurde, einem kultivierten und ehrenwerten calvinistischen Politiker, der bis dahin mit Rudolfs stillschweigender Duldung von katholischen Rivalen ausgeschaltet worden war. Sie erreichte die österreichischen Lande, wo sich eine Konföderation zusammenfand, das sich an den Habsburgern für deren Versuch, vormalige Generallandtage zu beeinflussen, rächte. Die bewaffnete Konfrontation konnte knapp vermieden werden, aber der Vertrag zu Lieben 1608 übertrug die Herrschaft über Ungarn, Mähren und Österreich auf Matthias.

Rudolf, weit davon entfernt Karl IV. zu ähneln, glich nun vielmehr jenem geplagten Friedrich III., der aus seinem Stammland von einem anderen Matthias (Corvinus) im späten 15. Jahrhundert vertrieben worden war.

Noch niederschmetternder war, daß die Böhmen 1609 zeigten, wie wankelmütig Untertanentreue sein kann. Nach Monaten schwierigster Verhandlungen erreichten sie, daß der König ihnen seinen berühmten ›Majestätsbrief‹ ausstellte, der nicht nur Religionsfreiheit garantierte, die fast so weitgehend war wie die, welche Matthias seinen neuen Untertanen hatte zusichern müssen, sondern auch den Ständen neue Rechte zur politischen Organisation verbriefte. Nichtsdestotrotz blieben die Protestanten in Böhmen wie auch sonst im östlichen Mitteleuropa untereinander zerstritten, sowohl innerhalb als auch zwischen den verschiedenen Territorien. Das Gleichgewicht war nun weit genug gestört, um die Protestanten Rudolf zu entfremden, der sie wahrscheinlich mehr wegen ihrer sektiererischen Haltung als wegen ihres Glaubensbekenntnisses nicht mochte, nicht aber weit genug, um sie auf die Dauer gegen die Katholiken abzusichern, nachdem diese einmal die volle Unterstützung des Herrscherhauses wiedergewonnen hatten.

Der letzte Akt der Tragödie begann (es ist schwierig, nicht in dem Rahmen zu denken, den Franz Grillparzer für Rudolfs letzte Jahre entwarf). Nach 1609 griff der Kaiser, der noch immer an seinen Plänen festhielt, auf weit unorthodoxere Hilfsmittel zurück. Angesichts dieser Situation fällt es schwer, das Urteil eines zugegebenermaßen feindlich gesonnenen Betrachters zu bestreiten: »Sie werden nit schwimmen, bis iro das Wasser in mund gehet und alsdan alle remedia zu spät kommen werden ... In summa, ich glaube, das die babilonische confusion kaumb so groß seie gewesen als diese.«[25] Rudolf unternahm verzweifelte Annäherungsversuche an das protestantische Reich, besonders durch seinen loyalen Vertrauten Herzog Julius von Braunschweig, die sogar rührende Heiratsanträge mit einschlossen. Eine greifbarere Chance schienen die Pläne seines jungen hitzköpfigen Vetters, Erzherzog Leopold von Steiermark, Bischof von Passau, zu bieten, der zuerst, von Rudolf ermuntert, kaiserliche Ansprüche auf das verwaiste Herzogtum Jülich-Kleve geltend machte und dann, wahrscheinlich zumindest zum Teil mit Rudolfs Hilfe, sein Heer auf Prag marschieren ließ. Zuletzt konnte der Kaiser tatsächlich die Kämpfe vom Fenster seines Palastes aus miterleben. Aber die böhmischen Stände ergriffen energische Maßnahmen für die Verteidigung ihrer neugewonnenen Freiheiten. Rudolf wurde abgesetzt und Matthias an seiner statt am 23. Mai 1611 gekrönt.

So besaß Rudolf am Ende nur noch die kaiserliche Würde, mit der diese Analyse begann, und den unmittelbaren Bereich des Hradschin, der das Zentrum aller herausragenden kulturellen Errungenschaften seiner Regierung war. Schließlich wurde er selbst ein Teil seiner eigenen ›Wunderkammer‹, vollkommen abgeschnitten von der Außenwelt. Verbittert, enttäuscht und verarmt klammerte sich Rudolf an seine Schattenherrschaft, bis er am 20. Januar 1612 starb, worauf die zusammengeschmolzene Gruppe seiner Vertrauten und Diener sich rasch zerstreute. Zuletzt war er ein Opfer nicht nur seiner Unfähigkeit oder geistigen Verwirrung geworden – die eher Symptom als Ursache waren –, sondern auch seines starrsinnigen Ehrgeizes, ja sogar der Qual der Wahl, da die hochgesteckten Ziele des Kaisers (wie die Heuhaufen von Buridans Esel) lange Zeit greifbar erschienen waren.

Dem Schicksal von Rudolfs Hof gleicht auch das Schicksal seiner Sammlungen: entweder geplündert oder in ganz Europa verstreut. Für die Nachwelt ist es schwierig, den Gesamteindruck der Sammlungen, wie in dieser Ausstellung geschehen, zu rekonstruieren. In zweierlei Hinsicht ist das ein bezeichnender Kommentar zum Erbe, das der Kaiser hinterlassen hat.

Auf der einen Seite liegt die größte politische Auswirkung seiner Herrschaft sicherlich im Ausbruch des bewaffneten Konfliktes in den Habsburger Landen und dem Reich nur sechs Jahre nach seinem Tod. Der Zusammenhang zwischen Rudolf und dem Ausbruch des Dreißigjährigen Krieges ist in der Tat eng: Der Fenstersturz in Prag am 23. Mai 1618 (dem Jahrestag von Matthias' Krönung!) wurde durch die Verteidigung des ›Majestätsbriefes‹ heraufbeschworen, den Rudolfs Schwäche in die Hand der Protestanten gegeben hatte, gegen die Exzesse der katholischen Statthalter, welche dieselbe Schwäche Rudolfs genötigt hatte, unnachgiebiger zu sein. Sowohl die protestantische Militanz 1618 als auch die katholischen Vergeltungen in den 1620er Jahren sprachen ein geradezu vernichtendes Urteil über die späthumanistischen Werte, die Rudolfs Umgebung hochgehalten hatte.

Und doch sind die Hintergründe komplexer. Gerade die Tatsache, daß der erste Krieg gesamteuropäischer Dimension als unmittelbare Folge von Rudolfs Herrschaft entfesselt wurde, weist sowohl auf die Größe seiner Aufgabe – der Rolle des Kaisers als Bewahrer und ausgleichender Faktor von Gegensätzen – als auch auf die Großartigkeit seines Scheiterns. Eine Erscheinung wie Rudolf konnte sich nicht wiederholen. Seine Hauptstadt Prag beherbergte niemals wieder einen Monarchen (nur den schwachsinnigen Ferdinand V., der nach seiner Abdankung Klavierduette mit dem jungen Bedřich Smetana spielte). Die österreichischen Habsburger hatten sich Böhmen entfremdet, dem reichsten Königreich, das unter ihrer direkten Herrschaft stand. Dies trifft – im weiteren Sinn –

auch für die geistigen Horizonte ihres Spätrenaissance-Reiches zu. Unter Rudolf hatte es kurzzeitig wichtige Elemente aus West und Ost, aus Nord und Süd umfaßt und war Gastgeber – wenngleich ein unsicherer – für einen Dialog über den ganzen Kontinent hinweg gewesen, für die letzte Blüte einer Renaissance-Kultur, die nur überdauerte, indem sie Zuflucht in okkulten Kräften suchte. Das Muster für die nächsten Jahrhunderte sollten besondere österreichische Einrichtungen und ein Geistesleben bestimmen, das sich auf einem weit dogmatischeren und begrenzteren Nährboden entwickelte.

Anmerkungen

1 Für die frühe Historiographie zu Rudolf II. siehe meinen Beitrag zur Prager Konferenz über Rudolf II. 1987 (Veröffentlichung: Freren, 1988). Der überwiegende Teil der zugänglichen Literatur zur Politik und Kultur zur Zeit Rudolfs II. ist aufgeführt in meinem Werk: *Rudolf and his World. A Study in Intellectual History, 1575–1612* (Oxford, 1973), mit einem Anhang in der 2. Auflage (Oxford, 1984); geringfügig gekürzt erschienen unter dem Titel *Rudolf II.: Ohnmacht und Einsamkeit* (Graz, 1980). Die folgenden Fußnoten geben einige Werke der neueren Literatur an. Ein guten Überblick unter dem Aspekt der Reichsgeschichte geben diverse Aufsätze von Volker Press, speziell in: *Deutschland und Österreich. Ein bilaterales Geschichtsbuch*, Hg. R. A. Kann und F. Prinz (Wien, 1980), S. 44–88; in *Wiener Beiträge zur Geschichte der Neuzeit,* VIII, 1981, S. 15–47, S. 221–242; im Druck: *Fürstliche Politik, Patronage und adelige Gesellschaft: der Hof der beginnenden Neuzeit,* Hg. R. Asch (Berichte einer Konferenz des Deutschen Historischen Instituts, London, Madingley).

2 Siehe *The Arcimboldo Effect* (Mailand, 1987). Die jüngste Untersuchung zur Politik Ferdinands stammt von Paula S. Fichtner, *Ferdinand I. of Austria: the Politics of Dynasticism in the Age of Reformation* (New York, 1982).

3 D. J. Jansen arbeitet an einem Buch zu Strada. Bis zur Veröffentlichung siehe seinen Aufsatz in *Revue de l'art,* 1987, S. 11–21.

4 Eine neuere allgemeinere Analyse bietet Heinrich Lutz, *Das Ringen um die deutsche Einheit und kirchliche Erneuerung... 1490 bis 1648* (Berlin, 1983); Winfried Schulze, *Reich und Türkengefahr im späten 16. Jahrhundert* (München, 1978), ist grundlegend zur finanziellen Lage des Reiches.

5 Das Thema der Generallandtage ist ernstlich vernachlässigt worden seit der Untersuchung von J. Loserth und F. von Mensi in *Archiv für Osterreichische Geschichte,* CIII, 1913, S. 433–546; siehe aber den in Kürze erscheinenden Aufsatz von Alfred Kohler in *Crown, Church and Estates in Central Europe, 1526–1711,* Hg. R. J. W. Evans (im Druck).

6 Siehe P. Moraw in *Europa Slavica-Europa Orientalis. Festschrift für Herbert Ludat,* Hg. K. D. Grothusen und K. Zernach (Berlin, 1980), S. 445–489; J. Spěváček in *Folia Historica Bohemica,* X, 1986, S. 137–165.

7 Für einen allgemeinen Überblick siehe die kürzlich erschienene Untersuchung in *Přehled dějin Československa,* Teil I, Bd. 2: *1526–1848,* Hg. J. Purš und M. Kropilák (Prag, 1982); für eine ausführlichere Analyse der 1. Hälfte des Jahrhunderts: Josef Janácěk, *Českě dějiny. Doba předbělohorská,* Teil I., Bde 1 und 2 (Prag, 1968–1984); Winfried Eberhard, *Monarchie und Widerstand. Zur ständischen Oppositionsbildung im Herrschaftssystem Ferdinands I. in Böhmen* (München, 1985).

8 Siehe G. Schramm, ›Polen – Böhmen – Ungarn: Übernationale Gemeinsamkeiten in der politischen Kultur des späten Mittelalters und der frühen Neuzeit‹, in *Przegląd Historyczny,* LXXVI, 1985, S. 417–437.

9 Eine gute Darstellung des mährischen Problems findet sich bei Josef Válka *Stavovská Morava, 1440–1620* (Prag, 1987); in der neuen Reihe *Přehled dějin Moravy,* Hg. B. Čerešňák, erschienen.

10 Zur Bildung eines ›Hofes‹ und einer ›Oppositionspartei‹ siehe Jaroslav Pánek, *Stavovská opozice a její zápas s Habsburky, 1547–1577* (Prag, 1982); zur Wirtschaft von Prag siehe Josef Janáček, *Dějiny obchodu v předbělohorské Praze* (Prag, 1955).

11 *Rukověť humanistického básnictví v Čechách a na Moravě,* Hg. J. Hejnic und J. Martinek, 5 Bde (Prag, 1966–1982); eine gute Zusammenfassung der Thesen aus diesem Werk findet sich bei Martínek in *Acta Universitatis Carolinae – Historia Universitatis Carolinae Pragensis,* XXIV, 1984, Teil I, S. 7–26.

12 Siehe André Neher, *Jewish Thought and the Scientific Revolution of the Sixteenth Century. David Gans (1541–1613) and his Times* (Oxford, 1986).

13 Der relevante Abschnitt in der neuen vielbändigen Geschichte Ungarns *Magyarország története,* Bd. III: *1526–1686,* Hg. Zs. P. Pach und A. R. Várkonyi, 2 Bde (Budapest, 1985), Bd. I, S. 393 ff. *passim,* untersucht diese Entwicklungen, enthält aber wenig moderne Literatur zu diesem Thema.

14 Dr. Cemal Kafadar arbeitet z. Zt. zu diesem Thema. Siehe seinen Beitrag in *The Age Süleyman the Magnificent: A World Empire and Imperial Civilization,* Hg. C. Kafadar (im Druck). Zur Prophezeiung siehe B. Flemming in *Between the Danube and the Caucasus,* Hg. Gy. Kara (Budapest, 1987, S. 43–62).

15 Alexander Randa, *Pro republica Christiana: Die Walachei im 'langen' Türkenkrieg der katholischen Universalmächte, 1593–1606* (München, 1964), und Cesare Alzati, *Terra Romana* (Mailand, 1982), richten ihr Hauptaugenmerk auf die ›rumänischen Lande‹ einschließlich Siebenbürgen; Peter Bartl, *Der Westbalkan zwischen Spanischer Monarchie und Osmanischem Reich* (Wiesbaden, 1974), setzt sich mit der Lage auf dem Balkan auseinander. Eine nützliche Zusammenfassung findet sich bei W. Leitsch in *East European Quarterly,* VI, 1972, S. 301–320.

16 G. Galavics, ›*Kardot kössünk az pogány ellen: Török báborúk es kepzömüvészet* (Budapest, 1987), bietet eine grundlegend neue Analyse; Karl Vocelka, *Die politische Propaganda Rudolfs II.* (Wien, 1981). Dr. Eliška Fučíková gibt in Kürze ihre neue Monographie über Aachen heraus.

17 Diesen kuriosen Anspruch stellt der Chronist Franz Christoph Khevenhüller, *Annales Ferdinandei,* 12 Bde (Leipzig, 1721–1726), Bd. V, S. 1922. Folgt man einem Hinweis von R. R. Florescu in *Revue Roumaine d'Histoire,* XIX, 1980, S. 57, hat sich Captain John Smith, ein bekannter Virginier, zur gleichen Zeit eines ähnlichen Einfalls zur slowenischen Front bedient.

18 Vocelka, op.cit.; R. J. W. Evans, ›Bohemia, the Emperor, and the Porte‹, in *Oxford Slovenic Papers,* NS, III, 1970, S. 85–106.

19 Paul Bushkovitch, *The Merchants of Muscovy, 1580–1650* (Cambridge, 1980), S. 153.

20 Zu Philip II. siehe den demnächst erscheinenden Aufsatz von M. Rodriguez-Salgado in *Fürstliche Politik, Patronage und adelige Gesellschaft* (op. cit., Anm. 1).

21 I. Lesný hat in *Folia Historica Bohemica,* VII, 1984, S. 271–278, einen sehr kurzen Aufsatz veröffentlicht, der erneut das Problem Rudolfs vermeintlicher Syphilis aufgreift.

22 Selbst das neue und umfassende Werk *Erdély története,* Bd. I: *A kezdetektöl 1606–ig,* Hg. L. Makkai und A. Mócsy (Budapest, 1986), S. 522 ff., hält sich nur kurz mit diesen irritierenden Ereignissen auf.

23 G. Bayerle, ›The Compromise at Zsitvatorok‹, *Archivum Ottomanicum,* VI, 1980, S. 5–53, ist vervollständigt und verbessert worden von Karl Nehring, *Adam Freiherrn zu Herbersteins Gesandtschaftsreise nach Konstantinopel* (München, 1983). Siehe jetzt auch Nehrings Aufsatz in *Századok,* CXX, 1986, S. 3–49.

24 *Briefe und Akten zur Geschichte des Dreißigjährigen Krieges.* Bd. VI: *Vom Reichstag 1608 bis zur Gründung der Liga,* Hg. F. Stieve (München, 1895), S. 49 [es handelt sich hier eigentlich um eine Beilage zu Bd. V., S. 848].

25 Ibid., Bd. VII: *Von der Abreise Erzherzogs Leopolds nach Jülich bis... März 1610,* Hg. F. Stieve und K. Mayr (München, 1905), Nr. 270.

Zur Einführung: Die Kunst am Hofe Rudolfs II. – eine rudolfinische Kunst?

Lars Olof Larsson

Der Ruhm Kaiser Rudolfs II. als Mäzen und Liebhaber der Künste war unter seinen Zeitgenossen fast sprichwörtlich. Wenn Karel van Mander im Vorwort seines Lehrgedichtes darlegen will, wie hochgeschätzt die Malerei von den Mächtigen dieser Welt sei, schreibt er in unmittelbarem Anschluß an den Hinweis auf Alexanders d. G. Bewunderung für Apelles: »Aber wer neues verlangt, der braucht nur, so es ihm gelegen kommt, nach Prag zu gehen, zu dem gegenwärtig größten Verehrer der Malkunst der Welt, zu dem römischen Kaiser Rudolf II. und in seine kaiserliche Wohnung...«[1] Die Leidenschaft des Kaisers für die Künste konnte aber auch negativ beurteilt werden. Wenige Jahre vor dem Tod Rudolfs II. schrieb ein Mitglied einer toskanischen Gesandtschaft, der Kaiser habe nach erfolgreichen Anfängen seiner Regierung »alles verdorben, indem er sich in kunst- und naturwissenschaftliche Studien mit solchem Mangel an Mäßigung vertiefte, daß er die Staatsgeschäfte vernachlässigte, um seine Zeit in den Labors von Alchimisten und den Werkstätten von Künstlern und Uhrmachern zu verbringen«.[2] Verbreitet wurde dieser Ruf des rudolfinischen Hofes, eine Stätte der Künste und der Wissenschaften zu sein, durch Berichte von Künstlern und anderen Reisenden, die Prag besuchten, und natürlich auch durch die diplomatischen Vertretungen am Hofe: Es war kein Geheimnis, daß Geschenke in Form von wertvollen Kunstwerken besonders dafür geeignet waren, den Weg zu einer kaiserlichen Audienz zu ebnen. Eine wichtige Rolle für die Verbreitung der Vorstellung von Prag als Kunstzentrum spielte auch die Druckgraphik, vor allem die prachtvollen Blätter Aegidius Sadelers, Hendrik Goltzius' und Jan Mullers nach Entwürfen von Bartholomäus Spranger, Hans von Aachen und Adrian de Vries. Durch sie übte die Prager Hofkunst auch einen weit größeren Einfluß auf das Kunstschaffen in Mittel- und Nordeuropa bis ins späte 17. Jahrhundert aus, als gemeinhin bekannt ist. Der Ruhm der Kunstschätze, die Rudolf II. auf dem Hradschin gesammelt hatte, lebte noch lange nach dem Tod des Kaisers fort. Das beweist nicht zuletzt die Eile, mit der die Schweden kurz vor dem Friedensschluß 1648 die Prager Kleinseite einnahmen und die Burg plünderten. Einen anderen Grund als die reiche Beute hatte dieser Streich kaum.

Der Nachruhm der rudolfinischen Kunst ist weniger glanzvoll als ihre zeitgenössische Fama. Sie teilte das Schicksal fast aller Kunst ihrer Epoche, als gekünstelt und epigonenhaft verdammt zu werden. Hinzu kam, daß gerade die Prager Hofkunst in die negative Beurteilung der Person Kaiser Rudolfs durch die Nachwelt miteinbegriffen wurde. Zu dem weitverbreiteten Bild von Kaiser Rudolf als dem isolierten Sonderling auf der Prager Burg paßte es natürlich, auch seine Hofkunst als ein von ihrer unmittelbaren Umwelt, d. h. von der Hauptstadt und von Böhmen isoliertes und daher im Grunde steriles Phänomen zu betrachten. Erst in jüngster Zeit konnte diese Vorstellung grundlegend revidiert werden.

Als ein erster Schritt in Richtung auf eine positive Beurteilung der rudolfinischen Kunst können die Monographien über die führenden Hofkünstler gelten, die vor dem Ersten Weltkrieg im ›Jahrbuch der kunsthistorischen Sammlungen des Allerhöchsten Kaiserhauses‹, Wien, veröffentlicht wurden. Hier war das Interesse allerdings vor allem rein historischer Natur, es ging um die Erforschung der Anfänge der kunsthistorischen Sammlungen des Kaiserhauses und der habsburgischen Hofkunst. Im großen und ganzen können die Autoren ihre Skepsis gegenüber dem künstlerischen Wert dieser Kunst kaum verbergen, wenngleich in den jüngsten Veröffentlichungen gelegentlich eine gewisse Bemühung zu beobachten ist, den Manierismus im Sinne Max Dvořaks, der ja als erster diese Stilepoche positiv interpretierte, verständnisvoll zu beurteilen. Erst mit dem neuerwachten Interesse für den Manierismus in den 50er Jahren kann man aber von einer Neubewertung der rudolfinischen Kunst sprechen. Das bedeutet freilich nicht, daß heute von einer einheitlichen Beurteilung dieses Phänomens die Rede sein kann. Die Interpretation der Prager Hofkunst und des Manierismus überhaupt, die Gustav René Hocke in seinem Bestseller der 50er Jahre, ›Die Welt als Labyrinth. Manier und Manie in der europäischen Kunst‹, vertritt und die in der Wiener Ausstellung ›Zauber der Medusa‹ wieder aktualisiert worden ist, unterscheidet sich sehr von den Anschauungen, die in diesem Katalog zum Ausdruck kommen.[3]

In seinen ersten Regierungsjahren scheint Rudolf II. noch kein besonders starkes Interesse für die bildende

Kunst entwickelt zu haben. Zwar muß diese Zeit, was die Hofkunst betrifft, als wenig erforscht gelten, die erhaltenen Kunstwerke und die bekannten Quellen geben aber deutlich zu erkennen, daß die bildende Kunst erst in den 90er Jahren eine besondere Rolle am Prager Hofe zu spielen begann. Die Biographie des Hofmalers Bartholomäus Spranger, der mehrere Jahre auf seine Aufnahme in den Hofdienst warten mußte, ist z. B. ein deutliches Indiz dafür. Dieser Eindruck wird auch, wie wir gesehen haben, von der Behauptung des toskanischen Gesandten bestätigt, Rudolf habe sich erst in späteren Jahren in Kunst und Wissenschaft vertieft.

Im Zentrum des kaiserlichen Kunstinteresses standen die Kunstkammer und die Gemäldegalerie. Die Sammlungen, die Rudolf II. bei seinem Tod hinterließ, suchten, was Zahl und Qualität der Werke betrifft, ihresgleichen. Hier befanden sich Spitzenwerke der italienischen Renaissancemaler, der niederländischen und der deutschen Künstler des 16. Jahrhunderts, unter anderem viele Werke von Pieter Bruegel und Albrecht Dürer, Bronzeplastiken von Giovanni Bologna und einige erlesene Antiken neben zahlreichen Werken der eigenen Hofkünstler. Besonders reich waren die Sammlungen an Uhren und Instrumenten und an Gefäßen und anderen Gegenständen aus edlem Metall, Bergkristall und Halbedelsteinen. Einen wichtigen Platz nahmen auch Naturalien und Ethnographika (vor allem amerikanischen Ursprungs) in der Kunstkammer ein. Die Sammlungen stellten durch ihre Vielfalt gewissermaßen eine mikrokosmische Zusammenfassung der Welt, ein Abbild des ideellen Herrschaftsbereiches des Kaisers dar. In ihrem Reichtum und in der Qualität der einzelnen Gegenstände kommt der besondere Anspruch Rudolfs II. zum Ausdruck, der nicht zuletzt in seiner hohen Auffassung des Kaiseramtes seine Erklärung findet.

Für die Künstler waren die Sammlungen gleichermaßen eine Quelle des Studiums und eine Herausforderung. Es ist bei der Beurteilung der Prager Hofkunst wichtig, vor Augen zu haben, daß die Künstler Meisterwerke von Correggio, Tizian, Veronese, Bruegel oder Dürer jederzeit vor Ort studieren konnten; ebenso muß man aber auch bedenken, daß sich hieraus ein ständiger Wettbewerb mit den ›Klassikern‹ ergab.

Welche Stellung nahmen nun die Künstler am Hofe ein, wie war das persönliche Verhältnis des Kaisers zu ihnen und ihrer Kunst? Rudolf II. hat seine hohe Einschätzung von Kunst und Künstlern durch Maßnahmen zum Ausdruck gebracht, die ihren sozialen Status verbesserten. Eine solche Maßnahme war die Erhebung eines Künstlers in den Adelsstand. Diese Ehre wurde z. B. den führenden Malern des Hofes, Bartholomäus Spranger, Hans von Aachen und Joseph Heintz zuteil. 1595 erfolgte sogar die Auszeichnung der ganzen Prager Malerzunft durch einen kaiserlichen Erlaß, in dem ihre Kunst als frei und nicht dem gemeinen Handwerk zugehörig erklärt wurde.

Solche Maßnahmen waren allerdings um diese Zeit keine Ausnahme mehr. Bereits aus dem 15. Jahrhundert sind uns zahlreiche Adelsbriefe an Künstler bekannt, und im 16. Jahrhundert war die Nobilitierung eine Auszeichnung, mit der ein erfolgreicher Hofkünstler fast rechnen konnte.[4] Das hängt mit der Anerkennung der intellektuellen Dimension der künstlerischen Arbeit zusammen, d. h. mit der Auffassung, daß die bildenden Künste zu den freien und nicht zu den mechanischen Künsten gezählt werden sollten. Diese Forderung hatten Künstler und Kunsttheoretiker seit der Renaissance erhoben, und sie setzte sich jetzt in ganz Europa durch. Die Adelsbriefe an Künstler müssen aber auch vor dem Hintergrund gesehen werden, daß die Fürsten in immer stärkerem Maße auf die Kompetenz qualifizierter Architekten und Künstler angewiesen waren, um einen zeitgemäßen, repräsentativen Rahmen für ihre Machtausübung zu schaffen. In der Standesgesellschaft des 16. und 17. Jahrhunderts war die Verleihung von Adelstiteln ein natürliches Mittel, Künstler an sich zu binden und in angemessener Form in die Hierarchie der Hofhaltung einzugliedern. Wie bekannt, hatten die Vorgänger Rudolfs II. auf dem Kaiserthron bereits fleißigen Gebrauch von diesem Mittel gemacht. Am bekanntesten ist wohl die Verleihung des Pfalzgrafentitels an Tizian durch Karl V.

Betrachtet man die Praxis Rudolfs II. in dieser Hinsicht etwas näher, so fällt auf, daß der erste Künstler, der von ihm geadelt wurde, der Architekt Antonio Lupicini war (1579). Später hat er auch die Architekten Ulrich Austalis de Sala und Johannes Garqiolli geadelt.[5] Schon darin zeigt sich, daß das weitverbreitete Vorurteil, Rudolf II. habe sich für Architektur nicht interessiert, unbegründet ist.

Die ersten Maler, die geadelt wurden, waren Giovanni Contarini und Giuseppe Arcimboldo (1580). Als einziger Bildhauer wurde 1588 Giovanni Bologna, der nie am Hofe Rudolfs II. arbeitete, in den Adelsstand erhoben. Für die besondere Wertschätzung, die Rudolf II. für die Steinschleiferkunst und für technische Ingeniosität überhaupt hegte, zeugen die Adelsbriefe an Caspar Lehmann und Ottavio Miseroni. Vor diesem Hintergrund ist es um so bemerkenswerter, daß weder Adrian de Vries noch einer der vielen hervorragenden Goldschmiede, die für Rudolf arbeiteten, in den Adelsstand erhoben wurden. Das kann wohl nur damit erklärt werden, daß nach Auffassung der Zeit das handwerkliche Element in diesen Disziplinen allzusehr im Vordergrund stand.

Der Kaiser nahm persönlich großen Anteil an der Arbeit der Meister und scheint auch selbst die Goldschmiedekunst und vielleicht noch andere ausgeübt zu haben. Auch darin war er aber keine Ausnahme unter den Fürsten seiner Zeit. Kunsthandwerkliche Tätigkeiten, wie z.B. Drechseln, gehörten vielmehr zu den bevorzugten Beschäftigungen fürstlicher und adeliger Personen. In seinen vielseitigen künstlerischen und wissenschaftlichen Interessen, die auch die eigene praktische Ausübung mit einschlossen, und auch in seiner Geschmacksrichtung weist Rudolf II. große Ähnlichkeit vor allem mit dem Medici-Herzog Francesco I. auf.

Viele Künstlerwerkstätten befanden sich in der Burg, in der auch einige Künstler und Handwerker ihre Wohnungen hatten. Andere wohnten und arbeiteten in der Stadt. Von Bartholomäus Spranger, der ein großes Haus auf der Kleinseite unterhalb der Burg besaß, berichtet Karel van Mander, daß der Kaiser ihn in seinen Gemächern arbeiten ließ und ihn oft bei der Arbeit beobachtete. Diese Behauptung wird auch von anderen Seiten bestätigt und dürfte jedenfalls zu einem gewissen Grade wahr sein. Man sollte aber den Toposcharakter der Erzählung nicht übersehen. Berichte über Freundschaftsverhältnisse zwischen Maler und Fürst dienten dazu, den Rang der Kunst und des Künstlers ganz allgemein hervorzuheben. Gleichzeitig werden Künstler und Fürst in die Nähe der großen historischen Vorbilder – Alexander der Große und Apelles – gerückt, von denen Karel van Mander in Anlehnung an Plinius erzählte, Alexander habe täglich Apelles besucht, um ihn arbeiten zu sehen.[6]

Die Vielzahl hervorragender Künstler, die am Prager Hofe tätig waren, erhöhten das kaiserliche Prestige. Sie produzierten nicht nur Werke, die dem Hofleben äußeren Glanz verliehen bzw. als ständig benötigte wertvolle diplomatische Geschenke dienen konnten; bereits ihr Dasein am Hofe verlieh der Residenz einen gewissen Glanz. Nach dem Vorbild von Städten wie Florenz, Rom und Venedig diente die Existenz einer ›Schule‹ dem Ort zum Ruhme. Wenn daher ein Abkommen zwischen dem Kaiser und dem Kurfürsten von Sachsen getroffen wurde, daß begabte junge Künstler aus Sachsen nach Prag geschickt werden sollten, um sich dort in der Kunst zu vervollkommnen, war das ein Ausdruck dafür, daß die kaiserlichen Hofwerkstätten großes Ansehen genossen.

Vor diesem Hintergrund mag es überraschen, daß der Prager Hof, anders als z.B. der Medicihof in Florenz, keine Akademiegründung hervorgebracht hat. Der Grund dafür kann, wie wir gesehen haben, nicht in mangelnder Anerkennung der Kunst und sicher auch nicht im fehlenden Selbstbewußtsein der Künstler liegen. Betrachtet man die Bedingungen, unter denen die ersten Akademien entstanden sind, etwas näher, so lassen sich aber vielleicht einige denkbare Gründe für das Ausbleiben einer Akademiegründung in Prag finden. In Florenz z.B. ging die Gründung auf die Initiative einiger Künstler zurück, die in einer solchen Institution ein Mittel sahen, ihre soziale und berufliche Stellung sowohl dem Herzog als auch den übrigen Handwerksberufen gegenüber zu stärken. So gesehen war die Gründung der Florentiner Akademie ein folgerichtiger Schritt in Richtung hin zur Verwirklichung der Künstlerideologie der Renaissance. Vom Standpunkt des Herzogs aus dürften andere Beweggründe mehr im Vordergrund gestanden haben. Für ihn war die Akademie vor allem ein Instrument, um die Künstlerschaft zu organisieren und sie um so effizienter bei der Durchführung der großen künstlerischen Unternehmungen, wie z.B. der Ausschmückung des Palazzo Vecchio oder der Gestaltung von Einzügen und anderen Festivitäten einsetzen zu können. So gesehen erhält die Akademie einen Zug von staatlicher Behörde, was zu den Bestrebungen Herzogs Cosimo I. gut paßt, die ganze staatliche Verwaltung zu reorganisieren.

In Prag waren diese Voraussetzungen offensichtlich nicht gegeben. Große Gemeinschaftsprojekte, wie sie in Florenz unter Cosimo I. und Francesco I. fast die Regel waren, die eine sorgfältige Planung unter der Leitung eines Künstler- und Beratergremiums verlangten, fehlten weitgehend in Prag. Es gibt daher auch keinen leitenden, für alles verantwortlichen Hofkünstler am Prager Hofe, wie es Giorgio Vasari und nach ihm Buontalenti am Medicihof und zu einem gewissen Grade Arcimboldo am Hofe Maximilians II. gewesen waren. Vielleicht spielte es auch auf einer tieferen oder allgemeineren Ebene eine gewisse Rolle, daß dem Reich im Vergleich zum modernen Territorialstaat Toscana noch recht altertümliche, feudale Züge eigen waren.

So erscheint es auch nur folgerichtig, daß die rudolfinische Kunst keine eigene Theorie formuliert hat. Auch in dieser Beziehung gab es keinen Vasari in Prag. Da die Künstler ohne Legitimationszwang arbeiteten und auch nicht gezwungen waren, z.B. Akademiestatuten zu verfassen, gab es auch kein Bedürfnis nach einer theoretischen Klärung der künstlerischen Ziele und Vorstellungen. In gewisser Weise kann aber der zwar weitab von Prag in Haarlem wirkende, aber mit vielen rudolfinischen Künstlern gut bekannte Karel van Mander als ein Sprachrohr ihrer Kunstauffassung gelten.

In ihren Werken haben die Künstler des rudolfinischen Kreises allerdings ihre Kunsttheorie in allegorischer Form niedergelegt. Wenn die Personifikationen der Künste im Gefolge Minervas in Sprangers Allegorie der Weisheit auftreten, wenn Hans von Aachen das Thema ›Minerva führt die Malerei zu Apoll und den Musen‹ zeichnet oder wenn Adrian de Vries den Kaiser als Förderer der Künste verherrlicht, geht es immer auch darum, den Rang der bildenden Künste als freie Künste zu behaupten.

Wenden wir uns nun der Kunst selbst zu, die am Hofe Rudolfs II. entstanden ist. Was kennzeichnet die Kunst des rudolfinischen Hofes? Gibt es eine rudolfinische Kunst?

Zunächst sei festgestellt, daß die Bildkünste am rudolfinischen Hofe stilistisch und thematisch wenig einheitlich sind. Wir finden manieristisch-elegante mythologische Darstellungen neben realistischen Landschaftsbildern, Stilleben und derben Genreszenen. Wie wir gesehen haben, entspricht dies fast verblüffend genau der Zusammensetzung der Bestände an älterer Kunst in der Sammlung Rudolfs II. Interessant ist es auch festzustellen, welche Themenkreise selten sind oder ganz fehlen. Bemerkenswert ist z. B., daß reine Historienmalerei recht selten vorkommt. Die Ausnahme bildet der Zyklus mit Darstellungen der Kriegsereignisse in Ungarn, in dem aber das allegorische Element viel stärker ist als das faktisch-historische. Bezeichnend ist auch, daß religiöse Darstellungen nur spärlich zu finden sind. Ein Vergleich mit dem benachbarten Hof in München macht dies besonders deutlich.

In der stilistischen Vielfalt der rudolfinischen Kunst kommen die Hauptrichtungen der europäischen Kunst um 1600, die italienische *maniera* ebenso wie der niederländische Realismus, zum Ausdruck. Es wäre allerdings verkehrt, den Grund dafür in der Herkunft der Künstler zu suchen. Der Stilpluralismus, oder besser gesagt Stildualismus, entspricht viel mehr einer damals allgemein verbreiteten Auffassung, daß verschiedene Themen verschiedene Stile verlangten. Bot der idealisierende, von der Realität abgehobene Stil der italienischen *maniera* die adäquate Form für die Mythologien und Allegorien, so mußte der derbe Realismus der Bruegeltradition Darstellungen aus den niederen Bevölkerungsschichten gemäß sein, während sich die Pflanzen- und Tiermalerei gerne an dem minuziösen Realismus der Dürerzeit orientierte. Es ist charakteristisch, daß im Œuvre von Künstlern wie Spranger, Hans von Aachen oder Joseph Heintz alle Stilrichtungen vertreten sind – bei diesen Künstlern war die Stilwahl also ein durchaus bewußter Prozeß.

Wir haben darauf hingewiesen, daß die rudolfinische Kunst keine eigene Theorie formuliert hat. Einen Kommentar dazu, wie die Künstler selbst oder ihre Umgebung den hier angesprochenen Stilpluralismus auffaßten, können wir also nicht erwarten. Seine theoretische Reflexion aber findet dieses Phänomen in Karel van Manders Schilderboek, wenn er von den zwei Wegen, Kunst zu schaffen, nämlich ›naar het leven‹ bzw. ›uyt den geest‹, spricht.[7]

Dieser Stildualismus war nicht nur für die Prager Hofkunst typisch, sondern kann als charakteristisch für die Zeit um 1600 überhaupt gelten: Ein Blick auf das Œuvre von Künstlern wie Giovanni Bologna oder Jacopo Ligozzi in Florenz oder Annibale Carracci in Rom kann davon überzeugen, daß es in Italien im Prinzip nicht viel anders war als in den Niederlanden oder in Prag. Besondere Aufmerksamkeit verdient in diesem Zusammenhang eine retrospektive Tendenz, die zwar auch ein allgemeines Phänomen der Zeit um 1600 war, in Prag aber besonders wichtig gewesen zu sein scheint. Diese retrospektive Tendenz kann auch als ›Dürer-Renaissance‹ bezeichnet werden, es handelt sich nämlich vor allem um bewußte Rückgriffe auf Themen und Formen der Dürerzeit. Es lassen sich mehrere Gründe dafür nennen. Das große Interesse Rudolfs II. an Dürer und seine Bemühungen, möglichst viele von dessen Arbeiten für seine Sammlung zu erwerben, hing wohl nicht zuletzt mit der Tatsache zusammen, daß Dürer im Dienste Kaiser Maximilians I. gestanden hatte, der in vieler Hinsicht ein Vorbild für Rudolf II. war. Ein weiterer Grund mag sein, daß Dürer als der erste deutsche ›Klassiker‹ gelten konnte, d. h. als Äquivalent zu den großen Italienern Leonardo, Raffael und Michelangelo. Schließlich darf nicht übersehen werden, daß der Fähigkeit, den Stil eines anderen Künstlers und einer anderen Zeit nachzuahmen, in der Kunstauffassung der Zeit um 1600 ein besonderer Wert beigemessen wurde. Zu der Stilvielfalt der rudolfinischen Kunst trug schließlich auch die Tatsache wesentlich bei, daß kein einzelner Künstler eine Position innehatte, der sich die anderen unterwerfen mußten.

Aus einer etwas entfernteren Perspektive gesehen, meint man allerdings trotz aller Betonung der Vielfalt auch recht große Ähnlichkeiten der rudolfinischen Künstler untereinander zu erkennen. So bilden z. B. die Figurenmaler Spranger, Hans von Aachen und Joseph Heintz in stilistischer Hinsicht eine relativ einheitliche Gruppe, was sowohl mit ihrem gleichartigen Werdegang (vor allem mit den Studienjahren in Italien) als auch mit der unvermeidlichen gegenseitigen Beeinflussung in Prag zu tun hat. Schon Karel van Mander hat beobachtet, wie die Ankunft Hans von Aachens in Prag Bartholomäus Spranger zu einer Bereicherung seines Kolorits anregte. Vergleichbar ist auch das Verhältnis der Landschafts- und Stillebenmaler zueinander: Es verlangt z. B. recht viel Übung, um Landschaften von Pieter Stevens und Roelant Savery voneinander zu unterscheiden.

Die gegenseitige Beeinflussung der Prager Künstler vollzog sich auch über die Gattungsgrenzen hinweg. So lassen sich z. B. enge und vielfältige stilistische und motivische Beziehungen zwischen Adrian de Vries und den Malern Spranger und Hans von Aachen nachweisen. Charakteristisch für die rudolfinische Hofkunst ist auch die Vielseitigkeit der einzelnen Künstler. Das bemerkenswerteste

Beispiel dafür ist wohl Paulus van Vianen, der zugleich einer der führenden Goldschmiede und ein hervorragender Landschaftszeichner war. Von Spranger wissen wir, daß er nicht nur malte, sondern auch Plastiken schuf, und Joseph Heintz war, wie vor ihm sein italienischer Kollege Giorgio Vasari, sowohl Maler als auch Architekt. Diese Liste ließe sich beliebig verlängern.

Fassen wir zusammen: Die Prager Hofkunst zur Zeit Rudolfs II. gehört einer international geprägten Epoche der Kunstgeschichte an, der Epoche zwischen Manierismus und Barock. Stilbestimmende Faktoren waren der italienische Manierismus und der niederländische Realismus vor allem der Bruegeltradition. Die wichtigsten Prager Hofkünstler waren niederländischer oder deutscher Abstammung und also mit der niederländischen Tradition vertraut. Die meisten von ihnen hatten aber auch mehrere Jahre in Italien, vor allem in Rom und Florenz, verbracht und waren in der italienischen Kunst heimisch geworden. Darin unterscheiden sie sich allerdings nicht von den Künstlern an anderen europäischen Höfen, wie z. B. Friedrich Sustris, Peter Candid oder Hubert Gerhard in München. Ein verbindender Faktor waren auch die Wanderungen der Künstler von einem Hof zum anderen. Als Beispiel seien Hans von Aachen, Joris Hoefnagel und Paulus van Vianen genannt, die am Münchener bzw. Salzburger Hof tätig waren, ehe sie nach Prag gingen.

Ihre Eigenart, oder besser gesagt ihre spezifischen Eigenarten, erhielt die Prager Hofkunst durch die besonderen Begabungen und Eigenschaften der einzelnen Künstler und durch die Art, wie sie in ihrer Kunst aufeinander reagierten, nicht zuletzt aber durch die Persönlichkeit des Kaisers selbst. Bei der mutmaßlich sehr engen Beziehung, die zwischen Künstler und Auftraggeber in Prag herrschte, mußten die Vorlieben und Wünsche des Kaisers in vielfältiger und auch subtiler Weise die Arbeit der Künstler prägen. Das gilt nicht nur für die Thematik der Kunstwerke, die an sich oft sehr persönlich auf den Kaiser abgestimmt ist, sondern ebensosehr im stilistischen und auch technischen Bereich. Dabei weist die Prager Hofkunst außerordentlich hohe Qualität auf. Die Erzeugnisse der Goldschmiede- und Steinschleiferkunst besitzen Feinheiten in der Gestaltung, die nur bei genauester Betrachtung gewürdigt werden können. Die Feinmalerei eines Joris Hoefnagel oder Hans Hoffmann verleiht durch äußerste Genauigkeit in der Darstellung und subtiles Einfühlungsvermögen in das Wesen von Pflanzen und Tieren ihren scheinbar schlichten Motiven eine suggestive Bedeutsamkeit. Dies alles und ebenso die sensuellen malerischen Reize der mythologischen Darstellungen, die großzügige Virtuosität, die ›Sprezzatura‹ der Zeichnungen von Spranger und Hans von Aachen oder die damit vergleichbare virtuose Komposition und Modellierung der Bronzeplastiken von Adrian de Vries beweisen, daß die Prager Hofkünstler für einen Auftraggeber arbeiteten, der es verstand, ihr Können und ihre Virtuosität in all ihren Feinheiten voll zu würdigen.

Der gedankliche Gehalt der Prager Hofkunst ist gewiß bedeutend, anspruchsvoll und oft auch bewußt schwer zugänglich, vor allem dort, wo die Kunst sich mit naturphilosophischen Spekulationen und der Alchimie berührt. Es bedeutet auch keine Abwertung dieser Seite der Kunst, wenn wir ihre formalen und sensuellen Qualitäten hervorheben. In Wirklichkeit ist es wohl eher so, daß gerade die Fähigkeit, die Geheimnisse der Natur und die wunderbaren Leistungen des menschlichen Geistes mit Hilfe hochentwickelter Kunstfertigkeit und über den Weg der Sinneswahrnehmung erfahrbar zu machen, eine der spezifischen Qualitäten der Prager Hofkunst darstellt.

Anmerkungen

1 Karel Van Mander, Das Lehrgedicht, hrsg. von R. Hoecker (Quellenstudien zur holländischen Kunstgeschichte VIII.), Den Haag 1916, S. 5.

2 R. J. W. Evans, Rudolf II. and His World (1973), Oxford 1984, S. 44 f.

3 Gustav René Hocke, Die Welt als Labyrinth. Manier und Manie in der europäischen Kunst (rororo), Hamburg 1957.
Werner Hofmann, Zauber der Medusa. Europäische Manierismen. Ausstellungskatalog, Wien 1987.

4 Martin Warnke, Hofkünstler. Zur Vorgeschichte des modernen Künstlers, Köln 1985, S. 202 ff.

5 Warnke, op. cit., S. 218 f. gibt eine tabellarische Zusammenstellung der geadelten Künstler.

6 Van Mander, op. cit., S. 31.

7 E. K. J. Reznicek, Realism as a »Side Road or Byway« in Dutch Art. In: Studies in Western Art III. The Renaissance and Mannerism. (Acts of the 20th international congress of the history of art), Princeton 1963, S. 247 ff.

Kaiser Rudolf II. in Prag: Persönlichkeit und imperialer Anspruch

Herbert Haupt

Das 16. Jahrhundert war wie kaum ein anderes reich an bahnbrechenden Ideen, die den Weg in eine neue Zeit wiesen. Dies gilt für die Politik und die Religion in gleichem Maße wie für die Welt der Wissenschaft und für die Kunst. Kaiser Rudolf II. (1552–1612) markiert in der Reihe außergewöhnlicher Persönlichkeiten gleichsam den End- und Wendepunkt hin zu einer neuen Geisteshaltung, die den partikularistischen Tendenzen zum entscheidenden Sieg über den mittelalterlich religiös begründeten Universalismus verhalf. Pointiert gesagt: Niemand nähert sich der Person Rudolfs II., ohne einer ganz eigenen Faszination zu erliegen. Vermutlich ist das auch der Grund dafür, daß die Persönlichkeit Kaiser Rudolfs II. zum Gegenstand so vieler historischer Untersuchungen geworden ist, wie es sie nur für wenige Herrscher der frühen Neuzeit gibt.[1] Die lange und ereignisreiche Regierungszeit Rudolfs ist nicht nur von den Zeitgenossen, sondern auch von der historischen Forschung der späteren Jahrhunderte widersprüchlich beurteilt worden. Von kaum einem anderen Herrscher existiert eine solche Fülle historischer Klischees, die unüberprüft von Generation zu Generation übernommen worden sind und ein ganz bestimmtes Bild Kaiser Rudolfs II. erzeugt haben. Der Sonderling und im Hradschin zurückgezogene Alchimistenfreund, der die Beschäftigung mit okkulten Phänomenen und geheimnisvollen Kräften der Natur einem tatkräftigen und energischen Handeln im Sinne der Staatsraison des 19. Jahrhunderts vorzog[2], ist ein ebenso unausrottbarer Topos wie die Vorstellung vom schizophrenen, erotomanen und entscheidungsunfähigen Herrscher, der zum willenlosen Spielball der politischen Kräfte der Zeit wurde.[3] Derart pauschale Aussagen können der vielschichtigen und komplexen Persönlichkeit Rudolfs selbstverständlich nicht gerecht werden, wenn sie auch Streiflichter auf Teilbereiche der Persönlichkeit und auf einzelne Abschnitte im Leben Kaiser Rudolfs II. werfen. Nicht selten reduziert sich dabei die Beschäftigung mit der Person Rudolfs II. fast ausschließlich auf die Frage nach dem Grad seiner Geisteskrankheit, deren Existenz als gesichert angenommen wird und als einzige Erklärung für unverstandene Verhaltensweisen dient. Zu dieser einseitigen und damit falschen Einschätzung Kaiser Rudolfs II. hat ohne Zweifel auch der Umstand beigetragen, daß für die historische Forschung bisher vorrangig die Jahre des sogenannten ›Bruderzwistes‹ von Interesse gewesen sind, in denen der mit dem Scheitern seiner politischen Vorstellungen konfrontierte Rudolf unbestritten in steigendem Maße mit psychischen Problemen zu kämpfen hatte. Ein zweiter Grund für die Fehleinschätzung liegt darin, daß der Sammelleidenschaft des Kaisers, seiner Liebe zum Schönen und dem Bestreben, in allem nur das qualitativ Beste zu besitzen, bisher ein bloß kunst-, bestenfalls noch ein geisteswissenschaftlicher Stellenwert beigemessen worden ist. Dabei wird aber die politische Dimension übersehen, die den Sammlungen Rudolfs als Abbild seiner hohen Auffassung von der Kaiserwürde zukommt, worin ein wesentlicher Ansatzpunkt zum Verständnis der Persönlichkeit des Kaisers liegt. Wer immer sich nach genauem Quellenstudium unvoreingenommen mit den 36 Jahren der Regentschaft Rudolfs II. auseinandersetzt, wird das gängige Vorurteil von Rudolf als dem Kaiser, der die Zügel schleifen ließ und sich ausschließlich wissenschaftlich-gelehrten Interessen sowie seinen Kunstsammlungen widmete, in nur eingeschränktem Maße bestätigt finden.[4] Von Desinteresse oder einer krankhaft bedingten Absenz Rudolfs vom politischen Geschehen seiner Zeit kann, wie zu zeigen sein wird, kaum in einer Phase seiner Regierungszeit gesprochen werden.

Wie bei jedem Menschen haben auch im Leben Rudolfs Kindheitserlebnisse und Erfahrungen in der Jugend einen entscheidenden Einfluß auf das Werden der Persönlichkeit ausgeübt. Rudolf verbrachte acht Jahre seiner Jugend gemeinsam mit seinem Bruder Erzherzog Ernst (1553 bis 1595) am Hofe König Philipps II. (1527–1598) von Spanien in Madrid.[5] Auf Rudolfs Vater, Kaiser Maximilian II. (1527–1576)[6], ruhte die Hoffnung der protestantischen Fürsten und Stände des Reiches, die Maximilians Kompromißbereitschaft in religiösen Fragen zu ihrem Vorteil zu nutzen entschlossen waren.[7] Tatsächlich war es nur der ideologischen Zerstrittenheit des protestantischen Lagers sowie dem Festhalten des Kaiserhauses am Katholizismus zuzuschreiben gewesen, daß den Protestanten trotz des unaufhaltsam scheinenden Siegeszuges ihrer Lehre – um 1560 bekannte sich nicht einmal mehr ein Viertel der Bevölkerung des Reiches zur katholischen Religion – der entscheidende politische Erfolg und die ungehinderte Religionsausübung verwehrt geblieben waren. In Erzherzog Maximilian, einem Sohn des Kaisers Ferdinand I. (1503–1564) und der Anna von Böhmen (1503–1547), war nun erstmals auch in der habsburgischen Familie eine Persönlichkeit herangereift, deren Sympathie für die Protestanten ein offenes Geheimnis war. Tief besorgt bedrängte Rudolfs Mutter, die spanische Infantin Maria (1528–1603) ihren Gatten, die katholische Erziehung Rudolfs und der nachgeborenen Kinder zu garantieren (Abb. 1). Als die Erfolglosigkeit ihres Bemühens deutlich wurde, ging die Initiative auf Marias Bruder, König Philipp II. von Spanien, über. Unter massivem Druck willigte Maximilian 1561 schließlich ein, seine beiden ältesten Söhne, die Erzherzöge Rudolf und Ernst, am Hofe Philipps in Madrid erziehen zu lassen. Erzherzog Maximilian versuchte, die Abreise seiner Söhne so lange wie möglich zu verzögern. Als Rudolf und Ernst am 8. November 1563 im Alter von elf und zehn Jahren Wien verließen, gab ihnen der Vater Männer als Begleiter mit, die sein volles Vertrauen besaßen. Sie sollten bei den jungen Erzherzögen auch im fernen Spanien die von Toleranz und Kompromißbereitschaft gekennzeichnete Denkweise Maximilians wachhalten. Wenn dies unter dem übermächtigen Einfluß der Persönlichkeit König Philipps II. (Abb. 2) vermutlich auch nur in geringem Maße gelungen ist, verband Rudolf mit jenen Personen, die ihn und seinen Bruder in Jugendjahren nach Spanien begleitet hatten, zeit seines Lebens ein enges Vertrauensverhältnis. Erwähnt seien Adam von Dietrichstein, Dr. Johann Tonner von Truppach, der Präzeptor der Erzherzöge in Spanien, und Wolfgang Freiherr von Rumpf, der nach dem Sturz Georg Popels von Lobkowitz 1591 als Oberstkämmerer und Obersthofmeister an der Spitze des gesamten Hofwesens stand. Mit der Betrauung der obersten Hofämter durch die genannten Personen und andere Spaniengefährten war 1576 auch jene Kontinuität und Ausgewogenheit gegeben, die für den Hofstaat Kaiser Rudolfs II. bis in die späten 90er Jahre des 16. Jahrhunderts kennzeichnend war.

Als Kaiser Maximilian II. den eben aus Spanien heimgekehrten Rudolf 1571 bei der Hochzeit Erzherzog Karls von Innerösterreich (1540–1590) mit Maria von Bayern (1551–1608) in Wien wiedersah, war er – wenn wir den Quellen Glauben schenken wollen – über die veränderte Persönlichkeit und die steife Haltung seines Sohnes entsetzt. Schon 1571 charakterisierte der venezianische Botschafter in Wien, Juan Michiel Cavalier, den jungen Rudolf als einen Menschen »di poche parole«.[9] Von den Schilderungen aus späterer Zeit vermag abermals jene des venezianischen Botschafters – diesmal in Prag –, Francesco Soranzo, die Persönlichkeit des nunmehrigen Kaisers am treffendsten zu zeichnen.[10] Soranzo beschreibt Rudolf II. 1607 als zurückgezogene, scheue und etwas furchtsame Person, der jede Art von Lärm merkbar zuwider sei. Neuerlich wird hervorgehoben, daß Rudolf bei aller Zugänglichkeit im persönlichen Gespräch von sich aus nur wenig rede und dies mit Vorliebe in seiner Muttersprache, wiewohl er mehrere Sprachen verstehe und das Spanische ihm von Jugend an in Wort und Schrift geläufig sei. An den üblichen Unterhaltungen eines Fürsten, an der Jagd, dem Ballspiel und dem Reiten bekunde Rudolf nur ein geringes Interesse: Er sei ernst, und lachen habe man ihn nur selten gesehen, eine Eigenheit, die der Kaiser mit seinem Bruder, Erzherzog Ernst, und mit den spanischen Königen Philipp II. und Philipp III. teilte. Soranzo vergißt ebensowenig wie fast alle zeitgenössischen Schilderungen den bleibenden tiefen Eindruck hervorzuheben, den Rudolfs Persönlichkeit bei allen erzeuge, die dem Kaiser bei Audienzen oder bei anderen Gelegenheiten begegnet seien. Dieses nicht vereinzelt dastehende Bild der Persön-

1 Giuseppe Arcimboldo, Familie des Erzherzogs Maximilian II. (im Hintergrund Rudolf II.). 1553
Wien, Kunsthistorisches Museum, Gemäldegalerie

2 Pompeo Leoni, König Philipp II. von Spanien. Silber bemalt, um 1556
Wien, Kunsthistorisches Museum, Sammlung für Plastik und Kunstgewerbe

lichkeit Rudolfs erhält seinen besonderen Reiz durch die Zeit seiner Entstehung 1607 – in einer Phase, in der der Kaiser politisch wie menschlich sich zusehends in die Defensive gedrängt und mit dem drohenden Scheitern seines Lebenswerkes konfrontiert sah.

Der 8jährige Aufenthalt des jugendlichen Rudolf in Spanien scheint neben vielen anderen Erlebnissen vor allem in zweierlei Weise für das Leben des späteren Kaisers prägend gewesen zu sein. Rudolf wurde am Hofe König Philipps II. mit der in Madrid noch ganz präsenten beherrschenden Persönlichkeit des 1558 verstorbenen Kaisers Karl V. (1500–1558) vertraut.[11] Dessen Auffassung von der absoluten Würde des Kaisertums muß auf Rudolf einen bleibenden Eindruck gemacht und Vorbildcharakter angenommen haben. Der Rückgriff Rudolfs auf Kaiser Karl V. ist unverkennbar und dokumentiert sich auf vielerlei Weise. Es sei hier nur auf die imposante, von Adrian de Vries 1603 gegossene Bronzebüste hingewiesen (Kat. Nr. 57), die Kaiser Rudolf II. als siegreichen römischen Imperator darstellt und die gleichsam als Gegenstück zur Büste Kaiser Karls V. von Leone Leoni konzipiert ist, die Rudolf 1600 erworben hatte. Daneben verehrte Rudolf aber auch Maximilian I. und Karl IV., deren kaiserliche Selbstdarstellung für ihn zum Vorbild wurde. Die bewußt erfolgte Hinwendung Rudolfs zur vorreformatorischen Zeit und seine Vorliebe für die Kunst Albrecht Dürers werden ihren Einfluß auf die in der 2. Hälfte des 16. Jahrhunderts einsetzende Rezeption der Kunst der Zeit Kaiser Maximilians I. nicht verfehlt haben.[12] Das unter König Philipp II. in Madrid verbindlich vorgeschriebene sogenannte ›spanische‹ Hofzeremoniell hat das äußere Erscheinungsbild Rudolfs deutlich geprägt. Es entsprach seiner Auffassung von der erhabenen, über den Dingen stehenden Kaiserwürde ebenso wie es seiner Neigung zur Repräsentation als Ausdruck erhabener Distanz entgegenkam. Verbunden mit dem ihm eigenen introvertierten Charakter ließ das von Rudolf zeit seines Lebens geübte spanische Hofzeremoniell den Kaiser gravitätisch, unnahbar, ja arrogant erscheinen und war nicht dazu angetan, das nie ganz störungsfreie Verhältnis Rudolfs seiner Familie gegenüber zu entspannen.[13] Der von Rudolf gewollt repräsentierte Typus des universalen Kaisers bedeutete für seine jüngeren Brüder eine Belastung, die immer unerträglicher wurde, je weiter sich Rudolfs Anspruch von der politischen Gegebenheit entfernte.

Unbestritten ist aber, daß die von der würdevollen Last des Kaisertums gezeichnete Persönlichkeit Rudolfs den meisten seiner Zeitgenossen Respekt, Anerkennung, ja Verehrung abrang. Wenn auch das spanische Hofzeremoniell dem Charakter Kaiser Rudolfs II. entsprach, so war er kein Freund der spanischen Wesensart, was nicht verhinderte, daß er sich nach spanischer Mode kleidete und sich immer wieder der spanischen Sprache bediente. Die starke und kompromißlose Haltung König Philipps II.[14] hat bei Rudolf zunächst verständliche Bewunderung, schon bald aber die nicht unbegründete Sorge hervorgerufen, die Hegemonie Spaniens könnte sich zu einer politischen und ideellen Belastung für die Kaiserwürde entwikkeln. Rudolf sah diese Befürchtung bald überall bestätigt, wo spanische und kaiserliche Interessen einander real gegenüberstanden. Zur Entfremdung wird auch das auf Initiative Philipps entstandene Projekt der Heirat Rudolfs mit der spanischen Infantin Isabella Clara Eugenia (1566–1633) beigetragen haben, das der Kaiser fast drei Jahrzehnte hindurch vor sich herschob, ohne sich zu einer Entscheidung durchringen zu können. Als König Philipp seine Tochter Isabella schließlich Rudolfs jüngerem Bruder Erzherzog Albrecht (1559–1621) vermählte, war es nur dem diplomatischen Geschick und dem Ansehen des spanischen Botschafters in Prag, Guillén de San Clemente, zu verdanken, daß ein offener Bruch zwischen Spanien und dem persönlich schwer getroffenen Rudolf vermieden wurde. Rudolfs Scheu vor der Ehe, die ihn bis zu seinem Lebensende begleitete und noch andere Heiratspläne und -absprachen zunichte machte[15], hatte nicht primär physische Ursachen – der Kaiser war Vater zahlreicher leiblicher Kinder[16] –, vielmehr lag ihr auch die Angst zugrunde, durch die Vermählung in zu große politische und im Falle Spaniens auch religiöse Abhängigkeit zu geraten, was mit Rudolfs Auffassung von der für sich allein stehenden Macht des Kaisertums unvereinbar war.

Der Versuch, die für das weitere Leben mitentscheidenden Jugenderlebnisse Rudolfs in Spanien aufzuzeigen, kann nicht an der Frage nach den religiösen Auswirkungen vorbeigehen, die Rudolfs Aufenthalt am Hofe König Philipps II. mit sich gebracht haben. Es war Philipps erklärtes Ziel, die in protestantenfreundlicher Atmosphäre in Wien aufgewachsenen Erzherzöge zu streng katholischen Fürsten zu erziehen, die sich ihrer gottgewollten Aufgabe und Sendung bewußt waren, dem Papst und der katholischen Kirche in einer Zeit schicksalhafter Bedrohung zum entscheidenden Sieg zu verhelfen. Tatsächlich war dem militant-politischen Katholizismus spanischer Prägung, wie er am Hofe Philipps II. praktiziert wurde, eine Dynamik eigen, die in gleicher Weise begeisternd und beängstigend war. Anders als sein Bruder Ernst, der beständig und konsequent um die Rückgewinnung der ihm anvertrauten Länder ob und unter der Enns zum Katholizismus bemüht war, geriet Rudolf im Verlaufe seines Lebens immer mehr in religiöse Zweifel. Der vom absoluten Anspruch der Kaiseridee durchdrungene Rudolf neigte zusehends der Auffassung zu, daß der Kaiser über allen Problemen, also letztlich auch über dem Konfessionsstreit zu stehen habe. Da Rudolf, sieht man von wenigen Jahren ab, aus diesem Grunde nicht bereit war, aktiv in den Glaubenskampf einzugreifen, galt er schließlich beiden Lagern, den Protestanten ebenso wie den Katholiken, als ein wenig zuverlässiger Partner. Es ist bekannt, daß Kaiser Rudolf II. dem spanisch-jesuitischen Katholizismus wegen der ihm innewohnenden Intoleranz ablehnend gegenüberstand. Dessen Enge, die dem persönlichen Intellekt kaum eigenen Spielraum gewährte, bedeutete nicht nur für Rudolf, sondern für viele seiner Zeitgenossen ein unüberwindbares Hindernis in dem Bestreben, durch die Erforschung der belebten und unbelebten Natur und ihrer Geheimnisse der als letztes und höchstes Ziel menschlichen Strebens angesehenen Pansophie näher zu kommen.[17] Dem doktrinären Katholizismus stand ein in sich zerstrittener Protestantismus gegenüber, der immer mehr in Gefahr geriet, von der reinigenden Lehre Martin Luthers zum politischen und religiösen Sektierertum abzugleiten. Die Aufsplitterung des Protestanismus in kleine und kleinste einander heftig bekämpfende Gruppierungen mußte der Auffassung Rudolfs von der notwendigen Einheit des Reiches widerstreben. Rudolf hat unter der persönlichen religiösen Heimatlosigkeit gelitten. Sie dürfte neben anderen Erlebnissen die vererbte Schwermut und ›melancholia‹ des Kaisers zu jenen Depressionen vertieft haben, die Rudolf in den späteren Jahren schwer zusetzten.[18]

In ursächlichem Zusammenhang damit steht Rudolfs Verhältnis zum Papsttum. Mit dem Namen Kaiser Rudolfs II. hat die Geschichtsschreibung in vereinfachender Weise den Begriff der Gegenreformation verbunden. Dabei ist freilich zwischen zeitlicher Koinzidenz und persönlicher Anteilnahme zu unterscheiden. Tatsache ist, daß Kaiser Rudolf II. nur sporadisch und in fünf Jahren seiner langen Regierungszeit eine aktive Politik im Sinne der Gegenreformation betrieben hat.[19] Die Gründe für dieses Zwischenspiel der Jahre 1600 bis 1605 waren ebenso politischer wie religiöser Natur. Der Kaiser war von der Dynamik und der geistigen Kraft des im Erstarken begriffenen Katholizismus beeindruckt und mag darin auch eine Möglichkeit gesehen haben, der sich abzeichnenden Rebellion seiner jüngeren Brüder politisch entgegenzuwirken. Die Hoffnung, die Rudolf in diese neue katholische Bewegung gesetzt hatte, wich aber bald großer Enttäuschung. Vor allem das militante Auftreten der von Rudolf gehaßten Jesuiten in Oberungarn und Siebenbürgen führte zu einem abrupten Positionswechsel.[20] So wie Rudolf dies schon in den Jahren 1576 bis 1600 getan hatte, steuerte er ab 1606 in Religionsfragen wieder einen gemäßigteren Kurs, der an die kompromißbereite Haltung seines Vaters Maximilian erinnert.

Die wachsende Abneigung, die Kaiser Rudolf II. im Verlauf seiner Regierung für das Papsttum empfand, kann gleichsam als eine Triebfeder seiner Politik angesehen werden. Hatte Rudolf während der ersten Jahre seiner Regierung dem Meßopfer noch regelmäßig beigewohnt und an öffentlichen Prozessionen teilgenommen, so änderte sich sein Verhalten später so sehr, daß der Papst ihn persönlich beglückwünschte, wenn er erfahren hatte, daß Rudolf wieder einmal in kleinem Kreise kommuniziert habe. Eine wichtige Ursache für das sich stets verschlechternde Verhältnis zwischen Prag und Rom war das in der 2. Hälfte des 16. Jahrhunderts wiedererstarkte Selbstbewußtsein des Papsttums. Starken Persönlichkeiten, wie den Päpsten Gregor XIII. (1572–1585) und Clemens VIII. (1592 bis 1605) war es im Verein mit Spanien gelungen, die gefährdete Position des Katholizismus sukzessive wieder zu festigen. Der ›ecclesia triumphans‹ war mit der Rückkehr König Heinrichs IV. von Frankreich 1593 zur katholischen Kirche ein spektakulärer Erfolg beschieden, dessen Signalwirkung für die deutschen und böhmischen Länder hoch war. Im gesteigerten päpstlichen Selbstbewußtsein lag der entscheidende Gegensatz zu Kaiser Rudolf II., der sich das angestammte Recht auf Einspruch in kirchlichen Fragen seiner Länder nicht nehmen lassen wollte. In zunehmendem Maße sah sich Rudolf in die Rolle des Zweiten gedrängt und den in der Theorie nie aufgegebenen Anspruch, oberster Schutzherr der Kirche zu sein, bedroht. Die etwa ab 1600 immer spärlicher werdende finanzielle Unterstützung, die Papst Clemens VIII. für die heftig geforderte Fortsetzung des Türkenkrieges gewährte[21], erbitterte Kaiser Rudolf II. so sehr, daß die päpstlichen Nuntien oft monatelang auf einen Audienztermin warten und in dieser Zeit vom vertrauten Umgang des Kaisers mit den Gesandten anderer, oft auch protestantischer Fürsten erfahren mußten.

Dem 1571 aus Spanien an den Wiener Hof zurückgekehrten Rudolf hatte Kaiser Maximilian II. die ›Rudolfsburg‹, das heißt den später als Amalienburg bezeichneten und im Auftrag Kaiser Rudolfs II. ausgebauten Trakt der Wiener Hofburg, als Kronprinzenresidenz zugewiesen.[22] Waren es in Spanien neben kulturellen auch starke politische und religiöse Eindrücke gewesen, die für Rudolfs weiteres Leben Bedeutung erlangten, so waren es in Wien vor allem die Kontakte mit dem Künstler- und Gelehrtenkreis, den Kaiser Maximilian II. um sich geschart hatte, die Rudolf nachhaltig beeinflußten.[23] Viele der am Wiener Hof unter Maximilian tätig gewesenen Persönlichkeiten blieben auch nach 1576 in Wien und bildeten gleichsam die Basis für die kulturelle Kontinuität in den ersten Regierungsjahres des jungen Kaisers. Namen wie Crato von Crafftheim, Giovanni Bologna, Giuseppe Arcimboldo und Antonio Abondio mögen dafür als prominente Beispiele dienen.

Die Jahre von der Regierungsübernahme Kaiser Rudolfs während des Regensburger Reichtages 1576 bis zum Ende des Jahrhunderts sind, unbeschadet wertvoller Einzeluntersuchungen, historisch nur unzureichend erforscht.[24] Ohne der noch ausstehenden Gesamtdarstellung dieses Zeitraums vorzugreifen, ergeben die vorliegenden Quellenpublikationen doch ein anderes Bild Kaiser Rudolfs II. als das üblicherweise tradierte Klischee des tatenlosen, ja unfähigen Herrschers. Weit davon entfernt, in die sicher ebenso unrichtige Gegenposition zu verfallen[25], rechtfertigen die Quellen die Aussage, daß Rudolf das schwere politische Erbe seines Vaters zwar mit der ihm eigenen vorsichtigen Bedachtnahme, die angesichts der Situation im Reich und in den habsburgischen Erblanden wohl eher als Klugheit denn als Schwäche zu bewerten ist, übernommen hat, ohne jedoch je seinen festen Willen zu verhehlen, aktiv in die Politik eingreifen zu wollen. Tatsache ist, daß Kaiser Rudolf II. an allen politischen, wirtschaftlichen, sozialen und religiösen Problemen seiner Zeit nicht nur regen Anteil genommen, sondern – wenn auch oft erfolglos – versucht hat, gestaltend auf sie Einfluß zu nehmen.[26] Einige wenige Beispiele mögen das Gesagte untermauern: Das Reich verdankte dem Kaiser nicht nur die letzte allgemein anerkannte Reichspolizeiordnung, sondern auch die sukzessive Einführung des Gregorianischen Kalenders. Rudolf griff ordnend in das Münzwesen ein, bemühte sich – wenn auch vergeblich – gemeinsam mit dem Papst um die friedliche Beilegung des Krieges in den Niederlanden und erließ Maßnahmen zum Schutze des Handels der Hansestädte gegen die Bedrohung durch England, Dänemark und Schweden. Auch stehen die Bemühungen des Kaisers außer Zweifel, durch geeignete Verordnungen die Prosperität in den eigenen Ländern zu steigern. Dazu gehörte, daß Rudolf den neu einsetzenden Aufschwung der Städte durch marktfördernde Maßnahmen begünstigte und Handel und Schiffahrt förderte. Für Böhmen und Wien erließ der Kaiser eine neue, an modernen wirtschaftlichen Gesichtspunkten orientierte Gewerbepolizeiordnung, eigene Kreisärzte wurden zur Abwehr und wirksamen Bekämpfung der Pest und anderer Epidemien angestellt. Die sogenannte ›Interimsresolution‹ Kaiser Rudolfs II. bedeutete einen Wendepunkt in den seit 1595 dauernden Bauernunruhen in Oberösterreich und beschränkte den Frondienst der Bauern auf 14 Tage im Jahr. Die Förderung des Bergbaues und der Ausbau der Straßen wird im Zusammenhang mit dem gestiegenen Bedarf an edlem Gestein und mit der bekannten Vorliebe des Kaisers für die Mineralogie zu sehen sein. Andererseits ist aber zu berücksichtigen, daß viele politische Aktivitäten Kaiser Rudolfs II. glück- und erfolglos verlaufen sind, wie etwa der unzureichend vorbereitete Versuch, die Krone Polens 1587/88 für Habsburg zu gewinnen, oder der aufgrund der falschen Einschätzung der Situation eingetretene schmerzhafte Verlust Siebenbürgens in einer entscheidenden Phase des Türkenkriegs.[27]

Rudolfs Aktivitäten und seinem Bemühen um eine auf das Wohl der Bevölkerung ausgerichtete Politik standen freilich von Anfang an die mächtigen Eigeninteressen der Stände und die ungelöste Religionsfrage entgegen.[28] Der Kaiser berief fünfmal, in den Jahren 1582, 1594, 1598, 1603 und 1608 den Reichtag ein, an denen er die ersten beiden Male in Ausgburg und Regensburg persönlich teilnahm. Rudolf scheint aber im Laufe der Zeit zur Erkenntnis gekommen zu sein, daß seine kaiserliche Autorität nicht ausreichend genug sei, um die Unversöhnlichkeit, mit der sich die beiden religiösen Lager gegenüberstanden, auszugleichen. Drei der Regensburger Reichstage fallen in die Zeit des langen Türkenkriegs 1593–1606. Die Gefahr, die die Osmanen nicht zuletzt auch für die grenznahen protestantischen Kur- und Fürstentümer bedeuteten, führte für kurze Zeit noch einmal zu einer Einigung des Reiches, die aber noch während des Türkenkriegs zerbrach, als die innere Schwäche des Osmanischen Reiches offenbar wurde und die protestantischen Stände argwöhnten, ein Sieg des Kaisers würde die Position des katholischen Lagers entscheidend stärken. Tatsächlich kam dem Türkenkrieg im Leben Kaiser Rudolfs II. eine zentrale Bedeutung zu, deren Tragweite nicht hoch genug einzuschätzen ist.[29] Rudolf erblickte in der Abwehr der Türken die Gelegenheit, seiner idealen Vorstellung vom Kaisertum die realpolitische Berechtigung zu unterlegen. Der Kaiser wollte, ja mußte den Krieg unbedingt siegreich beenden. Dieser Grundeinstellung entsprach auch der Jubel, mit dem die Siege der kaiserlichen Truppen über den Erzfeind der Christenheit vom Kaiser propagandistisch überhöht wurden. So verkündeten 1598 nach der Rückeroberung Raabs nicht nur Medaillen und Flugschriften, sondern auch hunderte steinerner ›Raaber Kreuze‹ landauf, landab den Triumph des Kaisers.[30] Andererseits kam jeder militärische Mißerfolg und jeder Rat zu einem vorzeitigen Frieden, mochte er politisch noch so günstig sein, einer für Rudolf unerträglichen Verminderung der kaiserlichen Würde gleich, ja wurde von ihm als persönliche Demütigung empfunden. Die wütende Ablehnung Rudolfs gegen den klug ausgehandelten und ehrenvollen Frieden von Zsitvatorok 1606 wird damit ebenso erklärbar wie die spätestens ab diesem Zeitpunkt sich zu purem Haß gesteigerte Aversion des Kaisers seinem Bruder Matthias und dessen Parteigängern gegenüber.[31] Das Verhältnis Kaiser Rudolfs II. zu den ihn umgebenden Menschen war wesentlich von seinem angeborenen introvertierten Wesen beeinflußt. Kompensiert und überhöht wurde die seinem Charakter entsprechende vorsichtige, bei erkannter Wahrheit aber konsequente Handlungsweise durch die Auffassung Rudolfs vom Kaisertum, das kein gleichberechtigtes Nebeneinander, sondern die unbedingte und selbstverständliche Unterordnung aller weltlichen und geistlichen Stände verlangte. Rudolf war von der gottgewollten Größe der Kaiserwürde zutiefst überzeugt und bereit, ihr jedenfalls Geltung zu verschaffen.[32] In dieser an Vorbildern wie Karl V., Maximilian I., aber auch Friedrich III. belegten Idee vom alles beherrschenden Kaiser von Gottes Gnaden liegt ein entscheidender Ansatzpunkt zum Verständnis für das gesteigerte und übertrieben erscheinende Bemühen Rudolfs, in allen Lebensbereichen das Außergewöhnliche zu erlangen. Die Tragik des Kaisers war es, nicht erkannt zu haben oder die Erkenntnis nicht wahrhaben zu wollen, daß die politische Realität seiner religiös-mittelalterlich anmutenden Auffassung von der Kaiserwürde keineswegs mehr entsprach. Das Verlangen Kaiser Rudolfs II. nach selbstverständlicher Ehrfurcht und frageloser Anerkennung des von Gott gegebenen Kaisertums mußte in einer Zeit religiöser Zerrissenheit und ständischer Machtansprüche als Anachronismus erscheinen, dem bestenfalls Respekt, nicht aber der geforderte unbedingte Gehorsam zu leisten war. Das Verhältnis des Kaisers zu seiner Familie und speziell zu seinen Brüdern bewegte sich zunächst in durchaus normalem Rahmen. Erzherzog Ernst (Abb. 3) war Rudolf sogar in echter persönlicher Freundschaft zugetan.[33] Maßgebende Gründe für die einsetzende Entfremdung waren neben dem schon den Zeitgenossen bekannten politischen Ehrgeiz des Erzherzogs Matthias (1557–1619) – er hatte sich bereits früh, erstmals 1577, in dem fehlgeschlagenen Versuch geäußert, mit Hilfe einiger Adelsgruppen die Herrschaft in den Niederlanden an sich zu reißen[34] – die glücklose Politik des Kaisers und vor allem sein außerhalb der Norm liegendes und daher vielen unverständliches persönliches Verhalten. Dies galt im besonderen für Rudolfs schon genannte psychische Sperre, eine eheliche Verbindung einzugehen, wodurch die Nachfolge im Reich, aber auch in den habsburgischen Erblanden ernsthaft gefährdet schien. Der Kaiser war sich bewußt, daß die Familie von ihm berechtigterweise eine rasche und eindeutige Entscheidung in der Frage der Eheschließung und der Vorsorge legitimer Nachkommen forderte. Hin- und hergerissen von skrupulösen Zweifeln über die richtige Gattenwahl und getrieben vom immer stärker werdenden Erwartungsdruck seitens seiner Brüder geriet Rudolf in eine verhängnisvolle psychische Zwangslage, die als ein wesentlicher Mitgrund für die schweren Depressionen des Kaisers im Jahre 1582 anzusehen ist. Übertroffen wurde diese erste Krankheit von der noch dramatischer verlaufenen körperlich-geistigen Krise der Jahre 1599 und 1600, die Dr. Johannes Pistorius, der damalige Beichtvater und engste Vertraute Rudolfs, mit den bekannten Worten charakterisierte: »Obsessus non est quod quidam existimant, sed melancholia laborat, quae longi temporis tractu radices nimium agit...« (Er ist nicht besessen, wie manche glauben, sondern er leidet an Melancholie, die im Laufe einer langen Zeit allzu tiefe Wurzeln geschlagen hat.)[35] Rudolf und mit ihm viele Zeitgenossen werteten das Vorgehen der habsburgischen Brüder unter Führung Erzherzog Matthias' spätestens seit dem sogenannten ›Linzer Beschluß‹ vom April 1605[36] als offene Rebellion, die mit der militärischen Intervention Matthias' und dem Vertrag von Lieben (Stára Líbena) 1608 einem dramatischen, für Rudolf verhängnisvollen Höhepunkt erreichte.[37] Besser als viele Worte beschreibt ein zeitgenössischer Bericht aus dem Jahre 1605 die ver-

3 Martino Rota, Erzherzog Ernst, um 1576
Wien, Kunsthistorisches Museum, Gemäldegalerie

worrene Aussichtslosigkeit der Lage im Konflikt des Kaisers mit seinen Brüdern, der sich seit dem Tode Erzherzog Ernsts 1595 immer deutlicher abgezeichnet hatte: »Die fürstlichen personen, die haben ainen stächenden igl zu annotomirn; man greif den igl an, wo man welle, so wirt man sich stächen und den stächenden igl wirt ain fürst dem anderen zueschieben und seiner verschonen wellen, sich nit daran zu stächen. Der feder ist nit zu vertrauen, ...«[38] Für die Zuspitzung der politischen und religiösen Lage ab 1600 mag auch das Phänomen beigetragen haben, daß im letzten Dezennium des 16. Jahrhunderts jene Generation maßvoller und bei aller katholischen Überzeugung toleranter Adeliger ausstarb, die dem Prag Kaiser Rudolfs II. sein unverwechselbares Gepräge gegeben haben. Rudolf hatte mit ihnen seine engsten Vertrauten und Freunde verloren. Mit den Staatsakten gleichkommenden Leichenbegängnissen Wilhelms von Rosenberg und Adams von Hradec 1596 war eine Epoche zu Ende gegangen, in der gemeinsame literarische, wissenschaftliche und künstlerische Interessen die vorhandenen Gegensätze religiöser und politischer Art noch weitgehend kompensieren konnten. Das Erlöschen dieser Generation leitete in Böhmen auch in der Beziehung zwischen Protestanten und Katholiken eine neue, verhängnisvolle und von gegenseitigem Unverständnis und Haß geprägte Ära ein.[39] In diesem Zusammenhang verdient der von R.J.W. Evans geäußerte Gedanke Beachtung, wonach es seit etwa 1600 nicht primär die Persönlichkeit Rudolfs gewesen sei, die sich verändert habe, sondern vielmehr das neue, von politischen und religiösen Extremen gekennzeichnete Ambiente in Prag.[40]

Die vielschichtige Persönlichkeit Kaiser Rudolfs II. spiegelt sich am klarsten in seiner Sammeltätigkeit und in seinem Verhältnis zu Kunst und Wissenschaft.[41] Berufenere werden in diesem Katalog die kunsthistorische und geisteswissenschaftliche Einordnung der rudolfinischen Sammlung vornehmen, ihre Bedeutung und Eigenheit untersuchen sowie die exzeptionelle Stellung Rudolfs als Sammlerpersönlichkeit würdigen. Es genügt daher, an dieser Stelle auf die bereits angedeutete politisch-ideengeschichtliche Dimension der rudolfinischen Sammlung als Darstellung imperialen Anspruchs hinzuweisen.[42] Rudolfs Auffassung vom Kaisertum als der universalen und als einigendes Band über den politischen und religiösen Differenzen des Reiches stehenden Idee wurde in besonderer Weise von den Intellektuellen und Künstlern der Zeit in ihrer Bedeutung verstanden und übte auch auf das einfache Volk eine große Wirkung aus. Der umfassend gebildete und sensible Herrscher besaß neben erstaunlichen Fachkenntnissen auch eine mitreißende Begeisterungsfähigkeit für alles Schöne, die befruchtend, nicht selten aber auch gefährdend für andere Sammlerpersönlichkeiten war.

Rudolf duldete keine Kunstsammlung von Rang neben sich und war eifersüchtig bemüht, in allen Bereichen das qualitativ Beste in seinem Besitz zu wissen. Der Aufbau und der Inhalt der schon zu Lebzeiten des Kaisers sagenumwobenen Prager Kunst- und Wunderkammer[43] folgte der Zielsetzung der Pansophie, diente aber auch der Sichtbarmachung der kaiserlichen Würde im Spiegel von Kunst und Wissenschaft. So ist es nur folgerichtig, daß Rudolf besonders in Zeiten schwerer Niederlagen und menschlicher Erniedrigung vermehrt Zuflucht in eine imperiale Selbstdarstellung nahm[44], die zwar in keiner Weise der tatsächlichen politischen Gegebenheit entsprach, der Nachwelt aber nach Rudolfs Willen ein Abbild jenes Kaisers vermitteln sollte, »der niemals stirbt« (Abb. 4). Am deutlichsten wird das politische Programm Kaiser Rudolfs II. in der 1602 von Jan Vermeyen geschaffenen Rudolfskrone sichtbar, die später zur Krone des Kaisertums Österreich wurde.[45] In ihr sind ideeller Anspruch und künstlerische Umsetzung durch die Verwendung hochwertigsten Materials und handwerklicher Perfektion zu einer unübertroffenen Einheit verschmolzen.

Zu Unrecht wurde, wie es scheint, der Bautätigkeit Kaiser Rudolfs II. von der Forschung bisher nur ein geringes Augenmerk geschenkt.[46] Was immer dafür die Ursache gewesen ist, Tatsache bleibt, daß Rudolf auch im Bereich des Bauwesens als Anreger und Förderer großen Stils gelten kann. Der in seinem Auftrag begonnene Umbau der alten Prager Burg schloß die räumliche Neugestaltung und eine den veränderten Bedürfnissen angepaßte Erweiterung mit ein. Aus der großen Zahl der kaiserlichen ›Baumeister‹ ragten der Florentiner Giovanni Gargiolli, der aus der Provinz Trient stammende Giovanni Maria Filippi sowie die kaiserlichen Maler Hans Vredeman de Vries und vor allem Joseph Heintz hervor[47], von dessen Fähigkeiten als Architekt auch seine Bautätigkeit am Hofe der Pfalzgrafen Philipp Ludwig (1547–1614) und Wolfgang Wilhelm (1578–1653) aus dem Hause Neuburg zeugen. Der vom Kaiser seit 1585 geplante Um- und Neubau der Prager Burg betraf zunächst den Nordtrakt mit den Stallungen sowie dem darüber gelegenen ›spanischen‹ Saal und die sogenannte ›Rudolfsgalerie‹. Der von Gargiolli ausgeführte Bau der Pferdeställe bezog die vorhandenen Stallungen Kaiser Ferdinands I. mit ein und scheint Ende der 90er Jahre des 16. Jahrhunderts fertiggestellt gewesen zu sein, da Vredeman de Vries 1598/99 bereits an ihrer Innenausstattung arbeitete. Das Ziel der rudolfinischen Architektur war die Vereinigung der zuvor isolierten Teile der Burg zu einem großzügigen Gebäudekomplex, in dem weiträumige, reich geschmückte Säle ebensowenig fehlten wie exakt konzipierte Interieurs für die kaiserlichen Kunstsammlungen. Rudolf verwandelte während seiner langen Regierungszeit die Prager Burg Schritt für Schritt zu einer höchsten Ansprüchen gerechtwerdenden imperialen Residenz, die alle Ausformungen der zeitgenössischen, vor allem aber der italienischen Architektur aufwies. Dem Kaiser werden dabei vermutlich die Erfahrungen zugute gekommen sein, die er noch in Wien bei der Fertigstellung und Ausstattung des väterlichen ›Neugebäudes‹ hatte sammeln können.[48] In der dem Kaiser zur Erholung dienenden weitläufigen Gartenanlage befanden sich Orangerien und Tiergehege aller Art, aber auch künstliche Haine, Grotten und wasserspeiende Brunnen.[49] Sowohl beim Bau des Linzer Schlosses, das Rudolf in den Jahren 1599 bis nach 1607 ursprünglich als Residenz für seinen Bruder Matthias hatte errichten lassen, als auch bei der sogenannten ›Kaisermühle‹ in Bubenetsch (Praha-Bubeneč) griff der Kaiser von Prag aus wiederholt selbst gestaltend und inspirierend ein. Jeder noch so kurze Überblick über die rudolfinische Architektur wäre unvollständig ohne den Hinweis auf die kirchliche Bautätigkeit, die in rudolfinischer Zeit in Prag einsetzte. Im Auftrag des Kaisers errichtete Giovanni Battista Bussi 1602–1612 die Rochuskapelle in Prag-Strahov, einen Votivbau, in dem sich auf originäre Weise manieristische Bauelemente mit gotischer Formsprache verbinden. Auf Anregung Rudolfs wurde das 1566 unter der Statthalterschaft Erzherzog Ferdinands II. begonnene Mausoleum im Veitsdom vom Bildhauer Alexander Colin erweitert. Der tumbenförmige Grabstein stellt mit seiner figuralen Ausgestaltung programmatisch die Verbindung zwischen Kaiser Karl IV. als dem Erbauer des Veitsdomes

4 Adrian de Vries, Büste Kaiser Rudolfs II. im Harnisch mit dem Goldenen Vlies. Bronze
Wien, Kunsthistorisches Museum, Sammlung für Plastik und Kunstgewerbe

und den böhmischen Königen aus dem Hause Habsburg vor Augen.

Unmittelbar nach dem Erlaß des dem Kaiser abgerungenen ›Majestätsbriefs‹ vom Jahre 1609[50] begannen im Reich und in Böhmen die Kollekten für den Bau der protestantischen Dreifaltigkeitskirche, die 1611 bis 1613 realisiert wurde und genauso wie die gleichfalls unter Rudolf begonnene Salvatorkirche das Stadtbild Prags wesentlich beeinflußte. Als Folge der Verlegung der kaiserlichen Hofhaltung von Wien nach Prag 1582 entstanden in der unmittelbaren Nähe des Hradschin zahlreiche Palaisbauten des hohen Adels, wofür die Familien Thun, Schwarzenberg, Czernin und Waldstein als Beispiel für viele andere genannt seien.[51] Diese prunkvoll ausgestatteten Herrensitze mit ihren weitläufigen Parks, Stallanlagen und Dienerhäusern veränderten und prägten das Bild der Stadt Prag ebenso wie die Künstlerbehausungen am Fuße der Prager Burg. Der Burgbereich mit der Prager Kleinseite wurde so im Laufe der Zeit gleichsam zu einer Stadt für sich, deren reges Leben und Treiben auch die Prager Neustadt beeinflußte.

Kaiser Rudolf II. erlebte in den letzten Lebensjahren das völlige Scheitern seiner politischen Ideen und seines Lebenswerks. Dem Verlust der Herrschaft in Ungarn, Mähren und den österreichischen Erblanden 1608 folgte die Absetzung Rudolfs als böhmischer König 1611. Die Plünderung Prags durch das von Erzherzog Leopold (1586–1632) mit Wissen des Kaisers angeheuerte sogenannte ›Passauer‹ Kriegsvolk[52] hatte die für Rudolf bis zu diesem Zeitpunkt ungebrochen günstige Stimmung in Prag umschlagen lassen und König Matthias gleichsam als Befreier und Retter in die Stadt gerufen. Rudolf, der die letzten Monate seines Lebens als Gefangener im Hradschin verbrachte[53], blieb nur noch die Kaiserkrone, und auch sie geriet in Gefahr, als die Kurfürsten angesichts der veränderten politischen Lage im Oktober 1611 einen Kurfürstentag einberiefen, der die Absetzung Rudolfs als Römischer Kaiser deutscher Nation und die Wahl Matthias' vorsah.[54] Der Tod Rudolfs am 20. Jänner 1612 ersparte es ihm, auch noch diese letzte Erniedrigung erleben zu müssen. König Matthias gewährte seinem Bruder im Prager Veitsdom ein einfaches, aber würdevolles Begräbnis (Abb. 5). Der zu seiner Zeit berühmte Jurist Melchior Goldast fand in einem Kommentar zum Ableben des Kaisers Worte, die ein tiefes Verständnis für das Wollen und die Persönlichkeit Rudolfs verraten, wenn er seinem Tagebuch die Sätze anvertraute: »Keyser Rudolf soll ein hochverstendiger weiser fürst gewest sein, cuius summo judicio tranquillitas imperii tamdiu stetit, hat ein heroisch gemüt gehabt, qui nihil commune nec vulgare sapiebat, omnia vulgaria contemnebat, sola rara et miranda amabat...«[55] (Kaiser Rudolf soll ein hochverständiger, weiser Fürst gewesen sein, durch dessen großes Geschick dem Reich so lange Zeit der Friede erhalten geblieben ist. Er hat ein heroisches Gemüt gehabt und war ein Mensch, der an nichts Gemeinem und Gewöhnlichem Geschmack fand, alles Gewöhnliche verachtete und allein das Seltene und Bewundernswerte liebte...).

5 Grabmal Kaiser Rudolfs II. im Prager Veitsdom

Anmerkungen

1 Von den das gesamte Leben Rudolfs behandelnden Biographien sind zu nennen Felix Stieve, Kaiser Rudolf II. In: Allgemeine Deutsche Biographie 29 (1889), 493–515; Philippe Erlanger, L'empereur insolite Rodolphe II. de Habsbourg (1552–1612) (Paris 1971) sowie die völlig umgearbeitete Neuauflage Paris 1983; Gertrude von Schwarzenfeld, Rudolf II. Ein deutscher Kaiser am Vorabend des Dreißigjährigen Krieges (München [2]1979); der dem Titel leider nicht gerecht werdende Bildband von Karl Vocelka, Rudolf II. und seine Zeit (Wien – Graz – Köln 1985) und zuletzt Josef Janácek, Rudolf II. a jeho doba (= Rudolf II. und seine Zeit) (Prag 1987). Besonders hervorzuheben ist aber die Darstellung vor allem des geistigen Umfeldes von Robert John Weston Evans, Rudolf II. and his World. A study in intellectual History 1576–1612 (Oxford 1973), von dem 1980 eine im Anmerkungs- und archivalischen Teil leider stark gekürzte deutsche Übersetzung mit dem Titel: Rudolf II. Ohnmacht und Einsamkeit (Wien–Graz–Köln) erschienen ist. Andere wichtige Untersuchungen zum Leben Kaiser Rudolfs II. beschränken sich auf die Zeit ab 1600, wie vor allem Anton Gindely, Rudolf II. und seine Zeit. 2 Bde. (Prag [2]1868); Jan Bedřich Novák, Rudolf II. a jeho pás (= Rudolf II. und sein Sturz) und zuletzt Josef Janácek, Pád Rudolfa II. (= Der Sturz Rudolfs II.) (Prag 1973).

2 So etwa Wilhelm Wostry, ›Kaiser Rudolf II., der Sonderling in der Prager Burg‹, in: Prager Jahrbuch 1943, 49–59; Milos V.Kratochvíl, Čas hvězd a mandragor. Prazšká léta Rudolfa II. (= Die Zeit der Sterne und der Alraunen. Die Prager Jahre Rudolfs II.) (Prag 1972) und Hans Holzer, The Alchimist. The secret life of Rudolf II. von Habsburg (New York etc. 1974).

3 Als Beispiel aus der jüngeren Zeit sei angeführt Ernst Walter Zeeden, Deutschland von der Mitte des 15. Jahrhunderts bis zum Westfälischen Frieden (1648). In: Handbuch der Europäischen Geschichte 2. Hrsg. von Theodor Schieder (Stuttgart 1971), 551: »Kaiser Rudolf II.... war ein menschenscheuer Sonderling, dem im Laufe seiner langen Regierung die Geschäfte allmählich aus den Händen glitten...«; vgl. auch die gute Zusammenfassung bei M.E.H.N. Mout, Rudolf II. en zijn tijd: een inleiding. In: Leids Kunsthistorisch Jaarboek 1 (1982), 1–12.

4 In diesem Sinne ist einer der besten Kenner der zeitgenössischen Quellen Felix Stieve, Die Politik Baierns 1591–1607. Zweite Hälfte (= Briefe und Acten zur Geschichte des Dreissigjährigen Krieges in der Zeit des vorwaltenden Einflusses der Wittelsbacher 5, München (1883), bes. 679–925; In neuerer Zeit von kunsthistorischer Seite vor allem Thomas DaCosta Kaufmann, Variations of the imperial theme in the age of Maximilian II. and Rudolf II. (New York 1978), 2ff. Vorsichtig auch J.R.W. Evans (Anm. 1) 39 u. a. und M.E.H.N. Mout, Hermes Trismegistos: Rudolf II. en de arcane wetenschappen. In: Leids Kunsthistorisch Jaarboek 1 (1982), 161ff.

5 Erwin Mayer-Löwenschwerdt, Der Aufenthalt der Erzherzöge Rudolf und Ernst in Spanien 1564–1571. In: Sitzungsberichte der phil.-hist. Klasse der Akademie der Wissenschaften 206 (Wien 1927), 5. Abhandlung.

6 Zur Person Kaiser Maximilians ist noch immer heranzuziehen Viktor Bibl, Maximilian II, der rätselhafte Kaiser (Hellerau bei Dresden 1929).

7 Otto Helmut Hopfen, Kaiser Maximilian II. und der Kompromißkatholizismus (München 1895).

8 J. Vinc. Goehlert, Kaisers Rudolf II. Hofstaat und die obersten Behörden. In: Mitteilungen des Vereins für Geschichte der Deutschen in Böhmen 7 (Prag 1869), 112–116; die überfällige moderne Untersuchung über die personelle Zusammensetzung und den Aufbau des rudolfinischen Hofstaates ist vom Verfasser in Vorbereitung.

9 Zitiert nach Alphons Lhotsky, Die Geschichte der Sammlungen II/1 (= Festschrift des Kunsthistorischen Museums zur Feier des fünfzigjährigen Bestandes, Wien 1941–1945), 237.

10 Vgl. Gindely (Anm. 1), 27f. und Lhotsky (Anm. 9), 237 Anm. 2.

11 Unübertroffen das Charakterbild von Karl Brandi, Kaiser Karl V. Werden und Schicksal einer Persönlichkeit und eines Weltreichs. 2 Bde. (München [6]1961) und in neuerer Zeit u. a. Michael de Ferdinandy, Karl V. (Tübingen 1964).

12 Fritz Koreny, Albrecht Dürer und die Tier- und Pflanzenstudien der Renaissance (München 1985), bes. 15ff.

13 Rudolf II. verlangte auch von seinen Brüdern strikte Ehrerbietung, wofür die sogenannte ›Kapitulation‹ Erzherzog Maximilians III. von Tirol 1600 als Beispiel dienen mag, in der der Erzherzog zumindest verbal seine völlige Unterordnung unter den Willen des Kaisers bekundete; vgl. Evans (Anm. 1), 46.

14 Zur Person König Philipps II. noch immer Ludwig Pfandl, Philipp II. Gemälde eines Lebens und einer Zeit (München [6]1938).

15 Eine Zusammenfassung der Heiratspläne in dem bemerkenswerten Buch von Karl Vocelka, Die politische Propaganda Kaiser Rudolfs II. (1576–1612) (= Veröffentlichungen der Kommission für die Geschichte Österreichs 9, Wien 1981), 173ff.

16 Allein aus der Verbindung Rudolfs mit Anna Maria da Strada (nicht Katharina!), der Tochter des kaiserlichen Antiquarius Ottavio da Strada, sind sechs Kinder bezeugt, unter ihnen der geisteskranke Don Julio. Von diesem aber auf psychoanalytischem Wege auf eine Geisteskrankheit Rudolfs zu schließen, wie dies in jüngster Zeit auch Vocelka tut, der sich dabei u. a. auf die Arbeit von Hans Luxenburger, Psychiatrisch-erbbiologisches Gutachten über Don Julio (Cesare) de Austria. In: Mitteilungen des Vereins für Geschichte der Deutschen in Böhmen 70 (1932), 41–54, stützt, erscheint angesichts der zeitgenössischen Quellenlage doch sehr fragwürdig; vgl. auch Schwarzenfeld (Anm. 1), 56ff.

17 Zum Fragenkomplex vgl. W.E. Peuckert, Pansophie. 2 Bde. (Berlin 1956–1967) und vor allem die herausragende Darstellung von Erich Trunz, Pansophie und Manierismus im Kreise Rudolfs II. In: Die österreichische Literatur. Ihr Profil von den Anfängen im Mittelalter bis ins 18. Jahrhundert 2 (Graz 1986), 865–986, mit ausführlicher Bibliographie.

18 Vgl. Evans (Anm. 1), 62ff.

19 Kaiser Rudolf II. blieb zeit seines Lebens katholisch und galt den katholischen Ständen und Fürsten des Reiches als oberste Autorität im Kampf gegen den Protestantismus. Konflikte, wie sie etwa in Aachen, im Kalenderstreit oder 1582 im Kölner Nachfolgekrieg entstanden waren, hatten neben der konfessionellen vor allem auch eine starke politische Dimension. Das Eingreifen Rudolfs zugunsten der Katholiken wird daher auch unter diesem und weniger unter dem Aspekt einer konsequenten gegenreformatorischen Politik zu sehen sein; vgl. Walter Schmitz, Verfassung und Bekenntnis. Die Aachener Wirren im Spiegel der kaiserlichen Politik (1550–1616) (= Europäische Hochschulschriften II/202, Frankfurt a. Main-Bern-New York 1983), Max Lossen, Der Kölner Krieg. 2 Bde. (Gotha-München-Leipzig 1882–1887) und Vocelka (Anm. 15) 302f. Die gegenreformatorischen Maßnahmen in Österreich ob und unter der Enns standen unter der Leitung Melchior Khlesls. Sein von Erzherzog Ernst unterstütztes Vorgehen erfolgte zwar nicht auf Wunsch des Kaisers, aber immerhin mit seinem stillen Einverständnis. Die einschlägigen älteren Arbeiten Viktor Bibls zum Thema sind mit Vorsicht zu benützen; vgl. Viktor Bibl, Die Einführung der Gegenreformation in Niederösterreich durch Kaiser Rudolf II. (1576–1580) (Innsbruck 1900) und ders., Die Religionsreformation Kaiser Rudolfs II. in Oberösterreich. In: Archiv für Österreichische Geschichte 109/1 (1921), 374–446.

20 Die von den Jesuiten unter dem Schutz der Truppen General Bastas in Siebenbürgen begonnene radikale Gegenreformation hatte sowohl den Abfall der ungarischen Stände unter Stephan Illesházy zur Folge als auch den erfolgreichen Aufstand Stephan Bocskays, der zum endgültigen Verlust des Fürstentums Siebenbürgen führte. Beide Ereignisse hatten auf den Ausgang des langen Türkenkrieges entscheidenden Einfluß.

21 Zur Haltung Roms in dieser Frage vgl. Peter Bartl, ›Marciare verso Constantinopoli‹ – Zur Türkenpolitik Klemens' VIII. In: Saeculum 20 (1969, 44–56.

22 Lhotsky (Anm. 9) 240.

23 Die Bedeutung, die dieser Künstler- und Gelehrtenkreis für die Persönlichkeitsentwicklung Kaiser Rudolfs II. besessen hat, ist bisher nur wenig erforscht worden.

24 Noch immer ist auf veraltete und vom Ansatz her problematische Werke, wie z. B. Johannes Janssen, Geschichte des deutschen Volkes seit dem Ausgang des Mittelalters. 8 Bde. (Freiburg 1878–1888) zurückzugreifen. Für die habsburgischen Lande vgl. zuletzt das herausragende Werk von J.R.W. Evans, Das Werden der Habsburgermonarchie 1550–1700. Gesellschaft, Kultur, Institutionen (= Forschungen zur Geschichte des Donauraumes 6, Wien-Köln-Graz 1986) mit auführlicher Bibliographie.

25 Kaiser Rudolf II. war ohne Zweifel keine Herrscherpersönlichkeit, von der Initiativen ausgegangen sind, die zur Lösung oder auch nur zur Verringerung der anstehenden politischen und religiösen Probleme im Reich und in den Erblanden beigetragen hätten. Dabei bleibt freilich die Frage offen, ob es selbst einer vom Wesen her energischeren und aktiver veranlagten Persönlichkeit als es Rudolf gewesen ist, hätte gelingen können, die seit Jahrzehnten verhärteten Positionen auf friedliche Weise einander anzugleichen. Unbestritten bleibt aber, daß Rudolfs Mißtrauen, das aus seiner Sicht in vielen Fällen durchaus seine Berechtigung hatte, sowie der im Alter stärker und öfter zum Ausbruch kommende Jähzorn die Politik und überhaupt die Verhaltensweise des Kaisers unberechenbar gemacht haben.

26 Vgl. zum Folgenden die noch immer lesenswerte Darstellung von Felix Stieve (Anm. 1) in der Allgemeinen Deutschen Biographie.

27 Zum Aufstand Stephan Bocskays vgl. Geza Lencz, Der Aufstand Bocskays und der Wiener Friede (Debrecen 1917) und Zoltan Angyal, Rudolfs II. ungarische Regierung. Ursachen, Verlauf und Ergebnis des Aufstandes des Bocskay (Budapest 1916).

28 Vgl. allgemein Fritz Dickmann, Das Problem der Gleichberechtigung der Konfessionen im Reich im 16. und 17. Jahrhundert. In: Historische Zeitschrift 201 (1965), 265–305 und Johannes Müller, Der Konflikt Kaiser Rudolfs II. mit den deutschen Reichsständen. In: Westdeutsche Zeitschrift für Geschichte und Kunst 14 (1895), 257–293.

29 Eine umfassende moderne Darstellung des Türkenkrieges steht noch aus; vgl. Alfred Loebl, Zur Geschichte des Türkenkrieges von 1593–1606. 2

Bde. (= Prager Studien aus dem Gebiet der Geschichtswissenschaften 6 und 10, Prag 1899–1904) und Walter Leitsch, Rudolph II. und Südosteuropa 1593–1606. In: East European Quarterly 6 (1974), 301–320 mit weiterer Literatur.

30 Eine deutschsprachige Arbeit über die Schlacht bei Raab (Györ) 1598 fehlt; vgl. Vocelka (Anm. 1) 186 ff.

31 Vgl. Artur Steinwenter, Steiermark und der Frieden von Zsitvatorok. In: Archiv für Österreichische Geschichte 106 (1918), 157–240 und Angyal (Anm. 27) passim.

32 Darauf verwies bereits mit Nachdruck Leopold von Ranke in seiner Deutschen Geschichte im Zeitalter der Reformation (Leipzig 1881) mit den Worten: »In dem Kaiserthum sah man noch die Repräsentation der Einheit der abendländischen Christenheit... So faßte es auch Rudolph II. auf; es war sein Ehrgeiz, an der Spitze der Christenheit zu stehen...«; vgl. Evans (Anm. 1) 58 f. und Vocelka (Anm. 15) 117.

33 Vgl. den zusammenfassenden Artikel von Gerda Mraz, Rudolf II. und seine Brüder. In: Wissenschaftliche Beiträge zum Thema der Ausstellung Renaissance in Österreich (= Katalog des Niederösterreichischen Landesmuseums, Neue Folge 57, Wien 1974), 311–323. Zum Beginn des »Bruderzwistes« Hans Sturmberger, Die Anfänge des Bruderzwistes in Habsburg. Das Problem einer österreichischen Länderteilung nach dem Tod Maximilians II. und die Residenz des Erzherzogs Matthias in Linz. In: Mitteilungen des Oberösterreichischen Landesarchivs 5 (Linz 1957), 143 ff. und Felix Stieve, Die Verhandlungen über die Nachfolge Kaiser Rudolfs II. in den Jahren 1581 bis 1602. In: Abhandlungen der historischen Classe der kgl. bayerischen Akademie der Wissenschaften 15 (München 1880), 3 ff.

34 Vgl. Walter Hummelberger, Erzherzog Matthias in den Niederlanden (1577–1581). In: Jahrbuch der kunsthistorischen Sammlungen in Wien 61 (1965), 91–118 und Georg Kugler, Die Geschichte der Niederlande. In: Die Geschichte in den Bildern ihrer Maler (München 1985), 237–281, bes. 265 ff.

35 Zitiert nach Lhotsky (Anm. 9), 238.

36 Überlegungen, Kaiser Rudolf II. aufgrund seiner Krankheit zum Regierungsverzicht zu bewegen, gab es in der habsburgischen Familie schon seit 1581; vgl. Stieve (Anm. 33) und Johann Zöchbauer, Kaiser Rudolf und die Nachfolgefrage bis zum Tode des Erzherzogs Ernst (= Zweiter Jahresbericht des bischöfl. Privatgymnasiums am Collegium Petrinum, Urfahr 1899). In ein konkretes Stadium traten die diesbezüglichen Gespräche im Vertrag von Schottwien 1600; dazu Joseph Fischer, Der sogenannte Schottwiener Vertrag vom Jahre 1600. Ein Beitrag zur österreichischen Haus- und Reichsgeschichte (Fribourg 1898). Im ›Linzer Beschluß‹ des Jahres 1605 wurde Kaiser Rudolf II. schließlich von seinen Brüdern und Erzherzog Ferdinand III. von der Steiermark als Familienoberhaupt ab- und Erzherzog Matthias als Nachfolger eingesetzt. Der Kaiser hat diesen Familienbeschluß allerdings niemals akzeptiert und das Vorgehen Matthias' wiederholt als Rebellion bezeichnet; vgl. Joseph Fischer, Der Linzer Tag vom Jahre 1605 in seiner Bedeutung für die österreichische Haus- und Reichsgeschichte (= 7. Jahresbericht des öffentlichen Privatgymnasiums an der Stella Matutina, Feldkirch 1898).

37 Um eine offene Feldschlacht mit ungewissem Ausgang zu vermeiden, beugte sich Kaiser Rudolf II. dem militärischen Druck und trat 1608 im Vertrag von Lieben (Stára Líbena) nahe Prag Erzherzog Matthias die Krone Ungarns sowie die Herrschaft in Mähren und den österreichischen Erblanden ab.

38 Brief des Grafen Johann Ambrosius Thurn an den päpstlichen Nuntius Hieronymus Graf Portia, de dato Wien, 30. April 1605, zitiert nach Felix Stieve, Vom Reichstag 1608 bis zur Gründung der Liga (= Briefe und Acten zur Geschichte des Dreissigjährigen Krieges in den Zeiten des vorwaltenden Einflusses der Wittelsbacher 6, München 1895), 94.

39 Rudolf zeigte ab 1600 auch keine glückliche Hand bei der Nachbesetzung vakanter Hofämter, wie das Beispiel des korrupten Kammerdieners Philipp Lang von Langenfels zeigt; zu dessen Person Friedrich Hurter, Philipp Lang, Kammerdiener bei Kaiser Rudolf II. (Schaffhausen 1851). Männer wie Zdeňek Graf Lobkowitz, Franz Kardinal von Dietrichstein, Wilhelm Slavata von Chlum, Jaroslav Martinitz und vor allem Karl I. Fürst von Liechtenstein waren die Protagonisten der neuen politisch-katholisch orientierten Adelsgeneration; zu Liechtenstein vgl. Herbert Haupt, Fürst Karl I. von Liechtenstein, Obersthofmeister Kaiser Rudolfs II. und Vizekönig von Böhmen. Hofstaat und Sammeltätigkeit. 2 Bde. (= Quellen und Studien zur Geschichte des Fürstenhauses Liechtenstein 1/I, II, Wien-Vaduz 1983).

40 Evans (Anm. 1) 39 f.

41 Die beste Darstellung nach wie vor bei Lhotsky (Anm. 9) 237–298.

42 Vgl. auch Vocelka (Anm. 15) 197 ff.

43 Bis jetzt sind folgende Inventare der Kunstsammlungen Kaiser Rudolfs II. bekannt geworden: Rotraud Bauer – Herbert Haupt, Das Kunstkammerinventar Kaiser Rudolfs II., 1607–1611 (= Jahrbuch der kunsthistorischen Sammlungen in Wien 72, Wien 1976); Jan Morávek, Nové objevený inventár rudolfinských sbírek na hrade prazském (= Das neuentdeckte Inventar der rudolfinischen Sammlungen auf der Prager Burg) (= Archiv prazského hradu, Publikace 1, Prag 1937) und Heinrich Zimmermann, Das Inventar der Prager Schatz- und Kunstkammer vom 6. Dezember 1621 nach Akten des k. und k. Reichsfinanzarchivs (= Jahrbuch der kunsthistorischen Sammlungen des ah. Kaiserhauses in Wien XXV/2, Wien 1905), XIII–LXXV.

44 Das gilt im besonderen für das repräsentative Kaiserporträt in Malerei und Plastik; vgl. Lars Olof Larsson, Bildhauerkunst und Plastik am Hofe Kaiser Rudolfs II. In: Leids Kunsthistorisch Jaarboek 1 (1982), 211–236 mit weiterer Literatur und Vocelka (Anm. 15) 68 ff.

45 Zu ihr und dem in der Rudolfskrone ausgedrückten politisch-ideellen Programm zuletzt Rudolf Distelberger, Die Krone Kaiser Rudolfs II., später Krone des Kaisertums Österreich. In: Weltliche und Geistliche Schatzkammer (= Führer durch das Kunsthistorische Museum 35, Wien 1987), Nr. 56, S. 51–57.

46 Stellvertretend für andere der grundlegende Aufsatz von Jarmila Krčalóvá, Die rudolfinische Architektur. In: Leids Kunsthistorisch Jaarboek 1 (1982), 271–308 mit weiterer Literatur.

47 Vgl. Jürgen Zimmer, Iosephus Heinzius architectus cum antiquis comparandus. Příspěvek k poznáni rudolfinské architekturý mezi léty 1590–1612 (= Ein Beitrag zur Kenntnis der rudolfinischen Architektur in den Jahren 1590–1612). In: Umĕni 17 (1969), 217–246, mit deutschem Resümee.

48 Zum Wiener Neugebäude zuletzt Hilda Lietzmann, Das Neugebäude in Wien. Sultan Süleymans Zelt – Kaiser Maximilians II. Lustschloß (München – Berlin 1987).

49 Vgl. Jarmila Krčalóvá, Die Gärten Rudolfs II. In: Leids Kunsthistorisch Jaarboek 1 (1982), 149–160.

50 Vgl. Anton Gindely, Geschichte der Ertheilung des böhmischen Majestätsbriefes von 1609 (Prag 1868).

51 Vgl. Oskar Schürer, Prag. Kultur / Kunst / Geschichte (München – Brünn [5]1935), bes. 150 ff. Genannt sei hier auch der Neubau des Kleinseitner Rathauses, das allerdings erst nach dem Tod Rudolfs 1617–1619 errichtet worden ist; vgl. Jürgen Zimmer, Das Augsburger Rathaus und die Tradition. In: Münchner Jahrbuch der bildenden Kunst, 3.F. 28 (1977).

52 Kaiser Rudolf II. schloß seinen Bruder Matthias von der Nachfolge im Reich kategorisch aus. Bei der Suche nach einem ihm geeignet erscheinenden Kandidaten in der eigenen Familie blieb letztlich nurmehr Erzherzog Leopold V. übrig, der jüngere Bruder des späteren Kaisers Ferdinand II. aus der steirischen Linie. Leopold war Bischof von Straßburg und Passau. Das auf Wunsch des Kaisers von ihm angeworbene Heer war nach dem Willen Rudolfs für die nötigenfalls militärische Wahrung der kaiserlichen Interessen im Jülich-Cleve-Bergschen Erbstreit bestimmt gewesen, vgl. Franz Seraph Kurz, Geschichte des Passau'schen Kriegsvolkes, welches Kaiser Rudolph II. im Jahre 1611 zu Passau anwerben ließ (= Beiträge zur Geschichte des Landes Österreich ob der Enns 4, Linz 1809) und ders., Schicksale des Passau'schen Kriegsvolkes in Böhmen bis zur Auflösung desselben im Jahre 1611 (= Abhandlungen der böhmischen Gesellschaft der Wissenschaften, Folge IV/3, Historischer Teil 1, Prag 1831).

53 Anton Chroust, Aus den letzten Tagen Kaiser Rudolfs II. In: Österreichische Rundschau 14 (1908), 359–375.

54 Vgl. Anton Ernstberger, Der Nürnberger Kurfürsten-Tag vom Jahre 1611 und Kaiser Rudolf II. In: Historische Zeitschrift 175 (1953), 265–284.

55 Zitiert nach Schwarzenfeld (Anm. 1) 260; vgl. H. Scheckter, Das Tagebuch des Melchior Goldast von Haiminsfeld in der Bremer Stadtbibliothek. In: Abhandlungen und Vorträge der Bremer wissenschaftlichen Gesellschaft 5 (1931), 220–280 und Herta Hajny, Melchior Goldast und sein Prager Tagebuch. In: Prager Jahrbuch 1943, 88–92.

Späthumanismus und Manierismus im Kreise Kaiser Rudolfs II.

Erich Trunz

Rudolf II. war der einzige Habsburger, der nicht in Wien residierte. 1575 wurde er König von Böhmen und zog in die Königsburg bei Prag. Als man ihn 1576 zum Kaiser wählte, behielt er diese Residenz bei und verlegte seinen Hof 1583 endgültig von Wien dorthin. Die Prager Burg lag links der Moldau auf einem Berg, die Stadt Prag rechts der Moldau im Tal. Die Burgstadt hatte einen eigenen Mauerring und war von der Stadt getrennt. Hier begann Rudolf II. ein geistiges Zentrum aufzubauen, für das er Gelehrte und Künstler aus allen deutschen Landschaften und auch aus anderen europäischen Ländern zusammenzog. Er hatte eine gute Ausbildung in der lateinischen und in anderen Sprachen erhalten, er hatte Verständnis und Interesse für die Forschung, und ihn fesselte das, was damals als neues Ziel in der Wissenschaft angestrebt wurde; eine Erkenntnis der Natur in ihrer Gesamtheit und möglichst im Zusammenhang mit dem Menschen und mit der biblischen Offenbarung. Seit der Zeit des Humanismus zu Beginn des Jahrhunderts war die humanistische Forschung vorangekommen, und man hatte große Publikationen der antiken Naturforscher geschaffen. Moderne Forscher wie Paracelsus, Vesalius und Servet hatten die Medizin vervollkommnet und in Beziehung zur Chemie und anderen Gebieten gesetzt. Die Gelehrten strebten jetzt an, eine große Zusammenfassung aller Gebiete zu schaffen, eine Wissenschaft des Ganzen – Pansophie. Der Kaiser war diesen Bestrebungen gegenüber aufgeschlossen, er wußte aber genau, daß auch andere Wissenschaften wie etwa die des Rechtes für das Staatswesen von hoher Bedeutung seien und also von ihm berücksichtigt werden mußten.

Unter den Männern, welche der Kaiser in seinen engeren Kreis zog, waren einige, die eine gründliche wissenschaftliche Ausbildung besaßen und den Kaiser in seinen Bestrebungen unterstützen konnten. Zu ihnen zählten der Hofrat Barvitius und der Hofrat Wacker, die beide Verständnis für die Bedeutung Keplers hatten. In diesen Kreis gehörte auch Heinrich Julius Herzog von Braunschweig, der während der letzten Lebensjahre des Kaisers in Prag lebte und für ihn politisch tätig war. Er besaß gute wissenschaftliche Kenntnisse und war zeitweilig selbst als Dichter hervorgetreten.

Zu den Juristen am Hof des Kaisers gehörte Otto Melander, der Bücher über das Reichskammergericht und über die Rechte des Adels verfaßte. In einem Buch über Hexenprozesse zeigt er sich für seine Zeit zurückhaltend und vorsichtig. Auch der berühmteste Staatsrechtler der Zeit, Melchior Goldast, stand dem Kaiser nahe. Er verband seine Forschung mit umfangreichen rechtsgeschichtlichen Untersuchungen. Den Kaiser interessierte dies alles, mehr aber noch fesselten ihn die Naturwissenschaften.

Am Hofe des Kaisers arbeiteten einige Naturforscher, Spezialforscher, die umfangreiche Werke auf ihren Gebieten schufen. Boetius de Boodt schrieb ein großes Buch über die Botanik. Tycho Brahe sammelte ein riesiges Material auf dem Gebiet der Astronomie. Wichtiger waren aber für das Prager Geistesleben die Pansophen. Sie wollten das Licht der Natur und das Licht der Gnade in ihrem Zusammenhang erkennen, wollten wissen, wie der Mikrokosmos Mensch in den Makrokosmos der Natur eingeordnet ist, und sie wollten ganz allgemein die Harmonien der Welt erkennen. Die niedrigste Stufe dieser Forschung war die der Alchimisten, welche damals an vielen Höfen tätig waren. Im Gedächtnis der Nachwelt haben sie sich deswegen erhalten, weil man von ihnen abenteuerliche Geschichten erzählen konnte und weil die Werke der für den Kaiser viel bedeutenderen Pansophen schwerer zu verstehen waren. – Zu den Ärzten des Kaisers gehörte Martin Ruland, der die Forschung des Paracelsus über die Beeinflussung des Körpers durch chemische Mittel weiterführte. Ein anderer Arzt war Oswald Croll, der einerseits große theoretische Spekulationen über den Zusammenhang von Mikrokosmos und Makrokosmos wagte, anderseits aber sorgfältige Arbeit auf dem Gebiet der Arzneimittelforschung leistete, so daß er zum Begründer der modernen Pharmakologie wurde. Auf dem Gebiet der Astronomie war Tycho Brahe der sachliche Beobachter, der bei seinem Spezialgebiet blieb. Das war für jene Zeit eine Ausnahme. Des Kaisers Arzt Michael Meier äußerte die phantasievollsten Meinungen, wie die Dinge der Astronomie, die Zahlen der Bibel, die Mythen der Griechen und die paracelsische Chemie in einen Zusammenhang zu bringen seien. Zeitweilig hielt sich auch Giordano Bruno in Prag auf. Der Kaiser finanzierte ihn großzügig und hat also wohl seine geistige Bedeutung erkannt.

Höhepunkt der Prager Pansophie aber war Johannes Kepler. Seine Einzeluntersuchungen hatten von vornherein das Ziel, zu einer Weltharmonik vorzustoßen. Seine Briefe aus Prag sprechen immer wieder von diesen Bemühungen und veranschaulichen seine Vorstellungen bis in Einzelheiten. Doch erst nach dem Tode des Kaisers, als Kepler nicht mehr in Prag lebte, wurden diese Forschungen veröffentlicht, zunächst ein großes Werk mit astronomischen Tatsachen, das Kepler ›Tabulae Rudolphinae‹ nannte, in Erinnerung daran, daß Kaiser Rudolf es gefördert hatte. Dann folgte sein Hauptwerk, das in fünf Büchern die Weltharmonik darstellt, ›Harmonices mundi libri quinque‹. Hier werden die Planetenbahnen, die Harmonien der Töne, die Zahlen aus der Bibel, die Formen der Bienenzellen und der Schneeflocken und anderes mehr daraufhin betrachtet, ob in ihnen urbildliche Maßverhältnisse verkörpert sind, so daß sich eine Harmonie ergibt, nach welcher Gott die Welt gebaut hat. Dieses Werk ist der Gipfel der rudolfinischen Pansophie.

Das pansophische Denken hatte seine Auswirkung auf die verschiedenen Gattungen der Kunst, die im Kreise des Kaisers gepflegt wurden, so zum Beispiel auf die Emblematik. Der Archivar des Kaisers, Octavio de Strada, sammelte mit Hilfe der Möglichkeiten, welche der kaiserliche Hof ihm bot, Sinnsprüche (Symbola) und Wappen von geistlichen und weltlichen Fürsten. Da diese Wahlsprüche teils aus der Bibel, teils aus dem weltlichen Bereich stammten, nannte er die Sammlung ›Symbola divina et humana‹. Der kaiserliche Hofgeschichtsschreiber Jakob Typotius übernahm es, Erläuterungen und Betrachtungen hierzu zu schreiben. Er behandelt den Sinnspruch, das dazugehörige Bild, das im Kupferstich wiedergegeben wird, und nennt den Fürsten, der diese Devise gewählt hat. Typotius hatte ein philosophisches Werk über den Staat verfaßt, er sah jetzt seine Aufgabe darin, die Ideen der Staatenlenker in diesen Wahlsprüchen und Sinnbildern darzulegen und selbständig philosophisch die Sinnbilder auszudeuten. Der Hofkupferstecher Aegidius Sadeler stach die Bilder dazu. So entstand ein großformatiges Werk, das einen Schatz von Sinnbildern und Wahlsprüchen für das ganze 17. Jahrhundert enthielt. Neben dieser großen Arbeit stehen kleinere emblematische Werke. Zu diesen zählt ein Buch des spanischen Gesandten in Prag, Juan de Boria, ›Empresas morales‹, eine moralische Emblematik, und ein Werk des Aegidius Sadeler, ›Theatrum morum‹, das an alte Tiergeschichten und Fabeln anknüpft. In Prag entstanden aber nicht nur bedeutende Emblemata-Werke, sondern auch theoretische Schriften zur Emblematik. Der Arzt Oswald Croll gab seinem Buch ›Basilica chymica‹ einen Anhang: ›Tractatus de signaturis internis rerum seu de vera et viva anatomia majoris et minoris mundi‹, also ein Traktat über die inneren Signaturen der Dinge oder über die wahre und lebendige Anatomie der großen und der kleinen Welt. Hier wird die Mikrokosmos-Makrokosmos-Lehre in den Zusammenhang gebracht mit der Lehre von den Signaturen, den Zeichen, welche die Dinge in sich tragen und welche der Mensch deuten muß. Daran knüpft ein Werk des Jakob Typotius an, ›De Hierographia‹. Typotius deutet hier Sinnbilder aus der Natur, aus der Bibel, auch bildliche Darstellungen der Antike. Er sagt, daß Bilder das Wesen noch besser erschließen als Definitionen, begründet dadurch den Sinn der Emblematik und gibt ihr einen pansophischen Hintergrund, den sie in ihrer weiteren Entwicklung im 17. Jahrhundert freilich oft nicht beibehalten hat. Die ›Hierographia‹ ist wohl die bedeutendste Theorie der Emblematik, die im 17. Jahrhundert auf deutschem Boden entstanden ist.

Der Hofkupferstecher Aegidius Sadeler hat nicht nur Illustrationen wie die zu dem Werk des Typotius geschaffen. Er war ein ausgezeichneter Porträtstecher, dem wir Bildnisse von mehreren Männern des Prager Kreises verdanken, außerdem schuf er Stiche nach Gemälden aus der Kunstsammlung des Kaisers.

Für seine Kunstsammlung gab Rudolf II. so viel Geld aus, wie für ihn möglich war. Er trug auf diese Weise eine ungeheure Sammlung zusammen, immer nur auf rechtlichem Weg, niemals, indem er Gewalt oder List anwandte. Er beschäftigte einige Hofmaler, deren Werke in diese Sammlung kamen. Dazu gehört Bartholomäus Spranger aus Antwerpen mit seiner sinnlichen Darstellung schöner Körper und mit dekorativen Großkompositionen. Eine ähnliche manieristische Eleganz gibt es bei Hans von Aachen und Joseph Heintz, die dem höfischen Stil des europäischen Manierismus in ihren glanzvollen, sinnlichschönen, aber artistisch-kühl entworfenen Kompositionen entsprechen. Unter den Landschaftsmalern trat Roelant Savery hervor, der trotz vieler realistischer Züge phantasievolle Traumlandschaften malte. Der Meister der Buchmalerei war Georg Hoefnagel, zierlich, spielerisch, voll zahlloser Einfälle in Arabesken und Allegorien. Zu den Malern gehört auch der Italiener Arcimboldo, der darauf verfiel, ein Bild aus Einzelbildern zusammenzusetzen, etwa einen menschlichen Kopf aus Äpfeln, Birnen, Pfirsichen usw., um den Gott des Herbstes darzustellen. Er ließ es nicht bei einigen Beispielen geheimnisvoller oder witziger Bilder dieser Art, sondern wiederholte diesen Typus unentwegt und erwies sich dadurch als typischer Manierist. – Unter den Bildhauern ragt Adrian de Vries hervor, ein Virtuoser, der lebhafte Bewegung und pointierten Kontrapost mit sprühender Eleganz darstellte.

Während die Bildhauerei wenig Beziehung zur Pansophie hatte und die Malerei nur in ihrer Symbolik mit ihr in Beziehung stand, war die Musik viel enger mit ihr verbunden. Die Pansophie sah eine Gesetzlichkeit des Kosmos, eine Harmonie der Sphären. Auch die Musik schafft eine gesetzmäßige Ordnung, und man war der Meinung, daß diese Ordnung der menschlichen Musik ein Nachvollzug der kosmischen Harmonie sei. Die Kompositionen der Prager Musiker sind streng und großartig. Der erste Kapellmeister der Hofkapelle war Philippe de Monte, der zweite Kapellmeister Jacob Regnart. Zu den Musikern des Kaisers gehörte auch Hans Leo Haßler, der aber immer nur besuchsweise in Prag war, wo sein Bruder Jakob als Mitglied der Hofkapelle lebte. – Die Prager Dichterin Elisabeth Westonia hat in einem Gedicht auf Philippe de Monte die Wirkungen der Tonkunst beschrieben. Indem der Mensch sich ihr aussetzt, geht etwas von Gottes Ordnung in ihn ein. Sie richtet den Geist auf das Heilige, erzeugt Tugend, schützt die Gesunden, heilt die Kranken und festigt die Freundschaften. Ähnlich ist die Musikauffassung Keplers, der in der mehrstimmigen Musik seiner Zeit, die es in der Antike in dieser Weise noch nicht gab, einen Nachvollzug der göttlichen Weltharmonik sah.

Die Musik stand in Beziehung zur Dichtung durch das geistliche und weltliche Lied. In Deutschland hatte das Volkslied und eine an es anschließende Lieddichtung im 16. Jahrhundert eine Blüte erlebt, man sang diese Lieder mehrstimmig. In der italienischen Spätrenaissance hatten bedeutende Dichter lyrische Texte verfaßt, welche von Komponisten vertont wurden. Im Gegensatz zu der Denk- und Gefühlsweise des deutschen Liedes, das meist auf die Empfindungsweise eines Handwerksburschen zugeschnitten war, der auf Wanderung geht und von seiner Geliebten singt, zu der er zurückkehren und die er heiraten will, behandelte die italienische Lyrik sehr viel kompliziertere Seelenlagen, im Anschluß an Petrarca, der die Entsagung, die Sehnsucht und die Idealisierung dargestellt hatte. Der Prager Hof mit seinen vielen Beziehungen zu Italien war die Stelle, welche den italienischen Stil ins Deutsche übernahm. Die Prager Musiker, Jacob Regnart, Haßler, Joachim Lange u. a. schrieben ihre Texte selbst, übernahmen aus Italien die Themen des komplizierten Seelenlebens und die manieristische Sprache, vermischten diese Themen und diesen Stil dann aber mit dem, was ihnen aus Deutschland geläufig war und fanden so zu einem neuen Liedtypus, den sie an das deutsche Barock weitergaben.

Theobald Hock, der zeitweilig in der kaiserlichen Kanzlei und dann bei dem bedeutendsten der böhmischen Adeligen, Peter Wok von Rosenberg, tätig war, ließ 1601 eine Lyriksammlung mit dem Titel ›Schönes Blumenfeld‹ erscheinen. Solche Gedichtsammlungen hatte es in der Zeit des Hans Sachs nicht gegeben, es gab sie erst seit Martin Opitz, und Theobald Hock war dessen Vorläufer. Der Inhalt spannt sich weit, von religiösen und lehrhaften Gedichten bis hin zu Scherzen und kleinen Liedern. Es gibt Gedichte über die sündhafte Welt, über das Hofleben und über die Liebe. Auch hier verbindet sich das Europäisch-Manieristische mit dem deutschen Erbe.

Eine Darstellung Prags zur Zeit Kaiser Rudolfs gibt die Novelle des Niklas Ulenhart ›Von Isaac Winckelfelder und Jobst von der Schneidt, wie es diesen beiden Gesellen in der berühmten Stadt Prag ergangen‹. Den Stoff hat Ulenhart aus einer Novelle des Cervantes übernommen, alles weitere aber selbständig ausgestaltet. So entsteht ein Bild der Stadt und eines Kreises von Spitzbuben, die sich aus Tschechen, Deutschen und Italienern zusammensetzen und katholisch, lutherisch und hussitisch sind.

Am Hof wurde natürlich besonders die Dichtung in lateinischer Sprache geschätzt. Pontanus von Breitenberg, Domprobst in Prag, schrieb geistliche Lyrik und ein Epos über seine Heimatstadt Brüx. Der Rechtsgelehrte Otto Melander verfaßte deutsche Schwankgeschichten in lateinischer Sprache. Die Dichterin Elisabeth Westonia stammte aus England, war aber im Sudetenland aufgewachsen und jung in den Prager Hofkreis gekommen. Ihre Lyrik schildert das eigene Leben, die Familie, den Freundeskreis, das Hofleben und die Beziehungen zu Künstlern und Gelehrten. Als Elisabeth Westonia mit 30 Jahren starb, wurde sie überall betrauert.

Der rudolfinische Kreis war durch den Kaiser zusammengezogen und entsprach dessen persönlichem Geschmack. Rudolf bevorzugte keine Konfession – darin war er für seine Zeit ungewöhnlich – und keine Landschaft. Kepler kam aus Schwaben, Ruland aus Bayern, Goldast und Joseph Heintz aus der Schweiz, Hans von Aachen aus Köln, Theobald Hock aus der Rheinpfalz, Melander aus Hessen, Pontanus von Breitenberg aus dem Sudetenland. Eine besonders große Gruppe bildeten die Niederländer: Spranger, de Monte, Regnart, Hoefnagel, Sadeler, Typotius, de Boodt u. a. Aus Dänemark kam Tycho Brahe, aus England die Dichterin Westonia. Aus Italien stammten des Kaisers Antiquar Strada und der Maler Arcimboldo.

Die Zeit Rudolfs II. war für Deutschland eine kulturell reiche. Es gab zwar keine so bedeutenden Persönlichkeiten wie in der ersten Hälfte des Jahrhunderts Luther, Erasmus von Rotterdam und Dürer. Die geistige Kultur hatte sich aber verbreitert und verfeinert. Man hatte mehrere neue Universitäten gegründet und viele neue Lateinschulen, so daß es eine große Schicht lateinisch gebildeter Männer gab, die an dem gelehrten Leben Anteil nahmen. Ein Jahr nach Rudolfs Thronbesteigung 1577 erschienen 553

Bücher; von da an stieg die Produktion ständig. Ein Jahr nach dem Tode des Kaisers, 1613, erschienen 1780 Bücher. Von da an ging die Zahl zurück, der Dreißigjährige Krieg wirkte sich lange aus. Die Produktion des Jahres 1613 wurde erst im Jahre 1780 wieder erreicht.

Von den Leistungen aus dem Prager Kreis hat manches lange nachgewirkt. Oswald Croll begründete die Pharmazie des 17. Jahrhunderts. Kepler gab der Astronomie und der Optik Grundlagen, die hundert Jahre lang nicht überholt wurden. Typotius schuf ein Emblemata-Buch, das in alle großen Bibliotheken kam und z. B. von Gryphius erwähnt wurde. Die Novelle des Niklas Ulenhart regte Grimmelshausen an, das Volk der Landstreicher darzustellen und eine volkstümliche Sprache zu gebrauchen. Gleichsam wie einen Dank dafür hat er Ulenharts Novelle ganz am Beginn seines ›Simplicissimus‹ erwähnt. Die Porträtstiche des Aegidius Sadeler machten Schule für den Porträt-Kupferstich des 17. Jahrhunderts. Die Dichterin Westonia wurde länger als 100 Jahre als Beispiel genannt, daß eine Frau große Dichtung schreiben und in den Kreisen der Gelehrten und des Hofes höchste Achtung erringen könne. Kaiser Rudolf II. galt während des ganzen 17. Jahrhunderts als das Urbild eines Mäzens. Er hatte den Künstlern einen Rang verliehen, den sie sich andernorts erst mühsam erarbeiten mußten. Er hatte mit Freude selbst den Dichtern den Dichterlorbeer verliehen. Im Bereich seines Hofes gab es keine Hexenprozesse; er empfand sich als Kaiser der Katholiken, der Lutheraner und der Calvinisten. Er genehmigte, daß in Prag neben der alten Universität, die in der Hand der hussitischen Utraquisten war, eine neue Universität, die der Jesuiten, gegründet wurde. So gab es in Prag unter der Schutzherrschaft Rudolfs etwas, was es in ganz Europa nicht gab: eine katholische und eine protestantische theologische Fakultät an demselben Ort. Solange Rudolf lebte, existierten beide friedlich nebeneinander. Nach seinem Tode siegte die katholische Partei, die protestantische Universität hörte auf zu bestehen. Der neue Kaiser verlegte den Hof nach Wien. Der Dreißigjährige Krieg zerstörte weitgehend das Erbe aus der rudolfinischen Zeit, die Kunstsammlung ging zum Teil zugrunde, zum Teil holten sie die Österreicher nach Wien, die Schweden nach Stockholm. Im Bewußtsein der Deutschen aber blieb das Bild eines Kaisers, der für alle Länder und Konfessionen dagewesen war und der ein Verständnis für Kunst und Wissenschaft besessen hatte, wie nur sehr wenige Herrscher.

Mythologische Themen am Hofe des Kaisers

Görel Cavalli-Björkman

Mythologische Themen bilden ein Zentrum rudolfinischer Ikonographie. Wie in den übrigen Kunstzentren Europas ließen sich die Künstler auch in Prag von der klassischen Literatur inspirieren, in erster Linie von Homer, Vergil und Ovid. Bereits im späten Mittelalter und danach in der Renaissance hatte man außerdem begonnen, die Sagen der griechischen und römischen Götter, die ja immer schon für die abendländische Kunst eine Hauptquelle waren, erneut zu schildern. Dabei hat man den mythischen Stoff mit christlicher Philosophie verbunden. Religiöse und mythologische Themen wurden gleichwertig behandelt, und es konnte etwa der auferstandene Christus in derselben Pose wie ›Minerva als Triumph der Weisheit‹ dargestellt werden. Denn nach den Lehren des Neuplatonismus konnten beide Wege zur Wahrheit führen. Handlung und Eigenschaften der Götter wurden allegorisch interpretiert und eingesetzt, wie das die damals in Europa verbreiteten ikonographischen Programme belegen. Besonders die Liebesabenteuer der Götter wurden dabei gern als pikante Themen in Salons und Privatgemächern dargestellt. Auch bei höfischen Festen oder anderen feierlichen Auftritten spielten die klassischen Götter eine wichtige Rolle.

Als um die Mitte des 16. Jahrhunderts in Italien die drei wichtigsten Kompendien von Lilio Gregorio Giraldi (1548), Natale Conti (1551) und Vincenzo Cartari (1556) erschienen[1], fanden sie bald weite Verbreitung und dienten, nördlich wie südlich der Alpen, zahlreichen Künstlern als Inspirationsquelle. Trotzdem blieben Ovids ›Metamorphosen‹ in dieser Funktion unübertroffen. Ihre Verwandlungsmythen und die in ihnen gegebenen unterschiedlichen Deutungsmöglichkeiten bestimmten während der späten Renaissance und des Barock wichtige Themenkreise der Kunst. Kein zweites klassisches Buch ist so oft übersetzt und in so zahlreichen Auflagen verbreitet worden, auch – kommentiert und illustriert – in Nordeuropa.[2]

Es ist interessant festzustellen, wie eng nicht nur die Themen-, sondern auch die spezielle Szenenauswahl mit diesen mythologischen Handbüchern verknüpft ist. Häufig wählten die Künstler für ihre Darstellungen genau jene Szenen, die auch die Illustrationen dieser Werke zeigen.

Eric Jan Sluijter hat nachgewiesen, daß z. B. um 1580 in der altniederländischen Kunst bestimmte mythologische Motive gleichzeitig mit der Übersetzung der ›Metamorphosen‹ ins Niederländische auftauchen.[3] Bei Stechern wie Hendrik Goltzius, Jacob Matham, Jan Sanredam, Jacob de Gheyn oder Crispin de Passe d. Ä. trifft man zu dieser Zeit auf die ersten Darstellungen von Liebesszenen der antiken Götter. 1589 hat Goltzius seine Illustrationen der ›Metamorphosen‹ begonnen, von Karel van Mander in dessen ›Auslegung der Metamorphosen‹ erläutert und kommentiert, die 1604 als Beilage zu dessen ›Schilderboek‹ erschienen ist.[4] Auf die Stecher bezogen sich bald die Maler, als erste Cornelis van Haarlem, Karel van Mander selbst und Joachim Wttewael. Sie stehen damit am Beginn einer thematischen Entwicklung, deren häufigste Themen ›Diana und Aktaeon‹, ›Diana und Kallisto‹, ›Venus und Adonis‹ und ›Vertumnus und Pomona‹ wurden. Hinzu kam ›Das Urteil des Paris‹, das allerdings nicht zu den ›Metamorphosen‹ gehört.

Der Manierismus war eine kosmopolitische Erscheinung. Die Künstler in den europäischen Zentren standen untereinander in Verbindung und reisten von Ort zu Ort. Die meisten studierten in Italien. Die Einflüsse waren wechselseitig. In diesem Zusammenhang sind die Verbindungen zwischen den niederländischen, besonders den Haarlemer Manieristen und denen in Prag deutlich, sowohl in stilistischer als auch in thematischer Hinsicht. Eine Schlüsselfigur war dabei Bartholomäus Spranger, der in Antwerpen geborene, bei Jan Mandyn in Haarlem, Marc Duval in Paris, sowie eine Zeitlang in Rom ausgebildete Maler, der danach zunächst an Maximilians und dann an Rudolfs Hof kam. In Prag war er seit 1583 und unternahm 1602 von dort aus eine kurze Reise in die Niederlande, wo er Karel van Mander wiedertraf, den er bereits zuvor in Rom kennengelernt hatte. Van Mander war es wohl auch, der den Kontakt mit Hendrik Goltzius vermittelte, der dann seinerseits damit begann, Stiche nach Sprangers Zeichnungen zu arbeiten.

Die meisten der niederländischen Künstler studierten damals eine Zeitlang in Italien, wo die Verbindungen zwischen Florenz, Mailand, Venedig und von dort aus wiederum nach Prag sehr eng waren. Sowohl der niederländische als auch der Prager Manierismus standen außerdem in engem Zusammenhang mit der Schule von Fontainebleau. Auch sie ist durch die mythologischen Themen der ›Metamorphosen‹ geprägt, personifiziert in jenen für diese Schule typischen, eleganten Akten, deren preziöser Charakter durch erlesene Armbänder und kostbare Gehänge noch zusätzlich gesteigert wird. In Fontainebleau sind es vor allem die zahlreichen ›dames de toilette‹, als deren nahe Verwandte in Prag besonders van Ravesteyns Venus-Darstellungen erscheinen. Beide Schulen, die niederländische wie die Prager, zeigen zahlreiche verwandte Merkmale und sind sich besonders in ihrem Verhältnis zu italienischen Vorbildern sehr ähnlich. Als höfische Kunst knüpft die Prager auch in Italien möglichst an höfische Ausprägungen an und folgt dabei zugleich Theorien von Vasari, Lomazzo und Zuccaro. Viele Themen, die aus der italienischen, speziell venezianischen Kunst stammen, werden dabei – sowohl in Prag als auch im Kreise der Schule von Fontainebleau – in ihren erotischen Aspekten verschärft. Über diesen erotischen Aspekt der Prager Kunst ist oft diskutiert worden. Mehrere Forscher haben dieses Phänomen hauptsächlich durch die persönlichen Vorlieben und Veranlagungen des Kaisers selbst zu erklären versucht; bezogen auf ›Satyricon‹, einen 1611 erschienenen Schlüsselroman von John Barclay. In ihm malt ein König, die Hauptperson des Romans, unzählige Bilder seiner Geliebten und hängt sie in sein Schlafgemach.

Thomas DaCosta Kaufman hat diese wohl zu einseitige Erklärung in seinem Aufsatz ›Eros et poesia‹ entkräftet, indem er auf die Häufigkeit und die Beliebtheit solcher Themen in der damaligen Zeit hingewiesen hat.[5] Demnach wirken hier die klassischen Quellen und deren bildnerische Verarbeitung, vor allem in der italienischen Kunst, als Vorbilder, stehen die mythologischen Gemäldefolgen in den privaten Schlafgemächern des Kaisers etwa im Zusammenhang mit Francesco de Medicis ›Studiolo‹ in Florenz. Wie etwa Tizians sogenannte Poesien für Philipp II. können dann auch die mythologischen Darstellungen der rudolfinischen Kunst als optische Dichtungen verstanden werden.

Ein weiterer interessanter Gesichtspunkt ergibt sich außerdem aus dem Zusammenhang der mythologischen Motive der Prager Kunst mit der niederländischen und deren mehrschichtiger Bedeutung. Über ihren Theorien steht das Motto ›ut pictura poesis‹, und man muß sich tatsächlich durch mehrere – historische, naturgeschichtliche, moralische oder allegorische – Bedeutungsschichten durcharbeiten, um ihren Bildsinn begreifen zu können. Dabei halfen schon den Zeitgenossen – neben den Handbüchern mit Erläuterungen der klassischen Mythen – die Emblembücher mit ihren hieroglyphischen Verbindungssystemen zwischen Wort und Bild bei der Aufschlüsselung und dem Verständnis dieser Kunst.

Vergleicht man mythologische Themen aus Prag mit solchen in den Niederlanden und Fontainebleau, so findet man – im Hinblick auf Wiedergabe und Motive – spezifische Prager Eigenarten. Dagegen entsprechen auch dort die politischen Allegorien im großen und ganzen dem Typus, der auch an den übrigen europäischen Höfen gepflegt wurde, denn auch ihr Hauptziel war die Glorifizierung von Rudolfs Herrscherqualitäten. Da in seinem Lande Frieden, Wohlstand und die Wissenschaften blühten, schildern zahlreiche Allegorien den Triumph der Weisheit über Unwissenheit, Faulheit und Neid. Dagegen werden die dunklen Kräfte der Ignoranz, des Krieges und der Barbarei in der rudolfinischen Kunst durch die Türken repräsentiert.[6] Rudolf selbst trat in Göttergestalt auf (etwa so, wie in Ferrara Alfonso d'Este mit Bacchus gleichgesetzt wurde), nämlich als Vertumnus, als Gott der Verwandlung, wie er in Ovids ›Metamorphosen‹ und bei Properz geschildert ist (Kat. Nr. 111).

Im rudolfinischen Olymp treten Minerva und Merkur, die Beschützer der Künste, als Hauptgötter auf; Merkur als Verkörperung von Wissen und Vernunft, Begabung und Können. Zum Paar verbunden, wie auf Sprangers Deckenfresko im Hradschin[7], personifizieren sie zugleich ›Hermathena‹, einen damals verbreiteten humanistischen Begriff, den die Neuplatoniker – in Anknüpfung an klassische Erörterungen – neu definiert hatten[8]: eine Verbindung der Eloquenz des schnellfüßigen Hermes mit der weisen Beständigkeit der Athena (vgl. Sprangers *Triumph der Weisheit;* Kat. Nr. 159). Ihre Darstellung und Deutung wurden durch die Lehren der Emblematik und der Mythologie geprägt.

Minerva selbst erhält im Kreise der Prager Kunst besonderen Charakter. Man interpretiert sie weniger als ›Athena Parthenos‹ – also abweisend und jungfräulich –, sondern mehr als eine Art ›Alma Mater‹. Sie erscheint dabei zwar mit ihren üblichen Attributen des Helmes und der Lanze, jedoch mit unbekleideter Brust. Ganz ausgesprochen wird sie im Text zu einem Stich Jan Mullers nach einer verlorenen Sprangerzeichnung als ›Pallas Alma‹ bezeichnet; Beschützerin und zugleich göttliche Mutter der Künste und Wissenschaften; die Nährende, deren unbekleidete Brust sowohl an christliche als auch an antike Topoi erinnert. (Alles Lernen beginnt an der Mutterbrust.)[9]

Apollo, die Verkörperung göttlicher Inspiration und zugleich höchster Beschützer der Künste, spielt im rudolfinischen Kreis keine ihm entsprechende Rolle; denn die durch ihn vertretene Klarheit der Vernunft und die damit verbundene künstlerische Disziplin verehrte man dort

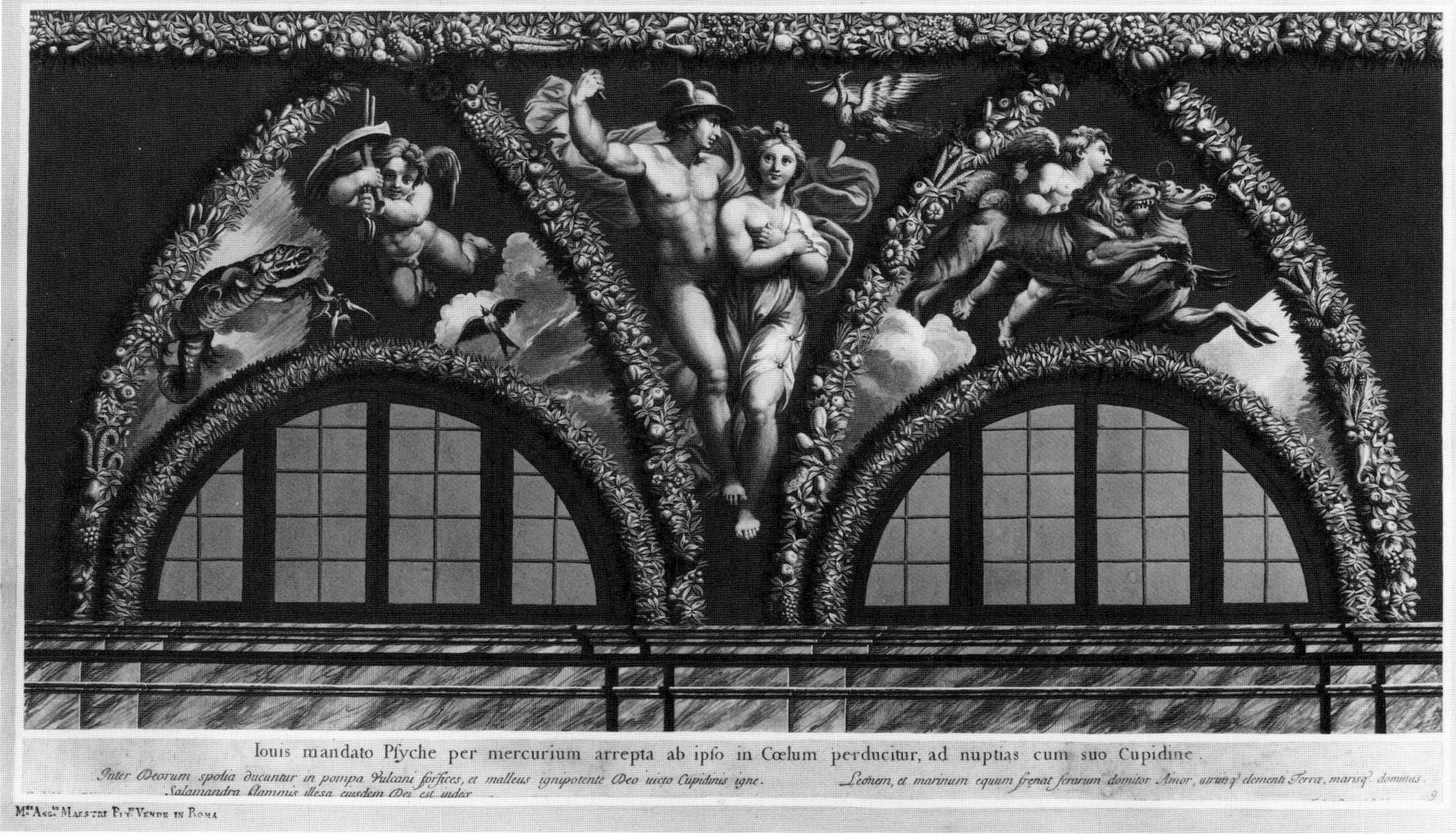

Iouis mandato Pſyche per mercurium arrepta ab ipſo in Cœlum perducitur, ad nuptias cum suo Cupidine.

1 Michel Angelo Maestri nach Raffael, *Merkur und Psyche.* Szene aus der Fabel ›Amor und Psyche‹. Rom, Villa Farnesina. Kolorierter Kupferstich
Stockholm, Nationalmuseum

nicht als besondere Tugenden. Man huldigte vielmehr Dionysos, der mit den Nymphen, seinen Begleiterinnen, für Leidenschaften und rauschhafte Ekstasen zuständig war; ebenso Aphrodite als Inspirationsquelle sinnlicher Freuden, mit verschiedenen Partnern kombiniert, bevorzugt mit Dionysos.

Die Beliebtheit, die die ›Amor und Psyche‹-Sage des Apuleius am Prager Hof erlangte, zeigt, wie hoch man dort jene Liebe bewertete, die der Seele Unsterblichkeit verleihen soll. In den Gestalten der beiden Hauptpersonen vereinigen sich die Prinzipien der himmlischen und der irdischen Liebe, die einander auszuschließen scheinen und dabei doch als ein Ideal der Vollendung angestrebt werden.

In diesem Zusammenhang stellt die *Hochzeit von Amor und Psyche* (von Goltzius gestochen; Kat. Nr. 312) den krönenden Abschluß der Sage dar. Ihre Darstellung in Raffaels römischen Farnesina-Fresken wurde zum prägenden Vorbild, besonders für Künstler nördlich der Alpen (Abb. 1). Dabei beleuchtet deren Auswahl der Szenen unterschiedliche Aspekte der Sage. In Fontainebleau bevorzugte man z. B. vor allem die ›Toilette der Psyche‹, in Prag dagegen ›Psyches Himmelfahrt‹: Psyche wird von Merkur, in dessen ursprünglicher Rolle als Begleiter menschlicher Seelen, auf den Olymp geführt. Da seine Person zugleich auf den Bereich der Wissenschaften verweist, erfüllt die Darstellung von Psyches Himmelfahrt noch zusätzlichen Sinn: Wissen macht die Seele unsterblich. Spranger behandelte bereits 1576/77 für Rudolf II. das Thema.[10] Adrian de Vries widmete sich ihm 1593 in seiner ersten großen Arbeit für den Kaiser. Die Bronzeskulptur zeigt ein eng umschlungenes Paar, das schwerelos in die Höhe schwebt. Durch Jan Mullers Stiche, die die Bronze in drei verschiedenen Ansichten zeigen, wurde die Skulptur bald bekannt Kat. Nr. 84).

Das ihr verwandte Stück in Stockholm, *Psyche, getragen von Amorinen* (Kat. Nr. 56), geht direkt auf eines der Farnesina-Fresken Raffaels zurück, wobei die Pyxis, die Psyche in der Hand hält, auf eine andere Episode der Sage anspielt. Psyche hatte, auf Aphrodites Befehl, Persephones

Schönheitssalbe aus der Unterwelt geholt. Auf dem Rückweg konnte sie jedoch nicht widerstehen, den Deckel der Dose zu öffnen. Als Strafe dafür wurde sie in einen dem Tode ähnlichen Schlaf versenkt, aus dem Eros sie rettete.

Eine Miniatur von Daniel Fröschl aus dem Jahre 1697, die wohl ebenfalls Merkur und Psyche zeigt (Kat. Nr. 116), wurde außerdem als politische Allegorie gedeutet. Da beide über Prag (man sieht im Hintergrund den Hradschin) fliegen und Psyche das Friedenssymbol eines Olivenzweigs in der Hand hält, bezieht man die Darstellung auf die 1606 beendeten Türkenkriege.

Wie damals die Zeitgenossen in Prag das Motiv letztlich verstanden haben, wissen wir nicht. Da aber mehrdeutige Ambivalenz ein Merkmal des Manierismus ist, sollte sie auch die Möglichkeiten heutiger Deutung bestimmen.

Den theoretischen Erörterungen der Renaissance entsprechend, ist der exzellente Geist Merkurs mit einer sich ständig wandelnden Lebenskraft verbunden. Psyche, als Personifizierung der menschlichen Seele, wird durch den Gott des Wissens (und zugleich der esoterischen Weisheit; Hermes Trismegistos) ins Reich der Unsterblichkeit erhoben; also: die Suche nach Unsterblichkeit, auch auf der Basis okkulter Kenntnisse – am Prager Hof kein ungewöhnlicher Gedankengang. Zwischen Magie und Wissenschaft waren damals die Grenzen bekanntlich noch nicht deutlich definiert und gefestigt. Der Kaiser selbst schenkte seine Gunst sowohl den Astrologen als auch den Astronomen.

Die heranwachsende Naturwissenschaft wurde nicht ohne Grund auch als Bedrohung kirchlicher Macht und göttlicher Weisheit angesehen, und so konnte man die Darstellungen vom ›Sturz des Ikaros‹ und vom ›Sturz Phaethons‹ nicht nur ganz allgemein als Warnung vor Hybris, sondern auch speziell als Warnung an eine kompromißlose Naturwissenschaft verstehen. Hendrik Goltzius schilderte in einer berühmten graphischen Folge die vier in Ungnade gefallenen Tantalos, Ikaros, Phaethon und Ixion; unterschiedliche Varianten des Sturzes derer, die zu hoch hinaus wollen und dabei die eigenen Kräfte überschätzen.

Besonders der ›Sturz des Phaethon‹ wurde im Prager Kreis häufig dargestellt. Ein Gemälde auf Alabaster von ca. 1598 (Abb. 2) und eine Zeichnung, beides von Hans von Aachen, zeigen, in Anlehnung an Ovids ›Metamorphosen‹ (II, 150 ff.), wie Phaethon den Sonnenwagen seines Vaters Helios zu lenken versucht. (Als er die Pferde nicht mehr zügeln kann, schleudert Zeus schließlich einen Blitz nach ihm, um zu verhindern, daß sein feuriger Wagen die Erde in Brand setzt. Phaethon stürzt in den Fluß Eridanus. Seine klagenden Schwestern werden zu Pappeln verwandelt, sein Freund und Verwandter Kygnos in einen Schwan.)

2 Hans von Aachen, *Sturz des Phaethon.* Öl auf Alabaster
Wien, Kunsthistorisches Museum (ausgestellt in Schloß Ambras)

Während die Illustrationen der Ovid-Ausgaben die Fahrt über das Himmelsgewölbe zeigen, schildert Hans von Aachen den Sturz selbst. Als Vorlage diente ihm dabei wahrscheinlich ein Stich von Nicolaus Beatrizet nach einer Zeichnung von Michelangelo (Abb. 3); heute in Windsor Castle).[11] Der Kaiser besaß außerdem ein Gemälde von Joos de Momper, das eine weitere Variante des Themas zeigt (Abb. 4).[12] Der Mann und die Frau im Vordergrund, Symbolfiguren für Tag und Nacht, beziehen sich deutlich auf Michelangelos Skulpturen in der Medici-Kapelle.

Man vermutet, daß Momper, wie zahlreiche andere seiner Landsleute, eine Zeitlang in Italien studierte. Klaus Ertz hat die Indizien dafür gesammelt und untersucht[13] und stützt sich dabei auf stilistische Merkmale im Werk des Künstlers.

Zugleich besteht zwischen Mompers frühen Werken und der Prager Kunst ein im Stil und in der Wahl der Motive deutlicher Zusammenhang. Außerdem sind um 1590 Verwandtschaften zwischen Mompers und Hans von Aachens Malerei so auffallend, daß man nicht über sie hinwegsehen kann. Leider gibt es keine Quellen, die direkt oder indirekt auf einen Prager Aufenthalt des Antwerpeners hinweisen, wie überhaupt die Jahre zwischen 1581 und 1590 einen nicht dokumentierten Abschnitt seiner Biographie darstellen.

Es ist nicht erwiesen, ob sich die beiden Künstler in Italien oder in Prag getroffen haben. Vielleicht hat Mom-

3 Nicolaus Beatrizet, *Sturz des Phaethon.* Stich nach einer Zeichnung von Michelangelo

4 Josse de Momper d. J., *Sturz des Phaethon.* Um 1590. Öl auf Holz Stockholm, Nationalmuseum

pers Kontakt mit der Familie Brueghel ihn zu Rudolf II. geführt. Der Kaiser schätzte bekanntlich Pieter Bruegels Kunst außerordentlich, vor allem ihre allegorischen Aspekte, und so berichtet auch van Mander von mehreren Werken des Künstlers in der rudolfinischen Sammlung.[14] Außerdem wurden mehrere Mitglieder der Brueghel-Familie als Gäste an den Hof geladen. Sowohl Jan d. Ä. als auch Pieter d. J. besuchten auf diese Weise Prag. Mit der allegorischen Funktion der mythologischen Darstellungen ist die Vermittlung tiefgehender, auf den Menschen bezogener Wahrheiten verbunden. So interessieren die erotischen Szenen nach den Metamorphosen, die in der rudolfinischen Kunst so häufig dargestellt wurden, nicht zuletzt wegen dieser Mehrdeutigkeit.

Die jeweiligen Liebespaare erscheinen einerseits als ideale Verschmelzungen zweier Gegensätze, als Kombination zweier unterschiedlicher Individuen, die zusammen ein harmonisches Ganzes bilden. Zugleich verkörpern diese Bilder andererseits die mit der Liebe verbundenen Ängste und sprechen von den Kämpfen zwischen unterschiedlichen menschlichen Leidenschaften; die physische Anziehungskraft der Schönheit als Ursache menschlicher Dramen. Dies wird in dem Mythos von ›Diana und Aktaeon‹ besonders deutlich, den fast alle Prager Künstler ins Bild gesetzt haben, worauf in der Ausstellung Werke von Joseph Heintz, Matthias Gundelach, Aegidius Sadeler und Paulus van Vianen hinweisen.

Nach Ovid (Metamorphosen III, 155 f.) mußte Aktaeon seine erotische Neugier mit dem Leben bezahlen, als er in dem bewaldeten Tal Gargaphia Diana und ihre Nymphen beim Baden in einer ihnen heiligen Grotte überraschte und beobachtete. Zur Strafe verwandelte die Göttin ihn in einen Hirsch, der dann von den eigenen Hunden zerrissen wurde.

In den Ovid-Illustrationen bei Bernhard Salomon von 1577, aber auch in den Holzschnitten des Virgil Solis (Abb. 5) liegt der Schwerpunkt im Phänomen der Verwandlung selbst: Aktaeon tritt mit Männerkörper und Hirschkopf auf, und man sieht die Hunde, die ihre Beute wittern. Die Prager Künstler schildern dagegen vor allem die schönen Körper der badenden Frauen. Dies gilt sowohl für Hoefnagels Miniatur (Abb. 6) als auch für das

5 Unbekannter Künstler nach Virgil Solis, *Diana und Aktaeon* Holzschnitt

Gemälde von Heintz (Kat. Nr. 135), die beide schon zu ihrer Entstehungszeit wegen ihrer originellen Kompositionen sehr beliebt waren und deshalb zu den meistkopierten Kompositionen dieses Kreises gehören. Nach Zimmer geht Heintz mit seiner Darstellung auf Tizian zurück.[15] Dessen bekannte Gemäldefassung des Themas, das sich heute in Edinburgh befindet, kam ursprünglich allerdings direkt zu Philipp II. nach Madrid und wurde nicht als Stich reproduziert (Im Gegensatz zu seinem Pendant *Diana und Kallisto*). 1568 wurde aber ein ›Tod Aktaeons‹ des Tizian an Maximilian II. verkauft und gelangte möglicherweise von dort aus nach Prag.[16] Außerdem kämen Peruzzis Fresken in der Stanza del Freggio der Villa Farnesina und Parmigianinos Fresken in Rocca Fontanello als weitere anregende Vorbilder in Frage.

Es bestehen Gründe zu der Annahme, daß die Szene mit Diana und Aktaeon sowohl in Prag als auch in den Niederlanden mit noch einem weiteren Bedeutungsbereich verbunden war, nämlich mit der Vorstellung, daß das Sehen, als gefährlichster aller Sinne, erotische Lust erwecke. Die sinnliche Ausstrahlung dieser Gemälde sollte also zugleich auf die tödlichen Folgen ihrer Wirkung hinweisen; im Sinne Karel van Manders, der in seinen ›Metamorphosen‹-Kommentaren schreibt, daß Aktaeon, bereits durch flüchtiges Betrachten gereizt, sich nicht beherrschen konnte und nicht physisch, sondern auch psychisch in ein Tier verwandelt wurde.[17]

Allegorien der Liebe und des Weines, verkörpert durch die Gestalten von Venus und Bacchus, waren ein weiteres hochgeschätztes rudolfinisches Thema. Bereits in der Literatur der Antike wurde die Gemeinsamkeit von Aphrodite und Dionysos geschildert, ein Zusammenwirken, das als Sinnbild von der italienischen Renaissance wieder aufgegriffen wird (z. B. Tizians Darstellungen für das Studiolo Alfonso d'Estes in Ferrara, angeregt durch die ›Imagines‹ des Philostratos[18]).

Nördlich der Alpen war vor allem der Spruch des Terenz im Schwange: ›Sine Cerere et Bacchus friget Venus‹ (Eunuchus IV, 732), der also besagt, daß ohne Essen und Trinken die Liebesglut erlösche. Ende des 16. Jahrhunderts war dieses Motto als Thema besonders in den Niederlanden beliebt. Die meisten Bilder zeigen Venus in Gesellschaft von Ceres und Bacchus, wie – um Cupido bereichert – bei Matthäus Gundelachs Komposition.

1590 hat Spranger für den Kaiser zwei Gemälde mit diesem Thema gemalt. Das eine (Kat. Nr. 156) gibt das Sprichwort besonders wortgetreu wieder: Bacchus und Ceres verlassen Venus, die sich vergebens am Feuer zu wärmen versucht. Das erste bekannte Beispiel für diese Auffassung des Themas ist offenbar ein Emblem im ›Mikrokosmos‹ des Laurentius Haechtanus aus Mechelen, eine Publikation, die 1579 in Antwerpen erschien.[19] In der Unterschrift zum Emblem heißt es: »Wo Nüchternheit herrscht, dort ist Fleischeslust kalt wie Eis, aber bei Überfluß an Korn, Wein und Bier gewinnt Wollust den höchsten Preis.« Der Verfasser zitiert gleichzeitig einen Bibelspruch: »Ein weises und verständiges Herz wird sich von Sünden fernhalten, um den Werken der Gerechtigkeit nachzufolgen« (Jesus Sirach 3, 32). Es ist nicht ausgeschlossen, daß sich der zeitgenössische Betrachter vor Sprangers Gemälde auch an einen solchen moralischen Sinn erinnern sollte.

Ein Gemälde Hans von Aachens (Kat. Nr. 93) zeigt Bacchus, der Venus einen Becher Wein anbietet; ein Hinweis auf die Wirkung des Weines auf die Liebe. Eine originelle Variante desselben Themas bringt ein Gemälde Sprangers (Kat. Nr. 157): Neben dem Paar sieht man einen Leoparden und ein Reh: Der Leopard als Attribut des Bacchus und ein Symbol des Trinkens; das Reh als Attribut der Venus, das zur Beute des Leoparden wird.

Das bedeutet also, daß der Überfluß an Wein einen Mangel an Wachsamkeit hervorrufe, was seinerseits der Liebe abträglich sei.[20]

Das Zusammensein von Mann und Frau als sich ergänzende Kräfte wurde in der mythologischen Kunst Prags zum Hauptthema. Damit ergab sich ein deutlicher Unterschied zur Schule von Fontainebleau. In Anknüpfung an ritterliche Traditionen des Spätmittelalters und der Renaissance sowie an die damit verbundenen Vorstellungen höfischer Minne steht dort die Frau als Heilige oder Madonna, als Venus oder Diana, als vereinzeltes Ziel der

6 Joris Hoefnagel, *Diana und Aktaeon*. Miniatur
Paris, Louvre, Cabinet des Dessins

Verehrung im Zentrum. Statt dessen bestimmen in Prag gerade die Paare die spezifischen Themen der Bilder.

Bacchus und Venus sind nur eines der zahlreichen Paare in der rudolfinischen Kunst. Neben ihnen findet man Mars und Venus, Odysseus und Circe, Venus und Adonis, Venus und Vulkan, Jupiter und Antiope u. a. Man nimmt an, daß eine Vorform zu diesen Paaren in der zu ihrer Zeit beliebten Serie der ›Götterliebschaften‹[21], zwanzig Stichen von Gian Jacopo Caraglio (1500–1565), zu finden ist. Ebenso schuf Marcantonio Raimondi eine Folge solcher Liebespaare, die allerdings aufgrund ihrer erotischen Deutlichkeit von der kirchlichen Zensur verboten wurden. Denn Raimondi verzichtete auf eine antike oder mythologische Verbrämung, wie sie Caraglio und später die Künstler in Prag anwendeten. Trotzdem sprechen auch dort Körpergesten, als Anspielungen auf nicht Darstellbares, eine deutliche erotische Sprache.[22]

Die erotische Prägung dieser Bilder fußt auf platonischen Gedanken, speziell auf solchen, wie sie in der Rede des Aristophanes im ›Gastmahl‹ formuliert werden: Der Mensch, ursprünglich ein Geschöpf, das in ausgewogener Verbindung männliche und weibliche Eigenschaften in sich vereinte, war, als Strafe für seinen Hochmut, gespalten worden. Beide Hälften irren seitdem, auf der Suche nach der jeweils anderen, durch die Welt und streben danach, sich in der Liebe wieder zu vereinen. In der rudolfinischen Kunst deutet sich dieses platonische Vereinigungsstreben gerade auch in der androgynen Formulierung der weiblichen und männlichen Aktfiguren an. Geradezu programmatisch verweist Sprangers *Salmakis und Hermaphroditos* (Abb. 7) auf diese spezielle Interpretation der Liebe. Es zeigt die Quellnymphe, wie sie Hermaphroditos, den Sohn des Hermes und der Aphrodite, erblickt und ihm verfällt. Nach Ovid widersetzt er sich

7 Bartholomäus Spranger, Salmakis und Hermaphroditos. Um 1581. Öl auf Leinwand
Wien, Kunsthistorisches Museum, Gemäldegalerie

ihren Umarmungen, so daß Salmakis die Götter bittet, ihrer beider Körper zu verschmelzen. Dies geschieht, und das Ergebnis ist ein androgynes Wesen.

Hermaphroditos ist, wie Hermathena, ein Mischwesen in der Reihe jener Doppelgötter, die, nach Edgar Wind, mit den Traditionen der Orphik zusammenhängen.[23] Als rätselhafte und geheimnisvolle Inkarnationen entsprechen sie in besonderer Form dem Wesen des Mythischen und dem in ihm verkörperten menschlichen Konflikten.

Anmerkungen

1 Seznec, 1961, S. 229–256.
2 Henkel, 1930, S. 58–144.
3 Sluijter 1985, S. 61.
4 Van Mander, Anhang zum ›Schilderboek‹ von 1604.
5 Kaufmann, 1987.
6 Vocelka, 1981. Besonders S. 187–217 und 287–299.
7 Neumann, 1970, S, 143–151.
8 Gerszi, 1969, S. 758.
9 Konečný, 1982, S. 237–238.
10 Kaufmann, 1985, Nr. 3–5.
11 Hartt, 1971, Nr. 358.
12 Cavalli-Björkman 1986, Nr. 43.
13 Ertz, 1986, S. 321–325.
14 Evans, 1973, S. 182/83.
15 Zimmer 1967, S. 235.
16 Whetey, 1975, Nr. 8 (vgl. *Diana und Aktaeon* in Edinburgh, Nr. 9).
17 Sluijter, 1985, S. 66.
18 Cavalli-Björkman u. a. 1987.
19 Renger, 1976–78, S. 194.
20 Schnakenburg, 1970, S. 148.
21 Zerner, 1976, S. 87 und Bartsch, XV, Nr. 9–23.
22 Z. B.: *Medor und Angelika* (Kaufmann 1985, 20–5), *Odysseus und Circe* (Kaufmann, 20–31), *Merkur und Venus* (Kaufmann, 20–41) und *Mars und Venus* (Kaufmann 20–57).
23 Wind, 1958, S. 167 ff.

Die Wissenschaft am Hofe Rudolfs II. in Prag

Zdeněk Horský

Die rudolfinische Wissenschaft ist als Ganzes zweifellos eine Erscheinung, die in Dimension und Bedeutung im mitteleuropäischen Raum keinen direkten Vorläufer hat. Gerade dies ist wohl der Grund, weshalb ihr Entstehen so häufig vor allem als unmittelbares Verdienst des Kaisers selbst eingeschätzt und dargestellt wird. Demnach wäre er die entscheidende Kraft gewesen, nämlich derjenige, der eine klare Vorstellung von den Hauptzielen seines Gelehrtenkreises hatte und der – in Hinblick auf ein klar definiertes Programm – dessen Zusammensetzung auch persönlich bestimmte und formte. So gesehen wird die Rolle des Kaisers allerdings überschätzt. Denn: So weitgehend konnte sich weder sein geistiger Horizont noch sein persönlicher Einfluß auswirken; um so mehr, als die finanziellen Mittel, die er den Wissenschaftlern anbieten konnte und tatsächlich auch anbot, bei weitem nicht denen entsprachen, die er für Werke der bildenden Künste verwendete. (Übrigens stellten die dann ausgezahlten Entlohnungen nur einen Bruchteil dessen dar, was versprochen worden war.) Dennoch ist auch das andere Extrem nicht zu akzeptieren, nämlich, den tatsächlichen persönlichen Einfluß des Kaisers, der ohne jeden Zweifel beachtlich war, gänzlich zu bestreiten und der Betrachtung nicht wert zu halten.

Es erhebt sich also die Frage, wie und warum es überhaupt zur Entstehung des rudolfinischen Gelehrtenzentrums in Prag kam. Und dabei sind nun mehrere Umstände in Betracht zu ziehen.

Wenn es auch allgemein bekannt ist, daß sich Rudolf von Jugend an durch sein Interesse für Kunst und Wissenschaft auszeichnete, so ist doch kaum anzunehmen, daß er bereits seit dem Beginn seiner Regierungszeit selbst und mit entsprechender Umsicht die besten der europäischen Wissenschaftler für seinen Hof wählen konnte. Es ist im Gegenteil anzunehmen, daß ein anderer bei dieser Auswahl des Kaisers Hand geführt hat, und daß außerdem dabei die Möglichkeit bestand, an die bisherige Tradition anzuknüpfen und sich dabei auf die bereits vorhandene Anziehungskraft des Prager Milieus zu stützen.

Einen gewissen Kreis von Gelehrten gab es bereits am Hofe Kaiser Maximilians II., Rudolfs Vater und Vorgänger. Dessen Residenz war Wien oder zumindest vorwiegend Wien und dort wirkten folgende herausragenden Persönlichkeiten: der vor allem als Arzt tätige Polyhistor Johannes Crato von Crafftheim; der Bibliothekar Hugo Blotius; der Botaniker Carolus Clusius (Charles de l'Ecluse); sowie eine für die weiteren Entwicklungen am Hofe Rudolfs zweifellos bedeutende Schlüsselfigur, nämlich Jacopo Strada, der Antiquar und Verwalter der rudolfinischen Sammlungen. Im Vergleich mit dem, was sich später in Prag entwickeln sollte, war diese Gruppe offenbar kleiner und zugleich heterogener, und vor allem befaßte sie sich noch nicht mit so wichtigen Bereichen der Wissenschaft und der Weltanschauung, wie das später in Prag der Fall war. Nichtsdestoweniger hatte sich am habsburgischen Hofe vorher schon eine Tradition herausgebildet, an die Rudolf anknüpfen konnte, was er zu Beginn seiner Regierungszeit auch tatsächlich tat.

Innerhalb dieser Gruppe wuchs bereits in den 70er Jahren die Bedeutung des tschechischen Gelehrten Tadeáš Hájek merklich, einer wahrhaft universalen Persönlichkeit. Er war vor allem Mathematiker und Astronom, doch erwarb er sich auch besondere Verdienste als Botaniker (als Mitarbeiter des Botanikers Pietro Andrea Matthiolis), außerdem als Arzt und später auch als Chemiker und Alchimist; ein aus der Prager Universität (an der er kurze Zeit als Professor tätig war) hervorgegangener, danach an den Universitäten Wien (hier besonders in Mathematik) und Leipzig geschulter sowie an italienischen Universitäten (an denen er den medizinischen Doktorhut erwarb) fortgebildeter Gelehrter. Als sich dann der rudolfinische Gelehrtenkreis formierte, spielte dabei Hájek, zunächst wohl aufgrund glücklicher Umstände, später jedoch kraft seiner Funktion, eine ziemlich entscheidende Rolle.

Es scheint, als hätten sich die grundsätzlichen Tendenzen der künftigen rudolfinischen Wissenschaft bereits deutlich – und nahezu symbolisch – während Rudolfs Krönung in Regensburg im Herbst 1576 entschieden. Der damals 53jährige Herrscher ahnte wohl nicht, welch bestimmende Bedeutung die dortige Begegnung zweier Wissenschaftler für seinen künftigen Gelehrtenhof haben sollte. Tadeáš Hájek (Taddeus Hajek), damals knapp 50jährig, nahm als Arzt in Maximilians II. Gefolge an der Krönung teil. Tycho Brahe, damals noch nicht 30jährig –

Sohn einer einflußreichen skandinavischen Adelsfamilie, der sich gerade seine ersten wissenschaftlichen Sporen verdient hatte – ließ sich die Gelegenheit der Teilnahme an dem gesellschaftlichen Ereignis nicht entgehen.

Es ist kaum anzunehmen, daß diese Begegnung in Regensburg unvorbereitet stattgefunden hat. Hatten doch beide Schriften über dasselbe Phänomen publiziert, nämlich über den neuen Stern vom Herbst 1572 in der Gruppe der Cassiopeia. Hájeks Publikation war im vorhergehenden Jahr in Frankfurt, Tychos bereits ein Jahr früher in Kopenhagen erschienen.

Beide Wissenschaftler gehörten zu der kleinen Zahl von Astronomen, die diese seltene Erscheinung tatsächlich als Stern identifiziert hatten. Bei ihrer Begegnung in Regensburg kannte jeder bereits die Ergebnisse des anderen. Hájek hatte für Tycho ein Geschenk mitgebracht: Die Abschrift eines kleinen, unter der Bezeichnung ›Commentariolus‹ bekannten Traktats von Kopernikus, das dieser vermutlich um die Wende vom 1. zum 2. Jahrzehnt jenes Jahrhunderts niedergeschrieben hatte. Dieser ›Commentariolus‹[2], der bereits die Grundthesen des neuen heliozentrischen Weltsystems erörtert, wurde lediglich unter eingeweihten Freunden verbreitet. Überliefert ist er nur dank dieser Abschrift, die Tycho Brahe von Hájek geschenkt bekommen hatte. Alle drei der heute bekannten und vorhandenen Kopien haben nachweislich sie zum Vorbild. Alles weist daraufhin, daß bereits Hájeks Vater Šimon, der möglicherweise nähere Beziehungen zu Kopernikus unterhielt, die Abschrift des ›Commentariolus‹ erworben hatte.[3] Hájek und Tycho Brahe schlossen in Regensburg enge Freundschaft, die durch ihren gemeinsamen Briefwechsel auch über die Jahre bis zu Tychos Ankunft in Böhmen aufrechterhalten blieb.

Diese Regensburger Begegnung entschied quasi symbolisch über die grundsätzliche Ausprägung des künftigen rudolfinischen Gelehrtenzentrums in Prag. Durch sie wurde im voraus festgelegt, daß die Astronomie das Zentrum sein würde (trotz der bis heute verbreiteten Annahme, daß am Hof Rudolfs die Alchimie vorherrschend war) und daß es sich dabei nicht nur um die gängige Form dieser Wissenschaft, sondern um deren vollkommenste Entfaltung im damaligen Europa handeln sollte: eine Astronomie, die ein neues, kosmologisches Weltbild entwerfen, die wohlbegründet sich gegen die alte aristotelische Konzeption wenden und dabei an die Erkenntnisse des Kopernikus anknüpfen sollte. Bereits hier in Regensburg, als den künftigen Verlauf der Dinge noch niemand ahnen konnte, ergab sich die Grundlage für die führende Position Hájeks, Brahes und Keplers im Gelehrtenkreis am Hofe Rudolfs.

Eine bedeutende Rolle spielte die Tatsache, daß der Kaiser seinen Hof relativ bald an die Moldau verlegte. Ab Herbst 1583 war Prag Residenzstadt und somit zugleich Zentrum des politischen und gesellschaftlichen Lebens. Im Hinblick auf die Wissenschaften brachte der neue Standort Rudolf die Möglichkeit, die eigenen Bemühungen mit der einheimischen tschechischen Tradition zu verbinden.

Bei näherer Betrachtung zeigt sich nämlich, daß Böhmen im Laufe des 16. Jahrhunderts ein rasches und intensives Aufblühen der Wissenschaft erlebt hatte, vor allem auf dem Gebiet der Vermessungskunde und der angewandten Chemie. Um diese Entwicklung machten sich vor allem zwei Produktionszweige verdient: der Bergbau und die Teichwirtschaft. Ohne die präzise und hochspezialisierte Tätigkeit der Landvermessung wären Stollenbau und Schachtteufen in den ausgedehnten Joachimstaler und Kuttenberger Grubensystemen undenkbar gewesen; ebenso der Ausbau der ostböhmischen und südböhmischen Teichnetze von Pernstein und Rosenberg (Rožmberk). Es ist ferner nicht ohne Bedeutung, daß die bei diesen Aufgaben angewandten Methoden und Geräte im Grunde mit denen identisch waren, die in der Astronomie benutzt wurden. Aus dem Bergbau entwickelte sich kontinuierlich die Metallurgie. Der hohe Stand der böhmischen Produktionsmethoden war vorbildlich. Böhmische Grubentechnik und böhmische Metallurgie waren beispiellos in der europäischen Entwicklung.

Dies fand seinen Niederschlag nicht zuletzt in wichtigen Publikationen. Nicht allein Georg Agricolas bekanntes Werk ›De re metallica‹, sondern auch die Schrift Lazarus Erckers, des Kuttenberger Münzmeisters und obersten Bergmeisters im Königreich Böhmen (die erste Ausgabe ist 1574 auf deutsch in Prag erschienen), entstanden damals als grundlegende Handbücher ihres Fachs für ganz Europa. Erckers Schrift erlebte rasch zahlreiche Neuauflagen und wurde schon im 18. Jahrhundert ins Englische und ins Holländische übersetzt.

Zugleich machte die Botanik beachtliche Fortschritte – waren doch in der Person Hájeks alle damaligen Wissensbereiche dieses Fachs vereint. Auch die Medizin entwikkelte sich weiter; eine Wissenschaft, deren Studium im heimischen Milieu nur bedingt möglich war.

Die Prager Karlsuniversität verfügte damals lediglich über eine einzige Fakultät. Doch neben ihr entstand das Jesuitenkolleg (Clementinum), das nach und nach ebenfalls den Charakter einer Universität annahm. Die Rivalität beider Schulen trug ganz offensichtlich zur Belebung des intellektuellen Geschehens bei. Doch zumindest am Anfang der Regierungszeit Rudolfs ragte keines der beiden Institute mit seinen naturwissenschaftlich orientierten Disziplinen sonderlich hervor.

Zugleich gab es damals in Prag zahlreiche Druckereien, die längst ihre Fähigkeit nachgewiesen hatten, auf hohem Niveau Fachliteratur produzieren zu können. Ständig erschienen tschechische, deutsche, lateinische und – seltener – hebräische Publikationen. In den wissenschaftlichen Fachbereichen wuchs der tschechische Beitrag in der 2. Hälfte des 16. Jahrhunderts beachtlich, was sich nicht zuletzt durch die verstärkte Teilnahme am Fachdialog der Wissenschaftler in ganz Europa bemerkbar machte. Auch die Anzahl derer, die wenigstens einen Teil ihres Studiums im Ausland absolvierten, stieg an, wobei die Universitäten zu Wittenberg, Leipzig und Altdorf bevorzugt aufgesucht wurden. Andere studierten in Italien, manche in Frankreich oder England. Der gegenseitige Austausch von Fachwissen verband nun Prag mit ganz Europa. Doch schon vorher gab es ein Zentrum für vielfältige europäische Verbindungen, nämlich das Wohnhaus Hájeks. Er selbst knüpfte und unterhielt rege Kontakte zu dem Gelehrtenkreis in Breslau, in dem Andreas Duditius und der Astronom Paul Wittich wirkten und aus dem später der hochbedeutende Johann Matthias Wacker von Wackenfels an Rudolfs Hof kam.[4]

Das Phänomen des Prager rudolfinischen Gelehrtenzentrums ist als außerordentlich glückliche Verschmelzung zahlreicher begünstigender Umstände aufzufassen: des Kaisers besondere Interessen und sein Mäzenatentum; die Anziehungskraft der Residenzstadt sowie deren reges politisches und gesellschaftliches Leben; ein intellektuelles Milieu, das sich auf sein eigenes ›Hinterland‹ und auf eine progressive Entwicklung, besonders der letzten Jahre, stützen konnte; die Anwesenheit führender gebildeter Persönlichkeiten, die die Gunst des Kaisers gegenüber Wissenschaft und Wissenschaftlern beeinflussen und lenken konnten.

Hinzu kommen außerdem die speziellen Bedingungen des ›geteilten Königreichs‹, wie das Land damals genannt wurde, weil in ihm Angehörige zweier christlicher Konfessionen, Katholiken und Utraquisten, nebeneinander lebten. Die politische Gesamtlage in Europa – vor allem die Verbreitung des Luthertums auf der einen Seite und auf der anderen die ständige türkische Gefahr, die besonders die Habsburger auf dem böhmischen Thron bedrohte – führte dazu, daß sich, dem Rekatholisierungsprogramm der Habsburger zum Trotz, ein *Status quo* behauptete. In seinem Rahmen entwickelte sich eine ziemlich weitgehende Religions- und Meinungstoleranz, die sogar weitere Religionsgemeinschaften zum Aufblühen brachte. So erlebte gerade in dieser Zeit die Gemeinde der ›Böhmischen Brüder‹ besonderen Aufschwung. Auch die jüdischen Ghettos profitierten von diesem Status der Toleranz, und gerade auch hier gediehen Wissenschaft und Bildung. War es doch eben diese Zeit, in der im Prager Ghetto der berühmte Rabbi Löw und der bedeutende Astronom und Geograph David Gans wirkten, die ebenfalls am rudolfinischen wissenschaftlichen Geschehen teilhatten.

Ohne konfessionelle Behinderungen wurde den Intellektuellen Europas der Zutritt ins ›geteilte Königreich‹ und zum kaiserlichen Hof möglich gemacht.

Diese so weitgehende Toleranz bezog sich hier gerade auch auf die Wissenschaft. Niemand wurde wegen seiner neuen, bahnbrechenden Ideen verfolgt. Kepler konnte sich in Prag bei der Weiterentwicklung des kopernikanischen Planetensystems völlig sicher fühlen. Aber auch Wacker von Wackenfels, ein Anhänger Giordano Brunos, konnte, nach dessen Verurteilung und Feuertod im Jahre 1600, am Hofe Rudolfs als geheimer kaiserlicher Rat tätig sein, ohne mit irgendwelchen Repressalien rechnen zu müssen, auch nicht nachdem Wackers Überzeugung durch eine Unvorsichtigkeit Keplers in der Öffentlichkeit bekannt worden war. Prag war damals gewissermaßen ein ruhender Pol mit einem geistigen Klima, das der Entfaltung neuer, nicht traditioneller Konzepte außerordentlich förderlich war.

Gerade in der komplexen Einheit all dieser Bedingungen wurzelt das rudolfinische wissenschaftliche Zentrum, und auf ihr beruht auch die Anziehungskraft, die Prag auf bedeutende Gelehrte ausgeübt hat. Und dies, obwohl viele, die für längere oder kürzere Zeit in die Stadt kamen, von Rudolf keinerlei finanzielle Unterstützung erhielten und auch diejenigen, die er fest angestellt hatte, nur mit Mühe und großen Verzögerungen zu ihrem Geld kamen. Nicht finanzieller Gewinn machte Prag attraktiv, sondern vielmehr die Möglichkeit inspirierender Teilnahme am produktiven Leben dieser Stadt. Prag, zu jener Zeit ein Kreuzpunkt der Diplomatie und der Politik, war zugleich Handelsplatz für wissenschaftliche Ideen, die gerade hier die Grenzen der jeweiligen Fachbereiche produktiv übersprangen. Diese grenzüberschreitende Zusammenarbeit und die damit verbundene gegenseitige Befruchtung war das Spezifikum der Wissenschaft im rudolfinischen Prag.

Man muß jedoch daran erinnern, daß dieser Gelehrtenkreis zwar der bedeutendste, aber nicht der einzige in Böhmen war. An zahlreichen Adelssitzen Böhmens und Mährens wurden die Wissenschaften ebenfalls gefördert. Der älteste und wichtigste unter ihnen war der Hof der Familie Rosenberg. In Mähren erlangte in solchem Zusammenhang besonders die Familie Zierotin (Žerotin) Bedeutung. Der Rosenberger Hof wetteiferte in seinem mäzenatischen Anspruch sogar mit dem Kaiserhof und suchte die besten unter den Prager Gelehrten – wie Kepler oder den Feinmechaniker Erasmus Habermel – für sich zu gewinnen.

Auch die Alchimie wurde in der Familie Rosenberg intensiv gefördert. Sie ist eine für diese Zeit bezeichnende, in ihrer geschichtlichen Bedeutung jedoch bis heute noch nicht hinreichend erforschte Wissenschaft. Vor allem in der belletristischen Literatur wurde die Alchimie häufig als ein Bereich betrügerischer Scharlatane geschildert, um das Zeitkolorit und die Umgebung Rudolfs wirkungsvoll in Szene zu setzen. Doch war die damalige Wirklichkeit weitaus nüchterner. Man stellte an die Alchimisten besonders hohe Anforderungen. Diejenigen, die sich um Rudolfs Gunst bewarben, unterzog Hájek in der Anfangsphase einer fachlichen Prüfung.

Und es ist durchaus angebracht, hier von fachlicher Prüfung zu sprechen, denn so wird auch verständlich, daß sich aus dieser Alchimie nach und nach die wissenschaftliche, kritisch arbeitende Chemie entwickelt hat. Die genauen Grenzen zwischen beiden sind bis heute noch nicht hinreichend historisch aufgearbeitet.

Dabei ist zu bedenken, daß gerade die Alchimie kein Privileg des rudolfinischen Hofes allein war. Der universell gebildete Tadeáš Hájek beherrschte sie bereits – aufgrund der Kenntnisse seines Vaters – höchst versiert. Aus Überlieferungen geht hervor, daß das Haus dieses 1554 verstorbenen Vaters Simon Hájek, eines Prager Gelehrten und Sammlers alter Literatur, mit einer alchimistischen Werkstatt ausgestattet war[5], und es ist sicher kein Zufall, daß John Dee und Edward Kelley während ihres Prager Aufenthaltes in den 80er Jahren gerade in diesem Haus Unterkunft fanden und hier auch ihre spiritistischen Séancen veranstalteten.[6]

Aber auch Dee hatte schon vorher Verbindungen zu Böhmen. Denn seine 1564 in Antwerpen publizierte und Maximilian II. gewidmete Schrift ›Monas hieroglyphica‹ wird bereits 1578 in einer tschechischen alchimistischen Kompilation, ›Rosarium philosophorum‹, des Jaroš Griemiller von Třebsko berücksichtigt. Sie wurde für die Familie Rosenberg geschrieben und ist lediglich als Handschrift überliefert. Die späteren Kontakte des Engländers zu diesem Hof erscheinen nach solcher Vorbereitung nicht verwunderlich.

Ansonsten gibt es während der Regierungszeit Rudolfs eine kontinuierliche Weiterentwicklung der einheimischen Alchimie, die bereits vorher begann und deren Schriften – abgesehen von denen in Lateinisch – auf Tschechisch erschienen. Bei zahlreichen Alchimisten ist es in der Tat schwer zu entscheiden, in welchem Maße sie direkt zu Rudolfs Hof gehörten. Ganz sicher war dies bei Horčička von Tepenec und Šimon Tadeáš Budeck von Falkenberg der Fall; letzterer ein evangelischer Priester, der zugleich dem Adelsgeschlecht der Smiřicky nahestand. Bei Rudolf war er als »in den Metallen und Edelsteinen mächtig beschlagener Inquisitor« angestellt.[7] Neben ihm wissen wir von Anselm Boetius de Boodt, dem Begründer einer systematischen Mineralogie, der in Rudolfs Diensten stand. Gleichzeitig betrieb dagegen Johann Zbyněk von Hazmburk intensiv die Alchimie auf eigene Faust und Kosten. Doch stürzten ihn der Umfang seiner Unternehmungen und deren Erfolglosigkeit bald in schwere Schulden, so daß er fast sein ganzes Vermögen verlor.[8] Bereits vor ihm war offenbar Bavor Rodovský von Hustiřany (1526–1592) als selbständiger Alchimist tätig, durch den wiederum der durch seine Experimente bekannte Michael Śendzivoj direkt beeinflußt worden ist. In dessen Erörterungen über den Verbrennungsprozeß bahnen sich bereits Erkenntnisse von den Grundlagen der Oxydation an.

Chemie und Alchimie sind in dieser Zeit tatsächlich kaum voneinander zu trennen, gerade bei denjenigen, die sich auf ihrer Suche nach eigenen Wegen und Neubewertung alter Traditionen auf irrationalen Pfaden verloren haben. Und so ist es heute einfach noch nicht möglich, jeweils die Zuweisung zu dem einen oder anderen Gebiet – zur Chemie oder Alchimie – mit letzter Konsequenz durchzuführen. Dies gilt z. B. auch für Oswald Crolls Schrift ›Basilica chymica‹, die, bereits auf das Jahr 1608 datiert, 1611 in Prag veröffentlicht wurde. Auch der mehrfach erwähnte Tadeáš Hájek selbst vertritt jenen Typ des experimentierenden Forschers zwischen Chemie und Alchimie. Einerseits stand er deutlich in der Tradition der letzteren, andererseits erwarb er sich etwa mit seiner sachlichen und präzisen Arbeit über die Biererzeugung (›De cervisia‹, 1585) als Chemiker Verdienste.

Eine vergleichbar ambivalente Beziehung wie die zwischen Alchimie und Chemie bestand auch zwischen Hermetik und Kosmologie. Auch wenn es sich hierbei um zwei sehr unterschiedliche Bereiche handelt, die sich im Laufe des 17. Jahrhunderts auch rasch voneinander entfernt haben, so war doch die Hermetik für die Kosmologie des 16. Jahrhunderts, vor allem durch ihre Hervorhebung der zentralen Position der Sonne im Weltall, von besonderem Interesse.[9]

Auch damit hatte sich wiederum Hájek befaßt, und zwar bereits vor seiner rudolfinischen Zeit. Und als Giordano Bruno im Jahre 1588 etwa ein halbes Jahr in Prag weilte und sich um Rudolfs Gunst bewarb, trat er offenbar vor allem als Hermetiker hervor[10], auch wenn man von seinen bahnbrechenden kosmologischen Gedanken zweifellos wußte.

Die Auffassung von der Erde als Himmelskörper unter anderen wurde in Prag jedoch noch von weiteren Wissenschaftlern vertreten. Unter ihnen sollte der kaiserliche Mathematiker Nicholas Raimarus Ursus nicht vergessen werden. Er war einfacher Herkunft und hatte zunächst am

Hessischen Hof in Kassel bei Jost Bürgi (der ja später ebenfalls am Hofe Rudolfs in Prag tätig war) studiert. Ursus wurde Mitte der 90er Jahre zum kaiserlichen Mathematiker ernannt, und in dieser Funktion hat ihn Tycho Brahe des Plagiats beschuldigt: Er habe ihm die Idee von der Erde als unbewegliches Zentrum des Weltsystems gestohlen, in dem die Planeten, im Sinne des Kopernikus, die Sonne umkreisen. Ursus verlor den Streit, wohl auch aufgrund der Tatsache, daß Brahe über bessere Verbindungen als er verfügte. Und mit diesem Ausgang des Streites hängt wohl auch zusammen, daß in der Geschichtsschreibung der Astronomie oft übersehen wird, wie nahe das von Ursus entwickelte System den Vorstellungen des Kopernikus kam und wie es diese an manchen Punkten selbständig weiterentwickelt hat.[11]

Im Jahre 1599 begann mit Tycho Brahes Ankunft in Böhmen am Hofe Rudolfs eine neue Etappe der Astronomie. Auch hierbei hatte wiederum Hájek seine Hände im Spiel, auch bei der Übersiedlung von Tychos berühmten und prächtigen astronomischen Instrumenten aus Uranienborg bei Kopenhagen. Die Tätigkeit des Skandinaviers bei Rudolf lieferte der gelehrten Öffentlichkeit in Europa einen weiteren Beweis für die herausragende Bedeutung Prags als Zentrum der Wissenschaft.

Diese Geräte aus Uranienborg wurden nach dem Tod Wilhelms IV. von Hessen durch wertvolle Apparate aus dessen Kasseler Observatorium ergänzt.[12] Aus Kassel kam auch Jost Bürgi und eben jener bereits vor ihm nach Prag gezogene Bürgi-Schüler Nicholas Raimarus Ursus, der dort bei Bürgi gelernt hatte.

Tycho Brahes Tätigkeit in Böhmen zwischen Herbst 1599 und Herbst 1601 (er starb am 24.10. dieses Jahres) hatte für die Entwicklung der Astronomie größte Bedeutung. Und trotzdem gelang es ihm in dieser Zeit nicht, seine Observatorien in Betanek und danach in Prag, wie vorgesehen, aufzubauen und damit seine Beobachtungstätigkeit systematisch auszuweiten. (Offensichtlich hat David Gans, der mit ihm zusammenarbeitete, übertrieben, wenn er von ungewöhnlich vielen Beobachtungen in Betanek berichtet.) Wenn aber auch die Zahl der Mitarbeiter geringer als in Uranienborg war, so hatte er jetzt in Johannes Kepler einen kongenialen Partner.

Brahe erkannte dessen Begabung und dessen souveräne wissenschaftlichen Fähigkeiten. Zum Ärger seiner einstigen führenden Mitarbeiter (vor allem Longomontanus), berief er Kepler zu seinem engsten Mitarbeiter und vertrat diese besondere Position auch gegenüber dem Kaiser. Infolgedessen sah man in Kepler bald ganz selbstverständlich Tycho Brahes Nachfolger. Allerdings wurde ihm später, als kaiserlichem Mathematiker, nur ein Drittel des Gehalts seines Vorgängers zugebilligt.

Brahe und Kepler entwickelten eine fruchtbare Zusammenarbeit, der eine als bester astronomischer Beobachter, der andere als bester Theoretiker seiner Zeit. Zwar dauerte ihre Zusammenarbeit nur wenige Monate, doch gelangten während dieser Zeit Brahes Kenntnisse und Forschungsergebnisse, Früchte lebenslanger Untersuchungen, in die Hände eines hervorragenden Theoretikers und wirkten somit fort – trotz der Schwierigkeiten seitens der Erben Brahes.

Keplers Tätigkeit in Prag (1600–1612) läßt sich nicht hoch genug bewerten. Schließlich wurde hier durch ihn die bisher allgemein anerkannte Vorstellung vom Kreis als der einzig möglichen Bewegungsbahn eines Himmelskörpers korrigiert. Außerdem erarbeitete er hier die theoretischen Grundlagen für ein astronomisches Fernrohr, dessen Vollkommenheit die Erkenntnisse Galileis erheblich überschritt – und das bedeutete eine neue Stufe astronomischer Beobachtung. Im Rahmen dieser Darlegung kann das nur angedeutet werden.

Mit Kepler fand das wissenschaftliche Prag seine ausgeprägteste Verkörperung. In seinen Darlegungen verbinden sich die Wege streng theoretischen Denkens intensiv mit der Gedankenwelt des Manierismus.

Handwerker und Künstler zählten, neben zahlreichen Gelehrten, zu seinen Freunden. Unter ihnen befanden sich sowohl Jesuiten als auch deren Gegner von der utraquistischen Universität, mit deren Rektor Martin Bacháček er gemeinsam astronomische Beobachtungen durchführte und an der er auch als Professor besondere Beachtung fand. In Anknüpfung an die anatomischen Studien des Johann Jessenius erkannte er die physikalischen Gesetze der optischen Funktionen des menschlichen Auges. Mit dem Mechaniker und Mathematiker Bürgi konstruierte er nicht nur eine spezielle Pumpe ohne Kolben und Ventilklappen, sondern unterstützte ihn auch bei seinen mathematischen Untersuchungen, besonders bei dessen Beschäftigung mit den Logarithmen.[13]

Hiermit sind wir bei den Mechanikern angelangt, den Herstellern von Geräten im Umkreis Rudolfs. Die Besten von ihnen kamen aus Mitteleuropa: Emmoser, der ältere Christoph Schissler[14], Erasmus Habermel sowie Bürgi. Hinzu kommt eine Reihe weniger bekannter Namen, wie z. B. Henricus Stolle. Bei all diesen handelt es sich um eine heterogene Gruppe, deren Handwerk zwischen Goldschmieden und Kupferstechern einerseits und Mechanikern andererseits angesiedelt war, die zum Teil wie Ingenieure arbeiteten. Und innerhalb dieser Polarität sind gerade auch die beiden bedeutendsten Geister dieser Gruppe, Erasmus Habermel und Jost Bürgi, zu verstehen, wie ihre in der Ausstellung gezeigten Werke deutlich belegen.

Nach Rudolfs Tod löste sich das Prager Gelehrtenzentrum auf, wiederum aus unterschiedlichen Gründen. Bereits am Ende seiner Regierungszeit kündigten vor allem Rudolfs Konflikte mit dem Bruder sowie die wachsenden Schulden bei den Gelehrten das Ende jener blühenden Ära an. Auch außerhalb Prags wandelte sich die Situation, und damit schwanden weitere wissenschaftliche Refugien in Böhmen. Die Familie Rosenberg starb aus und damit auch ihrer Hofhaltung. Die übrigen, weniger bedeutenden Adelssitze wurden immer mehr in die sich zuspitzenden politischen Auseinandersetzungen verwickelt und fielen damit als Orte der Wissenschaftsförderung aus. Bacháček, der Rektor der Karlsuniversität, starb. Ihm war es zuvor noch gelungen, Kepler als Mathematikprofessor zu gewinnen. Kepler selbst verließ Prag nach Rudolfs Tod. Als Matthias seine Residenz nach Wien verlegte, besiegelte er damit diese Entwicklung. Noch verlosch das wissenschaftliche Leben in Prag nicht gänzlich, doch zeigte es in den wenigen Jahren vor der Schlacht am Weißen Berg nur noch einen schwachen Abglanz seiner einstigen Größe.

Anmerkungen

1 Allgemein über das geistige Leben am Hofe Rudolfs und seiner Umgebung, vgl. Evans, 1973; Vocelka, 1985; Janáček, 1987. Die Bedingungen der Wissenschaft in Prag um das Jahr 1600 schildert Horský, 1980, 1. Kapitel.

2 Tycho Brahe bezeugt die Begegnung mit Hájek und die Widmung des ›Commentariolus‹ in seiner Schrift ›Astronomiae instauratae Progymnasmata‹, Prag 1602, S. 479, 480 u. 505. Siehe auch Dreyer, 1915, S. 428, Dreyer, 1916, S. 19.

3 Siehe Horský, 1975, S. 53–56.

4 Über die wissenschaftliche und technische Entwicklung in Böhmen vor 1583 siehe Horský, 1988, im Druck.

5 Vetter, 1926.

6 Josten, 1965, und Vetter, 1926.

7 Über Budek siehe Hejnic-Martínek, 1966, 1, S. 236.

8 Über Hazmburg siehe Hejnic-Martínek, 1966, 2, S. 280.

9 Westman-McGuire, 1977, S. 43 und passim.

10 Yates, 1969, S. 313 ff.

11 Vgl. Horský, 1975, S. 68–76.

12 Über dieses Observatorium schreibt u. a. L. v. Mackensen, 1982.

13 Für die Beurteilung der Tätigkeit Keplers in Böhmen und seinen Einfluß auf das Prager intellektuelle Milieu siehe Caspar, 1958, S. 113–241; und Horský, 1980.

14 Zu Christ. Schissler d. Ä. Bobinger, 1954, und Bobinger, 1966.

Das Musikleben am Hof Rudolfs II.

Robert Lindell

Als Maximilian II. in Regensburg am 12. Oktober 1576 unerwartet verstarb und kurz danach der 24jährige Rudolf II. den Kaiserthron bestieg, erließ der junge Herrscher nur wenige Änderungen im Hofstaat seines Vaters. Gerade aber, weil er im Ruf eines übertrieben ernsten und dem katholischen Glauben vorbehaltlos verbundenen jungen Mannes stand – eben aufgrund seiner spanischen Erziehung –, ist die Schaffung einer Stelle für einen Tanzlehrer auffallend. Was vielleicht zuerst als Leichtfertigkeit erscheinen mag, ist aber ein Zeichen für Rudolfs Beziehung zur Musik im allgemeinen, ob weltlicher oder geistlicher, daneben auch dafür, daß sich ein Fürst der Frühen Neuzeit seinen stellungsimmanenten Repräsentationspflichten nicht entziehen konnte. Musik in der Kammer, im Speise- und Ballsaal oder in der Kirche gehörte einfach zum Leben eines Herrschers, aber es gibt auch einige Zeichen, daß sie Rudolf II. mehr bedeutete.

Bereits als junger Erzherzog bekam Rudolf die Macht der Musik als aktiver Teilnehmer im Rahmen eines kaiserlichen Festes zu spüren. Im August 1571 kehrten er und sein jüngerer Bruder Ernst gerade rechtzeitig aus Spanien nach Wien zurück, um an den Festlichkeiten anläßlich der Hochzeit ihres Onkels Erzherzog Karl, mit Maria von Bayern, ihrer Cousine, teilzunehmen. Rudolf und Ernst traten in einem Tanz der Sterne am Abend der Hochzeit (26. August 1571) auf, der zur Musik des kaiserlichen Hofkapellmeisters Filippe de Monte dargeboten wurde.[1] Später, als Kaiser, war Rudolf dafür bekannt, daß er gerne Feste veranstaltete; Musik war sicher immer dabei. Solche Feierlichkeiten dauerten oft mehr als eine Woche und boten neben den Zeremonien, die zum eigentlichen auslösenden Moment gehörten – z. B. Hochzeiten, die Verleihung des Ordens vom Goldenen Vlies 1585 und 1597 und Staatsbesuche, so jener des Kurfürsten von Sachsen 1581 –, Turniere, Bälle und Bankette.

Eine große Anzahl von Werken, die einem Gönner gewidmet wurden, wertete man üblicherweise als Zeichen der Musikliebe desselben. In dieser Hinsicht schneidet Rudolf II. nicht schlechter als sein Vater ab. Aber die Komponisten stammen fast ausschließlich aus den Reihen von Rudolfs Hofkapelle. Im Gegensatz dazu widmeten Maximilian II. zahlreiche ausgezeichnete Komponisten, die *nicht* am Hof wirkten, ihre Werke. Ist das damit zu erklären, daß Maximilian 1567/68 gerade einen Kapellmeister suchte – geschah dies also aufgrund der Hoffnung, die Stelle zu erhalten – oder war Rudolf, im Gegensatz zu seinem Vater, nicht als Musikförderer bekannt? Wie auch immer, die Liste der Komponisten, die Rudolf ihre Werke gewidmet haben, liest sich wie eine Bestandsaufnahme der führenden Komponisten am Kaiserhof: Monte, Regnart, Zanotti, Orologio, della Gostena, Galeno und Luython traten mit Druckwerken hervor, daneben auch viele kleinere Namen mit meistens nicht überlieferten Handschriften. Ein eher kurioses Beispiel eines handschriftlich gewidmeten Werkes ist Christian Hollanders ›Lamentationes Jeremiae Prophetae‹, weil es Rudolf 1579 – einige Jahre nach dem Tod des Komponisten – mit dem folgenden Widmungsgedicht von Michael Echamer zugeeignet wurde[2]:

Indita sunt hominum menti divinitus, artis
  Semina, quae cantus nomen ab arte, tenet.
Hanc igitur gens prima, sui vi luminis acta
  Invenit, ut terrae conditus orbis erat.
Hac oracla canunt, sancti divina Prophetae,
  Atque Patres, magni, facta stupenda, Dei.
Cumque viris insint divinae semina ment,
  Quos iuvat harmonico, Musica sancta, sono:
Quis neget, aetherea multum virtutis, habere!
  Austriacae, celsos gentis honores Duces!
Dive igitur salve RVDOLPHE Patrone canentum,
  Munera, et haec clemens, musica, Caesar habe.
Haec Ferdinandus avus, Pater haec, et sumptibus ultro,
  Et coluere animo, Caesar uterque, pio.
Perge sequens, etiam maiorum exempla tueri,
  Carmina, Pieridum, musica, dulce decus.
Ingenuas artes defendere, regia res est,
  Nascitur aeterno hinc, gloria summa, Deo.
Sic TE, virtutem testis syncera, Vestutas
  Miretur, Regni suspiciatque DECUS.
Sic quae non animis gestas maiora, sed annis
  Proroget, Imperii Sceptra, iuvetque Deus.
Vive diu foelix orbi, rara indole Caesar,
  Austriacaeque domus, celsa propago Vale.

Der Hofstaat

Bereits unter Maximilian II. gab es so etwas wie eine Teilung der musikalischen Aufgaben am Kaiserhof. Das sah so aus, daß Italiener in den Reihen der Trompeter, dagegen niederländische Musiker in den Reihen der Sänger und beide Nationen in der Kammermusik vertreten waren. Sonst waren nur Spanier – vor allem als Diskantsänger – von Bedeutung.

Diese Aufteilung der musikalischen Aufgaben findet ihren Niederschlag in den Hofzahlamtsbüchern, in denen Sänger und Kammermusiker (soweit die letzteren überhaupt in dieser Funktion namentlich genannt werden) zu der ›Kapellenpartey‹, also zu der Hofkapelle *per se*, die Trompeter aber zu der ›Stallpartey‹ gezählt werden. Natürlich hatten diese Gruppen sehr unterschiedliche Aufgaben zu bewältigen.

Die Trompeter (Abb. 1)

Jedes öffentliche Auftreten des Kaisers wurde von seinen Trompetern angekündet, und selbst bei manchen Ballveranstaltungen durften sie nicht fehlen. Das Trompeter- und Paukerkorps war sozusagen die leibhaftige Versinnbildlichung der kaiserlichen Macht, die Pauken und Trompeten kündigten früher als die bunten Röcke der Herolde die Ankunft des Herrschers an. In den Verzeichnissen des kaiserlichen Hofstaats auf den Reichstagen 1582 in Augsburg und 1594 in Regensburg werden nicht nur die Mitglieder der Hofmusikkapelle angegeben, sondern selbstverständlich auch die Namen der Trompeter.

Dank eines der führenden Trompeters Rudolfs II. ist es möglich, den Prunk eines solchen Auftritts sogar musikalisch nachzuempfinden. Cesare Bendinelli (?–1617) wirkte schon unter Maximilian II. am Kaiserhof und ging in den 1580er Jahren nach München, wo er das dortige Trompeterkorps über 30 Jahre hindurch leitete. Als er dann in seine Heimatstadt Verona zurückkehrte, schenkte Bendinelli der dortigen berühmten ›Accademia filarmonica‹ einige Instrumente und das erste erhalten gebliebene pädagogische Werk über das Trompetenspiel, ›Tutta l'arte di sonar trombetta‹.[3] Wie bei den anderen Trompetern (die Brüder Rizzo, Lorenzo Cappa, Alessandro Orologio, Andrea und Marc'Antonio Mosto) zeigt sich Rudolfs Kunstförderung nicht so sehr in direkt überlieferten Aufzeichnungen über die Musik, sondern vielmehr in seinem Einsatz für die Wünsche seiner Musiker nach sozialer Besserstellung. Wie kein anderer Herrscher konnte der Kaiser eine Reihe von weltlichen und kirchlichen Würden verleihen und tat dies auch für seine Musiker.

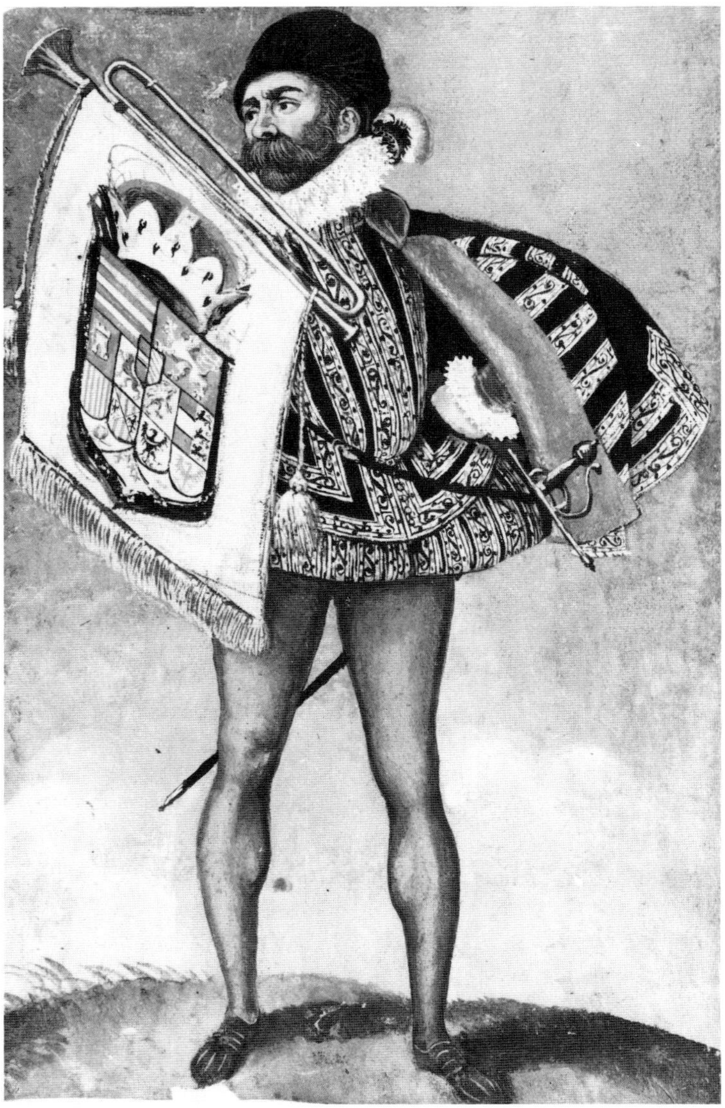

1 Lucas Valckenborch, Trompeter. Wien, Albertina

Die Hofkapelle

Wegen der geistlichen Aufgaben der Hofkapelle rangierte der Hofkapellmeister an vierter Stelle, also nach dem Beichtvater, dem Hofelemosinarius und den Kaplänen. Unter Rudolf II. hatte die Stelle des Elemosinarius (Almosengeber) ein Musiker inne, die Kapläne waren oft auch kompositorisch tätig.

Matteo Flecha d. J. (1530–1604) diente Rudolfs Mutter, der Kaiserin Maria, schon in Spanien und blieb auch als Kaplan am Kaiserhof, nachdem sie dorthin zurückgekehrt war. Rudolf setzte sich für Flecha (wie für alle seine Musiker) ein, wenn es um geistliche Pfründen ging. Diese waren ein wichtiger Teil der kaiserlichen Förderung, weil selbst nach dem Konzil von Trient der Kaiser durch *preces primariae* gewisse Vorrechte behielt. Er verhalf Flecha zu den Ämtern eines Abtes der Klöster Tihany in Ungarn und La Portella in Katalonien. Da Rudolf Spanisch perfekt beherrschte, ist es ohne weiteres möglich, daß ein Werk wie ›Las ensaladas de Flecha ...‹, das 1581 in Prag erschienen ist, für die kaiserliche Kammermusik bestimmt war.

Jacobus Chimarrhaeus (1542–1614) stammte aus Roermond in den Niederlanden und begann seine Laufbahn am Kaiserhof als Sänger, wurde dann Kaplan und Mitte der 1580er Jahre Elemosinarius. Wie Arcimboldo ernannte ihn der Kaiser zum Hofpfalzgrafen, das von Sadeler gestochene Porträt nennt ihn Ritter vom Goldenen Sporn und Protonotarius. Ungenannt blieben seine ertragreichen Pfründen, unter anderem als Probst in Ratibor, Leitmeritz und Köln. Chimarrhaeus hatte zweifellos musikalische Aufgaben zu erfüllen und war der Leiter der Bruderschaft der Corpus-Christi-Kapelle, deren monatliche Zusammenkünfte für ihre musikalischen Darbietungen bekannt waren.[4] Chimarrhaeus schrieb auch die Leitsätze der Bruderschaft, die bewußt international gestaltet war, in seinem ›Sacrogazophylacium‹ (Prag 1588 und 1594). Er wurde wahrscheinlich zu seinem sechzigsten Geburtstag mit der musikalischen Festschrift ›Odae suavissimae‹ geehrt.[5] Dieses Sammelwerk zeugt nicht nur von seinem Ruhm und musikalischen Ruf. Die Komponisten, die Werke zu seinen Ehren geschrieben haben, sind vielmehr die führenden Namen am Kaiserhof und im süddeutschen Raum: Monte, Regnart, Zanotti, Schoendorff (Chimarrhaeus', Schüler und der Herausgeber der ›Odae suavissimae‹), Luython, Mathias de Sayve, Neritus, Furter, Vincentinus, Galeno, Gallus/Handl, Zanchi, Sales, Orologio, Ardesi, de la Court, Zigotta, Felis, Rudolf Lasso, Cornazanni, Biffi und Hans Leo Haßler. Damit setzten sie nicht nur Chimarrhaeus ein Denkmal, sondern auch der Musikpflege am Kaiserhof Rudolfs II.

2 Porträt Filippe de Monte – Stich von Aegidius Sadeler
Wien, Nationalbibliothek

Filippe de Monte (1521–1603) war zweifellos der wichtigste Komponist am Kaiserhof in dieser Zeit (Abb. 2). Aus Neapel kommend, übernahm er 1568 unter Maximilian II. die Stelle des Hofkapellmeisters, die er bis zu seinem Tode innehatte.[6] Der Kaiserhof scheint ihm die richtige Atmosphäre geboten zu haben, denn er schrieb während dieser Periode den Großteil seiner Werke. Monte ist bekannt als der große Meister des italienischen Madrigals und hinterließ ein sehr umfangreiches Œuvre, vier Bücher vierstimmiger, neunzehn (!) Bücher fünfstimmiger, neun Bücher sechsstimmiger und zwei Bücher siebenstimmiger Madrigale, daneben Chansons, Motetten und Messen. Als Komponist von europäischem Rang ließ er, im Gegensatz zu vielen anderen am Prager Hof wirkenden Komponisten, seine Werke in Venedig drucken. Sein dem Kaiser gewidmetes Meßbuch und die Messe ›Benedicta es‹ wurden von dem renommierten Antwerpener Verleger Christoph Plantin herausgebracht (Abb. 3). Trotz seines italienisch klingenden Namens war Monte ein Flame aus Mechelen. Man kann ihn als Symbol für Rudolfs Einstellung zur Hofmusik sehen, denn die alten Beziehungen der Habsburger zu den Niederlanden erlebten eine letzte Blüte in den Reihen der kaiserlichen Hofmusiker, obwohl die Musik und die Musiker der Zukunft aus Italien kamen.

Monte war auch der wichtigste Musiker, der Rudolfs Konservatismus am eigenen Leib erfahren mußte. Schon 1579 wollte er sich nach Cambrai, wo er reiche Pfründen

3 Filippe de Monte, Titelblatt des *Missarum,* Antwerpen 1587, Kaiser Rudolf II. gewidmet
Stift Klosterneuburg bei Wien, 1616 in der Bibliothek aufgeführt

4 Camillo Zanotti, *Il primo libro delli madrigali a sei voci*
Venedig 1589 – Titelblatt mit schönem Wappen Rudolfs II.

als Schatzmeister und Kanonikus innehatte, zurückziehen. Obwohl Rudolf zu seinen Gunsten an das Kapitel von Cambrai schrieb, schlug er Monte die Bitten um Quittierung des Dienstes so lange ab, bis Monte resignierte und bis zu seinem Tod in Prag blieb. Auch hier ist es schwierig, die Gründe für Rudolfs Einstellung nachzuvollziehen. War er so sehr mit Monte zufrieden, daß er ihn nicht gehen lassen wollte, oder fürchtete er jegliche unnötige Änderung?

Vielseitiger als Monte war der aus Douai stammende Jacques Regnart (um 1540–1599). Nach dem Stimmbruch ging der Sängerknabe zum Studium nach Italien, kam aber wieder an den Kaiserhof zurück, wo er es bis zum Vizekapellmeister unter Monte brachte. Er wurde von Rudolf II. geadelt, sein Wappen spielt auf seinem Namen (Fuchs) an. Vielleicht weil er am Kaiserhof aufgewachsen war, suchte er Anschluß an die deutsche Sprache und schuf köstliche Werke »nach Art der welschen Villanellen«, die sehr beliebt waren. Regnart war auch der erste Komponist, der Rudolf ein Werk gewidmet hat. Sein erstes Madrigalbuch galt 1574 dem jungen ›Re di Hungaria‹ und könnte als der Versuch, eine Anstellung am Hof zu bekommen, verstanden werden.

Camillo Zanotti (um 1545–1591) aus Cesena bekam im August 1587 die Stelle des Vizekapellmeisters und wurde von Rudolf offenbar sehr geschätzt. Seine Madrigalbücher 1587 und 1589 sind nicht nur dem Kaiser gewidmet, sondern tragen auch sein Wappen auf dem Titelblatt (Abb. 4 und 5). Zanotti dürfte schon in Prag vor seiner Anstellung in der Hofkapelle gewesen sein, denn einige Werke in seinem 1590 erschienenen ›Madrigalia tam italica quam latina‹ zeigen eine Beziehung zu der vierten Hochzeit des

A la Sacra Maestà Cesarea.
SESTO
Di Progenitori Eccelsi Augusti Cesare Au-
gusto inuitto O di Progenitori Eccelsi Augusti Cesare Au-
gusto inuitto Quai fian pregiati marmi Quai fien lodati i carmi Ch'al va-
lor cui non è termin prescritto Di mortal gloria mai giúghin egua-
li Il sol porti
li Sol dunqu'eterno
di RODOLFO il nome Gloriose del sol ben degne some Gloriose del sol ben degne some.

5 Camillo Zanotti, primo libro – »O di progenitori eccelsi« Sesto-Stimme; Beispiel der Notation der einzelnen Stimmen in Stimmbüchern

Widmungsträgers, Vilem z Rožmberk (Wilhelm von Rosenberg), die Anfang 1587 stattfand.[7] Wahrscheinlich aufgrund seiner Beziehung zur Musikkapelle Rožmberks gab Zanotti sogar deutschsprachige Villanellen mit dem Rožmberkschen Musiker Gregor Turini heraus. Wie Regnart und Handl starb Zanotti jung, andernfalls hätte vielleicht der Kaiser Montes Bitten um Pensionierung erhört.

Nach Montes Tod ernannte Rudolf keinen Nachfolger, sondern überließ seine Aufgaben dem Vizekapellmeister Alessandro Orologio. Dieser begann seine Laufbahn am Kaiserhof als Trompeter und hat auch einige mehrstimmige ›Intraden‹ von 1597, die einen Eindruck von der Kunst der Trompeter vermitteln, hervorgebracht. Er ist aber auch als Komponist von italienischen Madrigalen hervorgetreten und hielt sich zeitweise in Dresden und wahrscheinlich in Kopenhagen auf.

Die Aufteilung der restlichen Hofmusikkapelle richtete sich naturgemäß nach den Stimmgruppen. Wegen der geistlichen Aufgaben wurden die höchsten Stimmen von Sängerknaben bestritten. Es gab aber auch zwei männliche Diskantsänger, die in einem Brief als Castrati bezeichnet werden. Der Hofkapellmeister sorgte für die Erziehung der Sängerknaben, die sehr detailliert geregelt war. Alt-, Tenor- und Baßstimmen wurden von Männern gesungen, außer den Organisten kommen Instrumentalisten kaum vor.[8]

Unter den Sängern gab es auch bedeutende Komponisten, deren Werke in Prag, Venedig oder in den wichtigsten deutschen Städten erschienen sind. Wie Regnart suchten auch manche Sänger eine bessere Stellung an anderen Habsburger Höfen, vor allem in Innsbruck. Der Genueser Adelige Giovanni Battista Pinelli di Gherardi ging vom Kaiserhof nach Dresden, kam aber nach einigen Jahren wieder zurück. Salzburg war das Sprungbrett für einige Sänger – Komponisten, wie Franz Sales und Liberale Zanchi. Andere Musiker wie Alard Gaucquier und Lambert de Sayve verließen den Kaiserhof, um bessere Stellungen bei Rudolfs Bruder Erzherzog Matthias anzunehmen, und Giovanni Battista Galeno ging mit Erzherzog Ernst nach Brüssel, als dieser dort Statthalter wurde.

Musikpflege in Prag

Bei der Erwähnung von Jacobus Handl (1550–1590) und der Hofkapelle der Rožmberks wird klar, daß das Musikleben in Prag auch außerhalb des Kaiserhofs von sehr hohem Niveau war. Ein Wirken Handls bei Hof ist nicht belegbar. Er war nur in der Kirche St. Johann in Vado (auf der Kleinseite) tätig, aber sein Ansehen wird durch einen Einblattdruck, das sein Porträt und ein Epitaph wiedergibt, bezeugt. Er vertrat bereits den modernen Stil der Mehrchörigkeit, der aus Venedig kam und als sehr festlich empfunden wurde. Anscheinend haben andere Komponisten, die von den verschiedenen Glaubensbekenntnissen und Interessengemeinschaften (z. B. Literaturbrüderschaften) kamen, am Kaiserhof keinen Einfluß gehabt. Vielmehr gibt es Anzeichen, daß die Werke der am Hof wirkenden Komponisten im Umkreis des Kaisers aufgenommen und gepflegt wurden. Es scheint im allgemeinen, daß der Hof von seiner tschechischen Umwelt abgekapselt war.

Die große Ausnahme ist Christoph Harant, Freiherr von Polžic (1564–1621), der eher als ein höfischer Musiker oder besser als Höfling mit musikalischer Bildung bezeichnet werden kann. Er studierte Musik als Edelknabe am Hof Ferdinands II. von Tirol in Innsbruck unter Alexander Utendal und Regnart. Obwohl er seine Reisen auf Tsche-

Putowánj/ aneb
Cesta z Kra-
lowstwj Cžeského do Města Benátek: Od-
tud po Moři do Země Swaté/ země Judské/ a dále do Egypta
a welikého Města Kairu: Potom na Horu Oreb, Synai a swaté
Panny Kateřiny, w pusté Arabij ležjcý:
Na dwa Djly rozdělená: A
Od Vrozeného Pána, Pana Krystoffa Haranta
z Polžic a z Bedružic/ a na Petce ꝛc. Ržjmského Cýsaře geho
milosti Raddy a Komornjka/ Léta 1598. sstiastně wykonaná,
y také pěknými Figúrami ozdobená.

Gest přitom y krátké wypsánj něktерých Národůw a obyče-
gůw gegich/ též Zemj, Kragin, Ostrowůw a Měst/ y
giných rozličných wěcý.
Cum gratia & privilegio Sacræ Cæsareæ
Regíæq; Majestatis.
Léta Páně:
M. DC. VIII.

6 Titelblatt von Harants Reisebuch in Tschechisch (1608)

7 Wappen Rudolfs mit einem Gedicht von Carolides von Carlsberg

chisch beschrieben hat[9], war sein musikalisches Wirken durchaus in der katholischen Tradition, wie seine wenigen überlieferten Werke zeigen (Abb. 6 und 7).

Ein Berührungspunkt mit der tschechischen Umwelt war die Offizin von Georg Nigrinus (Jirzi Cerny).[10] Nicht nur Handl/Gallus ließ seine Werke hier drucken, sondern auch Matteo Flecha, Jacobus de Kerle, Charles Luython, Giovanni Battista Pinello di Gherardi, Stefano Felis, Johannes Knöfel, Franz Sale, Tiburtio Massaino und Liberale Zanchi. Diese Liste zeigt, daß Komponisten, die nur vorübergehend in Prag wirkten, wie Knöfel, Felis und Massaino, bereit waren, ihre Werke an Ort und Stelle herauszubringen, was auch auf einen lokalen Markt dafür hinweist. Ein Teil des musikalischen Erbes des rudolfinischen Hofes war die Orgel St. Veitsdoms, die später Opfer eines Brandes wurde. Da sich die Reparaturarbeiten in den 1580er Jahren schwierig gestalteten, ist die Orgel besonders gut beschrieben. Quoika bezeichnet sie als »die größte Orgel des süddeutschen Bereiches«.[11]

Reisende Musiker

Der Kaiserhof hatte eine starke Anziehungskraft für viele Künstler, die neue Stellen suchten oder finanzielle Privilegien vom Kaiser erhofften. Ein solcher Komponist war Stefano Rossetto (tätig um 1560–1584), dessen Aufenthalte am Kaiserhof in den Jahren 1570–1580 belegbar sind. Er reiste zwar immer wieder zu seiner eigentlichen Stellung am Hof des Kardinals (später Großherzogs) Ferdinando de Medici in Rom zurück, blieb aber anscheinend bis zu einigen Monaten im Jahr am Kaiserhof. Als Organist und Komponist nahm er an kammermusikalischen Unterhaltungen teil. Auch durch seine Briefe an Maximilian II. ist uns bekannt, daß auch Frauen in Wien und Prag musizierten.[12] Obwohl Maximilian und Rudolf ihn sehr schätzten und reichlich belohnten, bekam er keine dauernde Stellung am Hof.

Stefano Felis (um 1550 – nach 1603) kam nach Prag im Hofstaat des päpstlichen Nuntius Antonio Puteo. Wahrscheinlich nahm auch er an der kaiserlichen Kammermusik teil. In dieser Zeit widmete Monte einem anderen Nuntius, Camillo Caetano, ein Buch der Madrigale mit einer sehr interessanten Widmungsvorrede. Monte erwähnt darin, daß diese Vokalwerke bei einer Zusammenkunft auf einem Satz von Gamben aufgeführt wurden. Solche gesellschaftlichen ›Soirées‹ scheinen damals zum guten Ton in Prag gehört zu haben, denn Monte erwähnt an anderer Stelle, daß er jemand »im Hause von Bartholomäus Sprangher« getroffen habe.[13] Es war anscheinend für Hofkünstler und -musiker ohne weiteres möglich, mit den wichtigsten politischen Vertretern und Botschaftern Kontakt zu pflegen. Viele von Montes Widmungen sprechen von diesen Kontakten, und es wäre zu fragen, ob die Zueignung von Werken der Hofmusiker an Politiker nicht als Mittel der Politik Rudolfs verstanden werden kann, etwa im selben Sinne wie die Schenkung eines Bildes. Bei der Erwähnung solcher Zusammenkünfte sollte man nicht vergessen, daß Johannes Kepler bereits in den Prager Jahren an seiner ›Harmonices mundi‹ arbeitete, und daß Michael Maier, der Kanons als Hilfsmittel für seine alchimistischen Formeln verwendete, im rudolfinischen Prag wirkte. Wie bei Arcimboldo und Sinibaldi (s. u.) ist es möglich, daß Musiker als Berater agierten.

Ein anderer Musiker, der nur vorübergehend in Prag weilte, war Tiburtio Massaino (vor 1550 – nach 1609). Er war so beeindruckt von Montes Gastfreundschaft, daß er dem greisen Meister seinen ›Liber primus cantionum ecclesiasticarum‹ (Nigrinus Prag) 1592 widmete. Da Massaino 1591 aus Salzburg mehr oder weniger fliehen mußte, hat er wahrscheinlich auf eine Anstellung beim Kaiser gehofft. Da daraus nichts wurde, kehrte er nach Italien zurück, wo er bereits 1594 in Cremona tätig war.

Kammermusik

Es ist sehr schwierig, sich ein Bild von der Kammermusik am Kaiserhof zu machen, aber gerade dieser Bereich stellt ein wichtiges Beispiel von Rudolfs Musikinteresse dar. Anhand der Förderung der Musik im quasi privaten Bereich könnte man seine wahre Einstellung zu ihr feststellen. Da Musik bei öffentlichen Gelegenheiten einfach dazugehörte, könnte man ihre Pflege im privaten Bereich als unverfälschtes Zeichen der Musikliebe verstehen. Einiges deutet darauf hin, daß die Kammermusik einen besonderen Stellenwert in der Hofhaltung Rudolfs einnahm. Unter den spezifisch in den Hofzahlamtsbüchern als Kammermusiker bezeichneten Künstlern gibt es den Geiger Mauro Sinibaldi, der wegen seines Geburtsortes Cremona als Mitarbeiter von Giuseppe Arcimboldo identifiziert werden konnte. Sinibaldi wird von Comanini als derjenige Musiker bezeichnet, der Arcimboldo bei der Herstellung eines auf Farben eingestellten Cembalos zu Hilfe kam.[14] Ein anderer Kammermusiker, der Organist Charles Luython, mußte nach Rudolfs Tod ein auf Vierteltöne gestimmtes Instrument, das theoretisch gewisse Ähnlichkeit mit Arcimboldos Ideen zeigt, verkaufen.[15]

Offensichtlich gab es mehrere Ebenen und Arten, philosophische – und später mystische – Gedanken, in Kunst umzusetzen. Letzteres könnte man in der Häufung von musikalischen Werken für die ungewöhnliche Besetzung von sieben Stimmen sehen. Als erster widmete Rudolfs Kaplan Giovanni Battista Galeno (1550/55 – nach 1626) dem Kaiser 1598 ein Buch mit siebenstimmigen Madrigalen. Dann folgten Montes zwei Bücher für diese Stimmenzahl, 1599 und 1600, allerdings mit italienischen Widmungsträgern. Alfred Einstein sah darin eine besondere Entwicklung am Kaiserhof – ob auf ausdrücklichen Wunsch Rudolfs oder nicht –, die eine dem modernen mehrchörigen venezianischen Stil entgegengesetzte Richtung darstellt.[16] Monte hatte schon vor diesen beiden siebenstimmigen Madrigalbüchern zweimal sogar siebenteilige siebenstimmige Werke komponiert. Vielleicht gibt uns ein Werk von Charles Luython den stärksten Beweis für Rudolfs Identifikation mit Musik für die magische Zahl Sieben. Luythons Meßbuch, das er 1609 dem Kaiser widmete (Abb. 8 und 9), beginnt mit der siebenstimmigen ›Missa super basim Caesar vive‹, in der Luython jeweils eine Stimme folgenden Text singen läßt:

Caesar vive, faxit Deus noster.
Omnes gentes clamant: Caesar vive!

Daß diese Häufung der Zahlensymbolik von Sieben nicht nur eine manieristische Spielerei ist, sondern eben auch den Versuch darstellt, mystische Inhalte zu vermitteln, liegt auf der Hand.

Zahlreiche Hinweise für Rudolfs Musikliebe findet man auch in seinen Briefen. Nicht nur hat er sich, wie oben erwähnt, zugunsten seiner Musiker für deren Pfründen eingesetzt, mindestens einmal auch interessierte er sich direkt für einen Kammermusiker. 1590 bat er Augerius Busbeck, den Botschafter am französischen Hof, Erkundigungen über einen Bassisten anzustellen.[17] Es handelte sich

Liber I.
Missarvm
Caroli Lvython
Sacræ Cæsa: Maiest:
Organistæ et Componistæ.
Cvm gratia et privilegio Sac. Cæs. Maiest.
Pragæ,
Imprimebatvr
apvd Nicolavm
Stravs.
Anno Domini,
M. DC. IX.

8 Charles Luython, Titelblatt des *Missarum* von 1609, Kaiser Rudolf II. gewidmet
Prag, Clementinum

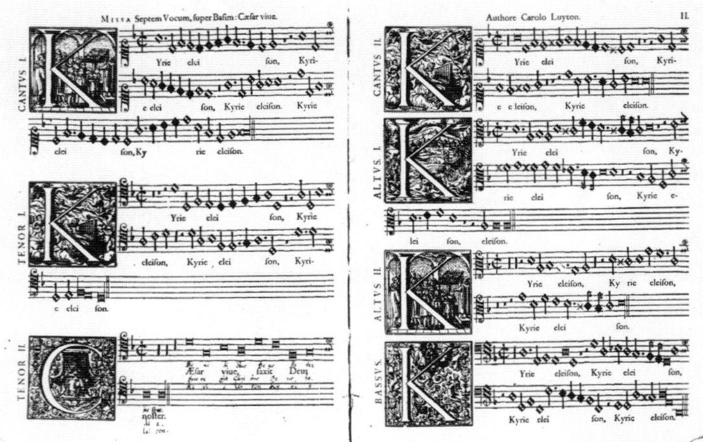

9 Anfang der Messe »Caesar vive« – dieser Text für Tenor II. Beispiel der Notation in einem Chorbuch

um Lambert de Beaulieu (um 1576–1590), von dessen Fähigkeiten als Sänger und Lautenspieler Rudolf nur das Beste gehört zu haben schien. Vielleicht wollte er den Kammerbassisten Alvigio Fenice, der bereits seit 1569 am Kaiserhof wirkte und 1579 geadelt wurde, ersetzen. Aus Rossettos Briefen weiß man, daß er Werke für drei hohe und eine tiefe Stimme nach Wünschen Maximilians II. gesetzt hat. Wir können annehmen, daß auch unter Rudolf II. Musikerinnen die hohen Stimmen bei der Aufführung von Kammermusik übernommen haben. Das Ensemble der Kammermusiker bestand aus Sängern und Sängerinnen, Spielern von Zinken, Streichinstrumenten (Geige, Gamba, Laute usw.) und natürlich Organisten bzw. Cembalisten – neben Paul van Winde wirkten Charles Luython und später Liberale Zanchi.

Unter Rudolfs Kammermusikern gab es ebenfalls Komponisten. Ein anderer Geiger, Carlo Ardesi (? 1550 – nach 1612), heiratete Sinibaldis Witwe, die vielleicht auch Kammermusikerin war[18], und gab ein leider unvollständig erhaltenes Buch ›Madrigale für vier Stimmen‹ 1597 in Venedig heraus. Rudolf erhob Ardesi und seinen Bruder schon 1589 in den Adelsstand. Auch dies ist wieder ein typisches Zeichen der Vorliebe des Kaisers für seine Kammermusiker.

Vielleicht das stärkste Argument für eine besondere Neigung Rudolfs für die Musik ist seine Förderung von Hans Leo Haßler (1562–1612), der nicht nur Komponist und Organist war, sondern auch Konstrukteur von Musikautomaten. Obwohl Rudolf Haßler in den Adelsstand gehoben hat und ihn oft und großzügig belohnte, kam dieser eigentlich nur besuchsweise nach Prag und widmete dem Kaiser auch kein Werk. Wäre er nach Montes Tod Hofkapellmeister geworden, wäre die Musik am Kaiserhof in dem letzten Jahrzehnt von Rudolfs Herrschaft sicherlich von dem sogenannten venezianischen Prunkstil geprägt worden.

Zusammenfassung

Es gibt viele Hinweise darauf, daß Kaiser Rudolf II. die Musik schätzte und sie mit vielen Mitteln zu fördern bereit war. Er hat nicht nur eine der größten Musikkapellen im damaligen Europa unterhalten, sondern auch im privaten Bereich die Kammermusik besonders gefördert. Seine Unterstützung drückte sich in den damals üblichen Formen aus. Das waren Geldgeschenke für ihm gewidmete Kompositionen, Hochzeitsgeschenke – in einem Fall sogar eines der größten an eine einzelne Person: 500 Gulden für die Hochzeit von Mauro Sinibaldi 1579 –, Adelsbriefe, geistliche Pfründen und Laienherrenpfründen. Er hat sich mindestens einmal persönlich um einen Sänger für seine

Kammermusik bemüht, sogar seinen Hang zum Mystischen kann man in der Musikpflege an seinem Hof ablesen. Wie bei allen anderen Aspekten des Hoflebens unter Rudolf II. ist es notwendig, unsere Beurteilung auch chronologisch zu qualifizieren. Comberiati beschreibt eine Stagnation der geistlichen Musikpflege nach 1600, da Rudolf der Prophezeiung, er würde von einem Mönch ermordet werden, Glauben schenkte und die Messe nicht mehr besuchte.[19] Auf der anderen Seite berichtet Dlabacz von einer Art Serenade vor dem Fenster des Kaisers, die von der Hofkapelle 1611 bestritten wurde, und zwar um Rudolf aufzuheitern. Damals war der Kaiser so beeindruckt, daß er veranlaßte, den Musikern ihre überfällige Besoldung auszuzahlen.[20] Wenn man bedenkt, daß bei vielen Mitgliedern der Hofkapelle Rudolfs II. noch bis in die 1620er Jahre Rückstände zu begleichen waren und sogar ein führender Musiker wie Luython in Armut starb, bekommt eine solche Anekdote eine fast tragische Note. Wie so oft, wenn man versucht, der Wahrheit über jene letzten Jahren des Kaisers näherzukommen, mischen sich Legende und Wunschdenken. Aber vielleicht kann man auch darin einen Hinweis sehen, daß Musik für Rudolf II. doch mehr als nur eine höfische Zeremonie bedeutete.

Anmerkungen

1 Dieses Hochzeitsfest wird in der österreichischen Nationalbibliothek (im folgenden öNB) Codex 10.206 beschrieben. Dazu siehe: Karl Vocelka, Habsburgische Hochzeiten 1550–1600, Köln – Wien – Graz 1976; und Robert Lindell ›Spectacle and music at the Imperial Court – The Wedding of Archduke Charles and Maria of Bavaria 1571‹, im Druck.

2 ÖNB Codex 11.772; über Hollander und Echamer (Aichhammer) siehe: Walter Senn, Musik und Theater am Hof zu Innsbruck, Innsbruck 1954, Seite 104 und 114.

3 Bendinellis Trompetenschule wurde in Faksimile von Edward Tarr in: Documenta musicologica, 2. Serie, Bd. V, Basel 1975, herausgegeben. ÖNB Codex 10.819 ist eine zeitgenössische Kopie davon und ist mit dem Exemplar aus Verona, das für das Faksimile als Unterlage diente, identisch.

4 Der französische Reisende Pierre Bergeron erwähnt die Zusammenkünfte dieser Bruderschaft, da sie eine Art Attraktion im damaligen Prag waren.

5 Klaus Wolfgang Niemöller, ›Die musikalische Festschrift für den Direktor der Prager Hofkapelle Kaiser Rudolfs II. 1602‹, in: Bericht über den Internationalen Musikwissenschaftlichen Kongreß Bonn 1970, Kassel 1971, S. 520 ff.

6 George van Doorslaer, La vie et les œuvres de Philippe de Monte, Brüssel 1921 (Neudruck Georg Olms, New York 1980); Robert Lindell, Studien zu den sechs- und siebenstimmigen Madrigalen von Filippo di Monte, Diss. Wien 1980; Brian Mann, The Secular Madriagals of Filippo di Monte 1521–1603 – Studies in Musicology 64, Ann Arbor 1983.

7 Eine eingehende Studie dieser Hochzeit ist im Erscheinen: Robert Lindell, ›Camillo Zanottis *Madrigalia tam italica quam latina* as Rudolfine State Art‹, in: Beiträge zur Kunst und Kultur Rudolfs II. Freren 1988.

8 Siehe: Carmelo Comberiati, Late Renaissance Music at the Habsburg Court: Polyphonic Settings of the Mass Ordinary at the Court of Rudolf II (1576–1612) New York 1987, S. 12–35 für eine zusammenfassende Darstellung der Ämter unter Rudolf.

9 Christoph Harant z Polžic, Cesta z kralovsti do Benatek ... do zeme svaii (Beschreibung der Reise aus dem Königreich Böhmen nach Venedig ... und ins Heilige Land) Prag 1608; Jan Racek, Krystof Harant z Polžic a Jeho Doba, Brno 1973.

10 Über Nigrinus siehe: Petr Danek, ›Nototiskarska cinnost Jiriho Nigrina‹, in: Hudebni Veda XXIV (1987), 2, S. 121–136. An dieser Stelle möchte ich meinen Dank an Dr. Danek für seine Hilfe bei der Aufarbeitung der tschechischen Quellen zu Rudolf II. aussprechen.

11 Rudolf Quoika, ›Die Prager Kaiserorgel‹, in: Kirchenmusikalisches Jahrbuch, Jahrgang 36 (1952), S. 45.

12 Rossettos Briefe an Maximilian II. aus der Zeit vom 6. Dez. 1572 bis 11. Dez. 1574 sind noch unveröffentlicht und befinden sich im Haus-, Hof- und Staatsarchiv Wien, Reichshofrat – Toskana 2 (1572–1620).

13 Die Erwähnung einer Aufführung auf Gamben ist in der Widmungsvorrede zu Montes 15. Buch der Madrigale für fünf Stimmen 1592 und wird in Doorslaer, La vie, S. 243 wiedergegeben. Auch bei Doorslaer, S. 281, Ein Treffen im Haus von Sprangher.

14 Comanini schreibt über diese Zusammenarbeit in: Gregorio Comanini, Il Figino Overo del fine della pittura, etc. (Mantua 1591), aber nennt den Musiker nur Mauro Cremonese. Es gab aber zu diesem Zeitpunkt keinen anderen Musiker dieses Namens, der aus Cremona stammte. Sinibaldis Aufnahme in kaiserliche Dienste 1565 gibt uns ein Datum post quem Arciboldos Farbencembalo wahrscheinlich entstanden ist.

15 Zu Luythons Instrument siehe: Albert Smijers, ›Die kaiserliche Hofmusik-Kapelle von 1543–1619‹ in: Studien zur Musikwissenschaft. Beihefte zu Denkmäler der Tonkunst in Österreich (im folgenden, Studien) 8 (1921), S. 204 ff.

16 Alfred Einstein, ›Italienische Musik und italienische Musiker am Kaiserhof und an den erzherzöglichen Höfen in Innsbruck und Graz‹, in: Studien 21 (1934) S. 25.

17 Divi Rudolphi Imperatoris ... epistolae ineditae, herausgegeben von B. de Pace (Wien 1771), S. 210.

18 Carlo Ardesi, Il primo libro de Madrigali a quattro voci, Venedig 1592 – eine unvollständige Kopie ist in der Musiksammlung der öNB Wien; Allgemeines Verwaltungsarchiv Wien, Adelsakten: Ardesi 1589.

19 Comberiati, Late Renaissance, S. 41.

20 Gottfried-Johann Dlabacz, Allgemeines Künstler-Lexikon für Böhmen, Prag 1815, Spalte 357. Dlabacz nennt als Quelle: Beczkowsky in seiner böhmischen Geschichte, Bd. 2, S. 543.

Die Architektur unter Rudolf II., gezeigt am Beispiel der Prager Burg

Ivan Muchka

Zu den interessantesten und aktuellsten Fragen der rudolfinischen Forschung gehört das Problem, ob auch die Architektur ›am Hofe Rudolfs II.‹ das Niveau der anderen Kunstgattungen erreicht hat. Die Frage wurde früher eindeutig negativ beantwortet, und das erklärt die geringe Aufmerksamkeit, die man der rudolfinischen Architektur gewidmet hat. Sobald sich die europäische Forschung der Frage des Manierismus in der Architektur zuwenden wird, dürfte auch das Interesse an der Bautätigkeit in der Zeit Rudolfs II. steigen. Bis jetzt sind jedoch die Forschungsergebnisse eher sparsam, vor allem was die Entwicklung der rudolfinischen Architektur als Ganzes betrifft. Bislang ist die überwiegende Mehrheit der aus der Zeit Rudolfs II. stammenden Bauten nicht entsprechend wissenschaftlich bearbeitet; darunter auch so interessante Schlösser wie in Brandýs nad Labem (Brandeis), Hlaveneč, Lány (Lana) usw. Die Situation auf der Prager Burg, dem unmittelbaren Zentrum, ist nicht viel besser.[1]

Eines der Hauptprobleme der gegenwärtigen Forschung bleibt immer noch die Tatsache, daß die damaligen, insbesondere die archivalischen Quellen bis heute nicht genügend erforscht sind. Der Gedanke, daß der Herrscher – weil er seinen Sitz in Prag hatte – über manches mündlich entscheiden konnte, ist zwar richtig[2], bedeutet aber nicht, daß man die schriftlichen Quellen nicht heranzuziehen braucht. Denn letzten Endes mußte irgendwer auch die Kosten dieser Bauten zahlen und Rechnungen dafür ausstellen.

Man könnte folgende Beispiele anführen: In der neuesten Fachliteratur wird angegeben[3], daß das sogenannte *Sommerhaus,* höchstwahrscheinlich das Hauptwohngebäude des Kaisers, etwa um 1587 erbaut wurde. Genau in diesem Jahr erhält nämlich der kaiserliche Kammerdiener Caprini eine geringe Summe für den Bau ausgezahlt. Eine unbeachtete Urkunde vom 1. Juni 1579, also acht Jahre früher, sagt jedoch eindeutig: »Nachdem wir zu völlige zuerichtung und verfertigung unserer neuerbauten schreibstuben und sommerhaus bei unsern zimmern in schloss alhie auf maler, gold, tischler und schlosserwerch ainer summa gelds bedürftig seind, so bevelen wir euch genediglich, daß ir zu solchen notturften unserem camerdiener auch getreüen lieben Hannsen Poppen alsbald sechshundert taler, die er ordentlich verraiten soll, zuestellen lasset, damit die arbeit nit gehindert sondern schleinig damit fortgefaren werden müge.«[4]

Da man also bereits 1579 die Innenräume des Palastes einrichtete, muß der Bau zu dieser Zeit fertig sein. Man muß sich mit der Frage des Sommerhauses deswegen befassen, weil es in der Bauentwicklung der Burg eine Schlüsselposition einnimmt. Das läßt sich unter anderem daran erkennen, daß noch in den 30er Jahren des 17. Jahrhunderts, bei dem Bau des sogenannten Kaiserinstockes, die Form der Fenster des Sommerpalastes berücksichtigt wurde.[5]

Eine frühere Datierung des Sommerhauses ist auch deswegen so wichtig, weil sie uns verrät, daß die intensive Bautätigkeit Rudolfs II. unmittelbar mit seiner Thronbesteigung begonnen hat. Die beträchtlichen Geldmittel, die er im Jahre 1583 von den Böhmischen Ständen verlangte (und die er später auch wirklich bekam), waren bereits für repräsentative Bauten im wahrsten Sinne des Wortes bestimmt und nicht für Rudolfs ›private‹ Räume.

Eine unbekannte Urkunde aus dem staatlichen Zentralarchiv in Prag zum Projekt eines neuen grandiosen Wohnbaus im sogenannten alten Tiergarten in Prag-Bubeneč ist dafür ein interessanter Beleg. Man sieht sehr anschaulich, daß die Bauaktivität der rudolfinischen Ära kontinuierlich und ohne Schwankungen verlief, einschließlich des letzten Jahrzehnt seiner Regierung, der Zeit nach seiner Krankheit. In verkürzter Fassung lautet die Urkunde: »Bemachter Überschlag Wegen Erbauung eines Neuen wonhaus Im alten thiergarten 19. October 1604 (Actum Bauschreiber Amt); nach dem Modell soll es 48 Klafter lang und 44 Klafter breit sein; in der mitte ein ziemblich grosser Platz oder Hof 3 Gaden Hoch mit 5 underschiedlichen Gängen, 2 Sall und 80 Zimmern; insgesamt 41115 Gulden.«[6]

Auch wenn bisher keine entsprechenden Archivalien vorliegen, braucht man nicht unbedingt auf eingebürgerten Überlieferungen und Datierungen zu beharren. Dies ist der Fall bei den zwei *Eingangsportalen der Allerheiligenkirchen,* deren Umbau unter Rudolfs Anweisung vorgenommen und die wahrscheinlich im Jahre 1580 geweiht wurde. Während in der Fachliteratur das Außenportal (Abb. 1) in diese Zeit datiert wird, hält man das Portal des

1 Allerheiligenkapelle, Außenportal

2 Allerheiligenkapelle, Portal des Wladislawsaals

Wladislawsaals (Abb. 2) für ein Werk der Jahrhundertwende. Diesem fast 20jährigen Zeitunterschied widerspricht aber die Tatsache, daß es sich um fast identische Arbeiten handelt – sowohl die gesamte Ausgestaltung als auch die dekorativen Einzelheiten betreffend. Das äußere Portal ist allerdings robuster, halbsäulig, wie es seiner Funktion vollkommen entspricht, während das innere subtile, graziöse Pilaster aufweist. Die Komposition der Portale ist auf Serlio zurückzuführen[7]; auch die Steinmetzbearbeitung ist hervorragend und kann für das Werk eines italienischen Meisters gehalten werden. Wenn wir die frühere Datierung annehmen, würde dies bedeuten, daß die Architektur der rudolfinischen Ära schon am Anfang ausgezeichnete Leistungen aufwies und sich an aktuellen Strömungen des zeitgenössischen Italiens orientierte.

Weitere Bemerkungen betreffen die Burgportale beziehungsweise *Burgtore.* Man erkennt immer deutlicher, daß man die Bautätigkeit an der Prager Burg im 16. Jahrhundert mit einer gewissen Übertreibung als die Tätigkeit vieler voneinander unabhängiger Bauherren unter der Leitung eines Bauinvestors – nämlich des Herrschers – charakterisieren kann. Zu Rudolfs Zeiten wurden praktisch bestimmte ›Grundrißgrenzen‹ der profanen Burggebäude festgelegt, und später kam es nicht mehr zu größeren Veränderungen; was z. B. die drei Eingänge ins Burgareal durch manieristische Tore belegen, die noch heute ihrem ursprünglichen Zweck dienen. Die hypothetische Datierung erfolgt ohne Hilfe von Archivalien. Das Osttor (Abb. 3) resp. das Portal mit abwechselnd kürzeren und längeren Bossen entspricht in seiner Bauweise dem Portal im Baumgarten aus dem Jahre 1593. Auch das innere Portal mit der Diamantenquaderung ist wohl kaum früher entstanden.

3 Osttor

Auf der Nordseite hatte die Burg ursprünglich zwei Tore – das äußere auf dem nördlichen Vorfeld der Pulverbrücke, also hinter dem Hirschgraben, ist durch einen Holzschnitt mit Reitschulthematik bekannt[8]; außerdem läßt es sich noch auf Plänen vom 18. Jahrhundert nachweisen; später verschwindet es. Auch dieses Portal gleicht dem Beispiel aus dem Jahre 1593.

Raffiniert, wenn auch ziemlich unauffällig, ist die Gestaltung des inneren Tores (Abb. 4), das leider nicht in voller ›Größe‹ sichtbar ist – der obere Teil wurde nämlich beim Bau des Gewölbes unter dem Neuen Saal zugemauert; der Zeitpunkt seiner Entstehung – um 1606 – ist zugleich ›terminus ante quem‹ des Tores. Sein Stil erinnert stark an die Vorlage des Hans Vredeman de Vries, sein Oberteil aber, das im Jahre 1953 unter dem Fußboden des Neuen Saales gefunden wurde[9], zeigt überraschenderweise rein italienisierende Eierstäbe, die zu der groben Bassierung im krassen Gegensatz stehen, zugleich aber mit denselben ornamentalen Motiven des inneren Portals der Allerheiligenkirche weitgehend übereinstimmen.

Man muß allerdings betonen, daß die heutige ›gedrungene‹ Form des Portals auf die Vermauerung seines Oberteils und auch auf die Erhöhung des Terrains (um etwa 80 cm) zurückzuführen ist. Seine ursprünglichen Proportionen näherten sich nämlich denen des sogenannten Matthiastores, in diesem Beitrag dem letzten, in Wirklichkeit aber dem Haupteingang in die Burg – Haupteingang nicht

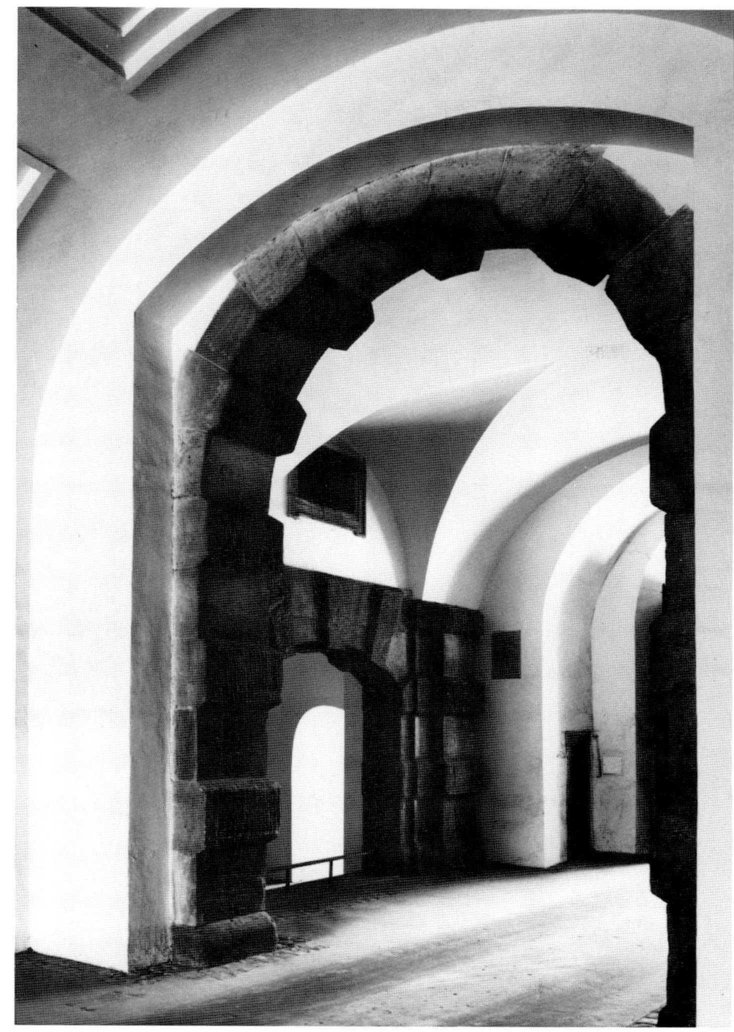

4 Das innere Tor

nur heute, sondern auch zu Rudolfs Zeiten. Rechts hinter dem Tor führte eine zweiarmige Treppe zu den Räumen des Kaisers. Auf alten Plänen ist hinter dem Tor eine riesige Nische sichtbar – ein ›Lieblingsmotiv‹ Rudolfs. Die etwas unausgewogene Komposition der Giebelpartie des Tores, in der gerade die Inschrifttafel des Kaisers Matthias das schwächste Glied darstellt, läßt an der Richtigkeit der Datierung in das Jahr 1614 zweifeln. Der Kontrast zwischen dem steinernen Relief und den grob aufgefaßten, nur stuckierten, in die Ecke gerückten Genien ist sehr ungewöhnlich. Ähnlich bandagierte Portale findet man übrigens auch anderswo auf der Burg – das Portal des Appellationsgerichtes, die Fenster der Souterrainpferdeställe unter dem Neuen Saal und vor allem das bereits erwähnte Nordtor.

Wenden wir uns nun der Bauentwicklung der Burg in ihrer Gesamtkonzeption zu.

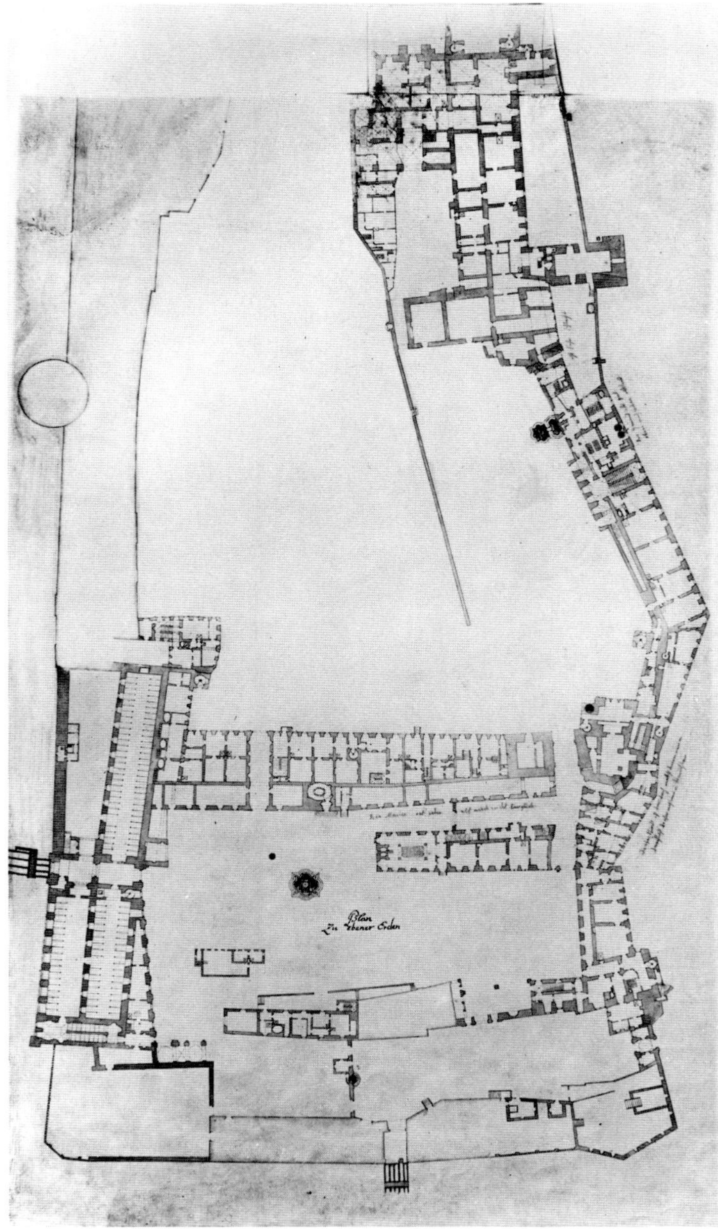

5 Grundriß der Prager Burg

Die *kaiserlichen Wohnräume* befanden sich damals im Südflügel der Burg, zur Stadt hin gelegen; ihr Grundriß (Abb. 5), der teilweise noch in die Zeit des Erzherzogs Ferdinand von Tirol und des Kaisers Maximilian II. zurückreicht, war weitgehend vom Verlauf der Burgmauer und der davorliegenden Zwingermauer bestimmt.[10] Bis heute haben sich allerdings nur wenige sichtbare Reste der Bautätigkeit des 16. Jahrhunderts erhalten – drei Räume mit sehr plastischen Gratgewölben im Erdgeschoß, einige Kreuzgewölbe mit Astragalmotiven in den Räumen beim Weißen Turm im ersten und zweiten Stock, einfache Sandsteinportale, einige Fragmente des Sgrafittoputzes usw. Über die Verteilung der Räume im Wohnflügel wissen wir nur, daß jedes der beiden Hauptgeschosse maximal zehn bis dreizehn in einer Flucht hintereinanderliegende Zimmer enthielt[11], die alle der Stadt zugewandt waren, während sich entlang des heutigen zweiten und teilweise dritten Burghofs Verbindungsgänge befanden. Da aber die einzelnen Räume nicht auf einer geraden Längsachse lagen, weil die erwähnte mittelalterliche Festungsmauer bogenförmig verlief, können wir nicht von einer Enfilade sprechen.

Das erste Obergeschoß war der zukünftigen Kaiserin vorbehalten (auch wenn es im Hinblick auf die Unentschlossenheit des Kaisers in Heiratsangelegenheiten vielleicht zeitweilig für andere Zwecke genutzt wurde), und im zweiten Stockwerk wohnte der Kaiser. Von hier führten Wendeltreppen bis in die zwei Untergeschosse, in denen sich unter anderem die ›badstube‹ des Kaisers befand.[12]

Der Reisebericht von Pierre Bergeron über den Besuch des französischen Gesandten am kaiserlichen Hof[13] informiert uns über die rudolfinischen Empfangsräume. Im ›Trabantensaal‹, der gleich bei der Treppe lag (was noch mit den Inschriften auf den Barockplänen übereinstimmt), war die angeblich 100 Personen umfassende, mit Piken und Hellebarden bewaffnete Wache versammelt. Dann folgten drei Audienzsäle, von denen die beiden ersten im wesentlichen ›antecameras‹ vorstellen, Räume, in denen man auf den Empfang wartete, während der dritte der eigentliche Audienzsaal war, in dem Rudolf den französischen Marschall empfing. Bergeron berichtet auch, daß die ersten zwei Säle mit Tapisserien geschmückt, der dritte mit Ledertapeten verkleidet war. Hypothetisch können wir diese Nachricht mit einer aus dem Jahre 1587 erhalten gebliebenen Rechnung verbinden, die Pieter Smiesart für die Lieferung von Ledertapeten für den Speisesaal und ein weiteres Zimmer des Kaisers ausgestellt hatte.[14] Gemäß dieser Angaben war der Speisesaal des Kaisers nicht mit einem dieser Audienzsäle identisch, sondern schloß sich wahrscheinlich an diese an. Weitere in den Quellen ausdrücklich genannte Interieurs waren das Ratszimmer[15], die ›schreibstube‹, die offenbar auch räumlich mit den drei ›Sommerzimmern‹ zusammenhing, und schließlich das Schlafzimmer, dessen Existenz ein Erker verraten könnte, der auf Veduten von Sadeler und Hollar erkennbar ist.

Von der künstlerischen Ausstattung wissen wir nur, daß die Sommerzimmer wahrscheinlich mit Holz verkleidet (als Material ist ›büschelholz‹ genannt), ausgemalt und vergoldet waren. Für die Malerarbeiten in den kaiserlichen Räumen, die leider nicht näher spezifiert sind, wird noch nach dem Tode Rudolfs der beträchtliche Betrag von

1200 Talern abgerechnet.[16] Im Jahre 1590 wird in einem Brief nach Pilsen die Lieferung eines glasierten, farbigen Ofens gefordert und dabei bemerkt, daß die Burg schon früher einen solchen Ofen erhalten habe. Damit sind die Berichte über die Wohnräume des Kaisers in den Quellen abgeschlossen.

Senkrecht an den Südflügel schließt sich der sogenannte *Mitteltrakt* an; auch bei der Anlage dieses Querflügels war der Verlauf der romanischen Burgmauer maßgebend. Rudolf ließ entlang der Mauer an ihrer Westfront riesige Korridore errichten, die in den Akten als ›Gangbau‹ bezeichnet sind. An diese Stelle befand sich allem Anschein nach ehemals der von Kragsteinen getragene hölzerne Gang, die Verbindung zwischen den Wohnräumen und den nördlichen Partien des Burgareals. Das neue, zweigeschossige Gebäude diente aber vor allem der Unterbringung von Rudolfs Sammlungen. Der Bau wurde von dem sogenannten ›Mathematischen Turm‹, einem Überbleibsel des mittelalterlichen Festungssystem, in zwei ungleiche Teile getrennt. Rudolf ließ hier eine herrliche Treppe auf dem Ovalgrundriß mit Ecknischen unterbringen. Eine Verbindung zu den Wohnzimmern im südlichen Flügel bestand nur auf der Ebene des zweiten Geschosses, und deshalb wurde am Anfang des Ganges eine einläufige Treppe angebracht, über die man in das erste Geschoß und in das erste Zimmer der sogenannten vorderen Kunstkammer gelangen konnte. Aus zeitgenössischen Inventaren geht hervor, daß die drei Räume der ›vorderen‹ Kunstkammer, also an der Stelle zwischen dem südlichen Trakt und dem Mathematischen Turm, gewölbt waren. Nach einem Schnitt auf einem barocken Plan, der die Räume hinter dem Mathematischen Turm zeigt, scheint es, daß die ›Hauptkunstkammer‹, die sich vom Turm bis zum Nordflügel erstreckte, nur mit einem Fabion versehen war.[17]

Über die künstlerische Ausgestaltung der *Kunstkammer* besitzen wir leider keine Angaben. Auf die Galeriegänge über der Kunstkammer, also im zweiten Geschoß, könnten sich vielleicht die Archivurkunden beziehen, die Hans Vredeman de Vries und seinen Sohn Paul betreffen. Der Vermerk, daß Hans Vredeman dem Kaiser die Projekte (›visierung‹) für zwei Gebäude vorlegte, in denen Rudolf seine Bilder geordnet unterbringen konnte, bezieht sich vielleicht gerade auf die Lösung des Interieurs dieser Gangsäle. Wie aus den zeitgenössischen Inventarverzeichnissen bekannt ist, wurden hier die Gemälde in drei horizontalen Lagen angebracht – direkt auf dem Boden (›auf der erden‹), auf einer Sockelbank (›auf der bank‹) und schließlich ›auf dem gesims‹. Es war nicht nötig, die Bilder aufzuhängen, man stellte sie einfach an die Wand. Diese Gewohnheit kennen wir aus einer Reihe zeitgenössischer Abbildungen, die Bildergalerien jener Zeit darstellen.

6 Weißer Turm
Deckengemälde in einem Saal im zweiten Geschoß

Auf der Burg sind zwei Arbeiten von Paul Vredeman de Vries belegt. Es sind einmal die illusionistischen Deckengemälde im *Galeriesaal* (im Nordtrakt), die im Verlaufe der 2. Hälfte des Jahres 1597 entstanden[18], und zum anderen Arbeiten in einem kleineren Saal, die das ganze folgende Jahr andauerten und sogar etwas höher honoriert wurden. Die Prager Maler, die diese Arbeit begutachteten, berichten unter anderem, daß sie »dort war, wo man von dem großen Saal zum Vorbau oder Sommerhaus des Kaisers gehe«.[19] Diese Beschreibung kann recht gut für den südlichen Galeriegang zutreffen, der vom Turm bis zum Wohnflügel reichte, weil hier nicht von der Ausmalung der Decke gesprochen wird, sondern auch vom perspektivischen Bild eines Gartens auf der Wand, durch die man den Sommerpalast betrat.

Es ist bekannt, daß noch ein weiterer für die Sammlungen bestimmter Raum in unmittelbarer Nähe des Galerieganges mit einem Deckengemälde verziert war – ein kleiner Saal im zweiten Geschoß des Weißes Turmes (Abb. 6), in dem Rudolf seine Waffenkammer hatte. Das Gewölbe ruht auf verschieden hohen ionischen Kapitellen; die Stichkappen zeigen eine sehr feine Stuckprofilierung. Der Eindruck dieses ziemlich schmalen, aber sehr hohen Raums auf fast quadratischem Grundriß ist einzigartig; die ehemalige Rüstkammer vermittelt sehr gut die Vorstellung von der rudolfinischen Innenarchitektur. Die Figuren auf dem Fresko, die bewaffnete Pallas Athene und Hermes, blicken auf den Betrachter, der sich von der südlichen Seite, also von den Wohnräumen, nähert. Das Fresko von Bartholomäus Spranger wird hypothetisch für die 80er Jahre angenommen. Wir können dabei aber nicht voll-

7 ›Spanische Stallungen‹

kommen ausschließen, daß es erst in der Zeit der endgültigen Konzeption der für die Sammlungen bestimmten Räumlichkeiten, also ungefähr in der 2. Hälfte der 90er Jahre, entstand. Vredemans und Sprangers Fresken würden dann nicht nur örtlich, sondern auch zeitlich zusammenhängen.

Mit der Beschreibung des Mitteltraktes sind wir allmählich zur Schilderung der Repräsentationsbauten gekommen. Unter diesem Begriff versteht man im Burgareal vor allem die ›Paläste‹ – wie man im 16. Jahrhundert die großen Säle nannte – vor der nördlichen Burgmauer über dem Hirschgraben. Das ganze Unternehmen begann hier wahrscheinlich während der 80er Jahre mit dem Bau der *›spanischen‹ Stallungen* (Abb. 7), einmal östlich der Durchfahrt zur Pulverbrücke (für ungefähr 60 Pferde) und zum anderen westlich der Durchfahrt. Letztere sind kürzer, dafür aber zweigeschossig (im Erdgeschoß waren entsprechend der in barocken Plänen gezeichneten Boxen 40 Pferde und im Souterrain 37 Pferde untergebracht). Alle sind mit Ausnahme einiger geringerer Änderungen bis heute intakt. Das architektonische Grundmotiv sind Tonnengewölbe, die mit Stuckrippen versehen sind, was auch der Lösung in der Allerheiligenkapelle entspricht. Hauptabsicht der Bauvorhaben in diesem Teil der Burg war allerdings, hier repräsentative ›Paläste‹ zu errichten, die zur Unterbringung der Sammlungen und für festliche Anlässe dienen sollten, was also andeutet, daß die Anlage der Stallungen im Erdgeschoß nicht nur utilitaristischen Bedürfnissen dienen sollte. Die prunkvollen Pferdeställe waren gleichzeitig ein wichtiger Bestandteil der gesamten Repräsentation und ein Ort, an den man hohe Besucher führte und wo selbst der Herrscher ungewöhnlich viel Zeit verbrachte.

Die Idee von *Repräsentationspalästen* begann Rudolf offenbar vom Jahre 1585 an zu verwirklichen, als er den florentinischen Künstler Giovanni Gargiolli als kaiserlichen Architekten (›Baumeister‹) anstellte, während dem bisherigen Leiter der Bauarbeiten im Burgareal – Ulrico Aostalli – lediglich der Titel eines Maurermeisters blieb. Obwohl es sich um bedeutende Projekte handelte, die die Burg um monumentale Architekturen bereicherten, die nördlich der Alpen um 1600 kaum eine ernsthafte Konkurrenz fanden, ist ihre bauliche Genesis völlig unzureichend geklärt. Es scheint zwar, daß beide Hauptsäle entsprechend ihrer funktionalen Bestimmung gleichzeitig konzipiert wurden – der *Spanische Saal* sollte der Ausstellung der Gemäldesammlungen und der *Neue Saal* der Unterbringung der Plastiken dienen, doch stand ihr eigentlicher Bau nicht miteinander in Verbindung. Während der Saal für die Bilder über dem östlichen Stall im Verlauf der 90er Jahre errichtet wurde (1596 wird die Lieferung von Pflaster erwähnt, und 1597 schuf Paul Vredeman de Vries mit seinen Gehilfen das illusionistische Deckengemälde), fällt der Bau des Neuen Saales erst in das erste Jahrzehnt des folgenden Jahrhunderts.[20] Der Holzschnitt ›Reitschule‹ zeigt die Fassade des Spanischen Saales in groben Umrissen und wahrscheinlich Pilaster, die mit Bossen ›umgürtet‹ sind.[21] An der stark ausladenden Gesimskrone wechseln helle und dunkle Flächen ab, die vielleicht Triglyphenkonsolen andeuten. Der Saal hat nur an der Nordseite Fenster, was in Übereinstimmung mit der Theorie von Vitruvius eine ideale Ortsbestimmung darstellt. Die Mitte der Südseite, die für die Ausstellung von Gemälden außerordentlich günstig disponiert war, wurde von einem großen, ›welschen‹ Marmorkamin beherrscht. Auch hier wurden die Bilder in drei Reihen übereinander gestellt; Archivquellen sprechen ausdrücklich von einem ebenfalls von Vredeman marmorierten Gesims.

Die Bautätigkeit setzte sich auch in den letzten Jahren der Regierung Rudolfs II., nach 1600, in unverminderter Intensität fort. Damals wiederholte sich offensichtlich die Situation der 80er Jahre, als der Platz für Rudolfs ›spanische‹ Pferde nicht mehr ausreichte. Diesmal löste man das Problem mit dem Anbau von Geschoßstallungen an der nördlichen Seite der älteren. Da dieses neue Gebäude am Hang des Hirschgrabens niedriger zu liegen kam, war auch das Fußbodenniveau niedriger als bei der schon bestehenden Anlage. Auch die künstlerische Gestaltung änderte sich. Die *Neuen Stallungen* haben nur im Souterrain rechtwinklige Fenster wie die Spanischen Stallungen; im Erdgeschoß hat man wesentlich größere Fenster mit halbrunden Bogen angebracht. Als Vincenzo Scamozzi

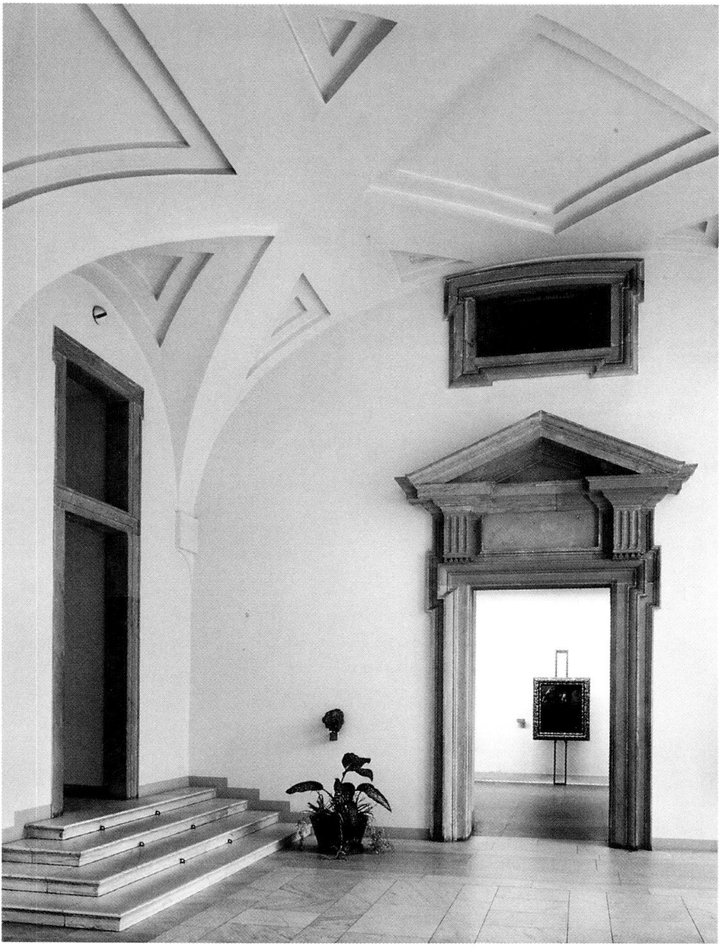

8 Neuer Saal, Portal

1600 Prag besuchte, sah er alle fünf Pferdeställe nach ihrer Vollendung. In den Rechnungen aus den Jahren 1601/02 ist jedoch noch von einem Honorar, das der Maler Mariano Mariani für Arbeiten ›zum hofstall‹ bekommen hatte, die Rede.[22] Es kann sich hierbei um das Ausmalen der runden Deckenspiegel handeln; anstelle des dichteren Netzes von Stuckrippen in den älteren Stallungen wurde hier nämlich ein wesentlich größeres Raster von Putzkassetten gewählt, das sich für die Anbringung von Motiven – wie es zum Beispiel die ›siebenbürgischen fahnen‹ sind, von denen in der erwähnten Urkunde gesprochen wird – eignete.

Die Westseite der Ställe endete mit einer reichlich bemessenen, zweiarmigen Treppe, deren Podeste eingewölbt waren und die mit Plastiken verzierte Nischen aufwiesen. Zu diesem Treppenhaus führte ein Portal (Abb. 8), das bis heute erhalten hat. Vor allem seine Triglyphenkapitelle verraten die eher römische Orientierung dieser Epoche der rudolfinischen Architektur, deren recht brillantes Beispiel das Portal darstellt.

Kurz nach 1600 begann wahrscheinlich auch der Bau des *Neuen Saales;* Höhepunkt des Bauprogramms auf der Burg. Obwohl wir wissen, daß sich Rudolfs Pläne zum Um- und Neubau des Burgareals ständig erweiterten und daß er noch 1611 an eine Fortsetzung des Nordflügels nach Westen dachte, bedeuten die fertiggestellten Teile »die größte zusammenhängende bauliche Aktion profanen Charakters vom Anfang des Bestehens der Prager Burg bis in die heutige Zeit«.[23] Eine so hohe Einschätzung der Bautätigkeit Rudolfs ist vor allem von jenem großzügigen Unternehmen, das der Neue Saal zweifellos darstellt, beeinflußt. Dieser Saal wurde über den westlichen Stallungen analog dem Spanischen Galeriesaal ausgeführt; er besaß wahrscheinlich auch eine ähnliche Pilasterfassade. Über die Ausstattung des Saales berichten die Quellen praktisch das gesamte erste Jahrzehnt hindurch[24], obgleich die Bauarbeiten offenbar bereits um 1604 abschlossen. Einen genauen Begriff vom Innenraum kann man sich mit Hilfe der alten Pläne eines Stiches aus dem Jahre 1620[25] (Abb. 9) und eines neueren Stiches (Abb. 10) machen.

Wenn es zweckmäßig war, die Räume der ›Pinakothek‹ mit einem Grundsockel, einer Sockelbank und einem Gesims horizontal zu gliedern, dann war es nötig, den Raum, der für die Aufstellung von Statuen vorgesehen war, so zu ›instrumentalisieren‹, daß die Plastiken einen kompositionell festen Rahmen erhielten. Auch der Eingang des Neuen Saales – ›Glyptothek des Kaisers‹ – fand eine architektonisch anspruchsvollere Lösung, besser gesagt, die Eingänge an allen vier Ecken der kürzeren Seiten (wobei der nordwestliche Eingang im Hinblick auf die Lage des Treppenhauses nur blind sein durfte). Da der Haupteingang an der südöstlichen Seite angenommen wurde, der Seite, von der aus der Herrscher eintrat, wählte man die gegenüberliegende westliche Wand als Schauseite. Hier befanden sich genau in der Mitte der Längsachsen dieses doppelschiffigen Raumes monumentale Nischen, während die östliche Wand offensichtlich nur mit vier Blenden untergliedert war. An der Südseite lagen den Fenstern gegenüber neun weitere Nischen. Auch die Verbindung beider Säle – der ›Pinakothek‹ und der ›Glyptothek‹ – zeigt recht fortschrittliche Züge. Ihre Eingänge lagen einander genau gegenüber, wurden aber durch einen schmalen und hohen Vorsaal getrennt, der quer zur betonten Längsachse, auf der die Konzeption beider Säle beruhte, lag. An diese Achse schloß sich an der Westseite auch das Treppenhaus an.

Für den Neuen Saal war die ionische Ordnung maßgebend, nicht nur 4 Säulen in der Mitte, sondern auch 28

9 Neuer Saal, Stich aus dem Jahre 1620

10 Neuer Saal (heute Spanischer Saal genannt), Stich aus dem Jahre 1833

Wandpilaster mit Sockeln und Kapitellen. Im Gegensatz zu den Säulen haben sich die Pilaster bis heute erhalten; man kann sogar annehmen, daß auch ihre Kannelierung dem ursprünglichen Zustand entspricht.[26] Dasselbe gilt auch für den Akanthusfries, der bei der Renovierung in den Jahren 1865–1868 nur teilweise ergänzt und bemalt wurde. Diese vorzügliche Stuckarbeit, die in Übereinstimmung mit den archivalischen Quellen dem Stukkateur Battista Soviana und seinem Gehilfen Olivier zugeschrieben werden kann, blieb bis heute von der Forschung völlig unbeachtet.[27] Die Akanthusornamentik am Anfang des 17. Jahrhunderts im nördlichen Europa war sicher ungewöhnlich und dokumentiert die enge Beziehung zum klassischen architektonischen Erbe Italiens, die im Falle der rudolfinischen Kunst oftmals festzustellen ist. Einen echten Höhepunkt der Ausstattung sollten aber offensichtlich ›statuen von gips mit materia überzogen‹ bedeuten, deren Anzahl in den Archivalien der der Nischen an der Südseite entsprach.[28] In bezug auf das Ausmaß der Nischen handelt es sich wahrscheinlich um recht monumentale Werke der Bildhauerkunst; als Autor kommt Giovanni Battista Quadri in Frage.[29] Aus dem Künstlerkreis beim Bau des Neuen Saales ist noch der Steinmetzmeister Antonio Brocco zu nennen, der wahrscheinlich für die Portale verantwortlich war – ähnlich wie bei dem Neuen Stall.

Den Raum des gigantischen Saales (ca. 48 × 24 × 12 Meter) teilten also Säulen, die – da sie recht weit voneinander entfernt standen – in westlicher Richtung einen guten Durchblick erlaubten. Da diese Säulen den Saal trotz allem halbierten, entstanden zwei verhältnismäßig selbständige, auffallend gestreckte Teile, so daß im Raumeindruck die Länge und Höhe die relativ geringe Breite überwogen, genau im Sinne der manieristischen Ästhetik wie auch beim Spanischen Saal oder den Galeriegängen des Querflügels.

Der Nordflügel der Burg stellt in seiner Gesamtheit zweifellos im Rahmen der rudolfinischen Architektur einen Höhepunkt in der Ausbildung des Interieurs dar und weist in vielen Einzelheiten auf die zukünftige Entwicklung hin.

Obwohl sich diese Ausführungen nur einem Teil der Bautätigkeit Kaiser Rudolfs II. widmen, bekommt das Bild seiner Architektur hoffentlich schärfere Konturen – ein Bild der Architektur, die vielleicht ziemlich kühl und zurückhaltend, zugleich aber ernst, vornehm und außergewöhnlich ideenreich war.

Anmerkungen

1 Zur rudolfinischen Architektur vgl.: J. Krčálová, Die rudolfinische Architektur, in: Rudolf II and his Court, Leids kunsthistorisch Jaarboek 1, Delft 1982, S. 271–308; dort auch weitere Literatur.
2 J. Krčálová, ›Poznámky k rudolfinské architektuře‹, in: Umění XXIII, 1975, S. 499.
3 Vgl. Anm. 1, S. 274.
4 Jahrbuch der Kunsthistorischen Sammlungen des Allerhöchsten Kaiserhauses, XII, 1891, Reg. 8198.
5 J. Morávek, ›Giuseppe Mattei a Nová stavení Pražského hradu 1638–1644‹, in: Umění V, 1957, S. 346.
6 Staatliches Zentralarchiv Prag, Sign. SM B 110, 1/I.
7 E. Poche, Pražské portály, Prag 1947, S. 20.
8 Vgl. Anm. 1, S. 278, Abb. 4.
9 Nicht publiziert; Aufnahmen im Burgarchiv.
10 Alle Bauprojekte des 16. Jahrhunderts zeigen Mauern; ihre Reste sind an manchen Stellen bis in die Höhe des ersten Geschosses sichtbar.
11 Brief der Hofkammer der Böhmischen Kammer, 14. 6. 1638, Wien, Hofkammerarchiv, GDB 337, fol. 138r; die Zimmer der Kaiserin sollten dreizehn Räume umfassen.
12 Im Bad stand die drei Ellen tiefe Badewanne aus Zinn; vgl.: Burgarchiv Prag, Sign. HBA Decreta und Berichte, Ms. Nr. 632, fol. 113.
13 F. B. Pariset, ›Pierre Bergeron à Prague (1600)‹, Relations artistiques entre les Pays-Bas et l'Italie à la Renaissance: Études dediées a Suzanne Sulzberger (Études d'histoire de l'art publiées par l'Institut historique Belge de Rome, Tome IV), Bruxelles-Rome 1980, S. 185–198.
14 Jahrbuch VII, 1888, Reg. 5477.
15 Jahrbuch XV, 1894, Reg. 11 791.
16 Jahrbuch XV, 1894, Reg. 11 794.
17 A. Podlaha, ›Plány a kresby chované v kanceláři správy Hradu Pražského‹, in: Památky archeologické, XXXII, 1920–21, Abb. 53.
18 Jahrbuch XII, 1891, Reg. 8309.
19 Jahrbuch XII, 1891, Reg. 8320.
20 Jahrbuch XII, 1891, Reg. 8298, 8302, 8309, 8320.
21 Vgl. Anm. 1, Abb. 4, S. 278.
22 Jahrbuch XV, 1894, Reg. 11 729.
23 M. Vilímková, F. Kašička, ›Křídlo Španělského sálu ve stavebním vývoji Pražského hradu‹, in: Památka appříroda, I, 1976, S. 388.
24 Jahrbuch XIX, 1898, Reg. 16 448.
25 Vgl. Anm. 1, S. 284, Abb. 14.
26 In dieser Form sind die Pilaster schon auf dem Stich aus dem Jahr 1833 sichtbar; vgl.: Fotothek des Staatlichen Institutes für Denkmalpflege Prag, Inv. Nr. S 58 620.
27 Ich verdanke Herrn Arch. V. Tintěra, dem ehemaligen Konservator der Prager Burg, die Informationen über die Restaurierung der Stuckdekoration im Jahre 1953.
28 Jahrbuch XXV, 1905, Reg. 19 421.
29 Ich verdanke diese Mitteilung Dr. E. Fučíková von einem bisher nicht publizierten Aufsatz.

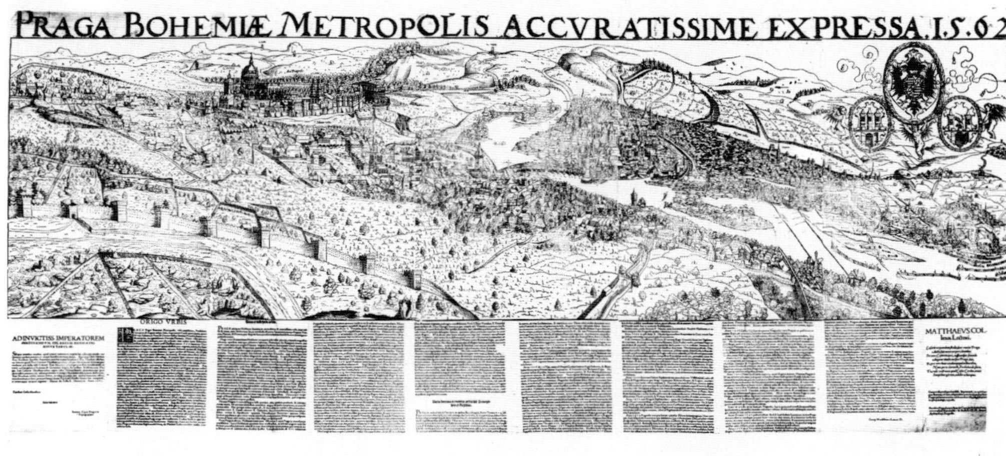

1

JOHANNES KOZEL, MICHAEL PETRLE VON ANNABERG

1 Ansicht von Prag
1562

Holzschnitt; 55,7 × 196,5 cm
Bezeichnet: Praga Bohemiae metropolis accuratissime expressa; Dedikation dem Kaiser Ferdinand I. von Michael Petrle, Drucker aus Prag
Herkunft: Prag
Literatur: A. Novotný, Grafické pohledy Prahy 1493–1850, Prag 1946, S. 15; V. Hlavsa, ›Praha a její život do poloviny 17. století v grafických listech (Prag und sein Leben bis zur Mitte des 17. Jahrhunderts in graphischen Blättern) in: Pražský sborník historický VI, Prag 1971, S. 147

Unter den Stadtansichten von Prag nimmt dieser monumentale Holzschnitt einen außerordentlich wichtigen Platz ein. Nach dem Schedelschen Blatt in der ›Liber cronicarum‹, Nürnberg 1493, handelt es sich um die älteste Abbildung der Stadt, bei der Anschaulichkeit, Naturtreue und Exaktheit (›accuratissime expressa‹) angestrebt wurden. Die zehnteilige Vedute stellt die Stadt und die Burg kurz vor der Thronbesteigung Rudolfs dar und ist also auch als Vergleichsmaterial unentbehrlich. I. M.

Stockholm, Königliche Bibliothek

JORIS HOEFNAGEL
Antwerpen 1542 – Wien 1600

2 Ansicht von Prag
1572

Kupferstich; 18,9 × 47,4 cm
Bezeichnet: Praga, Bohemiae metropolis accuratissime expressa Franz Hoogenberghe (Delineator)
Herkunft: Köln
Literatur: A. Novotný, Grafické pohledy Prahy 1493–1850, Prag 1946, S. 18; V. Hlavsa, ›Praha a její život do poloviny 17. století v grafických listech‹, in: Pražský sborník historický VI, Prag 1971, S. 148

Das Blatt aus dem ersten Band des Monumentalwerkes ›Civitates orbis terrarum‹ von Georg Braun zeigt eigentlich eine Kopie der Vedute von Kozel und Petrle aus dem Jahre 1562, was auch genau die gleiche Inschrift andeutet. Das Buch (übrigens das zweite nach der Kosmographia von Münster) verhalf auf diese Weise der ›Massenverbreitung‹ der älteren Vedute im damaligen Europa. I. M.

Prag, Stadtmuseum, Inv. Nr. 8613

JORIS HOEFNAGEL
Antwerpen 1542 – Wien 1600

3 Ansicht von Prag
Um 1591 *Ft. 1, S. 113*

Kupferstich; 20,7 × 49 cm
Bezeichnet: Praga regni Bohemiae metropolis Franz Hoogenberghe (Delineator)
Herkunft: Köln
Literatur: A. Novotný, Grafické pohledy Prahy 1493–1850, Prag 1946, S. 18; V. Hlavsa, ›Praha a její život do poloviny 17. století v grafických listech‹, in: Pražský sborník historický VI, Prag 1971, S. 448

In der typologischen Reihe der Ikonographie Prags nimmt dieses Blatt eine Sonderstellung ein, da sein Standort sehr untypisch ist, nämlich das nördliche Randgebiet der Stadt. – ›Letná‹. Die Prager Burg sieht man von dort aus der annähernd nordöstlichen Richtung, so auch den Hirschgraben, das Lustschloß Belvedere und beide Ballhäuser. Denselben Standort benützte später auch Roelant Savery. Der Blatt erschien im fünften Band des Werkes ›Civitates orbis terrarum‹ von Georg Braun. I. M.

Prag, Stadtmuseum, Inv. Nr. 9994

JOHANN WILLENBERG[ER]
Trzebnitz bei Breslau 1571 – Prag 1613

4 Ansicht von Prag
1601

Holzschnitt; 13 × 56,7 cm
Bezeichnet und datiert in der linken Hälfte bei dem Wappen der Kleinseite: Jo. Willenberg fecit 1601
Herkunft: Prag, Druckerei Johann Ssuman in der Altstadt
Literatur: A. Novotný, Grafické pohledy Prahy 1493–1850, Prag 1946, S. 20; V. Hlavsa, ›Praha a její život do poloviny 17. století v grafických listech‹, in: Pražský sborník historický VI, Prag 1971, S. 149

Das Blatt stellt in der Ikonographie der Stadt Prag zur Zeit Rudolfs eine wichtige Bereicherung dar. Obwohl es die Qualität der offiziellen, repräsentativen Vedute von Bossche und Wechter nicht erreicht, sichert es jedoch die Wahrhaftigkeit ihrer Informationen. Der Standort des Künstlers war praktisch identisch mit dem seiner Vorgänger und Nachfolger; mehr noch, Willenberg gibt in gröberen Zügen alles wieder, was etwas später bei Bossche und Wechter in so meisterhafter, ›unvorstellbar‹ präziser Weise dargestellt wird. Vor allem in

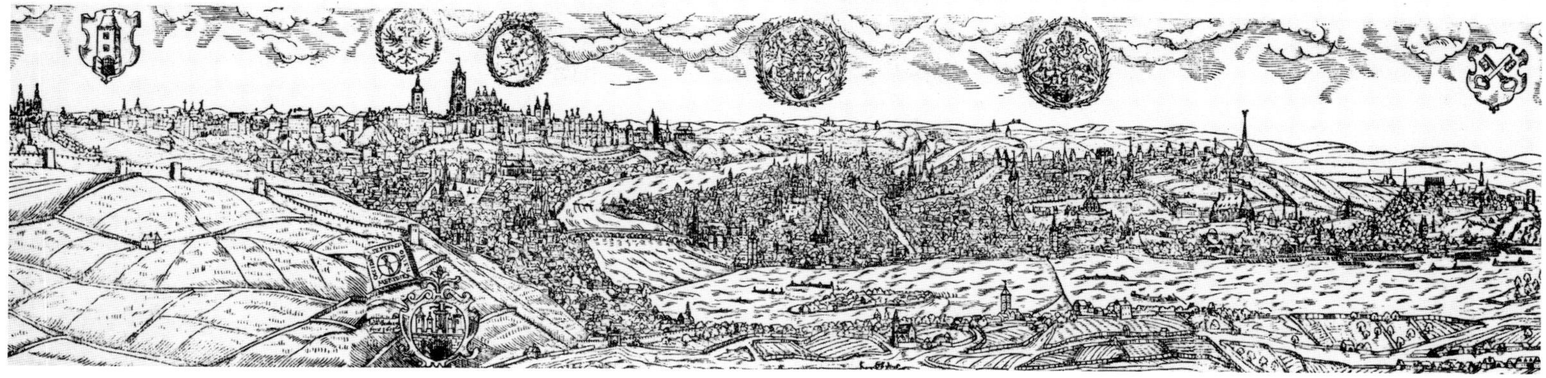

4

dieser Hinsicht – als Vorstufe der wichtigsten Ansicht der rudolfinischen Stadt – sollte man die Bedeutung dieses Holzschnittes beurteilen. Das Blatt entstand für das sehr erfolgreiche Buch von Bartoloměj Paprocký z Hlohol a Paprocké Vůle: Diadochus id est succesio..., Prag 1602, eine große Sammlung böhmischer und mährischer Stadtansichten. I. M.

Prag, Stadtmuseum, Inv. Nr. 27 739

JOHANNES WECHTER
Nürnberg um 1550 – Eichstätt nach 1606

5 **Ansicht von Prag**
1606

Kupferstich (neunteilig); 47,5 × 316,2 cm
In zwei Kartuschen unten rechts bezeichnet: Philippus Van den Bosche Sac. Caes. Mai. phrygiarius designavit. Johannes Wechter aeri incidit. Zur Ansicht gehört ein Textblatt mit dem Titel: Von Ursprung und Erbauung der löblichen Stadt Prag mit den Erklärungen der Nummern 1–122
Philippus Van den Bossche (Delineator), Aegidius Sadeler (Verleger)
Herkunft: Prag
Literatur: A. Novotný, Grafické pohledy Prahy 1493–1850, Prag 1946, S. 22; V. Hlavsa, ›Praha a její život do poloviny 17. století v grafikých listech‹, in: Pražský sborník historický VI, Prag 1971, S. 149

Obwohl mehrere Ansichten der Stadt aus der Zeit Rudolfs II. vorliegen – unter anderem die Blätter von Joris Hoefnagel (1572, um 1591) und Johann Willenberg (1601, 1610) –, steht jedoch die Vedute von Bossche und Wechter ganz unbestritten an erster Stelle, denn keiner ihrer Zeitgenossen hat eine solch seltene Ausgewogenheit des dokumentarischen Wertes und der künstlerischen Qualität erreicht. Gerade in dieser Synthese liegt die bahnbrechende Bedeutung des Stiches. Auch die ›Motive‹, die schon bei älteren Künstlern auftauchen, z. B. Schloßstiege oder Westeingang der Burg mit Fallbrükke, sind hier noch besser und zugleich ›dramatischer‹ und ›lebendiger‹ behandelt. Mit der kontrastreichen Lichtführung entgeht der Stecher der gewissen Monotonie, die bei den Stadtveduten immer droht, und erreicht eine ungemeine Plastizität und malerische Wirkung, obwohl er mit dem Licht völlig frei arbeitet, d. h. nicht nur auf einer Lichtführung beharrt, ähnlich wie er nicht nur ein- und denselben Standort benutzt.

Im Stadtmuseum Prag befindet sich eine Variante des Stiches, auf der der Name des Verlegers Aegidius Sadeler in der linken Kartusche fehlt. Diese zweite Auflage des Blattes erschien erst 1618. I. M.

Prag, Nationalgalerie, Inv. Nr. R 78 031–78 039

UNBEKANNTER MEISTER

6 **Besetzung der Kleinseite**
1611

Radierung; 29 × 37,3 cm
Bezeichnet: Einfahl des Passavischen Kriegsvolcks in die Kleine Statt Prag Anno MDCXI den 15. Februarii
Herkunft: Augsburg
Literatur: A. Novotný, Grafické pohledy Prahy 1493–1850, Prag 1946, S. 22; V. Hlavsa, ›Praha a její život do poloviny 17. století v grafikých listech‹, in: Pražský sborník historický VI, Prag 1971, S. 458, J. Spicer, ›The Defense of Prague 15 February 1611 by Roelandt Savery; in: Umění XXX, 1982, S. 454–462

Es handelt sich um ein Blatt aus dem Buch von Wilhelm Peter Zimmermann: ›Relatio. Ausführlicher Bericht, was sich mit dem Passavischen Kriegsvolk ... Augsburg 1611‹. Dieser Stich dokumentiert auf sehr repräsentative Weise den Typus der Blätter (Flugblätter, Buchillustrationen), die das Leben und die Ereignisse der damaligen Zeit prägnant und ausführlich darstellen: die Plünderung der Klöster, die Verteidigung, die Schlacht am Weißen Berge, die Exekution am Altstädter Ring usw. Die Besetzung der Kleinseite ist zwar anscheinend von den östlichen Teilen der Prager Burg aus gesehen, in Wirklichkeit aber ist der Standpunkt des Künstlers imaginär; man sieht die nahen und entfernten Partien der Kleinseite aus der gleichen Obersicht. Genauso ideal ist auch das Licht, das von Norden einfällt und trotzdem sehr hoch steht. I. M.

Prag, Nationalgalerie, Inv. Nr. DR 4806

UNBEKANNTER MEISTER

7 **Mascaron**
Um 1590 (?)

Sandstein; 65 × 52 × 30 cm (Platte 16 cm, Tiefe des Reliefs 14 cm)
Herkunft: Aus dem sog. Spanischen Stall im Nordtrakt der Prager Burg

Das Relief wurde vor kurzem – Anfang der 70er Jahre – in der vermauerten östlichen Blende des sogenannten Spanischen Stalles entdeckt; es wurde ursprünglich offensichtlich als Wasserspeier benützt. Sehr interessant sind die Reste der hellroten Polychromie, jedoch unsicheren Datums. Bis zu einem gewissen Grade kann man diese ziemlich qualitätvolle Arbeit mit den Masken aus der Serie des Frans Huys vergleichen; ›Pourtraicture ingenieuse de plusieurs Façons de Masques... Hans Liefrinck exc.‹, um 1555; vgl. Die Kunst der Graphik IV, Zwischen Renaissance und Barock, Das Zeitalter von Bruegel und Bellange, Wien, Albertina 1968, S. 113, dort auch weitere Literatur.

Da verläßliche archivalische Angaben nicht vorliegen, kann man bis jetzt nicht sagen, ob eventuell der Steinmetzmeister Antonio Brocco mit seiner Hofwerkstatt in Frage kommt.

I. M.

Prag, Lapidarium der Prager Burg

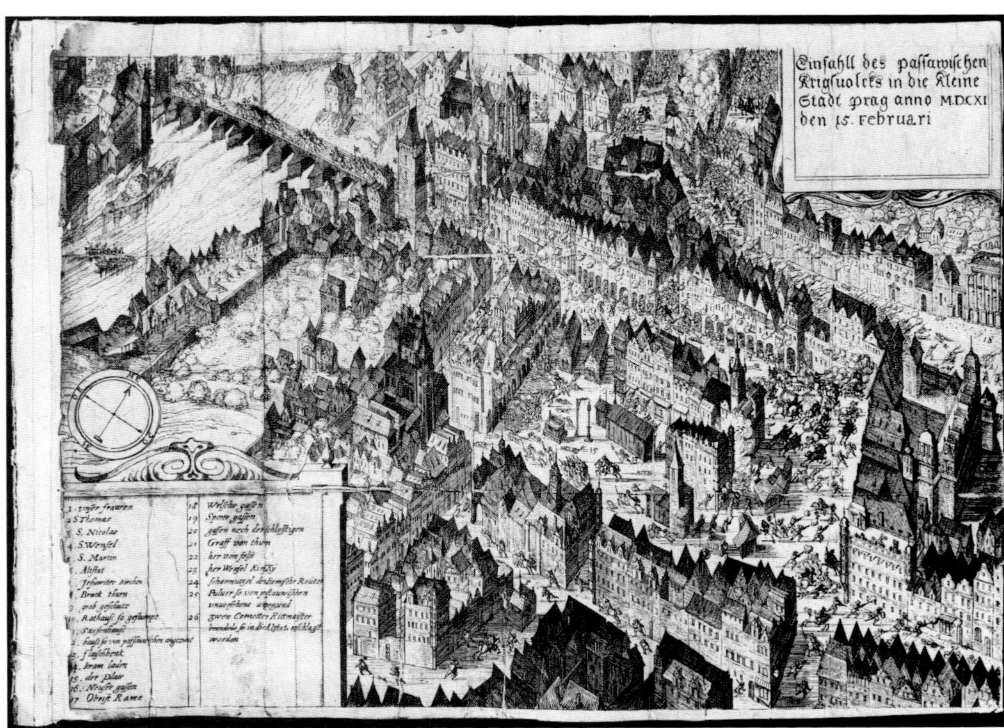

6

7

Der Türkenkrieg Kaiser Rudolfs II. 1593–1606

Herbert Haupt

Die kühne Attacke des steirischen Adeligen Rupprecht von Eggenberg sprengte am 22. Juni 1593 den Belagerungsring, den ein türkisches Heer um die kaiserliche Festung Sissek (Sisak) in Kroatien gelegt hatte. Die Türken wurden vernichtend geschlagen, ihr Heerführer Hassan, der Pascha von Bosnien, kam bei den Kämpfen ums Leben. Der spektakuläre und von der kaiserlichen Propaganda im Überschwang gefeierte Sieg hatte den ›Absagebrief‹ Sultan Murads III. (1574–1595) zur Folge. Der ›Absagebrief‹ kam einer Kriegserklärung gleich, wobei zu bedenken ist, daß eine solche in Ermangelung eines offiziellen Friedens zwischen Konstantinopel und dem Kaiserhof de facto nicht vonnöten war. Die mit dem Namen Sultan Süleimans des Prächtigen (1520–1566) verbundene Epoche der osmanischen Expansion hatte 1541 zu einer Dreiteilung des Königreichs Ungarn geführt. Im Osten des Landes und in Siebenbürgen regierten heimische Fürsten, die dem Namen nach unabhängig, in Wirklichkeit aber Vasallenstaaten des Osmanischen Reiches waren. Mittelungarn war eine türkische Provinz mit dem Zentrum in Ofen (Buda), wo ein Pascha mit drei Roßschweifen als Zeichen höchster Machtbefugnis residierte. Nur ein kleiner Teil West- und Nordungarns war habsburgisch geblieben. Der 1547 vereinbarte, zunächst auf fünf Jahre gültige Waffenstillstand verpflichtete den Kaiser zur Leistung eines jährlichen Tributs in Höhe von 30000 Dukaten an den Sultan. Diese Waffenruhe wurde auf der Grundlage des jeweiligen *status quo* und der Beibehaltung des kaiserlichen ›Ehrengeschenks‹ in der 2. Hälfte des 16. Jahrhunderts mehrmals erneuert, zuletzt im Jahre 1592. Dies darf aber nicht darüber hinwegtäuschen, daß kleinere Gefechte mit einer Truppenstärke bis zu 5000 Mann zwischen den türkischen und den kaiserlichen Grenzsoldaten zum traurigen Alltag gehörten. Die treibende Kraft für die seit 1592 bemerkbare neue Offensive der Osmanen war der durch die Eroberung Goletas berühmt gewordene türkische Großwesir Sinan Pascha. Alles in allem ist der Ausbruch des sogenannten ›langen‹ Türkenkrieges aber doch einer Überreaktion Konstantinopels zuzuschreiben, für die der 1590 zu Ende gegangene Krieg des Osmanischen Reiches gegen Persien mitverantwortlich gewesen sein wird. Gefechte, ja regelrechte Feldschlachten hatte es im ›Friedenskrieg‹ auch schon früher gegeben, ohne daß sie eine offizielle Kriegserklärung nach sich gezogen hätten.

Im Türkenkrieg Kaiser Rudolfs II. können rückblickend zwei Phasen unterschieden werden. Die Jahre 1593–1600 markieren den durch militärische Offensiven auf beiden Seiten gekennzeichneten ersten Abschnitt. Waren bereits in dieser Zeit die Verschleißerscheinungen beider Heere unverkennbar, so entwickelte sich der zweite Abschnitt des Krieges von etwa 1601 bis 1606 zu einer Folge kleinerer Gefechte, ohne eigentlichen Sieger. Dies soll die Grausamkeit der Kriegshandlungen und die Nöte der Land- und Dorfbevölkerung auf dem flachen Lande nicht verharmlosen. Die Probleme, mit denen beide kriegsführenden Großmächte im Inneren wie im Äußeren zu kämpfen hatten, brachten es aber mit sich, daß man militärische Entscheidungsschlachten vermied und das Gesicht durch Erfolge an Nebenfronten zu wahren trachtete.

Gründe, die für den immer mehr abflauenden Kriegsverlauf mitverantwortlich waren, waren auf kaiserlicher Seite die langen Nachschubwege, Verzögerungen in der Auszahlung des Soldes sowie die disparate Zusammensetzung des Reichsheeres, das aus deutschen, italienischen und französischen Hilfstruppen bestand, deren Zusammenhalt zu wünschen übrig ließ. Zudem wurde die von Papst Clemens VIII. und den Reichsständen gewährte finanzielle Unterstützung des kaiserlichen Heeres um die Jahrhundertwende immer geringer. Naturgemäß trug auch der offene Konflikt Kaiser Rudolfs II. mit seinem Bruder, Erzherzog Matthias, zur Verunsicherung und zu Spannungen innerhalb der Reichstruppen bei. In Konstantinopel verursachte der Tod Sultan Murads III. 1595 eine ernste innenpolitische Krise, die sein entscheidungsschwacher Sohn Mehmed III. (1595–1603) nur mit Mühe zu meistern verstand. Sowohl ihm als auch seinem Nachfolger, Sultan Ahmed I. (1603–1617), war zudem in Schah Abbas I., dem Großen (1587–1629) von Persien, ein Gegner erwachsen, dessen expansive Politik die Ostflanke des Osmanenreiches ständig bedrohte. Die militärischen Ereignisse des Krieges sind rasch aufgezählt. Nach dem Erfolg der Kaiserlichen bei Sissek (Sisak) im Juni 1593 mußten die Reichstruppen im Herbst des gleichen Jahres kleinere Rückschläge hinnehmen. Das herausragende

Ereignis des Jahres 1594 war die Eroberung der Festung Raab (Györ) durch die Türken unter der Führung des Großwesirs Sinan Pascha und des Tartaren-Khans Ghasi Girasi. Die vom Italiener Nicolao Perlin errichtete neue Befestigungsanlage wurde nach 20tägiger Belagerung von deren Kommandanten Ferdinand Graf Hardegg der türkischen Übermacht ausgeliefert. Hardegg und Perlin, denen man Verrat vorwarf, wurden auf Befehl Kaiser Rudolfs II. in Wien zum Tode verurteilt und als abschreckendes Beispiel öffentlich hingerichtet. Dem Verlust Raabs standen der Gewinn Siebenbürgens und der beiden Donaufürstentümer Moldau und Walachei als kaiserliche Verbündete gegenüber. 1595 besetzte ein kaiserliches Heer die Festungen Gran (Esztergom) und Visegrad (Plintenburg). Die Moldau ging durch das direkte Eingreifen polnischer Truppen in das Kriegsgeschehen zwar wieder verloren, doch dafür konnten die Türken aus der Walachei und aus Siebenbürgen vertrieben werden. Die Schlacht bei Meszökeresztes bei Erlau im Jahre 1596 war die größte offene Feldschlacht des gesamten Türkenkrieges. Sie endete mit einem Sieg der Osmanen, die Eger eroberten, zeigte aber durch die schweren Verluste an Menschen und Kriegsmaterial die enggesteckten Grenzen beider kriegsführenden Mächte. Nach einem Jahr ohne nennenswerte militärische Geschehnisse konnten die Kaiserlichen nach der erfolglosen Belagerung Ofens (Buda) mit der Wiedereroberung Raabs (Györ) durch die Feldherren Adolph von Schwarzenberg und Nikolaus Pálffy im Jahre 1598 einen Erfolg erringen, der von der kaiserlichen Propaganda als entscheidender Sieg der Christenheit über den türkischen Erzfeind gepriesen wurde. Aus Anlaß der Eroberung Raabs wurden Medaillen geprägt, in Prag entstanden die allegorischen Zeichnungen und Gemälde Hans von Aachens, die Kaiser Rudolf II. als ruhmreichen Türkensieger verherrlichten. Steinerne Zeugen des Triumphs waren die allenthalben aufgestellten sogenannten ›Raaber Kreuze‹ mit der vom Kaiser einheitlich vorgeschriebenen Aufschrift: SAG GOTT DEM HERRN LOB UND DANK DASS RAAB WIEDER KOMMEN IN DER CHRISTEN HAND DEN . MARCI .

Die folgenden Jahre verbrachte das kaiserliche Heer eher im Kampf mit den aufständischen Ständen Siebenbürgens als gegen die Türken. Die Offensive eines großen türkischen Heeres unter der Leitung des Großwesirs Ibrahim Pascha führte 1600 zur Eroberung der für den Schutz des Murtales wichtigen Grenzfestung Kanischa (Nagykanisza). Den Kommandanten Georg Paradeiser, einem protestantischen steirischen Adeligen, der die von nur knapp 600 Mann gehaltene Festung dem Feind übergeben hatte, ereilte das gleiche Schicksal wie den Grafen Hardegg: Auch er wurde von einem Militärgericht des Verrates für schuldig erkannt und in Wien öffentlich hingerichtet. Da die Türken ihren Vorteil aber nicht zu nützen verstanden, blieb auch die Eroberung Kanischas nur eine der vielen Episoden im langen Türkenkrieg. 1601 und 1602 wechselte Stuhlweißenburg (Szekesfehérvár) zweimal den Besitzer, einen wirklichen Sieger gab es aber nicht. Durch den Aufstand im habsburgischen Ungarn und durch die Erfolge der Osmanen in Siebenbürgen besserte sich die Lage des türkischen Heeres ab 1604 merklich, ohne daß die Türken aber daraus hätten entscheidendes militärisches Kapital schlagen können. Immerhin besetzten türkische Truppen in der Offensive im Herbst des Jahres 1605 mehrere kaiserliche Festungen, unter ihnen Gran (Esztergom) und Neuhäusel (Erseknjvar). Unter starkem äußeren Druck hatte Kaiser Rudolf II. im April 1605 seinem Bruder Erzherzog Matthias die militärische Führung im Türkenkrieg übertragen. Die von Matthias signalisierte Verhandlungsbereitschaft wurde von Sultan Ahmed I. erwidert, so daß nach Abschluß des sogenannten Wiener Friedens vom 23. Juni 1606 mit Stephan Bocskay, der als selbständiger Fürst von Siebenbürgen anerkannt wurde, am 11. November 1606 der Friedensvertrag von Zsitvatorok ratifiziert werden konnte. Der gegen den Willen Kaiser Rudolfs II. ausgehandelte Frieden sah weder einen Sieger noch einen Verlierer. Er nahm den gegenwärtigen Besitzstand als Grundlage und kann im Rückblick doch als Erfolg der von Erzherzog Matthias geführten Verhandlungen gedeutet werden. Immerhin wurde der Kaiser im Waffenstillstand von Zsitvatorok erstmals als gleichberechtigter Herrscher neben dem Sultan anerkannt. Der bisher jährlich zu leistende Tribut wurde durch ein einmaliges Ehrengeschenk ein für allemal abgelöst. Gebietsveränderungen gab es nur wenige: Der Kaiser verlor Gran und Kanischa, das wichtige Neograder Komitat, Waitzen (Nacz) und Fülek blieben aber erhalten.

Der Vertrag von Zsitvatorok von 1606 leitete eine neue Epoche in den kaiserlich-osmanischen Beziehungen ein. Die türkische Expansion des 16. Jahrhunderts war an ihrem Ende angelangt. Es folgte eine bis 1683 dauernde Ära der Stagnation und des Gleichgewichts der beiden Großmächte, die ihren sichtbaren Ausdruck in dem 1627 von Kaiser Ferdinand II. geschlossenen 25jährigen Frieden mit dem türkischen Sultan fand.

Literatur (Auswahl):

Alfred Loebl, Zur Geschichte des Türkenkriegs von 1593–1606. 2 Bde. (= Prager Studien auf dem Gebiet der Geschichtswissenschaften 6 und 10, Prag 1899–1904).

Walter Leitsch, Rudolph II. und Südosteuropa 1593–1606. In: East European Quarterly 6 (1974), 301–320.

8 Rolle mit der Darstellung der Verleihung des Goldenen Vlieses in Prag und Landshut, 1585 *Ft. 2, S. 114*

Papier auf Leinwand, 13 kolorierte Federzeichnungen; 30,5/31,2 × 59,8 cm
Ausstellungen: Brüssel 1987, Nr. 41
Literatur: DaCosta-Kaufmann 1976, S. 26ff.; Vocelka 1985, S. 84f.

Als Herzog Philipp der Gute von Burgund am 10. Januar 1429 den Orden vom Goldenen Vlies (Ordre de la toison d'or) am Tage seiner dritten Vermählung mit Isabella von Portugal zu Ehren der Jungfrau Maria und des Apostels Andreas, des Schutzpatrons von Burgund, stiftete, waren neben religiösen auch politische Erwägungen ausschlaggebend. An der Spitze des Ordens, der auch als Symbol für die staatliche Einheit Burgunds gedacht war, stand der Herzog. Sollte das Haus Burgund im Mannesstamme erlöschen, was durch den Tod Herzog Karls des Kühnen 1477 in der Schlacht bei Nancy tatsächlich eintrat, war die Erbtochter als Souverän des Ordens vorgesehen. Mit Maria von Burgund, der Tochter Herzog Karls des Kühnen und ersten Gattin des Erzherzogs und späteren Kaisers Maximilian I., kam die Großmeisterwürde an das Haus Habsburg. Nach der Thronentsagung Kaiser Karls V. im Jahre 1555 blieb die spanisch-niederländische Linie des Hauses Habsburg im Besitz des Ordens. Die Investitur der Ordensritter, deren Zahl statutengemäß zunächst auf 31 festgesetzt, 1516 aber auf 52 erhöht worden war, erfolgte in einer feierlichen Zeremonie, die sich bis 1559 ausschließlich im Rahmen des Ordenskapitels vollzog. 1560 wurde die Ordenscollane als Zeichen der Ritterwürde erstmals vom Ordenssouverän allein verliehen. König Philipp II. legte für die Aufnahme in den Orden vom Goldenen Vlies so hohe Maßstäbe an, daß er in den Jahren 1560–1583 nur insgesamt acht neue Ordensritter ernannte und investierte. Dadurch und aufgrund zahlreicher Todesfälle hatte sich die Mitgliederzahl nicht nur in *toto* stark reduziert, sondern als einziger Habsburger gehörte neben dem Ordenssouverän König Philipp II. nur noch Erzherzog Ferdinand II. von Tirol dem Orden vom Goldenen Vlies an. Um diese für den Bestand der zum angesehensten habsburgischen ›Hausorden‹ gewordenen Auszeichnung gefährliche Situation zu beseitigen, ernannte König Philipp II. 1585 seinen Neffen, Kaiser Rudolf II., die Erherzöge Karl und Ernst sowie den Burggrafen Wilhelm von Rosenberg (1535–1592), Leonhard Freiherrn von Harrach (1514–1590) und Herzog Wilhelm V. von Bayern zu neuen Ordensrittern. Als seinen Vertreter bei der feierlichen Zeremonie der Investitur bestimmte König Philipp Erzherzog Ferdinand II. von Tirol, der am 11. Juni 1585 in Prag eintraf. In seinem Gefolge befand sich auch der erzherzogliche Sekretär Paul Zehendtner von Zehendtgrub, der die Geschichte der Feierlichkeiten auf Wunsch Erzherzog Ferdinands niederschrieb und, ausgestattet mit eingeklebten aquarellierten Zeichnungen, im September 1585 in Druck gehen ließ. Die ausgestellte Rolle zeigt in chronologischer Reihenfolge den Ablauf der in Prag und eine Woche später in Landshut abgehaltenen Zeremonie. Gleichsam in Form eines Bildberichts wurden 13 kolorierte Federzeichnungen in die dafür vorgesehenen, blau umrandeten Felder eingeklebt. Unter jedem Bild steht eine drei- bis achtzeilige Legende in deutscher Sprache, die in Versen abgefaßt und von allegorischen Darstellungen der Elemente (Terra, Aer, Ignis, Aqua) und der Kardinaltugenden (Fortitudo, Iustitia, Caritas, Patientia) unterbrochen ist. Auf den Bildern sind in Goldschrift die Namen der wichtigsten dargestellten Personen zu lesen. Ein zweites, als Buch gebundenes Exemplar dieser Bildfolge ist in der Österreichischen Nationalbibliothek (Cod. 7906) aufbewahrt. Die ersten zehn Bilder zeigen die Festlichkeiten in Prag, die Bilder elf bis dreizehn jene in Landshut. In chronologischer Abfolge sind dargestellt: Bild 1: Der Ritterschlag (›Das Ritterschlagen‹); Bild 2: Der kaiserliche Kirchgang (›Der Kirchen Gang‹); Bild 3: Das Gebet (›Das Gebet‹); Bild 4: Der Vortrag (›Der Fürtrag‹); Bild 5: Der Eid (›Das Iurament‹); Bild 6: Die Verleihung des Vlieses (›Die Überantwortung des Flüß‹); Bild 7: Die heilige Messe (›Das Opffer‹); Bild 8: Das kaiserliche Bankett (›Das Kayserliche Banquet‹); Bild 9: Der Gang aus der Kirche (›Der Gang von Kirchen‹); Bild 10: Das Festschießen (›Erzherzogs Ferdinands Schiessen‹); Bild 11: Der bayrische Kirchgang (›Der Bayrisch Khirchengang‹); Bild 12: Das Fest in der Kirche (›Der Bayrisch Khirchen ornat‹); Bild 13: Das bayrische Feuerwerk (›Das Bayrisch Feurwerckh‹).

H. H.

Wien, Kunsthistorisches Museum, Sammlung für Kunst und Kunstgewerbe, Inv. Nr. 5348

9

LUCAS KILIAN
Augsburg 1579 – Augsburg 1637

9 Porträt des kaiserlichen Feldherrn Michael Adolph Graf Althan

Kupferstich nach einem Gemälde des Hans von Aachen aus dem ›Atrium Heroicum‹;
20,2 × 10,4 cm
Verlag des Dominicus Custos
Bezeichnet unten links: L[ucas] K[ilian] F[escit], unten rechts: S[UAE] C[AESAREAE] M[AIESTATIS] PICTOR/ 10 [annes] AB ACH PINXI [t]
Widmung des Dominicus Custos unten links: EFFIGIES ILLVSTRIS ET GEN[EROSI] D[OMINI] D[OMINI] ADOLPHI AB ALTHAN LIB[ER] BAR[O] IN MVRSTETTEN ET GOLTBVRG etc., SAC[RAE] CAES[AREAE] M[AIESTA] TIS etc. ET PEDITATVS AVSTRIACI CAPITANEI SVPREMI (= Bildnis des hochgeborenen und edlen Herrn, Herrn Adolph von Althan, Freiherr zu Murstetten und Goldburg etc., der heiligen kaiserlichen Majestät etc. und des österreichischen Fußvolks oberster Befehlshaber)
Die sechszeilige, als Distichon verfaßte lateinische Unterschrift ›Te laudata ... illud, agent‹ verweist auf die militärischen Erfolge des Dargestellten im Türkenkrieg
Literatur: Hollstein 17. Ziljma 1976, Nr. 124; Peltzer 1911/12, Abb. 43

Michael Adolph Graf Althan, Freiherr auf Murstetten und Goldburg, wurde 1574 als Sohn des Freiherrn Christoph von Althan und der Freiin Elisabeth von Teufel geboren. Im protestantischen Glauben erzogen, konvertierte Althan 1598 zum Katholizismus. Er erwarb sich als kaiserlicher Feldherr im Türkenkrieg Kaiser Rudolfs II. vor allem durch die Mitwirkung bei der Eroberung der Grenzfeste Gran (Esztergom) 1604 großen Ruhm, deren Kommandant er später war. 1607 wurde Althan kaiserlicher Generalfeldmarschall und Oberbefehlshaber des von Erzherzog Leopold, Bischof von Passau und Straßburg, angeworbenen Kriegsvolks, der gefürchteten ›Passauer‹. 1608 in den erblichen Reichsgrafenstand erhoben, erlangte Althan die Kämmererwürde und wurde kaiserlicher Hofkriegsrat. Graf Althan übernahm auch mehrmals wichtige diplomatische Missionen, so 1615 und 1625, als er als bevollmächtigter kaiserlicher Kommissar die Friedensverhandlungen mit der Hohen Pforte und Fürst Bethlen Gabor von Siebenbürgen zum Abschluß brachte. Als überzeugter Förderer der katholischen Religion stiftete Althan 1619 den Ritterorden ›Sacrae militiae Christianae‹, der in den 20er Jahren des 17. Jahrhunderts in Polen und Ungarn weit verbreitet war, um 1680 aber erlosch. H. H.

Prag, Nationalgalerie, Inv. Nr. R-54.889

LUCAS KILIAN
Augsburg 1579 – Augsburg 1637

10 Porträtmedaillon des kaiserlichen Feldherrn Georg Graf Basta

Kupferstich nach einem Gemälde des Hans von Aachen aus dem ›Atrium Heroicum‹;
18,1 × 12,3 cm
Verlag des Dominicus Custos
Bezeichnet unten rechts: S[uae] C[aesareae] M[aiestatis] Pictor / Ioan[nes] ab Ach pinx[it]
Widmung des Dominicus Custos unten links;
Aufschrift: GEORGIVS BASTA D[OMI]N[U]S IN SVLT, EQVES AVRAT[US], SAC[RAE] CAES[AREAE] MA[IEST] ATis AC CATHOLICI REGIS HISPANIAE CONSIL[IARIUS] BELLICVS NEC NON PARTIVM REGNI HVNG[ARIAE] SVPERIORIS GENERAL [IS] PROCAPITAN[EUS] (= Georg Basta, Herr in Sult, Ritter des Ordens vom goldenen Sporn, der heiligen kaiserlichen Majestät und des katholischen Königs von Spanien Kriegsrat sowie Generalleutnant der Provinzen im Königreich Oberungarn)

10

Die sechszeilige, als Distichon verfaßte lateinische Unterschrift ›Pugnando ob ... materiemque tuae‹ verweist auf die Erfolge des General Basta im Türkenkrieg und auf den von ihm beim Feind verbreiteten Schrecken
Literatur: Peltzer 1911/12, Abb. 42; Vocelka 1985, S. 79

Georg Graf Basta (1550–1606 oder 1612?) entstammte einer aus dem Epirus nach Süditalien (La Rocca bei Tarent) ausgewanderten, verarmten albanischen adeligen Familie. Im Heer Alessandro Farneses begann Basta seine militärische Laufbahn in den Niederlanden, wo er dank seines Geschicks vom einfachen Trommler zum Generalkriegskommissar avancierte. 1598/99 trat Basta in den Dienst Kaiser Rudolfs II., als dessen Feldherr er die blutigen Ereignisse der nächsten Jahre in Siebenbürgen und Ungarn entscheidend mitbestimmte. Im wechselhaft geführten Kampf mit dem siebenbürgischen Fürsten Sigismund Báthory behielt Basta schließlich 1602 die Oberhand. Die sprichwörtlich gewordene Grausamkeit seiner Soldaten war wohl ein Mitgrund dafür, daß der Adel Siebenbürgens nach dem Abzug Bastas 1603 Stephan Bocskay zum neuen Fürsten des Landes ausrief. Bastas Versuche, Siebenbürgen neuerlich zu unterwerfen, scheiterten. Als Oberbefehlshaber der kaiserlichen Truppen in Ungarn mußte Basta trotz großer Teilerfolge in

11

den Jahren 1604/05 schließlich doch der türkischen Übermacht weichen. Graf Basta war ohne Zweifel einer der begabtesten und auch erfolgreichsten Feldherrn der Zeit, trübte seinen Nachruf aber durch seine allzugroße Nachsichtigkeit gegenüber den Greueltaten seiner Heere. H. H.

Prag, Nationalgalerie, Inv. Nr. R-90.390

AEGIDIUS SADELER DER JÜNGERE
Antwerpen 1570 – Prag 1629

11 Porträt des Sigismund Báthory, Fürst von Siebenbürgen
1607

Kupferstich; 32,3 × 12,5 cm
Bezeichnet am Sockel unten rechts: Eg[idius] Sadeler fecit; datiert in der Widmung Sadelers am unteren Bildrand: Serenissimo Principi ... Egidius Sadeler dedicat 1607
Aufschrift: SERENISSIMUS SIGISMUNDUS BATHORI TRANSULVANIAE etc. PRINCEPS etc. (= Durchlauchtigster Sigismund Bathory, Fürst von Siebenbürgen etc.); am Fuße des Medaillons in einer Kartusche der Wahlspruch des Dargestellten: ›scio cui credidi‹ (= ich weiß, wem ich geglaubt habe)

Die sechszeilige, als Distichon verfaßte lateinische Inschrift ›Magnus es ... loquetur Honos‹ nimmt ebenso wie die allegorischen Figuren der Victoria und Fortuna und der kaiserliche Adler Bezug auf die Siege des Fürsten über die Türken und auf den Verzicht seiner Herrschaft zugunsten des Kaiserhauses, die ihm einen Platz unter den erhabensten Herrschern seiner Zeit sicherten

Literatur: Hollstein 21. De Hoop Scheffer 1980, Nr. 274

Der mit der Collane und dem Zeichen des Ordens vom Goldenen Vlies dargestellten Sigismund Báthory wurde 1572 als Sohn des Fürsten Christian Báthory und seiner Gemahlin Elisabeth geboren. 1581, nach dem Tode des Vaters als Thronerbe anerkannt, übernahm Sigismund Báthory 1588 selbständig die Regentschaft in Siebenbürgen. In dem 1593 ausgebrochenen Türkenkrieg stellte er sich zunächst auf die Seite Kaiser Rudolfs II. Diese Entscheidung brachte Báthory in Konflikt mit den Türken, die Siebenbürgen gleichsam als eigenen Vorposten ansahen. Kaiser Rudolf II. versuchte in der Folge, Sigismund Báthory näher an sich zu binden. Dazu diente auch der 1595 in Prag abgeschlossene Vertrag, in dem Báthory die Anerkennung Siebenbürgens als freies Fürstentum erreichte, andererseits aber die Oberhoheit des Königs von Ungarn über sein Land sowie dessen Erbrecht anerkannte, was angesichts der Vermählung Báthorys mit Erzherzogin Maria Christierna, einer Tochter Erzherzog Karls von Innerösterreich, an Bedeutung gewann. Mißerfolge im Türkenkrieg machten Sigismund Báthory geneigt, die Regentschaft überhaupt an den Kaiser abzutreten. Tatsächlich vertauschte Báthory 1598 Siebenbürgen gegen Abtretung der beiden schlesischen Herzogtümer Oppeln und Ratibor. Neuerliche Unruhen riefen Sigismund Báthory aber noch im gleichen Jahr nach Siebenbürgen zurück. Die hier entflammten Kämpfe, in die auf Báthorys Seite auch sein Oheim, der Kardinal Andreas Báthory, sowie Michael Viteasul, der Woiwode der Walachei, eingegriffen hatten, endeten 1601 mit der Niederlage Sigismund Báthorys gegen die vom kaiserlichen Feldherrn Georg Basta geführten Truppen bei Gorossló. Nach dem erzwungenen Waffenstillstand trat Báthory Siebenbürgen 1602 endgültig an den Kaiser ab, der das Land zunächst Georg von Basta unterstellte. Sigismund Báthory erhielt von Rudolf II. statt der beiden schlesischen Herzogtümer nun die böhmische Herrschaft Libochowitz (Libochovice) als Ruhesitz zugewiesen, wo Báthory 1612 starb. H. H.

Prag, Nationalgalerie, Inv. Nr. R-155.115/R-16.972

12

AEGIDIUS SADELER DER JÜNGERE
Antwerpen 1570 – Prag 1629

12 **Porträt des kaiserlichen Leibarztes Anselmus Boetius de Boodt**

Kupferstich; 22,1 × 11,9 cm
Bezeichnet in der lateinischen Widmung: HANC EFFIGIEM ... SCVLPSIT ET DEDICAVIT AEGIDIVS SADELER S[UAE] C[AESAREAE] M[AIESTATIS] SCVLPTOR.
Aufschrift: ANSELMVS BOETIVS DE BOODT BRVGENSIS BELGA I.V.L. RVDOLPHI II. ROMAN[ORUM] IMPERATORIS CVBICVLARIVS MEDICVS (= Anselmus Boetius de Boodt, Belgier aus Brügge, des römischen Kaisers Rudolf II. Leibarzt); seitlich die Wappen der Herrschaften Boodt, Hond, Nieulandt, Ghiseghem, Voet, Patvoorde, Cevoli und Witte; am Fuße des Medaillons der Wahlspruch SVMES STABILE VNO (= Festigkeit wirst Du nur durch eines allein erlangen); oben im ovalen Feld die Devise: OBSTANDO DELEMVS (= Indem wir widerstehen, beseitigen wir es, sc. das Unheil); beide Sinnsprüche sind in der zweizeiligen Titelinschrift: OBSTANDO, SORTIS ... SVMES STABILE VNO zusammengefaßt

Literatur: Hollstein 21. De Hoop Scheffer 1980, Nr. 278; Trunz 1986, Abb. 9

Der um 1550 in Brügge geborene Anselmus de Boodt lebte nach den Studien der Jurisprudenz und der Medizin seit 1583 in Böhmen. Er war zunächst für Wilhelm von Rosenberg tätig; 1604 wurde de Boodt Leibarzt Kaiser Rudolfs in Prag. Sein 1609 erschienenes Buch ›Gemmarum et lapidum historia‹ ist der erste wissenschaftlich zu nennende Versuch einer systematischen Mineralogie. Die etwa 600 darin beschriebenen und klassifizierten Gesteine hatte de Boodt größtenteils in der Sammlung Kaiser Rudolfs II. in natura betrachtet. De Boodts Buch bietet gleichsam den Schlüssel zum Verständnis für die Begeisterung und die Vorliebe, die der Kaiser der Glyptik entgegenbrachte, sah er doch in den Kristallen nicht allein die göttliche ›Ordnung‹ im Kosmos, sondern gleichsam einen Widerschein der Gottheit selbst. De Boodt korrigierte zwar die alte Lehre von den geheimnisvollen Kräften (vires et facultates) der Edelsteine in manchen Details, lehnte sie aber nicht prinzipiell ab, sondern versuchte, die angebliche Wirkung der einzelnen Edelsteine zu verifizieren. De Boodt besaß auch botanische Interessen und hat 1603 den dritten Teil der berühmten ›Symbola divina et humana‹ herausgegeben. Der Gelehrte kehrte nach dem Tode Kaiser Rudolfs 1612 in seine Heimat zurück, wo er 1632 hochbetagt in Brügge starb. H. H.

Prag, Nationalgalerie, Inv. Nr. R-7339

JACOB DE GHEYN
Antwerpen 1565 – Den Haag 1629

13 **Porträt des Astronomen Tycho Brahe,** der aus einem mit den Wappen der Herrschaften Gueldenstern, Kabbeler, Axelsønner (zweimal), Rosenkrans, Longer (zweimal), Braher, Biller, Ulfstander, Hønner, Rosenspar und Belker geschmückten rundbogigen Fenster blickt
1586

Kupferstich; 18,7 × 13,6 cm
Bezeichnet am unteren Bildrand: I[acobus] D[e] Gheyn Fe[cit]; datiert in der Sockelinschrift: 1586
Am Sockel die Inschrift: EFFIGIES TYCHONIS BRAHE OTTONIDIS DANI D[OMI]NI DE KNVDSTRVP ET ARCIS VRANIENBVRG IN INSVLA HELLISPONTI DANICI HVAENA, FVNDATORIS MACHINARVMQUE ASTRONOMICARVM IN EA-

13

DEM DISPOSITARVM INVENTORIS ET STRVCTORIS AETATIS SVAE ANNO 40. ANNO D [OMI] NI. 1586 COMPL [ETAE] (= Bildnis des Dänen Tycho, Sohn des Otto Brahe, Herrn auf Knudstrup, des Gründers der Feste Uranienburg auf der Insel Ven im dänischen Hellespont, sc. Sund, und des Erfinders und Erbauers der dort aufgestellten astronomischen Geräte, die, sc. die Sternwarte Uranienborg, in seinem 40. Lebensjahr im Jahre 1586 fertiggestellt worden ist); neben der Inschrift die Devise: NON HABERI SED ESSE (= Nicht scheinen, sondern sein)
Literatur: J. L. E. Dreyer, Tycho Brahe, Edinburgh 1890; I. von Hauser, Tycho Brahe und Johann Kepler in Prag, eine Studie, Prag 1872

Der 1546 im dänischen Knudstrup auf Schonen geborene Tycho Brahe beschäftigte sich von Jugend an zunächst geheim, dann offen mit der Astronomie. Seit der 1572 durch ihn gemachten Entdeckung eines neuen Sterns, der Nova Cassiopeia, erfreute sich Brahe allgemeiner Anerkennung in Gelehrtenkreisen. Die Errichtung der Sternwarte ›Uranienborg‹ 1576, auf der ihm vom dänischen König Friedrich II. geschenkten Insel Ven im Sund bedeutete einen weiteren Höhepunkt in Brahes wissenschaftlichem Schaffen. Hier widmete sich Brahe bis zum Tod Friedrichs II. 1588 im Kreise seiner Schüler und Gehilfen der astronomischen Forschung. 1597 verließ der Gelehrte Dänemark und trat nach einem 2jährigen Aufenthalt beim Grafen Rantzau als kaiserlicher Astronom in

14

den Dienst Rudolfs II. Brahe gründete die Prager Sternwarte und sammelte in den letzten zwei ihm noch verbliebenen Lebensjahren wieder zahlreiche Gelehrte und Freunde um sich, unter ihnen Christian Ljöngberg (Longomontanus) und Johannes Kepler, der später Brahes Nachfolger in Prag wurde. Tycho Brahe, der Kaiser Rudolf das Horoskop stellte, war einer der bedeutendsten beobachtenden Astronomen *vor* der Erfindung des Fernrohres und schuf durch seine Beobachtungen die Voraussetzungen für Keplers grundlegende Arbeiten über die Planetenbahnen. Brahe starb 1601 in Prag. Die Leichenrede hielt sein Freund Dr. Jessenius von Jessen, der Leibarzt Kaiser Rudolfs und spätere Rektor der Prager Karlsuniversität. Tycho Brahe trägt im vorliegenden Bildnis den dänischen Elefantenorden. H. H.

Prag, Nationalgalerie, Inv. Nr. R-48.869

AEGIDIUS SADELER DER JÜNGERE
Antwerpen 1570 – Prag 1629

14 Porträt des kaiserlichen Almosengebers Jacobus Chimarrhaeus
1601

Kupferstich; 19,5 × 12, 1 cm
Bezeichnet unten in der Widmung: S[uae] Caes [areae] M[aiesta] tis sculptor Aeg [idius] Sadeler ad viuum delienauit, et D [one] D [edit] Pragae (= Ihrer kaiserlichen Majestät Kupferstecher Aegidius Sadeler hat es, sc. das Bildnis, nach dem Leben gezeichnet und ihm zum Geschenk gegeben, in Prag); datiert am Fuße des Medaillons: M.D.C.I. (= 1601)
Aufschrift: IACOBVS CHIMARRHAEVS S [ANCTAE] R[OMANAE] E[CCLESIAE] PROT[O] = N[OTARIUS] COMES PAL [ATINUS] AP[OSTO]L[IC] VS ET IMP[ERATORIS] EQVES AVRATAE MILITIAE, ELEMOSIINARIVS CAES [ARIS] MAIOR (= Jacobus Chimarrhaeus, der heiligen römischen Kirche Protonotar, Pfalzgraf, apostolischer und kaiserlicher Ritter des Militärordens vom goldenen Sporn, Oberalmosengeber des Kaisers); am Fuße des Medaillons der Wahlspruch: ›Domat Omnia Virtus‹ (= Die Tugend bezähmt alles), darunter die Jahreszahl: M.D.C.I. Die an den Ecken angebrachten Zeichen symbolisieren die Funktionen des Dargestellten am kaiserlichen Hof sowie seine adelige Herkunft
Die vierzeilige, als Distichon verfaßte lateinische Unterschrift: ›Eße locum . . . Caesare, seruitii‹ weist auf die vielfältigen Aufstiegsmöglichkeiten hin, die das Leben am Kaiserhofe bietet und die der von weither gekommene Chimarrhaeus zu seiner Ehre genützt habe
Literatur: Trunz 1986, Abb. 11

Der 1546 in Roermond in der niederländischen Provinz Limburg geborene Chimarrhaeus verband musikalisches Talent und Priestertum in einer Person. Dies befähigte ihn, am Hofe Kaiser Rudolfs II. zwei wichtige Aufgaben zu erfüllen. Als Hofkaplan und Domherr, der im Veitsdom die Messe las, war er zugleich für die musikalische Gestaltung der Liturgie verantwortlich. Zu diesem Zweck hatte ihm der Kaiser die Leitung der Hofkapelle übertragen, der er als Sänger und Violaspieler bereits längere Zeit angehört hatte. Chimarrhaeus erlangte hohe Ehren bei Hofe. Kaiser Rudolf II. machte ihn zum Pfalzgrafen und vertraute ihm das verantwortungsvolle und einflußreiche Amt des kaiserlichen Almosengebers an. Der wissenschaftlich gebildete Chimarrhaeus war auch als Verfasser neulateinischer Gedichte bekannt und gab ein lateinisches Gebetbuch heraus. Von den von den Zeitgenossen gelobten Kompositionen des 1614 in Leitmeritz (Litomerice) gestorbenen Chimarrhaeus scheint keine einzige erhalten geblieben zu sein. H. H.

Prag, Nationalgalerie, Inv. Nr. R-16.971

15

DOMINICUS CUSTOS (?)
Antwerpen 1550/60 – Augsburg 1612

15 Porträt des Staatsmannes Johann Graf Khevenhüller

Kupferstich; 19,7 × 12,2 cm
Aufschrift: IOHAN [NES] KEVENHIL [LER] COM [ES] A FRANCKENB [ERG], BARO A LANDSKRO [N] etc., S [UAE] C [AESAREAE] M[AIESTATIS] CONSIL[IARIUS], CVBICVL [ARIUS] ET APVD CATH [OLICUM] REG [EM] ORATOR (= Johann Khevenhüller, Graf von Frankenberg, Freiherr von Landskron etc., Ihrer kaiserlichen Majestät Rat, Kämmerer und Gesandter beim katholischen König)
Die als zweizeiliges Distichon verfaßte lateinische Unterschrift ›Heic KEVENHILLERI ... Iberque, viri‹ rühmt die erfolgreiche Tätigkeit des Dargestellten als kaiserlicher Botschafter am Hofe König Philipps II. von Spanien
Literatur: B. Czerwenka, Die Khevenhüller. Geschichte eines Geschlechts mit besonderer Berücksichtigung des 17. Jahrhunderts, Wien 1867

Aus einem alten Kärntner Adelsgeschlecht stammend, fand der 1538 geborene Johann Khevenhüller rasch Zugang beim Kaiserhof und stand als Diplomat im Dienste der Kaiser Ferdinand I., Maximilian II. und Rudolf II. Im besonderen war es der spanische Hof, an dem er fast 33 Jahre seines Lebens verbrachte und nach dem Tode Adams von Dietrichstein die Funktion eines kaiserlichen Botschafters ausübte. Von seiner Tätigkeit am Hofe König Philipps II. informiert die umfangreiche Korrespondenz Khevenhüllers, die sieben Bände umfaßt. Als Anerkennung seiner treuen und erfolgreichen Dienste erhielt Johann Khevenhüller 1586 von Kaiser Rudolf II. den Orden vom Goldenen Vlies, was der höchsten kaiserlichen Ehrung gleichkam. 1592 reiste Khevenhüller nach Prag, um das schon jahrelang in Verhandlung stehende Heiratsprojekt Kaiser Rudolfs II. mit der spanischen Infantin Isabella, einer Tochter König Philipps II., endlich zum Abschluß zu bringen, ein Vorhaben, das an der unentschlossenen Haltung Rudolfs schließlich scheitern sollte. Der Kaiser erhob Johann Khevenhüller 1593 in den erblichen Reichsgrafenstand auf der Herrschaft Frankenberg. Khevenhüller starb hochangesehen im Jahre 1606.
H. H.

Prag, Nationalgalerie, Inv. Nr. Clementinum 8.745

16

DOMINICUS CUSTOS (?)
Antwerpen 1550/60 – Augsburg 1612

16 Porträt Erzherzog Maximilians III.
1594

Kupferstich; 14,8 × 11,7 cm
Datiert in der Aufschrift: 1594
Aufschrift: MAXIMILIANVS D[EI] G[RATIA] ELECT[US] POL[ONOIAE] REX, ARCHIDVX AVST[RIAE], DVX BVRG[UNDIAE] COM[ES] TIROL[ENS]IS, ORDINIS TEVT[ONICI] MAGNVS MAGIST[ER]. 1594 (= Maximilian von Gottes Gnaden gewählter König von Polen, Erzherzog von Österreich, Herzog von Burgund, Graf von Tirol, des deutschen Ritterordens Hochmeister); am Fuße des Medaillons die Devise: FATA VIRTVTE SEQVEMVR. (= Wir werden dem Schicksal in Tugend folgen)
Literatur: J. Hirn, Erzherzog Maximilian, der Deutschmeister. 2 Bde. Innsbruck 1915–1936

Im Jahre 1558 als drittältester Sohn Kaiser Maximilians II. und der spanischen Infantin Maria geboren, legte Maximilian 1585 die Gelübde des deutschen Ritterordens ab, dessen Hochmeister er 1590 wurde. Erzherzog Maximilian, ein Bruder Kaiser Rudolfs II., wurde 1587 von einem Teil des polnischen Adels als Gegenkandidat des schwedischen Thronprätendenten Sigismund zum König von Polen gewählt, unterlag seinem Gegner jedoch in offener Schlacht, geriet in Gefangenschaft und mußte endgültig auf den polnischen Thron verzichten. Nachdem Erzherzog Maximilian III. 1593 die Regierung in Innerösterreich von seinem Bruder Erzherzog Ernst übernommen hatte, wurde ihm nach dem Tode Erzherzog Ferdinands II. 1595 die Verwaltung Tirols und der habsburgischen Vorlande übertragen, deren Landesfürst Maximilian 1612 wurde. Von politischer Bedeutung war die Gegnerschaft des Erzherzogs zu Kardinal Khlesel, die schließlich zu dessen Entmachtung führte, sowie die Rolle, die Maximilian bei der Nachfolgeregelung und der Erhaltung der Kaiserwürde für das Haus Habsburg spielte. Erzherzog Maximilian III. besaß ein ausgeprägtes wissenschaftliches, vor allem historisch-antiquarisches Interesse, das sich unter anderem in der geplanten Ausgrabungstätigkeit in Carnuntum, aber auch in der Erhaltung und Restaurierung mittelalterlicher Baudenkmäler ausdrückte.
H. H.

Prag, Nationalgalerie, Inv. Nr. DR-1.504

17

LUCAS KILIAN
Augsburg 1579 – Augsburg 1637

17 Porträt des Herzogs Heinrich Julius von Braunschweig

Kupferstich nach einem Gemälde des Hans von Aachen; 19,7 × 12,2 cm
Bezeichnet in der Zeile unter dem Medaillon: S [uae] C[aesareae] M[aiestatis] pict[or] Ioa [nnes] ab Ach ad viun(m) depinxit (= Ihrer kaiserlichen Majestät Maler Hans von Aachen hat es, sc. das Bildnis, nach dem Leben gemalt) und unten rechts: Lucas Kilia(n) Aug [ustaneus] F[ecit] (= Lukas Kilian aus Augsburg hat es verfertigt)
Aufschrift: HENRICVS IVLIVS D [EI] G [RATIA] POSTVLAT [US] EPISCOPVS HALBERSTADENS [IS], DVX BRVNSVICE(N)S [IS] et LVNEBVRGENSIS (= Heinrich Julius von Gottes Gnaden postulierter Bischof von Halberstadt, Herzog von Braunschweig und Lüneburg); am Sockel die Devise: PRO PATRIA CONSVMOR (= Die Liebe zum Vaterland verzehrt mich)
Literatur: A. H. J. Knight, Heinrich Julius, Duke of Brunswick, Oxford 1948

Heinrich Julius Herzog von Braunschweig (1564–1613) galt neben Moritz von Hessen als der Gelehrte unter den deutschen Fürsten. Der Herzog entdeckt schon früh seine Liebe zur Wissenschaft und wurde noch in jungen Jahren erster Rektor der neugegründeten lutheranischen Universität zu Helmstedt, wenig später auch postulierter Bischof von Halberstadt. 1587 übernahm Herzog Heinrich Julius die Regentschaft in Braunschweig und machte das von ihm erbaute Residenzschloß Gröningen zu einem vielbewunderten Mittelpunkt von Wissenschaft und Kunst. Schon bald wurde ihm sein Herzogtum zu klein. Heinrich Julius vergrößerte den Hofstaat ständig, und sein finanzieller Aufwand brachte ihn in Konflikt mit seinen lüneburgischen Vettern. Herzog Heinrich Julius, der sich bereits in den Jahren 1602 und 1604 in Prag aufgehalten hatte, reiste 1607 neuerlich an den Kaiserhof, um seinen Standpunkt im Streit mit den Vettern zu vertreten. In Prag erwies er sich bald als Meister der Diplomatie und gewann rasch das Vertrauen Kaiser Rudolfs II. Als Direktor des Geheimen Rates war Heinrich Julius Herzog von Braunschweig die treibende und gestaltende Kraft der kaiserlichen Politik in den Jahren 1607 bis 1611. Heinrich Julius verkörperte den Typus eines frühen Barockfürsten. Ähnlich wie der Kaiser selbst förderte und scharte auch der Herzog bedeutende Künstler, Gelehrte und Literaten um sich. Bedeutung erlangte Herzog Heinrich Julius aber auch als Schöpfer dramatischer Dichtungen. Die in den Jahren 1592 bis 1594 entstandenen Stücke sind unter Mitwirkung des Herzogs in dessen Hoftheater zu Gröningen aufgeführt worden. H. H.

Wien, Albertina, Inv. Nr. HB 50(2), p. 31, Nr. 83

AEGIDIUS SADELER DER JÜNGERE
Antwerpen 1570 – Prag 1629

18 Porträt des böhmischen Staatsmannes und Komponisten Christoph Harant, Freiherr von Polžic

Kupferstich, 19,5 × 13,2 cm
Bezeichnet unten rechts: S [uae] C [aesareae] M [aiesta] tis sculptor Aeg[idius] Sadeler ad viuum delineauit (= Ihrer kaiserlichen Majestät Kupferstecher Aegidius Sadeler hat es, sc. das Bildnis, nach dem Leben gezeichnet)
Aufschrift: CHRISTOPHORVS HARANT BARO DE POLZICZ ET BEDRUZICZ ET IN PECKA, S [UAE] C [AESAREAE] M [AIESTATIS] CONSILIARIVS ET CVBICVLARIVS (= Christoph Harant, Freiherr von Polžic und Bedruzic sowie zu Pecka, Ihrer kaiserlichen Majestät Rat und Kämmerer); unten die in Notenschrift verschlüsselte Devise: Virtus [ut sol mi] cat (= Die Tugend strahlt wie die Sonne)

18

Literatur: J. Racek, Křystof Harant z Polžic a jeho doba (= Christoph Harant zu Polžic und seine Zeit). 2 Bde. Brünn 1972; E. Schebek, Aus dem Leben des ... Christoph Harant von Polzitz. In: Mitteilungen des Vereins für Geschichte der Deutschen in Böhmen 12 (1873), 273–286; Hollstein 21. De Hoop Scheffer 1980, Nr. 295; Trunz 1986, Abb. 10.

Aus einem alten böhmischen Freiherrengeschlecht stammend, war der 1564 geborene Christoph Harant zur politischen Laufbahn bestimmt. Hatte schon sein Vater Georg Freiherr von Polžic als kaiserlicher Rat und Beisitzer im böhmischen Landrecht Einfluß besessen, so stieg Christoph Harant während der Regierung Kaiser Rudolfs II. als dessen Rat und Kämmerer schon bald zu hohen Ehren auf und wurde schließlich 1603 in den böhmischen Herrenstand aufgenommen. Harant war aber nicht nur ein in verschiedenen diplomatischen Missionen erprobter Staatsmann, zeichnete sich auch als Musiker und Komponist aus. In seinem Schloß zu Pecka unterhielt Christoph Harant eine eigene Kapelle, die als die beste in ganz Böhmen galt. Als engagierter Parteigänger des ›Winterkönigs‹ Kurfürst Friedrich V. von der Pfalz avancierte Harant zum böhmischen Kammerpräsidenten. Gleich anderen 27 Anführern des böhmischen Aufstandes wurde auch Christoph Harant am 21. Juni 1621 auf Befehl Kaiser Ferdinands II. in Prag enthauptet. H. H.

Prag, Nationalgalerie, Inv. Nr. R-119.770

19

AEGIDIUS SADELER DER JÜNGERE
Antwerpen 1570 – Prag 1629

19 Porträt des persischen Gesandten Husain Ali Beg
1601

Kupferstich; 19,5 × 13,2 cm
Bezeichnet und datiert unten: S[uae] Caes [areae] M [aiesta] tis sculptor Aegidius Sadeler ad viuum delineauit Pragae 1601 (= Ihrer kaiserlichen Majestät Kupferstecher Aegidius Sadeler hat es, sc. das Bildnis, nach dem Leben gezeichnet, in Prag 1601
Aufschrift: CVCHEINOLLIBEAG INCLYTVS DOMINVS PERSA SOCIVS LEGATIONIS MAGNI SOPHI REGIS PERSARVM (= Der berühmte Husain Ali Beg, Herr in Persien, Mitglied der Gesandtschaft des großen Sophi, König der Perser); am Fuße des Medaillons die kaiserliche Erlaubnis: cum priuil [egio] S [uae] Cae [sareae] M [aiesta] tis
Einzeilige Unterschrift in arabischen Schriftzeichen mit der Angabe des Namens und des Titels des Dargestellten
Literatur: Otto Kurz, Umělěcké vztahý mezi Prahou a Persii za Rudolfa II. a poznámky k historii jeho sbírek (= Künstlerische Beziehungen zwischen Prag und Persien unter Rudolf II. und Bemerkungen zur Geschichte seiner Sammlungen). In: Umĕni 14 (1966), 462–489; Kurz 1966, Abb. 2; Hollstein 21. De Hoop Scheffer 1980, Nr. 314; Vocelka 1985, S. 201

Die diplomatischen Beziehungen, die Kaiser Rudolf II. mit dem in Isfahan residierenden Perserkönig Schah Abbas I., dem Großen, (1587–1629) am Anfang des 17. Jahrhunderts unterhielt, begannen im Jahre 1600 mit dem Eintreffen einer ersten persischen Gesandtschaft in Prag. Sie stand unter der Führung des in persische Dienste getretenen Engländers Sir Anthony Sherley. In seiner Begleitung war auch Husain Ali Beg nach Prag gekommen, wo die Delegation bis zum Februar 1601 am Kaiserhof weilte. Das Ziel der diplomatischen Kontakte Kaiser Rudolfs II. mit Persien war der Abschluß eines gegen das Osmanische Reich gerichteten Bündnisses, durch das auch der einträgliche türkische Zwischenhandel mit den begehrten persischen Seidenstoffen unterbunden werden sollte. Zum Abschluß dieses Vertrages ist es aber weder bei dieser ersten, noch bei den zwei weiteren Gesandtschaften gekommen, die 1602 und 1604/05 wechselweise abgeschickt worden waren. H. H.

Prag, Nationalgalerie, Inv. Nr. R-20.771

ANONYMER KUPFERSTECHER
17. Jahrhundert

20 Porträt des Staatsmannes Zdenko Adalbert Popel von Lobkowitz

Kupferstich; 15 × 12 cm
Am Fuße des Medaillons die Inschrift: ›Stencko Poppel/Fürst von Lobkowitz, Röm [isch] Kay [serlicher] Maye [stät]/Rath, vnd Gros Cantzler in Böheimb, auch Ritter des gulden Fluß‹

Unterrichtet bei den Jesuiten in Prag und nach Abschluß der für einen Adeligen seines Ranges üblichen Kavalierstour wurde der 1568 geborene Zdenko Popel von Lobkowitz im Alter von nur 23 Jahren Mitglied des Reichshofrates. In dieser Eigenschaft bereiste er im kaiserlichen Auftrag die Höfe in Dresden, Madrid, Parma und Venedig und weilte auch einige Zeit bei Erzherzog Matthias in Wien. 1599 ernannte Kaiser Rudolf II. Lobkowitz zum Oberstkanzler in Böhmen. In dieser Funktion blieb er als entschiedener Gegner der radikalen protestantischen Gruppen unbeirrbar auf der Seite des Kaisers und verweigerte 1609 seine Unterschrift auf dem dem Kaiser gegen seinen Willen abgerungenen Majestätsbrief. Zdenko Popel von Lobkowitz war es auch, der 1617 Erzherzog Ferdinand zum Nachfolger des Kaisers Matthias als König von Böhmen vorgeschlagen und dessen Wahl schließlich auch durchgesetzt hatte. Vom böhmischen Landtag während des Aufstandes 1619 des Landes verwiesen und all

20

seiner Besitzungen für verlustig erklärt, kehrte Lobkowitz 1621 nach Böhmen zurück und wurde von Kaiser Ferdinand II. in den erblichen Reichsfürstenstand erhoben. Der Fürst war mit Polyxena von Pernstein, der Witwe des letzten Rosenberg, vermählt und durch sie unter anderem auch in den Besitz der umfangreichen Bibliothek der Pernsteins gekommen. Vereint mit seinem eigenen Bücherschatz war die Bibliothek des Fürsten Zdenko Popel von Lobkowitz die größte und bedeutendste Adelsbibliothek seiner Zeit in Böhmen. Mit Zdenko von Lobkowitz starb 1628 auch einer der kenntnisreichsten und gebildetsten Förderer von Kunst und Wissenschaft, der sich bei allen Gruppen und Parteien des Reiches eines hohen Ansehens erfreute. H. H.

Prag, Nationalgalerie, Inv. Nr. R-90.318

DOMINICUS CUSTOS
Antwerpen 1550/60 – Augsburg 1612

21 Porträt Kaiser Maximilians II.

Kupferstich; 22 × 12 cm
Bezeichnet unten links: D [ominicus] C [ustos]
Aufschrift: MAXIMILIANVS II. D [EI] G [RATIA] ROMAN [ORUM] IMPERATOR SEMP [ER] AVG [USTUS] PATER PATRIAE (= Maximilian II. von Gottes Gnaden römischer Kaiser, allzeit Mehrer des Reiches, Vater des Vaterlandes); am Fuße des Medaillons die Devise

Qui PROVIDEBIT omnibus porrò DEVS.
Nomen idem proauo cum Cæsare, CÆSAR, habebas,
Moribus ac sanctis æmulus eius eras:
Sub proauo pacis Germania commoda sensit,
Nec tranquilla minus te moderante fuit.
Qui proauum incolumem PER TOT DISCRIMINA duxit,
PROVIDIT rebus nam DEVS ipse tuis.

21

CVM PRIVIL S.C.M.
AVGVSTISSIMO ET GLORIOSISSIMO ROM. IMPERATORI,
RVDOLPHO II. GERMANIÆ, HVNGARIÆ, BOHEMIÆ ETC REGI DNO SVO
CLEMENTISSIMO SVBIECTISSIMVS CLIENS ÆGIDIVS SADELER IN DEMISSÆ
ET DEBITÆ OBSERVANTIÆ SIGNVM DEDICABAT ANNO M.DCVIII PRAGÆ

22

23

des Kaisers: Deus Providebit (= Gott wird vorsorgen)
Die zweizeilige Unterschrift und das sechszeilige, als Distichon verfaßte lateinische Gedicht ›Nomen idem ... ipse tuis‹ nehmen die Devise des Kaisers zum Anlaß für die rühmende Erwähnung der kaiserlichen Fürsorge um den Frieden im Reich, wozu auch der Vergleich Maximilians mit dem römischen Caesar dient
Literatur: V. Bibl, Maximilian II., der rätselhafte Kaiser, Hellerau bei Dresden 1929

Maximilian II. wurde 1527 als ältester Sohn Ferdinands I. und der Anna von Ungarn geboren. Er heiratete 1548 seine Cousine Maria, die Tochter Kaiser Karls V., und vertrat seinen Schwiegervater während dessen Abwesenheit als König von Spanien. Nach dem Willen Kaiser Karls V. sollte Maximilian seine Nachfolge in Spanien antreten, während für Karls Sohn Philipp die Kaiserwürde vorgesehen war. Dieses Projekt kam jedoch nicht zustande, da Ferdinand I. die Erbteilung seines Besitzes verfügte, wobei Maximilian die Donauländer sowie Böhmen und Ungarn zufielen. Maximilian, der Vater des 1552 geborenen späteren Kaisers Rudolf II., wurde 1562 zum römischen König und nach dem Tode seines Vaters 1564 zum Kaiser gewählt. In der konfessionellen Auseinandersetzung strebte Maximilian II. eine Versöhnung zwischen Luthertum und Katholizismus an. Seine eigenwillige, zurückhaltende und tolerante Haltung den Protestanten gegenüber fand in der sogenannten ›Assekuration‹ vom Jahre 1571 ihren Ausdruck, in der den Lutheranern de facto die freie Religionsausübung gewährt wurde. Kaiser Maximilian II. starb im Jahre 1576 während des Reichstages zu Regensburg. H. H.

Prag, Nationalgalerie, Inv. Nr. DR-1.655

AEGIDIUS SADELER DER JÜNGERE
Antwerpen 1570 – Prag 1629

22 Porträt Kaiser Rudolfs II. im Harnisch, bekrönt mit dem Lorbeerkranz
1609

Kupferstich; 30,5 × 22,1 cm
Bezeichnet und datiert in der Unterschrift: AVGVSTISSIMO ET GLORIOSISSIMO ROM [ANORUM] IMPERATORI RVDOLPHO II., GERMANIAE, HUNGARIAE, BOHEMIAE ETC. REGI, D[OMI] NO SVO CLEMENTISSIMO, SVBIECTISSIMVS CLIENS AEGIDIVS SADELER IN DEMISSAE ET DEBITAE OBSERVANTIAE SIGNVM DEDICABAT ANNO M. DCVIII PRAGAE (= Dem erhabensten und glorwürdigsten römischen Kaiser Rudolf II., König in Deutschland, Ungarn und Böhmen etc., seinem mildtätigsten Herrn, widmete es, sc. das Bildnis, der untertänigste Diener Aegidius Sadeler als Zeichen des demütigen und schuldigen Gehorsams im Jahre 1609, in Prag); rechts unten der Verlag: Dankkert Danckerts exc[ulpsit]; am linken Rand der Hinweis auf die kaiserliche Erlaubnis: CVM PRIVIL [EGIO] S [UAE] C [AESAREAE] M [AIESTATIS]
Literatur: Vocelka 1985, S. 41; Trunz 1986, Abb. 1

Prag, Nationalgalerie, Inv. Nr. R-16.968/R-9.738

DOMINICUS CUSTOS
Antwerpen 1550/60 – Augsburg 1612

23 Porträt mit der Darstellung Kaiser Rudolfs II. mit spanischem Hut und dem Zeichen des Ordens vom Goldenen Vlies
1594

Kupferstich; 21,1 × 16,7 cm
Bezeichnet und datiert unten rechts: ›Dominicus Custos scalp [sit] Ratisbonae 1594 in comitiis‹ (= Dominicus Custos hat es, sc. das Bildnis, beim Reichstag in Regensburg 1594 gestochen)
Aufschrift: RVDOLPHVS II. ROMANORVM IMPERATOR SEMP [ER] AVGVSTVS (= Rudolf II., römischer Kaiser, allzeit Mehrer des Reiches); Am Fuße des Medaillons die Devise Rudolfs: ADSIT

Prag, Nationalgalerie, Inv. Nr. R-1.737

24

DOMINICUS CUSTOS (?)
Antwerpen 1550/60 – Augsburg 1612

24 Porträt des Staatsmannes Paulus Sixtus Graf Trautson

Kupferstich; 17,2 × 12,3 cm
Aufschrift: ILLVSTRISS [IMUS] AC GENEROSISS [IMUS] D [OMINUS] D [OMINUS] PAVLVS SIXTVS TRAVTHSON LIBER BARO IN SPRECHENSTEI(N), SCHROVENST[EIN] ET FALCKENST[EIN] etc. S [UAE] C [AESAREAE] M [AIESTATIS] INTIM [U]s COSIL [IARIUS], CAMERAR [IUS] et SVP [REMUS] MARESCALC [US] (= Der hochwohlgeborene und edelste Herr, Herr Paulus Sixtus Trautson, Freiherr zu Sprechenstein, Schroffenstein und Falkenstein, ihrer kaiserlichen Majestät geheimer Rat, Kämmerer und Obersthofmarschall)
Die zweizeilige, als Distichon verfaßte lateinische Unterschrift ›TRAUTSONIAE PAVLLVS … honore viget‹ rühmt die adelige Herkunft und die Leistungen des Dargestellten

Paulus Sixtus von Trautson wurde 1550 geboren. Schon bald nach dem Ableben seines angesehenen und einflußreichen Vaters Johann II. 1589 avancierte der seit 1576 als Hofrat und 1582–1594 auch als Reichshofratspräsident in kaiserlichen Diensten stehende Trautson zu einem der engsten Vertrauten Kaiser Rudolfs II. Er teilte sich die damit verbundene Machtstellung mit Wolfgang Sigmund Freiherr von Rumpf. Trautson, ein Meister kostspieliger Repräsentation, versah das Amt des Obersthofmarschalls und hatte in den Jahren 1589 bis 1600 auf die politischen Entscheidungen Kaiser Rudolfs II. großen Einfluß. Wie hoch Paulus Sixtus Trautson in der Gunst Rudolfs stand, zeigt sich unter anderem darin, daß er Trautson 1598 in den erblichen Grafenstand erhob. Im Verlauf der schweren psychischen Depressionen, unter denen Kaiser Rudolf II. im Jahr 1600 litt, verloren zunächst Rumpf und wenig später auch Trautson all ihre Ämter und Würden bei Hof. Der Grund für diese spektakuläre Entmachtung wird vermutlich im Argwohn des Kaisers zu suchen sein, Trautson und Rumpf könnten am Plan Spaniens beteiligt sein, der vorsah, Kaiser Rudolf II. wegen seiner Krankheit zum Thronverzicht zu bewegen. Trautson, der im Verlauf des Bruderzwistes zu einer Vertrauensperson des Erzherzogs Matthias geworden war, behauptete unter dessen Regentschaft unter den Staatsräten zwar die zweite Stelle hinter Kardinal Khlesel, doch trat er nicht mehr wirklich in den politischen Vordergrund, sondern widmete sich in erster Linie dem Ausbau und der Sicherung seiner Herrschaften. Trautson erlebte noch die Thronfolge Kaiser Ferdinands II. und starb 1621 in Wien, nachdem er seiner Familie zuvor noch die Würde des Erblandhofmeisters in Niederösterreich gesichert hatte. H. H.

Prag, Nationalgalerie, Inv. Nr. DR-5.786

LUCAS KILIAN
Augsburg 1579 – Augsburg 1637

25 Porträt des kaiserlichen Feldherrn Adolph Graf Schwarzenberg

Kupferstich nach einem Gemälde des Hans von Aachen aus dem ›Atrium Heroicum‹; 19 × 12,8 cm
Verlag des Dominicus Custos
Bezeichnet unten links: S [uae] C [aesareae] M [aiestatis] Pictor Ioan [nes] ab Ach ad viuu(m) depinxit (= Ihrer kaiserlichen Majestät Maler Hans von Aachen hat es, sc. das Bildnis, nach dem Leben gemalt), und: L [ukas] K [ilian] f [ecit]
Aufschrift: ILLVSTRISS[IM]o ADOLPHO COMITI AC D [OMI] NO IN SCHWARZENBERG etc. S [UAE] C [AESAREAE] M [AIESTA] ti (!) CONSIL [IARIO] AVL [ICO] BELLIC [O], SVM(M)O HUNG[ARICO] BEL [LO] EQVIT[UM] MAGISTRO, VRBAN [ARUM] VIENNAE ET PRAESIDIAR [IARUM] IAVARINI COPIAR [UM] DVCI SVP [REM] o (= Dem hochwohlgeborenen Adolph

25

Graf und Herr zu Schwarzenberg etc., Ihrer kaiserlichen Majestät Hof- und Kriegsrat, dem Oberbefehlshaber der Reiterei im ungarischen Krieg, dem Oberkommandanten der Besatzungstruppen in den Städten Wien und Raab)
Die sechszeilige, als Distichon verfaßte lateinische Unterschrift ›Moenia luce … depulit Italia‹ rühmt den Dargestellten als zweiten Scipio, dem es durch die Eroberung von Raab gelungen sei, die Türken entscheidend zurückzuschlagen
Literatur: Peltzer 1911/12, Abb. 39; Hollstein 17. Zijlma 1976, Nr. 421; Schwarzenfeld 1979, Abb. 23

Der 1547 geborene Adolph von Schwarzenberg stammte aus der niederländischen Hauptlinie des Hauses. Gleich seinem Vater Wilhelm III. (gest. 1557) wandte sich auch Adolph der militärischen Laufbahn zu und begann den Kriegsdienst in den Heeren König Philipps II. von Spanien und König Heinrichs III. von Frankreich bei deren Kämpfen gegen die aufständischen Niederlande und die Hugenotten. Der Kurfürst von Köln ernannte Adolph von Schwarzenberg wegen seiner Verdienste zu seinem Geheimen Rat, General und Landhofmeister. Wie viele seiner Landsleute und Standesgenossen schloß sich auch Schwarzenberg 1594 den kaiserlichen Truppen in Ungarn an. An allen größeren Gefechten beteiligt, errang Adolph von Schwarzenberg mit der Rücker-

26

oberung der wichtigen Grenzfestung Raab am 29. März 1598 den größten Erfolg, den das kaiserliche Heer im Verlauf des ›langen‹ Türkenkriegs erzielen konnte. Zahlreiche Medaillen, Flugschriften und die zum Teil noch heute erhaltenen steinernen ›Raaber Kreuze‹ dokumentieren das wiedererstarkte katholisch-kaiserliche Selbstbewußtsein. Die Eroberung Raabs hatte Schwarzenberg berühmt gemacht. Kaiser Rudolf II. erteilte ihm in Prag eigenhändig den Ritterschlag, beschenkte ihn mit Gütern und Geld und erhob ihn 1599 schließlich in den erblichen Reichsgrafenstand. Das bei dieser Gelegenheit verliehene Wappen verweist symbolisch auf den Sieg Schwarzenbergs über die Türken bei Raab. Das Leben Schwarzenbergs endete wenig später unrühmlich: Er wurde am 26. Juli 1600 beim Versuch, meuternde kaiserliche Söldner – die die Festung Pápa den Türken ausliefern wollten – zum Gehorsam zu bringen, von diesen erschossen. H. H.

Prag, Nationalgalerie, Inv. Nr. R-54.803

DOMINICUS CUSTOS
Antwerpen 1550/60 – Augsburg 1612

26 Porträt des Kurfürsten Christian II. von Sachsen
1601

Kupferstich; 14,2 × 11,6 cm
Datiert in der Aufschrift: MDCI (= 1601)
Aufschrift: CHRISTIANVS II. DVX SAXONIAE ETC. SEPTEMVIRATVS CAES[AREM] CREAN[TIS] HAERES ANNO MDCI (= Christian II. Herzog von Sachsen etc., Erbe des Siebenmännerkollegiums, das den Kaiser wählt, im Jahre 1601); am Fuß des Medaillons die Devise: VIRTVTE CHRISTIANA (= Mit christlicher Tugend)

Geboren 1583, gelangte Herzog Christian nach dem Tod seines Vaters, Herzog Christian I., 1591 noch unmündig zur Regierung. Unter dem Einfluß seiner Mutter, der verwitweten Kurfürstin Sophie, strebte Christian II. die Rückkehr des Landes zum orthodoxen Luthertum an. Außenpolitisch erwies sich der Kurfürst als verläßlicher Bundesgenosse der kaiserlichen Politik. Allerdings besaß Herzog Christian II. selbst keine weitreichenden staatsmännischen Ambitionen. Diese gehörten vielmehr der prunkvollen Hofhaltung, der Jagd und vor allem den Freuden der Tafel, denen der Herzog nicht selten im Übermaß zugetan war. Den Untertanen galt Christian II. seiner Gutmütigkeit wegen zwar als das ›gute Herz‹ Sachsens, seine unbedachte Wirtschaftspolitik brachte den Herzog aber schon bald mit den Landständen in Konflikt, zu dessen offenem Ausbruch es aber nicht mehr kam, da der Kurfürst 1611 im Alter von nur 28 Jahren an den Folgen seiner Trunksucht starb. H. H.

Prag, Nationalgalerie, Inv. Nr. Clementinum 12.121

ANONYMER DEUTSCHER KUPFERSTECHER
Anfang 17. Jahrhundert

27 Porträt des Hofmusikers und Komponisten Jakob Händl-Gallus
1590

Kupferstich; 13,5 × 11 cm
Datiert in der Aufschrift: MDXC (= 1590)
Aufschrift: IACOBVS HÄNDL GALLVS DICTVS CARNIOLVS AETATIS SVAE XL ANNO MD.CX (= Jakob Händl, genannt Gallus, aus Krain, im Alter von 40 Jahren, im Jahre 1590)

Vom Leben des 1550 in Reifnitz (Ribnica) in Unterkrain geborenen slowenischen Musikers und Komponisten, der seinen Namen der Sitte der Zeit entsprechend zunächst aus dem Slowenischen ins Deutsche übersetzt und dann den deutschen Namen in Gallus latinisiert hatte, ist nicht allzuviel bekannt. Um 1570 ist Händl-Gallus als Kapellsänger im Stift Melk nachzuweisen, vermutlich seit 1574 war er Mitglied der kaiserlichen Hofkapelle, 1575–1585 auch bischöflicher Kapellmeister in Olmütz. Die letzten Lebensjahre verbrachte Händl-Gallus am kaiserlichen Hof in Prag, wo er großes Ansehen genoß. So hatte ihm Kaiser Rudolf II. 1588 ein 10jähriges Dekret zur Herausgabe seiner Werke verliehen. Zusammen mit Adam Gumpelzhaimer und Hans Leo Hassler gilt Jakob Händl-Gallus als einer der bedeutendsten Vertreter der deutschen Musikschule in der 2. Hälfte des 17. Jahrhunderts. H. H.

27

Prag, Nationalgalerie, Inv. Nr. R-90.745

ANONYMER KUPFERSTECHER
Anfang 17. Jahrhundert

28 Porträt des Poeten Daniel Eremita
1610

Kupferstich; 23 × 17,4 cm
Datiert in der Aufschrift: ANNO c Ↄ . Ↄ cx (= 1610)
Aufschrift: DANIEL EREMITA BELGA. AETATIS. XXVI., der untere Teil der Aufschrift ist gegen den Uhrzeigersinn zu lesen: MAGNA SERVITUS MAGNA FORTUNA (= Daniel Eremita aus Belgien, im Alter von 26 Jahren / Edler Dienst – großes Glück)
Die als Distichon verfaßte zweizeilige lateinische Unterschrift ›Hanc propria ... magna soli‹ rühmt die Tätigkeit des Dargestellten im Dienste des Großherzogs von Florenz

Der 1584 in Antwerpen geborene Daniel Eremita galt als einer der bedeutendsten Poeten seiner Zeit. Seine Wirkungsstätte war vornehmlich der prunkvolle Hof Großherzog Fer-

28

29

dinands I. Medici in Florenz, wo er die Stelle eines herzoglichen Sekretärs bekleidete. Der Sohn und Nachfolger Ferdinands, Cosimo II. (1590–1620) fertigte 1609 eine Gesandtschaft nach Prag und an die vornehmsten deutschen Fürstenhöfe ab, die den Tod seines Vaters anzusagen hatte. In dieser vom Markgrafen Fabrizio Colloredo angeführten Ambassade befand sich auch Eremita, dessen kunstvolle Verse höchsten Beifall fanden. Schon ein Jahr zuvor war das von ihm anläßlich der Vermählung Cosimos II. mit Erzherzogin Maria Magdalena, einer Tochter Erzherzog Karls von Innerösterreich, 1608 verfaßte Panegyricum am Kaiserhof mit Wohlwollen und als poetisches Meisterwerk aufgenommen worden. H. H.

Prag, Nationalgalerie, Inv. Nr. R-93.379

DOMINICUS CUSTOS
Antwerpen 1550/60 – Augsburg 1612

29 Porträt des kaiserlichen Beichtvaters Dr. Johannes Pistorius
1594

Kupferstich; 15,4 × 11,4 cm
Bezeichnet unten links: Do[mi]inic[us] Cust[os] scalp [sit]; datiert in der Aufschrift: 1594
Aufschrift: EFFIGIES REVER[ENDISSIMI] NOBILIS [SIMI] ET CLARISS [IMI] VIRI D [OMINI] IO[ANN]IS PISTORII NIDANI, S [ANCTIS] S [IMAE] THEOLOGIAE D[OCTORIS], PROTONOT [ARII] AP [OSTO] LICI AET [ATIS] SVAE XLIX A [NN] O VERO 1594 (= Bildnis des ehrwürdigsten, edelsten und hochberühmten Mannes, Herrn Johannes Pistorius aus Nidda, der heiligsten Theologie Doktor, apostolischer Notar, in seinem 49. Lebensjahr, im Jahr 1594)
Die sechszeilige lateinische Unterschrift ›Vis scire ... corde, scriptionibus‹ nimmt auf die wichtige Rolle Bezug, die Pistorius durch seine theologischen Schriften in der Auseinandersetzung des Katholizismus mit dem Luthertum und dem Calvinismus gespielt hat
Literatur: Vocelka 1985, S. 81

Der 1546 im sächsischen Nidda geborene Pistorius stammte aus einer alteingesessenen lutherischen Familie. Er studierte Theologie, Medizin und Jurisprudenz, beschäftigte sich aber auch ausführlich mit der jüdischen Kabbala. Sein 1575 vollzogener Wechsel vom Luthertum zum Calvinismus hat ebenso Anlaß zu heftiger Polemik geboten wie seine 1588 erfolgte Konversion zur katholischen Kirche. Als Ergebnis eingehender Studien der jüdischen Mystik und Geheimlehre veröffentlichte Pistorius 1587 in Basel den ersten Band eines geplanten umfangreichen Kompendiums kabbalistischer Texte. Der erste Band sollte aber auch der letzte bleiben. Der Grund dafür war die Berufung an den kaiserlichen Hof nach Prag. Als Beichtvater Kaiser Rudolfs II. gelang es Pistorius, die schwere und gefährlich verlaufende Depression, in der sich der Kaiser um 1600 befand, zu mildern. Von Pistorius stammt auch der berühmte Brief nach Rom, in dem er die Krankheit Rudolfs als chronische Melancholie charakterisierte. Pistorius behielt das Vertrauen Kaiser Rudolfs II. auch in den schwierigen Jahren 1604 und 1605 und kann als Beispiel dafür gelten, daß zu dieser Zeit noch kein unüberbrückbarer Gegensatz zwischen orthodoxem Katholizismus und okkultem Mystizismus bestanden hat. Pistorius, der in der kirchlichen Hierarchie zum Generalvikar des Bischofs von Konstanz und zum Domprobst von Breslau aufgestiegen war, starb im Jahre 1608. H. H.

Prag, Nationalgalerie, Inv. Nr. R-133.369

AEGIDIUS SADELER DER JÜNGERE
Antwerpen 1570 – Prag 1629

30 Porträt des Schriftstellers, Gelehrten und Diplomaten Johann Matthäus Wacker von Wackenfels

Kupferstich, 24,5 × 16,2 cm
Aufschrift: ILLVSTR[ISSI]mus ET GENEROS[ISSI]mus D[OMINUS] D[OMI]N[U]S MATHEVS WACKERVS A WACKENFELS, SAC[RAE] CAES[AREAE] MAI[ESTA]tis CONSILIARIVS AVLICVS (= Der hochwohlgeborene und edelste Herr, Herr Matthäus Wacker von Wackenfels, der heiligen kaiserlichen Majestät Hofrat); unten in einem kleinen Medaillon zwei Hunde und das griechische Motto: Epimeléia kai áskes[is] (= Sorgfalt und Übung)
Literatur: T. Lindner, Johann Matthäus Wakker von Wackenfels. In: Zeitschrift des Vereins für Geschichte und Altertum Schlesiens 8 (1867), 319–351

Der 1550 in Schwaben geborene Wacker von Wackenfels schloß sich nach dem Studium der Rechtswissenschaften in Straßburg und Genua 1576 dem Freundeskreis um den berühmten Wiener Arzt und Späthumanisten Crato von Krafftheim an, ließ sich aber schließlich in Breslau nieder, wo er zum Kammerrat und zum Vertreter des Kaisers beim schlesischen Landtag ernannt wurde. Wacker konvertierte 1592 zum katholischen Glauben und war maßgeblich an der Wahl eines Kaiser Rudolf II. genehmen Nachfolgers im Bischofsamt von Breslau beteiligt. Diese und andere erfolgreiche Bemühungen wurden 1594 mit dem Reichsadelsstand und dem Prädikat ›von Wackenfels‹ honoriert. Ab 1599 lebte Wacker ständig in Prag, wo ihn eine enge Freundschaft mit Johannes Kepler, aber auch mit vielen anderen Gelehrten am Hof Kaiser Rudolfs II. verband. Er selbst trat als neulateinischer Schriftsteller und Poet

30

hervor, beherrschte mehrere Sprachen und besaß eine umfangreiche Bibliothek. Auf all dies spielen die das Porträtmedaillon umrahmenden Symbole und Allegorien an. Über die persönliche Beziehung Wackers zu Kaiser Rudolf II. ist wenig bekannt. Immerhin diente er dem Kaiser seit 1597 als Reichshofrat, war noch 1611 Rudolfs persönlicher Berater und führte Protokoll bei den Verhandlungen des Kaisers mit seinem Bruder Matthias. Dieser nahm die Dienste Wackers nach dem Ableben Kaiser Rudolfs II. gerne an, entsandte ihn 1613 als seinen Vertreter zum Regensburger Reichstag und ernannte Wacker 1616 zum Pfalzgrafen. Hochangesehen starb Johann Matthäus Wacker von Wackenfeld 1619 in Wien. H. H.

Prag, Nationalgalerie, Inv. Nr. R–155.120

LUCAS KILIAN
Augsburg 1579 – Augsburg 1637

31 Porträt des kaiserlichen Feldherrn Hermann Christoph Rusworm

Kupferstich nach einem Gemälde des H. von Aachen aus dem ›Atrium Heroicum‹;
18,2 × 12,6 cm
Verlag des Dominicus Custos

31

Bezeichnet unten links: L[ukas]K[ilian]F[ecit] und unten rechts: S[UAE] C[AESAREAE] M[AIESTATIS] PICTOR IO[ANNES] AB ACH PINXIT (= Ihrer kaiserlichen Majestät Maler Hans von Aachen hat es, sc. das Bildnis, gemalt)
Widmung des Dominicus Custos unten links; Aufschrift: HERMANNVS CHRISTOPH[ORUS] RVESWORMB S[UAE] CAES[AREAE] MAI[ESTATIS] CONSIL[IARIUS] BELLICVS ET COPIAR[UM] PRAEFECTVS, SER[ENISSIMI] BOIOR[UM] DVCIS MILITIAE DVCTOR ET CVBICVL[ARIUS] (= Hermann Christoph Rusworm, Ihrer kaiserlichen Majestät Kriegsrat und Truppenkommandant, des durchlauchtigsten Herzogs von Bayern Heerführer und Kämmerer)
Die sechszeilige, als Distichon verfaßte lateinische Unterschrift ›Antiquis domibus ... Boiaricamque, Domos‹ rühmt die vom Dargestellten vollbrachten Heldentaten im türkischen Krieg, die den wahren Adel mit sich brächten
Literatur: A. Stauffer, Hermann Christoph Graf von Russworm, München 1884; W. von Janko, Der k.k. FM Christof Herman von Russworm. Ein Beitrag zur Kenntnis der Regierungs-Periode, Cultur- und Sittengeschichte unter Kaiser Rudolf II., Wien 1869; Peltzer 1911/12, Abb. 41; Hollstein 17: Zijlma 1976, Nr. 401; Schwarzenfeld 1979, Abb. 22; Vocelka 1985, S. 79

Über die Jugend des 1565 im Sächsischen geborenen Hermann Christoph Rusworm ist wenig bekannt. Jedenfalls hat er die militärische Laufbahn ergriffen und stand seit 1585 bei verschiedenen Herren im Kriegsdienst. Schon bald hatte er sich einen Namen als unerschrockener und strategisch begabter Heerführer gemacht. Die große militärische Karriere gelang Rusworm im kaiserlichen Heer, wo er 1594–1598 zunächst noch unter dem Oberbefehl Adolphs von Schwarzenberg wesentlichen Anteil an den Anfangserfolgen der kaiserlichen Truppen im Türkenkrieg hatte. Persönliche Unerschrokkenheit, die Rusworm bei der Mannschaft große Beliebtheit brachte, ihm aber auch mehrere schwere Verwundungen eintrug, verband sich in seiner Person mit kompromißloser Härte und Kritik an erkannten Mißständen im Heer, wobei er auch seine Vorgesetzten nicht ausnahm. Diese Eigenschaften sicherten Rusworm zwar die Bewunderung Kaiser Rudolfs II., der den Feldherrn schon bald zum kaiserlichen Generalfeldwachtmeister ernannte, waren aber auch der Grund für die Gegnerschaft Schwarzenbergs und vor allem des Erzherzogs Matthias. Als unmittelbare Folge dieser Rivalität wurde Rusworm 1599 auf Veranlassung des Erzherzogs verhaftet und in Wien unter Anklage gestellt. Der aufsehenerregende Prozeß endete mit dem Freispruch und der vollständigen Rehabilitierung. Nach dem Tod General Mercœurs übernahm Rusworm 1602 den Oberbefehl über die kaiserlichen Truppen in Ungarn und errang 1603 mit der Eroberung von Pest seinen größten militärischen Sieg. Diesem folgte 1605 die Erhebung in den Reichsgrafenstand. Die von Rusworm eingeleitete radikale Heeresreform brachte seine politischen und persönlichen Gegner aber schon bald wieder auf den Plan. Die Ermordung des berüchtigten Francesco Belgiojoso, eines Bruders des kaiserlichen Marschalls Giovanni Belgiojoso, durch den Diener Rusworms, führte 1605 zu dessen neuerlicher Verhaftung. Im Prozeß setzten sich seine Feinde entscheidend durch, das Todesurteil wurde ausgesprochen und unverzüglich vollstreckt. Der kurz danach eintreffende Befehl Kaiser Rudolfs II., Rusworm freizugeben, kam zu spät. Mit Rusworm hatte das kaiserliche Heer ohne Zweifel seinen begabtesten Feld- und Kriegsherrn verloren. H. H.

Prag, Nationalgalerie, Inv. Nr. R–136.712

32

DOMINICUS CUSTOS
Antwerpen 1550/60 – Augsburg 1612

32 Porträt des Abenteurers und vermeintlichen Grafen Hieronymus Scotus
1592

Kupferstich; 21 × 15,3 cm
Bezeichnet und datiert unten: Dominicus Custodis ad Viuum delineauit Aug[ustae] Vindelicor[um] a[nn]o 92 ex[culpsit] (= Dominicus Custos hat es, sc. das Bildnis, nach dem Leben gezeichnet und in Augsburg im Jahre 1592 gestochen)
Aufschrift: VERA EFFIGIES ILLVSTRIS[IMI] COMITIS HIERONIMI SCOTTI PLACENTINI (= Wahres Bildnis des hochwohlgeborenen Grafen Hieronymus Scottus aus Piacenza); am Fuß des Medaillons die Devise: VTCUMQVE (= Wie auch immer)
Literatur: Bechtold 1923/24, Abb. XIII

Hieronymus Scotus ist die vielleicht auffallendste Gestalt in der Reihe italienischer Abenteurer, die mit der Versicherung, im Besitz des Steines der Weisen und anderer übernatürlicher Kräfte zu sein, von Hof zu Hof zogen und sich solange der Fürstengunst erfreuten, bis sie als Scharlatane entlarvt wurden. Zu diesem Zeitpunkt hatten sie aber meist längst das Weite gesucht. Scotus, der vermutlich hypnotische Kräfte besaß, galt den Zeitgenossen als zweiter Dr. Faustus und als gefährliche, dämonische Person, die auf unerklärliche Weise über andere Menschen Macht zu erlangen imstande war. Der angebliche Graf aus Piacenza war nach jeweils kurzen und blutig endenden Aufenthalten in Frankreich und den Niederlanden in den Jahren 1579–1583 am Hof des Kurfürsten und Erzbischofs Gebhard von Köln ansässig. Von hier kam er 1583 nach Prag, wo er sich des Interesses, zeitweise sogar der ausgesprochenen Gunst Kaiser Rudolfs II. erfreute. Nach einem tragischen Zwischenspiel in Coburg verschwand Scotus für mehr als zehn Jahre, bis er 1601 unter anderem Namen im Türkenkrieg als kaiserlicher Oberst wieder begegnet, der ein walachisches Regiment befehligte und es bis zum General brachte. 1602 hielt sich Hieronymus Strozzi de Belvedere, wie sich Scotus nun nannte, in Prag auf, setzte sich aber kurz darauf nach Schweden ab. Dort verliert sich seine Spur, nachdem Scotus 1607 zum letztenmal genannt worden war. H. H.

Prag, Nationalgalerie, Inv. Nr. R–41.205

33

DOMINICUS CUSTOS
Antwerpen 1550/60 – Augsburg 1612

33 Porträt des Reichspfennigmeisters Zacharias Geizkofler
1600

Kupferstich nach einem Gemälde des Hans von Aachen aus dem ›Atrium Heroicum‹; 19,2 × 13 cm
Bezeichnet und datiert unten: S[uae] C[aesareae] M[aiestatis] pictor Ioa[nnes] ab Ach ad vivu(m) pinxit a[nn]o M.DC (= Ihrer kaiserlichen Majestät Maler Hans von Aachen hat es, sc. das Bildnis, nach dem Leben gemalt im Jahre 1600)
Widmung des Dominicus Custos in der letzten Zeile: ›Eidem Generos [is simo] ... D[e]D[ic] at Aug[ustae] Vind[elicorum]‹; Aufschrift: GENEROSO ET NOBILISS[IMO] VIRO D[OMI]N[O] ZACHARIAE GEIZCOFLERO DE GAILENBACH etc., EQV[ITI] AVRA[TO], IMP[ERATORIS] RVDOL[PHI] II. A[ULICO] CONSIL[ARIO], SVM[M]O PER HUNGAR[IAM] ET AVSTR[IAM] ANNONAE PRAE[SIDI], S[ACRI] R[OMANI] IMP[ERII] THESAVRAR[IO] (= Dem erhabensten und edelsten Mann, Herrn Zacharias Geizkofler von Gailenbach etc., Ritter vom goldenen Sporn, Kaiser Rudolfs II. Hofrat, oberster Proviantmeister in Ungarn und Österreich, des Heiligen Römischen Reiches Pfennigmeister); oben die Devise: VINCIT TANDEM VERITAS (= Die Wahrheit bleibt schließlich Sieger)
Die sechszeilige, als Distichon verfaßte lateinische Unterschrift: ›Nunc, ut... turba tuae‹ preist die Leistungen des Dargestellten als treuen und klugen Ratgeber des Kaisers in Finanzfragen, wodurch er den Ruhm seiner Familie begründet habe
Literatur: Peltzer 1911/12, Abb. 44; Johannes Müller, Zacharias Geizkofler (1560–1617), des Heiligen Römischen Reiches Pfennigmeister und oberster Proviantmeister im Königreich Ungarn (= Veröffentlichungen des Wiener Hofkammerarchivs 3, Baden bei Wien 1938); Vocelka 1985, S. 79

Zacharias Geizkofler wurde 1560 in Augsburg geboren. Von hervorragenden Lehrern unterrichtet, trat er nach Abschluß seiner Universitätsstudien 1584 in den Dienst der Fugger, wechselte aber schon ein Jahr später zu Erzherzog Ferdinand II. von Tirol. Sein in verschiedenen diplomatischen Missionen, besonders aber bei den Verhandlungen wegen der habsburgischen Ansprüche um den polnischen Thron erwiesenes Geschick belohnte Kaiser Rudolf II. damit, daß er ihn zu seinem Rat und 1589 zum Reichspfennigmeister ernannte. In dieser Funktion war Geizkofler für die Eintreibung der vom Reichstag bewilligten sogenannten ›Türkengelder‹ und anderer ähnlicher Reichshilfen verantwortlich. Immerhin brachte Geizkofler in den Jahren 1594 bis 1603 rund 12 Millionen Gulden auf, für deren ordnungsgemäße Ver-

34

ausgabung er kraft des 1598–1603 von ihm zusätzlich bekleideten Amtes eines obersten Proviantmeisters in Ungarn selbst sorgte. Nach 1603 versuchte Geizkofler als enger Vertrauter von Kaiser Rudolf II. und Matthias in verschiedenen Kommissionen und Gutachten zur Finanzpolitik im Reich den von ihm vorausgesehenen Ruin der Reichsfinanzen abzuwenden. 1600 mit dem Prädikat ›von Reiffenegg, von und zu Gailenbach‹ in den Reichsritterstand erhoben, lebte Zacharias Geizkofler seit 1601 auf dem von ihm erworbenen Rittergut Haunheim bei Lauingen an der Donau in seinem neuerbauten Renaissanceschloß. H. H.

Prag, Nationalgalerie, Inv. Nr. R–181.017

ANONYMER DEUTSCHER KUPFERSTECHER
Anfang 17. Jahrhundert

34 Porträt des kaiserlichen Botschafters in Spanien Adam Freiherr von Dietrichstein

Kupferstich; 16,1 × 11,6 cm
Am Fuß des Medaillons die Inschrift: Adam Her von Dietrichstain Kaysers Max/imiliani II. Rath, Cammerer, und Gesandter / in Spanien, und Kaysers Rudolphi II. obr[ister]/ Hofmaister und geh[eimer] Rath; in der Einfassung unten die Ziffer: 7

Adam von Dietrichstein, 1527 geboren, stand von 1547 bis zu seinem Tod 1590 ununterbrochen in verschiedenen wichtigen Funktionen in kaiserlichen Diensten. Besonderen Einfluß erlangte er als Obersthofmeister und väterlicher Erzieher der Erzherzöge Rudolf und Ernst während deren Aufenthalt am Hof König Philipps II. von Spanien in den Jahren 1564 bis 1571. Nach der Wahl Maximilians II. zum Kaiser wurde Dietrichstein als Obersthofmeister nach Wien berufen, ein Amt, das er zunächst auch unter Kaiser Rudolf II. beibehielt. Dietrichstein besaß wegen seiner Klugheit und seiner adeligen Gesinnung das uneingeschränkte Vertrauen Kaiser Maximilians II., und dies obwohl er aus seiner streng katholischen und papsttreuen Gesinnung nie einen Hehl gemacht hatte. Die letzten Lebensjahre verbrachte Dietrichstein auf der ihm von Kaiser Maximilian II. geschenkten Herrschaft zu Nikolsburg (Mikulov) und widmete sich in engem Kontakt mit dem kaiserlichen Hofbibliothekar Hugo Blotius und dem Orientalisten Ghislain de Busbek vor allem wissenschaftlichen und geistigen Interessen. Adam von Dietrichstein starb 1590 als einer der angesehensten Adeligen seiner Zeit.
H. H.

Prag, Nationalgalerie, Inv. Nr. R–20.799

MARTINO ROTA
Sebenico um 1520 – Wien 1583

35 Ganzfiguriges Bildnis Erzherzog Ferdinands II. von Tirol

Kupferstich; 21,7 × 13,7 cm
Inschrift am Sockel: FERDINANDVS II. Archidux Austriae (= Ferdinand II., Erzherzog von Österreich); oben rechts das Wappen des Erzherzogs, oben links Darstellung eines Segelschiffes
Literatur: J. Hirn, Erzherzog Ferdinand II. von Tirol. 2 Bde. Insbruck 1885–1888, Neudruck 1981; Bruck 1953, Abb. 228

Das Bild zeigt den Erzherzog in ganzer Figur in einer Nische, halb im Harnisch, halb als Herkules mit der Keule und dem zu seinen Füßen liegenden Löwenkopfhelm. Ferdinand trägt das Zeichen des Ordens vom Goldenen Vlies auf der Brust. Geboren 1529 als zweiter Sohn Ferdinands I. und der Anna von Ungarn, bekleidete Erzherzog Ferdinand 1547–1563 das Amt eines kaiserlichen Statthalters in Böhmen. Für die von ihm 1557 zur Frau genommene Augsburger Patriziertochter Philippine Welser erwarb Erzherzog Ferdinand 1563 das nahe Innsbruck gelegene Schloß Ambras. Hier richtete der Erzherzog während seiner 30jährigen Regentschaft in Tirol (1565–1595) ab 1580

35

nach dem Tod Philippine Welsers die von ihm in Böhmen begründete Kunstkammer ein, die schon zu Lebzeiten des Erzherzogs legendären Ruf genoß. Dies war auch der Grund für die Kompromißlosigkeit, mit der Kaiser Rudolf II. vorging, um die Erbschaft ungeschmälert in seinen Besitz zu bringen. Wenn Rudolf auch selbst nie längere Zeit in Tirol verweilte, so ist doch sein – nicht erfüllter – Wunsch bekannt, sich ›irgendeinmal‹ nach Schloß Ambras zu ›retirieren‹. H. H.

Prag, Nationalgalerie, Inv. Nr. 72.161

AEGIDIUS SADELER DER JÜNGERE
Antwerpen 1570 – Prag 1629

36 Porträt des persischen Gesandten Mahdi Quli Beg
1605

Kupferstich; 25,7 × 18,8 cm
Bezeichnet und datiert unten: S[uae] Caes[areae] M[aiesta]tis sculptor Aegidius Sadeler ad viuum delineauit. Cum Priuil[egio] S[uae] Cae[sareae] M[aiesta]tis Anno Pragae 1605 (= Ihrer kaiserlichen Majestät Kupferstecher Egidius Sadeler hat es, sc. das Bildnis, nach dem Leben gezeichnet. Mit Erlaubnis Ihrer kaiserlichen Majestät, Prag, im Jahr 1605)

1 Joris Hoefnagel, *Ansicht von Prag*. Um 1591 (Kat. 3)

2 Das kaiserliche Bankett. Aus der Darstellung der Verleihung des Goldenen Vlieses in Prag und Landshut. 1585 (Kat. 8)

3 Giovanni Bologna, *Reiterbildnis Rudolfs II.* Um 1595 (Kat. 46) ▷

5 Giovanni Bologna. *Allegorie auf den Prinzen Francesco de'Medici.* 1561–1565 (Kat. 51)

◁ 4 Giovanni Bologna, *Herkules mit dem Erymanthischen Eber.* Modell vor 1581 (Kat. 49)

6 Adrian de Vries, *Psyche, getragen von Amorinen*. Um 1593 (Kat. 56)

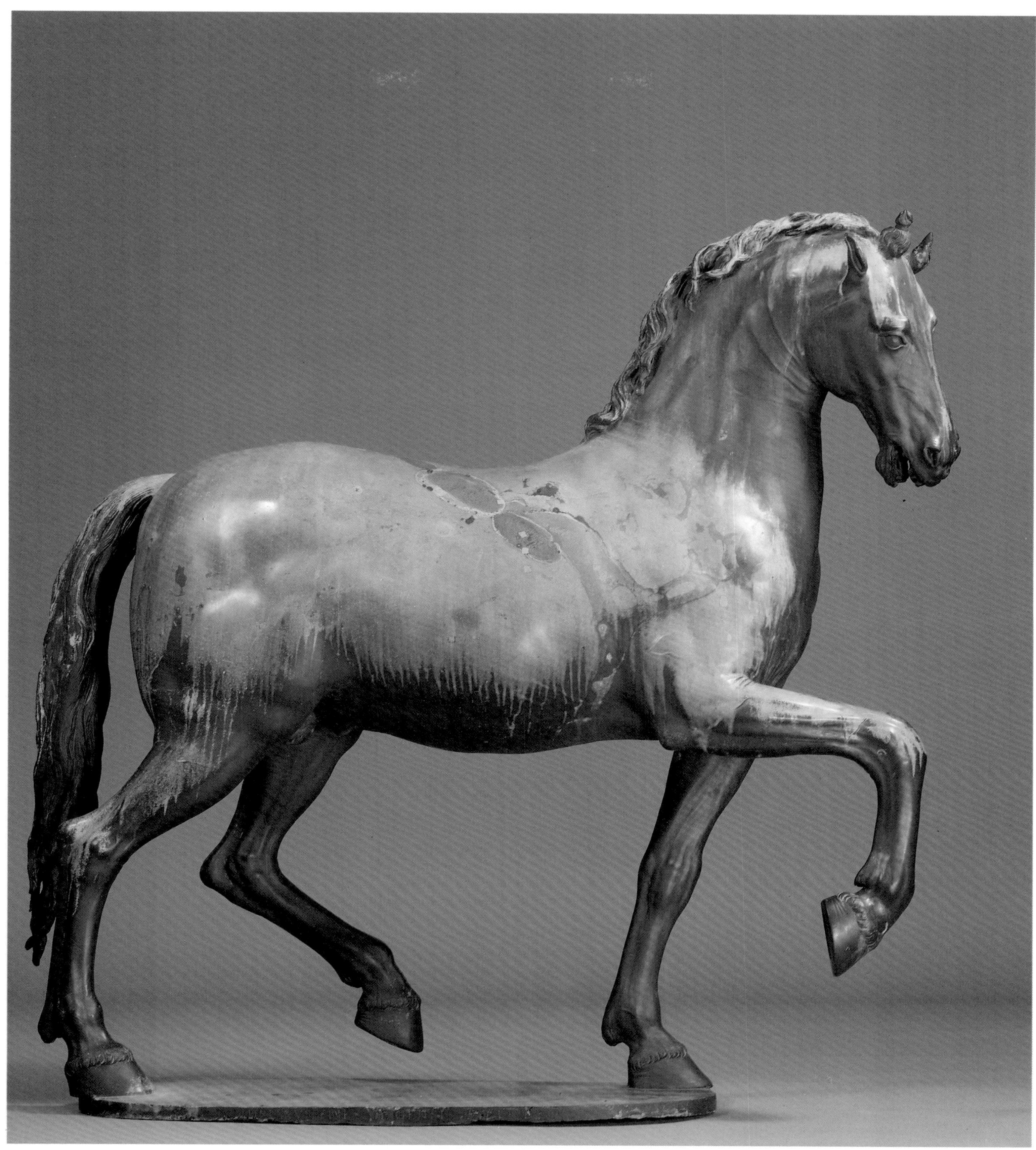

7 Adrian de Vries, *Pferd im Trab*. 1607 (Kat. 63)

8 Adrian de Vries, *Christus ›im Elend‹*. 1607 (Kat. 64)

36

Aufschrift: MECHTI KVLI BEG ENNVG OGLY ILLVSTRIS D[OMINUS] IN PERSIA LEGATVS REGIS PERSAR[UM] AD IMP[ERATOREM] ROMAN[UM] (= Mahdi Quli, Beg von Ennagoglu, hochgeborener Herr in Persien, Gesandter des Königs der Perser beim römischen Kaiser)
Dreizeilige Unterschrift in arabischen Schriftzeichen mit der Angabe des Namens, Titels und der Funktion des Dargestellten
Literatur: Hollstein 21. De Hoop Scheffer 1980, Nr. 275; Vocelka 1985, S. 201

Prag, Nationalgalerie, Inv. Nr. R–155.122

AEGIDIUS SADELER DER JÜNGERE
Antwerpen 1570 – Prag 1629

37 **Porträt des persischen Gesandten Zejnal Khan**
1604

Kupferstich; 22,8 × 15,7 cm
Bezeichnet unten: S[uae] Caes[areae] M[aiesta]tis sculptor Aegidius Sadeler ad viuum delineauit Pragae (= Ihrer kaiserlichen Majestät Kupferstecher Aegidius Sadeler hat es, sc. das Bildnis, nach dem Leben gezeichnet, in Prag);

37

am unteren rechten Rand die Adresse: Marco Sadeler excudit; datiert am Fuß des Medaillons: M.D.C.IIII. (= 1604)
Aufschrift: SYNAL CHAEN SERENISSIMVS PRINCEPS IN PERSIA MAGNI SOPHI REGIS PERSARVM AD AVGVSTVM CAESAREM RVDOLPHVM II. LEGATVS (= Zejnal Khan, durchlauchtigster Fürst in Persien, Gesandter des großen Sophi, König der Perser, beim erhabenen Kaiser Rudolf II.); am Fuß des Medaillons die kaiserliche Erlaubnis. Inschrift: cum priuil[egio] S[uae] Cae[sareae] M[aiesta]tis Anno M.D.C.IIII
Zweizeilige Unterschrift in arabischen Schriftzeichen mit der Angabe des Namens, Titels und der Funktion des Dargestellten
Literatur: Hollstein 21. De Hoop Scheffer 1980, Nr. 281; Kurz 1966, Abb. 3; Trunz 1986, Abb. 20

Im Zuge der zwischen dem Perserkönig Schah Abbas I. (1587–1629) aus dem Geschlecht der Safawiden und Kaiser Rudolf II. gepflegten diplomatischen Kontakte war im Juli 1605 abermals eine persische Gesandtschaft in Prag eingetroffen, an deren Spitze der ranghohe Beg Mahdi Quli stand und in deren Begleitung auch Zejnal Khan an den Kaiserhof gekommen war. Im November 1605 verließ die exotische Karawane Prag und zog nach Süden weiter. Der mit einem prächtigen, von einer Feder bekrönten Turban bekleidete Beg trägt nach Falknerart in der rechten Hand einen gezähmten Adler als Symbol der Macht. Als Vorlage für den Kupferstich diente eine Porträtminiatur, die Esaye Le Gillon für Kaiser Rudolf II. angefertigt hatte.
H. H.

Prag, Nationalgalerie, Inv. Nr. R–78.002

AEGIDIUS SADELER DER JÜNGERE
Antwerpen 1570 – Prag 1629

38 **Porträt des walachischen Woiwoden Michael (Mihai) des Tapferen**

Kupferstich; 23,6 × 15,5 cm
Bezeichnet und datiert unten: S[uae] Caes[areae] M[aiesta]tis sculptor Aeg[idius] Sadeler ad viuum delineauit, et D[ono] D[edit] Pragae MDCI (= Ihrer kaiserlichen Majestät Kupferstecher Aegidius Sadeler hat es, sc. das Bildnis, gezeichnet und, sc. ihm, zum Geschenk gemacht, Prag 1601)
Aufschrift: MICHAEL WAIVODA WALACHIAE TRANSALPINAE VTRAQVE FORTVNA INSIGNIS ET IN VTRAQ[UE] EADEM VIRTVTE AET[ATE] XLIII (= Michael, Woiwode der Walachei, berühmt in beiderlei Geschick und in beidem, sc. in Glück und Unglück, von gleicher Tugend, im Alter von 43 Jahren); am Fuße des Medaillons die kaiserliche Erlaubnis: cum priu[i]l[egio] S[uae] Ca-e[sareae] M[aiesta]tis
Die vierzeilige lateinische Unterschrift: ›Tanti facit ... obruens factis‹ weist auf die Bedeutung hin, die dem Dargestellten im Türkenkrieg und in Siebenbürgern zugekommen ist.
Literatur: C. Goellner, Michael der Tapfere im Lichte des Abendlands (Hermannstadt 1943); Viteazul Michai, Culegere de studii, Bukarest 1975

Das Fürstentum Siebenbürgen war wegen seiner Grenzlage ein wichtiger und heftig umkämpfter Vorposten der türkischen und der kaiserlichen Politik. Neben Siebenbürgen existierten noch die Donaufürstentümer Moldau und Walachei (lateinisch: Terra transalpina). Michael dem Tapferen, Fürst der Walachei, gelang es in den ersten Jahren des langen Türkenkrieges dank einer klugen Schaukelpolitik, sich eine starke Position zu verschaffen. Der Woiwode trat 1595 als Bundesgenosse Fürst Sigismund Báthorys von Siebenbürgen auf der Seite Kaiser Rudolfs II. in den Krieg ein und hatte wesentlichen Anteil an der Vertreibung der Türken aus Siebenbürgen. Als Sigismund 1598

38

39

Siebenbürgen an Kaiser Rudolf II. abtrat, schloß Michael mit dem Kaiser einen Sondervertrag und leistete ihm als seinem Schutzherrn den Treueeid. In Siebenbürgen kam 1599 mit Kardinal Andreas Báthory, dem Onkel Sigismunds, ein Mann an die Macht, dessen antihabsburgische Politik kein Geheimnis war. In dieser Situation machte sich Michael erbötig, das Land dem Kaiser zurückzuerobern, brach, ohne die Antwort Rudolfs abzuwarten, mit seinem Heer in Siebenbürgen ein, vertrieb Kardinal Andreas Báthory und übte unter dem Titel eines kaiserlichen Statthalters selbst die Regierung im Lande aus. Michael der Tapfere war auf dem Höhepunkt seiner Macht angelangt und vereinte wenigstens für kurze Zeit die Herrschaft in Siebenbürgen, der Walachei und der Moldau in einer Person. Die Abwesenheit Michaels, der sich 1600 in Suczawa zum Fürsten der Moldau hatte salben lassen, nützten die Anhänger Báthorys zu dem Versuch, Sigismund wieder auf den Thron zu bringen. Der gegen die siebenbürgischen Aufständischen aufgebrochene General Basta, ein persönlicher Gegner Michaels, fügte Sigismund bei Miriszló am Maros eine entscheidende Niederlage zu, nach der dieser den Rückzug antreten mußte. Michael selbst hatte unterdessen nicht nur erneut die Moldau, sondern mit der Walachei diesmal auch sein Stammland an Polen verloren, so daß er 1601 bei Kaiser Rudolf II. in Prag Zuflucht suchte. Gemeinsam mit General Basta vertrieb Michael im gleichen Jahr den ruhelosen Sigismund Báthory endgültig aus Siebenbürgen. Im Gefolge dieser Kämpfe fiel Michael der Tapfere am 19. August 1601 in seinem Zelt einem Mordanschlag zum Opfer, der von Soldaten General Bastas durchgeführt worden war. H. H.

Prag, Nationalgalerie, Inv. Nr. R–77.955

ANONYMER KUPFERSTECHER
17. Jahrhundert

39 **Porträt des Arztes und Rektors der Prager Universität Dr. Johannes Jessenius von Jessen**
1617

Kupferstich; 13,8 × 10,1 cm
Datiert in der Aufschrift: M.D.CXVII. (= 1617)
Aufschrift: D[OMINUS] IESSENIVS A IESSEN, OLIM VITENBERG[ENSIS] NVNC CAROLINAE PRAG[ENSIS] ACAD[EMIAE] RECTOR PVRPVRATVS AN[NO] M.D.CXVII (= Herr Johannes Jessenius von Jessen, einst der Akademie zu Wittenberg, nun der Prager Carolina Rektor im Purpurkleid, im Jahre 1617)
Literatur: F. Pick, Johann Jessenius de Magna Jessen, in: Studien zur Geschichte der Medizin 15, Leipzig 1926; J. V. Polišensky, Jan Jesenský-Jessenius, Prag 1965

Johannes Jessinski wurde 1566 in Siebenbürgen geboren. Nach Studien in Leipzig und Padua war er zunächst Professor und Rektor an der Universität Wittenberg. Kaiser Rudolf II. berief den inzwischen berühmt gewordenen gelehrten Arzt und Humanisten 1602 zu seinem Leibarzt. In Prag hatte Jessinski aber schon zuvor eine wichtige Stelle im wissenschaftlichen Leben der Stadt innegehabt. Berühmt geworden sind die Totenrede 1601 für seinen Freund Tycho Brahe sowie seine anatomischen Studien – Jessinski hatte im Jahre 1600 vor fast tausend Anwesenden die erste öffentliche Sektion in Prag durchgeführt. Zunächst ein gemäßigter Lutheraner, schloß sich Jessinski bald dem extremen politischen Protestantismus in Prag an und war wesentlich an jener Politik beteiligt, die 1618 zum böhmischen Aufstand führte. Jessinski wurde 1617 Rektor der Prager Karlsuniversität und verfaßte 1619 eine in lateinischer, deutscher und böhmischer Sprache abgefaßte Denkschrift zur Erneuerung und Reform der Universität. Im Frühjahr 1620 schickte der ›Winterkönig‹, Kurfürst Friedrich V. von der Pfalz, Dr. Jessinski als böhmischen Gesandten nach Siebenbürgen. Er hatte den Auftrag, gemeinsam mit Fürst Bethlen Gabor eine Allianz der konföderierten Protestanten gegen die katholische Liga selbst mit türkischer Hilfe zu erwirken. Diese diplomatische Aktivität brachte Jessinski schließlich vor das sogenannte ›Prager Blutgericht‹, wo er am 21. Juni 1621 als dritter der 27 zum Tode verurteilten Anführer des Aufstandes am Altstätter Ring enthauptet wurde. H. H.

Prag, Nationalgalerie, Inv. Nr. R–90.205

LUCAS KILIAN
Augsburg 1579 – Augsburg 1637

40 **Porträt des kaiserlichen Feldherrn Melchior von Redern**

Kupferstich nach einem Gemälde des Hans von Aachen aus dem ›Atrium Heroicum‹;
20 × 13,7 cm
Bezeichnet unten links: L[ukas] K[ilian] F[ecit]; unten rechts: S[UAE] C[AESAREAE] M[AIESTATIS] PICTOR JO [ANNES] AB ACH PINXIT (= Ihrer kaiserlichen Majestät Maler Hans von Aachen hat es, sc. das Bildnis, gemalt)
Widmung des Dominicus Custos unten links; Aufschrift: ILLVSTRIS ET MAG[NUS] D[OMINUS] D[OMI]N[US] MELCHIOR A REDERN, EQVES AVRAT[US] ET LIB[ER] BARO IN FRIDLAND, REICHENBERG ET SEIDENBERG, S[UAE] C[AESAREAE]

40

M[AIESTATIS] CONSIL[IARIUS] ET CONSILII BELLICI PRAESES (= Der hochgeborene und erhabene Herr, Herr Melchior von Redern, Ritter des Ordens vom goldenen Sporn, Freiherr zu Friedland, Reichenberg und Seidenberg, Ihrer kaiserlichen Majestät Rat und Hofkriegsratspräsident)
Die sechszeilige, als Distichon verfaßte lateinische Unterschrift ›Arx stetit ... Redere, mouet‹ rühmt die Taten des Feldherrn bei der Verteidigung der Christenheit gegen den Ansturm der mit den Hunnen verglichenen Türken
Literatur: Peltzer 1911/12, Abb. 40; Hollstein 17. Zijlma 1976, Nr. 385 und Abb. auf Seite 109

Der 1555 in Breslau geborene Melchior von Redern (auch: Rödern) entstammte einem alten schlesischen Adelsgeschlecht. Nach Studien in Heidelberg und Padua wandte sich Redern der militärischen Laufbahn zu. Er diente in Ungarn, Polen und den Niederlanden. 1588 begegnete Redern als bereits kriegserfahrener Oberst im Heere dem um den polnischen Königsthron kämpfenden Erzherzog Maximilian III. und wurde von diesem als Belohnung für seine Verdienste zum Rat und erzherzoglichen Hofmarschall ernannt. Bei dem den Türkenkrieg Kaiser Rudolfs II. auslösenden siegreichen Gefecht bei Sissek (Sisak) ritt Melchior von Redern an der Spitze eines schlesischen Reiterregiments eine vorentscheidende Attacke gegen das zahlenmäßig überlegene türkische Heer. Auch in den folgenden Jahren war Redern erfolgreich im Türkenkrieg tätig. Nach der Verteidigung Großwardeins (Nagy-Várád) ernannte ihn Kaiser Rudolf II. zum Kommandanten der Grenzfestung Raab (Györ) und erhob ihn zugleich in den Reichsfreiherrenstand. 1599 wurde Redern vom Kaiser zum Ritter des Ordens vom goldenen Sporn geschlagen und erlangte mit der Ernennung zum Präsidenten des Hofkriegsrates den Höhepunkt seiner militärischen Laufbahn. Im Jahre 1600 starb der schon längere Zeit kränkelnde Redern auf der Reise von Ungarn nach Wien, wo er für wenige Wochen nach dem Tode Graf Adolphs von Schwarzenberg zum Generalfeldmarschall avanciert war. H. H.

Prag, Nationalgalerie, Inv. Nr. R–206.254

ANONYMER KUPFERSTECHER
17. Jahrhundert

41 Porträt König Philipps II. von Spanien

Kupferstich; 16,2 × 12 cm
Am Fuße des Medaillons die Inschrift: Philippus II. dises Nahamens Khönig / auss Hispanien Ertzherzog zu Öster/reich.RR.
Literatur: L. Pfandl, Philipp II. Gemälde eines Lebens und einer Zeit, München 1938; W. Prescott, Geschichte Philipps II. 5 Bde., Leipzig 1856–1859

König Philipp II. mit dem Beinamen ›El Prudente‹ (= der Weise) wurde 1527 in Valladolid als Sohn Kaiser Karls V. und der Isabella von Portugal geboren und übernahm 1556 nach dem Regierungsverzicht seines Vaters die Herrschaft in Spanien. Seine Regierungszeit war ein Höhepunkt in der spanischen Geschichte. Unter Philipp II. erlangte Spanien die unbestrittene Hegemonie im politischen Kräftespiel der europäischen Staaten. Die überlegene Position Spaniens konnten auch verschiedene Rückschläge, wie etwa der Verlust der nördlichen Provinzen der Niederlande 1579–1581 oder die Niederlage zu See gegen England 1588 nicht ernstlich gefährden. Philipp II. war von dem Bewußtsein der Verantwortung für den Schutz der Christenheit durchdrungen und fühlte sich persönlich verpflichtet, im Kampf der Konfessionen dem Katholizismus zum entscheidenden Sieg zu verhelfen. Die Unduldsamkeit in konfessionellen Fragen war für ihn ebenso charakteristisch wie die bereits von den Zeitgenossen bewunderte oder gefürchtete

41

Haltung unbedingter Selbstbeherrschung. Kaiser Rudolf II., der gemeinsam mit seinem Bruder Erzherzog Ernst von 1564–1571 am Hofe König Philipps II. weilte, empfing in dieser Zeit viele Impulse und Eindrücke, die sein weiteres Leben und seine Auffassung vom Kaisertum tief beeinflußten und die so manche seiner Entscheidungen erst verständlich machen. König Philipp II. starb 1598 im von ihm erbauten Escorial. H. H.

Prag, Nationalgalerie, Inv. Nr. R–97.718

AEGIDIUS SADELER DER JÜNGERE
Antwerpen 1570–Prag 1629

42 Porträt des spanischen Botschafters in Prag Guillé de Sanclemente

Kupferstich; 18,3 × 12,3 cm
Bezeichnet am Fuße des Medaillons: S[UAE] C[AESAREAE] M[AIESTA]tis SCVLPT[OR] EG[IDIUS] SADELER FECIT ET DEDICAVIT (= Ihrer kaiserlichen Majestät Kupferstecher Aegidius Sadeler hat es, sc. das Bildnis, verfertigt und ihm gewidmet)
Aufschrift: D[OMINUS] D[OMINUS] GVILIELM[US] A S[ANC]to CLEMENTE, ORDINIS S[ANC]ti IACOBI DE SPATA EQVES AC COMENDATOR NEC NON CATH[OLI]cae MAIESTATIS A[ULICUS] CONS[ILIAR]is EIVSDEMQ[UE] APVD CAES[ARE]am MAIES[TA]tum ORATOR (= Herr Wilhelm

42

vom heiligen Clemens, Ritter und Kommandeur des Ordens des Heiligen Jakobus vom Schwerte sowie der katholischen Majestät Hofrat und derselben Botschafter bei der kaiserlichen Majestät); oben links das Wappen des Dargestellten, oben rechts eine Kartusche mit zerbrochenem Kompaß und dem Motto: Invenient fata
Die als zweizeiliges Distichon verfaßte lateinische Unterschrift ›Qui Celebri ... orbis honores‹ spielt ebenso wie die Attribute rechts und links unten auf die weiten Reisen des Dargestellten und auf seine Kriegserfahrung an
Literatur: Trunz 1986, Abb. 2

Der mit dem muschelförmigen Ordenszeichen des Ritterordens vom Heiligen Jakobus mit dem Schwerte, auch Orden von Compostela genannt, dargestellte Sanclemente stammt aus einem alten, in Barcelona ansässigen Adelsgeschlecht. Er weilte von 1581 bis 1608 als Botschafter der Könige Philipps II. und Philipp III. von Spanien in Prag. Von Kaiser Rudolf II. persönlich hochgeschätzt, betrieb Sanclemente eine kluge und letztlich auch erfolgreiche Politik des Ausgleichs zwischen König Philipp II. und dem Kaiser. Die erhaltene umfangreiche Korrespondenz Sanclementes ist nicht nur eine wichtige Quelle zum Verständnis der Persönlichkeit Kaiser Rudolfs II., sie zeigt auch die realistische und für einen Spanier maßvolle Einstellung Sanclementes zur Protestantenfrage. Spätestens seit den 90er Jahren des 16. Jahrhunderts festigte sich in ihm die Überzeugung, daß Rudolf II. wegen seiner Eigenart zur Ausübung der Regierung nicht geeignet sei, und er riet daher schon früh zu einem Regierungswechsel zugunsten von Erzherzog Matthias. Sanclemente war eine hochgebildete Persönlichkeit, die enge Beziehungen zum Prager Gelehrten- und Künstlerkreis unterhielt. Der 1608 nach 27jähriger Tätigkeit auf eigenen Wunsch aus seiner diplomatischen Funktion ausgeschiedene Sanclemente starb noch im gleichen Jahr, nur wenige Wochen nach der Ankunft seines Nachfolgers Baltasar de Zuñiga in Prag.
H. H.

Prag, Nationalgalerie, Inv. Nr. R–78.000/R–155.119

43

ANONYMER KUPFERSTECHER
17. Jahrhundert

43 Bildnis des türkischen Großwesirs und Anführers des türkischen Heeres Sinan Pascha

Kupferstich; 19,5 × 13,4 cm
Unterschrift: SINAN BASSA CAP[ITANO] GENERALE DEL' ESSERCITO DI MAVMET IMP[ERATORE] (= Sinan Pascha, Oberbefehlshaber des Heeres Kaiser Mehmeds III.); oben links in einer Kartusche ein Wappen mit vier Sternen

Sinan Pascha (Bassa) ist als bärtiger älterer Mann mit hohem Turban, Zepter und Schwert als Attribut des Großwesirs und Oberbefehlshabers des türkischen Heeres vor dem Hintergrund vermutlich der Schlacht bei Raab 1594 dargestellt. Der aus dem albanischen Epirus stammende Sinan war einer der bedeutendsten Heerführer des Osmanischen Reiches im 16. Jahrhundert und wesentlich an den militärischen Erfolgen Sultan Süleimans des Prächtigen beteiligt gewesen. Sein herausragendster Sieg war die Eroberung der Festung Goleta bei Tunis, die einst von Kaiser Karl V. erstürmt worden war. Sinan Pascha, der große Reichtümer gehäuft hatte, bekleidete unter den Sultanen Murad III. (1546–1595) und Mehmed III. (1566–1603) fünfmal das Amt eines Großwesirs. Auf sein Betreiben hin hatte Murad III. nach dem Erfolg der kaiserlichen Reiterei bei Sissek (Sisak) 1593 Rudolf II. den Krieg erklärt, in dem der greise Sinan Pascha, er zählte damals bereits 81 Jahre, den militärischen Oberbefehl übernahm. Unter seiner Leitung eroberten die osmanischen Truppen im September 1594 die Festung Raab, die vier Jahre später von den Kaiserlichen unter der Führung Adolphs von Schwarzenberg zurückgewonnen werden konnte. Sinan Pascha starb 84jährig im Jahre 1596.
H. H.

Prag, Nationalgalerie, Inv. Nr. Clementinum 6.693

DOMINICUS CUSTOS
Antwerpen 1550/60 – Augsburg 1612

44 Porträt des türkischen Kommandanten von Ofen Süleiman Pascha

Kupferstich; 18,4 × 11,8 cm
Bezeichnet unten rechts: D[ominicus] C[ustos] ex[cudit]; teilweise datiert in der zweiten Unterschriftszeile: SOLIMANNVS BASSA BVDENSIS CAPT[U]S A CAESAREANIS DIE VII. MENS[IS] AVG[USTAE] (= Süleiman, Bassa von Buda, ist von den Kaiserlichen am 7. August, sc. des Jahres 1599, gefangengenommen worden)
Titel: SOLIMANVS BASCHA VON OFEN; die vierzeilige lateinische Unterschrift ›SOLIMANNVS BASSA ... manicis ferreis‹ verweist auf die Gefangennahme des Dargestellten im Jahre 1599 durch die kaiserlichen Truppen

Der Beğlerbeği von Ofen (Buda) war der oberste Vertreter Konstantinopels in Ungarn und

SOLIMANVS BASHA VON OFEN.
SOLIMANNVS BASSA BVDENSIS
CAPT.S A' CÆSAREANIS DIE VII. MENS. AVG:
Ad alligandos Reges eorum in compedibus.
et nobiles eorum in manicis ferreis.

44

zugleich der diplomatische Vertreter des Sultans dem Ausland gegenüber. In dieser Funktion hatte er oft mit ausländischen Fürsten beziehungsweise deren Gesandten Verhandlungen zu führen. Die Gefangennahme des Beğlerbeği von Ofen, Süleiman, am 7. August 1599 bedeutete demgemäß einen Triumph für den Kaiser, der propagandistisch verbreitet wurde. In den zeitgenössischen Berichten wird allerdings auch ausdrücklich darauf hingewiesen, daß Süleiman, dem Vornehmheit und großes militärisches Können zugestanden wurden, nur deshalb in die Hände der Kaiserlichen geraten war, weil sein Pferd bei der Attacke gescheut und den Reiter abgeworfen hatte. Der Pascha wurde von Nikolaus II. Graf Pálffy, dem Kommandanten der Festung Gran, Erzherzog Matthias zum Geschenk gemacht und nach Wien geschickt. H. H.

Prag, Nationalgalerie, Inv. Nr. Clementinum 6.729

45

AEGIDIUS SADELER DER JÜNGERE
Antwerpen 1570 – Prag 1629

45 Porträt des in persischen Diensten stehenden Engländers Sir Anthony Sherley

Kupferstich; 19 × 13,5 cm
Bezeichnet unten: S[uae] Cae[sareae] M[aiesta]tis sculptor Aegidius Sadeler D[ono] D[edit] (= Ihrer kaiserlichen Majestät Kupferstecher Aegidius Sadeler hat es, sc. das Bildnis, ihm zum Geschenk gemacht)
Aufschrift: ANTONIVS SHERLEYNS ANGLUS EQVES AVRATVS (= Der Engländer Antonius Sherleyns, Ritter des Ordens vom goldenen Sporn); am Fuße des Medaillons der Hinweis auf die kaiserliche Erlaubnis: cum priuil[egio] S[uae] Cae[sareae] M[aiesta]tis
Die vierzeilige lateinische Unterschrift ›Magni Sophi ... ad os‹ nennt den Dargestellten als den Urheber und Anführer der Legation des persischen Königs beim Kaiserhof in Prag
Literatur: F. Babinger, Sherleiana, Berlin 1932; B. Penrose, The Sherleian Odyssey, Taunton 1938; Hollstein 21. De Hoop Scheffer 1980, Nr. 329

Wir begegnen dem 1565 geborenen und in Oxford erzogenen Anthony Sherley zunächst bei den in den Niederlanden kämpfenden englischen Truppen. Später, 1591, nahm Sherley an der Expedition des Earl of Sussex, Robert Devereux, teil. Ab diesem Zeitpunkt bereiste Sherley die Welt. Zwar scheiterte die von ihm geplante große Expedition entlang der Westküste Afrikas nach Zentralamerika an der Meuterei der Schiffsbesatzung, doch entschloß sich Sir Sherley 1598 zu einer Reise nach Persien mit dem Ziel, die Handelsbeziehungen zwischen England und Persien auszubauen und die Perser in ihrem Kampf gegen das Osmanische Reich aufzumuntern. Schah Abbas I., der Große, nahm Sherley bereitwillig auf, machte ihn zum persischen Prinzen und bediente sich seiner Person beim Versuch, mit dem Westen in näheren Kontakt zu treten. Als Abgesandter des Schahs besuchte Sir Sherley zahlreiche europäische Höfe, darunter 1605 auch Prag, wo Kaiser Rudolf II. die persische Gesandtschaft mit großem Prunk empfing. Wenn auch die Kontakte zwischen dem Kaiserhof und Persien nur von kurzer Dauer waren, so hinterließen sie, wie die Inventare zeigen, doch Spuren in den kaiserlichen Sammlungen. Sherley reiste in der Folge nach Marokko und ließ sich später in Lissabon und Madrid nieder, wo er um 1635 auch starb. Berühmt geworden ist die von ihm verfaßte und 1613 herausgegebene Beschreibung seiner Reisen an den persischen Hof nach Isfahan. H. H.

Prag, Nationalgalerie, Inv. Nr. R–155.104

Adrian de Vries, Rudolf II. als Förderer der Künste. 1609, Bronzerelief. Windsor Castle, Sammlung Ihrer Majestät Elizabeth II. Königin von England

Bildhauerkunst und Plastik am Hofe Rudolfs II.

Lars Olof Larsson

Gemessen an der Malerei, der Goldschmiede- und der Steinschleiferkunst nimmt die Plastik in quantitativer Hinsicht keinen herausragenden Platz in der rudolfinischen Hofkunst ein. Hinsichtlich der künstlerischen Qualität der Werke aber steht sie den anderen Kunstgattungen nicht nach. Rudolf II. besaß in seiner Sammlung Werke der bedeutendsten zeitgenössischen italienischen und niederländischen Bildhauer, und in Adrian de Vries stand ihm einer der wichtigsten Vertreter der europäischen Bronzeplastik der Zeit als Kammerbildhauer zur Verfügung.[1] Untersuchen wir die Rolle der Plastik im Gesamtzusammenhang der fürstlichen Repräsentation, von der ja die Hofkunst ein Teil war, und vergleichen wir sie mit anderen europäischen Höfen, fallen bald einige Besonderheiten auf. In der 2. Hälfte des 16. Jahrhunderts ließen Fürsten und Städte in Italien öffentliche *Brunnen* mit großfigurigem Skulpturenschmuck errichten. Bekannte Beispiele dafür sind die Neptunbrunnen in Bologna und in Florenz, beides Werke, die mit Sicherheit auch Kaiser Rudolf II. bekannt waren.[2] In Deutschland folgte Augsburg dem italienischen Beispiel. Hier schuf Hubert Gerhard 1587–1594 den Augustusbrunnen, und einige Jahre später wurde Adrian de Vries in die Stadt berufen, um den Merkur- und den Herkulesbrunnen auszuführen.[3] Diese Brunnen besitzen einen hohen repräsentativen Wert und sind als Denkmäler kluger politischer Führung zu verstehen.

Die zweite Hälfte des 16. Jahrhunderts war auch die Zeit der ersten Herrscherdenkmäler. Höchste Form eines Fürstendenkmals war das *Reiterstandbild.* Berühmte Beispiele dafür sind Giovanni Bolognas Denkmäler der Großherzöge Cosimo I. und Ferdinand I. in Florenz und König Heinrichs IV. von Frankreich in Paris. Bemerkenswert bei dem Denkmal Ferdinands ist, daß es noch zu Lebzeiten des Herzogs errichtet wurde.[4]

Eine weniger herausfordernde Form der fürstlichen Repräsentation, die auch großen Spielraum für die Plastik bot, war das *Grabmal.* Ein kaum zu überbietendes Beispiel auf diesem Gebiet hatte Kaiser Maximilian I. mit seinem Grabmalprojekt in der Hofkirche von Innsbruck gesetzt. Es war so groß angelegt, daß es erst gegen Ende des Jahrhunderts vollendet werden konnte.[5] Im Escorial ließ Philipp II., wohl in gewisser Anknüpfung an das Beispiel des Maximiliangrabes, das großartige Ensemble lebensgroßer Bronzeskulpturen der kaiserlichen und der königlichen Familie, in ewiger Anbetung zum Altar hin kniend dargestellt, von Pompeo Leoni ausführen.[6] Der ebenso monumentale Grabmalentwurf für Herzog Wilhelm V. von Bayern wurde zwar nicht vollendet, mehrere lebensgroße Bronzeskulpturen waren aber bereits gegossen, als man das Projekt aufgab.[7]

Es ist bemerkenswert und charakteristisch, daß Rudolf diesen Beispielen, die ihm alle bekannt gewesen sein müssen, nicht gefolgt ist. Er hat weder in Wien noch in Prag öffentliche Brunnen oder Denkmäler errichten lassen. Für seine Zurückhaltung auf diesem Gebiet sind die ausgesprochen schlichten, mit treuherzigen Versen versehenen sogenannten *Raaber Kreuze,* die nach der Wiedereroberung der Festung Raab (Györ) errichtet wurden, kennzeichnend.[8] Auch in bezug auf Grabdenkmäler hat Rudolf II. Zurückhaltung geübt. Das Grabmal, das er für seinen Vater, Maximilian II., in Prag errichten ließ, war bereits von diesem selbst für seine Eltern Ferdinand und Anna in Auftrag gegeben worden; Rudolf ließ es einfach um die Plastik seines Vaters erweitern (Abb. 1).[9] Es handelt sich um ein zwar prachtvolles, aber im Typus traditionelles Tumbagrab, das sich, trotz der guten bildhauerischen Arbeit von Alexander Colin, in der Wirkung mit den obengenannten Beispielen nicht messen kann. Für sich selbst hat Rudolf kein Grabmal errichten lassen.

Rudolf II. war ein großer Gartenliebhaber. Unter seiner Regierung wurden die Gärten der Prager Burg ausgebaut und reich ausgestattet. Gleichzeitig entstand eine prachtvolle Gartenanlage in Brandeis (Brandýs nad Labem), einer der Lieblingsresidenzen des Kaisers unweit von Prag. In diesen Gärten gab es selbstverständlich auch Brunnen und Wasserspiele; *Brunnen* mit Skulpturenschmuck und andere *Gartenskulpturen,* wie sie vor allem die Medici-Gärten, aber auch die der Münchener Residenz in reichem Maße zierten, scheinen in den kaiserlichen Gärten aber keine Rolle gespielt zu haben. Von den Skulpturenbrunnen, die Maximilian II. an Alexander Colin für den Fasanengarten bei Wien in Auftrag gegeben hatte, ließ Rudolf nur einen vollenden, und er hat offensichtlich Colin nicht

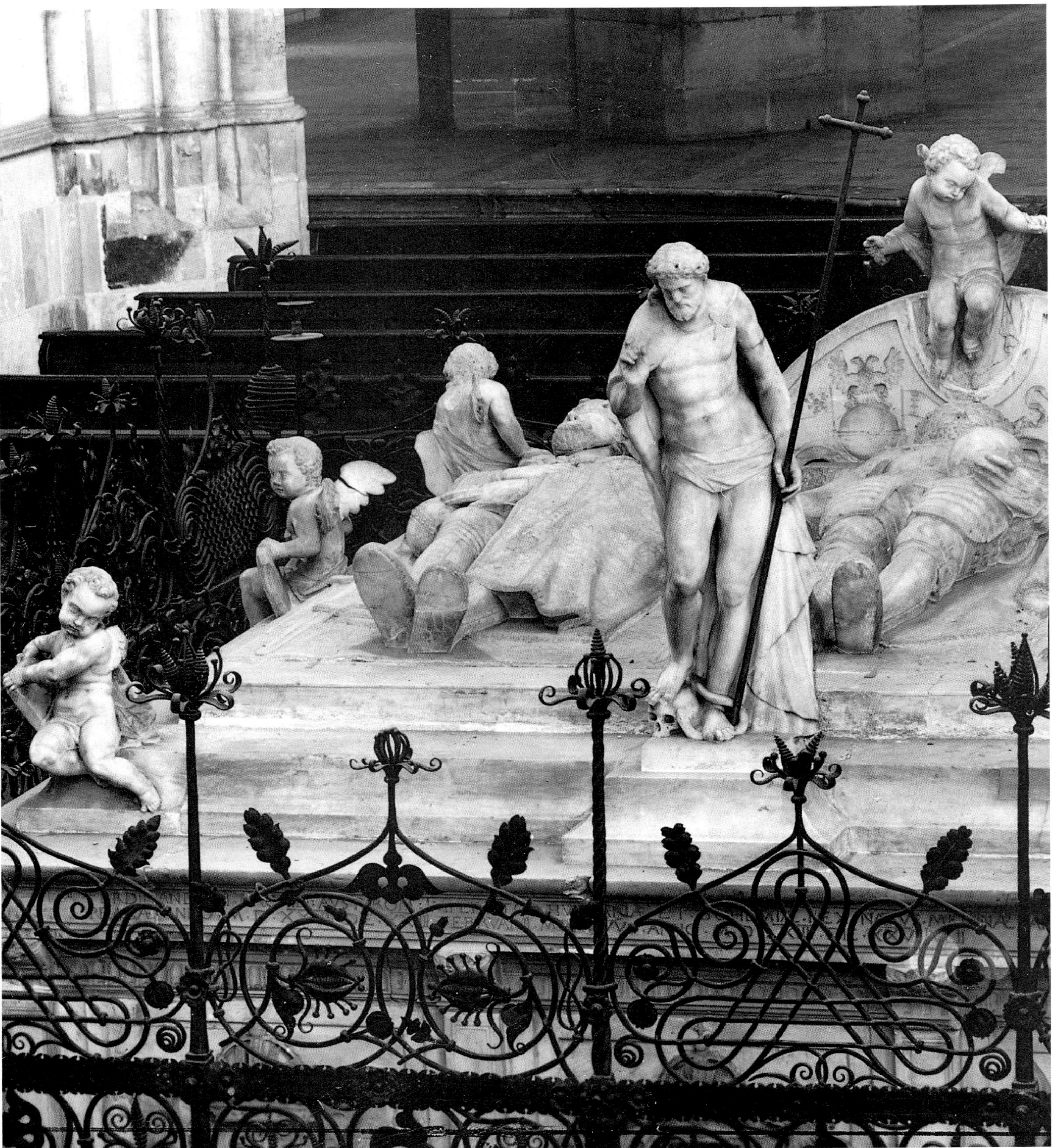

für die Prager Gärten arbeiten lassen.[10] Die Erforschung der rudolfinischen Gärten befindet sich allerdings noch in den Anfängen. Vielleicht wird eine systematische Untersuchung der Quellen dieses Bildes korrigieren können.

Von der Bauplastik und der Stuckdekoration der *Prunkräume* in der Prager Burg und den übrigen Residenzen ist fast nichts erhalten geblieben. Aus Quellen wissen wir jedoch, daß der unter Rudolf II. gebaute sogenannte Neue Saal der Burg einen reichen plastischen Schmuck, offensichtlich mit zum Teil großen Skulpturen in Stuck, besaß. Durch ein Inventar von 1621 wissen wir, daß diese Skulpturen Gestalten aus der antiken Mythologie darstellten, über ihr Aussehen ist uns jedoch nichts bekannt.

Bildhauerkunst und Plastik haben also wenig dazu beigetragen, den kaiserlichen Herrschaftsbereich zu prägen; dies scheint, mit dem oben genannten Vorbehalt ausgesprochen, auch für die Gärten zu gelten. Wichtiger war ihre Rolle bei der Ausstattung der Prunkräume in der Residenz. Aber auch darüber lassen sich heute nur Vermutungen anstellen.

Wie die übrigen Gattungen der bildenden Kunst entfaltet sich die Plastik am reichsten im Rahmen der *kaiserlichen Kunstsammlungen.* Das Inventar der Kunstkammer Rudolfs II. verzeichnet eine imponierende Zahl von Skulpturen der bedeutendsten Künstler der Zeit.[11]

Es handelt sich dabei vor allem um Kunstwerke von kleinem Format, Bronzestatuetten, Wachsbozzetti, Alabaster- und Elfenbeinfiguren etc. Besonders stark vertreten waren, neben den Künstlern des rudolfinischen Kreises, z. B. Adrian de Vries, Alessandro und Antonio Abondio und Giovanni Baptista Quadri, sowie der am Hofe der Medici in Florenz tätige Giovanni Bologna.

Bemerkenswert ist die geringe Bedeutung der antiken Skulptur in der Sammlung. Während in vielen vergleichbaren Sammlungen echte oder für echt gehaltene Antiken den zentralen Platz einnahmen, fehlten sie hier weitgehend. Dem Kaiser gehörten allerdings zwei sehr berühmte antike Skulpturen, der sogenannte *Letto di Policleto* und der *Ilioneus* (heute München, Glyptothek). Interessanterweise handelt es sich dabei um Arbeiten, die vor allem wegen ihrer ungewöhnlichen Bewegungsmotive bewundert wurden. Darin weisen sie eine große Affinität mit den Arbeiten der Hofkünstler auf.

War der Geschmack Rudolfs II. durch seinen Aufenthalt in Spanien für die Malerei der Venezianer geprägt worden, so scheinen die Beziehungen zum Florentiner Hof und zu Giovanni Bologna, die bereits Maximilian II. geknüpft hatte, seine Einstellung zur Bildhauerkunst bestimmt zu haben. Die Beziehungen des Kaiserhofes zu Giovanni Bologna reichen weit zurück. Bereits 1562 scheint Ferdinand I. versucht zu haben, den Künstler für die Vollendung des Maximiliangrabes in Innsbruck zu gewinnen.[12] Das muß der erste einer Reihe von Versuchen gewesen sein, Giovanni Bologna an den Habsburger Hof zu berufen. 1565 gelangten Arbeiten von ihm als Geschenke im Zusammenhang mit der Brautwerbung Francesco de' Medicis nach Wien. Über die Identifikation dieser Geschenke ist viel diskutiert worden. Raffaelo Borghini (1584), der Giovanni Bologna gut kannte, zählt die drei Bronzeskulpturen auf: ein *Merkur,* »groß wie ein 15jähriger Jüngling«, eine *Historia* und eine *kleine Frauenfigur.*[13] Mißverständlich ist der Ausdruck »groß wie ein 15jähriger Jüngling«. Meinte Borghini damit, daß Merkur mit dem Aussehen eines 15jährigen Jünglings dargestellt oder daß die Skulptur etwa lebensgroß sei? Die Gegenüberstellung dieser Angabe mit dem Ausdruck ›figurina‹ für die zweite Figur läßt wohl am ehesten auf die Alternative ›etwa lebensgroß‹ schließen. Bestätigt wird diese Interpretation anscheinend von Vasari, der mit Sicherheit gut unterrichtet war. Er zählt den ›Merkur‹ unter den bedeutendsten Werken des Giovanni Bologna auf, wobei er, soweit sich das heute nachweisen läßt, nur große Skulpturen nennt.[14]

Einigkeit scheint heute darüber zu herrschen, daß das kleine Bronzerelief mit der *Allegorie auf den Prinzen Francesco de' Medici* (Kat. Nr. 51) mit der *Historia* identisch ist. Merkur wurde lange mit der signierten Statuette in Wien (Kat. Nr. 48) identifiziert, bis eine genauere Kenntnis der künstlerischen Entwicklung Giovanni Bolognas es nicht mehr glaubhaft erscheinen ließ, daß diese Figur bereits um 1565 entstanden sei. Wie bereits angeführt, muß es sich außerdem um eine etwa lebensgroße Figur, nicht um eine Statuette gehandelt haben. Wir müssen also damit rechnen, daß Maximilian II. und nach ihm Rudolf einen großen *Fliegenden Merkur* von Giovanni Bologna besaßen, den wir allerdings nicht in den Inventaren der Kunstkammer nachweisen können. In diesem Zusammenhang gewinnt ein großer *Bronzemerkur* in schwedischem Privatbesitz besondere Bedeutung (Abb. 2).[15] Er weist starke stilistische Ähnlichkeit mit den Arbeiten Giovanni Bolognas aus der Zeit um 1560–1565 auf. Im Typus unterscheidet er sich von späteren Fassungen des fliegenden Merkur, indem er nach unten, nicht nach oben blickt. Das gibt der Figur einen energischeren, aber auch etwas schwereren Charakter. Interessanterweise zeigt eine *Merkurstatuette* von Adrian de Vries (Kat. Nr. 67), die in Prag entstanden sein muß, die gleiche Haltung. Das spricht dafür, daß er diese Skulptur gekannt hat. Vor diesem Hinter-

◁ 1 Alexander Colin, *Grabmal Kaiser Ferdinands I., Kaiserin Annas und Kaiser Maximilians II.* Prag, St. Veitsdom

grund scheint es erlaubt, die Hypothese aufzustellen, daß Rudolf die erste Fassung des großen *Fliegenden Merkur* besaß und daß diese Skulptur 1648 als Kriegsbeute nach Schweden gelangte.

Giovanni Bolognas Beziehungen zum Habsburger Hof blieben bestehen. Unter anderem hat er mehrfach junge Künstler an den Hof vermittelt. 1588 wurde er von Rudolf in den Adelsstand erhoben. Ob diese Auszeichnung aus einem besonderen Anlaß oder mit einer bestimmten Absicht erfolgte, läßt sich nicht sagen. Erinnert sei nur daran, daß Adrian de Vries kurze Zeit danach nach Prag kam, um dort einige große Plastiken auszuführen. Rudolf II. kann schon vorher die Absicht gehabt haben, größere Skulpturenprojekte in Angriff zu nehmen, für die er Giovanni Bologna gewinnen wollte.

Vielleicht hat sich Giovanni Bologna auch für die ihm widerfahrene Ehre mit entsprechenden Geschenken bedankt. Es ist jedenfalls nicht unwahrscheinlich, daß einige der Statuetten von seiner Hand auf diesem Weg in die Kunstkammer gelangten.

1575 trat der Bildhauer Hans Mont auf Empfehlung Giovanni Bolognas in den Dienst Maximilians II.[16] Zusammen mit Bartholomäus Spranger, der mit ihm nach Wien gekommen war, arbeitete er im sogenannten Neugebäude, dem großen Lustschloß, das Maximilian vor Wien bauen ließ. Er soll dort große Stuckfiguren modelliert haben. Von diesen Arbeiten ist nichts erhalten geblieben. 1577 arbeiteten die beiden Künstler an einem Triumphbogen in Wien, der zum Einzug des neugewählten Kaisers Rudolf II. in der Stadt errichtet wurde. Mont hat dabei sowohl die Architektur entworfen, als auch die wichtigsten Skulpturen modelliert.

Mont ging danach mit dem kaiserlichen Gefolge nach Prag, während Spranger zunächst in Wien zurückblieb. In Prag sollte Mont wahrscheinlich die Begräbnisfeierlichkeiten für den verstorbenen Kaiser Maximilian II. mit vorbereiten. Gelegenheitsarchitektur und Skulptur aus vergänglichem Material spielten eine wichtige Rolle bei einer fürstlichen *pompa funebris* jener Zeit. Über die weitere Tätigkeit Hans Monts in Prag ist nichts bekannt. Sie kann ohnehin nur von kurzer Dauer gewesen sein, denn bereits Anfang 1580 muß er die Stadt verlassen haben. Im Mai dieses Jahres ist seine Anwesenheit in Ulm belegt, wo er bis 1582 mit Arbeiten an der Stadtbefestigung beschäftigt war. Über seine Gründe, Prag zu verlassen, gibt es verschiedene Behauptungen: Karel van Mander erzählt, Mont habe, ohne um seine Entlassung zu bitten, enttäuscht die Stadt verlassen, da er keine Aufträge erhalten habe. Der Ulmer Kaufmann Hans Ulrich Krafft, der Spranger 1584 in Prag besuchte, berichtet dagegen, beim Zuschauen im Ballhaus habe ein Ball Monts Auge verletzt,

2 Giovanni Bologna (?), *Merkur*. Bronze, Schweden, Privatbesitz

so daß er meinte, seine Kunst nicht mehr ausüben zu können. Welche Version auch die richtige ist (vielleicht enthalten beide einen Teil Wahrheit); es scheint festzustehen, daß Mont plötzlich und unvorhergesehen seine Tätigkeit in Prag abgebrochen hat. Das wirft ein interessantes Licht auf die *Venus und Adonis-Gruppe* in der Ausstellung (Kat. Nr. 72). Diese Skulptur ist mitten in der Arbeit aufgegeben worden. Sie ist nur teilweise ziseliert, und an mehreren Stellen sind noch die mit Bronze gefüllten Luftkanäle stehengeblieben.

Die einzigen Arbeiten, die mit Sicherheit Hans Mont zugeschrieben werden können, sind zwei Zeichnungen (Kat. Nr. 232, 233). Leider taucht sein Name im Kunstkammerinventar nicht auf. Das dürfte damit zusammenhängen, daß seine Tätigkeit in Prag, als das Inventar verfaßt wurde, so weit zurücklag, daß man seinen Namen vergessen hatte. Es ist kaum denkbar, daß sich von ihm keine Arbeiten in der Kunstkammer befunden haben sollten. Durch andere Quellen wissen wir, daß Hans Mont Statuetten aus Alabaster und Marmor ausgeführt hat. Vielleicht stammen die »runden Bilder von Alabaster und Marmelstein«, die im Inventar verzeichnet sind, von ihm. Das Motiv einer dieser Statuetten, eine nackte Frau, »so mit dem lincken fuß uff einem *vaso* steht und mit tüchern sich abtrücknet«, legt die Vermutung nahe, daß es sich um die Kopie einer Giovanni Bologna-Figur handelt, was zu Mont, einem Schüler Giovanni Bolognas, gut passen würde. Eine Vorstellung davon, wie diese nicht mehr nachweisbaren Statuetten ausgesehen haben, kann vielleicht die *Venus- und Mars-Gruppe* der Ausstellung (Kat. Nr. 73) geben.

Eine interessante Hypothese ist die Zuschreibung der großartigen Stuckdekorationen im Schloß Bučovice in Mähren (Abb. 3) an Mont.[17] Sie werden um 1585 datiert und können also von Mont, nachdem er Ulm verlassen hatte, ausgeführt worden sein – vorausgesetzt natürlich, daß das verletzte Auge ihn tatsächlich nicht daran gehindert hat, seine Kunst weiter auszuüben.

Nachdem Mont Prag verlassen hatte, scheint Rudolf II. mehrere Jahre lang keinen Bildhauer von Rang in seinen Diensten gehabt haben. Es ist auch fraglich, ob ihm zu dieser Zeit viel daran lag. Er scheint z. B. den im Dienste Maximilians II. arbeitenden Jan Gregor van der Schardt nicht übernommen zu haben, obwohl dieser zu den bemerkenswertesten Künstlern seiner Zeit in Mitteleuropa gezählt werden muß. Das bedeutet natürlich nicht, daß Bildhauerkunst und Plastik an Rudolfs Hof ganz zum Erliegen kamen. Ein Künstler wie Antonio Abondio, der vor allem für Medaillen und Wachsbildnisse zuständig war, hat auch andere Kleinplastiken gearbeitet, und der Maler Bartholomäus Spranger hat nachweislich auch Plastiken geschaffen. Mit Hilfe von Stichen, die nach seinen plastischen Vorlagen gestochen worden sind, ist es möglich gewesen, ihm ein Relief (Abb. 5) und eine Statuette (Kat. Nr. 491) zuzuschreiben.

Anfang der 90er Jahre kam Adrian de Vries nach Prag. Ehe er in den Dienst des Kaisers trat, arbeitete er mehrere Jahre in der Werkstatt Giovanni Bolognas und eine kurze Zeit am Hof von Turin. Wie die Verbindung zwischen Adrian de Vries und dem Kaiser geknüpft wurde, wissen wir nicht. Es ist aber nicht unwahrscheinlich, daß Giovanni Bologna auch diesmal vermittelt hat.

Über diesen ersten Aufenthalt von Adrian de Vries in Prag ist nur bekannt, daß er 1593 die große *Merkur und Psyche-Gruppe* schuf (Abb. 4). Etwa gleichzeitig dürfte die große Bronzeplastik *Psyche, getragen von Amorinen*

3 Hans Mont (?), *Europa auf dem Stier.* Um 1585. Stuck. Schloß Bučovice

(Kat. Nr. 56), entstanden sein. Es ist bemerkenswert, daß zwei der ersten Werke des Künstlers für den Kaiser Themen aus der Psyche-Sage verarbeiten. Dieses, in der Nachfolge von Raffaels Fresken in der Villa Farnesina in Rom beliebte Thema in der dekorativen Malerei in Italien, spielt in der Ikonographie der rudolfinischen Kunst eine zentrale Rolle. Die tiefere Bedeutung dieser Thematik in der Prager Hofkunst ist noch ungenügend erforscht. Was die großen Bronzeskulpturen betrifft, darf man aber annehmen, daß die virtuose Leistung des Künstlers, die großen, schweren Figuren so darzustellen, daß sie zu fliegen oder zu schweben scheinen, vor allem ihren Wert bestimmten. Mit ihnen trat Adrian de Vries wie mit einem Paukenschlag auf die Bühne der rudolfinischen Kunst. Motivische Anregungen für die *Merkur und Psyche-Gruppe* kann er von Bartholomäus Spranger erhalten haben. Wichtiger ist jedoch, daß er in diesen Arbeiten in Wettstreit mit den berühmtesten Werken seines Lehrers Giovanni Bologna trat. *Merkur und Psyche* kombiniert das Thema des fliegenden Merkur mit dem des Sabinerinnenraubes. Wie bereits erwähnt, besaß Rudolf II. wahrscheinlich das erste große Exemplar von Giovanni Bolognas *Fliegendem Merkur,* und vermutlich befanden sich schon zu dieser Zeit sowohl die zweifigurige als auch die dreifigurige Fassung des *Sabinerinnenraubes* in der Kunstkammer. Man darf davon ausgehen, daß der Kaiser auch in der Lage war, den Vergleich nachzuvollziehen.

Die *Merkur und Psyche-Gruppe* stand zunächst im Belvedere. 1621 befand sie sich zusammen mit *Psyche, getragen von Amorinen,* und einem *Herkules* »auf einem tra-

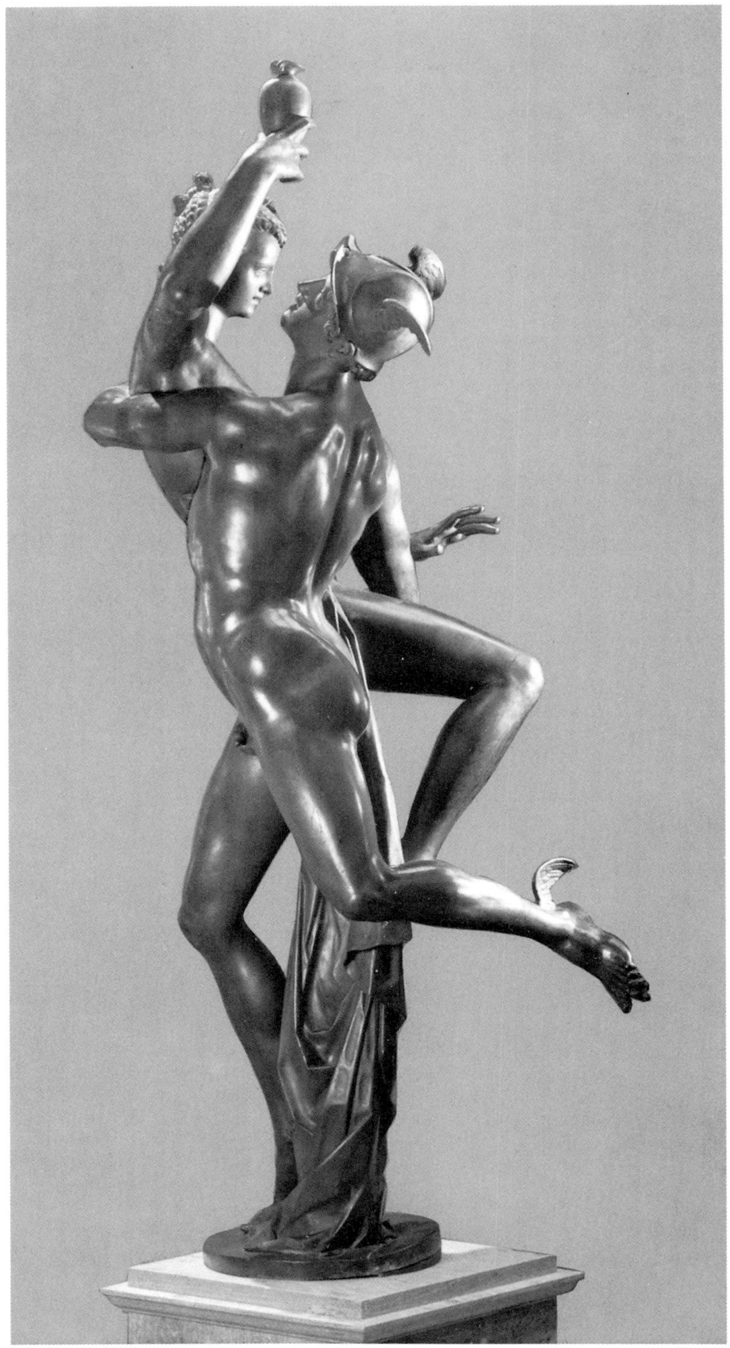

4 Adrian de Vries, *Merkur und Psyche.* 1593. Bronze. Paris, Louvre

5 Bartholomäus Spranger, *Grablegung Christi.* Terrakotta. London, Ehem. Sammlung Graf Seilern

chen« aus Bronze im Neuen Saal. Vermutlich ist die Herkulesplastik identisch mit einer Brunnenskulptur in Drottningholm bei Stockholm, die als Kriegsbeute aus Prag dorthin gekommen ist. Wie ›Merkur und Psyche‹, nimmt auch ›Herkules‹ einen wichtigen Platz in der Ikonographie der Prager Hofkunst ein. Rudolf ließ sich gern mit den Attributen des Herkules darstellen, und der Kampf mit der Hydra könnte als Gleichnis für den ab 1592 wieder ausgebrochenen Krieg gegen die Türken verstanden werden.

Adrian de Vries scheint Prag bereits 1594 erneut verlassen zu haben. Von 1596–1602 war er in Augsburg tätig, wo er die großen Merkur- und Herkulesbrunnen schuf. Im Mai 1601 erfolgte die Ernennung zum Kammerbildhauer in Prag. In dieser Stellung blieb er bis zum Tode Kaiser Rudolfs 1612.

Vielleicht waren die bevorstehenden Ausstattungsarbeiten im Neuen Saal der Anlaß für seine Wiederberufung nach Prag. Wir wissen, daß Adrian de Vries an der Ausschmückung des Neuen Saales beteiligt war. Es ist anzunehmen, daß er einige der großen Stuckfiguren, die sich dort befanden, modellierte. Während von diesen Arbeiten nichts erhalten geblieben ist, scheinen die meisten seiner Werke in Bronze aus dieser Zeit, die wir durch das Kunstkammerinventar oder durch andere Quellen kennen, erhalten geblieben zu sein. Zu den ersten Werken, die Adrian de Vries nach seiner Rückkehr nach Prag schuf, gehörten zwei figürliche Tischfüße aus Bronze. Sie stellten Ganymed mit dem Adler und eine Frauenfigur mit einem Löwen dar. Die Tischplatten waren in sogenanntem Florentiner Mosaik ausgeführt und zählten nach damaliger Schätzung zu den wertvollsten Gegenständen der Kunstkammer. Der größere und wertvollere der beiden Tische, mit Ganymed und Adler als Fuß, gelangte nach dem Tod Rudolfs nach Brüssel (wohl in den Besitz seines Bruders Albrecht) und scheint beim Brand des Brüsseler Schlosses 1731 zerstört worden zu sein. Auf Gemälden von der Kunstkammer Leopold Wilhelms ist er deutlich zu sehen. Der zweite Tisch wurde Teil der schwedischen Kriegsbeute und muß dann als Geschenk für die Königin Anne d'Autriche nach Frankreich gekommen sein, wo er verschollen ist.

Eine besondere Stellung nehmen die Porträts ein, die Adrian de Vries von Rudolf II. schuf. Das erste, das *Brustbild* mit figürlichem Sockel von 1603, ist zugleich das großartigste von allen Kaiserbildnissen (Kat. Nr. 57). Es ist als Gegenstück zu Leone Leonis *Porträt Kaiser Karls V.*, das Rudolf II. kurz zuvor erworben hatte, konzipiert worden. Darin kommt der Anspruch Rudolfs zum Ausdruck, mit dem größten seiner Vorgänger und erfolgreichen Widersacher der Türken gemessen zu werden. Die Sockelfiguren und der Reliefschmuck am Harnisch erweitern, wie die Kehrseite einer Medaille, die Darstellung: Sie bezeichnen Rudolf als neuen Augustus, als weisen, allmächtigen und siegreichen Herrscher.

1607 ist die zweite Büste datiert (Abb. 6). Sie ist weniger stark heroisiert als die erste, aber auch hier bestimmt das Siegesthema die Verzierung des Harnischs und die ganze Konzeption des Porträts. Als Fuß dient, von vorn nicht sichtbar, ein Adler, der eine Schlange in den Fängen hält; ein Emblem des Kaisers, das den Sieg des Guten über das Böse versinnbildlicht. Zwei Jahre später, 1609, folgte das große *Bildnisrelief* des Kaisers (Kat. Nr. 59), in dem vor allem Anspielungen auf Herkules zur Verherrlichung Rudolfs beitragen.

Diesen drei Bildnissen gemeinsam ist die starke Heroisierung des Kaisers. Das wird vor allem deutlich, wenn man sie mit den gemalten oder gestochenen Porträts oder mit Beschreibungen von Rudolf aus der gleichen Zeit vergleicht. Oft zitiert sind die Worte, mit denen der venezianische Gesandte Francesco Soranzo 1607 den Kaiser charakterisierte: er sei ziemlich klein, fast scheu und von melancholischem Temperament, mit bleicher Gesichtsfarbe, edler Stirn, schönem lockigen Haarwuchs, großen milden Augen und nach rechts verzerrten großen Lippen.[18]

6 Adrian de Vries, *Rudolf II.* 1607. Bronze. Wien, Kunsthistorisches Museum, Sammlung für Plastik und Kunstgewerbe

Bemerkenswert ist dabei, wie Adrian de Vries diese Umformung der eher milden und timiden Gesichtszüge Rudolfs in eine Physiognomie, die Willenskraft und Entschlossenheit ausstrahlt, gelungen ist, ohne daß seine Bildnisse an Lebendigkeit und Glaubwürdigkeit etwas eingebüßt haben. Hier ist eine Forderung der Porträtkunst dieser Zeit, die Synthese zwischen Individualität der Person und Würde des Amtes zu schaffen, in beispielhafter Weise erfüllt.

Der Verherrlichung des Kaisers dienten auch zwei große Bronzereliefs, die Adrian de Vries in diesen Jahren schuf. Das früheste ist das Relief mit *Allegorien auf den Türkenkrieg in Ungarn* (Kat. Nr. 58). Es muß etwa gleichzeitig mit dem großen Brustbild von 1603 entstanden sein. Der Krieg gegen die Türken, der 1592 wieder ausgebrochen war, wurde ein zentrales Thema in der Hofkunst. Im Kampf gegen die Ungläubigen trat der Kaiser nicht nur als kriegführender Fürst ganz allgemein gesehen, sondern als Verteidiger der Christenheit, als ›miles christianorum‹, auf. Die wenigen militärischen Erfolge der kaiserlichen Armeen wurden wiederholt verherrlicht. Die wichtigste Rolle spielte die Wiedereroberung der Festung Raab (Györ) 1598. Einen gewissen Mustercharakter scheinen dabei die Entwürfe für Allegorien über die Kriegsereignisse gehabt zu haben, die Hans von Aachen malte. Adrian de Vries hat für mehrere Einzelszenen im Relief auf die Kompositionen Hans von Aachens zurückgegriffen.

Das zweite Relief, im gleichen Jahr wie das Porträtrelief entstanden, stellt *Rudolf II. als Förderer der Künste* dar (s. S. 126). In der Mitte der Komposition reitet der Kaiser auf einem Pferd, hinter ihm stehen die Personifikationen der Freien Künste, darunter in der vordersten Reihe die Architektur, die Skulptur und die Malerei, die aus der Hand des Kaisers ein Geschenk empfängt. Unter dem Pferd liegt, gestürzt, eine Frauengestalt, die Personifikation der Unwissenheit. Der Flußgott im Vordergrund mit dem Löwen stellt die Moldau dar und repräsentiert Böhmen, die geflügelte Frauengestalt ihm gegenüber ist Fama, die Göttin des Ruhmes. Im Hintergrund erblicken wir Herkules, der einen Zentauren erschlägt, ein Gleichnis der Kulturförderung Rudolfs II. in mythologischer Verkleidung.

Auch dies war ein zentrales Thema in der Prager Hofkunst. Gemessen an den tatsächlichen Leistungen des Kaisers, war seine Verherrlichung als Förderer von Kunst und Wissenschaft in der Tat besser begründet als das Lob seiner Feldherrentaten. Das waren aber Rollen, die nach dem Herrscherverständnis der Zeit zusammengehörten: Militärische Erfolge und Förderung von Wissenschaft und Kunst sind beides Aspekte der vollkommenen Herrschaft. Mars ist zwar der größte Feind der Musen, nur der siegreiche Fürst kann ihnen aber den Frieden und die Sicherheit bieten, die sie zu ihrer Entfaltung brauchen.

Diese beiden Reliefs hingen in der Kunstkammer an einer Wand zusammen mit dem Bildnisrelief von 1609 und bildeten so eine Art Denkmal über Kaiser Rudolf und das Kaisertum. Daß das Porträtrelief und die Allegorie über die Kunstförderung beide 1609 entstanden sind und zusammen mit dem Ungarnrelief ausgestellt wurden, läßt die Vermutung zu, daß sie bewußt als Ensemble zur Ergänzung des bereits vorhandenen Ungarnreliefs geschaffen wurden. Das führt zur Frage, an wen sich diese Werke richteten. Da die Kunstkammer nur wenigen zugänglich gewesen zu sein scheint, kann eine größere Öffentlichkeitswirkung von diesen Darstellungen nicht ausgegangen sein. Die militärischen Erfolge, die in dem Ungarnrelief

7 Adrian de Vries, *Pferd*. Bronze. Malibu, J. Paul Getty Museum

verherrlicht werden und die auch in dem triumphatorischen Charakter der ersten Porträtbüste ihren Ausdruck finden, lagen, als diese Werke geschaffen wurden, schon einige Jahre zurück. Die folgenden Porträts begleiten eher die Entmachtung des Kaisers, als daß sie seine Erfolge manifestieren. 1609, als das Porträtrelief geschaffen wurde, war ihm nur der machtpolitisch gesehen bedeutungslose Kaisertitel geblieben, während sein Bruder Matthias die tatsächliche Herrschaft übernommen hatte. Diese Umstände erlauben die Interpretation, daß diese Porträts und Allegorien zunächst für Rudolf II. selbst geschaffen wurden. In ihnen sah er sich in seiner idealen Kaiserwürde dargestellt, an ihnen konnte er sich nach den Demütigungen, denen er ausgesetzt war, wieder aufrichten. Der eigentliche Adressat der Bildnisse und Allegorien war wohl aber die Nachwelt. Sie sollte in ihnen die wahre Gestalt Kaiser Rudolfs, seinen herkulischen Charakter, seine geistige Verwandtschaft mit Karl V., den Schutzherrn der Christenheit und den großen Mäzen, erkennen.

Wird in den bisher besprochenen Werken Rudolf in seiner Eigenschaft als Kaiser verherrlicht, so ist das Imperium bzw. die Kaiseridee selbst Hauptperson in der letzten größeren Arbeit, die Adrian de Vries für Rudolf II. schuf: der sogenannten *Imperium triumphante-Gruppe* von 1610

(Kat. Nr. 60). Hier wird der Triumph des Imperiums über das Laster der Avaritia, den Geiz, dargestellt. Gemeint war damit wahrscheinlich die mangelnde Bereitschaft der deutschen Fürsten, den Krieg des Kaisers gegen die Türken tatkräftig zu unterstützen. Auch diese Gruppe war in der Kunstkammer ausgestellt.

Wie zahlreiche Bilddarstellungen von Kunstkammern des 16. und 17. Jahrhunderts zeigen, erfreuten sich *Pferdestatuetten* als Sammelobjekte großer Beliebtheit. Diese Beliebtheit spiegelt die Bedeutung des Pferdes als Reittier und Standesattribut der adeligen Gesellschaft wider. Weit verbreitet und oft kopiert waren die Pferdestatuetten Giovanni Bolognas, die in verschiedener Größe und Haltung in seiner Werkstatt entstanden. Es ist anzunehmen, daß auch Rudolf II. Pferdestatuetten von seiner Hand besaß. Von Adrian de Vries besaß der Kaiser das fast ein Meter hohe *Bronzepferd* (Kat. Nr. 63). Verglichen mit den Pferdedarstellungen Giovanni Bolognas, zeichnet sich dieses Pferd durch seinen stärker individuellen Charakter aus. Es könnte sich hier um das Porträt eines Pferdes, vielleicht eines Lipizzaners, aus den berühmten kaiserlichen Stallungen handeln. Gemalte Porträts von besonders wertvollen Pferden waren im 17. Jahrhundert nicht selten. Unter den Pferdestatuetten in der Kunstkammer befand sich auch ein »springend ledig Rößlein«, das im Inventar ohne Künstlerangabe genannt wird. Vielleicht bezieht sich diese Eintragung auf die vor kurzem in Frankreich aufgetauchte Statuette eines springenden Pferdes von Adrian de Vries.[19] Sie könnte etwa gleichzeitig mit dem trabenden Pferd entstanden sein (Abb. 7).

Unter den Bronzeskulpturen in der Kunstkammer befanden sich auch zwei Gruppen, die Herkules darstellen, »so sein Weiblin dem Centauro so er under den Füßen hatt, abnimbt und in die höch hebt«, wie es im Inventar heißt. Diese Bronzeskulpturen können mit Werken von Hubert Gerhard und Adrian de Vries identifiziert werden (Kat. Nrn. 71 u. 68). Sie standen nebeneinander, wie um einen Vergleich zwischen ihnen zu provozieren. Das war wahrscheinlich auch der Fall, und man darf sogar annehmen, daß die Vergleichs- bzw. Wettbewerbsabsicht schon bei der Entstehung der Gruppe von Adrian de Vries eine entscheidende Rolle spielte. Um 1602 ließ Rudolf II. Arbeiten von Hubert Gerhard nach Prag kommen. Dieser war in den 80er und 90er Jahren der führende Bildhauer am Münchener Hofe gewesen und stand danach im Dienste Herzog Maximilians in Innsbruck. Wahrscheinlich spielte Rudolf mit dem Gedanken, Hubert Gerhard nach Prag zu berufen. Rudolf soll über die empfangenen Arbeiten geäußert haben, »die Arbeit sei subtil und sauber, allein die Stellung sei schlecht. Der Meister Adriaen als kaiserlicher Bildgießer mache das besser«.[20]

8 Adrian de Vries, *Kurfürst Christian II. von Sachsen.* 1603. Bronze. Dresden, Staatliche Kunstsammlungen

Die beiden Bronzegruppen müssen aber auch im Zusammenhang mit dem *Raub einer Sabinerin* von Giovanni Bologna gesehen werden (Kat. Nr. 53). Besonders die Gruppe des Adrian de Vries ist als eine Variation des von Giovanni Bologna gegebenen Themas zu verstehen; indem Adrian de Vries das Rahmenmotiv des dreifigurigen Frauenraubes übernahm und in abgewandelter Form für ein anderes Thema verwendete, bewies er seine Ebenbürtigkeit mit dem Meister auf dessen eigenstem Gebiet.

Die Hofkünstler arbeiteten natürlich nicht nur für die kaiserliche Kunstkammer. Erzeugnisse der Hofwerkstätten spielten eine wichtige Rolle als diplomatische Geschenke, und die Erlaubnis, die Dienste der Hofkünstler in Anspruch nehmen zu dürfen, scheint ein besonderer Gunsterweis gewesen zu sein. Ein Beispiel für Kunstwerke als Instrumente der Diplomatie ist die *Büste des Kurfürsten Christian II. von Sachsen* (Abb. 8). Adrian de Vries schuf dieses Bildnis 1603 in Anlehnung an die große Büste Rudolfs II. Als Sockelfiguren dienen hier zwei Frauengestalten, die sich die Hände als Zeichen ihrer Eintracht reichen. Vor ihnen liegt ein Pfeilbündel, auch das ein Symbol von *concordia*. Das Medaillon mit dem Bildnis Rudolfs II., das Christian auf der Brust trägt, zeigt an, wem er die Treue halten soll. Rudolf II. unterhielt zu Sachsen besonders enge Beziehungen und bemühte sich nachdrücklich um die Loyalität des jungen Christian II. Die Quellen nennen mehrere große Geschenksendungen für Dresden, und 1607 soll Christian II. Prag nach einem längeren Besuch verlassen haben, beladen mit Geschenken im Werte von 10 000 Talern.

Für den Schlesier Adam Hannewaldt, der eine einflußreiche Position am Hofe innehatte, schuf Adrian de Vries 1604 eine stehende *Christusfigur*, die für das Epitaph Hannewaldts in der Kirche von Rothsürben bestimmt war. Auch Obersthofmeister Karl von Liechtenstein hat die Dienste des Kammerbildhauers in Anspruch genommen. Für ihn schuf der Künstler 1607 die etwa lebensgroße *Christusfigur* (Kat. Nr. 64) und einige Jahre später den überlebensgroßen *Heiligen Sebastian* (Kat. Nr. 65).

Es ist charakteristisch, daß Adrian de Vries – soweit sich heute beurteilen läßt – keine religiösen Werke für den Kaiser ausgeführt hat. Auch wenn man die religiöse Indifferenz Rudolfs nicht übertreiben sollte, ist es nicht zu übersehen, daß religiöse Thematik in der Kunstkammer eine recht untergeordnete Rolle spielte und daß sich der Kaiser auch kaum mit großen Aufträgen religiöser Art hervorgetan hat.

In diesem Zusammenhang interessant ist das *Dreikönigsrelief* aus Brandeis (Brandýs nad Labem). Es steht den Reliefs am Herkulesbrunnen in Augsburg stilistisch sehr nahe und wurde daher bisher Adrian de Vries zugeschrieben. Eine Zahlung an Giovanni Baptista Quadri für einen Altar in Brandeis von 1615 macht aber diese Zuschreibung fraglich. Giovanni Baptista Quadri hatte an der Residenz von Brixen unter Hans Reichle gearbeitet und ist vermutlich 1605 nach Prag gekommen, um an der Ausschmückung des Neuen Saales mitzuarbeiten.[21] Er war auch mit vielen Arbeiten in der Kunstkammer vertreten, von denen die meisten aus einem besonderen Stuck, der im Inventar Giovanni Baptista Quadris »weißes hartes Zeug« genannt wird, hergestellt waren. Es scheint sich also um eine Spezialität Quadris gehandelt zu haben, die sich, nach den vielen Beispielen in der Sammlung zu urteilen, großer Beliebtheit erfreute. Einige dieser Stuckarbeiten waren, wie das *Dreikönigsrelief*, »leibfarben angestrichen«, d. h. naturalistisch polychrom gefaßt. Andere waren »auf gloggenspeisart geferbt«, d. h. wie Bronzeskulpturen bemalt. Keine dieser Arbeiten scheint die bewegte Geschichte der Kunstkammer überstanden zu haben. Die Sprödigkeit des Werkstoffes und der geringe Materialwert sind ihnen zum Verhängnis geworden.

Betrachtet man den Bestand an Skulpturen in der Kunstkammer vom Gesichtspunkt der verarbeiteten Materialien aus, so fällt auf, daß Bronze der bevorzugte Werkstoff war. Sehr geschätzt scheinen auch Statuetten aus Silber gewesen zu sein; es gibt mehrere Beispiele dafür, daß Arbeiten aus Bronze oder einem anderen Material in Silber nachgegossen wurden. Man kann über die Gründe für diese Vorliebe für die Metallplastik spekulieren. Die Bronzeplastik erlebte gerade um 1600 in ganz Mitteleuropa, dem Zentrum der europäischen Kupferverarbeitung, ihre größte Blüte. Diese Blüte war eng verknüpft mit der italienischen Kunst, wobei Giovanni Bologna und andere Künstler am Hofe der Medici einen besonders großen Einfluß ausübten. Das Material Bronze war auch in der antiken Kleinkunst bevorzugt, und es gibt gute Gründe anzunehmen, daß viele Kleinbronzen in der Absicht gegossen wurden, für antik ausgegeben zu werden. Dieser Aspekt scheint aber Rudolfs Interesse für die Kleinbronzen nicht bestimmt zu haben. Zwar nehmen Werke mit antiker Thematik den wichtigsten Platz in seiner Sammlung ein, sie lassen aber keine Absicht erkennen, antike Werke vortäuschen bzw. ersetzen zu wollen. Die antike Kunst war kein entscheidender Maßstab für die Hofkunst Rudolfs II. Ein wesentlicherer Grund für ihre Wertschätzung dürfte der komplizierte und schwierige Arbeitsprozeß der Bronzeplastik gewesen sein. Der Weg über das in Wachs modellierte Modell, die Präparierung der Gußform, das Schmelzen des Metalls, der Guß selbst, der immer unberechenbar war, das Herausnehmen der gegossenen Figur aus der Form und die nachträgliche Bearbeitung des Rohgusses mit Ziselierwerkzeugen und schließlich die Patinierung verlangte vielfältiges technisches Können und enthielt viele Momente von Spannung und von Umwandlungs- und Veredelungsprozessen. Dies mußte den naturwissenschaftlich und technisch sehr interessierten Kaiser in weit größerem Maße fesseln, als etwa die Stein- und Holzskulptur. Die Tatsache, daß Adrian de Vries die Gußtechnik virtuos beherrschte, die es ihm erlaubte, auch komplizierte Gruppen in einem Stück zu gießen und weitgehend auf die Hilfe der Ziselierung bei der Gestaltung von Formeinzelheiten zu verzichten, spricht auch dafür, daß er einen Auftraggeber hatte, der solche Meisterschaft zu schätzen wußte.

Vor diesem Hintergrund wäre es interessant, mehr über die kaiserliche Gießhütte und über die Arbeitsteilung dort zu wissen. Es scheint sicher zu sein, daß die Kompetenz der Gießhütte mit der Ankunft von Adrian de Vries in Prag wesentlich gesteigert wurde. Hans Monts *Venus und Adonis-Gruppe* läßt als Gußerzeugnis kaum ahnen, daß eine Perfektion, wie sie schon die *Psyche-Gruppen* von Adrian de Vries kennzeichnet, in ihrer Reichweite lag.

Vielleicht dürfen wir auch die offensichtliche Vorliebe Rudolfs II. für Giovanni Baptista Quadris »weißes hartes Zeug« in diesem Zusammenhang sehen. Es war wahrscheinlich die technische Novität und natürlich auch die Wandlungsfähigkeit dieses Werkstoffes, die Rudolf II. daran schätzte.

Daß Adrian de Vries nach 1602 fast nur kleine Skulpturen in Bronze geschaffen hat, die ihren Platz in der Kunstkammer fanden, spiegelt sicher eine allgemeine Entwicklung der Prager Hofkunst wider, muß aber auch im Zusammenhang mit den wirtschaftlichen Voraussetzungen der Bronzeplastik gesehen werden. Im selben Jahr, in dem die große *Merkur und Psyche-Gruppe* geschaffen wurde, brach der Krieg gegen die Türken erneut aus. Von da an dürfte es immer schwieriger geworden sein, Bronze, die ja ein kriegsnotwendiges Material war, aus dem Kanonen gegossen wurden, in größeren Mengen für Kunstwerke zu erübrigen.

Adrian de Vries und Giovanni Baptista Quadri blieben beide nach dem Tod Rudolfs II. in Prag. Sie wurden in den Hofstaat von Kaiser Matthias übernommen.[22] Wie wir gesehen haben, hat Quadri 1615 den Altar für Brandeis ausgeführt. Über seine weitere Tätigkeit ist nichts bekannt. Für Adrian de Vries, der anscheinend wenig Aufträge von dem neuen Kaiser erhielt, dürfte für den Entschluß in Prag zu bleiben neben Altersgründen vor allem die Abhängigkeit von der Gießerei entscheidend gewesen sein. Das Ausbleiben von Aufträgen des Hofes ließ ihm jetzt Spielraum für auswärtige Auftraggeber, wie König Christian IV. von Dänemark oder Ernst Graf von Schaumburg-Lippe, zu arbeiten.

Seinen letzten großen Auftrag erhielt er von Albrecht von Waldstein. Für den Garten des neuerbauten großen Waldsteinpalais auf der Prager Kleinseite schuf er einen Neptunbrunnen und vier große Gartenskulpturgruppen. Die interessanteste von ihnen ist die *Laokoon-Gruppe* (Abb. 9) wegen der kühnen Umsetzung des antiken Vorbildes. Adrian de Vries hat die auf eine Ansicht hin angelegte Komposition der antiken Skulptur in eine konisch zugespitzte, eng verflochtene vielansichtige Gruppenkomposition umgewandelt. Auch der bemerkenswert gut erhaltene große *Herkules* in der Ausstellung (Kat. Nr. 69) muß in den letzten Lebensjahren des Künstlers entstanden sein. Kennzeichnend für seine späten Werke ist die skizzenhafte Modellierung, die manchmal so viel unausgesprochen läßt, daß der Eindruck eines bewußt erzielten Zustandes von Unvollendetsein entsteht. Das hängt sicher mit dem hohen Alter des Künstlers zusammen, ist also mit anderen Worten als typischer Altersstil zu werten. Dieser Spätstil war aber bereits in den früheren Werken des Künstlers angelegt und kann als das Ergebnis einer logischen Entwicklung verstanden werden. Dieses Phänomen sollte auch in einem größeren Zusammenhang gesehen werden. Es kommt darin ein Kunstverständnis zum Ausdruck, das in der Invention und in der Zeichnung, im ›disegno‹, nicht aber in der pedantischen Ausführung die

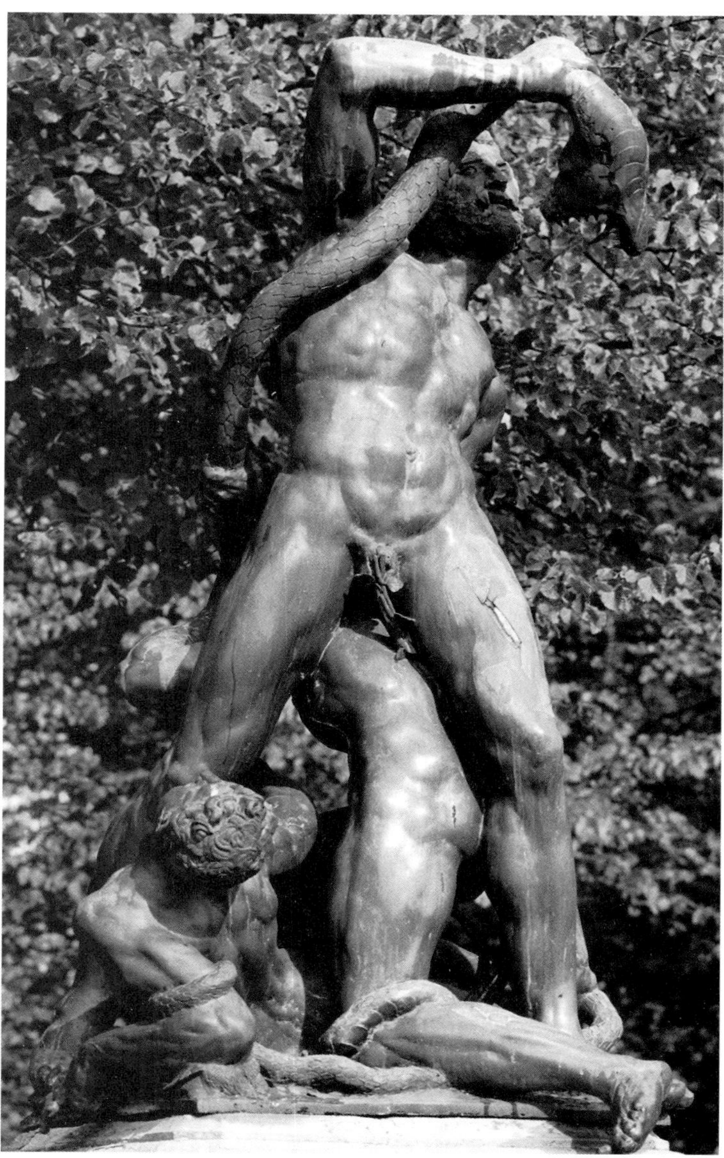

9 Adrian de Vries, *Laokoon*. Bronze. Schloß Drottningholm

wesentliche Qualität des Kunstwerkes sah. Das ist eine Ästhetik, die ihre Wurzeln in der italienischen Renaissance hat und für den Manierismus charakteristisch ist. So gesehen bedeuten die Waldsteinbronzen ein eindrucksvolles Finale nicht nur der rudolfinischen Hofkunst, sondern der ganzen Stilepoche des Manierismus in Mitteleuropa überhaupt.

Anmerkungen

1 Larsson 1967, S. 11 ff. und S. 33 ff.
Larsson 1970, S. 172 ff.
Neumann 1979, S. 210 ff.
Larsson 1982, S. 21 ff.
Kybalová 1985, S. 253 ff.

2 Dhanens 1956, S. 111 ff.
Pope-Hennessy 1963, Textband S. 71 ff. und Katalogband S. 73 und S. 81
Harris Wiles 1933, S. 50 ff.
Avery 1987, S. 21 und 205 ff.

3 Larsson 1967, S. 21 ff.
Friedel 1974, passim.
Larsson 1985 (Brunnen), S. 135 ff.

4 Dhanens 1956, S. 274 ff. und S. 297 ff.
Pope-Hennessy 1963, Textband S. 103 ff. und Katalogband S. 86 f.
Keller 1971, S. 9 ff.
Avery 1987, S. 157 ff.

5 Oberhammer 1935, passim.
Oettinger 1966, passim.
Dressler 1973, S. 46 ff.

6 Pope-Hennessy 1963, Katalogband S. 102 f.
von der Osten Sacken 1979, S. 108 ff.

7 Diemer 1980, S. 82 ff.
Weihrauch 1980, S. 175 ff.

8 Vocelka 1981, S. 279 ff. und S. 296 ff.

9 Dressler 1973, S. 14 ff. und S. 66 ff.
Krčálová 1979, S. 74.
Kybalová 1985, S. 250 f.

10 Lietzmann 1987, S. 142 ff.

11 Bauer-Haupt 1976.

12 Dhanens 1956, S. 55 f.
Leithe-Jasper 1978, S. 73.

13 Borghini 1584, S. 587. Die Textstelle ist vollständig abgedruckt in Dhanens 1956, S. 376 f. Vgl. auch Leithe-Jasper 1978, S. 73 ff.

14 Vasari 1568 (ed. Club del libro, VIII.), S. 52 f. Die Textstelle ist vollständig abgedruckt in Dhanens 1956, S. 375.

15 Larsson 1982, S. 219 ff.
Larsson 1985, S. 117 ff. Hier versuchsweise Adrian de Vries zugeschrieben
Leithe-Jasper 1986, S. 203.
Avery 1987, S. 123 ff.

16 Larsson 1967 (Mont), S. 1 ff.
Lietzmann 1987, S. 151 ff.

17 Krčálová 1979, S. 104.
Larsson 1982, S. 217.
Lietzmann 1987, S. 156 ff.

18 Larsson 1967, S. 36 und Anm. 20 gibt den genauen Wortlaut und die Quelle an.

19 Die Statuette wurde 1984 bei Drouot in Paris versteigert. Vgl. La Gazette de l'Hotel Drouot, 21. 12. 1984.

20 Peltzer 1918, S. 135.

21 Herkunft, Geburts- und Todesdaten von Quadri sind nicht bekannt. Er wird als Mitarbeiter von Hans Reichle in Brixen 1601 erwähnt. 1605 verließ er Brixen, vermutlich um nach Prag zu gehen.
Kriegbaum 1931, S. 193.
Fučíková 1979, S. 490.
Larsson 1982, S. 229 f.

22 Lhotsky 1941–45, S. 304.

GIOVANNI BOLOGNA
Douai 1529 – Florenz 1608

46 Reiterbildnis Rudolfs II.
Um 1595 *Ft. 3, S. 115*

Bronze, rotbrauner Lack; Höhe 63 cm
Herkunft: Rudolf II. (?), Prag 1621. Christina 1652; Familie Fleming, Historisches Museum, Stockholm, 1884 ins Nationalmuseum überführt
Ausstellungen: Christina 1966, Nr. 1.332; Giambologna 1978, Nr. 149; Stockholm 1984, Nr. 3
Literatur: Dhanens 1956, S. 297ff.; Larsson 1967, S. 44 und 127; Weihrauch 1967, S. 225; Giambologna 1978, Nr. 149; Avery 1987, S. 164, Nr. 136

Die Statuette ist, abgesehen von ihrem Porträtkopf, eine getreue Reduktion des 1593 fertiggestellten Reiterdenkmals Großherzog Cosimos I. Über die Identität des Reiters als Kaiser Rudolf II. kann kein Zweifel bestehen, obwohl der Kopf stark idealisiert erscheint. Als Porträtvorlage könnte ein Gemälde vom Typus des von Joseph Heintz um 1592 gemalten Miniaturbildnisses (Wien, Kunsthistorisches Museum) oder der von Dominicus Custos gestochene und auf dem Regensburger Reichstag verbreitete Kupferstich gedient haben.

Die Statuette ist wahrscheinlich als Geschenk des Medici-Hofes in den Besitz des Kaisers gelangt. Sie kann allerdings nicht im Kunstkammerinventar von 1607–1611 nachgewiesen werden, dürfte aber mit einer Reiterstatuette Kaiser Rudolfs, die im Inventar von 1621 genannt wird, identisch sein. Die Statuette gelangte mit der Pragbeute nach Stockholm. Mit einem Plan, ein Reiterdenkmal des Kaisers zu errichten, hat sie nichts zu tun.

Es wurden auch andere Reiterbildnisse in kleinem Format nach demselben Modell in der Werkstatt Giovanni Bolognas ausgeführt. Die Sammlung Liechtenstein besitzt eine fast identische signierte Reiterstatuette Ferdinands I., und in London, Wallace Collection, befindet sich ein weiteres Exemplar, diesmal mit dem Porträtkopf Heinrichs IV. von Frankreich.

L. O. L.

Stockholm, Nationalmuseum, Inv. Nr. 749

46

GIOVANNI BOLOGNA
Douai 1529 – Florenz 1608

47 Venus Urania oder Allegorie der Astronomie
Um 1570–1575

Bronze, vergoldet; Höhe 38,8 cm
Bezeichnet: GIO BOLONGE
Herkunft: Rudolf II. (?), seit 1750 in den kaiserlichen Kunstsammlungen nachgewiesen
Ausstellungen: Giambologna 1978, Nr. 12; Florenz 1980, Nr. 675; Master Bronzes 1986, Nr. 50
Literatur: Planiscig 1924, Nr. 250; Dhanens 1956, S. 184f.; Weihrauch 1967, S. 205; Larsson 1974, S. 76ff.; Giambologna 1978, S. 92f.; Leithe-Jasper 1986, S. 191ff.; Avery 1987, S. 139, Nr. 55

Die Armillarsphäre mit eingravierten Tierkreiszeichen, Sternen und Meridianen und mit der Bezeichnung Venus, Luna und Sol, weist die Frau als *Venus Urania* oder allgemeiner als *Allegorie der Astronomie* aus. Dem entsprechen auch die übrigen als Maß- und Richtinstrumente zu identifizierenden Attribute.

Charakteristisch für die Figur ist das Standmotiv mit dem hochgestellten linken Fuß und der starken, spiralförmigen Körperdrehung. Durch sie wird der Blick des Betrachters angeregt, die Figur von allen Seiten zu erfassen. In Venus Urania verbindet sich, wie in wenigen anderen Skulpturen des Manierismus, das Kompositionsmotiv der *figura serpentinata* mit dem Ideal der Vielansichtigkeit.

Venus Urania wird in der Liste von eigenhändigen Kleinbronzen Giovanni Bolognas genannt, die Markus Zeh 1611 für den Augsburger Kunstagenten Philipp Hainhofer zusammenstellte, und sie ist in mehreren Exemplaren bekannt. Die Wiener Statuette ist jedoch größer als alle sonst bekannten und unterscheidet sich von ihnen durch die vorzügliche Qualität der Ausführung. Im Kontrast dazu stehen die zahlreichen Gußfehler, die jedoch von der wohl ursprünglichen Vergoldung überdeckt wurden. Die besondere Größe und die hohe künstlerische Qualität legen die Vermutung nahe, daß diese Figur die Erstfassung der Komposition ist und daß sie von vornherein für einen besonders urteilsfähigen Empfänger bestimmt war.

Venus Urania weist in der Haltung und in vielen Einzelheiten so große Ähnlichkeit mit

47

47

der sogenannten Venus in der Grotticella und mit dem Apoll im Studiolo auf, daß sie etwa gleichzeitig mit ihnen entstanden sein dürfte. Sie kann also nicht mit der *figurina* identisch sein, die 1565 als Geschenk nach Wien kam (vgl. S. 129). Sie kann auch nicht im Besitz Kaiser Rudolfs II. nachgewiesen werden. Da das Kunstkammerinventar aber offensichtlich nicht die ganze Sammlung umfaßt, ist es nicht ausgeschlossen, daß sie der Kaiser dennoch besaß. Die Vorliebe Kaiser Rudolfs für die Kunst Giovanni Bolognas und die vorzügliche Qualität der Statuette könnten dafür sprechen. Es ist jedenfalls verlockend, sich vorzustellen, daß diese besonders schöne Statuette der *Venus Urania* dem an Astronomie und Astrologie sehr interessierten Kaiser, dem Tycho Brahe und Johannes Kepler dienten, gehörte. L. O. L.

Wien, Kunsthistorisches Museum, Sammlung für Plastik und Kunstgewerbe, Inv. Nr. 5893

GIOVANNI BOLOGNA
Douai 1529 – Florenz 1608

48 **Fliegender Merkur**
Um 1587

Bronze, hellbraune Patina, Spuren von braunem Lack; Höhe 62,7 cm
Bezeichnet: I.B. auf dem Hut
Herkunft: Rudolf II. 1607–1611 (Nr. 1970). Seitdem in den Sammlungen des Kaiserhauses nachweisbar
Ausstellungen: Giambologna 1978, Nr. 34; Florenz 1980, Nr. 676; Master Bronzes 1986, Nr. 51
Literatur: Planiscig 1924, Nr. 251; Dhanens 1956, S. 125ff.; Weihrauch 1967, S. 199ff.; Giambologna 1978, S. 113ff.; Keutner 1984, S. 27ff.; Leithe-Jasper 1986, S. 198ff.; Avery 1987, S. 127, Nr. 73

Merkur, Bote der olympischen Götter, wird durch die Flügel an seinen Fersen und an seinem Helm gekennzeichnet. Der Caduceus, den er in seiner linken Hand hielt, ist abgebrochen. Der *Fliegende Merkur* ist die wohl bekannteste Komposition Giovanni Bolognas. Es existieren von ihr mehrere Fassungen in verschiedenen Größen. Die früheste dürfte bereits vor 1565 entstanden sein (Bologna, Museo Civico). Ein etwa lebensgroßer Merkur gelangte 1565 als Geschenk des Medici-Hofes in den Besitz Kaiser Maximilians. Er ist wahrscheinlich identisch mit einer Skulptur, die sich heute in schwedischem Privatbesitz befindet (vgl. S. 130). Spätestens 1580 war der lebensgroße Merkur, heute in Florenz (Museo Nazionale), vollendet. Ein weiteres lebensgroßes Exemplar (Paris, Louvre) kann um 1597/98 datiert werden.

In kleinem Format sind mehrere, untereinander etwas unterschiedliche Fassungen bekannt, die mit Sicherheit Giovanni Bologna zugeschrieben werden können. Neben der hier ausgestellten signierten Statuette aus dem Besitz Rudolfs II. handelt es sich um das bereits erwähnte Exemplar in Bologna und um Statuetten in Neapel, Florenz und Dresden. Die Merkurstatuette in Dresden, die seit 1587 dort nachweisbar ist, gelangte als Geschenk des Künstlers in den Besitz des Kurfürsten. Sie steht unter den heute bekannten Merkurstatuetten dem Wiener Exemplar am nächsten. Vielleicht hat Giovanni Bologna auch Kaiser Rudolf eine Merkurstatuette geschenkt. Seine Nobilitierung durch den Kaiser 1588 könnte die Reaktion darauf gewesen sein. Daß die Statuette signiert ist, was bei Giovanni Bologna relativ selten vorkommt, deutet auf eine besondere, persönliche Beziehung zwischen Künstler und

48

48

Empfänger hin. Wenn diese Hypothese richtig ist, kann die Statuette um 1587 datiert werden.

L. O. L.

Wien, Kunsthistorisches Museum, Sammlung für Plastik und Kunstgewerbe, Inv. Nr. 5898

GIOVANNI BOLOGNA
Douai 1529 – Florenz 1608

49 **Herkules mit dem Erymanthischen Eber**
Modell vor 1581 *Ft. 4, S. 116*

Bronze, rotbrauner Lack; Höhe 43,9 cm
Herkunft: Rudolf II. 1607–1611 (Nr. 1887). Seitdem in den Sammlungen des Kaiserhauses nachzuweisen
Ausstellungen: Giambologna 1978, Nr. 78
Literatur: Planiscig 1924, Nr. 259; Dhanens 1956, S. 189ff.; Weihrauch 1967, S. 215ff.; Radcliffe 1978, S. 12ff.; Giambologna 1978, S. 166ff.; Avery 1987, S. 141, 150, Nr. 81

Es ist bekannt, daß Giovanni Bologna vor 1581 eine Serie von Statuetten für Francesco de' Medici ausgeführt hat, die die zwölf Taten des Herkules darstellen. Belegt ist auch, daß in den Jahren 1576 bis 1589 für die Tribuna in den Uffizien sechs Herkulesstatuetten nach seinen Modellen in Silber gegossen wurden. Die Silberstatuetten sind verlorengegangen, dagegen haben sich Exemplare von allen zwölf Herkulestaten in Bronze erhalten.

Rudolf II., in dessen Panegyrik das Herkulesthema eine zentrale Rolle spielte, besaß minde-

49

stens drei der Herkulestatuen: *Herkules und Cacus, Herkules und Anteus* und *Herkules mit dem Erymanthischen Eber*. Dieser ist identisch mit der hier ausgestellten Figur. Sie ist das früheste urkundlich belegte Exemplar dieser relativ selten wiederholten Komposition, und sie ist auch allen übrigen heute bekannten Exemplaren in der Qualität der Ausführung überlegen. Sie dürfte daher von Giovanni Bologna selbst oder unter seiner direkten Aufsicht ausgeführt worden sein. L. O. L.

Wien, Kunsthistorisches Museum, Sammlung für Plastik und Kunstgewerbe, Inv. Nr. 5846

GIOVANNI BOLOGNA
Douai 1529 – Florenz 1608

50 Löwe
Um 1595

Bronze, rotbrauner Lack; Höhe 14,7 cm
Eventuell von Antonio Susini nach einem Modell Giovanni Bolognas
Herkunft: Rudolf II. 1607–1611 (Nr. 1593). Seitdem in den Sammlungen des Kaiserhauses
Ausstellungen: Giambologna 1978, Nr. 175; Master Bronzes 1986, Nr. 55
Literatur: Planiscig 1924, S. 163, Nr. 266 (verzeichnet eine später verkaufte Replik, Inv. Nr. 5882); Giambologna 1978, Nr. 175; Haskell und Penny 1981, 247 ff. (Medicilöwen); Leithe-Jasper 1986, S. 218; Avery 1987, S. 56

Rudolf II. besaß zwei fast identische *Löwenstatuetten,* die sich heute beide im Kunsthistorischen Museum in Wien befinden. Sie sind in enger Anlehnung an antike Löwenskulpturen, wie z. B. den Löwen von der Villa Medici in Rom (heute in Florenz), modelliert worden. Sie werden von Baldinucci unter den Kleinbronzen Giovanni Bolognas erwähnt und sind in zahlreichen Repliken bekannt. Die hohe Qualität der Modellierung und auch die ovale glatte Basis, die Giovanni Bologna gern verwendete, sprechen dafür, daß die hier ausgestellte Statuette unter der unmittelbaren Aufsicht Giovanni Bolognas entstanden ist.

Löwenstatuetten werden in der Regel, aber ohne zwingende Argumente, mit Antonio Susini in Zusammenhang gebracht. Da bei Kleinbronzen ohnehin anzunehmen ist, daß sie unter starker Beteiligung der Gehilfen ausgeführt wurden, ist es denkbar, daß dieser besonders schön gearbeitete Löwe von diesem bedeutendsten Mitarbeiter Giovanni Bolognas geschaffen wurde. Als Datierung kommt 1594/95 in Frage, als der antike Medicilöwe besonders aktuell war: 1594 wurde das moderne Gegenstück zu diesem von Flaminio Vacca geschaffen und anschließend mit ihm zusammen vor der Villa Medici in Rom aufgestellt. L. O. L.

Wien, Kunsthistorisches Museum, Sammlung für Plastik und Kunstgewerbe, Inv. Nr. 5876

GIOVANNI BOLOGNA
Douai 1529 – Florenz 1608

51 Allegorie auf den Prinzen Francesco de' Medici
1561–1565 *Ft. 5, S. 117*

Bronze; Höhe 30,7 × 45,6 cm
Herkunft: Geschenk an Maximilian II. 1565; Herzog von Modena; Geschenk an Rudolf II. 1604. Rudolf II. 1607–1611 (Nr. 1979)
Ausstellungen: Giambologna 1978, Nr. 119; Florenz 1980, Nr. 678; Master Bronzes 1986, Nr. 53
Literatur: Planiscig 1924, Nr. 256; Dhanens 1956, S. 136 ff.; Giambologna 1978, S. 206 ff.; Leithe-Jasper 1986, S. 210 ff.; Avery 1987, S. 179, Nr. 147

Rudolf II. erhielt dieses Relief als Geschenk von Cesare d'Este, Herzog von Modena im Jahre

50

1604. Er soll dabei ausgerufen haben »dies ist nun mein« und es eigenhändig in die Kunstkammer getragen haben. Wenn der Bericht des Gesandten über den Empfang nicht nur dazu diente, den Herzog von dem Erfolg seines Geschenkes zu überzeugen, stellt sich die Frage, ob es einen besonderen Grund für die große Freude Rudolfs II. an diesem Werk gab. Möglicherweise gehörte das Relief zu den drei Arbeiten von Giovanni Bologna, die Francesco de' Medici Kaiser Maximilian II. 1565 überreichte. Es könnte dann mit Barbara von Österreich, der Schwester Maximilians, die mit Alfonso d'Este verheiratet war, nach Modena gekommen sein. Rudolf II., dem an Gegenständen, die mit seinem Hause durch besondere Beziehungen verknüpft waren, sehr gelegen war, könnte sich aus diesem Grund für das Stück besonders interessiert haben.

Dem Bericht des Gesandten von Modena zufolge befand sich das Silberrelief bereits vor dem Bronzerelief im Besitz des Kaisers. Wenn das richtig ist, dürfte das Silberrelief schon in Wien, ehe das Bronzerelief nach Modena ging, oder eventuell in Modena für Kaiser Rudolf ausgeführt worden sein. Es existieren von dieser Komposition zwei weitere Fassungen, ein Alabasterrelief in Madrid und ein Bronzerelief in Florenz. Wie Herbert Keutner dargelegt hat, dürfte das Alabasterrelief die früheste Fassung sein. Das bartlose Gesicht von Francesco de' Medici, der die Hauptfigur der Komposition ist, beweist, daß diese erste Fassung um 1560/61 entstanden sein dürfte.

Das Thema der Komposition konnte bisher nicht eindeutig identifiziert werden. Soviel ist klar, daß mit dem Jüngling in der Mitte Francesco de' Medici gemeint ist, der von Merkur der rechts im Bilde liegenden nackten Frau zugeführt wird. Sie ist durch die Früchte als Ceres oder Abundantia gekennzeichnet und soll hier vielleicht als die Personifikation der Stadt Florenz verstanden werden. Über ihnen schwebt Amor, der mit seinem Pfeil die Liebe zwischen dem jungen Prinzen und der Frau wecken will.

Links im Bild hockt ein alter Mann vor einem Kohlefeuer, hinter ihm steht eine alte Frau, die sich auf einen Stock stützt. Beide können als Sinnbilder des Alters und des Winters verstanden werden. Neben ihnen erscheinen ein sitzender Flußgott und, als Versinnbildlichung der alles verzehrenden Zeit, Saturn, der seine Kinder verschlingt. Im Hintergrund zwei Gruppen von jungen Frauen, angeführt von Horen mit einem Stundenglas in der Hand. Ihre Jugend und leichte Bekleidung stehen in deutlichem Gegensatz zu den Personifikationen des Winters und erinnern an Frühling und Sommer.

Die rechte Bildhälfte wird von einer teils im Bau, teils im Zustand des Verfalls befindlichen Architektur beherrscht. Vielleicht dürfen wir in den charakteristischen Gewölben des Gebäudes eine Anspielung auf die sehr ähnlichen Gewölbe der Uffizien in Florenz sehen.

Die Deutung der Komposition als eine Allegorie auf den bevorstehenden Thronantritt des jungen Francesco de' Medici scheint im Prinzip richtig zu sein. Mit dem jungen Prinzen löst die Jugend das Alter, der Frühling den Winter ab, und das Gebäude des Staates kann weiter gebaut werden. L. O. L.

Wien, Kunsthistorisches Museum, Sammlung für Plastik und Kunstgewerbe, Inv. Nr. 5814

51

GIOVANNI BOLOGNA (Kopie nach)
Douai 1529 – Florenz 1608

52 Allegorie auf den Prinzen Francesco de' Medici
Vor 1604

Silber; 29,7 × 43,3 cm
Wahrscheinlich die Arbeit eines süddeutschen Goldschmiedes nach dem Bronzerelief Giovanni Bolognas
Herkunft: Rudolf II. 1607–1611 (Nr. 1686). Seitdem in den Sammlungen des Kaiserhauses nachweisbar
Ausstellungen: Giambologna 1978, Nr. 120. Florenz 1980, Nr. 679
Literatur: Vgl. Nr. 51

Wien, Kunsthistorisches Museum, Sammlung für Plastik und Kunstgewerbe, Inv. Nr. 1195

52

GIOVANNI BOLOGNA
Douai 1529 – Florenz 1608

53 Raub einer Sabinerin
Nach 1583

Bronze, brauner Lack; Höhe 59 cm

Herkunft: Landesbibliothek, Kassel; Kunsthandel, Den Haag; 1952 vom Museum erworben
Ausstellungen: Giambologna 1978, Nr. 58
Literatur: Weihrauch 1956, Nr. 110; Dhanens 1956, S. 232 ff.; Weihrauch 1967, S. 218 f.; Larsson 1974, S. 90 ff.; Giambologna 1978, S. 139 ff.; Avery 1987, S. 144 u. 235

Die Gruppe stellt einen römischen Jüngling dar, der eine junge Sabinerin entführt. Sie ist, neben dem *Fliegenden Merkur,* die berühmteste Komposition Giovanni Bolognas und in zahlreichen Wiederholungen und Nachahmungen in verschiedenem Material verbreitet.

Kaiser Rudolf II. besaß ein Exemplar dieser Gruppe (Nr. 1907), das wahrscheinlich als

53

53

54

Kriegsbeute nach Schweden gelangte und jetzt verschollen ist. Die hier ausgestellte Statuette, die unter den heute bekannten Bronzefassungen der Komposition die qualitativ beste ist, stammt aus dem Besitz der Landgrafen von Hessen.

Rudolf II. besaß auch eine zweite Frauenraubgruppe von Giovanni Bologna, die fast einen Meter hohe Zweifigurengruppe, die sich im Kunsthistorischen Museum in Wien erhalten hat. Diese Komposition geht wahrscheinlich der Arbeit an der großen Marmorskulptur voraus und kann vor 1579 datiert werden.

Ihren besonderen Ruhm verdankt die Komposition der überlebensgroßen Marmorskulptur in Florenz. Sie wurde 1583 enthüllt und sofort als Beispiel höchster Vollendung in der Bildhauerkunst gerühmt. Es ist bezeichnend, daß die Eintragung im Kunstkammerinventar Rudolfs II. darauf Bezug nimmt: »Ein gruppo nach dem Giovan Bolognia, so er zu Florentz von weissem marmo gemacht...« Die Bronzestatuetten sind als Wiederholungen der großen Marmorskulptur, nicht als Repliken des Modells anzusehen. Sie und die Holzschnitte Andrea Andreanis, die die Marmorskulptur in drei verschiedenen Ansichten zeigen, haben den Ruhm der Komposition über ganz Europa verbreitet.

Giovanni Bologna soll die große Marmorskulptur ohne Auftrag ausgeführt haben, um seine künstlerische Größe und vor allem seine Fähigkeit als Marmorbildhauer unter Beweis zu stellen, und er hat es angeblich seinen gelehrten Freunden überlassen, der Komposition einen Namen zu geben. Auch wenn diesen Behauptungen nur mit Skepsis begegnet werden kann, ist es sicher richtig, daß es dem Künstler in diesem Werk vor allem um die Umsetzung von schwierigen kompositorischen Problemen in Stein bzw. in Bronze ging, wobei nicht zuletzt die Lösung des statischen Problems in der großen Marmorgruppe bewundert wurde.

Das Exemplarische dieser Skulptur kommt auch darin zum Ausdruck, daß z. B. Adrian de Vries wiederholt mit eigenen Werken in Wettstreit zu diesem Werk seines Lehrers getreten ist (Kat. Nr. 62). L. O. L.

München, Bayerisches Nationalmuseum, Inv. Nr. 52/118

GIOVANNI BOLOGNA
Douai 1529 – Florenz 1608

54 **Mars**
Um 1585

Bronze, schwarzer Lack; Höhe 39,5 cm
Herkunft: Rudolf II. (?), Christina 1652 (?),

55

Drottningholm 1777. 1865 ins Nationalmuseum überführt
Ausstellungen: Stockholm 1984, Nr. 6
Literatur: Dhanens 1956, S. 198f. (ohne Kat. Nr. 9 zu erwähnen); Giambologna 1978, S. 126ff.; Avery 1987, S. 137

Mars zählt zu den am häufigsten reproduzierten Modellen Giovanni Bolognas. Merkwürdigerweise wird er weder in der Liste von Markus Zeh (1611) noch in dem Verzeichnis von Baldinucci (1688) erwähnt. Das älteste heute nachweisbare Exemplar gelangte 1587 als Geschenk des Künstlers an den jungen Kurfürsten Christian I. in die Dresdener Kunstkammer und befindet sich heute in Privatbesitz. Auch Kaiser Rudolf II. besaß ein Exemplar dieser Figur, wenn die Identifikation der im Inventar von 1607–1611 (Nr. 1900) als Gladiator ohne Künstlerbezeichnung genannte Bronzestatuette mit dieser Figur Giovanni Bolognas korrekt ist.

Der hier ausgestellte *Mars* gehört wegen seiner lebendigen und dabei präzisen Modellierung zu den besten Exemplaren dieser Komposition. Die hohe Qualität der Figur legt es nahe, anzunehmen, daß sie aus dem Besitz Rudolfs II. stammt und mit der Pragbeute nach Stockholm gelangte, auch wenn sie erst 1777 in Schweden nachgewiesen werden kann. L. O. L.

Stockholm, Nationalmuseum, Inv. Nr. 334

GIOVANNI BOLOGNA
Douai 1529 – Florenz 1608

55 **Schreitendes Pferd**
1580er Jahre

Bronze, schwarzer Lack; Höhe 46 cm
Herkunft: Rudolf II. (?), Christina 1652, Drottningholm 1777. 1883 ins Nationalmuseum überführt
Ausstellungen: Stockholm 1984, Nr. 7
Literatur: Dhanens 1956, S. 274 ff.; Giambologna 1978, S. 237 f. (ohne Erwähnung dieses Exemplars); Avery 1987, S. 59

Das Pferd ist in mehreren, in Größe und Einzelheiten etwas verschiedenen Exemplaren bekannt. Mit seinen 46 cm ist die hier ausgestellte Bronze die größte der heute bekannten Pferdestatuetten Giovanni Bolognas. Die Zuschreibung an Giovanni Bologna stammt von Elisabeth Dhanens, die sie in Zusammenhang mit dem *Reiterstandbild Cosimos I.* brachte. Für die Richtigkeit dieser Zuschreibung, die heute allgemein akzeptiert wird, spricht die Ähnlichkeit des Pferdes mit dem auf dem Relief mit dem Einzug des Herzogs in Siena am Sockel des Reiterdenkmals. Wahrscheinlich ist, wie Dhanens vermutet, das Modell im Zusammenhang mit der Arbeit des Künstlers an diesem Denkmal entstanden. Die Herkunft des Stockholmer Exemplares der Statuette ist nicht eindeutig festzustellen. Es dürfte aber mit einer der insgesamt fünf Pferdestatuetten, die im Inventar der Sammlung der Königin Christina von 1652 genannt werden, identisch sein und würde dann aus Prag stammen. Parallel mit diesem Typus wurden auch Pferdestatuetten mit lockiger Mähne, entsprechend dem Reiterdenkmal Cosimos I. bzw. der Reiterstatuette Rudolfs II. (Kat. Nr. 46), in verschiedenen Größen in der Werkstatt Giovanni Bolognas hergestellt.
L. O. L.

Stockholm, Nationalmuseum, Inv. Nr. 346

ADRIAN DE VRIES
Den Haag 1545 – Prag 1626

56 Psyche, getragen von Amorinen

Um 1593 *Ft. 6, S. 118*

Bronze; Höhe 187 cm
Herkunft: Rudolf II., Prag 1621, 1648; Christina 1652, J. G. Stenbock 1684, C. G. Tessin 1763, P. Suther. 1863 als Geschenk ins Nationalmuseum überführt
Ausstellungen: Amsterdam 1955, Nr. 379; Christina 1966, Nr. 1.325; Stockholm 1984, Nr. 34

Literatur: Larsson 1967, S. 15 f. (mit älterer Lit.); Larsson 1982, S. 219 ff.

Die Skulptur zeigt Psyche, wie sie von drei Amorinen zum Olymp getragen wird. In ihrer erhobenen linken Hand hält sie das Gefäß, in dem sie Persephones Schönheitssalbe verwahrt. Psyche berührt nicht den Boden, sondern scheint zu schweben; als Stütze dient ein herabfallendes Tuch. Der Sage nach wurde sie, in todesähnlichem Schlaf versenkt, auf den Olymp geführt.

Adrian de Vries zeigt sie aber in wachem Zustand und in bewußt anmutiger Haltung. Die Skulptur ist als Gegenstück zu der Gruppe von *Merkur und Psyche* im Louvre zu sehen. Diese kann dank dreier Kupferstiche von Jan Müller, die die Gruppe von verschiedenen Seiten zeigen, 1593 datiert werden. Gleichzeitig müßte auch die Stockholmer Psyche-Gruppe entstanden sein. Die beiden Psyche-Gruppen sind die frühesten sicher zu datierenden Werke des Künstlers und zeigen am deutlichsten seine künstlerische Herkunft aus der Werkstatt Giovanni Bolognas. Als Vorbild für die Komposition hat die entsprechende Szene aus dem ›Psyche‹-Zyklus Raffaels in der Villa Farnesina in Rom gedient. Für welchen Zweck die Psyche-Skulpturen gefertigt wurden, ist nicht bekannt. 1621, also neun Jahre nach dem Tod Kaiser Rudolfs, standen sie im Neuen Saal der Prager Burg. Ob das aber ihr ursprünglicher Platz war, ist schwer zu sagen, da sie, soweit sich das heute beurteilen läßt, sich dort in kein ikonographisches Programm einfügen lassen. Es ist möglich, daß die Aufstellung im Neuen Saal sekundär war, vielleicht wurden sie anläßlich eines Besuches von Matthias, dem Bruder Kaiser Rudolfs, in Prag in den Neuen Saal gebracht.
L. O. L.

Stockholm, Nationalmuseum, Inv. Nr. 352

ADRIAN DE VRIES
Den Haag 1545 – Prag 1626

57 Brustbild Rudolfs II.

1603

Bronze; Höhe 112 cm
Bezeichnet: ADRIANUS FRIES HAGIEN FECIT 1603
Die Büste trägt ferner die Inschrift: RUD.II. ROM.IMP.CAES.AUG.AET.SUAE.LI.ANNO 1603
Herkunft: Rudolf II. 1607–1611 (Nr. 1975), Prag 1621, 1648; Christina 1652, P. Suther, 1803 für die kaiserliche Sammlung zurückerworben
Ausstellungen: Art Treasures from Vienna 1948, Nr. 184. Christina 1966, Nr. 1.327
Literatur: Planiscig 1924, Nr. 333; Larsson 1963, S. 80 ff.; Larsson 1967, S. 36 ff.; Vocelka 1981, S. 73 f.; Larsson 1982, S. 224 f.; Vocelka 1985, S. 42

Unter den Bildnissen von Rudolf II. ist diese Büste wegen ihres stark heroisierenden Charakters eine Besonderheit. Adrian de Vries ist dem nach etwa 1602 vorherrschenden, von Hans von Aachen geschaffenen Porträttypus gefolgt. Durch Straffung der Gesichtszüge, die dem bei Hans von Aachen eher kraftlos wirkenden Kinn den Ausdruck von Willensstärke verleiht, durch die stolze Kopfhaltung und den Blick, der über den Betrachter hinweg in die Ferne gerichtet ist, ist es ihm gelungen, dem Bildnis einen energischen, heroischen Charakter zu geben.

Die Büste wurde als Gegenstück zu Leone Leonis *Porträt von Karl V.* geschaffen, das Rudolf II. kurz davor erworben hatte. In der Anlehnung an die Büste Karls V. kommt, neben der Bewunderung Rudolfs für seinen Großonkel, vor allem sein Anspruch zum Ausdruck, der Kaiserwürde wieder die Bedeutung zurückzugewinnen, die sie unter Karl V. gehabt hatte. Der figürliche Sockel und die Reliefs am Harnisch unterstreichen dieses Anliegen. Der Adler ist das Symbol des Kaisertums, der Widder das Tierkreiszeichen, das Rudolf II. in Anlehnung an Kaiser Augustus führte. Jupiter steht für die Allmacht – die *Omnipotentia* – des Kaisers, Merkur für seine Weisheit. Die Putten mit Erdkugeln und die Sieges- und Ruhmesgöttinnen auf den Schulterstücken unterstreichen das Sieges- und Herrschaftsthema. Löwe und Greif auf dem Harnisch sind von römischen Kaiserbildnissen bekannt und kommen auch in der Heraldik häufig vor. Sie spielen aber auch in der Symbolik der Alchimie eine wichtige Rolle. Rudolfs großes Interesse für Alchimie ist bekannt. Es ist daher nicht ausgeschlossen, daß Löwe und Greif auch Träger einer alchimistischen Sinnschicht sind. Sie könnten die *Conjunctio* von Sol und Luna, aus der der *Lapis philosophorum* gewonnen wird, symbolisieren. Damit wäre dem Kaiser der Besitz vollkommener Weisheit bescheinigt. So gesehen, schließen sich die Sockelfiguren und Harnischreliefs zu einer Huldigung an Kaiser Rudolf als allmächtigen und weisen Herrscher und als würdigen Nachfolger von Kaiser Augustus und Karl V. zusammen.
L. O. L.

Wien, Kunsthistorisches Museum, Sammlung für Plastik und Kunstgewerbe, Inv. Nr. 5506

57

Detail der Kat. Nr. 57

ADRIAN DE VRIES
Den Haag 1545 – Prag 1626

58 **Allegorie auf den Türkenkrieg in Ungarn**
Um 1603

Bronze; 71 × 88,5 cm
Bezeichnet: ADRIANUS FRIES HAGENSIS FECIT
Herkunft: Rudolf II. 1607–1611 (Nr. 1982), Prag 1619, 1621, 1648; Christina 1652, P. Suther, 1803 für die kaiserlichen Sammlungen zurückerworben
Ausstellungen: Wien 1987, Nr. IV: I
Literatur: Planiscig 1924, Nr. 335; Larsson 1967, S. 39 ff.; Ludwig 1978, S. 43 ff.; DaCosta Kaufmann 1978, S. 63 ff.; Larsson 1982, S. 225 f.; Galavics 1986, S. 27 ff.

Das Relief wird im Kunstkammerinventar Rudolfs II. eine »*invention,* die ungerische krieg und *impresa* bedeuttend« genannt. Diese Bezeichnung spielt auf die Mischung von realistischen Kampfdarstellungen und Figuren und Darstellungen von emblematischem und allegorischem Charakter an. Thema des Reliefs ist der 1593 ausgebrochene Krieg gegen die Türken in Ungarn und Siebenbürgen. Als Vorlagen haben Bilder gedient, die Hans von Aachen von den wichtigsten Ereignissen des Krieges gemalt hatte und die offensichtlich einen offiziellen Charakter hatten.

Die Szene links im Vordergrund zeigt die Befreiung und Re-christianisierung Ungarns: Minerva löst Hungaria ihre Fesseln, eine Siegesgöttin entfernt den Halbmond von ihrem Haupt, und der Kaiser bringt ihr eine Mitra. Diese Szene entspricht der Darstellung Hans von Aachens von der Wiedereroberung der wichtigen Festung und Bischofsstadt Gran (Esztergom) im Jahre 1595. Der Löwe im Kampf mit dem Drachen und der Adler mit der Schlange in den Fängen stellen in allgemeiner, symbolischer Form und in Anlehnung an die Emblematik des Kaisers den Kampf des Guten gegen das Böse dar. Die beiden Flußgötter im Vordergrund sind als Personifikationen der Flüsse Donau und Save (Sau) zu verstehen und bezeichnen den Kriegsschauplatz Ungarn. Die Donau kann sich auch speziell auf die Kriegsschauplätze Gran und Raab (vgl. unten) beziehen.

Eine Medaille (Kat. Nr. 467), die den Sieg bei Tergowist in Siebenbürgen 1595 und die Wiedereroberung der Festung Raab (Györ) im Jahre 1598 zum Thema hat, hilft uns, weitere Szenen im Relief zu deuten. Die Krönungsszene vor dem Turm rechts im Relief bezeichnet demnach den Sieg über Sinan Pascha bei Tergowist. Der Turm könnte für die Türme im Wappen Siebenbürgens stehen. Diese Szene kann aber auch auf den Sieg bei Sisak im ersten Jahr des Krieges, 1593, bezogen werden. Dieses Ereignis wird auf einer Kopie nach Hans von Aachens verlorengegangenem Bild sehr ähnlich dargestellt, und die Tatsache, daß der Flußgott Save neben der Donau im Vordergrund sitzt, spricht dafür, daß sich die Szene auf die Schlacht bei Sisak, das an der Save liegt, bezieht. Die im Fluß ertrinkenden Türken lassen sich sowohl mit Tergowist als auch mit Sisak in Verbindung bringen.

Die Szene links im Hintergrund stellt die Wiedereroberung der Festung Raab dar. Die Verhüllung des Halbmondes in den Wolken bezieht sich auf den Bericht, daß durch eine Fügung Gottes »eine dunkle Wolke ... den Mond verfinsterte«, weshalb die kaiserlichen Truppen von den Verteidigern nicht rechtzeitig entdeckt werden konnten. Die Darstellung kann aber auch symbolisch verstanden werden: Die Verhüllung des Halbmondes stellt die Niederlage der Osmanen dar. Die Entfesselung und Siegeskrönung der Frau an der Säule ist die symbolische Darstellung der Wiedereroberung der Festung. Die Frau ist ein Bild von *constantia* oder *fortitudo,* die Fortuna, die Glücksgöttin, bezwungen hat. Die Trophäengruppen im Hintergrund mit der Hydra und der alten Frau, welche die Zwietracht, *discordia,* symbolisiert, beziehen sich auf die kriegerischen und politischen Auseinandersetzungen um die Herrschaft in Siebenbürgen. Der Steinbock, das Monogramm R II und der Stern am Himmel zeigen an, daß der Kaiser seinen Kampf im Auftrage Gottes führt. L. O. L.

Wien, Kunsthistorisches Museum, Sammlung für Plastik und Kunstgewerbe, Inv. Nr. 5474

58

59

ADRIAN DE VRIES
Den Haag 1545 – Prag 1626

59 **Bildnisrelief Rudolfs II.**
1609

Bronze; 71,1 × 34,9 cm
Bezeichnet und datiert: ADRIANUS FRIES FEC. Anno 1609
Das Relief trägt ferner die Inschrift RUD. II. IMP.CAES.AUG.AET.SUAE.LVII.ANNO. 1609
Herkunft: Rudolf II. 1607–11 (Nr. 1981), Prag 1621, 1648; Christina 1652, C. G. Tessin 1735
Ausstellungen: München 1980, Nr. 173
Literatur: Larsson 1967, S. 48; Trevor-Roper 1976, S. 113f.; Vocelka 1981, S. 74f.

Das Bildnisrelief ist das letzte Porträt, das Adrian de Vries von Rudolf II. schuf. Wie die Büste von 1603 zeigt es den Kaiser stark heroisiert, jedoch mit deutlichen Zeichen des Alters. Die große Löwenmaske auf der Schulter ist als Hinweis auf Herkules zu verstehen, der mit dem Erdball in den Armen auch auf dem Harnisch dargestellt ist. Die ausdrucksvolle Modellierung der Löwenmaske legt einen direkten physiognomischen Vergleich zwischen dem Kaiser und dem Löwen nahe. Hier wird dem Betrachter vor Augen geführt, daß der Kaiser einem Löwen ähnlich sieht, d. h. nach den Vorstellungen der Physiognomielehre, daß eine echte Affinität oder gar Identität zwischen Rudolf und dem Löwen bzw. Herkules bestehe.

Das Porträtrelief befand sich in der Kunstkammer Rudolfs II. Dort hing es wahrscheinlich mit zwei allegorischen Reliefs (Kat. Nr. 58, S. 126) zusammen, die Rudolfs Siege über die Türken in Ungarn und seine Verdienste um die Künste verherrlichen. Es kam als Kriegsbeute nach Stockholm und gelangte später in den Kunsthandel. L. O. L.

London, Victoria & Albert Museum, Inv. Nr. 6920. 1860

ADRIAN DE VRIES
Den Haag 1545 – Prag 1626

60 **Imperium triumphante – Allegorie über das siegreiche Imperium**
1610

Bronze; Höhe 77,3 cm
Bezeichnet und datiert: ADRIANUS FRIES FE 1610
Herkunft: Rudolf II. 1607–1611 (Nr. 1978); Christina 1652 (?); A. Seillière, Paris (bis 1890); Duke of Marlborough, Blenheim Palace (bis 1906), Widener Coll.
Literatur: Larsson 1967, S. 51f.; DaCosta Kaufmann 1976, passim

Thema der Gruppe ist der Triumph des Imperiums über den Geiz, die Avaritia. Diese Gruppe ist die letzte der Kaiserallegorien, die Adrian de Vries für Rudolf II. schuf. Anlaß ihrer Entstehung war kein Sieg des Kaisers, im Gegenteil: Rudolf II. war zu diesem Zeitpunkt in Wirklichkeit entmachtet und hatte nur den machtpolitisch bedeutungslosen Kaisertitel behalten. Die Allegorie soll wahrscheinlich nicht nur im Sinne einer allgemeinen Kaiserverherrlichung verstanden werden. Ihr Inhalt dürfte auch einen konkreten Bezug zur politischen Wirklichkeit haben (DaCosta Kaufmann 1978). Rudolf II. sah in der Halbherzigkeit, mit der die deutschen Fürsten seine Kriegführung gegen die Osmanen unterstützten, also in ihrem Geiz, den Grund für seine Mißerfolge.

Die Komposition der Gruppe folgt einer verbreiteten Tradition von Tugend- und Lasterdarstellungen. Ähnlich hat auch Spranger seinen *Triumph der Weisheit* (Kat. Nr. 159) komponiert). Besondere Anregungen scheint Adrian de Vries von einer großen Triumphdarstellung Bartolomeo Ammanatis (Museo nazionale, Florenz) erhalten zu haben. In der gestürzten Avaritia hat er Anregungen von Giovanni Bolognas *Simson im Kampf mit einem Philister* verarbeitet.

Die Skulptur befand sich in der Kunstkammer Rudolfs II. Wahrscheinlich kam sie mit der schwedischen Kriegsbeute nach Stockholm. Sie kann aber nicht im Besitz von Königin Christina nachgewiesen werden. L. O. L.

Washington, National Gallery, Inv. Nr. A-141

61

ADRIAN DE VRIES
Den Haag 1545 – Prag 1626

61 Gladiator
Um 1603

Bronze; Höhe 18,9 cm
Herkunft: Rudolf II. 1607–1611 (Nr. 1942). 1871 aus der Schatzkammer überführt
Ausstellungen: Master Bronzes 1986, Nr. 40.
Literatur: Planiscig 1924, Nr. 229; Leithe-Jasper 1986, S. 163 ff.

Diese Statuette ist eine sehr getreue Wiederholung von Kat. Nr. 77. Sie unterscheidet sich von ihrem Vorbild vor allem durch den reicher gebildeten Helm und den Gesichtstypus. Auch der Körper ist flüssiger modelliert. Bis vor kurzem wurde die Statuette zusammen mit Kat. Nr. 77 einem unbekannten norditalienischen Künstler zugeschrieben. Erst Leithe-Jasper (1986, Nr. 40) hat richtig erkannt, daß es sich um ein Werk von Adrian de Vries handelt. Der Vergleich mit den Tritonen am Herkulesbrunnen bzw. im Maximilianmuseum in Augsburg und mit den Sockelfiguren von der *Porträtbüste Rudolfs II.* von 1603 (Kat. Nr. 57) zeigt, daß die Statuette um 1603 datiert werden sollte. Sie ist wahrscheinlich identisch mit dem Gladiator von Adrian de Vries, der im Kunstkammerinventar Rudolfs II. genannt wird. Es ist kaum denkbar, daß Adrian de Vries seinen Gladiator ohne Kenntnis von Kat. Nr. 77 geschaffen haben kann. Diese dürfte sich also schon damals in der kaiserlichen Sammlung befunden haben. Falls diese Annahme richtig ist, sind die beiden Gladiatorstatuetten ein gutes Beispiel dafür, wie die Hofkünstler angeregt wurden, in Wettstreit mit den Werken in der Sammlung zu treten. L. O. L.

Wien, Kunsthistorisches Museum, Sammlung für Plastik und Kunstgewerbe, Inv. Nr. 5819

ADRIAN DE VRIES
Den Haag 1545 – Prag 1626

62 Herkules, Nessus und Deïaneira
Um 1603

Bronze; Höhe 79,9 cm

Drei weitere Exemplare der Skulptur sind bekannt (Paris, Louvre; Amsterdam, Rijksmuseum und Kansas City, Museum of Fine Arts)
Herkunft: Aus dem Kunsthandel 1966 erworben
Literatur: Weihrauch 1967, S. 358 f.; Zimmermann 1969, S. 55 ff.; Larsson 1970, S. 174 ff.; Larsson 1982, S. 227 f.

62

62

63

Die Skulptur stellt Herkules dar, der sein Weib Deïaneira von dem Zentauren Nessus zurückerobert. Ein Exemplar dieser Komposition befand sich in der Kunstkammer Rudolfs II. Ein Indiz für die Datierung gibt ein Verzeichnis des Künstlers über Werke, für die er noch keine Bezahlung erhalten hatte. In diesem Verzeichnis sind, soweit sich heute belegen läßt, die Werke in chronologischer Folge aufgeführt. Da die *Herkules*-Gruppe zwischen zwei Werken genannt wird, die mit Sicherheit 1603 datiert werden können, müßte sie auch in diesem Jahr entstanden sein.

Adrian de Vries greift in diesem Werk vor allem auf die berühmten Frauenraubgruppen Giovanni Bolognas, aber auch auf Darstellungen von Herkules im Kampf mit dem Zentauren zurück. Eine direkte Anregung, die Gruppe zu modellieren, dürfte das Eintreffen von Hubert Gerhards Bronzestatuette des gleichen Themas in der kaiserlichen Kunstsammlung gewesen sein. Adrian de Vries scheint sofort versucht zu haben, seinen Rivalen, den der Kaiser offensichtlich nach Prag berufen wollte, mit einer größeren und noch virtuoseren Fassung des Themas auszustechen.

Die Gruppe ist in vier Exemplaren bekannt, von denen Kat. Nr. 62 und das Exemplar im Louvre die besten sind. Adrian de Vries hat diese Komposition später auch in mehreren Werken variiert.

Bemerkenswert ist die naturalistisch gebildete Basis der Skulptur, die in dieser Form im Œuvre von Adrian de Vries sonst nicht bekannt ist. Er bevorzugte in der Regel glatte, dünne Basen. L. O. L.

Karlsruhe, Badisches Landesmuseum, Inv. Nr. 66/100

ADRIAN DE VRIES
Den Haag 1545 – Prag 1626

63 Pferd im Trab
1607 *Ft. 7, S. 119*

Bronze, grünliche Naturpatina; Höhe 94 cm
Bezeichnet: ADRIANUS FRIES HAGENSIS FECIT 1607

Herkunft: Rudolf II. 1607–1611 (Nr. 1976), Prag 1619, 1621; Christina 1652, Drottningholm 1726, 1744, 1777, 1867
Ausstellungen: Christina 1966, Nr. 1328. Stockholm 1984, Nr. 40
Literatur: Larsson 1967, S. 52f. (mit älterer Lit.); Neumann 1979, S. 210; Larsson 1982, S. 229

Pferdestatuetten aus Bronze waren im 16. und 17. Jahrhundert sehr beliebt. In der Werkstatt Giovanni Bolognas scheinen sie fast serienmäßig hergestellt worden zu sein. Von Adrian de Vries kennen wir drei signierte Pferdestatuetten, die sich durch Größe und Typus von denen der Giambologna-Werkstatt unterscheiden. Die früheste ist die hier besprochene, 1607 datierte Skulptur. Sie ist wahrscheinlich mit einem im Prager Kunstkammerinventar von 1607–1611 angeführten Pferd »so über die anderthalb Ellen hoch« (Nr. 1976) identisch und wurde demnach für den Kaiser gemacht. Die Selbständigkeit im Typus gegenüber den Pferdestatuetten Giovanni Bolognas und den bekannten antiken Pferdeskulpturen läßt die Frage zu, ob es sich nicht um das Porträt eines Pferdes aus dem berühmten Stall des Kaisers handelt.

Dieser Skulptur sehr ähnlich ist eine allerdings kleinere (52,5 cm), ebenfalls signierte Pferdestatuette in Prag, die 1610 entstanden sein dürfte (die Jahreszahl der Signatur kann 1610 oder 1619 gelesen werden). L. O. L.

Stockholm, Nationalmuseum, Inv. Nr. Drottningholm 64

ADRIAN DE VRIES
Den Haag 1545 – Prag 1626

64 Christus ›im Elend‹
1607 *Ft. 8, S. 120*

Bronze; Höhe 149 cm
Bezeichnet: ADRIANUS FRIES HAGENSIS FECIT 1607
Am Sockel der Skulptur befinden sich folgende Inschriften: EMPTI/ESTIS/PRETIO/MAGNO und CAROLVS/ALIECHTEN/STEIN.RVD.II./IMP.CAES.P.E./AVC.SACRI./PALATI/PRAE FECTUS/DEDICAVIT/AN.P.C.N.MI CVII.

64

64

Herkunft: Im Auftrag Karl von Liechtensteins ausgeführt. Seitdem im Besitz des Hauses Liechtenstein
Ausstellungen: Bregenz 1967, Nr. 167; Frankfurt am Main 1981/82, Nr. 86; New York 1985, Nr. 35; Frankfurt am Main 1986/87, Nr. 1
Literatur: Larsson 1967, S. 54; Raggio 1985, S. 57; Raggio 1986, S. 136 ff.; Götz-Mohr 1986, S. 43 ff.

Die Christusfigur ist eine Übersetzung von Dürers Titelholzschnitt zur ›Großen Passion‹ ins Plastische. Solche Darstellungen von *Christus ›im Elend‹* sind – auch im großen Format – in der Plastik der Dürerzeit geläufig. Bezeichnend für die Darstellungen beider Künstler ist das Bestreben, den Betrachter zu mitleidender Einfühlung und Andacht zu bewegen. Adrian de Vries gestaltet aber im Gegensatz zu Dürer seinen Christus nicht als eine abgezehrte, von den Leiden der Passion geprägte Gestalt, sondern stellt ihn in idealer körperlicher Schönheit dar. Dabei greift er auf Michelangelos *Christus* in Sta. Maria sopra Minerva in Rom zurück. In der Verbindung der gefühlvollen Haltung mit der schönen Gestalt wandelt sich der herbe Ausdruckscharakter des Vorbildes in einer für die Zeit um 1600 kennzeichnenden Weise.

Die Skulptur wurde für den Obersthofmeister Karl von Liechtenstein geschaffen. Ihre Funktion und ihr ursprünglicher Aufstellungsort sind nicht bekannt. Es darf aber vermutet werden, daß sie für die von Karl von Liechtenstein erbaute neue Kirche von Felsberg bestimmt war, aus der sie nach Wien gebracht worden sein soll. Die Dedikationsinschrift auf der Rückseite des Sockels spricht dafür, daß die Skulptur auch von der Rückseite aus betrachtet werden konnte. L. O. L.

Vaduz, Sammlungen des regierenden Fürsten von Liechtenstein, Inv. Nr. 515

ADRIAN DE VRIES
Den Haag 1545 – Prag 1626

65 Heiliger Sebastian
Um 1613

Bronze; Höhe 199,5 cm

65

65

Bezeichnet: ADRIANUS FRIES HAGENSIS BATAVVS
Herkunft: Alter Besitz
Ausstellungen: Bregenz, 1967, Nr. 168; New York 1985, Nr. 36; Frankfurt a. M. 1986/87, Nr. 2
Literatur: Larsson 1967, S. 124; Larsson 1982, S. 233; Raggio 1985, S. 60; Raggio 1986, S. 141 f.; Götz-Mohr 1986, S. 43 ff.

Sebastian ist im Augenblick vor seinem Martyrium dargestellt. Seine Erscheinung ist die eines schönen Jünglings, noch haben keine Pfeile seinen Körper verletzt. Darin äußert sich die gleiche künstlerische Auffassung wie in der *Christus-Skulptur* (Kat. Nr. 64), die im Gegensatz zu der realistischeren Haltung des Frühbarock und auch zu Forderungen der Gegenreformation steht, nach denen der Hl. Sebastian, um den Betrachter zum Mitleid anzuregen, mit so vielen Pfeilen im Körper dargestellt werden sollte, daß er »wie ein Stachelschwein« (Gilio, 1564) aussähe.

Stilistisch läßt sich die sehr skizzenhaft modellierte Skulptur mit Werken vergleichen, die Adrian de Vries um 1613–15 schuf. Vor allem die flockige Gestaltung der Haare erinnert an die Figuren am Neptunbrunnen für Schloß Frederiksborg in Dänemark. Eine gewisse Stütze erfährt diese Datierung aus einem Brief an Ernst Graf von Schaumburg-Lippe vom Juni 1613, in dem von einem Auftrag des Fürsten von Liechtenstein an Adrian de Vries die Rede ist. Es sollte allerdings auch erwähnt werden, daß Adrian de Vries bereits 1609 eine Skulptur für Karl von Liechtenstein in Arbeit hatte. Es ist aber nicht wahrscheinlich, daß er bereits so früh viele typische Merkmale seines Spätstils entwickelt hatte. Wahrscheinlich handelt es sich bei der Arbeit von 1609 um ein verschollenes Werk des Künstlers, falls wir nicht annehmen, daß sich die Arbeit aus unbekannten Gründen verzögerte und erst einige Jahre später zu Ende geführt wurde.

Vielleicht war der *Hl. Sebastian* für die Sebastiankapelle in Eisgrub (Mähren) bestimmt, wo Karl von Liechtenstein seine bevorzugte Sommerresidenz hatte und gerade in den Jahren 1613/14 zahlreiche Arbeiten ausführen ließ.

L. O. L.

Vaduz, Sammlungen des regierenden Fürsten von Liechtenstein, Inv. Nr. 562

ADRIAN DE VRIES
Den Haag 1545 – Prag 1626

66 **Apollo**
Um 1594–1596

Bronze; Höhe 47,3 cm
Herkunft: Slg. G. Blumenthal. 1941 vom Museum erworben
Literatur: Larsson 1982, S. 231 f.

Die Statuette zeigt Apollo nackt, mit dem Bogen (nur der Griff ist dargestellt) in der ausgestreckten linken Hand. Sein Köcher liegt zwischen seinen Füßen auf der runden Basis. Olga Raggio hat als erste die Statuette als ein Werk von Adrian de Vries bestimmt. Apollo kann in stilistischer Hinsicht mit den Arbeiten von Adrian de Vries in Augsburg und mit seinem früher zu datierenden *Tanzenden Faun* (Dresden) verglichen werden und müßte demnach spätestens um 1602/03 datiert werden. Gestützt wird die Zuschreibung an Adrian de Vries durch einen Kupferstich von Jan Muller, der einen sehr ähnlichen Apollo zeigt. Als Inventor dieser Darstellung wird Adrian de Vries genannt. Da Apollo auf dem Stich seinen Köcher umgehängt hat, einen flatternden Mantel trägt und in einer Landschaft dargestellt ist, ist es möglich, daß Muller nach einer Zeichnung und nicht nach einer Statuette gearbeitet hat. Die große Ähnlichkeit in der Haltung Apollos beweist aber die enge Beziehung zwischen Stich und Statuette. Jan Muller hat mehrere Stiche nach Arbeiten von Adrian de Vries geschaffen. Mehrere Gründe sprechen dafür, sie um 1594–96 zu datieren. Das läßt sich mit dem stilistischen Befund der Apollostatuette gut vereinbaren. Die Statuette geht auf die berühmteste antike Apolloskulptur, den Apollo di Belvedere, zurück. Adrian de Vries hat aber das Bewegungsmotiv des antiken Vorbildes in charakteristischer Weise verändert: Durch die stärker betonte Körperdrehung wird das Kontrapostmotiv der antiken Skulptur in eine figura serpentinata umgedeutet.

Die Herkunft der Statuette ist nicht bekannt. Sie kann nicht in der Sammlung Rudolfs II. nachgewiesen werden.

L. O. L.

New York, Metropolitan Museum of Art, Vermächtnis G. Blumenthal, 1941, Inv. Nr. 41.190.534

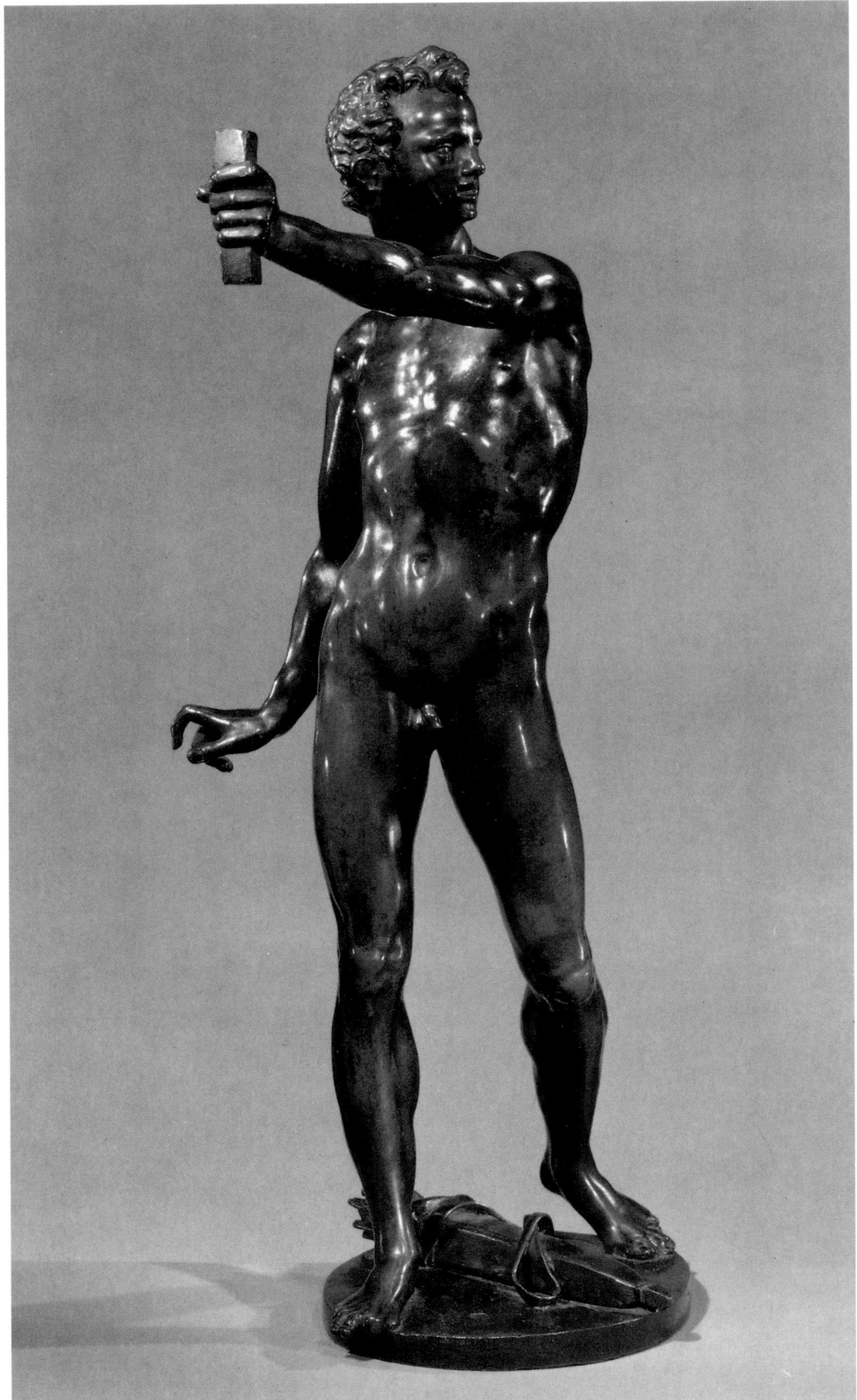

66

67

ADRIAN DE VRIES
Den Haag 1545 – Prag 1626

67 Merkur
Um 1613–1615

Bronze; Höhe 45,5 cm
Schäden am Rücken und an der linken Hüfte

Herkunft: Angeblich gefunden auf einem Akker bei Schwanenstadt (Oberösterreich)
Ausstellungen: Steyr 1884; Giambologna 1978, Nr. 35 c.; Stockholm 1984, Nr. 39
Literatur: Larsson 1967, S. 57

Die Statuette ist ohne das Vorbild des *Fliegenden Merkur* von Giovanni Bologna nicht denkbar. Dennoch ist es Adrian de Vries gelungen, eine unverwechselbar selbständige Darstellung des Themas zu gestalten. Merkur ist hier eher laufend als fliegend zu sehen. Er scheint sich energisch auf ein Ziel hin zu bewegen, während der Merkur Giovanni Bolognas durch seinen perfekt ausgewogenen Balanceakt fast statisch wirkt. Um den Wesensunterschied der beiden Figuren zu erkennen, vergleiche man, wie sie den Caduceus halten.

Stilistisch läßt sich diese Statuette am besten mit den Werken vergleichen, die Adrian de Vries für König Christian IV. von Dänemark schuf, oder mit dem *Hl. Sebastian* in der Sammlung Liechtenstein (Kat. Nr. 65). Sie dürfte daher um 1613–1615 entstanden sein. Schon in der Merkurgestalt am Sockel der *Büste Rudolfs II.* von 1603 (Kat. Nr. 57) hat der Künstler aber die wesentlichen Merkmale dieser Statuette formuliert.

Die Herkunft der Skulptur, die auf einem Acker gefunden worden sein soll, ist unbekannt. L. O. L.

Benediktinerstift Lambach, Oberösterreich

ADRIAN DE VRIES
Den Haag 1545 – Prag 1626

68 Herkules, Nessus und Deïaneira
1622

Bronze, Naturpatina; Höhe 128 cm
Bezeichnet: ADRIANUS FRIES HAGIENSIS BATAVVS FECIT 1622
Herkunft: Wahrscheinlich als Kriegsbeute aus Prag 1648. Drottningholm 1726, 1744, 1777, 1867
Ausstellungen: Stockholm 1984, Nr. 48
Literatur: Larsson 1967, S. 120

Die Gruppe zeigt Herkules, der den sich aufbäumenden Zentauren Nessus, auf dessen Rücken die geraubte Deïaneira sitzt, angreift. Unter dem Zentauren kauert ein hundeähnliches Tier (ein Wolf, ein Fuchs?) mit einem Wasserkrug. Es ist nicht bekannt, für wen die Skulptur gemacht wurde. Eine Zeichnung in Dresden (Rötel und Kreide. Staatliche Kunstsammlungen, Inv. Nr. C 1961–152) zeigt die Gruppe von der Seite, als Brunnenschmuck aufgestellt. Die Zeichnung ist sehr detailliert und dürfte im Zusammenhang mit einem Versuch, die Skulptur zu verkaufen, angefertigt worden sein. Sie trägt oben, möglicherweise von der Hand des Künstlers, in italienischer Sprache die Aufschrift: »Ist vier Fuß hoch und kostet 3000 Florinen«.

68

68

Das Nessus- und Deïaneiramotiv geht auf Giovanni Bologna zurück. Ähnlich ist die sich aufbäumende Haltung des Zentauren und auch Haltung und Typus der Frau. Adrian de Vries stellt aber Nessus im Jünglingsalter dar, nicht mit bärtigem Gesicht wie Giovanni Bologna. Neu gegenüber diesem ist auch die Darstellung von Herkules im Kampf mit Nessus.

Adrian de Vries hat schon einmal das Herkules-, Nessus- und Deïaneirathema in einer Skulptur dargestellt (Kat. Nr. 62). Diese Gruppe schließt sich in der Komposition an das Frauenraubthema an; dargestellt wird nicht der Kampf zwischen Herkules und Nessus, sondern Herkules, der nach seinem Sieg über den Zentauren Deïaneira davonträgt.

Der ›Hund‹ mit dem Krug ist vielleicht nicht nur als Füllmotiv aufzufassen. Falls es sich um einen Fuchs handelt, kann er als Sinnbild von List und Betrug auf den Frauenraub des Nessus anspielen; als Wolf kann er den Zorn des Herkules versinnbildlichen. L. O. L.

Stockholm, Nationalmuseum, Inv. Nr. Drottningholm 65

ADRIAN DE VRIES
Den Haag 1545 – Prag 1626

69 **Stehender Herkules**
Um 1625–1626

Bronze; Höhe 162,5 cm
Herkunft: Aus dem Haus Celetná ul. 14 (alte Nr. 559/I). 1905 ins Stadtmuseum, 1963 als Leihgabe in die Burggalerie. Heute in der Nationalgalerie
Ausstellungen: Prag 1898, Gruppe G., Nr. 219
Literatur: Neumann 1966, S. 330ff., Nr. 73; Larsson 1967, S. 97; Neumann 1979, S. 217

Herkules hält in der rechten Hand die Äpfel der Hesperiden, mit der linken, über die Schulter gelegt, die Keule. Seine Haltung, die weder als Stehen noch als Gehen beschrieben werden kann, ist für die späten Werke des Künstlers charakteristisch. Typisch dafür ist auch die sehr skizzenhafte Modellierung, die z.B. die Gesichtszüge nur grob angedeutet erscheinen läßt. Die gleichen Stilmerkmale zeigen auch die Gartenskulpturen, die Adrian de Vries von 1623 bis zu seinem Tode für Albrecht von Waldstein schuf.

Dank des vorzüglichen Erhaltungszustandes, der wohl darauf zurückzuführen ist, daß die Skulptur nie für längere Zeit im Freien gestanden hat, kann an dieser Bronze besonders gut beobachtet werden, wie virtuos der Künstler mit der weichen, flüssigen Modellierung der Oberfläche das lebhafte Spiel des Lichtes in die Wirkung seiner Werke miteinzubeziehen verstand.

Das Motiv des *Stehenden Herkules* geht auf antike Vorbilder wie die große Bronzestatue auf dem Kapitol (Palazzo dei Conservatori) zurück. Der Künstler wollte aber keine Nachbildung der antiken Skulptur schaffen. Er stellt mit der stark bewegten, raumgreifenden Gestalt eine freie Variation des antiken Themas dar. Auch darin legt Herkules den Vergleich mit den Waldstein-Bronzen nahe. L. O. L.

Prag, Stadtmuseum. Leihgabe in der Nationalgalerie, Inv. Nr. VP 400

69

69

70

71

GIOVANNI BAPTISTA QUADRI
Tätig um 1601 in Brixen, ab 1605 in Prag, 1617 im Dienst von Kaiser Matthias nachgewiesen

70 **Anbetung der Heiligen Drei Könige**
1615 *Ft. 9, S. 193*

Stuck, polychrom gefaßt; 167 × 118 cm
Eventuell nach einem Modell von Adrian de Vries
Herkunft: Schloß Brandeis an der Elbe (Brandýs nad Labem)
Literatur: Neumann 1966, S. 336ff.; Larsson 1967, S. 35f.; Larsson 1982, S. 230f.

Das Relief ist in Stuck modelliert und hatte ursprünglich seinen Platz in der Kapelle von Burg Brandeis, einer Lieblingsresidenz von Rudolf II. Es stellt die *Anbetung der Heiligen Drei Könige* dar. Die Komposition geht auf einen Holzschnitt aus Dürers ›Marienleben‹ zurück. Mit dem Rückgriff auf Dürer hängt wahrscheinlich auch die Polychromie des Reliefs zusammen; es sollte vielleicht an einen altdeutschen Schnitzaltar erinnern. Um so erstaunlicher ist es, daß die Figuren ganz modern sind und keinerlei Anlehnung an den Figurenstil Dürers zeigen.

1615 erhielt Giovanni Baptista Quadri Bezahlung für einen Altar in Brandeis. Trotz Kenntnis dieser Quelle wurde bisher die stilistische Ähnlichkeit des Dreikönigsreliefs mit den Reliefs am Herkulesbrunnen in Augsburg von Adrian de Vries für allzugroß gehalten, um bezweifeln zu können, daß dieser Künstler das Altarrelief ausgeführt habe (Larsson 1967).

Seit der Veröffentlichung des Prager Kunstkammerinventars von 1607–1611 ist diese Zuschreibung aber fraglich geworden. Dort werden nämlich viele Werke aus Stuck von Giovanni Baptista Quadri aufgeführt. Einige davon waren farbig gefaßt und von großem Format. Quadri scheint also ein bedeutender Künstler am Prager Hof gewesen zu sein, und er verwendete offensichtlich vor allem Stuck. Vor diesem Hintergrund müssen wir annehmen, daß die Zahlung von 1615 an Quadri sich auf diesen Altar bezieht. Ob er das Relief nach einem Modell des Adrian de Vries oder nach eigenem Entwurf ausgeführt hat – was wohl wahrscheinlicher ist –, kann erst endgültig beantwortet werden, wenn andere Werke von Quadri bekannt geworden sind. L. O. L.

Prag, Burggalerie, Leihgabe des Bezirksmuseum Brandeis, Inv. Nr. P 290

72

72

HUBERT GERHARD
Amsterdam um 1540 – München um 1622

71 **Herkules, Nessus und Deïaneira**
Um 1620

Bronze, rotbrauner Lack; Höhe 58 cm
Herkunft: Rudolf II. 1607–1611 (Nr. 1890), Prag 1619. Seit 1750 in der kaiserlichen Schatzkammer nachweisbar
Ausstellungen: Giambologna 1978, Nr. 59 a
Literatur: Brinckmann 1923, S. 11 und 28; Planiscig 1924, Nr. 327; Weihrauch 1967, S. 351 u. 359; Zimmermann 1969, S. 66 ff.; Larsson 1970, S. 177 f.; Larsson 1982, S. 227 ff.

Die Gruppe zeigt Herkules, der Deïaneira von dem Zentauren Nessus, der sie entführt hatte, zurückerobert. Sie stammt aus dem Besitz Rudolfs II., der sie wahrscheinlich um 1602 erwarb, als er erwog, Hubert Gerhard, der damals im Dienst von Erzherzog Maximilian III., einem Bruder Rudolfs, stand, nach Prag zu berufen. Hubert Gerhard greift in dieser Skulptur auf zwei Kompositionen von Giovanni Bologna zurück, die er von seinem Aufenthalt in Florenz gekannt haben dürfte: Der *Raub einer Sabinerin* und *Herkules im Kampf mit dem Zentauren.* Verglichen mit der Frauenraub-Gruppe Giovanni Bolognas fällt die Steifheit der Figuren und die ausgesprochene Frontalität der Komposition auf. Hubert Gerhard hat auch einige Motive von der Merkur und Psyche-Gruppe von Adrian de Vries übernommen, die er wahrscheinlich durch die Kupferstiche Jan Müllers kannte. Das gilt allgemein für die Haltung Deïaneiras, aber vor allem für die Geste ihrer rechten Hand. Adrian de Vries scheint seinerseits diese Skulptur als Ausgangspunkt für seine Darstellung desselben Themas genommen zu haben. L. O. L.

Wien, Kunsthistorisches Museum, Sammlung für Plastik und Kunstgewerbe, Inv. Nr. 5979

HANS MONT
Gent um 1545 – Konstantinopel (?) nach 1585

72 **Venus und Adonis**
Um 1580

Bronze; Höhe 117 cm
Teilweise unziseliert. Starke Korrosionsschäden
Herkunft: Prag 1621, Christina 1652, Drottningholm 1777, 1867
Literatur: Larsson 1967 (Mont), S. 1 ff.; Larsson 1982, S. 214 ff.; Lietzmann 1987, S. 152 ff.

Die Gruppe ist wahrscheinlich identisch mit einem »Venus und Adone Bild von Metal«, das laut Kunstkammerinventar von 1621 auf der Treppe zum Neuen Saal der Prager Burg stand. Sie kam als Kriegsbeute nach Schweden, wo sie 1652 in der Kunstkammer der Königin Christina verzeichnet wird. Die Bezeichnung der Gruppe als Venus und Adonis ist nicht eindeutig korrekt. Der kleine Amor weist die Frau als Venus aus, die Identifikation von Adonis ist

73

dagegen unsicher. Der Hund, eher ein Schoßhund als ein Jagdhund, deutet nicht unbedingt auf den Jäger Adonis hin, andererseits fehlen alle Attribute, die den Mann als Mars, was die Alternative wäre, kennzeichnen würden.

Thema und Charakter der Komposition sind für die rudolfinische Kunst sehr charakteristisch. Vor allem die zahlreichen Bilder Bartholomäus Sprangers von mythologischen Liebespaaren, begleitet von mokant blickenden Cupidonen und Hunden, bieten sich zum Vergleich an. Die Ähnlichkeit der Bronzegruppe mit den Bildern Sprangers kann sogar in den Gesichtszügen der Figuren nachgewiesen werden. Spranger hat vor allem in den 80er Jahren solche Szenen gemalt. Vielleicht ist auch die Bronzegruppe in dieser Zeit entstanden. Von 1575 an arbeitete Spranger am Hof Kaiser Maximilians II. in Wien mit dem Bildhauer Hans Mont zusammen. 1578 folgte Mont Rudolf II. nach Prag, wo er bis 1580 blieb.

Die Herkunft aus Prag und die stilistische Nähe zu Werken Sprangers aus den 80er Jahren sind Argumente, die für eine Zuschreibung der *Venus und Adonis-Gruppe* an Hans Mont sprechen. Die Tatsache, daß die Skulptur nicht vollendet ist, sondern in noch teilweise unziseliertem Zustand belassen wurde, kann auch als Argument für die Zuschreibung an Mont angeführt werden, da von ihm berichtet wird, daß er Prag verärgert und überstürzt verlassen habe.

L. O. L.

Stockholm, Nationalmuseum, Inv. Nr. Drottningholm 141

HANS MONT
Gent um 1545 – Konstantinopel (?) nach 1585

73 **Venus und Mars**
Um 1575–1580

Marmor; Höhe 37 cm
Der Kopf und ein Stück des linken Armes der Venus sowie die linke Hand des Mars sind spätere Ergänzungen
Herkunft: Sammlung Nostiz; Prag, Nationalgalerie
Literatur: Neumann 1965, S. 72; Larsson 1967 (Mont), S. 4 und 8 f.; Larsson 1982, S. 217 f.

Die Statuette ist thematisch eng verwandt mit Kat. Nr. 72 und kann, wie diese, mit zahlreichen erotischen Darstellungen Bartholomäus Sprangers verglichen werden. Die Zuschreibung an Hans Mont, von dem wir wissen, daß er auch in Marmor und Alabaster arbeitete, ist daher gerechtfertigt.

L. O. L.

Prag, Nationalgalerie, Inv. Nr. P 5820

UNBEKANNTER KÜNSTLER
nach Hans Mont

74 **Venus Kallipygos**
Um 1610–1615

Bronze; Höhe 31 cm
Überarbeitete Wiederholung einer Statuette von Hans Mont
Herkunft: Seit 1753 in der herzoglichen Sammlung nachweisbar
Ausstellungen: Europäische Kleinplastik 1976, Nr. 13
Literatur: Parker 1960, S. 63 ff.; Weihrauch 1967, S. 361; Europäische Kleinplastik 1976, Nr. 13

Die Statuette ist eine freie Nachahmung einer berühmten antiken Marmorskulptur, *Venus Kallipygos,* die vor 1585 in Neros Goldenem Haus in Rom gefunden wurde. Die Tatsache, daß Hans Mont um 1570 das Goldene Haus besuchte (durch Graffiti belegt), zu einem Zeitpunkt, als sich die Marmorskulptur vermutlich noch dort befand, veranlaßte K. T. Parker 1960, ein Exemplar dieser Statuette, das sich in Oxford, Ashmolean Museum, befindet, Hans Mont zuzuschreiben.

Die Oxforder Statuette zeigt deutliche Verwandtschaft mit Werken Giovanni Bolognas und dürfte daher von einem seiner Schüler stammen. Die große stilistische Ähnlichkeit mit der *Venus und Adonis*-Gruppe in Stockholm (Kat. Nr. 72), die Parker nicht kannte, unterstützt die Zuschreibung an Mont.

Das Motiv der sich umdrehenden, halb entblößten Frauenfigur, das gleichzeitig das erotische Moment unterstreicht und die ideale Form einer *figura serpentinata* ergibt, ist charakteristisch für die rudolfinische Kunst. Eine vergleichbare Kombination von formaler Virtuosität und erotischer Thematik zeichnet auch die beiden Liebespaarkompositionen von Hans Mont aus.

Die hier ausgestellte Venusfigur unterscheidet sich geringfügig in der Haltung und deutlicher im Gesamtcharakter von der Statuette in Oxford. Ihre Körperformen sind voller, und die Falten des Hemdes weniger präzise modelliert. Durch die Punzierung des Hemdes wird der Kontrast zwischen nackter Haut und Gewand betont und damit die sensuelle Wirkung der Figur verstärkt. Das sind Stilmerkmale, die eher an eine Entstehung Anfang des 17. Jahrhunderts als noch im 16. Jahrhundert denken lassen. Es könnte sich bei dieser Statuette um einen Guß nach dem überarbeiteten Modell Hans Monts aus dem Umkreis von Peter Paul Rubens handeln. L. O. L.

Braunschweig, Herzog Anton Ulrich-Museum, Inv. Nr. Bro. 48

75

JAN GREGOR VAN DER SCHARDT
Nijmegen um 1530 – † nach 1581

75 **Merkur**
Um 1576

Bronze, schwarzer Lack; Höhe 114 cm
Bezeichnet am Sockel: I.G.V.S.F. (Jan Gregor van Schardt fecit)
Herkunft: Rudolf II. 1607–1611 (Nr. 1977?), Drottningholm 1717, C. G. Tessin 1770; P. Suther 1803, Kongl. Museum 1817
Ausstellungen: Amsterdam 1955, Nr. 365; Stockholm 1984, Nr. 17
Literatur: Peltzer 1916, S. 210 f.; Weihrauch 1967, S. 348; Lundberg 1970, S. 115; Larsson 1984 (Schardt), S. 72 ff.; Leithe-Jasper 1986, S. 188 ff.; Larsson 1987, S. 281 ff.

Die Flügel am Helm und an den Sandalen kennzeichnen die Figur als Merkur. Der Caduceus, den er in der rechten Hand getragen hat, ist abgebrochen. In seiner Haltung ist Merkur eine

Die Flügel am Helm und an den Sandalen kennzeichnen die Figur als Merkur. Der Caduceus, den er in der rechten Hand getragen hat, ist abgebrochen. In seiner Haltung ist Merkur eine
Variation einer der berühmtesten antiken Statuen, *Apollo di Belvedere.* Eine gewisse Ähnlichkeit im Bewegungsmotiv mit dem *Fliegenden Merkur* Giovanni Bolognas ist ebenfalls festzustellen. Solche formalen Anknüpfungen dürfen nicht als Zeichen von Unselbständigkeit des Künstlers verstanden werden; gerade die geschickte Umdeutung und Variation bekannter Motive konnte nach dem Verständnis des 16. Jahrhunderts in besonderem Maße die Meisterschaft eines Künstlers beweisen.

Verglichen mit den Werken Giovanni Bolognas, die sich durch eine diskrete, aber sorgfältige Modellierung der Muskulatur auszeichnen, fällt hier die glatte, wenig differenzierte Oberfläche und damit die stärkere Betonung der großen Linien der Figur auf. Von demselben Künstler sind auch ein fast identischer, aber kleinerer *Merkur* und eine als Gegenstück dazu geschaffene *Minerva* bekannt (Kunsthistorisches Museum, Wien, Württembergisches Landesmuseum, Stuttgart und J. Paul Getty Museum, Malibu).

Die Herkunft der hier ausgestellten Skulptur ist nicht ganz klar. Sie befand sich bereits 1717 in Schweden und ist wahrscheinlich während des Dreißigjährigen Krieges oder mit der Pragbeute dorthin gelangt. In der Prager Kunstkammer kann sie nicht mit voller Sicherheit nachgewiesen werden, könnte aber mit dem zwei Ellen hohen Merkur, der eine Minerva als Gegenstück hatte (Nr. 1977), identisch sein, obwohl der Verfasser des Inventars vermutet, die beiden Skulpturen seien vom »alten Abundi«. Van der Schardt stand seit 1569 im Dienste Kaiser Maximilians II. und arbeitete mit Wenzel Jamnitzer für ihn an dem sogenannten Silbernen Brunnen.

Die Größe der Figur, die sorgfältige Ausführung und die Signatur sprechen dafür, daß sie für einen bedeutenden Auftraggeber geschaffen wurde. Vielleicht hat van der Schardt sie nach dem Tod Maximilians für den jungen Rudolf II. ausgeführt, um sich bei ihm zu empfehlen.

Es lassen sich auch andere Argumente dafür finden, daß sich diese Skulptur in der rudolfinischen Kunstkammer befand. Die Ähnlichkeit mit Werken Sprangers, sowohl was einzelne Motive (Handhaltung, eingeknicktes Standbein etc.) als auch den Stil ganz allgemein betrifft, legt die Vermutung nahe, daß Spranger diese Skulptur kannte. L. O. L.

Stockholm, Nationalmuseum, Inv. Nr. 350

76

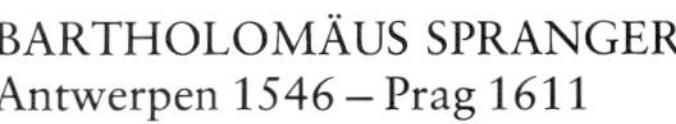

BARTHOLOMÄUS SPRANGER
Antwerpen 1546 – Prag 1611

76 **Neptun und Caelis**
Um 1580/81

Bronze; Höhe 32 cm
Wahrscheinlich Guß von anderer Hand nach Modell von Spranger
Herkunft: Kunsthandel
Literatur: Larsson 1982, S. 218; DaCosta Kaufmann 1985, S. 289

Die Statuette stellt Neptun dar, der die schöne Jungfrau Caelis raubt. Die gleiche Komposition zeigt ein 1580 datierter Kupferstich von Jan Sadeler. Auf dem Stich ist Bartholomäus Spranger als Inventor genannt. Die Ähnlichkeit zwischen Stich und Statuette ist so groß, daß sich die Frage stellt, ob diese nicht auch von Spranger stammt.

Die Komposition gehört zu einer Gruppe von mythologischen Liebesszenen, die Spranger um 1580/81 malte. DaCosta Kaufmann weist auf den Zusammenhang des Stiches und einer Zeichnung Sprangers in Antwerpen mit einem nicht erhaltenen Gemälde Sprangers in der kaiserlichen Sammlung hin. Im Vergleich mit der Zeichnung, die vielleicht als Vorstudie für das Gemälde gelten kann, fällt auf, daß auf dem Stich keine Nebenfiguren dargestellt sind. Das könnte ein Indiz dafür sein, daß der Stich nach einem freiplastischen Vorbild gestochen wurde. Unabhängig davon darf aber das Modell der Statuette Spranger zugeschrieben werden. Dafür spricht nicht nur die genaue Übereinstimmung in der komplizierten Haltung der Figuren, sondern auch stilistische Merkmale beider Gestalten, die z. B. auch an Statuetten erinnern, die Sprangers Freund, Hans Mont, zugeschrieben worden sind. Es sollte allerdings darauf hingewiesen werden, daß der Stich die Bronze nicht spiegelbildlich wiedergibt, wie es in der Regel bei graphischen Reproduktionen der Fall ist.

Daß Spranger auch Plastiken schuf, ist mehrfach belegt. In der Sammlung Rudolfs II. können allerdings keine Skulpturen von ihm nachgewiesen werden. Ob Spranger Bronzegüsse ausgeführt hat, ist eine andere Frage. Die relativ schematischen Gesichtszüge der Figuren, die nur entfernt an die meist ausdrucksvollen Physiognomien erinnern, die wir in Sprangers Werken sonst finden, sprechen eher dafür, daß der Bronzeguß von einer anderen Hand ausgeführt worden ist. Das kann kurz nach der Entstehung des Modells, vielleicht aber auch viel später, um das Modell vor dem Zerfall zu retten, geschehen sein. L. O. L.

76

Privatbesitz

77

UNBEKANNTER KÜNSTLER
wahrscheinlich aus dem Norditalienischen

77 **Gladiator**
Um 1525–1550

Bronze; Höhe 17,3 cm
Leicht veränderte Repliken in Leningrad, Eremitage; Rom, Palazzo Venezia; Washington, National Gallery und Minneapolis, Daniels Collection
Herkunft: Wahrscheinlich Rudolf II. 1607 – 1611 (Nr. 1900?). Alter Besitz der kaiserlichen Sammlungen. 1880 aus dem K. K. Münz- und Antiquitätenkabinett überführt
Ausstellungen: Master Bronzes 1986, Nr. 39
Literatur: Planiscig 1924, Nr. 228; Leithe-Jasper 1986, S. 160 ff.; Bober und Rubinstein 1986, S. 183 ff.

Die Herkunft dieser ausdrucksvoll bewegten Statuette, von der mehrere, voneinander geringfügig abweichende Repliken bekannt sind, ist ungewiß. Sie zeigt oberitalienische Stilzüge und ist abwechselnd einem Paduaner Künstler und Leone Leoni zugeschrieben worden. Thematisch und stilistisch hat sie Ähnlichkeit mit der Statuette eines Putto als Faustkämpfer im Kunsthistorischen Museum in Wien, die Planiscig (1924, Nr. 97) einem oberitalienischen Meister um 1500 zuschreibt, was allerdings eine zu frühe Datierung sein dürfte. Bis auf weiteres kann der *Gladiator* als das Werk eines unbekannten oberitalienischen Meisters gelten, der in der 1. Hälfte des 16. Jahrhunderts

77

tätig war. Wahrscheinlich ist die Statuette durch die antiken Gallier- und Perserskulpturen angeregt worden, die um 1514 in Rom zu sehen waren und von denen drei 1523 nach Venedig kamen.

Der *Gladiator* stammt aus altem habsburgischem Besitz und gehörte wahrscheinlich Kaiser Rudolf II. Er diente offensichtlich Adrian de Vries als Vorbild für seinen *Gladiator* mit Schwert (Kat. Nr. 61). L. O. L.

Wien, Kunsthistorisches Museum, Sammlung für Plastik und Kunstgewerbe, Inv. Nr. 5583

UNBEKANNTER KÜNSTLER

78 **Merkur und Psyche**
Um 1580 – 1585

Bronze; Höhe 41 cm
Herkunft: I. Ferenczy bis 1856, Erben Ferenczys; 1914 vom Museum erworben
Literatur: Weihrauch 1967, S. 231; Balogh 1975, Nr. 291; Giambologna 1978, Nr. 59b (Ex. in Wien); DaCosta Kaufmann 1985, S. 289 (Spranger)

Merkur und Psyche ist ein geläufiges Thema in der rudolfinischen Kunst. Wenn wir Karel van Mander glauben dürfen, stellte eines der ersten Bilder, die Spranger für Rudolf II. malte, Mer-

78

Vgl. Abb. zu Kat. 78
Unbekannter Künstler
Merkur und Psyche
Wien, Kunsthistorisches Museum

kur, der Psyche zum Olymp führt, dar. Später hat Spranger auch andere Szenen aus der Erzählung von Amor und Psyche gemalt. Um 1592/93 schuf Adrian de Vries, wahrscheinlich als sein Erstlingswerk für den Kaiser in Prag, eine überlebensgroße Bronzegruppe von *Merkur und Psyche.* Die motivische Ähnlichkeit mit dieser Skulptur erklärt die traditionelle Zuschreibung der Statuette an Adrian de Vries. In formaler Hinsicht steht die Statuette jedoch Giovanni Bologna näher. Merkur kann als eine Adaption von Giambolognas *Fliegendem Merkur* bezeichnet werden, und Psyche geht in Haltung und Typus auf die geraubte Deïaneira der *Nessus und Deïaneira-Statuetten* zurück. Auf Grund dieser Nähe zu Werken Giovanni Bolognas ist auch Pietro Francavilla als Urheber dieser Gruppe genannt worden. Keine von diesen Zuschreibungen kann jedoch überzeugen.

79

Interessanter ist der Vorschlag, sie Kaspar Gras zuzuschreiben (Leithe-Jasper). Am wahrscheinlichsten ist jedoch, daß der Künstler im Kreise des rudolfinischen Hofes zu suchen ist. Dafür sprechen sowohl die Geläufigkeit des Themas in der rudolfinischen Kunst als auch formale Einzelheiten, wie z. B. der Schnitt von Merkurs Hut, der in leicht abgewandelter Form auch bei Spranger zu finden ist. Die Ähnlichkeit mit Werken Sprangers der 80er Jahre spricht dafür, auch diese Statuette in diese Zeit zu datieren und einem Künstler im Umkreis von Spranger zuzuschreiben. Für eine Zuschreibung an Hans Mont fehlen allerdings nähere stilistische Anhaltspunkte.

Eine zweite, etwas größere und in der Komposition abweichende Fassung von *Merkur und Psyche* in Wien (s. Abb.) (Exemplare in Berlin, Staatliche Museen und in der Huntington Collection) ist ebenfalls fälschlicherweise Adrian de Vries zugeschrieben worden. Es ist zweifelhaft, ob sie mit dem rudolfinischen Kunstkreis direkt etwas zu tun hat. Eine Datierung in das 18. Jahrhundert scheint nicht ausgeschlossen zu sein. L. O. L.

Budapest, Museum der Bildenden Künste, Inv. Nr. 5360

UNBEKANNTER KÜNSTLER

79 **Rudolf II.**
Um 1602

Bronze, vergoldet; Höhe 11,7 cm
Herkunft: Kunsthandel München; 1916 vom Museum erworben
Literatur: Larsson 1970, S. 174; Balogh 1975, S. 207, Nr. 292

Die kleine Büste zeigt Kaiser Rudolf in Harnisch und mit einer breiten Halskrause. Die Schulterstücke sind als Löwenmasken gebildet. Auf der Brust trägt er an einem Band das Goldene Vlies. Dem Typus nach entspricht die Büste Medaillenbildnissen des Kaisers aus der Zeit um und nach 1602, und sie kann auch mit der allerdings reicher und differenzierter gebildeten Büste von Adrian de Vries von 1607 verglichen werden (vgl. S. 133). Es gibt jedoch keinen Anhaltspunkt dafür, sie Adrian de Vries zuzuschreiben. Der Künstler ist eher im Kreise der Medailleure am Prager Hofe zu suchen.
L. O. L.

Budapest, Museum der Bildenden Künste, Inv. Nr. 5157

80

UNBEKANNTER KÜNSTLER

80 Rudolf II.
Um 1602

Bronze; 11,5 cm
Herkunft: Alter Besitz
Literatur: Planiscig 1942, Nr. 50

Vergleiche Kommentar zu Kat. Nr. 79

Klosterneuburg, Stiftsmuseum

81

ADRIAN DE VRIES
Den Haag 1545 – Prag 1626

81 Stehender Herkules
1615

Feder, laviert. Unterzeichnung in Kreide stellenweise sichtbar; 18,5 × 14,6 cm
Bezeichnet: Per compiacere lamicho Adriano de Fries schultore 1615 Praga
Herkunft: Slg. Lahmann. 1937 vom Museum erworben
Literatur: Holzhausen 1940, S. 72 ff.; Welcker 1942, S. 123 ff.; Larsson 1967, S. 58 f.; Fučíková 1986, S. 25 f.

Dieses Blatt ist die einzige heute bekannte, signierte Zeichnung des Adrian de Vries. Sie muß der Maßstab für alle weiteren Zuschreibungen von Zeichnungen an ihn sein.

Die Herkuleszeichnung ist kein Entwurf für eine Skulptur, sondern ein selbständiges Kunstwerk, bei dem es dem Künstler vor allem auf die virtuose Wirkung der Strichführung und der Lavierung ankam. Die schwungvolle, herausfordernde Haltung des Herkules läßt bei näherem Hinsehen die statische und anatomische Logik vermissen, die für die freiplastische Ausführung notwendig wäre.

Eine gewisse Ähnlichkeit verbindet dennoch die Zeichnung mit der großen *Herkulesskulptur* in Prag (Kat. Nr. 69), und man meint auch in den bewegten Federstrichen die Absicht zu erkennen, die gleiche Wirkung erzielen zu wollen wie mit der weichen, skizzenhaften Modellierung der Skulptur.

82

Welchem Freund die Widmung des Blattes gilt, wissen wir nicht. Die Datierung 1615 und der Umstand, daß die Zeichnung sich in Dresden befindet, erlauben die Hypothese, daß Adrian de Vries sie dem Dresdener Hofarchitekten Giovanni Maria Nosseni, mit dem er um 1615 am Mausoleum in Stadthagen für Ernst Graf von Schaumburg-Lippe arbeitete, geschenkt hat. L. O. L.

Dresden, Staatliche Kunstsammlungen. Kupferstich-Kabinett, Inv. Nr. C 1937 – 650

ADRIAN DE VRIES
Den Haag 1545 – Prag 1626

82 Stehender Herkules
Um 1615

Brauner Feder, braune Lavierung, Weißhöhung. Unterzeichnung in Kreide sichtbar; 29,5 × 14,8 cm
Ausstellungen: Prag 1987
Literatur: Oberhuber 1958, Kat. Z. 46 (als Spranger); Larsson 1967, S. 59; Fučíková 1986, S. 25 f.

Die Zeichnung stellt Herkules mit den Äpfeln der Hesperiden in der rechten und der Keule in der linken Hand dar. Über dem rechten Arm trägt er das Löwenfell. Wie die Zeichnung in Dresden zeigt auch dieses Blatt eine gewisse Ähnlichkeit mit der *Herkulesskulptur* in Prag (Kat. Nr. 69). Es handelt sich aber auch hier nicht um eine Entwurfszeichnung.

Der Vergleich mit der Dresdener Zeichnung bestätigt die Zuschreibung an Adrian de Vries, auch wenn die virtuose Wirkung, die von jener ausgeht, hier nicht ganz erreicht ist.

Für die Datierung des Blattes gibt es wenige Anhaltspunkte. Die Ähnlichkeit mit der Dresdener Zeichnung in der Zeichenweise legt eine Datierung um 1615 nahe, und der Umstand, daß eine der Vordergrundfiguren auf dem *Relief mit dem Martyrium des Hl. Vinzenz* im Dom zu Breslau (Wrocław) von 1614 in der Haltung und in der Gestaltung von Beinen und Füßen des Herkules fast identisch ist, scheint diese Datierung zu bestätigen. L. O. L.

Prag, Nationalgalerie, Inv. Nr. K. 1967

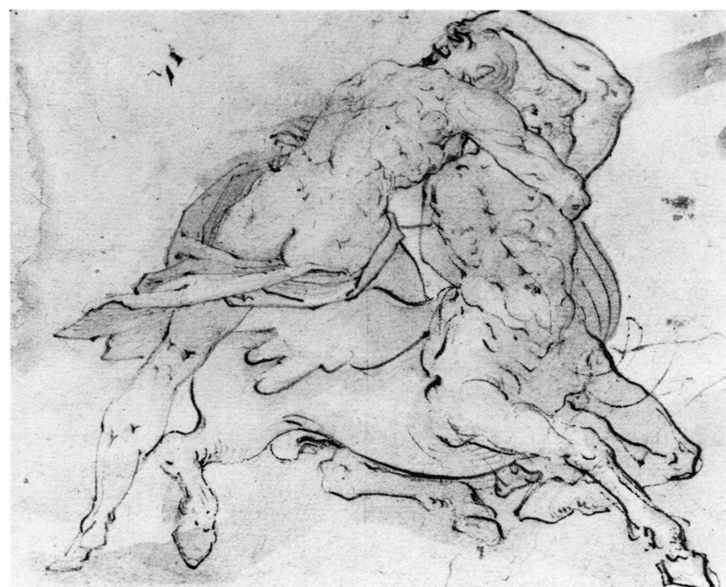

83

ADRIAN DE VRIES
Den Haag 1545 – Prag 1626

83 Herkules im Kampf mit einem Zentauren
Um 1615–1620

Feder mit Lavierung; 14,3 × 16,8 cm
Herkunft: Sammlung István Delhaes
Ausstellungen: Salzburg 1987, Nr. 56
Literatur: Gerszi 1971, Nr. 317; Larsson 1972, S. 69 ff.; Fučíková 1986, S. 25 f.; Gerszi 1987, S. 94

Die Zeichnung ist aufgrund der stilistischen Ähnlichkeit mit der *Herkuleszeichnung* in Dresden Adrian de Vries zugeschrieben worden. Sie stellt Herkules im Kampf mit einem Zentauren dar und greift in vielen Einzelheiten auf Motive Giovanni Bolognas zurück, ohne jedoch eine einzelne Skulptur von ihm nachzuahmen.

Kennzeichnend für die Komposition der Zeichnung ist die Ausgeglichenheit zwischen starker Räumlichkeit und Flächenbindung in der Verflechtung der Körper und Gliedmaßen der beiden Kämpfenden. Es ist auch charakteristisch, daß Adrian de Vries ganz darauf verzichtet, die Dramatik des Geschehens mit Hilfe der Physiognomien zu unterstreichen; beide Gesichter sind fast verdeckt. Eine nähere Betrachtung läßt auch erkennen, daß die Darstellung des Kampfes selbst einen eher spielerischen als dramatischen Charakter aufweist.

Anhaltspunkt für die Datierung des Blattes ist die Ähnlichkeit mit der Herkuleszeichnung in Dresden von 1615. Vielleicht ist es aber auch etwas später entstanden. L. O. L.

Budapest, Museum der Bildenden Künste, Inv. Nr. 379

84

84

84

JAN MULLER
Amsterdam 1571 – Amsterdam 1628
nach Adrian de Vries

84 Merkur und Psyche
1593

Kupferstich; 50,7 × 25,9 cm. Drei Blätter
Bezeichnet: In gratiam D: Adriani de Vries Cognati sui charißmi sculpebat Johannes Mullerus. Herman Muller excudebat
Die drei Blätter sind nach einer Bronzeskulptur des Adrian de Vries gestochen, wie aus der Inschrift auf dem Sockel hervorgeht: IUSSU RUDOLPHI II CAESARIS AUGUSTI ADRIANUS DE VRIES HAGIENSIS FACIEBAT PRAGAE OPUS ALTITUDINIS PEDUM OCTO EX AERE. 1593
Literatur: Bartsch 82/82; Hollstein 56–58; Larsson 1967, S. 14 f.; Mielke 1979, S. 34, Nr. 22

Die drei Blätter geben eine große Bronzeskulptur wieder, die, wie die Inschrift auf dem Sockel besagt, Adrian de Vries 1593 für Kaiser Rudolf II. in Prag geschaffen hat. Interessant ist auch die Angabe, de Vries sei ein »lieber Verwandter« von Muller.

Die Skulptur befand sich bis 1648 in Prag. Sie kam als Kriegsbeute nach Stockholm und steht heute im Louvre. Wir wissen nicht, wann und wo Jan Muller die Skulptur gesehen hat. Es ist nicht sicher, daß er in Prag gewesen ist, er könnte auch seine Stiche nach einem Modell oder nach Zeichnungen gearbeitet haben. Die Gruppe ist aber als Skulptur auf einem Sockel und nicht, wie z. B. der *Raub einer Sabinerin* (Kat. Nr. 53), in einer freien Inszenierung dargestellt. Das beweist auf jeden Fall, daß nicht allein die Komposition, sondern auch ihre Ausführung als überlebensgroße Bronzeskulptur, die das Schwergewicht aufzuheben scheint, als besonders bemerkenswert galt. Das legt die Vermutung nahe, daß Muller das Bronzeoriginal kannte.

Jan Muller hat auch Stiche nach anderen Werken von Adrian de Vries geschaffen (Kat. Nr. 85, 86). Sie scheinen alle um die Mitte der neunziger Jahre entstanden zu sein.

Die Angaben über Auftraggeber und Entstehungszeit auf den Stichen sind sehr wertvoll für unser Wissen über die Tätigkeit von Adrian de Vries, bevor er 1596 nach Augsburg kam. Die *Merkur und Psyche*-Gruppe ist seine erste sicher datierbare Arbeit. Die Idee, die Skulptur von drei verschiedenen Seiten abzubilden, drückt ein Bewußtsein dafür aus, daß sie als vielansichtige Freiskulptur zu betrachten sei. Man möchte gern wissen, ob es Adrian de Vries selbst war, der seinem jungen Verwandten dies nahelegte. Vor Jan Muller hatte Andrea Andreani in ähnlicher Weise in drei großen Holzschnitten Giovanni Bolognas große Gruppe *Raub einer Sabinerin* in der Loggia dei Lanzi in Florenz dargestellt (1584). Es ist anzunehmen, daß jedenfalls Adrian de Vries, der sich ja damals noch in Florenz aufhielt, diese Blätter kannte. L. O. L.

Budapest, Museum der Bildenden Künste, Inv. Nr. 32933–32935

85

85

85

JAN MULLER
Amsterdam 1571 – Amsterdam 1628
nach Adrian de Vries

85 Raub einer Sabinerin
Um 1593–1595

Kupferstich; 42,5 × 28,2 cm. Drei Blätter
Bezeichnet: Has effigies per Adrianum de Vries Haghiensi e caera formatas, Joan. Mullerus aeri incidit. / Hermannus Mullerus excudebat Amsterodami
Literatur: Bartsch 77–79; Hollstein 65–67; Larsson 1967, S. 18; Mielke 1979, S. 34f., Nr. 23

Die virtuos gestochenen Blätter zeigen in drei Ansichten eine Skulptur von Adrian de Vries, die laut Adresse des ersten Blattes aus Wachs war. Architektur und Landschaft sind Zutaten des Stechers.

Wir kennen keine vergleichbare Skulptur dieses Künstlers, vielleicht ist sie nur in vergänglichem Material ausgeführt worden. Es existieren aber Bronzestatuetten einer sehr ähnlichen Komposition (London, Victoria & Albert Museum; Klosterneuburg, Stiftsmuseum; Berlin, Staatliche Museen Preußischer Kulturbesitz), die seit Bode, 1930, dem in der Nachfolge Giovanni Bolognas arbeitenden Florentiner Künstler Damiano Capelli (tätig 1676–1705) zugeschrieben werden, von denen aber jedenfalls das Exemplar in London älter sein dürfte. Möglicherweise gehen die Wachsskulptur von Adrian de Vries und die Bronzen auf ein gemeinsames, heute nicht mehr nachweisbares Modell aus der Werkstatt Giovanni Bolognas zurück. Wahrscheinlicher ist es aber, daß die Bronzen freie Kopien nach der Wachsgruppe des Adrian de Vries oder nach den Stichen sind.

Die erotische Komponente des Themas kommt in den Stichen deutlicher zum Ausdruck als in der Skulptur Giovanni Bolognas (Kat. Nr. 53) und wird auch in der Beschriftung unterstrichen. L. O. L.

Budapest, Museum der Bildenden Künste, Inv. Nr. 32928–32930

JAN MULLER
Amsterdam 1571–Amsterdam 1628
nach Adrian de Vries

86 Apoll
Um 1593–1595

86

Kupferstich, 40,6 × 30,3 cm
Bezeichnet: Adrianus de Vries invent. Joan. Muller sculp.
Literatur: Bartsch 81; Larsson 1967, S. 18

Der Stich zeigt Apoll mit dem Bogen in seiner ausgestreckten rechten Hand. Sein umstrahltes Haupt weist ihn als Sonnengott aus. Er hat gerade einen Pfeil gegen die Schlange Python, die im Hintergrund zu sehen ist, abgeschossen.

Die Adresse des Blattes nennt Adrian de Vries als Inventor, ohne anzugeben, von welcher Beschaffenheit die Vorlage war. Wir ken-

87

nen eine Bronzestatuette von Adrian de Vries (Kat. Nr. 66), die mit dem Stich so gut übereinstimmt, daß sie das Vorbild gewesen sein könnte. Die Darstellung des Apoll geht auf die berühmte antike Skulptur *Apollo di Belvedere* zurück. L. O. L.

Budapest, Museum der Bildenden Künste, Inv. Nr. 32932

EGIDIUS SADELER
Antwerpen um 1570 – Prag 1629
nach Adrian de Vries

87 **Reiterbildnis Rudolfs II.**
Um 1603

Kupferstich; 48,9 × 37,7 cm
Adrianus de Vries Hagiensis invent. Eg. Sadeler sculp.

Bezeichnet auf dem Boden, unter dem Pferd: INVIA VIRTUTI NULLA VIA (unwegsam zur Tugend ist kein Weg). Die Legende verherrlicht den Kaiser als Bezwinger der Türken.

Literatur: Hollstein 321; Larsson 1967, S. 42 ff.; Larsson 1968, S. 34 ff.; Vocelka 1981, S. 67 und S. 271 f.; DaCosta Kaufmann 1985, S. 271 f.; Vocelka 1985, S. 44

Rudolf II. ist in voller Rüstung und lorbeerbekränzt auf einem gleichsam aus dem Bilde heraus sprengenden Pferd dargestellt. In der rechten Hand hält er einen Speer (auf einem anderen *état* des Stiches durch einen langen Kommandostab ersetzt). Im Hintergrund tobt eine Schlacht. Oben am Himmel erscheint das Emblem des Kaisers, ein Adler mit Pfeil und Spruchband mit dem Motto ADSIT in den Fängen.

Von besonderem ikonographischen Interesse ist es, daß Rudolf mit einem Speer und nicht mit dem üblichen Stab in der Hand dargestellt ist. Das kann als bewußte Bezugnahme auf Tizians berühmtes Bildnis *Karls V. in der Schlacht bei Mühlberg* verstanden werden, und weist, wie dieses, darüber hinaus auch auf Kaiser Konstantin, den ersten christlichen Kaiser.

Welcher Art die Vorlage dieses Stiches gewesen ist, ist nicht bekannt. Die Haltung des Pferdes schließt die Möglichkeit aus, daß es sich um ein freiplastisches Werk oder gar um einen Entwurf für ein großes Reiterdenkmal gehandelt haben könnte. Am ehesten ist wohl an ein Relief zu denken, obwohl ein solches in der Kunstkammer nicht nachzuweisen ist. Als Vorbild hat wahrscheinlich ein sehr ähnlich komponierter Stich von Antonio Tempesta von 1593 mit dem Reiterbildnis Heinrichs IV. von Frankreich gedient. Später ist diese Komposition mit Porträts von fast allen Feldherren des Dreißigjährigen Krieges von verschiedenen Stechern wiederholt und variiert worden.

Der Stich muß nach der Rückkehr von Adrian de Vries nach Prag 1601 oder 1602, wahrscheinlich in Zusammenhang mit dem *Großen Brustbild* und dem *Ungarnrelief* um 1603 entstanden sein. L. O. L.

Wien, Albertina, Inv. Nr. HI, Bd. 42p 19

Die Malerei am Hofe Rudolfs II.

Eliška Fučíková

Als Kaiser Maximilian II. 1576 starb, hinterließ er seinem Sohn und Nachfolger Rudolf II. auch eine sicher nicht unbedeutende Gruppe von Hofmalern. Giuseppe Arcimboldo, Dienstältester am kaiserlichen Hof, war zweifellos unter ihnen die ausgeprägteste Persönlichkeit.[1] Er arbeitete hier bereits seit 1562, und außer den repräsentativen Porträts, die zu seinen offiziellen Aufgaben gehörten, erheiterte er Seele und Auge des Monarchen mit seinen aus Früchten, Gemüse, Fischen etc. zusammengesetzten Bildern sowie Entwürfen für Festzüge und andere Hoffeierlichkeiten. Zeitdokumenten zufolge stieg Arcimboldo zum engen Vertrauten Maximilians II. auf und beeinflußte nicht nur seinen Geschmack, sondern auch Richtung und Interessen seiner Sammeltätigkeit.[2] Am kaiserlichen Hof waren aber noch zwei weitere italienische Maler angestellt, die in der Ausstellung kaum vertreten sind, da wir über ihre Tätigkeit unter dem neuen Kaiser fast nichts wissen.

Martino Rota, um 1520 in Sebenico geboren, hat in Venedig gelernt und dort sowie in Florenz und Rom gearbeitet.[3] 1568 wurde er zum Hofporträtisten und Bildhauer Maximilians II. ernannt; seine Tätigkeit können wir aber nur anhand einiger Bildnisse und in einer als Vorlage für seinen 1570 erschienenen Stich entstandenen Zeichnung verfolgen.[4] Auch die 135 erhaltenen graphischen Blätter beweisen seine Meisterschaft als Stecher, der seine Vorlagen unter den Werken Tizians, Michelangelos, Zuccaris usw. suchte. Den Großteil seines Œuvre bilden Porträts, aber auch Landkarten und topographische Darstellungen. Da er Holzschnitte Dürers und Stiche Corts kopierte, wurde seine Technik vom Schaffen dieser Künstler beeinflußt. Als Zeichner, soweit wir dies nach seiner Studie der *Büßenden Magdalena* beurteilen können (Wien, Graphische Sammlung Albertina, Inv. Nr. 8120), ist er der italienischen Tradition treu geblieben, seine Tätigkeit als Stecher hat sich aber auch in Rotas zeichnerischer Handschrift niedergeschlagen.

Martino Rota war offensichtlich ein sehr begabter Porträtmaler; der sich genau an die damaligen Stilkonventionen und Schemata hielt. Seine Porträts von Kaiser Rudolf II. und Erzherzog Ernst (Wien, Kunsthistorisches Museum, Inv. Nr. 2587, 2588) dürften eigenhändige Vorlagen für die repräsentativen Gemälde sein, an denen sich die Werkstatt des Malers beteiligte.[5] Rota starb zu früh, (vor dem 23. September 1583), um sich markanter am Hof Rudolfs II. durchsetzen zu können.

Der andere Italiener, Giulio Licinio (1527–1591), stammte aus Venedig und wurde 1563 als kaiserlicher Maler und Porträtist eingestellt.[6] Zu seinen ersten Aufträgen zählt die Ausmalung der Schloßkapelle in Preßburg, die sich bis 1570 hinzog. Während dieser Zeit weilte er aber oft vorübergehend in Wien und schuf nicht nur Porträts des Kaisers, sondern z. B. auch Seidenfahnen für Preisschießen. Daß sich Licinio der Gunst Maximilians erfreute, beweisen nicht nur die oft gewährten Gnadengeschenke, sondern auch die Tatsache, daß man ihm einen Teil der Ausstattung des Neugebäudes anvertraute, an der er dann 1575/76 arbeitete. 1579/80 weilte Licinio in Venedig, und es ist durchaus möglich, daß er dort für den Kaiser Kunstwerke erwerben sollte. 1581 kehrte er nach Prag zurück. Ob er sich hier aber längere Zeit aufhielt, wissen wir nicht. Am 15. Juli 1589 zahlte man ihm eine Provision für sieben Jahre und sieben Monate als einem ›gewesten‹ Hofmaler aus. Er ließ sich in Venedig nieder, wo er angeblich am 28. April 1591 starb.

Aus der Zeit seines Aufenthaltes am kaiserlichen Hof hat sich wenig erhalten. 1571/72 entstand ein Altarbild für die Schloßkapelle in Graz, das der Erzherzog Karl von Steiermark bestellt hatte und das den von drei Engeln gestützten toten Christus darstellt.[7] Für das Neugebäude malte Licinio einen Bilderzyklus aus der griechischen und römischen Geschichte, den ihm erst Rudolf II. bezahlte und den er später nach Prag überführen ließ.[8] Der neue Kaiser, der für die venezianische Kunst eine große Vorliebe zeigte, hätte auch an diesem Maler Gefallen finden müssen. Waren ihm Licinios Bilder nicht gut genug oder zu konservativ, daß er seine Fähigkeiten nicht genug ausnützte?

Licinios Aufenthalt in Venedig 1579/80 mußte ihn mit den Bildern der um eine Generation jüngeren Maler (z. B. Palma Giovane) vertraut gemacht haben. Im St. Veitsdom in Prag befindet sich ein Altarbild, das an Licinios Grazer Gemälde erinnert, aber es ist stilistisch fortschrittlicher, freier gemalt und zeigt neben den ausgeprägten Palma

Giovane-Merkmalen auch den Einfluß der Frühwerke von Spranger.[9] Es stellt sich also die Frage, ob dieses Bild, auf dem der von zwei Engeln gestützte tote Christus dargestellt ist (Abb. 1), nicht als Ergebnis einer merkwürdigen Synthese der neuen venezianischen Einflüsse mit denen des erst vor kurzem am Kaiserhof aufgetauchten Malers zu werten ist.

Im November 1575 hatten nämlich BARTHOLOMÄUS SPRANGER[10] und HANS MONT[11] in Florenz vom Freiherrn von Sprinzenstein Geld für ihre Reise nach Wien bekommen, wohin sie auf Empfehlung Giovanni Bolognas eilten.[12] Im Dezember desselben Jahres erhielten sie vom kaiserlichen Hof bereits einen Vorschuß für die Ausschmückung des Neugebäudes (wo damals auch Licinio arbeitete), die sie im Frühjahr 1577 beendeten. Inzwischen war ihr ehemaliger Brotherr Maximilian II. nicht mehr am Leben. Sie dienten also seinem Nachfolger Rudolf II. und waren sicherlich bemüht, ihren neuen Mäzen durch ihre Werke für sich zu gewinnen. Über ihre Arbeit, aber auch Gefühle wissen wir durch Karel van Mander, der beide Künstler während seines Aufenthaltes nicht nur getroffen, sondern ihnen auch bei der Ausstattung des Triumphbogens für den feierlichen Einzug Rudolfs II. nach Wien 1577 geholfen hat. Sie haben zwar monatlich regelmäßig Geld erhalten, es war aber offensichtlich kein fixes Gehalt, sondern nur Entgelt für geleistete Arbeit.[13] Ihre zukünftige Ernennung zu Hofkünstlern war von der Qualität der ausgeführten Werke abhängig.

Daß Spranger und Mont in Wien mit ihren Gemälden und Skulpturen Erfolg hatten, steht außer Zweifel. Beide Künstler waren typische Vertreter der internationalen Kunst des letzten Viertels des 16. Jahrhunderts. Sie stammten aus dem Norden, hatten aber in Italien eine gründliche Ausbildung erhalten und verbanden in ihrem Schaffen Einflüsse der florentinisch-römischen Malerei der 60er und beginnenden 70er Jahre mit dem Gedankengut der niederländischen Meister.

Zwischen den in Wien geschaffenen Werken eines Arcimboldo, Licinio und Rota und jenen von Spranger und Mont lag nicht nur der Zeitabstand einer Generation, sondern auch ein Wandel des Stils. Maximilian II. konnte die Kunst der beiden Niederländer nicht mehr richtig bewerten, da er noch vor der Beendigung der diesen Künstlern anvertrauten Dekoration seines geliebten Neugebäudes starb. Die Beschreibung und einige Zeichnungen Sprangers deuten an, daß diese leider nicht erhaltene Ausschmückung den damaligen großen italienischen Projekten, wie z. B. dem Schloß Caprarola, nicht nachstand.[14]

Der neue Kaiser, der von seinem Vater in Wien und seinem Onkel Philipp II. am spanischen Hof musisch erzogen war, konnte die Arbeit der neuen Künstler richtig einschätzen. Obwohl Rudolf II. schon damals kleinere Arbeiten dieser Meister besaß und sich über sie freute, erlaubten ihm seine staatsmännischen Pflichten nicht, sich seiner Vorliebe für Kunst entsprechend um die Schicksale der Künstler zu kümmern. So nahm er z. B. nur Mont 1578 mit nach Linz und Prag. Spranger fühlte sich in Wien deswegen in seinen Hoffnungen auf eine große Karriere als Hofkünstler betrogen: Im Neugebäude war gähnende Leere, niemand bewunderte seine Fresken in der Amalienburg, da sich der Kaiser nicht dort aufhielt, das Kulturklima der Stadt entsprach offensichtlich nicht dem, was er aus Italien kannte.

Dieser momentane Mangel an Kunstinteresse bei Rudolf II. war aber nur scheinbar. Von Herbst 1578 bis zum Dezember 1581 weilte er in Prag, hatte also nicht nur genug Gelegenheiten, die Vor- und Nachteile dieser Stadt

1 Giulio Licino? *Der tote Christus, von zwei Engeln gestützt.* Holz. Prag, Veitsdom, Thun-Kapelle

kennenzulernen, sondern auch über seine künftige Residenz nachzudenken. Die offizielle Entscheidung für Prag fiel zwar erst während des böhmischen Landtags im November 1583, die Wahl traf der Kaiser aber bereits viel früher, wie wir aus seiner intensiven Bautätigkeit auf der Prager Burg seit Ende der 70er Jahre urteilen können. 1580 hat er Spranger zu sich nach Prag berufen, und um diese Zeit oder kurz danach erscheinen auch andere Hofkünstler in der Stadt.

Erst von dieser Zeit an beginnt Rudolf II. die Tätigkeit seiner Künstlergruppe genau zu verfolgen und ihr Profil zu formen. Was aber damals geschah, liegt immer noch im dunkeln, nicht nur die Anzahl der Meister, sondern auch den Charakter ihrer Arbeit betreffend. Wir wissen nicht, was Arcimboldo, Licinio und Rota damals malten. Fabrizio Martinengo, in den Archivquellen ab 1582 als Hofminiaturist genannt, ist schon 1585 gestorben. Sein Gehalt – 15 Gulden – war genau so hoch wie das von Spranger. Ob er ihm aber auch in der künstlerischen Qualität gleichkam, können wir nicht sagen, da wir nichts von seiner Herkunft und Ausbildung wissen und keines seiner Werke kennen.[15]

Alles spricht dafür, daß die Ära der italienischen Künstler am kaiserlichen Hof mit der Ankunft der Niederländer Spranger und Mont endete. Martino Rota starb 1583, Arcimboldo kehrte 1588 nach Mailand, Licinio 1589 nach Venedig zurück. Ihre Nachfolger in den kaiserlichen Diensten stammten alle aus den Ländern nördlich der Alpen. Vor allem Sprangers Stern ging in Prag steil auf. Als Hans Ulrich Krafft ihn 1584 besuchte, konnte er nicht nur von seinen vielen den kaiserlichen Palast schmückenden Bildern berichten, sondern auch von den täglichen Besuchen Rudolfs II. in Sprangers Atelier in der Prager Burg.[16] Krafft erwähnt keinen anderen Hofmaler, obwohl er nicht nur die Sammlungen, sondern auch die kaiserlichen Räume besichtigt hat. War es nur Rücksicht auf seinen Gastgeber Spranger oder sind die Arbeiten der italienischen Hofkünstler unter der Bezeichnung »sonst romanische und andere welsche der besten Stücks« zu suchen?

Besonders schmerzlich ist dieser Nachrichtenmangel im Fall Arcimboldos, da wir voraussetzen können, daß dieser Maler mit seinen Bildern die Aufmerksamkeit des neuen Kaisers auf sich zog. Allerdings kennen wir außer den Porträts Rudolfs II. (Kat. Nr. 193) kein Werk, das Arcimboldo während seines Prager Aufenthaltes geschaffen hat. Die erhaltenen Beweise der gegenseitigen Sympathien – das *Porträt des Kaisers als Vertumnus* (Kat. Nr. 111) und das *Flora*-Bild (Privatbesitz), für das der Maler zum ›comes palatinus‹ (Pfalzgrafen) ernannt wurde – entstanden erst, nachdem Arcimboldo den Hof verlassen hatte und in Mailand lebte. Der Sammelband der Kostümentwürfe, den Arcimboldo 1585 dem Kaiser widmete, bezieht sich auf Festlichkeiten des Hofs an verschiedenen Orten, die viel früher stattgefunden haben (Kat. Nr. 189–192). Was also hat der Maler während der zwölf Jahre in den Diensten des neuen Mäzen gemacht? Vielleicht sind zu dieser Zeit seine reversiblen Köpfe-Stilleben (Kat. Nr. 114) oder die nicht erhaltenen anthropomorphen Landschaften entstanden. Möglicherweise widmete er sich damals schon ausschließlich den Experimenten der Beziehung zwischen Farben und Musik oder verschiedenen technischen Entdeckungen, welche in den Schriften seiner Landsleute gerühmt werden.[17] Es wäre auch interessant zu wissen, inwieweit seine Rückkehr nach Mailand tatsächlich seinem fortgeschrittenen Alter und seiner Krankheit zugeschrieben werden kann. Dürfte nicht das für ihn fremde Schaffen einer jüngeren Generation und die Tatsache, daß der neue Kaiser deren Schöpfungen immer mehr Aufmerksamkeit widmete, der wahre Grund sein? Auffallend ist: Obwohl Rudolf II. später immer wieder versuchte, für einen verstorbenen oder weggegangenen Künstler ein ähnliches Talent als Ersatz zu finden, nahm er keinen, der Arcimboldos Inventionen weiteres Leben zusicherte.

Wie aus dem vorangegangenen Text hervorgeht, ist in den 80er Jahren die ›maximilianische‹ Kunst am kaiserlichen Hof ohne jedwede Nachfolge zu Ende gegangen, daneben aber eine neue erwachsen, die wir bereits als ›rudolfinisch‹ bezeichnen können. Das ganze achte Jahrzehnt stand unter der fast konkurrenzlosen Herrschaft von Bartholomäus Spranger. Er malte vorwiegend mythologische Bilder für den Kaiser, und wie er später Karel van Mander zugestand, hielt er selbst dies eher für einen Nachteil für seine Kunst.

1585 erschien in Prag endlich ein neuer Hofmaler, Hans Hoffmann. Er war aber kein Rivale für Sprangers Figurendarstellungen.[18] Der Kaiser hat ihn offensichtlich auch nicht als Sprangers Konkurrent ausgesucht. Die Wahl beweist aber eindeutig, daß Rudolf II. schon damals eine klare Vorstellung hatte, welche Richtungen die an seinem Hof arbeitenden Künstler verfolgen sollten. Während Spranger zu den typischen, sogar den tonangebenden Vertretern der internationalen spätmanieristischen Malerei gehörte, die damals praktisch ganz Europa beherrschte, verkörperte Hoffmann in seinen Werken die Kunst des Meisters, den Rudolf II. nicht nur höchst bewunderte, sondern auch leidenschaftlich sammelte: Albrecht Dürer. Hoffmann, wie Dürer aus Nürnberg stammend, war zwar dessen Kopist und Imitator, aber auch sein begabter Nachfolger. Er hat in seinen Arbeiten Sprangers Talent und Erfindungskraft sicher nicht erreicht, war aber imstande, das Interesse des Kaisers für Naturdarstellungen vollkommen zu befriedigen. Hoffmann war der erste Maler am Prager Hof, der sich diesem

Genre auf eine neue Weise widmete; in diesem Sinne ist er vielleicht als gewisser Konkurrent Arcimboldos anzusehen. Eines der ersten Bilder, mit denen er sich beim Kaiser 1585 einführte, sein Hase inmitten von Gräsern und Kräutern (Kat. Nr. 138), ist ein charakteristisches Beispiel für sein ganzes Schaffen. »Eigene Naturbeobachtungen und klassisches Lehrgut – Dürers Vorbild – werden beliebig veränderbare Bausteine« seiner Kompositionen.[19] Aus der Zeit seiner Tätigkeit am kaiserlichen Hof haben sich leider nur wenige Werke erhalten, um Hoffmanns Bedeutung für die rudolfinische Kunst richtig beurteilen zu können. Sicher ist, daß er zwei große Interessen des Kaisers zu befriedigen wußte: dessen Besessenheit nach allem, was an Dürer erinnerte und die Vorliebe für naturwissenschaftliche Studien. Hoffmann war der erste unter den Hofkünstlern, der sich intensiv der Abbildung von Tieren und Pflanzen nach der Natur widmete. Außerdem hat er sich die Motive und Erkenntnisse der älteren Kunst zunutze gemacht, und diese Praxis übernahmen später auch andere seiner Kollegen in Prag. Obwohl auch Hoffmann zu früh starb – zwischen dem 14. Oktober 1591, als er zum letzten Mal erwähnt ist, und dem 12. Juni 1592, als nach seinem Tod seiner Witwe und seinen Kindern die Pension bestimmt wurde – hatte sein Schaffen bereits seine Spuren im Profil der Künstlergruppe am kaiserlichen Hof hinterlassen.

Ende der 80er Jahre hatte sich Rudolf II. entschlossen, die Anzahl der Hofkünstler beträchtlich zu erweitern. Der Kaiser hatte schon damals mit Hans von Aachen Verhandlungen geführt, dessen Kunst er durch sein Giambologna-Bildnis[20] kennengelernt hatte. Aachen konnte dem verlokkenden Angebot nicht folgen und mußte nach München und Augsburg zurückkehren, da er dort zu viele Aufträge angenommen hatte. Seit dieser Zeit aber unterhielt er engen Kontakt zu Rudolf II., hat ihn vielleicht sogar mehrmals in Prag besucht und für ihn Bilder gemalt. Der Kaiser mußte sich also weiter nach neuen Künstlern umsehen. Es ist uns nicht bekannt, wer ihm von Dirck de Quade van Ravesteyn berichtet hat, den er 1589 zum Hofmaler ernannte.[21] Was die Qualität seines Schaffens betrifft, ist dieser Meister zwar auch nicht mit Spranger zu vergleichen, aber er vermochte die Aufmerksamkeit Rudolfs II. durch seine Arbeiten zu fesseln, die damals stark von den Bildern des berühmten flämischen Malers Frans Floris beeinflußt waren.

Ein Jahr später nahm der Kaiser einen Maler in seine Dienste, der in manchem an Hans Hoffmann erinnert, ihn aber nicht nur durch die Breite seines Repertoires, sondern auch durch die Schärfe seines Intellektes überragte. Joris Hoefnagel war ein hervorragender Miniaturmaler, der in Rom Nachfolger des Giulio Clovio bei Kardinal Farnese hätte werden können, aber den Dienst bei den Wittelsbachern in München bevorzugte und auch für Erzherzog Ferdinand II. von Tirol arbeitete.[22] In Rudolf II. fand er zweifellos den großzügigsten und zugleich auch aufnahmefähigsten Mäzen. Aber obwohl Hoefnagel in den Hofdienst eintrat, für den Kaiser viele vorzügliche Werke schuf und maßgebend zur rudolfinischen Ikonographie beigetragen hat, ließ er sich nicht für dauernd in Prag nieder. Dies ist um so unbegreiflicher, da Rudolf II. sicher bemüht war, auch ihm für die Ausübung seiner Arbeit optimale Bedingungen zu schaffen. Außerdem tauchten in Prag Freunde und Kollegen auf, mit denen er bereits in München eng zusammengearbeitet hatte und bei denen er Unterstützung für weitere zukünftige Projekte finden konnte: Hans von Aachen und Aegidius Sadeler.

Wenn auch Hoefnagels Aufenthalt in Prag immer nur vorübergehend war, kann man seinen Beitrag zur rudolfinischen Malerei als außergewöhnlich bezeichnen. In den Illustrationen der Schriftmusterbücher des Georg Bocskay, deren Repertoire von erfinderischen Grotesken über Porträts, Veduten, Abbildungen der Fauna und Flora bis zu Emblemen reicht, hat er sich nicht nur als einer der wichtigsten Vertreter der Miniaturmalerei der 2. Hälfte des 16. Jahrhunderts, sondern auch als humanistischer Philosoph erwiesen.[23] Seine Miniaturen sind nicht nur vollkommen gemalt, sie sind auch raffiniert in ihrer Komposition. Die eigenständigen Pergamentblätter mit interessanten Stilleben weisen ihn als einen der Pioniere dieses Genres aus (Kat. Nr. 222).

Wir kennen heute die Bedeutung Hoefnagels für die Entwicklung des Stillebens und der Vedute und können auch seine Meisterschaft als Illuminator richtig einschätzen. Bewunderswert ist auch seine Fähigkeit, seine breite humanistische Bildung ins eigene künstlerische Schaffen einzubringen. Wir können aber noch nicht verifizieren, inwieweit seine Gelehrsamkeit in den Werken anderer rudolfinischer Meister zum Ausdruck kommt, vor allem in den verschiedenen Allegorien auf den Kaiser und seine Regierung. Wir denken dabei an die mögliche Zusammenarbeit mit seinem Freund Hans von Aachen, der als Spezialist für die Gestaltung unkonventioneller Themen am kaiserlichen Hof galt, wozu er aber sicher einen erfahrenen Librettisten brauchte.

Hans von Aachen – übrigens kurz nach Hoefnagel zum kaiserlichen Hofmaler ernannt[24] – erschien in Prag, begleitet von seinem jüngeren Kollegen, Joseph Heintz d. Ä., der »sogut wie ein Schüler« von ihm war, wie es Karel van Mander so schön ausdrückt.[25] Wie wichtig die Ankunft dieser zwei Maler in Prag war, hat uns ebenfalls Mander vermittelt. »Was sein Kolorit anlangt, so habe ich ihn während seiner Anwesenheit in den Niederlanden erzählen hören, daß er darauf während der langen Zeit,

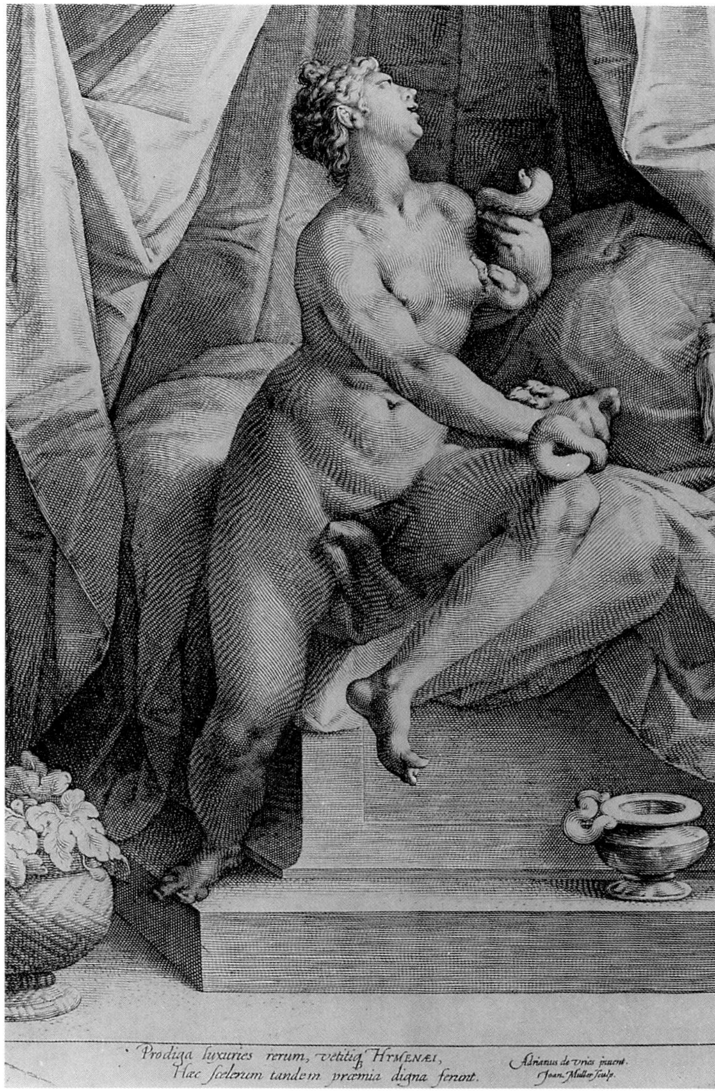

Prodiga luxuries rerum, vetitiq; HYMENÆI,
Hæc scelerum tandem præmia digna ferent.
Adrianus de Vries inuent.
Joan. Muller sculp.

2 Adrian de Vries, *Kleopatra*. Kupferstich von Jan H. Muller. Vor 1594

die er beim Kaiser allein arbeitete, ohne Jemand neben sich zu haben, der ihm als Vorbild für gute farbige Behandlung hätte dienen können, nicht besonders geachtet habe, als er jedoch schließlich einige Arbeiten von Joseph Heintz, einem Schweizer, und Hans von Aachen gesehen, die ihre Sachen mit Hülfe der Farben so ganz vortrefflich zur Darstellung brachten, habe er begonnen ganz anders mit den Farben umzugehen. Denn diese brachten es zuwege, daß ihre Sachen wunderbar plastisch erschienen und stark in die Augen sprangen.«[26]

Mander erwähnt zwar ausdrücklich nur den Einfluß, welchen die beiden neu angekommenen Maler auf Spranger ausgeübt haben. Dieser gehörte aber bestimmt nicht nur zu der empfangenden Seite. Schon Anfang der 90er Jahre haben sich einige damals in der kaiserlichen Residenz weilende Künstler gegenseitig beeinflußt. Spranger hat vor allem in der Komposition zum Gemeingut beigetragen. Wir dürfen auch nicht den Bildhauer Adrian de Vries vergessen, der bereits damals einige Skulpturen für den Kaiser schuf, obwohl er noch nicht in dessen Diensten stand. Aachen, der zu dieser Zeit nur vorübergehend in Prag weilte, bewunderte die ausgeprägte Plastizität der Skulpturen von Vries und hat ähnlich wie auch Spranger seinen Figurenstil dahingehend abgewandelt. Auch Heintz ist damals nur kurz am kaiserlichen Hof geblieben, im Sommer 1592 reiste er auf Befehl Rudolfs II. erneut nach Italien. Doch ist er dem Einfluß des Bildhauers nicht entkommen. Die dramatisch ausgebreitete und auffallend modellierte Gestalt des Jupiters in seinem Bild *Sturz des Phaethon* erinnert an die Statue des *Herkules* von Vries (Drottningholm, Schloßgarten), und der bestrafte Held dieser Antikensage ähnelt dem Apollo (New York, Metropolitan Museum), dessen plastische Gestaltung desselben Bildhauers bereits zu dieser Zeit die kaiserlichen Sammlungen schmückte.[27]

Es kam also schon damals zu einer gewissen Annäherung der Werke dieser Meister, die nicht nur dem Zeitgeist oder einer ähnlichen Ausbildung entsprang. Für diese merkwürdigen Konstellationen seien hier drei Beispiele genannt, die das Ergebnis einer gegenseitigen Beeinflussung demonstrieren: *Kleopatra* von Adrian de Vries, nur in der graphischen Reproduktion von Jan H. Muller bekannt und vor 1594 entstanden (Abb. 2)[28], *Venus und Amor,* ebenfalls nur im Stich von Raphael Sadeler 1591 erhalten (Abb. 3)[29], und Sprangers *Christus als Gärtner erscheint der Maria Magdalena,* das 1593 datierte Bild, welches von Aegidius Sadeler vervielfältigt wurde (Abb. 4).[30] Bei Spranger hat sich der Einfluß von Adrian de Vries am auffallendsten im *Venus*-Zyklus (Kat. Nr. 156, 157) durchgesetzt. Die Studie des Bildhauers zu seiner Apollo- oder Gladiatorenskulptur könnte als Vorzeichnung zum *Sine Cerere et Baccho friget Venus*-Bild (Kat. Nr. 156) des Malers dienen.[31] Diese Zeichnung beweist aber zugleich, daß die zeichnerische Handschrift des Adrian de Vries damals von Hans von Aachen, z. B. von Arbeiten wie *Versammlung der Götter* (Kat. Nr. 177) und *Minerva führt die Malerei zu Apollo und den Musen* (Kat. Nr. 178), beeinflußt wurde.

Eine solch gegenseitige Beeinflussung führte aber nicht zur mechanischen Übernahme der Ausdrucksmittel eines anderen Meisters. Ganz im Gegenteil. In den 90er Jahren erreichten Spranger und Aachen trotz aller künstlerischen Verwandtschaft in ihren Werken eine maximale Indivi-

3 Hans von Aachen, *Venus und Amor*. 1591. Kupferstich von Raphael Sadeler

4 Bartholomäus Spranger, *Christus als Gärtner erscheint der Maria Magdalena*, 1593. Kupferstich von Aegidius Sadeler

dualität. Heintz wählte nach seinem zweiten italienischen Aufenthalt eine etwas abweichende Richtung, ihn interessierte Correggio und von den zeitgenössischen Meistern u. a. Barocci und Cavaliere d'Arpino. Er gab diese neuen Erfahrungen auch an seine Freunde weiter: Aachen z. B. malte unter diesem Einfluß sein *Venus und Satyr*-Bild (Kat. Nr. 91).

Bereits 1598 konnten die drei bedeutendsten rudolfinischen Maler an einem gemeinsamen Werk – dem Altarbild für die Schloßkapelle – arbeiten (Abb. 5–8).[32] Die verlorene Mitteltafel des Hans von Aachen ist leider nur durch eine Zeichnung (Kat. Nr. 180) und einen Stich übermittelt, die Altarflügel sind glücklicherweise erhalten geblieben: Heintz malte *Der Gang nach Emaus*, Spranger *Die drei Marien auf dem Weg zum Grab Christi* (die Außenseiten sind von Hans Vredeman de Vries ausgeführt). Ihre stark individualistisch geprägten Werke stimmen gut zusammen und stören das Auge des Kenners durch keinerlei Diskrepanz. In diesem Altar erreichte die rudolfinische Figurenmalerei ihren ersten Höhepunkt und zugleich eine Stilqualität, die für ihre weitere Entwicklung maßgebend war.

Die Maler, die nach 1600 in Prag eintrafen, sind eher als Ergänzungen der hier bereits arbeitenden Künstler oder als Ersatz für verstorbene Meister zu verstehen. Im

Dezember 1601 weilte im Haus des Hans von Aachen Daniel Fröschl, Miniaturmaler aus Augsburg, der schon seit einigen Jahren in den Diensten der Medici in Pisa und Florenz arbeitete.[33] Durch Vermittlung Aachens legte er dem Kaiser einige seiner Werke vor, und da sie ihm gefielen, konnte er mit einem Engagement als Hofminiaturist rechnen. Er kehrte aber noch einmal für zwei Jahre nach Florenz zurück, wo er weiter für den Erzherzog arbeitete. Sein Schaffen bestand aus zwei Komponenten: aus den Illustrationen zu den naturwissenschaftlichen Studien von Giuseppe Casabona, dem Verwalter des Giardino dei Semplici in Pisa, und aus Miniaturkopien von berühmten Werken der Renaissance-Maler wie Michelangelo, Correggio, Dürer (Kat. Nr. 118) usw. In den Tier- und Pflanzendarstellungen knüpfte er sichtlich an seine ursprünglich von der Dürer-Tradition ausgehende Schulung an. Seine Technik als Miniaturmaler vervollkommnete Fröschl unter der Leitung von Ligozzi in den mediceischen Werkstätten. Über seine Beziehung zu Aachen wissen wir nichts Näheres, sicher aber kannten sie sich bereits vor Fröschls Aufenthalt in Prag 1601. Fröschl kopierte Aachens *Anbetung der Hirten* aus Il Gesù in Rom in einer Miniatur, die bis heute ein Altärchen in der Schloßkapelle des Palazzo Pitti in Florenz schmückt. Aachen blieb für ihn auch in Prag Inspirationsquelle: Fröschls *Madonna mit dem Kind* (Kat. Nr. 117) ist um so wichtiger als Beweis dafür, daß es das einzige Beispiel ›großer‹ Malerei im Schaffen dieses Miniaturenmalers darstellt.

Ähnlich wie Maximilian II. auf Empfehlung Giovanni Bolognas neue Künstler an seinen Hof gezogen hat, bediente sich Rudolf II. wahrscheinlich der Bekanntschaften und Erfahrungen Hans von Aachens. Dafür zeugen die oben erwähnten Beispiele Fröschl und Heintz, dasselbe können wir aber auch bei Joris Hoefnagel und Aegidius Sadeler voraussetzen. Daher stand Aachen sichtlich in hohem Ansehen bei seinen Kollegen. Als Vertrauter Rudolfs II. bereitete er ihnen nicht nur den Weg zum Erfolg am kaiserlichen Hof, sondern war durch die Vorwahl der Meister im gewissen Sinne auch für die Zusammensetzung der Künstlerkolonie auf der Prager Burg verantwortlich.

Den Posten des Miniaturmaleres, der am kaiserlichen Hof nach dem Tod Joris Hoefnagels vakant war, hielten später sogar zwei Meister besetzt: Jakob Hoefnagel (1602), der Sohn des verstorbenen Joris, und der eben besprochene Daniel Fröschl (1603). Jakob war ein tüchtiger Schüler und getreuer Nachfolger seines Vaters, von dem er nicht nur die Motivwahl, sondern auch die Kompositionen übernahm und damit die Kontinuität seiner Kunst sicherte.[34] Er beendete viele angefangene Werke des

5 Hans von Aachen, *Auferstehung Christi.* 1598. Kupferstich von Raphael Sadeler

Vaters wie z. B. einige Stadtansichten für Braun und Hogenbergs ›Civitates orbis terrarum‹ (Kat. Nr. 215, 216)[35] oder den Zyklus der Embleme (Kat. Nr. 218), den Joris vielleicht nur als Idee im Kopf hatte. Jakob interessierte sich offensichtlich mehr für Figurendarstellungen, mit denen er die Mittelbilder auf den eigenständigen Pergamentblättern anstatt der von Joris ursprünglich benutzten Stilleben ersetzte.

Einige Maler waren schon lange Zeit am Hof beschäftigt, ohne einen offiziellen Titel zu besitzen. Matthias Gundelach traf bereits 1593 in Prag ein, und nach seiner anfänglichen Begeisterung für Sprangers Malerei arbeitete

6/7 Joseph Heintz d. Ä., *Der Gang nach Emaus* (rechts) und Bartholomäus Spranger, *Die drei Marien auf dem Weg zum Grab Christi* (links). 1598. Innenseiten der Flügel eines Altars. Holz, je 221 × 75 cm. Wien, Kunsthistorisches Museum

8 Hans Vredeman de Vries, *Die Verkündigung an Maria.* 1598. Außenseiten der Flügel eines Altars. Holz, 221 × 140 cm (zwei Teile). Wien, Kunsthistorisches Museum

er im Atelier von Heintz.[36] Dessen Stil übernahm er mit der gleichen Konsequenz, mit der er sich nach dem Tod des Meisters dessen Werkstatt und Hoftitel, ja sogar der Witwe und der Kinder annahm. Auch JEREMIAS GÜNTHER versuchte nach seinem Eintreffen in Prag zuerst die Kunst des Joseph Heintz d. Ä. genau kennenzulernen (Kat. Nr. 198).[37] Später allerdings übernahm er einen Teil der Pflichten von Aachens Werkstatt. Günther schuf die offiziellen Bildnisse Rudolfs II., verschiedene Wappen und Entwürfe der kaiserlichen Gewänder. Hoch bezahlt wurde er auch für seine Kopien nach Dürer, Bruegel, Bassano und Goltzius. Soweit wir nach seinen erhaltenen Arbeiten urteilen können, war Günther ein guter Porträtmaler im Stil Hans von Aachens. Zum Hofmaler wurde er anscheinend erst nach dem Tod Sprangers ernannt, als in den kaiserlichen Diensten endlich wieder ein Posten vakant war.

Hier stoßen wir auf eine merkwürdige Tatsache, die unsere Kenntnisse über die rudolfinische Kunst erschwert. Im Rahmen des Hofstaates muß ein gewisses System geherrscht haben, das auch die Anzahl der Hofkünstler bestimmte. Es erlaubte Rudolf II. nicht, so viele Meister offiziell an seinen Hof zu binden, wie er wollte. Deswegen fanden sich viele Künstler in der beträchtlich größeren Kategorie der Berater und Begleiter oder bezeichneten sich einfach mit dem Titel, ohne ihn schriftlich gesichert zu haben, wie wir verschiedenen Zeitquellen entnehmen können. Es ist uns z. B. bekannt, daß der Maler Cornelis Claes Heda aus Haarlem, Schüler von Cornelis van Haarlem, den kaiserlichen Dienst im November 1605 quittiert hat, um auf eine durch den persischen Botschafter übermittelte Einladung am Hof Schah Abbas' I. zu arbeiten. Er ist nie nach Persien gekommen, nach einer qualvollen Reise über Indien und Goa ließ er sich in Bidschapur nieder, wo er Hofkünstler und Berater des kunstliebenden Schah Ibrahim-Adil II. wurde.[38] Als Essaye le Gillon Miniaturbildnisse von zwei persischen Boschaftern, die 1604 nach Prag gekommen waren, malte, bezeichnete er sich darauf als »pittore in corte cesarea«.[39] Nur in manchen Quellen ist als Hofmaler Marian de Marianis erwähnt, der aus Puria in Italien stammte und 1606 in Prag starb.[40] Nach seinen Lebensumständen wie auch den nur schriftlich belegten Arbeiten gehörte er eher zu den Stadtmalern, obwohl er mit dem Hof enge Beziehungen hatte. Die meisten dieser Künstler haben sichtlich die Größe der Hauptvertreter der rudolfinischen Kunst nicht erreicht, die Kenntnis ihres Schaffens könnte jedoch Wesen und Charakter der höfischen Produktion mehr und breiter beleuchten.

Die Zeit vom Beginn des 17. Jahrhunderts bis zum Tod Rudolfs II. im Jahre 1612 ist gekennzeichnet von einem Aufschwung der Figurenmalerei am kaiserlichen Hof. Diese Künstlergruppe war so zahlreich und flexibel, daß sie alle Interessen des Kaisers zu befriedigen verstand. Die gegenseitige Beeinflussung der einzelnen Künstler ging weiter – wiederum schaltete sich der Bildhauer Adrian de Vries in diese Kette ein, als er 1601 endlich in kaiserliche Dienste trat.

Das Schaffen der rudolfinischen Künstler wendet sich ab dieser Zeit von der kalten, raffinierten Manieriertheit ab und strebt nach expressiveren Ausdrucksmitteln, was auch in der Wahl anspruchsvollerer Themen zum Ausdruck kommt. Die größte Verwandtschaft ist vielleicht noch in den mythologischen Bildern zu erkennen, die am meisten durch die zeitgenössische Kunsttheorie und Stilrichtungen bedingt sind. Sie kommt aber weniger in der malerischen Ausführung zur Geltung, da die Maler viel nachdrücklicher ihre eigene charakteristische Handschrift zeigten, als in formaler, äußerer Angleichung. Es scheint sogar, daß sie gleichzeitig einen bestimmten Kompositionstypus oder die gleiche Darstellung wählten: Spranger und Aachen verwandten fast zur selben Zeit in ihren mythologischen Szenen Halbfiguren (Kat. Nr. 93)[41] oder malten beide *Diana nach der Jagd ruhend* (Kat. Nr. 160). Viele der scheinbar mythologischen Darstellungen waren in Wahrheit moralisierende Themen, beispielsweise ›Sine Cerere et Baccho friget Venus‹, das alle drei Hofkünstler Spranger, Aachen und Heintz in ihr Repertoire aufgenommen hatten. Inwieweit dies auf Wunsch des Kaisers geschah, die Folge eines gesunden Wettbewerbs war oder eine völlig andere Ursache hatte, wird sich wahrscheinlich nie klären lassen.

Allegorien begegnet man selten im Schaffen von Joseph Heintz d. Ä., öfters bei Spranger (Kat. Nr. 162), Gundelach (Kat. Nr. 123) und Ravesteyn (Kat. Nr. 141). Hingegen war Hans von Aachen der Schöpfer zahlreicher solcher Bilder, in manchen Gattungen sogar fast Alleinproduzent am kaiserlichen Hof, wie z. B. in den Allegorien auf die Türkenkriege. Auch in der Verherrlichung des Kaisers, des Kaisertums und einer gerechten Regierung konnte ihn kein anderer Maler übertreffen. Obwohl auch Vries und Vianen solche Kompositionen übernahmen und sogar in eine andere Technik übertrugen, fanden sie kaum ein Echo in den Arbeiten der Malerkollegen. Ravesteyn, der in seiner *Allegorie auf die Regierung Kaiser Rudolfs II.* (Kat. Nr. 140) dieses Thema ebenfalls bearbeitet hat, knüpft sogar an weit ältere Kompositionen von Spranger aus dem Jahre 1592 (Wien, Kunsthistorisches Museum, Inv. Nr. 1125) an.

Jeder Figurenmaler hat sich in seinem Schaffen mit der älteren Kunst auseinandergesetzt. So entstanden Kopien nach berühmten Kunstwerken meist, weil die Originale für die kaiserlichen Sammlungen nicht erreichbar waren, Kopien konnten aber auch zum gründlichen Studium der

Handschrift und der Malgewohnheiten der alten Meister dienen. Diese Kopien wiederholten treu die Vorlage, beispielsweise den bogenschnitzenden Amor von Parmigianino, welchen Joseph Heintz d. Ä. schuf. Eine weitere Stufe bildeten sogenannte ›pasticcios‹, Zusammenstellungen verschiedener Motive ohne eigene große Invention, wie z. B. Fröschls *Madonna mit dem Kind* und mit dem Porträt des 13jährigen Dürers (Kat. Nr. 117, 118). Es gab auch Arbeiten, die von älteren Vorbildern ausgingen, sich von ihnen inspirieren ließen, sie aber dann zu verbessern, sogar zu übertreffen versuchten. Solche Variationen auf ein vorgegebenes Thema sind z. B. die Kuppelei-Szenen von Hans von Aachen (Kat. Nr. 107) oder Sprangers *Diana nach der Jagd* (Kat. Nr. 160).

Eine spezifische Beziehung hatten die rudolfinischen Figurenmaler zu religiösen Themen. Frühwerke dieses Themas unterscheiden sich in ihrer Ausführung überhaupt nicht von Mythologien oder Allegorien. Es sind virtuose Beispiele der Fähigkeiten dieser Meister, alle Raffinessen der Komposition und Farbigkeit, der Bewegungen und Lichteffekte, wie es die manieristische Kunsttheorie vorschreibt, absolut vollkommen auszuführen. Virtuosität und Eleganz, farbige und kompositionelle Raffinesse wichen später einem durchgeistigteren Ausdruck. Wir möchten sogar annehmen, daß auch die rudolfinischen Maler die Vorschriften des Tridentinischen Konzils bezüglich der Frömmigkeit der Bilder zu befolgen wünschten. Spranger nahm sich dies zwar nicht so sehr zu Herzen, dagegen gaben Aachen, Heintz und Gundelach, die sich auf diesem Gebiet mehr betätigten, der Kirche keinen Anlaß, ihren Bildern etwas vorzuwerfen. Dadurch daß sie in solchen Gemälden bereits die Grenze zum Frühbarock überschritten, benötigten sie auch neue malerische Ausdrucksmittel.

Was das Porträt betrifft, war Hans von Aachen der Ausbildung nach der einzige Spezialist und deshalb auch der bedeutendste Vertreter am kaiserlichen Hof. Von der Bildnismalerei besessen, tragen sogar seine moralisierenden und mythologischen Gemälde porträthafte Züge. Die Bildnisse von Joseph Heintz sind kühler, reservierter und auch konservativer in der Komposition und Ausführung (Kat. Nr. 128). Spranger widmete sich dem Porträt nur selten. Falls es sich nicht um jemand handelte, zu dem er enge Beziehung hatte, überließ er die Ausführung, z. B. auf den Epitaphien, seiner Werkstatt. Aber in seinen *Selbstbildnissen* (Kat. Nr. 158) oder im Porträt seiner Frau (Abb. 9) vermochte er durchaus Meisterwerke zu schaffen.

Auch die Genremalerei war am kaiserlichen Hof fast ausschließlich die Domäne Hans von Aachens. Er benutzte oft biblische Themen, um eine heitere Gesellschaft darzustellen: vor allem die Parabel vom verlorenen Sohn (Kat. Nr. 92). Ungleiche Paare und Kuppelei-Szenen haben eher moralisierenden Charakter (Kat. Nr. 107). Höhepunkt seines Schaffens auf diesem Gebiet ist wahrscheinlich das heute verlorene Bild des *Lachenden Bauern,* dessen Auslegung noch auf die Entdeckung der richtigen literarischen Quelle wartet.[42] Es ist dies eine derbe, sehr flämisch wirkende und von Hemessen und Jan Massys beeinflußte Malerei, die in ihrem naturalistischen Ausdruck sogar die Volkstypen aus den Schenken von Savery übertrifft und weit in das 17. Jahrhundert zum holländischen Genre weist.

9 Bartholomäus Spranger, *Christina Müller, die Frau des Malers.* Preßburg, Privatbesitz

Sehr beliebt unter den Genreszenen scheinen die Figuren bei Span- oder Kerzenlicht zu sein, die in der 2. Hälfte des 16. Jahrhunderts eine Renaissance erlebten: Archivquellen zufolge haben dieses Thema Spranger wie auch Aachen gemalt.[43] Ein solches Bild aus Wien, das bisher Aachen zugeschrieben wurde, läßt wegen der überzeichneten, pausbackigen Kindergesichter eher auf Ravesteyn schließen.[44] Daß diesem Maler Genredarstellungen nicht fremd waren, belegt u. a. auch eine *Flötenspielerin* seiner Hand.

Die Kunst der Miniatur, die in der 2. Hälfte des 16. Jahrhunderts einen neuen Aufschwung erlebte, vertraten am kaiserlichen Hof sehr respektable Vertreter: Joris Hoefnagel und sein Sohn Jakob, Daniel Fröschl, die näher nicht bekannten Fabrizio Martinengo und Essaye le Gillon. Nach Karel van Mander hat aber auch Spranger in der Miniatur für den Kaiser Hervorragendes geleistet. Aus anderen Quellen erfahren wir, daß diese Technik sogar Aachen bekannt war. Es läßt sich leider nicht mehr feststellen, was aus ihren Händen stammt.[45]

Wie Plinius in seinem XXXVII. Buch der ›Naturalis historia‹ schreibt, besaß König Pyrrhus einen Ring aus Achat, dessen Adern auf natürliche Weise und ohne daß die Kunst dazu beigetragen hätte, Apollo und die neun Musen mit allen ihren Attributen darstellte. Um die Meisterschaft der Natur zu betonen und zu erhöhen, hat man seit dem 16. Jahrhundert versucht, das Aussehen der edlen Steinflächen durch eigene Malereien zu verschönern. Wahrscheinlich hat Hans von Aachen das Malen auf Stein nach Prag eingeführt. Er hat diese Technik während seines Aufenthaltes in Italien erlernt und in seiner neuen Heimat zu einer solchen Vollkommenheit gebracht, daß seine Alabasterbilder (Wien, Kunsthistorisches Museum, Schloß Ambras, Ft. 10, S. 194) zum Besten gehören, was auf diesem Gebiet entstanden ist. Nach seiner Ankunft in Prag hat er diese Kunst zuerst auf heimatlichem Schiefer ausgeführt, dessen dunkle Fläche sich für nächtliche Szenen eignet (Kat. Nr. 90). Die reichen kaiserlichen Sammlungen boten aber dem Maler viel feinere und raffiniertere Steine, die sich zum Bemalen weit besser eigneten. Dank der erhaltenen Zeichnungen Aachens erfahren wir auch über die Vorbereitungen zu solchen Bildern. Aachen zeichnete zuerst die Struktur des Steins auf Papier, dann verteilte er die in dieser Szene beteiligten Figuren so geschickt, daß Form und Verlauf der Adern den eigentlichen Hintergrund der Darstellung bildeten (Abb. 10).[46] Auf Stein hat auch Joseph Heintz d. Ä. gemalt, ein solches Bild ist zwar im Inventar 1607–1611 als Nr. 2802 erwähnt, leider aber nicht erhalten.

Die Kunst, ›al fresco‹ zu malen, hat unter den rudolfinischen Meistern nur Bartholomäus Spranger beherrscht. Er hatte die klassische italienische Technik während seines Aufenthaltes in Parma bei Bernardino Gatti gelernt und später in der Prager Burg im Weißen Turm in der folgenden Arbeit vorgeführt: in einer Darstellung des Hermes und der Pallas Athena, einer klassischen Allegorie der Weisheit, Beredsamkeit, aber auch Wachsamkeit.[47] Ein weiterer Beweis der Freskenmalerei, *Himmelfahrt Mariä* im St. Veitsdom in Prag, wurde wegen des Umbaus der Kirche mehrmals transferiert und übermalt, so daß wir heute nur Reste dieses sogar von Karel van Mander erwähnten Werkes vor uns haben.[46] Die großen Deckenmalereien, die Paul Vredeman de Vries für den Kaiser 1596–1598 ausführte, waren keine Fresken, sondern auf Leinwand gemalt. Über die Technik seiner Wandbemalung – einer Galerie mit dem Ausblick in einen Garten mit springendem Brunnen –, die den Eingangsaal zu den Kunstsammlungen schmückte, fehlt uns jegliche Auskunft, sie dürfte auch auf Leinwand gemalt gewesen sein.

Damit sind aber noch nicht alle Bilderthemen und Techniken, derer man sich am kaiserlichen Hof bediente, erschöpft. Jeremias Günther hat z. B. seine Bilder aus bunten Atlasstücken zusammengesetzt[49], und Philipp van den Bossche und die Mitglieder seiner Familie haben verschiedene Szenen gestickt.[50] Sie sind zu Recht in diesem Kapitel erwähnt, da die Seidensticker auch zur Malerzunft gehörten. Der Majestätsbrief Rudolfs II. von 1595 bezog sich also auch auf sie (Kat. Nr. 88), seit dieser Zeit waren sie keine Handwerker mehr, sondern Künstler. Ihre Erzeugnisse gehörten übrigens nicht zu den geläufigen Stickereien, sie sollten Bildern gleichen, da sie Blumenstilleben und Landschaften darstellten.

Damit kommen wir zu einem umfangreichen Gebiet der Malerei, welchem am kaiserlichen Hof eine nicht minder große Bedeutung beigemessen wurde: der Landschafts- und der Tierdarstellung sowie dem Stilleben. Ihre Vertreter waren nicht so zahlreich, ihr Beitrag zu der allgemeinen Entwicklung der Kunst jener Zeit aber vielleicht noch wichtiger als jener der Figurenmaler. Da jedoch die neuen Errungenschaften eher Ausdruck in den Zeichnungen fanden, sind sie im Katalog an gegebener Stelle ausführlicher besprochen.

Landschaftsbilder waren für Rudolf II. schon von Anfang an wichtiger Gegenstand seines Sammelinteresses. In seinen Sammlungen befanden sich Werke aller wichtigen Vertreter der älteren und zeitgenössischen Generation, die zur Entfaltung dieses Genres beigetragen haben – von Hieronymus Bosch über Pieter Bruegel d. Ä. bis zu den Brüdern Bril. Es ist verständlich, daß der Kaiser auch fähige Landschaftsmaler zu verpflichten suchte. Bereits seit 1590 konnte er die Veduten von Joris Hoefnagel bewundern; dieser Maler hat aber offenbar in erster Linie Rudolfs Vorliebe für Tier- und Pflanzendarstellungen wie auch für Stilleben befriedigt. Die Stadtansichten haben dem Kaiser zwar fremde Welten bekannt gemacht, sie befriedigten aber nicht seine Liebe zur freien Natur und ihrer Darstellung, die er bereits durch Dürers Aquarelle kennengelernt hatte.

10 Hans von Aachen, *Sturz des Phaeton.* Bleistift, Rötel und Feder in Braun, braun laviert. Basel, Öffentliche Kunstsammlung, Kupferstichkabinett

Um einen Spezialisten für Landschaftskunst zu gewinnen, holte er 1594 Pieter Stevens an seinen Hof.[52] Obwohl die Anfänge dieses Meisters immer noch im dunkeln liegen, kann man behaupten, daß er für den Kaiser ein Vertreter jener Richtung der Landschaftsmalerei war, die Paul Bril und die mit ihm in Rom zusammenarbeitenden Künstler vorgestellt hatten. Stevens gehörte also jener damals modischen Strömung an, die sich in Italien – dank der niederländischen Maler, die sich dort niederließen – konstituierte. Er verband in seinen Bildern ferne Ausblicke auf Berglandschaften mit antiken Ruinen, die er meistens von den Werken seiner Freunde, vor allem Jan Brueghel d. Ä., übernahm.

Ähnlich geschult war auch ein anderer Künstler, der 1597 den Hoftitel erwarb, der aber vornehmlich als ausgezeichneter Stecher und Zeichner galt: Aegidius Sadeler.[52] Sandrart erwähnt in seiner Biographie dieses Meisters, der zugleich sein Lehrer war, daß sich Sadeler am Ende seines Lebens vorwiegend der Malerei widmete. Ob darunter auch Landschaftsbilder waren, läßt sich nicht belegen.

In den Jahren 1596–1598 tauchten in Prag Hans und Paul Vredeman de Vries auf, Vater und Sohn, für die landschaftliche Motive zum wichtigen Bestandteil der schon früher erwähnten und leider nur aus Beschreibungen bekannten Decken- und Wandmalereien gehörten.[53] Diese erscheinen auch in ihren Staffeleibildern, phantastischen Palast- oder Kirchenarchitekturen, die *sui generis* viel Gemeinsames mit der Landschaftsmalerei haben. Daß diese Architekturgemälde am kaiserlichen Hof beliebt waren, beweisen auch ähnliche Bilder von Hendrik Steenwijck d. Ä., die er für den Kaiser malte und dabei vielleicht auch Prag besuchte.[54] Die Tätigkeit beider Vredeman in der kaiserlichen Residenz war zwar auch nur vorübergehend, doch blieb sie nicht ohne Folgen. Hans hat eine große Architektur mit der *Verkündigung an Maria* über beide Außenflügel des Altarbildes für die Schloßkapelle gemalt (Abb. 8), an dem sich, wie schon erwähnt, Aachen, Spranger und Heintz beteiligten. Er hat auch mit Ravesteyn zusammengearbeitet, und daß sich damals Hans Vredeman und Pieter Stevens gegenseitig inspirierten, hat schon An Zwollo belegt.[55]

Teréz Gerszi hat darauf aufmerksam gemacht, daß die Zeit um 1595 durch verschiedene Varianten der Ideallandschaft gekennzeichnet ist, wie aus den Werken von Jan Brueghel d. Ä., Paul Bril, Gillis van Coninxloo, H. Goltzius und natürlich auch Pieter Stevens eindeutig hervorgeht.[56] Gerade damals konnte der Kaiser seine Sammlungen um eine umfangreiche, bedeutende Kollektion von Landschaftsbildern bereichern, die er von seinem Bruder, Erzherzog Ernst, Statthalter in den Niederlanden, geerbt hatte.[57] Unter den insgesamt 52 Gemälden waren 28 Landschaften; zu den wichtigsten gehörten die ›Monate‹ des Pieter Bruegel d. Ä., Bilder von Grimmer und Mostaert. Auch Lucas van Valckenborch war vertreten, da er für den Erzherzog, als dieser noch in Wien weilte, schon einige Bilder ausgeführt hatte. Valckenborch stand auch in den Diensten des Erzherzogs Matthias in Wien und arbeitete seit den 90er Jahren, vielleicht sogar viel früher, ebenfalls für den Kaiser. Alle Mitglieder der Familie Valckenborch haben enge Beziehungen zu Rudolf II. gepflegt, im Inventar der rudolfinischen Galerie von 1621 sind nicht nur die Werke von Lucas und Martin, sondern auch der Vertreter der jüngeren Generation, Gillis und Frederik, verzeichnet.[58] In ihren Werken steht die Ideallandschaft im Vordergrund; sie haben aber ebenso die Aufmerksamkeit des Kaisers durch verschiedene dramatische nächtliche Szenen und Schlachten auf sich gezogen. Auch ihre Fisch-, Obst- und Blumenmarktstilleben zierten die kaiserlichen Sammlungen.

An der Wende des 16. zum 17. Jahrhundert setzte ein radikaler Stilwandel ein, wobei die phantastischen und idealisierten Motive durch der Natur entnommene Details ersetzt wurden. Dieser Prozeß zeigt sich zwar vor allem in den Zeichnungen, aber auch in der Malerei um 1600 nimmt die realistische Darstellung der Landschaft zu. Es waren Jan Brueghel d. Ä., Gillis van Coninxloo, Abraham Bloemaert u. a., die dazu beigetragen haben. Zu dieser Reihe von Namen gehört auch ROELANT SAVERY, der 1603 nach Prag kam und dort in kaiserliche Dienste trat.[59] Für Rudolf II. setzte er in erster Linie talentiert die Bruegel-Tradition fort, ein lerneifriger und vielseitiger Künstler, von dem sich der Kaiser viel versprach und durch dessen spätere Tätigkeit er mehr als befriedigt wurde. Savery hat sich in der Residenz mit seinen prächtigen Blumenstilleben eingeführt (Kat. Nr. 150), die durch eine vollkommene Ausführung und Natürlichkeit der Abbildung sogar die vorzüglichen Darstellungen des Joris Hoefnagel (obwohl vielleicht teilweise auch von ihm beeinflußt) übertrafen.

1604 besuchte Jan Brueghel d. Ä. Prag, und in demselben Jahr erschien auch PAULUS VAN VIANEN in der kaiserlichen Residenz, einer der besten Goldschmiede und zugleich ein ausgezeichneter Landschaftszeichner. Diese beiden Künstler beeindruckten die rudolfinischen Maler. Stevens hat unter diesem Einfluß seine hohen Ausblicke in eine ferne Landschaft verlassen und sich auf weniger idealisierte und natürlichere Ausschnitte eingestellt. Vor allem Savery war tief von der Kunst dieser Meister beeindruckt, da er seiner Natur nach eher zu realen Landschaftsabbildungen neigte. Als ihn Rudolf II. 1606–1607 auf eine Reise in die Alpen schickte, um dort für ihn interessante Gebirgspartien zu malen, versuchte er dieselbe Art des Sehen und Aufzeichnens der Natur, wie sie für Brueghel und Vianen kennzeichnend ist. Die meisten Bilder Saverys entstanden wahrscheinlich erst nach der Rückkehr in seinem Atelier, basieren aber auf vor der Natur entstandenen Zeichnungen. Die großen panoramaartigen Landschaften verschwinden fast völlig aus seinem Schaffen und werden ersetzt durch kleinere Naturausschnitte, Waldpartien, Felsengruppen, Wasserfälle, umstürzende Bäume und Waldwege (Kat. Nr. 148). Savery war der einzige unter den rudolfinischen Malern, der sich dem Alltagsleben widmete, und die Ergebnisse dieser Tätigkeit sind nicht nur in den Staffagefiguren seiner Landschaftsbilder und den Szenen aus seinen Dorfschenken zu sehen, sondern auch in den Schlachten und Stadtansichten. Savery gehörte zu den Pionieren in der Entwicklung des Blumenstillebens, das gleiche gilt auch für seine Tierdarstellungen, wozu er Modelle aus dem kaiserlichen Löwenhaus, den Tiergärten und den Pferdeställen benutzte. Daß solche Tierdarstellungen schon damals sehr verlockend waren, belegt auch die Tatsache, daß sich sogar Hans von Aachen auf diesem Gebiet betätigte. Sein »ein groß gemaltes tuch mit einem wilden schwein und zwen großen hunden« schmückte den Neuen Saal der Prager Burg.[60]

Die Landschaftsmalerei und die ihr verwandten Themen wie Stilleben, Architekturlandschaften oder Tierbilder kamen am kaiserlichen Hof viel später als die Figurendarstellung zur vollen Entfaltung. Nach bescheidenen Anfängen in der 2. Hälfte der 90er Jahre nahmen sie im ersten Jahrzehnt des 17. Jahrhunderts enormen Aufschwung. Im Vergleich zu den Figurenspezialisten wandte sich zwar nur eine kleine Gruppe diesem Bereich zu, um so größer aber war die Bedeutung ihres Schaffens für die zukünftige Entwicklung dieses Themas. Vor allem in Holland fanden diese Bilder Anklang, wohin auch Savery nach dem Tode Rudolfs II. übersiedelte.

Für die weitere Entfaltung dieser Genres in Böhmen ist kennzeichnend, daß die jüngere Generation der Landschaftsmaler, die in Prag aufgewachsen ist und zu der u. a. Georg Gabriel Meyer und Hans Georg Hering gehören, im eher konservativen Pieter Stevens ihr Vorbild fand, bei dem übrigens auch seine gleich orientierten Söhne gelernt haben.[61] Für die in die Zukunft weisende Kunst eines Roelant Savery haben diese Maler wenig Verständnis gezeigt. Fast alle wandten sich sogar von der Landschaftsmalerei ab und den Figurenbildern zu, für die die Prager Sammler mehr Interesse zeigten als für verschiedene andere Bildgattungen.

Auf der anderen Seite muß aber erwähnt werden, daß die neuen Kunstthemen sich schon während der Regierungszeit Rudolfs II. aus der kaiserlichen Residenz in die Ateliers der Stadtmaler verlagerten. In der Hinterlassenschaft des Kleinseitener Malers Ekenperger, der im Atelier während der Arbeit verstarb, sind im Jahre 1612 ausgearbeitete Gemälde erwähnt, die ein Pferd mit einem Hund, aber auch Fischmarkt, Landschaften, Architekturbilder, sogar Stilleben (Obstschale) darstellen.[62]

Die Stadtmaler hatten die Möglichkeit, Hofkunst entweder durch graphische Blätter, die sie z. B. im Wladislaus-Saal kaufen konnten, oder direkt in den Werkstätten der kaiserlichen Meister kennenzulernen. In diese sind sie entweder als Lehrjungen oder als Gehilfen gekommen. Die meisten Ateliers der Hofmaler waren in der Burg, sie sollten für den Kaiser leicht erreichbar sein. Rudolf II. hat die Werkstätten oft besucht, nicht nur, um den Künstlern bei der Arbeit zuzusehen, sondern auch mit ihnen die entstehenden Werke zu diskutieren. Der Monatsbetrag, der den Hofkünstlern regelmäßig erstattet wurde, war in Wirklichkeit eine Rente, unabhängig von der Entlohnung für das geschaffene Werk – dies wurde extra bezahlt.[63] Da aber die verantwortlichen Hofämter aus Geldmangel mit allen Auszahlungen immer im Rückstand waren, haben sich die Künstler ihr Geld auch damit verdient, daß sie z. B. Maljungen annahmen und sich dafür bezahlen ließen. Deswegen waren ihre Werkstätten voll von heimischen und ausländischen Lehrjungen und Gehilfen, die sich an den umfangreicheren, vor allem an den nicht vom Kaiser erteilten Aufträgen beteiligten. Die jungen Maler aus dem Atelier von Aachen und Heintz waren zwar von ihren Meistern stark beeinflußt, haben sich aber doch zu ausgeprägten Künstlerpersönlichkeiten entwickelt.[64] Merkwürdigerweise aber blieben die Spranger-Schüler und -Gehilfen völlig anonym. Sie haben den Stil ihres Meisters imitiert, oft eher karikiert, ihre Werke finden sich unter den Hunderten von namenlosen Bildern in der Manier Sprangers.

Mit dem Tod Rudolfs II. am 20. Januar 1612 ging die zwar kurze, aber ruhmreiche Blütezeit der rudolfinischen Kunst am kaiserlichen Hof in Prag praktisch zu Ende. Einige Maler, wie Spranger, Heintz und Ravesteyn haben dieses traurige Ende nicht mehr erlebt, andere, z. B. Gundelach, sind kurz danach weggezogen. Die übrigen, Aachen, Günther, Savery, Stevens u. a., blieben zwar in kaiserlichen Diensten, suchten aber, da sie sich unzufrieden fühlten, eine neue Betätigung. Die interessante geistige Atmosphäre, die schöpferische Begeisterung, die gegenseitige Inspiration und das hohe Ansehen, die für die Künstlerkolonie in der kaiserlichen Residenz kennzeichnend waren, neue Errungenschaften brachten und damit zur Bereicherung der allgemeinen Entwicklung der Malerei beisteuerten, verschwanden in den folgenden Jahren. Es fehlte nun an der entsprechenden Unterstützung eines kunstliebenden Mäzen – und Kaiser Matthias war sicher nicht die geeignete Persönlichkeit.

Die folgenden stürmischen Ereignisse des Ständeaufstandes, die Schlacht am Weißen Berg und der Dreißigjährige Krieg haben dieser bedeutenden Epoche in der Kunst endgültig ein Ende gemacht. Böhmen, das durch die kriegerischen Auseinandersetzungen am schwersten betroffen wurde, hatte nun andere Sorgen, als Kunst zu fördern. Doch blieb auch hier die rudolfinische Malerei nicht ohne Nachhall. Da ist vor allem Karl Škreta zu nennen, der berühmte böhmische Maler des Frühbarock, dessen Schaffen gute Kenntnisse der Werke von Aachen und Heintz aufweist. Und auch Wenzel Hollar verdankt die Entfaltung seines Talentes den Landschaftsmalern am Hof Rudolfs II., Stevens und Savery.

Der Einfluß der rudolfinischen Malerei beschränkte sich aber nicht nur auf Böhmen. In den Nachbarländern, z. B. in Sachsen, aber auch in Braunschweig, arbeiteten die Schüler der kaiserlichen Hofmaler und verbreiteten durch ihre Kunst das, was sie in Prag gelernt hatten.[65] Das größte Verdienst aber, daß ganz Europa und sogar die überseeischen Kolonien Bilder der rudolfinischen Maler kennengelernt haben, fällt den nach Gemälden entstandenen graphischen Blättern zu. In ihnen lebten diese berühmten

Kompositionen, von den verschiedensten Künstlern als Vorlagen benutzt, noch bis tief in das 18. Jahrhundert hinein.

Anmerkungen

1 Geiger 1954; Legrand und Sluys 1955; Alfons 1975; Preiss 1967; Vocelka 1976; DaCosta Kaufmann 1976, 1977, 1978, 1983, 1985, S. 210–217; Mandiargues 1977, Bartes 1978, Porzio 1979, Beyer 1983; Venedig 1987.
2 Gian Paolo Lomazzo, Scritti sulle arti, hrsg. R. P. Ciardi, Florenz 1973, I, S. 362.
3 DaCosta Kaufmann 1985, S. 266/67.
4 Stuttgart 1979, I, S. 86, Abb. C2.
5 Heinz und Schütz 1976, S. 106/07, Abb. 130, 131.
6 Vertova 1976; DaCosta Kaufmann 1985, S. 258; Lietzmann 1987, S. 148–151.
7 Graz, Joanneum, Inv. Nr. L 23 (Leihgabe des Diözesanmuseums). Leinwand, 180 × 118 cm.
8 Vertova 1976, Nr. 2, S. 554, Abb. S. 584; Nr. 10–16, S. 556/57, Abb. S. 584/85; Nr. 21, S. 599, Abb. S. 585; Nr. 33–36, S. 562/63, Abb. S. 580/81, Farbt. 549–552; Nr. 55, S. 569, Abb. 580.
9 Prag, St. Veitsdom, Thun-Kapelle, Holz, 108 × 76,5 cm. Das Bild wurde 1698 von Primator Löwenbruck dem Kleinseitener Rathaus geschenkt und 1784 verkauft. 1799 gelangt es in die St. Nikolauskirche, Prag, Kleinseite, im 19. Jahrhundert in den St. Veitsdom.
10 Diez 1909/10; Niederstein 1931; Oberhuber 1958; Burián 1959; Oberhuber 1970; Neumann 1970; Schnackenburg 1970; Fučíková 1972; DaCosta Kaufmann 1985, S. 285–313.
11 Larsson 1967, 1982.
12 Lietzmann 1987, S. 152.
13 Lietzmann 1987, S. 158.
14 Oberhuber 1958, S. 74–77.
15 Winter 1909, S. 234; DaCosta Kaufmann 1985, S. 259.
16 Lhotsky 1941–45, S. 297–298.
17 Lomazzo, zit. in der Anm. 2, S. 363.
18 Glück 1909–10; Kauffmann 1940–53; Pilz 1962; Gmelin 1979; Fučíková 1972, S. 149–154; München 1971; Wien 1985; DaCosta Kaufmann 1985, S. 255–257; Fučíková 1986, S. 26–27.
19 Wien 1985, S. 148.
20 Paris, Musée du Louvre, Inv. Nr. 437, ausgestellt in Douai, Musée dela Chartreuse.
21 Kuchynka 1922; Fučíková 1979, S. 492–495; Neumann 1978, S. 324–325; Zimmer 1979, S. 13 und Anm. 42, S. 11–12; DaCosta Kaufmann 1985, S. 260–265; Fučíková 1986, S. 23–24.
22 Chmerarz 1894; Kris 1927; Bergström 1963; Vignau-Schuurman 1969; Hendrix 1983; DaCosta Kaufmann 1985, S. 244–251.
23 a) Wien, Kunsthistorisches Museum, Sammlung für Plastik und Kunstgewerbe, Inv. Nr. 1975, geschrieben 1571–73, illuminiert 1591–94; b) Malibu, Paul Getty Museum, datiert 1596.
24 Peltzer 1911–12; Peltzer 1928; Neumann 1956; Gerszi 1958; Fučíková 1971, 1972; An der Heiden 1974; Ludwig 1978; Konečný 1982; Neumann 1985, S. 54–57; DaCosta Kaufmann 1985, S. 181–210.
25 Haendcke 1894; Zimmer 1971, 1979, 1980; DaCosta Kaufmann 1985, S. 226–243.
26 Mander-Floerke 1906, II, 165–167.
27 a) Leipzig, Museum der Bildenden Künste, Inv. Nr. 1711, Holz, 122,5 × 66,5 cm; b) 8. 7. 1981 bei Sotheby, London als Nr. 85 versteigert, Leinwand, 120,5 × 67 cm.
28 Bartsch XIII, 80.
29 Hollstein 1980, Nr. 184.
30 Bucarest, Kunstmuseum der sozialistischen Republik Rumänien, Inv. Nr. 8.053/87, datiert 1593.
31 Gdańsk (Danzig), Nationalmuseum, Inv. Nr. 2339; Fučíková 1986, S. 25, Abb. 35.
32 Wien, Kunsthistorisches Museum, Inv. Nr. 6436.
33 Fučíková 1972, S. 154–157; Fučíková 1979, S. 497/98; Tongiorgi Tomasi 1980, S. 517–519, Kat. Nr. C.VI. 9–20; Tongiorgi Tomasi 1983, S. 104/05, 107; DaCosta Kaufmann 1985, S. 218–221.
34 Chmelarz 1894; DaCosta Kaufmann 1985, S. 252–255.
35 ›Civitates orbis terrarum in aes incisae et excusae et descriptione topographica, morali et politica illustratae, collaborantibus Francisco Hogenbergio chalcographico et Georgio Hoefnagel‹, hrsg. von Georg Braun, Köln 1572–1618.
36 Gronau 1915; Göller 1931; Möhle 1959; Bender 1981.
37 Fučíková 1979, S. 495/96; DaCosta Kaufmann 1985, S. 224–226.
38 Kurz 1966, S. 466/67.
39 Kurz 1966, S. 463, Abb. 1.
40 Winter 1909, S. 176/77, 233; DaCosta Kaufmann 1985, S. 259.
41 Von Spranger siehe z. B.: *Venus, Merkur und Amor,* Nürnberg, Germanisches Nationalmuseum, Inv. Nr. 1167, dat. 1597; *Venus und Amor,* Troyes, Musée des Beaux-Arts, Inv. Nr. 266.
42 Ehemals Sammlung Lobkowitz, ausgestellt im Schloß Nelahozeves, seit 1964 verschollen. Holz, 22 × 31 cm.
43 Das Spranger-Bild ist im Inventar der Sammlung Hennin vom 25. Juli 1669 erwähnt. Für Aachen siehe Kunstkammerinventar 1607–1611, Nr. 954.
44 Wien, Kunsthistorisches Museum, Inv. Nr. 5689 (unter Aachen), abgebildet bei DaCosta Kaufmann 1985, S. 207, Nr. 1–80 auch als Aachen.
45 Zu Spranger: Mander-Floerke 1906, II. S. 163; zu Aachen: Peltzer 1911/12, S. 85.
46 Wien, Kunsthistorisches Museum, Inv. Nr. PA 943, ausgestellt in Ambras, *Sturz des Phaethon,* Alabaster, 37 × 45 cm; Zeichnung dazu in Basel, Kupferstichkabinett der Öffentlichen Kunstsammlung, Inv. Nr. Z 108, Bleistift, Rötel und Feder in Braun, braun laviert, 33,3 × 42,4 cm. Rohrau, Sammlung Harrach, *Allegorie auf die Türkenkriege,* Marmor, 21,5 × 27 cm; Zeichnung dazu: Braunschweig, Herzog Anton Ulrich-Museum, dort als Balen, Feder in Braun, braun laviert, Kreidevorzeichnung, 20,7 × 26,2 cm.
47 Durchmesser des Freskos 27,5 cm; Neumann 1970, S. 142–151, Abb. 1–7.
48 Neumann 1985, S. 50, Abb. 3, das Fresko ist 1593 datiert.
49 Kunstkammerinventar 1607–1611, Nr. 625.
50 Kunstkammerinventar 1607–1611, Nr. 618, 626, 632–636.
51 Zwollo 1968, 1970, 1982; DaCosta Kaufmann 1985, S. 314–319.
52 Sandrart-Peltzer 1925, S. 240–242.
53 Jantzen 1910; Thöne 1960, 1962; Iwanoyko 1963; Schneede 1967; Mielke 1967; Ehrmann 1979; DaCosta Kaufmann 1985, S. 320–324.
54 Er war Schüler von Hans Vredeman und ist möglicherweise mit ihm nach Prag gekommen.
55 Zwollo 1968, S. 166–167, Abb. 228–230.
56 Gerszi 1982, S. 15.
57 Lhotsky 1941–1945, S. 217/18.
58 Zülch 1932; Faggin 1963; Wied 1971.
59 Erasmus 1908; Białostocki 1958; BOON 1961; Šíp 1969, 1970; Segal 1982; Spier 1979; Franz 1979–80; DaCosta Kaufmann 1985, S. 268–287.
60 Peltzer 1911/12, S. 179, Nr. 45.
61 Fučíková 1986, S. 33/34, Abb. 65–67, XVII–XVIII.
62 Winter 1909, S. 209/10.
63 Es ist z. B. aus Fröschl-Akten ersichtlich, siehe Fučíková 1979, S. 498.
64 Zu Aachen-Schülern siehe z. B. Fučíková 1985, S. 165–175, zu jenen von Heintz Zimmer 1971, S. 57–61.
65 Dresden 1969; Thöne 1963, S. 75–78.

9 Giovanni Baptista Quadri, *Anbetung der Heiligen Drei Könige*. 1615 (Kat. 70)

10 Hans von Aachen, *Die Entfesselung der Winde.* 1603–1604 (vgl. S. 188)

11 Majestätsbrief Rudolfs II. vom 27. April 1595 betreffend die Ordnung der Malerzunft der Prager Städte. 1598 (Kat. 88)

z toho z radostnij byli przigali abychom komu dowolili, a na
rzedla ku ... geho, kteryzto list gest (yakž gsau slowa) prawe wzte
My Ludwik z Božij milosti Vherský Cžeský
stawuw se przedkos niekterzij vrozenij a statecžnij wiernij ka

rosyli gsau l
wiecheho dlawn
dobrij rzinky
we kam
zylink nijriem
aby se podle
cesima nijpoli
osa dlby s
cz az ti cztn
miel zradny
wecz kterez
ieme sti na
miel kron
skuw obycz
ti ne smiel

renim, gsa w niehom rdel wer stalic, Item chczeme komu
ennych zemesel aby takoweho kazdeho sluzbnie podle zaslauzen
dowi nasi komu nawracen nebyl. Nawelegem

12 Hans von Aachen, *Kreuztragung*. 1587 (Kat. 89)

13 Hans von Aachen, *Ein junges Paar (Bildnis des Künstlers mit seiner Frau)*. Um 1596 (Kat. 92) ▷

15 Hans von Aachen, *Pan und Selene (?)*. 1600–1605 (Kat. 101)

◁ 14 Hans von Aachen, *Bacchus, Venus und Amor*. 2. Hälfte 90er Jahre (Kat. 93)

16 Hans von Aachen, *Kaiser Matthias als König von Böhmen.* Um 1621 (Kat. 106)

17 Hans von Aachen, *Bildnis eines Mädchens (Tochter des Künstlers?)*. Um 1612 (Kat. 108)

18 Hans von Aachen, *Die Verkündigung*. 1613 (Kat. 110)

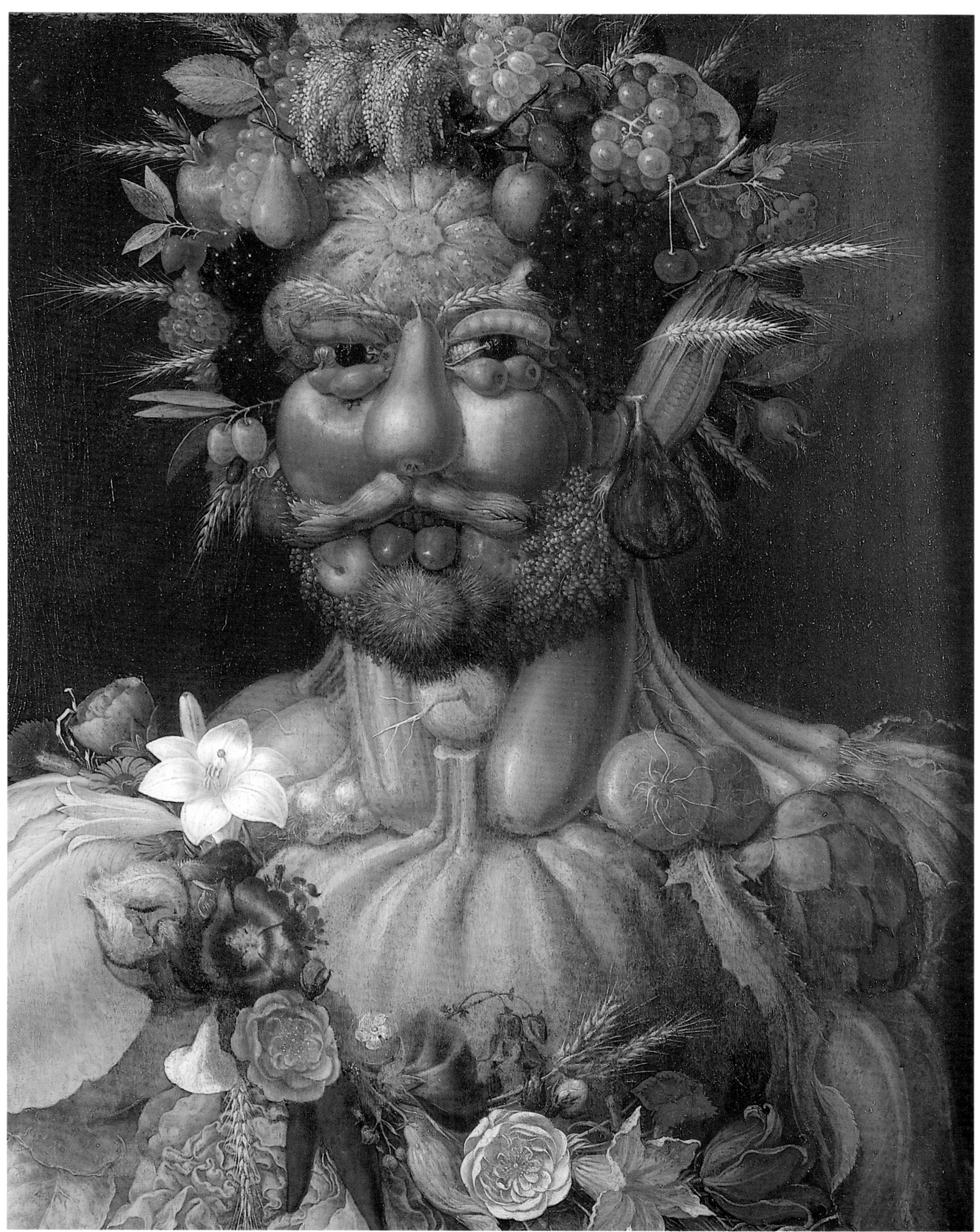

19 Giuseppe Arcimboldo, *Kaiser Rudolf II. als Vertumnus*. Um 1591 (Kat. 111)

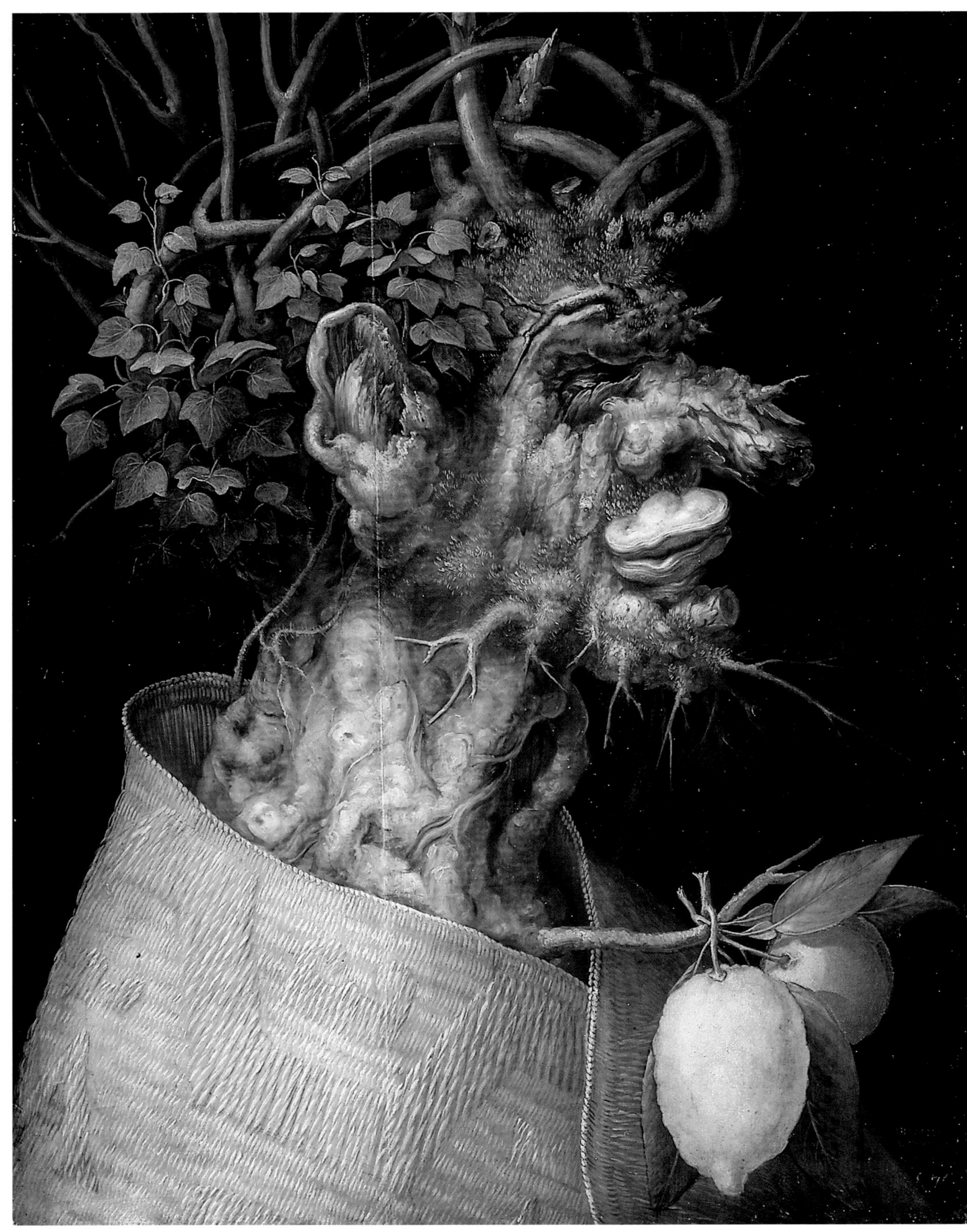

20 Giuseppe Arcimboldo, *Der Winter*. 1563 (Kat. 112)

21 Giuseppe Arcimboldo, *Das Wasser*. 1566 (Kat. 113)

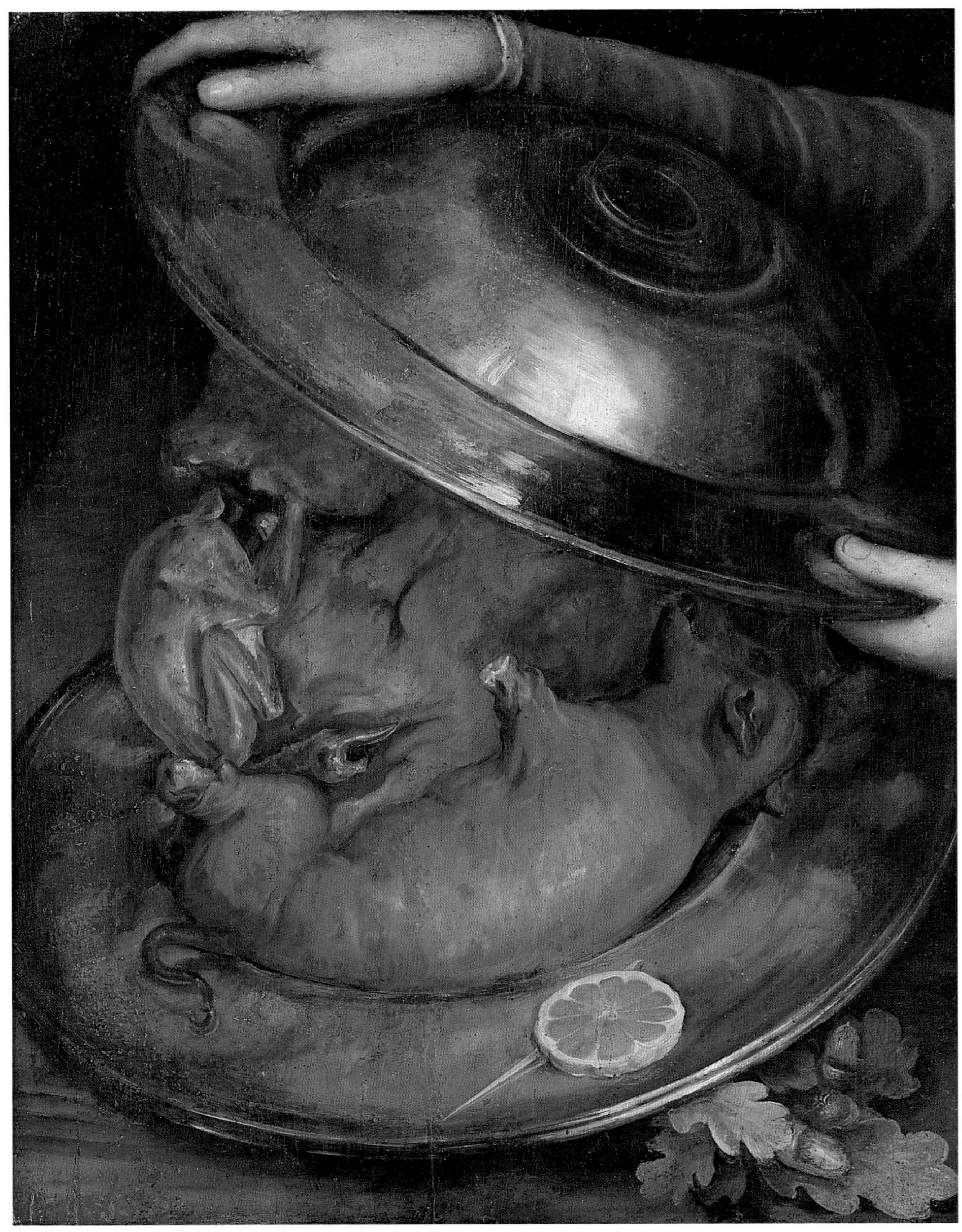

22 Giuseppe Arcimboldo, *Der Koch (Tête réversible)*. Um 1570 (Kat. 114)

23 Giovanni Contarini, *Sturz Saturns*. Vermutlich 1580er Jahre (Kat. 115)

24 Daniel Fröschl, *Merkurius-Psyche – Allegorie des Friedens* (Kat. 116)

88

88 **Majestätsbrief Rudolfs II. vom 27. April 1595 betreffend die Ordnung der Malerzunft der Prager Städte**
Ft. 11, S. 195

Pergament; 70 × 59 cm
Hölzerne Schachtel mit dem roten Siegel Rudolfs II.; Dm. 16 cm
Futteral: Naturleder mit schwarz gestanzter Dekoration; 28,5 × 28 cm, Höhe 9 cm
Unterschrieben von Rudolf II., Jan Myllner; die Urkunde von Jirzik Berger geschrieben (sein Name ist auf der Rückseite des Blattes erwähnt); das Futteral MH signiert und 1598 in Gold datiert

Die Miniatur des verbesserten Wappens der Prager Malerzunft
Bezeichnet unten rechts: G. G. Meiier (urkundlich 1626–1631 entstanden)
Herkunft: Archiv der Prager Malerzunft; Archiv der Gesellschaft der patriotischen Kunstfreunde, Prag
Literatur: Chytil 1904, S. 22/23, Abb. 11; Kuchynka 1915, S. 26

Unter den Schriftstücken der Prager Malerzunft, die in das Archiv der 1796 gegründeten Gesellschaft der patriotischen Kunstfreunde gelangten, ist auch das tschechische Original des Majestätsbriefes Rudolfs II. vom 27. April 1595. Der Kaiser bestätigt damit die alten Zunftordnungen der Prager Maler und erhebt mit Rücksicht auf die neue Einschätzung ihrer Arbeit die Malerei unter die Künste. Dementsprechend wurde auch das Zunftwappen verändert: über dem Stechhelm findet sich jetzt eine goldene Krone mit drei Zacken, zwei Diamanten an den Seiten und einem Rubin in der Mitte. Das alte Kleinod, welches eine junge Mohrin darstellte, ist nun durch ein Dreiviertelbildnis der Pallas Athena ersetzt.

Die unterschriebene und mit dem Siegel versehene Urkunde wurde mit dem leeren Platz für das verbesserte Wappen (ursprünglich von B. Spranger entworfen, eine in Grisaille gemalte Ölskizze auf Leinwand, bis 1858 in der Galerie der patriotischen Kunstfreunde in Prag ausgestellt, dann an einen Buchhändler namens V. Dimer verkauft) an die Zunft übergeben. E. F.

Prag, Nationalgalerie, Archiv, Inv. Nr. AA 1202

HANS VON AACHEN
Köln 1551/52–Prag 1615

89 **Kreuztragung**
1587 *Ft. 12, S. 196*

Öl auf Holz; 42 × 59,6 cm
Bezeichnet und datiert unten rechts: 1587 (darunter ursprünglich INVENIT 1587)
Herkunft: Besançon, Sammlung Granvella?; 1967 aus Privatbesitz erworben
Literatur: Neumann 1978, S. 321, Abb. 7; Neumann 1979, S. 206, Abb. 181; Neumann 1985, S. 55, Abb. 11

Diese *Kreuztragung* gehört zu den ersten Bildern, die Aachen nach seiner Rückkehr aus Italien geschaffen hat. Sie kann als Musterbeispiel der Fähigkeiten des Malers dienen, die Einflüsse aus der venezianischen Malerei – vor allem aus Veroneses Werk – mit dem, was er in Rom bei den dort ansässigen niederländischen Malern gelernt hat, zu verbinden. Es ist aber keine reine Kompilation. Die brillante dramatische Komposition und die effektvolle Zusammensetzung der Farben weisen bereits alle charakteristischen Züge der Handschrift von Aachen auf. Daß dieses Bild daher für die Schüler des Malers von Interesse war, bestätigt eine Kopie, die Pieter Isaacsz. nach ihm gefertigt hat (Paris, Louvre, Cabinet des dessins, Inv. Nr. 21103 – dort als Speckaert).

Die *Kreuztragung* als allerseits virtuoses Werk konnte nur ein wirklicher Kunstkenner und Sammler würdigen. Es läßt sich daher annehmen, daß dieses Bild eher für eine vornehme Kunstkammer entstanden ist als für eine Privatkapelle. Da es im Jahre 1587 zu den ersten Kontakten Aachens mit dem kaiserlichen Hof zu Prag kam, kann die *Kreuztragung* als Beispiel jener Bilder, die das Interesse Rudolfs II. für diesen Maler weckten, gelten. So versteht man auch die Bemühungen des Kaisers, Aachen in seine Dienste zu nehmen.

Dieses Gemälde war aber wahrscheinlich nie Bestandteil der rudolfinischen Sammlungen. Eine nur sehr fragmentarisch erhaltene alte französische Inschrift auf der Rückseite der Holzplatte läßt es vielleicht mit jenem Werk gleichen Inhalts und ähnlicher Maße identisch sein, das im nach 1607 entstandenen Inventar der Sammlung Thomas François Granvella erwähnt ist (Peltzer 1911/12, S. 167, Nr. 105).
E. F.

Prag, Nationalgalerie, Dauerleihgabe der Slowakischen Nationalgalerie, Bratislava, Inv. Nr. V0 410

89

90

HANS VON AACHEN
Köln 1551/52–Prag 1615

90 Junges Paar und Sensenmann (Vanitas)
1590–1595

Öl auf Schiefer; 53 × 42 cm
Herkunft: Aus Prager Privatbesitz erworben

Die Technik der Malerei auf Stein hat Aachen in Italien kennen- und beherrschen gelernt. Es liegt auf der Hand, daß er diese damals sicher nicht geläufige Kunst beim Eintritt in die Dienste Rudolfs II. vorführte, da er die Vorliebe des Kaisers für Edelsteine und ihre Umwandlung in Kunstwerke erkannte. Als Malunterlage hat Aachen für dieses Vanitas-Bild ein örtliches Material – Schiefer – benutzt, dessen Konsistenz und Farbe an den klassischen italienischen Marmor ›paragone‹ erinnert. Auf den dunklen Hintergrund hat er zwei sich umarmende junge Leute gemalt, die aber keines der bekannten mythologischen Liebespaare darstellen. Das scheinbar sinnliche Thema ist von Nostalgie und Trauer beseelt, nichts deutet auf die Freuden der Liebesbeziehung. Der Sensenmann, der aus dem Vorhang herausschaut, läßt den Zuschauer die Vergänglichkeit alles Irdischen erkennen: Jugend, Liebe und auch Reichtum, der hier durch prächtige Gegenstände, Geld und Schmuckstücke angedeutet ist.

Dieses Bild muß um, bzw. vor Mitte der 90er Jahre entstanden sein. Kurz danach hat Aachen bereits anderes Material als Malgrund benutzt. Die kaiserlichen Sammlungen in Prag stellten ihm viel feinere und geeignetere Steinarten zur Verfügung. Er malte dann fast ausschließlich auf Alabaster, dessen prächtig gefärbte und bizarr geformte Steinschichten in der Komposition der Malerei einen Part übernehmen konnten. E. F.

Prag, Nationalgalerie, Inv. Nr. 0 14811

HANS VON AACHEN
Köln 1551/52–Prag 1615

91 Venus und Satyr (?)
Um 1595–1598 *Ft. Detail Umschlag*

Öl auf Kupfer; 30,5 × 21 cm
Herkunft: Kunstkammer oder Galerie Rudolfs II.; alter habsburgischer Besitz, seit 1781 in der Galerie erwähnt
Literatur: Peltzer 1911/12, S. 134, 163, Abb. 59; DaCosta Kaufmann 1985, S. 186, Abb. 1–13

91

92

Auf diesem Bild ist kein Attribut zu finden, das an Jupiter in der Gestalt eines Satyr denken läßt. Die junge Dame im Beisein von Amor scheint dagegen eher Venus zu sein.

Dieses Bildchen ist das einzige im Œuvre Hans von Aachens, das nicht nur in den Hell-Dunkel-Effekten, sondern auch im Stil der Figuren unter dem starken Einfluß von Correggio gemalt ist. Es dient als Beweis dafür, daß Aachen neue Impulse schnell und eigenständig verarbeiten und im rechten Augenblick zunutzen vermochte. Die kleinen Figuren erinnern an die Gestalten von Aachens *Allegorien der Wahrheit und Gerechtigkeit* (München, Bayerische Staatsgemäldesammlungen, Inv. Nr. 1611) und *Vergänglichkeit der Zeit* (Stuttgart, Staatsgalerie, Inv. Nr. 2130), die 1598 gemalt sind. Das Bildchen mit Venus und Satyr muß also um diese Zeit, wahrscheinlich zwischen 1595–1598, entstanden sein. E. F.

Wien, Kunsthistorisches Museum, Gemäldegalerie, Inv. Nr. 1110

HANS VON AACHEN
Köln 1551/52–Prag 1615

92 **Ein junges Paar**
(Bildnis des Künstlers mit seiner Frau)
Um 1596 *Ft. 13, S. 197*

Öl auf Leinwand; 63 × 50 cm
Herkunft: Alter habsburgischer Besitz, seit 1781 in den Inventaren der Galerie erwähnt
Ausstellungen: Prag 1912, Nr. 30
Literatur: Peltzer 1911/12, S. 136, 163, Abb. XVII; An der Heiden 1970, S. 189–191, Abb. 130; DaCosta Kaufmann 1985, S. 183, Abb. 1–6

Wie Karel van Mander in der Vita des Malers erwähnt, hat Aachen während seines Italienaufenthaltes »sich selbst lachend mit einer lautenspielenden Frau namens Donna Venusta dargestellt, hinter der er mit einer Schale Wein in der Hand steht. Dieses Bild war so vortrefflich, daß Kunstkenner sich äußerten, sie hätten noch nie etwas Besseres von ihm oder andern gesehen«. Dieses heute leider verschollene Bild, welches wir nur durch ein altes Foto und nach einer Zeichnung kennen (An der Heiden 1974, S. 249–254), ist aber keine Genre-Szene mit dem heiteren jungen Mann und seiner reizenden Gefährtin. Ein biblisches Zitat (Ecclesiasticus 40, 20) auf dem Bild deutet an, daß Aachen dieser Komposition einen viel tieferen Sinn beigemessen hat. Ähnlich müssen wir auch das Gemälde verstehen, auf dem sich Aachen selbst mit seiner jungen Frau Regina di Lasso lachend dargestellt hat. Auch dies ist kein nur verliebtes neuvermähltes scherzendes Paar. Die Schieferplatte mit Kreidestrichen in der rechten Ecke und die Börse in der Hand des Mannes sind Attribute, die in den Bildern niederländischer Maler meistens die Szene des verlorenen Sohns mit den leichtfertigen Weibern im Wirtshaus begleiten, und diese Symbolik hat Aachen sicher gut gekannt.

Aachens Lebensphilosophie war, wie wir dank seiner lachenden Selbstbildnisse vermu-

93

ten können, identisch mit der des ›lachenden‹ Democritos. Deswegen stellen diese Bilder zwar die lustigere Seite des betreffenden Zitates aus der Bibel dar, man muß aber immer die ganze Geschichte in Betracht ziehen. Beim Bild mit Donna Venusta ist es nicht nur »Wein und Musik stimmen mein Herz heiter«, sondern auch der darauf folgende Vers »aber über allem ist die Weisheit«. Auch hier, wo sich Aachen als verlorener Sohn darstellt, muß man das Credo dieser berühmten Parabel berücksichtigen, die Rettung der Seele des in die Irre geleiteten jungen Mannes. Diese Genre-Bilder Aachens sind also als Moralitäten anzusehen. Sie gehören zu den wichtigen Vorläufern der inhaltlich und kompositorisch ähnlichen Arbeiten der holländischen Maler des 17. Jahrhunderts, vor allem Rembrandt. E. F.

Wien, Kunsthistorisches Museum, Gemäldegalerie, Inv. Nr. 1134

HANS VON AACHEN
Köln 1551/52–Prag 1615

93 **Bacchus, Venus und Amor**
2. Hälfte 90er Jahre *Ft. 14, S. 198*

Öl auf Holz; 63 × 50 cm
Bezeichnet mit Monogramm links auf der Steinplatte
Herkunft: Alter Habsburgischer Bestand (Rudolf II.?), seit 1781 in der Galerie erwähnt
Ausstellungen: Prag 1912, Nr. 28
Literatur: Peltzer 1911/12, S. 136, Abb. XVI; DaCosta Kaufmann 1985, S. 184, Abb. 1–9; Schnackenburg 1970, S. 144–146

Die Anzahl der erhaltenen mythologischen Bilder Aachens ist überraschend niedrig im Vergleich mit seinen Allegorien oder Genren. Der Maler neigte durch sein Wesen eher zu den kompliziert formulierten Inhalten als zu den geläufigen Illustrationen bekannter Geschichte. Und falls es sich schon um ein konventionelles Thema handelte, so versuchte er eine nicht geläufige Lösung der Komposition zu finden. Dies gilt z. B. auch für das Bild mit *Bacchus, Venus und Amor,* welches in der 2. Hälfte der 90er Jahre entstanden ist. Die Halbfiguren der Olympier erinnern an die Gestalten der Genre-Szenen von Aachen und tragen überraschenderweise die Gesichtszüge der Familie des Malers. Aachen selbst stellt Bacchus dar, seine Frau Regina Venus und der kleine Sohn Amor. Einige Jahre später werden dieselben Akteure die Szene mit *Bacchus, Ceres und Amor* spielen (Wien, Kunsthistorisches Museum, Inv. Nr. 1098). Etwa ein Jahrzehnt danach wird dann anstatt Aachen sein Sohn den Bacchus darstellen, der dem Vater in jungen Jahren ähnlichsah und nur ein wenig rundlicher war. Die schon alternde Frau Regina ist aber immer noch die Göttin Ceres (Frankreich, Privatsammlung).

Vielleicht nur bei Rembrandt begegnen wir einer ähnlichen Praxis, den verschiedenen biblischen oder mythologischen Gestalten das eigene Aussehen zu geben. Es war bei Aachen bestimmt kein Zufall, sondern Absicht, die auch beim Kaiser als seinem Mäzen Beifall und Verständnis finden mußte, da alle diese Bilder für seine Sammlungen gemalt worden sind.

Der moralisierende Aspekt des Bildes mit *Bacchus, Venus und Amor* ist nicht so eindeutig zu erkennen. Es könnte sich um eine Verherrlichung der Liebe und des Weins handeln. Daß der Maler auch für solche Dinge eine Schwäche hatte, geht aus seiner Charakteristik des Gesandten Manzuolo aus dem Jahre 1603 hervor. Danach war Aachen nicht nur katholisch, sondern auch »ein wahrheitsliebender Mann, der den Wein und die Fröhlichkeit liebte« (zitiert nach Peltzer 1911–12, S. 108). Schnackenburg dagegen versucht zu belegen, daß die Darstellung »die Macht des Weins über die Liebe zeigt« (1970, S. 146). E. F.

Wien, Kunsthistorisches Museum, Gemäldegalerie, Inv. Nr. 1132

HANS VON AACHEN
Köln 1551/52–Prag 1615

94 **Selbstbildnis**
Mitte 90er Jahre

Öl auf Leinwand; 61 × 45 cm
Herkunft: Alter Medici-Besitz
Literatur: Peltzer 1928, S. 81; La Galleria Palatina nel Palazzo Pitti, Repertorio illustrato. Florenz 1966, S. 235, Abb. 329; An der Heiden 1970, S. 183, Abb. 148

Selbstporträts nehmen im Schaffen Hans von Aachens eine wichtige Stellung ein: Seit seiner Jugend hat er sich selbst als Modell gedient. Die ältesten erhaltenen oder schriftlich belegten Bilder von ihm sind Selbstbildnisse. So ist es kein Wunder, daß der Maler später auf vielen

94

95

der mythologischen oder Genre-Gemälde den männlichen Darstellern sein Antlitz geliehen hat.

Sein Zutritt zu den Porträtierten bestand darin, daß er sie nie idealisierte, verschönerte. Vor allem sich selbst malte Aachen mit überraschendem Verismus (oft lachend), der erst viel später im holländischen Porträt des 17. Jahrhunderts vorkommt. Dies hatte er bereits in Köln bei seinem uns leider nicht bekannten Lehrer gelernt, der nach Karel van Mander aus Antwerpen stammte und ein guter Porträtist war.

Aachen malte mit freien, breiten Pinselstrichen; das schnelle pastose Auftragen der Farbe zeigt noch den Eindruck der unmittelbaren Aufzeichnung der Realität. Er konzentrierte sich aber nicht nur auf das Äußere. Seine Bildnisse sind zugleich auch psychologische Studien. Eine solche Art des Porträts war in Italien selten, deshalb hatte Aachen damit auch dort Erfolg. Der Herzog Francesco de' Medici ließ sich von ihm malen, genau wie viele der Künstler, die durch ihr Schaffen in Italien bekannt geworden sind: Giovanni Bologna, Jacques Bylivelt, Lodewyck Toeput usw. Enge Beziehungen zum florentinischen Hof und Aachens Ruf brachten es mit sich, daß man bei ihm später sein Selbstbildnis für die herzogliche Sammlung bestellte. Dies geschah aber erst, als Aachen bereits wieder nördlich der Alpen arbeitete. Dem Vergleich mit den Bildern der scherzenden Paare nach (Kat. Nrn. 91 u. 92) entstand das Florentiner *Selbstbildnis* erst in der Mitte der 90er Jahre. Die skizzenhafte, freie Malweise sowie die interessante Lichtführung wirken in diesem Bild so fortschrittlich, daß man später glaubte, es handele sich um das Werk des 17. Jahrhunderts, vielleicht sogar von Velázquez. Dank der charakteristischen Pinselführung, vor allem aber den typischen Gesichtszügen, kann man es mit Sicherheit Hans von Aachen zuschreiben. E. F.

Florenz, Galleria Palatina, Palazzo Pitti, Inv. Nr. 329

HANS VON AACHEN
Köln 1551/52–Prag 1615

95 **Knabe mit Weintraube**
(Der Sohn des Künstlers?)
1600–1605

Öl auf Holz; 45 × 36 cm
Herkunft: Sammlung des Erzherzogs Leopold Wilhelm, Nr. 611
Literatur: Peltzer 1911/12, S. 161; An der Heiden 1970, S. 201–02, Abb. 138; DaCosta Kaufmann 1985, S. 205, Abb. 1–74

1589 hat Aachen eine Geschichte gezeichnet, die aus dem Plinius-Buch ›Historia naturalis‹ bekannt ist und den Streit zwischen den Malern Zeuxis und Parrhasios darstellt, wer von beiden die Natur besser imitieren oder sogar übertreffen könne. Zeuxis hat Weintrauben gemalt, und die Vögel kamen sofort, um sie zu picken. Parrhasios malte eine Draperie, die seinen Rivalen so täuschte, daß er sie entfernen wollte. Zeuxis hat danach Parrhasios den Sieg zugesprochen, da dieser durch sein Gemälde den Künstler getäuscht habe, er selbst nur die Natur. Es wird weiter erzählt, daß Zeuxis noch einen Knaben mit Weintraube gemalt habe. Als die Vögel wieder herbeigeflogen kamen, ärgerte sich der Maler so, daß er die Trauben besser malte als den Knaben. Dessen Gestalt sollte nämlich die Vögel abschrecken. Auf der oben erwähnten Zeichnung aus der Sammlung Lugt (Paris, Institut néerlandais, Fondation Custodia, Inv. Nr. 7186) hat Aachen die Szene dargestellt, auf der der verärgerte Maler vor dem Bild den Zuschauern seinen Fehler erklärt. Auf dem Bild aus dem Kunsthistorischen Museum ist er sogar selbst mit Zeuxis in Wettbewerb getre-

462

ten, da er dasselbe Thema behandelt: Knabe mit Weintraube. Genau wie der antike Maler hat auch er die Traube mit solch einer Virtuosität gemalt, wie später die Stillebenmaler des 17. Jahrhunderts. Derselbe Knabe, d. h. Aachens Sohn, erscheint auch als Amor mit einem genauso hervorragend gemalten Obstkorb auf dem Bild mit Bacchus und Ceres (Wien, Kunsthistorisches Museum, Inv. Nr. 1098). Das gleiche Alter des Dargestellten läßt vermuten, daß beide Gemälde in derselben Zeit entstanden sind, um 1600 oder kurz danach. E. F.

Wien, Kunsthistorisches Museum, Gemäldegalerie, Inv. Nr. 2504

HANS VON AACHEN
Köln 1551/52 – Prag 1615

96 **Allegorie des Friedens, des Wohlstandes und der Künste**
1602

Öl auf Leinwand; 197 × 142 cm
Bezeichnet und datiert auf der Palette rechts: Hans von Ach 1602
Herkunft: 1764 aus der Slg. Golzkowsky, Berlin, erworben; Gatchina Palast bei St. Petersburg; seit 1925 in der Ermitage
Literatur: Nikolai Nikulin and Boris Asvariskch, The Hermitage: German and Austrian Painting, Leningrad 1986, S. 27/28, Abb. 44–46, dort auch die ältere russische Literatur; DaCosta Kaufmann 1985, S. 194, Abb. 1–38

Karel von Mander führt in seiner Hans von Aachen-Biographie an, daß er bei Hendrick van Os in Amsterdam ein Bild des Malers gesehen habe, das »eine nackte schöne Frau mit lieblichem Antlitz, die durch einen Ölzweig als Frieden gekennzeichnet ist, darstellt, mit dem Krieg oder Kriegsgerät zu ihren Füßen. Neben ihr sieht man die Künste – Malerei und andere –, womit angedeutet werden soll, daß der Frieden das Gedeihen und die Blüte der Künste mit sich bringt«. Es scheint verlockend, dieses Gemälde mit dem Leningrader Bild zu identifizieren. Die Malerei, weitere Künste und Wissenschaften stellt aber auf dieser Leinwand nur eine Figur dar, die nota bene ursprünglich durch das Schwert als Gerechtigkeit gekennzeichnet ist. Authentische Übermalungen – pentimenti – kommen auf Aachen-Bildern oft vor. Sie erscheinen vor allem dort, wo inhaltliche Änderungen, wahrscheinlich auf Wunsch des Bestellers, d. h. Rudolfs II. vorgenommen wurden.

Für die Genesis dieses Bildes sind zwei Zeichnungen wichtig (Düsseldorf, Kunstmuseum, Inv. Nr. FP 4816; Bremen, Kunsthalle, Inv. Nr. 762), die das von Mander erwähnte Thema bestätigen. Die ursprüngliche Fassung des Gemäldes aber war, was den Inhalt betrifft, viel allgemeiner, ähnelte der Wahrheit-Gerechtigkeits-Allegorie aus dem Jahre 1598 (München, Alte Pinakothek, Inv. Nr. 1611), die auf einer universalen Ebene an ein bestimmtes historisches Geschehen anknüpft. Im Leningrader Bild ließ Rudolf II. darstellen, was die glücklichen Jahre des Friedens für das Wohl seines Reiches bedeuten. Dieses Aufblühen des Wohlstandes, der Künste und Wissenschaften hatte leider nur eine kurze Dauer. Als es keine Erfolge der kaiserlichen Armee in den Türkenkriegen mehr gab, erscheint auf ähnlichen Friedensallegorien erneut die Figur der Gerechtigkeit, wie z. B. auf einer Zeichnung aus dem Jahre 1604 (Danzig, Muzeum Narodowe, Inv. Nr. GR2). E. F.

Leningrad, Eremitage, Inv. Nr. 695

97

HANS VON AACHEN
Köln 1551/52 – Prag 1615

97 **Diana mit zwei Nymphen**

Öl auf Leinwand; 196 × 127 cm
Herkunft: Galerie Rudolfs II., Inv. 1621, Nr. 1178; Königin Christina von Schweden; Schloß Eriksberg
Ausstellungen: Stockholm 1966, Nr. 1268
Literatur: Granberg 1913, Nr. 25; DaCosta Kaufmann 1985, S. 194, Abb. 1–39

Das Bild »Die Diana mit ihrn jungfrauen vom Hansen von Acha. Orig.« ist 1621 noch an der Wand des zweiten Ganges der kaiserlichen Galerie gestanden. Zusammen mit anderen als Beute geraubten Kunstwerken hat es 1648 Prag verlassen. Da die schwedische Königin Christina daran keinen Gefallen fand – es handelte sich um kein italienisches Gemälde –, schenkte sie dieses Bild einem ihrer Höflinge. Seitdem hat dieses Gemälde Schweden wahrscheinlich nie mehr verlassen.

Aachen hat in seiner Komposition ein Schema wiederholt, das bereits auf seiner *Allegorie des Friedens* (siehe Kat. Nr. 96) vorkommt. Die Personifikationen des Friedens und des Wohlstandes haben nur neue Attribute bekommen; die Frau, die ursprünglich die Künste und Wissenschaften verkörperte, hat eine nur wenig geänderte Pose. Auch der Hintergrund ist neu und entspricht damit besser der dargestellten Szene. Hunde und Rehe sind wie von einem Tiermaler des 17. Jahrhunderts gemalt. Ein Beweis also, daß Aachen wirklich ein universaler Künstler war, der unter anderem auch das Stillleben- und Tiergenre vollkommen beherrschte.

Den Erfolg dieser Komposition belegt noch eine andere, zwar vereinfachte und mit dem Anteil der Werkstatt verfertigte Variante, die sich in Schloß Moritzburg, Halle a. d. S., befindet, sowie eine zeitgenössische Kopie im Nationalmuseum in Stockholm (Inv. Nr. 644) ebenfalls aus Prag stammt. E. F.

Schloß Eriksberg, Schweden, Sammlung des Baron Bonde

98

HANS VON AACHEN
Köln 1551/52 – Prag 1615

98 **Kaiser Rudolf II.**
1602

Öl auf Leinwand; 200 × 121 cm
Herkunft: Herzog von Alba; Sir Henry Wellesley; Duke of Wellington
Literatur: C. M. Kauffmann, Catalogue of Paintings in the Wellington Museum. Victoria & Albert Museum. London 1982, S. 25/26, Abb. 1

Für die Datierung dieses einzig erhaltenen repräsentativen Porträts des Kaisers ist das Jahr 1602 bestimmend. Damals hatte man die Reichskrone fertiggestellt, der auf dem Bild große Aufmerksamkeit gewidmet wurde. Es handelt sich wahrscheinlich um die erste Darstellung Rudolfs II. mit der neuen Krone, und deswegen ist sie auch sorgfältig abgebildet.

Noch aus einem anderen Grund ist dieses Bild interessant. Diesen Typus des Kaiserporträts können wir an mehreren Varianten in Aachens Werkstatt verfolgen. Ausgangspunkt ist eine flotte Skizze, die bereits alle Hauptzüge der Gesamtkomposition beinhaltet (Budapest, Museum der Bildenden Künste, Inv. Nr. 310). Aufgrund dieser Zeichnung schuf dann Aachen eine definitive, leider nicht erhaltene Version des Porträts (gezeichnet wie auch gemalt), die als Vorlage für die neue offizielle Darstellung des Kaisers in seiner Werkstatt diente. Die Gehilfen des Malers haben nach ihr eine Reihe kaiserlicher Porträts in verschiedenen Varianten und Größen ausgeführt, als Geschenke für hohe Persönlichkeiten und noble Höfe. Die Qualität der Ausführung hing davon ab, wohin das Porträt gesendet werden sollte. Die meisten Bildnisse entstanden ohne Beteiligung des Meisters. Bei manchen hat Aachen nur den Kopf gemalt, im Falle des Gemäldes aus dem Welligton Museum, das wahrscheinlich für den spanischen König bestimmt war, hat er sich auch an der Ausgestaltung der Oberfläche beteiligt.

Dieselbe Vorlage benützte Aachen noch auf einem kleinen beidseitig bemalten Alabasterbild aus Nürnberg (siehe Kat. Nr. 102). Aegidius Sadeler schuf danach seinen Stich aus dem Jahre 1603 (Hollstein 1980, Nr. 323. E. F.

London, Wellington Museum, Apsley House, Inv. Nr. WM 1509–1948

99

100

HANS VON AACHEN
Köln 1551/52 – Prag 1615

99 Erzherzogin Anna, spätere Gemahlin des Kaisers Matthias
1604

Öl auf Leinwand; 58 × 48 cm
Bezeichnet oben links: 1604
Herkunft: Galerie Rudolfs II.
Literatur: Peltzer 1911/12, S. 110, 163, Abb. 35; Heinz 1963, S. 128, 195, Abb. 131; An der Heiden 1970, S. 174, 200, Abb. 137, DaCosta Kaufmann 1985, S. 201, Abb. 1–41

Am 23. Oktober 1603 reiste Hans von Aachen von Prag in Richtung Süden. Hauptziel der Reise war diesmal – außer den gewöhnlichen Einkäufen und Erwerbungen von Kunstwerken –, die schönen Prinzessinnen an den verschiedenen Höfen für den Kaiser zu porträtieren. Über Venedig ging es nach Turin und u. a. auch nach Modena und Mantua. Auf der Rückreise Anfang 1604 hat sich Hans von Aachen auch in Innsbruck aufgehalten, um die Erzherzogin Anna, die Tochter Erzherzog Ferdinands II. von Tirol und seiner Gemahlin Anna Katharina Gonzaga zu porträtieren. Dieses Bildnis ist das einzig erhaltene aus der Serie der potentiellen Bräute für Kaiser Rudolf II., die Hans von Aachen ausgeführt hat.

In diesem Bildnis versucht der Künstler das Antlitz der jungen Erzherzogin ohne Verschönerung, der Wirklichkeit entsprechend, abzubilden. Sie ist nicht schön, aber durchgeistigt, und das wußte der Maler meisterhaft wiederzugeben. Die Intrigen des Kammerdieners Filipp Lang, der einige Monate zuvor den Statthalter Erzherzog Maximilian II. gewarnt hatte, daß von Aachen durch schlechte Ausführung des Porträts die Heiratsaussichten der Prinzessin vernichten könnte, waren gescheitert. Der Maler hat eines seiner besten Porträts geschaffen.

E. F.

Wien, Kunsthistorisches Museum, Inv. Nr. 4410, in Schloß Ambras ausgestellt

HANS VON AACHEN
Köln 1551/52 – Prag 1615

100 Drei Grazien

Öl auf Kupfer; 32 × 22 cm
Herkunft: Herzog Heinrich Julius von Braunschweig; seit 1710 im Lustschloß Salzdahlum erwähnt
Literatur: Peltzer 1911/12, S. 134, 160, Abb. 58; Jacob 1975; DaCosta Kaufmann 1985, S. 203, Abb. 1–66

1602 hat Hans von Aachen Wolfenbüttel besucht und bei dieser Gelegenheit die Gunst des Herzogs Heinrich Julius von Braunschweig gewonnen. Der Maler fand in ihm nicht nur einen großzügigen Mäzen, sondern sogar einen wirklichen Freund. Das beweisen sowohl die hohen Geldsummen, die Aachen als Neujahrsgeschenke bekommen hat, als auch ab 1611 ein Hofstaatsgehalt des Herzogs in Höhe von 40 fl. monatlich. Es sind aber leider nur wenige Belege der Ehrenäußerungen seitens des Künstlers erhalten geblieben, obwohl wir annehmen können, daß Aachen für den kunstliebenden Heinrich mehrere Werke gemalt hat. Er muß ihn auch porträtiert haben; dieses Bild ist leider nur in einer graphischen Reproduktion bekannt (Lucas Kilian, Merlo 1895, S. 17, Nr. 24).

Das Braunschweiger *Drei Grazien*-Bild ist wahrscheinlich während des Besuchs des Herzogs in Prag 1604 entstanden. Es war möglicherweise ein ›bozzetto‹, ein Modell für ein großes Bild, das vom sächsischen Kurfürsten Christian II. bestellt und gerade in diesem Jahr fertiggestellt wurde (Bukarest, Kunstmuseum).

Aachen geht in beiden Gemälden auf die berühmte antike Vorlage zurück, sowohl in der Komposition als auch in der Auslegung des Themas. Die reiche Blumenvegetation, die die drei Mädchen-Gestalten umrahmt, vor allem ihre miniaturhafte Ausführung, ist für den Maler ungewöhnlich und erscheint in dieser Form auf keinem seiner Bilder. Die Zierlichkeit der Körper und die sehr feine Malweise erinnern eher an ähnliche Renaissancekompositionen dieses Themas. Die großzügig und frei gemalte Version aus Bukarest mit ihren mächtigen Frauengestalten weist schon auf die Malerei des Frühbarock hin, nicht umsonst wurde sie früher Varotari zugeschrieben.

Beide Bilder unterscheiden sich also stilistisch, sind aber doch zur gleichen Zeit entstanden. E. F.

Braunschweig, Herzog Anton Ulrich-Museum, Inv. Nr. 1088

101

HANS VON AACHEN
Köln 1551/52 – Prag 1615

101 Pan und Selene (?)
1600 – 1605 *Ft. 15, S. 199*

Öl auf Holz; 40 × 50 cm
Herkunft: Galerie Rudolfs II.; 1982 in London im Kunsthandel erworben

Als Thema dieses erst vor kurzem aufgetauchten Bildes wurde Jupiter und Antiope angenommen. Man findet jedoch nichts, was auf das Oberhaupt der Olympier hinweisen könnte. Die männliche Gestalt entspricht aber vollkommen der Beschreibung des Pan. In der Frauengestalt könnte man Amors wegen zwar Venus vermuten, der Liebesgott spielt hier aber offensichtlich eine andere Rolle – ein schlafender Zeuge der verführerischen Szene. Pan ist oft mit Selene dargestellt; ihre Verführung bezieht sich auf die Mondlicht-Orgie am Vorabend der Maifeier, und so ist vielleicht die nächtliche bacchanalische Szene mit einem Opfer im Hintergrund des Bildes anzusehen. Pan ist hier noch durch einen anderen Versuch zur Verführung dargestellt – eine Panflöte spielend, die er selbst aus dem Schilfrohr formte, in welches sich Syrinx verwandelt hatte, um ihm zu entkommen.

Das *Pan-Selene*-Bild gehört zu den reizvollsten Kabinettstücken, die von Hans von Aachen erhalten geblieben sind, nicht nur wegen seiner prächtigen Farbigkeit, sondern auch wegen der Komposition. Wie üblich, hat Aachen die Hauptgruppe mindestens noch einmal benutzt, und zwar in der Zeichnung mit Tarquinius und Lucretia, die vor kurzem von der Staatsgalerie Stuttgart erworben wurde. Beide sind offensichtlich zwischen 1600–1605 entstanden.

Dieses Bild ist auch das einzig erhaltene aus der Kategorie der ›erotischen‹ Gemälde aus den rudolfinischen Sammlungen. Man kann es mit großer Wahrscheinlichkeit mit Nr. 1228 des Inventar von 1621 »Bann und Selinga von Hansen von Acha. Orig.« identifizieren, das im Spanischen Saal auf der Bank stand. Am 30. März 1623 ist dieses Gemälde mit anderen wegen des unmoralischen Inhalts an den Kunsthändler de Briers für 250 Taler verkauft worden. E. F.

London, Privatbesitz

HANS VON AACHEN
Köln 1551/52–Prag 1615

102 Kaiser Rudolf II.
Allegorie auf die Türkenkriege (Rückseite)
1602–1604

Öl auf Alabaster; 14,4 × 10,3 cm
Herkunft: 1930 aus dem Frankfurter Kunsthandel erworben
Literatur: An der Heiden 1970, S. 196, Abb. 133; Chadraba 1970, S. 289–297, Abb. 2; DaCosta Kaufmann 1985, S. 195, Abb. 1-42

Dieses Bildchen ist ein typisches Beispiel der Kabinettmalerei, das zur privaten Bewunderung des Sammlers bestimmt war. Es konnte nämlich nicht öffentlich ausgestellt werden: Es ist beidseitig bemalt, kann aber kaum frei im Raum hängen, da das Porträt auf einer Seite

102

102

HANS VON AACHEN
Köln 1551/52–Prag 1615

103 Allegorie auf die Türkenkriege
Die Schlacht bei Hermannstadt
1602–1604

Öl auf Pergament, auf Leinwand aufgezogen; 34 × 42 cm
Herkunft: Kunstkammer Rudolfs II.
Literatur: Peltzer 1911/12, S. 128, 163, Abb. 50; Ludwig 1978, S. 76–83, Abb. 31, 33; Da-Costa Kaufmann 1985, S. 199, Abb. 1–55

hoch-, die allegorische Szene auf der anderen aber breitformatig ist. Die Vorderseite mit dem Bildnis läßt den edlen Stein als Rahmen der Malerei hervortreten. Der Revers des Alabasterplättchens nützt dagegen die natürliche Struktur, bzw. die farbige Zeichnung des Steins in der Komposition der Szene als wichtigen Teil. Die einzelnen farbigen und sich eigenartig durchziehenden Schichten des Alabasters stellen Wolken am Himmel und aufgewirbelten Staub im Schlachtgetümmel dar.

Aachen hat sich in der Technik des ›Malens auf Stein‹ unter den anderen, nicht nur den rudolfinischen Malern als wahrer Meister erwiesen. Er trägt direkt auf die glatte Unterlage die Farbe in relativ dicker Schicht auf: Diese zieht etwas ein und schafft damit einen eigenartigen plastischen- und Licht-Effekt. Die Malerei verbindet sich perfekt mit der Zeichnung des Steins und erzeugt einen außergewöhnlichen künstlerischen Eindruck.

Wie schon oben erwähnt (siehe Kat. Nr. 9), ist das Bildchen mit dem Porträt des Kaisers 1602 oder kurz danach entstanden, wahrscheinlich zusammen mit den *Allegorien auf die Türkenkriege* (siehe Kat. Nr. 12–14) zwischen 1602 und 1604. Es bezieht sich aber nicht wie jene auf konkrete Ereignisse, sondern stellt Rudolf II. in der idealisierten Gestalt seines römischen Vorläufers und Vorbildes, Kaiser Augustus, als Triumphator über die Heiden dar. Durch den Palmen- und Olivenzweig ist er auch als Friedensbringer anzusehen. Auf die direkten inhaltlichen und kompositorischen Zusammenhänge dieser Allegorie mit der berühmten antiken *Gemma Augustea,* die damals ebenfalls die Sammlungen des Kaisers schmückte, hat schon vor Jahren Rudolf Chadraba (1970, 289–297) aufmerksam gemacht.

E. F.

Nürnberg, Germanisches Nationalmuseum, Inv. Nr. G.M. 1235

Den Schlüssel zur Bestimmung dieser Szene hat H.-J. Ludwig im Aquarellbuch von Dresden gefunden (Sächsische Landesbibliothek, Mscr. Dresd. G 81), in welchem Georg Buchner die erbeuteten Fahnen aus der Schlacht zwischen den kaiserlichen und türkischen Truppen bei Hermannstadt am 3. August 1601 darstellte. Die beiden siegreichen Feldherren Georg Basta und Michael von Walachei haben ihre Beute sofort an den Kaiser nach Prag geschickt, wo sie feierlich empfangen wurde. Dort hat sie Buchner auch gleich gemalt.

Siebenbürgen war seit der 2. Hälfte der 90er Jahre eines der Hauptprobleme der kaiserlichen Politik. Zweimal hatte Sigismund Báthory die Verwaltung des Landes dem Kaiser übertragen, beide Male brach er den Vertrag. Siebenbürgen sollte für das Reich zur Festung gegen die Türken werden, geriet aber durch das Verhalten Báthorys in große Unruhe. Die Schlacht bei Hermannstadt schien die ungünstige Situation endgültig zugunsten des Kaisers zu lösen. Dieser Sieg war aber nicht von langer Dauer. Als Folge der grausamen Gegenreformation

103

104

der zumeist protestantischen Bevölkerung kam es bereits 1604 zum Aufstand unter Führung von Stephan Bocskay. Dieser Aufstand verursachte eine Kettenreaktion im ganzen Reich, die die Beziehungen zwischen Katholiken und Protestanten noch verschlechterte und die Kompromißpolitik des Kaisers zu Fall brachte.

Auf dem Gemälde von Aachen wird aber noch der Sieg gefeiert. Das gefesselte Weib stellt, wie Larsson erwähnt (1967, S. 41), eine Allegorie der Furore oder Discordia dar, sie erinnert an die Verwirrungen und die Kämpfe in Siebenbürgen, die der offiziellen Propaganda nach durch den Sieg der kaiserlichen Truppen beendet wurden. Den triumphierenden Kaiserlichen auf der rechten Seite stehen die sitzenden Türken und ihre siebenbürgischen Anhänger gegenüber, welche die Niederlage beklagen. Die bühnenartige Anordnung der Szene gestattet uns die Hypothese, ob das Bild nicht jenes Ereignis darstelle, welches G. Buchner in seinem Aquarellbuch erwähnt. Die Fahnen wurden »ufs keyserliche Schloß gebracht, ihro kays. Mayt. ufen platz, durch Verordnete personen offenlich presentiert und vorgetragen würdten über solcher Victoria Ihr. Kay. Mayt. undt menniglich erfreuet und gott vor solche glügkliche Victoria gedancket haben«. E. F.

Wien, Kunsthistorisches Museum, Inv. Nr. 1961 (ausgestellt im Heeresgeschichtlichen Museum)

HANS VON AACHEN
Köln 1551/52–Prag 1615

104 Allegorie auf die Türkenkriege
Die Eroberung von Stuhlweißenburg
1602–1604

Öl auf Pergament, auf Leinwand aufgezogen; 34 × 42 cm
Herkunft: Kunstkammer Rudolfs II.
Literatur: Peltzer 1911/12, S. 128, 163; Ludwig 1978, S. 66–71, Abb. 24, 28; DaCosta Kaufmann 1985, S. 199, Abb. 1–53

Das kaiserliche Heer hatte im September 1601 Stuhlweißenburg erobert. Dieser Sieg wurde mit dem gleichen Pomp gefeiert wie die Eroberung Raabs: Hatte man doch eine Stadt befreit, die in der Geschichte Ungarns eine der ehrenvollsten Rollen spielte. Im Mittelalter war es die Residenz der ungarischen Könige, der Krönungsort, der auch die königlichen Insignien bewahrte. Die Rückkehr dieser Stadt in die christlichen Hände wurde auf verschiedenen Medaillen und Plaketten als Symbol der Wiederkehr Ungarns in den Schoß des Reiches gefeiert (Vocelka 1981, S. 53–55). Deswegen durfte der Sieg auch im allegorischen Zyklus des Hans von Aachen nicht fehlen.

Im Vordergrund der Szene stehen sich zwei Welten gegenüber, die wir als Okzident und Orient bezeichnen könnten. Rechts thront die vom kaiserlichen Adler gekrönte Hungaria und erhebt den Blick zu ihrem symbolischen Retter, Rudolf II., der als römischer Kriegsherr dargestellt ist, als Friedensstifter und Bezwinger des Halbmondes. Links sitzt ein vornehmer Türke, vielleicht der neuernannte Oberbefehlshaber Großwesir Hasan, der mit seinem Kriegsvolk zu spät gekommen ist, um der Festungsbesatzung zu helfen. Die kniende Frau vor ihm symbolisiert wahrscheinlich ›Turchia‹, die ihre Krone abnehmen mußte. Die nackte Gestalt, über der zwei Tauben als Symbole des Friedens und die Fahne mit dem Reichsadler zu sehen sind, ist die Allegorie der Wahrheit. Sie nimmt dem türkischen Oberbefehlshaber das Symbol seiner Macht – den Pusikan – ab. Das Christentum triumphiert also über das Heidentum, und dieser Sieg ist noch durch die Szene in den Wolken betont, wo die Jungfrau Maria als Königin des Himmels Hungaria krönt. Diese Szene ist auf Blatt 8 des Dresdner Buches (siehe Kat. Nr. 182) wiedergegeben. E. F.

Wien, Kunsthistorisches Museum, Inv. Nr. 5842 (ausgestellt im Heeresgeschichtlichen Museum)

HANS VON AACHEN
Köln 1551/52–Prag 1615

105 Kaiser Rudolf II.
Um 1606–1608

Öl auf Leinwand; 60 × 48 cm
Herkunft: Wahrscheinlich aus der Galerie Rudolfs II.
Ausstellungen: Nürnberg 1952, Nr. K 14; Salzburg, 1986, Nr. 183
Literatur: Peltzer 1911/12, S. 115, 161, Abb. XII; An der Heiden 1970, S. 194/195, Abb. 132; DaCosta Kaufmann 1985, S. 200, Abb. 1–59

Enge und wahrhaft freundschaftliche Beziehungen Rudolfs II. zu Hans von Aachen, bestätigt durch verschiedene schriftliche Zeitdokumente, zeigen sich auch in den Porträts des Kaisers. Der Maler kannte den zu Porträtierenden vertraulich und war fähig, ein glaubwürdiges Zeugnis von der physischen Gestalt wie auch von der Seele Rudolfs II. abzulegen. Zu jedem offiziellen Bildnis hat Aachen eine Studie vorbereitet, die als Vorlage für die repräsentative Ausführung diente. Ein solches Porträtpaar kennen wir z. B. von Aachens Aufenthalt in München in der Halbfigur Wilhelms V. von Bayern (München, Residenzmuseum, Inv. Nr. G. 812) und im Ganzfigurenbildnis des Herzogs aus dem Bayerischen Nationalmuseum (Inv. Nr. R 6650).

Obwohl Aachen den Kaiser mehrmals und zu verschiedenen Zeiten seines Lebens porträtierte, ist nur ein Bildnis erhalten geblieben, von dem wir annehmen dürfen, daß es nach dem sitzenden Modell entstanden ist: das *Porträt Rudolfs II.* aus Wien. Der Maler vermeidet jede Idealisierung und Stilisierung in der Wiedergabe der Gesichtszüge des Kaisers. Dem Zuschauer bleibt nichts verborgen: die tiefen Falten um die Augen, das auffallend hervortretende Kinn, der unfügsame Bart, der traurige, aber empfängliche Blick. Rudolf II. ist auf diesem Bild älter als auf seinem *Porträt mit der Reichskrone* (siehe Kat. Nr. 98). Er nähert sich der Abbildung auf dem Dreiviertelbildnis von A. Sadeler, das 1609 datiert ist (auf dem Exemplar des Stiches aus Wien, auf dem das Datum 1604 steht, handelt es sich vielleicht um einen Fehler beim Radieren, der nach Probeabdruck korrigiert wurde). Man kann also voraussetzen, daß das Wiener Bild kurz davor entstanden ist. E. F.

Wien, Kunsthistorisches Museum, Gemäldegalerie, Inv. Nr. 6438

105

HANS VON AACHEN
Köln 1551/52–Prag 1615

106 Kaiser Matthias als König von Böhmen
Um 1612 *Ft. 16, S. 200*

Öl auf Leinwand; 184,5 × 116,5 cm
Herkunft: Alter habsburgischer Besitz, 1894 aus Wien nach Prag
Literatur: Peltzer 1911/12, S. 142/43, 162, Abb. XX; Neumann 1966, S. 80–83, Abb. auf S. 81, 82, An der Heiden 1970, S. 203–04, Abb. 141; DaCosta Kaufmann 1985, S. 207, Abb. 1–82

Nach dem Tode Rudolfs II. blieb Aachen als Hofporträtist in den Diensten des Kaisers Matthias. Seine ganze Werkstatt beteiligte sich also weiter an der Anfertigung offizieller Porträts, wobei der Meister, wie oben erwähnt (siehe Kat. Nr. 98), selbst nur an bedeutenden Aufträgen Hand anlegte. Dies war offensichtlich der Fall bei dem *Bildnis des Kaisers Matthias* in der Prager Burggalerie. Obwohl Aachen hier nur den Kopf und die Schlußbehandlung der Oberfläche ausführte, ist dieses Porträt besonders wichtig. Es ist wahrscheinlich eine der ersten Abbildungen des neuen Herrschers. Die etwas kuriose Verbindung der ungarischen Bekleidung des Dargestellten mit der böhmischen Krone und dem Zepter (der Apfel fehlt) scheint sogar anzudeuten, daß es sich um ein Bildnis handelt, welches noch vor der Krönung Matthias' zum Römischen Kaiser entstanden ist, aber an seine ungarische und böhmische Würde erinnert.

Man kann aber dieses Gemälde nicht mit einer Rechnung in Beziehung setzen, die schon Peltzer (1911/12, S. 142) erwähnt und nach der Matthias mit dem böhmischen Krönungsornat abgebildet ist. Diese Beschreibung entspricht vollkommen dem erhaltenen Bild aus dem Kunsthistorischen Museum in Wien, heute in der Schatzkammer ausgestellt (Inv. Nr. 3204), welches zur gleichen Zeit, 1612, vielleicht etwas später, ebenfalls in Aachens Werkstatt entstanden ist. E. F.

Prag, Burggalerie, Inv. Nr. 0304

107

HANS VON AACHEN
Köln 1551/52–Prag 1615

107 Kuppelei-Szene
1605–1610

Öl auf Holz; 114 × 130 cm (oben und unten spätere Zugaben)
Herkunft: Galerie Rudolfs II.
Literatur: Peltzer 1911/12, S. 136, 161, Abb. 65; An der Heiden 1970, S. 165; DaCosta Kaufmann 1985, S. 192–93, Abb. 1–34

Im Schaffen der älteren deutschen und niederländischen Maler haben Hans von Aachen vor allem solche Werke gefesselt, die gröbere, volkstümliche Typen darstellten – Genreszenen in Schenken, Verführungen, zechende Gesellschaften. Er malte dann mehrere Bilder nach diesen Inspirationen. Im *Ungleichen Paar* (Moskau, Privatsammlung) hat er sich noch relativ stark an die Cranach-Vorlage gehalten, zwar nicht in der Malweise, aber im Versuch, die Puppenhaftigkeit zu wiederholen. Im *Lachenden Bauern* (ehemals im Schloß Nelahozeves, ČSSR, ausgestellt, verschollen) hat er schon ganz frei den Einfluß von Hemessen und Jan Massys verarbeitet. Als Inspirationsquellen für seine Kuppelei-Szenen dienten zwei Bilder, die dem Kaiser gehörten und heute im Nationalmuseum in Stockholm aufbewahrt sind: *Die Bezahlung* von Lucas Cranach (Inv. Nr. 258) und *Ungleiches Paar* von Jan Massys (Inv. Nr. 508). Das besterhaltene und auch im Detail reichste Aachen-Gemälde dieses Themas ist das hier ausgestellte Exemplar.

Aus Cranachs Bild ist das Grundschema der Komposition übernommen. Die zwei Figuren von Cranach hat Aachen durch drei von Massys inspirierte Gestalten ersetzt. In einer Vorzeichnung (Köln, Wallraf-Richartz-Museum, Inv. Nr. 1957/4) hat er noch dieselbe Verteilung behalten: der Alte inmitten von Frauen. Massys macht in seinem Bild auf die Käuflichkeit und Lächerlichkeit dieser Liebe durch verschiedene Anspielungen aufmerksam. Aachen drückt sich in der Zeichnung ganz eindeutig aus: Das Mädchen kümmert sich um den Greis, das alte Weib um das Geld in dessen Beutel. In den Bildversionen hat sich Aachen mehr der Fassung von Cranach angenähert. Die Szene spielt nicht im Bordell, sondern im reichen Haus, die Gunst des Mädchen wird durch prächtige Geschenke erkauft. So erscheinen auf Aachens Bild herrlich gemalte Details wie Obstschale, Uhr, Schmuck, Glas, Krug usw.

Das Linzer Bild wurde zweifellos für den Kaiser gemalt, seine Variante, einfacher im Detail (Karlsruhe, Staatliche Kunsthalle, Inv. Nr. 162) war wahrscheinlich für einen anderen Auftraggeber bestimmt. Sie sollte zuerst dieselbe Komposition wiederholen, dann hat sie Aachen selbst übermalt. Der Greis und das alte Weib haben ihre Stelle gewechselt. Weil dieses Bild zugänglicher war als jenes aus den kaiserlichen Sammlungen, wurde seine Komposition mehrmals kopiert.

Beide Kuppelei-Szenen gehören in das Spätwerk Aachens, sind zwischen 1605–1610 entstanden. E. F.

Linz, Oberösterreichisches Landesmuseum, Inv. Nr. L 568 (Dauerleihgabe des Kunsthistorischen Museums Wien, Inv. Nr. 1129)

HANS VON AACHEN
Köln 1551/52 – Prag 1615

108 Bildnis eines Mädchens (Tochter des Künstlers?)
Um 1612 *Ft. 17, S. 201*

Öl auf Leinwand; 51,3 × 38 cm
Herkunft: Seit 1685 in den Inventaren der Prager Burg
Literatur: Neumann 1966, S. 83–86, Abb. auf S. 84; An der Heiden 1970, S. 202–03, Abb. 139; DaCosta Kaufmann 1985, S. 205, Abb. 1–75

Aachens *Bildnis eines Mädchens* gehört vielleicht zum Interessantesten, was je in der Porträtmalerei entstanden ist. Diese gefühlvolle Studie eines sicher nicht schönen, aber doch lieblichen Geschöpfes spricht für eine enge, intime Beziehung des Malers zu seinem Modell. Die Ähnlichkeit des Mädchenantlitzes mit den Porträts der Frau Aachens scheint anzudeuten, daß es sich um die Tochter des Künstlers handelt. Als Unterstützung dieser Hypothese lassen sich noch weitere Tatsachen finden, z. B. daß Aachen oft auch seinen Sohn als Modell benutzt hat. Es ist zwar kein selbständiges Bildnis von ihm erhalten, doch können wir das Wachsen und die Wandlungen der Gestalt des Erstgeborenen des Malers in verschiedenen mythologischen Bildern Aachens verfolgen (siehe Kat. Nr. 93, 95).

Das Bild ist aufgrund der Stilanalyse als Spätwerk des Malers anzusehen. Dies kann man auch dank einer Zeichnung bestätigen, die dasselbe Modell in etwa seitenverkehrter Pose darstellt und durch die Inschrift als Werk von Melchior Gortzius, genannt Geldorp, bezeichnet ist. Das Blatt trägt das Datum 1612. Wir können vermuten, daß es gleichzeitig mit dem Gemälde Aachens in dessen Atelier entstanden ist, wo der sogenannte Geldorp zu Besuch, oder eher als Lehrjunge weilte, da seine Zeichnung ein Frühwerk zu sein scheint (London, Witt Collection, Inv. Nr. 4577). Vielleicht stammte er aus der Familie des bekannten Kölner Malers Geldorp Gortzius. Es wäre dann eine der wenigen Beziehungen des Hans von Aachen zu seiner Geburtsstadt, eine um so merkwürdigere, da Geldorp in Köln offensichtlich Aachens Rivale war. E. F.

Prag, Burggalerie, Inv. Nr. 0138

109

HANS VON AACHEN
Köln 1551/52–Prag 1615

109 Johannes Kepler
Kurz vor 1612

Öl auf Leinwand; 51,5 × 38,5 cm
Herkunft: Aus dem Besitz der Familie Kolowrat
Literatur: Oberhuber 1958, S. 238 als Spranger?; Zdeněk Horský, Kepler v Praze, Prag 1980, Abb. S. 129; DaCosta Kaufmann 1985, S. 294, Abb. 20–20 als Spranger

Dieses Porträt wurde in der Kolowratschen Sammlung für das Werk von Bartholomäus Spranger gehalten und soll Albrecht Liebstein von Kolowrat darstellen. Beide Angaben sind aber falsch. Wie der Vergleich mit den erhaltenen Bildnissen (z. B. der Kupferstich von Jacob Heyden, Titelblatt des Buches ›Tabullae rudolphinae‹) bestätigt, handelt es sich um ein Porträt des berühmten Mathematikers und Astronomen Rudolfs II., Johannes Kepler. Die weiche, pastose und fließende Malweise spricht eindeutig dafür, daß es kein Werk Sprangers, sondern des Hans von Aachen ist. Am nächsten stehen ihm das *Selbstbildnis des Malers* (siehe Kat. Nr. 92) und sein *Porträt Bartholomäus Sprangers* aus Florenz (Uffizi, Inv. Nr. 18–90). Keplers Bildnis ist aber später entstanden, höchstwahrscheinlich kurz bevor der Astronom 1612 Prag verlassen hat. E. F.

Rychnov nad Kněžnou (Reichenau ČSSR), Schloßgalerie

110

HANS VON AACHEN
Köln 1551/52 – Prag 1615

110 Die Verkündigung
1613 *Ft. 18, S. 202*

Öl auf Leinwand; 237 × 177 cm
Herkunft: Ursprünglich als Altar, gestiftet von Johann Barvitius 1613, in der Salvator-Kirche in Prag
Literatur: Neumann 1956, S. 119–132; DaCosta Kaufmann 1985, S. 206, Abb. 1–79

1613 hat Johannes Barvitius, Geheimsekretär Rudolfs II. der Salvator-Kirche in Prag einen der Verkündigung geweihten Altar gestiftet. Nur wenige Stücke der ursprünglichen Ausstattung dieser Kirche sind erhalten geblieben, darunter glücklicherweise dieses Gemälde von Hans von Aachen. Bis Ende des 18. Jahrhunderts blieb es *in situ* und wurde von Kunstliebhabern sehr bewundert. Danach hat die *Verkündigung* die Räume des Erzbischöflichen Seminars geschmückt, bis sie 1953 in die ehemalige Jesuitenkirche in Leitmeritz gelangte. Dort hat man das Bild wiederentdeckt und als Werk Hans von Aachens identifiziert.

Das Datum der Widmung von Barvitius, das bisher unbeachtet blieb, bestätigt nur die Datierung des Bildes: Es ist eines der spätesten erhaltenen Gemälde Aachens und zugleich eines der wichtigsten in seinem Œuvre. Die Verkündigung als Thema hat Aachen mehrmals bearbeitet. Drei graphische Blätter nach seinen Vorlagen, gestochen von Aegidius Sadeler, Lucas Kilian und Crispin van den Passe und ein Bild (München, Bayerische Staatsgemäldesammlungen, Inv. Nr. 1244; ausgestellt in Schleißheim, dat. 1605) sind Varianten derselben Komposition. Die Madonna dreht sich heftig vom Gebetpult in die Mitte des Bildes, damit sie die Ankunft des Erzengels Gabriel mit der Botschaft Gottes sehen kann. Die auffallende Geste der Engelshand läßt Maria erkennen, daß er vom Himmel kommt. Zwei ein wenig aus der vertikalen Achse abweichende Spiralen haben die Bewegung beider Figuren in Schwung gebracht und dadurch die typisch spätmanieristische Komposition geschaffen, die das Dramatische der Szene, das Moment der Überraschung betonen wollte.

Das fünfte Bild dieses Themas, die Prager *Verkündigung,* ist anderer Herkunft. Es zeigt die Anregungen, die Aachen von seinen italienischen Reisen nach Prag mitgebracht hat: Einflüsse der Werke von Carracci, Caravaggio und anderen Zeitgenossen. Zwei gewaltige, ruhige Figuren beherrschen die ganze Fläche des Bildes, aus dem dunklen Hintergrund treten nur wenige durch scharfes Licht betonte Formen hervor. Maria läßt kaum erkennen, daß sie den Besuch des Engels bemerkt. Die himmlische Erscheinung schaut sie in ergebener Bewunderung an, doch verläuft zwischen beiden Gestalten ein stiller mystischer Dialog. Dieses Gemälde Aachens ist als eine der ersten Äußerungen neuer Religiosität in der mitteleuropäischen Kunst anzusehen, die auch neue Ausdruckmittel erforderte. E. F.

Prag, Nationalgalerie, Inv. Nr. VO 272 (Dauerleihgabe der Theologischen Fakultät des Cyril und Method in Leitmeritz)

GIUSEPPE ARCIMBOLDO
Mailand 1527 – Mailand 1593

111 Kaiser Rudolf II. als Vertumnus
Um 1591 *Ft. 19, S. 203*

Öl auf Holz; 70,5 × 57,5 cm
Herkunft: Prag 1621, Nr. 1062; Prag 1635 Nr. 582; Königsmarck 1648 Nr. 318 (?)
Ausstellungen: Bordeaux 1957; Stockholm 1966, Kat. Nr. 1274; München 1980, Kat. Nr. 479; Venedig 1987, S. 103, 164–65
Literatur: Granberg 1911, Nr. 322; Granberg 1929, S. 100, 129; Legrand und Sluys, 1955,

S. 56, Nr. 18; Alfons 1957, S. 134ff.; Kaufmann, 1978, S. 99–102; Kaufmann, 1985, Nr. 2–22

Diesem Gemälde – ebenso wie *Flora* nach Arcimboldos Rückkehr im Jahre 1587 nach Mailand entstanden – war wahrscheinlich ein Gedicht des Mailänder Dichters Gregorio Comanini beigefügt. Aus diesem Gedicht (in *Il Figino*, overo del fine della pittura, Mantua 1591) geht hervor, daß das Gemälde als Doppelporträt Vertumnus / Rudolf II. anzusehen ist. Vertumnus war der Gott der Veränderung, vor allem in der Natur. Sein Name wird von *vertere* = verwandeln, tauschen, abgeleitet. Arcimboldo, ein sehr gebildeter Künstler, holte sich die Anregung für sein Bild wohl bei dem klassischen Schriftsteller Properz (nach S. Alfons). Dieser charakterisiert Vertumnus in einem Poem, genannt *Vertumnus*, als den Gott, der über das ganze Jahr herrscht, *annus vertens*. Vertumnus ist auch Symbol für die menschliche Unbeständigkeit, und das wiederum deutet ebenfalls auf Rudolf II. hin.

Das Vertumnus-Porträt ist aus verschiedenen Obst-, Gemüse- und Getreidesorten zusammengesetzt. Das Haar besteht aus Getreideähren, Hirse und Trauben, eine Melone deutet die Stirn an, Apfel und Pfirsich die Wangen, Kirschen und Maulbeeren die Augen, Nüsse und Kastanien bilden den Bart. Das Bild kann auch, wie DaCosta Kaufmann gezeigt hat, im Zusammenhang mit einem Zyklus von jahreszeitlichen Darstellungen und einer Serie von Elemente-Bildern gesehen werden; Gemälde, die Arcimboldo für Maximilian II. gemalt hat – als Sinnbilder für die Allmacht des Kaisers.

Das Porträt Rudolfs II. sollte der Höhepunkt in der Bildwelt *Die Jahreszeiten* und *Die Elemente* sein, eine Verherrlichung des Kaisers als Gott der Jahreszeiten. Er vereinigt in dessen Gestalt die Jahreszeiten und stellt damit die Wiederkunft des Goldenen Zeitalters dar, eines oft erwähnten Traums in der königlichen Propaganda. G. C. B.

Schweden, Schloß Skokloster, Inv. Nr. 11615

GIUSEPPE ARCIMBOLDO
Mailand 1527 – Mailand 1593

112 Der Winter
1563 *Ft. 20, S. 204*

Öl auf Holz; 66,5 × 50,5 cm
Bezeichnet unten rechts: GIUSEPPE ARCIMBOLDO F. Datum und Titel auf der Rückseite: 1563 Hjems

111

Herkunft: Prag 1921, Nr. 901; Königsmarck 1648, Nr. 185
Ausstellung: Venedig 1987, S. 106
Literatur: Legrands und Sluys 1955, S. 50, Nr. 2; Alfons 1957, S. 35–36

Der Winter beschließt die Serie der *Vier Jahreszeiten*, die Arcimboldo für Kaiser Maximilian II. ausführte. Diese Jahreszeit stellt er als alten groben Baumstamm dar. Äste mit eingeflochtenem Efeu bilden das Haar, ein Pilz die Lippen; die Gestalt ist mit Binsengeflecht ummantelt; der Anfangsbuchstabe M auf dem Kragen deutet auf den Kaiser hin; Orange und Zitrone sind Vorboten des Sommers.

Man sah Parallelen zwischen der Natur und dem politischen und geistigen Leben. Für die Römer war der Winter der Beginn des Jahres, *caput anni* genannt. In diesem Gemälde ist Maximilian als *caput der Welt* zu deuten (s. auch Alfons, Preiss und Evans). Die Jahreszeiten bilden nach einer These Aristoteles' zusammen mit den Elementen die Übereinstimmung von Mikrokosmos und Makrokosmos. Der Kaiser herrscht über den Staat, über die Menschen, also über den Mikrokosmos. Er herrscht ebenfalls über das Jahr und somit über die Jahreszeiten, die mit den Elementen verbunden sind und ihre Symbole teilen; der Sommer ist heiß und trocken wie das Feuer, der Winter kalt und naß wie das Wasser usw. Die Welt besteht aus den Elementen, und wer die Elemente beherrscht, beherrscht die Welt. Die vier Jahreszeiten kehren jedes Jahr wieder und repräsentieren so die ewige Ordnung der Natur. Aus dieser Sicht resultierte die Einstellung, daß auch das habsburgische Heilige Römische Reich auf ewig bestehen bleibe. G. C. B.

Wien, Kunsthistorisches Museum, Gemäldegalerie, Inv. Nr. 1590

GIUSEPPE ARCIMBOLDO
Mailand 1527 – Mailand 1593

113 Das Wasser
1566 *Ft. 21, S. 205*

Öl auf Holz; 66,5 × 50,5
Bezeichnet auf der Rückseite: Aqua
Ausstellungen: Venedig 1987, S. 94/95, 96/97
Literatur: Legrands und Sluys 1955, S. 51, Nr. 3; Alfons 1957, S.48/49; Kaufmann 1985, Nr. 2–4

Dieses Bild gehört zur Serie *Die vier Elemente,* die für Kaiser Maximilian II. ausgeführt wurden. Von den ursprünglichen vier Bildern existieren nur noch zwei in Wien, nämlich *Feuer* und *Wasser.*

Der Kopf ist aus verschiedenen Wassertieren zusammengesetzt: die Augenbrauen bestehen aus einem Meereskrebs, der Mund aus einem Haifischmaul. Die einzelnen Tierformen sind sehr naturgetreu wiedergegeben. (Eine eingehende Beschreibung aller Schalentiere und Fische mit ihrem lateinischen Namen s. Ausstellungskatalog Venedig, 1987, S. 96/97). Durch die Krone wird auf den Kaiser verwiesen. Das *Wasser* gab Anlaß zu einer großen Anzahl von Kopien, u. a. eine heute im Louvre Paris.

G. C. B.

Wien, Kunsthistorisches Museum, Gemäldegalerie, Inv. Nr. 1586

113

GIUSEPPE ARCIMBOLDO
Mailand 1527 – Mailand 1593

114 Die Schüssel – Der Koch (Tête réversible)
Um 1570 *Ft. 22, S. 206*

Öl auf Holz; 52,5 × 41 cm
Herkunft: Prag 1621, Nr. 1083 (?); Königsmarck 1648, Nr. 331 (?); Sammlung Finspång
Ausstellungen: Stockholm 1966, Nr. 1273; Venedig 1987 S. 116, 119
Literatur: Granberg 1911, I, Nr. 323; Legrand und Sluys 1955, S. 56, Nr. 19; Alfons 1957, S. 152; Kaufmann 1985, Nr. 2–18

Wenn man das Gemälde, das zwei Hände, die den Deckel eines Fleischtopfs heben, um 180° dreht, so erkennt man einen grotesken Männerkopf. Das Bild ist mit gewissen Zweifeln Arcimboldo zuzuschreiben. Granberg nannte es *Der Koch,* weil er in diesem Bild das von Lomazzo erwähnte *Cucina* sehen wollte. Arcimboldos Cucina-Kompositionen sind jedoch, wie man auf den erhaltenen Kupferstichen sehen kann, damit nicht identisch. Weder bei Lamazzo noch bei Comanini – die sich eingehend mit dem Werk Arcimboldos beschäftigt haben – gibt es irgendeinen Hinweis darauf, daß der Künstler Gemälde schuf, die durch Drehen eine andere Bedeutung bekommen. Es besteht jedoch kein Zweifel, daß das Gemälde aus Prag kommt. In dem Inventar von 1621 ist »eine Kopfwechselung« verzeichnet, jedoch ohne Nennung des Namens, wie es bei den anderen Gemälden Arcimboldos üblich ist.

Wahrscheinlich versteckt sich hinter dieser Gestalt die Anspielung auf eine Persönlichkeit am kaiserlichen Hofe. Der Inhaber des höchsten Amtes am Hofe mit dem Titel *truchsess* hatte die oberste Aufsicht über den Hofstaat und die Verwaltung. Außerdem war er verantwortlich für die kaiserliche Tafel und die Bedienung bei Tisch. In dieser Eigenschaft trug er die Titel *regiae mensae praepositus, princeps coquorum, infertor, dapifer* und *discoforus,*d. h. Aufseher der königlichen Tafel, Oberhaupt der Köche und der Träger der Mahlzeiten.

G.C.B.

Stockholm, Privatbesitz

GIOVANNI CONTARINI
Venedig (?) um 1548/49–Venedig um 1604

115 Sturz Saturns
Vermutlich 1580er Jahre *Ft. 23, S. 207*

Öl auf Leinwand; 225 × 155 cm
Herkunft: Gemäldesammlung der Prager Burg, seit 1685 dort nachgewiesen
Ausstellungen: 1961 Schloß Opočno; seit 1981 (?) in der Gemäldegalerie der Prager Burg ausgestellt
Literatur: Zimmer 1988

Der Titel des in seiner mehrschichtigen poetischen Ikonographie noch unerschlossenen Gemäldes orientiert sich an der aufgrund ihres Figurentypus sicher benennbaren Gestalt des Chronos (Saturn) und meint den Sturz Saturns in den Tartarus im Sinne einer Historie aus der antiken Götterwelt nach Ovid, Metam. I, 113, dem das sogenannte Silberne Zeitalter folgt. Die Darstellung verwendet diese Historie offenbar aber in einem spezielleren, allegorischen Sinn. Im Zentrum des Bildes stürzt, Rücken an Rücken mit Saturn, Fama in die Tiefe. Die eine der oben im Bild nach links schwebenden weiblichen Gestalten (Tugenden?) ist aufgrund der von ihr gehaltenen Waage als Gerechtigkeit deutbar; die andere als Veritas (?). Der Eintrag im Inventar bringt die übrigen Figuren mit Zeus (links unten), Wächter des Olymp (männliche Figur mit Schlüssel rechts) und Zerberus (am unteren Bildrand) in Verbindung. Die stürzende weibliche Figur rechts ist durch kein Attribut gekennzeichnet. Wahrscheinlich hat der Maler einen philosophisch-poetischen concetto – möglicherweise mit politischer Aussage – dargestellt, den Anbruch eines (bestimmten?) neuen Zeitalters. Sollte der Bildinhalt wirklich ›rudolfinisch‹ sein, würde er zu den bedeutsamsten der frühen Regierungszeit des Kaisers gehören.

Es ist erkennbar, daß der Maler mit dem anspruchsvollen Konzept nicht gerade in genialer Weise umgegangen ist, dennoch mangelt es der Darstellung nicht ganz an Schwung und großzügigen Lichteffekten. Bislang ist nur der Kunstkreis umschrieben worden, dem das Bild offenbar angehört: Sein Radius reicht von Joseph Heintz d. Ä. und Hans Rottenhammer bis hin zu einem (unbekannten) italianisierenden Niederländer des frühen 17. Jahrhunderts und einem (ebenfalls unbekannten) venezianischen Maler eben jener Zeit. Die hier getroffene Zuweisung an Giovanni Contarini, dessen Aufenthalt am Prager Kaiserhofe in den 80er Jahren viele Kunstschriftsteller seit Ridolfi (1648) bezeugen, ist stilkritisch begründet (s. Literatur), die venezianische Herkunft des Malers aus dem Kreis um Tintoretto und Palma Giovane ist evident. Ein verwandtes ikonologisches Konzept, wenn auch in ganz verschiedenem Sinne, verfolgt ein Domenico Tintoretto, auch Giovanni Pietro de Pomis zugeschriebenes Gemälde in Madrid (Prado Nr. 387), von dem eine verwandte Fassung im Museum von St. Louis aufbewahrt wird. De Pomis hat den concetto des stürzenden Paares in anderem Sinne in seinem Gemälde *Erzherzog Ferdinand als Gegenreformator* (Graz, Landesmuseum Johanneum Nr. 273) verwendet, die Gestalt der Minerva verbindet es mit den Darstellungen in Madrid und St. Louis. In Graz wird dem Akt des Gegenreformators offenbar mit der Felicità pubblica (im Sinne von Ripa [8]1630, S. 246) ein politischer Sinn gegeben. Das Prager Bild Contarinis und das Grazer von De Pomis würden es ermöglichen, bestimmte ikonographische Grundkonzepte des rudolfinischen Hofes von denen des gegenreformatorischen Grazer Hofes abzusetzen, falls sicher wäre, daß Contarinis Bild für und im Sinne Rudolfs II. gemalt wurde. J. Z.

Prag, Burggalerie, Inv. Nr. OPH 124

DANIEL FRÖSCHL
Augsburg 1573 – Prag 1613

116 Merkurius – Psyche
Allegorie des Friedens *Ft. 24, S. 208*

Aquarell und Deckfarben auf Pergament; 13,4 × 8,6 cm
Bezeichnet unten rechts in Gold: D F
Literatur: Bauer 1976, S. XXII, Anm. 41; Kaufmann 1985, Nr. 3–5; Vignau-Wilberg 1986, S. 112

Das Thema Merkur, der Psyche zum Olymp führt, war sehr beliebt in der rudolfinischen Kunst. In diesem Bild wurde das Motiv vom Künstler für eine Friedensallegorie verwandt, die wahrscheinlich im Zusammenhang mit der Beendigung des Türkenkrieges 1606 steht. Dafür spricht u. a. der Olivenzweig, den Psyche in der Hand hält und die unter dem schwebenden Paar zu erkennende Ansicht von Prag.
G. C. B.

Wien, Kunsthistorisches Museum, Sammlung für Plastik und Kunstgewerbe, Inv. Nr. 6645

DANIEL FRÖSCHL
Augsburg 1573 – Prag 1613

117 Madonna mit Kind und Dürerporträt

Aquarell auf Pergament; 42 × 31 cm
Falsche Datierung 1484
Bezeichnet auf der Rückseite: Von Daniel freschel
Herkunft: Prag 1619, Nr. 127 (als Dürer)
Literatur: Fučíková 1972, S. 150–151; Kaufmann 1985, Nr. 3–2

Fröschl waren Dürerzeichnungen, die Bestandteil der kaiserlichen Sammlung waren, wohlbekannt. Der hier vorliegenden Komposition diente eine Zeichnung Dürers von 1512 als Vorlage, der als erster sein Porträt anstelle einer Signatur in den unteren rechten Rand einsetzte.
G. C. B.

Wien, Kunsthistorisches Museum, Gemäldegalerie, Inv. Nr. 1932

DANIEL FRÖSCHL
Augsburg 1573 – Prag 1613

118 Madonna mit der Weintraube

Öl auf Holz; 52 × 40 cm
Literatur: Fučíková 1972, S. 155; Kaufmann 1985, Nr. 3–7

In seiner Komposition geht Fröschl von Dürers *Madonna mit der Weintraube* aus, die sich ebenfalls in Rudolfs Sammlung befand. Fröschl gelingt es in diesem Gemälde meisterhaft, die Vorlage mit seinem eigenen Formen- und Gedankengut zu verbinden. Das lieblichere Gesicht der Madonna, die weichen, fließenden Formen von Haar und Gewand, die sehr glatte Oberflächenbehandlung sind typische Charakteristika des Meisters. Dieses Bild strahlt eine große Intimität aus. G. C. B.

Prag, Loretokloster

117

118

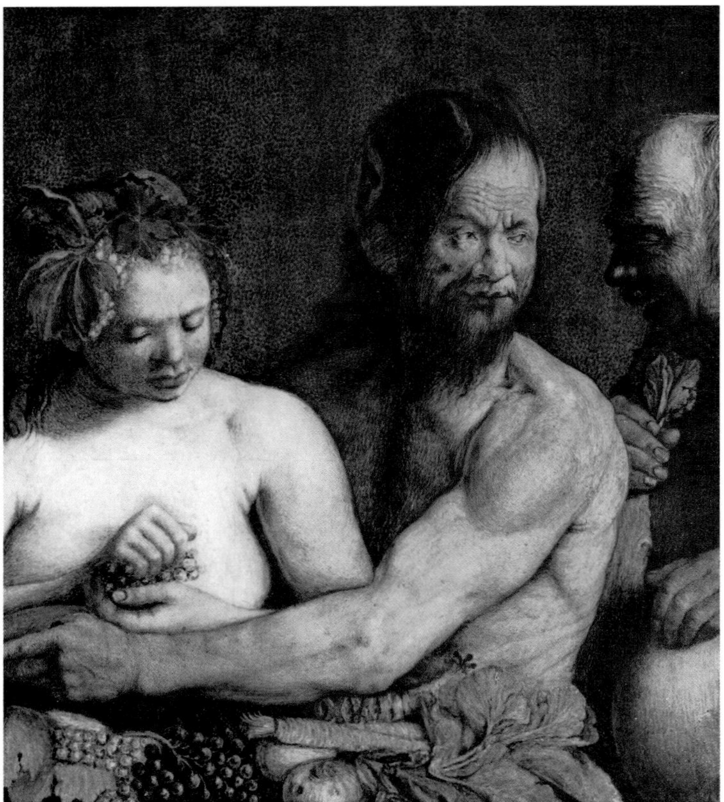

119

120

DANIEL FRÖSCHL
Augsburg 1573 – Prag 1613

119 Satyr mit Bacchantin und altem Mann
Um 1599–1605

Gouache und Aquarell auf Pergament; 14,2 × 12,2 cm
Herkunft: J. Hlávka Codkázal SVPU 25. 1. 1904
Ausstellungen: Prag 1978, Nr. 10
Literatur: Fučíková 1967, S. 151; Kaufmann 1985, Nr. 3–3

Die wahrscheinlich in der Zeit zwischen 1599 und 1605 entstandene Gouache wurde zum ersten Male 1967 von Elíska Fučíková veröffentlicht. Sie weist darauf hin, daß es sich bei diesem Blatt um eine Kopie Fröschls handelt. Die eindeutig sichtbare quadratische Einteilung des Blattes ist ebenso atypisch für ihn wie die etwas grob modellierten Figuren. Sie deuten auf einen flämischen Maler als Vorbild hin. G. C. B.

Prag, Nationalgalerie, Inv. Nr. K. 4239

MATTHÄUS GUNDELACH
Kassel (?) um 1566 – Augsburg 1654

120 Anbetung der Hirten
Nach 1606

Öl auf Holz; 49,5 × 34,4 cm
Monogrammiert unten Mitte auf einem Stein: M. G.
Nach dem Kupferstich Jan Mullers von 1606 (Hollst. 13), dem ein Entwurf Bartholomäus Sprangers zugrundeliegt
Herkunft: 1912 in der Sammlung des Grafen Buquoy in Prag, 1945 aus Schloß Rosenberg (Rožmberk) in Südböhmen
Ausstellungen: Prag 1912 Nr. 44; Prag 1938 Nr. 981
Literatur: Bender 1981, S. 157f. Nr. GA 1 (mit der älteren Literatur); Kaufmann 1985, S. 221f. Nr. 5–1 mit Abb.

Gundelachs *Anbetung der Hirten* folgt bis in jede Einzelheit im Gegenständlichen einem Kupferstich im Format 59 × 43,2 cm, den Jan Muller im Jahre 1606 herausgegeben hat (B. 65) und dem laut Beschriftung ein Entwurf Bartholomäus Sprangers zugrundeliegt. Eine entsprechende Zeichnung Sprangers (?), die jedoch nicht die Vorlage für den Stich gewesen sein dürfte, hat sich in Wien erhalten (Albertina Inv. Nr. 13260). Auf Gundelachs Erfindung geht also wahrscheinlich nur die Farbigkeit zurück.

Vermutlich handelt es sich bei dem Gemälde um eine Auftragsarbeit. Stiche Mullers sind häufig in Gemälde umgesetzt worden; Bender erwähnt zwei weitere – abweichende – gemalte Kopien allein in Prag (Nationalgalerie, Inv. Nrn. 0 7380 und 0 1170, außerdem befindet sich die Komposition ins große Format umgesetzt als Altarblatt in Wiener Neustadt (Stadtpfarrkirche) in einem 1624 oder 1674 (nicht eindeutig lesbar) von Hans von Thurn erneuertem Retabelaufbau und in Naumburg (Wenzelskirche; s. Sibylle Harksen: Die Wenzelskirche in Naumburg. Berlin 1982, S. 21 mit Abb.). Eine weitere Fassung der erfolgreichen Komposition Sprangers befand sich 1986 im Pariser Kunsthandel (Ader Picard Tajan, Nouveau Drouot Paris, 15. 12. 1986 [Catalogue] Paris 1986, Nr. 150; Öl auf Holz, 63,5 × 44,5 cm).

Der Überlieferung nach gehörte zu dieser *Anbetung der Hirten* aus der Sammlung des Grafen Georg Karl von Buquoy in Rožmberk an der Moldau noch eine gleichformatige *Anbetung der Könige* – ebenfalls von Gundelach – in derselben Sammlung, die gegenwärtig als verschollen gelten muß (s. Bender 1981, S. 216 Nr. GC 17; der Eintrag bei Kaufmann 1985, S. 221 erweckt den Anschein, gerade die *Anbetung der Könige* sei das erhaltene Stück, oder beide seien erhalten).

Für die künstlerische Bildung Gundelachs, der sich schon früh, 1593, mit einer in Nürnberg erhaltenen Zeichnung (Kat. Nr. 203) als von Spranger abhängig gezeigt hatte, waren solche Arbeiten wie die *Anbetung der Hirten* besonders wichtig, zumal ein Italienaufenthalt oder ein solcher in den Niederlanden für ihn nicht bezeugt ist. J. Z.

Prag, Nationalgalerie, Inv. Nr. DO 4577

MATTHÄUS GUNDELACH
Kassel (?) um 1566–Augsburg 1654

121 Adam und Eva
1605–1612 *Ft. 25, S. 241*

Öl auf Kupfer; 28,8 × 24,3 cm
Literatur: Neumann 1978, S. 333; Die Kunst der Renaissance 1979, S. 209, Abb. 189; nicht bei Bender 1981; Kaufmann 1985, S. 222 Nr. 5–3 mit Abb.

Die Zuschreibung der kleinen, kostbaren Kupfertafel an Gundelach stammt von Jaromír Neumann, der sie 1978 veröffentlicht hat. Er hat damit sicherlich das Richtige getroffen: Die malerische Faktur und besonders physiognomische Charakteristika sind Merkmale der Hand Gundelachs. So leitet sich die auffallende Schrägstellung der Augen Adams von Joseph Heintz her, hier insbesondere von seinem traditionell *Venus und Adonis* genannten Bild im Wiener Kunsthistorischen Museum (s. Jürgen Zimmer: Joseph Heintz der Ältere als Maler. Weißenhorn 1971, S. 108 f. Nr. A 24 Abb. 62), das in Wirklichkeit wohl Jupiter und Kallisto darstellt und das Gundelach selbst kopiert hat; seine – offenbar aus der Prager Sammlung Nostiz stammende Version befand sich 1973 im Wiener Kunsthandel (Dorotheum, Kunstabteilung, Auktion 602 am 4.–7. 12. 1973 [Katalog] Wien 1973, S. 10 Nr. 58 Abb. 4 u. Taf. III; Jürgen Zimmer: Joseph Heintz der Ältere – Zeichnungen und Dokumente. München, Berlin 1988, Nr. E 16). Auch die leicht hervorquellend wirkenden Augen der Venus sind letzten Endes von Heintz abgeleitet, sie und der etwas stumpfnasige Frauentyp kommen bei Gundelach noch häufig vor; vgl. seine *Bathseba im Bade* von 1605 (Braunschweig, Herzog Anton Ulrich-Museum Inv. Nr. Z 294; Bender 1981, S. 237 f. Nr. ZA 2) oder *Venus und Mars* von 1612 (Geissler 1. 1979–80, S. 246 f. Nr. F 15 mit Abb.) in einer Göppinger Privatsammlung.

Es ist sicher nicht falsch, wenn man annimmt, Gundelach habe das Bild zwischen 1605 und 1612 gemalt; Kaufmann tendiert zu einer Datierung um 1609–1610.

Wie die oben angeführten Vergleichsbeispiele bereits zeigten, hat Gundelach – wie vorher schon Spranger und 1604 Daniel Fröschel (s. Kaufmann 1985, S. 218 Nr. 3–1) – das Sündenfall-Thema eher in der Art der Götterliebschaften komponiert und ins Bild gesetzt, und nicht auf die seit jeher traditionelle Weise, bei der das erste Menschenpaar stehend beim Baum der Erkenntnis gezeigt wird; Dürers berühmter Stich von 1504 ist das wohl prominenteste Beispiel aus dieser Tradition. Wenn Gundelach für seine Bildform auch keinen Nutzen aus der Komposition Dürers gezogen hat, so scheint er doch darauf anzuspielen: Im Vordergrund seines Bildchens tummeln sich zwei Hasen – einer zumindest ist auf fast allen Sündenfall-Darstellungen anwesend – der vordere, von hinten gesehene bei Gundelach ist jedoch eine deutliche Reminiszenz an Dürers Stich von 1504. J. Z.

Olomouc (Olmütz), Kreisgalerie, Inv. Nr. D 454

MATTHÄUS GUNDELACH
Kassel (?) um 1566–Augsburg 1654

122 Allegorie des Bergbaus oder der Erde
Vermutlich 1615–1625 *Ft. 26, S. 242*

Öl auf Leinwand; 133 × 83 cm
Bezeichnet unten rechts: M. GONDOLACH (eigenhändig?)
Vor 1889 in der Slg. Carl Ritter von Klinkosch, danach in der Slg. A. Spitzer und Matsvansky, alle in Wien; 1955 aus dem Wiener Kunsthandel von der Dortmunder Bergbau A. G. erworben und dem Dortmunder Museum übereignet
Ausstellungen: Dortmund 1958 Nr. 10; Augsburg 1968 Nr. 107
Literatur: Bergner 1911, Sp. 188; Gronau 1915, S. 307 f.; Dorotheum, Kunstabteilung, Wien ... Kunstauktion (Katalog). Wien 1955, Nr. 49; Augsburger Barock 1968, S. 108 Nr. 107; Bender 1981, S. 170–173 Nr. GA 6 (mit der übrigen älteren Literatur); Slotta 1987, Nr. 39 (mit weiterer Literatur)

Die *Allegorie des Bergbaus* wird beherrscht von der fast nackten, jugendlich-anmutigen Gestalt der Fortuna, die auf dem Rad balanciert, ein bereits im Mittelalter geläufiges Motiv. Gundelach hat sie in eine Umgebung gestellt, die durch den Bergknappen rechts unten, die verschiedenen schimmernden Erzschichten und die Gruppe der ›Schatzgräber‹ links im Hintergrund als Welt der Bodenschätze und des Bergbaus gekennzeichnet ist.

Nach der Deutung Rainer Slottas steht Fortuna für das Zufällige und Ungewisse, dem sowohl der standesmäßig geregelte Bergbau als auch die ungeregelte, spekulative Schatzsuche in ihrem Erfolg unterworfen sind.

Für sich allein betrachtet, mag das Gemälde tatsächlich den Bergbau in den Vordergrund rücken. Die Existenz eines zweiten, annähernd gleich großen und ähnlich komponierten Bildes von Gundelach, eine *Allegorie der Fischerei oder der Wassers* in Friedrichshafen (Kat. Nr. 123) legt jedoch die schon von H. Geissler geäußerte Vermutung (s. Bender 1981, S. 172) nahe, auch der *Bergbau-Allegorie* liege eine zweite Bedeutungsschicht zugrunde: Wahrscheinlich ist gleichzeitig eine *Allegorie der Erde* gemeint, innerhalb derer Fortuna für die Launenhaftigkeit irdischen Glücks steht; die erdhaft-braune Farbstimmung des Gemäldes mag, im Kontrast zu den transparenten Rosa-, Blau- und Grüntönen der zweiten Allegorie, diese Vermutung bestärken. Jedenfalls sind wir erst auf dem Wege zur Entschlüsselung des Bildinhaltes. Aufgrund dieser Beobachtungen würde man erwarten, daß beide Gemälde Teile einer Folge ähnlich gestalteter Elemente-Allegorien sind, zu der auch das Feuer (etwa im Bilde einer Schmiede-Werkstatt) und die Luft (als Vogelstellerei?) gehören würden. Entsprechende Gemälde Gundelachs sind jedoch weder erhalten noch in Quellen nachgewiesen.

Über die Entstehungszeit des Gemäldes läßt sich keine sichere Aussage machen, über den oder die Auftraggeber kann man kaum Vermutungen anstellen; Slotta hat jedoch auf die Bedeutung des Bergbaus für Böhmen und die Augsburger Wirtschaft hingewiesen. Traditionell gilt 1620 als Entstehungsdatum der *Allegorie des Bergbaus*. Bender möchte sie aufgrund allgemeinerer stilkritischer Kriterien bereits um 1612 ansetzen. Die bildmäßige Verarbeitung

122

Neptun oder eine andere Meeresgottheit. Der Knabe rechts neben der Frau, ihr zugesellt wie sonst Amor der Venus, ist noch kaum benennbar; er hantiert mit einer Harpune (?). Im Gesichtsschnitt ähnelt er dem jugendlichen Adam in *Adam und Eva* (Kat. Nr. 121) – Ausweis der Hand Gundelachs. Im Hintergrund springen zwei Männer vom Bug eines Kahns in einen aufgewühlten Fluß. Die beherrschende Frauengestalt hält eine Angelrute; sie hat soeben einen Fisch aus dem Wasser gezogen. Als Basis der Komposition dient ein großer Mühlstein – Hinweis auf die nutzbare Kraft des Wassers –, auf ihm liegen Muscheln und Perlen.

Das Bild ist leichter als Allegorie des Elements Wasser zu interpretieren als der Bergbau als Allegorie der Erde. Dennoch verschränken sich in beiden Bildern auf dieselbe Weise allegorischer Sinn und Darstellung praktisch-irdischer Tätigkeiten: Beide Realitätsebenen sind voneinander abhängig; sie bedingen einander, und die Allegorie erfährt so eine praktische ›Nutzanwendung‹. Aus dem 1. Viertel des 17. Jahrhunderts sind keine vergleichbar konkreten Elemente-Folgen bekannt. Es scheint, daß Gundelach mit seinen Erfindungen die rudolfinische Bilderwelt – oder auch erst die nachrudolfinische – selbständig und einfallsreich erweitert hat. Seine ›Elemente‹ unterscheiden sich grundlegend von solch eindeutigen und ohne weitere Spekulationen verständlichen Elemente-Folgen, wie sie z. B. Johannes Sadeler d. Ä. nach Marten de Vos in vier Blättern (Hollst. 529–532) oder Jacob Matham nach Goltzius auf einem Blatt (B. 278) gestochen haben. J. Z.

Friedrichshafen, Städtisches Bodensee-Museum

des komplexen Sujets paßt jedoch wenig in Gundelachs frühes Schaffen, so daß man eher vermuten kann, er habe das Bild zwischen 1615 und 1625 gemalt. J. Z.

Dortmund, Museum für Kunst und Kulturgeschichte der Stadt, Inv. Nr. C 5188

MATTHÄUS GUNDELACH
Kassel (?) um 1566–Augsburg 1654

123 Allegorie der Fischerei oder des Wassers
Vermutlich 1615–1625

Öl auf Leinwand; 124 × 86 cm
Bezeichnet: M./Gundelach/F. (eigenhändig)
Herkunft: 1957 im Grazer Kunsthandel (Moser), danach in der Slg. Günther Grzimek, Ravensburg und Friedrichshafen
Ausstellungen: Augsburg 1968 Nr. 108
Literatur: Dorotheum, Kunstabteilung, Wien, 562. Kunstauktion. Wien 1963, S. 7 Nr. 44 Taf. 16; Grzimek o. J. (um 1965), S. 32 mit Abb.; Bender 1981, S. 173–175 Nr. GA 7

Wie bei der *Allegorie des Bergbaus* (Kat. Nr. 122) beherrscht eine fast nackte Frauengestalt – hier in Dreiviertel-Rückansicht ins Bild gesetzt – die allegorische Darstellung. Das Rad, auf dem sie sitzt, könnte wieder ein Hinweis auf Fortuna sein.

Wie auf dem anderen Bild der Bergknappe, rechts unten, befindet sich hier hinter der Frauengestalt, links unten, ein in Halbfigur gegebener bärtiger Mann mit Fisch und Dreizack,

MATTHÄUS GUNDELACH
Kassel (?) um 1566–Augsburg 1654

124 Die mystische Vermählung der hl. Katharina
1614 *Ft. 27, S. 243*

Öl auf Kupfer; 40 × 31 cm
Bezeichnet unten Mitte: M./Gondolach./F./ 1614
Herkunft: Wohl im Auftrage Kaiser Matthias' entstanden
Ausstellungen: Prag 1912, Nr. 40; Nürnberg 1952, Nr. K 28a; Augsburg 1980, Nr. 464
Literatur: Mechel 1783, S. 285 Nr. 88; Stetten 2. 1788, S. 194; Parthey 1863, S. 504; Engerth 1886, S. 111 Nr. 1547; Woltmann-Woermann 1888, S. 883; Chytil (um 1912), Nr. XVIII; Rudolf II. 1912, S. 40 Nr. 40 (bzw. S. 34 Nr.

123

patrons, des Apostels Matthias, dessen Reliquien die Kaiserin Helena nach Trier hatte überführen lassen.

Das Bild ist eines der ersten im Werk von Gundelach, in dem dieser einen auch im Koloristischen unverwechselbar eigenen malerischen Vortrag zeigt. Die beiden zuoberst am Bildrand schwebenden Engel sind zwar immer noch aus dem Weihnachtsbild von Joseph Heintz (Kat. Nr. 126) entlehnt, die Gewandbehandlung, auch einzelne Kopftypen entstammen *unverwechselbar* dem Repertoire Gundelachs, allen voran der Kopf der Hl. Katharina im Zentrum des Bildes, dessen unter Umständen von Dürers Idealvorstellungen abgeleitetes Profil noch in Gundelachs Augsburger Rathausbildern vorkommt wie auch in einem merkwürdigen Gemälde in Babenhausen (Slg. des Fürsten Fugger), *Allegorie der Goldschmiedekunst* eines Monogrammisten E. L., wohl einer Kopie nach Gundelach. J. Z.

Wien, Kunsthistorisches Museum, Gemäldegalerie, Inv. Nr. 1103

MATTHÄUS GUNDELACH
zugeschrieben
Kassel (?) um 1566–Augsburg 1654

125 Vision des Ezechiel
Um 1614–1617 *Ft. 28, S. 244*

Öl auf Leinwand; 155 × 100 cm
Herkunft: Seit wann in der Friedhofskapelle St. Rochus ist unbekannt
Literatur: Vacková 1969, S. 146; Neumann 1978, S. 333f.; Kaufmann 1985, S. 222f. Nr. 5–6 mit Abb.; Bender 1981, S. 226 Nr. GE 1; UPČ 4. 1982, S. 403 (›um 1610‹)

Die *Vision des Ezechiel,* zweifellos dem rudolfinischen Milieu entstammend, stellt den Betrachter vor verschiedene Fragen. Das wie ein kleines Altarblatt formatisierte Gemälde ist zwar *Vision des Ezechiel* betitelt, es ist jedoch nicht klar, welche ›Vision‹, welche Bildrede oder welches Völkerwort des Propheten hier verbildlicht wurde; es gibt keinen Hinweis auf die Entrückungsvision, keinen auf die Endvision vom neuen Tempel und auch keinen auf die häufig in Epitaphbildern gestaltete Vision vom Tal der vertrockneten Gebeine; letztere ist eindeutig z. B. von Marten de Vos 1578 in einer Zeichnung für den Kupferstich dargestellt (Wien, Albertina Inv. Nr. 7926). Auch Gundelach hat sie in einer Zeichnung gestaltet: Der Entwurf, wohl für ein Epitaphgemälde, nach dem Vorbild der *Mantelspende des Hl. Martin* von Heintz im Augsburger Zobel-Epitaph einem queroblongen Tondo eingefügt, befindet

40); Katalog 1973, S. 81; Heinz 1963, S. 194; Möhle 1959, S. 271; Aufgang der Neuzeit 1952, S. 84 Nr. K 28a; Welt im Umbruch 2. 1980, S. 115f. Nr. 464; Bender 1981, S. 163–166 Nr. GA 3; Kaufmann 1985, S. 223f. Nr. 5–9

Daß es sich bei dem inzwischen häufig behandelten Kupferbild um die Hauptdarstellung (?) eines untergegangenen (?) Altärchens mit Alabastersäulen handelt, wie Engerth 1886, S. 111, aufgrund einer Inventar-Notiz von 1765 annahm, ist unwahrscheinlich, nicht nur, weil das Bildformat für ein solches Objekt als zu groß erscheint, sondern auch, weil das von Engerth gemeinte Altärchen bereits in einem Grazer Inventar von 1668 ausführlicher beschrieben ist; diese Beschreibung nun kann keinesfalls auf das Gundelach-Bild bezogen werden (frdl. Mitt. von M. Hagenmann). Der Anlaß und die Zweckbestimmung der Tafel bleiben somit weiterhin unklar. Daß Kaiser Matthias es bei Gundelach in Auftrag gegeben hat, ergibt sich aus der Ikonographie: Der Kaiser in Gestalt des Apostels Matthias und seine Gemahlin, Kaiserin Anna, in Gestalt der Hl. Helena, wohnen der mystischen Vermählung der Hl. Katharina bei. Die Identifikation des Kaiserpaares mit bedeutenden Heiligengestalten des frühen Christentums geschieht in einem – auch schon rudolfinischen – ikonographischen Kontext, den Marion Hagenmann 1988 zu umreißen versucht hat (M. Hagenmann: Aspekte religiöser Kleinkunst im rudolfinischen Milieu am Untersuchungsgegenstand der Kleinen Altärchen. In: Beiträge zur Kunst und Kultur am Hofe Rudolfs II. Freren 1988. Der Kaiser erscheint in dem Bild in Gestalt seines Namens-

125

sich in süddeutschem Privatbesitz (signiert M./Gundelach/F., leider nicht datiert, 23,3 × 34,1 cm. Der Erhaltungszustand ist so schlecht, daß das Blatt verlorengegeben werden muß; Foto beim Verf.). In Haltung und Gestik des Propheten und in der Gestaltung der übrigen Figuren zeigen sich durchaus Parallelen zu dem Bild in Žebrák, das mit der Gundelach-Zeichnung sonst aber nicht viel gemein hat. Auch dieses für Gundelach ungewöhnlich expressive Gemälde entstand offenbar als Epitaph, obwohl es nicht die Vision von den vertrockneten Gebeinen darstellt: Die acht Bildnisse der Stifterfamilie am unteren Bildrand, nach Vacková 1969 wahrscheinlich der Familie Lobkowitz angehörend, der Žebrák von 1552 bis um 1619 unterstand, geben einen unmittelbaren Hinweis auf diese Zweckbestimmung. Vermutlich hängt also die Ikonographie des Prophetenbildes – um ein solches im allgemeineren Sinne handelt es sich zweifellos – mit den religiöspolitischen (?) Vorstellungen der Stifterfamilie zusammen, die uns unbekannt sind: Wir wissen nicht, in welcher konkreten politischen Situation das Bild entstand und welchen Sinn die Stifter den Prophetien etwa Ezechiels beigemessen haben mögen; die politische Lage ist im frühen 17. Jahrhundert zugleich auch immer eine konfessions- und religionspolitische gewesen (zum Buch Ezechiel s. TRE 10. 1982, 766–781 [Walther Zimmerli]. – Für die Hand des vielgestaltigen späten ›Rudolfiners‹ Gundelach spricht außer den Korrespondenzen mit der oben erwähnten Ezechiel-Zeichnung vor allem die in der rechten unteren Ecke sitzende Repoussoirfigur und die Auffassung des rechts herabstürzenden Engels; auch die Physiognomien anderer Figuren erinnern an Werke Gundelachs. Sonst läßt sich das Gemälde in das bisher bekannte Werk des Malers nur schwer einordnen. Das – wohl auch zeitlich – nächste Werk wäre die *Marienkrönung* für Christoph II. von Fürstenberg in Haslach von 1614. Die Zuschreibung des Žebrák-Epitaphs an Gundelach wurde wohl zuerst von Eliška Fučíková getroffen, J. Neumann hat sie 1978 veröffentlicht. Elisabeth Bender 1981 hat das Werk unter die ›problematischen Zuschreibungen‹ an Gundelach geordnet, Kaufmann 1985 die Zuschreibung fraglos anerkannt, desgl. UPČ 4. 1982, S. 403. Die Entscheidung, ob es sich tatsächlich um eine Arbeit Gundelachs handelt, hängt sicherlich mit davon ab, ob ihm auch eine *Gürtelspende Mariä* zugeschrieben werden muß, die – unzweifelhaft irrig – als Werk Rottenhammers galt (s. Exhibition of Old Master Drawings at the H. Shickman Gallery, 929 Park Avenue, New York. New York 1968, Nr. 58 mit Abb.): Auch hier trifft man die überaus langen, dünnen Finger an den vielfältig gereckten Händen. Sollte das Epitaph in Žebrák von Gundelach gemalt sein, muß es vor 1617 entstanden sein, bevor sich der Maler auf Dauer in Augsburg niedergelassen hat. Für das 2. Jahrzehnt des 17. Jahrhunderts ist es eine erstaunlich ›barock‹ inszenierte Erfindung, die tatsächlich der späteren böhmischen Malerei ›etwas mit auf den Weg‹ gegeben hätte. Das Bild ist dann auch für die Einschätzung Gundelachs von Bedeutung: Er wäre nahezu der einzige ›Rudolfiner‹, dessen Werk gewissermaßen eine Brücke über die lange Dürreperiode des Dreißigjährigen Krieges geschlagen hätte.

Die in dieser Ausstellung gegebene, einmalige Gelegenheit, das Bild aus Žebrák anderen, zweifellos authentischen Werken Gundelachs gegenüberzustellen, kann vielleicht die Frage der Autorschaft klären. J. Z.

Žebrák (Mittelböhmen), Pfarrkirche Sv. Vavřinec (aus der Friedhofskapelle Sv. Rocha)

JOSEPH HEINTZ DER ÄLTERE
Basel 1564–Prag 1609

126 Anbetung der Hirten
Vermutlich Ende 1590er Jahre
Ft. 29, S. 245

Öl auf Kupfer; 29,7 × 21,8 cm
Auf der Rückseite der Kupfertafel unleserliche Beschriftung
Eine von drei eigenhändigen Varianten derselben Komposition
Herkunft: Aus dem Prämonstratenser-Stift Strahov in Prag
Ausstellungen: Paris 1981, Nr. 12

manierismo Veneziano 1540–1590. Venezia, sett.-dic. 1981. Venezia 1981, Nr. 106, S. 270f.).

Die beiden eigenhändigen Wiederholungen des – wie Dürers *Rosenkranzfest* – aus dem Prämonstratenserstift Strahov stammenden Bildchens von Heintz befinden sich im Augustinermuseum zu Freiburg i. Br. (Inv. Nr. 2485; s. zuletzt: M. Kopplin in: Die Renaissance im deutschen Südwesten zwischen Reformation und Dreißigjährigem Krieg. Ausst. im Heidelberger Schloß, 21.06.–19.10.1986 (Katalog) 1. Karlsruhe 1986, S. 206f. Nr. C 42 mit farbiger Abb.) und im Basler Kunstmuseum (Inv. Nr. 1640; s. Zimmer 1971, S. 74 Nr. A 1.3. Abb. 5.). Das Basler Exemplar zeigt außer dem Heintz-Monogramm die Jahreszahl 1599; sie bezeugt die Entstehung der Komposition vor 1600, vermutlich in der 2. Hälfte der 90er Jahre. Drei Kopien bzw. Umsetzungen durch andere, spätere Künstler sind bekannt: Der Servitenpater Bonaventura Rainer (1713–1772) kopierte die Komposition auf Pergament (Innsbruck, Landesmuseum Ferdinandeum Inv. Nr. 1557), Johann Sebastian Dürr (1709–1749) wiederholte sie 1743 auf Karton (Zollikerberg b. Zürich, Slg. M. A. Antonini), und ein unbekannter Künstler verwendete sie im letzten Viertel des 17. Jahrhunderts für einen prunkvollen Weihwasserkessel (Wien, Geistliche Schatzkammer, Kat. 1961, Nr. 100, S. 72f.).

Prag, Nationalgalerie, Inv. Nr. 0 6813 J. Z.

126

Literatur: Zimmer 1971, S. 73 Nr. A 1.1 Abb. 1 (mit der älteren Literatur); Neumann 1978, S. 324 Abb. 12; Neumann 1979, S. 207; Die Kunst der Renaissance 1979, S. 207; Le Baroque en Bohème 1981, S. 59 Nr. 12 mit Abb. (J. Neumann); Neumann 1984, S. 75f. u. ö. Nr. 60 Abb. 60

Die gleichzeitig intime und von ›barockem‹ Pathos getragene *Anbetung der Hirten* gehört zu den offenbar beliebtesten Erfindungen von Heintz selbst, der das Bild zweimal wiederholt hat. Man kann es gleichermaßen zu den volkstümlichsten Schöpfungen des Hofmalers zählen, sowohl im Hinblick auf den Bildgegenstand als auch auf seine Gestaltung. Der Bildtypus entspricht dem der *Heiligen Familie mit Engel* (Kat. Nr. 134), über seine Intention braucht deshalb hier nichts weiter ausgeführt zu werden.

Es ist interessant zu sehen, daß Heintz in diesem Bild Hans Holbein d. J. die Ehre erweist, indem er mit dem Hirten am rechten Bildrand einen entsprechenden Hirten auf Holbeins Oberried-Altar im Freiburger Münster zitiert. Ähnlich wie die Komposition seines *Phaethon-Sturzes* (Leipzig, Museum der bildenden Künste) als Hommage an Michelangelo zu sehen ist, kann man die *Anbetung der Hirten* als Hommage an Holbein interpretieren, dessen Kunst ebenso wie die Michelangelos eine der Wurzeln seiner eigenen künstlerischen Überzeugungen gewesen ist. Die *Anbetung der Hirten* ist gewissermaßen eine Summe der künstlerischen Bildung und Bestrebungen von Heintz, der Holbein und Michelangelo integriert und in ›barockem‹ Sinn überwunden hat und sich des weiteren an Correggio und womöglich an Bertoja (Parma, Pinacoteca; s. Venturi IX, 6. 1933, Fig. 383) und Lelio Orsi (Berlin, Gemäldegalerie der Stiftung Preußischer Kulturbesitz, Inv. Nr. 1942) orientierte.

Die malerische Faktur seiner Anbetung(en) ist sehr verwandt den verschiedenen ›Grablegungen‹, die für El Greco in Anspruch genommen werden und wohl der venezianischen Zeit des außerordentlichen Griechen entstammen (s. Da Tiziano a El Greco. Per la Storia del

JOSEPH HEINTZ DER ÄLTERE
Basel 1564–Prag 1609

127 Der schlafende Amor (Cupido) mit zwei Nymphen *Ft. 30, S. 246*

Öl auf Kupfer; 44,5 × 29 cm
Herkunft: Wahrscheinlich aus der Kunstkammer Rudolfs II.; im Inventar Wien 1610–1619 ist unter Nr. 32 »ein schlaffend Cupito ... von Joseph Hainzen« und im Inventar Wien 1619 unter Nr. 35 »Ein schlaffender Cupito von Joseph Hainz mitsambt noch zwei anderen figuren« verzeichnet. Spätestens 1719 in der Sammlung des Kurfürsten Lothar Franz von Schönborn
Literatur: Zimmer 1971, S. 91f. Nr. A 14 Abb. 33 (mit der älteren Literatur); Kaufmann 1985, S. 240 Nr. 7–50

Die früheste Nachricht über den schlafenden Amor des Joseph Heintz im Schönborn-Archiv kommt aus Italien. Im Staatsarchiv Würzburg befindet sich unter der ungebundenen Korre-

127

spondenz des Lothar Franz von Schönborn (1655–1729) ein Brief des Kaufmanns Giovanni Chechel aus Venedig, der am 15.12.1711 dem Geschäftsträger des Kurfürsten dort, dem Residenten Regaznik, eine Liste von Gemälden übergibt, in der zu lesen ist: »No. 11 strighezzo di Giuseppe Haine una tavola, largo 4 et alto 3...« Seit 1719, dem Datum des ersten gedruckten Kataloges der Sammlung Schönborn, schätzte die Familie das Gemälde des Kammermalers Rudolfs II. so sehr, daß sie es noch bis zur Umwandlung der Galerie in eine öffentlich zugängliche in ihren privaten Gemächern behielt. Heute hängt es im Schloß Weißenstein noch an der alten Stelle.

Lothar Franz, der berühmteste der Schönborn-Sammler, Erzbischof und Kurfürst von Mainz, Bischof von Bamberg, trug in seinem 1711–1718 erbauten Schloß in der Nähe von Bamberg den Bilderschatz zusammen, den er in mehr als zwanzig Jahren erwerben und tauschen konnte oder den er geschenkt bekam.

Obwohl *Der schlafende Amor* weder signiert noch datiert ist, besteht seit seinem Erscheinen in dieser Sammlung bis heute kein Zweifel an der Zuschreibung. Selbst Theodor Frimmel, der den zuletzt gedruckten Katalog veröffentlichte, meinte 1891, »es ist möglich, dass Heintz dieses nette Bildchen wirklich gemalt hat« (Kleine Galeriestudien, Bamberg, S. 66). Heintz malte neben Porträts und religiösen Motiven vor allem Szenen mythologischen und allegorischen Inhalts. Das höfische, gebildete Publikum ergötzte sich an anspielungsreichen Szenen. In unserem Bild scheint der schlafende Amor, ein virtuos gemalter Knabenakt, mit hintergründigem Lächeln die Gefahr vorauszuahnen, in welcher sich die beiden Mädchen oder Nymphen befinden: Sie spielen mit dem Feuer. Die Spitze des Pfeils glüht und wird gleich den Mittelfinger des neugierigen Mädchens verbrennen. Die intensive Licht- und Schattenverteilung in nächtlicher Landschaft unterstreicht den Reiz des Heimlichen und Verbotenen.

Dem in der zeitgenössischen Kunsttheorie vielfach diskutierten poesia-pictura-Konzept entsprechend ist das Bild als gemaltes ›Gedicht‹ aufzufassen, bei dem es der Phantasie und dem Einfühlungsvermögen des Betrachters überlassen bleibt, den hier verbildlichten – erkennbar erotisch aufzufassenden – concetto zu ergründen. Dieselbe ›Historie‹ hat Shakespeare in einem seiner Sonette benutzt: Den schlafenden Cupido und die herbeikommenden Nymphen. Seinem poetischen Bild weist jedoch nicht der Pfeil, dessen Schärfe von den Nymphen geprüft wird, die Richtung, in welche der Leser gelenkt wird, sondern eine Fackel, von den Nymphen in eine kalte Quelle getaucht. Das Feuer wird so zwar gelöscht, die Quelle jedoch sprudelt von nun an heiß, so daß die Quintessenz lauten kann: »Die Lieb und Liebesqual bleibt dir erhalten, solang der Quelle Gluten nicht erkalten.«

Es gab bzw. gibt eine ganze Reihe von Kopien oder Wiederholungen der feinsinnigen Darstellung, von denen eine vielleicht von Joseph Heintz dem Jüngeren stammt: In der venezianischen Sammlung des Gasparo Chechel ist 1657 ein »... Dio d'Amor che dorme con doi altre figure cornisato con Ebano opera dell' Hainzel« nachgewiesen (s. Simona Savini Branca: Il collezionismo veneziano nel '600. Padova 1964, S. 144). Eine modifizierte und vergrößerte ›Kopie‹ auf Leinwand ist in der Gemäldesammlung der Wiener Akademie erhalten (s. Zimmer 1971, S. 92f. Nr. A 14.0.2 Abb. 34). Es könnte sich dabei um das ehemals in der Prager Sammlung Nostiz befindliche Exemplar handeln, das in einem gezeichneten Inventar um 1700 wiedergegeben ist; die gegenüber dem Heintz-Original veränderte Wendung des Gesichts der rechten Nymphe – dem Betrachter entgegen – legt diese Vermutung nahe (s. Lubomír Slavíček: Príspěvky k dějinám Nostické obrazové sbírky. In: Umění. 31. 1983, S. 224; Zimmer 1988 Nr. E 16 a, b. K. B.

Pommersfelden, Schloß Weißenstein, Sammlung Schönborn-Wiesentheid, Nr. 1

JOSEPH HEINTZ DER ÄLTERE
Basel 1564–Prag 1609

128 Selbstbildnis mit den Geschwistern Daniel und Salome

1596 *Ft. 31, S. 247*

Öl auf Leinwand; 66 × 107 cm
Bezeichnet am oberen Rand: HE(ligiert)intz. F. AET. XXX... – AETA XXI. AO. 1596. – ...TIS XXXII, die Altersangaben jeweils über den Köpfen der Dargestellten
Herkunft: Zuerst auf der Berner Kunstausstellung 1804 bezeugt, 1841 im Besitz der Berner Zeichnungsakademie; offenbar alter Besitz der Stadt Bern
Ausstellungen: Bern 1804, Bern 1936 Nr. 72, Bern 1941 Nr. 184; Amsterdam 1955 Nr. 67
Literatur: Zimmer 1971, S. 111 Abb. V und 64 (mit älterer Literatur); Staehelin 1921, Nr. 6, Schweizerische Malerei 15. bis 18. Jahrh. Ausst. Bern, Kunstmuseum (anl. d. XIV. Intern. Kunsthist. Kongresses), Katalog. Bern 1936; Schmid 1948, S. 75f. Abb. 7 Fig. 47; Kaufmann 1985, S. 228 Nr. 7–6; Die Kunst der Renaissance 1979, S. 207 Abb. 186

Der rudolfinische Hofkünstler Heintz war auch ein Porträtist hohen Ranges. Er hat das Bildnis, eine Kunstgattung eigener Gesetzlichkeit, aller würdigen Gesellschaftsschichten mit eindrucksvollen und individuellen Werken bereichert, die auf historischen Voraussetzungen eigener Wahl beruhen. In der Ausstellung hier sind das Gruppenbildnis, das (groß)bürgerliche Porträt (Kat. Nr. 130) und das höfische Repräsentationsbildnis (Kat. Nr. 129) von seiner Hand vertreten.

Das *Selbstbildnis mit den Geschwistern Daniel und Salome* hat Heintz 1596 in Bern gemalt, in jenem Jahr, in dem sein Vater Daniel I., der Berner Münsterbaumeister und vormalige Baumeister in Basel aus dem norditalienischen Sesiatal, gestorben war. Der schwarze Hut der Salome mag auf das traurige Familienereignis hindeuten.

Das Alter der drei Geschwister ist auf dem Bildnis jeweils über den Köpfen angegeben: Salome, die ältere Schwester Josephs wurde am 3. Januar 1563 in St. Alban, Basel, getauft (s. Zimmer 1988, Q 4), sie hatte 1581 den aus Biel stammenden Glasmacher Hans Jacob Plepp geheiratet, der bereits 1596, im selben Jahr wie ihr Vater, starb. Sie war die Mutter des später berühmten Malers, Architekten und Geometers Joseph Plepp. Der schwarze Hut auf dem Bildnis ist möglicherweise auch als Zeichen ihrer Witwenschaft anzusehen. Salome heiratete noch zweimal: 1597 und 1602, nachdem ihr zweiter Ehemann schon 1599 gestorben war.

Daniel (II.) wurde erst am 20. August 1575

128

geboren (s. Zimmer 1988, Q 12), er war also um elf Jahre jünger als sein Bruder Joseph und 1596 einundzwanzig Jahre alt.

Das Gruppenbildnis mit dem Bild (der Salome) im Bilde scheint weniger von niederländischen als von italienischen Vorbildern angeregt. Es ist dabei zuerst an ein *Selbstbildnis* (um 1585) Annibale Carraccis (Mailand, Brera) zu denken; ein anderes Doppelbildnis aus dem Carracci-Kreis in englischem Privatbesitz zeigt noch engere Verwandtschaft zu dem Heintz-Gruppenbildnis: Agostino Carracci zugeschrieben: *Selbstbildnis vor der Staffelei mit dem Bildnis des Annibale* (s. Burl. Mag. 93. 1951, S. 88 Fig. 31); die Qualität des Bildnisses von Heintz ist allerdings höher zu veranschlagen. Das berühmte Berner Gruppenbildnis von Heintz ist später, es ist nicht feststellbar wann, von einem unbekannten Maler in den Ausmaßen des Originals kopiert worden (Darmstadt, Hessisches Landesmuseum Inv. Nr. GK 310), die Palette Joseph I. Heintz auf dem Berner Original war bereits Gegenstand einer Untersuchung (s. Schmid 1948, S. 75 f.). J. Z.

Bern, Kunstmuseum, Inv. Nr. 243

JOSEPH HEINTZ DER ÄLTERE
Basel 1564 – Prag 1609

129 Bildnis der Erzherzogin Maria Anna in Ganzfigur
Für 1604 dokumentiert *Ft. 32, S. 248*

Öl auf Leinwand; 202 × 136 cm
Bezeichnet unten rechts: HE (ligiert) intz. F.
Herkunft: Wohl 1765 aus Graz nach Wien gebracht, später in Laxenburg
Ausstellungen: Innsbruck, Schloß Ambras 1976 Nr. 211
Literatur: Zimmer 1971, S. 120 f. Nr. A 36 Abb. 81 (mit der älteren Literatur); Porträtgalerie 1976, S. 243 f. Nr. 211 Abb. 147; Zimmer 1985, S. 171; Kaufmann 1985, S. 236 Nr. 7–36 mit Abb.

Das ganzfigurige Bildnis der Erzherzogin Maria Anna ist ein Teil der aus sechs Porträts bestehenden Reihe, welche Heintz bis März 1604 von Angehörigen des steirischen Erzherzoghauses in Graz gemalt hat (s. Zimmer 1971, S. 119–123); er selbst hat in einem Brief an Herzog Wolfgang Wilhelm von Pfalz-Neuburg am 18./28. März 1604 darüber berichtet (s. Zimmer 1988, Q 126). In demselben Schreiben erwähnt er auch, daß er noch »ettliche Ertzherzoge zu Conterfehten« habe »für königl.: Mayt: in HISPANIEN«. Vermutlich sollte er demnach wenigstens einige der schon porträtierten Erzherzoge und Erzherzoginnen noch einmal für Philipp III. von Spanien malen. Daß es sich so verhielt, scheint das Bildnis der innerösterreichischen Erzherzogin Konstanze, der späteren Gemahlin König Sigismunds III. von Polen, zu beweisen: Außer dem Gegenstück zum hier gezeigten Bildnis Maria Annas in der Wiener Porträtgalerie kennt man seit wenigen Jahren ein – wohl aus Spanien stammendes – zweites Bildnis Konstanzes, das dem Wien-Ambraser Exemplar zwar sehr ähnlich, diesem an koloristischer Pracht und Feinheit der Ausführung womöglich noch überlegen ist; dies Bildnis befindet sich heute in Williamstown/Mass., Stirling and Francine Clark Institute of Art (farbig abgeb. bei Kaufmann 1985, S. 83).

Die aus dem bayerischen Herzogshaus stammende Maria Anna (1572–1616) war die Gemahlin des steirischen Erzherzogs Ferdinand (1578–1637), des nachmaligen Kaisers Ferdinand II., der nach Rufolds II. Bruder Matthias die Kaiserwürde erlangte. Sie erlebte infolge ihres frühen Todes die Kaiserwürde Ferdinands – und den Dreißigjährigen Krieg – nicht mehr.

Die Bildnisse Ferdinands und Maria Annas aus der Grazer Serie von Heintz sind als Gegenstücke konzipiert, das Maria Annas wurde als das wohl eindrucksvollste der Reihe für die Ausstellung ausgewählt. Ihr Bildnis steht in einer formal bis ins einzelne festgelegten, unübersehbaren Reihe fürstlicher Repräsentationsbildnisse etwa in der Mitte einer rund hun-

129 (Ausschnitt)

dert Jahre währenden Zeitspanne. Gleichwohl stellt das Bildnis einen Höhepunkt innerhalb der Gattung dar, weil es deren Ideal auf vollendete Weise entspricht: Mit kaum zu überbietender Kühle und Distanz in Form, Haltung und Farbe bildet es die hohe Standesperson auf gerade die Weise ab, die ihr angemessen ist. Dennoch gelang dem Maler der Balanceakt zwischen der bloßen Erfüllung eines typisierten Anspruchs und der künstlerischen Einfühlung in die Person, die er nicht nur als Repräsentationsfigur einer gesellschaftlichen Würde, sondern zugleich als individuellen Menschen gebildet hat.

Wie häufig bei Fürstenbildnissen geschieht, die einen gewissermaßen »Prototyp«-Charakter besitzen, ist auch das *Bildnis der Erzherzogin Maria Anna* (wie das Ferdinands) von anderen Malern wiederholt worden. J. Z.

Wien, Kunsthistorisches Museum, Porträtgalerie, Inv. Nr. 3133

JOSEPH HEINTZ DER ÄLTERE
Basel 1564 – Prag 1609

130 Bildnis einer Dame
1599

Öl auf Leinwand; 61 × 47 cm
Bezeichnet und datiert am oberen Rand: ANO. 1599. H. E. (ligiert) intz. F.
Herkunft: Zaisenhausen Krs. Künzelsau, Hilde Friedrich (vor 1960), New York, Privatbes., 1965 verkauft; Hamburg, Privatbesitz
Literatur: Zimmer 1971, S. 116 Nr. A 32 Abb. 75 (mit der älteren Literatur); Neumeister KG, München, Auktion 225 am 28./29. 11. 1984 (Katalog). München 1984, S. 75 Nr. 616 Abb. Taf. 133; Zimmer 1985, S. 167; Kaufmann 1985, S. 230 Nr. 7–14

Das Damenbildnis von 1599 ist das späteste von vier als Brustbilder gegebenen Porträts von Heintz, die bis jetzt bekannt geworden sind. Sie alle entstammen den Jahren von 1597 bis 1599: *Das Bildnis eines 25jährigen Mannes* (Basel, Öffentliche Kunstsammlung, Kunstmuseum Inv. Nr. 842) von 1577, die 1598 datierten Bildnisse wohl des Ehepaares Albrecht und Veronika Fugger (Bern, Kunstmuseum Inv. Nr. 1816 und 1817; Erwerbungen der Gottfried Keller-Stiftung) und dieses Damenbildnis. Nach unserer gegenwärtigen Kenntnis hat Heintz später dergleichen Bildnisse nicht mehr gemalt. Es sind Bildnisse von Angehörigen des Patriziats oder zumindest des Großbürgertums, die sich in ihrem vergleichsweise intimeren Charakter von fürstlichen Repräsentationsporträts – wie dem der *Erzherzogin Maria*

130

Anna (Kat. Nr. 129) unterscheiden. Heintz hat in seinen Bildnissen die gesellschaftliche Rangordnung der Porträtierten sehr genau beobachtet. Allerdings zeigt sich auch an diesen ›intimeren‹ Brustbildern ein hohes Maß an Objektivität, ja Distanziertheit, so daß man auch sie als Repräsentationsbildnisse bezeichnen kann, eines anderen Standes freilich.

Wie bei allen seinen Bildnissen hat Heintz auch bei diesem Damenporträt die stofflichen Werte sehr differenziert und subtil geschildert. Mit spitzem Pinsel hat er vor allem die Lichtreflexe der die Person und ihren Stand darstellenden Teile aus einer dunklen, undifferenzierten Fläche hervorgehoben. Das emotionell unbewegte, dennoch lebendig blickende Gesicht, den kostbaren Kopfschmuck, die feine Spitzenhalskrause und das reich bestickte und geschmückte Kleid. Diese sinnlichen Qualitäten in ihrem der convenevolezza entsprechenden Vortrag sind Merkmale der Heintzschen Kunst. In der Bildniskunst seiner Zeit gibt es kaum qualitativ Ebenbürtiges.

Ein Vergleich der Gesichtsbildung der hier porträtierten Dame mit der – nicht gerade beschönigend wiedergegebenen – Physiognomie der Regina Heintz auf dem fast zehn Jahre später gemalten Familienbildnis (Pommersfelden; s. Zimmer 1971, S. 116 Ab. 69) kann die Vermutung aufkommen lassen, beide Damen seien identisch. Wie fast alle derartigen Identifikationen wäre auch diese zu unsicher. J. Z.

Augsburg, Städtische Kunstsammlungen, Inv. Nr. XXX

JOSEPH HEINTZ DER ÄLTERE
Basel 1564 – Prag 1609

131 Raub der Proserpina
Vor 1605

Öl auf Kupfer; 63 × 94 cm
Herkunft: Aus der Kunstkammer Rudolfs II., 1623 an den Frankfurter Kunsthändler und Goldschmied Daniel de Brierß für 300 Taler verkauft, vor 1758 in der kurfürstlich sächsischen Kunstkammer
Ausstellungen: Berlin 1958 Nr. E 14; Wien 1987 Nr. III–14
Literatur: Zimmer 1971, S. 102f. Nr. A 21 Abb. 55 (mit der älteren Literatur); Gemäldegalerie Alte Meister 1979, S. 204 Nr. 1971 mit Abb.; Bachmann 1985, Nr. 125 mit farbiger Abb.; Kaufmann 1985, S. 229 Nr. 7–12; Zauber der Medusa 1987, S. 185f. Nr. III–14 mit Abb.

Neben *Diana und Aktaeon* (Kat. Nr. 135) ist der *Raub der Proserpina,* seit Mitte des 18. Jahrhunderts in Dresden, das bekannteste und am meisten gerühmte Werk von Heintz. Sandrart nennt es – neben *Diana und Aktaeon* – in seiner Teutschen Academie (1675), und C. H. de Heinecken nahm es zum Anlaß für eine geradezu enthusiastische Würdigung des Malers: »(Joseph Heintz) ... Dieser vortreffliche Schweizer, welchen ich leider nicht einmal zur deutschen Schule rechnen kann, weil er sich gänzlich in Italien gebildet, ist wirklich ein so großer Künstler gewesen, daß manche Bildersammlung in Europa mit seinen Gemälden, wiewohl unter ganz andern Namen, pranget; jedoch sind sie auch so schön, daß keiner, er sey wer er wolle, sich seines Pinsels schämen darf ...« (C. H. de Heinecken: Nachrichten von Künstlern und Kunstsachen. Leipzig 1768, S. IV f.). – Die Darstellung gibt eine Ovidische Historie wieder (Metam. V, 391 ff.), ihre unmittelbare Quelle könnte aber auch bei Claudian oder einer der Volgare-Nachdichtungen Ovids aus dem 16. Jahrhundert liegen (zur Ikonographie s. u. a. Herbert Anton: Der Raub der Proserpina. Literarische Traditionen eines erotischen Sinnbildes und mythischen Symbols. Heidelberg 1967).

Das Hauptinteresse des Malers galt offenbar dem Gespann des Pluto als dem Kern der Darstellung. Die Pferde, zwei Rappen und zwei Schimmel, sind gut charakterisiert und temperamentvoll bewegt. Ihre Leiber wirken in den Verkürzungen etwas plump, die Köpfe hingegen sind schön und ausdrucksvoll. Eine virtuos gezeichnete Skizze zu dem hinteren Rappen mit dem emporgeworfenen Kopf hat sich in der Albertina erhalten (s. Zimmer 1988, Nr. A 77), eine weitere in Stuttgart bereitet das Gespann

131

und die Pluto-Proserpina-Gruppe vor (s. ebda. Nr. A 78).

Das Gemälde ist nicht datiert; der – seitenverkehrte – Reproduktionsstich Lucas Kilians (Hollst. 531; Zimmer 1971, Nr. A 21.0.1.1. Abb. 58) trägt das früheste Datum 1605 und gibt somit Auskunft nur über ein Datum, vor dem das Gemälde entstanden ist, nicht aber, wie lange vorher.

Kilians Stich nun ist wiederum Quelle für Kopien, Umsetzungen in andere Medien, Teilentlehnungen großer Zahl durch andere Künstler gewesen. Johann Theodor de Bry hat auch davon einen kreisrunden Stich angefertigt (nicht bei Hollst.; s. J. F. Hayward: Four prints from Silver. Standing Dishes attr. to J. T. de Bry. In: Burl. Mag. 95. 1953, S. 124–128 Abb. 8); unter den acht bekanntgewordenen gemalten Kopien (Düsseldorf, Mailand, Luzern (Kunsthandel), Eggenberg bei Graz, Schruns/Tirol (Kunsthandel), Berlin, Köln (Kunsthandel), s. z. T. Zimmer 1971, S. 104f.) ragt die freie Kopie von Michael Leopold Willmann (Wrocław, Muzeum Śląskie Inv. Nr. VIII–666) qualitativ hervor. Insbesondere der berühmte Elfenbeinschnitzer Ignaz Elhafen (1658–1715) hat sich der Heintz-Erfindung verschiedentlich bedient (Vaduz, Sammlungen des reg. Fürsten von Liechtenstein Inv. Nr. 510b; Wien, Kunsthistorisches Museum Inv. Nrn. 4172, 4177). Anton Mozart und vermutlich Friedrich Brentel haben nach Kilians Stich gezeichnet, und die Pluto-Proserpina-Gruppe nach dem Kilian-Stich erscheint sogar auf einem wohl von Johann Heinrich Böhme d. J. in Dresden entworfenen Geschütz (Mörser) für Johann Georg II. von Sachsen, das sich am Denkmal Karls XII. von Schweden in Stockholm befindet (s. Jörg Rasmussen: Die Pluto-Mörser des Kurfürsten Johann Georg II. von Sachsen in Stockholm und ein Relief in Waddesdon Manor. In: Jahrbuch des Zentralinstituts für Kunstgeschichte. 1. 1984, S. 413–418). – Diese zahlreichen Übernahmen bis hinein ins 18. Jahrhundert bezeugen einmal mehr den Erfolg und die Bedeutung Heintzscher Erfindungen in der nach ihm kommenden Zeit und Kunst; sie sind zugleich eindrucksvolle Zeugnisse für das – zumindest formale – Fortleben ›rudolfinischen‹ Formengutes. J. Z.

Dresden, Staatliche Kunstsammlungen, Gemäldegalerie Alte Meister, Inv. Nr. 1971

JOSEPH HEINTZ DER ÄLTERE
Basel 1564 – Prag 1609

132 Satyrn und Nymphen
1599

Öl auf Kupfer; 24 × 32,5 cm (queroval)
Bezeichnet und datiert: HE(ligiert)intz. F. 1599 unten links
Herkunft: Möglicherweise aus der Kunstkammer Rudolfs II., 1685 wahrscheinlich in der kurfürstl.-pfälzischen Sammlung im Heidelberger Schloß, 1756 im Mannheimer Schloß, mit der Mannheimer Galerie durch Kurfürst Karl Theodor nach München gebracht, 1863 bis nach 1914 in Schleißheim
Ausstellungen: Nürnberg 1952 Nr. K 17
Literatur: Zimmer 1971, S. 106f. Nr. A 22 Abb. IV und 59 (mit der älteren Literatur; Deutsche und niederländische Malerei zwischen Renaissance und Barock. München [3]1973, S. 38 Nr. 1579 Abb. 16 (mit reichen Literaturangaben); Alte Pinakothek 1983, S. 241/Nr. 1579; Le Nu féminin. 4. 1980, S. 107, 130 Nr. 44 mit farbiger Abb.; Kaufmann 1985, S. 231 Nr. 7–19 mit Abb.

Die zweifellos zu den schönsten Bilderfindungen von Heintz zu zählende, kleine Arbeit mit Satyrn und Nymphen zeigt den Maler auf einem Höhepunkt seines Lebens und Schaffens. Zu der Darstellung hat ihn offenbar die Ovidische Historie von Pan und Syrinx (Ovid, Metam. I, 699 ff.) angeregt. Sein Bild ist aber alles andere als eine ›Illustration‹ dieser Begebenheit. Heintz hat sein eigenes ›Gedicht‹ im Sinne etwa von italienischen Ovid-Umdichtungen gebildet (vgl. Andrea dall' Anguillara: Le Metamorfosi di Ovidio. T. 1. Venezia 1757, Libro I, Stanze 191–194, S. 49 f. – Eine kürzere Ausgabe des in der zweiten Hälfte des 16. Jahrhunderts entstandenen Werkes erschien z. B. 1582 in Venedig). Das in der Erzählung nur sukzessiv zu entwickelnde Geschehen hat Heintz ›simultan‹ ins Bild gesetzt; dies ist eine beträchtliche Stärke der gemalten poesia, die dem Verständnis des weit nachgeborenen Betrachters aber zugleich schwerer zugänglich ist als wiederum das Wort.

In der Komposition, für die er das ovale Format wählte, entfaltete Heintz seine ganze Kunst: Die überaus lebensfroh und sinnlich blickenden und handelnden ›Figuren‹ sind kunstvoll verschränkt; die Körper sind in die kleine Fläche eingebunden, jeder für sich bildet jedoch den von ihm benötigten Raum. Es entsteht ein dichtes, auf den ersten Blick verwirrendes Durcheinander von Leibern; das von den Blicken aufgebaute Beziehungsnetz wirkt jedoch sehr rasch ordnend. Heintz hat seine Bildordnung auf einer strengen geometrischen Konstruktion aufgebaut, nämlich auf Serlios ovalen Flächenfiguren, die sich auf Leonardo und Peruzzi zurückführen lassen (s. Sebastiano Serlio: Il Primo Libro di Architettura. Paris 1545 u. ö.: 4. Ovalfigur; s. Ingrid Preussner: Ellipsen und Ovale in der Malerei des 15. und 16. Jahrhunderts. Weinheim 1987, S. 16, 149 Abb. 8): Überträgt man Serlios vierte Ovalfigur auf das Bild von Heintz, so hat man bereits dessen Kompositionsprinzip, das alle wichtigen Teile des Gemäldes festlegt. Das ovale Bildformat beansprucht weiter unsere Aufmerksamkeit (nicht ohne die zitierte Arbeit von Ingrid Preussner). Heintz hat diese Bildform verschiedentlich angewendet: In seiner *Mantelspende des. Hl. Martin* (Augsburg, St. Anna und Köln, Wallraf-Richartz-Museum; s. Jürgen Zimmer: Joseph Heintz d. Ä. – Neue Ergebnisse zum Werk des Malers. In: Alte und Moderne Kunst. 24. 1979 (H. 163), S. 10f. Abb. 5) und in einer kleinen Zeichnung, *Diana entdeckt die Schwangerschaft Kallistos* (Harburg/Ries, Slg. Oettingen-Wallerstein; s. Zimmer 1988, Nr. A 69 [im Erscheinen]). – Wenn die Schlußfolgerung Ingrid Preussners richtig ist, daß nämlich das Oval als selbständiges Bildformat erst nach der Veröffentlichung der drei Gesetze Keplers über die elliptischen Planetenbahnen (1609), als dieser Form ›kosmologische Bedeutung‹ zukam, Eingang und Verbreitung auch in der Kunst erlangt habe, also erst im Laufe des 17. Jahrhunderts (s. Preussner 1987, S. 135–138), dann wäre Heintz in diesem Sinne ein Protagonist gewesen; der Hof Rudolfs II., an dem auch Kepler wirkte, zeigte in mehrfacher Hinsicht ›avantgardistische‹ Ansätze, die von den folgenden politischen Ereignissen allerdings überrollt wurden. Heintz hat zumindest geholfen, das ovale Bildformat, das ihm vor allem aus Venedig (Veronese, Tintoretto, Palma Giovane) vertraut gewesen ist, aus dem dekorativen Rapport zu lösen und zur eigenständigen Bildform zu entwickeln. Dies ist, augenfällig wie sonst kaum irgendwo an seiner *Mantelspende des Hl. Martin* zu verifizieren: Einmal als Medaillon oder ›ovato riportato‹ eingelassen in das Epitaph für Martin Zobel vor dem Eingang der Kirche St. Anna in Augsburg, wiederholt und variiert in dem Tafelbild, das sich heute als Leihgabe aus Privatbesitz im Kölner Wallraf-Richartz-Museum befindet. – Die Münchener *Satyrn und Nymphen* sind ein solches Tafelbild von höchster Vollendung, entstanden zehn Jahre vor der Veröffentlichung der Keplerschen Gesetze. J. Z.

München, Bayerische Staatsgemäldesammlungen, Alte Pinakothek, Inv. Nr. 1579

JOSEPH HEINTZ DER ÄLTERE
Basel 1564 – Prag 1609

133 Bacchus, Venus, Ceres und Cupido
Um 1582–1595 *Ft. 33, S. 265*

Öl auf Leinwand; 132,5 × 115 cm
Herkunft: 1980 im Turiner Kunsthandel (Galerie Zabert)
Ausstellungen: Torino 1980
Literatur: Il Ritratto. 1980, Nr. 7 mit Abb; Kaufmann 1985, S. 223 Nr. 5–7 (als von Gundelach stammend)

Die geschickt diagonal bzw. rautenförmig dem hochrechteckigen Bildformat eingepaßte Halbfigurengruppe stellt ein menschlich-intimes Beisammensein mythologischer Gestalten dar: Venus umfaßt mit der Linken, die Amors Bogen hält, die dem Kind im Vordergrund zugewendete Ceres, die Rechte beschäftigt sich mit dem Kind. Im Hintergrund links erscheint Bacchus in verhalten ekstatischer Pose. Die Darstellung enthält keinerlei Hinweis auf eine bestimmte sentenzielle Bedeutung, wie sie vergleichbaren Gruppierungen derselben Figuren oft beigelegt ist, etwa im Sinne des Terenzischen ›Sine Cerere et Baccho friget Venus‹. Derartige Darstellungen von *Venus, Ceres und Bacchus* gehören zu den beliebtesten und am häufigsten gestalteten Bildthemen der rudolfinischen Zeit.

Heintz selbst hat das Thema mehrfach behandelt; erhalten sind zumindest drei ganz verschiedene Kompositionen: Eine im genannten Sinn zu deutende Zeichnung in Frankfurt a. M.; eine weitere, der Komposition des Gemäldes hier verwandte Zeichnung im Schweizer Kunsthandel (s. Zimmer 1988, Nr. A 57, A 56); eine weitere (?) Darstellung von Venus, Ceres und Bacchus nach »des Heintzen Invention«, die Kilian in Arbeit habe, erwähnt Philipp Hainhofer im Jahre 1610 (s. Zimmer 1988, Nr. C 33). Obwohl sich die aufgeführte Zeichnung im Schweizer Kunsthandel und das Gemälde sich in manchen Zügen ähneln, – zu denken ist hier an das Stilleben unten links, die Diagonalkomposition und die geringe Tiefe des Bildraumes –, ist die Auffassung des Bildthemas in beiden Darstellungen doch grundverschieden: Die Zeichnung stellt die mythischen Gestalten repräsentativ zusammen, sie haben kaum eine Beziehung zueinander außer der kompositionellen, das Gemälde zeigt sie emotional verbunden. Es ist anzunehmen, daß die Zeichnung bereits in der 2. Hälfte der 80er Jahre entstand, das Gemälde dürfte der Zeit um 1592–1595 entstammen, als Heintz auch eine *Toilette der Venus* zeichnete (s. Zimmer 1988, Nr. A 48), bei der anstelle des sonst assistierenden Amor ein kleines Mädchen erscheint; auch

25 Matthäus Gundelach, *Adam und Eva*. 1605–1612 (Kat. 121)

26 Matthäus Gundelach, *Allegorie des Bergbaus oder der Erde.* Vermutlich 1615–1625 (Kat. 122)

27 Matthäus Gundelach, *Die mystische Vermählung der hl. Katharina.* 1614 (Kat. 124)

28 Matthäus Gundelach, *Vision des Ezechiel.* Um 1614–1617 (Kat. 125)

29 Joseph Heintz der Ältere, *Anbetung der Hirten.* Vermutlich Ende 1590er Jahre (Kat. 126)

31 Joseph Heintz der Ältere, *Selbstbildnis mit den Geschwistern Daniel und Salome* 1596 (Kat. 128)

◁ 30 Joseph Heintz der Ältere, *Der schlafende Amor (Cupido) mit zwei Nymphen* (Kat. 127)

32 Joseph Heintz der Ältere, *Bildnis der Erzherzogin Maria Anna*. Für 1604 dokumentiert (Kat. 129)

132

an der Rückenfigur ›Amors‹ auf dem Gemälde sind weibliche Züge auszumachen. In den frühen 90er Jahren ist wahrscheinlich auch die *Büssende Magdalena* entstanden, die Aegidius Sadeler gestochen hat (s. Zimmer 1971, Nr. B 6); die voluminösen Arme von Ceres und Magdalena entsprechen sich.

Kaufmann 1985 hat das Gemälde dem Œuvre Gundelachs zugeordnet; es kann aber kein Zweifel daran bestehen, daß es sich um eine eigenhändige, besonders reizvolle Arbeit von Heintz vor Mitte der 90er Jahre des 16. Jahrhunderts handelt, in Italien wahrscheinlich für einen italienischen Auftraggeber gemalt. J. Z.

Umberto Pecchini (vormals Sammlung Gilberto Zabert, Turin)

JOSEF HEINTZ DER ÄLTERE
Basel 1564 – Prag 1609

134 Heilige Familie mit Engel
Um 1600

Öl auf Kupfer; 17 × 20,75 cm
Im wahrscheinlich ursprünglichen Rahmen
Bezeichnet links am Postament unter der Nische: HE(ligiert)intz (fragmentiert)

134

Herkunft: Aus dem Londoner Kunsthandel (Gallery Lasson, 1964) als Arbeit Hans von Aachens. – Im 17. Jahrhundert in Augsburg
Ausstellungen: London 1965 Nr. 19
Literatur: Zimmer 1971, S. 77f. Nr. A 5 Abb. 10 (mit der älteren Literatur); ders. 1985, S. 170f.

Die kleine, kostbare Tafel war in den 60er Jahren als Werk Hans von Aachens im Londoner Kunsthandel, obwohl sie am Postament unter der Nische links im Bild das – zwar fragmentierte – Heintz-Monogramm trägt.

Eine erkennbare, seine Form etwa als Retabel oder Altärchen bestimmende Funktion hat das Bild kaum. Es ist primär ein Kunstwerk *sui generis,* geschaffen für eine Kunstkammer oder für den privaten häuslichen Bereich einer kunstsinnigen Standesperson.

Die halbfigurige Darstellung der Heiligen Familie, der ein andächtiger Engel rechts beigesellt ist, folgt denn auch keinem festgelegten, ›kanonischen‹ Schema, keinem Typus oder Programm; sie ist ein sonst nicht wiederholtes und in vergleichbarer ikonographischer Gestalt anzutreffendes Produkt der künstlerischen Phantasie eines Einzelnen, die sich des religiösen Themas grundsätzlich auf dieselbe Weise annimmt, wie sie Allegorien und Mythologien vor den Betrachter stellt: Als gemaltes Gedicht, dessen sinnliche Qualität in der Harmonie der Komposition und der Schönheit von Form und Farbe liegt. Der Betrachter ist auf einen kontemplativ-assoziativen Genuß des Kunstwerks gewiesen, mittels dessen er den geistlichen Gehalt des Bildes in seine Gegenwart tragen kann, ebenso, wie er die Poesie der Mythologien und Allegorien, ihre Weisheit und Moral erfahren kann und soll. So ist auch dieses Bildchen ein Musterbeispiel für die Verwirklichung des künstlerischen poesia-pictura-Ideals des späten 16. Jahrhunderts.

Obwohl, wohlverstanden im weiteren Sinne ein Erzeugnis der rudolfinischen Hofkunst, wurde die feine Kupfertafel aller Wahrscheinlichkeit nach nicht für Rudolf II. gemalt, sondern für einen Auftraggeber aus dem Augsburger Patriziat. Diese Vermutung wird nahegelegt, weil Wolfgang Kilian im Jahre 1639 eine Nachzeichnung in Stichmanier anfertigte, die sich heute in Wien befindet (Albertina Inv. Nr. 3454; s. Zimmer 1988, Nr. E 22). Da es keinen Stich der Komposition gibt, muß sich das Bild zu jener Zeit in Augsburg befunden haben, es ist auch in keinem Prager Inventar verzeichnet. J. Z.

Stuttgart, Staatsgalerie Inv. Nr. 2728

JOSEPH HEINTZ DER ÄLTERE
Basel 1564 – Prag 1609

135 Diana und Aktaeon
1590–1600

Öl auf Kupfer; 40 × 49 cm
Bezeichnet unten links: HE (ligiert)
Herkunft: Aus der Sammlung Kaiser Rudolfs II.
Ausstellungen: Neapel 1952, Nr. 101; Wien 1987, Nr. III, 23
Literatur: Pilkington 1805, S. 240; Fontainebleau e la maniera italiana. Mostra d'oltremare e del lavoro italiano nel mondo. Napoli, 26.07.–12.10.1952 (Catalogo) Firenze 1952, S. 53 Nr. 101; Zimmer 1971, S. 94, Nr. A 16, Abb. 40 mit der übrigen älteren Literatur; Katalog 1973, S. 84; Kaufmann 1985, S. 231, Nr. 7–20 mit Abb. u. Farbtaf. S. 51; Zauber der Medusa, S. 190, Farbtaf. S. 123 (Michaela Krieger)

Das kostbare Gemälde ist eine der bekanntesten, nie in Vergessenheit geratenen Arbeiten des Kammermalers Rudolfs II., die durch die Jahrhunderte den Ruhm des Malers immer wieder bestätigt haben.

Die Entstehungszeit der – auch sonst häufig dargestellten – Ovidischen Historie (Ovid, Metam. III, 143–252, bes. 155–197) läßt sich nicht auf das Jahr genau bestimmen; sie reicht vom Anfang der 90er Jahre bis etwa 1600. 1601 hat Cripin de Passe d. Ä. bereits Sadelers Stichreproduktion des Gemäldes benutzt; hier weitere Argumente zur Datierung vor 1597, zur Rezeption und zum Fortleben der Komposition.

Als bekannteste Bilderfindung von Heintz ist *Diana und Aktaeon* denn auch häufig nachgeahmt und kopiert worden, einzelne Figuren daraus sind von anderen Künstlern zitiert und umgedeutet worden, so nahm der Sohn des Hofkünstlers, Joseph Heintz d. J., 1674 in Venedig die Figur der Diana in sein Gemälde *Triumph der Venezia* auf (Wien, Kunsthistorisches Museum, Inv. Nr. 9096), gleichsam als Hommage an seinen Vater.

Wie eine Skizze zu dieser Figurenerfindung erscheint das Budapester Blatt der *Nach rechts vornübergebeugten weiblichen Figur* (Kat. Nr. 214), obgleich Diana hier nicht gemeint sein kann. Ein zeitgenössisches modisches Attribut hat Michaela Krieger (1987) in dem Sonnenschirm der sich kämmenden Nymphe im Vordergrund erkannt. Sie hat auch die inhaltliche und formale Spannweite des Bildes im Gegenüber mit dem Betrachter charakterisiert. Die Komposition eröffnet diesem eine bedeutende Fülle von Bezügen sinnlicher und intellektueller Art, zu denen auch jene allegorische Deutung der Aktaeon-Geschichte gehört haben mag,

135

welche der Ovid-Kommentator Giuseppe Orologgi 1563 der freien ›Metamorphosen‹-Nachdichtung Giovanni Andrea dell' Anguillaras nachgesetzt hat und die dem belesenen Zeitgenossen bis ins 18. Jahrhundert hinein gegenwärtig gewesen ist. Sie lautet sinngemäß etwa: Der Mensch, der sein ganzes Streben darauf richtet, die geheimnisvollen Ordnungen des Himmels und die Verwandlungen des Mondes (im Bilde der Diana) zu ergründen, gleicht einem Hirsch, der sich von seiner Neugier (nach diesen Wissenschaften) in unwegsame Wälder und entlegene Gegenden treiben läßt, dort aber schließlich doch von seinen vertrauten Gefährten – »delle proprie cure famigliari« – (den Hunden) aufgespürt wird. Sie verschlingen, vernichten ihn, weil sie nicht ertragen können, daß der Mensch für sich selbst lebt (Giovanni Andrea dell' Anguillara: Le Metamorfosi di Ovidio ... con l'annotazioni di M. Giuseppe Orologgi, e con gli argomenti di M. Francesco Turchi. Vol. 1. Venezia 1757, S. 236). In Kenntnis solcher Allegorie konnte der Betrachter – über allen Sinnenreiz hinaus, den das Bild vermittelt – sich zu gewissermaßen sozial-philosophisch-moralischen Gedanken anregen lassen. J. Z.

Wien, Kunsthistorisches Museum, Gemäldegalerie Inv. Nr. 1115

JOSEPH HEINTZ DER ÄLTERE
Basel 1564 – Prag 1609

136 Jüngstes Gericht
Für 1606–1609 belegt *Ft. 34, S. 266*

Öl (?) auf Holz; 102 × 274,5 cm
Die Malerei wirkt stumpf und glanzlos; wahrscheinlich blieb das Gemälde unvollendet, ihm scheinen die abschließenden Lasuren zu fehlen
Herkunft: Gemalt für die Schloßkapelle in Bückeburg; ab 1609 in der Kunstkammer Rudolfs II., ab 1621 bis vor 1797 in den Inventaren der Prager Burg verzeichnet, ab 1797 von der Gesellschaft patriotischer Kunstfreunde in Prag ausgestellt, wo es sich um 1830 noch befand, im Katalog der Gesellschaft von 1856 ist es nicht mehr verzeichnet
Literatur: Wolfgang Adolph Gerle: Prag und seine Merkwürdigkeiten. 2. Aufl. Prag 1830, S. 105 (als Spranger); Zimmer 1967, S. 205–209; ders. 1971, S. 80 f., Nr. A 7, Abb. 12; Neumann 1984, S. 108 u. ö. Nr. 63; Kaufmann 1985, S. 242 f., Nr. 7–58; Zimmer 1988, Q 150, Q 151, Q 153, Q 156, Q 163, Q 166, Q 173, Q 176, Q 177, Q 183, Q 184, Q 193, Q 194, Q 195, Q 198, Q 199

Das extrem breitformatige, beim Betrachter keine ungeteilte Bewunderung auslösende Gemälde des *Jüngsten Gerichts* ist erst seit etwa 20 Jahren als Werk von Joseph Heintz im kunsthistorischen Bewußtsein angesiedelt, aber es ist das bei weitem am reichsten dokumentierte Bild des kaiserlichen Kammermalers (s. Literatur), an dem dieser ab Ende 1606 – wenn auch nicht kontinuierlich – bis zu seinem Tod im Oktober 1609 gemalt hat. Den 16 Schriftquellen, in denen vom Auftrag des protestantischen Grafen Ernst von Schaumburg-Holstein an den kaiserlichen Kammermaler Heintz die Rede ist, lassen sich zahlreiche, auch allgemeingültige Details solcher Bildergeschäfte entnehmen: Die Verhandlungen über den Preis (Heintz' Vorstellung hatte wegen der zahlreichen, größtenteils nackten Figuren bei 500 Reichstalern gelegen; geeinigt hatte man sich auf 400), den Zahlungsmodus (Zahlung des halben Preises bei Auftragsbestätigung, den Rest nach Lieferung), den Transportweg solcher voluminösen Kostbarkeiten nach Norddeutschland (von Prag auf der Elbe nach Hamburg, von dort auf dem Landweg nach Bückeburg) usw. Graf Ernst hatte das Gemälde für die neu ausgestattete Kapelle des Bückeburger Schlosses bestimmt, wo es an der von Ebbert d.J. und Jonas Wulff seit 1603 reich verzierten Westwand seinen Platz haben sollte (vgl. Johannes Habich: Die künstlerische Gestaltung der Residenz Bückeburg durch Fürst Ernst, 1601–1622. Bückeburg 1969, S. 80–135, Abb. 17 [bes. S. 112 ff. zur Ikonographie] = Schaumburger Studien. 26.) und ein wichtiges Glied im ikonologischen Gesamtkonzept der protestantischen Schloßkapelle geworden wäre. Graf Ernst hat das Bild von Heintz jedoch nie erhalten; es war auch noch nicht ganz vollendet, als der Maler im Oktober 1609 plötzlich starb. Sein Werkstattnachfolger Gundelach hat offenbar auch keine Gelegenheit mehr gehabt, die Arbeit an dem Bild abzuschließen, da Kaiser Rudolf II. es bereits kurz nach dem Tod von Heintz beschlagnahmen und in seine eigene Kunstkammer bringen ließ. Graf (später Fürst) Ernst mußte sich noch mehr als fünf Jahre um die Erstattung seiner Anzahlung von 200 Reichstalern bemühen. Schon 1610 hatte er aber die Aussichtslosigkeit erkannt, das Bild jemals aus der Kunstkammer Rudolfs zu erhalten, und den Wolfenbütteler Hofmaler Christoph Gertner beauftragt, dasselbe Thema im gleichen Format neu zu gestalten – für die noch nicht an Heintz bezahlten restlichen 200 Reichstaler, so hat er ohne finanzielle Einbuße das Bildprogramm der Kapelle auch ohne das Bild von Heintz vervollständigt.

Das vielfigurige *Jüngste Gericht* von Heintz geht über die traditionelle Darstellung dieses Themas nicht hinaus: Die langgestreckte, von der Innenarchitektur vorgegebene Form ist ebenso auf venezianische Vorbilder zurückzu-

136

führen, auf denen auch vergleichbare nordalpine Exemplare beruhen, wie die von Heintz verwendete Technik der Luftperspektive vornehmlich von Tintoretto herzuleiten ist. Die sorgfältige Arbeit von Heintz verwandelt allerdings die malerisch-lockere Behandlung der Venezianer mit ihrem unübersehbaren, überwältigenden Durcheinander der Figuren in eine Bildform, in der die vielen Gestalten verfestigt, klar definiert und einander zugeordnet erscheinen. Heintz fehlt das visionäre Pathos der venezianischen ›Vorbilder‹ fast gänzlich. Das ein wenig trocken anmutende Werk ruft beim Betrachter wohl aus drei Gründen nur geteilte Begeisterung hervor, die berücksichtigt werden müssen, will er dem Kunstwerk die ihm zukommende Gerechtigkeit zubilligen: Dem Gemälde fehlen die abschließenden Lasuren, ohne die der Künstler sein Werk nicht aus der Werkstatt gegeben hätte. Das Bild entstand während einer verhältnismäßig langen Zeitspanne von fast drei Jahren, in der das Leben des Malers von Überlastung und bereits von Krankheit belastet war; gerade im Zusammenhang mit dem Auftrag des Grafen Ernst plagte Heintz ständig ein schlechtes Gewissen wegen des nicht eingehaltenen Liefertermins. Schließlich ist solch ein Gemälde kein Galeriebild; bei musealer Hängung fehlt ihm der reiche architektonische Rahmen, für den es konzipiert wurde und in dessen ikonologischen Zusammenhang es eingebunden sein muß. J. Z.

Prag, Nationalgalerie, Inv. Nr. DO 208

JOSEPH HEINTZ DER ÄLTERE
Basel 1564 – Prag 1609

137 Heilige Familie mit Engeln und den Heiligen Barbara und Katharina (Sacra Conversazione)
Um 1595–1600 *Ft. 35, S. 267*

Öl auf Leinwand; 195 × 141 cm
Bezeichnet unten: HE (ligiert) intz. F.
Beim Einbau in die Retabelarchitektur von 1709 das Bildformat vermutlich geringfügig verkleinert
Herkunft: Noch am ursprünglichen Ort
Ausstellungen: Kutná Hora (Kuttenberg) 1969 (ohne Katalog); in den 1970iger und frühen 80iger Jahren in der Nationalgalerie Prag, ausgestellt; Paris 1981 Nr. 13
Literatur: Zíkmund Winter: Český průmysl a obchod v XVI. věků. Praha 1913, S. 520; Zimmer 1971, S. 85 Nr. A 9 (mit der übrigen älteren Literatur) Abb. 20 (Zustand vor der Restaurierung); N(árodní) G(alerie). Průvodce expozicí v Jířeském klášteře na Pražském hradě: Staré české umění. II: Manyrismus a Baroko. Praha 1976, S. 4; Neumann 1978, S. 324 Abb. 13; ders. in: Die Kunst der Renaissance und des Manierismus in Böhmen. 1979, S. 207; Le Baroque en Bohème. Paris, Galeries Nationales du Grand Palais, 18. 9.–7. 12. 1981. Paris 1981, S. 60 Nr. 13 (J. Neumann), farbige Abb. hinter Frontispiz; Neumann 1984, S. 108 u. ö. Nr. 61–62 (farbige Abb., Detail a. d. Schutzumschlag); Kaufmann 1985, S. 233 Nr. 7–27

Dieses, zu den Hauptwerken von Heintz aus seiner besten Schaffenszeit zählende Gemälde ist das früheste seiner großen Altarblätter.

Das Prager Altarblatt entstand im Zusammenhang mit der Erneuerung der St. Barbarakapelle im Kleinseitner Thomaskloster der beschuhten Augustiner. Die Inschrift über dem Portal der Kapelle gibt das Datum 1596 an, das als terminus post quem für das Gemälde von Heintz gelten kann. Das Altarblatt mit seiner ausgewogenen Komposition, seiner lebhaften, sensiblen und raffinierten Farbigkeit und den sinnlich überzeugend ansprechenden Personen verleiht dem sakralen Thema eine in der ›deutschen‹ Malerei bis dahin neue, unbekannte Dimension. Es steht ganz in der von Ventura Salimbeni, Francesco Vanni, Federigo Barocci, den Carracci und anderen gebildeten Traditionskette italienischer Malerei und braucht den Vergleich etwa mit Agostino Carracis *Madonna col Bambibo e i Santi Giovannino, Bendetto, Margherita e Cecilia* in der Galleria Nazionale in Parma nicht zu scheuen. Heintz gelang es, die gewöhnlich distanzierte, entrückte sakrale Darstellung mit menschlicher Nähe und Wärme zu erfüllen, die eine unmittelbare Beziehung zum andächtigen Betrachter herzustellen vermag. Eine in Wiener Privatbesitz erhaltene, sorgfältig ausgearbeitete Studie zu dem Bild von Heintz kann als modello angesehen werden, von dessen ausgeprägt intimer und ›unrepräsentativer‹ Haltung sich das Gemälde allerdings weit entfernt (s. Zimmer 1988 Nr. A 72). Eine Rötelskizze der Hl. Barbara in Budapest (Zimmer 1988 Nr. A 71) kommt der im Gemälde ausgeführten Form näher.

137

Das Gemälde von Heintz befindet sich noch heute in der Barbara-Kapelle am Kreuzgang des Thomasklosters, in dem 1612 die rudolfinische Dichterin Elizabeth Westonia und 1635 der Goldschmied Jost de Brusse ihre letzte Ruhestätte gefunden haben. Es ist in einer barocken Retabelarchitektur von 1709 ausgespannt; wie die ursprüngliche Rahmung ausgesehen hat und ob sie vielleicht ebenfalls von Heintz entworfen war, wissen wir nicht. – Schottky berichtet (nach Redel 1710 u. ö.), daß der Altar der Barbara-Kapelle »jährlich in der Heiligen Wochen ... überhäuft mit silbernen Statuen und anderen kostbaren Zieraten bekleidet wird, als man kaum in einer andern Kirch der Stadt Prag zu sehen bekommt am Festtag.« (Julius Max Schottky: Prag, wie es war und wie es ist. 2. Prag 1832, S. 77); das Gemälde erwähnt Schottky nicht. – Den Prämonstratensern von Strahov scheint das Altarblatt des Lutheraners Heintz gefallen zu haben: Sie hatten eine etwas verkleinerte Kopie des frühen 17. Jahrhunderts in ihrem Besitz, die sich heute in der Kirche des ehem. Prämonstratenserstiftes Doksany befindet. J. Z.

Prag, Pfarrei St. Thomas auf der Kleinseite, Barbara-Kapelle

HANS HOFFMANN
Nürnberg (?) um 1550 – Prag 1591/92

138 Hase im Wald
1585 (?) *Ft. 36, S. 268*

Öl auf Lindenholz; 62 × 78,2 cm
Herkunft: Aus den Sammlungen Kaiser Rudolfs II. und N. Hartas
Ausstellungen: Wien 1985, Kat. Nr. 49
Literatur: Koreny 1984, S. 18–23; Bergström 1987

Mit seinen Kopien nach Dürers Zeichnungen und seinen im Stile Dürers gefertigten Werken gilt Hoffmann als wichtigster Vertreter der in der 2. Hälfte des 16. Jahrhunderts aufgetretenen Kunstströmung, für die der Name ›Dürer-Renaissance‹ geprägt worden ist (Kauffmann 1954). Der Künstler hat die von Dürer 1502 angefertigte, einst in der Sammlung Imhoff befindliche Hasendarstellung in mehreren Varianten kopiert, immer anders, mit kleineren oder größeren Abweichungen vom Original (Wien 1985, Kat. Nr. 47–49, 52, 53). Die hier gezeigte Ölgemälde-Variante ist eine der wenigen Schöpfungen Hoffmanns, die sicherlich mit seiner Prager Periode zusammenhängt. Von dem vor kurzem auf einer Sotheby-Auktion aufgetauchten und 1985 zum ersten Male ausgestellten Gemälde hat Fritz Koreny festgestellt, daß es offenbar mit dem in der Eintragung vom 22. Oktober 1585 im Archiv der K. u. K. Hofbibliothek erwähnten Werk identisch ist. Der Text besagt, daß Rudolf II. seinem Hofmaler Hans Hoffmann 200 rheinische Gulden »für ainen mit ollfarb gemahlten haasen« hat auszahlen lassen (Urkunden und Regesten, S. CCXX, Nr. 5456). Das Tafelbild läßt auch Schlüsse über die schöpferische Arbeit des Künstlers zu: Die den Hasen umgebenden Pflanzen und Tiere kopierte er von seinen eigenen Naturstudien auf diese Komposition (vgl. Wien 1985, Kat. Nr. 50, 51). Es ist wahrscheinlich, daß Hoffmann das Bild noch in Nürnberg gemalt hat, weil er die verwendeten Tier- und Pflanzendarstellungen nicht mit nach Prag genommen hat, sondern sie in Nürnberg ließ, wo sie in die Sammlung von Paulus II. Praun gelangten (Achilles 1985). Ingvar Bergström nimmt an, daß das Ölgemälde im Dreißigjährigen Krieg mit anderen Kunstschätzen Rudolfs II. zusammen nach Schweden verschleppt worden ist. S. B.

London, Privatbesitz Courtesy
Ellen Melas Kyriazi

139

DIRCK DE QUADE VAN RAVESTEYN
Tätig 1589–99 und 1602–08 in Prag

139 Die drei Grazien
Um 1600 *Ft. 37, S. 269*

Öl auf Leinwand; 197,5 × 126 cm
Herkunft: Leihgabe der Bundesrepublik Deutschland L M 1234 als J. Heintz d. Ä.
Literatur: Neumann 1978, S. 324; Fučíková 1979, S. 493, Abb. 2; Zimmer 1979, S. 12, 13; DaCosta Kaufmann 1985, S. 262, Abb. 16–5

Das *Drei Grazien*-Thema (Drei Chariten) gehört zweifellos zu den Lieblingssujets im Œuvre Ravesteyns. Es sind sogar drei Varianten vorhanden, denen allen dasselbe Schema zugrunde liegt. Am ausgearbeitetsten ist das Bild aus Münster; ähnlich groß, aber ohne das Motiv der fliegenden Putten, ist das Gemälde aus Poltava (UdSSR, Staatliches Museum, Inv. Nr. 349); das kleine Bildchen aus Baltimore (Baltimore Museum of Fine Arts, Inv. Nr. 48 170) wäre vielleicht als bozzetto anzusehen. Das letztgenannte ist für die Datierung dieser Bilder wichtig, denn – wie DaCosta Kaufmann (1985, S. 262) richtig bemerkte – dieses Gemälde hängt in der Malweise mit den Staffagefiguren Ravesteyns in den Architekturbildern von Hans und Paul Vredeman de Vries von 1596–1598 zusammen (Kat. Nr. 174, 175). Kaufmanns Ansicht, daß die *Drei Grazien*-Bilder in gewissen Zeitabständen entstanden sind, ist aber irrig. Der scheinbare Unterschied ist nämlich durch die unterschiedlichen Formate der Gemälde verursacht; sie sind an der Wende des 16. zum 17. Jahrhundert gemalt und gehen zeitlich der *Allegorie auf die Regierung Rudolfs II.*, datiert 1603, voraus (Kat. Nr. 140). Das Prager Bild ist aber stilistisch fortgeschrittener und spiegelt den Einfluß anderer rudolfinischer Maler, vor allem Aachens und Heintz' wider, wobei aber das Gemälde aus Münster dessen inhaltliche Vorstufe darstellt.

Ravesteyn hat nicht an das klassische antike Schema der Drei Grazien-Abbildung angeknüpft, wie es z. B. Raffael tat, der die Figuren Caritas, Pulchritudo und Amor darstellt. Es ist auch keine bloße Manifestation der drei Arten der Wohltat: Geben, Übernehmen, Zurückgeben, was durch die Haltung der Hände angedeutet wird. Die Attribute der über den Grazien schwebenden Putten erinnern an die Bindung dieser Frauen an die Jahreszeiten. Die Kränze auf den Köpfen der Grazien deuten aber noch weitere Möglichkeiten der Interpretation an. Die linke Frau mit einem Blumenkranz könnte die Thaleia genannte Grazie sein, ›die Blühende‹. Die mittlere Gestalt schmückt eine Ährenkrone, erinnert also an Ceres, Abundantia. Die rechte Frau hat einen Olivenzweig in den Haaren, sie symbolisiert wahrscheinlich den Frieden.

Auch auf der Prager Allegorie von Ravesteyn erinnern die drei Frauen im Vordergrund kompositorisch an die Grazien, ihre Attribute sind aber vielsagender. Der ganze allegorische Apparat bestimmt hier eindeutig Rudolf II. als Urheber der Wohltat und des Wohlstandes. Das Bild aus Münster bewegt sich nur auf einer allgemeinen Ebene: Es ist die Verherrlichung des Aufblühens, Wohlstandes und Friedens, die seit Menschengedenken Voraussetzung guter Regierung sind. E. F.

Münster, Landesmuseum für Kunst- und Kulturgeschichte, Inv. Nr. 69–316

DIRCK DE QUADE VAN RAVESTEYN
Tätig 1589–99 und 1602–08 in Prag

140 Allegorie auf die Regierung Kaiser Rudolfs II.
1603 *Ft. 38, S. 270*

Öl auf Holz; 213 × 142 cm
Bezeichnet und datiert unten rechts: Did de Quaede van Ravensteyn 1603
Herkunft: Wahrscheinlich aus der Galerie Rudolfs II., später Gemäldegalerie des Prämonstratenserklosters Strahov, Prag, Nr. 789
Literatur: Kuchynka 1922, S. 80–83, Abb. S.

81; Neumann 1978, S. 324; Fučíková 1979, S. 492; Zimmer 1979, S. 11, Anm. 41, S. 13; DaCosta Kaufmann 1985, S. 262, Abb. 16–7

Dieses Bild ist das einzige erhaltene, signierte und datierte Gemälde von Ravesteyn. Das Entstehungsjahr 1603 fällt noch in die Zeit, als sich der Kaiser über die Siege in den Türkenkriegen freuen und sich als Friedensstifter und Wohltäter des Reiches fühlen konnte. So hat ihn auch Ravesteyn in diesem Bild verherrlicht. Ceres-Wohlstand, Gerechtigkeit und Frieden umarmen sich, untergeordnet der Gestalt, die die Allegorie der Weisheit oder des Wissens verkörpert und den Gott des Krieges, Mars, von dem Hauptfeind des Reiches – den Türken – gestützt, in den Hintergrund drängt. Die allegorischen Frauenfiguren sind durch Ketten gebunden, deren Ende ein Adler – der hier das Kaisertum bzw. Rudolf II. vertritt – in seinen Krallen hält. Über dem Adler erscheinen am Himmel Zepter, Palmenzweig und Olivenkranz als Symbole der friedlichen Regierung.

Ein Vergleich mit ähnlichen Allegorien von Spranger und Aachen belegt deutlich, daß Ravesteyn nur ein mittelmäßiges Talent war. Es ging über seine Kräfte, eine kompliziertere Komposition zustande zu bringen, die einzelnen Figuren räumlich einzuordnen. Seine Gestalten sind Figurinen mit schraubenhaft angesetzten Bewegungen und Gesten, die nur hinter- oder nebeneinander stehen. Da der Maler die Kunst der perspektivischen Verkürzung nicht beherrschte, sind die körperlichen Gliedmaßen entweder zu kurz oder zu lang. Die Kinderfiguren mit ihren großen Köpfen und zierlichen Körpern erinnern eher an Hofzwerge als an ephebenartige Geschöpfe.

Trotz all dieser Mängel hatte Ravesteyn offensichtlich mit seinen Bildern Erfolg und arbeitete auch für Auftraggeber außerhalb des Hofes. Wie sonst ließe sich erklären, daß auch von diesem Gemälde Ravesteyns noch eine Variante existiert (siehe Kat. Nr. 141). E. F.

Prag, Nationalgalerie, Inv. Nr. DO 7557

141

DIRCK DE QUADE VAN RAVESTEYN
Tätig 1589–99 und 1602–08 in Prag

141 Allegorie der Gerechtigkeit und des Friedens

Öl auf Holz; 44 × 32 cm
Literatur: Hildegard Kayser, Niederländische und flämische Malerei des 16. und 17. Jahrhunderts, Osnabrück 1983, als Frans Francken II.; DaCosta Kaufmann 1985, S. 263, Abb. 16–8

Dieses Bild könnte man als bozetto für die kompliziertere Prager Version ansehen (siehe Kat. Nr. 140), es ist aber eher eine durch Auslassung aller Andeutungen an den Kaiser und seine Regierung vereinfachte Variante. Paradoxerweise wirkt diese Komposition harmonischer, ausgeglichener, als das durch ein Übermaß an Details belastete Prager Bild. Kleinformatige Gemälde von Ravesteyn sind freier gemalt, in diesem Maßstab springen die körperlichen Disproportionen nicht so stark ins Auge. Dies mag die Beliebtheit jener Bildchen auch bei Sammlern außerhalb des kaiserlichen Hofes erklären. E. F.

Osnabrück, Kulturgeschichtliches Museum, Inv. Nr. 3628/13

142

ROELANT SAVERY
Kortrijk 1576–Utrecht 1639

142 Dorffest und Viehmarkt
Um 1604

Öl auf Holz; Dm. 49 cm
Bezeichnet und datiert unten: R. SAVERY 160
Herkunft: L. C. Harvey, Spalding; bei E. Slatter, London, 1953
Ausstellungen: London 1953/54, Kat. Nr. 316; Gent 1954, Kat. Nr. 16
Literatur: Grossman 1954, S. 49; Bol 1969, S. 123; Spicer 1970, S. 5; Spicer 1979, unter Kat. Nr. 183, S. 207, 219, 363; Kaufmann 1985, Kat. Nr. 19–4; Raupp 1985, S. 44, Müllenmeister 1988, Kat. Nr. 3

Dieses bäuerliche Fest ist eines der ersten Gemälde, die Savery nach seiner Ankunft aus Amsterdam im Laufe des Jahres 1604 schuf. Möglicherweise hatte man ihn in der Erwartung nach Prag geholt, er werde dort Bilder in der Art Pieter Bruegels und der in der flämischen Tradition stehenden Künstler in Amsterdam wie Hans Bol und Jacob Savery, Roelants Bruder und Lehrer, malen. Die Komposition aus vignettenhaft dargestellten Figuren, die in lokkerem Zusammenhang zueinander stehen und sich zwischen den hohen, sanft gekrümmten Bäumen vergnügen, sind mit der Akkuratesse einer Miniatur gezeichnet und erinnern an ähnliche Werke der beiden älteren Meister, aber auch an Roelant Saverys eigene Gemälde aus diesem Jahr.

Dorffest ist wahrscheinlich nicht später als *Plünderung eines Dorfes* entstanden (Kortrijk, Museum voor Schone Kunsten; Kaufmann 1985, Kat. Nr. 19–3). Beiden ist der türkisfarbene Himmel gemeinsam, doch fehlt die neue Sensibilität für die ungleichmäßige Oberflächenstruktur in der Natur, wie sie sich zum Beispiel in der Darstellung der Baumstämme im letztgenannten Bild zeigt – ein wesentliches Charakteristikum für Saverys spätere Arbeiten. Demnach könnte die letzte Ziffer in der Datumsangabe von *Dorffest* eine ›4‹ sein. Andererseits entwickelt Savery hier eine Technik, die er bis in die 20er Jahre immer wieder benutzt: Der Hintergrund ist eindeutig mit der Pinselspitze in blaugrauer Farbe gemalt, während der Vordergrund in Braun gehalten ist.

Die Bauern im Hintergrund tragen flämische Kleidung und gehen den Tätigkeiten auf einem typisch flämischen Bauernfest nach (Raupp 1985, 1986): Tanz, ein Flußrennen um eine gebratene Gans, Beischlaf, ein von der Völlerei kranker Mann, den seine Frau umsorgt usw. Dagegen tragen die Bauern im Vordergrund böhmische Kleidung und basieren wohl auf Saverys Studien des täglichen Lebens in Prag. Die junge Bäuerin in der Gruppe im Vordergrund entstand nach einem Motiv einer Zeichnung, die sich heute in holländischem Privatbesitz befindet (Spicer 1979, Kat. Nr. 183); die Farbwahl ist dieselbe, doch der Brautkranz, der nicht in diese Szene paßt, ist weggelassen. Diese Einbeziehung einer Studie des täglichen Lebens, *naer het leven,* ist die früheste in Saverys Œuvre und somit von Bedeutung für die zeitliche Einordnung der Zeichnungen, besonders für Personenzeichnungen. Das Barett eines Mannes weist diesen als Juden aus (Kat. Nr. 241); die Teilnahme von Juden an solch bäuerlichen Festen wäre für die Zeit recht ungewöhnlich. J. S.

England, Privatbesitz

ROELANT SAVERY
Kortrijk 1576–Utrecht 1639

143 Gebirgslandschaft mit Reisenden
1608 (7?)

Öl auf Kupfer; 35 × 49 cm
Bezeichnet und datiert unten: R SAVERY EE 1608 (die letzte Ziffer ist als ›7‹ bestimmt worden)
Herkunft: Weltliche Schatzkammer
Literatur: Schatzkammer Inventar 1775, Nr. 93?; Katalog 1783 (Mechel) S. 176, Nr. 15; Nagler 1835, XVI, S. 554; Katalog 1884, Nr. 1216; Katalog 1906, 1928, 1938, Nr. 926; Erasmus 1908, Kat. Nr. 153; Richardson 1940, S. 53; Bernt 1948, Nr. 730; Gerson 1950, S. 46; Thièry, 1953, S. 32, 189; Bernt 1970, Nr. 1038; Spicer 1979, S. 57, 58, 363 (1607 datiert); Davies 1979, Abb. 79; Kaufmann 1985, Kat. Nr. 19–24, Müllenmeister 1988, Kat. Nr. 60

1607 oder schon im Jahr davor reiste Savery durch die Alpen, wo er Skizzen der ›Wunder‹ der Natur machte, um sich auf die Anfertigung von Bildern (nach seiner Rückkehr ins Atelier in Prag) für Rudolf II. vorzubereiten. Viele dieser in warmen Farben gehaltenen Kreidezeichnungen stellen Wasserfälle dar, von vorne, von der Seite oder, wie in diesem Fall, von oben. Dadurch tritt an die Stelle eines melodramatischen Moments die subtilere Spannung des plötzlich in der Tiefe verschwindenden Wassers. Der hier eingenommene Standpunkt des Betrachters ist ein mit der Umgebung vertrauter, aus dem ›Inneren‹ des Berges heraus. Obwohl eine Skizze zu diesem Werk nicht gefunden werden konnte, lassen einzelne Abschnitte des Bildes, wie z. B. die Gegend um den Wasserfall, die Felshöhle mit Vögeln oder die verlassene Wasserschleuse einer ehemaligen Mühle oder Mine, auf ein reales Vorbild schließen. Dennoch handelt es sich bei dem vollendeten Bild um eine idealisierte Darstellung mit den zu erwartenden Bildelementen: verschlungene Baumwurzeln, der Blick in ein menschenleeres Tal, das zur Linken durch einen Felsen und einen überdimensional großen Baum abgeschlossen wird, zierliche Vögel und Pflanzen sowie Reisende, die augenscheinlich unberührt von den Schönheiten oder Gefahren der Natur bleiben. Das beigemischte Kupfer trägt zur lebendigen, fast nüchternen Genauigkeit des Werkes bei; mehr noch als in seinen früheren Gemälden hat Savery den Gesamteindruck verändert, indem er in einigen Passagen, wie bei den Bäumen auf der rechten Seite des Bildes, die Farbe in feinen, unverwischten Pinselstrichen auftrug.

Die dargestellten Bauern dürften direkt oder indirekt Saverys Repertoire von Personenstudien entnommen worden sein; ihre Bekleidung ist den Erfordernissen der Bergwelt angepaßt: Zwei Männer tragen Überwürfe (Spicer 1979; Kat. Nr. 223; Münz 1961, Kat. Nr. 101), und die Kleider der Frau sind nach oben gebunden, damit sie beim Gehen nicht hindern. Saverys Darstellung der Personen als an ihre Umwelt angepaßt macht den Unterschied zu seinen Bildern wie z. B. *Berge mit Flucht nach Ägypten* (Leningrad, Ermitage) deutlich, in denen religiöse Themen herangezogen werden, um die Darstellung der Wildheit der Natur zu rechtfertigen. J. S.

Wien, Kunsthistorisches Museum, Inv. Nr. 1083 (Schloß Ambras)

ROELANT SAVERY
Kortrijk 1576 – Utrecht 1639

144 Waldlandschaft mit einem Eremiten
1608 *Ft. 39, S. 271*

Öl auf Kupfer; 20 × 16 cm
Bezeichnet unten: R. SAVERY 1608
Herkunft: Verst. Graf Wallmoden, Hannover 1818, 182; Schenkung Graf Wallmoden-Gimborn an den Verein für die öffentlichen Kunstsammlungen, 1853
Ausstellungen: Gent 1954, Kat. Nr. 7; Köln 1985, Kat. Nr. 9
Literatur: Katalog 1876, Nr. 44; Frimmel 1892, S. 312; Katalog 1905; Erasmus 1908, Kat. Nr. 71; Dorner 1927, S. 22; Katalog 1930, Nr. 157; Thièry 1953, S. 31/32, Handliste S. 189; Marlier 1964, S. 90; Spicer 1979, S. 75, 83, 363, unter Kat. Nr. 44; Kaufmann 1985,

143

Kat. Nr. 19/20; Spicer 1986, S. 168; Thièry 1986 (2. Auflage), S. 61, Müllenmeister 1988, Kat. Nr. 46

Waldgemälde aus der gesamten Zeit seines Prager Aufenthaltes belegen, daß Savery in der Komposition von den romantischen, idealisierten Wäldern eines Gillis van Coninxloo oder David Vinckboons d. J., die er bereits vor 1603 in Amsterdam gekannt haben dürfte, auch weiterhin beeinflußt wurde. *Waldlandschaft mit Jägern* aus dem Jahre 1604 (Wien, Kunsthistorisches Museum, Kaufmann 1985, Kat. Nr. 19–5) mit seinen sich rhythmisch wiegenden Bäumen hat kaum eine Entsprechung in Saverys Umgebung in Mitteleuropa, während *Waldlandschaft mit einem Eremiten* von 1608 als gelungenes Beispiel für seine Fähigkeit anzusehen ist, das bei Coninxloo anzutreffende Gleichgewichts der von den Seiten her herausgearbeiteten Flächen mit seinen eigenen naturalistischen Details zu verbinden: die strengere vertikale Ausrichtung und der offensichtliche Realismus des Immergrüns, der auf Naturstudien basiert. Auf diese Weise wird eine angenehme und realistische Waldatmosphäre geschaffen. Hierzu trägt auch der bedeckte Himmel bei – für den Savery die Farbskala reduziert hat – sowie seine Entscheidung für ein Hochformat, das den Raum komprimiert. Das Gegenstück (Kat. Nr. 145) könnte ohne Vorhandensein von Varianten kaum als solches identifiziert werden (siehe unten). Savery hatte eine besondere Vorliebe für Pendants, obwohl deren Verschiedenheit häufig größer ist als ihre Ähnlichkeit.

Das Motiv des Eremiten weist auf die Einsamkeit der Umgebung hin. Seine Hütte ist sorgfältig mit Stützstreben und Flechtwerk errichtet, in das Dach ist ein Kreuz eingearbeitet. (Savery hatte eine Vorliebe für Gerüste, Holzstöße oder umgestürzte Bäume.)

Ein zu diesem Bild in Beziehung stehender Entwurf, datiert 1608, (Paris, Institut Néerlandais; Spicer 1979, Kat. Nr. 44), wurde von der Verfasserin ursprünglich für eine Vorstudie für das vorliegende Bild gehalten, obwohl es wahrscheinlicher ist, daß der Entwurf als Vorlage für einen Stich aus dem Jahre 1606 diente, der von Aegidius Sadeler (Hollstein: Sad 225; Spicer 1979, Kat. Nr. Pr 44) publiziert wurde. Eine spätere eingehende Untersuchung der Beziehung des Entwurfs zu Skizzen, Gemälden und Stichen machte jedoch deutlich, daß er dieselben Bildelemente enthält und mit dem Gemälde zeitgleich zu datieren ist, nicht aber notwendigerweise vorher entstanden sein muß (Spicer 1986); sein Format, Besonderheiten im Detail und die grundsätzliche Bildaufteilung haben das Gemälde und der Stich gemeinsam.

Von diesen Pendants existieren je zwei eigenhändige Kopien, die sich in Details voneinander unterscheiden. Bis in jüngste Zeit befanden sich alle in Privatbesitz in New York: Ein Variantenpaar trägt ebenfalls die Datierung 1608 und war ehemals in der Sammlung des Comte de Bousies (Kaufmann 1985, Kat. Nr. 19–23, 24), das zweite Variantenpaar ist nicht datiert (Christie's, London, 10. IV. 1981, 37; nicht bei Kaufmann). Im letzteren ersetzen Jäger, ähnlich denen auf Entwurf und Stich, den Eremiten. J. S.

Hannover, Niedersächsische Landesgalerie, Inv. Nr. VAM 933

ROELANT SAVERY
Kortrijk 1576–Utrecht 1639

145 Gebirgslandschaft mit einem Wildbach
1608 *Ft. 39, S. 271*

Öl auf Kupfer; 20 × 16 cm
Bezeichnet unten: R. SAVERY 1608
Herkunft: siehe vorgenanntes Gemälde
Ausstellungen: Gent 1954, Kat. Nr. 8; Köln 1985, Kat. Nr. 9
Literatur: Katalog 1876, Nr. 45; Frimmel 1892, S. 312; Erasmus 1908, Kat. Nr. 72; Katalog 1930, Nr. 158; Thièry 1953, S. 31, Handliste S. 189; Spicer 1979, S. 75, 364; Keyes 1984, Abb. 29; Kaufmann 1985, Kat. Nr. 19–21; Thièry 1986 (2. Auflage), S. 61, Müllenmeister 1988, Kat. Nr. 47

Der Wildbach in den Bergen mit seiner reißenden Strömung steht in spannungsvollem Kontrast zu seinem Gegenstück *Waldlandschaft mit einem Eremiten* (Kat. Nr. 144). Dieser Kontrast resultiert nicht allein aus dem Thema des Bildes, sondern auch aus der Darstellung des Raumes und dem Einsatz dunklerer Farbtöne. Eine zeichnerische Vorlage zu diesem Werk ist nicht bekannt, doch dürften Teile der hier dargestellten Felshöhlen von einem anderen Werk des Künstlers – *Regenbogen über dem Gebirge* – übernommen worden sein. Die letztgenannte Arbeit (Wien, Nationalbibliothek; Spicer 1979, Kat. Nr. 30) gehört zu einer Serie von großen farbigen Kreidezeichnungen, die der Künstler 1606 oder 1607 während seiner Tirolreise anfertigte. Sie sollten als Vorarbeiten zu Bildern dienen, die Savery nach seiner Rückkehr nach Prag für Rudolf II. zu malen gedachte. Während auf der Zeichnung der Künstler, der gerade die ehrfurchtgebietende Szene skizziert, und sein Führer mit überschwenglichen Gesten auf ihre Umgebung reagieren, findet der Betrachter im vorliegenden wie auch in anderen Bildern des Künstlers keine interpretatorische Hilfe in einer anderen Person, die sich an der Ansicht erfreut; die erschöpften Bauern auf der linken Seite des Bildes ziehen einfach ihres Weges. J. S.

Hannover, Niedersächsische Landesgalerie, Inv. Nr. VAM 934

146

ROELANT SAVERY
Kortrijk 1576–Utrecht 1639

146 Waldlandschaft mit Obstverkäuferin
1609 *Ft. 40, S. 272*

Öl auf Holz; 40 × 32 cm
(Streifen von 1 cm unten angefügt)
Bezeichnet und datiert unten: R . SAVERY 1609
Herkunft: Weltliche Schatzkammer
Ausstellungen: Gent 1954, Kat. Nr. 13
Literatur: Weltliche Schatzkammer, Inventar 1773, Nr. 131; Katalog 1783 (Mechel), S. 179, Nr. 32; Nagler 1835, XVI, S. 554; Waagen 1866, S. 201; Katalog 1884, Nr. 1217; Katalog 1906, 1928, 1938, Nr. 929; Erasmus 1908, Kat. Nr. 156; Thièry 1953, S. 31, 189; Hoogewerf 1954, S. 111; Katalog 1958, 1963, Nr. 339; Franz 1970, S. 240; Katalog 1973, S. 155; Neuman 1979, S. 209; Spicer 1979, unter Kat. Nr. C229, S. 364; Kaufmann 1985, Kat. Nr. 19–38, Müllenmeister 1988, Kat. Nr. 45

Die Unwirklichkeit dieser Szene – Obstverkäufer, die fernab einer Ortschaft oder Ansiedlung am Rande eines steilen Berghanges zwanglos miteinander plaudern, der unvermittelte Blick in den Hintergrund auf eine phantastisch anmutende Stadt im Schutze eines von feinen Nebelschleiern überzogenen Gebirgstales unter einem leuchtendblauen Himmel – unterscheidet das Bild von den normalerweise realistischeren Kompositionen Saverys. Diese Merkmale lassen auf verspätete Auswirkungen von Jan Brueghels Aufenthalt in Prag im Sommer

1604 schließen. Jedoch wurde bislang das, was Brueghel in Prag schuf, oder welchen Einfluß er hatte, nur ansatzweise untersucht (siehe Winner 1961, S. 211–214; Zwollo 1968, S. 172–174; Ertz 1979). Der Vaduzer *Weg zum Markt* (Slg. des reg. Fürsten von Liechtenstein; Ertz 1979, Kat. Nr. 105; New York 1985, Kat. Nr. 182) ist eines der wenigen Landschaftsbilder aus dem Jahr 1604.

Im Gegensatz dazu sind Saverys Bauern voller Realismus und Genauigkeit und werden wohl auf Studien zurückzuführen sein. Die stehende Frau trägt die Tracht des Erzgebirges, genau wie auch zwei der Frauen in Saverys *Bauernfamilie.* Der Hauch von Rot in der Tracht der sitzenden Frau gibt dem Bild die Note, die Savery in die meisten seiner Landschaftsbilder einbrachte, um den Reichtum der für ihn typischen grün-blau-braunen Farbskala hervortreten zu lassen. Der schlechte Erhaltungszustand von Teilen auf der linken Seite des Bildes, zu erkennen an einem merkwürdig gesprenkelten bläulichen Farbton im Hintergrund, könnte auf Saverys Experimente mit Farbstoffen hinweisen, die sich als unbeständig erwiesen. *Gebirgslandschaft mit Holzfällern* aus dem Jahre 1610 (Wien, Kunsthistorisches Museum; Kaufmann 1985, Kat. Nr. 19–48, Abb. S. 121) leidet unter den gleichen Verfallserscheinungen. J. S.

Wien, Kunsthistorisches Museum, Inv. Nr. 1081

147

ROELANT SAVERY
Kortrijk 1576–Utrecht 1639

147 Berglandschaft mit einer Schafherde
1610

Öl auf Holz; 25,8 × 20,5 cm
Bezeichnet und datiert unten: R. SAVERY 1610
Herkunft: Regnier Megan, Wien: erworben von Prinz Karl Eusebius 1677
Ausstellungen: New York 1985 (Liedtke), Kat. Nr. 180
Literatur: Katalog 1767, Nr. 216; Katalog 1780, Nr. 269; Katalog 1783, Nr. 1051; Katalog 1885/1931, Nr. 485; Bode 1894a, S. 107; Bode 1894b, S. 93; Erasmus 1908, Kat. Nr. 163; Fleischer 1910, S. 52; Katalog 1948, Nr. 91; Thièry 1953, S. 31; Stechow 1957, S. 51; Katalog 1967, S. 21; Spicer 1979, S. 365; Katalog 1980 (Baumstark), Nr. 40; Spicer 1983, S. 255; Kaufmann 1985, Kat. Nr. 19–50; Thièry 1986 (2. Auflage), S. 61; Müllenmeister 1988, Kat. Nr. 51

In den letzten Jahren seines Aufenthalts in Prag schuf Savery nicht nur die menagerieartige Phantasie von *Orpheus spielt vor den Tieren* (Frankfurt, Städelsches Kunstinstitut; Kaufmann 1985, Kat. Nr. 19–47) und zahlreiche Jagdszenen, sondern auch einige wenige mehr ländlichen Charakters, in deren Mittelpunkt Tierherden stehen. Dieser thematische Wandel findet seinen endgültigen Ausdruck in Saverys Weiterentwicklung der Darstellung von Vieh, dem wichtigsten holländischen Sujet, dem er sich in Amsterdam nach 1613 zuwandte (siehe *Waldlandschaft mit Ruinen,* Kat. Nr. 151; Spicer 1983; Müllenmeister 1985). Die freiheitsliebenden Ziegen unter dem Baum zur Rechten bilden den kongenialen Widerpart zur Schafherde. Eine der Ziegen beäugt uns wachsam mit hochaufgerichtetem Kopf. Sie und noch eine weitere Ziege erscheinen ebenfalls in Saverys *Panorama des Inntals* aus dem Jahre 1609 (Castagnola, Baron Thyssen; Kaufmann 1985, Kat. Nr. 19–35), aber ihr Ebenbild im etwas späteren *Ziegen werden auf der Weide gemolken* (Indianapolis, Indianapolis Museum of Art) wird als stumpfsinnige gebändigte Kreatur entlarvt. Im Vordergrund unterhalten sich drei Landleute, die möglicherweise aus dem Repertoire der Personenstudien des Künstlers stammen: ein Reisender (oder vielleicht einer der Hirten) mit Stab und Hund und ein Mann und eine Frau auf dem Weg zum Markt, er mit einem Korb voller Eier und sie mit ihrer Hand auf dem Hals einer zahmen, seltsam kurzbeinigen Färse.

Diese Schlichtheit der Darstellung von Mensch und Tier kontrastiert mit dem erregenden Anblick der heroischen und imposanten Proportionen eines von der Natur geschaffenen steinernen Bogens, der sich gestochen scharf gegen einen tiefblauen Himmel abzeichnet. Durch die Öffnung erhascht man einen Blick auf eine phantastische, in Nebelschwaden eingehüllte Stadt auf einem fernen Berggrat. Hier, wie auch in anderen Landschaftsdarstellungen Saverys aus dieser Zeit, spürt man den Einfluß von Jan Brueghels kurzem Aufenthalt in Prag im Jahre 1604. J. S.

Vaduz, Sammlungen des regierenden Fürsten von Liechtenstein, Inv. Nr. 485

148

ROELANT SAVERY
Kortrijk 1576–Utrecht 1639

148 Tannenreiche Waldlandschaft mit Wildbach
Um 1610

Öl auf Holz; 37 × 35,3 cm
Herkunft: I. C. von Klinkosch, Wien, Verkauf 1889; erworben von Adalbert Ritter von Lanna für das Rudolfinum
Ausstellungen: Dresden 1972, Kat. Nr. 91; Paris 1981, Kat. Nr. 14
Literatur: Katalog 1889, Nr. 608a; Erasmus 1908, Kat. Nr. 120; Šíp/Blazicek 1963, S. 144; Katalog 1965 (Šíp), Kat. Nr. 105; Šíp 1970, S. 277; Šíp 1976, S. 60; Spicer 1979, unter Kat. Nr. 47, S. 365; Kotalik 1984, S. 144/145 (Šíp); Kaufmann 1985, Kat. Nr. 19–59; Müllenmeister 1988, Kat. Nr. 55

Das Werk ist eine Neubearbeitung der Hauptmotive einer Zeichnung im Besitz von J. Q. van Regteren Altena, Amsterdam (Spicer 1979, Kat. Nr. 47; eine Kopie im British Museum wurde dort als Original aufgenommen, London 1986, Nr. 28). Ein Weg mit einem schwer bepackten Reisenden und sogar einem sich streitenden Paar verwandeln die Abgeschiedenheit der Natur in eine vertraute Szenerie. Es ist charakteristisch für Savery, daß er weder Banditen noch eine elegante Jagdgesellschaft zeigt, sondern Bauern, die selbst als ein Teil der Natur erscheinen und offensichtlich blind gegenüber den Schönheiten ihrer Umgebung sind.

Obwohl diese Walddarstellung weder signiert noch datiert ist, läßt sie sich mit Landschaften aus den Jahren zwischen 1608 und 1610 vergleichen, bei denen mit der Darstellung der trauten Atmosphäre inmitten des Waldes ein ähnliches Motiv anzutreffen ist. Šíp hat das Bild auf 1608 datiert, und man kann durchaus *Die Waldlandschaft mit einem Eremiten* von 1608 aus Hannover (Kat. Nr. 144) mit ihrem herrlichen Bildaufbau, den umgestürzten Bäumen und einem ähnlichen blassen, mit Wolken bedeckten Himmel zum Vergleich heranziehen, aber die kühnere Ausformung der Motive läßt auch an die *Waldlandschaft mit der jagenden Diana* aus dem Jahre 1610 denken, (Verbleib unbekannt; Kaufmann 1985, Kat. Nr. 19–44). Kaufmann zieht eine Datierung zwischen 1611 und 1613 vor, was ebenfalls nicht auszuschließen ist. Wie zumindest einige andere nicht signierte und undatierte Gemälde aus dieser Zeit könnte auch dieses in Verbindung mit einem signierten Pendant geplant gewesen sein. J. S.

Prag, Nationalgalerie, Inv. Nr. 0611

ROELANT SAVERY
Kortrijk 1576–Utrecht 1639

149 Damhirsch von einer Hundemeute verfolgt
1610–1612

Öl auf Holz; 24 × 34 cm
Herkunft: Galerie Festetitz und Gsell (Wien, 14. III. 1872); M. Strauss, Wien (Wawra, Wien 22–3. III. 1926, 35); Schenkung von M. Oberländer, 1939
Ausstellungen: Dresden 1972, Kat. Nr. 92 (Šíp), Brügge 1974, Kat. Nr. 53
Literatur: Erasmus 1908, Kat. Nr. 172; Bernt III Nr. 1037; Šíp 1965, Kat. Nr. 104; Šíp 1976; Neuman 1979, S. 205, 209; Spicer 1979, unter Kat. Nr. Pr 33, S. 73, 365; Kaufmann 1985, Kat. Nr. 19–45; Müllenmeister 1988, Kat. Nr. 76

Obwohl Savery für seine Gemälde mit vielen Tieren berühmt ist, hat er nur wenige solche Werke in Prag geschaffen; das bekannteste davon ist *Orpheus spielt vor den Tieren* aus dem Jahre 1610 (Frankfurt, Städelsches Kunstinstitut; Kaufmann 1985, Kat. Nr. 19–47). Weitaus charakteristischer für diese Periode sind Jagdszenen wie die vorliegende; gewöhnlich Arbeiten von starker Unmittelbarkeit. Die Beute – Hirsch oder Wildschwein – wird, wie es für diese Darstellungsform typisch war, in die Richtung des Betrachters getrieben, als wäre er selbst der edle Jäger. Auf diese Weise wird die Faszination der Jagd, besonders der Augenblick kurz vor dem Erlegen, im Bild erneut lebendig. Sicherlich ist Šíps Annahme, der Neumann folgt, berechtigt, daß es sich hier um eine böhmische Szenerie, vielleicht einen königlichen Jagdbesitz, handelt.

Da Aegidius Sadeler nach dieser Vorlage in Prag einen Stich veröffentlichte (Hollstein Sad 231, Spicer 1979, Pr33), muß Erasmus' Datierung des Gemäldes auf 1618 ausgeschlossen werden, weil das Unterholz und die großzügigen Formen keine exaktere Datierung als die allgemein anerkannte auf um 1610–1612 zulassen. Zumindest einige der unsignierten Bilder Saverys wurden als Pendants signierter Werke verstanden (wie *Waldlandschaft mit Ruinen,* Kat. Nr. 151), aber es gibt kein Bild unter den bekannten Arbeiten, das als Pendant des vorliegenden Werkes zwingend in Betracht käme. J. S.

Prag, Nationalgalerie, Inv. Nr. 0-1655

149

ROELANT SAVERY
Kortrijk 1576–Utrecht 1639

150 Blumenstrauß in einer Nische
1612 *Ft. 41, S. 289*

Öl auf Holz; 49,5 × 34,5 cm
Bezeichnet und datiert unten: R. SAVERY 1612
Herkunft: In der Sammlung seit 1805
Ausstellungen: New York 1985, Kat. Nr. 184 (W. Liedtke)
Literatur: Katalog 1873, Nr. 1181; Katalog 1885, Nr. 789; Frimmel 1892, S. 50; Bode 1894, S. 107; Erasmus 1908, Kat. Nr. 164; Katalog 1931, Nr. 789; Hairs 1955, S. 232; Hairs 1965 (2. Auflage), S. 402; Spicer 1979, S. 365, 385; Baumstark 1980, Nr. 41; Segal 1982, S. 311, 319; Kaufmann 1985, Kat. Nr. 19–61; Segal 1985, S. 57; Hairs [1985] (3. Auflage), I S. 215, II S. 41; Liedtke 1985, S. 78; Müllenmeister 1988, Kat. Nr. 275

Falls Saverys zwei Blumenstücke aus dem Jahr 1603 die frühesten heute noch vorhandenen eigenständigen Blumengemälde eines Niederländers sind, muß das vorliegende als das schönste gelten. Vier oder möglicherweise fünf von Saverys noch vorhandenen rund 20 Blumenbildern (Spicer 1979; Segal 1982, 1985) können seinen Jahren in Prag zugeschrieben werden, jedoch sind auch seine Waldlandschaften häufig von zierlichen Wildblumen umgeben. Saverys Blumenstücke zeichnen sich durch eine ungewöhnliche Vielfalt von wildwachsenden und auch gezüchteten Arten aus: hier sind wilde Tulpen und Rosen zu sehen. Denkt man an die kaiserlichen Gärten und Rudolfs Interesse am Erwerb seltener Arten (Krcálová 1982), so dürften wohl die einzelnen Exemplare von dort stammen und jeweils als Vorlage für die Bilder gedient haben. Im Gegensatz zu Saverys umfangreichen vorbereitenden Studien zu seinen Landschafts- und Tiergemälden sowie zu seinen Figuren, gibt es von ihm keine Blumenskizzen. Er hatte jedoch keine Bedenken, Zeichnungen von anderen Künstlern als Vorlage zu benutzen.

Savery betont mit der Einführung des subtilen Einsatzes von Licht und Schatten die Zartheit und Durchsichtigkeit seiner Blüten und entspricht so dem in dieser Zeit vorherrschenden Gefühl von Vergänglichkeit – ein in der zeitgenössischen Literatur häufig verwendetes Analogon zum menschlichen Leben. Indem Sa-

33 Joseph Heintz der Ältere, *Bacchus, Venus, Ceres und Cupido* (Kat. 133)

34 Joseph Heintz der Ältere, *Jüngstes Gericht*. Für 1606–1609 belegt (Kat. 136)

35 Joseph Heintz der Ältere, *Hl. Familie mit Engeln und den Heiligen Barbara und Katharina* (Sacra Conversazione). Um 1595–1600 (Kat. 137) ▷

36 Hans Hoffmann, *Hase im Wald*. 1585 (?) (Kat. 138)

37 Dirck de Quade van Ravesteyn. *Die drei Grazien*. Um 1600 ▷
(Kat. 139)

39 Roelant Savery, *Waldlandschaft mit einem Eremiten.* 1608 (Kat. 144)

39 Roelant Savery, *Gebirgslandschaft mit einem Wildbach.* 1608 (Kat. 145)

◁ 38 Dirck de Quade van Ravesteyn. *Allegorie auf die Regierung Kaiser Rudolfs II.* 1603 (Kat. 140)

40 Roelant Savery, *Waldlandschaft mit Obstverkäuferin.* 1609 (Kat. 146)

151

very noch eine Maus und eine Eidechse sowie Motten, Schmetterlinge und andere Insekten, die alle mit der Vorstellung von Vergänglichkeit in Zusammenhang gebracht werden, hinzufügt, verstärkt er noch das zentrale Thema des Bildes.

Rudolf II. starb im Januar 1612; möglicherweise hat er das Gemälde noch in Auftrag gegeben, doch mit ziemlicher Sicherheit nie zu Gesicht bekommen. Aus alten Dokumenten geht hervor, daß Savery auch das Wohlwollen von Rudolfs Nachfolger, Kaiser Matthias, besaß (Spicer 1979, S. 34–37; Spicer 1982), aber ob dieser an solchen Gemälden interessiert war, kann nicht nachgewiesen werden. Wichtig ist vielleicht, daß zu irgendeinem nicht näher bestimmbaren Zeitpunkt vor 1805 dieses Gemälde im Besitz einer Familie war, die Matthias bereits vor seiner Thronbesteigung 1612 unterstützt und Arbeiten von Künstlern am Hofe Rudolfs erstanden hatte.

Karl von Liechtenstein war 1600 Rudolfs Obersthofmeister geworden. Im Jahre 1608 stieg er in den Rang eines Prinzen auf, unterstützte nun aber Matthias bei dessen Versuch, seinem Bruder Rudolf die Kontrolle des Reiches zu entreißen. Da ein Hinweis weder auf dieses noch irgendein anderes Gemälde Saverys in den umfangreichen, von H. Haupt genau untersuchten Familienarchiven entdeckt werden konnte, muß man folgern, daß die Quellen unvollständig und Verweise möglicherweise ungenau sind. Ein weiterer Auftrag des Prinzen von Liechtenstein an Savery kann jedoch mit Sicherheit nachgewiesen werden. Eine Urkunde eines Utrechter Notars (Briels 1976, S. 293) nimmt Bezug auf zwei nicht näher beschriebene Gemälde für den »Doorl. Vorst van Lichtensteijn«, die im Winter 1628/29 an einen Utrechter Bevollmächtigten ausgeliefert worden sind.

J. S.

Vaduz, Sammlungen der regierenden Fürsten von Liechtenstein, Inv. Nr. 789

ROELANT SAVERY
Kortrijk 1576 – Utrecht 1639

151 Waldlandschaft mit Ruinen
1613

Öl auf Holz; 17 × 23,5 cm
Herkunft: Privatbesitz, Los Angeles (Christie's, New York, 19. I. 1982, 102, 2); bei De Jonckhere, Brüssel; Christie's, New York, 15. I. 1985, 17, 2
Literatur: Kaufmann 1985, Kat. Nr. 19–69, Müllenmeister 1988, Kat. Nr. 166

Dies ist das einzige bekannte Gemälde Saverys oder eines anderen Hofmalers, in dem keine Menschen erscheinen. Der Verfall der Ruine und der gotische Bogen neben dem romanischen verdeutlichen das Verrinnen der Zeit und die Vergänglichkeit menschlichen Tuns. Die zerborstene römische Säule und der Sockel im Vordergrund verleihen der Szene etwas Phantastisches. Auch die diesen Eindruck unterstreichende Gegenüberstellung der gekrümmten, abgestorbenen Bäume im Schatten auf der linken Seite und der jungen Bäume im hellen Morgenlicht ist kaum zufällig. Die friedliche Idylle wird durch die ruhig grasenden Ziegen betont. Bei diesem Gemälde handelt es sich wohl um eine der frühesten Darstellungen dieses später so beliebt gewordenen Themas europäischer Landschaftsmalerei. Es war allerdings nicht als einzelnes Werk konzipiert, sondern sollte in Zusammenhang mit seinem Pendant *Hirten mit Schafen suchen Schutz in einer Ruine* – signiert und datiert 1613 (Christie's, London, 11. XII. 1987, 68; Kaufmann 1985, Nr. 19–69) – gesehen werden, das mehr Leben enthält. Savery hat oft nur eine Arbeit eines Bilderpaares signiert und datiert.

Die Gemälde sind Variationen der Zeichnung *Ruinen* in Dresden (Kat. Nr. 256). Dabei basiert *Waldlandschaft mit Ruinen* mit leichten Abänderungen auf dem oberen Teil der Zeichnung, während die *Hirten* im Schutz des Gewölbes unten links zu sehen sind, ein bemerkenswertes Beispiel für Saverys Arbeitsweise, für die es keine Parallele in seinem restlichen Œuvre oder dem seiner Zeitgenossen gibt. Die gesamte Ruine fand Verwendung in einem undatierten Gemälde der Custodia-Stiftung, Paris, mit dem Titel *Ruinen gewähren Bauern und Reisenden Schutz* (Gent 1954, Kat. Nr. 26, Abb.), dessen stärker schematisierte Details und glattere Oberflächen ein späteres Entstehungsdatum – nach Saverys Rückkehr nach Amsterdam – nahelegen.

Müllenmeister stellte die These auf (Christie's 1985), daß die Pendants möglicherweise während der zweiten Reise des Künstlers nach Bozen und Brixen entstanden seien. Es liegen keine Hinweise auf eine solche Reise vor. Welche Bildmotive auf die obengenannten Orte schließen lassen, bleibt unklar. Auch Kaufmann war sich des gemeinsamen Ursprungs der Pendants nicht bewußt und offensichtlich auch nicht mit Saverys Methodik vertraut, was aus seinem Vorschlag (1985), die beiden Gemälde zu trennen und das vorliegende den Amsterdamer Jahren zuzuordnen, ersichtlich wird.

J. S.

Kanada, Privatbesitz

152

BARTHOLOMÄUS SPRANGER
Antwerpen 1546 – Prag 1611

152 Auferstehung Christi
Um 1575 — *Ft. 42, S. 290*

Öl auf Holz; 113 × 85 cm
Herkunft: Aus der Gemäldegalerie des Prämonstratenserklosters Strahov in Prag. Vielleicht identisch mit dem von Karel van Mander erwähnten Epitaph für das Kaiserliche Hospital in Wien
Ausstellungen: Prag 1912, Nr. 12
Literatur: Diez 1909/10, S. 115; Oberhuber 1958, S. 72–74, 225; DaCosta Kaufmann 1985, S. 288, Abb. 20–1

Zweifellos ist diese *Auferstehung* eine Meisterprobe des malerischen Stils, den Spranger sich in Italien erarbeitet hatte, und gehört also zeitlich in die Anfangszeit seines Aufenthaltes am kaiserlichen Hof um 1575. Wie Oberhuber in seiner Dissertation schreibt, ist »die malerische Behandlung noch sehr breit, die Farbgebung von großer Substantialität, was auf der Holztafel noch stärker herauskommt (1958, S. 73)«. Er macht auch auf den Kabinettstück-Charakter dieses Gemäldes im Vergleich mit Sprangers römischen Altarbildern aufmerksam. Dies geschah – vielleicht auf Wunsch des Auftraggebers – durch das Anwachsen des Figurenraumes und die Entmonumentalisierung der Gestalten. Charakteristisch für die Zeit um 1575 ist nicht nur die Farbigkeit mit changeanten Tönen in hellen Pastellfarben, sondern auch der ausgeprägte Figuraltypus: schlanke Gestalten mit schraubenartigen Bewegungen und flatternden Gesten.

Der Vergleich mit dem Bild *Merkur, der Psyche zu den Göttern bringt* (1965 in der Galerie Gurlitt, München, ausgestellt als Nr. 61) deutet an, daß Spranger schon damals keinen Unterschied zwischen religiösen und mythologischen Darstellungen machte. Sie sind alle zu Kunstkammerstücken geworden. E. F.

Prag, Nationalgalerie, Inv. Nr. O 7259

BARTHOLOMÄUS SPRANGER
Antwerpen 1546 – Prag 1611

153 Selbstbildnis
Anfang der 80er Jahre

Öl auf Leinwand; 68 × 50 cm
Herkunft: Alter Familienbesitz
Ausstellungen: Prag 1912, Nr. 47
Literatur: Oberhuber 1958, S. 204/05, 235 zur Wiener Variante, 242; DaCosta Kaufmann 1985, S. 295, Abb. 20–26

Nach Karel van Mander hat sich Spranger mit der Porträtkunst während seines Aufenthaltes in Frankreich vertraut gemacht. In Paris kopierte er sechs Wochen lang die Rötel- und Kreidezeichnungen seines dortigen Lehrers. Nachrichten, daß er sich auch anderswo dem Porträtieren ausführlich widmete, sind nicht vorhanden. Die Bildnismalerei gehört offensichtlich nicht zu den starken Seiten seiner Kunst. Oberhuber (1958, S. 204) sieht den Grund darin, daß dieses Genre »Sprangers abstrakter Einstellung, seinem Schaffen ohne Beziehung zum Naturvorbild aus der ›Idee‹ heraus wie natürlich auch dem Empfinden der Kunsttheoretiker völlig fern lag. Die wenigen Werke dieser Art, die wir von ihm besitzen, zeigen, daß er neben einem so virtuosen Porträtisten wie Hans von Aachen nicht bestehen konnte, sie machen klar, wie stark seine theoretische Einstellung hier hineinspielt«.

Neben dem Miniaturporträt der Frau des Malers (tschechischer Privatbesitz) gehörten die Selbstbildnisse zu den Höhepunkten von Sprangers Schaffen auf diesem Gebiet. Man kann mit Sicherheit sagen, daß die beiden erhaltenen Versionen (Wien, Kunsthistorisches Museum, Inv. Nr. 1137 und Vaduz) eigenhändig sind. Die Werkstattbeteiligung ist nämlich auf Sprangers Bildern sofort zu erkennen, auf den Porträts sogar stärker als in den anderen Fällen.

Sprangers *Selbstbildnis* entstand wahrscheinlich Anfang der 80er Jahre, zur Zeit, als der Maler nach Prag übersiedelte. Von den beiden Versionen wirkt die Wiener intimer, ist auch ein wenig freier gemalt und deshalb als ursprüngliche Fassung ›pro domo sua‹ anzusehen. Die elegantere Vaduzer Variante könnte man sich eher in der kaiserlichen Galerie vorstellen. E. F.

Vaduz, Sammlung des regierenden Fürsten von Liechtenstein, Inv. Nr. 946

153

BARTHOLOMÄUS SPRANGER
Antwerpen 1546–Prag 1611

154 Herkules, Deïaneira und der tote Zentaur Nessus
Um 1585 *Ft. 43, S. 291*

Öl auf Leinwand; 112 × 82 cm
Herkunft: Galerie Rudolfs II.
Ausstellungen: Prag 1912, Nr. 57
Literatur: Diez 1909/10, S. 121; Oberhuber 1958, S. 105/06, 232; DaCosta Kaufmann 1985, S. 290, Abb. 20–6; DaCosta Kaufmann 1985 (Eros et poesia), S. 39/40, Abb. 5

Dieses Bild gehört zum Zyklus, der thematisch von den ›Metamorphosen‹ Ovids inspiriert wurde und seit Anfang der 80er Jahre zur Ausschmückung der Räume des kaiserlichen Palastes in Arbeit war. Zu diesem Zyklus zählen noch die folgenden Gemälde aus dem Kunsthistorischen Museum: *Venus und Mars, von Merkur gewarnt* (Inv. Nr. 1097), *Glaucus und Scylla* (Inv. Nr. 2615), *Hermaphroditus und die Nymphe Salmacis* (Inv. Nr. 2614), *Odysseus und Kirke* (Inv. Nr. 1095). Die Datierung scheint jedoch nicht überzeugend zu sein. Das einzig erhaltene datierte Bild aus dieser Zeit, *Hl. Lucas, die Madonna malend* (München, Alte Pinakothek, Inv. Nr. 14357, dat. 1582) wurde in Grisaille und sehr skizzenhaft ausgeführt und ist daher nicht besonders zum Vergleich geeignet. Eins weist es allerdings eindeutig auf: einen schlanken, auch für die 2. Hälfte der 70er Jahre charakteristischen und noch stark von Italien beeinflußten figuralen Stil. Die Gestalten des Ovidischen Zyklus mit kompliziert gedrehten Bewegungen finden wir noch auf dem von 1592 stammenden Bildchen, das eine *Allegorie auf Kaiser Rudolf II.* darstellt (Wien, Kunsthistorisches Museum, Inv. Nr. 1125). Es wäre deshalb richtiger, diesen Zyklus in die Zeit um 1585, vielleicht sogar in die 2. Hälfte der 80er Jahre einzuordnen.

Die verschlungenen Körper der Komposition *Herkules, Deïaneira und der tote Zentaur Nes-*

sus machen sie zur kompliziertesten im ganzen Zyklus. Es gibt keine ruhige Stelle auf diesem Gemälde. Lichteffekte spielen hier eine wichtige Rolle, dramatisieren nicht nur das Geschehen, sondern beeinflussen auch die Modellierung der Körperfläche.

Das Thema wurde aus dem IX. Buch der ›Metamorphosen‹ gewählt. Die Darstellung zeigt Herkules, der seine neuvermählte Deïaneira wieder auf den Armen trägt, nachdem sie der Zentaur Nessus entführt hat. Er wollte sie vergewaltigen; Herkules ist aber rechtzeitig gekommen und hat ihn erschossen. Die einzige im Text nicht erwähnte Figur auf dem Bild ist Amor, der den Baum, unter dem Nessus gestorben ist, umarmt. In einer Hand hält er den Bogen, und mit der anderen macht er eine Hörnerträgergeste, auf den Zentaur weisend. Ovid spricht davon, daß die Glut der Liebe Nessus verdorben hat. Spranger wollte vielleicht moralisieren und andeuten, daß die Wollust nach der Frau eines anderen kein gutes Ende nehmen kann. E. F.

Wien, Kunsthistorisches Museum, Gemäldegalerie, Inv. Nr. 2613

BARTHOLOMÄUS SPRANGER
Antwerpen 1546 – Prag 1611

155 Herkules und Omphale
Mitte 90er Jahre *Ft. 44, S. 292*

Öl auf Kupfer; 24 × 19 cm
Bezeichnet links auf dem Fußgestell: BAR. SPRANGERS. ANT. FESIT.
Herkunft: Galerie Rudolfs II., Wiener Inventar H, 1619, Nr. 15
Literatur: Diez 1909/10, S. 117/18; Oberhuber 1958, S. 87–89, 233; DaCosta Kaufmann 1985, S. 298, Abb. 20–36

In der Darstellung der Antikensage, in der Omphale – Königin von Lydien – Herkules als Sklaven kauft, ihn Frauenkleider tragen und mit den Dienerinnen spinnen läßt, hat Spranger seine Kunst meisterhaft vorgeführt. Das kleine, reizvoll komponierte Bild ist mit einer unglaublichen Leichtigkeit im strahlenden Farbenakkord gemalt und schon deswegen ein Musterbeispiel der Kabinettmalerei. Dieses Bildchen hat Rudolf II. sicher nicht nur durch seine vollkommene malerische Qualität bezaubert, sondern auch durch den ausgeprägt erotisch motivierten Inhalt. Es war eine allgemein bekannte und beliebte (z. B. von Cranach) Moralität, die die Weibermacht an den Pranger stellt und noch genug Platz für Ironie läßt. Die schmähliche Stellung des berühmten Helden bekundet nicht nur die geneigte Gestalt und der verzweifelte Blick, sondern auch seine Arbeit – Spinnen, zu der er gezwungen wurde. Sie ist noch

155

durch die allgemein bekannte beredte Geste betont, die eine verkappte Person über ihn macht. Die hochmütige Omphale hat zum Zeichen der Erniedrigung des Herkules seine Keule über ihre Schulter geworfen, als ob sie ein Spielzeug wäre.

Mythologische Bilder dieser Art hat Spranger seit Anfang der 80er Jahre gemalt. Die Komposition von *Herkules und Omphale* ist identisch jenen auf den Gemälden aus dem Zyklus der Ovidischen Metamorphosen (siehe Kat. Nr. 154). Die malerische Ausführung des Bildchens wirkt zwar weicher, pastoser, was aber die andere Unterlage (Kupfer) verursacht. Die von DaCosta Kaufmann vorgeschlagene Datierung dieses Gemäldes und des Gegenstükkes mit Vulcan und Maia (event. Jupiter und Ceres?, Wien, Kunsthistorisches Museum, Inv. Nr. 1128) in die Mitte der 90er Jahre scheint daher richtig zu sein (1985, S. 298). Der Stich von A. Eisenhoudt, 1590 datiert, ist der Vorzeichnung in Florenz (Uffizi, Inv. Nr. 2362F) näher als dem Bild. E. F.

Wien, Kunsthistorisches Museum, Gemäldegalerie, Inv. Nr. 1126

BARTHOLOMÄUS SPRANGER
Antwerpen 1546 – Prag 1611

156 Sine Cerere et Baccho friget Venus
Mitte 90er Jahre *Ft. 45, 293*

Öl auf Leinwand; 161,5 × 100 cm
Spätere Bezeichnung unten rechts:
B. SPRANGER
Herkunft: Galerie Rudolfs II., Inv. 1621, Nr. 981
Literatur: Diez 1909/10, S. 118, Abb. 18; Oberhuber 1958, S. 141–145, 235; Schnakkenburg 1970, S. 143/44 Abb. 1; Konrad Renger, Sine Cerere et Baccho friget Venus. Gentse Bijdragen tot Kunstgeschiedenis XXIV, 1976–1978, S. 194, Abb. 5; DaCosta Kaufmann 1985, S. 302, Abb. 20–47

Nach dem umfangreicheren, meist von den Ovidischen Metamorphosen inspirierten Zyklus aus den 80er Jahren hat Spranger eine neue Folge begonnen, die die Venus-Geschichte zum Thema hat. Von den erhaltenen Gemälden gehören zu diesem Zyklus noch *Venus, Bacchus und Ceres* (Inv. Nr. 68) und *Mars, Venus und*

156

Amor (Inv. Nr. 67) aus dem Grazer Joanneum, *Venus und Bacchus* aus Hannover (siehe Kat. Nr. 157) und vielleicht auch *Venus und Adonis* aus Wien (Kunsthistorisches Museum, Inv. Nr. 2526). Stilistisch unterscheiden sich diese Bilder von den früheren mythologischen Gemälden dadurch, daß sie völlig auf dramatisch verschlungene Kompositionen verzichten. Die Gestalten scheinen Skulpturen zu sein, ihre eleganten Posen betonen die schön modellierten Körper mit den schlanken, überlangen Gliedern. Die Figuren füllen fast die gesamte Bildfläche aus; der Hintergrund ist entweder ganz indifferent oder nur durch Draperien belebt, in einigen Fällen zeigt ein kleiner Teil einen Ausblick in die ferne Landschaft. Die Komposition ist durch die Vertikalen der Körper bestimmt, sie ist vom Übermaß der Zierdetails und Draperien der frühen Bilder befreit. Die Gestalten stellen die Schönheit des nackten Körpers zur Schau, die durchsichtigen und sehr bescheidenen Schleier, die sie tragen, sind eher eine symbolische Bekleidung.

Suchen wir eine Parallele zu diesen Spranger-Bildern, dann sind es zweifellos Skulpturen von Adrian de Vries, und zwar jene, die der Bildhauer bei seinem ersten Aufenthalt in Prag um 1593 schuf: *Psyche, getragen von Amorinen* (siehe Kat. Nr. 56) und *Merkur und Psyche* (Paris, Louvre, Inv. Nr. M.R. 3270). Auch die Bilder des Hans von Aachen haben hier einen Einfluß ausgeübt. Das alles läßt vermuten, daß der Venus-Zyklus später entstanden ist, um die Mitte der 90er Jahre.

Das Thema des Bildes ist die Illustration des berühmten Terenz-Spruches »Sine Cerere et Baccho friget Venus« – Venus friert, wenn sie von Bacchus und Ceres verlassen wird – aus seiner Komödie Eunuchus (IV, 732). Es handelt sich um eine Allegorie auf Wein und Liebe, wie schon Schnackenburg bemerkte (1970 S. 144). Für die ungewöhnliche Komposition des Bildes sowie für ihre allegorische Auslegung hat K. Renger die Vorlage im Emblem aus Parvus mundus von L. Haechtanus (1579) gefunden (Anm. 27, S. 194/95, Abb. 5).

Die Komposition des Bildes diente als Vorlage für den Kupferstich von Jan Muller (B. 74, Hollstein 49). E. F.

Wien, Kunsthistorisches Museum, Gemäldegalerie, Inv. Nr. 2435

BARTHOLOMÄUS SPRANGER
Antwerpen 1546 – Prag 1611

157 Venus und Bacchus
Um 1590 *Ft. 46, S. 294*

Öl auf Leinwand; 172 × 114 cm
Herkunft: 1940 im Münchner Kunsthandel als H. Goltzius, seit 1966 als Dauerleihgabe der Bundesrepublik Deutschland in Hannover
Literatur: Schnackenburg 1970, S. 143–160 mit Abb.: Fučíková 1972, S. 348, 358, Anm. 13, Abb. 3; DaCosta Kaufmann 1985, S. 305, Abb. 20–58

Was B. Schnackenburg über Zuschreibung, Datierung und Auslegung dieses Bildes 1970 veröffentlichte, bedarf kaum einer Ergänzung. Wie wir bereits erwähnt haben (siehe Kat. Nr. 156) gehört das *Venus und Bacchus*-Gemälde zu jenem Zyklus, in dem die Göttin nicht bei ihren gewöhnlichen Abenteuern dargestellt ist, sondern als ein Sinnbild auftritt. Wie Schnackenburg belegt, sind »Bacchus und Venus, Wein und Weib häufig im Sprichwort verbunden und nur selten ohne Klage und erhobenen Zeigefinger. Ein mittelhochdeutsches Beispiel lautet: Wein und Weib bringen zwei Wehe über den Leib, und in ›Der Teutsche Weissheit‹ von F. Petri, Hamburg MDCV, heißt es knapp: Bacchus und Venus haben kein Scham« (S. 149). Auch die Tiere sind auf dem Bild absichtlich gewählt. Die junge Gazelle ist ein Sinnbild der Schönheit, wird sie aber vom jungen Satyr mit Weintrauben gefüttert, kann sie sich kaum gegen Überfall wehren. Der Gepard, das Panthertier, scheint direkt aus dem Em-

157

158

blembuch von N. Reusner zu stammen, in dem unter dem Motto ›Abstinuit Venere & Baccho‹ Verse stehen, die man auf die Auslegung des ganzen Bildes beziehen kann: »Mag er auch wild und unbändig sein, so ergibt sich der Panther doch ohne Kampf, wenn er durch vorgesetzten Wein trunken ist. Wen Mars nicht mit der Waffe besiegt, den besiegen oft Bacchus und Venus mit ihren Fesseln ... Liebe und Wein pflegen oft mehr Schaden anzurichten als Gewalt und Schwert. Wer die Mitte hält, ist weise« (Schnackenburg 1970, S. 149/50, Abb. 6). Sind aber solche moralischen Mahnungen am kaiserlichen Hof, vor allem von Rudolf II. selbst ganz ernst genommen worden? E. F.

Hannover, Niedersächsische Landesgalerie, Inv. Nr. PAM 956/982

BARTHOLOMÄUS SPRANGER
Antwerpen 1546 – Prag 1611

158 Epitaph
des Goldschmieds Nicolaus Müller
(Der auferstandene Christus mit Engeln)
Um 1592 *Ft. 47, S. 295*

Öl auf Leinwand; 243 × 160 cm
Herkunft: Aus der Matthäuskapelle, Prag-Kleinseite
Literatur: Rudolf Kuchynka, Sprangerův domněle zničený epitaf zlatníka Müllera byl nalezen. In: Památky archeologické 33, 1922/23, S. 150; Oberhuber 1958, S. 138–140, 225; DaCosta Kaufmann 1985, S. 301/02, Abb. 20–46

Davon ausgehend, daß Nicolaus Müller 1588 gestorben sei, glaubte man, sein Epitaph sei kurz danach entstanden. Da der auferstandene Christus darauf mit der Minerva im *Triumph der Weisheit* (siehe Kat. Nr. 159) identisch ist, müßten beide Bilder zur gleichen Zeit gemalt worden sein und auch die innere Ähnlichkeit, was ihre philosophische Auslegung betrifft, aufweisen. Alle diese Angaben bedürfen aber gewisser Korrekturen. Sprangers Schwiegervater Müller ist zwei Jahre zuvor gestorben; am 1. 3. 1586 hat man das Inventar seines Nachlasses aufgenommen. Diese Tatsache läßt die Argumente für die Datierung des Bildes anzweifeln.

Für die Bestimmung der Entstehungszeit des Gemäldes sind drei Anhaltspunkte wichtig. Die zwei Putten von Adrian de Vries, die nach Mander das Epitaph geschmückt haben, konn-

159

ten nicht vor 1590 entstanden sein, da der Bildhauer erst kurz vor 1593 nach Prag gekommen ist. Von den Porträts unten am Bild scheint nur Sprangers Frau nach dem lebenden Modell gemalt zu sein. Die anderen Personen sind viel schematischer ausgeführt, entweder aus dem Gedächtnis oder nach einem nicht besonders gutem Vorbild. Christina Spranger ist hier als eine schon reife etwa 25–30 Jahre alte Frau dargestellt. Da sie um 1567 geboren ist, dürfte ihr Porträt nach 1592 gemalt sein. Das Müller-Epitaph ist noch ein wenig zierlicher, weicher gemalt als der *Triumph der Weisheit,* der um die Mitte der 90er Jahre entstanden ist; es spiegelt aber bereits den Einfluß der Farbigkeit und des Luminismus von Aachen und Heintz wider. Man kann also annehmen, daß das Gemälde frühestens 1592/93 zu datieren ist.

Daß sich die Gestaltung einer Figur in verschiedenen Rollen in mehreren Bildern wiederholt, bedeutet nicht unbedingt, daß sie zur gleichen Zeit entstanden sind und zwischen ihnen eine enge Bedeutungsähnlichkeit besteht. Falls eine solche Darstellung beliebt oder erfolgreich war, haben sie die rudolfinischen Meister öfters benutzt; mit der Sinnauslegung dieser Gestalt hatte dies meistens nichts zu tun.

Als Spranger 1602 zu Besuch in den Niederlanden weilte, erzählte er Karel van Mander, daß das Epitaph koloristisch vielleicht das Beste sei, was er je gemalt habe. Es ist wichtig zu wissen, daß der Maler selbst dieses Werk so hoch schätzte. E. F.

Prag, Nationalgalerie, Inv. Nr. DO 1574

BARTHOLOMÄUS SPRANGER
Antwerpen 1546 – Prag 1611

159 Triumph der Weisheit (Minerva als Siegerin über die Unwissenheit)
Um 1595(?) *Ft. 48, S. 296*

Öl auf Leinwand; 163 × 117 cm
Herkunft: Galerie Rudolfs II.
Literatur: Diez 1909/10, S. 116, Abb. XVII; Oberhuber 1958, S. 151–155, 235; Gerszi 1972, S. 760; DaCosta Kaufmann 1978, S. 70/71; Neumann 1977, S. 424, 445; DaCosta Kaufmann 1985, S. 302, Abb. 20–49

Sprangers *Triumph der Weisheit* gehört zweifellos zu den wichtigsten Werken des Malers und ist vor allem in der Fachliteratur vom ikonographischen Standpunkt aus mehrmals bearbeitet worden. Es scheint uns jedoch, daß der Schlüssel zur Bestimmung des Bildthemas und damit auch zu einer genaueren Datierung dieses Werkes in einem ähnlichen Bild von Hans von Aachen zu suchen ist. Dort wird Minerva als Hauptfigur der Szene kompositorisch und der Deutung nach ähnlich dargestellt wie die Protagonistin des Gemäldes von Spranger. L. Konečný, der sich mit der Auslegung des Aachen-Bildes in der Galerie Heim, Paris, beschäftigte, belegt, daß dessen Thema ›Vernunft versus Laster‹ darstellt (1982, S. 237–258).

Mit der unbedeckten Brust ist hier Göttin Minerva als Sapientia altrix oder Sapientia lactans abgebildet, also als Nährmutter der Weisheit. Als Patronin des Wissens und der Tugenden ist sie auch Schutzherrin der Künste und Wissenschaften. Auf dem Aachen-Bild geht Minerva siegreich aus dem Kampf mit dem Laster hervor, bei Spranger hat sie die ›Ignorantia‹, die Unwissenheit, besiegt. Beide Bilder stellen also übereinstimmend die Verherrlichung der Vernunft, der Weisheit dar, und da sie eine ähnliche Idee verkörpern, sind sie wahrscheinlich auch in derselben Zeit entstanden.

Das Spranger-Bild wurde bisher um 1591 datiert, kann aber erst dann entstanden sein, als Spranger nach eigenem Zeugnis durch Werke von Heintz und Aachen inspiriert worden war (beide sind Ende 1591 nach Prag gekommen). 1592 hat Spranger eine *Allegorie auf Kaiser Rudolf II.* gemalt (Wien, Kunsthistorisches Museum, Inv. Nr. 1125), die noch in den hellen und bunten Farben seines bewegten Stils der 80er Jahre ausgeführt ist. Unser Bild muß also später entstanden sein, vielleicht um 1595, der Zeit, in die wir auch das ›Vernunft-Laster‹-Gemälde von Aachen datieren.

In Sprangers *Triumph der Weisheit* deutet nichts auf Rudolf II. hin. So ist es auch im Stich von Aegidius Sadeler (Hollstein 1980), der nach einer Zeichnung des Malers offensichtlich

160

noch später (dem Stil nach) ausgeführt ist. Deswegen sehen wir in diesem Bild Allegorie oder Triumph der Weisheit im allgemeinen Sinn.

E. F.

Wien, Kunsthistorisches Museum, Gemäldegalerie, Inv. Nr. 1133

BARTHOLOMÄUS SPRANGER
Antwerpen 1546 – Prag 1611

160 Diana nach der Jagd
1595–1605

Öl auf Leinwand; 129 × 199,5 cm
Herkunft: Sammlung Esterházy als Frans Floris;
Literatur: Fučíková 1980, S. 189, 192. Anm. 14; Fučíková 1984, S. 56, 57, Anm. 13; DaCosta Kaufmann 1985, S. 305, Abb. 20–59

Auch Spranger setzte sich in seinem Schaffen mit der Kunst der älteren deutschen und niederländischen Meister auseinander. Er tat es ähnlich wie die meisten seiner Kollegen am kaiserlichen Hof nicht aufgrund bloßen Kopierens, sondern im Sinne der Inspiration durch die Komposition und malerische Ausführung, welche er aber auf eine unverwechselbare ›sprangersche‹ Weise verarbeitete. Variationen auf ein ›dürersches‹ Thema sind z. B. zwei Altarflügel mit den Heiligen Wenzeslaus und Veit, Sigismund und Adalbert aus der Waldstein-Sammlung, die heute in Schloß Dux (Duchcov, ČSSR) aufbewahrt werden. Im Bild, welches die ruhende *Diana nach der Jagd* darstellt, hat Spranger eine andere, für ihn ganz ungewöhnliche Inspiration gewählt. Die venezianische Malerei des 16. Jahrhunderts war seinem Naturell eigentlich fern, er hat sie nur durch die Gemälde in den kaiserlichen Sammlungen kennengelernt oder durch die Bilder Aachens, in denen sie eine wichtige Rolle spielte.

Eine nackte liegende Frau, meistens Venus oder Danae, gehört in der venezianischen Malerei zu den Lieblingsthemen. Die Komposition des Spranger-Bildes, einschließlich des landschaftlichen Hintergrundes, erinnert an die Venus des Palma Vecchio aus Dresden; aber der Frauentyp von wahrlich ›rubensschen‹ Formen und auch das Antlitz scheinen aus den Gemälden von Paris Bordone zu kommen. Es ist keine Kopie, sondern ein Pasticcio aus verschiedenen Impulsen des Palma Vecchio bis hin zu Tizian. Dort zu suchen ist auch die Inspiration für den Jäger, dessen dunkle Körperfarbe außereuropäischen Ursprungs ist. Ganz im Spranger-Stil sind aber die beiden Begleiterinnen Dianas. Sie ermöglichen es, dieses Bild nicht nur dem Maler mit Sicherheit zuzuschreiben, sondern es auch relativ genau zu datieren. Das Diana-Bild knüpft nämlich an den Venus-Zyklus an (siehe Kat. Nr. 156, 157) und muß daher an der Wende des 16. zum 17. Jahrhundert entstanden sein.

E. F.

Budapest, Museum der Bildenden Künste, Inv. Nr. 351

161

BARTHOLOMÄUS SPRANGER
Antwerpen 1546 – Prag 1611

161 Toilette der Venus
1607

Öl auf Holz; 52 × 62 cm
Bezeichnet und datiert unten rechts:
B. Spranger F. 1607
Herkunft: Galerie Rudolfs II., Sammlung der Königin Christina von Schweden; Sammlung Anckarsvärd, Bysta seit 1744
Ausstellungen: Stockholm 1966, Nr. 1314; Stockholm 1985, Nr. 41
Literatur: Granberg 1886, S. 116, Nr. 222; Granberg 1911, Nr. 303; Oberhuber 1958, S. 198, 220; Fučíková 1972, S. 349, 358, Anm. 16, Abb. 4; DaCosta Kaufmann 1985, S. 311, Abb. 20–80

Dieses Bild ist zwar signiert und datiert, trotzdem aber nicht ganz problemlos. Es stellen sich nämlich viele Fragen, die die Ikonographie und das ursprüngliche Aussehen des Gemäldes betreffen. Die auffallend große Hand am unteren linken Rand des Bildes ließen mehrere Autoren annehmen, es handele sich um einen Torso, um den Hintergrund einer viel komplizierteren Szene. Zwei Argumente lassen uns vermuten, daß das Bild bis heute ohne wesentliche Veränderungen erhalten geblieben ist. 1. Die Komposition ist harmonisch ausgeglichen, in der Mitte steht Amor, der auch in der Auslegung der Szene eine wichtige Rolle spielen muß. 2. Die Signatur ist – wie üblich – in der rechten Ecke des Bildes in der Mitte der Fläche des nur zum Teil abgebildeten Ambosses. Ginge da das Gemälde weiter, wäre die Datierung an dieser Stelle unlogisch.

Für das Fragment der Hand gibt es unserer Meinung nach nur eine Erklärung: Sie ist absichtlich so gemalt, um das Gefühl zu erwekken, es handele sich um einen Torso. Damit ist dieses Gemälde etwas wie ein Trompe l'œil. Die Hand mit dem erhobenen Zeigefinger ist als Rufzeichen, als eine Mahnung anzusehen, da diese Szene auch keine gewöhnliche Darstellung von Venus mit Vulkan ist, sondern eine moralisierende Botschaft für den Betrachter.

Darstellungen der sich kämmenden Venus, oder Venus bei der Toilette, kommen in der rudolfinischen Malerei öfter vor; mehrere Bilder dieses Themas sind im Inventar der kaiserlichen Sammlungen eingetragen. In ›Ars amatoria‹ mahnt Ovid die Frauen, sie sollen ihre Schönheit pflegen, denn ungepflegt welkten sie dahin. Dies könnte eventuell das Thema der Zeichnung Sprangers sein, die ehemals in der Sammlung Klein, Frankfurt, war. Das Bild hier aber ist komplizierter. Da steht die schöne liebeshungrige und putzsüchtige Venus, deren Botschaft nur Liebe ist, dem arbeitswütigen, tatkräftigen, aber häßlichen Vulkan gegenüber, der mißtrauisch aus dem Bild schaut. Denkt er an seine traurige Erfahrung, als er seine Frau Venus mit Mars ertappte? Doch nicht sie wurde dafür von den Göttern bestraft, ganz im Gegenteil – es war Vulkan, den man auslachte. So wäre denn dieses Bild moralisierend – stellte die Weibermacht an den Pranger. Aber ohne direkte literarische Vorlage, die bestimmt auch hier vorhanden war und die man weiter suchen muß, bleibt dies nur eine hypothetische Auslegung. E. F.

Bysta (Schweden), Sammlung des Baron C. Grippenstedt

BARTHOLOMÄUS SPRANGER
Antwerpen 1546 – Prag 1611

162 Allegorie des Triumphs der Treue über das Schicksal (Allegorie des Schicksals des Bildhauers Hans Mont)
1607 *Ft. 49, S. 313*

Öl auf Holz; 52,5 × 43,5 cm
Bezeichnet und datiert unten auf dem Rahmen des Podiums: [A]DPICTUM ARCHETYPO IOH DE MONT GANDAVENSIS INTER PROMOS AEVI HUIUS ET AUGUSTI CAES[ARIS] [S]TATUARIOS DESCRIPSIT B. SPRANGER a DCVII. Auf dem Sockel unten links die Inschrift: INIQUA FATA [ITA] DECUS HOC/ ORBI ET BELGIO/ EREPTUM ITIT?/ FIDES AEQUA/ QUAE ETIAM/ NOCTE SUA [I]AM/ INVOLUTUM/ PATRIAE ET LUCI/ RESTITUIS
Herkunft: Wahrscheinlich aus der Galerie Rudolfs II., seit der 2. Hälfte des 17. Jahrhunderts in der Prager Burggalerie
Literatur: Jiří Burián, Sprangerova Alegorie z roku 1607. Umění 7, 1959, S. 54–56; Neumann 1966, S. 268–270, Abb. S. 269; DaCosta Kaufmann 1985, S. 310, Abb. 20–77

Das Leben des Bildhauers Hans Mont scheint geheimnisvoll gewesen zu sein. Es ist so wenig von ihm bekannt, daß der Grund, warum sein Kollege gerade 1607 eine Allegorie auf ihn gemalt hat, im dunkeln liegt. Obwohl dieses Gemälde reichlich mit Inschriften vom Maler selbst versehen ist, geht aus ihnen nur hervor, daß allein ewige Treue die Erinnerung an den hochbegabten Bildhauer aus der Dunkelheit des erbarmungslosen Schicksals zu erwecken vermag und daß der Maler zur Verherrlichung seines Freundes eine eigene Komposition Hans Monts gewählt hat. Es bietet sich deshalb sofort der Gedanke an, ob dieses Vorbild nicht unter den Arbeiten zu suchen ist, an denen Spranger mit Mont zusammengearbeitet hat: der Ausschmückung des Neugebäudes bei Wien oder des Triumphbogens für den ersten feierlichen Einzug Rudolfs II. nach seiner Wahl zum Kaiser in Wien 1577. Auf diese zweite Variante scheint die Figur des römischen Kriegsherrn oder Triumphators zu weisen, der sich der Tribüne, auf der die Hauptgruppe steht, zu Pferd nähert. Dasselbe gilt auch für die Figur der geflügelten Victoria.

In der Hauptszene auf der Tribüne sehen wir nicht – wie bisher in der Literatur erwähnt – die Personifikation der vom Genius gekrönten Treue inmitten der sieben Tugenden und des im Schatten sitzenden Schicksals. Die Gestalten entsprechen nicht der erwähnten Zahl und sind durch keine Attribute gekennzeichnet. Die Inschrift spricht über Treue und Schicksal, sie sollten also auf dem Bild erscheinen. Ob sie aber so auf der Vorlage dargestellt waren, ist schwer zu sagen. Wahrscheinlicher ist, daß Spranger nur eine Zeichnung des Bildhauers als Vorlage hatte, auf der alles nur angedeutet war – ohne Details der Attribute. Diese Studie sah vielleicht jener Skizze ähnlich, die fünf schreitende Personen darstellt (Kat. Nr. 232). Spranger war sich wahrscheinlich des Mangels an sprechenden Details bewußt und hat deswegen beide Inschriften hinzugefügt. Dies finden wir sonst nur noch auf einem seiner Bilder – auf der *Allegorie auf Kaiser Rudolf II.* (Wien, Kunsthistorisches Museum, Inv. Nr. 1125). Auch hier kann man erst von der Dedikation dieses Gemäldes an den Kaiser weitere Schlußfolgerungen ziehen. E. F.

Prag, Burggalerie, Inv. Nr. 0 259

163

BARTHOLOMÄUS SPRANGER
Antwerpen 1546 – Prag 1611

163 Allegorie auf die Türkenkriege
Um 1610

Öl auf Holz; 165,1 × 104,5 cm
Herkunft: Wahrscheinlich aus der Galerie Rudolfs II., 1648 nach Schweden?, Harry Wahlin, Stockholm; Nils Rapp, Stockholm; 1981 bei Christie's verkauft
Literatur: Oberhuber 1958, S. 200/01, 230; DaCosta Kaufmann 1978, S. 71, 74, 75, Abb. 6; DaCosta Kaufmann 1985, S. 311, Abb. 20–81

Dieses Bild stellt des Themas wegen in Sprangers Schaffen eine Ausnahme dar. Als Spezialist für Allegorien auf die Türkenkriege galt nämlich am kaiserlichen Hof fast ausschließlich Hans von Aachen. Spranger hat sich in den letzten Jahren seines Lebens einem Thema zugewandt, das ihn früher nicht angesprochen hatte. Wie Karel van Mander in seiner Biographie erwähnt, durfte der kränkelnde Maler damals schon zu Hause arbeiten. Der Kaiser wählte aus seinen Bildern nur die, die ihm gefielen, und man kann auch voraussetzen, daß er nicht mehr einen so großen Einfluß wie früher auf die Themenwahl ausübte. Diese Tatsache hätte auch eine Rolle bei Sprangers *Allegorie auf die Türkenkriege* spielen können. Gewisse Details sind auf diesem Bild ungewöhnlich, unterscheiden sich von den auf Aachens Bildern ähnlichen Darstellungen.

Auf den ersten Blick nimmt uns hier eine auffallende Nostalgie, ein Pessimismus, gefangen. Die Trompeten, in die Fama bläst, sind zwar durch Fahnen mit habsburgischen Farben geschmückt, der kaiserliche Adler steigt aber nicht wie gewöhnlich zum Himmel auf, sondern erweckt in uns eher das Gefühl, er sei auf dieselbe Erde gestürzt wie der unterworfene Türke. Traurig wirkt auch der Hintergrund, eine wüste Landschaft ohne Schlachtgetümmel, ohne siegendes Heer. Obwohl einzelne Akteure der Szene klar identifizierbar sind – geflügelte Victoria, Fama, Türke, kaiserlicher Adler usw. –, bleibt doch die Frage unbeantwortet, wem das Bild galt – denn sein Inhalt ist zu allgemein. Auch die Leningrader Friedensallegorie von Aachen (siehe Kat. Nr. 96) bewegt sich auf einer solchen Ebene, ihre Botschaft hat aber ewige Gültigkeit: Wenn die Waffen schweigen, dann blühen Wohlstand, Wissenschaft und die Künste. Aus dem Bild Sprangers aber weht Skepsis. Es ist doch auffallend, daß der unterworfene Türke noch gegen Victoria sein Schwert hebt, dessen scharfe Spitze ihren Rücken zu treffen droht. Wieweit diese pessimistische Atmosphäre Sprangers Standpunkt ausdrückt, ob das Bild für den Kaiser bestimmt oder sogar von ihm beeinflußt war, wird wahrscheinlich eine offene Frage bleiben. E. F.

Münster, Stadtmuseum

BARTHOLOMÄUS SPRANGER
Antwerpen 1546 – Prag 1611

164 Venus in der Schmiede des Vulkan
Nach 1607 *Ft. 50, S. 314*

Öl auf Leinwand; 140 × 95 cm
Herkunft: Galerie Rudolfs II.
Literatur: Oberhuber 1958, S. 202/03, 234; Fučíková 1972, S. 349/50; DaCosta Kaufmann 1985, S. 312, Abb. 20–82

Venus in der Schmiede des Vulkan gehört zu den interessantesten Spätwerken Sprangers, nicht nur seiner hohen malerischen Qualität, sondern auch der Farbigkeit und Vollkommenheit der Komposition wegen. Es erinnert uns an die Worte Manders, daß dem Maler »Augen und Glieder nicht wie sonst dienen wollen, obgleich – nach Jedermanns Urteil – von den Sachen, die er jetzt macht, immer das letzte Werk das beste ist«.

Wie aus dem Vergleich mit den Bildern von 1607 (siehe Kat. Nr. 161, 162) hervorgeht, kehrte Spranger in seinen letzten Gemälden zur Monumentalität der Körper zurück, die für die Werke der 90er Jahre charakteristisch war. Dies geschieht aber auf einer stilistisch weit fortgeschritteneren Ebene wahrhaft protobarocker Formen. Mehr als in seinen anderen Gemälden fällt hier der Einfluß von Carracci –

164

Literatur: Zwollo 1968, S. 145/46; Zwollo 1982, S. 95; Zwollo, Beiträge ..., Freren 1988, S. 288, Abb. 1

Bis jetzt ist dies das frühest datierte Bild von Pieter Stevens. Es ist gut erhalten, und es zeigt eine frische und klare Atmosphäre. Wie wir es auch aus seinen Zeichnungen gewohnt sind, hat der Maler auf Details viel Aufmerksamkeit verwendet, wie auf den Baumschlag, die Wiedergabe der Rinde, auf Pflanzen und Eisvögel am Ufer und die Spiegelung im Wasser. Auffallend ist hier, daß Stevens die Blätterspitzen gelblich aufleuchten läßt. Die Struktur der Felsen und Nadelbäume im Hintergrund erinnert an Arbeiten des Lucas van Valckenborch, genau wie Stevens' Bild *Versuchung Christi* aus dem Jahre 1594 (Zwollo 1968, Abb. 182). Die Farbgebung ist fein abgestuft: vom warmen rötlichen und grünlichen Braun im Vordergrund über dunkleres nach einem hellerem Grün und Blau im Hintergrund. Auf das Dach der Herberge fällt an einigen Stellen Licht. Dieser Effekt korrespondiert mit den gelblich aufleuchtenden Blätterspitzen. Vergleichbare Lichteffekte sehen wir am Baumstamm rechts von der Herberge und den Zaunspitzen. Die wenigen Figuren fungieren als kleine Farbakzente in der Landschaft.

Die Komposition einer solchen Landschaft mit Durchblick links und rechts von der Herberge steht Arbeiten der Frankenthaler Schule nahe. Wegen einer *Ansicht von Heidelberg* scheint es gut möglich, daß Stevens kurz vor 1594 über Frankenthal nach Prag gereist ist. Dies könnte auch den Einfluß der Frankenthaler Schule auf seine frühen Arbeiten erklären.

A. Z.

ihm durch dessen Bilder in den kaiserlichen Sammlungen vermittelt – ins Auge.

Aber auch das Bildthema bedarf einiger Bemerkungen. Eindeutig spielt die Szene in der Schmiede des Vulkan, und deren Protagonistin ist Venus. Im Hintergrund sieht man den alten Vulkan, wie er am Amboß irgendeinen Schild in der Zange hält, den sein junger Gehilfe aushämmert. Falls der Venus-Gatte schon dort dargestellt ist, wiederholt er sich noch einmal in der männlichen Gestalt der Hauptszene. Dieser gutgebaute Mann mit rotbraunem Haar und Bart ist weit entfernt von unserer Vorstellung des häßlichen hinkenden Vulkans. Da er nackt ist, kann man voraussetzen, daß der Helm auf dem Tisch und der Küraß an der Wand ihm gehören. Der Mann, der zwar die Spitze seiner Lanze schärft, aber alle seine liebesergebene Aufmerksamkeit Venus widmet, könnte Mars sein. Die Folge dieser Liebschaft, Amor, assistiert dabei mit seinem Bogen und Pfeilen.

Spranger ist also nach mehr als zehn Jahren zu jenem Thema zurückgekehrt, welches er schon in einer etwas anderen Form im Venus-Zyklus bearbeitet hat (Graz, Joanneum, Inv. Nr. 67).

E. F.

Wien, Kunsthistorisches Museum, Gemäldegalerie, Inv. Nr. 2001

PIETER STEVENS
Mechelen (?) um 1567 – Prag (?) nach 1624

165 Mittelgebirgslandschaft mit Herberge und Burg
1593

Öl auf Eichenholz; 45,5 × 67 cm
Datiert auf dem Schild der Herberge 1593
Herkunft: Belgische Privatsammlung; Kunsthandlung Gebr. Douwes, Amsterdam

Kassel, Staatliche Kunstsammlungen, Gemäldegalerie Alte Meister, Inv. Nr. L 1069 (seit 1987)

PIETER STEVENS
Mechelen (?) um 1567–Prag (?) nach 1624

166 Bauernfest im Freien
1596

Öl auf Holz; 27 × 41 cm
Bezeichnet und datiert unten links: PS 96
Literatur: Zwollo 1968, S. 138, Abb. 179; Franz 1968/69, Abb. 32 auf Taf. XXV; Kat. Antwerpen 1970, nr. 998; DaCosta Kaufmann 1985, S. 315, Abb. 21–7

Auf einem Hügel unter Bäumen amüsiert man sich bei Tanz und Spiel. Nach rechts schaut man hinab ins Tal und in eine weite Ferne. Die

165

166

Pieter Stevens,
Kirchweihfest. 1595
Ehem. Wien, Kunsthistorisches Museum

Typisierung der Figuren mit ihren kleinen Köpfen und fast gleichen Gesichtszügen ist jener auf dem verlorengegangenen *Kirchweihfest* von 1595 sehr ähnlich (ehem. Wien, Kunsthistorisches Museum, vgl. Abb.).

Genau wie dort wird der Vordergrund von einem starken Baum betont. Durch das dünne zarte Laub der Bäume fällt Sonnenlicht. Orangegelbe und braune Farben rufen einen warmen Gesamtton hervor. Koloristisch ist das Antwerpener Bild überaus eindrucksvoll.

A. Z.

Antwerpen, Königliches Museum für Schöne Künste

PIETER STEVENS
Mechelen (?) um 1567 – Prag (?) nach 1624

167 Landschaft mit römischen Ruinen
1604–1607

Öl auf Holz; 49 × 76 cm
Verso ein Zettel mit Aufschrift ›Brenberg No. 16‹, auf einem anderen Zettel mit blauem Bleistift ›226 Heiyl‹, und in einer Handschrift aus dem 18. Jahrhundert ›Peter ste . .nen‹
Herkunft: Privatsammlung Bautzen (als Hans Bol)
Literatur: Zwollo 1982, S. 101 f., 106 ff., Abb. 7, 12; DaCosta Kaufmann 1985, S. 316, Abb. 21–9

Zwischen dem hohen dunklen Vordergrund rechts und den aufgetürmten Ruinen im Mittelgrund links schaut man auf Rom. Die Peterskirche und rechts davon Castel S. Angelo sind deutlich zu erkennen. Es gibt einige Zeichnungen mit römischen Ruinen, die mit diesem Bild zusammenhängen. Diese Blätter basieren auf einer Reihe von kleinen Studien in der Wiener Akademie, von denen viele ›91‹ oder ›92‹ datiert sind. Die Ausführung dieser Studien ist sehr unbeholfen. Möglicherweise sind es Nachzeichnungen. Dies würde die mangelhafte Wiedergabe der antiken Architektur erklären. Wäre Stevens selbst in Italien gewesen, hätte eine solche Reise in den Jahren 1590/1591 stattfinden müssen. Da einige der Studien in der Wiener Akademie mit Motiven in Stichen von Aegidius Sadeler nach Jan Brueghel korrespondieren, könnte man vermuten, daß Stevens diese Serie nach Jan Brueghel kopiert hat.

Es dürfte demnach kein Zufall sein, daß man auch bei diesem Bilde in Dresden einen Zusammenhang mit Jan Brueghel feststellen kann. Vergleicht man dessen *Ansicht von Rom* aus Darmstadt, datiert ›Roma 13 november 1594‹, mit dem Hintergrund im Bild von Stevens, dann ist die Übereinstimmung frappant. Vielleicht hat Stevens während Jan Brueghels Aufenthalt in Prag 1604 diese Zeichnung zur Verfügung gestanden. Dann wäre das Bild von Stevens kurz nach 1604 zu datieren. Darüber hinaus ist durch die starken Verkürzungen und die Kleinheit der Figuren ein Entstehungsdatum vor 1607 (Monatsserie) anzunehmen. A. Z.

Dresden, Staatliche Kunstsammlungen, Gemäldegalerie Alte Meister, Inv. Nr. 82/08

167

168

PIETER STEVENS
Mechelen (?) um 1567 – Prag (?) nach 1624

168 Nächtliche Landschaft mit Fischfang
Um 1605

Öl auf Eichenholz; Dm. 22 cm (beschnitten)
Literatur: Engerth 1892, Kat. Nr. 1038 (als F. Mostaert); Zwollo 1968, S. 151, Abb. 199; Demus 1973, S. 168, Abb. Taf. 79 (als P. Stevens); DaCosta Kaufmann 1985, S. 317, Abb. 21–12

Wie bei dem Stich *Nox* (Kat. Nr. 324) schaut man hier in Anlehnung an Kompositionen von Pieter Bruegel und Hans Bol von einem erhöhten Vordergrund in der rechten Bildhälfte nach links auf das Meer hinab. Fischer ziehen ihre Netze an das vom Mond hell beschienene Ufer. Am Horizont verschmelzen Meer und Wolken ineinander. Die hellen Wolkenränder kontrastieren mit dem Sternenhimmel. Das Laub der Bäume im Vordergrund ist sehr transparent. Inmitten der hauptsächlich grauen Töne, in denen das Bild gemalt ist, leuchtet der Strand gelbgrau auf. Bedenkt man, daß Jan van Goyen erst in den 30er Jahren des 17. Jahrhunderts mit Tonmalerei experimentierte, sind die frühen Versuche von Stevens auf diesem Gebiet um so erstaunlicher.

Im Katalog von Engerth ist dieses Rundbild als Arbeit von F. Mostaert zu finden. Es galt als Gegenstück zu Nr. 1037, *Felsige Landschaft mit Tobias und dem Engel.* Diese letzte Landschaft ist jedoch mit ›J. Savery‹ signiert und ›1592‹ datiert (Holz, Dm. 22 cm, Inv. 952).

A. Z.

Wien, Kunsthistorisches Museum, Gemäldegalerie, Inv. Nr. 954

PIETER STEVENS
Mechelen (?) um 1567 – Prag (?) nach 1624

169 Flußlandschaft
Um 1610 *Ft. 51, S. 315*

Öl auf Leinwand; 95 × 135 cm
Herkunft: Auktion Luzern (Fischer), 1.11. 1986, Nr. 1333, Ft. V (als A. Faistenberger)
Literatur: Zwollo, Beiträge..., Freren 1988, Abb. 6

In einer phantasievoll aufgebauten Landschaft, in der die Bauernhäuser und Scheunen an der Brücke sich vielfach überschneiden, leuchten unerwartet Lichtflecken in starkem Kontrast zu den dunklen Bauformen. Der vom Abendlicht beschienene Hang links im Hintergrund ist reich gemalt. Der Maler hat viele Changeantfarben benutzt. Abgesehen von der manieristischen Anordnung des Bildes, macht dies ein Entstehungsdatum zu Beginn des 17. Jahrhunderts wahrscheinlich. Die Wiedergabe der Baumkronen, die das große Bauernhaus überwölben, ist zierlich ausgearbeitet. Dies zeigt den Einfluß von Paul Bril, wie es auch in der *Landschaft mit Einsiedler* aus dem Jahre 1609 der Fall ist. Beim Braunschweiger Bild ist das jedoch nicht verwunderlich, weil diese Landschaft einen Stich nach Paul Bril als direktes Vorbild hat. Die Kleidung der Figuren in der *Flußlandschaft* kann man zwischen 1600 und 1615 datieren. Ein Stich von Aegidius Sadeler (Hollstein Nr. 248 mit Abb.) nennt Pieter Stevens als Inventor dieser Komposition. Dieser Stich gehört zu einer Serie von ›Acht Ansichten in Böhmen‹, deren Entstehung man zwischen 1605 und 1610 datieren kann. Demnach wäre diese *Flußlandschaft* um 1610 anzusetzen.

A. Z.

Schweizer Privatbesitz

169

170

Peter Stevens,
Apfelernte. Zeichnung,
Frankfurt, Städelsches Kunstinstitut

PIETER STEVENS
Mechelen (?) um 1567 – Prag (?) nach 1624

170 Landschaft mit Wassermühle
2. Jahrzehnt 17. Jahrhundert

Öl auf Leinwand; 132,5 × 175,5 cm
Literatur: Neumann 1966, Kat. Nr. 61 mit Abb.; Zwollo 1968, S. 165, Abb. 222; DaCosta Kaufmann 1985, S. 319, Abb. 21–18

Dieses Bild wurde von Jaromír Neumann auf der Prager Burg wiedergefunden. Die ausgewogene, eindrucksvolle Waldlandschaft – vielleicht unter Einfluß Roelant Saverys entstanden – ist in der Farbwirkung besonders hübsch. Auch das plastische, lockere Laubwerk des großen Baumes rechts erinnert sehr an Savery. Die Verkürzung der Wassermühle ist nicht richtig gelungen, aber die zerfallene Mauer und der Effekt der wie nach einem Gewitter hervorbrechenden Sonnenstrahlen auf den Baumpartien in der Mitte sind mit malerischem Auge beobachtet. Auf einer hölzernen Brücke stehen ein Mann und eine Frau im Gespräch mit dem Müller. Wie Neumann schon bemerkte, kommen diese beiden Figuren in gleicher Stellung auf dem Blatt mit der *Apfelernte* in Frankfurt vor, das als ›Autumnus‹ 1620 in einer Serie der ›Vier Jahreszeiten‹ von Aegidius Sadeler herausgegeben wurde (Hollstein Nr. 144).

Der Bildgedanke erinnert in seinem Verlauf nach links und nach unten an die Pinselzeichnung in der Stiftung P. und N. de Boer, Amsterdam: *Wildbach im Wald,* die »A 1614 3 Appril« signiert und datiert ist. Die ausgeglichene *Landschaft mit Wassermühle* ist eine reife und späte Arbeit von Stevens, entstanden nach der *Flußlandschaft* (Kat. Nr. 169) im 2. Jahrzehnt des 17. Jahrhunderts.

Bilder von Stevens gibt es in sehr kleinem bis zu sehr großem Format. Dieses ist bis jetzt das größte und gleichzeitig auch das letzte gemalte Bild, das wir von Stevens kennen. Möglicherweise ist es identisch mit einem Werk, das in einem nach dem 28. Juni 1619 in Wien angelegten Verzeichnis erwähnt wurde: »no 208 1 grosse Landschaft vom Petter Steffan mit der Mihl«.

A. Z.

Prag, Burggalerie, Inv. O 292

41 Roelant Savery, *Blumenstrauß in einer Nische*. 1612 (Kat. 150)

42 Bartholomäus Spranger, *Auferstehung Christi*. Um 1575 (Kat. 152)

43 Bartholomäus Spranger, *Herkules, Deïaneira und der tote Zentaur Nessus*. Um 1585 (Kat. 154)

44 Bartholomäus Spranger, *Herkules und Omphale.* Mitte 90er Jahre (Kat. 155)

45 Bartholomäus Spranger, *Sine Cerere et Baccho friget Venus (Bacchus und Ceres verlassen Venus).* Mitte 90er Jahre (Kat. 156)

46 Bartholomäus Spranger, *Venus und Bacchus*. Um 1590 (Kat. 157)

47 Bartholomäus Spranger, *Epitaph des Goldschmieds Nicolaus Müller (Der auferstandene Christus mit Engeln)*. Um 1592 (Kat. 158)

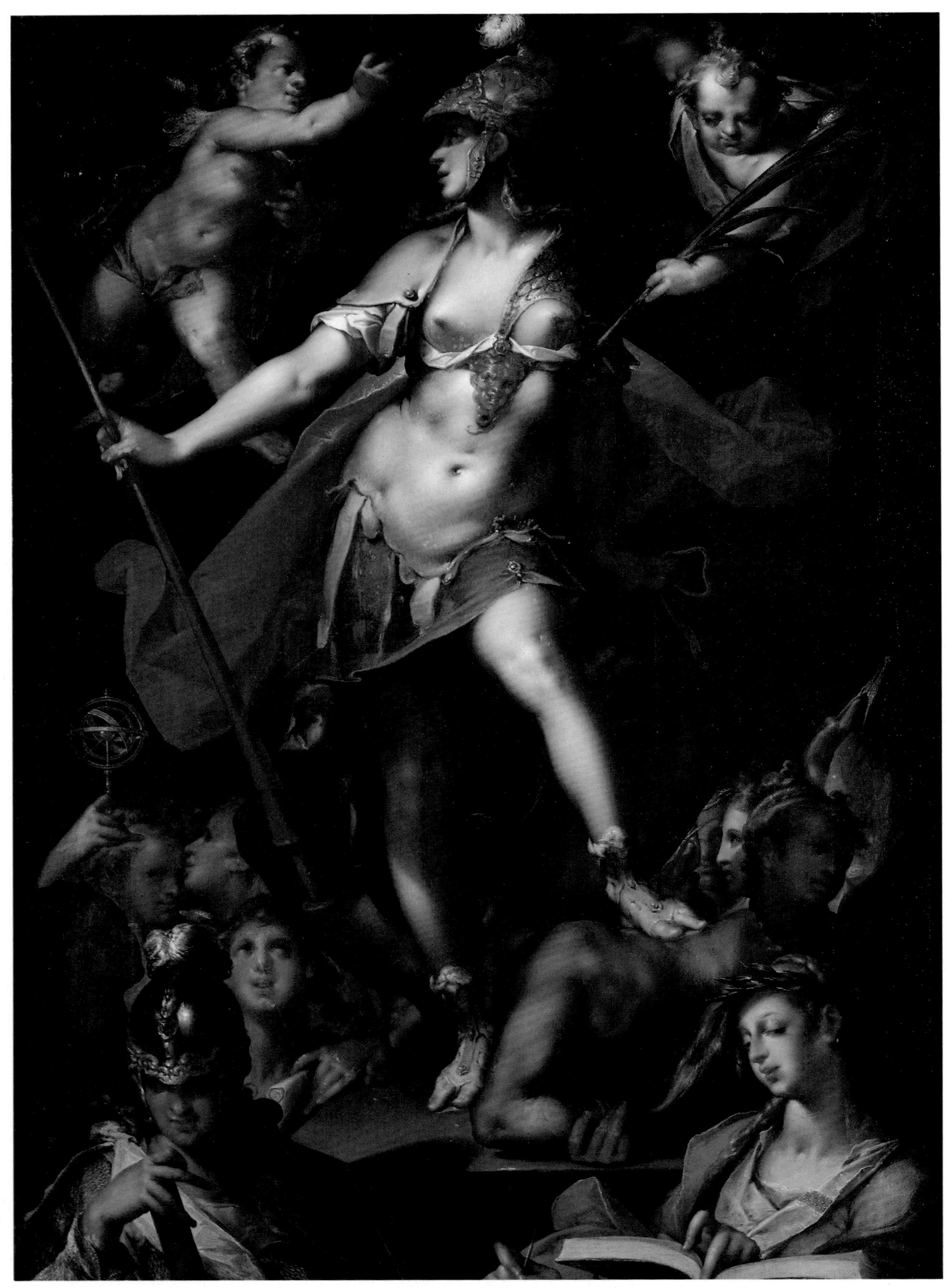

48 Bartholomäus Spranger, *Triumph der Weisheit (Minerva als Siegerin über die Unwissenheit)*. Um 1595 (?) (Kat. 159)

171

172

ANTONIO TEMPESTA
Florenz um 1550 – Florenz 1630

171 Landschaft mit Eberjagd
172 Landschaft mit Bär- und Hirschjagd

Öl auf dendritischem Stein; 171: 40,7 × 31,2 cm; 172: 42,2 × 32 cm
Herkunft: Kunstkammer Rudolfs II., Inventar 1607–1611, Nr. 955 2805
Literatur: Bauer-Haupt 1976, S. XXIV, 140, Abb. 39, 40

Im Kunstkammerinventar 1607–1611, Blatt 388 im Teil ›Gemeld auff alabaster or: und andere stain gemaltt‹ sind unter Nr. 955 (2805 neuer Numerierung) »Zwey grosse stuckh stain, so von Roma kommen, darein wie bäumb oder landschafften natürlich gewachsen und von Anthon: Tempest jagdlandschafften darein gemalt« erwähnt. Glücklicherweise konnten beide Bilder durch die genaue Beschreibung mit zwei Gemälden, die bis heute im Kunsthistorischen Museum in Wien aufbewahrt sind, identifiziert werden.

Antonio Tempesta war ein Schüler von Jan van der Straet in Florenz und wuchs zu einem vielseitigen Künstler heran. Als Freskomaler beteiligt er sich u. a. an der Ausschmückung der Uffizien in seiner Geburtsstadt, arbeitete an den Loggien im Vatikan, in verschiedenen Palästen und Kirchen in Rom und in dessen Umgebung. Er schuf viele graphische Blätter und machte sich vor allem durch seine Landschaften und Jagdszenen einen Namen. Die letztgenannten Bilder waren um 1600 so beliebt, daß sie andere Maler nachgeahmt haben. Tempesta arbeitete oft mit sog. Fiamminghi, z.B. mit Matthijs und Paul Bril, und dieser Kontakt mit der Kunst der in Rom tätigen niederländischen und flämischen Künstler kam vor allem in seinen Landschaften zum Ausdruck. Dies belegen auch die beiden ausgestellten Bilder. Sie sind auf einem dendritischen Stein gemalt, der durch seine natürliche Strukturzeichnung und durch die Färbung geeignet war, eine ideale Unterlage gerade für Landschaften zu bieten, zugleich aber damit die Komposition des Gemäldes bedingte. Die Autorschaft belegt das Inventar, aber auch der Vergleich mit seinem Bild auf derselben Unterlage, welches den Tod des Adonis darstellt und in der Galleria Sabauda in Turin (Inv. Nr. 475) aufbewahrt wird.

Diese Jagdlandschaften sind nicht nur Musterproben der Meisterschaft des Malers, sie belegen zugleich, wie man in den kaiserlichen Sammlungen danach trachtete, alles, was damals in der Welt der Kunst berühmt geworden war, sofort zu erwerben. E. F.

Wien, Kunsthistorisches Museum, Inv. Nr. 3057, 3058

UNBEKANNTER KÜNSTLER
1597

173 Tycho Brahe (1546–1601)

Öl auf Leinwand; 100 × 83 cm
Bezeichnet: I. S.
Inschrift oben rechts: EFFIGIES TYCHONIS BRAHE OTTONI DAN. AETATIS SVAE ANNO 50. COMPLETO OVO POST DIV-

173

TINVM IN PATRIA EXILIVM LIBERTATI DESIDERATAE DIVINO PROVISV RESTITVTVS EST
Herkunft: Karl Gustav Wrangel, Skokloster
Ausstellungen: Hälsingborg 1907 (Historisch-topographische Ausstellung)
Literatur: Granberg 1911, s. Povl Eller, Danske portraetter på Skokloster, manuskript, 1979, S. 19; Mortensen 1946, S. 70–72; Heiberg 1982

Das Porträt ist eins der zwei wichtigsten, die den dänischen Astronomen Tycho Brahe darstellen, der am Hofe Rudolfs II. 1599 bis zu seinem Tod 1601 angestellt war. Das Skokloster-Bild ist eine Kopie nach dem Original aus dem Observatorium in Edinburgh. Es wird in einem Brief vom 10. 7. 1597 Tycho Brahes an Holger Rosenkrantz erwähnt (Opera Omnia, T. VIII, 4). Eine zweite Kopie befindet sich in Schloß Gripsholm in Schweden (Inv. Nr. 1580).

Tycho Brahe ist in schwarzer Tracht mit weitem Mantel dargestellt. Er trägt den ›Elefantenorden‹ an einer Goldkette um den Hals. Seine Rechte ziert ein Ring mit dem Brahewappen. Oben links im Bild eine symbolische Darstellung mit den vier Elementen. Eine Hand aus dem Himmel hält ein Gefäß über einen brennenden Obelisken mit dem Spruchband: STANS TEGOR IN SOLIDO VENT, STREPAT IGNIS ET VINDA, das von wasserspeienden Figuren umgeben wird. G. C. B.

Schweden, Schloß Skokloster, Inv. Nr. 11593

HANS VREDEMAN DE VRIES
Leeuwarden 1527 – Antwerpen 1606

174 Palastarchitektur mit Musizierenden
1596 *Ft. 52, S. 316*

Öl auf Leinwand; 135 × 174 cm
Bezeichnet und datiert am Fuß der vordersten Säule: HANS Ligatur VREDEMAN Ligatur VRIESE INV. 1596
Die Figuren sind von Dirck de Quade van Ravesteyn gemalt
Herkunft: Galerie Rudolfs II.
Literatur: Iwanoyko 1963, S. 189; Schneede 1967, S. 161; Fučíková 1979, S. 493/94; Ehrmann 1979, S. 24, DaCosta Kaufmann 1985, S. 321, Abb. 25–2

Der Kontrast zwischen den phantastischen, spätgotischen, wie Spitzen aussehenden Bauten und der Renaissance-Säulenhalle mit den typischen gemalten Grotesken beherrscht dieses Bild. Der Signatur nach soll es nur von Hans Vredeman de Vries ausgeführt sein. Da aber der Künstler damals schon alt war, läßt sich die Beteiligung seines Sohnes Paul nicht ausschließen. Hans war aber offensichtlich ein viel geschickterer Maler, seine Bilder sind freier, fließender gemalt, und diese Leinwand gehört zu den besten der von ihm erhaltenen Werke.

Obwohl Hans Vredeman auch ganz tüchtig staffieren konnte, hat er während seiner Tätigkeit in Prag einen der Hofmaler Rudolfs II., Dirck de Quade van Ravesteyn, dafür um Mitarbeit gebeten. Aus dieser gemeinsamen Tätigkeit sind außer diesem Bild noch folgende im Kunsthistorischen Museum in Wien aufbewahrte Gemälde entstanden: *Palastarchitektur mit Spaziergängern* (Inv. Nr. 2335) und *Palastarchitektur mit vornehmen Besuchern* (Inv. Nr. 2334). Die phantasievolle Architektur, welche kaum Wände und Schwere kennt, ist von der Realität weit entfernt. Im Gegensatz dazu wirkt die Staffage von Ravesteyn wie ein Bildchen aus dem Alltag des kaiserlichen Hofes. Musikalische Unterhaltungen waren dort bestimmt nichts Ungewöhnliches. Die kaiserliche Kapelle war groß und berühmt, sie spielte sogar auf verschiedenen Festgastmahlen in den vornehmen Palästen, falls es der Kaiser erlaubte. E. F.

Wien, Kunsthistorisches Museum, Gemäldegalerie, Inv. Nr. 2336 (ausgestellt in der Slg. alter Musikinstrumente)

PAUL VREDEMAN DE VRIES
Antwerpen 1567 – Amsterdam 1630

175 Inneres einer gotischen Kirche
1598 (?)

Öl auf Leinwand; 108,5 × 115 cm
Bezeichnet links am Fuß des Pfeilers: PAVLUS FREDEMAN FRISE
Herkunft: Alter kaiserlicher Besitz
Literatur: DaCosta Kaufmann 1985, S. 323, Abb. 25–6

Paul Vredeman de Vries hat offensichtlich das Können seines Vaters nie erreicht. Es mangelte ihm vielleicht nicht an Phantasie, sicher fehlte ihm aber der Zauber, der die Bilder seines Vaters zeitlos erscheinen läßt. Er vermag auch nicht die Tiefe des Raumes überzeugend darzustellen. Man kann dies am besten durch den Vergleich zweier ähnlicher Kompositionen von Vater und Sohn demonstrieren. Im Bild *Inneres*

174

175

der gotischen Kirche von Hans, welches im Gotischen Haus in Wörlitz aufbewahrt ist, wirkt alles sehr realistisch, obwohl auch es eine imaginäre Architektur ist. Der Zuschauer fühlt sich in die Räumlichkeiten hineingezogen. Auf dem Bild von Paul, auf dem im Vordergrund eine Taufe dargestellt ist, zersplittert sich die Komposition, läßt durch eine Vielzahl an Details die Größe und Tiefe des Raumes vergessen. Die trockene Malweise unterstreicht noch das flach Dekorative des Bildes. In Paul kann man eher den wenig begabten Nachfolger und Gehilfen des Vaters sehen. E. F.

Wien, Kunsthistorisches Museum, Gemäldegalerie, Inv. Nr. 7661

Zeichnung und Druckgraphik

Teréz Gerszi

Im 16. Jahrhundert war die Bedeutung der Zeichnung in außerordentlichem Maße gewachsen, weil sie einerseits bei der Vorbereitung von Kunstwerken eine wichtige Rolle spielte, andererseits aber auch einen eigenständigen ästhetischen Wert aufzuweisen hatte. So ist es keine Seltenheit, daß ein Künstler in diesem Jahrhundert über ein Zeichenœuvre von mehr als tausend Blättern verfügte. Hält man sich dies vor Augen, ist die Anzahl der bekannten Zeichnungen der rudolfinischen Ära eher bescheiden. Und nimmt man bei den Künstlern im Durchschnitt eine Schaffensperiode von 20 bis 30 Jahren an, existiert heute nur noch ein Bruchteil. Abgesehen davon, daß von einigen weniger bedeutenden Meistern – wie Jacopo Strada, Jeremias Günther, Dirck de Quade van Ravesteyn – gegenwärtig nur je ein bis zwei gesicherte Zeichnungen bekannt sind, kann auch das etwa 260 Blätter umfassende, verhältnismäßig reiche Œuvre von Roelant Savery nur ein kleiner Teil seiner Zeichnungen sein. Es würden sonst, in Anbetracht seines mehr als 40jährigen Schaffens, auf ein Jahr lediglich sechs Blätter entfallen. Die Zahl der Zeichnungen von Spranger, Hans von Aachen[1], Pieter Stevens bewegt sich um je 120. Von Joseph Heintz sind noch weniger bekannt, der Bearbeiter seines Œuvres hält 87 Blätter für gesichert.[2] Die Zeichnungen des Matthäus Gundelach aber machen nicht einmal die Hälfte davon aus. Die Arbeiten der Miniaturmaler – Joris und Jacob Hoefnagel, Daniel Fröschl – haben sich besser erhalten, da sie als Buchschmuck oder als in Alben eingefügte Blätter gut geschützt waren. Noch viel seltener als die Zeichnungen der Maler überlebten die der Bildhauer und der angewandten Künstler. Allerdings spielte bei diesen die Zeichnung als Vorbereitung für ihre Werke im allgemeinen auch keine so große Rolle wie bei den Malern. Von Jan de (Hans) Mont sind zur Zeit drei, von Adrian de Vries sechs bis sieben Blätter bekannt. Von dem Medailleur Antonio Abondio und vom Goldschmied Jan Vermeyen werden je eine, vom Schnitzer Nikolaus Pfaff zwei Zeichnungen für gesichert gehalten. Etwa zehn können dem Seidensticker Philipp van den Bossche zugeschrieben werden. Eine Ausnahme bildet der Goldschmied Paulus van Vianen, von dem wegen seiner Leidenschaft für Landschaftszeichnungen ein verhältnismäßig umfangreiches Œuvre erhalten geblieben ist. Ein großer Teil der etwa 90 Blätter stammt aus seinen Salzburger Skizzenbüchern, während seine Prager Schaffensperiode, die viel länger war als die Salzburger, nur durch wenige Zeichnungen belegt ist. Die meisten Zeichnungen Sprangers hingegen entstanden in Prag, während wir uns über seine Tätigkeit in der voraufgegangenen italienischen und Wiener Periode aufgrund nur weniger Blätter keinen Begriff machen können; der Anfang der Zeichenkunst Gundelachs und Roelant Saverys liegt noch mehr im dunkeln. Ein ziemlich umfangreiches Material steht uns aus der Vorprager Periode des Joseph Heintz und des Hans von Aachen zur Verfügung. Aus dem ungefähr 120 Blätter umfassenden Œuvre Hans Hoffmanns wurden hingegen nur einige Blätter in Prag angefertigt. Vom zeichnerischen Schaffen der Jacopo und Ottavio Strada können wir uns eher aufgrund von Werkstattkopien ein Bild machen als aufgrund der wenigen Originale. Das aus 145 Blättern bestehende, Kostümzeichnungen enthaltende Konvolut (Florenz, Uffizien) des Arcimboldo zeigt uns nur einen Aspekt seines vielseitigen Schaffens. Durch all diese Tatsachen wird klar, daß die versuchte Übersicht nach mehreren Gesichtspunkten und die daraus abzuleitenden Folgerungen nur annähernd Gültigkeit haben; eventuell auftauchende, bisher unbekannte Werke können noch viele Fragen in einem anderen Licht erscheinen lassen.

Zweck und Funktion der Zeichnung

Eine der großen Errungenschaften der Renaissance, das Streben nach der Darstellung der sichtbaren Wirklichkeit, hatte in der Zeichenkunst eine wachsende Bedeutung von Studien nach der Natur zur Folge. Die Figurenstudie nach dem lebenden Modell wurde eine der wichtigsten Vorbereitungen zur Bildschöpfung, die der Kompositionsskizze auf dem Fuße folgte. Dies änderte sich im Manierismus, da das Interesse an der früher als Quelle aller Schönheit geltenden Wirklichkeit stark nachließ, und der künstlerische Ausdruck selbst in den Vordergrund trat. Die Nachahmung der Natur galt nicht mehr als vorherrschend, der Phantasie wurde eine zunehmend wichtigere Rolle beigemessen. In den theoretischen Schriften des Spätmanierismus – den die Ästhetik behandelnden Werken des G. P. Lomazzo, des Federigo Zuccari, des G. B. Armenini – formuliert sich eindeutig die Ansicht, daß die Quelle der Schönheit die Idee oder das ›disegno interno‹ sei, das vom Künstler als göttliche Gnade empfangen werde.[3] Die Geburt der Idee bedeutete den einen Teil der künstlerischen Tätigkeit, die Umsetzung der Idee in die Schöpfung den anderen, wozu man sich eine entsprechend gute ›Manier‹ aneignen mußte. Dazu war das Studium der Werke der großen Meister unerläßlich, weil die hieraus gewonnenen Erkenntnisse zur Verwirklichung der Idee wichtig waren. Daher verschob sich der Schwerpunkt von der Naturstudie auf die Kopie und in erster Linie auf das Zeichnen aus dem Gedächtnis.

Die Gesamtheit der rudolfinischen Zeichnungen läßt erkennen, daß sich die Figurenmaler den italienischen Spätmanieristen anpaßten und ihre Werke nicht nach der Wirklichkeit, sondern unter Verwendung der aus den Meisterwerken der Renaissance und aus den Schöpfungen der Zeitgenossen gewonnenen Inspiration sowie aus der Vorstellung heraus malten. Zeichnungen ›nach der Natur‹ finden wir bei den Porträts, bei den Landschaften, den Stadt-, Tier- und Pflanzendarstellungen – also bei den Kunstgattungen, in denen die nordalpine Tradition stärker zur Geltung kam. Aufgrund direkter Beobachtung entstanden auch die Figurenstudien des Landschaftsmalers Savery, die aus der Brueghel-Tradition hergeleitet werden können.

Die Aufgaben, die die Künstler in Prag erwarteten, bestimmten auch die Art der Zeichenkunst. Am Prager Hof gab es keine bedeutende monumentale Kunst, zumindest sind aus dieser Zeit wenig Zeugnisse bekannt. Nur das Fresko Sprangers im Weißen Turm ist erhalten geblieben, und wir wissen von einem heute im Veitsdom vorhandenen Wandgemälde der *Maria Himmelfahrt*.[4] Ebenfalls aus Sprangers Prager Zeit stammen einige Skizzen als Vorlagen für Fresken, darunter die Schlachtenszene auf dem Verso des Münchener Studienblattes. Teppich- und Glasfensterentwürfe bzw. direkt bei der Ausführung verwendete Kartons kommen unter den Zeichnungen nicht vor. Ihr Fehlen unterscheidet die Prager Zeichenkunst von der an den zeitgenössischen Höfen in München, Florenz und Fontainebleau, an denen eindrucksvolle monumentale künstlerische Tätigkeit stattfand. In Prag begünstigten dagegen der Geschmack des Herrschers und die Umstände die Entwicklung einer Kabinettkunst, die auch die Zeichenkunst prägte. Die Figuren- und Landschaftsmaler schufen Tafelbilder, und ein Teil ihrer Zeichnungen diente zu deren Vorbereitung. Bedeutend war ebenfalls die graphische Tätigkeit, zu der die Maler Vorzeichnungen lieferten. Doch die Mehrzahl der Zeichnungen sind autonome Schöpfungen, nur wenige stehen mit Reliefs, kunstgewerblichen Gegenständen oder mit der Architektur in Zusammenhang.

1 Bartholomäus Spranger, *Junger Künstler vor Minerva*. Vor 1592. Wien, Albertina

Bei den Zeichnungen handelt es sich überwiegend um vollendete, fertige Kompositionen. Phasen der Vorbereitung dokumentierende Blätter – Kompositionsskizze und Detailstudie – sind selten. Die die Grundstruktur der Komposition aufzeigende ERSTE SKIZZE wurde meist mit Feder oder Kreide ausgeführt. Eine solche erste Idee gibt Sprangers Federzeichnung *Junger Künstler vor Minerva* wieder (Abb. 1), die mit einem Kupferstich Jan Mullers zusammenhängt, sowie seine Allegorie auf die Zeit (Kat. Nr. 313). Von den übrigen Figurenmalern – Hans von Aachen, Joseph Heintz, Matthäus Gundelach – sind nur wenige solcher spontaner Skizzen bekannt. Das gleiche gilt für die Landschaftszeichnungen – nur vereinzelte Kompositionsskizzen von Pieter Stevens und von Paulus van Vianen bilden die Ausnahme. Eine erste Entwurfsskizze dürfte auch Nikolaus Pfaffs Zeichnung eines *Kronleuchters* sein (Kat. Nr. 234). Die Seltenheit dieser Zeichnungsart ist merkwürdig, weil damals der Versuch, von traditionellen Kompositionslösungen abzuweichen, ausgesprochen Mode war; was die Häufigkeit von Ideenskizzen gerade plausibel machen würde.

Auch die Detailstudien von Figuren sind heute relativ selten. Man darf annehmen, daß es von diesen viel mehr gab, als wir jetzt kennen. Diese Annahme beruht darauf, daß einerseits auch die nördlichen Meister schon von der 2. Hälfte des 16. Jahrhunderts an bei der Vorbereitung ihrer Kompositionen auf Figurenstudien zurückgriffen und daß andererseits die elegante, dynamisch bewegte, dekorative Figur das wichtigste Element der manieristischen Komposition, der beste Beweis künstlerischer Invention und Phantasie war und daher eine sehr sorgfältige Vorbereitung erforderte (Figurenstudien bilden einen Großteil des Zeichnungsœuvres der zeitgenössischen italienischen Meister). Beim Zeichnen von Figuren war der Ausgangspunkt in vielen Fällen die von einer antiken Statue gewonnene Inspiration, wie z. B. bei den *Ledaskizzen* (Kat. Nr. 209) von Heintz. Es kommt vor, daß eine zeitgenössische Statue zu einer neuartigen Lösung angeregt hat, wie im Falle der drei miteinander verschlungenen Frauenfiguren auf Sprangers Münchener Studienblatt. Allerdings war es niemals eine restlose Übernahme, sondern die Künstler formten das betreffende Motiv nach ihrer eigenen künstlerischen Auffassung. In anderen Fällen war die Quelle der Inspiration ein von Renaissance- oder zeitgenössischen Künstlern hervorgebrachter Idealtyp; die sich kämmende Frauenfigur des Budapester Studienblattes von Heintz (Kat. Nr. 212) geht auf Erinnerungen an Correggio-Figuren zurück. Bei den Figurenstudien von Spranger und Heintz ist die Verwendung von Rötel häufig – eine Übernahme italienischer Praxis. Das Münchener und das ihm unlängst zugeschriebene Cambridger Studienblatt Sprangers sind wichtige Beweise dafür, daß die rudolfinischen Meister – hierin den italienischen ähnlich – sich auch mit Detailstudien von Köpfen, Händen und Füßen befaßt haben. Es ist wahrscheinlich, daß solche Studien leichter verlorengingen als die gefällige, und die Aufmerksamkeit der Sammler stärker fesselnden ausgearbeiteten Kompositionsskizzen und autonomen Zeichnungen.

Dem künstlerischen Schaffen dienten außerdem die als Repertoire gesammelten verschiedenen Figuren- oder Landschaftsstudien in Skizzenbüchern oder auf einzelnen Blättern. Diese Zeichnungen sind nicht als Vorbereitungen konkreter Werke entstanden, sondern nur zum Zweck eventueller Verwendung, wie die Figurenstudien ›naer het leven‹ von Roelant Savery (Kat. Nr. 242). Seine Tierstudien

2 Joseph Heintz d. Ä., *Heilige Familie mit den Heiligen Barbara und Katharina.* 1595–1600. Wien, Privatbesitz

hat er ebenfalls aufgrund eigener Beobachtungen als Repertoire gesammelt und gelegentlich Motive davon für seine Gemälde verwendet (Kat. Nr. 240). Die Landschaftszeichnungen seiner Skizzenbücher dienten Paulus van Vianen ebenfalls als Materialsammlung, obwohl nur einzelne Motive bei seinen Goldschmiedearbeiten zur Verwendung gelangten. Fast jedes Blatt ist ein fertiges Kunstwerk, das unabhängig vom Grad der Ausarbeitung mit der Absicht vollständiger ästhetischer Wirkung gezeichnet und aus diesem Grund als autonome Zeichnung aufzufassen ist.

Die ausgearbeiteten Kompositionszeichnungen – der überwiegende Teil des Materials – sind größtenteils nicht mit bekannten ausgeführten Werken zu verbinden, so daß man nicht wissen kann, für welchen Zweck sie angefertigt wurden. In solchen Zeichnungen sind nicht nur die Anordnung der Figuren und ihre Bewegungen sorgfältig ausgeführt, sondern auch die Details. Von solcher Vollendung ist die Brünner Federzeichnung *Auferstehung Christi* von Hans von Aachen (Kat. Nr. 180), die für das heute verschollene Mittelbild eines Triptychons entstand. In die Mitte des Blattes klebte der Künstler die korrigierte Variante der Christusfigur. Die Gestaltung einer Komposition geschah im allgemeinen mit Hilfe mehrerer Skizzen, wie es die Rötelzeichnungen zu dem verschollenen *Ledabild* von Heintz andeuten (Kat. Nr. 208). Unter den Kompositionszeichnungen gibt es in allen Einzelheiten ausgearbeitete, wirkungsvolle Blätter, die dazu bestimmt waren, dem Auftraggeber als ›modello‹ vorgelegt zu werden. Einem solchen Zweck diente die lavierte Federzeichnung *Heilige Familie mit den Heiligen Barbara und Katharina* von Heintz (Abb. 2), die – so scheint es – in dieser Ausführung dem Auftraggeber nicht gefiel, weshalb an den Figuren Änderungen vorgenommen werden mußten, wie die zur Figur der Barbara verfertigte Budapester Zeichnung (Kat. Nr. 205) und das ausgeführte Prager Gemälde beweisen.[5] Ebenso dürften die sorgfältig ausgeführten großen figuralen Kreidezeichnungen des Paulus van Vianen für wirkliche oder potentielle Auftraggeber gemacht worden sein.

Eine andere Gruppe von Zeichnungen diente als Vorlage für Kupferstiche[6]; unter den Blättern Sprangers sind verhältnismäßig viele solcher lavierter Feder- und Rötelzeichnungen bekannt. Es kam auch vor, daß Zeichnungen – manchmal viele Jahre nach ihrer Entstehung – als Stich ausgeführt wurden, die der Künstler ursprünglich für andere Zwecke geschaffen hatte.

Die berühmteste und anspruchsvollste Stichvorlage stellt die *Hochzeit von Amor und Psyche* von Spranger dar (Amsterdam, Rijksprentenkabinet), nach der Hendrik Goltzius einen virtuosen Kupferstich (Kat. Nr. 312) fertigte. Auch von Pieter Stevens und Roelant Savery sind lavierte Federzeichnungen als Quellen für Stiche bekannt (Abb. 3)[7], während von Hans von Aachen nur wenige erhalten geblieben sind, obwohl zahlreiche Stiche nach seinen Kompositionen – teilweise aufgrund seiner Gemälde – ausgeführt wurden. Im Gegensatz zu den meisten in der 1. Hälfte und um die Mitte des Jahrhunderts entstandenen Stichvorlagen passen sich die vom Ende des Jahrhunderts stammenden Blätter dieser Technik nicht an, und Federzeichnungen, auf denen Schattierung und Kreuzschraffierung angewendet wurden, sind selten. Die Licht-Schatten-Wirkung ist im allgemeinen durch Lavierung und Deckweiß, bzw. im Fall von Rötelzeichnungen durch Tönung angedeutet, der Ausdruck der Plastizität und der Licht-Schatten-Wirkung durch Linien wurde dem Graphiker anheimgestellt.

Unter den Kompositionszeichnungen gibt es außerdem eine sehr geringe Zahl, nach denen kunstgewerbliche Gegenstände hergestellt wurden: so z. B. die Federzeichnung *Das Urteil des Paris* von Paulus van Vianen (Kat. Nr. 291).

Die Verbreitung der Sammelleidenschaft für Zeichnungen trug weitgehend dazu bei, daß auch in Prag die eigenständigen Zeichnungen stark zunahmen. Diese AUTONOMEN ZEICHNUNGEN sind in Kunstgattung, Thematik und Technik sehr unterschiedlich. Dazu zählen spontan wirkende Porträtzeichnungen wie das *Selbstbildnis des Arcimboldo* (Kat. Nr. 188) oder das von Heintz gezeichnete *Bildnis des Aegidius Sadeler* (Kat. Nr. 206). Typische Sammelobjekte sind die vollendeten, mit dem Anspruch eines zu Ende geführten Werkes sorgfältig ausgearbeiteten Landschaftszeichnungen wie von Pieter Stevens die nicht ausgestellten Budapester Aquarelle *Wasserfall* und *Landschaft mit Teich*, weiter die dekorativ wirkenden Tiroler Landschaftszeichnungen des Roelant Savery, die er auf Wunsch des Kaisers für ein Album schuf. Wie bereits erwähnt, können ein großer Teil der Landschaftszeichnungen des Paulus van Vianen aufgrund der vollkommenen Ausarbeitung und des ästhetischen Anspruchs als eigenständige Kunstwerke gelten. Hierher gehören auch die außerordentlich feinen, zarten, nach antiken Statuen gefertigten Kreidezeichnungen von Joseph Heintz: *Pan und Daphnis, Stehender Satyr* (Kat. Nr. 210, 213), die er im Auftrag des Kaisers in Rom anfertigte. Die Grundierung des Papiers und eine außerordentlich anspruchsvolle technische Lösung lenken die Aufmerksamkeit darauf, daß auch Sprangers Blätter *Apollo* sowie *Cybele und Minerva* in diese Kategorie gehören (Kat. Nr. 259, 260).

Zu den autonomen Zeichnungen zählen auch die offenbar zu Verkaufszwecken gefertigten eigenhändigen Wiederholungen wie z. B. Sprangers *Amor* (Kat. Nr. 262). Für einen Kreis hochgestellter Sammler – kaiserliche, herzögliche Auftraggeber – wurden die teueren, auf Pergament gemalten Miniaturen, die in Buchform bzw. als selbständige Blätter bekannten Werke von Joris und Jacob Hoefnagel sowie von Daniel Fröschl, geschaffen. Die sorgfältig ausgeführten Pflanzen- und Tierdarstellungen Hans Hoffmanns gehörten ebenfalls zu den bei Sammlern begehrten Arbeiten. Unter den eigenständigen Zeichnungen befinden sich in großer Zahl WIDMUNGSBLÄTTER, die die Künstler zum Verkauf an oder als Geschenk für Sammler, Freunde und Künstlergefährten bestimmten. Diese zeigen neben einer sorgfältigen Ausführung, Signatur und Datum auch eine Inschrift oder Widmung, wie Sprangers Blatt *Herkules und Omphale,* Hans von Aachens *Musizierende Frauen,* Joseph Heintzens *Aristoteles und Phyllis* und Jacob Hoefnagels *Humanistische Allegorie.* Ein Teil dieser Blätter stammt sicher aus sogenannten Stammbüchern, die ab der 2. Hälfte des 16. Jahrhunderts hauptsächlich in Mitteleuropa verbreitet waren. Zuerst galten sie als Signaturensammlungen illustrer Persönlichkeiten, dann wurden ihre Blätter mit Zeichnungen bzw. Miniaturen

3 Pieter Stevens, *Blick vom Fuß der Petrin-Höhe auf die Prager Neustadt.* Vor 1607. Paris, Fondation Custodia, Sammlung F. Lugt

geschmückt, wodurch eine bescheidenere Form einer Kunstsammlung entstand.

Eine wichtige Kategorie der Zeichnungen vertraten auch die zu verschiedenen Zwecken gefertigten KOPIEN. Bekannt sind jene von Werken alter Meister, die der Weiterbildung der Künstler dienten, wie z. B. die aus den ersten italienischen Jahren des Hans von Aachen und des Joseph Heintz stammenden (Abb. 4). Später aber fertigten sie Kopien als Repertoirematerial an. Die sorgfältig ausgeführten Kopien antiker Statuen von Heintz waren dazu bestimmt, dem Kaiser für Kunstwerke, deren Erwerb für ihn nicht möglich war, einen gewissen Ersatz zu bieten. Die Künstler kopierten ihre Werke auch gegenseitig, wie z. B. Jeremias Günther die Zeichnung von Heintz. Die Kopien von Hans Hoffmann und Daniel Fröschl nach Dürer sind das Ergebnis eines zunehmenden Interesses an der Kunst dieses Meisters.

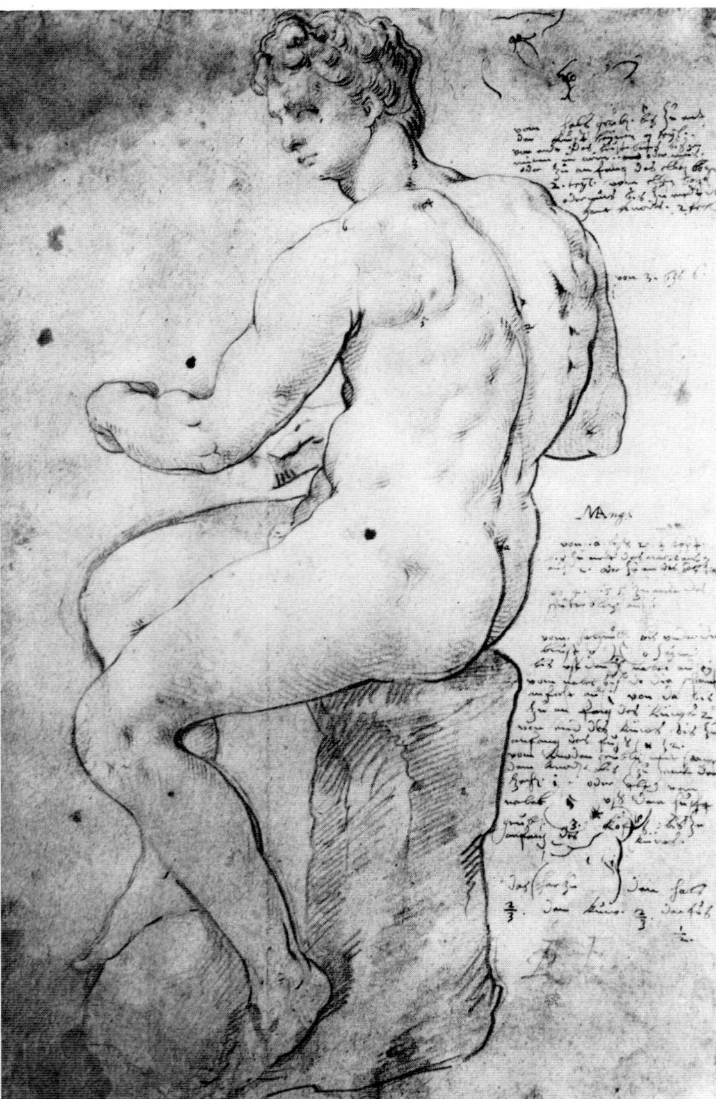

4 Joseph Heintz d. Ä., *Sitzender Akt,* nach dem verlorengegangenen Bozzetto von Michelangelo. 1585–1587. Weimar, Staatliche Kunstsammlungen, Schloßmuseum

Techniken

In einigen Fällen haben wir bereits auf die von den Künstlern angewandte Technik hingewiesen, und schon daraus geht hervor, daß bei den meisten eine gewisse technische Vorliebe auch zu ihrer Eigenart beiträgt. Karel van Mander deutet an, daß Spranger in Italien anfangs nur mit Kreide und Kohle arbeitete und erst auf den Wunsch von Papst Pius V. anläßlich der Bestellung einer Passionsreihe mit der Feder zu zeichnen begann.[8] Es besteht kein Zweifel, daß für ihn die Federzeichnung zum adäquaten Ausdrucksmittel wurde. Er bevorzugte eine Grundierung des Papiers, was seinen Federzeichnungen zusammen mit der hauchzarten Lavierung eine spezielle pastellartige Wirkung verleiht. Spranger fand innerhalb ein und derselben Technik zu sehr differenzierten Lösungen. Er verwendete Rötel selten, im Gegensatz zu Heintz, der – Rötel häufig mit Schwarz kombinierend – in der Kreidetechnik seine zeichnerischen Spitzenleistungen vollbrachte. Unter dem Einfluß von Correggios Chiaroscuro schuf er durch Schraffierung mit dünnen Strichen bzw. durch Verreiben der Striche eine an Übergängen reiche Licht-Schatten-Wirkung. Bei Hans von Aachen spielte die Verwendung von Kreide eine nur geringe Rolle und diente mehr als Hilfsmittel beim Entwurf seiner Federzeichnungen; erst in seiner Spätzeit wurde sie für ihn zum selbständigen Ausdrucksmittel. In seiner Technik der lavierten Federzeichnung zeigt sich keine so ausgesprochene Differenziertheit wie bei Spranger, und er versuchte sich auch nicht in so raffinierten malerischen Wirkungen wie Gundelach auf seinem Budapester Blatt *Merkur entdeckt Herse* (Kat. Nr. 202). Die herausragendsten Vertreter der detaillierten, reinen Federzeichnung sind in Prag Savery und van Vianen, die auch in dieser Hinsicht an niederländische Traditionen, vor allem an die Art des Pieter Bruegel anknüpfen (Abb. 7, 8). Savery ist zugleich ein Meister der farbigen Kreidezeichnung. Die Farbigkeit, das Dekorative seiner Tiroler Landschaftszeichnungen sind für seine Zeit einzigartig, und er verstand es, diesen Effekt durch mehrfarbiges Lavieren der bunten Kreiden, oft unter Beifügung von Ölkreide und Deckweiß, noch zu verstärken. Unter seinem Einfluß begann auch Paulus van Vianen in seiner Spätzeit mit Kreide auf grauem und braunem Papier zu arbeiten, doch war er nicht auf Buntheit, sondern auf eine distinguierte, verhaltene Farbharmonie bedacht. Genau wie Pieter Stevens erbrachte Vianen auch mit dem Pinsel hervorragende Leistungen. Bei einem Teil ihrer Landschaftszeichnungen spielt die Federzeichnung im Verhältnis zum Aquarell eine nur untergeordnete Rolle; beide entwickelten auch eine besonders leichte, freie Pinseltechnik, um die Wirkungen des Lichtes und der Atmosphäre herauszuarbeiten. Das häufigere Vorkommen der Federzeichnung, der farbigen und der Ölkreide am Beginn des 17. Jahrhunderts läßt das intensiv Malerische der vorbarocken Stilrichtungen erkennen. Die mit Deck- und Wasserfarben auf Pergament gemalten Miniaturen der in Prag schaffenden Künstler wurzeln technisch in der mittelalterlichen Miniaturmalerei. In der europäischen Kunst war Joris Hoefnagel der letzte namhafte Vertreter dieser luxuriösen, minuziösen Technik.

Stilquellen

Die eigenartige Polyphonie der Formensprache der rudolfinischen Kunst ist aus den parallel auftauchenden bzw. miteinander verflochtenen Stimmen der aus der italienischen und aus der nordalpinen Kunst kommenden Stilmerkmale hervorgegangen. Die aus Mailand, Mantua, Antwerpen, Kortrijk, Mechelen, Gent, Utrecht, Den Haag, Basel, Nürnberg und Augsburg herbeigeströmten Meister knüpften alle an verschiedene lokale Traditionen an, aber auch die Mehrzahl der niederländischen und der deutschen Meister hatte ihre Ausbildung in Italien fortgesetzt. In der künstlerischen Entwicklung der Figurenmaler und der Bildhauer spielten die Einflüsse der italienischen Kunst eine sehr große Rolle. Bei den Landschaftsmalern dagegen war er viel geringer, während bei den sogenannten Naturalisten (Naturaliamalern), deren Spezialität die Tier- und Pflanzendarstellung war, der Einfluß der nordalpinen Tradition dominierte. Man muß aber berücksichtigen, daß auch in der rudolfinischen Kunst – wie in der ästhetischen Auffassung jener Zeit überall – die Figurenmaler und die Bildhauer die führenden Meister waren. So ist denn auch das am Prager Hof entstandene eigenartige künstlerische Profil vor allem den die italienischen Einflüsse in höchstem Maße vertretenden Figurenmalern zu danken.

Die damaligen Künstler hatten bereits während ihrer Lehrjahre Gelegenheit, die italienische Kunst durch ihre Werke und nicht zuletzt durch die Stiche ihrer in Italien ausgebildeten Meister und Kollegen kennenzulernen. Karel van Mander erwähnt in seinen Künstlerbiographien, daß Spranger in seiner Jugend Stiche nach Werken von Parmigianino und Frans Floris kopierte.[9] Hans von Aachen dürfte in Köln mit dem dort seßhaft gewordenen Parmigianino-Nachfolger, dem flämischen Maler Adrian de Weerdt, in Berührung gekommen sein.[10] Auch von Heintz sind aus seiner Jugendzeit Kopien von Stichen des Cornelis Cort nach Zuccari und des Marcantonio Raimondi nach Werken von Raffael bekannt.[11] Eine intensivere Möglichkeit, die italienische Kunst zu studieren, boten die Studienreisen. Ein großer Teil der Rudolfiner verbrachte eine längere oder kürzere Zeit in Italien, nur Roelant Savery, Matthäus Gundelach und Dirck de Quade van Ravesteyn waren nie im Süden, doch blieben auch sie von der italienischen Kunst nicht unberührt. Die Anwesenheit italienischer Meister in Prag förderte zudem die Verbreitung des italienisch beeinflußten Formenideals. Der aus dem Dienst Maximilians II. an den Hof Rudolfs II. wechselnde Mailänder Giuseppe Arcimboldo sowie der in Mantua ausgebildete Jacopo Strada gehörten zur älteren Generation und vermittelten so eine frühere Phase der italienischen Kunst als jene, an die Spranger und seine Gefährten unmittelbar anknüpften. Die Porträtzeichnungen des Arcimboldo wurzeln noch in der Tradition Leonardos. Seine für Festlichkeiten angefertigten Kostümentwürfe (Kat. Nr. 189–192) beruhen auf dem dekorativen Konturenstil des Florentiner Vasari-Kreises und des Fontainebleauer Manierismus, in erster Linie aber auf den für Festlichkeiten ausgeführten Skizzen des Primaticcio.[12] Jacopo Strada und sein in die Fußstapfen des Vaters tretender Sohn Ottavio wurden von den Lehren des Giulio Romano und seiner Werkstatt beeinflußt; von den bei kunstgewerblichen Entwürfen dort verwendeten scharfen Konturen mit dekorativer Binnenzeichnung (Kat. Nr. 279).[13] Die wichtigsten Vertreter des Prager Stils – die nordalpinen Figurenmaler – lebten in der Tat rund 30 Jahre lang im Einflußbereich der italienischen Kunst, die in dieser Zeit von spätmanieristischen und frühbarocken Tendenzen gekennzeichnet war. Spranger verbrachte 10, Hans von Aachen nahezu 13, Joseph Heintz insgesamt mehr als 10 und Adrian de Vries zumindest 14 Jahre in Italien. Die führenden Maler hielten sich nacheinander auf italienischem Boden auf, zu einer Zeit, da Rom mit seinen Meisterwerken der Antike und der Renaissance, die besten Studienmöglichkeiten bot, durch seine großzügigen Bauvorhaben in großer Zahl künstlerische Aufgaben stellte und damit zum wahren Zentrum der europäischen Kunst geworden war. Dem fruchtbaren Boden der Wechselwirkung der aus verschiedenen italienischen Städten und aus dem Norden hierher gekommenen Meister entsprossen neue Tendenzen, und diese überaus anregende Umgebung gewährleistete auch den in jungen Jahren nach Rom reisenden rudolfinischen Meistern rasche Entwicklungsmöglichkeiten. Eine primäre Forderung für ihre Weiterbildung war das Kopieren von Werken der großen Meister der Renaissance – Raffael, Michelangelo, Polidoro da Caravaggio – und auch von Arbeiten hervorragender zeitgenössischer Künstler. Besonders von Heintz kennen wir zahlreiche mit Feder, Rötel und schwarzer Kreide gezeichnete Kopien nach den genannten Meistern, dazu nach Veronese, Tintoretto, Taddeo und Federigo Zuccari, Giambologna sowie nach antiken Statuen.[14] Von Hans von Aachen ist eine viel kleinere Zahl von Kopien erhalten geblieben[15], von Spranger keine einzige, und Karel van Mander bestreitet sogar, daß letzterer kopiert habe.[16] Aus zwei Gründen behaupten wir dennoch das Gegenteil. Als Schüler des Cornelis van Dalem erhielt Spranger in Antwerpen in erster Linie eine Ausbildung als Landschaftsmaler[17], mußte also, als er sich Figurenthemen zuwandte, über ein hohes Maß an Praxis verfügen. Andererseits stand er in Rom mit dem Zuccari-Kreis in Verbindung, dessen Mitglieder, als Vertreter des eklektischen Manierismus, die aus den Werken der großen Meister gewonnenen Impulse als Fundament ihrer Ästhetik betrachteten und deshalb auf das Kopieren Wert legten. Die dynamische Kompositionsweise und die ausdrucksvolle Figurendarstellung der beiden Zuccari, deren Grundlage das Studium der Werke Raffaels, Michelangelos, Polidoros und Correggios war, hinterließen in der Kunst Sprangers tiefe Spuren und blieben auch auf Hans von Aachen und auf Heintz nicht ohne Einfluß. Aber für die Formung von Sprangers Zeichenstil waren noch andere Faktoren maßgebend. Die weich verlaufenden, sich wiederholenden Linien seiner aus der römischen Periode stammenden beiden Passionszeichnungen[18], die malerische Wirkung seiner mit viel Deckweiß kombinierten, kräftigen Lavierung lassen sich am ehesten vom Zeichenstil Parmigianinos herleiten. Das elegante, überfeinerte, rhythmisch bewegte Figurenideal des Parmigianino ist eine der wirkungsvollsten Inventionen des Manierismus, und Sprangers zur Expressivität neigendes Künstlertemperament war für dieses Schönheitsideal besonders empfänglich. Zugleich zeugen aber seine aus der Wiener Periode stammenden Zeichnungen – so z.B. *Venus und Amor auf einem Delphin* (Abb. 5) – davon, daß auch die empfindliche Oberflächenbehandlung und die Konturzeichnung des Rosso Fiorentino auf ihn große Anziehungskraft ausgeübt haben. Auf seinen Wiener Zeichnungen zeigen sich bereits die abstrakten und sensuellen Elemente, die geometrische Struktur, die abstrakte Formation der Linien sowie die kräftige Plastizität der Formen und die Anschaulichkeit der Oberfläche. Zu den Besonderheiten seines Zeichenstils hat auch der Einfluß zweier flämischer Landsleute beigetragen: zum einen die Wirkung der Statuen des Giambologna, und zwar im Typus, im betonten Kontrapost und in der Plastizität seiner Wiener Werke; zum anderen der Einfluß von Jan Speckaert, und zwar in den theatralischen Gesten seiner dynamisch bewegten, heroischen Figurentypen der frühen Zeit.

Der in den 1570er Jahren in Rom tätige Speckaert[19] stand vermutlich ebenfalls mit dem Zuccari-Kreis in Verbindung und verschmolz den Stil der fortlaufenden Konturlinie aus der Raffaeltradition mit dem von Raffaelino da Reggio und Bertoja vertretenen Neo-Parmigianinismus sowie mit michelangelesken Einflüssen und den niederländischen Zeichentraditionen. Deshalb dürften sein dynamischer, dekorativer Figurenstil und die Art seiner Federzeichnungen den in Rom lebenden nördlichen Meistern als erstrebenswerte Vorbilder erschienen sein. In Rom war das Haus des flämischen Malers Anthonis Santvoort der Treffpunkt der nördlich der Alpen geborenen Künstler. Hier begegnete auch Hans von Aachen Jan Speckaert[20], in dessen zeichnerischer Handschrift die Anregungen des Freundes erkennbar sind: betonte, stellenweise wiederholte bzw. verstärkte Konturen, die auf dekorative kleine Striche und Schraffuren reduzierte innere Zeichnung und die dekorative Form der mit geraden Strichen angedeuteten flatternden Gewänder. Die malerische Lavierung, die Figurentypen und die Komposition sind dagegen eher das Ergebnis seines Aufenthalts in Venedig, des Einflusses von Veronese und Tintoretto. Als Folge der aus der römischen, venezianischen Kunst und der Kunst Parmas geschöpften Anregungen sind auf seinen späteren italienischen Zeichnungen die Bewegungen der schlanken Figuren weicher und eleganter als bei Speckaert (Abb. 6).

Ebenfalls im Kreise von Santvoort begegnete Joseph Heintz Hans von Aachen, dessen Zeichenkunst zusammen

5 Bartholomäus Spranger, *Venus und Amor auf einem Delphin.* Um 1575. Wien, Albertina

mit der von Speckaert ihn anfangs beeinflußte. Bei Heintz aber waren von vornherein die betonten Konturen und das Ideal der plastischen Form wichtig, die er sich wahrscheinlich bereits in der Jugend beim Studium von Holbeins Werken angeeignet hatte. Auch er schöpfte aus dem reichen Arsenal der römischen, venezianischen und norditalienischen Kunst, doch in der Entwicklung seines Zeichenstils erwies sich der Einfluß der römischen Vertreter toskanischer Form und Konturenzeichnung als der nachhaltigste. Es entstanden nicht nur Feder-, sondern auch bereits während seines ersten italienischen Aufenthalts Kreidezeichnungen, was einesteils größere technische Vielfalt – Erweiterung seines Rüstzeuges – bedeutete, anderenteils aber auch eine Änderung seines Stils. Seine Kreidezeichnungen weisen das harmonische Gleichgewicht auf, das auf dem lyrischen Empfindungsvermögen des Correggio basiert, sowie dessen feine Tönung und schöne Konturen. Technik und Stil gemahnen am ehesten an die Kreidezeichnungen des Cavaliere d'Arpino und des Cristofano Roncalli.[21] Heintz dürfte frühzeitig mit den in der Kunst des Cavaliere d'Arpino, des Barocci und des Salimbeni in Erscheinung getretenen, vorbarocken Versuchen in Berührung gekommen sein und dadurch mit Tendenzen der klassischen Renaissance und deren Annäherung an die Natur.[22] Das bezeugen auch die dem Renaissanceideal angenäherten Proportionen seiner Figuren und der folgerichtige, einfache Aufbau einzelner früher Kompositionen. Sein impulsives und für sinnliche Schönheit empfängliches Zeichentalent erhielt durch die zeichnerische Disziplin der toskanischen Form den nötigen Schliff.

Römisch-toskanische Elemente sind also der zeichnerischen Handschrift der drei führenden rudolfinischen Maler gemeinsam, die dann durch unterschiedlich kombinierte Einflüsse jeweils ein anderes Kolorit annahm. Ein prägnanter Zeichenstil, der am Ende ihres italienischen Aufenthalts eine hohe Meisterschaft erreicht hatte, bildete die Grundlage der harmonischen Prager Stilvielfalt.

Suchen wir nach den italienischen Wurzeln der in Prag tätigen Bildhauer, Jan de Mont aus Gent und Adrian de Vries aus Den Haag, so können wir ebenfalls Einflüsse aus Parma, Rom und Florenz feststellen. Es ist auffallend, wie sehr die drei gegenwärtig bekannten – den Einfluß der Parmigianino und des Polidoro zeigenden – Zeichnungen Monts wegen ihres stark malerischen Charakters von den Bildhauerzeichnungen abweichen. Auf den Zeichnungen von Adrian de Vries zeugen die fortlaufenden bzw. stellenweise abreißenden Konturlinien, die durch kleine, der Veranschaulichung der Muskulatur dienende, dekorative Striche ergänzt werden, von dem in der Florentiner Zeichenkunst wurzelnden graphischen Vorbild, sind aber auch von Sprangerschen Zügen nicht frei.[23]

6 Hans von Aachen, *Tobias mit dem Engel.* Vor Mitte der 1580er Jahre. New York, Sammlung Steiner

Die in Prag tätigen Landschafts- und Städtemaler waren niederländischer Herkunft. Für die Entwicklung ihrer Kunst war die heimische Tradition von größerer Bedeutung als bei den Figurenmalern, da seit der Mitte des 16. Jahrhunderts auf dem Gebiet der Landschaftsdarstellung die Führung in den Händen der niederländischen Künstler lag. Die niederländische Landschaftsmalerei begann sich ab den 1590er Jahren kraftvoll zu entwickeln, nicht nur in den heimischen Städten, sondern in allen Zentren, in denen niederländische Landschaftsmaler tätig waren, so in Rom, in Venedig, in Frankenthal und auch in Prag. Wesentlichste Grundlage dieser Entwicklung waren der internationale Manierismus und die Bruegel-Tradition[24]; auch die Kunst der in Prag wirkenden Landschaftsmaler wurde von dieser Zweiheit bestimmt. Bei der Komposition ihrer Landschaftsdarstellungen, bei den Motiven und der Verteilung des Lichtes kamen manieristische Stilisierung und eine dekorativ-ornamentale Wirkung zur Geltung; doch die Entwicklung entfernte sich dabei von der manieristisch-dekorativen Phantasielandschaft und näherte sich einer auf der Realität beruhenden Darstellungsweise. Der erste in Prag eintreffende Landschaftsmaler, Pieter Stevens, stammte aus Mechelen, wo man die

7 Roelant Savery, *Turm mit Brücke.* Um 1604. Paris, Fondation Custodia, Sammlung F. Lugt

8 Paulus van Vianen, *Die Umgebung von Berchtesgaden.* 1601/02. Budapest, Museum der Bildenden Künste

Bruegel-Tradition bewahrte. Seine frühen Zeichnungen sind nicht bekannt, doch in der Komposition und im Motivschatz seiner in Prag entstandenen Blätter läßt sich noch der Einfluß Bruegels nachweisen, dessen Kunst ihm auch durch die Werke von Jan Brueghel vermittelt wurde. Sein Zeichenstil war von Hans Bol und Jakob Grimmer beeinflußt, er war also auch in dieser Hinsicht indirekt an die Bruegel-Tradition gebunden. Während seiner in Rom verbrachten Jahre (1590–1592) erweckten die Zeichnungen von Matthijs und Paul Bril sein Interesse, was aus seinen Darstellungen antiker Ruinen und Stadtansichten (Wien, Akademie) hervorgeht.[25] Aufgrund des gegenwärtigen Standes der Forschung kann man vorerst nur annehmen, daß auch die venezianische Landschaftsmalerei seine Zeichenkunst nicht unberührt ließ.

Unmittelbarer schloß Roelant Savery an die Bruegel-Tradition an. Während seiner Amsterdamer Jahre hatte er Gelegenheit, Zeichnungen des großen Meisters (Abb. 7) zu studieren und zu kopieren, und zwar in der Werkstatt seines Bruders und Meisters Jacob, der die Zeichenmanier des Pieter Bruegel täuschend nachahmte und vermutlich auch Zeichnungen von ihm besaß.[26] Die künstlerische Entwicklung von Roelant Savery wurde ebenfalls durch die Bekanntschaft mit den Werken von Jan Brueghel, David Vinckboons und Gillis van Coninxloo geprägt. Nicht nur aufgrund seiner aus feinen Strichen und Punkten gefügten Manier der Federzeichnung, sondern auch durch seine Themen, seinen Bildaufbau und seine Figurentypen gehört er zu den herausragendsten Vertretern der Bruegel-Tradition.

Die ersten bekannten Zeichnungen des Goldschmieds Paulus van Vianen sind um 1600 zu Goldschmiedearbeiten entstandene figurale Entwürfe[27], auf denen Landschaft lediglich als Hintergrund erscheint. Unter den italianisierenden holländischen Meistern ist der Typ seiner Figuren am ehesten mit dem des ebenfalls in Utrecht tätig gewesenen Anthonis Blockland verwandt, der aus Italien vor allem die Verehrung für Zuccari und Parmigianino mit nach Hause gebracht hatte. Es scheint, daß auch die feine Konturen und dünne Parallelschraffuren bevorzugende Zeichenmanier dieses Meisters nicht ohne Einfluß geblieben ist. Die Anfänge seiner Landschaftszeichenkunst verlieren sich, wegen des Fehlens früher Blätter, im dunkeln. Die Landschaftszeichnungen seiner Salzburger Jahre (1601 bis 1603) zeigen nämlich bereits eine voll ausgereifte Darstellung und einen individuellen Stil (Abb. 8), in dem der bruegelsche Ursprung greifbar ist. Die genialen Alpenzeichnungen des Pieter Bruegel entwickelte er weiter zur malerischen Veranschaulichung von Raum und Atmosphäre. Das bruegelsche Beispiel half ihm dabei, sich von der dekorativen Schönheit phantastischer manieristischer Landschaften zu befreien und die Schönheit der wirklichen Landschaft zu entdecken. Das Motivmaterial seiner Detailstudien nach der Natur, seine Darstellungsweise von nahezu naturwissenschaftlicher Präzision und seine zwanglose Pinselführung belegen auch die Anregung durch Albrecht Dürer.[28] Dessen Zeichnungen dürfte er während seiner Nürnberger und Münchener Jahre kennengelernt haben. Die frische, direkte Naturanschauung

Vianens und die spezielle Gewandtheit seiner Zeichnungen strahlten auch auf die Kunst von Stevens und Savery aus, Philipp van den Bossche aber wurde geradezu zu seinem Nachahmer.[29] Auch Vianen verhielt sich aber seinerseits den Errungenschaften seiner Landschaftsmaler-Kollegen, besonders Saverys gegenüber, offen und aufnahmebereit. Diese fruchtbare Wechselwirkung war eine der wichtigsten Voraussetzungen für die hervorragenden Leistungen der rudolfinischen Landschafter.

Das Übergewicht der nordalpinen Kunsttradition bestimmte auch die sogenannten Naturalisten, in deren Œuvre die aufgrund von Vorlagen bzw. unmittelbar nach der Natur ausgeführten Pflanzen- und Tierdarstellungen eine zentrale Stellung einnahmen. Das leidenschaftliche naturwissenschaftliche Interesse des Kaisers erklärt die Tatsache, daß sich in Prag verhältnismäßig viele Künstler mit dieser Thematik beschäftigten. Zu dem die ›Naturalien‹ enthaltenden Teil der Hofsammlung gehörten nämlich auch naturwissenschaftliche Bücher und Abbildungen. Die empirische Naturforschung und Klassifizierung, die Ende des Jahrhunderts einen kraftvollen Aufschwung genommen hatte, trug dazu bei, daß der dokumentarische Wert der Naturalien-Darstellung stieg. Die künstlerischen Ursprünge dieses an den europäischen Höfen allgemein beliebten Themas sind einerseits in der Miniaturmalerei und andererseits in den Naturstudien des 16. Jahrhunderts zu suchen. Unter den letzteren zeichnen sich die Naturstudien Dürers durch Wirklichkeitstreue und künstlerische Vollendung aus. Während der am Ende des Jahrhunderts auftretenden Dürer-Renaissance kopierten zahlreiche Künstler seine Naturdarstellungen und ahmten sie nach, unter ihnen auch Hans Hoffmann und Joris Hoefnagel.[30]

Der aus Dürers Geburtsstadt Nürnberg stammende Hoffmann orientierte sich für seine Pflanzen- und Tierdarstellungen an den Werken des großen deutschen Meisters, doch verraten seine Porträts und seine figuralen Zeichnungen auch den Einfluß der zeitgenössischen niederländischen und italienischen Kunst: In seinen zum Dekorativen neigenden Kompositionen, in seiner Formauffassung und in seinen Farben kommen manieristisches Schönheitsideal und Talent zur Stilisierung zur Geltung. Hoffmann fertigte in Nürnberg, in der Sammlung von Willibald Imhoff, Kopien von Dürers Zeichnungen nach der Natur und auch von anderen Zeichnungen an und war dann später Kaiser Rudolf beim Erwerb von Dürer-Zeichnungen aus der Sammlung Imhoff behilflich.

Der Antwerpener Joris Hoefnagel knüpfte als Miniaturmaler an die marginalen Verzierungen der Buchillustrationen des 15. Jahrhunderts in Gent und Brügge an; außerdem als Schüler Hans Bols und Nachfolger von dessen Landschafts- und Tierdarstellungen an die auf die Natur bezogenen Tendenzen der Bruegel-Tradition.[31] Auch zu Dürer hatte er Beziehung, wie – unter anderem – einige Dürerkopien in seinem Miniaturenwerk ›Vier Elemente‹ (Washington, National Gallery, Slg. Rosenwald) beweisen.[32] Dürer und die niederländischen realistischen Traditionen sowie der auch der Kunst sich bemächtigende Wissensdrang haben alle ihren Anteil daran, daß selbst seine nach Vorlagen gefertigten Tierdarstellungen wie lebensvolle ›Ad-vivum‹-Abbildungen wirken. Die Kompliziertheit der Wurzeln seiner Kunst zeigt an, daß der Stil seiner figuralen Darstellungen im Antwerpener italianisierenden Manierismus verankert ist (Abb. 9). Bei den Tierdarstellungen von Joris waren Wirklichkeitsbeobachtung und künstlerischer Ausdruck noch im Gleichgewicht, bei den Werken seines Sohnes Jacob geriet der dokumentierende Charakter immer mehr in den Vordergrund (Abb. 10).[33] Die neuen Naturerkenntnisse beschleunigten die Auflösung der Verflechtung von Wissenschaft und Kunst und förderten die Entstehung der wissenschaftlichen Illustration.

Die in den 1590er Jahren in Italien angefertigten Naturdarstellungen des Augsburger Daniel Fröschl vertreten ebenfalls die eher nüchterne, unpersönliche Auffassung der naturwissenschaftlichen Illustration.[34] Fröschls Naturalien- und Figuren-Darstellungen haben ihren Ursprung zum Teil in der nordalpinen und zum Teil in der italienischen Kunst. Aus den Aquarellen von Dürer und Cranach schöpfte er Anregung zur technischen Lösung seiner frühen Naturalien – z. B. zu einer Vogeldarstellung aus dem Jahre 1589[35] –, sein Aufenthalt in Pisa und in Florenz sowie seine Dienste beim Großherzog von Toskana gaben ihm die Möglichkeit, auch die italienischen Meister, in erster Linie die Werke von Jacopo Ligozzi, kennenzulernen. Seine Figurendarstellungen dürften zu einem gewissen Grade durch seine Kopistentätigkeit beeinflußt sein: er fertigte Zeichnungen nach Werken italienischer, deutscher und niederländischer großer Meister. Seine wenigen bisher bekannten figuralen Zeichnungen tragen die Stilmerkmale des italianisierenden nordalpinen Manierismus und ahmen zugleich Dürers Manier nach.[36]

9 Joris Hoefnagel, *Allegorie mit Ansicht von München und Landshut*. 1579. Berlin, Staatliche Museen Preußischer Kulturbesitz, Kupferstichkabinett ▷

49 Bartholomäus Spranger, *Allegorie des Triumphs der Treue über das Schicksal (Allegorie des Schicksals des Bildhauers Hans Mont)*. 1607 (Kat. 162)

51 Pieter Stevens, *Flußlandschaft*. Um 1610 (Kat. 169)

◁ 50 Bartholomäus Spranger, *Venus in der Schmiede des Vulkan*. Nach 1607 (Kat. 164)

52 Hans Vredemann de Vries, *Palastarchitektur mit Musizierenden.* 1596 (Kat. 174)

53 Hans von Aachen, *Auferstehung Christi.* 1598 (Kat. 180)

54 Matthäus Gundelach, *Merkur entdeckt Herse (?)*. 1613 (Kat. 202)

55 Joseph Heintz der Ältere, *Aristoteles und Phyllis.* 1600 (Kat. 204)

56 Joseph Heintz der Ältere, *Pietà mit Engeln*. 1607 (Kat. 211)

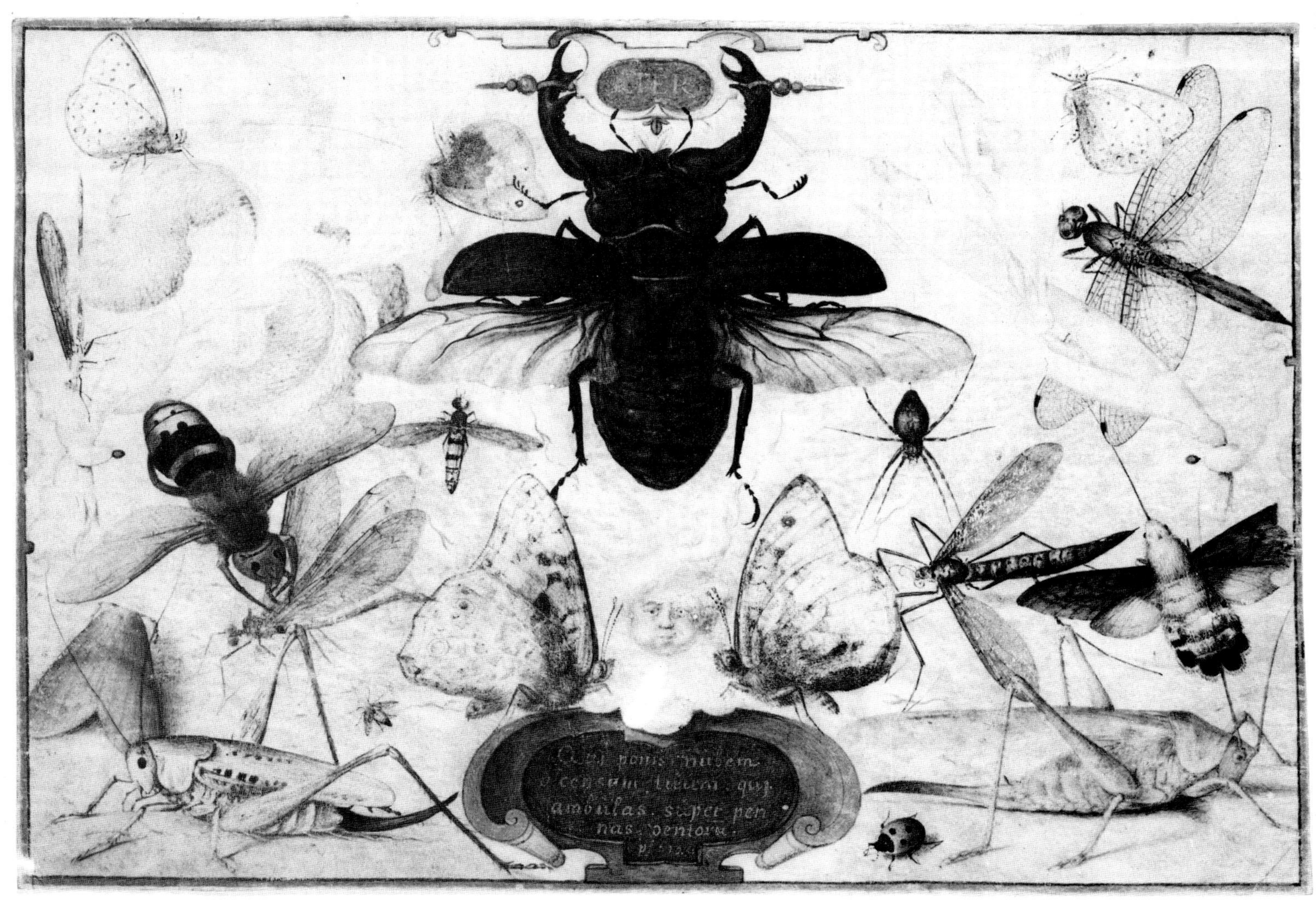

10 Jacob Hoefnagel, *Insektenstudien.* New York, Metropolitan Museum of Art

Errungenschaften der Zeichenkunst in Prag

Über die gemeinsame italienische Schulung hinausgehend, trugen in Prag wichtige Umstände dazu bei, daß sich diese Kunst so verschiedenen Ursprungs zu einer Harmonie vereinte. Der Geschmack des kaiserlichen Mäzens, die Art der Aufgaben, die unaufhörlich wirkenden Impulse der großartigen Kunstsammlung und nicht zuletzt der Einfluß, den die Künstler aufeinander ausübten, begünstigten eine Abstimmung der individuellen Stile und schufen eine vielstimmige Einheit. Dabei entstand ein Klima, das für die Entfaltung der individuellen Begabungen günstig war. Das unterscheidet Prag von jenen Höfen, an denen ein herausragender Meister die Ausführung großzügiger Ausstattungsarbeiten leitete, zu dem die schaffenden Künstler ein mehr oder weniger untergeordnetes Verhältnis hatten. In der Prager Zeichenkunst kommen die individuellen Züge auch innerhalb der die einzelnen Künstlergruppen zusammenfassenden Stilcharakteristika besonders zur Geltung. Als Folge des förderlichen geistigen Klimas erzielten die Künstler Spitzenleistungen, wobei die Zeichenkunst in vielen Fällen die Malerei übertraf, so bei Roelant Savery und Pieter Stevens. Auch Spranger war mit seinen Federzeichnungen schon zu seiner Zeit sehr berühmt, und seine Wirkung machte sich bald, über Prag hinausgehend, auch in den Niederlanden und in Deutschland bemerkbar. Karel van Mander schreibt über ihn: »Als Zeichner weiss man seines Gleichen nicht, so hervorragend schön arbeitete er mit der Feder ...«.[37] Die Zeichnung war für ihn ein großartiges Übungsfeld, wie dies seine immer nach neuen Lösungen und Ausdrucksmöglichkeiten suchenden Blätter beweisen. Auf die außerordentliche Bedeutung seiner Zeichenkunst weist auch die Tatsache hin, daß sich unter seinen für Stiche gefertigten Vorzeichnungen – im Gegensatz zu seinen Bildern – zahlreiche großzügige, mehrfigurige Kompositionen befinden.

Die Zeichenkunst seiner Prager Zeit weist zwei wesentliche Stilwandlungen auf: erstens seine Orientierung zum linear-ornamentalen bzw. dekorativ-malerischen Ausdruck, dessen Höhepunkt die um 1590 entstandenen Blätter bedeuten, und zweitens den nach 1600 eintretenden Wandel hin zu einem großzügigen, plastischen Figurenstil, der auf energisch-expressiven, in ihrer Folgerichtigkeit schwungvollen Konturlinien und summarischen Licht-Schatten-Wirkung beruht, wie das Stuttgarter Blatt des *Hl. Sebastian* und das Leidener Blatt *Psyche am Lager des schlafenden Amor* zeigen (Kat. Nr. 265, 266). Beide Zeichnungen lassen die Suche erkennen, aus dem Manierismus heraus zu einer frühbarocken Gestaltung zu kommen, die er letzten Endes aber nicht erreichte.

Geradliniger als Sprangers künstlerische Entwicklung auf dem Gebiet der Zeichenkunst verlief die des Hans von Aachen. Durch seinen Kontakt mit Prag beeinflußte ihn Sprangers expressiver Konturenstil. In dessen Folge formte er die Figuren plastischer, die Silhouetten bestimmter. Doch bald kehren auf seinen Zeichnungen – besonders bei den flatternden Gewändern – die malerisch verschlungenen Linien wieder sowie die die Figuren geradezu gewichtslos erscheinen lassende hauchzarte Lavierung. Die Komposition, seine Figurentypen und deren Posen beweisen, daß er auch weiterhin für venezianische Impulse empfänglich blieb. Aus ihnen nährte sich die luminaristische und malerische Kraft seiner Zeichnungen wie die der Dresdener *Judith* und der *Allegorien auf die Türkenkriege* (Kat. Nr. 182, 186).

Heintz dagegen blieb den lichten, plastischen Formen und den betonten Konturen, die er schon zu Beginn der 1590er Jahre entwickelt hatte, bis zuletzt treu. Dennoch kam sein Stil durch eine emotionale, die Empfindungen betonende Richtung den frühbarocken Tendenzen am nächsten. Gundelach machte auf seinen lavierten Federzeichnungen den Versuch, die aus der Zeichenkunst dieser drei Meister erfahrenen Lehren miteinander zu vereinen: die expressive Dynamik von Sprangers Federstrichen mit der leichtbeschwingten malerischen Wirkung der Laviertechnik des Hans von Aachen sowie mit dem auf sinnfällige Oberflächenwirkungen gerichteten Chiaroscuro von Heintz.

In der Zeichenkunst erblickten besonders viele Neuerungen das Licht der Welt, da sich Zeichnungen zu Versuchen besser eignen als die übrigen Kunstgattungen. Die Anwesenheit der aus den verschiedensten Gegenden nach Prag gelangten Wissenschaftler unterschiedlicher Bildung und von vielseitigem geistigen Interesse dürfte zudem zu den in der Zeichenkunst feststellbaren Avantgardeversuchen und zu den neuartigen Lösungen beigetragen haben. Dazu gehören stärkere Ausdrucksmöglichkeiten in Richtung Expressivität, Groteske und Karikatur. Das Budapester *Bildnis eines Mannes* des Hans von Aachen (Kat. Nr. 184) ist ein frühes Beispiel der Porträtkarikatur, die in seinem Kunstschaffen wohl kein alleinstehender Versuch sein kann.

Der karikierende Charakter läßt sich auch auf einigen Blättern Sprangers beobachten, und die extremste Variante des Grotesken vertreten die aus verschiedenen Elementen – Gegenständen, Früchten, Lebewesen – komponierten Köpfe bzw. Porträts des Arcimboldo. Die Übertreibung der Charakterisierung bis zur nahezu karikaturistischen Lösung kommt auch auf den Bauern, Bettler, Marktfiguren darstellenden Zeichnungen Saverys sowohl in der Behandlung der Gesichter als auch der Bewegungen zum Ausdruck. Diese Gruppe von Zeichnungen ist aus

11 Roelant Savery, *Baumstudie*. Berlin, Staatliche Museen Preußischer Kulturbesitz, Kupferstichkabinett

zwei weiteren Gründen außergewöhnlich: Erstens, weil ein Hofkünstler Individuen der unteren Gesellschaftsschichten zum Gegenstand einer so gründlichen Studie machte und zweitens, weil die genaue Wiedergabe der Trachten und die dazugehörenden schriftlichen Hinweise zugleich auch frühe Dokumente ethnographischen Interesses sind.

Besonders zahlreiche Neuerungen treten bei den Landschafts- und Stadtdarstellungen in Erscheinung. Größte Bedeutung haben die auf Beobachtung der Realität beruhenden Detailstudien – für die es zu jener Zeit noch sehr wenig Beispiele gibt –, da sie eine grundlegende Veränderung in der Naturauffassung voraussetzen. In den Detailstudien des Paulus van Vianen erscheint die Natur als lebendige Wirklichkeit, und das Kriterium der Wirklichkeitsdarstellung bestimmt auch die Raumstruktur, die Verteilung von Licht und Schatten sowie den Stil seiner zu fertigen Kompositionen gereiften Landschaftszeichnungen.

Savery hielt sich nicht so sehr bei einer nahezu authentisch-naturwissenschaftlichen Charakterisierung der Naturdetails auf, sondern suchte vielmehr – z. B. bei seinen Kreidezeichnungen mit Bäumen (Abb. 11) – nach dem expressiven Ausdruck der in der Natur wirkenden Lebenskraft. Durch anschauliches Zeichnen der das Wachstum des Baumes anzeigenden Wülste, der sich dahinschlängelnden Wurzeln und der sich bewegenden Zweige entwickelte er die auf Wirklichkeitsdarstellung bedachten Bestrebungen von Pieter Bruegel in die Richtung der frühbarocken Auffassung weiter; auch in seinen Bergkompositionen, bei denen das Raumerlebnis dominiert. In seiner Zeit war die in Tirol gefertigte Serie von Landschaftszeichnungen einzigartig, da es sich um eine vielseitige Darstellung einer konkreten Landschaft handelt. Die Leistungen von Stevens sind am wenigsten überraschend; unter den drei Landschaftszeichnern verspürte er den geringsten Hang zu Neuerungen, doch gehören seine späten Aquarelle aufgrund der bravourösen Wiedergabe von Atmosphäre und Licht zu den hervorragendsten Leistungen rudolfinischer Landschaftsdarstellungen. Seine reiche, ungebundene Aquarelltechnik zeigt diese Meisterschaft. Neben den großzügigen, malerischen Pinselzeichnungen von Vianen und Savery gehören auch seine Blätter zu den herausragenden Schöpfungen jener Zeit.

Auch bei den Stadtansichten trat Prag an die Spitze der europäischen Entwicklung. Die ersten Stadtansichten des Joris Hoefnagel stammen noch aus den 1560er Jahren und haben ganz und gar dokumentarischen Charakter: Ihr Ziel ist die topographisch exakte Wiedergabe einer Stadt oder eines Landstrichs.[38] Solche Schöpfungen verdanken ihre Entstehung dem Wunsch nach geographischen und topographischen Kenntnissen, und das bedeutendste Beispiel hierfür ist die von Georg Braun und Franz Hogenberg herausgegebene, mit Radierungen illustrierte mehrbändige Veröffentlichung ›Civitates Orbis Terrarum‹ (Köln 1572–1618). Zu ihrem Bildmaterial trug Hoefnagel mit seinen Zeichnungen und mit seiner organisatorischen Arbeit weitgehend bei. Sein Sohn Jacob setzte diese Tätigkeit fort, der sich auch Philipp van den Bossche mit seiner durch den Kupferstich Wechters bekannt gewordenen großzügigen Prager Vedute anschloß. Savery, Vianen und Stevens näherten sich dem Problem der Stadtansicht mit den Augen des Künstlers und zeigten weniger topographisches Interesse. Savery fertigte zwar einige Prager Veduten (Kat. Nr. 250), doch im Mittelpunkt seines Interesses standen – ähnlich wie bei Stevens und Vianen – die stimmungsvollen, intimen Interieurs der Stadt, ihre kleinen Häusergruppen und einzelne bescheidene Bauten (Kat. Nr. 251). Die Darstellung des intimen, pittoresken Hauses sowie malerische Detailansichten einer Stadt traten zu dieser Zeit nur in Holland als Ausdruck der national-bürgerlich orientierten geistigen Strömung auf.[39] In Prag weist dieser Darstellungstyp auf die geistige Freiheit der Hofkünstler und auf ihre Beziehung zum holländischen künstlerisch-geistigen Leben hin.

Prag wurde dank der bahnbrechenden Leistungen der beiden Hoefnagel, des Hans Hoffmann und des Roelant Savery auch zu einem frühen Zentrum der Stillebenmalerei.[40] Das Werden dieser für die spätere Kunstentwicklung so bedeutenden Kunstgattung kann, wie bereits erwähnt, vor allem in der Miniaturmalerei verfolgt werden. Joris Hoefnagel verpflanzte sozusagen die Errungenschaften der flämischen Pflanzen- und Tierdarstellung nach Prag, und mit seinen in Wasserfarbe gemalten, selbständigen Kabinettbildern tat er den entscheidenden Schritt auf dem Weg zur Stillebenmalerei. Die mit Pflanzen und Tieren geschmückten Marginalien des für Erzherzog Ferdinand von Tirol gefertigten Missale, die von seinem Sohn Jacob herausgegebene Kupferstichserie ›Archetypa‹ (Kat. Nr. 304–307) und sein Miniaturenwerk ›Vier Elemente‹ (Kat. Nr. 219) sowie die Verzierungen der beiden Schriftmusterbücher von Georg Bocskay (Wien, Kunsthistorisches Museum; Malibu, Getty Museum) bezeichnen die einzelnen Etappen, die zur Entfaltung der Stillebenmalerei führen, zeigen an, wie aus den früheren, zum Teil Wissen vermittelnden, zum Teil der Verzierung dienenden Illuminationen eine neue, souveräne Kunstgattung wurde.[41] Die bahnbrechende Initiative Hoefnagels setzte Savery einerseits mit seinen nach dem Leben gezeichneten Tierdarstellungen fort – die als Entwürfe zu seinen ebenfalls bahnbrechenden Tiergemälden dienten –, andererseits mit seinen Blumenstilleben, zu denen Zeichnungen heute nicht mehr bekannt sind. Doch ist mit Sicherheit anzunehmen, daß den ersten Gemäldekompositionen Entwurfzeichnungen vorausgegangen sind.

In der rudolfinischen Zeichenkunst sind die Grenzen des Stils weiter gezogen als in der Malerei und in der Plastik. Die Federzeichnungen Sprangers, die die abstrakt-dekorativen Tendenzen des Manierismus am eklatantesten zum Ausdruck bringen, bilden den einen Pol, und die wirklichkeitsgetreuen Landschaftszeichnungen des Paulus van Vianen den andern. Den Raum zwischen diesen beiden Polen nehmen die manieristischen, die frühbarocken und naturalistischen Stiltendenzen bzw. ihre Verflechtungen ein. Prag war in dieser Übergangszeit eines der wichtigsten Zentren der in viele Richtungen strebenden künstlerischen Versuche und trug mit seinen in der Zeichenkunst erreichten spezifischen Errungenschaften viel zur Entfaltung der europäischen Kunst des 17. Jahrhunderts bei.

Druckgraphik

Prag war um 1600 kein bedeutendes Zentrum für Graphik. Aegidius Sadeler d. J. war der einzige bedeutende Kupferstecher, der längere Zeit hindurch – drei Jahrzehnte lang – in Prag arbeitete.[42] Von den in die rudolfinische Kunst gehörenden Graphiken wurde also nur ein Teil unmittelbar in Prag angefertigt, der größere Teil entstand in Rom, Antwerpen, Augsburg, München, Haarlem und Amsterdam. Dieser Umstand begünstigte die künstlerischen Beziehungen Prags zu den verschiedenen europäischen Zentren und trug zur schnellen Verbreitung der Leistungen der rudolfinischen Kunst bei.

Die Mehrzahl der Blätter sind Arbeiten niederländischer Graphiker. Sie sind nahezu ausnahmslos Kupferstiche, die im 16. Jahrhundert sowohl hinsichtlich der Menge als auch der Qualität unter den Vervielfältigungsverfahren dominierten. Mit der Radierung beschäftigten sich die Maler um 1600 vorerst nur probeweise. Auch in Prag sind nur von Spranger, Savery und Aegidius Sadeler einige eigentlich mehr wegen ihrer technischen Kuriosität beachtenswerte Radierungen bekannt.[43] Die Mehrzahl der Stiche sind nach Schöpfungen anderer Meister gefertigte Arbeiten. Das zu Beginn des 16. Jahrhunderts durch die Tätigkeit des Marcantonio Raimondi sich schnell entwikkelnde Stechen nach Vorlagen erreichte in den 40er und 60er Jahren in Antwerpen durch die Tätigkeit des Graphikers und Verlegers Hieronymus Cock[44], der auch zahlreiche namhafte Kupferstecher beschäftigte, hohes Niveau. Zur Befriedigung des vielseitigen großen Bedarfs an Bildern nahmen in ganz Europa die Verleger die Verbreitung der graphischen Arbeiten in die Hand; sie sorgten für gute Vorlagen, die von gelernten Berufsgraphikern in Kupfer gestochen wurden. Ein Teil der niederländischen Kupferstecher verließ während der Glaubensverfolgungen oder auf der Suche nach besseren Arbeitsmöglichkeiten die Heimat und ließ sich in verschiedenen europäischen Kunstzentren nieder. Die Tätigkeit der in Prag, Köln, Augsburg, München wirkenden niederländischen Graphiker beeinflußte auch die Arbeit der lokalen Kupferstecher, so daß in der Graphik jener Zeit nördlich der Alpen eine Art niederländische Vorherrschaft entstand. Der niederländische Kupferstich erreichte sowohl auf dem Gebiete der Graphik als auch der Reproduktion am Ende des 16. Jahrhunderts und um 1600 seinen auch international anerkannten Höhepunkt durch die Tätigkeit von Meistern wie Cornelis Cort, Hendrik Goltzius, Jan Muller, Jacob de Gheyn und die Mitglieder der Familie Sadeler. Von diesen Graphikern standen mehrere mit rudolfinischen Künstlern in Arbeitsbeziehung, nach deren Arbeiten sie Kupferstiche anfertigten, die zu den besten nach Vorlagen gestochenen graphischen Leistungen der Epoche gehören.

Einige der rudolfinischen Meister hatten bereits vor ihrer Prager Tätigkeit Verbindung mit Kupferstechern, vor allem mit ihren in den verschiedenen europäischen Zentren tätigen Landsleuten. So nahm Spranger in Rom Verbindung zu Cornelis Cort[45], dem ersten wirklich bedeutenden in Italien wirkenden niederländischen Kupferstecher auf, dessen Manier – eine großzügigere, modulierbarere Linienstruktur als zuvor – nicht nur auf die jüngere niederländische, sondern auch auf die italienische Graphikergeneration von Einfluß war. Cort bildete – als Schüler von Hieronymus Cock – sozusagen ein Verbindungsglied zwischen der großen Antwerpener Graphikertradition der Mitte des Jahrhunderts und den neuen Tendenzen der Graphiker der Jahrhundertwende.

Hinsichtlich der Verbreitung der Prager Stecherkunst war München eines der wichtigsten Zentren, mit dem die rudolfinischen Künstler noch vor dem Aufblühen der Prager Hofkunst Kontakt hatten. In München zeichneten sich unter den Kupferstechern die Mitglieder der Antwerpener Familie Sadeler aus. Jan Sadeler d. Ä. traf 1588 aus Frankfurt dort ein und wurde bald der Hofgraphiker Wilhelms V.[46] Auch sein Neffe und Schüler Aegidius Sadeler d. J. dürfte zu dieser Zeit erstmals in München aufgetaucht sein, was seine Stiche nach Werken des dort tätigen Hans von Aachen bezeugen. Außer Aegidius fertigten Jan und dessen Bruder Raphael[47], der zwischen 1591 und 1594 auch in München lebte, ebenfalls Graphiken nach Werken des Hans von Aachen an. Sie bevorzugten seine religiösen Kompositionen, da München als eines der Zentren der Gegenreformation auf religiöse Propaganda Gewicht legte. Nach Porträts des Hans von Aachen fertigte der aus Antwerpen stammende und in Augsburg tätige Kupferstecher und Verleger Dominicus Custos Stiche, die er auch herausgab.[48] Custos wirkte 1607 im Dienste Rudolfs II. für kurze Zeit auch in Prag. Die Beziehung von Jan und Raphael Sadeler zu Hans von Aachen setzte sich auch während der Prager Periode des Malers fort. Jan Sadeler trat auch mit Spranger noch in dessen ersten Prager Jahren in Kontakt.

Aegidius, der talentierteste unter den Sadelers, war schon 1593, ein Jahr vor seinen beiden Onkeln, in Rom. Er bewegte sich im gleichen Künstlerkreis wie die rudolfinischen Figurenmaler, unter denen er hier mit Heintz zuerst in eine Arbeitsbeziehung trat. Auch Aegidius vertiefte sich in das Studium der großen italienischen Meister und der Antike, auch auf ihn wirkte der Zeichenstil Speckaerts; er fertigte nach dessen Kompositionen Kupferstiche an, die zugleich auch die Anwendung der aus den Werken von Cornelis Cort gewonnenen Lehren anzeigen. Nach seinem Aufenthalt in Italien arbeitete er eine Zeitlang erneut in München, wo er weitere bedeutende Werke von Hans von Aachen auf Kupferplatten reproduzierte. Zu den Beziehungen zwischen München und Prag trug die Arbeit der Kupferstecher in hohem Maße bei und förderte die gegenseitige Information und das Aufeinanderwirken der beiden wichtigen Künstlerkreise. Das zweite bedeutende Kunstzentrum, mit dessen Stechern die Prager Meister eine enge Arbeitsbeziehung aufrechterhielten, war Haarlem, das durch den dort arbeitenden Hendrik Goltzius in die erste Reihe der europäischen Graphik aufgerückt war.[49] Auch auf die frühen Stiche von Goltzius wirkten die Graphiken des Cornelis Cort, aber für die grundlegende Umformung seiner Linienstruktur war die Bekanntschaft mit den Zeichnungen Sprangers von entscheidender Bedeutung. Diese Arbeiten wurden ihm durch Karel van Mander vermittelt, der, nachdem er in Wien mit Spranger zusammengearbeitet hatte, einige von dessen Zeichnungen mit nach Haarlem brachte.[50] Goltzius gab 1585 die ersten nach diesen Zeichnungen gefertigten Stiche heraus. Sie sind noch in der älteren, trockeneren, mechanischeren Linienstruktur gefertigt, doch gelang es Goltzius immer besser, dem spannungsvollen, dynamischen Zeichenstil Sprangers gerecht zu werden, indem er den entsprechenden graphischen Ausdruck für die ornamentale Schönheit der Figuren fand. Die großzügige, impressive Wirkung erzielte er durch Formung eines modulierbareren Liniensystems: Statt gerader verwendete er sich krümmende, den Formen folgende Linien von veränderlicher Tiefe. Er reduzierte die Kreuzschraffierung und ergänzte die Schattierung durch Punkte, um abweichend vom früheren harten Licht-Schatten-Gegensatz feinere Übergänge erreichen zu können. Neben den plastischen Werten war er mit Hilfe verschiedener Farbstufen und der weichen, bewegten Linien auch auf malerische Wirkung bedacht. *Die Hochzeit von Amor und Psyche* ist nicht nur eine großartige graphische Spitzenleistung von Goltzius, sondern auch der ganzen Epoche (Kat. Nr. 312). Von ihm sind nur noch zwei Stiche nach Spranger bekannt, da sein Aufenthalt in Italien eine Stiländerung zur Folge hatte und er im weiteren Verlauf nach anderen Vorbildern arbeitete. Das Kupferstechen nach Werken von Spranger setzten seine Schüler und die unter seinem Einfluß stehenden Graphiker fort; sein Stiefsohn, Jacob Matham, Pieter de Jode d. Ä., Bartholomäus und Zacharias Dolendo[51], die den energischen, schwungvollen Kupferstichstil von Goltzius weiterführten.

Der eher als Rivale denn als Nachfolger von Goltzius anzusehende, in Amsterdam wirkende Jan Muller[52] arbeitete außer nach Werken von Spranger auch nach Adrian de Vries und Hans von Aachen und steigerte das manieristische Linienspiel des Goltzius auf seinen großen dekorativen Blättern zur Bravour. Muller trat um 1592 zu den Rudolfinern in geschäftliche Beziehungen, doch sein Zeichenstil und seine Stiche eigener Invention zeigen den Einfluß Sprangers bereits früher an. Muller erreichte die äußerste Grenze des Stechsystems von Goltzius; seine noch längeren, noch tiefer gekerbten, noch energischeren Linien verleihen seinen Blättern manchmal eine eigenartige, gestreifte Wirkung. Spezielle Ergebnisse erzielte er in der Wiedergabe der Lichteffekte und auch in der Veranschaulichung der malerischen Werte.

Obwohl die übrigen rudolfinischen Meister sich mit der Wirkung Sprangers auf die Kupferstecher nicht messen können, so haben doch die Bestrebungen des Hans von Aachen und von Heintz in der Malkunst weitgehend zur Formung des Kupferstecherstiles des Aegidius Sadeler beigetragen (Kat. Nr. 313). Dieser war 1597 nach Prag gekommen und wirkte dort als Hofkupferstecher bis zu seinem Tode. Damit begann eine großartige, vielseitige Tätigkeit. Zu den bisherigen, vor allem mythologischen, allegorischen und religiösen Darstellungen kamen nun Porträtstiche. Sie sind meist eigene Inventionen. Aegidius ist es in erster Linie zu danken, daß von bedeutenden Persönlichkeiten des Prager Hofes, von Künstlern, Gelehrten, Gesandten, von den Reichsfürsten und von den Königen der umliegenden Staaten charakteristische, dekorative Bildnisse bekannt sind.

Neu ist auch die Landschaftsgraphik. Nach Zeichnungen von Pieter Stevens und Roelant Savery erschienen gestochene Serien, die von einer bravourösen Wiedergabe der Veranschaulichung des Raumes, der Lichteffekte und der Atmosphäre zeugen (Kat. Nr. 309). In Prag gab Sadeler – unter anderem – seine nach antiken Denkmälern in Italien gefertigten Stiche heraus[53], seine Darstellung der Monate nach Paul Bril und die mit Stichen illustrierte Emblematik des Typotius.[54] Sadelers Vorzug lag in der Fähigkeit, die verschiedenen stilistischen Eigenarten prägnant wiederzugeben. Seine an den großen deutschen und niederländischen graphischen Traditionen geschulte Technik, die auch von den Bestrebungen Corts und Goltzius' beeinflußt war, erwies sich für die graphische Veranschaulichung der verschiedensten künstlerischen Eigenarten von Dürer bis Tizian und bis Parmigianino geeignet. Für die Wandlungsfähigkeit seines Stils ist es bezeichnend, daß er einerseits auf seinen nach Werken von Spranger gefertigten Blättern die plastisch-dekorativen Werte durch Betonung der Silhouettenwirkung markant veranschaulichte und andererseits auf seinen nach Werken von Heintz und Hans von Aachen gearbeiteten Bildern durch feine Übergänge in der Tönung und durch Veranschaulichung der verschiedenen Textur der Oberfläche eine delikate malerische Wirkung erzielte.

Der Frankfurter Isaak Major[55], ein Schüler von Aegidius Sadeler, arbeitete ebenfalls eine Zeitlang in Prag; vor allem seine nach Stevens und Savery gefertigten Landschaftsstiche und seine Schlachtendarstellungen eigener Erfindung verdienen Beachtung. Nach 1605 zeichnete sich Lucas Kilian[56] mit seinen Stichen nach Kompositionen rudolfinischer Meister aus. Nach bei Dominicus Custos verbrachten Lehrjahren legte er mit einem mehrjährigen Studienaufenthalt in Italien die Grundlagen für seine Kunst als Graphiker, die auch die Folgen der Neuerungen von Goltzius und Sadeler beinhaltete. Seine Stiche veranschaulichen die späten Bestrebungen der rudolfinischen Meister; besonders die auf gesteigerte Lebensfülle gerichtete, frühbarocke Tendenzen vertretende Kunst von Heintz gab er in kongenialer Weise durch großzügige, anschauliche Darstellung und durch ein auf breiter Skala bewegtes, moduliertes Licht-Schatten-Spiel wieder. Die Mitwirkung der ausgezeichneten Graphiker der Epoche hat in hohem Maße zur Begründung des Ruhms der rudolfinischen Kunst und zur raschen Verbreitung ihrer Ergebnisse beigetragen. Ein Teil dieser Stiche gilt als Quellenmaterial, weil sie die Komposition vieler, heute verschollener Gemälde der Nachwelt erhalten haben. Die ausdrücklich auf die Vervielfältigung von Stichen gerichtete ausgedehnte zeichnerische Tätigkeit der rudolfinischen Meister zeigt die Zunahme der Bedeutung der Vervielfältigungsgraphik und deren anregende Wirkung auf die Stichvorlagen zeichnender Maler.

Anmerkungen

1 Ich danke Frau Dr. Eliska Fučíková für die wertvollen Informationen bezüglich der Zeichnungen Hans von Aachens.
2 Auch auf diese Weise möchte ich Herrn Dr. Jürgen Zimmer meinen Dank aussprechen, daß er das Manuskript seiner Arbeit über die Zeichnungen von Joseph Heintz mir vor der Veröffentlichung zur Verfügung gestellt hat.
3 Blunt 1985, Seite 137–159.
4 Neumann 1970, Seite 142.
5 Zimmer 1971, Abb. 20.
6 Oberhuber 1958, Kat. Nr. Z. 1, 2, 3, 6. 18, 19, 45, 50, 54.
7 Zwollo 1968, Abb. 214, 223, 232, 239; Spicer 1979, Kat. Nr. C42–46.
8 Van Mander-Floerke 1906, II. Seite 145.
9 Van Mander-Floerke 1906, II. Seite 133.
10 Fučíková 1971, Seite 118.
11 Zimmer 1971, Seite 10.
12 Paris 1972, Kat. Nr. 187–191.
13 Fučíková 1982, Seite 341.
14 Zimmer 1971, Seite 11, 12, 17.
15 Fučíková 1971, Seite 120–122.
16 Van Mander-Floerke 1906, II. Seite 147.
17 Oberhuber 1964.
18 Oberhuber 1970, Abb. 2–3, Seite 215.
19 Valentiner 1932; Gerszi 1968; Beguin 1973.
20 Van Mander-Floerke 1906, II. Seite 85, 293.
21 Gerszi 1984, Seite 96.
22 Zimmer 1971, Seite 14.
23 Larsson 1967, Seite 58–59.
24 Gerszi (Bruegels Nachwirkung) 1976; Gerszi (Bruegels Einfluß) 1982; Gerszi 1985.
25 Zwollo 1968, Seite 131, Abb. 163, 170, 172, 211.
26 Spicer 1979, Seite 47; Mielke 1986, Seite 76–81.
27 Gerszi 1982, Seite 27.
28 Gerszi 1975, Seite 73–88.
29 Gerszi 1977, Seite 105–128.
30 Koreny 1985, Seite 16, Kat. Nr. 11, 12, 23, 24, 37, 38, 44, 45, 59, 60.
31 Hendrix 1984, Seite 22–43.
32 Koreny 1985, Kat. Nr. 38, 44.
33 Hendrix 1984, Seite 154–160.
34 Fučíková 1986, Seite 24–25; Tongiorgi Tomasi 1988.
35 Koreny 1985, Kat. Nr. 16.
36 Fučíková 1972, Seite 163–166.
37 Van Mander-Floerke 1906, II. Seite 65.
38 Nuti 1988.
39 Gerszi 1982, Seite 25/26; Spicer 1977, Seite 95–97.
40 Nur Ludger Tom Ring d. J. hat vor Hoefnagel Stilleben auf Papier gemalt. Koreny 1985, Kat. Nr. 88.
41 Hendrix 1988.
42 Van den Branden 1950; Rotterdam 1963; Wien 1967, Seite 231–275; Hollstein XXI–XXII; Limouze 1988.
43 Wien 1967, Kat. Nr. 355, 356; Oberhuber 1968, Kat. Nr. St. 1, 2, 3; Spicer 1979, Kat. Nr. Pr 1, F 254; Hollstein XXI, Kat. Nr. 202, 203, 390, Boston 1980/81, Seite 35.
44 Wien 1967, Seite 29–70; Riggs 1971.
45 Bierens de Haan 1948; Wien 1967, Seite 99/100; Ill. Bartsch 52.
46 Rotterdam, 1963; Wien 1967; Seite 102/103; Hollstein XXI–XXII.
47 Rotterdam 1963; Hollstein XXI–XX.
48 Hollstein/II/VI, Serie 179–183.
49 Hirschmann 1919; Hollstein VIII, Strauss 1977.
50 Van Mander-Floerke 1906, II. Seite 241; Hirschmann 1918, Seite 217 ff.; Oberhuber 1968, Seite 83/84; Berlin 1979, Seite 8–11.
51 Berlin 1979, Seite 11; Hollstein XI, Seite 215 ff.; Hollstein IX, Seite 203 ff.; Hollstein V, Seite 259 ff.; Ill. Bartsch 4, Seite 9 ff.
52 Wien 1967, Seite 217–231; Berlin 1979, Seite 11; Ill. Bartsch 4, Seite 444 ff.
53 Vestigi della Antichita di Roma, Tivoli, Pozzuolo et altri luochi. Praga 1606/Hollstein XXI, Kat. Nr. 151–201.
54 Jacob Typotius: Symbola Divina et Humana Pontificum, Imperatorum, Regum I. Pragae 1601; Jacob Typotius: Symbola Varia Diversorum Principum S. S. Ecclesiae et Sacri Imperii Romani. II Pragae 1602, Boetius de Boodt: Symbola Varia Diversorum Principum. Pragae 1603/Hollstein XXI, Kat. Nr. 392.
55 Thieme-Becker Künstlerlexikon XXIII, Seite 580; Zwollo 1968, Seite 131, 154, 156, 158, 160; Spicer 1979, Seite 740/41; Rózsa 1971, Seite 269–280; Galavics 1986, Seite 66–68.
56 Wien 1967, Seite 237; Hollstein/II/XVII, Seite 5–162.

CVRRICVLVM VITAE CHRISTIANAE.
QVAS. HEIC. VIDES. SPECTATOR. FORTE. PARCAS. PVTAS.
EREBI. NOCTISQ. FILIAS. QVEIS. PAREAT. IPSE. IVPPITER.
ERRAS. ISTAE. AB. DEI OMNIPOTENTIS. NVTV.
VITAE. ESSE. INITIVM. PROGRESSVM. EXITVM.
ET. VITAM. HANCCE. DOCENT.
SI. IN. DEI. LEGE. SPECTETVR. AERVMNOSAM. PENITVS.
SI. IN. CHRISTI AMORE. RECREATA. SENTISCERE.
QVA. DEMVM. FRVETVR. GLORIA.
HINC. MORS. VIDES. VT LANCINET. HINC. INSTET. VTI GRATIA.
DIRAM. CONTAGEM. RESTINGVERE.
SISTATVR. VT. DEO. DEI OPE. ANIMVS. SVI. COMPOS.
QVIDVIS. FERENDO. SVPERANS.
Hans von Ach.

176

HANS VON AACHEN
Köln 1551/52–Prag 1615

176 Curriculum vitae Christianae
Um 1589

Feder in Braun, braun laviert, weiß gehöht. Der Kreis ist auf anderes Papier aufgeklebt, auf das der Text und die Signatur geschrieben sind; Dm. 27,8 cm, das ganze Blatt 40,1 × 28,8 cm
Bezeichnet unten in der Mitte: Hans von Ach
Herkunft: Sammlung Lanna, Prag; von dort der Gesellschaft der patriotischen Kunstfreunde, Prag, gewidmet
Ausstellungen: Prag 1912, Nr. 261; Meisterzeichnungen aus der Graphischen Sammlung der Nationalgalerie Prag. Staatliche Kunstsammlungen Dresden, Albertinum 1977, Nr. 15; Prag 1978, Nr. 1
Literatur: Peltzer 1911/12, S. 170; Wilberg Vignau-Schuurmann 1969, I. S. 236, Abb. 128; Fučíková 1986, S. 18, Abb. V.

1588 haben in München drei begabte Künstler angefangen zusammenzuarbeiten. Diese zwei oder drei Jahre währende Tätigkeit hatte eine Reihe von Kupferstichen zur Folge. Verleger wie auch Autor des Programms und der begleitenden Texte war Joris Hoefnagel. Hans von Aachen hat seine ›Inventionen‹ in der Zeichnung ausgeführt und Aegidius Sadeler hat sie danach in Kupfer gestochen. Die ausgestellte Zeichnung diente als Vorbild für den 1589 erschienenen Kupferstich, dessen Titel *Nicomaxia vitae* lautet (siehe Kat. Nr. 296). Aus dem Vergleich des Stiches mit der Vorlage geht hervor, daß Hoefnagel in der definitiven Version nicht nur die Begleittexte, sondern auch die Benennung des Blattes geändert hat.

Diese Zeichnung ist typisch dafür, was Aachen in Italien vor allem bei Jan Speckaert gelernt, aber auf seine charakteristische Weise verarbeitet hat. Brüchige Linien, kleine Striche und Häkchen, sehr viel Lavierung, die nicht nur modelliert, sondern auch die Licht- und Schatteneffekte andeutet – dies sind Merkmale von Aachens Handschrift der 80er und beginnenden 90er Jahre. E. F.

Prag, Nationalgalerie, Inv. Nr. K 1157

HANS VON AACHEN
Köln 1551/52–Prag 1615

177 Versammlung der Götter
Um 1595

Feder in Braun, braun und grau laviert, weiß gehöht; 37,2 × 46,4 cm
Herkunft: Sammlung Prince de Ligne
Literatur: H. Tietze, E. Tietze-Conrad, K. Garzarolli-Thurnlackh, Die Zeichnungen der deutschen Schulen bis zum Beginn des Klassizismus. Beschreibender Katalog der Handzeichnungen in der Graphischen Sammlung Albertina, Wien 1933, IV, Text, S. 55, Nr. 442, V, Abb. Taf. 149, 442

1982 hat die National Gallery in London ein Bild von Hans von Aachen gekauft, das nach dem Auktionskatalog eine Versammlung der Götter darstellt. In der Nachricht über die Erwerbung im Bulletin dieser Sammlung (National Gallery News, December 1982) versuchte deren Autor, das Thema des Gemäldes als ›Hebe wird Herkules vorgestellt‹ zu bestimmen und machte auf eine Zeichnung Aachens in der Albertina aufmerksam, die dieselbe Komposition darstellt (dort als *Die Geburt Pallas* geführt).

Da die Zeichnung dieselben Maße wie das Bild hat, scheint sie das eigentliche ›modello‹ zu sein, nachdem – nach der Bewilligung des Auftraggebers – das Gemälde ausgeführt wurde. Dies war zwar für Aachen nicht üblich, ist aber in diesem Fall leicht zu erklären. Dem Thema nach war die Komposition für den Kaiser bestimmt, entstand aber um 1595, als Aachen noch in Bayern arbeitete, obwohl er schon 1592 zum Hofkünstler Rudolfs II. ernannt worden war. Der Kaiser konnte deswegen nicht wie gewöhnlich die Vorbereitungsarbeiten zum Bild verfolgen. Er verlangte wohl ein gezeichnetes Modell zur Ansicht. Dies würde den wenig abweichenden Charakter dieses Blattes erklären. Eine schnelle, für Aachen typische Skizze der gesamten Komposition war sicher auch Vorlage dieser Zeichnung. Die definitive Gestaltung ist zu vorsichtig gezeichnet, denn sie

177

chen Sammlungen bestimmten und heute nicht mehr existierenden Bildes.

Eine andere Version respektierte bereits den neuen Rang der Malerei, deswegen hat sie nicht nur die Komposition, sondern teilweise auch das Thema verändert. Minerva führt jetzt die Malerei zu den Sieben Freien Künsten. Ein solches Bild war 1598 im Ficklerschen Inventar der herzoglichen Sammlungen in München erwähnt (Nr. 2668), wurde aber 1857 versteigert und ist seitdem verschollen. Es diente wahrscheinlich als Vorlage für den Stich Aegidius Sadelers (Hollstein 1980, Nr. 114), der vor 1597 entstanden sein muß, da der Stecher sich dort noch nicht als Hofkünstler Rudolfs II. bezeichnet. Eine große Variante dieser Komposition war aber auch in Prag, gelangte mit der Kriegsbeute nach Schweden und befindet sich bis heute in Schloß Eriksberg (Sammlung Baron Bonde). Für die Ausführung dieses Bildes ist aber größtenteils nur die Aachen-Werkstatt verantwortlich.

Die Brünner Zeichnung dagegen ist ein Meisterbeispiel der Aachen-Handschrift aus der Mitte der 90er Jahre, als er begann, von Spranger und Vries beeinflußt, die Plastizität der Körper zu betonen und die Bewegungen der Figuren zu beruhigen. Den landschaftlichen Hintergrund hat er durch einen architektonischen ersetzt und die Szene wie auf der Theaterbühne zu einer effektvollen Komposition arrangiert. E. F.

Brünn, Mährische Galerie, Inv. Nr. B 3222

soll ›malerisch‹ aussehen. Deswegen spielt hier Lavierung eine große Rolle.

Die Bestimmung des Themas dieser Zeichnung wird wahrscheinlich die Kunsthistoriker noch eine Weile beschäftigen. Aachen hat nämlich dieselbe Szene noch einmal in leicht geänderter Form gezeichnet, die überzeugend beweist, daß alle bisherigen Erläuterungen falsch sind (Stuttgart, Landesbibliothek, Cod. hist. Q. 298/299, Stammbuch Jenisch, fol. 142 r). Der Besitzer des Stammbuches hat unter die Zeichnung geschrieben, daß »Dise Figur wie Jupiter die Venirem verlaßt und Minervam liebet mit Verwunderung aller anderen heÿdnischen Götter ist mir von Johan von Ach Kaÿ. Mahler zu ehren gemacht worden«. Er konnte sich an die richtige Auslegung der Szene auch nicht mehr genau erinnern, man kann jedoch voraussetzen, daß es kein übliches mythologisches Thema war. Es dürfte aber bestimmt unter den Allegorien oder Moralitäten auffindbar sein. E. F.

Wien, Albertina, Inv. Nr. 3315

HANS VON AACHEN
Köln 1551/52–Prag 1615

178 Minerva führt die Malerei zu Apollo und den Musen
Vor 1595

Feder in Braun, braun laviert, weiß gehöht, Vorzeichnung mit Kreide; 26,9 × 21,1 cm
Herkunft: Sammlung Graf Sternberg-Manderscheit; Auktion Graf R. de V. Berlin; Hollstein & Ruppel, 4.–6.5.1931 als Nr. 1005-H. Goltzius; Auktion H. Gilhofer & H. Ranschberg, Luzern, 28.6.1934; Sammlung Feldmann, Brünn
Literatur: Konečný 1982, S. 237–239, Abb. 2; DaCosta Kaufmann 1985, S. 33 Abb.; Fučíková 1986, S. 19, Abb. 22

Das beliebte Thema hat Aachen in zwei Varianten verarbeitet. Eine davon ist in dieser Zeichnung erhalten geblieben und, wie schon L. Konečný (1982, S. 239) belegte, vor 1595 entstanden, vor dem Datum des Majestätsbriefes Rudolfs II., wonach Malerei nicht als Handwerk, sondern als Kunst zu bezeichnen sei. Sie diente wahrscheinlich als Vorlage des für die kaiserli-

HANS VON AACHEN
Köln 1551/52–Prag 1615

179 Entwurf zum Titelblatt der Vergil-Ausgabe mit Kommentar von Jacobus Pontanus

Feder in Braun, braun laviert, Vorzeichnung mit Kreide, durchgegriffelt; 33 × 21 cm
Literatur: Augsburg 1980, I., S. 349 (über den Stich); Fučíková 1982, S. 94, Nr. 76; DaCosta Kaufmann 1985, S. 139/40; DaCosta Kaufmann 1985 (Eros et poesia), S. 36/37

Dieses Blatt ist das einzige bekannte Beispiel dafür, daß sich Aachen auch an der Ausschmückung eines Buches beteiligte. Der Grund muß persönlich und nur durch die freundschaftliche Beziehung zum Autor dieses Werkes zu erklären sein. Es war der Jesuite Jacobus Pontanus, der aus Brüx in Böhmen stammte, am Ordenskolleg in Prag studierte und später am Ordensgymnasium in Augsburg und an der Hochschule in Dillingen wirkte. Aa-

178

179

chen pflegte seit seinem italienischen Aufenthalt enge Kontakte zu den Jesuiten, arbeitete für sie in Rom, in Bayern und auch in Prag. Wann und wo aber diese Männer einander kennengelernt haben, ist uns nicht bekannt.

Das Buch trägt den Titel ›Symbolarum libri XVII Quibus P. Virgilii Maronis Bucolica, Georgica, Aeneis, ex probatissimis auctoribus declarantur, comparantur, illustrantur. Per Jacobum Pontanum de societate Jesu‹ und wurde 1599 bei Johannes Praetorius in Augsburg gedruckt.

Aachen hat für den Stecher Dominicus Custos eine sorgfältig ausgeführte Vorlage vorbereitet: eine mächtige Portikus-Architektur, auf deren Bogen zwei Frauenfiguren sitzen, die Fama und Poesia (Historia?) darstellen. Vor den Pilastern auf den Sockeln stehen zwei Männer, die nach den Inschriften auf dem Stich als Aeneis und Kaiser Augustus zu identifizieren sind. In das obere Medaillon hat der Stecher selbst das Porträt des Vergilius, offensichtlich nach einer anderen Vorlage, sowie den Plan der Stadt im unteren Spiegel hinzugefügt. In die Hauptfläche des Portikus hat er den Titel des Buches untergebracht. E. F.

Göttingen, Kunstsammlung der Universität, Inv. Nr. 10/22

HANS VON AACHEN
Köln 1521/52–Prag 1615

180 Auferstehung Christi
1598 *Ft. 53, S. 317*

Feder in Braun, braun und grau laviert, aufgeklebt; 18,2 × 19,5 cm
Herkunft: Privatbesitz, Brünn
Literatur: DaCosta Kaufmann 1985, S. 188/189, Abb. 1–18; Fučíková 1986, S. 19, Abb. VII

1598 schlossen sich die Hofkünstler Rudolfs II., Hans von Aachen, Joseph Heintz d. Ä., Bartholomäus Spranger, zusammen, um mit Hans Vredeman de Vries an einem gemeinsamen Werk zu arbeiten – an einem Altar. Auf die Innenflügel malte Spranger die drei Marien auf dem Weg zum Grab Christi und Heintz den Gang nach Emaus. Die Außenseiten bedeckte Vredeman mit einer riesigen Arkadenarchitektur, in die er die Verkündigung unterbrachte. Die Mitte des Altars bildete die Auferstehung Christi von Hans von Aachen, die leider nicht erhalten geblieben ist (Die Seitenflügel sind im Kunsthistorischen Museum, Wien, Inv. Nr. 6436 aufbewahrt).

Die Brünner Zeichnung der *Auferstehung*, eine der Vorbereitungsstudien zum Mittelbild, ist das einzige, was dazu aus der Hand des Künstlers existiert. Aachen hat zuerst schnell die ganze Komposition angedeutet, und da er nicht ganz zufrieden war, die Mitte des Blattes mit einem anderen Stück Papier überklebt und darauf eine neue Variante gezeichnet. Die Existenz mehrerer Entwürfe unterstützt eine gezeichnete Kopie (Köln, Wallraf-Richartz-Museum, Inv.Nr.Z 5663), auf der die Form des Sarkophags und die Gruppe rechts unten geändert wurden. Die definitive Fassung des Bildes blieb wahrscheinlich im Stich von Raphael Sadeler von 1614 erhalten (W. 7, Hollstein 1980, Nr. 14). E.F.

Brünn, Mährische Galerie, Inv. Nr. B 9702

181

HANS VON AACHEN
Köln 1551/52–Prag 1615

181 Schlafender Amor, vom Rücken gesehen
Um 1600

Schwarze Kreide, leicht weiß gehöht;
18,5 × 13 cm
Bezeichnet unten rechts: Hans von Ach
Herkunft: Sammlung Nagler, erworben 1835
Literatur: Peltzer 1911/12, S. 133, 169, Abb. 54; Elfriede Bock, Staatliche Museen zu Berlin, Kupferstichkabinett, Die deutschen Meister, Band I, Berlin 1921, S. 108, Nr. 149

Dasselbe pausbackige Knäblein erscheint in verschiedenen Posen auf mehreren Darstellungen von Hans von Aachen: auf dem *Bacchus, Venus und Amor*-Bild (siehe Kat. Nr. 93), auf *Bacchus, Ceres und Amor* (Wien, Kunsthistorisches Museum, Inv. Nr. 1098), auf dem *Knaben mit Weintraube* (siehe Kat. Nr. 95) und auf *Pan und Selene* (?) (siehe Kat. Nr. 101). Als Modell diente wahrscheinlich auch in diesem Fall (da wir das Gesicht des Knaben nicht sehen, können wir es nur vermuten) der Sohn des Malers.

Es ist eine virtuose Zeichnung, die, obwohl sie in den Ausdrucksmitteln sehr spärlich ist, die Modellierung des Körpers effektvoll andeutet. Diese zeichnerische Handschrift ist für Aachen um 1600 und in den späteren Jahren charakteristisch. Zu dieser Zeit fand der Künstler in seinen Zeichnungen zu einem robusten, in den Formen fast barocken Figurenstil. Seinen Kreidestudien, die damals entstanden, fehlt nicht der rokokoartige Liebreiz, der auch bei Joseph Heintz d. Ä. vorkommt. E. F.

Berlin, Staatliche Museen Preußischer Kulturbesitz, Kupferstichkabinett, Inv. Nr. 149

Hans von Aachen
Allegorien auf die Türkenkriege

Im Inventar der Kunstkammer Rudolfs II. von 1607–1611 ist in Folio 381 »Ihr kay: Mt: impresabuch, so hat HVA gemalt, von olfarben auff pergamen, in rot leder gebunden« erwähnt. Diese ein wenig unklare Beschreibung bezieht sich höchstwahrscheinlich auf einen Zyklus der Allegorien auf die Türkenkriege, die, mit Öl auf Pergament gemalt, von Hans von Aachen nach den Ideen des Kaisers angefertigt worden sind. Von den Ölskizzen, die ursprünglich zu einem Buch gebunden waren, sind noch sieben freie Blätter erhalten, fünf davon gehören dem Kunsthistorischen Museum in Wien, zwei gelangten 1934 von dort nach Budapest. Die ursprüngliche Zahl war aber höher, wie wir aufgrund der fast intakt erhaltenen Werkstattreplik dieses Zyklus für Christian II. von Sachsen schließen können (siehe Kat. Nr. 182).

Aachen hat sich auf die einzelnen Darstellungen sorgfältig vorbereitet. Er benützte genaue topographische Darstellungen der Orte, an denen die Schlachten stattfanden, studierte Vorlagen für die Fahnen und Wappen wie auch verschiedene Emblembücher und Ikonographien, damit alles in der Komposition für den Zuschauer richtig und genau sei. Zu jeder Szene hat der Künstler offensichtlich eine oder sogar mehrere Vorzeichnungen angefertigt, die – soweit sie erhalten blieben – noch Spuren von Korrekturen tragen, die meistens auf Wunsch des Auftraggebers entstanden sind.

Für die Datierung des Zyklus sind zwei Angaben wichtig: Am 17. Juni 1603 fand die letzte dargestellte Schlacht bei Kronstadt statt, und in der Rechnung von Hans von Aachen an den sächsischen Kurfürsten ist als Datum der Übergabe der Replik des Zyklus der 30. September 1604 angegeben. Die *Allegorien auf die Türkenkriege* waren sofort bekannt und berühmt. Einige Szenen hat de Vries in sein *Relief* mit den Allegorien auf die Türkenkriege übernommen, welches ebenfalls 1603 datiert ist (siehe Kat. Nr. 58), so wie Vianen in seinen *Plaketten*. Auch die Aachen-Werkstatt hat offensichtlich mehrere Repliken davon hergestellt (siehe Kat. Nr. 182). E. F.

182a

182b

Werkstatt HANS VON AACHEN
Köln 1551/52–Prag 1615

182 Vier Allegorien auf die Türkenkriege
1602–1604

a Die Schlacht bei Sissek
Feder in Braun, braun laviert, Vorzeichnung mit Rötel und Kreide; 34,4 × 43,2 cm, Wasserzeichen: Adler
Inv. Nr. C 5040

b Die Schlacht bei Mezőkeresztes
Feder in Braun, braun laviert, Vorzeichnung mit Rötel und Kreide; 34,5 × 42,3 cm, Wasserzeichen: Adler
Inv. Nr. 5041

c Die Eroberung von Gran
Feder in Braun, braun laviert, Vorzeichnung mit Rötel und Kreide; 34,5 × 42,3 cm, Wasserzeichen: Adler
Inv. Nr. C 5042

d Die Eroberung der Festung Raab
Feder in Braun, braun laviert, Vorzeichnung mit Rötel und Kreide; 34,4 × 41,7 cm, Wasserzeichen: Adler
Inv. Nr. C 5043

Herkunft: Alter Bestand
Literatur: Ludwig 1978, S. 43–63; DaCosta Kaufmann 1985, S. 198/99

Diese vier Zeichnungen wiederholen die Kompositionen der Blätter 3 bis 6 im Buch, welches Hans von Aachen bzw. seine Werkstatt im Jahre 1604 für Christian II. von Sachsen verfertigte (Dresden, Staatliche Kunstsammlungen, Kupferstichkabinett, Inv. Nr. C 172). Dieser Band ist durch eine Rechnung Aachens belegt und von ihm als »Item ein buch ettliche gewisse invention, Ungerische schlachten dabei, 14 stuck . . . 100 daller« bezeichnet (Peltzer 1911/12. S. 175). Die vier Zeichnungen und auch das Buch wiederholen die Ölbilder auf Pergament, die Aachen für den Kaiser verfertigte (siehe Kat. Nr. 12–14). An diesen Repliken haben wahrscheinlich die aus Sachsen stammenden Stipendiaten gearbeitet, deren Aufenthalt in Prag im Atelier Aachens von Christian II. von Sachsen und seiner Frau finanziell unterstützt wurde. Der Maler verlangte, daß sie bei ihm zwei Jahre blieben und für jedes Jahr 300 Thaler bezahlten (Peltzer 1911/12, S. 172/73, Nr. 10, S. 174, Nr. 21; Fučíková 1979, S. 503). Mit einem dieser sächsischen Schüler sind möglicherweise diese vier Blätter nach Dresden gelangt. Die Verweise auf verschiedene Fol.-Nummern auf den Rückseiten könnten eventuell bedeuten, daß man beabsichtigte, sie als Vorlagen für Illustrationen irgendeines historischen Buches zu benützen.

Der Zeichner, der die Szenen im Buch ausführte, folgte mit großer Aufmerksamkeit allen

182c

182d

Umrißlinien sowie den kleinen Strichen und Häkchen, die die innere Modellierung andeuten; sorgfältig wiederholte er auch die Details des Hintergrundes. Die Lavierung legte er aber sehr flach, so daß es ihm nicht gelang, die Plastizität der Körper zur Geltung bringen. Der Zeichner der vier selbständigen Blätter hat manches der feinen Zeichnung der Vorlage ausgelassen. Er hat auch mehr gemalt, d. h. laviert, als gezeichnet und die Figuren auffallend verkleinert. Die Arbeit beider wurde zwar von Aachen korrigiert, aber nur im Detail. Diese Korrekturen fallen sofort ins Auge, da sie mit anderer Tinte und mit breitem, energischem Strich ausgeführt sind.

Das erste dieser vier Blätter stellt die Schlacht bei Sissek dar. Näheres darüber findet man bei Kat. Nr. 183, wo die Originalvorzeichnung Aachens behandelt ist. Auf dem zweiten Blatt soll nach Ludwig (1978, S. 49/50) die Schlacht bei Mezökeresztes abgebildet sein, die vom 22.–26. Oktober 1596 stattfand. Aachens Vorbild, mit Ölfarben auf Pergament gemalt, ist heute im Museum der Bildenden Künste in Budapest aufbewahrt (Inv. Nr. 6786). Im Buch für Christian II. von Sachsen ist diese Szene auf dem vierten Blatt zu finden.

Die dritte Szene (fünfte nach der Numerierung des Buches) stellt die Eroberung von Gran am 1. September 1595 dar, wie auch die Inschrift auf der Rückseite beider Blätter bestätigt. Da sich zu dieser Darstellung kein Original von Hans von Aachen erhalten hat, sind die Werkstatt-Repliken das einzige Zeugnis ihres Aussehens.

Auf dem letzten Blatt der Folge ist die Eroberung der Festung Raab abgebildet. E. F.

Dresden, Staatliche Kunstsammlungen, Kupferstichkabinett, Inv. Nr. C 5040–43

HANS VON AACHEN
Köln 1551/52–Prag 1615

183 Allegorien auf die Türkenkriege – Die Schlacht bei Sissek

Feder in Schwarz und Braun, Rötel, laviert, Vorzeichnung in schwarzer Kreide; 22,2 × 22,8 cm
Herkunft: Sammlung Vsjevolschskoj, Moskau
Ausstellungen: Prag 1986, Nr. 57
Literatur: Majskaja 1983, S. 127–135, Abb. auf S. 128/29

Die Niederlage der Türken und der Sieg der kaiserlichen Truppen bei Sissek am 22. Juni 1593 hatten zur Folge, daß das Osmanische

183

184

Reich offiziell den Krieg wiedererklärte, der dann 13 Jahre lang dauerte. Die Darstellung dieser Schlacht war daher die erste der konkreten Abbildungen in Aachens Zyklus der *Allegorien auf die Türkenkriege.* Zwei Blätter dieser Reihe waren als eine allgemeine Einleitung gedacht.

Aachen hat die Komposition zuerst nur sehr flüchtig mit Kreide angedeutet, dann durch Lavierung und einige Federstriche konkretisiert (Düsseldorf, Kunstmuseum, Inv. Nr. F.P, 5471). Aufgrund dieser Studie ist dann die hier ausgestellte Zeichnung entstanden, die bereits als definitive Vorlage für das Pergament-Bild galt, jedoch nicht ohne Veränderungen geblieben ist. Diese sind für uns um so wichtiger, da sie wahrscheinlich den persönlichen Eingriff Rudolfs II. in die Konzeption der Szene bezeugen. Am rechten Rand ist der mittlere Teil des Blattes durch ein anderes Stück Papier zugedeckt und darauf eine neue Version ausgeführt. Über die ursprünglich von Aachen zierlich gezeichnete Stelle ist von einer anderen Hand mit groben, starken Strichen eine Festung angedeutet. Damit wollte der Autor des Programms – der in diesem Fall identisch mit dem Auftraggeber, d. h. Rudolf II., sein muß – andeuten, daß in der Zeichnung der wichtigste Moment der Schlacht nicht nachdrücklich genug dargestellt ist. Die türkische Armee, durch den Angriff einer relativ kleinen Truppe der Kaiserlichen überrascht und von der Brücke abgeschnitten, konnte nur durch den Fluß in die Festung gelangen, in dem sie aber ertrank. Aachen hat diese Szene zur vollen Zufriedenheit seines Mäzen geändert, genau wie die Himmelserscheinung in den Wolken, und in dieser Form das Pergament-Bild gemalt (Wien, Heeresgeschichtliches Museum, Leihgabe des Kunsthistorischen Museums, Inv. Nr. 1951). Danach sind auch zwei Werkstattrepliken entstanden: Blatt 3 des Buches für den sächsischen Kurfürsten (Dresden, Kupferstichkabinett, Inv. Nr. C 172) und eines der vier freien Blätter (ebenda, siehe Kat. Nr. 182). E. F.

Moskau, Puschkin-Museum, Inv. Nr. 7456

HANS VON AACHEN
Köln 1551/52–Prag 1615

184 Bildnis eines Mannes
Um 1604

Schwarze und rote Kreide; 19,8 × 15,1 cm, Wasserzeichen: Briquet 8979
Herkunft: Aus der Staatlichen Bibliothek, Budapest
Ausstellungen: Salzburg 1987, Nr. 32
Literatur: Fučíková 1986, S. 19, Abb. 25; Salzburg 1987, S. 32, Abb. S. 23

Es sind mehrere Zeichnungen von Aachen bekannt, die als Studien zu seinen herrlichen Porträts dienten. Diese ist aber außergewöhnlich, nicht nur durch die Virtuosität des Zeichenstils, sondern vor allem durch den Verismus der Abbildung. Er erlaubt eine einzige Möglichkeit der Auslegung: Aachen hat den Mann karikiert. Wir wissen zwar von dem Maler, daß er über sich selbst, sein nicht gerade schönes Gesicht lachen konnte, nicht nur in seinen *Lachenden Selbstbildnissen* (z.B. Kremsier, Kunsthistorisches Museum, ČSSR), sondern auch in Bildern mit anderen Themen, bei denen er sein Antlitz als Modell benutzte (siehe Kat. Nr. 31). Aber nur diese einzige Karikatur einer anderen Person ist von Aachen erhalten geblieben. Es ist natürlich verlockend zu versuchen, diese Persönlichkeit zu identifizieren. Wie der Vergleich mit dem Stich von Lucas Kilian nach der Vorlage von Aachen für ›Atrium heroicum‹ von Domenicus Custos zeigt, könnte es eventuell Hermann Christoph Graf von Rusworm sein (siehe Kat. Nr. 31), einer der erfolgreichsten Feldmarschalle in den Türkenkriegen, Günstling des Kaisers, aber auch ein großer Trinker und Frauenliebhaber. Einige seiner unzähligen Abenteuer hat François Bassompierre, der 1604 in Prag war, also um die Zeit der möglichen Entstehung dieses Porträts, in seinen Memoiren verewigt. E. F.

Budapest, Museum der Bildenden Künste, Inv. Nr. 58.1087

HANS VON AACHEN
Köln 1551/52–Prag 1615

185 Stehender Mann
Um 1605

Kreide und Rötel; 22 × 13,2 cm
Herkunft: 1925 erworben
Unveröffentlicht

Wie der Vergleich mit dem hier ebenfalls ausgestellten Porträt aus Budapest (siehe Kat. Nr. 47) belegt, weist der energische, ein wenig chaotische Zeichenstil auf Hans von Aachen. Alle seine Skizzen in Rötel und Kreide, und zwar nicht nur die Vorzeichnungen (wie z.B. auf seinem *Judith*-Blatt, Kat. Nr. 186), sondern auch selbständige Studien (siehe Rückseite Kat. Nr. 51), zeigen diese auffallend dichte Schraffierung, die die Lavierung ersetzt, und lange fließende Linien, die Umrisse andeuten. Charakteristisch für Aachen ist auch die Art, wie Hände und Beine gezeichnet sind. Die Kreide- und Rötelzeichnungen von Joseph Heintz d. Ä., dem dieses Blatt ursprünglich zugeschrieben wurde, sind dagegen sehr sorgfältig und klar ausgeführt. Die Schraffierung ist meistens zerrieben, damit die Zeichnung dann sehr weich und malerisch aussieht.

Die Komposition des Blattes ist für ihre Entstehungszeit (um 1605) ungewöhnlich und als Vorläuferin des eleganten Barockporträts anzusehen. Der Mann stützt sich auf eine antike (?) Büste auf einem Sockel, hinter ihm ist eine Statuette zu sehen. Er scheint eher Bildhauer als Sammler zu sein. Man fragt sich daher, ob es sich nicht um ein Porträt von Adrian de Vries, einem engen Freund Aachens, handelt. Das Antlitz auf der Zeichnung ist zwar nur angedeutet, doch das Gesicht auf dem Porträt des Bildhauers in den Städtischen Kunstsammlungen in Augsburg scheint diesem so ähnlich, daß die Hypothese nicht unwahrscheinlich ist. E. F.

185

Zürich, Eidgenössische Technische Hochschule, Graphische Sammlung, Inv. Nr. 1925,36 (als Joseph Heintz d. Ä.)

HANS VON AACHEN
Köln 1551/52–Prag 1615

186 Judith mit dem Haupt des Holofernes
Nach 1605

Feder in Braun, braun und grau laviert, weiß gehöht, Vorzeichnung mit Kreide;
26,1 × 19,2 cm
Herkunft: Alter Bestand
Literatur: Kresby mistru XVI.–XX. století ze Státních uměleckých sbírek v Drážďanech, Národní galerie v Praze, 1974, Nr. 1

186

Von den biblischen Szenen gehört die Geschichte von Judith und Holofernes zu den beliebtesten im Schaffen Hans von Aachens. In einer frühen Zeichnung hat er den betrunkenen, im Bett liegenden Holofernes, dem sich Judith nähert, um ihn zu töten (Washington, National Gallery), in einer anderen Szene Judith, die den abgeschlagenen Kopf des assyrischen Kriegshelden in den Sack der Dienerin legt, abgebildet. Zu der letztgenannten Darstellung kehrte er in München zu einer Komposition zurück, die Aegidius Sadeler gestochen hat (Hollstein 1980, Nr. 1). Sie ist auch das Thema einer schon in Prag entstandenen Zeichnung (ehemals Sammlung Geiger, versteigert bei Sotheby's, 7.–10. Dezember 1920 als Spranger) und eines Bildes, welches aber der Ausführung wegen nur als Werkstattarbeit anzusehen ist (Johnson Museum, Middelbury College, Middelbury, Vermont).

Noch nach 1605 hat Aachen dieses Thema in einer Komposition bearbeitet, in der nur zwei Figuren erscheinen, Judith und ihre Dienerin. Die Szene spielt sich nicht im Zelt des Truppenlagers ab, es fehlen hier nicht nur das Bett, sondern auch der enthauptete Körper des Holofernes. Die dominierende Gestalt der Hauptheldin deutet an, daß hier vielleicht der Moment dargestellt ist, da Judith, nach Bethulia zurückgekehrt, den Kopf des Holofernes aus dem Sack nimmt, um ihn dem Volk zu zeigen. Die erste Skizze (d. h. die ausgestellte Zeichnung) ist mit Kreide sehr schnell entworfen, danach nur leicht mit der Feder fertiggestellt und reich la-

187

viert. Die definitive Version ist zwar im Aussehen eleganter, aber trockener in der Ausführung (Dresden, Staatliche Kunstsammlungen, Kupferstichkabinett, Inv. Nr. C 1728). Sie ist vor allem mit dem Pinsel ausgeführt; nur wenige Federlinien begrenzen die Körperumrisse.

E. F.

Dresden, Staatliche Kunstsammlungen, Kupferstichkabinett, Inv. Nr. C 1961–44

HANS VON AACHEN
Köln 1551/52–Prag 1615

187 Drei musizierende Frauen
1613

Feder in Braun, graubraun laviert, Vorzeichnung mit schwarzer und roter Kreide;
18,5 × 14,6 cm
Bezeichnet und datiert unten: Hanß von Ach geschrieben in Prag den 4 octobris Anno 1613
Auf der Rückseite des Blattes: ein Paar (schwarze und rote Kreide)
Herkunft: Alter Bestand
Ausstellungen: Nürnberg 1952, W.150; Köln: Handzeichnungen des 15. und 16. Jahrhunderts und Miniaturen aus den Sammlungen des Wallraf-Richartz-Museums Köln, 1965, Nr. 39, Abb. 39
Literatur: R. A. Peltzer 1911/12, S. 139, 169, Abb. 67; Horst Vey, Kölner Zeichnungen aus dem 16., 17. und 18. Jahrhundert. Wallraf-Richartz-Jahrbuch XXVI, 1964, S. 80

Auf die Rückseite dieser Zeichnung skizzierte Aachen sehr flüchtig die wenig veränderte Komposition eines Bildes, das ihn in Italien berühmt gemacht hat: sein *Lachendes Selbstbildnis mit Donna Venusta, die Laute spielend* (derzeit verschollen). Daß er sich plötzlich seines Frühwerks erinnerte, war bestimmt kein Zufall. In den letzten Jahren seines Lebens widmete sich Aachen intensiv den Genreszenen, malte Mädchen mit Obstschalen, Blumen oder Krug, musizierende Gesellschaften, Kuppeleiszenen, lachende Bauern usw. Er knüpfte damit an seine ehemalige flämische Herkunft an, an das, was er von seinem Lehrer, der ein Floris-Zögling gewesen sein mußte, gelernt und schon in seinen Frühwerken angedeutet hat.

Aachens späte Kompositionen dieser Art sind aber stilistisch viel fortschrittlicher, sie haben alle spätmanieristischen Floskeln abgelegt und nehmen eine Entwicklung voraus, die erst später in der Genremalerei in Holland zum Tragen kommt.

Ähnliches ist auch für Aachens späten Zeichenstil charakteristisch. Erneut finden wir nervöse, oftmals unterbrochene und brüchige Linien, die an das energische, dynamische Aussehen seiner frühen Zeichnungen erinnern. Die Figuren aber, die er jetzt zeichnet, sind keine eleganten s-förmigen Gestalten mit arrangierten Bewegungen, sondern kernige, lebendige, dem Alltag entnommene Personen. So ist auch diese Zeichnung durchgeführt.

E. F.

Köln, Wallraf-Richartz-Museum, Inv. Nr. Z 152

GIUSEPPE ARCIMBOLDO
Mailand 1527 – Mailand 1593

188 Selbstbildnis
Um 1575

Feder in Blau, blau laviert auf Papier;
23 × 15,7 cm
Bezeichnet oben links in Sepia: Joseffi Arcimboldi imago
Herkunft: Sammlung Daniel Böhm 1820; Kunstauktion Dorotheum 17–19, 20–24 1918, Nr. 295; Sammlung Jindrich Waldes, Prag
Ausstellungen: Prag 1961, Nr. 47; Venedig 1987, S. 70/71
Literatur: Geiger 1954, S. 13, 149; Alfons 1957, S. 71; Preiss, 1964, S. 13/14; Preiss 1967, S. 7

Man weiß von zwei Selbstbildporträts Arcimboldos, der hier abgebildeten Zeichnung und einem heute verschollenen Gemälde. Der melancholische Augenausdruck und das asketisch wirkende Gesicht lassen ihn – wohl durchaus beabsichtigt – eher als Philosoph erscheinen denn als Künstler.

G. C. B.

Prag, Nationalgalerie, Inv. Nr. K 5338

188

189

GIUSEPPE ARCIMBOLDO
Mailand 1527 – Mailand 1593

189 Entwurf eines Gewandes für die Musik im Festzug in Wien 1571

Federzeichnung, blau laviert; 30 ×20 cm
Inschrift am oberen Rand: Musik angeführt von dem Römer Boethius und dem Griechen Arion. Gelbes Gewand, rot gestreift. Die Troddeln des Wamses sind in Gold, die übrigen in Silber

190 Entwurf eines Schlittens für die Astrologie im Festzug in Wien 1571

Federzeichnung, blau laviert; 20 × 30 cm
Inschrift am oberen Rand: Astrologie, angeführt von dem Alexandriner Ptolemaios und dem Römer Julius Hyginus.

191 Entwurf eines Ritterkostüms im Festzug in Wien 1571

Federzeichnung, blau laviert; 30 × 20 cm

192 Entwurf eines Schlittens für Diana

Wahrscheinlich aus dem Zug der Diana im Festzug von 1571 in Wien
Federzeichnung, blau laviert; 20 × 30 cm
Literatur: Alfons 1957, S. 111–115; Kaufmann 1978, S. 52ff.

1585 widmete Arcimboldo Kaiser Rudolf II. eine aus rotem Maroquinleder angefertigte Mappe mit etwa 150 blau lavierten Federzeichnungen. Sie trägt eine lateinische Aufschrift mit folgender Übersetzung: »DEM UNBESIEGTEN KAISER DER RÖMER; DER IMMERWÄHRENDEN MAJESTÄT RUDOLPHS II; DEM ÜBERAUS MILDEN HERRSCHER, widmet Giuseppe Arcimboldo aus Mailand viele verschiedene Einfälle, von eigener Hand entworfen, für die Ausstattung der Turniere. IM JAHRE DES HERRN 1585.«

Es handelt sich um Entwürfe für Festumzüge, die Arcimboldo für den Habsburger Kaiser angefertigt hat. Die meisten sind für die Hochzeitsfeier des Erzherzogs Karl II. von Steiermark mit Maria von Bayern im Jahre 1571 bestimmt. Andere hatten die Krönung Rudolfs zum König von Ungarn 1572 zum Inhalt. Arcimboldo war eine Art kultureller Ratgeber, er plante das Programm für die allegorischen Festzüge und Turniere, deren Teilnehmer als Gestalten aus der antiken Geschichte oder Mythologie auftraten.

Stilistisch können Arcimboldos Skizzen an eine ältere lombardische Tradition angeknüpft werden; ebenfalls sind sie mit Vasaris Zeichnungen derselben Art zu einem Festspiel in Florenz aus dem Jahre 1565 zu vergleichen.

G. C. B.

Florenz, Uffizien, Gabinetti Disegni e Stampe degli Uffizi, Inv. Nr. 3156, 3154, 3202

190

191

192

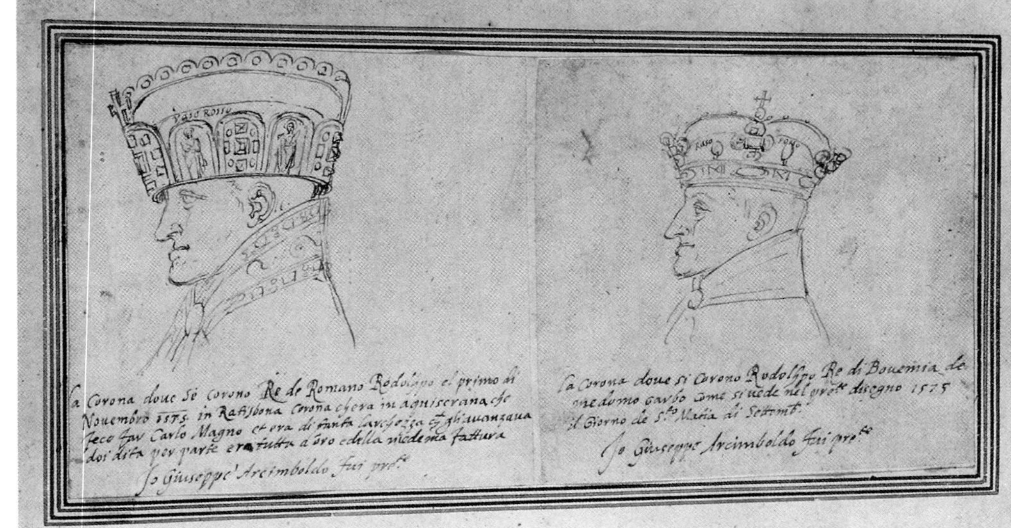

193

GIUSEPPE ARCIMBOLDO
Mailand 1527 – Mailand 1593

193 Zwei Porträts Rudolf II. mit Krone
1576

Schwarze Tinte und Feder auf Papier;
16,5 × 16,5 cm und 15,5 × 15,5 cm
Ausstellungen: Prag 1978, Nr. 5–6; Venedig 1987, S. 123
Literatur: Preiss 1957, S. 178–182; Preiss 1964, S. 13; Preiss 1967, S. 9–10

Die beiden Profilbilder Rudolfs können als ›Reportage‹ einer historischen Gegebenheit aufgefaßt werden. Sie wurden bei seiner Krönung zum Kaiser des Heiligen Römischen Reiches am 1. November 1576 in Regensburg ausgeführt.

Beide Porträts tragen die Widmung des Künstlers. Die linke, mit der italienischen Inschrift, unterstreicht die Eigenschaften der Reichskrone: »Die Krone, mit der der römische König Rudolph am ersten November 1576 in Regensburg gekrönt wurde. Die Krone, die sich in Aachen befindet, ließ Karl der Große anfertigen, und sie war so groß, daß sie an den Seiten einen zweifingerbreiten Zwischenraum hatte und ganz aus Gold ausgeführt war.«

Die Beschriftung unter der rechten, der Wenzelkrone, lautet: »Die Krone, mit der Rudolph als König von Böhmen gekrönt wurde, besitzt dieselbe Feinheit, wie man es auf der vorliegenden Zeichnung vom Tage des hl. Matthäus im September 1575 sieht.«

Beide Inschriften enden: »Io Guiseppe Arcimboldo Fui pre(sen)te.« G.C.B.

Prag, Nationalgalerie, Historische Abteilung, Inv. Nr. 40155

PHILIPP VAN DEN BOSSCHE
Nachweisbar 1604–1615 in Prag und Augsburg

194 Felsige Gebirgslandschaft, vorne eine Jagdszene
1609

Feder in Braun; 13,4 × 9 cm
Bezeichnet unten links mit Feder: Philips/van den bosche fecit/1609
Herkunft: Aus der Sammlung A. von Beckerath. Erworben 1902
Literatur: Bock-Rosenberg 1930, S. 90

Die Zeichnungen van den Bossches sind zum großen Teil erst im Lauf der jüngsten Forschungen unter anderen Meistern zugeschriebenen bzw. unbekannten Blättern zum Vorschein gekommen. Hans Modern publizierte 1902 eine signierte und datierte (1615) Landschaftszeichnung (Modern 1902). Auf dieser Grundlage bestimmte W. Wegner 1973 in der Münchener und in der Weimarer Sammlung zwei weitere Blätter (Wegner 1973, Nr. 10). Er erwähnt auch die signierte Rotterdamer und die eine Nameninschrift tragende Dresdener Landschaftszeichnung des Meisters. Der Zeichenstil van den Bossches lehnt sich so eng an den Stil des Paulus von Vianen an, daß man ihre Werke mehrfach verwechselte. Anläßlich der Zusammenstellung des Zeichnungskatalogs des Paulus von Vianen gelang es im Göttinger und im Innsbrucker Museum sowie in zwei Privatsammlungen, weitere Zeichnungen von Bossche zu bestimmen (Gerszi 1982, Nr. F 4, K 9, K 18 und Kunstveilingen Sotheby Mak van

194

195

Waay Kat. 301 (a, 1979, Nr. 204), und so halten wir heute schon etwa zehn Zeichnungen von ihm als evident. Sie alle stellen Landschaften dar und stammen zum guten Teil aus der Prager Zeit des Künstlers.

Bei der Bestimmung seiner Zeichnungen ist dieses signierte und mit der Jahreszahl 1609 datierte Berliner Blatt der wichtigste Ausgangspunkt, der in mehrfacher Hinsicht an die Landschaftskunst des Prager Hofes anknüpft. Das im Mittelfeld der Darstellung liegende Felsenmotiv ›arco naturale‹ stimmt mit den auf mehreren Werken von Pieter Stevens sichtbaren Motiven weitgehend überein (Zwollo 1968, Abb. 207–210), und auch hier finden wir den unter dem Felsentor durchfließenden Bach und rechts im Hintergrund den felsigen Berg. Auch zu den mit langen Stöcken bewaffneten Figuren können die auf dem Kopenhagener Gemälde *Waldlandschaft mit Felsentor* von Stevens sichtbaren Staffagefiguren bestenfalls als Vorbild gedient haben. Der Zeichenstil jedoch zeugt von der Nachahmung der Werke des Paulus von Vianen. Die Landschaftszeichnungen des genialen Goldschmiedes übten auch auf den Landschaftsmaler von Beruf eine große Wirkung aus (Gerszi 1977). Bossche arbeitete nicht nur in der gleichen, aus feinen, abgetönten Strichen gestalteten Zeichenmanier, sondern verwendete auch in den Einzelheiten ähnliche Idiome. T. G.

Berlin, Staatliche Museen Preußischer Kulturbesitz, Kupferstichkabinett, Inv. Nr. 12408

PHILIPP VAN DEN BOSSCHE
Nachweisbar 1604 – 1615 in Prag und Augsburg

195 Verfallene Wassermühle im Walde

Feder in Braun; 10,5 × 13,4 cm
Ausstellungen: Weimar 1981, Kat. Nr. 534
Literatur: Wegner 1973, Nr. 10, Taf. 62

Die Zeichnung galt in der Sammlung ursprünglich als Werk Roelant Saverys, bis sie von A. Zwolle Paulus van Vianen zugeschrieben wurde. Die richtige Bestimmung stammt von W. Wegner, der erkannte, daß die Zeichnung, obwohl anziehend, nicht die Qualität eines Werkes von Vianen aufweist. Man darf annehmen, daß van den Bossche sich auch in diesem Fall auf ein Vorbild stützte oder daß ihn zumindest die intim wirkende Landschaftsdarstellung von Vianen, Savery oder Stevens angeregt hat. Die Darstellung des Hauses, ja selbst der Mühle in der Landschaft war im 1. Jahrzehnt des 17. Jahrhunderts ein beliebtes Motiv aller drei Künstler. Von Stevens ist ein Gemälde über ein ähnliches Thema bekannt (Warszawa, Muzeum Narodowe; Zwollo 1968, Abb. 213), auf dem ein ähnliches kleines Mühlengebäude aus Holz in romantischer Umgebung zu sehen ist das eigentliche Thema des Bildes. Die Zeichnung van den Bossches zeugt von objektiver Auffassung und ist vermutlich die in situ-Darstellung einer existierenden Mühle, der nur dekorativen Zwecken dienende einzelne Landschaftsmotive zugefügt sein dürften. Ähnlich wie Vianen hat Bossche auf das ›Fühlbarmachen‹ von Sonne, Licht und Luft großes Gewicht gelegt, was zur lebhaften, freudig gestimmten Wirkung seiner Zeichnung stark beiträgt. Seine Federzeichnungsmanier weicht von seinem Vorbild durch viel einfachere Ausdrucksmittel ab. So haben z. B. bei ihm die feinen Parallelstriche konsequent die gleiche Richtung, was hier vor allem bei der Darstellung der Bäume auffällt. Diese wirken hier flächenhafter, als die sich im Raum ausbreitenden Vegetationen Vianens. T. G.

Weimar, Kunstsammlungen, Schloßmuseum, Inv. Nr. KK. 5425

DANIEL FRÖSCHL
Augsburg 1573 – Prag 1613

196 Adam und Eva unterm Baum der Erkenntnis
1604

Deckfarbenminiatur auf Pergament; 23,8 × 17,6 cm
Bezeichnet und datiert auf dem Stein neben dem Hund: D. F. 1604, darunter als Signatur der Frosch
Herkunft: Kunstkammer Rudolfs II.; Wiener Inventar 1619, Nr. 136; Erzherzog Leopold Wilhelm
Literatur: Prag 1978, Nr. 10; Stuttgart 1979, II. S. 170; DaCosta Kaufmann 1985, S. 218, Abb. 3-1

Wie wir schon in der Einleitung zur Malerei angedeutet haben, hat Fröschl während seines Aufenthaltes in Italien Gemälde berühmter Künstler als Miniaturen kopiert. Auch dieses reizvolle Bildchen ist nach einem fremden Vorbild entstanden, nach einer Komposition von Spranger, die nur aus einer leider in schlechtem Zustand erhaltenen Zeichnung bekannt ist. Dieses Blatt aus der ehemaligen Sammlung Sir Robert Mond (versteigert bei Christie's London, am 31. März 1971 als Nr. 104, und daselbst nochmals am 8. Juli 1975 als Nr. 87) ist nur eine schnelle Skizze, wahrscheinlich eine der Vorbereitungsstudien zum Bild. Sie hat zwar dieselben Maße wie die Miniatur, es treten aber kleine Differenzen in der Haltung der Hände, in der Gestalt des Elefanten usw. auf. Fröschl hatte also vermutlich eine sorgfältiger ausgeführte Variante dieser Zeichnung vor Augen. Er versuchte, das derbe, übertriebene Aussehen vor allem der Gesichter zu verschönern und zu glätten. Auch die Körper machte er zierlicher, und die reiche miniaturhaft ausgeführte Vegetation kann man mit Sicherheit für seine Erfindung halten. Da dieses Blatt 1604 datiert ist, muß es gleich nach Fröschls endgültiger Niederlassung in Prag entstanden sein. Auch die Vorlage dürfte aus dieser Zeit stammen, da sie schon durch fließende Formen und karikierende Züge des Sprangerschen Spätstils gekennzeichnet ist. E. F.

Wien, Albertina, Inv. Nr. 3352

196

DANIEL FRÖSCHL
Augsburg 1573 – Prag 1613

197 Satyrn und Nymphen (Jupiter und Antiope)

Feder in Grau und Braun, Kreide, Rötel und Aquarellfarben auf Pergament; 12,4 × 10,3 cm
Ausstellungen: Stuttgart 1979/80, Nr. B. 28, Prag 1978, S. 19 f.
Literatur: Fučíková 1972, S. 149–166; Kaufmann 1985, Nr. 3–4

197

Götterdarstellungen dieser Art sind ein beliebtes Thema in der rudolfinischen Kunst. Heinrich Geissler vermutet in dem Ausstellungskatalog Stuttgart, daß es sich bei dem Motiv um Jupiter und Antiope handelt. Nach Properz (3, 15) näherte sich Zeus der Thebanischen Königstochter Antiope in der Gestalt eines Satyrs. Das Kind links stellt Eros dar. Ein zweiter Satyr trägt einen Korb mit Früchten.

Die pointillistische Technik ist typisch für Fröschl. Die Figuren ähneln denen anderer Kompositionen seiner Hand, siehe z. B. *Satyr, mit Bacchantin und altem Mann* in Prag (Kat. Nr. 119). Die Erosfigur scheint eine Übernahme von Correggio zu sein. G.C.B.

Edinburgh, National Gallery of Scotland, Inv. Nr. D 3071

JEREMIAS GÜNTHER
Lebensdaten unbekannt, seit 1604 als Hofmaler in Prag nachgewiesen, bezeugt bis 1629, zuletzt in Klosterneuburg

198 Aristoteles und Phyllis
1600

Schwarze Kreide und Rötel auf Papier;
22,2 × 16,9 cm
Bezeichnet: IG (ligiert) inther F. 1600
Nachzeichnung nach dem Blatt von Heintz (Kat. Nr. 204)
Ausstellungen: Prag 1934 (Výstava kreseb českých místřů v OSVPU); Prag 1978; Prag 1987
Literatur: Rouček 1943/44, S. 233 mit Abb. S. 238; Gerszi 1958, S. 38 mit Abb. 21 S. 36; A manierizmus korának müveszete 1961, S. 29 unter Nr. 91; Fučíková 1967, S. 156; Zimmer 1967, S. 41; ders. 1971, S. 23; Fučíková 1978, S. 13 Nr. 12 mit Abb.; dies. in: Geissler 2. 1979/80, S. 190, 192; Kaufmann 1985, S. 224 (hier auch die umfassendste Zusammenstellung der zu Günther überlieferten Daten); Fučíková 1986, S. 22 Taf. IX,S. 229

198

Die getreue Nachahmung des Widmungsblattes von Heintz (Kat. Nr. 204), noch im selben Jahre angefertigt wie die Vorlage, ist die früheste von Günther erhaltene Arbeit, die noch vor seiner Anstellung als Kammermaler (1. Januar 1604) am Hof Rudolfs II. entstand. Sie bezeugt, daß Günther sich schon vorher hier aufgehalten hat.

Günther hat nicht nur die Darstellung, sondern auch den Stil und die Zeichentechnik von Heintz penibel nachgeahmt, so daß sich beide Arbeiten zum Verwechseln ähneln. Das Ergebnis wirft ein Licht auch auf die Qualität von Kopien, denen zeitgenössische Sammler eine hohe Wertschätzung entgegenbrachten. Der Kopist hatte nur eben nicht das Verdienst der Erfindung an seinem Werk.

Zur Ikonographie s. Kat. Nr. 204; hier braucht darauf nicht mehr eingegangen zu werden. Die wichtigsten Daten zu dem sonst als Miniaturmaler, Kopist, Porträtmaler und Entwerfer von Kostümen und Festdekorationen bezeugten Günther hat Kaufmann 1985, S. 224–226, zusammengestellt; hier auch eine Liste seiner in den Quellen nachgewiesenen Werke. J. Z.

Prag, Nationalgalerie, Inv. Nr. K 4510

199

MATTHÄUS GUNDELACH
Kassel (?) um 1566 – Augsburg 1654

199 Allegorie(n) des Feuers und der Luft
Vermutlich 1620–1630er Jahre

Feder braun, grau laviert über Bleigriffel-Vorzeichnung, auf Papier; 30,1 × 29,5 cm
Bezeichnet unten: M. / Gundelach / F.
Herkunft: Aus der Slg. Alexander Fiorino, Kassel; 1939 von den Staatl. Kunstsammlungen in Kassel erworben
Literatur: Bender 1981, S. 299f. Nr. ZA 22 (mit der älteren Literatur)

Die beiden allegorischen Gestalten des Feuers (männlich, rechts) und der Luft (weiblich, links) sind im Zusammenwirken dargestellt: Das Feuer hält eine Kerze in der Rechten, seinem Haupt entquillt Rauch, ein schon in der niederländischen Tradition des 16. Jahrhunderts übliches Kennzeichen dieses Elements. Die Luft, als Attribute einen Vogel (Raben?) auf dem Haupt und einen Blasebalg unter dem rechten Fuß, entfacht die ihr entgegengehaltene Kerze mit ihrem Atem. Im Hintergrund Ruinen, als Opfer beider Gewalten deutbar.

Die in eine kreisrunde Bildfläche eingezeichnete Darstellung, deren Zweckbestimmung nicht bekannt ist, erfordert möglicherweise eine ähnliche Abbildung der beiden anderen Elemente Erde und Wasser. Vielleicht sind die Darstellungen für die Stichreproduktion konzipiert, eine solchermaßen zweiteilige Elemente-Folge nach Gundelach ist jedoch nicht nachweisbar.

Das Blatt entstand vermutlich etliche Jahre nach Gundelachs Dienst am Prager Kaiserhof, es führt aber wichtige Elemente ›rudolfinischer‹ Ikonographie fort; man denke nur an Arcimboldos anthropomorphe Clemente-Folgen (s. Th. DaCosta Kaufmann: The Allegories and their Meaning. In: The Arcimboldo Effect. Milano 1987, S. 89–108, Abb. 91f., 95, 98). Von solchen ist Gundelachs sinnliches-kühles Konzept jedoch sehr verschieden; die Zeit war fortgeschritten. E. Bender hat zwei verwandte Zeichnungen von Gerard von Honthorst, dem Hofmaler des böhmischen Winterkönigs Friedrich (V.) von der Pfalz namhaft gemacht (Wien, Albertina Inv. Nr. 8439 u. 8440). – Gundelach selbst hat die Elemente in großformatigen Gemälden doppelt allegorisiert: die Erde, auch als Allegorie des Bergbaus aufzufassen (Kat. Nr. 122) und das Wasser, auch als Allegorie der Fischerei zu verstehen (Kat. Nr. 123). Beide Bilder, zu denen vielleicht auch die – verschollenen – Allegorien von Feuer und Luft gehört haben mögen, sind vermutlich um 1620 in Augsburg entstanden.

Die Gundelach-Zeichnung ist ein wichtiges Zeugnis für die Bedeutung der Elemente-Lehre in der Naturwissenschaft und Philosophie vereinenden kosmologischen Ganzheitslehre des späten 16. und frühen 17. Jahrhunderts, die auch die Kultur am Prager Kaiserhof mitgeformt hat. Ob das Blatt in diesen Zusammenhang gehört oder ob es darüber hinaus auch als poetisches Bild zu verstehen ist, ähnlich wie Shakespeare in einem seiner Sonette Feuer und Luft als Liebesboten interpretiert hat, mag einstweilen dahingestellt bleiben. J. Z.

Kassel, Staatliche Kunstsammlungen, Inv. Nr. 2194

MATTHÄUS GUNDELACH
Kassel (?) um 1566 – Augsburg 1654

200 Diana und Aktaeon
Vermutlich nach 1602

Feder braun, graubraun laviert auf grünlich getöntem Papier, weiß gehöht (z. T. geschwärzt); 19 × 14,5 cm (lt. Slg. 17,2 × 11,9 cm)
Ausstellungen: Hämeenlinna, Turun 1960 Nr. 25; Venezia 1987 Nr. 17
Literatur: Bender 1981, S. 291f. Nr. ZA 16 (mit der älteren Literatur); Da Dürer a Böcklin 1987, S. 25 Nr. 17

Für die im 16. und 17. Jahrhundert beliebte und häufig dargestellte Ovidische Historie (Ovid, Metam. III, 155ff.) ist Gundelachs Erfindung ungewöhnlich: Der Zeichner gibt auf schmalem Raum primär die Darstellung einer

200

Gebirgsschlucht, in der das mythische Geschehen gleichsam als Staffage stattfindet; meines Wissens gibt es dafür keine unmittelbaren Vorbilder.

Gundelach zeigt sich hier als bedeutender Landschaftszeichner, von Pieter Stevens, Roelant Savery und Paulus van Vianen beeindruckt.

Die Zuschreibung des nicht signierten Blattes erfolgte vermutlich angesichts der unzweifelhaft von Gundelachs Hand stammenden Zeichnungen *Überfall im Walde* (Weimar, Staatliche Kunstsammlungen, Inv. Nr. KK 115; Bender 1981 Nr. ZA 29) und *Schindung des Marsyas* (Berlin, Staatliche Museen Preuß. Kulturbesitz, Kupferstichkabinett, K. d. Z. Nr. 7270; Bender 1981 Nr. ZA 18) von 1602. In beiden Blättern kommt der Landschaftsdarstellung eine ebenso wichtige Rolle zu wie in dem Weimarer Beginn der Metamorphose Aktaeons.

Ist die zeitliche Einordnung, die Bender mit ›nach 1602‹ angab, richtig, stammt das Blatt aus Gundelachs Jahren am Prager Hof. Bis jetzt ist Gundelach, der sich seit spätestens 1593 in Prag aufgehalten hat (vgl. die Zeichnung in Nürnberg, Germanisches Nationalmuseum Inv. Nr. Hz 4139, bez.: Mattheus Gundelach vonn Cassell. gesch. in Prag/25. november,/Anno. 93; Kat. Nr. 203) der Kunstgeschichte als primär unter dem Einfluß Sprangers und dann Heintz' stehend bekannt. Sollte *Diana und Aktaeon* tatsächlich vor 1610 gezeichnet worden sein, dann würde dies neues Licht auf die Reichweite der künstlerischen Bildung Gundelachs werfen. J. Z.

Weimar, Kunstsammlungen, Inv. Nr. KK 116

MATTHÄUS GUNDELACH
Kassel (?) um 1566 – Augsburg 1654

201 Joseph und die Frau des Potiphar
1610

Feder graubraun, grau laviert, weiß gehöht auf rötlich-braun getöntem Papier; 14,3 × 18 cm
Bezeichnet unten rechts: M. / Gündolach, F. P. . . / 1610
Herkunft: Aus der Slg. Graf de la Gardie, Borrestad (Schweden), 1934. – Vermutlich aus Prag
Ausstellungen: Stuttgart 1979/80. Nr. F 14
Literatur: Geissler 1. 1979/80, S. 244 Nr. F 14 Abb. S. 247; Bender 1981, S. 236f. Nr. ZA 1 (mit der älteren Literatur)

Das biblische Thema ist in der Kunst um 1600 häufig dargestellt worden. Es gibt kaum einen Künstler von Rang, der dieser erotischen Historia nicht seinen eigenen Reiz abgewonnen hätte. Gundelach zeigt sich hier (1610) zum ersten Mal von keinem der Vorbilder abhängig, auch nicht von Joseph Heintz, der dasselbe Thema zu Beginn der 90er Jahre des vergangenen Jahrhunderts zu Papier gebracht hatte (Wien, Albertina Inv. Nr. 3316; s. Zimmer 1988. Gundelach heiratete gegen Ende des Jahres 1610 die Witwe des im Oktober 1609 verstorbenen Heintz. Die Zeichnung zeigt den Künstler auf einem Höhepunkt seines Schaffens: Eine derartige Virtuosität in der Feder- und Pinselführung hat er später kaum mehr erreicht.

Die Zeichnung steht in ihrer bildhaften Pointierung sicherlich für sich selbst. Sie war wohl nicht als Entwurf, Modello oder Vorzeichnung für ein Gemälde bestimmt. Die ausführliche Signatur zeugt vom Selbstbewußtsein des Zeichners.

Die Geschichte von Joseph und der Frau des ägyptischen Kämmerers konnte als moralisches Exempel der Standhaftigkeit Josephs aufgefaßt werden, dies war offenbar die Rechtfertigung für eine unverhüllt erotische Darstellung mit allen ihren Reizen, die jeden interessierte – wenn es denn einer solchen überhaupt bedurfte. J. Z.

Berlin, Staatliche Museen Preußischer Kulturbesitz, Kupferstichkabinett, Inv. Nr. 355-1934

201

Gündelach
F.
1613.

MATTHÄUS GUNDELACH
Kassel (?) um 1566 – Augsburg 1654

202 Merkur entdeckt Herse (?)
1613 *Ft. 54, S. 318*

Feder und Pinsel braun, braun und bläulich laviert über Rötelvorzeichnung, weiß gehöht, auf Papier; 23,9 × 16,8 cm
Bezeichnet und datiert oben rechts: M. / Gundelach / F. 1613
Herkunft: Aus der Sammlung István Delhaes
Ausstellungen: Budapest 1931 Nr. 239; Budapest 1961 Nr. 85; Wien 1967 Nr. 55; Washington, Chicago, Los Angeles 1985 Nr. 54; Salzburg 1987 Nr. 5
Literatur: Bender 1981, S. 293f. Nr. ZA 17 (mit der älteren Literatur); Leonardo to Van Gogh 1985, S. 124 Nr. 54; Meisterzeichnungen 1987, S. 28f. Nr. 5

Die Darstellung wird traditionell *Jupiter und Kallisto* genannt; diese Ovidische Geschichte kann aber keinesfalls gemeint sein, denn Merkur kommt in ihr nicht vor, und in den beiden rechts am Boden Gelagerten kann man Jüngling und Frau erkennen, die von Merkur überrascht werden. Jupiter hatte sich Kallisto in Gestalt der Diana genähert, demnach müßte das Liebespaar zwei Frauen zeigen. Außerdem ist keine der dargestellten Gestalten als Diana gekennzeichnet. Die Unzufriedenheit mit der traditionellen Benennung hat denn schon vor mehr als 25 Jahren zu dem Vorschlag geführt, die Darstellung in *Merkur entdeckt Herse,* nach Ovid, Metam. II, 708ff., umzubenennen. In dieser Geschichte spielt Merkur immerhin die Hauptrolle. Die im Vordergrund überraschten Personen und das Ambiente stimmen jedoch auch mit dieser Göttergeschichte nicht überein, so daß man ebenso an die Liebesgeschichte Merkurs mit Chione (Ovid, Metam. XI, 303ff.) denken kann, will man unbedingt eine Liebschaft des Götterboten suchen. Wir müssen also zugeben, daß wir die dargestellte ›Geschichte‹ noch nicht kennen. Sollte sie ein literarisches Vorbild haben, ist dies noch nicht gefunden. Ovids Metamorphosen ist es jedenfalls nicht entnommen. Auf der Zeichnung ist bislang nur Merkur zu identifizieren, die übrigen vier Figuren – drei weibliche und eine männliche – können wir zur Zeit nicht benennen. Die Funktionen und der Einflußbereich des Merkur sind vielfältig und weitreichend; in letzteren gehört auch die menschliche Fruchtbarkeit, so daß man sich auch vorstellen kann, Gundelachs Zeichnung habe einen allgemeineren, vielleicht sentenziösen Hintergrund, wie er bei Kunstwerken seiner Zeit häufig begegnet.

Die virtuos zu Papier gebrachte Zeichnung kommt in ihrer Faktur der Darstellung von *Joseph und die Frau des Potiphar* von 1610 nahe (Kat. Nr. 201); wie diese ist auch das Blatt mit Merkur als eigenständiges Kunstwerk in irgendeiner Weise vorbereitet. – Die störenden schwärzlichen Flecken in der Zeichnung sind vermutlich das Resultat einer späteren Überarbeitung; sie könnten durch Restaurierung entfernt werden. J. Z.

Budapest, Museum der Bildenden Künste, Inv. Nr. 81

203

MATTHÄUS GUNDELACH
Kassel (?) um 1566 – Augsburg 1654

203 Minerva mit zwei weiblichen Figuren
1593

Feder braun, graubraun laviert, weiß gehöht; Hochoval mit breitem, braunen Rand auf Papier; 15,6 × 10,7 cm
Bezeichnet und datiert: Mattheus Gundelach / vonn Cassell gesch(ehen) in Prag / 25 november. / Anno. 93
Herkunft: 1933 aus dem Berliner Kunsthandel
Ausstellungen: Nürnberg 1952 Nr. W 143
Literatur: Bender 1981, S. 290f. Nr. ZA 15 (mit der älteren Literatur)

Das locker mit der Feder gezeichnete kleine Blatt ist durch seine verhältnismäßig ausführliche Beschriftung ein wichtiges Dokument auch zur Biographie Gundelachs: Es sagt etwas über seine Herkunft aus Kassel aus – ob dies auch sein Geburtsort war, ist weiter ungeklärt –, und es bezeugt die Anwesenheit des Malers schon 1593 in Prag, lange bevor er tatsächlich Hofmaler Rudolfs II. wurde.

In dieser frühen Zeit stand Gundelach, wie dies noch nicht konkreter deutbare Blatt erweist, unter starkem Eindruck der Zeichenkunst Sprangers; Bender sieht das anders, man vergleiche nur Sprangers *Minerva und Merkur* (?) in der Albertina (s. Thomas DaCosta Kaufmann: Hermeneutics in the History of Art: Remarks on the reception of Dürer in the sixteenth and early seventeenth centuries. In: New Perspectives on the Art of Renaissance Nuremberg, ed. by Jeffry Chipps Smith. Austin / Texas 1985, S. 27 Abb. 4), Sprangers *Minerva und Kybele* (Düsseldorf, Kunstmuseum, Inv. Nr. FP 4817), von Geissler 1. 1979/80, S. 58 Nr. B 11 in die Zeit um 1590 datiert, sowie dessen *Minerva als Siegerin über Neid und Unwissenheit* (Karlsruhe, Staatliche Kunsthalle Inv. Nr. 1967–21) von 1604. Nicht nur der reich strukturierte Zeichenstil, sondern auch die Figurentypen sind von Spranger angeregt. Erkennbar ist dies vor allem an der frontal aus dem Bild blickenden Gestalt mit dem eigentümlich spitz aufgetürmten Kopfschmuck, sei es Frisur oder Helm; solche Eigenart besitzen einzelne Figuren in Sprangers Komposition der *Anbetung der Hirten,* die Gundelach nach 1606 nach dem Stich Jan Mullers in ein Tafelbild umgesetzt hat (Kat. Nr. 120) – von der ›Serpentinata‹-Haltung der Minerva in Gundelachs Zeichnung ganz zu schweigen, die eine Sprangerschen Figuren vergleichbare Torsion aufweist.

Das der frühen Gundelach-Arbeit am nächsten verwandte, wenngleich wesentlich qualitätvollere Blatt ist eine – für die rudolfinische Ikonographie und den humanistischen Hintergrund künstlerischen Selbstbewußtseins am Prager Hof höchst interessante *Allegorie der Malerei* in Göttingen (Kunstsammlungen der Universität, Graphische Sammlung, ohne Inv. Nr.; veröffentlicht in: Handzeichnungen alter Meister aus dem Besitz der Kunstsammlung der Georg August Universität Göttingen. Wilhelm Lehmbruck Museum der Stadt Duisburg, 22.05.–27.06.1965 (Katalog: Hans Wille) Duisburg 1965, S. 31 Nr. 86 Abb. 33), die eher von Spranger selbst als von Gundelach stammt; eine *Sich waschende Frau,* ebenfalls in der Göttinger Sammlung und hier Spranger zugeschrieben (ebda. S. 31 Nr. 87 Abb. 34) dürfte hingegen tatsächlich von Gundelach gezeichnet sein. – Diese Beispiele zeigen einmal mehr, wie dringend ein kritischer Katalog der Spranger-Zeichnungen benötigt wird. J. Z.

Nürnberg, Germanisches Nationalmuseum, Inv. Nr. Hz 4139

204

JOSEPH HEINTZ DER ÄLTERE
Basel 1564 – Prag 1609

204 Aristoteles und Phyllis
1600 Ft. 55, S. 319

Schwarze Kreide und Rötel auf dünnem, bräunlichem Papier; 20,2 × 14,7 cm
Bezeichnet oben links: Zu guter frindtschaff vnd gedechtnus hab ich Joseph Heintz dis gemacht in prag (?) Año 160
Herkunft: Aus der Sammlung István Delhaes
Ausstellungen: Budapest 1931 Nr. 237; Budapest 1961 Nr. 91; Salzburg 1987 Nr. 7
Literatur: Hoffmann 1931; Gerszi 1958, S. 36 Abb. 22; A manierizmus 1961, S. 29 Nr. 91; Zimmer 1967, S. 41; ders. 1971, S. 23; Pigler 2. [2]1974, S. 299; Fučíková 1978, S. 15 (nur Nachzeichnung Günthers); dies. 1986, S. 22 Taf. IX, S. 229 (Nachzeichnung Günthers); Meisterzeichnungen 1987, S. 32 f. Nr. 7 (T. Gerszi); Zimmer 1988, Nr. A 73

Die sehr fein und sinnenfroh ausgearbeitete Zeichnung ist möglicherweise für das Stammbuch eines unbekannten Besitzers, jedenfalls aber als Widmungsblatt 1600 in Prag entstanden. Mit diesem Datum markiert sie – nicht nur zeitlich – die Mitte von Heintz' Schaffen für den Hof Rudolfs II. Der Zeichner hat mittels der schwarzen und roten Kreide eine reiche, bildhafte Wirkung erzielt.

Die Darstellung verbildlicht den Sieg weiblicher Reize über männliche Weisheit und Stärke; sie steht in einer langen, ins Mittelalter zurückreichenden Bild- und Bedeutungstradition, innerhalb derer der Malterer-Hochzeitsteppich (Freiburg i. Br., Augustinermuseum) ein frühes Beispiel ist und die Darstellungen des Hausbuchmeisters, Hans Burgkmaiers, Peter Flötners, Jan de Beers, Dürers (ehem. im Nürnberger Rathaus, zugeschrieben) und Gillis Cogniet (Stich von Pieter I. de Iode; Hollst. 98) nur einzelne Stationen sind. Auch Spranger hat das Thema gestaltet (Stich von Jan I. Sadeler; Hollst. 488); es wäre sicher interessant, Sprangers Entwurf mit dem von Heintz zu vergleichen. Ersterer scheint nicht sehr häufig zu sein (jedoch in Amsterdam und Paris), so daß es nicht gelang, in der Kürze der Zeit ein Foto zu bekommen.

Neben *Salomos Götzendienst, Jael und Sisera, Samson und Delila, David und Bathseba* gehört auch die Erniedrigung des Aristoteles durch Phyllis in die Reihe der sog. Weiberlisten, die oft – bevorzugt in Rathäusern – zyklisch dargestellt wurden (s. hierzu zuletzt: Thea Vignau Wilberg Schuurman: Hoofse minne en burgerlijke liefde in de prentkunst rond 1500. Leiden 1983, S. 43–58 u. 68–72). Das Blatt von Heintz ist hingegen ein Einzelstück, das nichts mehr von der in den Niederlanden besonders reichen Bildtradition des Themas spüren läßt. Seine Formensprache ist italienisch bestimmt. So kann man den Rückenakt der Phyllis geradezu als Topos innerhalb der italienischen Malerei bezeichnen, der sich letztlich wohl auf antike Vorbilder zurückführen läßt und über Raffaels *Hochzeit von Amor und Psyche* (Rom, Farnesina) bis hin zu Giuseppe Portas (Salviatis) *Prudenza* in einem Deckentondo der Biblioteca Marciana in Venedig – und noch weiter verfolgen läßt. Über diesen Topos hat Heintz dem Thema einen neuen Reiz abgewonnen: Traditionell wird das ›Gespann‹ schräg von vorn oder von der Seite dargestellt, Heintz hat die Rückansicht gewählt, in der die ungleichen Akteure mittels der Torsion ihrer Körper eine eigenartige Beziehung eingehen. – Noch im Jahr ihrer Entstehung hat Jeremias Günther die Heintz-Zeichnung kopiert (Kat. Nr. 198). J. Z.

Budapest, Museum der Bildenden Künste, Inv. Nr. 84

JOSEPH HEINTZ DER ÄLTERE
Basel 1564 – Prag 1609

205 Heilige Barbara
1595–1600

Rötel auf Papier; 15,5 × 10 cm
Herkunft: Aus der Sammlung Esterházy

205

Ausstellung: Salzburg 1987 Nr. 9
Literatur: Zimmer 1971, S. 85 Abb. 22; Geissler 1. 1979/80, S. 66; Le Baroque en Bohème 1981, S. 60; Meisterzeichnungen 1987, S. 36 f. Nr. 9 mit Abb. (T. Gerszi); Zimmer 1988, Nr. A 71

Die kleine, schwungvoll und locker zu Papier gebrachte Figur der Hl. Barbara ist ein Teilentwurf für eines der prächtigsten Gemälde von Heintz, der *Sacra Conversazione* mit den Heiligen Barbara und Katharina in der Barbarakapelle bei St. Thomas auf der Prager Kleinseite (Zimmer 1971, S. 85 Nr. A 9 Abb. 20), im bis jetzt bekannten Zeichnungswerk von Heintz ein seltener Fall. Auch ein Modello zu dem Gemälde hat sich erhalten (s. zuletzt: Geissler 1. 1979/80, S. 66 Nr. B 24; Zimmer 1988, Nr. A 72). Gegenüber diesem ist die Gestalt der Hl. Barbara der Zeichnung hier leicht im Sinne des Gemäldes verändert, so daß sie wahrscheinlich wenig später als der Modello entstanden ist. Das Gemälde in Prag ist nicht genau datierbar; wahrscheinlich ist es zwischen 1595 und etwa 1600 gemalt worden: Die Stiftungsinschrift über dem Portal der Kleinseitner Barbarakapelle zeigt 1596 als Datum der Vollendung des Bauwerks. Gerade die Figur der Hl. Barbara hier erweist intensive Wechselbeziehungen zwischen der Kunst des Heintz und der gleichzeitigen lombardischen Kunst: Die Figurenerfindung ähnelt stark einem Hl. Johannes Evangelist von Giovanni Battista Trotti (gen. Il Malosso) in einem 1599 datierten Gemälde *Sacra Conversazione*; im Museo Civico zu Piacenza; eine damit in Verbindung stehende Zeichnung Malossos war vor wenigen Jahren im Londoner und Mailänder Kunsthandel (s. Galleria Rossella Gilli, Milano: Disegni Lombardi. Milano 1986, Nr. 31).

Der ›italienische‹ Charakter der Heintz-Zeichnung hat wohl auch zu der früheren Zuschreibung an einen ›Bassano‹ beigetragen, als dessen Werk das kleine Blatt galt, bevor es Teréz Gerszi als Arbeit von Heintz erkannt hat.

J. Z.

Budapest, Museum der Bildenden Künste, Inv. Nr. K 67.438

206

JOSEPH HEINTZ DER ÄLTERE
Basel 1564 – Prag 1609

206 Bildnis Aegidius II. Sadeler
Um 1591–1593

Schwarze Kreide über Bleigriffelskizze (?), auf Papier; 16,4 × 12,6 cm
Aufgeklebte, nicht eigenhändige Beschriftung: Aegidius Sadeler, Kupferstecher, 1984 abgesetzt
Herkunft: Unbekannt
Literatur: Van Regteren Altena 1. 1936, S. 80 Anm. 2; Wegner 1973, S. 124 Nr. 879 Abb. auf Taf. 113; Trunz 1986, S. 917, 975 Abb. 17; Zimmer 1988, Nr. A 49

Die Identifizierung des Porträtierten mit dem berühmten rudolfinischen Kupferstecher Aegidius Sadeler d. J. beruht auf einer späteren Beschriftung, die dem Blatt unten aufgeklebt gewesen ist. Sie ist deshalb nicht als unumstößlich anzusehen, obgleich manches für sie spricht.

Das bisher einzige authentische Selbstbildnis Sadelers von 1618 ist offenbar nur in einer Nachzeichnung Sandrarts überliefert (Wien, Albertina Inv. Nr. 17539; s. Beschreibender Katalog. 4. 1933, S. 72 Nr. 638; 5. 1933 Taf. 180). Wegen des bedeutenden Altersunterschiedes würde es sich auch nur sehr eingeschränkt für physiognomische Vergleiche eignen.

Bis K. Renger die Vermutung äußerte, das Bildnis könne von Heintz gezeichnet sein, galt es als Selbstbildnis des jungen Sadeler. An der Autorschaft von Heintz kann angesichts seines gezeichneten Giambologna-Bildnisses in Washington (s. Zimmer 1988, Nr. A 16), um 1587 entstanden, überhaupt kein Zweifel bestehen.

Das zupackende, sensibel gezeichnete Bildnis muß etwa fünf Jahre später entstanden sein als das Giambolognas zu Beginn der 90er Jahre in Rom, wo Heintz dem damals 22 bis 23 Jahre alten Antwerpener Stecher begegnete und dieser begann, nach Vorlagen von Heintz zu stechen: 1593 gab er die Blätter *Grablegung Christi* und *Hl. Familie mit Elisabeth und Johannes* heraus, undatiert, aber wohl schon früher das *Bildnis des Marten de Vos* und die *Büßende Maria Magdalena* nach Heintz; die gemalte Vorlage des letzteren Stiches, ehemals in Schleißheim, ist kürzlich in Wien wieder aufgetaucht (zu den Sadeler-Stichen s. Zimmer 1971, Nr. B 3, B 4, B 6 und B 16, Abb. 95, 97, 101 und 112). Die bereits in Rom bestehenden Kontakte zwischen Heintz und Sadeler – letzterer wurde erst 1597 an den Hof Rudolfs II. berufen – sind ein starkes Indiz für die Richtigkeit der alten Bestimmung des Dargestellten. Dieser zeigt sich als selbstbewußter, vielleicht feinnerviger junger Mann, der sich mit seiner wirkungsvoll getragenen Kopfbedeckung dem italienischen Milieu angepaßt hat: Solche ›Ballonmützen‹ sind auf vielen italienischen Porträts zu sehen, für die hier stellvertretend nur das *Männerbildnis* von Giovanni Battista Moroni in Detroit (Art Institute, Kat. 1930, Nr. 149) und des Bolognesen Bartolomeo Passarotti *Bildnis eines italienischen Edelmannes* in Leipzig (Museum der bildenden Künste Inv. Nr. 628) angeführt seien. J. Z.

München, Staatliche Graphische Sammlung, Inv. Nr. 34.825

207

JOSEPH HEINTZ DER ÄLTERE
Basel 1564 – Prag 1609

207 Diana und Kallisto
1590er Jahre

Feder braun, graubraun laviert, weiß gehöht auf hellocker getöntem Papier; 44,6 × 31 cm
Jetzt unbezeichnet; Beschriftung (mit Monogramm) unten links verlöscht, erkennbar noch: HE (ligiert)
Herkunft: 1868 aus dem Besitz eines Herrn von Heinz als Vermächtnis
Literatur: Bock 1921, S. 188 Nr. 10476; Zimmer 1988, Nr. A 59

Seit dem Berliner Sammlungskatalog 1921 ist das prächtige Blatt dem Elias Christoph Heiß (Memmingen 1660–1731 Trunkelsberg) zugeschrieben. Seit längerem ist jedoch die Komposition als Erfindung von Joseph Heintz bekannt: Ein Gemälde auf Kupfer, von Heintz monogrammiert, befand sich 1939 im Pariser Kunsthandel, eine Kopie danach oder nach der hier gezeigten Zeichnung aus dem Kunsthandel ist in Berliner Privatbesitz, eine – bescheidenere – Nachzeichnung, wohl von Anton Gasser, hat sich (inzwischen) in Basler Museumsbesitz erhalten (s. Zimmer 1971, Nr. A 17, A 17.0.2, A 17.0.3 Abb. 46, 47).

Daß es sich bei der Zeichnung hier um eine eigenhändige Arbeit von Heintz handelt, erweist nicht nur das gerade noch erkennbare Monogramm, sondern vor allem die fein durchgearbeitete Faktur des Blattes, die in der sorgfältigen Modellierung mit weißen Schraffuren Parallelen in anderen Zeichnungen von Heintz hat (vgl. Zimmer 1988, Nr. A 58). Die nervös und flüssig aufgesetzten Lichter kehren als charakteristisches Merkmal der Heintzschen Hand auch in seinen Gemälden häufig wieder, ebenso die in angedeuteter Luftperspektive besonders fein gezeichneten Figuren im Hintergrund.

Verglichen mit anderen Bilderfindungen von Heintz mutet *Diana und Kallisto* hier bei aller Eleganz doch etwas steif an. Es ist nicht leicht, das Blatt zeitlich in das Werk von Heintz einzuordnen. Einen – wenngleich schwachen – terminus ante bietet die in Berliner Privatbesitz befindliche Kopie mit der Jahreszahl 1601. Später ist die Zeichnung sicher nicht entstanden; davor liegen aber nahezu zehn Jahre Tätigkeit von Heintz als Kammermaler Kaiser Rudolfs II. Innerhalb dieser Zeit hat der Maler vermutlich diese Ovidische Historie ausgearbeitet (Ovid, Metam. II, 409ff., 456ff.). Ihr geht die Begegnung Jupiters mit der Nymphe Kallisto voran, der sich der Gefährtin der Diana in Gestalt eben dieser Göttin genähert und sie geschwängert hatte. Beim Bade in einem Bach entdeckte Diana den Zustand Kallistos. Sie verstieß die Gefährtin aus ihrem Gefolge. Als Kallisto Mutter des Knaben Arcas geworden war, rächte sich auch Juno für den ›Fehltritt‹, indem sie die schöne Nymphe in eine Bärin verwandelte, die schließlich von ihrem Sohn auf der Jagd verfolgt wird. Jupiter rettet sie, indem er Mutter und Sohn als Sterne an den Himmel versetzt. Juno aber verfolgt sie weiter mit Eifersucht. – Die wiederholte Gestaltung der für das Schicksal Kallistos entscheidenden Entdeckung Dianas durch Heintz (vgl. auch eine kleine ovale Kreidezeichnung in Harburg/Ries; Zimmer 1988, Nr. A 69) zeigt etwas von der Beliebtheit des Themas zu seiner Zeit. Die Zeichnung hier sagt auch etwas über die Wertigkeit des Mediums aus; es ist eine völlig autonome Zeichnung, bildhaft ausgearbeitet, die ›gleichberechtigt‹ neben dem Gemälde Bestand hat. J. Z.

Berlin, Staatliche Museen Preußischer Kulturbesitz, Kupferstichkabinett K.d.Z. Nr. 10476

208

JOSEPH HEINTZ DER ÄLTERE
Basel 1564 – Prag 1609

208 Leda mit Jupiter in Gestalt eines Schwans
Vermutlich 1595–1605

Rötel über schwarzer Kreide- oder Bleigriffelskizze, auf Papier; 41,4 × 28,6 cm
Literatur: Wickhoff 2. 1892, S. CCV S.R. Nr. 344; Beschreibender Katalog 4. 1933, Nr. 454d (Zusatz nur im Handexemplar der Albertina); Zimmer 1967, S. 313ff. Nr. B 9; ders. 1971, S. 137f. Nr. B 9 Abb. 105; ders. 1988, Nr. A 60

Auch diese Zeichnung galt früher als Werk eines italienischen Zeichners: Cesare da Sesto (1477–1523), der u. a. in der Umgebung Leonardos tätig war. Erst K. Oberhuber hat in Heintz den Urheber des Blattes erkannt. Daß es eine derartige Darstellung von Heintz gab, weiß die Kunstgeschichte seit Sandrart 1675, der bemerkt hatte, Heintz habe besonderes Lob »durch die nakende Leda mit dem Schwanen, in einem verschlossenen Zimmer, worinnen er die Zeichnung, Colorit, und alle andere Zierlichkeit des Antonio Correggio also wohl observiert, daß, wan selbiges eigentlich darnach copiert gewesen wäre, es nicht natürlicher hätte mögen nachgemacht werden«. Das ehemals berühmte Gemälde von Heintz ist wohl nicht erhalten, eine schwache Kopie (?) war vor Jahren im Kunsthandel. Dafür besitzen wir aber drei eigenhändige Zeichnungen des Themas von Heintz, von denen zwei hier gezeigt werden können. Die Albertina besitzt zwei, die Nationalgalerie in Prag eines (Kat. Nr. 209). Das große Blatt der Albertina hier ist weniger ausgearbeitet als die beiden anderen, das Prager Blatt kommt im Grad seiner Vollendung und in der Gestaltung der Gruppe dem kleineren in Wien nahe.

Heintz hat einem bereits in der Antike weitverbreiteten Vorbild eine neue, sinnlich reizvolle Gestalt gegeben. Die Liebschaft Jupiters mit Leda fand in Ovids Metamorphosen nur ganz kurze Erwähnung, die italienischen Nachdichtungen der Metamorphosen im 16. Jahrhundert haben die Episode aber ebenso ausgesponnen, wie sie die Phantasie der bildenden Künstler angeregt hat.

Als antikes ›Vorbild‹ für die Heintzsche Erfindung ist möglicherweise eine vollrunde Gruppe aus der Sammlung Grimani in Venedig (Venedig, Museo Archeologico Inv. Nr. 30) auszumachen, in einer Sammlung, in der Heintz auch ein anderes antikes Bildwerk gezeichnet hat (vgl. Zimmer 1988, Nr. A 20).

J. Z.

Wien, Albertina, Inv. Nr. 282

JOSEPH HEINTZ DER ÄLTERE
Basel 1564 – Prag 1609

209 Leda mit Jupiter in Gestalt eines Schwans

Rötel auf gelblichem Papier; 19,8 × 17,9 cm
Verso: flüchtige Skizze eines Schwans
Herkunft: 1949 aus der Slg. Vincenc Kramář
Ausstellungen: Dresden 1977 Nr. 25; Prag 1978 Nr. 13; Stuttgart 1979/80 Nr. B 23; Paris 1981 Nr. 20; Prag 1982 Nr. 80
Literatur: Fučíková 1967, S. 152; Zimmer 1967, S. 313 ff. Nr. B 9; ders. 1971, S. 137 Nr. B 9 Abb. 105; 100 (Sto) Starých Českých Kreseb. Praha 1976, Nr. 10; Meisterzeichnungen 1977, Nr. 25; Fučíková 1978, S. 16 Nr. 13; Geissler 1. 1979/80, S. 66 Nr. B 23 mit Abb.; Le Baroque en Bohème 1981, S. 64 Nr. 20 mit Abb.; Antické tradice 1982, S. 96 Nr. 80 Abb. 10b; Neumann 1984, S. 108 u. ö. Nr. 64 mit Abb.; Fučíková 1986, S. 21 Farbtaf. VIII, S. 229

209

Das Skizzenblatt zeigt die gegenüber den beiden anderen erhaltenen Versionen des Leda-Themas am weitesten ausgearbeitete Fassung, die dem ausgeführten Gemälde – nach der unter Kat. Nr. 208 erwähnten gemalten Kopie, ehemals im Heidelberger Kunsthandel, zu schließen – am nächsten kommt. Das Blatt hier trägt auf der Rückseite eine ganz flüchtig, nur schwer erkennbar angelegte Skizze des Schwans. Die drei Zeichnungen verdeutlichen die Suche des Künstlers nach einer ›befriedigenden‹ Form der Darstellung, er probiert vor allem für Schwanenhals und Armhaltung der Leda verschiedene Möglichkeiten aus, die auch die Wendung der Gruppe zum Betrachter hin bzw. von ihm weg betreffen.

Geisslers Charakterisierung des Prager Blattes »im geschmeidigen Fluß der Glieder, der weich schimmernden Modellierung in Rötel, kommt ein hohes Maß an Sinnlichkeit und Raffinement zum Ausdruck, das dem Bildgegenstand in besonderem Maße entspricht« mag noch stärker auf das Wiener Blatt (Kat. Nr. 208) zutreffen.

Die vergleichsweise steifen und kühlen ›Vorbilder‹ aus der Antike hat Heintz in eine realere Welt sinnlicher Vorstellung versetzt, die bestimmt ist vom Streben nach einer ästhetisch ausgefeilten maniera singolare, ohne jedoch das umgesetzte und angeeignete antike Konzept ganz aus dem Auge zu verlieren.

J. Z.

Prag, Nationalgalerie, Inv. Nr. K 12.069

JOSEPH HEINTZ DER ÄLTERE
Basel 1564 – Prag 1609

210 Pan und Daphnis, nach einem antiken Bildwerk
1593

Schwarze Kreide und Rötel, teilw. gewischt, auf Papier; 37,9 × 25,9 cm
Bezeichnet am Postament: HE (ligiert) intz Romae. 1593 Pa(lazzo) Car(dinalis) Caesis
Literatur: Haendcke 1893, S. 242 f.; ders. 1894, S. 48, 59; Beschreibender Katalog. 4. 1933, S. 56 Nr. 450; 5. 1933 Taf. 151 (O. Benesch); Zimmer 1967, S. 31, 166 Anm. 60; ders. 1971, S. 17, 63 Anm. 40; Fučíková 1986, S. 21 Taf. 30, S. 231; Zimmer 1988, Nr. A 51

Heintz hat hier eine berühmte, in zahlreichen Varianten überkommene antike Statuengruppe gezeichnet, die seit dem 16. Jahrhundert auch in verschiedenen Stichen und Nachzeichnungen wiedergegeben wurde. Wie die Aufschrift der Zeichnung bezeugt, handelt es sich bei dem von Heintz abgebildeten Werk um das Exemplar aus der Sammlung des Kardinals Federico Cesi, das sich heute im Thermenmuseum in Rom befindet.

Das sorgsam ausgearbeitete Blatt ist das bis jetzt einzige bekannte signierte und datierte Beispiel für einen wichtigen Bereich der Tätigkeit des Heintz während seines zweiten Rom-Aufenthalts in der 1. Hälfte der 90er Jahre. Sandrart hat darüber berichtet, der Kaiser habe seinen Kammermaler erneut nach Italien geschickt, damit er die »schönsten Antiken« dort zeichne.

Die alte Numerierung ›4‹ rechts unten auf dem Blatt deutet darauf hin, daß Heintz tatsächlich eine Reihe von antiken Bildwerken auf gleich sorgfältige Weise gezeichnet hat. Ein *Stehender Satyr mit Panther* in der Albertina (Inv. Nr. 3321; Zimmer 1988, Nr. A 52) trägt zwar keine Numerierung (mehr ?), er scheint dennoch der Reihe kurz nacheinander entstandener Antiken-Nachzeichnungen von Heintz anzugehören.

Soweit sich bis jetzt sehen läßt, dienten derartige Zeichnungen einem doppelten Zweck: Einerseits bereicherten sie die kaiserlichen Sammlungen um repräsentative Wiedergaben

210

211

eines Grundfundus von antiken Bildwerken, andererseits dienten sie dem Künstler selbst als Studien zur Aneignung antiken Formengutes, die seinen eigenen Bilderfindungen wiederum zugute kamen.

Die antike Gruppe wird zumeist *Pan und Daphnis* betitelt; sie stellt dar, wie der halb bockgestaltige Waldgott den Hirten Daphnis im Flötenspiel unterweist. Auch Pan und Apollo oder Pan und Olympus wurde die Gruppe gelegentlich – wohl aber unzutreffend – benannt. J. Z.

Wien, Albertina, Inv. Nr. 3319

JOSEPH HEINTZ DER ÄLTERE
Basel 1564 – Prag 1609

211 Pietà mit Engeln
1607 *Ft. 56, S. 320*

Schwarze Kreide und Rötel, mit der Feder übergangen, weiß gehöht, auf Papier; 40,7 × 26 cm
Bezeichnet unten rechts: HE (ligiert) intz. F. 1607
Herkunft: Unbekannt, 1872 erworben
Ausstellungen: Düsseldorf 1967 Nr. 11; London 1969/70 Nr. 25; Augsburg 1980 Nr. 626
Literatur: Handzeichnungen alter Meister 1967, S. 11 Nr. 11; Master Drawings 5. 1967, S. 196 Pl. 38; Zimmer 1967, S. 210; German Drawings 1969, S. 14 Nr. 25; ders. 1971, S. 82 Abb. 15; Welt im Umbruch. 2. 1980, S. 245 Nr. 626 (H. Geissler); Zimmer 1988, Nr. A 82

Sorgfältig bildhaft ausgearbeiteter Entwurf – oder Wiederholung – des 1607 datierten großen Altarblattes in der Augsburger Friedhofskirche St. Michael (s. Zimmer 1971, Nr. A 8 Abb. 17).

Es gibt zu diesem Altarblatt noch einen heute verschollenen Modello von 1605 (Zimmer 1988, Nr. A 80) und eine Skizze zweier Engelsköpfe in Zürich (ebda. Nr. A 81).

Die Zeichnung hier ist etwas größer als der Modello, die Darstellung im Ausdruck verhaltener; der Marienkopf von großer Lieblichkeit, so, wie ihn Lucas Kilian in seinem Stich von 1608 (s. Zimmer 1971, Nr. A 8.0.1 Abb. 18; LeBl. 15, Hollst. 22) wiedergegeben hat, welcher der Zeichnung überhaupt in fast allen Einzelheiten folgt. Es kann deshalb vermutet werden, daß die Zeichnung dem Stecher als Vorlage gedient hat.

Die Zeichentechnik ist ausgefeilt, minuziös und nuancenreich, sie entspricht den besten Arbeiten von Heintz, den Nymphenstudien in Budapest, dem ebenfalls dort bewahrten Blatt mit *Aristoteles und Phyllis* (Kat. Nr. 204) und der Budapester Version der großen mythologisch-allegorischen Komposition (s. Zimmer 1988, Nr. A 65), knüpft aber auch an das schon 1587 in Rom gezeichnete Blatt mit der *Heiligen Familie, Elisabeth und Johannes* (ebda. Nr. A 15) an.

Die im Modello von 1605 erkennbaren, grundsätzlich der lombardischen Tradition entstammenden Charakteristika der Komposition sind in diesem Blatt zugunsten einer letztlich an die Carracci und an Barocci anknüpfenden Formensprache zurückgedrängt. – Die aus den letzten Lebensjahren des Meisters stammende Komposition war – dank ihrer Verbreitung durch Kilians Stich – eine der erfolgreichsten Arbeiten des rudolfinischen Künstlers. Mehr oder minder veränderte ›Kopien‹, kleinen und großen Formats, befinden sich in St. Paul, Lavanttal (aus St. Blasien stammend), im Überlinger Münster, in der Kathedrale zu Fribourg (von François Reyff, um 1620), im Freiburger Münster, in der Stadtkirche St. Peter und Paul in Sebnitz, Sachsen (von Hans Panitz [?], 1621) und – qualitativ hervorragend – in der Kirche zu Dormitz, Tirol (von Jakob Hel, 1621). Die Komposition wurde ebenso ins Relief umgesetzt (Ingolstadt, Garnisonkirche), wie sie als Dekoration auf einem Teller aus der Kartause Ittingen (Frauenfeld, Thurgauisches Museum) erscheint. Es ist sogar wahrscheinlich, daß der Mantuaner Maler Giambattista Barca für seine Pietà von 1638 (Verona, S. Fermo) die Heintz-Erfindung benutzt hat. So mag sich an diesem Blatt die ›europäische Dimension‹ der rudolfinischen Kunst einmal mehr erweisen. J. Z.

London, University College (ohne Inv. Nr.)

212

JOSEPH HEINTZ DER ÄLTERE
Basel 1564 – Prag 1609

212 Skizzenblatt mit weiblichen Figuren
Vermutlich 2. Hälfte 1590er Jahre

Rötel und schwarze Kreide auf gelblichem Papier; 21 × 18,3 cm
Recto: Stehende, sich kämmende Frau mit langem Haar, Sitzende mit locker umgehängtem Gewand
Verso: Stehende mit locker wehendem Gewand, schematische Skizze eines Kopfes von vorn; nicht zugehörige (ältere) Beschriftung, die bezeugt, daß der Zeichner das Papier wiederverwendet hat
Herkunft: Aus den Sammlungen Wiesböck und Delhaes
Ausstellungen: Budapest 1931 Nr. 236; Budapest 1942 Nr. 89; Budapest 1961 Nr. 93; Salzburg 1987 Nr. 6
Literatur: Hoffmann 1931 Nr. 236; dies. 1942 Nr. 89; Gerszi 1958, S. 34f. Abb. 18, 19; A manierizmus 1961, S. 30 Nr. 93; Zimmer 1970, S. 120f. Abb. 10; ders. 1971, S. 94 Abb. 41; Meisterzeichnungen 1987, S. 30f. Nr. 6 mit Abb. (T. Gerszi); Zimmer 1988, Nr. A 66/67

Die auf einem ausgedienten Rechnungsbogen leicht, sicher und fest skizzierten Nymphen (um solche – Gefährtinnen der Diana – handelt es sich vermutlich) stehen in keinem erkennbaren Zusammenhang mit einem der erhaltenen Gemälde von Heintz. Gerszi 1958 hat zwar vermutet, daß die Skizze Einzelfiguren des berühmten Wiener Gemäldes *Diana und Aktaeon* (Kat. Nr. 135) vorbereiteten; weder hier noch im *Raub der Proserpina* (Kat. Nr. 131) oder im *Sturz Phaetons* (Leipzig, Museum der bildenden Künste) kehrt eine der Figuren genau wieder.

Dem Zeichenstil nach gehört das sinnlich ansprechende Skizzenblatt in enge Nähe zu der Budapester Version der mythologisch-allegorischen Komposition (s. Zimmer 1988, Nr. A 65), es mag deshalb in der Zeit zwischen 1595 und 1600 entstanden sein. Einen festeren Anhaltspunkt für die Datierung gibt es bis jetzt nicht.

Solche, nur in wenigen Beispielen erhaltene Skizzen von Heintz geben Aufschluß über seine Arbeitsweise. Man hat nicht den Eindruck, als sei das Blatt nach der Natur gearbeitet. Die Zeichnung verarbeitet wohl die Naturbeobachtung, geht aber im Moment der bildhaften Fixierung in eine ästhetisch bestimmte, schönlinige Gebärdensprache über, die in der Schönheit ihrer Invention endgültig formuliert und gefestigt wirkt. Sie ist in diesem Sinne ein Exempel für die kunsttheoretische Maxime »superar la natura« (Dolce), die auch Armenini mit seiner Feststellung »il natural non vale senza maniera« meint. J. Z.

Budapest, Museum der Bildenden Künste, Inv. Nr. 83

213

214

JOSEPH HEINTZ DER ÄLTERE
Basel 1564 – Prag 1609

213 Stehender Satyr
Um 1590–1593

Schwarze Kreide und Rötel auf Papier; 41,6 × 23,9 cm
Literatur: Wickhoff 1892, S. CCXVII S. R. Nr. 556; Beschreibender Katalog 4. 1933, Nr. 454e (Zusatz nur im Handexemplar der Albertina); Zimmer 1988, Nr. A 50; Goeler von Ravensburg 1892, S. 37f.; Judson 1985

Die feine Kreidezeichnung galt im vergangenen Jahrhundert als Werk Benvenuto Cellinis. Der locker mit dem linken Ellbogen auf ein nur angedeutetes Postament gestützte jugendliche Satyr scheint eine eigene, wenn auch nicht ganz selbständige Erfindung von Heintz zu sein, seine ›Handschrift‹ jedenfalls ist evident. Das Standmotiv ist von antiken Statuen übernommen, die schon Michelangelo u. a. einer seiner Jünglingsfiguren der *Madonna Doni* (Florenz, Uffizien) zugrundegelegt hatte. Urbild ist womöglich der im Original nicht erhaltene Pothos von Skopas (römische Kopien in Florenz, Uffizien und Rom, Museo Capitolino). Eine feine Kreidezeichnung in französischem Privatbesitz (Slg. F. G. Mayaudon, La Reole), von Grassi eher Giulio Romano als Raffael zugeschrieben, reflektiert den antiken Pothos auf ähnliche Weise wie Heintz in seiner Zeichnung (s. Luigi Grassi: Cartella di disegni inediti importanti. In: Scritti in onore di Ottavio Morisani. Catania 1982, S. 228–231 Abb. 118). Der Satyr von Heintz ist jedoch ungleich kräftiger gebaut als der Jüngling Michelangelos und der in der erwähnten Zeichnung wiedergegebene Knabe. Die verhältnismäßig groß gebildeten Hände sind ein Kennzeichen Heintzscher Figuren in den frühen 90er Jahren.

Die Nähe zu Wiedergaben antiker Bildwerke von Heintz läßt zunächst auch in diesem Blatt eine ähnliche Arbeit vermuten. Eine solche Vermutung ist jedoch nicht zu verifizieren; im Vergleich mit den Nachzeichnungen von Skulpturen zeichnet sich der Satyr durch seine auffallende ›Lebendigkeit‹ aus. Es ist Heintz gelungen, das Motiv der antiken Statue gewissermaßen zu beseelen. Die Zeichnung ist dadurch ein wichtiges Exempel für den künstlerischen Prozeß: Den Künstlern war von den Theoretikern des 16. Jahrhunderts (z. B. Dolce, Armenini, Lomazzo) empfohlen worden, die menschliche Figur nach antiken Bildwerken zu studieren, weil diese sich bereits durch größere Vollkommenheit auszeichneten als die menschliche Gestalt in natura. Das Studium der Bildwerke war so neben, von einigen sogar vor das Naturstudium gesetzt.

Rubens hat sich praktisch und theoretisch mit dem Problem der Nachahmung antiker Bildwerke durch den Maler bzw. Zeichner befaßt. Der Satyr von Heintz ist das Ergebnis ähnlicher Reflexion, wie sie der große Flame formuliert hat: »Es gibt Maler, für welche die Nachahmung der antiken Statuen sehr nützlich ist, und andere, denen sie gefährlich ist bis zur Vernichtung ihrer Kunst. Ich habe jedoch die Überzeugung, daß, um in der Malerei zum höchsten Grade der Vollendung zu gelangen, man die antiken Statuen nicht allein genau kennen, sondern von ihrem Verständnisse ganz und auf das innigste durchdrungen sein muß. Es ist aber nötig, daß man einen einsichtsvollen Gebrauch von ihnen macht, der in keiner Weise den Stein merken läßt...« J. Z.

Wien, Albertina, Inv. Nr. 466

JOSEPH HEINTZ DER ÄLTERE
Basel 1564 – Basel 1609

214 Weibliche Figur, nach rechts vornübergebeugt

Feder braun, Rötel auf Papier; 11,2 × 12,5 cm
Herkunft: Aus der Sammlung Esterházy
Literatur: Gerszi 1983, S. 94–96 Abb. 1; Zimmer 1988, Nr. A 70

Die kleine, skizzenhafte Zeichnung läßt sich mit keinem der erhaltenen Bilder von Heintz in

215

unmittelbaren Zusammenhang bringen, obwohl die Hauptfigur, eine schwungvoll bewegte und großzügig drapierte Frauengestalt in ihrer Haltung eine gewisse Übereinstimmung mit der Diana in dem berühmten Gemälde *Diana und Aktaeon* (Kat. Nr. 135) zeigt; sie gleicht darin auch der nach rechts gewendeten Nymphe, unten Mitte, im *Raub der Proserpina* (Kat. Nr. 131). Es ist aber keine der beiden Figuren. Die Darstellung läßt auch keine genauere Benennung zu; man denkt an Venus und Amor, eine bestimmte Ovidische Historie ist aber nicht zu identifizieren.

Das Blatt ist eine der wenigen von Heintz erhaltenen schwungvollen Skizzen, in einer für die Gattung verhältnismäßig aufwendigen Feder-Kreide-Technik, deren einzelne Züge spontan und noch nicht genau kalkuliert sind; der Kopf oben rechts ist nur schemenhaft-geometrisch angedeutet. Der Reiz der kleinen Zeichnung liegt in ihrer Unmittelbarkeit und Spontanität. Heintz erreicht sie hier auch ohne erkennbares Studium der ›Natur‹.

Die zeitliche Einordnung des undatierten Blattes in das Œuvre von Heintz ist noch nicht möglich. Es ist lediglich wahrscheinlich, daß es nicht nach 1600 gezeichnet wurde. *Venus, Ceres und Bacchus* im Schweizer Kunsthandel (s. Zimmer 1988, Nr. A 56), leider ebenfalls undatiert, ist das im Duktus nächstverwandte Blatt von Heintz. J. Z.

Budapest, Museum der Bildenden Künste, Inv. Nr. 58.458

JAKOB HOEFNAGEL
Antwerpen 1575 – Holland (?) um 1630

215 Ansicht von Chomutov (Nordböhmen)
Um 1601

Feder in Braun, aquarelliert; 21,5 × 31,7 cm
Unsigniert; unten links die alte Zählung: No 190
Nach einer Vorzeichnung von Joris Hoefnagel (?)
Literatur: Bock 1929, Nr. 951; J. Kozák, J. Polišenský, Španělská a česká města v ikonografickém díle J. Hoefnagela, in: Umění, XXIV, Praha 1976, S. 523–535, J. Kozák, Civitates Orbis Terrarum – ›Pana Francise kniha měst‹, in: Umění XXXI, Praha 1983, S. 381–399; J. Kozák, Joris Hoefnagel a počátky ikonografie Prahy, in: Staletá Praha, VIII, Praha 1977, S. 274–281; K. Král, Severočeské veduty, Ústí nad Labem 1987, S. 12/13

Neben der Zeichnung ›COMMODA. Vulgo COMETHAV‹ befinden sich in Erlangen noch fünf weitere Stadtansichten: Marienberg in Sachsen, St. Pölten und Enns in Österreich, Slaný in Böhmen und eine unbekannte Stadt. Nach dem Wasserzeichen zu beurteilen, kann man das Entstehungsdatum um 1601 ansetzen. Dies befindet sich in Übereinstimmung mit der Entstehungszeit der Bauten auf der Zeichnung, insbesondere der Jesuitenkirche (mit dem Buchstaben C bezeichnet), die vielleicht kurz vor 1600 begonnen wurde. Obwohl es sich um die direkte Vorlage der Ansicht der Stadt für das Monumentalwerk ›Civitates Orbis Terrarum‹, Band VI, 1617 handelt, kann man Unterschiede nicht leugnen – die Zeichnung gibt vor allem die Bürgerhäuser, aber auch die öffentlichen Bauten nur in groben Zügen wieder. Auch die für die beiden Hoefnagel so typische Staffage fehlt hier vollkommen. In der meisterhaften Komposition, die eine noch heute reizvolle Landschaft im Erzgebirge zeigt, stützt sich die Vedute im Buch allerdings völlig auf die Zeichnung. Die mögliche Anregung des Vaters, die die Inschrift an der Vedute im Buch verrät: ›Communicavit G. Hoefnaglius, depictum a Filio A. 1617‹ ist bis jetzt noch unklar. I. M.

Erlangen, Universität, Inv. Nr. 951 (?)

JAKOB HOEFNAGEL
Antwerpen 1575 – Holland (?) um 1630

216 Ansicht von Znojmo (Südmähren)
Nach 1600

Feder in Braun, aquarelliert; 30,3 × 43 cm
Nach einer Vorzeichnung von Joris Hoefnagel (?)

Literatur: Bock 1929, Nr. 956; J. Kozák, J. Polišenský, Španělská a česká města v ikonografickém díle J. Hoefnagela, in: Umění, XXIV, Praha 1976, S. 523–535, J. Kozák, Civitates Orbis Terrarum – ›Pana Francise kniha měst‹, in: Umění, XXXI, Praha 1983, S. 381–399

Die böhmischen und mährischen Städte, die im sechsten Band des Werkes ›Civitates Orbis Terrarum‹ abgebildet sind, liegen alle auf einem einzigen Weg: von der sächsischen Grenze über Chomutov, Louny und Slaný nach Prag und von Prag über Čáslav, Polná, Brno und Znojmo zur österreichischen Grenze. Dies kann man vielleicht mit einem der Gründe der Entstehung des Buches erklären, nämlich dem militärisch-strategischen. Als dem Grenzübergang nach Österreich kam der Stadt Znojmo ziemlich große Bedeutung zu, dasselbe gilt natürlich auch für Chomutov als Grenzstadt auf dem Weg nach Sachsen. Bezeichnenderweise hat sich der Zeichner auf die Stadtbefestigungsmauern und -türme und auf den Übergang des Thayaflußes konzentriert. Auch hier, wie im Fall von Chomutov, diente die Zeichnung als die direkte Vorlage des Stiches im Buch, nur ist die Text-

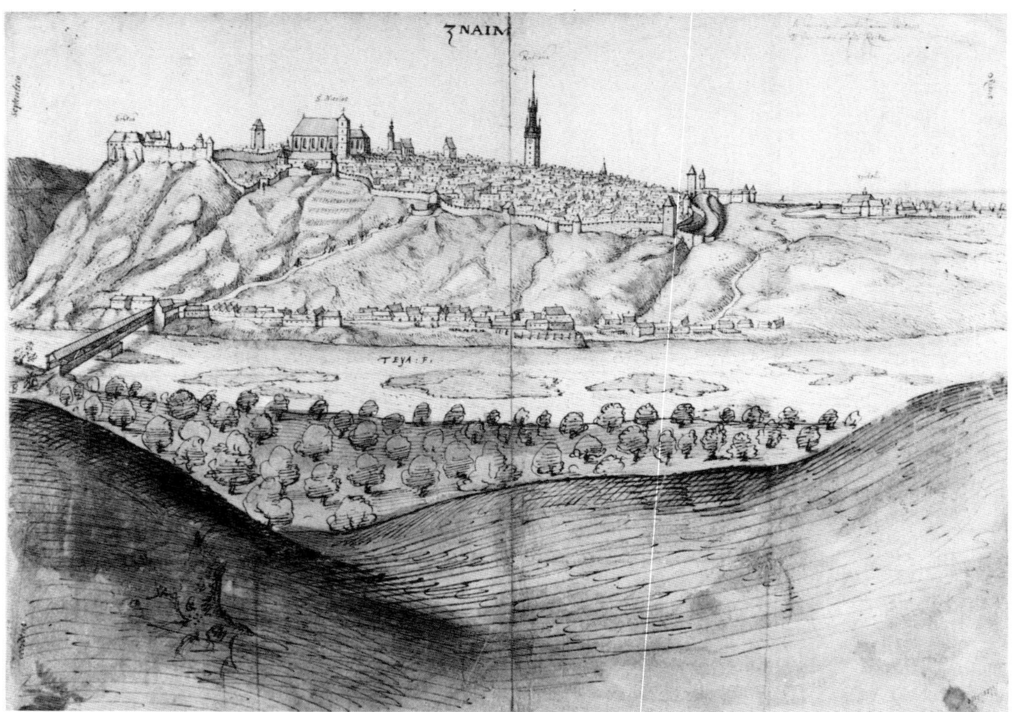

216

217

legende wesentlich erweitert, u. a. um die Bezeichnung des ›Peltenberges‹ am linken Rand des Stiches. Es ist interessant, daß das Maß des Stiches (31,5 × 49 cm) die Größe der Zeichnung nur sehr wenig überschreitet.

Die künstlerische Qualität der Zeichnung und die Leistung des Zeichners können z. B. anhand des Vergleichs mit der fast zum gleichen Zeitpunkt entstandenen Vedute der Stadt von Johann Willenberg im Werk von Bartoloměj Paprocký: »Zrcadlo slavného království moravského«, Olomouc 1953, hervorgehoben werden. Der Holzschnitt von Willenberg ist zwar beschreibender und instruktiver als das Blatt von Hoefnagel, zugleich aber schematischer, trockener und unlebendiger. Hoefnagel zeigt keine Stadtkulisse, sondern eine Stadt, die inmitten der wirklichen »perspektivisch tiefen« Landschaft liegt. I. M.

Erlangen, Universität, Inv. Nr. 956 (?)

JAKOB HOEFNAGEL
Antwerpen 1575 – Holland (?) um 1630

217 Allegorie auf die humanistische Tugend
1599

Rote Kreide, wenig weiß gehöht;
19,9 × 14,8 cm
Aufschrift mit roter Tinte: Omnia mea mecum porto. Bezeichnet auf dem unteren Rand: Jacobus Hoefnagel F. in Pragae An° 1599 Adij 12 Augustij
Ausstellungen: Salzburg 1987, Kat. Nr. 10
Literatur: Gerszi 1971, Nr. 107; Gerszi 1972

Während die Gruppe von 32 Miniaturbildern in Budapest (Kat. Nr. 218) eine eigenständige Schöpfung eines mindestens 35jährigen Künstlers ist, zeigt dieses Stammbuchblatt in Stil und Ikonographie Jakob Hoefnagel als getreuen Nachfolger seines damals noch lebenden Vaters Joris. Der junge Künstler bemühte sich hier, in einer einzigen Komposition eines der wichtigsten Themen der Moralphilosophie der Renaissance zu fassen – die Beziehung zwischen Tugend und Fortuna. Die nackte Frauenfigur, die gerade den wütenden Elementen entkommen ist, ist Nuda Virtus. Ihre Attribute sind das Ochsenfell auf ihrem Rücken, ›ein Symbol der fleißigen Arbeit‹, und ein seltsamer Gegenstand in ihrer rechten Hand, der durch die Kombination des Ölzweiges – Attribut der Minerva Pacifera – und der Schlangen des Merkurstabes entstanden ist. Es ist also die Tugend, deren Stütze die Arbeit und die hermathenische Fertigkeit ist. Der wütende Meeressturm mit den sinkenden Schiffen im Hintergrund ist eine traditionelle Metapher des Lebensweges mit seinen Gefahren, die durch die wechselnden Launen der Fortuna verursacht werden. Unmittelbare Quelle von Jakob Hoefnagels Inspiration war vermutlich eine Radierung nach der Vorlage von Cornelis Cort, die Joris Hoefnagel um 1590 herausgegeben hat. Ein Emblem mit dem Motto ›Omnia mea mecum porto‹, aber mit einem ziemlich unterschiedlichen Bild, befindet sich auch in dem Emblembuch des Andrea Alciati (Nr. XXXVII). L. K.

Budapest, Museum der Bildenden Künste, Inv. Nr. 1337

JAKOB HOEFNAGEL
Antwerpen 1575 – Holland (?) um 1630

218 Vier Emblembilder:
Saturn mit Sanduhr, Sense und Blumenkranz; im Hintergrund: Knabe, mit einem Reifen spielend
Baum mit Anker, Herz, Buch und Geldbeutel
Frauenfigur mit Anker, Falke, Buch und Erdkugel
Pelikan, seine Jungen fütternd
Um 1610 *Ft. 57, S. 361*

Deckfarben auf Pergament; alle vier im Durchmesser 6,6–6,8 cm
Literatur: Gerszi 1971, Kat. Nr. 124–127. Auch ebenda, S. 51; Kaufmann 1985, Nr. 10–7; Fučíková 1986, S. 27; Salzburg 1987, S. 40

Die Gruppe von 32 Miniaturbildern, zu denen auch diese vier Blätter gehören, ist vermutlich aus einem gemalten Emblembuch herausgeschnitten, so daß man heute Motti und Epigramme der ursprünglichen Embleme nicht kennt. Diese Blätter waren zuerst Joris Hoefnagel zugeschrieben, aber Thomas DaCosta Kaufmann hat sie – aufgrund der Tracht von einigen Figuren – an Jakob, Sohn des Joris, gegeben. Der Unterschied in der Auffassung zwischen Vater und Sohn ist vor allem dort erkennbar, wo beide dasselbe Motiv bearbeiten, wie es z. B. die Männerfigur mit dem Stein in einer Hand und einem Flügel an der anderen zeigt, welche in der Emblematik zum erstenmal 1531 in Andrea Alciatis ›Emblematum liber‹, mit dem Motto ›Paupertatem summis ingeniis obesse ne provehantur‹ vorkommt (Nr. CXX).

Während Blatt 77 des Schriftmusterbuches von Georg Bocskay in Wien eine raffinierte Verarbeitung dieses Emblems zeigt (Wilberg Vignau-Schuurman 1969, Bd. I, S. 60 f.; Bd. II, Abb. 49), bringt Budapest Inv. Nr. 1910–233/4 eine nüchterne Variante. Jakobs Emblem sieht wie ein Genrebild aus: Die Figur trägt zeitgenössische Tracht, die Handlung spielt in einer ganz realen Landschaft. Die Komposition ist durch ein Motiv bereichert, das im Werk Pieter Bruegels d. Ä. vorkommt und auf ein niederländisches Sprichwort zurückgeht – der fallende Hut, welcher die Unvorsichtigkeit und Sorglosigkeit kennzeichnet (Vinken 1958/59, S. 109). Schon dieser Vergleich zeigt, daß Jakob kaum aufgrund der von seinem Vater verfertigten Investitionen arbeitete. Der jüngere Hoefnagel benutzte ganz sicher andere Vorbilder. Das Bild eines von Bienen gestochenen Bärs (Inv. Nr. 1910–233/2) hat zwar thematische Analogien in der Emblematik, aber seine Komposition übernimmt fast wörtlich die einer Illustration von Marcuş Gheeraerts zur Fabel über einen Bär, der einen einzelnen Bienenstich rächen wollte und damit den ganzen Bienenschwarm auf sich hetzte. Die spiegelverkehrte Komposition von Jakob spricht überdies dafür, daß hier als unmittelbare Vorlage das ›Theatrum morum‹ Sadelers gedient hat, so daß sie erst nach 1608 entstanden sein kann. L. K.

Budapest, Museum der Bildenden Künste, Inv. Nr. 1910–233/17–20

218

218

218

218

JORIS HOEFNAGEL
Antwerpen 1542 – Wien 1600

219 Die vier Elemente

Eines von vier Bänden, gebunden in rotem Maroquinleder, enthält 277 Seiten und 1339 Miniaturen in Bleistift, Pinsel, Aquarell und Gouache mit Rahmen aus Gold auf Pergament. Jede Illustration ist mit einer Inschrift auf Latein versehen
Herkunft: Rudolf II., Prag; München c. 1830; Bürgermeister Niggl, Tulz, 1842; Carl August von Bretano (Verst. R. Weigl, Leipzig, 28 Oktober 1861, Nr. 2220 a–d); F. S. Eliot, London; Henry Huth; J. H. Huth (Verst. Sotheby's, London, 2–6 Juni 1913, Nr. 3722); C. F. G. R. Schwerdt (Verst. Sotheby's, London, 11 März 1946, Nr. 3722); The Rosenbach Company,

219

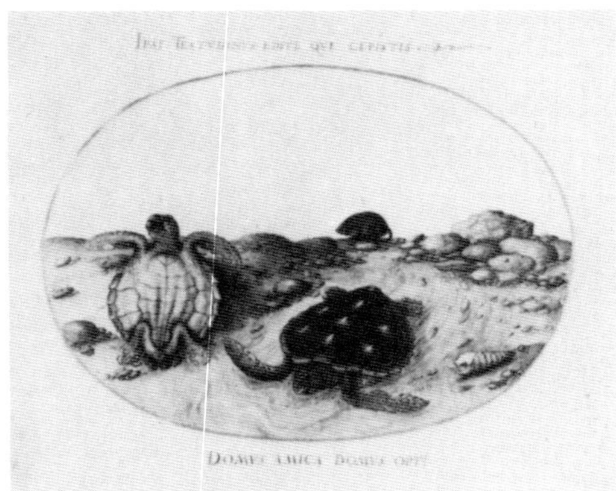

219

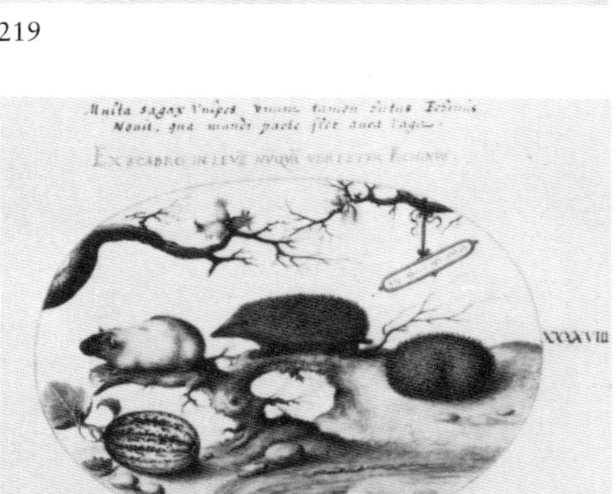

219

219

Philadelphia; Lessing–J. Rosenwald, Jenkintown, Pennsylvania
Ausstellungen: Berlin 1975, Nr. 168–169; Washington 1982, Nr. 57 a–d; Princeton 1982/83, Nr. 56; Vienna 1985, Nr. 38, 44
Literatur: Van Mander, 2: S. 78/79; Sandrart 1925, S. 169; Wilberg-Vignau 1969, I: S. 9; Evans 1973, S. 172; Kaufmann 1985, 116/117, 244/45, Nr. 9–1

Diese Arbeit, die den Höhepunkt der niederländischen Buchillustration darstellt, war nach Karel van Mander von Rudolf II. bestellt worden, der dem Künstler 1000 Goldkronen für diese Arbeit bezahlte. Jedoch ist nicht sicher, daß es sich so verhält. Verschiedene Daten wie 1575, 76, 80 und 82, die in verschiedenen Quellen genannt sind, deuten darauf hin, daß das Werk über einen geraumen Zeitpunkt im Besitz des Künstlers war. Es scheint, daß die Arbeit in Antwerpen angefangen und dann in München, Wien und Prag fortgesetzt worden ist. Mehrere leere Blätter zeigen, daß die Arbeit zum Zeitpunkt des Todes des Künstlers noch nicht völlig abgeschlossen war. Das Manuskript ist zum großen Teil noch erhalten. (16 Blätter sind in Berlin, in den Staatlichen Museen, Kupferstichkabinett, Inv. Nr. KdZ 4805–4820; 2 Blätter in Prag; 2 Blätter in Weimar in den Staatlichen Kunstsammlungen Inv. Nr. KK 122, 123; 3 Blätter in einer Privatsammlung in Deutschland, 3 Blätter in einer Privatsammlung Paris. Siehe Berlin 1975, 128/129, Nr. 168–169).

Hoefnagels eigenes Motto: *Natura sola magistrata* könnte die Charakterisierung alles Lebendigen sein. Man weiß jedoch, daß Hoefnagel auch Werke anderer Künstler kopierte. Einige seiner Bilder gehen auf Werke früherer Illustrationen zurück. 1550 wurden ähnliche Naturstudien von dem Schweizer Naturalisten Conrad Gessner angefertigt. Man kann diese auch mit den Arbeiten von Hans Bols vergleichen.

Die Miniaturen wurden von seinem Sohn Jakob in der gestochenen Serie *Archetypa* im Jahre 1592 kopiert. (Kat. Nr. 304–307). G. C. B.

Washington, National Gallery of Art, Deposition

JORIS HOEFNAGEL
Antwerpen 1542 – Wien 1600

Zwei Blätter aus ›Vier Elemente‹
220 **a Schnecken und Schalentiere**
220 **b Fische**

Feder, Aquarell und Deckfarben auf Pergament: 14,3 × 19,3 cm und 14,3 × 19,4 cm
Ausstellungen: Venedig 1987, S. 138/139

Prag, Nationalgalerie, Inv. Nr. R 37.382 und R. 37.383

JORIS HOEFNAGEL
Antwerpen 1542 – Wien 1600

221 **Allegorie auf Johann Muizenhol**
1594

Gouache und Aquarell auf Pergament; 8,9 × 12,3 cm
Bezeichnet unten: »Monument: amicitiae D: Joanni muisenhol G: Houfna: D. genio duce Å 1594«
Inschrift oben: »Neque navem una anchora neque vitam una spes fulciat MUS NON VNI FIDIT ANTRO«
Literatur: DaCosta Kaufmann 1985, S. 247, Nr. 9–16

Wie Wilberg Vignau-Schuurmann feststellte (zitiert nach DaCosta Kaufmann 1985, S. 247), ist diese Miniatur zum einen als moralisierende Allegorie, zum anderen als Emblem zu deuten. Im Text liegt eine Anspielung auf den Namen des Freundes »Mauseloch«. Darüber hinaus verbildlicht sich in dieser Darstellung das Sprichwort, wonach jeder Mensch und jedes Tier – in diesem Falle die Maus – im Falle einer Not mehrere Fluchtwege haben sollte. Ob man diese allegorische Darstellung auf die persönlichen Lebensumstände Hoefnagels nach 1576 oder gar noch allgemeiner auf die politische Situation der Niederlande gegen Ende des 16. Jahrhunderts beziehen kann, sei dahingestellt. (Singgemäß extrahiert aus: DaCosta Kaufmann 1985, S. 247). Luca Verlag

Amsterdam, Rijksprentenkabinet, Inv. Nr. A 3115

220a

220b

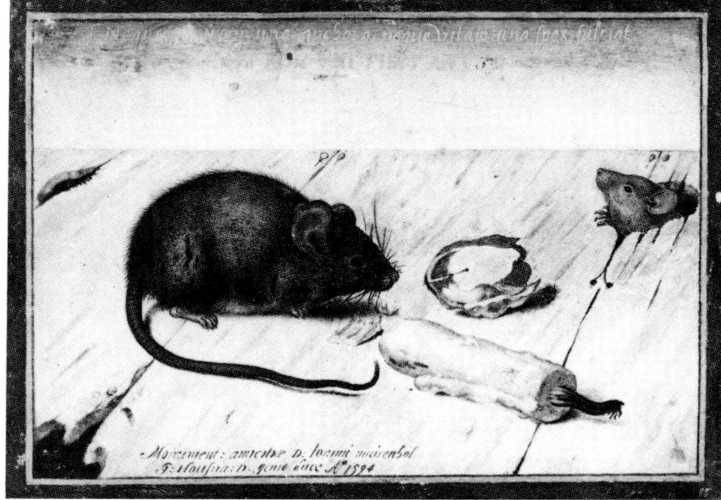

221

222

JORIS HOEFNAGEL
Antwerpen 1542 – Wien 1600

222 Stilleben mit Blumen
1594

Aquarelle auf Pergament; 16 × 12 cm
Signiert und monogrammiert 1594
Ausstellungen: Münster, Baden-Baden 1980, Nr. 3
Literatur: Bergström 1973, S. 22

Die Zeichnung zeigt die Feinheit und Subtilität von Hoefnagels Meisterschaft bei der Wiedergabe von Blumen und Insekten. Die fünf Blumen bestehen aus einer Tulpe, zwei Akeleien und zwei Rosenknospen. Die Komposition ist strahlenförmig angeordnet mit einem Schmetterling in der Mitte. Dieses Schema benutzte Hoefnagel auch bei einem anderen Aquarell aus Privatbesitz, signiert 1592. G.C.B.

Oxford, Ashmolean Museum

Kat. Nr. 223 siehe S. 369

57 Jakob Hoefnagel, *Vier Emblembilder* (Kat. 218)

Hoffman Pictor Noric:
d Vivum pinx Pragæ.
1589.

59 Jan (Hans) de Mont, *Opferszene* (Kat. 233)

◁ 58 Hans Hoffmann, *Kopf eines Rehbocks mit monströsem Gehörn* (Kat. 223)

60 Roelant Savery, *Berglandschaft.* Um 1607/08 (Kat. 246)

61 Pieter Stevens, *Prag, Karlsbrücke und Kampa.* 1604–1607 (Kat. 275)

62 Pieter Stevens, *Der Monat Juli*. 2. Jahrzehnt 17. Jahrhundert (Kat. 277)

63 Paulus van Vianen, *Weiden am Ufer eines Gewässers* (recto), (Kat. 284)

64 Paulus van Vianen, *Haus* (Kat. 286)

HANS HOFFMANN
Nürnberg (?) um 1550 – Prag 1591/92

223 Kopf eines Rehbocks mit monströsem Gehörn *Ft. 58, S. 362*

Deckfarben auf Pergament; 37,8 × 30,1 cm
Bezeichnet oben links: Hhoffmann Pictor Noric: ad Vivum pinx Pragae. 1589.
Literatur: Pilz 1962, S. 263, Nr. 31

Die bildliche Wiedergabe eines Rehbocks oder Hirsches mit einer solchen Mißbildung des Geweihs kommt auch sonst in der bildenden Kunst vor. Man hatte eine besondere Vorliebe an bizarren oder monströsen Dingen, und somit war diese Zeichnung prädestiniert, in die Sammlung der fürstlichen Kunst- und Raritätenkabinette aufgenommen zu werden.
G. C. B.

Berlin, Staatliche Museen Preußischer Kulturbesitz, Kupferstichkabinett, Inv. Nr. Hz 2048

224

HANS HOFFMANN
Nürnberg (?) um 1550 – Prag 1591/92

224 Kopf des 12jährigen Christus

Pinsel in dunkelgrau, weiß gehöht auf grün grundiertem Papier; 26 × 20,4 cm
Bezeichnet oben rechts: Hh
Herkunft: Aus den Sammlungen Praun, Esterházy (Lugt 1965)
Ausstellungen: Budapest 1931, Kat. Nr. 185
Literatur: Frauenholz 1804, S. 24, Nr. 67; Schönbrunner-Meder XII. Nr. 1436; Winkler 1936–39, bei Nr. 404; Pilz 1962, Nr. 38; Strauss 1974, bei Nr. 1506/34; Bodnár 1986, Nr. 2

In der 2. Hälfte des 16. Jahrhunderts wuchs das Interesse für das Lebenswerk Dürers nicht nur in Deutschland, sondern auch in anderen Teilen Europas. Rudolf II. war einer der Kunstsammler, die leidenschaftlich bemüht waren, Gemälde, Zeichnungen und Stiche dieses Künstlers zu erwerben. Bereits unerreichbar gewordene Schöpfungen wurden oft durch Kopien ersetzt, doch förderte die durch die Sammler verursachte Nachfrage nicht nur das Entstehen von Kopien, sondern auch von Nachahmungen und Fälschungen. Unter den die Werke Dürers kopierenden, seinen Stil nachahmenden Künstlern ragt Hans Hoffmann hervor, der viele von den in der Nürnberger Sammlung Imhoff befindlichen Dürer-Zeichnungen kopierte, einige von ihnen in mehreren Exemplaren. Rudolf II. hörte vermutlich von den ausgezeichneten Kopien Hoffmanns sowie von dessen den Stil Dürers imitierenden Zeichnungen und Gemälden. Das dürfte ihn in erster Linie bewogen haben, den Künstler nach Prag zu berufen. Das Vorbild dieses Christuskopfes (Wien, Albertina) zeichnete Dürer zur Mittelgestalt seines 1506 gemalten Bildes *Der 12jährige Christus im Tempel* auf ein großes Blatt neben den heute ebenfalls in der Wiener Albertina befindlichen *Engelskopf.* Nach freundlicher mündlicher Mitteilung von Hendrik Budde sind diese beiden Kopfstudien Dürers im Inventar der Sammlung Imhoff unter dem Titel *Maria und Johannes in Grau* aufgeführt (Heller 1827, S. 82, Nr. 51). Hoffmann kopierte beide Köpfe, aber nicht auf ein Blatt, sondern jeden für sich. Den auf hellblaues Papier gezeichneten, vom Licht durchdrungenen originalen Christuskopf formte der Kopierer dem manieristischen Geschmack entsprechend um: Der auf dunkelgrün grundiertes Papier mit Deckweiß und Grau gezeichnete Kopf wirkt statuenhaft, seine Gesichtszüge sind hart.
I. S.-W.

Budapest, Museum der Bildenden Künste, Inv. Nr. 140

HANS HOFFMANN
Nürnberg (?) um 1550 – Prag 1591/92

225 Endres Dürer

Feder und Pinsel in Schwarz, weiß gehöht auf grau grundiertem Papier; 24,1 × 20,2 cm
Herkunft: Aus den Sammlungen Praun, Esterházy (Lugt 1965)
Ausstellungen: Budapest 1931, Kat. Nr. 170
Literatur: Frauenholz 1804, S. 24, Nr. 70; Schönbrunner-Meder VIII. Nr. 911; Winkler 1936–39 bei Nr. 558; Strauss 1974 bei Nr. 1514/30; Urbach 1985, Abb. 22; Bodnár 1986, Nr. 5

Teilkopie nach der Silberstiftzeichnung Dürers von seinem 30jährigen Bruder Endres (Wien, Albertina). Die vormals in der Nürnberger Sammlung Imhoff befindliche Originalstudie (Heller 1827, S. 82, Nr. 45) kopierte Hoffmann ähnlich wie die anderen Kopfstudien Dürers mit veränderter Technik und mit anderen Farben. Dürer hatte den Kopf mit Hilfe der freige-

225

226

bearbeiteten Zeichnung Dürers. Der Budapester Hund wurde Hoffmann von Teréz Gerszi zugeschrieben. I. S.-W.

Budapest, Museum der Bildenden Künste, Inv. Nr. K.58.1231

lassenen weißen Grundierung und der Tönung der dichten Silberstiftstriche modelliert, während Hoffmann auf dunkelgraue Grundierung zeichnete, auf der er die hellen Flächen durch Deckweiß hervorhob. Der Gesichtsausdruck des Dargestellten auf der Kopie weicht vom Gesichtsausdruck des Vorbildes nicht nur wegen der veränderten Licht-Schattenverhältnisse ab, sondern auch durch das rechte Auge des Modells, das der Kopierer viel kleiner gezeichnet hat als Dürer. Das Original ist ein in allen Einzelheiten fein ausgearbeitetes Brustbild. Hoffmann wurde in erster Linie vom Gesichtsausdruck beeindruckt und ließ deshalb nach sorgfältiger Zeichnung des Kopfes ohne Festhaltung weiterer Teile die Kopie unvollendet.
I. S.-W.

Budapest, Museum der Bildenden Künste, Inv. Nr. 143

HANS HOFFMANN
Nürnberg (?) um 1550 – Prag 1591/92

226 Liegender Hund

Bleigriffel auf Papier; 12,8 × 19,3 cm
Herkunft: Országos Képtár (Lugt 2000)
Literatur: Bodnár 1986, Nr. 15

Den liegenden Hund hat Hoffmann nach einem heute im Britischen Museum aufbewahrten Blatt (Winkler 1936–39, Nr. 767) aus Dürers Reiseskizzenbuch mit Silberstiftzeichnungen kopiert. Die beiden Darstellungen sind gleich groß mit dem Unterschied, daß vom Originalblatt auf den Seiten und unten je einige Millimeter fehlen, wodurch auch die Zeichnung des Hundes verstümmelt ist. Die Kopie hingegen zeigt die volle Figur des Tieres. Hoffmann hat die Technik des Originals, die Silberstiftzeichnung auf blaßrosa grundiertem Papier nicht übernommen, als er mit dem Bleigriffel auf weißem Papier zeichnete. Die Striche der Kopie sind gröber, und die Gesamtwirkung des Hundes ist viel steifer als auf der mit feinen Silberstiftstrichen gefertigten, in den Details besser

HANS HOFFMANN
Nürnberg (?) um 1550 – Prag 1591/92

227 Löwe

Schwarze Kreide auf Papier; 18,4 × 27 cm
Bezeichnet oben rechts: Hh (von späterer Hand auf HH ergänzt)
Herkunft: Országos Képtár (Lugt 2000)
Literatur: Bodnár 1986, Nr. 16

Die Kreidezeichnung, in der Teréz Gerszi den Zeichenstil Hoffmanns erkannte, ist eine freie Kopie nach Dürers auf Pergament gemaltem Löwen in der Albertina (Winkler 1936–39, Nr. 824). In zwei weiteren Kopien des Löwen von Dürer hat Hoffmann sein Vorbild getreu auf Pergament nachgebildet, und das eine Blatt mit seinem eigenen Monogramm und mit der Jahreszahl 1577, das andere mit ›AD 1512‹ signiert (Wien 1985, Kat. Nr. 59 und Abb. 59.1). Die hier ausgestellte Zeichnung ist von etwas größerem Format und weicht sowohl in der Technik als auch in gewissen Details, vor allem in der Schwanzstellung und in der Fußhaltung des Tieres vom Dürerschen Vorbild und den

227

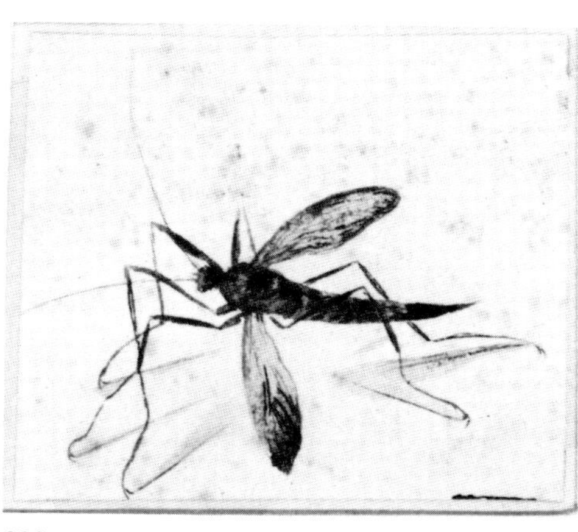

228

beiden erwähnten Kopien ab. Hoffmann kopierte die Zeichnungen Dürers oft in mehreren Exemplaren, ein- oder mehrmals die Vorlage genau nachahmend, dann aber schuf er auch – wie in diesem Fall – vom Vorbild abweichende Varianten. I. S.-W.

Budapest, Museum der Bildenden Künste, Inv. Nr. K. 67.27

HANS HOFFMANN
Nürnberg (?) um 1550 – Prag 1591/92

228 Wiesenschnake

Pinsel, Aquarell auf Papier; 4,9 × 5,7 cm
Herkunft: Aus den Sammlungen Praun, Esterházy
Ausstellungen: Budapest 1931, Kat. Nr. 195/b
Literatur: Bodnár 1986, Nr. 22

Budapest, Museum der Bildenden Künste, Inv. Nr. 179

229 Frosch

Pinsel, Aquarell, Deckweiß auf Papier; 6 × 6,5 cm
Herkunft: Aus den Sammlungen Praun, Esterházy (Lugt 1965)
Ausstellungen: Budapest 1931, Kat. Nr. 187/b; Washington 1985, Kat. Nr. 52/b; Wien 1985,

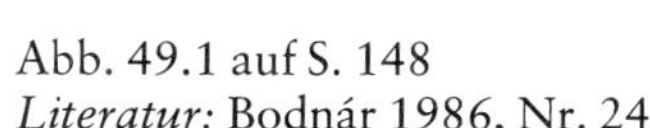

Abb. 49.1 auf S. 148
Literatur: Bodnár 1986, Nr. 24

Budapest, Museum der Bildenden Künste, Inv. Nr. 181

230 Kreuzspinne
1578

Pinsel, Aquarell, Deckweiß auf Papier; 5,4 × 4,4 cm
Bezeichnet oben rechts: Aug. 30 1578
Herkunft: Aus den Sammlungen Praun, Esterházy (Lugt 1965)
Ausstellungen: Budapest 1931, Kat. Nr. 189/b; Budapest 1934, Kat. Nr. 168/b; Budapest 1941, Kat. Nr. 122/b; Washington 1985, Kat. Nr. 52/d
Literatur: Bodnár 1986, Nr. 23

Budapest, Museum der Bildenden Künste, Inv. Nr. 175

231 Libelle
1577

Pinsel, Aquarell auf Papier; 8,1 × 7,8 cm
Bezeichnet unten Mitte: Hh 1577
Herkunft: Aus den Sammlungen Praun, Esterházy (Lugt 1965)
Ausstellungen: Budapest 1931, Kat. Nr. 192; Salzburg 1987, Kat. Nr. 27
Literatur: Schilling 1929, S. 36, Abb. 59; Pilz 1962, Nr. 6; Bodnár 1986, Nr. 21

229

Die zahlreichen Pflanzen- und Tierdarstellungen Hoffmanns, die er zum Teil nach Studien von Dürer und von anderen Künstlern kopierte, zum Teil aber wohl aufgrund unmittelbarer Naturbeobachtung verfertigte, zeigen das im 16. Jahrhundert in ganz Europa verbreitete Interesse an der den Menschen umgebenden Natur. Künstler und Naturwissenschaftler arbeiteten gemeinsam an der lebensgetreuen Darstellung und an der Klassifikation der Pflanzen und Tiere. Katrin Achilles hat erkannt (freundliche mündliche Mitteilung) daß auf einem Schmetterlinge, Insekten und einige Blumen darstellenden Blatt von Joris Hoefnagel eine mit der hier abgebildeten Wiesenschnake beinahe übereinstimmende Zeichnung zu sehen ist (Berlin, Kupferstichkabinett, Münster 1979/80, Abb. 24 auf S. 60). Auf der Darstellung Hoefnagels sind die Fühler des Insekts der Wirklichkeit entsprechend kurz, während sie auf der Zeichnung Hoffmanns unrichtigerweise lang sind, was den Schluß zuläßt, daß der

230

231

Künstler das Tier nicht in der Natur beobachtet hat, sondern es von einer anderen Studie (von Hoefnagel oder von einem anderen Künstler) kopierte. Die weitgehende Lebenstreue der drei anderen Tiere bezeugen ihre natürliche Größe, ihre charakteristische Farbe und ihre Detailformen, wodurch man sie genau identifizieren kann. Die blaue Farbe des Hinterleibs der Libelle verrät z. B., daß es sich um ein Männchen handelt, die ineinander verschränkten Beine und der nach oben gerollte Hinterleib zeugen davon, daß das Tier nicht mehr lebte, als es gezeichnet wurde. Den kleinen Frosch und die Wiesenschnake hat Hoffmann zu zwei größeren Kompositionen verwendet, die als Varianten der Hasendarstellung Dürers entstanden. Er formte sie unter Verwendung seiner eigenen Naturstudien zu Stilleben. Der Frosch ist auf dem in dieser Ausstellung gezeigten Ölgemälde (Kat. Nr. 138) im linken unteren Bildfeld zu sehen, während die *Wiesenschnake* auf einem Pergamentblatt Hoffmanns (Wien 1985, Kat. Nr. 47) im linken oberen Bildfeld auf der Spitze einer Pflanze ruht. Diese Tierstudien hat der Künstler vor 1585 in Nürnberg gefertigt, doch kann angenommen werden, daß er auch in Prag ähnliche Naturstudien gezeichnet hat, da in dem zwischen 1607 und 1611 aufgenommenen Inventar der Sammlung Rudolfs II. in zwei vorläufig nicht identifizierten Posten der Name Hoffmanns im Zusammenhang mit Tier- und Pflanzendarstellungen vorkommt (Kunstkammerinventar, Nr. 2688 und 2780). I. S.-W.

Budapest, Museum der Bildenden Künste, Inv. Nr. 185

232

JAN DE (HANS) MONT
Gent um 1545 – Konstantinopel (?)
Nach 1585

232 Fünf schreitende Personen

Pinsel in Braun, braun laviert, weiß gehöht über Kreideskizzen auf blauem Papier; 16,5 × 15,6 cm
Bezeichnet unten rechts: Hans Montes/ van ghent
Ausstellungen: Amsterdam 1955, Kat. Nr. 223; Rotterdam 1977, Kat. Nr. 90, Taf. 18; Stuttgart 1979/80, Kat. Nr. B13
Literatur: Regteren Altena 1939, S. 160, Abb. 6; Larsson 1967, S. 7–8, Abb. 8; Fučiková 1986, S. 18, Abb. 11; Gerszi 1987

Von dem begabten Bildhauer sind bisher insgesamt drei Zeichnungen bekannt; außer den beiden ausgestellten Blättern gibt es noch ein Blatt in den Uffizien (Florenz 1964, Kat. Nr. 36). Diese Zeichnungen bezeugen alle den starken Einfluß der italienischen Kunst. Die eng nebeneinander und hintereinander angeordneten Figuren weisen mit ihren schwunghaften Bewegungen und pathetischen Gesten vor allem auf den Einfluß des Polidoro da Caravaggio hin. Die auf dem Studium antiker Reliefs beruhenden, auf die Wand gemalten Fresken-Friese des

233

234

Polidoro erfreuten sich im letzten Drittel des 16. Jahrhunderts im Kreise der in Rom wirkenden Künstler aus dem Norden großer Beliebtheit. Auf Monts Zeichnung sind die Proportionen, der Typ und die Einstellung des dem Betrachter zugewendeten Mannes der Gestalt, die auf dem die Geschichte der Niobe darstellenden Fries am Palazzo Milesi ein Pferd führt, außerordentlich verwandt (Ravelli 1978, Nr. 712). Die Gruppenanordnung der Figuren beruht ebenfalls auf der antik beeinflußten Kompositionsmethode des Polidoro. Der dekorativ wirkende Licht-Schattenkontrast der mit energischen Pinselstrichen und kräftiger Lavierung ausgeführten Zeichnung dagegen erinnert an die italienischen chiaroscuro-Holzschnitte. Problematisch ist der Zweck der Zeichnung; J. Q. van Regteren Altena und H. Geissler halten es für möglich, daß von der Skizze zu einem Relief die Rede ist, während O. Larsson sie für eine selbständige Schöpfung hält, die mit Bildhauerei nichts zu tun hat. Diese Frage kann beim derzeitigen Stand der Forschung nicht entschieden werden, weil es bisher nur wenige Schöpfungen gibt, die dem Künstler zugeschrieben werden, wobei es sich um runde Statuen handelt. T. G.

Amsterdam, Sammlung J. Q. van Regteren Altena

JAN DE (HANS) MONT
Gent um 1545 – Konstantinopel (?)
Nach 1585

233 Opferszene *Ft. 59, S. 363*

Pinsel in Grau, schwarze Kreide auf blauem Papier; 22,5 × 27,8 cm
Herkunft: Aus der Sammlung István Delhaes (Lugt 761)
Ausstellungen: Salzburg 1987, Kat. Nr. 31
Literatur: Gerszi 1987

Diese unlängst bestimmte *Opferszene* ist eine charakteristische Bildhauerzeichnung, die sich auf die großzügige Andeutung der Formen, auf die Betonung ihrer plastischen Wirkung und auf das summarische Festhalten der Bewegungen beschränkt. Sie ist ausgesprochen für die Fernsicht komponiert, und es ist daher denkbar, daß es sich um eine Skizze für ein Relief handelt. Was die nähere Bestimmung der Zeichnung und die Zeit ihres Entstehens betrifft, so sind wir ausschließlich auf Vermutungen angewiesen. Es kann sein, daß der Künstler dieses Werk noch in Italien anfertigte, doch ist es nicht ausgeschlossen, daß es wegen der Verzierungen mit dem zum Einzug Rudolfs II. in Wien 1577 aufgestellten Triumphbogen in Zusammenhang gebracht werden kann, den der Künstler mit Spranger zusammen ausführte. Diese Zeichnung ist zwar skizzenhafter als das Amsterdamer Blatt, doch kommen auch hier die gleichen Zeichenidiome vor: Die durch dunkle Flecke angedeuteten Augen, Mund und Ohren vermitteln ebenfalls einen maskenhaften Eindruck, und die durch dunkle Pinselstriche angedeuteten Konturen bilden zusammen mit der kräftigen Lavierung und dem reichlich verwendeten Deckweiß einen gleichen malerischen Kontrast. Hier sind jedoch die Bewegungen dynamischer. Die Schritte und die nach vorn gestreckten Arme der Figuren auf der linken Seite lassen zielbewußtes Marschieren erkennen, und auch die Gesten der sich um den Altar Scharenden verleihen der Komposition reiche Bewegung. Die einander gegenüberstehenden Gruppen verbindet die schwebende Gestalt der Nike mit dem Kranz. Auch bei dieser Zeichnung ist mit dem Einfluß Polidoros zu rechnen; die entschieden schreitenden Figuren der Gruppe links am Rand, die den zum Siegesopfer auserkorenen Stier führen, stehen den Soldaten des Frieses Mucius Scaevola von Porsenna am Palazzo Ricci nahe (Ravelli 1978, Nr.549). Beim Stil dieser Zeichnung – malerischer als der des Amsterdamer Blattes – fällt auch der Einfluß der Chiaroscuro-Holzschnitte auf, besonders der Stiche von Ugo da Carpi und Parmigianino. T. G.

Budapest, Museum der Bildenden Künste, Inv. Nr. K. 58.202

NIKOLAUS PFAFF
Nürnberg 1556(?) – Prag(?) vor 1612

234 Entwurf für einen Kronleuchter mit Hirschköpfen und bekrönender Aktaeongruppe
Um 1605

Rötel und Feder in Braun; 17 × 11 cm, oben trapezförmig beschnitten
Auf der Rückseite zeitgenössische Aufschrift neben einem Hauszeichen (oder »mstr.« = Meister): niclas Pfaff
Ausstellungen: Stuttgart 1979, Nr. B 29
Literatur: Neuerwerbungen des Germanischen Nationalmuseums 1921–1924, Nürnberg 1925, T. 123; Stuttgart 1979, I., S. 73, Abb. B 29

Diese leicht und energisch gezeichnete Studie ist Zeugnis dafür, daß der Schnitzer Pfaff im einflußreichen Milieu der kaiserlichen Residenz in Prag neben seinen malenden Kollegen auch zu einem guten Zeichner herangewachsen ist. Dank seiner erhaltenen Elfenbeinstatuetten wissen wir, daß er kein reiner Handwerker war (Kat. Nr. 395).
Diese Zeichnung ähnelt den Skizzen der Maler, ist sicher auch von ihnen beeinflußt, vor allem vom Spätwerk Sprangers, was darauf hinweist, daß sie erst etwa um 1605 entstanden ist. E. F.

Nürnberg, Germanisches Nationalmuseum, Eigentum der Stadt Nürnberg, Inv. Nr. St. N. 16585, Kapsel 566

235

NIKOLAUS PFAFF
Nürnberg 1556 (?) – Prag (?) vor 1612

235 Danae

Feder in Braun, braun laviert; 21,4 × 16,3 cm
Herkunft: Albert von Sachsen-Tersen; Sammlung de la Gardie, Borrestad
Literatur: Magnusson 1982, Nr. 165

Die Zeichnung ist wahrscheinlich eine Studie zu dem Elfenbeinrelief von Nikolaus Pfaff. G.C.B.

Stockholm, Nationalmuseum, Inv. Nr. NMH 165/1973

DIRCK DE QUADE VAN RAVESTEYN
Tätig 1589–99 und 1602–08 in Prag

236 Venus und Amor als Honigdieb

Schwarze und rote Kreide; 19,8 × 15 cm
Bezeichnet: Theodorus Raffenstin . . fecit
Herkunft: Sammlung István Delhaes (Lugt 761)
Ausstellungen: Budapest 1967, Kat. Nr. 81; Salzburg 1987, Kat. Nr. 32
Literatur: Pigler 1948, S. 74–77; Gerszi 1971, Nr. 217; DaCosta Kaufmann 1985, S. 95 mit Abb.

Die dargestellte Szene beruht auf dem einem Idyll des Keriokleptes (Bucolici Graeci, 121) entnommenen Text: Die Bienen stechen Amor, der sich an einen Bienenstock herangemacht hat, gestochen wurde und der nun zur Mutter flüchtet, seinen Schmerz beklagend. Die Darstellung verkündet – ähnlich dem CXI. Motto der Emblematik von Alciati – die Moral, daß es ohne Schmerz keine Lust gibt (Alciati 1602, S. 505). Das Thema der Darstellung stimmt mit dem Thema einer Zeichnung von A. Dürer aus dem Jahre 1514 überein (Wien, Kunsthistorisches Museum; Winkler 1936, S. 165, Nr. 236), ja, gewisse Details der Zeichnung – wie die Figur des Amor und die Bienenstöcke – sind vom Werke Dürers spiegelbildlich übernommen. Die Zeichnung Dürers ist ein Blatt aus dem sogenannten ›Ambras Kunstbuch‹ und stammt als solche aus der Sammlung des Erz-

236

237

herzog Ferdinand von Tirol. Rudolf II. war bemüht, die Werke Dürers zu erwerben, und wenn es nicht anders ging, begnügte er sich mit Kopien. Es ist wahrscheinlich, daß diese Zeichnung auf seinen Wunsch – mit Ausnahme der Figur der Venus – aufgrund der Darstellung Dürers angefertigt wurde. Ravesteyn hielt vermutlich die Übernahme der stämmigen Frauengestalt Dürers mit seiner Auffassung weiblicher Schönheit für unvereinbar. Auf seiner Zeichnung ist die Figur schlanker, zierlicher und mädchenhaft und entspricht dem von der Kunst Correggios her bekannten und im Kreis der rudolfinischen Meister sehr beliebten Schönheitsideal. Die feine Übergänge andeutende Schattierung der beiden Figuren und die Anwendung dicker, weicher Umrißlinien bezeugen ebenfalls die aus der Kunst Correggios geschöpfte Anregung. T. G.

Budapest, Museum der Bildenden Künste, Inv. Nr. 314

PIETER CORNELIS VAN RYCK
Delft 1568 – ? 1628

237 Allegorie des Friedens
1606 (?)

Feder in Braun, grau und braun laviert; 19,9 × 19 cm
Bezeichnet: PR F Prag
Aufschrift unten: in vreeden Ryk
Herkunft: Aus der Sammlung István Delhaes (Lugt 761)
Ausstellungen: Salzburg 1987, Kat. Nr. 36
Literatur: Gerszi 1971, Nr. 218; Fučíková 1979, S. 502

Nach 14jähriger Kriegführung wurde mit den Türken im Jahre 1606 der Vertrag von Zsitvatorok geschlossen, der für eine kurze Zeit Frieden brachte. Diese Allegorie entstand vermutlich in Zusammenhang mit diesem Ereignis. Die Inschrift ›in vreeden Ryk‹ ist ein Wortspiel auf den Namen des Künstlers und stellt den wirtschaftlichen Vorteil des Friedens heraus. Die finanzielle Belastung durch die Türkenkriege hatte nämlich eine schwierige Wirtschaftslage zur Folge, und der Frieden bedeutete auch die Hoffnung auf materiellen Wohlstand. Van Ryck dürfte zu den Künstlern gehört haben, die sich – wie z. B. auch Jan Brueghel d. Ä. – aus bisher unbekannten Gründen nur eine kurze Zeit in Prag aufhielten. Die Zeichnung wurde jedenfalls – wie die Inschrift beweist – in Prag, wahrscheinlich für ein Stammbuch, angefertigt: Dafür spricht ihr vollendeter Charakter und die Inschrift. Die den Frieden verkörpernde weibliche Figur mit dem Ölzweig und mit der die Kriegsausrüstung verbrennenden Fakkel deuten auf italienische Schulung hin, und zwar viel mehr als seine Kücheninterieurs darstellenden Zeichnungen und Gemälde (Bol 1969, S. 5; Kuznetsov 1981, Nr. 159). Der Figurentyp erinnert am meisten an das die Allegorie des Friedens darstellende Fresko des

238

Francesco Salviati im Palazzo Vecchio zu Florenz (Venturi 1933, IX. VI, Abb. 86). T. G.

Budapest, Museum der Bildenden Künste, Inv. Nr. 385

AEGIDIUS SADELER DER JÜNGERE
Antwerpen 1570 – Prag 1629

238 Allegorie der Malerei
1600

Rote und schwarze Kreide laviert, Feder in Braun; 13,1 × 8,5 cm
Bezeichnet und datiert unten rechts: Egidius Sadeler Fecit / 1600 (rechter Strich der ersten Ziffer ›0‹ nur schwach angedeutet
Herkunft: Aus der Sammlung Dr. A. Welcker
Ausstellungen: Amsterdam 1956, Kat. Nr. 102; Stuttgart 1979/80, Kat. Nr. B 30
Literatur: Amsterdam, Rijksprentenkabinet, Verzameling Dr. A. Welcker, I, S. 46; Geissler 1979, I, S. 74/75; Raupp, ›Zum Thema Kunst und Künstler‹, in: Geissler 1979, II, S. 224; Kaufmann 1982 (The eloquent Artist) S. 134

Dieses Blatt, wohl für ein Stammbuch entstanden (Geissler 1979, I, S. 74), zeigt eine nackte Venus, ein Pigment zermahlend, während sie

Cornelis Galle,
Allegorie der Malerei. Stich nach Aegidius Sadeler

von zwei Putten gezeichnet wird. Ihre Attribute und Pose identifizieren sie (Raupp) als Verkörperung der Begriffe *grazia* und *bellezza,* die häufig in der kunsttheoretischen Literatur zu dieser Zeit (betr. der Farbenlehre) vorkommen. Auf der Staffelei sieht man eine Szene aus der Geschichte oder der Mythologie. Diese hat zur allgemein anerkannten Interpretation geführt (Kaufmann), es handele sich um eine Allegorie der Geschichtsmalerei, die in der Themenhierarchie den höchsten Rang einnahm.

Bis heute ist das Thema des Staffeleibildes noch nicht ganz ermittelt. Nach Geissler könnte es die Musen und Merkur darstellen. Eine Bestätigung dieser Deutung findet sich im Vergleich mit dem früheren Stich, *Minerva führt die Malerei zu den Freien Künsten* ein Beispiel der häufigen Kompositionen mit verwandter Symbolik aus den Münchener und rudolfinischen Kreisen. Beide Schilderungen zeigen das aus der venezianischen Malerei entliehene Motiv eines fliegenden Putto mit Zepter (und im Stich mit Lorbeerkrone). Vielleicht stellt auch das kleine Staffeleibild eine Krönung der Malerei dar. Die Putten im Vordergrund der Zeichnung stammen möglicherweise von ähnlichen Figuren auf der bemalten Fassade zu Bartholomäus Sprangers Haus auf der Kleinseite, in das Sadeler vor 1605 eingezogen war. Trotz der Erhabenheit dieses Themas ist die etwas grobe Darstellung der Venus charakteristisch für Sadeler. Ähnliche Figuren findet man auf datierten Zeichnungen von ca. 1600 bis 1606 (in Basel, London, Moskau) und auf den gestochenen Titelblättern für die ›Symbola divina‹ (1601–1603).

Die *Allegorie* ist irgendwann in Antwerpen erschienen, wo sie in der 1. Hälfte des 17. Jahrhunderts von Cornelis I. Galle reproduziert wurde (vgl. Abb.). Dieser aber hat das Staffeleibild in ein Parisurteil verwandelt und einen Text hinzugefügt. D. L.

Leiden, Prentenkabinet der Rijksuniversiteit, Inv. Nr. AW 1110

AEGIDIUS SADELER DER JÜNGERE
Antwerpen 1570 – Prag 1629

239 Bildnis des spanischen Botschafters Don Guillén de San Clemente
Vorzeichnung zum Stich (Hollstein 284)
1605–1608

Schwarze und rote Kreide, dunkelbraune Feder und Lavierung, Weißhöhung auf grauem Grund, teilweise gegriffelt; 17,7 × 13 cm
Herkunft: Aus der Sammlung A. von Beckerath
Ausstellungen: Stuttgart 1979/80, Kat. Nr. B 31
Literatur: Friedlaender-Bock, Katalog (Deutsche Schulen) S. 318 und Tafel 180; Geissler 1979, S. 74/75

Guillén de San Clemente, Ritter und Kommandant des spanischen St. Jakobsordens, war von 1581–1608 hochangesehener Botschafter am rudolfinischen Hof. Trotz seiner Rolle als Vertreter des spanischen Königs stand er den späthumanistischen und okkulten Strömungen am Prager Hof versöhnlich gegenüber. Er war stolz auf seinen Vorfahren, den Alchimisten Ramon Lull, und er hat den Magier und Spiritisten John Dee mehrfach nach Prag eingeladen (R. J. W. Evans 1980, S. 148 ff.; u. weitere Literatur).

Dieses Blatt gehört zu den zwölf erhaltenen Vorzeichnungen Sadelers, die für seine bekannten und geschätzten Porträtstiche geeignet waren. Obwohl die Zeichnung und der entsprechende Stich nicht datiert sind, kann man sie am besten mit anderen relativ frühen (um 1605) Bildnissen vergleichen, und zwar wegen ihrer dichten Bearbeitung und – im Gegensatz zu späteren Beispielen – ihrer etwas starren Auffassung. Die Porträts von *Johann Unterholzer* (vgl. Abb.) von 1605 zeigen starke Übereinstimmungen mit diesen Arbeiten in Format, Pose und den feinen Schattierungen auf Gesicht, Kostüm und Hintergrund. So ist dieses Blatt

239

Aegidius Sadeler d. J.,
Johann Unterholzer. Zeichnung
Wien, Albertina

240

wohl zwischen 1605 und 1608, dem Sterbejahr San Clementes, zu datieren.

Reznicek (1961 I, S. 165) wies als erster auf Sadelers Gebrauch von grau-grundiertem Papier hin und nimmt einen Einfluß von Dürers Zeichnungen auf gefärbtem Grund an. Eine andere Erklärung dieser Technik liegt vielleicht in den grisailleartigen Vorzeichnungen, die sehr häufig in der Antwerpener Stichproduktion (einschl. der Firma Sadeler) der 2. Hälfte des 16. Jahrhunderts benutzt wurden. D. L.

Berlin, Staatliche Museen Preußischer Kulturbesitz, Kupferstichkabinett, KdZ 5830

ROELANT SAVERY
Kortrijk 1576 – Utrecht 1639

240 Löwe

Schwarze Kreide, mit Wasser verriebene ockerfarbene Kreide, mit Weiß gehöht, auf gräulichbraunem Papier, mit blaßbrauner Tinte bearbeitet; 27,6 × 38,3 cm
Bezeichnet unten: R. S.
Herkunft: Gottfried Wagner, Leipzig, 1728
Literatur: Erasmus 1908, Kat. Nr. Z46; Spicer 1979, S. 164, Kat. Nr. 134; Fučíková 1986, Abb. 71

Die drei Löwendarstellungen in Dresden gehören zu verschiedenen Studien am lebenden Objekt, die Savery im kaiserlichen Vogelhaus und in den Tiergärten in Prag machte. Die Art dieser Skizzen – die Tiere sind gewöhnlich aus der Nähe, in Ruhestellung oder unbeteiligt, in charakteristischen Posen auf das Papier gebannt, ohne der Umgebung größere Aufmerksamkeit zu widmen – ist eng verbunden mit ihrer Funktion als Entwurfsammlung zu Tierdarstellungen auf Gemälden, sei es in einem friedvollen Beieinander oder im Zusammenhang mit einer Jagd. Das auf dieser Skizze ruhende, jedoch wachsam lauernde wilde Tier erscheint schlafend in *Orpheus spielt vor den Tieren,* entstanden 1610 in Frankfurt (Kaufmann 1985, Kat. Nr. 19–47), und wiederum in dem 1620 in Buscot Park gemalten *Paradies.*

Kräftige, farbintensive Kreidestriche verleihen diesen Löwenskizzen eine ungebrochene Leuchtkraft. Die Ähnlichkeit in der Technik mit den Berg- und Waldlandschaften aus den Jahren 1607–1610, wie etwa *Knorrige Wurzeln* (Kat. Nr. 249) und *Fernes Tal* (Kat. Nr. 245), deutet auf die gleiche Entstehungszeit hin; das leicht gefärbte Papier verstärkt noch die durch die Farben hervorgerufene Sinnenfreudigkeit. Etwas diesem kunstvollen Effekt Ebenbürtiges wird allein Rubens einige Jahre später mit seinen berühmten Löwenskizzen schaffen. J. S.

Dresden, Staatliche Kunstsammlungen, Kupferstichkabinett, Inv. Nr. C 924

ROELANT SAVERY
Kortrijk 1576 – Utrecht 1639

241 Juden in einer Synagoge
Um 1604/05

Feder mit brauner Tinte über Graphitstift, beschnitten; 17 × 14,6 cm
Bezeichnet in brauner Tinte und Stift: 1) swart end wit / geblombt / swart ende / wit geblomt / rot saÿ / witte saÿ (schwarz und weiß / geblümt / schwarzes ende / weiß geblümt / roter schal / weißer schal) 2) swart / verwel / verwelle swartt‹ / mús / rot saÿ / witte saÿ / swar‹ / rock (schwarz / müde / müdes schwarz / barett / roter schal / weißer schal / schwarz / rock)
Herkunft: Privatbesitz, Großbritannien (Christie's, London, 23. VI. 1970, 121)
Literatur: Spicer 1970, S. 26; Spicer 1979, S. 206/07, Kat. Nr. 160

Bildnerische Darstellungen wie Saverys sechs Zeichnungen des jüdischen Alltagslebens auf dem Markt oder in der Synagoge innerhalb des jüdischen Viertels in der Altstadt von Prag hatte es vorher noch nie gegeben; nur Rembrandts mitfühlende, aber wirklichkeitsfremdere Skizzen und Radierungen, die Jahrzehnte später in Amsterdam entstanden sind, können es mit ihnen aufnehmen. Aber selbst Rembrandt hat niemals eine solche Skizze in einer Synagoge gemacht. An charakteristischen Kleidungsstücken erkennt man das schwarze Filzbarett, den Gebetsschal und den am Sabbat üblichen Umhang der Männer, während der Junge die für die osteuropäischen Juden typische Pelzkappe mit Ohrenschützern trägt. Das Leben für die jüdischen Einwohner Prags war sicherer als in vielen anderen Gebieten des Kaiserreichs; Fynes Moryson erzählt in seinem ›Reisebericht‹, daß es ihm möglich war, »sich ungezwungen mit ihnen zu unterhalten und ihre Synagogen während des Gottesdienstes zu betreten«.

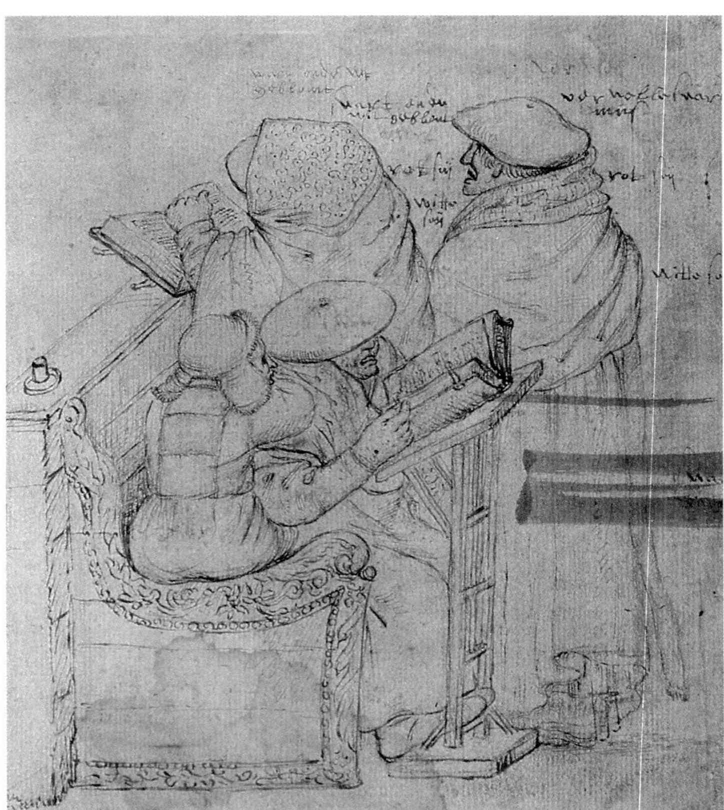

241

242

Die Datierung in die Zeit etwa um 1604/05 basiert auf einem Vergleich mit anderen Zeichnungen, deren Datierung in diese Zeit wahrscheinlich ist, wie etwa *Bauernbraut* (Niederlande, Privatbesitz; Spicer 1979, Kat. Nr. 183). Sie alle sind gekennzeichnet durch eine Nüchternheit der Darstellung, die – wenn man sie mit Saverys anfänglichen Personenstudien in Prag im Winter 1603/04, wie etwa *Drei Bauern* in Berlin (Spicer 1979, Kat. Nr. 151; Berlin 1975, Kat. Nr. 233r), vergleicht – zeigen, wie schnell der Künstler einen eigenen Stil gefunden hat. Auf der Rückseite der vorliegenden Zeichnung, auf der ein schlafender Mann abgebildet ist, den Savery als »Sinior Peter Boeddaer« benennt, erkennt man eine Skizze, die anscheinend in einer Kneipe entstanden ist. Diese beiden Zeichnungen sind zusammen mit *Zwei Rabbiner* in Frankfurt (Spicer 1979, Kat. Nr. 224) die einzigen, die nicht im Freien entstanden sind.

Wie bei seinen anderen nach lebenden Personen entstandenen Zeichnungen wurde zunächst auf das Blatt mit schwarzer Kreide oder mit Bleistift die Skizze entworfen und Farbandeutungen an Ort und Stelle vorgenommen; Einzelheiten wurden später mit Feder und brauner Tinte herausgearbeitet. Während so die zugrundeliegende Kreidezeichnung eine unmittelbare Vorstellung gibt, ist die Federzeichnung exakt und präzise. Genauso ist auch die anfängliche Beschriftung unreflektiert oder abgekürzt; ein flüchtig in Kreide niedergeschriebenes »swar rock« (schwarzer Umhang) ist ein typisches Kürzel für *swartte rock*. Zeilen wie »witte sa« (weißes Halstuch oder Schal), die zum Teil durchtrennt worden sind, verdeutlichen, daß das Blatt später zurechtgeschnitten wurde. J. S.

Amsterdam, Stiftung P. und N. de Boer

ROELANT SAVERY
Kortrijk 1576 – Utrecht 1639

242 Zwei Männer
Um 1606–1608

Feder mit brauner Tinte über schwarzer Kreide, beschnitten; 16 × 19 cm
Bezeichnet in brauner Tinte und schwarzer Kreide: 1) ville swartte hoedt / swartte rock / met graúúe / borden dar op / ville blaúúe koúsen (schmutziger schwarzer Hut, schwarzer Umhang mit Streifen, schmutzige blaue Gamaschen) 2) vil omberre mús en / witte verren dar op / vil bruinockker rock / met groen van binnen / vil swartte lersen en hedt binste /rodt / nart het leúen (schmutziges dunkelbraunes Barett mit weißer Feder, schmutziger ockerbrauner Mantel mit grünem Futter, schmutzige schwarze Stiefel mit rotem Futter, vom lebenden Sujet)
Herkunft: Wien, Prinz von Liechtenstein
Literatur: Kurz 1936, S. 6 (P. Bruegel); Tolnay 1952, Kat. Nr. 89; Münz 1961, Kat. Nr. 103; Spicer 1979, Kat. Nr. 202 (R. Savery)

Während seiner ersten Jahre in Prag war Savery bemüht, einen Fundus an Personen- und Kleidungsskizzen zusammenzustellen, um damit seine Gemälde des ländlichen Lebens bevölkern zu können. Diese sind insgesamt als *naer het leven*-Zeichnungen bekannt (Spicer 1970, 1979; van Leeuwen 1971, 1979; auch Köln 1985, Berlin 1975). Verschiedene Gründe sprechen dafür, daß Savery zuvor niemals figürliche Skizzen angefertigt hatte; die ersten Skizzen sind unbeholfen, aber man erkennt – wenn man die mehr als achtzig heute noch existierenden betrachtet – eine bemerkenswert rasche stilistische Entwicklung. Keine trägt ein Datum, genausowenig einen richtigen Namenszug, aber sie sind auf der Basis von Vergleichen mit datierten oder datierbaren Gemälden zu bestimmen, für die sie benutzt wurden. Wie in *Zwei Männer* stellen viele dieser Skizzen kleinere Gruppen von Männern oder Frauen dar, die auf öffentlichem Platz in ein Gespräch vertieft sind. Einige von ihnen – wie etwa diese Männer – bemerken nicht, daß der Künstler sie

243

zeichnet. Ihre warme Kleidung läßt auf die Wintermonate schließen. Hände lagen Savery nie besonders, und er vermied sie, wo immer es möglich war. Andererseits ließ er fast nie einen Körperteil unvollständig; eine wichtige Ausnahme ist *Zwei Zuschauer* in Rotterdam (Spicer 1979, Kat. Nr. 216; Münz 1961, Kat. Nr. 95), das nach der Vorlage von zwei zum Teil undeutlichen Personen auf Pieter Bruegels *Kreuztragung Christi* (Wien, Kunsthistorisches Museum) – Savery sah es in Rudolfs Sammlung – gezeichnet ist. Die Annahme, daß die in Rotterdam befindliche Zeichnung eine Skizze zu Bruegels Gemälde war, führte ehemals mit dazu, daß man alle *naer het leven*-Zeichnungen Bruegel zuschrieb. Daß Teile der Schuhe in *Zwei Männer* fehlen, ist Folge des Beschneidens des Bildes. Da Savery ausschließlich an der Kleidung und Haltung seiner Personen interessiert war, kümmerte er sich kaum mehr als andeutungsweise um den Hintergrund – hier ein auf dem Boden liegender Fels, der dem Bild einen gewissen Halt verleiht.

Zwei Männer ist einige Jahre später als *Juden in einer Synagoge* entstanden, vielleicht in den Jahren 1606–1608, und zeichnet sich durch Saverys zunehmende Befähigung aus, mit der Feder umzugehen. Die mit gekonnt gezogenen Linien gezeichneten Gestalten sind durch sichere Kontur und energische Kreuzschraffierungen bestimmt. Auch die Handschrift hat einen sicheren Schwung (Spicer 1979, S. 224–26; Spicer 1970 und Van Leeuwen 1970). In faszinierender Weise vervollkommnet sich auch Saverys Schreibweise; zum Beispiel fangen nun *hedt* und *rodt* an, *het* und *rot* zu ersetzen. Die Aufschrift *naer het leven* auf der Mehrzahl der Blätter – von daher stammt die Benennung der gesamten Gruppe – erinnerte den Künstler daran, daß diese Zeichnungen nach lebenden Modellen angefertigt sind. J. S.

Zürich, Privatbesitz

ROELANT SAVERY
Kortrijk 1576–Utrecht 1639

243 Bauernfamilie im Freien
1608/09

Schwarze Kreide, weiß gehöht auf hellbraunem Papier; 42,6 × 36 cm
Herkunft: Ehrich Dehmel
Literatur: Spicer 1970, S. 25; Spicer 1979, Kat. Nr. 229, S. 231; Liess 1981, S. 98; Fučíková 1986, Abb. 69

Dies ist die einzige Arbeit von Savery oder einem anderen rudolfinischem Künstler, die eine solch zwanglose intime häusliche Szene darstellt. Im Mittelpunkt sitzt ein Mann, vermutlich der Vater, der sein Bein ausstreckt, um ein Kind davon zurückzuhalten, nach den herumtollenden Hunden zu greifen. Diese sympathisch wirkende Gruppe steht im Gegensatz zu der für Savery sehr viel typischeren Unpersönlichkeit der lebensnahen Studien, die etwa in *Zwei Männer* (Kat. Nr. 242) zum Ausdruck kommt, oder zu der negativen Interpretation bäuerlicher Derbheit in den Gemälden *Bauern vor einem Gasthaus* aus dem Jahre 1608 (Brüssel, Musées royaux des Beaux-Arts; Frankreich, Privatbesitz; Kaufmann 1985, Kat. Nr. 19–27, 28), obwohl diese wahrscheinlich etwa aus der gleichen Zeit stammen. Der kräftige Gebrauch von schwarzer Kreide kann verglichen werden mit zeitgleichen Baumstudien wie *Knorrige Wurzeln* (Kat. Nr. 249) aus den Jahren 1608–1610. Die Personen sind wahrscheinlich verschiedenen Studien nach lebenden Modellen entnommen. Auf jeden Fall stammt das Vorbild für die stehende Frau aus derselben Studie wie ihr Pendant auf dem Gemälde *Gebirgslandschaft mit Reisenden,* das auf 1608 datiert ist (Kat. Nr. 143). Die beiden anderen Frauen tragen einen Kopfputz, der mit der Rheinpfalz oder Heidelberg in Verbindung gebracht worden ist (Hottenroth 1902, Abb. 84). J. S.

Dresden, Staatliche Kunstsammlungen, Kupferstichkabinett, Inv. Nr. 1911–22

ROELANT SAVERY
Kortrijk 1576 – Utrecht 1639

244 Weg durch einen Bergwald
Um 1607

Schwarze Kreide über Spuren von Blei- oder Graphitstift, in Wasser verriebene rote Kreide, grün, blau, grau und hellbraun laviert, Details in brauner Tusche; Pinselstriche und schwarze Tusche von Allart van Everdingen;
30,8 × 39,5 cm
Herkunft: Allart van Everdingen; E. Desperet (L.721); 1895 erworben
Ausstellungen: Berlin 1974, Kat. Nr. 178; Berlin 1975, Kat. Nr. 251
Literatur: Erasmus 1908, Kat. Nr. Z25; Katalog 1930 (Bock, Rosenberg), S. 270; Gerszi

244

245

1976, S. 117; Spicer 1979, S. 67, Kat. Nr. 20 (verbessert von A. van Everdingen)

Der einfachen Skizze in schwarzer Kreide, die während eines Studienausflugs in die Berge entstand, fügte Savery später die Kolorierung mit farbiger Tusche hinzu – eine Technik, die sicherlich von seinem Malerfreund Paulus van Vianen inspiriert worden ist – und hob dann Teile des Unterholzes mit Bleistift und brauner Tusche hervor. Diese und die weit mehr ausgearbeitete Skizze *Fernes Tal* (Kat. Nr. 245) gehören zu einer größeren Gruppe, die Savery 1607 wahrscheinlich anläßlich seiner Reise in die Schweiz und nach Tirol angefertigt hat.

Die untere linke Ecke wurde von einem anderen Künstler, der mit der Pinselspitze und schwarzer Tusche arbeitete, vollendet. Eine verwandte Komposition von Savery aus Amsterdam (Spicer 1979, Kat. Nr. 20; Köln 1985, Kat. Nr. 96) wurde von demselben Künstler bearbeitet; das Amsterdamer Blatt trägt das Monogramm AVE, das Davies (1978, S. 117) als Fälschung bezeichnete, wobei er allerdings den Stil der Landschaftsdarstellung nicht beachtete.

Offensichtlich können diese Passagen jedoch Allart van Everdingen zugeschrieben werden, vergleicht man dessen Landschaftszeichnungen, die mit der Pinselspitze ausgeführt wurden (wie Hamburg Inv. Nr. 21912; Davies 1978, Abb. 255). Somit ist das Monogramm auf der Amsterdamer Zeichnung ohne Zweifel echt. Selbst ohne einen solchen Beleg wird Everdingens Interesse an Saverys Alpenansichten als Ausgangspunkt für seine skandinavischen Landschaftsdarstellungen deutlich. Dennoch läßt sich das Lehrer-Schüler Verhältnis, das so häufig postuliert wird, nicht leicht belegen. Schon bevor Everdingen 20 Jahre alt war, hatte Savery seine Karriere beendet; auch sind es Saverys frühere Arbeiten und nicht die statischen Tierphantasien der letzten Jahre, die für Everdingens Stilfindung wichtig waren. J. S.

Berlin, Staatliche Museen Preußischer Kulturbesitz, Kupferstichkabinett, KdZ 4017

ROELANT SAVERY
Kortrijk 1576 – Utrecht 1639

245 Fernes Tal
Um 1607

Schwarze Kreide, schwarze Ölkreide, mit Wasser verriebene rote Kreide, blau und braun laviert; 39,3 × 38,7 cm
Herkunft: Peter Sandby (cf. L.2112)
Ausstellungen: Hamburg 1920, Kat. Nr. 143
Literatur: Spicer 1979, Kat. Nr. 38

In seiner ›Teutschen Academie‹ (1676) verzeichnet Joachim van Sandrart, der in den 1620er Jahren in Prag arbeitete, daß der Kaiser Savery mit dem Auftrag in die Alpen geschickt habe, diese zu zeichnen; allerdings sagt van Sandrart nichts über den Zeitpunkt der Reise aus. Ein Vergleich der datierten Zeichnungen und Gemälde legt das Jahr 1607 als das wahrscheinlichste Reisejahr nahe, gerade wenn man die ersten Zeichnungen der böhmischen Berglandschaft mit in Betracht zieht, die Savery im Jahr davor anfertigte. Die Alpenskizzen, die an verschiedenen Orten in der Schweiz und in Tirol/Österreich entstanden, sind nahezu ausnahmslos Kreidezeichnungen. Zunächst mit schwarzer Kreide skizziert – wobei einige Stellen mit schwarzer Ölkreide betont wurden, erhielten sie ihre beeindruckende Wirkung durch die kühne Kolorierung; im vorliegenden Fall handelt es sich um mit Wasser verriebene rote Kreide, die ohne Rücksicht auf Schattierungen und Konturen aufgetragen worden ist. Diese verleiht der Zeichnung einen spürbar warmen und spannungsreichen Ausdruck, der durch den Kontrast mit dem kühlen Blau des Himmels noch intensiviert wird. Ein solch dramatischer Anblick wie der vorliegende wird wohl in den Alpen, also vor Ort, skizziert worden sein. Die Szenerie wurde vom Künstler sorgfältig ausgewählt und entsprechend dargestellt, um ein effektvolles und ›authentisches‹ Bild zu schaffen, das in dem Betrachter gleichermaßen die anheimelnde Atmosphäre des Waldweges, die Faszination des herabstürzenden Wasserfalls, die zerklüfteten Felsen und die veränderlichen Wetterverhältnisse in der dünnen Luft der Berge zum Ausdruck bringt. Bei der Ausarbeitung fügte Savery zwischen die traditionellen begrenzenden ›Seiten‹ über das Tal hinaus zu den dahinterliegenden Gipfeln einen symbolträchtigen Regenbogen hinzu. Seine Faszination für dieses Naturphänomen spiegelt sich in der Häufigkeit der Darstellung in seinen Zeichnungen; allerdings findet sich kein Regenbogen in einem seiner Gemälde. J. S.

Hamburg, Kunsthalle, Inv. Nr. 22490

ROELANT SAVERY
Kortrijk 1576–Utrecht 1639

246 Berglandschaft
Um 1607/08 *Ft. 60, S. 364*

Schwarze Kreide, rote Kreide, blau laviert, Spuren von brauner Tinte, teilweise für die Übertragung beschnitten, Rückseite mit roter Kreide abgerieben; 19 × 26,5 cm
Bezeichnet mit schwarzer Kreide: R. SAVERY; Anmerkung in Bleistift: 3246
Herkunft: Sammlung Tessin
Ausstellungen: Stockholm 1933, Kat. Nr. 48; Stockholm 1953, Kat. Nr. 93; Washington D.C. 1985, Kat. Nr. 74
Literatur: Bernt 1958, II Nr. 530; Spicer 1979, Kat. Nr. 42; Kaufmann 1985, unter Kat. Nr. 19–15

Obwohl die Motive sowie die warmen Farbtöne des Bildes von Saverys alpinen Landschaften abgeleitet sind und die Arbeit auf einer verlorengegangenen alpinen Komposition basieren kann, ist die vorliegende Ansicht aus dem Gedächtnis gezeichnet und dürfte im Atelier entstanden sein. Die sorgfältige Anordnung der schematisch aufgebauten, ausgewogenen Bildpassagen führt das Auge sanft durch eine Wildnis, die hier weniger furchteinflößend wiedergegeben ist als in der nachfolgenden Darstellung (Kat. Nr. 247). Dieser Eindruck wird durch eine geringere Höhe und Schroffheit der Felsen und den steten Strom unbekümmerter Reisender hervorgerufen. Eine frühere, düsterere Fassung, die Ähnlichkeiten mit *Fernes Tal* aufweist (Kat. Nr. 245) – dieses Gemälde entstand in den Alpen –, war sehr wahrscheinlich die Vorlage, die Savery für ein Gemälde aus dem Jahre 1607 benutzte (in zwei Hälften zerschnitten; Verbleib unbekannt. Kaufmann 1985, Kat. Nr. 19–15 [?], verkehrt zusammengesetzt abgebildet). Andererseits war die Stockholmer *Berglandschaft* sicherlich als Vorlage für einen Stich gedacht, der von Aegidius Sadeler publiziert wurde (Hollstein Sad 227; Spicer 1979, Kat. Nr. Pr40). Ihre befriedete Wildnis steht aber eher in Zusammenhang mit verwandten Bildern, wie der folgenden Kat. Nr. 247, als mit den Alpenstudien. Sie ist von einem Graveur bearbeitet worden. Einige Details des Blattwerks oben links wurden mit Feder und Tinte herausgearbeitet; dies könnte als Vorlage für den Graveur gedient haben, doch weisen auch andere Landschaften, die nicht für einen Druck gedacht waren, solche Abschnitte auf. J. S.

Stockholm, Nationalmuseum, Inv. Nr. THC 3246/1863

247

ROELANT SAVERY
Kortrijk 1576 – Utrecht 1639

247 Mündung eines Gebirgsflusses in einen See
Um 1608

Schwarze Kreide, Details in brauner Tinte, Tusche in Grün, Blau und in Braunnuancen, mit Schlämmkreide für Korrekturen; beschnitten, laviert in Grün, Blau und Braunnuancen; 18,9 × 28 cm
Bezeichnet in brauner Tinte, beschnitten: ›RY
Herkunft: Sammlung De Grez
Ausstellungen: Brüssel 1926, Kat. Nr. 63 (P. Bril); London 1972, Kat. Nr. 89; Manchester 1976, Kat. Nr. 35 (R. S.)
Literatur: De Grez Katalog 1913, Nr. 503 (P. Bril); Spicer 1979, Kat. Nr. 46

Diese von J. Q. van Regteren Altena von Paul Bril erneut an Savery gegebene harmonische Waldlandschaft kann mit der vorangegangenen Komposition Kat. Nr. 246 und anderen Werken der Jahre 1607/08 verglichen werden (Spicer 1979, Kat. Nr. 43–45). Wie jene ist sie als Stich des kaiserlichen Stechers Aegidius Sadeler veröffentlicht worden. (Spicer 1979, Kat. Nr. Pr 38). All diesen Zeichnungen sind die geglätteten Linien und der auf den Menschen abgestimmte Maßstab eigen, die die Darstellung faszinierend, ja aufregend machen, und in denen die Wildheit früherer Zeichnungen gezähmt und zugänglich erscheint.

Sehr wahrscheinlich hat der Stecher das Blatt entlang des linken Randes beschnitten und den rechten und unteren Rand unbeholfen erweitert, ebenso wie er wohl für die Gravur verantwortlich ist. Im Stich ist die Bildkomposition auch am oberen Rand ausgedehnt worden, und die Sichtweise wurde zusätzlich noch durch das Hinzufügen mehrerer größerer Figuren verändert. Schließlich ist der Stecher vielleicht auch noch für die braunen Farbtöne verantwortlich, die untypisch sind und die Zeichnung überladen wirken lassen. Möglicherweise sollten sie aber kräftige Licht- und Schattenbereiche schaffen, damit später der Grabstichel eingesetzt werden konnte. J. S.

Brüssel, Königliche Museen der Schönen Künste, Sammlung De Grez, Inv. Nr. 503

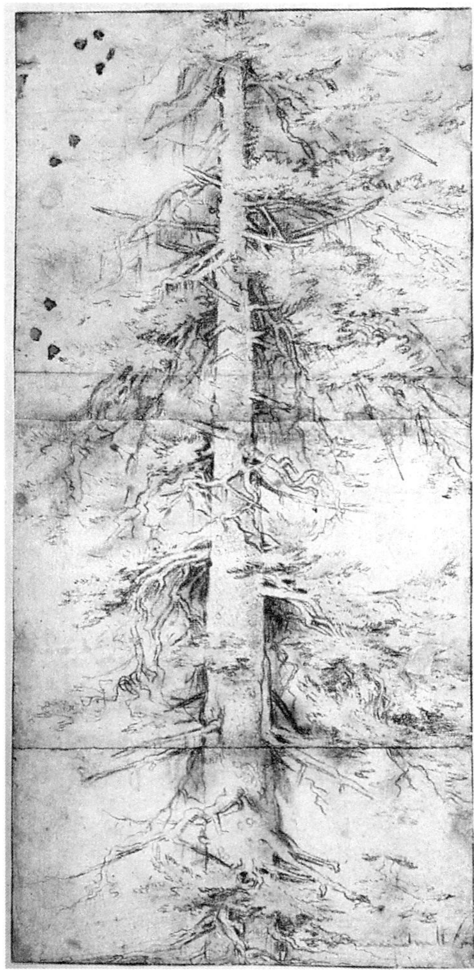

248

249

ROELANT SAVERY
Kortrijk 1576 – Utrecht 1639

248 Tannenbaum
Um 1607

Schwarze und rote Kreide, Graphit bei den untersten Ästen; 42,6 × 20 cm
Herkunft: Gottfried Wagner, Leipzig; 1728 aus seinem Besitz erworben
Ausstellungen: Brüssel 1967, Kat. Nr. 83; Stockholm 1969, Kat. Nr. 194; Zürich 1971, Kat. Nr. 189
Literatur: Inventar 1738 (Von Heuscher), S. 122; Spicer 1979, Kat. Nr. 52

Dieses Bild wurde eine Zeitlang Allart van Everdingen zugeschrieben, dann aber 1922 von F. Lugt erneut Savery zuerkannt. In Darstellung und Detailaufbau entspricht dieser *Tannenbaum* anderen Studien immergrüner Bäume des Künstlers, besonders jener in Darmstadt (Katalog 1979, Nr. 83; Spicer 1979, Kat. Nr. 52). In Stil und Materialwahl entspricht es der Darstellung von Einzelbäumen und weist somit auf ein Entstehungsdatum um 1607 hin. Obwohl die vorliegende Arbeit aus drei Papierblättern besteht, läßt die Art, wie der Baumstamm abrupt abgeschnitten ist, darauf schließen, daß die Originalzeichnung größer war. Da der Mittelteil des Stammes dargestellt ist, muß Savery diesen Baum von einem nahegelegenen, erhöhten Beobachtungspunkt aus gesehen haben, möglicherweise stand er auf einem Felsblock. Dies könnte die sonst unerklärliche Veränderung des Blickwinkels verständlich machen: Man schaut herunter auf die untersten Äste, über die höherliegenden hinweg auf das oberste Zweigwerk. Das Bild *Knorrige Wurzeln* (Kat. Nr. 249) wurde aus einer ähnlich ungewöhnlichen Perspektive gemalt. J. S.

Dresden, Staatliche Kunstsammlungen, Kupferstichkabinett, Inv. Nr. C 1549

ROELANT SAVERY
Kortrijk 1576 – Utrecht 1639

249 Knorrige Wurzeln
Um 1608–1610

Schwarze und rote Kreide, schwarze Ölkreide auf hellbraunem Papier, grün laviert; 48,2 × 37 cm
Bezeichnet in schwarzer Kreide: R. Sav.

Herkunft: K. E. van Liphart; E. Parsons and Co.; C. Hofstede de Groot

Ausstellungen: Den Haag 1930, Kat. Nr. 106; Brüssel 1937/38, Kat. Nr. 36; Rotterdam 1938, Kat. Nr. 353; Gent 1954, Kat. Nr. 155; Dordrecht 1955, Kat. Nr. 219; Washington D.C. 1958/59, Kat. Nr. 39; Rotterdam 1976, Kat. Nr. 120
Literatur: Spicer, 1979, S. 85/86, Kat. Nr. 57

Während Saverys Arbeiten von Nadelbäumen (Kat. Nr. 248) zusammen mit seinen Berglandschaften in die Jahre 1606/07 datiert werden können, gehören seine aus dem Rahmen fallenden, körperhaften Skizzen von Laubbäumen, in deren Mittelpunkt die wellenförmigen, knorrigen Wurzeln stehen, in die darauffolgenden Jahre, in denen sich der Künstler offensichtlich in Böhmen aufhielt. Die vorliegende Studie ist insofern bedeutend für die Datierung dieses Zyklus, da sie als Modell für den kleinen Hügel im Vordergrund des Bildes *Waldlandschaft mit der jagenden Diana* aus dem Jahr 1610 diente (Weinmüller, München, 29–29. X. 1970, 808a; Kaufmann 1985, Kat. Nr. 19–44). Der außergewöhnliche Blickwinkel aus einer Sichthöhe nur wenig über dem Erdboden vergrößert das schwellende Ebenmaß des Wurzelwerks und des unteren Stammes. Wie in vielen anderen Werken arbeitete Savery hier nach dem Leben, doch seine Perspektive – buchstäblich und im übertragenem Sinn – hat sein Objekt verwandelt und dessen Ausdruckskraft herausgestellt.

Das hellbraune, leicht gemaserte Papier, das bei dieser und ähnlichen Baumskizzen Verwendung fand, ergänzt hervorragend die Wärme des Zeichenmaterials. Diese so auffallend körperhaften Baumskizzen Saverys inspirierten die gewaltigen Kompositionen mit schwarzer Kreide zwischen 1608/09 bis 1613, für die er sogar das gleiche Papier benutzte. Auf der anderen Seite resultieren die Ähnlichkeiten mit den zeitgenössischen Baumskizzen von Jacob de Gheyn, der in Den Haag arbeitete, und Abraham Bloemaert in Utrecht aus der parallel stattfindenden Aufnahme der Thematik im Rahmen breiterer Strömungen des aufkommenden holländischen Naturalismus. J. S.

Amsterdam, Sammlung J. Q. van Regteren Altena

250

ROELANT SAVERY
Kortrijk 1576–Utrecht 1639

250 Die Karlsbrücke von der Insel Kampa aus gesehen
1603/04

Braune Tinte; 16,3 × 23,8 cm
Bezeichnet und signiert in brauner Tinte: binnen praga nart leúen; Anmerkung in brauner Tinte: R. Sauv
Herkunft: W. Kohler, seit 1868 (L. 1583); A. von Lanna, Prag (L. 2773); C. Hofstede de Groot (L.561); Dr. Wertheim; R. Morawetz; F. Lugt (bis zum Zweiten Weltkrieg)
Ausstellungen: Leiden 1916, Kat. Nr. 87; Den Haag 1931, Kat. Nr. 103
Literatur: Hirschmann 1916, S. 402; Gopel 1931, S. 202; Wirth 1933, Abb. 25; Spicer 1970, S. 14; Van Leeuwen 1970, S. 25 ff.; Síp 1973; Spicer 1979, S. 94/95, 101/02 (Kat. Nr. 64); Fučíková 1986, Abb. 64

Von der kleinen Insel Kampa in der Moldau aus gesehen, kontrollieren die zwei Türme, von denen der eine im 15. Jahrhundert und der andere zum ersten Mal bereits im 12. Jahrhundert errichtet wurde, den Zugang zur Karlsbrücke von der Mála Strana aus. Noch heute dominieren sie das Stadtbild, obwohl sich ihre Umgebung beträchtlich verändert hat.

Für eine Skizze einer städtischen Siedlung ist die Komposition überraschend naturgetreu – fast schon als Stadtpanorama zu bezeichnen. Paulus van Vianen und Pieter Stevens fertigten zahlreiche Zeichnungen von Prag an, wobei die Stadt jedoch in der herkömmlichen topographischen Art, in der Savery ebenfalls zum Teil malte, dargestellt wird. Viele der Skizzen Saverys zeigen ein neues Verständnis des Gemeindewesens, das eher für die letzten Jahrzehnte in Holland oder für die Darstellung berühmter Bauwerke wie der in Rom typisch ist.

Savery versuchte hier, ähnlich wie in einigen anderen früheren Zeichnungen, ausschließlich mit der Feder zu arbeiten, ohne auf eine frühere Kreide- oder Bleistiftskizze zurückzugreifen. Daher wirkt die Linienführung häufig unsicher, und die Brücke erscheint, trotz späterer Überarbeitung, nicht exakt gezeichnet. Die Arbeit ist eine von nur drei Zeichnungen, die eine Form der Inschrift *naer het leven* tragen, also verdeutlichen sollen, daß die Skizze nach dem Leben, d. h. vor Ort, gefertigt wurde. Da die abgekürzte Form *nart leven* ebenfalls auf den am wenigsten ausgearbeiteten und, wie man annimmt, frühesten Skizzen von Personen benutzt wurde, muß auch diese Skizze in den ersten Jahren Saverys in Prag zwischen 1603–1605 entstanden sein.

Auf der Rückseite sind die ersten Linien einer Skizze von Bäumen oder Unterholz zu sehen.
J. S.

Prag, Nationalgalerie, Inv. Nr. K 37.440

ROELANT SAVERY
Kortrijk 1576–Utrecht 1639

251 Gasthaus am Stadtrand von Prag
Um 1603–1605

Braune Tinte, rosa, grau und hellbraun laviert; 22,8 × 23,7 cm
Herkunft: David Laing; Royal Scottish Academy
Ausstellungen: Gent 1954, Kat. Nr. 139; London 1953, Kat. Nr. 280; London 1966, Kat. Nr. 50

251

252

Literatur: Hind 1911/12, Nr. 19; Spicer 1979, Kat. Nr. 67; Katalog 1985 (Andrews), S. 77

252 Gasthaus am Stadtrand von Prag
Um 1603–1605

Braune Tinte, gelb, grün, grau und rosa laviert; 23,5 × 24,5 cm
Herkunft: David Laing; Royal Scottish Academy
Ausstellungen: Gent 1954, Kat. Nr. 140; Edinburgh 1985, ohne Nr.
Literatur: Spicer 1979, Kat. Nr. 68; Katalog 1985, S. 77

Die Befestigungsmauern auf dem Hügel im Hintergrund sind die Mauern Prags, vom südlichen Stadtrand aus gesehen. Die beiden nebeneinander stehenden Zeichnungen, die von einem Standort nur wenige Meter weiter zur Linken angefertigt worden sind, zeigen beide denselben Gasthof mit dem traditionellen Immergrünzweig, der das Eintreffen des neuen Weinjahrgangs, aber auch die Nähe von Wohnvierteln signalisiert. Es handelt sich hier in erster Linie um Wiederholungen eines interessanten Motivs, vergleichbar der armseligen Hütte mit schrägen Wänden und Flickwerk, wie sie Karel van Mander in seinem ›Schilderboeck‹ (1604) als pittoreske Ergänzung für eine Landschaft empfahl. Die ungenauen, fast nachlässig ausgeführten Striche verbinden diese beiden Skizzen mit einigen anderen, die, direkt mit Bleistift oder Tusche zu Papier gebracht, in und um Prag entstanden sind, wie z. B. die etwas frühere Arbeit *Die Karlsbrücke von der Insel Kampa aus gesehen* (Kat. Nr. 250). J. S.

Edinburgh, National Gallery of Scotland, Inv. Nr. D 1706

ROELANT SAVERY
Kortrijk 1576–Utrecht 1639

253 Haus auf dem Ostufer der Moldau in Prag
Um 1605–1609

Braune Tinte über Spuren von schwarzer Kreide und Bleistift, blau, rosa und hellbraun laviert; 18,9 × 28 cm
Herkunft: Erworben 1907
Ausstellungen: Gent 1954, Kat. Nr. 132; Berlin 1975, Kat. Nr. 246
Literatur: Erasmus 1908, Kat. Nr. Z21; Erasmus 1911, S. 7; Katalog 1930 (Bock, Rosenberg), S. 269; Spicer 1979, S. 102, Kat. Nr. 72

Während man den Turm mit dem abgeschwächten Zwiebeldach im Hintergrund rechts als den Wasserturm südlich der Karlsbrücke auf dem Ostufer der Moldau in dem großen Stadtpanorama von 1606 – einem Stich von Aegidius Sadeler – wiedererkennen kann, handelt es sich bei dem hier gezeigten Haus wohl eher um eines jener Gebäude, wie sie ein paar hundert Meter weiter unten am Fluß zusammengedrängt standen. Der zeichnende Künstler wird wahrscheinlich Savery selbst sein. Die Motivauswahl Saverys für seine Prager Zeichnungen verdeutlicht, wie pittoresk er solche baufälligen Häuser empfunden haben muß, da er liebevoll auf den abstrakten Mustern aus Gerüsten und Bretterstapeln verweilt. In erster Linie handelt es sich hier um eine Motivskizze, allerdings aus dem Blickwinkel des Künstlers und unter dem Aspekt der Bildkomposition – dem typischen schiefen Winkel – aus gesehen, der das Interesse des Betrachters weckt. Savery hat dieses Motiv anscheinend in kein anderes seiner in Prag gemalten Werke integriert, jedoch nach seiner Rückkehr nach Amsterdam sehr effektvoll eingesetzt, nun mit einem romanischen Turm für das Gasthaus in seinem Gemälde *Viehmarkt* (Belgien, Privatbesitz; Gent 1954, Abb. 34).

Die größere Dichte und Stärke der Bleistiftstriche im Vergleich zu dem möglicherweise sogar etwas früheren Gegenstück (Kat. Nr. 252) zeigen die Übernahme der Arbeitstechnik, zunächst das Motiv mit Kreide oder Bleistift zu skizzieren. J. S.

Berlin, Staatliche Museen Preußischer Kulturbesitz, Kupferstichkabinett, KdZ 3228

253

254

ROELANT SAVERY
Kortrijk 1576–Utrecht 1639

254 Kleinseite-Platz
Um 1608

Tinte in Braunnuancen über schwarzer Kreide, blau und hellbraun laviert; 17 × 24 cm
Herkunft: K. E. von Liphart (Leipzig, 26. IV. 1898, 856); Dr. A. Kampe, Augsburg
Ausstellungen: Krefeld 1938, Kat. Nr. 134
Literatur: Burian 1957, S. 372; Spicer 1979, S. 95, Kat. Nr. 79; Fučíková 1986, Abb. 66

Der *Kleinseite-Platz,* auf halbem Weg zwischen Hradschin und Fluß gelegen, war Brennpunkt des wirtschaftlichen Geschehens des Viertels und gleichzeitig das Zentrum einer sehr regen deutschen Gemeinde. Der Blick fällt von der Westseite des Platzes nach Osten in Richtung der Lagerhäuser; über dem Lagerhaus auf der linken Seite sieht man die Kirchturmspitze der im 15. Jahrhundert erbauten Pfarrkirche St. Niklas. Die südöstliche Ecke des Platzes erscheint auf einer anderen Zeichnung (Spicer 1979, Kat. Nr. 76; Spicer 1982). Die im Gegensatz zu den vorhergehenden Studien stärker dekorative Wiedergabe der Details, wie etwa die überstark geschwungenen Dächer und die sorgfältig ausgearbeiteten Wolkenränder, entspricht jenen in *Hütten am Wasser* aus dem Jahre 1608 (Stuttgart; Spicer 1979, Kat. Nr. 80). J. S.

Leipzig, Museum der bildenden Künste, Inv. Nr. 417

ROELANT SAVERY
Kortrijk 1576–Utrecht 1639

255 Der Hradschin in Prag
Um 1604–1609

Braune Tinte, hellbraun, grün und bläulichgrau laviert; 16,7 × 27,8 cm
Bezeichnet in dunkelbrauner Tinte: Slot te Praag R. Savery
Herkunft: Stiftung A. A. van Sittart, 1876
Ausstellungen: Cambridge 1960, Kat. Nr. 66
Literatur: Erasmus 1908, Kat. Nr. Z33; Spicer 1979, S. 99, Kat. Nr. 92; Zwollo 1983, S. 408

Dieser Panoramablick vom Palast auf dem Hradschin zum Belvedere am Ende des Wildparks wurde vom Künstler zugunsten einer umfassenderen Betrachtung eher komprimiert dargestellt. Derselbe Gebäudekomplex, von einem weiter entfernt liegenden Beobachtungs-

255

256

punkt aus gesehen, findet sich in einer Skizze, die Savery vom anderen Ufer des Flusses gemacht hat: *Die Moldau nördlich von Prag* (Berlin; Spicer 1979, Kat. Nr. 91). *Prag, vom Kloster Strahov aus gesehen* wiederum zeigt den Hradschin von der gegenüberliegenden Seite. In der vorliegenden Zeichnung hebt der nach oben gerichtete Blickwinkel eindrucksvoll die Würde der gewaltigen Umrisse der Burg hervor, die um den größtenteils im 14. Jahrhundert errichteten Veitsdom herumgebaut worden ist, betont noch durch den mauerumbauten Wildpark, der den Burgkomplex umgibt. Im Gegensatz dazu steht die feinstrukturierte, ebenmäßige Anmut des Belvedere, jenes von Paolo della Stella und Bonifaz Wohlmut zwischen 1538 und 1563 im Stil der Hochrenaissance entworfenen und gebauten Lustschlosses, das Rudolfs berühmter Onkel, König Ferdinand, für Königin Anne errichten ließ.

Falls ursprünglich Kreide verwendet wurde, so ist dafür kein Hinweis zu finden. Die Linienführung ist bemerkenswert akkurat und sicher. Sie wird durch den sparsamen und vorsichtigen Einsatz von Tusche betont. J. S.

Cambridge, Fitzwilliam Museum,
Inv. Nr. 3135

ROELANT SAVERY
Kortrijk 1576–Utrecht 1639

256 Ruinen
Um 1612/13

Schwarze Kreide, Spuren von roter und ockerfarbener Kreide; 28,4 × 37,5 cm
Bezeichnet unten: R. S.
Herkunft: Gottfried Wagner, Leipzig, 1728
Ausstellungen: Tokio 1986, Kat. Nr. 40
Literatur: Katalog der Manuskripte der Sammlung 1965, f 138; Spicer 1979, S. 120, Kat. Nr. 116

Diese phantastische Ruine im Sonnenlicht, das sich über eine Vielzahl geschwungener Bögen, die unwirklich anmutende zerborstene Säule und den Sockel im Vordergrund ergießt, ist wahrscheinlich von bekannten Stichen römischer Ruinen inspiriert worden. In die Darstellung floß Saverys eigene Technik mit ein, wie der Ausschnitt entlang einer Linie, die der rechten Wand der Ruine folgt und dann an der rechten Seite des Sockels abfällt, zeigt. Die Szenerie wurde später durch einen weniger kraftvollen, möglicherweise autographischen Abdruck einer strohgedeckten Hütte vervollständigt. Savery setzte diese Komposition meisterhaft für Pendants ein, die jeweils verschiedene Partien der Ruine enthalten: Dazu gehören *Hirten mit Schafen suchen Schutz in einer Ruine* aus dem Jahre 1613 (London, Privatbesitz; Kaufmann 1985, Kat. Nr. 19–69) und sein Gegenstück *Ruinen in einer Waldlichtung*.

Saverys Vorliebe für eine dekorative Auffassung von Form und Struktur, die er durch lineare Komposition einer komplexen, aber konventionellen Linienführung erreichte, läßt eine Datierung dieser Zeichnung in die Zeit nach *Knorrige Baumwurzeln* (Kat. Nr. 249), aber nicht später als 1613 zu. Bevor diese Gemälde aus dem Jahr 1613 bekannt waren, wurde die Zeichnung von der Autorin wie auch von den Autoren des Katalogs von Tokio in die ersten Jahre nach Saverys Rückkehr in die Niederlande datiert. J. S.

Dresden, Staatliche Kunstsammlungen, Kupferstichkabinett, Inv. Nr. C 930

257

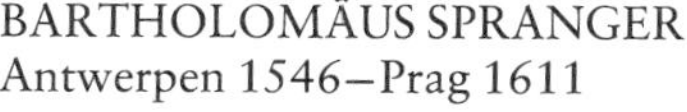

BARTHOLOMÄUS SPRANGER
Antwerpen 1546–Prag 1611

257 Urteil des Paris (recto)
Figurstudien (verso)
Nach 1575

Pinsel in dunkelgrauer Tusche und Feder auf blaugrünem Papier, Weißhöhung;
16,0 × 27,9 cm
Herkunft: Aus der Sammlung Lanna
Ausstellungen: Prag 1912, Kat. Nr. 261; Prag 1976, Kat. Nr. 5; Dresden 1977, Kat. Nr. 21; Prag 1978, Kat. Nr. 20; Stuttgart 1979/80, Kat. Nr. B9
Literatur: Oberhuber 1958, S. 254, Nr. Z. 47; Fučíková 1967, S. 168/69; Fučíková 1986, S. 17, Abb. II–III

Diese markante Pinselzeichnung vom Beginn der Wiener Periode Sprangers stammt aus der Zeit unmittelbar nach 1575, als seine italienischen Eindrücke noch besonders frisch waren. Neben seiner Beziehung zur Kunst Parmas und zum römischen Zuccari-Kreis treten in seiner Kunst immer wieder die Zeichen der Inspirationen in Erscheinung, die ihm aus den Werken der großen Renaissance-Meister zuteil wurden. Die beiden Hauptfiguren der Komposition – Paris und Venus – weisen auf die Kunst Raffaels hin: interessanterweise nicht auf das durch den Kupferstich Marcantonio Raimondis volkstümlich gewordene *Urteil des Paris* (B. 245), sondern auf den *Sündenfall* an der Decke der Stanza della Segnatura im Vatikan. (Im selben Saale übte Raffaels Prudentia-Figur auf die weibliche Figur der durch den Kupferstich Egbert van Panderens bekannten Komposition Sprangers – *Juno und Merkur* – ihre Wirkung aus; Hollstein A48; Oberhuber 1958, S. 93, Anm. 3). Die sitzende Haltung des Paris, seine Kontrapost-Bewegung und die schön geschwungene Linie der Venus sprechen für den Zusammenhang mit der *Adam und Eva*-Darstellung. Der Typ der Figuren, die Proportionen und die kräftige Modellierung stimmen mit dem Raffaelschen klassischen Ideal ebenfalls überein. Davon weichen – und für Spranger ist dies durchweg charakteristisch – der in den Bewegungen liegende Schwung und die die Gestalten durchdringende Energie ab, die in besonders straffen, vereinfachten Konturen zum Ausdruck kommen. Die Anordnung in nahezu einer einzigen Ebene und die betonten Konturen dienen der reliefartigen Wirkung. Die zum guten Teil diagonal einsetzten Figuren sind durch ausladende Bewegungen und betonte Gesten nur formal miteinander verbunden. Unter den auf der Rückseite des Blattes sichtbaren Figuren, die mit raschen Pinselstrichen skizziert sind, lassen sich Merkur und Venus und die am linken Rande abgeschnittene Minerva-Figur erkennen. T. G.

Prag, Nationalgalerie, Inv. Nr. K 1132

BARTHOLOMÄUS SPRANGER
Antwerpen 1546–Prag 1611

258 Minerva bei den Musen
1. Hälfte 1580er Jahre

Feder in Braun, graubraun laviert, Weißhöhung auf kreidegrundiertem Papier. Die Akte leicht rötlich getönt; 20,8 × 30,1 cm
Literatur: Benesch 1928, Nr. 281, Taf. 74; Niederstein 1931, S. 6, Nr. 4; Oberhuber 1958, S. 95–96, Nr. Z. 61

Im Gegensatz zu der Prager Skizze *Das Urteil des Paris* ist auf dieser Darstellung die Raumkomposition der Figuren betont. Die im Mittelpunkt dargestellte Minerva ist von weiblichen Gestalten umgeben, die aus wechselnder Sicht, in verschiedener Haltung und mit beredten Gesten abgebildet sind, und deren Anordnung – die der vier stehenden Figuren ebenso wie die der Sitzenden – dazu dient, den Raum sinnfällig zu machen. Dazu trägt auf der rechten Seite auch der Ausblick in die Landschaft bei. Die Komposition zeigt mit der Prager Skizze *Apollo, Herkules und Minerva mit den Musen* (IK 1315) von Jan Speckaert Verwandtschaft, auf der sich die musizierenden Gestalten in einem ähnlich bewegten Kreis um den in der Mitte sitzenden Apollo scharen. Auf beide Meister übte die Kunst des Parmigianino eine starke Wirkung aus, was in den schlanken, eleganten Figurentypen und im rhythmischen Schwung der Bewegungen zum Ausdruck kommt. Die Figuren Sprangers sind jedoch plastischer,

258

259

energischer, was den von Giambologna erhaltenen Impulsen zuzuschreiben ist, worauf K. Oberhuber hingewiesen hat. Spranger beschäftigte fortwährend das Problem der bildhauerisch-plastischen Darstellung der menschlichen Figuren in zwei Dimensionen, und die eine neue bildhauerische Entwicklung offenbarenden Schöpfungen seines in Italien wirkenden Landsmannes regten ihn immer wieder an. Danach vertiefte sich die Wirkung Giambolognas auf Spranger in Prag. Für das Studium seiner Skulpturen ergab sich auch in Prag Gelegenheit, da Rudolf II. viele Schöpfungen des Künstlers für seine Sammlung erworben hatte. Der den Einfluß des Giambologna zeigende weibliche Rückenakt kommt auch auf Sprangers um 1581 datiertem Wiener Bild *Salmakis und Hermaphrodov* zum Ausdruck, und sogar in der Haltung der Hand stimmt er mit der zerbrechlichen, eleganten weiblichen Figur auf dem Bild *Neptun und Venus* von 1585–1587 in Cambridge Mass. überein (DaCosta Kaufmann 1985, 20–8, 20–43). Die ebenfalls von Giambologna beeinflußte, im Profil dargestellte, weibliche Figur am linken Rande erinnert an den weiblichen Akt auf dem um 1585 entstandenen Bild *Venus und Merkur* (Wien, Kunsthistorisches Museum; DaCosta Kaufmann 1985, 20–41). Die Zusammenhänge der Zeichnung mit diesen Bildern lassen auf eine spätere Entstehungszeit schließen, als man früher annahm: auf die 1. Hälfte der 1580er Jahre. T. G.

Wien, Albertina, Inv. Nr. 7995

BARTHOLOMÄUS SPRANGER
Antwerpen 1546–Prag 1611

259 Apollo
Um 1590

Feder in Braun, braun laviert, weiß und stellenweise leicht rot getönt auf kreidegrundiertem Papier; 20,2 × 14,0 cm

Bezeichnet: B. Spranger F
Herkunft: Aus der Sammlung de Ligne
Literatur: Benesch 1928, Nr. 283, Taf. 74; Niederstein 1931, S. 2, 16, Nr. 19; Benesch 1947, S. 133, Abb. 76; Benesch 1957, S. 23, Abb. 17; Oberhuber 1958, S. 158, Nr. Z. 56; Benesch 1964, Nr. 141

Spranger schuf seine Wiener Zeichnung als selbständiges, vollkommenes Werk, worauf auch die Signatur schließen läßt. Eine ähnliche Profildarstellung des Männeraktes findet man auch auf einigen aus der gleichen Periode stammenden Gemälden: so auf dem Grazer Bild *Venus, Ceres und Bacchus* (DaCosta Kaufmann 1985, 20–48) und auf der in dieser Ausstellung gezeigten Kölner *Herkules*-Zeichnung (Kat. Nr. 261). Eine bisher unberücksichtigt gebliebene Beziehung zeigt sich zwischen der Apollo-Figur der Wiener Zeichnung und dem durch den Kupferstich Jan Mullers bekannt gewordenen *Apollo* des Adrian de Vries (Hollstein A 47), der wiederum eine Kopie des *Apollo von Belvedere* zum Vorbild hatte. Da nun die Aufschrift des Kupferstichs von Muller sich nicht wie in anderen Fällen auf eine Statue beruft, hält es Larsson für wahrscheinlich, daß der Stich eine Zeichnung von de Vries reproduziert (Larsson 1967, S. 17). Der erste Prager Aufenthalt des Bildhauers begann um 1590, und so ist es denkbar, daß Spranger Gelegenheit hatte, eine derartige Zeichnung von de Vries kennenzulernen, die für mehrere im Profil dargestellte Männerakte ein Ausgangspunkt hat sein können, so z. B. auch für den Bacchus auf dem Grazer Gemälde, dessen noch schreitende Fußhaltung mit der des Apollo von de Vries übereinstimmt. Auf der Wiener Zeichnung stellte Spranger – anders als de Vries – nicht den kampflustigen, den Python erschlagenden Apollo, sondern den beseelten Lautenspieler dar. Das zeigt sich nicht nur darin, daß er statt des Bogens eine Laute in der Hand hält, sondern auch in seiner ganzen Haltung und im Gesichtsausdruck, der Kontemplation verrät. Im Gegensatz zu den straffen Formen und geschwungenen Konturen der früheren Akte kommt hier die Weichheit des Fleisches durch gestrichelte und unterbrochene Linien und durch die die Vertiefungen erkennen lassende innere Zeichnung zum Ausdruck. Es ist hier auf dem mit Kreide grundiertem Papier blaßbraunes und ein wenig rotes Aquarell zu sehen, das eine feine, pastellartig malerische Gesamtwirkung hat. Diese neuartigen Eigentümlichkeiten der Zeichnung deuten die Änderung an, die um 1590 in der Kunst Sprangers eintrat. T. G.

Wien, Albertina, Inv. Nr. 7996

260

BARTHOLOMÄUS SPRANGER
Antwerpen 1546–Prag 1611

260 Cybele und Minerva
Um 1590

Feder in Braun, graubraun laviert, Weißhöhung auf weiß grundiertem Papier;
19,5 × 13,2 cm
Bezeichnet: B Spranger
Herkunft: Aus der Sammlung L. Krahe
Ausstellungen: Düsseldorf 1969/70, Kat. Nr. 136; Stuttgart 1979/80, Kat. Nr. B11
Literatur: Budde 1930, Nr. 798; Niederstein 1931, S. 3, 15 Nr. 16; Oberhuber 1958, S. 148, Nr. Z. 20; Oberhuber 1970, S. 221, Abb. 10

Diese Zeichnung weist in Inhalt und Form gleichermaßen auf die Veränderung hin, die um 1590 in der Kunst Sprangers vor sich ging. Neben erotischen mythologischen Themen erscheinen in dieser Zeit in seinem Œuvre allegorische Darstellungen, die alte Weisheiten, philosophische Wahrheiten oder moralische Thesen in eine künstlerische Form kleiden. Die mit ihren Tierattributen (Tervarent 1959, 68, 246) auftretende, die Natur und die Fruchtbarkeit vorstellende Cybele bildet mit Minerva, der Personifizierung der Weisheit und des Wissens, zusammen ein Paar. Ihre gemeinsame Darstellung weist auf die auch in der Emblematik häufige Lehre hin, daß allein die von der Weisheit und vom Wissen gelenkte Natur zum *Glück* führen kann. Was die Form betrifft, so ist es neuartig, daß im Gegensatz zu der Bewegtheit, zum komplizierten Aufbau und zum Übergewicht des Plastischen in den früheren, die Liebesgeschichten mythologischer Götter und Helden darstellenden Kompositionen die Bewegungen hier verhalten sind, die Komposition einfach ist und die dekorativ-malerischen Züge betont werden. Die Bedeutung der beiden Figuren wird noch dadurch erhöht, daß sie die Fläche des Papiers voll ausfüllen. In ihrer ruhig schreitenden Bewegung kommt Würde, in ihrer leichten Haltung Eleganz zum Ausdruck. Keine deklamierende Geste, nur die Konsonanz ihrer Blicke und ihrer Bewegung verbindet sie. Cybele ist die plastischere der beiden Figuren. Ihre Kontrapost-Haltung zeugt von bildhauerischer Inspiration; sowohl Figurentyp wie auch die Kopfbewegung erinnern stark an die Statue von Oyrs des Bartolommeo Ammanati (Florenz, Palazzo Vecchio, Studiolo; Weihrauch 1967, Abb. 233). Von der die Erde symbolisierenden Mauerkrone auf ihrem Kopfe (Tervarent 1959, 138) hängt ein langer Schleier herunter, der ihrem Körper einen schattigen Hintergrund verleiht und ihre Figur mit der neben ihr stehenden Minerva verbindet. Die Patronin der Wissenschaften und Künste erhält einen nahezu ornamentartigen Charakter dadurch, daß auf ihrer halb im Schatten stehenden flächenhafteren Gestalt die dekorative Zeichnung der Kleidung, des Schildes und des Helms dominiert. T. G.

Düsseldorf, Kunstmuseum, Inv. Nr. FP 4817

261

BARTHOLOMÄUS SPRANGER
Antwerpen 1546–Prag 1611

261 Herkules am Scheideweg
Um 1590

Rötel mit Spuren von Weißhöhung (oxidiert)
21,3 × 17,2 cm
Literatur: Oberhuber 1958, S. 147, 250, Nr. Z. 28; Robels 1983, Nr. 53

Mit dem ewigen moralischen Dilemma des Menschen beschäftigt sich die Darstellung der Wahl des Herkules zwischen Tugend und Sünde, die auf den Text der moralisierenden Erzählung des Griechen Prodicus beruht (Panofsky 1930). K. Oberhuber hat darauf hingewiesen, daß die Kölner Zeichnung von der Überlieferung abweicht, da hier statt der allegorischen Figur der Tugend Juno mit ihrem Attribut, dem Pfau, zugegen ist. Es scheint, daß der Künstler hier die allgemeine Wahl zwischen Sünde und Tugend auf die zwischen ehelicher Treue und erotischer Verführung einengt. In der Lichtzone über dem Kopf der Venus ist Goldregen zu sehen, ein Hinweis auf das Liebesabenteuer des Jupiter mit Danae. Juno ist als Beschützerin der Ehe und als Feindin der Untreue die natürliche Kontrahentin und Rivalin der Venus, der Liebesgöttin; das drückt auch ihr gegeneinander gerichteter Blick aus. Spranger verwendete hier die Mittel psychologischer Ausdrucksweise in intensiverer Form, und zwar mit Hilfe der Kopfhaltung, des Gesichtsausdrucks und des Blickes. Herkules sieht nach rechts, indem er den Kopf von der ihm gegenüberstehenden Venus abwendet und so die Zurückweisung der durch sie symbolisierten Sünde anzeigt. Die Haltung der den Hesperidenapfel hinter dem Rücken haltenden Hand läßt sich von der Statue *Herkules Farnese* herleiten. Die in Sprangers Œuvre seltene Rötelzeichnung dürfte um 1590 entstanden sein, nach den Parallelschraffuren zu schließen wahrscheinlich zu einem Kupferstich, der aber nicht ausgeführt wurde. Die Symmetrie der Komposition, die Vergrößerung der Figur im Verhältnis zum inneren Raum zeigen eine gewisse klassizistische Tendenz. T. G.

Köln, Wallraf-Richartz-Museum, Inv. Nr. Z 1373

BARTHOLOMÄUS SPRANGER
Antwerpen 1546–Prag 1611

262 Amor
1599

Feder in Braun, laviert, Weißhöhung auf bläulichem Papier, 18,6 × 14,6 cm
Bezeichnet: Bartolomeo Spranger fecit prag del 99
Ausstellungen: Nürnberg 1952, Kat. Nr. W. 134; Nürnberg 1955, Kat. Nr. D. 25
Literatur: Niederstein 1931, S. 3, 21–22, Nr. 25, Abb. 12; Oberhuber 1958, S. 176, Nr. Z. 41; Oberhuber 1970, S. 221, Abb. 11

262

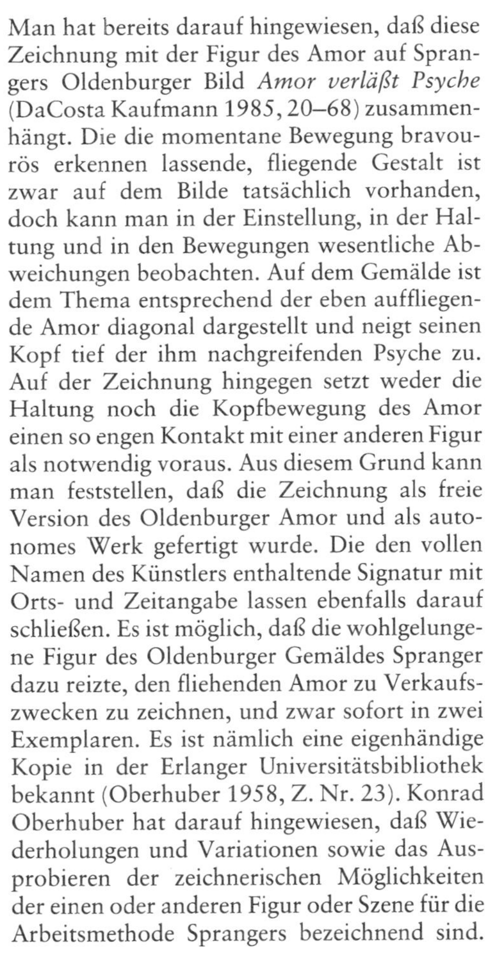

Man hat bereits darauf hingewiesen, daß diese Zeichnung mit der Figur des Amor auf Sprangers Oldenburger Bild *Amor verläßt Psyche* (DaCosta Kaufmann 1985, 20–68) zusammenhängt. Die die momentane Bewegung bravourös erkennen lassende, fliegende Gestalt ist zwar auf dem Bilde tatsächlich vorhanden, doch kann man in der Einstellung, in der Haltung und in den Bewegungen wesentliche Abweichungen beobachten. Auf dem Gemälde ist dem Thema entsprechend der eben auffliegende Amor diagonal dargestellt und neigt seinen Kopf tief der ihm nachgreifenden Psyche zu. Auf der Zeichnung hingegen setzt weder die Haltung noch die Kopfbewegung des Amor einen so engen Kontakt mit einer anderen Figur als notwendig voraus. Aus diesem Grund kann man feststellen, daß die Zeichnung als freie Version des Oldenburger Amor und als autonomes Werk gefertigt wurde. Die den vollen Namen des Künstlers enthaltende Signatur mit Orts- und Zeitangabe lassen ebenfalls darauf schließen. Es ist möglich, daß die wohlgelungene Figur des Oldenburger Gemäldes Spranger dazu reizte, den fliehenden Amor zu Verkaufszwecken zu zeichnen, und zwar sofort in zwei Exemplaren. Es ist nämlich eine eigenhändige Kopie in der Erlanger Universitätsbibliothek bekannt (Oberhuber 1958, Z. Nr. 23). Konrad Oberhuber hat darauf hingewiesen, daß Wiederholungen und Variationen sowie das Ausprobieren der zeichnerischen Möglichkeiten der einen oder anderen Figur oder Szene für die Arbeitsmethode Sprangers bezeichnend sind.

263

Während hier für die Pinselzeichnung der Figur feine Übergänge charakteristisch sind und die gestrichelte Kontur zur Vertiefung des Schattens beiträgt, fällt auf dem Erlanger Exemplar der starke Licht-Schattenkontrast auf, der der Figur zugleich eine kräftigere Plastizität verleiht als der der Nürnberger Zeichnung. Die gewachsene Möglichkeit der Pinselzeichnung, die mit dem Bestreben nach gesteigerter malerischer Wirkung im Einklang stand, läßt sich schon von der Mitte der 1590er Jahre an verfolgen. T. G.

Nürnberg, Germanisches Nationalmuseum, Inv. Nr. Hz. 28

BARTHOLOMÄUS SPRANGER
Antwerpen 1546–Prag 1611

263 Herkules und Omphale
1599

Feder in Braun, laviert, Weißhöhung mit Rötelspuren; 20,3 × 14 cm
Bezeichnet: Bartolomeus Spranger fecit a lanno 1599 cio per compiaser
Herkunft: Aus dem Prager Kunsthandel
Ausstellungen: Dresden 1977, Kat. Nr. 20; Prag 1978, Kat. Nr. 22
Literatur: Weyde 1928, S. 26; Oberhuber 1958, S. 174, Nr. Z. 48; Fučíková 1986, S. 18, Abb. IV

Die Darstellung des den Launen der lydischen Königin Omphale ausgesetzten, in Frauenkleider gehüllten Herkules, die sich seit der Renaissance großer Beliebtheit erfreute, dient ähnlich wie die Verewigung der auf dem Rücken des Aristoteles reitenden Phyllis als Beispiel für die Macht der Frauen über die Männer. Die auf dem Blatt sichtbare Widmung an einen Freund macht es wahrscheinlich, daß die Zeichnung für ein sogenanntes Stammbuch bestimmt war. Dieser ursprünglich in Adelskreisen verbreitete und Sammlungen von Familienwappen enthaltende Buchtyp erfüllte seit der 2. Hälfte des 16. Jahrhunderts eine neue Funktion, indem er zum Erinnerungsbuch der Humanisten und Künstler wurde. Auf dem rötlich gefärbten Papier vermitteln das reichlich verwendete Deckweiß und die dunkle Federzeichnung zusammen eine anziehende malerische Wirkung, ohne daß die Körper etwas von ihrer Plastizität verlieren. Für die beiden Hauptfiguren kann das Gemälde *Mars und Venus mit Amor* von Veronese (New York, Metropolitan Museum of Art) der Ausgangspunkt gewesen sein. Das unmittelbare Studium dieses Bildes war Spranger möglich, da es zu der mythologischen Serie gehörte, die Veronese für Rudolf II. gemalt hat (Marini 1968, Nr. 205). Die dominierende Rolle der Omphale wird durch ihre frontale Darstellung und durch die beiden, ihre Figur gewissermaßen einrahmenden, senkrechten Motive, den Spinnrocken und die Keule, unterstrichen. Den Geometrismus der Komposition hebt auch das von den beiden Armen und der Keule gebildete Dreieck hervor. Im Gegensatz zu dem ornamental-dekorativen Charakter von Sprangers früheren Kompositionen zeigen am Ende der 1590er Jahre die geometrisch-dekorativen Bestrebungen den Beginn einer neuen, großzügigen, auf den klassischen Barock hinweisenden Konzeption an. T. G.

Prag, Nationalgalerie, Inv. Nr. 42. 835

264

BARTOLOMÄUS SPRANGER
Antwerpen 1546–Prag 1611

264 Minerva als Siegerin über Unwissenheit und Neid
1604

Feder in Braun, braun, grau und rötlich laviert, Weißhöhung auf leicht geschwärztem Papier; 18,8 × 13,7 cm
Bezeichnet: Barto:^{meo} Spranger f. praga 1604
Herkunft: Aus der Sammlung Armand Gobiet
Literatur: Jahrbuch der Staatlichen Kunstsammlungen in Baden-Württemberg, V, 1968, S. 164, Abb. 12; Oberhuber 1970, S. 219–20, Abb. 9; Fučíková 1986, S. 18, Abb. 9

Diese Allegorie gehört zu dem Themenkreis, dessen Ziel es ist, die bildenden Künste zu freien zu deklarieren, als Gegensatz zu dem die Gebundenheit des Handwerks bewahrenden Zunftdenken. Daher betonten die verschiedenen Allegorien am Ende des 16. und am Beginn des 17. Jahrhunderts die enge Beziehung zwischen Kunst und Wissenschaft sowie den intellektuellen Charakter der Kunst überhaupt. In diesem Sinne wurden als starkes Hindernis für das Aufblühen der Künste die Unwissenheit und der Neid bezeichnet. Diese Ansicht läßt sich schließlich auf die Beschreibung der Anklage des Apelles von Lukian zurückführen (Förster 1887). Minerva, die Göttin der Weisheit und des Wissens und Patronin der Künste erscheint hier als Siegerin über die eselsohrige Unwissenheit und über den schlangenhaarigen Neid. Ihr Triumph bedeutet gleichzeitig auch den des Künstlers über seine Feinde (Pigler 1954). Die vollständige Signatur mit Jahreszahl weist auch hier darauf hin, daß die Zeichnung als selbständiges Werk entstanden ist, vermutlich als Geschenk für einen Künstler oder Kunstfreund. Der Stil der Zeichnung erinnert interessanterweise an den auf dekorativem Linienspiel beruhenden Stil der Werke vom Beginn der 1590er Jahre, und nur die kräftige, malerische Lavierung weist auf die viel spätere Entstehungszeit hin. Für Spranger ist es charakteristisch, daß er zu gleicher Zeit in verschiedenen Stilarten arbeitete und immer zur abgewandelten Erneuerung der älteren Formen oder der Zeichenmanier bereit war. Mit Recht hat K. Oberhuber auf den parmigianesken Charakter der Figuren hingewiesen, der nahezu das ganze Lebenswerk des Künstlers mal mehr, mal in geringerem Maße begleitet. T. G.

Karlsruhe, Kunsthalle, Inv. Nr. 1967–21

265

BARTHOLOMÄUS SPRANGER
Antwerpen 1546–Prag 1611

265 Psyche am Lager des schlafenden Amor
Nach 1602

Feder und Pinsel in Braun, Kohlevorzeichnung auf kreidegrundiertem Papier; 21,5 × 17,5 cm
Wasserzeichen: Dreiberg mit Kreuz (Briquet 1245)
Herkunft: Aus dem Kunsthandel Lenz in Prag (1939); Sammlung A. Welcker, Amsterdam
Ausstellungen: Amsterdam 1955, Kat. Nr. 60
Literatur: Oberhuber 1958, S. 192–3, Nr. Z. 32; Fučíková 1986, S. 18, Abb. 8

Aus der im ›Goldenen Esel‹ des Apuleius niedergeschriebenen und in der italienischen Kunst des 16. Jahrhunderts besonders beliebten Geschichte von Amor und Psyche ist auf der Zeichnung die Szene dargestellt, da sich Psyche – dem Verbot trotzend – anschickt, sich den schlafenden Gott anzusehen. Die liegende Figur weicht mit ihrer entgegengesetzten Fußhaltung von den im Kreis Raffaels üblichen Lösungen ab und ist am ehesten mit der Zeichnung *Il Sogno* von Michelangelo (London, Courtauld Institute, Sammlung A. Seilern) verwandt, von der im 16. Jahrhundert zahlreiche Kopien angefertigt wurden (Hartt 1971, Nr. 359). Die liegende Figur auf Jacopo Zucchis Bild *Amor und Psyche* (Roma, Galleria Borghese) und des Kupferstiches des Caraglio nach Perino del Vaga (B. 21) lassen sich ebenfalls auf die Invention Michelangelos zurückführen. Abweichend von der üblichen Darstellung der Szene verewigte Spranger nicht den Moment, da sich Psyche über Amor neigt, sondern den vorangehenden Augenblick des Schwankens zwischen Gehorsam und Neugier, worauf Kopf- und Armhaltung schließen lassen. Die stellenweise durch dicke Federstriche betonte großzügige Zeichnung ist eine Spitzenleistung von Sprangers später Kunst. Die Harmonie der Komposition beruht auf der Konsonanz der Konturlinien der beiden Figuren. Die abgerundeten, lebensvollen Formen, die natürliche Sicherheit der Bewegungen, die sanft verlaufenden Umrißlinien und der spannende Gegensatz von Licht und Schatten lassen neue Versuche in seiner Kunst erkennen. K. Oberhuber hat darauf hingewiesen, daß Sprangers niederländische Reise im Jahre 1602 ihm neue Inspirationen beschert hat. Unter den führenden niederländischen Meistern war es besonders Hendrik Goltzius, der um 1600 zu einer natürlicheren, großzügigeren Darstellung menschlicher Figuren gefunden hatte, als dies bei Sprangers Akten der Fall war (Reznicek 1961, S. 134). So ist es wahrscheinlich, daß auf Spranger hier der neue, natürlichere, zum Teil durch italienische Inspiration geformte Figurenstil des Goltzius gewirkt hat. T. G.

Leiden, Prentenkabinet der Rijksuniversiteit, Sammlung Welcker, Inv. Nr. 1070

BARTHOLOMÄUS SPRANGER
Antwerpen 1546–Prag 1611

266 Der Heilige Sebastian (?)
1603–1610

Feder in Braun, braun laviert, Weißhöhung auf bräunlichem Papier; 24,1 × 17,8 cm
Herkunft: Aus der Sammlung E. Habich, Kassel (L. 862)
Ausstellungen: Stuttgart 1967, Kat. Nr. 128; Stuttgart 1984, Kat. Nr. 21

Die Identifizierung des an zwei Bäume gebundenen Mannes mit einer biblischen oder mythologischen Gestalt ist sehr problematisch, da die Zeichnung von den infrage kommenden üblichen Darstellungen des Heiligen Sebastian, des Heiligen Wilhelm, des Prometheus oder des Marsyas abweicht. Die großzügige, homogene Figurenauffassung und der Zeichenstil zeigen eine enge Beziehung zu den späten Werken; namentlich zu der Zeichnung *Ceres und Bacchus*

266

verlassen *Venus* (Amsterdam, Sammlung P. de Boer) aus dem Jahr 1604 sowie zu der 1606/07 datierten Zeichnung *Judith mit dem Kopf des Holofernes* (Paris, Louvre; Oberhuber 1958, Z. Nr. 3, 43). Auf dieser Grundlage datieren wir – anders als früher – die Stuttgarter Zeichnung auf viel später als um 1590, nämlich auf 1603–1610. Der vom Beginn des 17. Jahrhunderts an auftretende neue plastisch-dynamische Stil paarte sich mit einer zusammengefaßteren, weicheren Zeichenmanier. Auch hier bilden die großzügigen Konturen, die markante Lavierung und die starken Lichtflecke eine harmonische Einheit und verleihen der Darstellung großzügige Homogenität. Das Auftreten des muskulösen, weniger schlanken Figurentyps auf Sprangers späteren Werken zeigt den Einfluß der Statuen des Adrian de Vries. Spranger stimulierte die Bildhauerei während seiner ganzen Laufbahn außerordentlich. Die energisch sich spannenden Gliedmaßen lassen trotz der Fesselung ähnlich wie die Statuen des Adrian de Vries Kraft und Schwung erkennen. Manche Bewegungsmotive hat Spranger in mehreren Variationen wiederholt; im wesentlichen sind der Johannes auf dem Breslauer Bild *Die Taufe Christi* aus dem Jahr 1603 und die Frauenfigur auf seiner Münsteraner *Allegorie des Türkenkrieges* durch ähnlich ausladende Bewegungen und den kraftvollen Kontrapost charakterisiert (DaCosta Kaufmann 1985, 20–73, 20–81). Letztere datiert K. Oberhuber auf die Zeit um 1610. Ähnlich wie für die Stuttgarter Zeichnung ist auch für diese Werke eine gesteigerte Silhouettenwirkung bezeichnend. T. G.

Sammlung Schloß Fachsenfeld, in Verwahrung der Staatsgalerie, Stuttgart, Inv. Nr. II. 284

PIETER STEVENS
Mechelen (?) um 1567 – Prag (?) nach 1624

267 Landschaft mit der Flucht nach Ägypten
1594

Feder in Schwarz, graublau laviert; 16 × 20,5 cm
Bezeichnet unten links: PS 94, rechts im Vordergrund nochmals datiert: 94
Wasserzeichen: Armoiries Bande, ähnlich Briquet 1012

Ein frühes, bis jetzt kaum bekanntes Blatt, das die Liebe zum Detail zeigt, wie die Vögel in der Nähe des Vogelhäuschens auf der linken Seite beweisen. Die Landschaft ist mit der Feder in Schwarz in harten geraden Strichen skizziert. Im Vordergrund führt der Hl. Josef mit einer Säge über der Schulter den Esel, der Maria mit dem Kind trägt. Der Verlauf des Geländes bleibt dabei im unklaren. Die verschiedenen Gründe sind jedoch durch die graublaue nach hinten abgestufte Lavierung miteinander verbunden. Rechts im Mittelgrund befindet sich eine Riesenruine, vage inspiriert von antiken Vorbildern. Die Wiedergabe der Figuren an sich und ihr Verhältnis zur Ruine läßt zu wünschen übrig. Auf der *Felsigen Landschaft* aus dem Jahre 1598 in Berlin befindet sich ebenfalls ein antikisierendes Gebäude (Kat. Nr. 270). In späteren Darstellungen der ›Flucht nach Ägypten‹ wie in einem Rundblatt in Brüssel, ist der Baumschlag nicht mehr linear, sondern fast impressionistisch mit dem Pinsel wiedergegeben.
A. Z.

Braunschweig, Herzog Anton Ulrich-Museum, Inv. Z 1023; Inv. Hausmann, Nr. 82 als Peter Snayers

PIETER STEVENS
Mechelen (?) um 1567–Prag (?) nach 1624

268 Versuchung Christi

Feder in Braun, graubraun und blau laviert; 21,5 × 32 cm
Ausstellungen: Berlin 1975, Kat. Nr. 260, Abb. 296; Salzburg 1987, Kat. Nr. 39 mit Abb.
Literatur: Zwollo 1968, S. 143, Abb. 181; Gerszi 1971, Kat. Nr. 243 mit Abb.

Schon in der Zeit Patiniers gehörte die *Versuchung Christi* zu den religiösen Themen, die den Künstlern Gelegenheit boten, eine weiträumige Landschaft zu malen. Cornelis Massys, Pieter Bruegel und in den 70er Jahren Hans Bol

267

269

268

270

haben sich ausführlich mit diesem Motiv befaßt. Es ist daher möglich, daß Pieter Stevens, als er die in Budapest befindliche *Versuchung Christi* zeichnete, sich an Kompositionen von Hans Bol erinnerte. Vergleicht man Bols *Versuchung Christi* in Weimar von 1573 mit Stevens' Komposition in Budapest, ist die Übereinstimmung frappant (Franz 1965, Abb. 84). Das ziemlich steil nach rechts ansteigende Gelände läßt kaum Platz für die Figur Christi und die des Teufels. Links blickt man in ein Tal, in dem die Gebäude einer Stadt zart angedeutet sind.

Stilistisch steht die Budapester *Versuchung* dem Berliner Blatt aus dem Jahre 1594 mit dem *Kindermord in Bethlehem* sehr nahe. Die etwas trockene, wenig plastische Schraffierung der Figuren und des Himmels ist sehr verwandt. Dank der graubraunen und blauen Lavierung wirkt die Zeichnung aber sehr malerisch und suggestiv. Praktisch in der gleichen Form findet sich diese Figurengruppe in dem mit 1594 datierten Bild von Stevens, das 1957 im Kunsthandel Londons war (Zwollo 1968, Abb. 182).

A. Z.

Budapest, Museum der Bildenden Künste, Inv. Nr. 1384 (E. 3217)

PIETER STEVENS
Mechelen (?) um 1567–Prag (?) nach 1624

269 Meeresansicht
1597

Feder in Schwarz, blau laviert; 14,6 × 20,4 cm
Bezeichnet und datiert unten links: Peter Stevens/fecit in prage per/ memori anno 1597
Ausstellungen: Berlin 1975, Kat. Nr. 261, Abb. 297; Stuttgart 1979/80, I, Kat. B 34 mit Abb. (nur beschrieben, nicht ausgestellt)
Literatur: Bock-Rosenberg 1930, Kat. S. 50; Zwollo 1968, S. 159, Abb. 217; Franz 1968/69, Abb. 33 auf Taf. XXVI

Im Vergleich zu einer frühen Zeichnung wie der *Flucht nach Ägypten* (Kat. Nr. 267) gewinnen die Blätter aus der 2. Hälfte der 90er Jahre an malerischer Intensität. Koloristisch sind sie wie diese Meeresansicht oft sehr attraktiv. Mit kurzen Strichen sind Ufer und Bebauung angegeben; nicht schematisch, sondern locker und biegsam formt Stevens die Blätter zu einer luftigen Baumkrone. Meer und Himmel sind blau laviert. Das Licht bricht durch die dunkle Wolkendecke. Wie die *Mondlandschaft* in Holkham Hall (Kat. Nr. 274) legt dieses Blatt Zeugnis ab von Stevens Interesse an Lichteffekten.

Der Ausdruck ›per memori‹ in der Signatur läßt Geissler vermuten, daß es sich um ein Stammbuchblatt handeln dürfte. Wir sind eher mit Lutz Malke einverstanden, der diesen Ausdruck auf ein Reiseerlebnis zurückführt. Allerdings geht es unseres Erachtens dann um Landschaften aus der Erinnerung, die der Künstler im Atelier mit viel Phantasie zu einer Komposition verarbeitet hat. Ob man dabei auch an Italien denken muß, scheint uns fraglich, denn ein Aufenthalt von Stevens in Italien ist weder dokumentiert, noch läßt er sich an Hand seiner Arbeiten beweisen. Außerdem hat sich Stevens mehrmals antike Motive anderer Künstler, vor allem von Jan Brueghel, zum Vorbild genommen. A. Z.

Berlin, Staatliche Museen Preußischer Kulturbesitz, KdZ 12094

PIETER STEVENS
Mechelen (?) um 1567–Prag (?) nach 1624

270 Felsige Landschaft
1598

Feder in Braun; 22 × 34 cm
Bezeichnet unten links auf einem Zaunbrett: 98
Notiz W. Stechow auf dem Passepartout: P.S. datiert oft so
Die Zeichnung ist mit einem Blatt hinterklebt, auf dem sich der Gegendruck der Federzeichnung von P. Stevens in Paris, Fondation Custodia, Slg. F. Lugt, Inv. 1693, vor ihrer Aquarellierung befindet
Ausstellungen: Berlin 1975, Kat. Nr. 262, Abb. 298
Literatur: Bock-Rosenberg 1930, Kat. S. 50

Wie es von Stevens öfters bekannt ist, hat er auch dieses Blatt nur mit ›98‹ datiert. Es ist eine reine Federzeichnung, die aus der Phantasie komponiert ist. Rechts befindet sich ein klassisch inspirierter Rundtempel, der möglicherweise auf einem Vorbild von Hendrik van Cleef basiert. Die generalisierende Wiedergabe des antiken Tempels ist charakteristisch für Stevens' Auffassung von der antiken Architektur. A. Z.

Berlin, Staatliche Museen Preußischer Kulturbesitz, KdZ 13790

271

PIETER STEVENS
Mechelen (?) um 1567–Prag (?) nach 1624

271 Landschaft mit Wasserrinne

Feder in Braun, laviert in Braun und ein wenig Graubraun auf leicht bräunlichem Papier, 27,2 × 35,2 cm
In verso flüchtige Skizze und Notation: 9 mande gemaelt (?)
Herkunft: Slg. Freiherr C. Rolas du Rosey, Dresden (Lugt 2237); Slg. A. Glüenstein, Hamburg (Lugt 123); Slg. Kühlmann, Berlin; Slg. K. Schweidler, Berlin; Slg. Dr. W. Beck, Berlin-Friedenau
Literatur: Zwollo 1968, S. 154, Abb. 201

Stevens variiert hier die Komposition einer Zeichnung in der Fondation Custodia, Paris (Zwollo 1968, Abb. 200). Während das Blatt in Paris aber sehr locker und malerisch ausgeführt ist und Stevens mit feiner Pinselarbeit eine träumerische Stimmung erreicht hat, ist die *Landschaft mit Wasserrinne* nachdrücklich mit der Feder gezeichnet. Obwohl der Künstler diesen Effekt durch die Lavierung gemildert hat, wirkt diese Waldansicht ziemlich nüchtern. Da die Komposition bis auf Details übereinstimmt mit der einer gemalten *Landschaft mit Wasserrinne* von Stevens in Madrid (Zwollo 1968, Abb. 202), könnte man sich fragen, ob das hier gezeigte Blatt vielleicht eine eigenhändige Wiederholung jenes Bildes sein könnte. Dem aus einer Rinne niederstürzenden Wasserfall begegnen wir in mehreren Waldstudien von Stevens, unter anderem in einer Zeichnung der Albertina, Wien, und in einem signierten und mit 1600 datierten Blatt in Moskau (Zwollo 1968, Abb. 203). A. Z.

Süddeutscher Privatbesitz, früher Paul Bril zugeschrieben

272

PIETER STEVENS
Mechelen (?) um 1567–Prag (?) nach 1624

272 **Hügelige Landschaft mit einer Schenke**
1601–1607

Feder in Braun, in verschiedenen Farben aquarelliert, durchgegriffelt; 15,4 × 25,8 cm
Doubliert
Gestochen von Aegidius Sadeler in einer Serie von ›Acht Landschaften in Böhmen‹
Herkunft: Slg. P.J. Mariette, Paris (Lugt 1852); Auktion A.W.M. Mensing, Amsterdam; F. Muller, 1937, Nr. 737 mit Abb. (als L. van Valckenborch)
Literatur: Zwollo 1968, S. 158, Abb. 214

Ein warmes Braun gibt dieser Landschaft den Grundton. Die übrigen Farben – Rot und Graugrün – lösen sich gleichsam darin auf. Zwei andere Vorstudien für dieselbe Stichserie befinden sich in Bassano del Grappa (Zwollo 1982, Abb. 19 und 21). Wegen der starken Verkürzungen und der verhältnismäßig kleinen Figuren könnte man das Entstehungsdatum zwischen 1601 (Jahreszeiten) und 1607 (Monatsserie) ansetzen. A. Z.

Rotterdam, Museum Boymans-Van Beuningen, Inv. Lucas van Valckenborch? Nr. 1

PIETER STEVENS
Mechelen (?) um 1567–Prag (?) nach 1624

273 **Der Monat Januar**
Vor 1607

Feder in Braun, grau und rotbraun aquarelliert, weiß gehöht; 20 × 28,5 cm
Doubliert
1607 gestochen von Aegidius Sadeler in einer Monatsserie (Hollstein XXI, S. 35, Nr. 130)
Ausstellungen: Dresden 1977, Nr. 18 mit Abb.; Prag 1978/79, Nr. 30 mit Abb.
Literatur: Zwollo 1970, Abb. 14; Fučíková 1986, Ft. XV

Das Datum 1607 auf Sadelers Titelblatt der Monatsserie gibt also ein Datum ante quem für diese sehr farbig angelegte Zeichnung. Auffallend sind die dick angesetzten und krummen Äste. Durch die kahlen Bäume und die vielen Weißhöhungen erzielte Stevens eine winterliche Atmosphäre. Vor allem die großen, sich über ihre Arbeit beugenden Figuren im Vordergrund enthalten Elemente von Bassano, die uns daran erinnern, daß man in Prag der venezianischen Malerei schon früh lebhaftes Interesse

275

entgegenbrachte. Wurde Hans von Aachen vom Kaiser nicht nach Venedig geschickt, um Bilder anzukaufen? Auch die Stiche Sadelers könnten hier eine vermittelnde Rolle gespielt haben. A. Z.

Prag, Nationalgalerie, Inv. Nr. K 26962, früher als anonyme niederländische Zeichnung des 17. Jahrhunderts

PIETER STEVENS
Mechelen (?) um 1567–Prag (?) nach 1624

274 Mondlandschaft
Um 1605

Feder, laviert, weiß gehöht, auf braunem Papier; Dm. 15 cm
Literatur: Zwollo 1968, S. 151, Abb. 197

Unter dem teilweise bewölkten Himmel liegt das Meer dunkel und grau. Nur am Rande werden die Wolken von Mond und Sternen beleuchtet. Einige Schiffe nähern sich der Küste; sie orientieren sich dabei nach Feuerbaken, die an zwei runden Türmen angebracht sind. Am Strand schleppen zwei Fischer ihren Korb. Die Abendstimmung ist in diesem kleinen Blatt besonders gut getroffen. Ein Stich von H. Hondius, *Nox* (Kat. Nr. 324), in einer Serie der ›Vier Tageszeiten‹ aus dem Jahre 1605, ist in Thematik und Auffassung sehr verwandt. Die Arbeiten aus diesen Jahren wie auch die *Nächtliche Landschaft mit Fischfang* in Wien (Kat. Nr. 323a) vermitteln eine lyrische, fast romantische Stimmung. A. Z.

Holkham Hall, Sammlung Earl of Leicester, als G. Neyts

PIETER STEVENS
Mechelen (?) um 1567–Prag (?) nach 1624

275 Prag, Karlsbrücke und Kampa
1604–1607 *Ft. 61, S. 365*

Feder und Pinsel in Braun, aquarelliert in Grau, Rot und Blau; 17,7 × 28,9 cm
Bezeichnet mit Feder in Schwarz: 46 te Praghe
Doubliert
Herkunft: Slg. Adalbert Freiherr von Lanna, Prag (als R. Savery)
Ausstellungen: Prag 1978/79, Nr. 28 mit Abb.
Literatur: Wirth 1954, Abb. 19 (als R. Savery); Štiková 1960, S. 152 ff. mit Abb. (als R. Savery); Zwollo 1970, Abb. 13; Fučíková 1986, Abb. 47

Wie auch in seinen anderen Stadtansichten, hat Stevens hier die Umgebung der Karlsbrücke und Kampa-Insel frei transponiert. In diesem malerischen Winkel der Kleinseite, in dem sich viele Wasser- und Holzschneidemühlen befanden, hat Stevens auch die Anregung für eine Reihe von Gemälden gefunden.

Das Blatt gehört zu einer großen Serie aquarellierter Ansichten aus der Umgebung von Brüssel, Rom, Neapel und Prag, die alle oben mit der Feder in Schwarz numeriert sind. Topographisch sind sie nicht immer zuverlässig. Die Inszenierung der Figuren, die Pinseltechnik, die fein nuancierten farbigen Partien lassen vermuten, daß Stevens diese Serie zwischen 1604 und 1607 anhand früherer Studien angefertigt hat. 1604 hielt sich – wie bereits bemerkt – Jan Brueghel, dessen Einfluß in dieser Serie nicht zu verkennen ist, in Prag auf. 1607 wurde Nr. 15, eine Prager Ansicht oder eine Variante davon als Monat Oktober gestochen.

Bis jetzt sind 26 dieser numerierten Ansichten vorhanden: 37, Mechelen; 6, 8, 21, Brüssel; 5, Maastricht; 2, 3, 11, 12, 20, 24, 30, 49, 53, Rom; 35, Tivoli; 27, 41, 42, Pozzuoli; 9, 14, 15, 16, 17, 19, 20, 46, Prag. Die höchste bekannte Nummer der Serie ist 53, es müssen also noch weitere existiert haben. Die Anordnung ist weder systematisch noch chronologisch. Vermutlich wurde diese Reihe von Ansichten für eine geplante Stichserie von Sadeler oder jemand anderem zusammengestellt. A. Z.

Prag, Städtisches Museum, Inv. 20.144, als R. Savery

276

PIETER STEVENS
Mechelen (?) um 1567–Prag (?) nach 1624

276 Wildbach im Wald
1614

Feder und Pinsel in Braun, laviert in Braun, Grün, Rot und Blau; 16,9 × 12 cm
Bezeichnet und datiert oben links: Peter Stevens F in/Prage A 1614/ 3 Appril
Doubliert
Herkunft: Antiquariat C. G. Boerner, Düsseldorf
Literatur: Zwollo 1968, S. 165, Abb. 225

Das ist bis jetzt die letzte bekannte datierte Arbeit von Pieter Stevens. Charakteristisch für seine späten Zeichnungen ist, daß er hauptsächlich mit dem Pinsel arbeitet. Die Konturen zeichnen sich nicht mehr scharf ab, sie verwischen sich. Mit der Pinselspitze sind Signatur und Datierung angebracht. Die Farbtöne sind warm. Solch eine komprimierte Komposition im Hochformat kommt im Werke des Meisters nicht oft vor. Wie das für Landschaften im allgemeinen gilt, sind auch die Blätter von Stevens meist im Querformat. A. Z.

Amsterdam, Stiftung P. und N. de Boer

PIETER STEVENS
Mechelen (?) um 1567–Prag (?) nach 1624

277 Der Monat Juli
2. Jahrzehnt 17. Jahrhundert
Ft. 62, S. 366

Feder und Pinsel in grauem, rötlichem und grünlichem Braun; blasses Blau und Grün in der Ferne; Deckweiß zwischen dem Laub; 22 × 32,2 cm
Literatur: Benesch 1928, Kat. Nr. 354, Abb. 92

Benesch ist der Meinung, daß dieses Blatt zusammen mit einigen anderen aus der Albertina (Inv. 352, 353, 355) ursprünglich als Vorstudie für die 1607 gestochene Monatsserie gedacht war. Die Konturen sind nicht durchgegriffelt. Aufgrund des lockeren Stils, des deutlicher entwickelten Figurentypus und der Farbenpracht möchten wir diese Gruppe jedoch später – ins 2. Jahrzehnt des 17. Jahrhunderts – datieren. A. Z.

Wien, Albertina, Inv. Nr. 7963

278

PIETER STEVENS
Mechelen (?) um 1567–Prag (?) nach 1624

278 Der Sommer
2. Jahrzehnt 17. Jahrhundert

Pinsel in Wasserfarben und Deckfarben, Konturen durchgegriffelt; 22,8 × 32,7 cm
Bezeichnet unten links mit der Feder in der Handschrift von Paignon-Dijonval; ›Stepheni.‹
Gestochen von Aegidius Sadeler in einer Serie der ›Vier Jahreszeiten‹ (Hollstein XXI/XXII, S. 39, Nr. 49 mit Abb.)
Literatur: Parker, Kat. 1938, Nr. 71; Franz 1968/69, Abb. 42 auf Tafel XXX; Zwollo 1968, S. 176, Abb. 239

Der landschaftliche Hintergrund ist frei kopiert nach einem Blatt des Paulus van Vianen in der nach einem Blatt des Paulus van Vianen in der Slg. Erbengemeinschaft Van Regteren Altena. Der farbig aquarellierte, mit Bäumen bewachsene Vordergrund, wo Frauen und Männer mit dem Scheren und Waschen von Schafen beschäftigt sind, ist charakteristisch für Stevens, wie auch die Wiedergabe der sommerlichen Atmosphäre. Mit der überwiegenden Pinselarbeit und dem volleren Figurentypus handelt es sich hier um eine späte Arbeit, die unseres Erachtens aus dem 2. Jahrzehnt des 17. Jahrhunderts datiert. Das Blatt ist in einer Serie der ›Vier Jahreszeiten‹ gestochen, davon ist nur *Der Winter* 1620 datiert (Kat. Nr. 322). Obwohl Stevens sicher mit Paulus van Vianen in Kontakt war, muß dessen Einfluß auf ihn nicht so groß gewesen sein, wie Teréz Gerszi angibt (Gerszi 1977).
A. Z.

Oxford, Ashmolean Museum

OTTAVIO STRADA
Rom oder Nürnberg 1550 – Prag (?) 1612

279 Embleme und dekorative
a–d Umrahmungen:

Emblem ›FRANGIT ET ATVLIT‹
Feder in Braun, braun laviert; 13 × 18 cm
Ausstellungen: Salzburg 1987, Kat. Nr. 52
Literatur: Fučíková 1982, S. 344, 352, Anm. 26 und 344, Abb. 22

Emblem ›VTRVM LVBET‹ mit dekorativer Umrahmung
Feder in Braun, violett laviert, 15,5 × 11,8 cm
Ausstellungen: Stuttgart 1979, Kat. Nr. B 5; Salzburg 1987, Kat. Nr. 44
Literatur: Fučíková 1982, S. 343, 346, Abb. 4 und 352, Anm. 20

Emblem ›TOLLE MORAS‹ mit dekorativer Umrahmung
Feder in Braun, violett laviert; 15,5 × 11,8 cm
Ausstellungen: Stuttgart 1979, Kat. Nr. B 6; Salzburg 1987, Kat. Nr. 45
Literatur: Fučíková 1982, S. 343, 346, Abb. 3 und 352, Anm. 20

Adler-Emblem mit dekorativer Umrahmung
Feder in Braun, violett laviert; 15,5 × 11,8 cm
Ausstellungen: Stuttgart 1979, Kat. Nr. B 7; Salzburg 1987, Kat. Nr. 46
Literatur: Fučíková 1982, S. 343, Abb. 2 und 352, Anm. 20; Fučíková 1986, S. 14 und 123, Abb.

Diese vier Zeichnungen gehören zu einer Reihe von 21 Blättern, welche in Budapest aufbewahrt sind. Am Anfang steht die Zeichnung Inv. Nr. 355, die dem Jacopo Strada (um 1510–1588), dem Vater Ottavios, zugeschrieben wurde. Zu Jacopos fachlichen Interessen zählte die Numismatik, und diese Zeichnung ist vermutlich ein Entwurf für die Komposition einer Seite des vorbereiteten, aber nie realisierten numismatischen Sammelbandes. Ottavio bemühte sich nach dem Tod seines Vaters, dieses Schema für ein Impresen-Buch auszunutzen und zeichnete in das runde Feld einen Adler mit Pfeil und dem Motto ›Adsit‹. Aufgrund dieser Zeichnung entstand als Variation die Inv. Nr. 338, die dann als Vorbild für weitere Blätter der Budapester Gruppe diente. Die anspruchsvolle Aufteilung erwies sich aber sichtlich als zu kompliziert und für die Herausgabe des Buches zu kostspielig, so daß die Inv. Nr. 58.455 das Endstadium dieses Projektes zeigt – zwei Impresen in einfachen runden Feldern ohne jede Umrahmung. Dieses Schema haben auch wirklich alle handschriftlichen Exemplare des Impresen-Buches von Strada, von denen sich in den europäischen Bibliotheken fast nahezu 20 Beispiele erhalten haben. Mehrere davon befanden sich in den rudolfinischen Sammlungen. Dieses Unternehmen, wahrscheinlich um 1585–1588 begonnen, war erst 1601–1603 beendet, als die Zusammenarbeit von Ottavio Strada mit Aegidius Sadeler, Jakob Typotius und Anselm Boetius de Boodt begann (Kat. Nr. 335). In den ersten zwei Bänden dieses monumentalen Werkes finden wir alle vier Impresen nach den ausgestellten Zeichnungen: Panzerarm mit Streitkeule und Ölzweig und das Motto ›Utrum lubet‹ bildet die Imprese König Rudolfs I. (Bd. I, 1601, S. 38); Panzerarm mit Lanze und das Motto ›Tolle Moras‹ und beziehen sich auf König Albrecht I. (Bd. I, S. 38); Adler mit Pfeil und das Motto ›Adsit‹ ist eine der Impresen Rudolfs II. (Bd. I, S. 54). Von den zwei Zeichnungen auf dem vierten Blatt war im gedruckten Buch die Variante rechts als Imprese des Erzherzogs Maximilian des Deutschmeisters benutzt (Bd. II, 1602, S. 102). L. K.

Budapest, Museum der Bildenden Künste, Inv. Nr. 58.455 und 336–338

279a

279b

279c

279d

279d

280

HANS VERMEYEN
† Prag 1606

280 Mutter mit dem Kind
1603

Schwarze Kreide auf grünem Papier; 10,9 × 15,3 cm
Bezeichnet und datiert auf der Rückseite: Ich... S. Francisco van der minten den 5. Junio 1603 in Prag Hans van der meÿden; weiter eine holländische Inschrift
Literatur: Fučíková 1979, S. 496, Abb. 8

Die auf dieser Ausstellung gezeigten Goldschmiedearbeiten weisen Hans Vermeyen als einen der vortrefflichsten Meister seines Fachs aus. Diese Studie ist das einzige erhaltene Zeugnis dafür, daß er auch ein sehr geschickter Zeichner war. Die Begabung hatte er wahrscheinlich von seinem Vater, dem berühmten niederländischen Maler Jan Cornelisz. Vermeyen, geerbt, der ihn in dieser Hinsicht sicher beeinflußt hat, vielleicht sogar sein Lehrer gewesen ist (falls dies aus Zeitgründen möglich war). E. F.

Göttingen, Kunstsammlung der Georg-August-Universität, Kupferstichkabinett

281

PAULUS VAN VIANEN
Utrecht um 1570–Prag 1613

281 Adam und Eva nach dem Sündenfall
1608–1611

Schwarze Ölkreide, Spuren von weißer Kreide (zu einem späteren Zeitpunkt von einem anderen Künstler hinzugefügt?); 51 × 40 cm
Bezeichnet unten in brauner Tinte: Correggio
Herkunft: Privatbesitz, Großbritannien (Christie's, Amsterdam, 1. XII. 1986, 44)

Paulus van Vianens Zeichnungen sind beispiellos für einen Gold- oder Silberschmied und zudem ein außergewöhnlich gutes Beispiel für das Zusammenspiel der Künste am Hof Rudolfs II. Während seiner ersten Jahre in Prag 1603–1606 dienten die hervorragenden mit Bleistift und Tusche ausgeführten Figurenkompositionen als beliebte Vorlagen für geplante Werke; van Vianens Ansatz beeinflußte auch Saverys Verwendung dieses Malmaterials. Später dagegen wurde van Vianen von Savery beeinflußt.

Für *Adam und Eva* und verwandte Zeichnungen aus der Zeit um 1606–1611 benutzte der Meister schwarze Ölkreide und gemasertes Papier, um die Ausdruckskraft und malerischen Eigenschaften der Kreide hervorzuheben. Dieser Einsatz von Kreide in der Malerei findet stilmäßig eine Parallele in der malerischen Sinnlichkeit, die verstärkt in van Vianens Spätwerk sichtbar wird und die möglicherweise auf die Einflüsse der Gemälde seiner Freunde am Hof, von Aachen und Heintz, und auf die Werke von Correggio, die sich in Rudolfs Sammlung befanden, zurückzuführen ist. Aufgrund der genannten Stilmerkmale wurden seine Arbeiten früher Correggio zugeschrieben. Verwandte Zeichnungen van Vianens sind als Modellzeichnungen für Silberplatten beschrieben worden. Für einige Zeichnungen existieren Platten mit einer entsprechenden Komposition.

Außergewöhnlich ist die Interpretation von *Adam und Eva.* Während sich Eva mit Kain und Abel beschäftigt, sitzt ein melancholischer Adam zusammengesunken auf seinem ›Thron‹ in der Wildnis, einer Aushöhlung im Stumpf eines knorrigen Baumes, den ein Löwenfell als

›königlich‹ ausweist. Der große Apfel erinnert ihn (und uns) an seinen Sündenfall und das verlorene Paradies; der Apfel wird so zu einer Art ›Reichsapfel‹ in einer ironischen Bedeutung, ergänzt durch primitives Ackergerät als Stab oder Zepter. Wohl gibt es einige wenige ähnliche Darstellungen – so zwei Stiche von Robetta aus dem 15. Jahrhundert –, doch ist die Einführung eines Apfels als ikonographischer Mittelpunkt eine brillante und offensichtlich neue Idee.

Es überrascht nicht, daß kein Pendant in Silber bekannt ist. Zwischen 1608 und 1611 verlor Rudolf die Königreiche Böhmen und Ungarn an seinen verhaßten Bruder Matthias. Abgesehen von van Vianens Absicht, kann die Darstellung vielleicht auf Rudolfs demütigende Verluste anspielen. Da der Kunstgeschmack des Kaisers nicht an frommen Betrachtungen und noch weniger an Selbstkritik interessiert war, könnte die Arbeit am Hofe durchaus als zu zweideutig empfunden worden sein. J. S.

Toronto (Kanada), Sammlung Frank und Marianne Seger

282a

PAULUS VAN VIANEN
Utrecht um 1570–Prag 1613

282a Baumstudie (recto)
282b Bach mit Holzbrücke (verso)
1603–1607

Feder in Grau, braun laviert (recto), Feder in Grau, aquarelliert (verso); 12 × 19,2 cm
Ausstellungen: Rotterdam 1977, Kat. Nr. 148, Taf. 24
Literatur: Duyvené 1954, S. 80, 82, Abb. 4; Wegner 1956, S. 208, Anm. 3; Gerszi 1982, Nr. 55, Abb. 60–61; Ter Molen 1984, Nr. 276 (PDa)

Die von analytischer Beobachtung zeugenden, bahnbrechenden Naturstudien Vianens bildeten den Grundstock seiner wirklichkeitsnahen Landschaftskompositionen. Dieses Blatt mit Zeichnungen auf beiden Seiten stammt vermutlich aus einem Skizzenbuch. Auf der Rückseite einer feinen Naturstudie befindet sich ein Bachufer, welches Vianen zu dem Relief der Rückseite einer 1607 gefertigten *Trinkschale* verwendet hat (Amsterdam, Rijksmuseum; Gerszi 1982, Abb. 163). Vermutlich stammt auch die Baumstudie aus der frühen Prager Periode, also aus den Jahren 1603–1607. Diese Zeichnung ist in Vianens Œuvre dadurch einzigartig, daß nur die Krone eines Baumes dargestellt ist. Nach Botanikermeinung handelt es sich um

282b

283

284

eine Buche. Das Gleichgewicht zwischen objektiver Beobachtung und der Neigung zu lyrisch gefärbter Stilisierung ist die Grundlage von Vianens künstlerischem Temperament. Die genaue Wiedergabe der botanischen Eigentümlichkeiten des Baumes verbindet der Künstler meisterhaft mit der Entfaltung der im Thema liegenden zeichnerischen Möglichkeiten. Der unregelmäßig geformte, dicke Stamm, die schlangenförmigen Äste und die zarten Blätter zeugen vom Schöpfen aus der Fundgrube abwechslungsreicher Formen. Die ästhetische Wirkung der mit empfindlichen, haarfeinen Konturen und mit hauchzarter Lavierung gefertigten Zeichnung nimmt es mit fernöstlichen Darstellungen ähnlicher Themen auf.

Amsterdam, Sammlung von J. Q. van Regteren Altena

PAULUS VAN VIANEN
Utrecht um 1570 – Prag 1613

283 Felswand mit Zeichner

Feder in Dunkelbraun, grau und graubraun laviert; 33,3 × 43,5 cm
Wasserzeichen: Löwenwappen mit BV (Briquet 1918)
Spätere Aufschrift unten Mitte: P breugel
Herkunft: Aus der Sammlung A. von Beckerath (L. 2504). Erworben 1902
Ausstellungen: Berlin 1975, Kat. Nr. 278, Abb. 303
Literatur: Bock-Rosenberg 1930, S. 22; Gerszi 1975, S. 80–81, Abb. 59; Gerszi 1982, Nr. 42, Abb. 44; Ter Molen 1984, Nr. 258 (PDa)

Diese wegen ihrer gleichmäßig detaillierten Ausarbeitung im Œuvre Vianens als Unikum geltende Zeichnung unterscheidet sich von den Salzburger Naturstudien durch eine gesteigerte naturwissenschaftliche Vertiefung. Hier war der Künstler nicht nur auf die eingehende Charakterisierung der abwechslungsreichen plastischen Formen des Felsmassivs bedacht, sondern auch auf die naturwissenschaftliche Authentizität der strukturellen Eigentümlichkeiten des Gesteins. Das versetzt uns sozusagen in die Lage, aufgrund der in verschiedene Richtungen abgerutschten Schichten den Prozeß des Entstehens des Felsmassivs zu rekonstruieren, während die bereits abgestürzten Teile und die großen Klüfte die bisherige und die noch bevorstehende Zerstörung des Gesteins augenfällig machen. Die mit geradezu wissenschaftlicher Akribie gefertigte Zeichnung hat trotzdem im Vergleich mit den früheren nichts von ihrer ästhetischen Qualität verloren, da der Künstler das von starkem Sonnenlicht überflutete Landschaftsdetail als Teil eines lebenden Organismus unter Betonung seiner lebhaften Wirkung auf die Stimmung und unter meisterhafter Nutzung der in der Federzeichnung liegenden Möglichkeiten verewigt hat. Vianen wurde bei der Gestaltung seiner Naturstudien von Dürers frühen Zeichnungen nach der Natur inspiriert. In diesem Falle kann Dürers Wiener Blatt *Felsstudie mit Wanderer* (Gerszi 1982, Abb. 156) als Beispiel gedient haben, das aufgrund der objektiven Naturauffassung, der scharfen Beobachtung und der detaillierten Ausarbeitung mit der Zeichnung Vianens eine besondere Verwandtschaft zeigt. Die Richtigkeit der Annahme einer Verbindung zwischen den beiden Blättern wird dadurch bekräftigt, daß auf beiden je eine zur Verdeutlichung der Proportionen dienende Figur mit feinen Konturen eingezeichnet ist. Die Darstellung des ins Zeichnen vertieften Künstlers (unterer Bildrand rechts) finden wir auf mehreren in Salzburg entstandenen Blättern Vianens. Ihre Vorgänger sind auf Werken von Dürer, von Hieronymus Cock und Pieter Bruegel zu sehen; oft kommen sie auch auf den Darstellungen von Roelant Savery vor. T.G.

Berlin, Staatliche Museen Preußischer Kulturbesitz, Kupferstichkabinett, Inv. Nr. 13223

PAULUS VAN VIANEN
Utrecht um 1570 – Prag 1613

284 Weiden am Ufer eines Gewässers (recto)
Felsklippe (verso) *Ft. 63, S. 367*

Feder in Hell- und Dunkelbraun, wenig grau laviert (recto), Feder in Hellbraun, grau laviert (verso); 14,7 × 19,7 cm
Literatur: Bock-Rosenberg 1930, S. 57; Gerszi 1975, S. 83, Abb. 63 (verso); Gerszi 1976 (Bruegels Nachwirkung), S. 226, Anm. 60; Gerszi 1977, S. 108, Abb. 76 auf S. 107; Gerszi 1982, Nr. 37, Abb. 39, 97; Ter Molen 1984, Nr. 253 (PDa)

Ein großartiges Beispiel für die harmonische Abstimmung von Wirklichkeitsbeobachtung und traditioneller Komposition. Die im Vordergrund stehende Weidengruppe läßt sich botanisch identifizieren. Die sinnfällige Darstellung der sich im Wasser spiegelnden Bäume und Pflanzen zeigt Vianens Empfindlichkeit für optische Naturerscheinungen. In jener Zeit ist eine solche Darstellung intensiver Lebensfülle der Landschaft geradezu beispiellos. Im starken Sonnenlicht erscheinen die Pflanzenwelt, das Wasser und die Luft als organische, lebensvolle Einheit. Die Komposition der spontan wirkenden Zeichnung knüpft hingegen an die Tradition Brueghels an. Am Ende des 16. und am Anfang des 17. Jahrhunderts entstanden mehrere Werke, die sowohl in den dargestellten Motiven als in ihrer Anordnung dieser Zeichnung ähnlich sind, wie Lucas van Valckenborchs Gemälde *Der Angler am Waldteich* (Wien, Kunsthistorisches Museum) sowie die Zeichnungen von Jan Brueghel *Versuchung Christi* (Paris, Fondation Custodia), von Paulus Bril *Waldlandschaft mit Jäger* (Brüssel, Musées Royaux des Beaux-Arts de Belgique) und von Pieter Stevens *Waldlandschaft mit Angler* (Budapest, Museum der Bildenden Künste; Zwollo 1970, Abb. 9), ferner der Kupferstich *Hirschjagd* von Aegidius Sadeler nach Roelant Savery (Hollstein A 233). Alle diese Kompositionen lassen sich letztlich auf Werke Pieter Bruegels zurückführen, auf Anregungen von solchen Kompositionen wie die nur in Kopien bekannte *Sumpflandschaft* (Paris, Fondation Custodia; Gerszi 1976, Bruegels Nachwirkung, S. 226, Abb. 75). Die Brueghelschen Motive und Kompositionen lernte Vianen entweder durch den Kupferstich kennen, den Aegidius Sadeler nach Jan Brueghels erwähnter Zeichnung fertigte (Hollstein 210), oder aus Valckenborchs Gemälden. Von der Zeichnung Vianens hat Pieter Stevens eine durch Staffagefiguren ergänzte freie Kopie angefertigt (Prag, Nationalgalerie; Gerszi 1982, Abb. 149).

T. G.

Berlin, Staatliche Museen Preußischer Kulturbesitz, Kupferstichkabinett, Inv. Nr. 13618

285

PAULUS VAN VIANEN
Utrecht um 1570 – Prag 1613

285 Baumstudie

Schwarze Kreide, grau und rosa laviert; 17,3 × 15,8 cm
Herkunft: Sammlung A. Reinicke, Neu-Strelitz ca. 1780; Sammlung M. Reinicke, Darmstadt 1978
Literatur: Bulletin van het Rijksmuseum XXVI/3 Amsterdam; 1978, S. 128, Abb. 10; Gerszi 1982, Nr. 45, Abb. 47; Ter Molen 1984, Nr. 265 (PDa)

Baumstudien sind zwar auch aus der Salzburger Zeit des Künstlers bekannt, doch sind sie alle mit Feder oder mit Feder und wenigen Pinselstrichen ausgeführt. Vianen begann vermutlich nach Roelant Savery mit Kreide zu zeichnen, wahrscheinlich durch die farbigen Kreidezeichnungen beeinflußt, die sein Kollege auf seiner Tiroler Reise angefertigt hatte. Von Vianen sind zwar keine mehrfarbigen Kreidezeichnungen bekannt, doch verwendete er in seiner Prager Periode gern schwarze Kreide mit zweifarbiger Lavierung kombiniert, wie es hier der Fall ist. Im Gegensatz zur objektiven, beschreibenden Auffassung seiner früheren Studien ist diese Zeichnung weniger analytisch, und das Interesse des Künstlers erstreckte sich nicht auf den ganzen Baum. Hier konzentrierte er sich auf den aus naher Sicht dargestellten Baumstamm, womit er ebenfalls Savery folgte, der mit Vorliebe so eigenartig geformte alte Bäume darstellte, wobei er auf die Maserung der Rinde, auf die plastische Charakterisierung der Wülste, auf die auffallenden Formen der Wurzeln große Sorgfalt verwendete. Vianen vertiefte sich nicht in eine so weitgehende Betonung der durch die Einzelformen gegebenen Zeichnungsmöglichkeiten – obwohl seine Zeichnung hier allerdings von stilisierterem und ornamentalerem Charakter ist als seine früheren –, sondern er legte das Hauptgewicht auf das malerische Gesamtbild durch hauchzarte Übergänge von Licht und Schatten, der feinen Andeutung der Blätter. Im Gegensatz zu Saverys expressiv-dekorativen Amsterdamer und Pariser Baumstudien (Spicer-Durham 1979, C 57 F 59; C 59, F 61) ist dieses Blatt eine lyrisch-malerische Vision und gemahnt eher an Abraham Bloemaerts Zeichnungen ähnlicher Themen (z. B. New York, Metropolitan Museum), auf denen der objektiv-beschreibende und der stilisierende malerische Charakter der Darstellungsweise sich das Gleichgewicht halten. T. G.

Amsterdam, Rijksprentenkabinet, Inv. Nr. 78:69

286

PAULUS VAN VIANEN
Utrecht um 1570 – Prag 1613

286 Haus *Ft. 64, S. 368*

Feder in Braun, laviert; 10,6 × 19 cm
Ausstellungen: Stockholm 1984/85, Kat. Nr. 317

Vianen hat schon zur Zeit seines Salzburger Aufenthalts Stadtbilder angefertigt; neben den die ganze Stadt verewigenden Veduten auch einige Teilansichten. Von den in Prag angefertigten Zeichnungen sind nur einige, die zum letzteren Typ gehören, erhalten geblieben, die aber wegen ihrer intimen, ungezwungenen Auffassung hervorragende Bedeutung haben. Drei Blätter davon zeigen dasselbe Haus aus verschiedener Sicht. Wahrscheinlich band den Künstler irgendeine persönliche Beziehung an dieses Haus, das auch in den Werken von Pieter Stevens und Roelant Savery auftaucht. Die vor kurzem von An Zwollo bestimmte Stockholmer Zeichnung zeigt das Motiv von einem Standpunkt aus, der von dem des Budapester und des Amsterdamer Blattes abweicht. Unter den drei Zeichnungen macht diese hier den intimsten Eindruck, da sie durch Abbildung des Hofes auch in das Leben des Alltags Einblick gewährt. Ungezwungen und einfach verewigte Vianen das Haus mit den davor sitzenden Figuren, das sich am Bach versammelnde Geflügel sowie die umherliegenden Knüppel, Tisch und Bank. Die Konturen der mit blassen Pinselstrichen skizzierten Hauptmotive verstärkte er stellenweise mit kleinen Federstrichen, und während er das Ziegeldach des rechten Hausteils mit großer Lust detaillierte, deutete er den linken Teil des Hauses nur in großen Zügen an. Vianen ist es hier gelungen, den Typ eines Landschaftsbildes zu schaffen, der durch Darstellung der Realität, durch malerische Empfindsamkeit und stimmungsvolle Kraft sozusagen für Jahrhunderte den Weg wies. T. G.

Stockholm, Nationalmuseum, Inv. Nr. NMH CC VI:141

PAULUS VAN VIANEN
Utrecht um 1570 – Prag 1613

287a Haus mit Brücke (recto)
287b Felsenstudie mit Bäumen (verso)

Feder in Grau, grau und rosa laviert (recto), Feder in Grau, braun und grau laviert (verso); 12 × 19,2 cm
Bezeichnet auf der Rückseite unten rechts: P v: Vianen
Herkunft: Aus der Sammlung des Marquis von Cholmondeley (L.1149)
Ausstellungen: Rotterdam 1977, Kat. Nr. 149, Taf. 25; Utrecht 1985, Kat. Nr. 42, Abb. 6 auf S. 13 und 61
Literatur: Duyvené 1954, S. 80–83, Abb. 5 (recto); Duyvené 1960, S. 529, Abb. 7 (verso); Zwollo 1968, S. 176, Abb. 238 (recto) auf S. 173; Gerszi 1971, S. 98, 101; Gerszi 1975, S. 74, Abb. 57 (verso) auf S. 73; Gerszi 1977, S. 107, 121; Gerszi 1982, Nr. 54, Abb. 58–59; Ter Molen 1984, Nr. 275(PDa)

Hier hat Vianen das Haus offenbar am Bachufer sitzend, ein wenig von unten, aus geringerer Entfernung als auf dem Stockholmer Blatt und von der entgegengesetzten Seite her verewigt. Während der linke Teil des Hauses in starkem Sonnenlicht badet, erscheint der rechte Teil als große, ungeteilte, im Schatten liegende Wand, auf die kein Sonnenstrahl fällt. Als Folge der Untersicht wirkt das Haus hier größer, und auch die im Schatten liegende Wand trägt dazu bei, daß sich die Stimmung der Darstellung inhaltlich verändert hat. Im Gegensatz zur offeneren, gegliederteren, heitereren Stockholmer Zeichnung wirkt das Haus hier verschlossener und ernster. Vianen hat dieses Motiv etwas vereinfacht als Relief auf dem Fuß einer 1607 entstandenen *Trinkschale* verwendet, auf dem zwei weitere, ähnlich intim aufgefaßte Hausdarstellungen zu sehen sind (Gerszi 1982, Abb. 161). Am Beginn des 17. Jahrhunderts kann man in einigen niederländischen Kunstzentren eine Verbreitung der Darstellung von Häusern mit einfacher, anspruchsloser Architektur und von Höfen beobachten. Sie erscheinen auf den Werken von Hendrik Goltzius, Abraham Bloemaert, Jacob de Gheyn d. J. und Karel van Mander. In Prag sind neben Vianen auch von Roelant Savery Ansichten von Stadtdetails bekannt, ja, dieser hat auch dieselbe Häusergruppe abgezeichnet (Amsterdam, P. de Boer; Zwollo 1968, Abb. 242). Der von Vianens Zeichnung um einige Schritte abweichende Gesichtspunkt beweist, daß hier nicht von einer Kopie, sondern von einer vielleicht in freundschaftlichem Wettbewerb entstandenen Zeichnung nach der Natur die Rede ist. Dagegen hat Pieter Stevens auf seiner Zeichnung *Sommer* (Oxford, Ashmolean Museum) zweifellos diese Darstellung des Hauses zum Muster genommen. Von seiner zu einer reichen Komposition entwickelten Arbeit hat Aegidius Sadeler einen Kupferstich als Blatt einer die Jahreszeiten darstellenden Serie angefertigt (Zwollo 1968, Abb. 239, 240). T. G.

Amsterdam, Sammlung J. Q. van Regteren Altena

287a

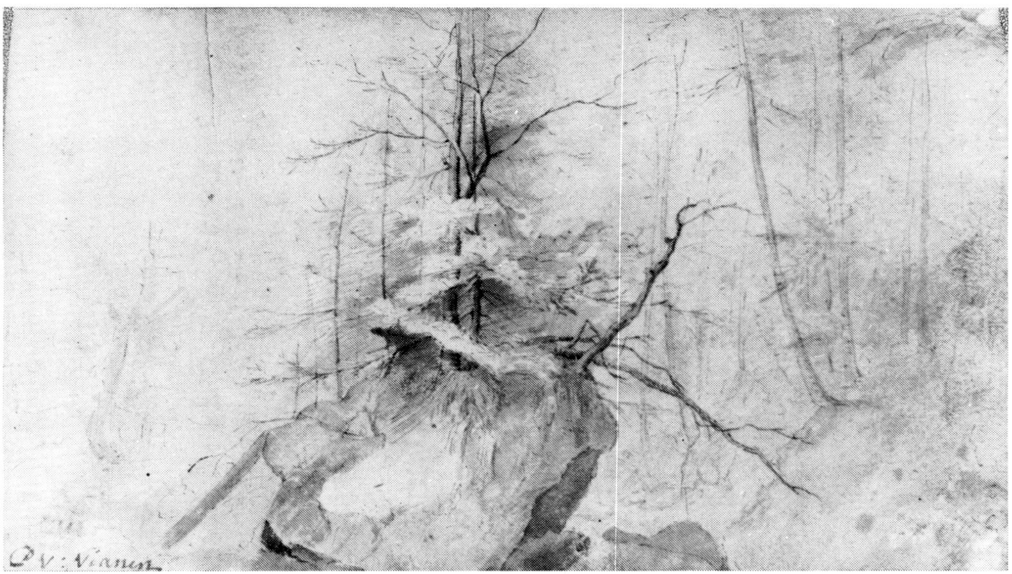

287b

PAULUS VAN VIANEN
Utrecht um 1570 – Prag 1613

288 Landschaft mit Haus und Brücke (recto) Felsenstudie (verso)

Feder in Braun, blau laviert (recto und verso); 19,3 × 29,6 cm
Wasserzeichen: Doppeladler (ähnlich wie Briquet 266 und 6163)
Aufschrift: No 26 (recto), No 20 (verso)
Herkunft: Aus der Sammlung N. Esterházy (1.1965)
Ausstellungen: Salzburg 1983, Kat. Nr. 6; Salzburg 1987, Kat. Nr. 54
Literatur: Zwollo 1968, S. 176, Abb. 241 auf S. 176; Gerszi 1971, Nr. 308; Gerszi 1975, S. 82–83; Gerszi 1982, Nr. 52, Abb. 56, 103; Ter Molen 1984, Nr. 272(PDa); Fučíková 1986, S. 32, Abb. 57

Auf diesem Blatt erscheint der Häuserkomplex in einer Berglandschaft, von derselben Seite aus gesehen wie auf der Amsterdamer Darstellung, aber von einem anderen Standpunkt und aus einer viel größeren Entfernung. Die sich am Fuß des Berges hinziehende, verfallende Mauer und die oben auf dem Berg sichtbare Gruppe von Fachwerkhäusern scheinen kein Phantasiebild zu sein, sondern eine topographisch wirklichkeitsnahe Abbildung. Die Feststellung des Entstehungsortes der Zeichnung war problematisch, weil das Papier aufgrund seiner Abmessungen und seines Wasserzeichens unzweifelhaft aus einem der Salzburger Skizzenbücher stammt. Es ist aber wahrscheinlich, daß der Künstler dieses Skizzenbuch auch in Prag noch eine Zeitlang verwendete. So dürften Prager Darstellungen hineingekommen sein, wie z.B. auch eine Ansicht des Hradschin auf der Rückseite einer Salzburger Vedute (Gerszi 1982, Nr. 49 recto et verso). Das Haus stand wahrscheinlich in der unmittelbaren Nähe von Prag, und vielleicht befand sich darin eine Mühle. Der auf dem Amsterdamer Blatt über die Brücke gehende, einen Sack schleppende Mann und die auf dem Stockholmer Blatt im Hof sitzenden und wartenden Figuren lassen zumindest darauf schließen. Die Zeichnung zeigt in mehrfacher Hinsicht Verwandtschaft mit den in den Alpen gezeichneten Bergpanoramen: in der Interpretierung des Erlebnisses des weiten Raums, in der Anwendung einer aus feinen, kleinen Strichen und Punkten gestalteten Zeichenweise. Sie weicht aber von den erwähnten Zeichnungen insofern ab, daß hier die Häusergruppe in den Mittelpunkt getreten ist und in der Landschaft auch sonst der bewohnte Charakter betont wurde. In dem außerordentlich lückenhaft erhalten gebliebenen Zeichnungsmaterial der Prager Periode sind reine Landschaftsdarstel-

288

289

lungen mit Ausnahme einiger Naturstudien nicht bekannt. Es scheint, daß das Interesse des Künstlers sich in Prag mehr der Stadt zuwendete. Ihn beschäftigten nicht so sehr bedeutende Gebäude, als vielmehr einfache, kleine Häuser und Hausgruppen in ihrer natürlichen Umgebung. T. G.

Budapest, Museum der Bildenden Künste, Inv. Nr. 1404

PAULUS VAN VIANEN
Utrecht um 1570 – Prag 1613

289 Der Hradschin in Prag

Feder in Braun, leicht laviert in Hellgrau; 13,4 × 30,7 cm
Aufschrift unten rechts: J. van der Heyden
Herkunft: Erworben 1835
Literatur: Gerszi 1982, Nr. 57, Abb. 63; Ter Molen 1984, Nr. 278(PDa)

Die Salzburger Veduten Vianens beweisen, daß er die Methoden der beruflichen Ansichtenzeichner kannte und anwendete. Auf seinen Stadtansichten kommen nämlich auch Einzelheiten vor, die man in Wirklichkeit von einem einzigen Punkt aus nicht sehen konnte, was heißt, daß er von verschiedenen Gesichtspunkten aus aufgenommene Einzelheiten zusammenfügte. Auf der Darstellung der südlichen Seitenansicht des Hradschin hat er die lange Reihe der Gebäude nur von zwei Gesichtspunkten aus sowohl proportioniert als auch übersichtlich zeichnen können. Vom südwestlichen Gesichtspunkt aus würden nämlich die zur Linken des Doms liegenden Gebäude viel zusammengeschobener erscheinen: der auf der linken Seite sichtbare Weiße Turm, der ebenso zu den mehrmals umgebauten romanischen Verteidigungsanlagen gehört, wie der sich rechts davon hinziehende, wenig gegliederte Mauerteil mit den Öffnungen im Querformat. Dieser Gebäudekomplex kann hier viel besser in Augenschein genommen werden als auf den Stichen von Jan Wechter nach Philipp van den Bossche und von Johann Willenberg, denn vom zweiten Gesichtspunkt – der in der Linie der St. Veitsdoms gelegen haben mag – wurde eine proportionierte und detaillierte, den ausgedehnten Abmessungen entsprechende Darstellung des Gebäudeteils möglich. Vom Chor des Doms sieht man nur das Dach, da er vom Gebäudekomplex des alten Königspalastes verdeckt ist, in dem wiederum die Fassade des vom Ende des 15. Jahrhunderts stammenden Wladislaw-Saales dominiert. Rechts davon kann man den oberen Teil der von Peter Parler erbauten Allerheiligenkapelle mit dem kleinen Dachreiter wahrnehmen, und etwas weiter ragt der Turm der romanischen St. Georgskirche hervor (dieser Turm verdeckt den zweiten Turm). Das Kirchenschiff ist wegen der Bauwerke der südwestlichen Befestigungsanlage nicht zu sehen, an die sich eine mit dem Palais Rosenberg beginnende und mit dem Palais Lobkowitz endende, mehrstöckige, aber nicht fertiggezeichnete Gebäudereihe anschließt. Vianen hat von der Prager Burg auch auf der Rückseite einer seiner Salzburger Ansichten eine Skizze von diesseits der Moldau gesehen angefertigt (Gerszi 1982, Nr. 49 verso). T. G.

Berlin, Staatliche Museen Preußischer Kulturbesitz, Kupferstichkabinett, Inv. Nr. 11933

PAULUS VAN VIANEN
Utrecht um 1570 – Prag 1613

290 Vier Landschaftsskizzen

Feder in Braun, graubraun laviert, Vorzeichnung in Graphit; 27,6 × 37 cm
Wasserzeichen: Schild, unten Horn ohne Blumen (ähnlich wie Briquet 7867)

290

Herkunft: Aus der Sammlung des Landgrafen
Literatur: Oehler 1979, Nr. 75; Gerszi 1982, Nr. 59, Abb. 65; Fučíková 1983, S. 394, Abb. 1 auf S. 392; Ter Molen 1984, Nr. 280(PDa)

Auf seinen Streifzügen hat Vianen in Prag auch von Orten, die bis dahin kaum des Festhaltens für würdig befunden waren, kleine rasche Skizzen angefertigt. Die links oben gezeigte Darstellung kann wohl einen wenig geordneten Teil der Gegend, die er auf den drei weiteren Skizzen festgehalten hat, zeigen. Die Zeichnung oben rechts verewigt einen Teil der ›Hungermauer‹. Zur Zeit Karls IV. hatte man begonnen, um die Kleinseite herum eine Mauer zu bauen, um die infolge schlechter Ernte aufgetretene Arbeitslosigkeit und Hungersnot durch bezahlte Arbeit zu lindern. Daher der Name ›Hungermauer‹. Auf derselben Seite der Stadt befindet sich das rechts unten abgebildete Kloster Strahov mit der zu ihm hinführenden Straße, dem sogenannten Hohlweg. Aus ähnlicher Sicht ist dieser Gebäudekomplex auch auf einer Prager Vedute des Roelant Savery zu sehen (Amsterdam, Rijksprentenkabinet; Boon 1961, S. 146–147). Zu dem 1140 gegründeten und im Laufe der Jahrhunderte mehrmals umgebauten Prämonstratenserkloster gehört die Himmelfahrtskirche, von der hier ein Turm und der Chor zu sehen sind. Von den vier Darstellungen sind drei eigentlich Herbstlandschaften, die hinsichtlich des Bildausschnitts, der zufälligen Wahl des Motivs und des Zeichenstils eine weitere Modifizierung der Landschaftskunst Vianens aufzeigen. Abweichend vom überfeinerten, auf intensive ästhetische Wirkung abzielenden Zeichenstil der Salzburger Ansichten versuchte er es in seinen letzten Prager Jahren mit größerer Natürlichkeit: Im Einklang mit den von ihm selbst aufgestellten Postulaten der Einfachheit, der Unmittelbarkeit und der Wirklichkeitstreue verwendete er unregelmäßige, gebrochene kleine Striche und summarische Lavierung. T. G.

Kassel, Staatliche Kunstsammlungen, Inv. Nr. 5064

PAULUS VAN VIANEN
Utrecht um 1570 – Prag 1613

291 Das Urteil des Paris

Feder in Braun, laviert; Dm. 16,2 cm
Wasserzeichen: Doppeladler und Krone (Fragment)
Herkunft: Aus der Sammlung J. Masson (L.1494a)
Ausstellungen: Paris 1930, Kat. Nr. 22; Utrecht 1985, Kat. Nr. 45 mit Abb.; Hamburg 1986, Kat. Nr. 116
Literatur: Lugt 1950, S. 86, Nr. 702, Taf. XC; Duyvené 1954, S. 82, Abb. 3; Gerszi 1982, Nr. 70, Abb. 77; Ter Molen 1984, Nr. 294(PDa)

Vianen stellte auf seinen aus Gold und Silber geschmiedeten Werken vor allem mythologische Szenen dar. Mit kleinen Änderungen fertigte er nach dieser Zeichnung das innere Relief seiner im Jahre 1607 entstandenen Trinkschüsseln an. Bei den Hauptfiguren der Szene kommt der Einfluß des nach Raffael gefertigten Kupferstichs von Marcantonio Raimondi (B. 245) zur Geltung. Dafür spricht die Übernahme der Gruppe der drei Nymphen am linken Rand, weiters die Darstellung der Figuren der Venus, der Juno und der Minerva im Profil, im Visavis und als Rückenakt. Was ihre Anordnung und ihre Bewegungen betrifft, so hat er nach durchaus individuellen Lösungen gegriffen. Vianen mag auch den Kupferstich von Giorgio Ghisi (B. 60) gekannt haben; das verrät die Fuß- und Armhaltung des Paris sowie die Übernahme des Motivs des liegenden Hundes. Vermutlich hat ihn die ironische Verspieltheit des Kupferstiches von Ghisi dazu bewegt, seine Komposition von den traditionellen Lösungen abweichend und ebenfalls ironisch kommentiert darzustellen. Während die siegreiche Göttin den goldenen Apfel aus der Hand des Merkur entgegennimmt und die Frucht von einem zwischen ihnen stehenden Mädchen bewundert wird, unterhält sich Paris mit Juno, die Einspruch zu erheben scheint, wobei zwei Landfrauen eine Krone über ihr Haupt halten. Die ebenfalls verletzte Minerva schickt sich bereits an wegzugehen, ihre Begleiter – auf dem Relief ist es Vianen in der Kleidung seiner Zeit – setzen ihr eben den Helm auf. Die Trivialität der mythologischen Szene wird noch dadurch gesteigert, daß im Hintergrund eine Prager Gasse zu sehen ist mit den charakteristischen hohen Hausdächern, wie sie auch auf den Stadtbildern des Roelant Savery zu sehen sind. In dieser Umgebung wirken die an der italienischen Renaissance orientierten Figuren als Gegensatz.

T. G.

Paris, École des Beaux-Arts, Inv. Nr. M 705

291

PAULUS VAN VIANEN
Utrecht um 1570 – Prag 1613

292a Fischersteg im Fluß (recto)
292b Zwei Maulesel (verso)

Feder in Braun, grau und rosa laviert, schwarze Kreide (recto), Feder in Braun, laviert (verso); 11,9 × 13,5 cm
Herkunft: Erworben 1978 aus deutschem Privatbesitz
Literatur: Gerszi 1982, Kat. Nr. 58, Abb. 64

Wie der nach einer Zeichnung von Philipp van den Bossche von Johannes Wechter gefertigte Kupferstich bezeugt, gab es auf der Altstädter Seite der Moldau in Prag am Ufer zahlreiche solcher Stege, die der Fischerei und dem Wasserschöpfen dienten. Auf dieser Zeichnung Vianens taucht ein Mann gerade einen Gegenstand ins Wasser, der sich aber nicht genauer bestimmen läßt. Dieses Holzgerüst und das Flußufer haben – so scheint es – die Landschaftszeichner lebhaft beschäftigt, da es außer von Vianen auch von Savery und Stevens verewigt wurde. Savery stellte auf beiden Seiten eines seiner Berliner Blätter einen Steg aus verschiedener Sicht dar (Berlin 1975, Kat. Nr. 242, Abb. 277/78). Stevens zeichnete denselben Steg, der auch bei Vianen zu sehen ist, aus einer größeren Entfernung so, daß die Betonung auf eine malerische Häusergruppe am Ufer verlegt wird (Bernt 1958, Abb. 549).

Im Œuvre dieser drei Künstler trifft man oft auf identische Motive. Der Vergleich dieser Arbeiten mit gemeinsamen Themen ermöglicht eine Erfassung ihrer individuellen künstlerischen Eigentümlichkeiten. Unter ihren Zeichnungen ist das Werk Vianens das ›modernste‹ und malerischste. Während Savery die dekorativen Möglichkeiten des Holzgerüstes beschäftigten, war Stevens um die pittoreske Wirkung bemüht, die durch die Häuser am Ufer und verschiedene sonstige Motive gegeben war. Dage-

292a

293

gen wählte Vianen zum Hauptthema die Sichtbarmachung nicht faßbarer Elemente: der Luft und des Raumes. Obwohl das mit feinen Strichen und reicher Lavierung skizzierte Holzgerüst die ganze Komposition ausfüllt, ist es doch nicht betont. Der am Ufer stehende Teil läßt mit seinen massiv aneinandergereihten Holzpfählen Plastizität und Taktilität nur soweit fühlen, als notwendig ist, damit das Gerüst als wirkungsvoller Kontrapunkt des auf der anderen Seite sich zart abzeichnenden ›körperlosen‹ Stadtbilddetails dienen kann. Die mit Hilfe gegensätzlicher Ausarbeitung veranschaulichte Luftperspektive gibt die feuchte Luft des Flußufers und den in der Ferne auftauchenden Hradschin samt Umgebung wieder. T. G.

Amsterdam, Rijksprentenkabinet, Inv. Nr. 78; 68

PAULUS VAN VIANEN
Utrecht um 1570 – Prag 1613

293 Heilige Familie
um 1610

Braune Kreide mit grauer Lavierung auf dunkelgrauem Papier; 50,1 × 40,3 cm
Wz.: W auf einem Schild mit H. E. (Briquet 9156)

Herkunft: Aus der Sammlung G. Huquier; Versteigerung Amsterdam 1761, Nr. 4227; Unbekannte Versteigerung Amsterdam 22, I.1884, Nr. 94: Erworben F. Muller 1887
Literatur: Boon 1978, Nr. 464; Gerszi 1982, Nr. 79, Abb. 87; Ter Molen 1984, Nr. 302

Um 1610 erschien auf den Zeichnungen und Plaketten Vianens ein neues Thema: Die Darstellung der Heiligen Familie. Während in seinen früheren, mythologischen Arbeiten die italienische Renaissance idealisierende, klassizisierende Züge zur Geltung kamen, strömen diese Werke, denen biblische Themen zugrunde liegen, an die nordischen Traditionen anknüpfend eine intensivere Lebensnähe aus. Die *Madonna mit dem Kind* (Paris, Louvre) und die *Madonna mit dem Kind, dem kleinen Johannes und seinen Eltern* (Amsterdam, Rijksprentenkabinet; Gerszi 1982, Nr. 76, 77, Abb. 83, 84) zeigen einesteils den Einfluß der Kompositionen bzw. der Figurentypen von Dürers Stichen, anderenteils aber die wachsenden realistischen Tendenzen. Wenn auch nur zu der erwähnten Amsterdamer Zeichnung eine Figurenstudie nach der Natur bekannt ist, so läßt die gesteigerte Lebensfülle seiner Figuren doch darauf schließen, daß in der schöpferischen Tätigkeit des Künstlers die Rolle der Naturstudien gewachsen ist. Diese markante Komposition dürfte aus seinen letzten Jahren stammen. Sie spiegelt am stärksten die Bestrebungen nach direkter Auffassung und wirklichkeitsgetreuer Darstellung. Hier sind die Figuren einfach, kraftvoll, ihre Gesten lassen Bewegung und Natürlichkeit erkennen. Die Umgebung ist geradezu öde, die Ecke des Stalls und die Dorfkirche im Hintergrund zeigen ein einfaches, dörfliches Milieu. Vianen ist zu einer grundlegend neuen Auffassung und formellen Interpretation des Themas gelangt. Dem profanen Charakter der Darstellung halten der Ernst, die Innigkeit und die Monumentalität der Figuren die Waage. Es ist wohl möglich, daß diese großen Kreidezeichnungen als selbständige Schöpfungen oder als ›modelli‹ für Goldschmiedarbeiten, entstanden sein dürften. T. G.

Amsterdam, Rijksprentenkabinet, Inv. Nr. A 1338

294

PAULUS VAN VIANEN
Utrecht um 1570 – Prag 1613

294 Deckelpokal im Ohrmuschelstil
Um 1610

Fettkohle, grau und rosa laviert; 59 × 29,4 cm
Aufschrift: 5948 (alte Inv. Nr.)
Wasserzeichen: Halbierter Adlerschild (Briquet 916–26)
Literatur: Modern 1894, S. 86; Frankenburger 1912, S. 156; Duyvené 1955, S. 92; Wegner 1973, Nr. 149, Taf. 47; Gerszi 1987, Nr. 73, Abb. 80; Ter Molen 1984, Nr. 306 (PDa)

Bisher sind nur zwei Zeichnungen Vianens bekannt, die einen geschmiedeten Gegenstand vollständig darstellen. Außer diesen beiden Zeichnungen gibt es im Düsseldorfer Kunstmuseum (Gerszi 1982, Nr. 67, Abb. 74) von ihm eine Zeichnung, die einen Pokal mit Deckel darstellt, der Renaissanceverzierungen trägt. Dieser Prunkpokal ist eine charakteristische spätmanieristische Schöpfung, deren phantasievolle Formen, reiche Verzierungen und vollkommene Figuren den Schluß erlauben, daß es sich hier – wenn der Pokal wirklich ausgeführt wurde – um ein Meisterstück der Goldschmiedekunst gehandelt hat. An der Außenseite des ovalen Pokals ist in schmuckvoller Kartusche vermutlich eine Versammlung der beim Mahle im Kreis sitzender Götter zu sehen. Von den Figuren lassen sich nur der geflügelte Amor und Minerva mit der Lanze am rechten Rand mit Sicherheit identifizieren. Die Kreiskomposition und die Rückenakte erinnern an die um 1600 entstandene Wiener Zeichnung Vianens: *Rat der Götter über den Wolken.* (Gerszi 1982, Nr. 65, Abb. 72). Auf dem mit Blatt- und Maskenmotiven verzierten Deckel warnt eine beschwingte Temperantia-Figur vor maßlosem Trinken. Die den Kelch tragenden, aneinandergeschmiegten beiden Akte hingegen weisen auf die Verbindung zwischen Liebe und Trank, also zwischen Amor und Bacchus hin. Die Zeichnung schließt in ihren Maßen, ihrer Technik und ihrem Stil an die späten figuralen Zeichnungen Vianens an und kann daher auf die Jahre um 1610 datiert werden. Die Bestimmung der Zeichnungen wirft auch auf die Funktion der übrigen späten, großen Kreidezeichnungen des Künstlers ein Licht. In diesem Falle besteht kein Zweifel, daß sie als Entwurf einer auszuführenden Goldschmiedarbeit entstanden ist. Die wie eine abgeschlossene Arbeit wirkende Zeichnung zielt aber nicht auf ein genaues Festhalten der Einzelheiten, sondern auf die Wirkung des Gesamteindrucks ab und kann daher nicht als Werkzeichnung, sondern vielmehr als für den Auftraggeber angefertigtes ›Modello‹ aufgefaßt werden. Auf dieser Grundlage dürfte dann mit Feder im Verhältnis 1 : 1 die Vorbereitungszeichnung angefertigt worden sein, nach der die Goldschmiedearbeit zur Ausführung gelangte. Es ist kein Zufall, daß diese großen, wirkungsvollen Kreidezeichnungen in gutem Zustand erhalten geblieben sind, während von den durch direkte Verwendung mehr in Anspruch genommenen Werkzeichnungen im Œuvre Vianens nur wenige Blätter bekannt sind. T. G.

München, Staatliche Graphische Sammlung, Inv. Nr. 14.704

UNBEKANNTER MINIATURIST
Vor 1605

295 Kaiser Rudolf II.
Um 1603

Aquarell auf Pergament; 6,7 × 5 cm
Herkunft: Aus der Sammlung Jaffé, Hamburg, erworben

295

Literatur: Josef Janáček, Rudolf II. a jeho doba. Prag 1987, Abb. 127

Die stark angegrauten Haare und der Bart des Kaisers deuten an, daß dieses Porträt relativ spät entstanden ist, vielleicht um 1603, wie das Londoner Bildnis von Hans von Aachens (siehe Kat. Nr. 98). Keines der erhaltenen gemalten oder gestochenen Porträts Rudolfs II. diente hier als Vorlage. Es scheint deswegen wahrscheinlich, daß der Maler den Kaiser persönlich gekannt hat. Er war aber kein so begabter Porträtist wie Aachen oder Sadeler, er schematisierte das Gesicht des Dargestellten, stilisierte vor allem in den Augenpartien und beim Bart.

Der Autor dieses Bildchens ist uns nicht bekannt. Es bietet sich aber ein interessanter Vergleich mit zwei Miniaturen an, die Bildnisse der persischen Botschafter darstellen und von dem sonst nicht bekannten, am kaiserlichen Hof tätigen Essaye Le Gillon 1605 gemalt sind. Auf die Miniaturen und auf den Maler hat Otto Kurz (1966, S. 461, 463, Abb. 1) aufmerksam gemacht. Die Gesichter sind ähnlich stilisiert und – soweit man es dem Foto nach beurteilen kann – wie auf dem Porträt Rudolfs gemalt. Da sie aber die einzigen Zeugnisse der Kunst dieses Malers sind und derzeit verschollen, muß die Frage der Autorschaft des Kaiserbildnisses noch offenbleiben. E. F.

Prag, Kunstgewerbemuseum, Inv. Nr. 12715a

296

297

AEGIDIUS SADELER DER JÜNGERE
Antwerpen 1570–Prag 1629
Nach Hans von Aachen

296 Nicomaxia vitae – Drei Parzen
1589

Kupferstich; 44,3 × 33 cm
Bezeichnet: Invent[m]: Hoefnaglij a Joanne von Ach figuratu, Scalpsit G. Sadeler 1589
Inschriften oben in der Mitte: Nicomaxia vitae; im Zirkel: Ingressus, Lapsus, Egressus, Gratia; in Zwickeln Zitate aus Job; Verse unten: Spectator, has … ferendo vincere
Literatur: Merlo 1895, S. 23, Nr. 145; Peltzer 1911/12, S. 170, Vignau Willberg-Schuurman 1969, I., S. 236, Abb. 128; Fučíková 1978, Nr. 1; Hollstein 1980, Nr. 113; Fučíková 1986, S. 18, Abb. 18

Näheres zur Vorzeichnung dieses Stiches siehe Kat. Nr. 176. Obwohl der Stich gleichseitig mit der Vorlage Aachens ist, hat der Stecher die Vorzeichnung bei der Übertragung auf die Kupferplatte keineswegs beschädigt. Um dies zu erzielen, mußte Sadeler das Original seitenverkehrt reproduzieren, was bei einer so komplizierten Komposition ohne Hilfsmittel gewiß nicht leicht war. Überdies ist es ihm gelungen, alle Finessen der zeichnerischen Handschrift Aachens meisterhaft zur Geltung zu bringen.

E. F.

Prag, Nationalgalerie, Inv. Nr. R 2683

AEGIDIUS SADELER DER JÜNGERE
Antwerpen 1570–Prag 1629
Nach Hans von Aachen

297 Anbetung der Hirten
1588

Kupferstich; 33,5 × 23,6 cm
Bezeichnet: Joan von Ach Inue. G. Sadl. Sc. 1588 und das Zeichen Joris Hoefnagels, cum prae. Verse: Discite pauperum … peregrina locum
Literatur: Merlo 1895, Nr. 67; Hollstein 1980, Nr. 32; Peltzer 1911/12, S. 67, Abb. 4, S. 164

Nach Karel van Mander hat Hans von Aachen für die Kirche Il Gesù in Rom ein auf Zinn gemaltes Bild ausgeführt, das eine *Anbetung der Hirten* darstellte und in der 1. Hälfte der 80er Jahre entstanden ist. Das Gemälde, längst verschollen, hat vermutlich diesem Kupferstich als Vorlage gedient. Dieser erschien aber erst, als Aachen nach München übergesiedelt war und mit Joris Hoefnagel und Aegidius Sadeler zusammen an den graphischen Blättern zu arbeiten anfing. Dem Datum nach ist dieser Stich der allererste Beleg der gemeinsamen Tätigkeit der Künstler. Es gibt aber keinen Beweis, daß das römische Werk Aachens hier wiedergegeben ist.

Im Britischen Museum in London befindet sich eine Studie zur *Anbetung der Hirten* von Hans von Aachen (Inv. Nr. 1890–6–16–115), die wahrscheinlich bereits in München entstanden ist und mit kleinen Unterschieden (eine Frau anstatt des Hl. Joseph, ein Weib im Vordergrund hält ein Kind in ihren Armen) und seitenverkehrt dieselbe Komposition wie der Stich zeigt. Da offensichtlich Aachen an dieser Darstellung unter der Leitung Hoefnagels weiter arbeitete, um sie zu verbessern, läßt sich vermuten, daß der Kupferstich nicht direkt von dem römischen Bild des Malers abhängig ist.

E. F.

Budapest Museum für Bildende Künste, Inv. Nr. 33.150

298

AEGIDIUS SADELER DER JÜNGERE
Antwerpen 1570–Prag 1629
Nach Hans von Aachen

298 Heilige Familie mit zwei Engeln und der Hl. Anna
1592–1597

Kupferstich; 29,2 × 21,9 cm
Bezeichnet: S. C. M.^{tis} Johan ab Ach pinxit, Egidius Sadeler sculps. Veron:
Verse: Auctori reru ... Corda Deo. F. Valeriani
Literatur: Merlo 1895, S. 19, Nr. 70; Peltzer 1911/12, S. 165; Hollstein 1980, Nr. 70

Obwohl zu diesem Stich keine originale Vorlage – es sollte der Inschrift nach ein Bild sein – erhalten geblieben ist, gehört dessen Thema zu den beliebtesten nicht nur um die Jahrhundertwende, sondern auch in den späteren Jahrzehnten. Dies beweisen viele Stiche, die das ursprüngliche Blatt von A. Sadeler wiedergeben, z. B. von Sadeleri, Venetijs (Merlo 1895, Nr. 107), C. Galle (Merlo 1895, Nr. 45), D. Custos (Merlo 1895, Nr. 44), Ch. von Sichem (Merlo 1895, Nr. 109), Ch. de Passe (Merlo 1895, Nr. 63a) und noch weitere, sowie die danach entstandenen gemalten Kopien, die in vielen Sammlungen zu finden sind.

Aachens Vorbild zu diesem Stich muß zwischen 1592–1597 entstanden sein, da Aachen schon als Hofmaler bezeichnet ist. Sadeler, der den Stich während seines Aufenthaltes in Verona geschaffen hat, konnte sich noch nicht mit diesem Titel schmücken. Er bekam ihn erst 1597. Die erwähnte Zeitspanne entspricht auch dem Figurenstil Aachens sowie den anderen charakteristischen Zügen seines Schaffens, welche der Kupferstecher vollkommen nachempfunden hat. E. F.

Budapest, Museum der Bildenden Künste, Inv. Nr. 33.209

299

LUCAS KILIAN
Augsburg 1579–Augsburg 1637
Nach Hans von Aachen

299 Büßende Magdalena vor dem Kreuz
Nach dem 1. 1. 1592

Kupferstich; 31,5 × 24,3 cm
Bezeichnet: S:C/M/^{tis}pictor Io: ab ach pinxit. L. Kil:^{s} Aug:^{s} sculpt. D. C.excud. Domenicus Custos. Verse: Quam male ... doloris amor.
Literatur: Merlo 1895, S. 18, Nr. 56; Peltzer 1911/12, S. 92/93, 170

Dieses Blatt entstand nach der Vorzeichnung Hans von Aachens (Wien, Albertina, Inv. Nr. 3304) für den Hl. Magdalena-Altar in der Michaelskirche in München. Aachen schuf dieses Gemälde 1588/89; als seine Gehilfen sind in den Rechnungen H. Thonauer und A. Paduano aufgeführt. Der Kupferstich wurde aber erst einige Jahre später gestochen. Terminus post quem ist der 1. 1. 1592, an dem Aachen zum Hofmaler Rudolfs II. ernannt wurde. Mit diesem Titel ist er auf dem Blatt erwähnt.

Johannes Sadeler hat den Stich von L. Kilian wiederholt, deswegen ist die Komposition seitenverkehrt (Merlo 1895, Nr. 96, Hollstein 1980, Nr. 373). Da er in der Inschrift erwähnt, daß er das Blatt in Venedig verlegt hat, muß dies nach seiner Übersiedlung nach Italien 1593 gewesen sein. J. Sadelers Stich diente dann als Vorlage für weitere Stecher: für H. Hondius (Merlo 1895, Nr. 48), C. Galle (Merlo 1895, Nr. 46), P. de Regger (Merlo 1895, Nr. 65). E. F.

Prag, Nationalgalerie, Inv. Nr. R 116 963

300

301

JAN MULLER
Amsterdam 1671–Amsterdam 1628
Nach Hans von Aachen

300 Bartholomäus Spranger
1597

Kupferstich; 27 × 18,8 cm
Bezeichnet: D. D. Joannes ab Ach S.Caes. M.tisPictor. Ao1597 In perpetuam amici memorians Joan.Mullerus...
Literatur: Bartsch III, S. 165, Nr. 21, Merlo 1895, S. 17, Nr. 32; Peltzer 1911/12, S. 165, Nr. 38; An der Heiden 1970, S. 213, Nr.B 18 und 19, Abb. 168, 169

Zu diesem graphischen Blatt ist ein interessanter Beleg für seine Entstehung im Rijksprentenkabinet in Amsterdam (Inv. Nr. A 10486) erhalten geblieben. Nach Aachens Vorbild, vielleicht nach einer Zeichnung, hat Muller zuerst als Probe nur sehr flüchtig Sprangers Porträt gestochen, dann abgedruckt, ovalförmig ausgeschnitten und schließlich auf ein anderes Stück Papier aufgeklebt. Darauf hat er , da er selbst auch ein ausgezeichneter Zeichner war, mit Feder eine entsprechende allegorische Umrahmung hinzugefügt. Erst dieses Blatt diente dann als wirkliche Vorlage des Kupferstiches.

E. F.

Wien, Österreichische Nationalbibliothek, Bildarchiv, Inv. Nr. 5. PG 3038: I (2)

LUCAS KILIAN
Augsburg 1579–Augsburg 1637

301 Anbetung der Hirten
1600

Kupferstich; 48,1 × 38,7 cm
(LeBl. 3; Hollst. 6)
Nach einem verlorenen Gemälde von Joseph Heintz dem Älteren
Inschriften:
1. S.C.M. pitor Iosephus Heintz pinxit. Lucas Kiliã. augs. scalps. ao. 1600
2. Chara Dei Soboles,... regemque canebant
3. NOBILI & AMPLISSIMO VIRO DN. WOLFGANG PALLERO AB HAMMEL ett. R.P. AVG. ae VINDEL. SENATORI. obseruae Monum. Dominicus Custos sub. mer. D.D.D.t.

Mit Wappen Wolfgang Pallers
Ausstellungen: Wien 1967/68
Literatur: Peltzer 1923, S. 311; Schürenberg 1939, S. 100 Abb. 4; Zwischen Renaissance und Barock 1967, S. 237f. Nr. 351 Abb. auf Taf. 51; Zimmer 1967, S. 298ff.; ders. 1971, S. 127 Nr. B 1 Abb. 89; Kaufmann 1985, S. 232 Nr. 7–22; Zimmer 1988

Der prächtige, großformatige Stich Kilians entstand nach einem Gemälde von Joseph Heintz, das sich vermutlich in der Prager Kunstkammer befunden hat. Hier ist zwischen 1685 und 1763 ein Gemälde auf Kupfer: ›Alter Joseph Heintz. Christi Geburth. Orig.‹ (1685) nachgewiesen, das 1763 als »sehr ruiniert« bezeichnet wird. Jedoch ist nicht sicher, daß dies die Vorlage Kilians war. Die großangelegte Komposition mit bedeutender Raumwirkung, die als Nachtstück gegebene Szenerie ist wahrscheinlich schon etliche Jahre früher entstanden als der Stich des jungen Kilian, nämlich zu Beginn der 90er Jahre, jedenfalls vor 1596, als Heintz, aus Rom kommend, vermutlich von lebensgroßen Figurenszenarien beeindruckt war, wie sie zu jener Zeit auf den Heiligen Bergen Norditaliens entstanden; an einer Vielzahl solcher haben u. a. seine Verwandten aus der Familie d' Enrico in Varallo gearbeitet. Nachtszenen sind in der römischen Malerei der letzten beiden Jahrzehnte des 16. Jahrhunderts beliebt gewesen, nicht erst seit dem Auftreten Caravaggios; s. z. B. die *Geißelung Christi* von Arnolt Mytens (Stockholm, Nationalmuseum) oder auch die von dem jungen Aegidius Sadeler d. J. nach einem Vorbild von Heintz 1593 in Rom gestochene *Grablegung Christi* (Zimmer 1971, S. 131 f. Nr. B 3 Abb. 95), die hier nicht ausgestellt ist.

Die große Komposition der *Anbetung der Hirten* mit ihren vielen in äußerst variantenreichen Gebärden und Bewegungen agierenden Personen unterscheidet sich in ihrem Charakter wesentlich von der intimeren Darstellung der Prager Nationalgalerie (Kat. Nr. 126) und gibt damit einen Eindruck von der Variationsbreite in der Bilderfindung für ein und dasselbe Thema bei Heintz. Wohl wegen seiner reichen und komplizierten Komposition ist diese Bilderfindung von Heintz bei weitem nicht so oft nachgeahmt oder kopiert worden wie andere; mir ist lediglich eine gemalte ›Kopie‹ im Format von ca. 150 × 115 cm (Erstein, Elsaß, Pfarrkirche, Krafft-Kapelle) bekannt. Den Stich Kilians scheint außerdem der Künstler eines Tragaltärchens mit Treibarbeit (Silber, vergoldet) in Venedig (Museo Correr) für das zentrale Relief benutzt zu haben.

Wolfgang Paller (1545–1622), ein evangelischer Patrizier in Augsburg, dem Kilians Stich gewidmet ist, besaß in Hammel bei Augsburg ein Landschlößchen. Er war einer der drei Bauamtsverwalter in Augsburg noch beim Rathausbau 1615 und 1618 der fünftreichste Mann in der schwäbischen Reichsstadt, nach den Fuggern, Martin II. Zobel und Hans Steininger. J. Z.

Budapest, Museum der Bildenden Künste, Inv. Nr. 1666

302

LUCAS KILIAN
Augsburg 1579–Augsburg 1637

302 Triumph der Gerechtigkeit
1603

Kupferstich; 44,8 × 30,1 cm (Hollst. 541)
Nach einem Entwurf von Joseph Heintz dem Älteren
Inschriften:

1. TANDEM TANDEM VIRTVS OBTINET
2. Germ°, suo Chariss.° Danieli Heinz Mag: Reipub. Bern. architecto recreat et Solam. ergo S.C.M. pictor Joseph. Heinz delin. – Lucas Kilianus Aug. Venetiis incisit.
3. ARS RES CELSA ... IVSTICIA, PALMAM DISTRIBVENTE TENET.
4. NOBILI VIRO DNO: IOAN: SCHLEIS STUTTGARD: ILL. PRINC: WIRTENB. ET TECC. etc. CVBICVLAR. – AMORE ET MEM. CAVSA DOMINIC. CVSTOS AVG: VINDEL. DDD. A. M DCIII. (Exemplare mit anderslautenden Widmungsinschriften sind bekannt).

Literatur: Peltzer 1923, S. 311; Zimmer 1967, S. 323 f.; ders. 1971, S. 141 f. Nr. B 15 Abb. 111; Gerszi 1972, S. 760; Larsson 1975, S. 23–26; Michels 1987, S. 352 f. Nr. 33 Abb. 81; Zimmer 1988, Nr. A 75

Den Triumph der Justitia hat Heintz aus Anlaß der Einsetzung seines Bruders Daniel in das (ihm nach Meinung der Familie offenbar zustehende) Amt des Berner Münsterbaumeisters (vor 1602 Mai 22; s. Zimmer 1988, Q 109) gezeichnet, in das Amt, das beider Vater bis zu seinem Tod 1596 innegehabt hat. Einer seiner Entwürfe für dieses Blatt, wohl kaum der für den Stich Kilians maßgebliche, hat sich in London erhalten (Courtauld Institute of Art, Lulworth Coll. Nr. 231 [unveröffentlicht] s. demnächst Zimmer 1988, Nr. A 75). Lucas Kilian hat seinen Stich in Venedig ausgeführt, was auf die regen Verbindungen zwischen den Künstlern in Augsburg und der Lagunenstadt schließen läßt, denn Heintz hat seinen Entwurf in Augsburg gezeichnet.

Die Darstellung seiner Justitia erscheint angeregt von Agostino Carraccis Stich *Religione* aus der Zeit um 1586 (s. Le Incisioni dei Carracci. Roma 1965, S. 36 Nr. 120 mit Abb.), dem auch der Stich von Hendrik Goltzius *Allegorie der Roma* (s. Ruth Bromberg-Reiss: Incisioni di Goltzius conservate all' Ambrosiana. Vicenza 1969, S. 14 Nr. 17 mit Abb.) verpflichtet zu sein scheint. Möglicherweise hat auch Giuseppe Cesaris Sitzfigur der *Eternità*, gestochen von Francesco Villamena anläßlich der Trauerfeierlichkeiten für Sixtus V. den entscheidenden Anstoß für die Gestaltung des Heintz gegeben (s. Baldo Catani: La Pompa Funerale Fatta dall' Ill. mo & R. mo Sr. Cardinale Montalto nella Trasportatione dell' Ossa di Papa Sisto il Quinto. Roma 1591, S. 81 f.).

Die gesamte Heintzsche Allegorie deutete Gerszi als »Verherrlichung der intellektualisierten Tugend«, als Lob der Ars, symbolisiert durch das Kerykeion, die man mit Zeit, Liebe und Arbeit gewinnen kann. Veritas und Caritas helfen dabei. Avaritia (Geiz) ist die besiegte Gegenspielerin. Larsson hat 1975 einen Einfluß dieser – zu ihrer Zeit wohl außerordentlich geschätzten – Darstellung des Heintz auf die Entwicklung des ›barocken‹ Papstgrabmals in Rom vermutet.

Tatsächlich ist diese ›rudolfinische‹ allegorische Bilderfindung das ganze 17. Jahrhundert über ›modern‹ gewesen. Über die Varianten wird Cornelia Kemp in: Deutsche illustrierte Flugblätter des 16. und 17. Jahrhunderts, hrsg. von Wolfgang Harms. 4: Die Sammlung der Hessischen Landes- und Hochschulbibliothek Darmstadt. Tübingen 1987, Nr. 9 berichten, Anette Michels hat festgestellt, daß der Stich noch 1674 in Wien als Thesenblatt verwendet worden ist. J. Z.

Stuttgart, Staatsgalerie

303

AEGIDIUS SADELER DER JÜNGERE
Antwerpen 1570–Prag 1629

303 Diana und Aktaeon
2. Hälfte 1590er Jahre

Kupferstich; 38,1 × 51,1 cm
(LeBl. 62; Hollst. 105)
Nach dem ebenfalls undatierten Gemälde von Joseph Heintz dem Älteren in Wien, Kunsthistorisches Museum, Inv. Nr. 1115
Inschriften:
1. Sac. C. Mtis. pict: Iosephus Heintz Inventor – Egidius Sadeler Sculp:
2. Hic lector ... noxius est studiis.
3. GENERE VIRTVTE INDVSTRIA MOBILI D. MATTHAEO HOPFFERO CIVI AUGUSTANO HAC IPSA SOLERTIA, ET PROPINQUITATE MYSTICA CONIUNCTIO: HAC QUACUNQ. OFFICII SPECIE ANIM. GRATITUDINEM DECLARABAT Iosephus Heintz.

Ausstellungen: Prag 1904 Nr. 179; Budapest 1961 Nr. 24
Literatur: Zimmer 1967, S. 237; ders. 1971, S. 94 f., Nr. A 16. 0.1.1 Abb. 38; Dunand 1980, S. 399 f. 5, 6; Trunz 1986, S. 914 Abb. 41; Zimmer 1988, Nr. E 49

Sadelers Stich ist eine seitenrichtige, sehr getreue Wiedergabe des von Heintz zweifellos für Kaiser Rudolf II. gemalten Bildes auf Kupfer, das sich heute im Kunsthistorischen Museum in Wien befindet (Kat. Nr. 135) und das zu den berühmtesten Kompositionen des kaiserlichen Kammermalers gehört. Weder das Gemälde noch der Stich sind datiert. Man geht aber wohl nicht fehl, wenn man annimmt, daß beide Werke in der 2. Hälfte der 90er Jahre entstanden sind: Die Dedikation des Stiches an den reichen Augsburger Kaufmann und Kunstsammler Matthäus Hopfer (gest. 1624; er zahlte 1618 eine Summe von 380 Gulden Steuern in Augsburg und hatte lt. Hainhofer »aine schöne khunst Cammer von mahlerey vnd antiquiteten ...« s. Gobiet 1984, Nr. 1450 v. 6./16. 11. 1645) läßt darauf schließen, daß Heintz sich bei dem Kaufmann bereits erkenntlich zeigen wollte; wofür, wissen wir nicht. Aus der Biographie des Malers ist jedoch bekannt, daß Heintz um 1596/97 erstmals (?) nach Augsburg kam. Es ist auch denkbar, daß Heintz die Arbeit seines Freundes Sadeler nach einem seiner für Augsburg unzugänglichen Werke benutzte, sich beim Augsburger Patriziat einzuführen. Da Crispin de Passe d. Ä. Sadelers Stich für seine 1601 datierte Sibyllenfolge bereits benutzt hat (s. Zimmer 1988, Nr. E 49), ergibt sich ein Zeitrahmen für die Entstehung des Stiches von etwa 1597 bis 1600. Wahrscheinlich ist es eine der ersten Arbeiten, die der 1597 an den Hof Rudolfs II. gerufene Stecher in Prag angefertigt hat. Im Prager Inventar 1607–1611 steht unter Nr. 2013 folgender Eintrag: »Das grösser Kupfer under disen ist von Eg. Sadeler geschnitten nach Joseph Haintzen invention, ist Actaeon und die Nymphen wie sy baden« (Bauer u. Haupt 1976, S. 105); vermutlich handelte es sich dabei um die Druckplatte. Sadelers Stich hat eine bedeutende Zahl von Künstlern zur Nachahmung und Umsetzung der Heintzschen Komposition veranlaßt; es entstanden danach nicht nur ein kreisförmiger Stich von Johann Theodor de Bry (Hollst. 10), sondern mehr als zehn gemalte Kopien (Venedig, Rom, Paris, Schloß Neuenstein, Konstanz, Nürnberg, Budapest, München, London [Kunsthandel] und Wien; s. z. T. bei Zimmer 1971, S. 95–97), zahlreiche Nachzeichnungen und Teilnachzeichnungen (s. ebda. S. 97 und Zimmer 1988, Nr. E 13 – E 15, E 48) sowie eine Umsetzung ins (Terrakotta-)Relief von Andrea Fantoni (1659–1734; Bergamo, Accademia Carrara). Noch der jüngere Joseph Heintz hat 1674, wenige Jahre vor seinem Tode, die Figur der Diana aus dem Werk seines Vaters noch einmal zitiert: In seiner *Allegorie der Venezia* (Wien, Kunsthistorisches Museum, Inv. Nr. 9096). J. Z.

Budapest, Museum der Bildenden Künste, Inv. Nr. 33.172

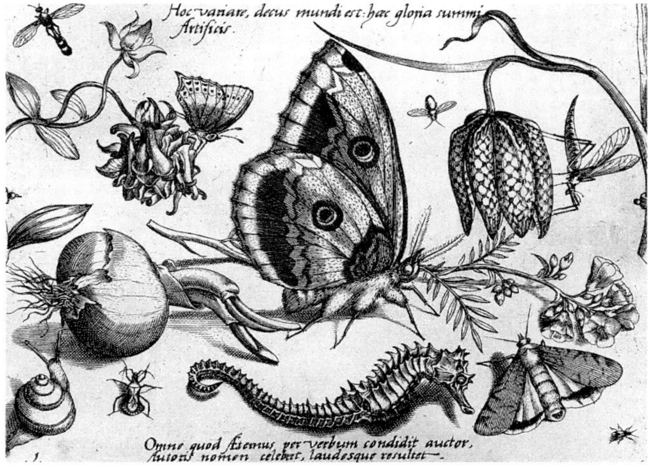

304

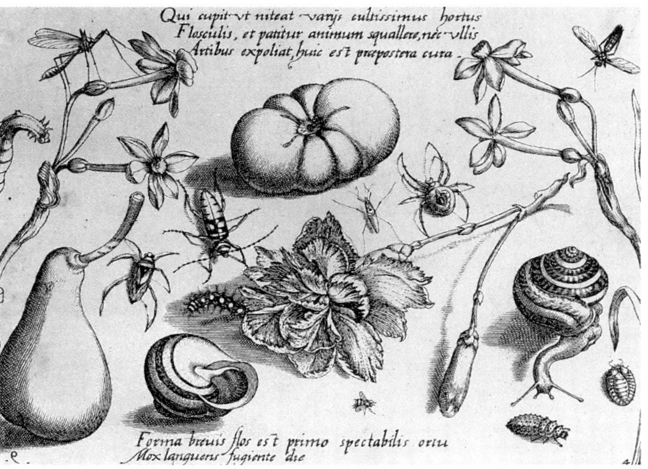

305

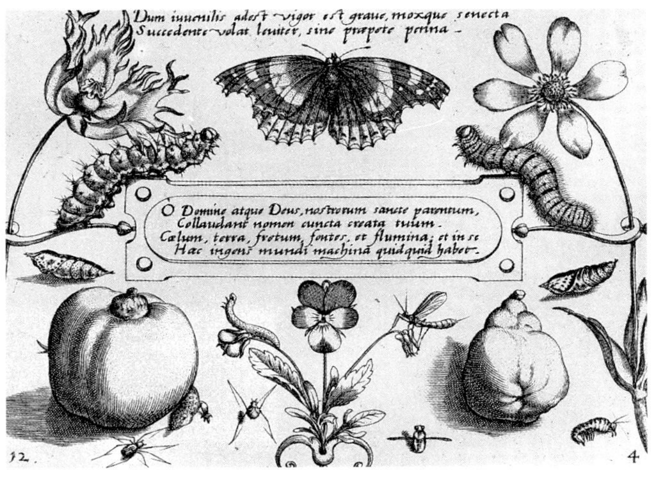

306

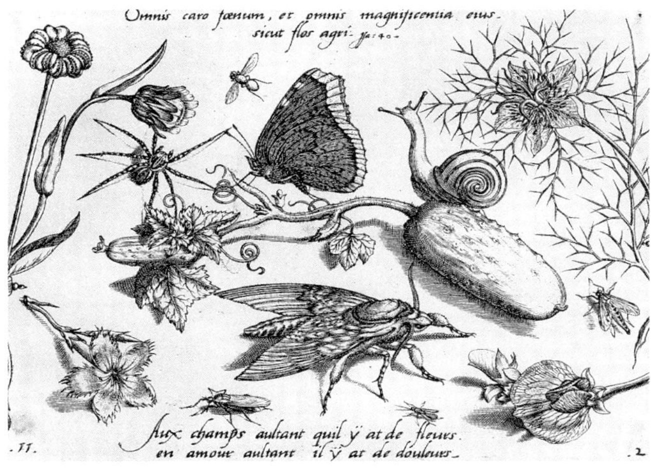

307

JACOB HOEFNAGEL
nach Joris Hoefnagel

304–307 Archetypa

Graviert von Jacob Hoefnagel nach Kompositionen von Joris Hoefnagel. Publiciert in Frankfurt 1592.
Inschrift:
Archetypia studiaque patris Georgii Hoefnagelii

Prag, Nationalgalerie, Inv. Nr. 146875 – 146877, 146879

AEGIDIUS SADELER DER JÜNGERE
Antwerpen 1570 – Prag 1629

308 Ansicht des Vysěhrad
1606

Kupferstich; 16,4 × 27 cm
Bezeichnet unter dem Bild, unten rechts die Numerierung der Serie: Nr. 50
Nach der Vorlage von Jan Brueghel d. Ä. (?), Verleger Marcus Sadeler
Herkunft: Prag
Literatur: Z. Wirth, Praha v obraze pěti století, Prag 1932, S. 41; V. Hlavsa, Praha a její život do poloviny 17. století v grafických listech, in: Pražský sborník historický VI, Prag 1971, S. 149/50; F. Kašička, B. Nechvátal, Vyšehrad pohledem věků, Prag 1985, S. 27; Hollstein 1980 /XXI/, S. 41; Zwollo 1968, S. 171; Zwollo 1983, S. 407

Das Blatt ›Ruderi del castello Vissehrad‹ schließt die Serie ›Vestigi delle antichità di Roma, Tivoli, Pozzuoli et altri luoghi ... Stampati in Praga da Aegidius Sadeler escultore di Essa Mae 1606 Marco Sadeler excudit‹, die ›consigliero aulico di sua mae. caes. Matteo Wackhero da Wackhenfels‹ gewidmet wurde. Die Romruinen in der Serie sind meistens Kopien nach F. Dupérac, für die Ruine des Vyšehrad hält man die Anregung von Jan Brueghel d. Ä. für möglich.

Im Vergleich mit den römischen Ansichten, die manchmal auch eine ähnliche Komposition aus dunklen und lichten Partien aufweisen, z. B. die Ansicht vom Palatin, ist der dramatische Lichteffekt auf der Graphik vom Vyšehrad noch wesentlich gesteigert. Der Dramatisierung der Szene opferte übrigens Sadeler auch die Korrektheit der geographischen Verhältnisse – die Vyšehrader Hauptkirche, die um 1600 schon keine Ruine mehr war, wurde weit nach rechts an den Abhang des Berges heruntergesetzt, damit sie den ruinösen Charakter der sog. Akropolis – des weltlichen Bezirks der Burg – nicht störte. Aus dem annähernd südwestlichen Standort hat der Stecher auch ein Stück des Flusses und des gegenüberliegenden Laurenziberges (Petřín) abgebildet und so ein gewisses Gegengewicht zu der ›offiziellen‹ Prager Vedute von Bossche und Wechter aus demselben Jahr geschaffen. I. M.

Prag, Nationalgalerie, Inv. Nr. R 95 047

308

AEGIDIUS SADELER DER JÜNGERE
nach Rolant Savery

309 Hasenjagd
1610–1613

Kupferstich; 22,5 × 28,3 cm
2. Fassung: Roulant Savery Invent:/ Egidius Sadeler ex. / Marco Sadeler exendit
Literatur: Wurzbach: Sadeler 106–1; Erasmus: Sadeler 2–8; Spicer 1979, Abb. 34; Hollstein; Sadeler 236

Aegidius Sadeler war bereits 1597 zum kaiserlichen Kupferstecher ernannt worden, so daß wahrscheinlich alle Stiche, die nach Saverys Vorlagen in Prag ausgeführt wurden, unter seiner Aufsicht entstanden. Er veröffentlichte vier Serien mit Stichen nach Savery, die später von Marco Sadeler neu herausgegeben wurden. Wie auch bei Druckserien, die nach Stichen von Pieter Stevens entstanden, findet sich bei diesen vier Serien nicht der Name des Kupferstechers, der sie ausführte, sondern nur der Name des Verlegers (excudit oder ex.); trotzdem wird allgemein davon ausgegangen, daß sie eher von Sadeler selbst als von einem Assistenten, der seinen Stil nachahmte, stammen. Aus den Inschriften auf zahlreichen anderen Stichen von Sadeler ist ersichtlich, daß er es – selbst wenn er den Stich eindeutig selbst ausgeführt hat – in zunehmendem Maße vorzog, als Verleger oder Stifter aufzutreten. Diese besaßen einen höheren gesellschaftlichen Status als ein Kupferstecher.

Trotz dieser Tatsache läßt sich nach den Ausführungen Joachim von Sandrarts in der ›Teutschen Akademie‹ (1675) über Savery, Sadeler und auch Major eindeutig feststellen, daß Sadeler häufig die Hilfe seines Schülers Isaac Major für Stiche nach Vorlagen Saverys in Anspruch nahm; Sandrart hatte Anfang der 1620er Jahre mit Sadeler in Prag und anschließend in Utrecht studiert, wo Savery zu dieser Zeit arbeitete.

Hasenjagd und die folgenden zwei Stiche stammen aus derselben Serie, die sechs detaillierte Waldstücke umfaßt und nach Gemälden von Savery, die zur selben Zeit entstanden, gestaltet wurden. Savery hatte eine Vorliebe für das bizarre Durcheinander umgestürzter Bäume. Die Art und Weise des Lichteinfalls verleiht der Szene eine frühmorgendliche Stimmung, die stark an sein Gemälde *Waldlandschaft mit Ruinen* von 1613 erinnert (Kat. Nr. 151). J. S.

Budapest, Museum der Bildenden Künste

AEGIDIUS SADELER DER JÜNGERE
Nach Roelant Savery

310 Verfallendes Haus mit trinkenden Menschen
1610–1613

Kupferstich; 22,5 × 28,3 cm
2. Fassung: Egidius Sadeler excud. / Marco Sadeler excudit
Literatur: Wurzbach: Sadeler 106–1; Erasmus: Sadeler 2–8; Spicer 1979, Abb. 29; Hollstein: Sadeler 235

Obwohl Saverys Name nicht als ›Erfinder‹ wie auf anderen Stichen dieser Serie erscheint (*Hasenjagd,* Kat. Nr. 309) und kein verwandtes Gemälde von ihm bekannt ist, ist die Bildkomposition für ihn äußerst typisch. Das dichte Geflecht aus Baumstämmen und Blätterwerk auf der linken Seite der Komposition findet sich ebenfalls in den anderen ›sechs Waldlandschaften‹ (Holl: Sad 231–236), und erinnert an Saverys detailliertere Landschaftsgemälde aus den letzten Jahren in Prag. Bauern, die vor einem dörflichen Gasthaus trinken, sind ein häufiges Motiv, das zuerst in *Dorffest und Viehmarkt* auftaucht (Kat. Nr. 142). Die Stadt, die im Bildhintergrund erscheint, soll wahrscheinlich an Prag erinnern.

Die Reduktion der Farbpalette auf Schwarz und Weiß betont Saverys wachsende Vorliebe für den Kontrast von Licht und Schatten und die strenge Gliederung der Bildfläche in zwei spitzwinklige Dreiecke erinnert daran, daß Adam Elsheimer nicht der einzige war, der mit diesem Kunstgriff Bildebenen strukturierte und ordnete. J. S.

Budapest, Museum der Bildenden Künste

AEGIDIUS SADELER DER JÜNGERE
Nach Roelant Savery

311 Drei Männer mit Hund am Wasserfall
1610–1613

Kupferstich; 22,5 × 28,3 cm
4. Fassung (nicht beschrieben): Sadeler sculp / Daumont ex
Literatur: Sadeler 106–4; Erasmus: nicht enthalten, Spicer 1979, Abb. 32; Hollstein: Sadeler 234

Diese Landschaft gehört ebenfalls zu der Serie von sechs Waldstücken. Die Fassung wurde nicht beschrieben; sie stammt offensichtlich aus dem 19. Jahrhundert, da die Inschrift den Verleger als »Doumont ex« zitiert. Es handelt sich also wahrscheinlich um den französischen Kupferstecher des 19. Jahrhunderts Emil Daumont. Sadeler wird hier als Kupferstecher genannt, aber da sein Name auf keiner früheren Fassung so erscheint und Daumont keine detaillierten Informationen gehabt haben wird, läßt die Nennung lediglich auf Sadeler als Verleger früherer Fassungen schließen.

Das vorliegende komplexe Waldinterieur zeigt eine typische böhmische Szene mit knorrigen Eichen, einem Wasserfall und einem Pfad durch die felsige Wildnis. Das Gemälde, das als Vorlage diente, existiert nicht mehr. J. S.

Budapest, Museum der Bildenden Künste

309

310

311

312

HENDRIK GOLTZIUS
Mühlbracht 1558 – Haarlem 1617
Nach Bartholomäus Spranger

312 Die Hochzeit von Amor und Psyche
1587

Kupferstich von drei Platten; 43 × 85,4 cm
Bezeichnet unten rechts: Barto^us^ Sprangers Ant^us^ Inven. Anno 1587
H. Goltzius sculp. et excud.
Lateinische Widmung von Spranger und Goltzius an Wolfgang Rumpf, Freiherrn von Wielros und Weittrauch, Geheimer Rat und Oberstkämmerer des Kaisers
Ausstellungen: Wien 1967, Kat. Nr. 302; Berlin 1979, Kat. Nr. 3
Literatur: B. 277; Hollstein A 322; Oberhuber 1958, S. 126, Nr. St. 39; Reznicek 1961, S. 75, 155, Nr. 403; Strauss 1977, Nr. 255

1586/87 fertigte Spranger ausgesprochen für diesen von Goltzius ausgeführten Kupferstich eine Zeichnung (Amsterdam, Rijksprentenkabinet; Boon 1978, Nr. 418) an, die sowohl in ihren Maßen als auch mit ihrer reichen Komposition in seinem Œuvre einzig dasteht. Dieses Blatt ist der Höhepunkt seiner Zusammenarbeit mit Goltzius, und zeigt auch in seinem graphischen Œuvre eine erneute Wendung zu einem freieren, virtuoseren Kupferstichstil. Der Schlußakkord der Geschichte von Amor und Psyche, die Hochzeit der beiden Liebenden, inspirierte die großen italienischen Meister schon seit Raffael zu großzügigen, abwechslungsreichen Kompositionen. Es scheint, als ob Spranger mit ihnen wetteifernd dieses mehr als 70 verschiedene Figuren fassende Werk ausgeführt hätte. Er aber schuf eines seiner Hauptwerke – eine die größte Wirkung ausübende, am meisten kopierte Komposition der nordischen Kunst um 1600 – nicht als Fresko, sondern als Zeichnung. Dieser von Goltzius ausgeführte Stich leitete die Mode der großformatigen mythologischen Stiche in der nordischen Kunst ein, was besonders im Kreis der holländischen Manieristen ein starkes Echo fand.

Die Hauptkompositionsachse der Darstellung der gleichsam über der Landschaft schwebenden olympischen Versammlung ist durch die von den beiden Ecken ausgehenden Diagonalen bestimmt, auf die die verschiedeneRichtungen anzeigenden, Raumspannung und Bewegung verursachenden, abwechslungsreichen Figuren aufgereiht sind. Lebhaftigkeit und Vitalität werden durch Lichteffekte noch gesteigert. Im Gegensatz zu der früheren, Ruhe ausstrahlenden Auffassung der ewigen Götter scheint hier alles zu vibrieren und in Bewegung zu sein. T. G.

Budapest, Museum der Bildenden Künste, Inv. Nr. 60.922

AEGIDIUS SADELER DER JÜNGERE
Antwerpen 1570 – Prag 1629
Nach Bartholomäus Spranger

313 Gedenkblatt des Bartholomäus Spranger für seine tote Frau
1600

Kupferstich; 29,8 × 42,3 cm
Bezeichnet und Entstehungszeit in der Unterschrift: Privatas lacrymas Bart. Sprangeri Egid. Sadeler miratur artem et amantem redamans, publicas fecit: et promutua benevolentia dedicavit. Pragae Anno Seculari (1600)
Verlegeradresse unten rechts: Marco Sadeler excudit
Ausstellungen: Wien 1967, Kat. Nr. 347; Berlin 1979, Kat. Nr. 42
Literatur: Hollstein A 332; Oberhuber 1958, S. 177, Nr. St. 79; Mauquoy-Hendrickx 1960, S. 11

Anläßlich des Todes seiner Ehefrau Christina Müller verlieh Spranger seinem tiefen Schmerz und seiner Hoffnung auf den aus dem Künstlerruhm zu schöpfenden Trost in einer allegorischen Komposition Ausdruck. Das zur Spitzenleistung spätmanieristischer Porträtkunst gehörende Meisterblatt zeigt eine eigenartige Verschmelzung der Offenbarung persönlicher Gefühle und des Ausdrucks künstlerischen Selbstbewußtseins. Auf der rechten Seite der

313

Komposition sind die an das Vergängliche gemahnenden Requisiten (Sarkophag, nach unten gedrehte Fackel, umgefallene Sanduhr) zusammen mit dem in Kindergestalt erscheinenden und einen Schädel haltenden Tod (Thanatos) zu sehen. Das Bildnis der Verschiedenen wird von der Allegorie des Glaubens, der ihr Leben geleitet hat, und von Minerva, der Personifizierung der Tugenden, gehalten. Um die umgefallene Sanduhr liegen die Werkzeuge des Künstlers und zeigen an, daß er seine Arbeit unterbrochen hat und sich in lethargischem Zustand befindet. Die Mitte der Komposition beherrscht der geflügelte Chronos mit der Sense, der die Lebenszeit der Ehefrau Sprangers bemessen hat, dem Künstler aber Aufschub gewährt, indem er die auf dessen Brust gerichtete Lanze des Todes ablenkt. Von diesen den Künstler umringenden Allegorien der bildenden Künste sehen nur die Mal- und die Bildhauerkunst nach dem vom Putto gehaltenen, den Ruhm symbolisierenden Lorbeerkranz hin. Über diesem erhebt sich die Gestalt der Fama mit der Posaune, die Allegorie des Künstlerruhms, die Chronos, die Personifizierung der Zeit, zu überragen scheint. Seit der Renaissance hat die Beziehung von Zeit, Tod und Ruhm die Künstler oft beschäftigt, und auch im Prager Künstlerkreis hat man diese Themen mehrfach dargestellt. Dem düsteren Ernst des Themas entsprechend hat Aegidius Sadeler die Figuren aus dunklem Hintergrund, unter Verwendung scharfer Lichtflecke und verschiedener Grade des Licht-Schattenübergangs hervortreten lassen und erreichte so eine reiche, dekorative Silhouettenwirkung des Gesamtbildes. T. G.

Budapest, Museum der Bildenden Künste, Inv. Nr. 30.054

AEGIDIUS SADELER DER JÜNGERE
Antwerpen 1570 – Prag 1629
Nach Hans von Aachen

314 Hermathena
Um 1590

Kupferstich (Holl. 117); 39,9 × 29,3 cm
Bezeichnet auf dem unteren Rand: Ioannes ab ach Coloniensis fig: scalp: G. sadler. Ex: Hoefnaglus auctor cum prae: Cae: Mag:. Aufschrift auf dem Sockel: Ita vita ... ut corrigas. Unter dem oberen Rand: Cursus; darunter: Hermathena
Literatur: Wilberg Vignau-Schuurman 1969, Bd. I, S. 195–198; Gerszi 1972, S. 758

Dieser Kupferstich gehört unter der Benennung ›Cursus‹ zu einer dreiteiligen Serie von Stichen Sadelers, für die Christoph Schwartz (Holl.

314

116: ›Occasio‹) und Peter Candid (Holl. 118: ›Praemium‹) weitere Vorlagen verfertigt haben. Das Blatt ist zwar nach einer Zeichnung Aachens gestochen, aber der Text am unteren Rand führt als Autor vom ›Schriftbuch‹ Joris Hoefnagel an. Alle drei Künstler – Sadeler, Aachen und Hoefnagel – waren damals am Hof Herzog Wilhelms V. von Bayern in München tätig, wo dieses Blatt etwa um 1590 entstanden ist. Auch diesmal bezeugte Hoefnagel, daß er ein wahrhafter ›inventor hieroglyphicus‹ sei, der aufgrund der traditionellen Elemente fähig sei, originale Kompositionen zu schaffen. Im Fall der Hermathena, die durch Verbindung von Hermes-Merkur und Athena-Minerva entstanden ist, bezieht sich die ikonographische Tradition auf das Jahr 1555, wo dieses ›numen mixtum‹ zum erstenmal in der Kunst der Neuzeit vorkommt –, und zwar in dem Emblembuch von Achilles Bocchi (Kat. Nr. 327). Es existiert nicht nur ein evidenter Zusammenhang zwischen den Texten in diesem Buch und auf dem Stich, aber auch *Minerva und Merkur,* von Hans von Aachen gezeichnet, knüpft ganz sicher an Giulio Bonasones Illustrationen an. Die Komposition von Aachen und Hoefnagel ist eine Variation dieses Prototyps, durch einige weitere Komponenten bereichert. Die Eule am Buch links am Sockel ist als Symbol der Weisheit ein Attribut der Minerva; der Hahn und zwei Würfel rechts sind Attribute Merkurs. Im Hintergrund links enthauptet Perseus die Medusa, rechts findet ein Konzert von Musen zur Ehre Merkurs statt. Zweimal ist das geflügelte Pferd Pegasus wiedergegeben, das aus der toten Medusa geboren ist und durch dessen Hufschlag die Quelle Hippokrene auf dem Berg Helikon entsprang. Der Inschrift auf dem Sokkel zufolge ist das Leben des Menschen einem Würfelspiel vergleichbar: Es ist durch Zufall bestimmt, und man kann es nur durch ›ars‹ verbessern. In unserem Fall durch die kombinierten hermathenischen Kräfte, deren Fürsprecher Merkur und Minerva sind. L. K.

Budapest, Museum der Bildenden Künste, Inv. Nr. 33.171

JAN MULLER
Amsterdam 1571 – Amsterdam 1628
Nach Bartholomäus Spranger

315 Perseus von Minerva und Merkur gerüstet
1604

Kupferstich (B. 69, Holl. 59); 56,8 × 39,8 cm
Bezeichnet unten links im Bildfeld: B. Sprangers inventor; rechts auf Unterrand: JH Muller excud. Amstelodami. CIƆ.IƆC:IV. Widmung links auf dem unteren Rand: Ornatissimo juxta ac Prudentissimo Viro Henrico Spieghel L.F. studiorum bonorumq(ue) artium patrono. L. M. Q.D.D. Ianus Muller Sculptor. Unterschrift: Quid sibi ... ora volet
Ausstellungen: Wien 1967, Kat. Nr. 343; Berlin 1979, Kat. Nr. 19
Literatur: Oberhuber 1958, S. 186 und 285f., Nr. 56

Diese schöne Radierung, öfter als Mullers Meisterstück bezeichnet, ist »durch den opernhaften Pomp, ihre gespreizte und manierierte Eleganz, die fast den Eindruck einer höfischen Theater- oder Balletaufführung macht« charakterisiert. Ihre Botschaft ist aber höchst seriös. Den kühnen Perseus, der sich anschickt, für König Polydektes den Medusa-Kopf zu holen, bewaffnet Minerva mit einem polierten Spiegelschild und Merkur mit einem Paar geflügelter Sandalen und einem Schwert. Nach antiken Autoren bekommt Perseus von Merkur nur das Schwert, mit dem er die Medusa enthaupten soll, und die Sandalen samt einem Zauberbeutel und einer dem Hades gehörenden Kappe für die Unsichtbarkeit von den stygischen Nymphen. Die Kappe aber trägt Sprangers Perseus schon auf seinem Haupt. Es ist also klar, daß diese Szene mit den Nymphen rechts oben nicht narrativ, sondern symbolisch ist. In den Schriften der Renaissance-Mythographen ist Perseus als ›ratio animae nostrae & prudentia‹ und die Medusa als ›meretrix vel naturalis libido & voluptas‹ interpretiert. Die Erwerbung des Medusa-Kopfes durch Perseus wird so zu einer moralisierenden Allegorie des Sieges des Menschenverstandes über den Zwang der Triebe und die Sinnlichkeit. L. K.

Budapest, Museum der Bildenden Künste, Inv. Nr. 42.359

JAN MULLER
Amsterdam 1571–Amsterdam 1628
Nach Bartholomäus Spranger

316 Amor und Psyche

Kupferstich; 38,5 × 52,5 cm
Bezeichnet: B. Spranger in argilla, forma hemisphaerica, prius effinxit Joan; Mullerus in aere incidebat
Verlegeradresse unten rechts: Harman Mul. excu.
Ausstellungen: Berlin 1979, Kat. Nr. 21
Literatur: B. 70; Hollstein A 51; Oberhuber 1958, S. 182–3, 191, Nr. St. 38; Larsson 1967, S. 51, Abb. 98; Reznicek 1968, S. 371

Die lateinische Inschrift zeigt, daß der Stich aus der Geschichte von Amor und Psyche jene Szene festhält, in der die auf die Schönheit Psyches eifersüchtige Venus ihren Sohn Amor zu Psyche schickt, damit er in ihr die Liebe zu einer niedrigen Person erwecke. Bezaubert von der Schönheit des schlafenden Mädchens verliebt sich Amor aber selbst in sie. Im Sinne der Inschrift hat Jan Muller den Stich nach dem Wachsrelief von Spranger angefertigt. Die Bildhauertätigkeit Sprangers ist abgesehen von dem Zeugnis dieses Stiches auch durch zeitgenössische Berichte und ein Tonrelief *Leichnam Christi* (London, Courtauld Institute, Sammlung A. Seilern; Reznicek 1968, S. 370–5) belegt. Den vorliegenden Stich haben K. Oberhuber und L. O. Larsson mit dem Tonrelief *Bacchus und Ariadne* von Adrian de Vries (Amsterdam Rijksmuseum; Larsson 1967, S. 51, Abb. 97) in Zusammenhang gebracht. Ihrer Meinung nach ist es aufgrund der Sprangerschen Eigenschaften des Tonreliefs wahrscheinlich, daß das Werk für de Vries zum Vorbild gedient hat. Spranger wurde hingegen bei der Gestaltung der liegenden Psyche von einer Statue, der auf ein antikes Vorbild zurückgehenden schlafenden Nymphe von Giambologna (Dresden, Staatl. Kunstsammlungen Grünes Gewölbe; Edinburgh 1978, Kat. Nr. 69, S. 53) inspiriert, von der sich ein Exemplar in der Sammlung Rudolfs II. befand. Die vom Bett herabhängenden Beine stehen einem anderen – Giambolo-

B. Sprangers inuentor.
L.M.Q.D.D.Ianus Muller Sculptor
Quid sibi vult Perseus? sibi quid Cyllenius? addit
Alarum pedibus pars tegit ense latus.
Dia quid hic Pallas? dat munera singula Quenam?
Egida Quid? celer ad Gorgonis ora volet.
Muller excud. Amstelodami

315

316

gna und seinen Nachahmern zugeschrieben – liegenden weiblichen Figurentyp noch näher (Edinburgh 1978, Kat. Nr. 25–28). Die Figur des Amor, die viel harmonischer ist als die der schlafenden Psyche, zeigt mit ihrem mädchenhaften Gesicht, ihren runden Formen und dekorativen Flügeln den Einfluß der prächtigen Engel auf dem nach Taddeo Zuccari gefertigten Kupferstich *Grablegung der Heiligen Katharina* von Cornelis Cort aus dem Jahr 1575 (Ill. B. 126–1/134). Die großzügige, dekorative Linienstruktur des Kupferstichs ist hier besonders auffällig, weil bei den Figuren die sich den Formen anpassenden, welligen Parallelen voneinander weiter entfernt sind als üblich und die Kreuzlinien kaum zur Geltung kommen. T. G.

Budapest, Museum der Bildenden Künste, Inv. Nr. 32.946

JAN MULLER
Amsterdam 1571–Amsterdam 1628
Nach Bartholomäus Spranger

317 Anbetung der Hirten
1606

Kupferstich; 57 × 43,3 cm
Bezeichnet unten in der Mitte: ... Bart. Spranger Inventor et Joan Muller Sculptor ... CIC I CVI
Widmung: Illuviro Domino Joanni Baruitio ...
Literatur: B. 65; Hollstein A 13; Oberhuber 1958, S. 194–5, Nr. St. 9

Unter den wenigen Darstellungen Sprangers, die ein biblisches Thema behandeln, zeichnet sich dieses Blatt durch seine vielfigurige, anspruchsvolle Komposition aus. Während das zwischen 1595–1600 datierte Gemälde *Anbetung der Könige* (London, National Gallery; DaCosta Kaufmann 1985, 20–50) mehr unter dem Einfluß der nordischen Kunst entstand, knüpft der Kupferstich *Anbetung der Hirten* in der Komposition an italienische Traditionen an. Die in der himmlischen und in der irdischen Zone gleichfalls reichen und bewegten Figurengruppen sowie die Anordnung der Madonna im Mittelpunkt, an die sich die übrigen gleichsam einen Kreis bildend anschließen, erinnern an den nach Taddeo Zuccari angefertigten Kupferstich von Cornelis Cort (Ill. Bartsch 33–III, 54). Verwandt ist auf den beiden Stichen die eigentlich nur angedeutete Architektur, sowie der parmigianeske Charakter der Hirtenköpfe. Außer Zweifel steht jedoch – darauf hat K. Oberhuber hingewiesen –, daß wir bei einzelnen Figuren, besonders bei dem Hirten mit dem Dudelsack im Vordergrund sowie bei der Frau mit dem Hut, auch mit dem Einfluß der Werke von Abraham Bloemaert rechnen müssen. Die zum Kupferstich angefertigte kleine erste Skizze, die ohne genaue Ausarbeitung der Einzelheiten die Komposition im ganzen bereits deutlich genug festhält, befindet sich in der Wiener Albertina (Oberhuber 1958, S. 194–96, Nr. Z. 54). Aber auch hier ist die Verteilung von Licht und Schatten, die so stark zum lebensvoll bewegten Chrakter der Komposition beiträgt, bereits eindeutig. Die harmonisch schönen, auf Silhouettenwirkung bedachten, dekorativen Engel sind im Œuvre Sprangers ohne Beispiel. T. G.

Budapest, Museum der Bildenden Künste, Inv. Nr. 32.945

JACOB MATHAM
Haarlem 1571 – Haarlem 1631
Nach Bartholomäus Spranger

318 Die Rückkehr aus Ägypten
1610

Kupferstich; 41,2 × 29,6 cm
Bezeichnet unten in der Mitte: B. Spranger Inve. Ja. Matham sculp. et excud.
Links am Rand: 1610
Literatur: B. 202; Hollstein A 44; Oberhuber 1958, Nr. St. 10

Dieser Stich ragt einesteils durch sein Thema, anderenteils durch die bei Spranger ungewohnte genreartige Auffassung aus dem Œuvre des Künstlers hervor. Die dargestellte Szene ist sehr selten und beruht auf einem apokryphen, überlieferten Text: Auf Befehl des Engels kehrte die Heilige Familie nach 7jährigem Aufenthalt in Ägypten nach Nazareth zurück. Als sie an den Rand der Einöde kamen, trafen sie den Heiligen Johannes den Täufer. Voll Freude über die Begegnung überschritten sie den Jordan und begaben sich in das Haus der Elisabeth (Meditationes 1981, S. 81–84). Der Stich stellt den Augenblick dar, da sie aufbrechen und die dargestellte Maria mit dem Kind entschiedenen Schrittes den Weg antritt. Ihre plastische, frontale Figur mit den suggestiven Bewegungen bildet bis zu einem gewissen Grad einen Gegen-

317

318

satz zu der bewegten, malerischen Gruppe von Josef und den Engeln. Der Gesichtstyp der Maria erinnert an die Figuren von Barocci. Ebenfalls an die Kunst des großen italienischen Meisters - nämlich an den Stich *Rast auf der Flucht nach Ägypten* von Cornelis Cort nach Barocci (B. 43) – gemahnt die idyllisch-genrehafte Auffassung der Szene und die natürliche Umgebung: links der große Bau, rechts der Felsblock. K. Oberhuber hat auf mehreren anderen Werken Sprangers den Einfluß Baroccis erkannt, der – wie auch in diesem Fall – zu einer gewissen, vorübergehenden Stilmodifizierung führte: zu ruhigerer, einfacherer Komposition, zu ausgeglicheneren, weniger manieristischen Figuren. T. G.

Budapest, Museum der Bildenden Künste, Inv. Nr. 30.054

JAN MULLER
Amsterdam 1571 – Amsterdam 1628
Nach Bartholomäus Spranger

319 Junger Künstler, von Merkur der Minerva zugeführt
1628 *Abb. S. 430*

Kupferstich (B. 67, Holl. 55); 28,3 × 17,6 cm
Bezeichnet auf dem unteren Rand: B. Spranger Schidia haec pro thamate G. Sprang: CIↃ. IↃ.XCII. tunc adulescenti D.D. Qui postmodum ea divulgans maiori natu filio suo Math Sprang. C.D. sculptore I. Mullero. CIↃ. IↃXXVIII. Aufschrift: d'Ondeught ... opghesonden. Unterschrift: Impigro Iuveni ... habenis. A. Clutius
Literatur: Niederstein 1931, S. 15f. und 26; Reznicek 1956, S. 72f.; Oberhuber 1958, S. 155f. und 291, Nr. 75; Kaufmann 1982, S. 126

Laut einer schwer zu deutenden Aufschrift hat Spranger die Vorlage für diesen Kupferstich aus dem Jahre 1628 bereits 1592 geschaffen und einem G. Spranger, vermutlich einem Neffen, gewidmet. Die Komposition, zweifellos als gewisser ›Spiegel des guten Maljungen‹ gemeint, zeigt, wie der standhafte Jüngling (›impiger iuvenis‹) von Merkur der Minerva zugeführt wird, die seine Arbeitsamkeit, die durch das Ochsenfell auf seinem Rücken symbolisiert ist, mit einem Lorbeerkranz belohnt. Hinter dem Rücken des Minerva-Thrones sind die Personifikationen der Unwissenheit, der Trägheit (?) und des Neides gefesselt. Die Fama verkündigt den Ruhm des jungen Künstlers, der im Hintergrund nochmals gezeigt wird, wie er in Begleitung von Personifikationen der Künste und des Überflusses zum Berg der Tugend emporsteigt (Kat. Nr. 320).

Mit diesem Stich hängen noch einige Zeichnungen zusammen, von denen eine, ehemals in Dresden, rechts oben um einen kleinen Genius bereichert ist, der auf die Laster Schlangen und Kröten ausgießt (Niederstein 1931, S. 16 [Abb. 7] und 29 [Nr. 46]; Oberhuber 1958, S. 248, Nr. 19). Dieses Motiv wiederholt sich auf Sprangers Zeichnung in Göttingen, die zum Unterschied einen schlechten Maljungen zeigt, welcher Pinsel und Palette weggelegt hat und mit dem Rücken zur Pittura-Personifikation sitzend eine barbusige Frau auf seinem Schoß umarmt (Niederstein 1931, S. 18 [Abb. 9] und 26 [Nr. 21]; Oberhuber 1958, S. 156 und 260, Nr. 175; Basel 1984, S. 300f. und 297, Abb. 197). Während der fleißige Jüngling, der sich offensichtlich der hermathenischen Gunst von Merkur und Minerva erfreut, mit einem Lorbeerkranz bekrönt wird, scheint sich der Ruhmeskranz dem lasterhaften Jüngling eher zu entfernen. Mindestens vom ikonographischen Standpunkt aus waren beide Arbeiten als belehrende Pendants konzipiert. L. K.

Wien, Albertina, Inv. Nr. H I, Bd. 47 p 61

320

JAN MULLER
Amsterdam 1571 – Amsterdam 1628
Nach Bartholomäus Spranger

320 Herkules wird auf seinem Weg zu dem vom Ruhmestempel bekrönten Tugendberg von Minerva und Tugend begleitet
Um 1590

Kupferstich (B. 72, Holl. 61); 23,8 × 16 cm
Bezeichnet oben rechts im Bild: B.us Sprangers inventor. J. Muller sculpsit; und unten rechts: Muller excud. Amster. Unterschrift: Huc adsis ... quodq(ue) petit
Literatur: Oberhuber 1958, S. 147f. und 282f., Nr. 42

Wahrscheinlich unmittelbar am Anfang des letzten Jahrzehnts des 16. Jahrhunderts ist die Zeichnung zu diesem Stich entstanden, deren Ikonographie für die rudolfinische Gedankenwelt und ihren Synkretismus typisch ist. Herkules mit geschulterter Keule, zwischen dem sinnlichen Lustleben (hinten rechts) und dem Tugendberg (links), knüpft anscheinend an das traditionelle Thema ›Herkules am Scheidewege‹ an. Hier geht es aber nicht um eine Entscheidung. Die hat er bereits getroffen. In Begleitung von zwei Frauenfiguren beabsichtigt er, denjenigen zu folgen, die den Tugendberg emporsteigen, auf dessen Gipfel der Tempel des Ruhms steht. Die Figur neben Herkules ist durch das Gorgoneion auf der Brust ganz klar als Minerva zu identifizieren. Die zweite Figur, manchmal für Bellona, manchmal sogar für Mars gehalten, ist am ehesten Virtus. Laut Cesare Ripa sollte sie eine prachtvolle Rüstung tragen und in der rechten Hand eine Lanze halten (Iconologia, Rom 1603, S. 509). Den steilen Weg, der zu Ruhm und Tugend führt, empfiehlt auch Cupido, ausgestattet mit einem Merkurstab. Thema und Darstellung dieses Stichs gehen von den Kompositionen eines Federico Zuccari und Raffaellino da Reggio aus (Panofsky 1930, S. 137f.; Herrmann-Fiore 1979, S. 47–54). Eine ähnliche Radierung nach einer Zeichnung von Pieter Isaacz von 1605 enthält ein kreisförmiges Medaillon unter dem Porträt Hans von Aachens (B. 105; Berlin 1979, Kat. Nr. 43). L. K.

Budapest, Museum der Bildenden Künste, Inv. Nr. 32927

HENDRIK HONDIUS DER ÄLTERE
Duffel 1573 – Den Haag (?) nach 1649
Nach Pieter Stevens

321 Autumnus (Herbst)
1601

Kupferstich; 23 × 33,5 cm
Bezeichnet: S. C. M. pictor, P. S. invent., Henricus Hondius sculpsit et excudit, Cum privilegio 1601

Nr. 60 aus einer Serie der ›Vier Jahreszeiten‹ (Hollstein IX, S. 88, Nr. 58–61)
Literatur: Zwollo 1968, S. 155, Abb. 205

Obwohl die Perspektive zu wünschen übrig läßt und die Bauformen klobig wirken, zeigt die Verteilung von Licht und Dunkel eine malerische Auffassung. Die Elemente der mitteleuropäischen Architektur wußte Stevens in seine Vorstellungswelt miteinzubeziehen. A. Z.

Rotterdam, Museum Boymans-Van Beuningen

AEGIDIUS SADELER DER JÜNGERE
Antwerpen 1570 – Prag 1629
Nach Pieter Stevens

322 Hyems (Winter)
1620

Kupferstich; 22,8 × 32,5 cm
Bezeichnet: P. Stephani, Invent., Eg. Sadeler excud. und datiert ›Pragae 1620‹
Nr. 145 aus einer Serie der ›Vier Jahreszeiten‹ (Hollstein XXI/XXII, S. 39, Nr. 142–145 mit Abb.)

Die Vorstudie befindet sich in der Albertina, Wien, Inv. Nr. 7960 (Benesch 1928, Kat. Nr. 352, Abb. Taf. 91). Die Figuren sind viel weniger schwerfällig als auf dem ›Januar‹ in Prag, gestochen in der Monatsserie aus dem Jahre 1607. Der Übergang zwischen dem höher gelegenen Ufer und der Eisfläche verläuft allmählicher. Die Baumzweige enden in ganz dünnen Strichen.

Die verfeinerte Vorzeichnung wie auch die nicht benutzten Studien für die Monate März, Juli und Dezember haben ausgesprochen koloristische Qualitäten und datieren unseres Erachtens aus dem 2. Jahrzehnt des 17. Jahrhunderts. Benesch dagegen nimmt an, daß diese Blätter ursprünglich für die von Aegidius Sadeler gestochene Monatsserie von 1607 geplant waren. A. Z.

Rotterdam, Museum Boymans-Van Beuningen

321

322

323a

AEGIDIUS SADELER DER JÜNGERE
Nach Pieter Stevens

323 a. Nächtliche Landschaft mit Fischern am Fluß
323 b. Waldlandschaft mit einer hohen hölzernen Brücke
1605–1610

Kupferstiche; 23,7 × 36,7 cm
Bezeichnet: Petrus Stephani Inven(t)., Egid. Sadeler excud. Nr. 251 und Nr. 254 aus einer Serie von ›Acht Ansichten in Böhmen‹ (Hollstein XXI/XXII, S. 51/52, Nr. 247–254 mit Abb.)

Literatur: Franz 1968/69, Abb. 53 auf Tafel XXXVI (Stich Nr. 251); Zwollo 1982, S. 113 ff., Abb. 23 (Stich Nr. 254) und 24

Die Serie der ›Acht Landschaften in Böhmen‹, zu der diese zwei Stiche gehören, zeigt eine Monumentalisierung der Kompositionselemente und ein geheimnisvolles Clair-obscur. Im Vergleich zu den Vorzeichnungen hat sich der Sinn für dramatische Effekte in den Stichen noch gesteigert. Aufgrund der Kleidung der Figuren und ihrer Funktion in der Landschaft könnte man eine Datierung zwischen 1600 und 1615 annehmen. Vorstudien von Stevens für diese beiden Stiche sind uns nicht bekannt. Wohl befindet sich in München ein Blatt im Hochformat, in dem – verglichen mit Stich Nr. 254 – nur das Tal mit dem Bach und der hölzernen Brücke in verwandter Art und Weise wiedergegeben ist. Wahrscheinlich haben wir es mit einer späteren Version des Themas zu tun.

In barocker Art transponierte Kerstiaen de Keuninck den Stich Nr. 254 für seine gemalte *Landschaft mit Holzhackern und Tobias mit dem Engel* in Karlsruhe. Dies ist ein interessantes Beispiel für die Wirkung der Graphik aus Prag auf die niederländische Landschaftsmalerei im 17. Jahrhundert. Da man das Bild in Karlsruhe kurz vor 1610 ansetzen kann und die in der Behandlung von Licht und Dunkel verwandte Stichserie der ›Vier Tageszeiten‹ auf 1605 zu datieren ist, wird es sogar möglich, das Zustandekommen der Stichserie – ›Acht Ansichten in Böhmen‹ näher einzugrenzen – zwischen die Jahre 1605 und 1610. A. Z.

a.: Budapest, Museum der Bildenden Künste, Inv. Nr. 33.235
b.: Wien, Albertina, Inv. Nr. HB 78(6), p. 45, Nr. 119

323b

324

HENDRIK HONDIUS DER ÄLTERE
Duffel 1573 – Den Haag (?) nach 1649
Nach Pieter Stevens

324 Nox (**Nacht**)
1605

Kupferstich; 23 × 33 cm
Bezeichnet: Hh. sculp.
Nr. 26 aus einer Serie der ›Vier Tageszeiten‹, von denen nur Aurora 1605 datiert ist (Hollstein IX, S. 93, Nr. 23–26, irrtümlicherweise als H. Hondius II)

Literatur: Zwollo 1968, S. 151, Abb. 198

Der Stich gibt einen zeitlichen Anhaltspunkt für eine Gruppe von Arbeiten, in der Stevens sich intensiv mit Wetterphänomenen und Beleuchtungseffekten befaßt. Dazu gehören zum Beispiel die *Mondlandschaft* in Holkham Hall (Kat. Nr. 274), und *Nächtliche Landschaft mit Fischfang* in Wien. A. Z.

Wien, Albertina, Port. 57 (3), Bl. Nr. 131

UNBEKANNTER STECHER
Letztes Viertel 16. Jahrhundert

325 Kaiser Rudolf II. mit den Wappen der sieben Kurfürsten
1580–1585

Kupferstich; 21,5 × 31,1 cm
Bezeichnet links: Rodolphi II. dei Gratia Romani/Imperatoris semp. Augusti solemnis et triumphalis ornatus cum insignibus / Electorum Ecclesiasticorum; rechts: Insignia quatuor Secularium in / Imperio Romano Electorum ad / vivum delineata. I.
Herkunft: Sammlung Lobkowitz, Raudnitz
Literatur: Grafika čtyř století a delftská fajáns. Praha, Středočeská galerie, 1981/82, Kat. Nr. 282 als Unbekannter Stecher Anfang des 17. Jahrhunderts; Stuttgart 1979, B. 1 (zur Zeichnung), Abb. auf S. 53

Als Zeichnung wurde diese Abbildung Rudolf, gekleidet im Ornat und mit Insignien, wie es bei offiziellen Auftritten (z. B. an den Reichstagen) üblich war, zum ersten Mal im Katalog der Ausstellung in Stuttgart (1979, Kat. Nr. B 1, Privatsammlung) von H. Geissler veröffentlicht und Arcimboldo zugeschrieben. Den ungewöhnlichen Charakter der Zeichnung erklärt der angewandte Arbeitsprozeß: Die ursprüngliche Vorlage wurde erst auf dieses Blatt durchgepaust, dann hat der Zeichner begonnen, die endgültige Fassung mit der Feder auszuführen, sie aber schließlich nicht vollendet. Daher wirken manche Stellen befremdlich leer. Die Art der Komposition, die Umrahmung mit den Wappen der Kurfürsten sowie die Inschrifttafeln weisen eindeutig darauf hin, daß die Zeichnung als Vorlage für einen Stich gedacht war. Dieser kam später tatsächlich in der Mittelböhmischen Galerie in Prag zum Vorschein, es handelt sich aber auch hier nur um einen Probeabdruck eines unvollendeten Kupferstichs. Sowohl auf der Zeichnung als auch auf dem Stich ist der Mittelteil des Blattes zwar sorgfältig durchgearbeitet, aber doch nicht endgültig ausgeführt. Auf allen Umrissen sieht man noch die Linien der ursprünglichen Vorzeichnung, die sich nicht mit der endgültigen Fassung decken und sicher noch retuschiert werden sollten. Einige Details sind nur angedeutet, wie z. B. die Quaste unter dem Wappen des böhmischen Kurfürsten und die Maschen herum. Auch die Umrahmung müßte reicher schraffiert, eventuell sogar dekoriert sein.

Die Gestalt Rudolfs II. weist darauf hin, daß die Vorlage für den Kupferstich in den 80er Jahren entstanden ist. Da der Kaiser noch nicht das Goldene Vlies trägt, ist ein Zeitpunkt vor 1585 anzunehmen. Damals waren drei Maler als Porträtisten am Hof tätig: M. Rota (†

325

1583), G. Licinio und G. Arcimboldo. Der Letztgenannte käme wahrscheinlich als Schöpfer der Vorlage in Frage; doch ohne die ursprüngliche Zeichnung zu kennen, läßt sich der Autor nicht bestimmen. E. F.

Prag, Mittelböhmische Galerie, Inv. Nr. G 4724

UNBEKANNTER KÜNSTLER

326 Castrum doloris Rudolfs II.

Kupferstich; 29 × 18 cm
Herkunft: Johannes Maria Philippus de Desindo Archit. Inven.
Ausstellungen: Prag (?)
Literatur: Brix 1973, S. 226, 254; Helfertová 1974, S. 292–294; Krčálová 1982, S. 288 bis 289; Preiss 1986, S. 64–66

Das Trauergerüst für Kaiser Rudolf ist auch in mehreren Nachstichen abgebildet, die als Flugblätter gedient haben, wie z. B. das Blatt mit der ausführlichen Beschreibung des Begräbnisses, belegt »Zu Augspurg / bey Andreas Gentzsch Kupfferstecher / bey Barfusser Kirch gegen uber«. Die gleiche schematische Abbildung des Innenraums des Veitsdoms, die nur ganz minimale Unterschiede – z. B. in der Zahl der Stufen – aufweist, findet man auch im Manuskript von Heinrich Hiesserle von Chodaw, ›Reiss-Buch und Leben‹.

Diese monumentale, anspruchsvolle Architektur stimmt mit dem italianisierenden, sich an die Antike anlehnenden Charakter der rudolfinischen Baukunst gut überein. Man kann die bis jetzt angeführten Analogien mit den Burgtoren am Hradschin noch um weitere vermehren – z. B. mit den Obelisken des Portals der Allerheiligenkapelle. Auch der Vergleich mit den zeitgenössischen castra doloris in Rom – für Alesandro Farnese in SS. Pietro e Paolo von Girolamo Rainaldi und für Papst Sixtus V

326

in Sta. Maria Maggiore von Domenico Fontana – zeigt sehr überzeugend das hohe künstlerische Niveau des damaligen architektonischen Schaffens in Prag. So gesehen ist dann eine Bemerkung in den Annalen Ferdinands nicht so überraschend, einer der Teilnehmer der Bestattungsfeierlichkeiten, der Herzog von Braunschweig, habe das Castrum doloris »zur Gedächtnus an sich erkaufft und in seinen Garten setzen lassen«. I. M.

Prag, Museum des tschechischen Schrifttums, ehemaliges Prämonstratenserkloster Strahov, Inv. Nr. SG 23 710

C. M.ta pict. Johan: ab ach pinxit G. sadler scalpsit Monachy
Nobile si quid humus, si quid tenet Amphitrite, Æmula naturæ dextra pictura potenti Sed rudis est omnis culta sine Pallade forma: Et comes ambabus
Spectatu dignum si quid olympus habet, Semper victuras transtulit in tabulas. Si coniurarint, pulchrius hic quid erit? Vndiq; perfectu
SERENISS.mo PRINCIPI AC DOMINO D. MAXIMILIANO COMITI PALATINO RHENI, VTRIVSQ: BAVARIAE DVCI DNO SVO CL
Johan: ab ach Colomensis

319

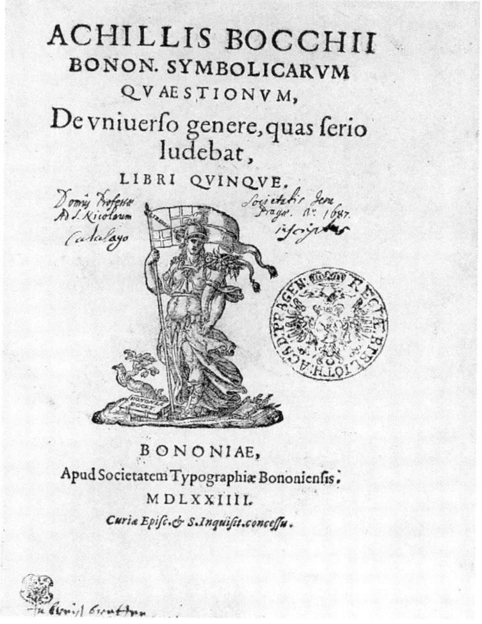

327

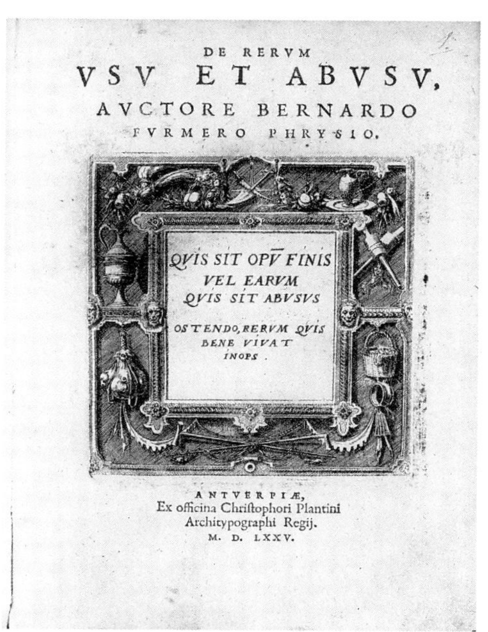

328a

328b

ACHILLES BOCCHI

327 **Symbolicarum Quaestionum, De universo genere, quas serio ludebat, Libri Quinque**
Bologna: Societas Typographica, 1574 (ed. princ. 1555)

Quartformat; Titelblatt und 151 Radierungen (ca. 8,5 × 11,5 cm) von Giulio Bonasone nach seinen eigenen Zeichnungen und denen von Bocchi. An den Radierungen haben Prospero Fontana und Parmigianino mitgearbeitet; die Radierungen der 2. Ausgabe (1574) sind von Agostino Carracci retuschiert.
Literatur: Praz 1964, S. 276; Heckscher 1954, S. 60 (1985, S. 116); Henkel-Schöne 1967, Sp. XLVIII; Rotondò 1969, S. 69; Lugli 1982; Massari 1983, Bd. II

BERNARD FURMER

328 **De rerum usu et abusu**
Antwerpen: Christoph Plantin, 1575 (ed. princ.)

Quartformat; Titelblatt und 25 Radierungen (ca. 11 × 10,4 cm) von Jan Wierix (Nr. 2 signiert: I. H. W.)
Literatur: Praz 1964, S. 344 und 307; Mauquoy-Hendrickx 1982, S. 482–484, Nr. 2289–2314

In derselben Truhe Nr. 58, die die Emblembücher Kat. Nr. 331 und 333 enthielt, führt das Prager Kunstkammerinventar von 1607–1611 auch folgende Bücher »in gross quarto« an: ›Symbola Achillis Bocchii‹ und ›Usus et abusus‹ (Bauer-Haupt 1976, Nr. 2658 und 2659). Während die Identifizierung des ersten unproblematisch ist, bezieht sich die zweite Eintragung mit großer Wahrscheinlichkeit auf das Emblembuch, dessen Verfasser Bernard Furmer ist. Da im Inventar beide Titel unmittelbar aufeinander folgen und im ausgestellten Exemplar in derselben Reihenfolge zusammengebunden sind, ist wahrscheinlich, daß dieses Buch in seinem einfachen Schweinsledereinband vom Ende des 16. Jahrhunderts mit dem Band aus der Kunstkammer Rudolfs II. identisch ist. Sein Weg aus den Sammlungen der Prager Burg ist nicht ganz klar, aber nach der handschriftlichen Bemerkung auf dem Titelblatt befand sich dieser Band 1687 in der Jesuitenbibliothek der Kirche des Hl. Nikolaus auf der Prager Kleinseite.

Furmers Emblembuch ist ein typisches Produkt des niederländischen protestantischen Moralismus, und daher ist es kein Zufall, daß seine holländische Übersetzung für die Ausgabe von 1585 in Leiden von Dirck Volkertsz. Coornhert besorgt worden ist. Demgegenüber ist das Werk Bocchis eines der originellsten Emblembücher des 16. Jahrhunderts. Nach Bonasones interessanten Radierungen zeichnete noch im vorigen Jahrhundert niemand geringerer als Eugène Delacroix (Lichtenstein 1976). Achilles Bocchi – Lektor des Griechischen, der Rhetorik und Poesie am Studio Bolognese – war ein humanistischer Gelehrter mit weitgreifenden Kontakten und vielfältigen Interessen. In den Jahren 1545/46 läßt er sich – offenbar nach einem Entwurf von Vignola – einen Palast in Bologna bauen, in dem sich der Kreis seiner gelehrten Freunde – ›Accademia Bocchiana‹ oder ›Accademia Ermatenea‹ genannt – versammelte. Ihr Zeichen war ein Bild, das auch im rudolfinischen Prag gut bekannt war (Kat. Nr. 314) – Hermathena, ein Ausdruck des Glaubens humanistischer Gelehrten und Künstler in idealer Verbindung der Redekunst (Hermes-Merkur) und der Weisheit (Athena-Minerva). Der Ursprung dieses Bildes ist in zwei Briefen Ciceros zu suchen, in denen die Statue der Hermathena als die geeigneteste Ausstattung einer Akademie erwähnt ist (Ad Atticum, I, i, 5 und iv, 3). Eine plastisch ausgeführte Hermathena schmückte eine Ecke des Palazzo Bocchi und ist auch das Thema des Symbols Nr. CII auf S. CCXVI in Bocchis Emblembuch (Schmidt 1967/68, S. 91; Wilberg Vignau-Schuurman 1969, Bd. I, S. 197; Gordon 1975, S. 48 f.). L. K.

Prag, Staatliche Bibliothek der ČSSR, Sign. 10 B 59 (Tres. Be 15)

329 **Empresas morales**
Prag: Georg Nigrinus, 1581 (ed. princ.)

Quartformat; Titelblatt und 100 Radierungen (ca. 10 × 11,5 cm), gänzlich koloriert

EMPRESAS MORALES
A LA
S. C. R. M. DEL
REY DON PHELIPE
NVESTRO SEÑOR DIrigidas, por
DON IVAN DE BORIA DE SV
Consejo y su Embaxador cerca la M.
Cesarea del Emperador RV-
DOLPHO
II.
Praga por Iorge Negrin.
1581.

329

SYMBOLORVM
&
EMBLEMATVM EX
RE HERBARIA
DESVMTORVM
CENTVRIA VNA
COLECTA
A
IOACHIMO CAMERARIO
MEDICO NORIMBERG.
In quibus rariores Stirpium proprietates historiae ac Sententiae memorabiles nō paucae breuiter exponuntur.
AN. SALVT. CIϽ.IϽ.XC.

330a

7
V.
ARDUA VIRTUTEM.
Qui laurum & palmam victricem carpere gaudes,
Montis, si nescis, ardua scande prius.
B 3 Theophra-

330b

Literatur: Praz 1964, S. 281 f.; Henkel-Schöne 1967, Sp. XLIX; Ledda 1970, S. 68–78; Evans 1973, S. 171; Sánchez Pérez 1977, S. 88–96; Bravo-Villasante 1981 und 1984; Trunz 1986, S. 897 und 972

Borjas ›Empresas morales‹ ist aus zwei Gründen einzigartig. Es ist das erste spanische Emblembuch und zugleich das erste, das in Böhmen herausgekommen ist. Sein Autor – der zweitgeborene Sohn des Herzogs von Gandia, in den Jahren 1565–1572 General des Jesuitenordens und 1671 heiliggesprochen – verbrachte mehrere Jahre in Prag als Gesandter des spanischen Königs. Borjas Embleme unterscheiden sich von richtigen Emblemen, wie sie Andrea Alciati in seinem ›Emblematum liber‹ (Augsburg 1531) kodifizierte dadurch, daß anstatt des lateinischen Epigramms ein spanischer Kommentar in Prosa beigefügt ist. In den Bildern ist der Einfluß der Bücher von Impresen erkennbar, da die Radierungen bis auf etliche Ausnahmen keine Menschengestalten enthalten. Borja hat eine ganze Reihe von Motiven aus den ›Devises heroiques‹ von Claude Paradin (Lyon 1551, ed. princ.) übernommen. Für die ornamentalen Umrahmungen diente Luca Contiles Buch ›Ragionamento delle imprese‹ (Pavia 1574, ed. princ.) als Vorbild. Borjas einzelne Motive zeigen einen religiös-erbaulichen Charakter, begründet im Geist der christlichen Moralphilosophie. So ist für die ›Empresas morales‹ das Emblem auf dem Fol. 80r (recte 76r) charakteristisch, auf dem ein Quaderstein mit dem Motto ›Sapientis animus‹ versehen und als Symbol eines klugen Menschen erklärt ist. Eine unmittelbare Inspiration hat Borja anscheinend in der Emblematik der 2. Hälfte des 16. Jahrhunderts gefunden – bei Luca Contile (S. 71 f.) sowie in den ›Icones‹ von Théodore de Beza (Genf 1580, Nr. 3). L. K.

Prag, Staatliche Bibliothek der ČSSR, Sign. 52 B 39 (Tres. Re 178)

JOACHIM CAMERARIUS DER JÜNGERE

330 Symbolorum & Emblematum ex re Herbaria desumtorum centuria una
Nürnberg: Johann Hofmann und Hubert Camoxius, 1590 (im Vorwort 1593) (ed. princ.)

Quartformat; Titelblatt und 100 Radierungen von Hans Sibmacher. Titel und Embleme Nr. 1-4 koloriert; auf dem Blatt A 1v angeklebt ein Exlibris des Fürsten Ferdinand von Schwarzenberg aus dem Jahre 1690.
Literatur: Praz 1964, S. 295 f.; Henkel-Schöne 1967, Sp. L; Stopp 1974, S. 86 f.; Harms-Kuechen 1980; Harms 1985, S. 75–83

Im Prager Kunstkammerinventar aus den Jahren 1607–1611 sind unter den »Gedructen bücher in gross quarto« in der Truhe Nr. 58 auch das ›Emplemata Joachimi Camerarii uber baum und kreutter‹ aufgeführt (Bauer-Haupt 1976, Nr. 2663). Es handelt sich zweifellos um den ersten Band des vierbändigen Emblembuches des Nürnberger Arztes und Botanikers Joachim Camerarius. Ursprünglich hatte dieser Gelehrte eine Anzahl von 200 Emblemen mit verschiedensten Themen vorbereitet. Dann aber begrenzte er die Thematik nur auf die lebende und tote Natur und verdoppelte die Zahl der Embleme, die er systematisch nach den Themen in vier Bände verteilte. So ist das erste emblematische Werk entstanden, das sich um eine systematische Beschreibung und Erklärung der ganzen Natur bemüht, also etwas wie ›naturae mundus symbolicus‹. Camerarius geht zwar von der Beobachtung der Natur (oder wenigstens der naturwissenschaftlichen Fachliteratur) aus, aber sein endgültiges Ziel ist, in den Naturgeschehnissen eine moralische Botschaft zu erkennen, die den Menschen auf seinem Weg zu Tugend und Weisheit führt. Ein besonders instruktives Beispiel für diese Grundtendenz vermittelt uns das Emblem Nr. 5, das einen Pilger zeigt, der auf einem engen Pfad einen Berg hinaufsteigt, auf dem Palmen und Lorbeer wachsen. Dieses Emblem, das mit dem Motto ›Ardua virtutem‹ versehen ist, geht auf die uralte, schon in der antiken Literatur und in der Bibel beschriebene Vorstellung vom steilen Pfad der Tugend zurück. Dieses Motiv des steilen Pfads zur Tugend kommt mehrmals auch in der rudolfinischen Kunst vor. L. K.

Krumanu (Český Krumlov), Schloßbibliothek, Sign. 20 F 4080

331a

SINE CERERE ET BACCHO FRIGET VENVS. 15
Sapiens cor & intelligibile abstinebit se à peccatis & in operibus iustitiæ successus habebit. Ecclesiastici. 3. d.

331b

EMBLEMATA CHRISTIANA. 38
NON APTVS EST REGNO DEI
xxxviij.
Obliquos ducis, non recto tramite, sulcos:
Tam leuiter cœptum mens vaga curat opus.
Eia age, conuersos oculos intende labori:
Aptus eris cœli sede tenere locum.
m 2 Aspicis

332

LAURENTIUS HAECHTANUS
(Lorenz van Haecht-Goidtsenhouen)

331 Mikrokosmos, Parvus mundus
Antwerpen: Gerard de Jode, 1579
(ed. princ.)

Quartformat; Titelblatt und 74 Radierungen (ca. 11,5 × 9 cm) von Gerard de Jode nach Zeichnungen von Jan Snellinck. Auf dem vorderen Vorsatz am Bucheinband angeklebt ein Exlibris Petr Voks von Rožmberk (Rosenberg) von Aegidius Sadeler aus dem Jahre 1609
Literatur: Praz 1964, S. 427f.; Henkel-Schöne 1967, Sp. LVI; Spaanstra-Polak 1973, S. 299ff.; Mielke 1975, S. 37f.; Trunz 1986, S. 975

Das vorliegende Buch, das Rudolfs Bruder, Erzherzog Matthias, gewidmet ist, wurde des öfteren als Emblembuch bezeichnet, es handelt sich aber eher um eine Sammlung von ›emblematischen‹ Beispielen, Fabeln, mythologischen und anderen Geschichten. Eine ganze Reihe von Übersetzungen belegt seine Popularität. Daß es um 1600 auch in Böhmen bekannt war, bezeugt nicht nur das ausgestellte Exemplar, das mit dem Rosenberger Einband und Exlibris versehen ist, sondern auch ein Bild des Bartholomäus Spranger aus der Mitte der 90er Jahre, das Terenz-Zitat darstellend: ›Sine Cerere et Baccho friget Venus‹ (Kat. Nr. 156). Zum Unterschied zu allen älteren Darstellungen dieses Themas, auf dem die drei Gottheiten beisammen sind, zeigt die Radierung Nr. 15 gemäß dem angeführten Zitat, wie Ceres und Bacchus Venus verlassen (Renger 1976–78, S. 194). Während Van Haechts Kommentar das Diktum von Terenz nur paraphrasiert, ist unter dem Bildfeld ein biblisches Zitat zu lesen, das die Darstellung als eine moralisierende Mahnung interpretiert: »Ein weises und verständiges Herz wird sich von Sünden fernhalten und den Werken der Gerechtigkeit nachfolgen« (Jesus Sirach 3, 32). L. K.

Prag, Staatliche Bibliothek der ČSSR, Sign. 10 B 55 (Tres. Nd 46)

GEORGETTE DE MONTENAY

332 Emblematum Christianorum Centuria, Cum eorundem Latina interpretatione
Zürich: Christoph Froschauer, 1584
(ed. princ. 1571)

Quartformat; 100 Radierungen (ca. 10 × 9 cm) von Pierre Woeriot. Abwechselnd mit den Blättern des Buches sind noch weitere 127 Blätter eingebunden, und das Buch wurde als ein Stammbuch benützt.
Literatur: Praz 1964, S. 431f.; Zezula-Clements 1965; Henkel-Schöne 1967, Sp. LX; Landwehr 1982, S. 110; Reynolds-Cornell 1985 und 1986

Im Prager Kunstkammerinventar von 1607 bis 1611 ist zusammen mit den Büchern Kat. Nr. 327 und 329 unter den »Gedructen bücher in gross quarto« auch eine ›Emplemata Georgiae Montanae‹ aufgeführt (Bauer-Haupt 1976, Nr. 2651). Es handelt sich um ein Emblembuch, das vermutlich Georgette de Montenay in den Jahren 1558–1564 zusammengestellt und sieben Jahre später herausgegeben hat. Diese junge Adlige, Cousine der Königin von Navarra, Jeanne d'Albret, war eine eifrige Vertreterin der protestantischen Bewegung, und diese Tatsache beeinflußte vor allem den Inhalt ihres Werkes. Die Autorin faßt das Buch als ein Handbuch der Erlösung auf, und eine Reihe der Embleme verarbeiten die Grundthesen der Lehre Calvins. Auch die anderen zeigen auf verschiedene Weise ihre reformatorische Gesinnung, z. B. die Betonung der persönlichen Auslegung der Bibel, welche die Versuche für mehrere Embleme ist. So geht z. B. das Emblem Nr. 48 »Non aptus est regno Dei« von den Worten des Evangelisten Lukas aus 9,62: »Niemand, der seine Hand an den Pflug legt und zurückschaut auf das, was hinter ihm liegt, ist tauglich für das Reich Gottes (Baldwin 1986, S. 102; Kavaler 1986, S. 95). Dank seiner protestantischen Richtung erfreute sich dieses Buch einer großen Popularität und erschien in einer Reihe von Übersetzungen und Ausgaben. Um 1587 dienten die Illustrationen dieses Emblembuchs als Vorlagen für die Stuckreliefs im Gerichtssaal des Schlosses Bechyně in Südböhmen, das damals dem Petr Vok von Rožmberk (Rosenberg) gehörte (Lejskova-Matyášová 1983). Es

333a

333b

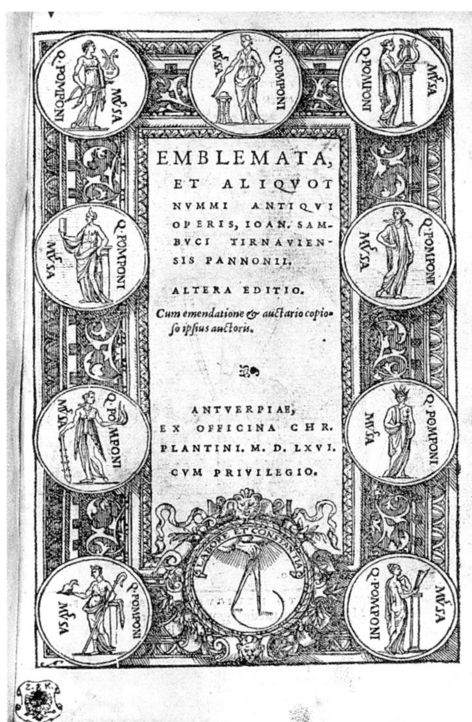

334a

ist interessant, daß Vincent van Gogh ein Exemplar einer im Jahre 1602 in Heidelberg herausgegebenen Ausgabe in seinem Besitz hatte.
L. K.

Prag, Staatliche Bibliothek der ČSSR, Sign. 10 B 50 (Tres. Be 83).

AEGIDIUS SADELER DER JÜNGERE

333 Theatrum morum. Artliche gesprach der thier mit wahren historien zur lehr
Prag: Paul Sesse, 1608 (ed. princ.)

Quartformat; Titelblatt und 139 Radierungen (ca. 9,3 × 11,2 cm) von Aegidius Sadeler
Literatur: Preißig 1938; Hodnett 1971, S. 38–40 und 69; Konečný 1975, S. 89, Anm. 19; Holl. 390; Landwehr 1982, S. 144, Nr. 292, Trunz 1986, S. 897f. und 972

Sadelers Buch zählt zu den bedeutenden illustrierten Fabelbüchern. Bereits 1567 hatte der niederländische Verleger Pieter de Clerck das Buch von Edewaerd de Denes ›De warachtighe fabulen der dieren‹ herausgegeben, das mit 107 Radierungen Marcus Gheeraerts ausgestattet war. Für die französische Version dieser Fabelsammlung, die von Pieter Heyns vorbereitet und von Philippe Galle in Antwerpen 1578 unter dem Titel ›Esbatement moral des animaux‹ herausgegeben wurde, hat Gheeraerts ein neues Titelblatt und 18 neue Illustrationen geschaffen. Diese insgesamt 125 Radierungen stellen die bedeutendste Gruppe von Fabelillustrationen in früher Neuzeit dar und waren von grundsätzlichem Einfluß auf weitere Illustrationen. 124 von Sadelers Blättern der Ausgabe von 1608 sind seitenverkehrt und bis auf zwei Ausnahmen genaue Nachstiche der Illustrationen aus dem Jahre 1578. Sadelers Titelblatt, mit einem Zitat aus Gen. 1, 26 (oder 28) versehen, ist als eine Variation der Titelblätter von 1567 und 1578 entstanden. Die restlichen fünfzehn Stiche – von denen zwölf exotische Tiere wiedergeben – sind in der Geschichte der Fabelillustrationen ohne Vorläufer. Zu ihnen gehört auch die Darstellung der Fabel ›Vom Tygerthier‹ (S. 3f.), wo man neben dem exotischen Raubtier einen orientalischen Reiter sehen kann. Nicht nur der Typus der Figuren, auch die graphische Technik dieses und der weiteren vierzehn Blätter deuten an, daß ihr Schöpfer nicht Aegidius Sadeler selbst war, sondern wahrscheinlich sein und Saverys Schüler Isaac Major (Frankfurt 1576 – Wien 1630). L. K.

Prag, Staatliche Bibliothek der ČSSR. Sign. 9 F 179 (Tres. Re 382)

JOHANNES SAMBUCUS
(János Sámboky)

334 Emblemata, et aliquot nummi antiqui operis
Antwerpen: Christoph Plantin, 1566 (ed. princ. 1564)

Kleinoktavformat; Titelblatt und 222 Holzschnitte (ca. 6,4 × 6,4 cm) von Arnold Nicolai, Gerard van Kampen und Cornelis Muller nach Zeichnungen von Lukas de Heere, Godefroid Ballain, Pieter Huys und Pieter van der Borcht
Literatur: Praz 1964, S. 486f.; Varga 1964; Henkel-Schöne 1967, Sp. LXIV; Homan 1971, S. 43–78; Evans 1973, S. 124f.; Buck 1982

Sambucus' Buch, das dem Kaiser Maximilian II. gewidmet ist, scheint ein typisch humanistisches Emblembuch der 2. Hälfte des 16. Jahrhunderts zu sein. Der Verfasser – Arzt, Philologe und neulateinischer Dichter – wirkte ab 1564 in Wien als Hofarzt, Kaiserlicher Rat und Hofhistoriograph. In demselben Jahr veröffentlichte Christoph Plantin in Antwerpen die Erstausgabe des Emblembuches von Sambucus, welche – zum Unterschied zur zweiten, erweiterten Edition aus dem Jahre 1566 – nur 166 Embleme erhielt. Bereits da finden wir aber das Vorwort ›De emblemate‹ (S. 3–7), einer der bedeutendsten historischen Beiträge zur Theo-

EMBLEMATA. 109

Voluptas ærumnosa.

Q VI nimis exercet venatus, ac ſine fine
Haurit opes patrias, prodigit inq; canes:
T antus amor vani, tantus furor vſque recurſat,
I nduat vt celeris cornua bina feræ.
A ccidit Actæon tibi, qui cornutus ab ortu,
A canibus proprijs dilaceratus eras.
Q uàm multos hodie, quos paſcit odora canum vis,
V enandi ſtudium conficit atque vorat.
S eria ne ludis poſtponas, commoda damnis,
Q uod ſupereſt rerum ſic vt egenus habe.
S æpe etiam propria qui interdum vxore relicta
Deperit externas corniger iſta luit.

Con-

334b

335a

335b

rie der Emblematik. Diesem Text nach handeln Sambucus' Embleme vom Menschen und seinen Gewohnheiten, von der Natur, von wirklichen und imaginären Geschehnissen und Personen der Vergangenheit. Deswegen finden wir hier nicht nur klassische Motive der Emblematik, sondern auch eine ungewöhnlich große Anzahl von Motiven aus dem täglichen Leben, denen keine aus Büchern angelesene Gelehrsamkeit, sondern eine große Lebenserfahrung zugrunde liegen. Gleichfalls auffallend ist, wie die religiösen Probleme der damaligen Zeit unbeachtet blieben. Die Absicht dieses Emblembuches ist rein humanistisch – es soll dem Leser Leitfaden auf dem Weg zum Erlangen der Lebensweisheit sein. Von diesem Standpunkt aus erklärt Sambucus auch eines der weitest verbreiteten mythologischen Themen der Kunst des 16. Jahrhunderts (einschließlich des rudolfinischen) – der Tod Aktaeons. Sein Emblem auf der Seite 109 ist mit dem Motto ›Voluptas aerumnosa‹ (verderbliche Leidenschaft) versehen und mahnt vor einer übermäßigen Sinnlichkeit, die zur Vernichtung führt (Sluijter 1985, S. 64; und 1986, S. 173). L. K.

Prag, Staatliche Bibliothek der ČSSR. Sign. 10 G 99 (Tres. Bf 45)

JAKOB TYPOTIUS – ANSELM BOETIUS DE BOODT

335 **Symbola Divina & Humana Pontificum Imperatorum Regum ... Tomus Primus**
Prag: Georg Nigrinus, 1601 (ed. princ.)
Symbola varia Diversorum principum Sacrosanc. Ecclesiae et Sacri Imperii Romani ... Tomus Secundus
Prag: Georg Nigrinus, 1602 (ed. princ.)
Symbola varia diversorum principum ... Tomus Tertius
Prag: Georg Nigrinus, 1603 (ed. princ.)

3 Titelblätter und 196 radierte Tafeln mit 930 Emblemen (im Dm. 5,5 cm) von Aegidius Sadeler nach Vorlagen ›ex musaeo Octavii de Strada‹
Literatur: Praz 1964, S. 518 f.; Evans 1973, S. 170 f., Holl. 392; Landwehr 1982, S. 146 f., Nr. 600–603; Trunz 1986, S. 899–902 und 972

Die Absicht von Jacopo und Ottavio Strada, ein Buch mit Impresen aus ihrer Sammlung in gedruckter Form herauszugeben (Kat. Nr. 279), wurde erst Anfang des 17. Jahrhunderts realisiert. In dieser Zeit stellte Ottavio die von ihm und seinem Vater gesammelten Impresen dem Aegidius Sadeler zur Verfügung, der nach diesen Vorlagen Radierungen anfertigte. Das Buch wurde in drei Bände aufgeteilt: Der erste umfaßt Impresen der Päpste, Kaiser und Könige; der zweite ist den Kardinälen und deutschen Fürsten gewidmet; der dritte den italienischen Fürsten. Den erläuternden Kommentar zu den zwei ersten schrieb der kaiserliche Historiograph Jakob Typotius, dessen Schrift ›De Hierographia libri duo‹, welche der Theorie der Emblematik gewidmet ist, nach seinem Tod Jan Jesenský (Johann Jessenius) herausgegeben hat. Den Kommentar zum dritten Band verfaßte der kaiserliche Arzt und Naturforscher Anselm Boetius de Boodt. Im Inhalt geht dieses Buch von den italienischen Impresen-Büchern des 16. Jahrhunderts aus, die im Kunstkammerinventar von 1607–1611 durch eine Arbeit von Scipione Bargagli vertreten ist (Bauer-Haupt 1976, Nr. 2762; vgl. Praz 1964, S. 266 f.). Der Kommentar von Typotius ist aber nicht eine einfache Erklärung, sondern »eine Staatsphilosophie in Form von Bildmeditationen«. Auch dieses bedeutende Werk der Prager Emblematik hat sein Platz in der kaiserlichen Kunstkammer gefunden, deren Inventar es zwischen »inn folio gedructen bücher« als ›Symbola varia‹ und »Zwey bücher der symbola divinae et humanae« anführt (Bauer-Haupt 1976, Nr. 2631 und 2632). L. K.

Prag, Staatliche Bibliothek der ČSSR. Sign. 52 A 28 (Tres. Rb 36)

Die Kunstkammerstücke

Rudolf Distelberger

Das rudolfinische Prag zeigt in fast allen kulturellen Aspekten den Januskopf einer Wendezeit. Auf der einen Seite erreicht die Epoche der Spätrenaissance oder des Manierismus einen letzten Höhepunkt, auf der anderen erfolgt ein Aufbruch in die neue Zeit des beginnenden 17. Jahrhunderts. In keinem Bereich wird wohl diese Doppelgesichtigkeit klarer als im sogenannten Kunsthandwerk. Die unter Rudolf II. gefertigten Arbeiten der Goldschmiede, Steinschneider oder Uhrmacher gehören zum Besten, was damals in Europa entstanden ist. Sie erreichen im geistigen Klima der Prager Künstlerkolonie eine Dimension, die die alten Sammelbegriffe der Kunstgeschichte für diesen Bereich wie ›Kunstgewerbe‹ oder ›angewandte Kunst‹ weit hinter sich läßt und in Frage stellt. Die Objekte, um die es geht, verdanken ihre Entstehung gewöhnlich keinem bestimmten Verwendungszweck. Sie sind keine Gebrauchsgegenstände, die künstlerisch überhöht oder veredelt wurden. Wie die Arbeiten der profanen Malerei sind sie vielmehr zweckfreie Kunstwerke für den Kenner und Sammler, die um ihrer selbst willen geschaffen wurden. Ihre Existenz wurzelt in der Kunstkammer. Sie ist der Nährboden, in den sie eingebettet und dem sie entsprossen sind. Wir bezeichnen sie daher als Kunstkammerstücke.

Die Kunstkammer vereinigte in sich seltene, edle oder besondere Hervorbringungen der Natur (Naturalia) mit Objekten der Kunst (Artefacta) und der Wissenschaft (Scientifica). Unter der universalistischen Weltsicht der damaligen Zeit standen alle Dinge in Bezug zum Menschen und seinen Fähigkeiten, zu seinem Wissen und Können. Die Welt war ein großer Mensch, der Mensch eine kleine Welt (nach Macrobius). Alles aber faßte der Schöpfergott zusammen, der in der Natur und im Menschen waltet, der sich in den Wundern der Natur zu erkennen gibt und im schöpferischen Menschen sein Ebenbild hat. Im Endlichen ist das Unendliche gegenwärtig. Die einzelnen Sparten der Kunstkammer überschneiden sich oft in einem Objekt, indem etwa eine exotische Naturalie (Seychellennuß, Rhinozeroshorn) oder ein edler Stein Anlaß für die Entstehung eines Artefakts wurde. Die Vielfalt dieses Mikrokosmos war geistig auch engstens mit der elitären Stellung des Kaisers verwoben, durch den sie erst Sinn erhielt und der ihren Anspruch begründete. Als Herrscher von Gottes Gnaden und Stellvertreter Gottes stand er über seiner Welt wie Gott über dem Universum. Aufgrund seines erhabenen Ranges in der Gesellschaft beanspruchte er das Kostbarste und Qualitätvollste aus allen Bereichen. Die Suche nach edlen Steinen etwa war in Böhmen ein Regal, d. h. ein Hoheitsrecht des Kaisers und Königs. Besonders bei Rudolf II. waren Rangbewußtsein, Mäzenatentum und Qualitätsanspruch so stark miteinander, daß die unermeßlichen Schätze, die er in seiner Prager Burg zusammentrug, zugleich als Ausdruck seiner Kaiseridee zu verstehen sind.

In den Kunstzentren Europas konnte jeder Fürst kaufen. Der Kaiser trachtete also danach, für alle Bereiche Künstler an seinen Hof zu ziehen, die vorwiegend für ihn arbeiteten und die seine Vorstellungen verwirklichten. Erst dadurch konnte er jene Exklusivität erreichen, die ihm angemessen schien. In Rudolf II. kulminierte zudem der notorische Kunstsinn der Habsburger, der sich seit Maximilian I. zunehmend im Umgang mit Künstlern geschult hatte, während sich seine Nachfolger immer mehr der Musik zuwandten. Er hatte einen ganz persönlichen und unmittelbaren Zugang zur Kunst, und sein kultivierter Geist, sein intensives Sehvermögen und seine Kennerschaft waren zugleich Ansporn für die Künstler, mit denen er sich umgab.

Um sowohl die Tradition, in der Rudolf stand, als auch das Außerordentliche seines Mäzenatentums verständlich zu machen, seien kurz die familiengeschichtlichen Voraussetzungen skizziert, aus denen der Kaiser in seine Rolle trat. Kunst war bereits seit langem ein wesentliches Mittel fürstlicher Repräsentation. Maximilian I. (1459–1493 bis 1519) setzte sie sogar massiv für politische Propaganda ein. Seiner Epoche, die in die ›heile Welt‹ vor der Reformation fiel, wandte sich Rudolf intensiv zu. Dies drückte sich u. a. in seinen Bemühungen um die Werke Dürers und in der beginnenden Dürerrenaissance an seinem Hof aus. Durch Maximilians Heirat mit Maria von Burgund, der Tochter des letzten Burgunderherzogs Karl des Kühnen, fielen dem Hause Habsburg die reichen Niederlande zu. Das bedeutende Kunstschaffen dieser Länder blieb fortan engstens mit dem Herrscherhaus verbunden. Auch am

Hof Rudolfs dominierten die Künstler niederländischer Herkunft (Spranger, Savery, Stevens, Hoefnagel, de Vries, Vermeyen, Vianen usw.). Der Enkel und Nachfolger Maximilians auf dem Kaiserthron, Karl V. (1500/1519–1556/1558) erbte das vereinigte spanische Königreich und führte es zur europäischen Großmacht. Ohne dieses Spanien in seiner glanzvollsten Zeit wäre Rudolfs Mäzenatentum in engeren Bahnen verlaufen. Karl V. hatte im Süden und Westen seines Reiches alle Hände voll zu tun und übertrug seinem Bruder Ferdinand (1503/1556 bis 1564) die Regierung der österreichischen Erblande. Dieser war in Spanien aufgewachsen und führte in Wien das sog. spanische Hofzeremoniell ein (das Karl V. aus Burgund übernommen hatte), das auch für Rudolf noch die adäquate Form zur Repräsentation der Kaiserwürde war. Ferdinand heiratete Anna von Ungarn, die Tochter des letzten Jagiellonen Ludwig II., und trat 1526 bzw. 1527 die Nachfolge in den Königreichen Ungarn und Böhmen an. Mit Ungarn erbte er zunächst den Türkenkrieg, der die alten Erblande ausblutete und die Türken schon 1529 vor Wien brachte, mit Böhmen ein reiches Land und die alte kaiserliche Residenz in Prag, der Wien nichts Gleichwertiges entgegenzusetzen hatte. Ferdinand wandte von Anfang an mehr Sorgfalt auf die Verschönerung dieser Residenz (Gärten, Bau des Belvedere) als auf jene der Erblande und fand auch im St. Veitsdom zusammen mit Königin Anna und seinem Nachfolger Maximilian II. sein Grabmal, das Alexander Colin 1566–1589 schuf. Sein jüngerer Sohn Erzherzog Ferdinand II. (von Tirol) hielt hier während seiner Statthalterschaft in Böhmen von 1547–1567 glänzend hof, »weil die Bevölkerung Böhmens vor einem sparsamen Fürsten erfahrungsgemäß keinen Respekt gehabt haben würde«.[1] Er legte dort auch den Grundstein zu seiner berühmten Kunstkammer (Ambraser Sammlung). Der mächtige Adel entfaltete ebenfalls wieder eine reiche Bautätigkeit. Prag stellte Wien in den Schatten.

Leitfigur der habsburgischen Regenten für die folgenden 200 Jahre aber wurde Karl V. Er steigerte den Reichsgedanken bis zur Idee der Weltherrschaft und war der bedeutendste Vertreter des Universalismus auf dem Kaiserthron. Rudolfs Vorstellung vom Kaisertum orientierte sich nach diesem Vorbild, fand aber in der Wirklichkeit keinen Rückhalt mehr. Während die spanische Großmacht unvorstellbare Reichtümer aus den neuen Besitzungen in Übersee zog, lebte der Wiener Hof relativ bescheiden. Die beiden Linien der Casa de Austria, von denen die spanische mit Karl V. zunächst die Führung hatte, blieben fortan durch Wechselheiraten engstens verbunden. Waren Ferdinand I. durch die Türkenkriege weitgehend die Hände gebunden, so litt auch Maximilian II. (1527/1564–1576) unter ständigem Geldmangel. Beide aber waren kunstsinnige Herrscher. Ferdinand legte in Wien eine Kunstsammlung an, Maximilian entfaltete eine größere Bautätigkeit (Stallburg, Amalienburg, Neugebäude) und war vielleicht der erste Habsburger, der Gemälde um ihrer selbst willen sammelte (Lhotsky). Er betätigte sich selbst in der Goldschmiedekunst, band Jacopo Strada an seinen Hof, mit dessen Hilfe er vor allem Antiken zu erwerben trachtete und verpflichtete Künstler, die noch Rudolf II. hoch schätzte (Arcimboldo, Antonio Abondio, Spranger u. a.). Bekannt sind auch seine starken naturwissenschaftlichen Interessen. Die Begabungen Rudolfs sind also bereits in seinem Vater angelegt.

Der mit Maximilian II. gleichaltrige König Philipp II. von Spanien (1527/1556–1598), der das Oberhaupt der Casa de Austria war, stand ganz im Banne seines Vaters Karl V. Von ihm übernahm er seine feste Überzeugung von der göttlichen Sendung des Herrschers und von der Unantastbarkeit seiner königlichen Autorität. Zu diesem Regenten kam 1564 der 12jährige Rudolf, um zum künftigen Kaiser erzogen zu werden. Maximilian II. war damals wohl schon zum Römischen Kaiser gekrönt, Kaiser aber war noch Ferdinand I., so daß seine erwähnten Kunstbestrebungen erst nach der Abreise Rudolfs voll einsetzten. Der junge Erzherzog kam von einem bescheidenen Hof und muß vom Reichtum, von der Größe und vom Stolz der spanischen Hofhaltung geradezu geblendet worden sein. Es begann für ihn die Zeit der Entdeckung der Welt. Er erlebte die Härte der Machtpolitik Philipps, die Strafherrschaft Albas in den Niederlanden, die Don Carlos-Tragödie und die Autodafés (Ketzerverbrennungen). Philipps unermeßliche Kunstsammlungen übertrafen alles, was Rudolf bisher kannte. Neben den Bildern Tizians schätzte Philipp besonders die alten Niederländer und darunter vor allem die Werke des Hieronymus Bosch. Die Schiffe aus der Neuen Welt brachten ständig neue Reichtümer und nie gesehene Exotika: Federbilder aus Mexiko (Kat. Nr. 399), Bezoare von exorbitanter Größe aus Peru (Kat. Nr. 409), Schildpattarbeiten, viel Gold, exotische Tiere usw. Bereits 1537 waren die ersten Smaragde aus Somondoca (heute Chivor, Kolumbien) eingetroffen, und seit 1558 beutete man die Smaragdminen von Muzo aus. Die universale Gesinnung und den Anspruch eines Königs von Spanien erfuhr Rudolf am eindrucksvollsten am gewaltigen Bau der Kloster-Residenz des Escorial (1563–1584), der sich über einer Grundfläche von 3,3 ha erhebt und etwa 16 km Grundrißlinien hat. Rudolf ließ sich nach seiner Rückkehr weiterhin vom Fortgang der Arbeiten am Escorial berichten. Er erlebte seinen Onkel beim Umgang mit den Künstlern und konnte dessen Erwerbungen für die Sammlungen verfolgen. Sicher begegnete er auch dem Steinschneider, Medailleur und Architekten Jacopo da

Trezzo, dem Berater des Königs in allen Kunstfragen. Der Bildhauer Pompeo Leoni schuf damals u. a. die Kolossalstatuen für die Festdekoration anläßlich der Hochzeit Philipps mit der Schwester Rudolfs, Anna von Österreich. Rudolf sah viele Kunstwerke, die er später zu erwerben trachtete und kannte natürlich auch die Werke, die Leone Leoni für Karl V. und Philipp geschaffen hatte. Sein Bildhauer Adrian de Vries hatte in Prag dann vor allem diesen zu übertreffen. Auf der Rückreise aus Spanien besuchte er seinen Onkel Erzherzog Ferdinand in Innsbruck und lernte dessen Kunstkammer kennen. Die sieben Jahre seiner Schulung in Spanien prägten nicht nur Rudolfs hohe Auffassung vom Kaisertum, sondern auch seinen Sinn für die Künste.

Als Rudolf 1571 nach Wien zurückkehrte, muß ihm die kleine und unbequeme Wiener Hofburg wie ein enges Vogelnest erschienen sein. Die Prager Burg kam seinem kaiserlichen Anspruch, der ihm in Spanien ins Blut gegangen war, weit näher. Der Madrider Hof war die Vorgabe, die es zu übertreffen galt, und die Kunst war das Mittel dazu. Als Philipp II. 1580 noch Portugal in seine Hand bekam, standen ihm auch die Schätze ins Haus, die seine Flotten aus Afrika, Indien, China und Japan brachten. Rudolfs Botschafter Johann Khevenhüller war ständig bemüht, davon für seinen Herrn das Seltenste und Kostbarste zu sichern. »Denn mich dunkt«, schreibt er am 5. März 1600 nach Prag, »das alles das, so ich sich[sehe] und mir frembd fürkombt, allain für eure kaiserliche Majestät begern sollte«.[2]

Als Rudolf II. sein hohes Amt antrat, hatte er bereits eine viel größere Welt verinnerlicht als alle seine Vorgänger auf dem Kaiserthron, mit Ausnahme Karls V. Mit staunenswerter, sich stetig steigernder Tatkraft und mit geschärftem Kunstsinn ging er daran, diese Welt mit Kostbarkeiten zu füllen. Bei seinem Vorgehen scheint er sich am Florentiner Hof orientiert zu haben, dessen traditionsreiche Kunstbestrebungen er stets aufmerksam verfolgte. Großherzog Francesco I. hatte eigene Hofwerkstätten gegründet. Sie nahmen 1572 ihren Anfang mit der Ankunft der Mailänder Steinschneider Gian Ambrogio und Gian Stefano di Girolamo Caroni in Florenz. Zu den beiden Brüdern gesellte sich 1573 der niederländische Goldschmied Jacques Bylivelt und Ende 1575 der Mailänder Steinschneider Giorgio di Cristofano Gaffuri. 1586 wurden diese Hofwerkstätten vom Casino di San Marco in die Galleria der Uffizien verlegt, und 1588 gab ihnen Großherzog Ferdinando eine neue Organisation.[3] Das Arbeitsverhältnis der Mailänder Steinschneider zu dem niederländischen Goldschmied war ähnlich wie jenes von Ottavio Miseroni zu Jan Vermeyen in Prag, nur hatte Vermeyen keine leitende Funktion innerhalb der Hofwerkstatt. Die Parallelität setzt sich insofern fort, als Bylivelt die großherzogliche Krone schuf und Vermeyen die berühmte Rudolfskrone. Nach dem Vorbild von Florenz gründete Rudolf auch in Prag eine Werkstatt für Commessi in pietre dure, das sogenannte Florentiner Mosaik. In Wien hatte es noch keine Hofwerkstätten gegeben. Maximilian II. ließ bei Wiener Goldschmieden arbeiten, kaufte jedoch die Kunstkammerstücke in Nürnberg, Augsburg, Mailand oder Florenz ein. Auf dieser Basis fing auch Rudolf zunächst an, seine Kunstkammer aufzubauen, wobei er versuchte, seinen Brüdern möglichst viel aus dem aufgeteilten Erbe des Vaters abzukaufen. Das Inventar seiner Kunstkammer, das der Maler Daniel Fröschl 1607 anlegte und bis 1611 weiterführte (Kat. Nr. 402), gibt eine Vorstellung vom Ergebnis der Bemühungen des Kaisers auf dem Gebiet des Kunsthandwerks. Beim Tod Rudolfs war seine Kunstkammer wohl die größte Sammlung ihrer Art in dieser Zeit. Nur ein ganz kleiner Prozentsatz der im Inventar verzeichneten Objekte ist erhalten oder identifiziert. Von diesen stammt wiederum der größte Teil aus dem letzten Lebensjahrzehnt des Kaisers. Wenn es einen rudolfinischen Stil gibt, d. h. einen Stil, den Rudolf selbst durch seine Anteilnahme und sein Urteil mitbestimmt hat, dann müßte er sich gerade in diesen Objekten am ausgeprägtesten zeigen. Matthias brachte offenbar nur ganz kostbare bzw. die moderneren Stücke nach Wien. Der Rest fiel bekanntlich 1648 den Schweden in die Hände, wurde dadurch in alle Welt verstreut und ging großenteils in den wechselnden Zeitläuften zugrunde. Unser Bild vom Kunsthandwerk am kaiserlichen Hof in der 35jährigen Periode Rudolfs ist also sehr lückenhaft und läßt die Nachzeichnung einer Entwicklungslinie kaum zu.

Im folgenden soll versucht werden, einen Überblick über einzelne Meister und ihre Hauptwerke zu geben und die wichtigsten Zusammenhänge herzustellen. Für die Klarheit der Darstellung empfiehlt es sich dabei, die einzelnen Kunstgattungen voneinander zu trennen, obwohl sie sich in Wirklichkeit vielfach überschneiden.

Goldschmiedekunst

In den Quellen ist eine Reihe von Goldschmieden namentlich überliefert, die für Rudolf II. gearbeitet haben. Nur mit dreien davon lassen sich bisher auch Werke verbinden: mit Anton Schweinberger, Jan Vermeyen und Paulus van Vianen. Um nicht mit leeren Namen zu langweilen, sei auf die Aufarbeitung der Quellen bei Zikmund Winter und Alphons Lhotsky verwiesen.[4] Die festangestellten Kammergoldschmiede erhielten ein Monatsgeld, das nicht ihre

Arbeit, sondern nur ihre Dienstbereitschaft entschädigte. Die Höhe des Monatsbezuges setzte der Kaiser je nach den Fähigkeiten des Meisters oder nach seiner Wertschätzung fest. Jede Arbeit wurde getrennt bezahlt.[5] Daneben gab es noch die Hofgoldschmiede, die keine regelmäßige Zuwendung bezogen, aber ebenso wie die Kammerkünstler von den Kontrollen und Steuern der Zünfte befreit waren.[6] Die zahlreichen Goldschmiede der Stadt Prag zogen aus dem enormen Bedarf des Hofes ebenfalls guten Gewinn. Den größten Raum nahmen die Ehrengeschenke für auswärtige Potentaten, Gesandtschaften und Diplomaten, hohe Besucher, Freunde, Künstler und Wissenschaftler ein. Bei diesen Dingen kam es allerdings nur auf ihren materiellen Wert an. Eine Juwelenkette für die Gemahlin des Matthias im Wert von 80000 Talern war das großzügigste Einzelgeschenk des Kaisers, von dem wir wissen. Nicht alles konnte in Prag gemacht werden.

Die jährlichen ›Ehrengeschenke‹ an die türkischen Herrscher, bestehend aus Uhren, Automaten und Silberzeug im Wert von etwa 100000 Gulden, ließ man großteils in Augsburg anfertigen und aus der Kriegskasse bezahlen.[7] Für Gesandtschaften war ein besonderer Aufwand nötig, denn da ging es um die Reputation des Kaisers. Als z. B. 1594 die russische Gesandtschaft mit 50 Wagenladungen Pelzen im Wert von 100000 Dukaten in Prag vorfuhr[8], mußten angemessene Gegengaben bereitgestellt werden. Auch die Geschenke, welche die eigenen Gesandtschaften des Kaisers mit sich führten, werden sich in entsprechenden Dimensionen bewegt haben.[9] Die Höfe des Ostens schätzten besonders Uhren und Automaten aus Augsburg, doch waren Gold und Silber immer dabei.[10] Die kaiserliche Tafel bedurfte einer großen Menge Gold- und Silbergeschirrs, das teils auswärts und teils in Prag angefertigt wurde. Das alles ist kunsthistorisch wenig interessant, stellt aber einigermaßen die Proportionen her zu den Anschaffungen des Kaisers für seine Kunstkammer. Bei den Kunstkammerstücken lag ein anderer Anspruch vor, denn da ging es nicht nur um den materiellen Wert, sondern auch um die künstlerische Qualität. Dafür beschäftigte Rudolf die besten seiner Kammergoldschmiede und die berühmtesten Meister aus Nürnberg und Augsburg. Es ist kein Zufall, wenn nur von ihnen Werke überliefert sind. Sie gilt es näher ins Auge zu fassen.

Der erste Kammergoldschmied Rudolfs II., der für uns faßbar wird, ist Anton Schweinberger aus Augsburg. Seit 1. Mai 1587 mit dem üblichen Monatsgeld von 10 Gulden angestellt, lebte er fortan bis an sein Lebensende Mitte März 1603 in Prag. Er stand offenbar in hohem Ansehen, denn das Inventar der Kunstkammer[11], das sonst sparsam mit Künstlernamen umgeht, nennt ihn bei neun Stücken.

Danach schuf er drei Fassungen für Horngefäße (Nr. 14, 15, 26) und vier silberne Figürchen: einen Bauern, zwei weibliche Statuetten und einen Christus-Salvator (Nr. 1741–1744). Von den übrigen beiden Werken ist das eine die berühmte *Seychellennuß-Kanne,* die er mit vollem Namen signiert hat (Kat. Nr. 340), und das andere das dazugehörige Becken (Nr. 296 und 1556). Letzteres bezeichnet der Inventarverfasser als noch unvollendet, woraus hervorgeht, daß dies die letzten Werke des Meisters waren. Das Becken ist nicht erhalten. Von Schweinbergers 16jähriger Tätigkeit in Prag ist somit nur ein ganz kleiner Ausschnitt bekannt und davon nur ein gesichertes Werk überliefert. Dieses weist ihn allerdings als einen Großen der Goldschmiedekunst aus. Er thematisierte in der Kanne das Meer, für dessen Frucht man die Nuß damals hielt, und entwickelte eine denkmalartige Komposition, die im Rahmen dieser Formgelegenheit absolut neu war. Wie weit er dabei alle Konventionen hinter sich ließ, illustrieren die Seychellennüsse der 2. Hälfte bzw. des späten 16. Jahrhunderts im Grünen Gewölbe zu Dresden und im British Museum[12], die in der Art von Kokosnüssen gefaßt sind. Schweinberger schreibt die Komposition einem Rhombus ein, dessen Diagonalen in der Waagrechten den Rand der Nuß und in der Senkrechten die seitlichen Spangen und die Achse des Fußes durchlaufen. Den Wechsel bzw. die Kreuzung der Richtungen verschleift er in fließenden Übergängen. Alle Details stehen in Bezug zur Gesamtform und ordnen sich ihr auf eine Weise unter, daß geradezu ein organischer Eindruck entsteht. Auch Nuß und Metall bedingen einander und wiegen sich auf. Das Meisterwerk steht an der Wende zum Frühbarock. Die fast zehn Jahre jüngere Fassung des *Rhinozeroshorn-Pokals* mit den Hauern eines afrikanischen Warzenschweines (Kat. Nr. 339) wirkt dagegen konservativ. Die geradezu bildhauerische Konzeption Schweinbergers ist wohl nur aus dem Umgang mit Adrian de Vries zu erklären. Der Sockel mit den Tritonen könnte von der Büste Karls V. von Leone Leoni angeregt sein, die Rudolf II. um 1600 erworben hatte. Die Sammlungen des Kaisers wurden zugleich zu Lehrmeistern seiner Künstler. Die Kanne ist ein Prager Kunstwerk par excellence; sie hätte nicht anderswo entstehen können. Die überlieferte Legende, Rudolf hätte diese Seychellennuß von dem holländischen Admiral Wolfer Hermanszen, der sie 1602 vom Fürsten von Bantam (Westjava) erhalten haben soll[13], um 4000 Gulden gekauft, ist eher unwahrscheinlich, da im Inventar von 1607–1611 zwei ungefaßte Nüsse mit einem Wert von 100 bzw. 150 Gulden verzeichnet sind. Auch ist das Schenkungsdatum 1602 für diese Nuß sehr knapp, da dem Goldschmied doch eine größere Zeit für die Herstellung der durchwegs gegossenen Silberteile zugebilligt werden muß.

65 Jan Vermeyen, Krone Rudolfs II. 1602 (vgl. S. 449)

66 Andreas Osenbruck, Zepter. 1615 (vgl. S. 452)

67 Andreas Osenbruck, Acht Schmuckstücke von der Juwelenmonstranz des Prager Domschatzes. 2. Jahrzehnt 17. Jahrhundert (Kat. 337)

69 Anton Schweinberger, Seychellennuß-Kanne. 1602 (Kat. 340)

◁ 68 Unbekannter Meister, Deckelpokal aus Rhinozeroshorn. 1611 (Kat. 339)

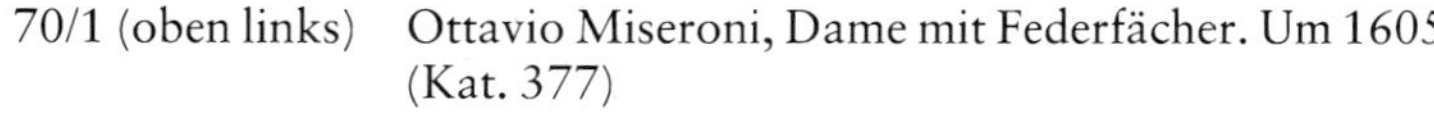

70/1 (oben links) Ottavio Miseroni, Dame mit Federfächer. Um 1605 (Kat. 377)

70/2 (oben rechts) Alessandro Masnago, Kamee mit ›Raub der Proserpina‹, letztes Viertel 16. Jahrhundert; Fassung um 1610 (?) (Kat. 338)

70/3 (unten links) Amulett in Form eines Choschen. Um 1600 (Kat. 505)

70/4 (unten rechts) Alessandro Masnago, Kamee mit dem ›Auszug der Tiere aus der Arche Noah‹. Anfang 17. Jahrhundert; Fassung um 1606 (Kat. 351)

71 Jan Vermeyen, Bezoar-Becher. Um 1600 (Kat. 341)

72 Jan Vermeyen, Narwalhornbecher. 1600–1606 (Kat. 342)

Der wichtigste Meister für Rudolfs Pläne wurde Jan Vermeyen. Er war der Sohn des Malers Jan Cornelisz Vermeyen, der viel für Karl V. gearbeitet hatte. In Brüssel geboren und in Antwerpen ausgebildet, kam er 1589 nach Frankfurt, wo er schon 1596 Kontakt zum Kaiser hatte, und wurde am 1. Oktober 1597 als Kammergoldschmied mit den üblichen 10 Gulden monatlich aufgenommen.[14] Die hohe Wertschätzung Rudolfs für diesen Meister drückt sich darin aus, daß er ihm schon im November 100 Gulden pro Jahr zusätzlich aussetzen ließ und schließlich 1602 sein Gehalt verdoppelte. Wir kennen noch keine Arbeit Vermeyens aus der Zeit vor seiner Anstellung am Prager Hof. Keines seiner Werke ist signiert, und bisher konnte auch für keine erhaltene Arbeit eine Rechnung aufgefunden werden. Eben während der Abfassung dieser Zeilen fand Manfred Staudinger umfangreiches, völlig unausgewertetes Aktenmaterial aus der gesamten Regierungszeit Rudolfs II., den Herbert Haupt in den nächsten Jahren nach und nach edieren wird. Davon sind für alle Bereiche der Kunstbestrebungen des Kaisers interessante neue Aufschlüsse zu erwarten. Bis dahin muß das Auge allein unser Führer bleiben.

Das Schlüsselstück, durch das Vermeyen erst faßbar wird, ist die *Krone Rudolfs II.* (Ft. 65, S. 441). Sie ist das Hauptwerk der rudolfinischen Epoche.[15] Auf der Unterseite des Hochbügels ließ der Kaiser in schwarzem Email die Inschrift anbringen, die sie datiert: RVDOLPHVS · II · ROM (ANORVM) · IMP(ERATOR) · AVGVSTVS · HVNG (ARIAE) · ET · BOH(EMIAE) · REX · CONSTRVXIT · MDCII (Rudolf II., Römischer Kaiser, König von Ungarn und Böhmen, ließ sie konstruieren, 1602).[16] Die Autorschaft Vermeyens wurde von Karel Chytil und Arpad Weixlgärtner aus den spärlichen Quellen erschlossen.[17] Sie wird heute von niemanden mehr bezweifelt. Die Hauptgründe für die Zuschreibung sind: 1. Das Hofstaatsverzeichnis Rudolfs II. aus der Zeit zwischen 1601 und 1603 nennt drei Goldschmiede: Zacharias Glockner (Glockinger, auch Glögkhner), Anton Schweinberger und Jan Vermeyen.[18] Der seit 1581 angestellte Glockner arbeitete hauptsächlich für kaiserliche Ehrengeschenke (Ketten) und hatte keinen besonderen Rang; zwischen Schweinbergers Seychellennuß und der Goldemailarbeit der Krone besteht keine Verbindung, so daß nur Vermeyen dafür in Frage kommt. 2. Vermeyen erhielt ab Oktober 1602, dem Vollendungsjahr der Krone, seine erwähnte Gehaltsverdoppelung. Zu diesen Argumenten lieferte das nach dem Zweiten Weltkrieg aufgefundene Inventar von 1607–1611 ein weiteres, indem es Vermeyen zweimal als Juwelier des Kaisers bezeichnet, und die Krone ist hauptsächlich Juweliersarbeit.[19] Diese Sparte der Goldschmiedekunst umfaßte damals das Goldemail in Verbindung mit Edelsteinen.

Die Krone war das teuerste Projekt, das Rudolf II. je in Angriff nahm, seine Bautätigkeit eingeschlossen. Der Kaiser ließ damals unter dem Siegel der Verschwiegenheit in ganz Europa nach großen Diamanten fahnden. Anfang 1601 geht ein geheimes Schreiben um Steine an Johann Khevenhüller nach Spanien. Dieser ließ Bleiabgüsse von Rohdiamanten machen und sandte sie mit Listen ihres Gewichtes und der Preise nach Prag. Einem Anbieter wird ausdrücklich mitgeteilt, einen bestimmten Diamanten nicht in Lissabon schleifen zu lassen, da dies in Prag besorgt werde. Der größte Stein, über den damals korrespondiert wurde, hatte 186 Karat. Die Preise gingen in die zigtausend Dukaten.[20] Im gleichen Jahr sandte Rudolf den seit 1581 in Prag ansässigen Edelsteinschleifer und Juwelier David von Brüssel nach Rom, wo er den Jesuiten einen großen Diamanten für 30000 Dukaten abkaufte.[21]

Zwei Antwerpener Spezialisten für den Diamantschliff, die sich in Frankfurt niedergelassen hatten, könnten an den Steinen für die Krone gearbeitet haben. Jan Moors verließ schon 1598 Frankfurt und kehrte 1602 zurück. Man vermutet, er sei in Wien und Prag gewesen. Im Jahr 1600 holte Rudolf II. Jost Gelwe »zu besonderer Arbeit« nach Prag. Beide waren wohl Bekannte Vermeyens aus seiner Frankfurter Zeit.[22] Auf der Krone sind insgesamt acht große und 186 kleinere Diamanten versetzt.

Entwurf und Gestaltung der Krone lagen in den Händen Vermeyens, der dabei natürlich nicht die bildnerische Freiheit wie bei einem Kunstkammerstück hatte. Die Mitrenkrone hatte eine lange Tradition in den kaiserlichen Privatkronen seit dem 14. Jahrhundert. Sie besteht aus drei Hauptteilen mit hohem Sinngehalt: aus dem Kronreif mit Lilienaufsätzen, der für sich eine Königskrone bildet[23], aus der Mitra, welche das hohepriesterliche Gottesgnadentum des Kaisers symbolisiert, und aus dem kaiserlichen Hochbügel von der Stirn zum Nacken, wie er an der alten Reichskrone vorgebildet ist. Die Leistung Vermeyens liegt in der vollständigen Harmonisierung der einzelnen Teile untereinander, obwohl er sie zugleich klar voneinander absetzt, indem er jeden Teil mit spezifischen Mitteln charakterisiert, die sich auf keinem anderen Teil wiederholen. Den Kronreif beherrschen die acht großen Gevierte der Diamanten, in den Lilien, die in vertikaler Entsprechung über ihnen stehen, dominieren die Rubine. Die Mitra bleibt ohne Steine. Alle Konturen säumen leuchtende Perlreihen. Im kaiserlichen Hochbügel vereinigen sich Diamanten, Rubine und Perlen in rhythmischem Wechsel zu höchster Verdichtung der Form. Solitär und ganz ungewöhnlich ist der große dunkelblaue Saphir aus Kaschmir über dem Kreuz auf der Spitze des Bügels. In den Darstellungen der Mitrenkrone, auch in der Heraldik, steht das Kreuz meist auf dem Orb (Weltkugel), wie beim Reichsapfel. Auch wenn die Krone keine offizielle staatsrechtliche Funktion hatte[24], so symbolisierte sie doch die Kaiserwürde. Gerade ein Rudolf II. setzte sich kein reines Schmuckstück aufs Haupt. Der wunderbare Stein kann daher nur als Sinnträger das Kreuz überhöhen. Er verweist zugleich auf den tieferen Sinngehalt, der hinter allen Steinen stehen muß. Auffallend ist ferner auch das Fehlen des Smaragds.

Die Edelsteine bilden den höchsten Schmuck der Krone und sind zugleich ihr größtes Geheimnis: »Der Kaiser liebt die Edelsteine nicht deshalb«, schreibt Anselmus Boetius de Boodt ein wenig panegyrisch in seinem Steinbuch von 1609, »um mit ihrer Hilfe die eigene Majestät zu steigern, die keiner äußeren Stütze bedarf, sondern um in den edlen Steinen die Größe und die unsagbare Macht Gottes zu betrachten, der in so winzigen Körperchen die Schönheit der ganzen Welt vereinigt und die Kräfte aller anderen Dinge eingeschlossen zu haben scheint, um einen gewissen Abglanz und Schimmer der Göttlichkeit immerdar vor Augen zu haben«.[25] Diese Worte, die vor dem pansophischen Hintergrund der Makrokosmos-Mikrokosmos-Vorstellungen zu verstehen sind, klingen insofern lobrednerisch, als die Steine natürlich auf die Majestät des Kaisers verweisen sollen. Ein erster Ansatz zu ihrer Deutung[26] ergab zusammen mit der Zahlenallegorese für die Diamanten des Kronreifs einen Christusbezug (Adamas = der Unbezwingliche). Sie symbolisieren das »Durch mich herrschen die Könige«, wie es auf einem Email der alten Reichskrone ausgedrückt ist. Die Rubine beziehen sich auf die Weisheit des Herrschers, der Saphir symbolisiert das Himmlische Jerusalem. In der Krone liegt demnach verschlüsselt eine ähnliche Theologie der Macht wie in der alten Reichskrone, die seit 1424 in Nürnberg verwahrt wurde.

Die goldenen sphärischen Dreiecke der Mitra zeigen Rudolf in seinen vier Hauptwürden in der Reihenfolge seiner Titulatur: als Imperator (Feldherr) und Türkensieger, den ein Siegesgenius mit dem Lorbeer bekrönt, als Augustus bei der Kaiserkrönung in Regensburg, als König von Ungarn beim Ritt auf den Krönungshügel in Preßburg und als König von Böhmen beim Krönungszug in Prag. Die feinstensausziselierten Reliefs veranschaulichen die Identifikation Rudolfs mit den in seiner Person vereinigten Würden. Es ist das einzige Mal, daß sich ein Herrscher auf einer Insignie darstellen läßt. Die Idee steht in der Nachfolge der ›Ehrenpforte‹ und des ›Triumphwagens‹ Kaiser Maximilians I. Die Erhebung ins Zeitlose im Programm Maximilians I. geschieht in der Krone nur in der Siegesplatte, die den Kaiser als Schirmherrn des Reiches und Friedensfürsten feiert. Die anderen verweben eine konkrete Situation mit dem vielschichtigen Sinngefüge der Krone und erhöhen die Person Rudolfs durch die Hereinnahme in das Herrschaftszeichen, was den Ansatz Maximilians weit hinter sich läßt. Das universale Programm der Krone erdachten natürlich die Hofgelehrten unter persönlicher Anteilnahme des Kaisers.

Vermeyen aber gelang ein Werk von größter Ausgewogenheit und Klarheit, in dem er den Typus der Mitrenkrone zu klassischer Gestalt rundete. Unter seinen Händen entstand – wie viele meinen – die schönste Krone der Welt. Den Wert dieser Kostbarkeit hat man im 17. Jahrhundert und noch unter Maria Theresia auf eine Million Dukaten geschätzt. Vermeyen wurde dem hohen Anspruch bis in die kleinsten Details gerecht. Die phantasiereiche Ornamentik bildet das Musterbuch, aus dem wir seine Handschrift lernen können, um sie auch bei anderen Stücken wiederzuerkennen. Seine unvergleichliche Meisterschaft in der Technik des Tiefschnittemails zeigen die Grotesken an der Basis der Mitra und in deren weißgrundigen Emailbändern. Mag sein, daß Vermeyen dabei Anregungen von den Schwarzornamenten des Herzig van Bein aufnimmt, der damals in Prag ansässig war[27], doch übertrifft er sie bei weitem. Mit größter Perfektion und unüberbietbarer Feinheit ziseliert er den Grund der transluziden Emails mit formbildenden Stichen und bleibt unerreicht im Rhythmus der Flächenaufteilung und im Reichtum der Farbabstufungen auf kleinster Fläche. Seine unverwechselbar anspruchsvolle Handweise findet sich wieder in den Emails auf den Rückplatten von Kameen, auf dem *Bezoar-Becher* (Kat. Nr. 341) oder an den Fassungen der Gefäße Ottavio Miseronis (Kat. Nr. 366). Das Rollwerk, auf dem die Doppelperlen des Kronreifs liegen, ist in der Fassung einer Kamee variiert usw. Man kann Vermeyens Hand von Stück zu Stück verfolgen und wird dabei immer wieder auf Details der Krone zurückverwiesen. Dabei stellt sich heraus, daß von ihm nicht nur alle Kameenfassungen stammen, in denen schon Ernst Kris den Kronenmeister erkannte, sondern auch alle jene, die Kris dem Zeptermeister Andreas Osenbruck zuschrieb.[28] Von den Fassungen der Gefäße Ottavio Miseronis sind alle von Vermeyen, die bisher mit dem Sammelbegriff ›kaiserliche Hofwerkstatt‹ bezeichnet wurden. Nach 1606 hören diese Goldemailmontierungen in Prag plötzlich auf. Die *Maria Magdalena* von Ottavio (Kat. Nr. 378) erhält ebenso einen einfachen vergoldeten Silberreif wie einige vermutlich neue Werke Alessandro Masnagos. Die bescheidenen Reifen wirken wie ein Provisorium. Mit der Fassung des *Jaspiskruges* (Kat. Nr. 353) hatte sich 1608 Paulus van Vianen zu befassen. Den Fuß des großen *Heliotropbeckens* von 1608 fertigte ein mittelmäßiger Goldschmied. Vermeyen war 1606 gestorben.

1 Jan Vermeyen, *Taufkännchen*. Gold, teilweise emailliert, Rubine. Höhe 15,5 cm
Wien, Weltliche Schatzkammer

Die neuen Untersuchungen an den Objekten der Wiener Sammlung lassen aber auch eine umgekehrte Schlußkette zu, die zur Krone zurückführt: Neben der Hand, die diese Fassungen schuf, gab es keinen zweiten Kammergoldschmied, der in dieser Technik für die kaiserliche Kunstkammer arbeitete. Weil die Tätigkeit dieses Meisters vor 1608 plötzlich abbricht und keine gleichwertige Fortsetzung findet, muß es sich dabei um das Œuvre Jan Vermeyens handeln, der im Oktober 1606 starb. Die Identität der Handweise dieser Stücke mit jener der Kronenornamentik ist ein Argument mehr für die Autorschaft Vermeyens an der Krone.

Das Œuvre des Meisters läßt sich aufgrund seiner charakteristischen Technik und seines ornamentalen Repertoires gut abstecken. Schwierig ist hingegen die Erstellung einer relativen Chronologie innerhalb der nur 9jährigen Tätigkeit Vermeyens für Rudolf II. Im Katalogteil wurden Ansätze dazu versucht, doch kann erst die Auswertung neuer Quellen Klarheit bringen. Für die Arbeiten Ottavio Miseronis, die sich über einen längeren Zeitraum erstrekken und für die es noch weniger Anhaltspunkte hinsichtlich ihrer Entstehungszeit gibt, bieten die Fassungen Vermeyens nun einen wichtigen Terminus ante und post: mit Goldemailfassung sind sie vor 1606, ohne danach oder vor 1597 zu datieren.

Wohl noch vor oder neben der Krone, an der Vermeyen gut zwei Jahre beschäftigt gewesen sein mag, entstand das goldene *Taufkännchen* (Abb. 1).[29] Das weiße Reliefemail um die Steinfassungen, die Fruchtbündel und viele ornamentale Details verbinden das Stück mit dem *Narwalhornbecher* (Kat. Nr. 342) und mit anderen Werken des Meisters. Das Kännchen wurde bisher immer in die Nähe des *Reichsapfels* gerückt und als Hauptgrund dafür seine ›Zweischaligkeit‹ angeführt, d. h. die Art, wie den glatten, eiförmigen Körper gegossene, bunt emaillierte Ornamente umspinnen. Gerade das aber stellt das kleine Meisterwerk stilistisch in nächste Nähe zum sogenannten *Pálffy-Pokal* von 1598 im Ungarischen Nationalmuseum Budapest.[30] Mit dem viel später unter Kaiser Matthias entstandenen Reichsapfel hat es nichts zu tun. Es wurde vermutlich für Erzherzog Ferdinand (den späteren Kaiser Ferdinand II.) angefertigt, der 1600 Maria Anna von Bayern heiratete, welche noch im selben Jahr ein Kind erwartete.

Das Inventar von 1607–1611 bezeichnet leider keine einzige der Goldemailarbeiten Vermeyens mit seinem Namen, ergänzt seine Tätigkeit jedoch durch eine neue Facette als Kleinplastiker. Es fügt bei einer Reihe vorwiegend erotischer Wachsmodellierungen seinen Namen hinzu: »Ein abbraciamento zweyer nacketen bilder [Figuren] auf einem bett; ein futral... darin ein mann ein weib sforzieren will und sie ihn beim schopf erhascht; hatt auch H. Formay, Ihr.May. gewester giovelier und goldtschmid gemacht; in einem kästlin... 5 nacket figurn beysamen; ein nacket sitzendt weiblin, so ihr selbst die negel am füssen abschneit [nach einem Antiken Vorbild], ein Leda sitzendt uff ihrem gewandt mit dem schwanen« und die liegende Leda mit Schwan nach Michelangelo.[31] Schon in den Frankfurter Akten wird Vermeyen als »Possierer in Wachs« bezeichnet.[32] In einer Kugellaufuhr des Christoph Margraf von 1599 in Wien[33] hat sich das *Wachsfigürchen einer liegenden Minerva* erhalten (Abb. 2), von dem schon Erwin Neumann schrieb, es könne nur von einem der beiden Abondio oder Jan Vermeyen stammen.[34] Die Abondioexperten scheiden es für diese Künstler aus. Die differenzierte Behandlung der Stofflichkeit der Oberfläche spricht für Vermeyen, dessen Œuvre die Minerva daher einzureihen ist. Der kleine fischende Bacchus aus Gold auf einer *Heliotropschale* Ottavio Miseronis (Kat. Nr. 366) ist das zweite Figürchen, das ihm zugeschrieben werden kann. Der ungemein fleißige Jan Vermeyen war eine derart dominante Figur am Hof Rudolfs II., daß seine Werke bei flüchtigem Hinsehen mit der sogenannten Prager Hofwerkstatt gleichgesetzt wurden. Wie gezeigt werden konnte, hat sich von seinem Œuvre weit mehr erhalten, als bisher angenommen wurde.

In der Literatur gibt es eine Diskussion darüber, ob bereits Rudolf II. zur Krone einen Reichsapfel und ein Zepter machen lassen wollte und ob den beiden Stücken, die heute zur Krone gehören, ein Entwurf Vermeyens zugrunde liege.[35] Dabei wurde besonders von Bukovinská angenommen, daß Andreas Osenbruck unmittelbar auf Vermeyen als Kammergoldschmied folgte. Wir haben oben mit Berufung auf den Objektbestand, der gerade aus dem letzten Regierungsjahrzehnt Rudolfs besonders dicht ist, das Gegenteil zu beweisen versucht. Alle diese Überlegungen sind Spekulationen, die nicht von der genauen Untersuchung der Objekte ausgehen, deren Befund dafür keinen Anhaltspunkt bietet. Das *Zepter* (Ft. 66, S. 442) ist von Osenbruck signiert und mit dem Vollendungsjahr 1615 datiert. Beim Monogramm des Matthias steht die Jahreszahl 1612. Auch wenn die Zepterblume sehr kompliziert aussieht, so besteht sie doch aus vielen sich wiederholenden Elementen, die jeweils aus einer Form gegossen werden konnten. Man muß schon eine endlose überlängte Fertigungszeit annehmen, will man auch die Jahreszahl 1612 noch darin unterbringen und nicht einfach auf den Regierungsantritt des Matthias beziehen. Die Entstehung in die Zeit Rudolfs auszudehnen, ist nicht begründbar.

Speziell der *Reichsapfel* soll noch von Vermeyen begonnen worden sein. Er ist zwar unsigniert, doch ergibt das Studium der Details keinen Unterschied zum Zepter. Das zarte Emailgitter des Grundes am Kreuz und am Äquatorband, die spitz ausgezogenen roten Voluten mit übereck gestellten Diamanten bei den großen Tafelsteinen, die kleinen Fruchtbündel und auch die weißgrundigen Emails kommen auf beiden Stücken in gleicher Weise vor und unterscheiden sich deutlich von den Arbeiten Vermeyens.[36]

Die Flächen des Reichsapfels waren ursprünglich fein ornamental oder figural punziert und wurden später überschliffen. Osenbruck war ein hervorragender Goldschmied und Juwelier, doch erreichte er nie die Feinheit

2 *Wachsfigürchen einer liegenden Minerva.* Aus einer Kugellaufuhr des Christoph Margraf. 1599.
Wien, Kunsthistorisches Museum

der Details eines Vermeyen. Wann er nach Prag kam, ist bisher unbekannt. Aufschluß darüber ist aus den neu aufgefundenen Archivalien zu erhoffen, aus denen immerhin vorab schon mitgeteilt werden kann, daß Osenbruck am Ende der Regierungszeit Rudolfs II. Hofgoldschmied war. Nach einer Aufstellung der liquidierten und noch zu liquidierenden Schulden Rudolfs II. vom 18. Oktober 1612 hat »Andreasen Osenbrug hofgoldschmidt wegen seiner Ir.Mt. hochlöb(lichen) gedecht(nis) gemachten arbeit uber abzug was er daran empfangen noch 179 Taler 17 Kreuzer« zu bekommen. Erst Matthias bestellte ihn am 15.11.1612 zum Kammergoldschmied mit 15 Gulden monatlich. Seine Schule und künstlerische Vorgabe waren die Werke Vermeyens, die er zweifelsohne kannte.

Auf der Grundlage des genauen Studiums der beiden Insignien konnte der Versuch gemacht werden, weitere Werke Osenbrucks auszuforschen. Das Ergebnis war überraschend. Von seiner Hand stammt eine Serie von Kameenfassungen in Wien, die Kris irrtümlich in die 2. Hälfte des 16. Jahrhunderts datiert hat.[37] Sie stehen in engstem Zusammenhang mit dem Zepter und sind alle annähernd gleich gestaltet (Kat. Nr. 338). Die Kameen selbst schufen hauptsächlich die Mailänder Miseroni-Werkstatt und Alessandro Masnago, und sie sind offenbar großteils für Rudolf II. in seinen letzten Regierungsjahren entstanden. Diese Annahme stützt sich auf eine Notiz im selben Dokument von 1612, nach der Masnago den Betrag von 857 Talern und 10 Kreuzern für Kameen erhalten hatte. Masnago, über den es bisher nur die Nachricht in Morigias ›Nobilità di Milano‹ von 1596 gegeben hat, nach der er fast ausschließlich für Rudolf II. gearbeitet haben soll, lebte also noch. Alle Datierungen seiner

3 Paulus van Vianen, Pan und Syrinx. 1603. Silberplakette, 17,5 × 19 cm. Amsterdam, Rijksmuseum

Kameen durch Kris sind daher zu revidieren. Osenbruck ist auch die Montierung des Krügelchens aus Jaspis zuzuschreiben (Kat. Nr. 383), die allerdings vermutlich bereits in der Regierungszeit von Kaiser Matthias entstand, in dessen Nachlaßinventar von 1619 das Stück erstmals erscheint. Ebenso können die Schmuckstücke von der *Juwelenmonstranz* im Prager Domschatz (Kat. Nr. 337) dem Œuvre des Meisters angereiht werden, da deren ornamentales Vokabular in engstem Zusammenhang mit dem Reichsapfel steht.

Andreas Osenbruck ist insofern ein Nachfolger Vermeyens, als er speziell bei den Insignien Formerfindungen seines Vorgängers aufgreift. Bei vielen ornamentalen Motiven der Zepterblume standen Kameenfassungen Vermeyens Pate, weshalb Ernst Kris diese Fassungen unter Vernachlässigung der verschiedenen Handweisen dem Zeptermeister zuschrieb. Osenbruck war keine so reiche Phantasie und Erfindungsgabe wie Vermeyen gegeben. Motivverwandtschaft allein ist daher gerade bei ihm kein ausreichender Zuschreibungsgrund. Stilistisch gesehen sind Osenbrucks Rollwerkformen und Ornamente im Vergleich zum großen Vorgänger schwerer und massiver. Die Entwicklung verläuft also gerade umgekehrt, als sie bisher gesehen wurde.

Der dritte große Kammergoldschmied Rudolfs II. war Paulus van Vianen. Er wurde zum 1. Juli 1603 als Nachfolger des verstorbenen Anton Schweinberger mit dem hohen Gehalt von 20 Gulden angestellt.[38] Er hatte viel von der Welt gesehen. Um 1570 oder bald danach in Utrecht geboren und dort ausgebildet, war er nach einer Wanderschaft durch Frankreich, Deutschland und Italien seit 1596 in München ansässig, wo er 1599 zum Meister avancierte. 1601 ging er an den Hof von Fürsterzbischof Wolf Dietrich von Raitenau nach Salzburg, und von dort holte ihn Rudolf nach Prag. Vianen verließ die Stadt nur noch einmal im Jahr 1610 für eine Reise in die Heimat und starb in Prag 1613 vermutlich an der Pest.[39] Vianen spezialisierte sich auf Treibarbeit in Silber und Gold und verfeinerte diese Technik in einem Maß, daß er darin unübertroffen blieb.

Die frühen *Plaketten* Vianens unterscheiden sich stilistisch nicht wesentlich von den Nürnberger und Augsburger Arbeiten. Ihre Kompositionen sind meist nach verschiedenen Vorlagen frei zusammengefügt und in ideale Weltlandschaften hineingestellt (Kat. Nr. 352). In den Jahren 1601 bis 1603 machte Vianen zahlreiche Landschaftsstudien nach der Natur, und er erweist sich dabei als hervorragender Zeichner.[40] Diese Studien verwandeln seinen Stil grundlegend. In der Silberplakette von 1603, darstellend *Pan und Syrinx* (Abb. 3)[41], rückt er die Landschaft dem Betrachter näher und gestaltet den Ausschnitt, als

4 Paulus von Vianen, *Landschaft mit Brücke,* 1607. Silberplakette, 8,3 × 12 cm.
Amsterdam, Rijksmuseum

wäre eine ganz konkrete Gegend wiedergegeben, wobei er eigene Naturskizzen umsetzt. Sowohl von der Baumgruppe auf dem Felsen in der Mitte als auch von der Mühle rechts im Hintergrund existiert je eine Zeichnung nach der Natur[42], und hinter der Figur des Pan erscheint seitenverkehrt die Franziskanerkirche von Salzburg aus Vianens Stadtpanorama.[43] Die Landschaft der Plakette ist also aus Naturstudien komponiert. Die idealen Figuren der mythologischen Szene sind geradezu von den Konturen des Geländes umschrieben und erhalten dadurch eine erhöhte Realität. Es entstehen dabei aber zwei räumliche Schichten, die noch nicht fließend ineinander übergehen. Die Hauptfiguren beanspruchen eine eigene Bühne im Vordergrund, die der detailreiche Hintergrund foliiert. Bei der Wiedergabe des gleichen Themas in der Plakette von 1613 gelang ihm die volle ›malerische‹ Integration von Landschaft und Figuren.[44] In der *Landschaft mit Brücke* von 1607 (Abb. 4)[45] spielen sich ländliche Szenen ab, wodurch der Eindruck einer konkreten Situation noch verstärkt wird. Die Zeichnung dazu von 1606 weicht allerdings erheblich davon ab.[46] Angesichts der gleichwertigen Behandlung aller Teile auf dem Blatt ist anzunehmen, daß es sich dabei eher um eine Studie für die Plakette handelt als um eine Zeichnung vor der Natur. Die Plakette ist übrigens das einzige bekannte Beispiel, in dem die Landschaft zum Hauptmotiv wird. Mythologische Geschichten waren offenbar mehr gefragt.

Vianen entwickelte in Prag auch einen neuen *Figurenstil* und bewies dabei große Eigenständigkeit. Er war vorher mit den Arbeiten des Kreises um Hendrik Goltzius vertraut. Der Einfluß der Prager Künstlerkolonie auf sein Schaffen ist schwer zu fassen. Dies hängt mit der Doppel-

5 Paulus van Vianen, *Diana und Aktaeon.* 1613. Platte, 40,8 × 52 cm. Amsterdam, Rijksmuseum

gesichtigkeit von Vianens Werken zusammen, in denen sich die künstlerische Situation einer Wendezeit vielleicht am deutlichsten veranschaulicht. Die manierierten Bewegungen der Figuren in den Bildern der Prager Schule interessierten ihn wenig. Vianen ist insofern moderner, als sich seine Gestalten natürlich bewegen und auch naturnah modelliert sind. Die Komposition vielfiguriger Szenen ist hingegen traditionell. In der Darstellung der Geschichte von *Diana und Aktaeon* (Kat. Nr. 354 u. Abb. 5) rahmen die Nebenfiguren im Vordergrund die eigentliche Hauptszene, die sich im Mittelgrund abspielt. Die Figuren zeigen übrigens größtmögliche Variation in der Bewegung. Andererseits schafft Vianen Kompositionen, in denen er den Ausschnitt sehr knapp wählt und die naturalistisch gestalteten Hauptfiguren dem Betrachter ganz nahe rückt. Beispiele dafür sind die Plaketten mit der Hl. Familie von 1611, die in der Kunstkammer Rudolfs II. nachweisbar sind[47], und mit *Merkur und Argus* von 1610 (Abb. 6).[48] In solchen Kompositionen geht er über seine Zeitgenossen in Prag hinaus ins aufsteigende Barock, indem Naturbeobachtungen und ein neuer psychologischer Realismus die Grundlage der Gestaltung bilden. Im Sensualismus der Oberflächenbehandlung bei der Figur des Argus mag er mit Adrian de Vries, mit dem er befreundet war, in künst-

6 Paulus van Vianen, *Merkur und Argus*. 1610. Plakette, 13,2 × 15,6 cm. Amsterdam, Rijksmuseum

7 Paulus van Vianen, *Tazza mit dem Urteil des Paris*. 1607. Höhe 17 cm, Dm. 20,3 cm.
Amsterdam, Rijksmuseum

lerischem Wettstreit liegen. Vianen war also auch auf diesem Gebiet mehr ein Neuerer als ein Nachfolger.

Ein Unikat im Œuvre Vianens ist seine Fassung des *Jaspiskruges* (Kat. Nr. 353) – geht doch die ganze Richtung dieses Meisters auf selbständige Silber- oder Goldobjekte mit rein künstlerischer Zielsetzung ohne Hinzuziehung fremder Materialien. Vianen begnügt sich bei dieser Sonderaufgabe nicht mit einer dienenden Funktion, sondern gestaltet mit Blick auf das Ganze ein Werk von besonderem Effekt. Außerordentlich daran ist auch die rundplastische Figur der Neireide auf dem Deckel, die er mit einer Perfektion gestaltete, als hätte er schon immer Kleinplastiken geschaffen. Tatsächlich erwähnt das Inventar von 1607–1611 unter der Rubrik »Runde Bilder und Figuren aus Silber« die Statuetten von Adam und Eva, »welche Paul di Vian gemacht«.[49] Sie sind leider verschollen.

Bahnbrechend wurde Vianen mit der Einführung eines neuen *Ornamentstils* in die Goldschmiedekunst: des Kwabornaments (Quallenornaments) oder des Ohrmuschelstils. Dieser hat seine Anfänge in der Graphik des späten 16. Jahrhunderts im Kreis um Hendrik Goltzius. In Prag war eine besondere Disposition dafür vorhanden. Ansätze zum neuen Ornamentstil finden sich bereits in Anton Schweinbergers *Seychellennuß-Kanne* von 1602 (Kat. Nr. 340) an den Schmalseiten des Fußes oder in den fließenden Formen der Maskarons an Ottavio Miseronis *Jaspisschale*. Bei Vianen tritt das neue Ornament erstmals an der *Tazza mit dem Urteil des Paris* von 1607 auf (Abb. 7).[50] Die Rahmung der Felder auf Fuß, Nodus und der Deckplatte an der Schalenunterseite zeigt in flachem Relief die typischen weichen und fließenden Formen, aus denen sich Maskarons bilden oder die Assoziationen mit anatomischen Details wecken. Am Deckelbecher von 1610 (Kat. Nr. 354) ist der Stil voll entfaltet. Das letzte große Werk, *Silberbecken und Kanne* von 1613 mit der Diana-Geschichte, steigert ihn in der Plastizität der Formen.[51] Man hat den Eindruck, als hätte Vianen nach einem abstrakteren Kontrast zu den wirklichkeitsnahen Einzelheiten der figürlichen und landschaftlichen Szenerien gesucht. Gegenständliches und Abstraktion gehen ineinander über. Daß das Becken kein Zentrum für die Kanne mehr hat, geht wohl auf die große Garnitur mit den Trionphi nach Petrarca zurück, die Christoph Jamnitzer für Rudolf II. 1603–1607 geschaffen hatte.[52] Von dem Becken Vianens wurden Abgüsse und Kopien hergestellt, und es hatte große Wirkung auf die weitere Entwicklung in den Niederlanden. Adam van Vianen (1568/69–1627), der Bruder des Paulus, machte bereits 1610 die ersten tastenden Versuche im neuen Ornamentstil und entwickelte ihn weiter in seiner berühmten Kanne von 1614, die er zum Gedächtnis an seinen verstorbenen Bruder für die Amsterdamer Goldschmiedezunft arbeitete, oder an der Schale von 1618 mit einem sich küssenden Liebespaar, indem er auch figurale Motive in das Ornament einbezog und abstrahierte.[53] Die Werke des Paulus führen also nahtlos über in den niederländischen Barock. Mit seiner fabelhaften Treibtechnik und der Variationsbreite seiner differenzierten gestalterischen Mittel erzielt er malerische Wirkungen wie kein Goldschmied zuvor.

Es besteht kein Zweifel: Die drei großen Meister der Goldschmiedekunst am Hof Rudolfs II. stehen an der Spitze der europäischen Entwicklung in ihrer Zeit. Der Kaiser hatte zu dieser Kunstgattung ein besonders enges Verhältnis, da er sich selbst darin versuchte.

Steinschneidekunst

In der Rückwendung zur Antike hatte die Steinschneidekunst in der Renaissance eine neue Bedeutung erlangt. Die fürstlichen Kunstkammern, in denen Gemmen und Gefäße aus edlen Steinen nicht fehlen durften, bildeten der fruchtbare Nährboden auch für diese Kunstgattung. In der 2. Hälfte des 16. Jahrhunderts war Mailand die Metropole der Glyptik geworden, die die Höfe Europas nicht nur mit Werken, sondern auch mit Steinschneidern versorgte. Matteo del Nassaro war zwischen 1512 und 1515 an den Hof Franz' I. nach Frankreich gegangen, Jacopo da Trezzo folgte 1555 einem Ruf Philipps II. in die Niederlande und siedelte 1559 nach Spanien über. Der Florentiner Hof holte sich 1572 die Brüder Caroni und 1575 Giorgi Gaffuri.[54] Rudolf II. war also geradezu ein Nachzügler, als er endlich 1588 den jungen Ottavio Miseroni für Prag gewann. Die Verbindung zur Familie der Miseroni, die damals das führende Atelier in Mailand war, ging bereits auf Maximilian II. zurück. Gasparo Miseroni (1518–1573) hatte viel für den Florentiner Hof gearbeitet und auch einzelne Gefäße nach Wien geliefert.[55] Sein Bruder Girolamo (1522 – nach 1584), der Vater Ottavios, ging 1584 nach Madrid, wo sein Sohn Giulio (1559–1593) schon seit 1582 tätig war.[56] Auch in der Glyptik hatten sich Spezialdisziplinen entwickelt: der Gefäßschnitt, die Gemmen und die sogenannten Commessi in pietre dure. Nicht jeder Steinschneider konnte alles. Im Bereich der Gefäße aus Bergkristall gab es sogar Spezialisten für den Tiefschnittdekor.[57]

Rudolf hatte bald begonnen, die reichen Vorkommen von Schmucksteinen in Böhmen zu nutzen. Er mußte jedoch die rohen Steine nach Mailand senden, um daraus Gefäße für die Kunstkammer schneiden zu lassen, oder nach Florenz, wo man die Arbeiten in der Art der Intarsien, das sogenannte Florentiner Mosaik bzw. die Commessi, herstellte. Die Verbindung zu den beiden Zentren blieb weiter bestehen.[58]

Wie bei der Goldschmiede- sind in den Quellen zur Steinschneidekunst in Prag zahlreiche Meisternamen überliefert. Es ist jedoch zu differenzieren, worin die Tätigkeit der ›Edelsteinschneider‹ bestand. Ein Teil von ihnen waren Juweliere, die mit dem Schliff von Rubinen, Saphiren, Granaten usw. beschäftigt waren, wie vermutlich Matthias Krätsch sowie David und Jobst von Brüssel. Andere waren Siegelsteinschneider, wie etwa Hans Schwaiger. Sie interessieren hier nicht.[59]

Die Prager Schule der Steinschneidekunst begann also mit der Anstellung Ottavio Miseronis am 22. Januar 1588 mit einem Monatssalär von 15 Gulden. Ottavio war 1567 in Mailand geboren und hatte in der Werkstatt des Vaters seine Ausbildung erhalten. 1590 heiratete er in Prag Laura di Castello, die Tochter des kaiserlichen Hutmachers Ferrante Castello aus Mailand, die ihm neun Kinder gebar. Er stand beim Kaiser, der ihn 1608 in den erblichen Reichsadel erhob, in hoher Gunst und starb am 6. Juli 1624 in Prag. Ottavio zog noch drei seiner Brüder an den kaiserlichen Hof, von denen sich zumindest Alessandro und Giovanni Ambrogio ebenfalls als Steinschneider betätigten. Es konnten jedoch für sie noch keine gesicherten Arbeiten namhaft gemacht werden. Wie aus dem Adelsdiplom von 1608 hervorgeht, muß auch Aurelio in irgendeiner Form dem Kaiser gedient haben, doch wurde er schließlich Mönch. Nach Morigia hat Giovanni Ambrogio sowohl als Juwelier Edelsteine mit Gold verarbeitet als auch Gefäße geschnitten, wobei Morigia seine Fähigkeiten rühmt, Figuren in Kristall zu schneiden.[60] Von 1598 bis 1612 ist er ständig am Prager Hof nachweisbar, doch könnte ihn Ottavio auf eigene Kosten schon früher zuweilen zu Hilfe gerufen haben. Alessandro erhielt ab 1. 12. 1605 eine Anstellung mit der Hofbesoldung von 12 Gulden, heiratete 1610 in Prag und überlebte hier seinen Bruder Ottavio um mehr als 20 Jahre. Ottavios Sohn Dionysio führte die Werkstatt bis 1661 mit großem Erfolg weiter. Sie fand erst mit dem Tod seines Enkels Ferdinand Eusebio am 17. Juli 1684 ihr Ende.[61] Rudolf II. setzte also mit Ottavios Berufung einen Anfang für ein Jahrhundert der Glyptik in Prag. Die meisten Werke des Ateliers befinden sich heute im Kunsthistorischen Museum in Wien. Der Kaiser trug Ottavios Ankunft in Prag insofern Rechnung, als er bereits am 3. Mai 1588 ein Generalmandat zur Suche nach Edelsteinen für alle Länder der böhmischen Krone erließ. Gleichzeitig verbot er diese Suche ohne seine Bewilligung.[62] Er behielt sich also die edlen Steine als Hoheitsrecht vor, unabhängig davon, auf wessen Grund sie gefunden wurden. Später ließ er im ganzen Reich nach Steinen suchen.

Das umfangreiche Werk Ottavios, von dem die Ausstellung einen repräsentativen Querschnitt zeigt, kann hier nur in groben Zügen charakterisiert werden.[63] Der 21jährige mußte sich zunächst eine Werkstatt einrichten, hatte keinen Goldschmied bei sich und brauchte Gehilfen, die er üblicherweise selbst zu entlohnen hatte. Im *Gefäßschnitt* schließen seine frühen Prager Arbeiten naturgemäß an die Tradition der Mailänder Miseroni-Werkstatt an, die von seinen Vettern, den Söhnen Gasparos, deren Namen noch nicht bekannt sind, fortgeführt wurde. Für die zeitliche Ordnung seiner Werke bieten, wie schon oben erwähnt, die Fassungen Jan Vermeyens einen Anhaltspunkt. Die Stuttgarter *Muschelschale* aus Jade (Kat. Nr. 361) und die beiden Wiener *Maskaronschalen* mit gleichen Fassungen (Kat. Nr. 362, 363), die vor dem Eintreffen Vermeyens entstanden, sind Beispiele aus dieser frühen Periode, denen Vorbilder Gasparos und Girolamos zugrunde liegen. Auch die wunderbare *Moosachatschale* (Kat. Nr. 365), die schon Vermeyen faßte, gehört noch in diese Reihe. Ottavio scheint sich in diesem ersten Prager Dezennium auch bemüht zu haben, Gefäße zu schaffen, die keiner Fassung bedurften, was überaus ungewöhnlich war. Die sogenannte *Löwenhaut* (Kat. Nr. 364) und der große *Jaspiskrug* (Kat. Nr. 353) geben Zeugnis davon. Schon diese frühen Werke weisen ihn als einen Mann aus, der die Technik fabelhaft beherrscht und der zeigen will, wie scheinbar mühelos er sich »die widerspenstige Materie« gefügig zu machen verstand, um ihr »die Mächte der Seele zu überweisen«, indem er seine Ideen realisierte. In den Reliefs der Dekorelemente, den Maskarons, Drachen oder dem Tritonen und den Voluten zeigt sich das Charakteristikum seiner Hand, scharfe Kanten zu vermeiden und den Schnitt in weichen Linien zu führen. Der harte Stein sollte leicht formbar erscheinen. Um die darin versteckte Virtuosität zu verstehen, ist zu bedenken, daß das rotierende Instrument, mit dem die Steine bearbeitet wurden – wobei in Öl gebundener Diamantstaub als Schleifmittel auf den Stahl gestrichen wurde – immer fest montiert war. Der Stein mußte an das Instrument angedrückt und dabei präzise geführt werden. Es gab kaum eine Korrekturmöglichkeit, war der Schnitt einmal falsch gesetzt. Die geeigneten Werkzeuge mit ihren verschiedenen Kopfformen richtete sich der Steinschneider selbst zu.

Unter dem Einfluß des Sensualismus der Prager Hofkunst bei gleichzeitiger Verfremdung der Stofflichkeit der Oberfläche entwickelte sich Ottavio immer eigenständiger und entfernte sich vom Stil der Mailänder Verwandten. Im 1. Jahrzehnt des 17. Jahrhunderts entstanden Gefäße, wie es sie in Mailand nie gegeben hatte. Der herrliche bunte Stein einer *Jaspisschale* (Kat.Nr. 371) scheint sich in Falten zu legen und formbar wie Wachs zu sein. In der Mitte deutete Ottavio Maskarons an, die den Eindruck erwekken, als würden sie sich erst aus der fließenden Materie ausformen. Er nimmt damit den Ohrmuschelstil Vianens vorweg. Ein qualitätvoller, ungewöhnlicher Stein erhöhte immer auch den Anspruch bei seiner Bearbeitung. Das ging so weit, daß ein schlechter Steinschneider gar keinen guten Stein bekam. 1572 hatte man z. B. in Bayern einen interessanten »gescheckheten« Stein gefunden, aus dem ein Gefäß geschnitten werden sollte. Albrecht V. ordnete damals an, den Stein, »welchen sich die cristallschneider zu Freiburg zuarbeitn nit untersteen velln«, nach Mailand zu senden.[64] Die Freiburger Steinschneider hatten sich vorher schon außerstande erklärt, aus dem Stein etwas zu machen. – Den Höhepunkt erreicht der ›weiche Stil‹ Ottavios in dem großen *Prunkbecken* aus Heliotrop des Louvre von 1608 (Kat. Nr. 372), mit dem er seine 20jährige Tätigkeit für den Kaiser feierte und das der Anlaß für seine Erhebung in den Adelsstand war. Die Aufweichung der Form spekuliert mit der Härte des Steins. Dahinter steht eine Mentalität, die der virtuosen Überwindung technischer Schwierigkeiten an sich einen Wert beimaß. Dieser Geist brachte die ganze Kunstgattung im 16. Jahrhundert zur Blüte und war zugleich die Wurzel ihres episodenhaften Charakters. Der weitgehend äußerliche, im Materiellen und Technischen begründete Reiz dieser Sammlerstücke war einer relativ raschen Abnutzung unterworfen. Einer breiteren Käuferschicht waren die kostbaren Objekte von vornherein unerreichbar. Die fürstlichen Sammler bewunderten und schätzten die Gefäße als Raritäten mit dem Flair des Virtuosenhaften um ihrer selbst willen und weil sie ihrem Repräsentationsbedürfnis entgegenkamen. Der Reichtum der Kunstkammer war zugleich Ausdruck eines blühenden Staatshaushaltes.

Nach dem Tod Rudolfs II. nehmen die Gefäße Ottavios wieder festere Formen an. Gegen Ende seines Schaffens entstehen Gefäße mit präzisem scharfkantigem Schliff in den Binnenformen (Kat. Nr. 373) und sogar kleine Vasen und Schalen mit Facettierung. Matthias war offensichtlich nicht mehr in gleichem Maß an Gefäßen interessiert, denn große Stücke werden selten. Ottavios Arbeiten blieben lange unbezahlt in Prag liegen, und schließlich faßte sie – wohl erst unter Kaiser Ferdinand II. – ein mediokrer Goldschmied in Wien mit wenig Verständnis. Die fromme Kaiserin Anna, die Gemahlin Matthias', und der jesuitisch erzogene Ferdinand II. beschäftigten den Meister mit Reliquienaltärchen und Altarleuchtern, die heute in der Geistlichen Schatzkammer in Wien stehen.[65] Eine andere Zeit war angebrochen.

Die glanzvollste Periode entfaltete sich für Ottavio, als ihm in Jan Vermeyen ein kongenialer Goldschmied zur Seite stand. Man spürt den neuen Impetus in seinem Schaffen, denn in keiner anderen Periode des Meisters entstanden so viele und so verschiedenartige Werke. Wie in

Florenz aus dem Zusammenwirken der Caroni und des Gaffuri mit Jacques Bylivelt, so gingen auch in Prag aus der Symbiose zwischen Glyptiker und Goldschmied die kostbarsten Kunstkammerstücke hervor. Die Virtuosität des einen erfuhr in der Meisterschaft des anderen ihre Erhöhung. Die schönsten Beispiele dafür sind die *Bacchusschale* (Kat. Nr. 366), die *Prasemschale* (Kat. Nr. 344) und die zu klassischer Form gerundete *Chalzedonschale.* Die Ästhetik des Wechselspiels zwischen der Schönheit der Steine und der harmonisierten Gestaltung der beiden Meister erschließt sich in der stillen Versunkenheit reinen Schauens, wie Rudolf sie liebte.

Ottavio Miseroni schuf auch *Kameen,* und es sieht so aus, als hätte er sich damit zuerst beim Kaiser verdient gemacht. Die von Morigia 1595 erwähnte *Kamee mit dem Bildnis Rudolfs II.*, die wohl in dem signierten Stück aus Wien erhalten ist (Kat. Nr. 374), ist das erste gesicherte Werk des Meisters. In der Wahl des Ausschnitts und in der Anlage der Profilbüste folgt Ottavio dabei dem Stil Jacopo da Trezzos, in der Handweise zeigt sich schon hier eine charakteristische weiche Linienführung und Modellierung. Sein Einfühlungsvermögen in die Maserung eines Steines bewies er in der *Madonnenkamee* mit der aufwendigen Fassung Vermeyens, die sie zu einem besonderen Juwel machte (Kat. Nr. 375). Im flachen Relief liegt nur das Inkarnat in der rosa Schicht; der Schleier bleibt weiß. An diesem feinen Gesicht ist Ottavios Stil voll ausgeprägt: die leicht geschlitzten Augen mit schwellenden Lidern, die lange, schmale Nase und der etwas unbestimmt gezeichnete Mund. Angesichts der Zartheit dieser Kamee, die ihm allerdings gebrochen zu sein scheint, nimmt es wunder, daß er nach völlig neuen Wegen suchte. Natürlich war die Konkurrenz der Mailänder Miseroni (z. B. *Negervenus,* Kat. Nr. 349) und des Masnago (Kat. Nr. 346), von denen Rudolf laufend Kameen bezog, übermächtig. In Ottavios Tätigkeit ist dieser Bereich eher eine Randerscheinung. Er erfand also – übrigens auch in der Zeit der Zusammenarbeit mit Vermeyen – den sogenannten Reliefcommesso von kameenhafter Wirkung. Diese Technik ist eine Kombination des Kameenschnittes und der flachen Commessi in pietre dure, welche inzwischen durch die Castrucci ebenfalls in Prag gemacht wurden (siehe unten). Dabei werden Schollen verschiedenfarbiger Steine, die wie Kameen geschnitten sind, auf einer Chalzedonplatte zu Figuren zusammengesetzt. Man wurde dadurch unabhängig von der Maserung eines einzigen Steines und konnte in freier Weise sehr naturalistische stoffliche und farbige Wirkungen erzielen (z. B. Haar aus Karneol, Inkarnat aus rosa Achat, Gewand aus buntem Achat oder Jaspis usw.) Im Blick auf den klassischen Kameenschnitt, dessen Stolz es war, zuweilen den Effekt zu erzielen, als wäre die Darstellung im Stein schon enthalten und nur freizulegen gewesen, wie etwa bei Masnagos *Madonna mit dem Kind* (Kat. Nr. 346), war das natürlich zugleich ein Niedergang. Die *Dame mit Federfächer* (Kat. Nr. 377) und die signierte *Maria Magdalena* (Kat. Nr. 378) sind die besten erhaltenen Beispiele dieser neuen Technik. Die Methode wurde später – vor allem in Florenz – für dekorative Motive an Kleinmöbeln, für Vögel, Blumen und Fruchtgebinde angewendet. Man machte sogar vereinzelt rundplastische Figuren als Commessi. – Als virtuosenhafte Experimente sind die Statuetten aus Achat zu werten, wie die von Ottavio signierte büßende *Hl. Magdalena* (Kat. Nr. 379). Dabei hat der Meister seine Grenzen insofern überschritten, als ihm die organische Entfaltung der Bewegung im Raum und das Wechselspiel von Körper und Draperie nur mangelhaft gelangen. Das beste Stück, das in dieser Art existiert, ist die liegende *Venus mit dem Amorknaben* (Kat. Nr. 347), das ebenfalls ein Miseroni schuf.

Die dritte Gattung der Steinschneidekunst waren die *Commessi in pietre dure,* die zusammengesetzte Arbeit aus harten Flachsteinen mit bildhafter Wirkung. Flachsteinschneider zersägten die bunten Jaspise, Achate, Karneole usw. in Platten von 3–6 mm Stärke, welche je nach Bedarf laubsägeartig in Schollen mit dem Umriß des gewünschten Farbfleckes geschnitten wurden. Diese hat man dann – meist nach einer farbigen Vorlage – möglichst fugenlos in der Art der Intarsia zu Bildern oder Tischplatten zusammengefügt, wobei man sie in eine Kittmasse auf einer Grundplatte aus Schiefer, Probierstein oder Marmor einbettete. Solche Bilder waren ungemein kostbar, und Rudolf schätzte sie ganz besonders. Zu ihrer Herstellung bedurfte es eines großen Vorrates edler Steine, um die volle Palette zur Hand zu haben.

Es ist noch ungeklärt, wo und wann diese Technik im 16. Jahrhundert entstand. Jedenfalls wurde sie in Florenz zuerst in großem Stil geübt, so daß sie auch als ›Florentiner Mosaik‹ bezeichnet wurde. Wieder handelt es sich um einen Kunstzweig, in dem sich die hochgeschätzte Naturalie und das Artifizielle, die verblüffend realistische Bildwirkung, verschränken. Die Gattung spekuliert mit der Spannung zwischen der Härte des Steins und dem malerischen Effekt in subtilen Farbnuancen. Die Qualität der Commessi ist danach zu beurteilen, inwieweit es dem Künstler gelang, die Strukturen und Farben der Steine zu nutzen und auf perfekte Weise so formbildend zu verlegen, daß eine möglichst vollkommene gegenständliche und räumliche Illusion entsteht.

Rudolf II. bemühte sich schon 1585 um Künstler dieses Metiers, doch blieb er vorerst erfolglos. Um 1589 schenkte ihm Großherzog Ferdinand eine Tischplatte, worüber er ganz außerordentliche Freude bekundete. Er bestellte unmittelbar darauf eine Tischplatte auf eigene Kosten in Florenz, die 1596 vollendet war. Die Brüder Ambrogio und Stefano Caroni, Cristofano Gaffuri und viele Gehilfen arbeiteten daran 78 Monate, und der Tisch kostete ein Vermögen. Boetius de Boodt pries ihn als das achte Weltwunder. Adrian de Vries schuf den Fuß in Gestalt eines kauernden Ganymed mit dem Adler aus Bronze.[66]

Inzwischen war Rudolf in seinen Bemühungen um einen Künstler erfolgreich, denn in den 90er Jahren war Cosimo Castrucci nach Prag gekommen. Er wird dort 1596 erstmals erwähnt, als er eine Sonderzahlung anläßlich seiner Eheschließung bekam. Sein Sohn aus erster Ehe, Giovanni, folgte ihm nach einigen Jahren nach und ist seit 1598 in Prag nachweisbar.[67] 1610 wird Giovanni zum Kammeredelsteinschneider ernannt, möglicherweise als Nachfolger seines Vaters. Bisher sind Zahlungen an ihn nur bis 1612 bekannt. Er starb um 1615.[68] Die signierte und 1576 datierte *Landschaft mit Kapelle* aus Wien (Kat. Nr. 384) hat vermutlich Cosimo schon früher aus Florenz an den Kaiser gesandt. Die Lesung der 7 als 9 in der Jahreszahl ist wenig glaubwürdig. Er bezeichnet sich darin als Florentiner. Da Commessi gewöhnlich unbezeichnet sind, ist das die früheste bekannte Tafel in Florentiner Mosaik. Im Inventar von 1607–1616 ist nur Giovanni genannt. Von den 14 angeführten Werken sind nur fünf näher spezifiziert, und davon ließen sich zwei identifizieren.[69] Eines davon ist die große *Landschaft mit dem Obelisken,* der das Wappen Rudolfs II. trägt (Kat. Nr. 388). Sie ist nach einem Stich Jan Sadelers I. von 1599 angelegt und zeigt Giovanni weniger erfolgreich in der Schaffung illusionistischer Effekte als Cosimo in seiner frühen Tafel. Von Cosimo könnte daher auch die Mitteltafel des Kabinettschrankes in Wien stammen, in welcher der dunkle Vordergrund den Blick in die blaue Ferne freigibt und durch alle Dinge Licht und Schatten spielen.[70] Zu den besten Werken der Prager Castrucci-Werkstatt gehören die Liechtensteinschen Landschaften (Kat. Nr. 386, 387). Auch in ihnen dürfen wir noch Cosimo als die führende Hand vermuten. Ein beliebtes Motiv war der Hradschin in Prag, von dem drei Tafeln erhalten sind, die größte davon in Prag (Kat. Nr. 389) und zwei in Wien. Maximilian I. von Bayern besaß ebenfalls ein Exemplar.[71] In der Prager Werkstatt arbeiteten auch Giovannis Sohn, Cosimo di Giovanni (wenigstens vor 1615), und sein Schwiegersohn Giuliano di Piero Pandolfini, der später Meister in Florenz wurde.[72] Die Werkstatt lebte also nach Rudolfs Tod noch eine Zeitlang weiter. Erst um 1619–23 wurden die *Tischplatte* (Kat. Nr. 392) und die große Kassette für Karl I. von Liechtenstein vollendet (Kat. Nr. 391), in denen allerdings mit großer Wahrscheinlichkeit schon bestehende ältere Platten verarbeitet wurden.[73] Wann die Werkstatt ihre Tätigkeit einstellte, ist unbekannt. Die Kunstwissenschaft steht noch vor der Aufgabe, die Anteile der einzelnen Meister am erhaltenen Bestand voreinander zu scheiden, wenngleich es jüngst wichtige Ansätze dazu gibt.[74] Auch diese Kunstgattung blieb in Prag eine Episode. Der Geist Rudolfs II., der diese vielfältigen Tätigkeiten ins Leben rief, schwand nach und nach dahin.

Auch in Florenz verarbeitete man böhmische Steine, doch oft kombiniert mit Lapislazuli. Die Prager Werkstatt verwendete hingegen in ihren Landschaften nie Lapis. Nur im Wiener Kabinettschrank kommt dieser Stein als Füllung des Grundes neben den eigentlichen Commessi vor.

In der Kunstkammer Rudolfs II. nahmen edle Steine in jeder Form größten Raum ein. Wie wir aus de Boodts Steinbuch wissen, wurden diesen besonderen Gaben der Natur, in denen man die Mächte des Kosmos verdichtet sah, große okkulte Kräfte und vielerlei heilsame Wirkungen beigemessen. Alle Objekte aus edlen Steinen sind daher in sich vielschichtig. Um ihnen gerecht zu werden, sind also etliche Aspekte mitzubedenken. Im Begriff ›Kunstkammerstück‹ sind sie alle vereinigt: die wechselseitige Verschränkung und Überhöhung von Naturalie und Artefakt, die Bewunderung des Virtuosentums und des Auslotens menschlicher Fähigkeiten an sich, die pansophische Philosophie der Einheit von Makro- und Mikrokosmos, nach der alle Dinge eine einzige große Kraft durchwirkt und schließlich das zweckfreie Kunstobjekt. In der Hierarchie der Welt stand ganz oben nächst Gott die Natur, die ihrerseits die Künste leitete. »Sicut autem comparantur artificialia ad artem humanam, ita comparantur omnia naturalia ad artem divinam« (Wie die Kunstdinge der menschlichen Geschicklichkeit zuzuordnen sind, so alle Naturdinge der göttlichen Kunst), schrieb schon Thomas von Aquin. Bei Rudolfs besonderer Neigung zu den edlen Steinen spielt zusätzlich mit, daß diese in der Hierarchie der Natur an der Spitze standen. Sie waren ein Spiegel seiner Würde.

Im Zusammenhang mit der Steinschneidekunst ist noch eines Mannes zu gedenken, der allerdings die alte Technik auf das neue Medium des Glases übertrug: Caspar Lehmann. Zwischen 1563 und 1565 in Uelzen in der Lüneburger Heide geboren, ging er nach München und erfuhr eine Ausbildung als Steinschneider. 1588 erhielt er erstmals für eine »Probe seiner Kunst« in Prag 15 Gulden. Angestellt wurde er allerdings zuerst 1590 als Hoftrabant bei der kaiserlichen Leibwache. Nach seinem Aufstieg zum Leibtrabanten, Hartschier und Hofdiener wurde er am 1. September 1601 zum Kammeredelsteinschneider mit 20 Gulden monatlich ernannt. 1603 erhöht der Kaiser sein Salär gar auf 30 Gulden, doch hatte er anscheinend bei Hof noch ein Amt inne. 1602 erwarb er das Bürgerrecht der Prager

8 Caspar Lehmann, *Glasbecher mit den Wappen W.S. von Losenstein und seiner Gemahlin Susanna von Rogendorf*. 1605. Prag, Kunstgewerbemuseum

Kleinseite. Offenbar durch Intrigen des berüchtigten Kammerdieners Philipp Lang 1605 in Ungnade gefallen, ging er 1606 an den Dresdner Hof und blieb dort bis 1608. Durch den Prozeß gegen den diebischen Lang, bei dem er als Zeuge aussagte, rehabilitiert, kehrte er nach Prag zurück und erhielt am 10. März 1609 das Privileg auf seine Glasschneidekunst. 1612 wurde er von Matthias geadelt. Das Diplom war schon 1610 von Rudolf II. vorbereitet worden. Er starb 1622.[75] Lehmann gilt als der Erfinder des Glasschnittes der Neuzeit. Voraussetzung dafür war die Verbesserung des Böhmischen Glases unter der Regierung Rudolfs II. zu einem technisch reinen Produkt, das in Konkurrenz mit dem kostbaren Bergkristall treten konnte.

Die wenigen erhaltenen Inkunabeln des Glasschnittes dürfen heute dem Risiko eines Transportes nicht mehr ausgesetzt werden. Sie gehören jedoch zur Vervollständigung des Bildes der rudolfinischen Hofkunst. Lehmann war offenbar auf den ornamentalen Schnitt von Bergkristall spezialisiert. Die Bergkristallgefäße Prager Provenienz sind weitgehend unerforscht, so daß die Werke Lehmanns vor 1600 noch im dunkeln liegen. Eine Schlüsselrolle könnte eine unpublizierte große *Bergkristallschale* im Kunsthistorischen Museum in Wien spielen (leider gesprungen), die im Inventar von 1607–1611 verzeichnet ist.[76] Die Schale ist Ottavio Miseroni zuzuschreiben, der absolut unitalienische Dekor dürfte von Lehmann stammen. Stil und Qualität der Arbeiten Caspar Lehmanns sind sehr verschieden und hängen offenbar von seinen Vorlagen ab. Schlüsselstück für seine Kunst ist der mit »C. LEMAN.F. 1605« bezeichnete *Glasbecher* mit den Wappen Wolf-Sigismund von Losenstein und seiner Gemahlin Susanna von Rogendorf im Prager Kunstgewerbemuseum (Abb. 8). Die Allegorien der Nobilitas (in der Mitte, die Wappen haltend), der Potestas und Liberalitas, die in die Wandung des Bechers graviert sind, gehen auf einen Stich des Aegidius Sadeler von 1597 nach einem Bild des Jan van der Straat (Stradanus) zurück.[77] Eine Zugabe Lehmanns sind die Blumen und Insekten, die das Stück engstens mit dem Wiener *Bergkristallkrügelchen* verbinden (Kat. Nr. 355), das daher ebenfalls in die Zeit um 1605 datiert wird. Der Becher könnte unmittelbar nach Lehmanns Abgang vom Hof entstanden sein. Die Fruchtbündel auf seinem Fuß wiederholen sich in ähnlicher Form auf der Tafel mit dem *Bildnis des Kurfürsten Christian II. von Sachsen*, die sich ebenfalls im Prager Kunstgewerbemuseum befindet (Abb. 9). Die Tafel kann theoretisch schon 1602 anläßlich des Besuchs Christians II. in Prag entstanden sein. Da für Lehmann kein Grund bestand, seinen Stil in Dresden gleich zu ändern, ist die Datierung um 1605/06 genauso logisch, zumal er mit 8. April 1606 die dritte Rate für vier Bildnistafeln – darunter auch eine mit dem Kurfürsten – ausbezahlt bekam. Die Vorlage dazu ist unbekannt. Besonders anspruchsvoll ist die Platte mit dem *Bildnis Kaiser Rudolfs II.* im Kunsthistorischen Museum in Wien geschnitten (Abb. 10). Die Anlage der Gravur geht auf eine Zeichnung des Hans von Aachen im Museum der Bildenden Künste in Budapest zurück, die um 1603/04 datiert wird.[78] Nur der Kopf, den Lehmann ins Profil gedreht hat, ist einer Medaille entnommen. Der Adler mit der Devise ADSIT stammt aus den ›Symbola Divina et Humana‹ des Typotius, die Ottavio Strada entwarf und Sadeler 1601 in Kupfer stach. Man nimmt daher an, daß die Platte noch vor dem Dresdener Aufenthalt entstand. Auf ähnliche Weise gravierte Lehmann die Bildnisse Ludwigs V. von Hessen Darmstadt (Hessisches Landesmuseum Darmstadt) und des Heinrich Julius von Braunschweig (Dresden, Grünes Gewölbe), wobei die Qualität und Feinheit

9 Caspar Lehmann, *Bildnis des Kurfürsten Christian II. von Sachsen.* 1602–1606. Prag, Kunstgewerbemuseum

10 Caspar Lehmann, *Bildnis Rudolf II. Um 1605.* Wien, Kunsthistorisches Museum, Sammlung für Plastik und Kunstgewerbe

der Ausführung zusehends abnahm. Für die Fürsten war es eben noch ein Kuriosum und eine Rarität, ihr Bildnis in Glas zu sehen. Alle diese Werke kompilierte Lehmann aus verschiedenen Vorlagen. Er entwarf also nicht selbst, was er in die Gläser gravierte. Es kann hier nicht unsere Aufgabe sein, das ganze Œuvre aufzuzählen, zu dem auch mythologische und allegorische Themen gehören, und das erst jüngst durch fünf weitere Tafeln unterschiedlicher Qualität ergänzt wurde.[79] Die Bedeutung Lehmanns liegt weniger im Künstlerischen als in seiner Stellung zwischen Hofkunst und Kunsthandwerk. 1618 kam zu ihm der junge Georg Schwanhardt in die Lehre, der später der Vater des Nürnberger Glasschnitts wurde. Es ging also von ihm eine große Wirkung auf die weitere Entwicklung des barocken Glasschnittes aus, wenn auch zunächst nicht in Böhmen. Allerdings macht ihm die neueste Forschung sein Erstlingsrecht als Glasschneider trotz seines Privilegs immer mehr streitig. Die Scheiben des Heiltumkastens in der Reichen Kapelle der Münchener Residenz sind vermutlich schon in den 90er Jahren des 16. Jahrhunderts entstanden. Lehmann ist bisher der einzige Glasschneider, der in der Forschung mit Hilfe der Quellen Konturen bekam.

Schnitzarbeiten in Elfenbein und Rhinozeroshorn

Im letzten Viertel des 16. Jahrhunderts kam an Europas Fürstenhöfen Elfenbein als Werkstoff erneut in Mode. Wie nicht anders zu erwarten, waren es zunächst wieder die Virtuosen, welche daran die Grenzen sowohl ihrer Kunstfertigkeit als auch der Möglichkeiten des Materials abtasteten, und zwar in der Maschinenkunst des Drechselns.[80] Der Mailänder Giovanni Ambrogio Maggiore, den Lomazzo als Erfinder des Ovaldrechselns preist, war mehrmals in München und arbeitete auch für den Florentiner Hof. Rudolf II. besaß von ihm eine ovale Stapeldose, die Georg Hoefnagel 1586 bemalt hatte.[81] Der Münchener Georg Wecker ging 1576 nach Dresden, und viele seiner Werke kamen als Geschenk an den Prager Hof und sind im Inventar der Kunstkammer von 1607–1611 verzeichnet. Sein Sohn HANS WECKER übersiedelte um 1601 nach Prag, wo der Vater dem Kaiser schon 1599 eine neue Drechselbank eingerichtet hatte, an der Rudolf selbst arbeiten wollte. Die neue Kunst faszinierte derart, daß sich viele Fürsten darin versuchten, und mit guten Maschinen brachten sie es sogar zu vorzeigbaren Ergebnissen.[82] Die Kunstkammer Rudolfs enthielt 160 Drechselarbeiten. Von den Werken Hans Weckers war bisher nur die ›*Apotheke*‹ (Kat. Nr. 411) zu identifizieren. Mögen diese Dinge den Kaiser auch begeistert haben, uns interessieren sie hier nur am Rande, zumal weitere gesicherte Objekte aus Prag fehlen.

Selten waren damals noch Schnitzereien aus Elfenbein. Das Inventar von 1607–1611 verzeichnet nur vier Stücke, und sie sind alle mit einem Künstlernamen verbunden, mit NIKOLAUS PFAFF. Vor der Entdeckung des Inventars von 1607–1611 war der Name dieses Meisters nur mit dem Entwurf für einen Kronleuchter mit Hirschköpfen und bekrönender Aktaeongruppe zu verbinden.[83] Seither hat er an Profil gewonnen.[84] Ein Nikolaus Pfaff wurde in Nürnberg am 22. Oktober 1556 geboren. Das könnte unser Meister gewesen sein, wenngleich es dafür noch keinen Beweis gibt. Rudolf II. stellte ihn mit dem 1. Januar 1601 als Bildschnitzer und Kammertischler an.[85] Er machte 1611 sein Testament, erhielt im März 1612 noch Gehaltsrückstände ausbezahlt[86] und wird im neu aufgefundenen Dokument vom 18. Oktober 1612 schon als verstorben genannt. Sein Bruder Paul war nach den neuen Quellen ebenfalls für Rudolf II. in der gleichen Funktion tätig und hatte für Arbeiten, die er und Nikolaus gemacht hatten, noch den hohen Restbetrag von 1016 Talern und 60 Kreuzern zu erhalten. 1615 taucht Paul noch unter den Hofkünstlern des Matthias auf. Von ihm könnte die Figur eines segnenden Christusknaben aus Holz in der Wiener Geistlichen Schatzkammer stammen, die dem Stil Nikolaus Pfaffs sehr nahesteht und die schon im Inventar von 1626 erwähnt ist.[87] Sie ist offenbar für Kaiserin Anna, die Gemahlin von Matthias, gefertigt worden. Die schwellenden Formen des fein geglätteten nackten Körpers bedeckte ein kostbares Gewand aus Stoff, und auf dem Haupt saß eine Perücke aus Haaren (ausgefallen). Nur der Kopf, die Füße und Hände sind farbig gefaßt.

Das Kunstkammerinventar nennt Nikolaus Pfaff als Schöpfer des Reliefs aus Elfenbein mit der Darstellung der *Danae* (Kat. Nr. 394) und der Elfenbeinstatuetten *Venus und Amor* (Kat. Nr. 395), »Fortuna«[88] und »imperium, ist ein weiblin mit dem scepter«. Außer den Elfenbeinen verzeichnet es noch ein »schön geschirrlin, hat M[eister] Niclaus Pfaff von eim gantzen stuckh augstain [= Bernstein] geschnitten, mitsambt seinem deckhel«[89] und ein geschnitztes Rhinozeroshorn von 1610 (Kat. Nr. 397). Der Stil der Elfenbeinarbeiten, der mit Nürnberg wenig Verbindung hat, und die Nähe der Danae zu einem in Venedig gemalten Bild von Lambert Sustris, lassen vermuten, daß sich Pfaff längere Zeit in Italien aufgehalten hat. Wenn das Geburtsdatum von 1556 auf ihn zutrifft, ist er erst im Alter von 45 Jahren an den Prager Hof gekommen, und der Hauptteil seines Schaffens wäre erst aufzuspüren. Er fertigte auch kostbare Möbel, wie etwa einen Schreibtisch mit Silberbeschlägen für Philipp Lang[90], und möglicherweise schuf er den Wiener Kabinettschrank mit Pietre dure-Einlagen.[91]

Auf der Basis der gesicherten Werke ließen sich Pfaff noch mehrere Arbeiten für die Kunstkammer Rudolfs II. zuordnen. Die Beschreibung der Figur des »imperiums« im Inventar trifft sowohl auf die *Kybele* (Kat. Nr. 396) zu, als auch auf die Statuette einer Stadtgöttin in Wien.[92] Die beiden Figürchen verbinden ihr Gesichtsschnitt, ihre Haarbehandlung, die Bildung der Mauerkrone usw., wenn auch die bekleidete Stadtgöttin nicht die gleiche gelöste und in sich ruhende Haltung hat, da sie schreitend dargestellt ist. Eine der frühesten Arbeiten Pfaffs in Prag müssen die Reliefs auf der Seychellennuß gewesen sein, aus der Schweinberger um 1600 sein ›Denkmal für Neptun‹ schuf (Kat. Nr. 340), und am Ende seines Lebens steht die Schnitzarbeit am Deckelpokal aus Rhinozeroshorn mit den Hauern eines afrikanischen Warzenschweines (Kat. Nr. 339). Beide Werke fügen sich nahtlos in sein gesichertes Œuvre. Diese Ausstellung präsentiert nun ein weiteres Werk des Meisters in dem von Satyrn getragenen *Pokal aus Rhinozeroshorn* (Kat. Nr. 398). Die sinnliche, feine Modellierung der Körper und die Gesichtsbildung zeigen die gleichen hohen Qualitäten, wie die Elfenbeinfigürchen. Das ganze 17. Jahrhundert hat nichts Gleichwertiges mehr in dieser Gattung zu bieten.

Nikolaus Pfaffs Kleinbildwerke haben einen intimen und privaten Charakter. Sie setzen den genießenden Kenner und Sammler voraus und sind gerade wegen ihres absolut unrepräsentativen Charakters der schönste Beweis dafür, wie anregend Rudolfs ästhetischer Sinn auf seine Künstler wirkte. Er wußte, was sie konnten, und sie wußten, was er schätzte. Das Kennerauge des Kaisers erhöhte den Anspruch der Künstler, denn keine Subtilität war verloren. Dieses kreative Wechselspiel bestimmte das hohe Niveau der Kunstkammer Rudolfs II.

Instrumente, Uhren, Automaten[93]

Wie bei den großen Tierbüchern Jacopo Ligozzis oder Daniel Fröschls und den minuziösen Naturwiedergaben Georg Hoefnagels, die Rudolf besaß, geht es auch bei der Messung von Raum und Zeit um die Erschließung eines umfassenden wahren Bildes von der Natur bzw. der Welt. Die Landvermessung, die Seefahrt, die Astronomie usw. verlangten nach immer genaueren Geräten. Technische Präzision und künstlerische Gestaltung gingen auch auf diesem Gebiet Hand in Hand. Rudolf II. besaß in seiner Kunstkammer über 120 geometrische und astronomische Instrumente und etwa 60 Uhren und Automaten.

Auf dem Sektor des Instrumentenbaues nimmt Erasmus Habermel den höchsten Rang ein.[94] Seine Herkunft, Ausbildung und Wanderjahre liegen im dunkeln. Schon seine frühesten bekannten Werke sind handwerklich perfekt. Wann er nach Prag kam, ist ungewiß.[95] Den ersten sicheren Nachweis seiner Existenz in Prag liefert der immerwährende Kalender »geordnet und gerechnet durch Hermannum Bulderum von Ossenbrugh und durch Erasmum Habermehl zugerichtet 1587«, der dem Fürsten Wilhelm von Rosenberg auf Wittingau gewidmet ist.[96] Am 1. Januar 1593 stellte Rudolf II. Habermel als »astronomischen und geometrischen Instrumentenmacher« an[97], und wenige Monate darauf heiratete dieser Susanne Solis. Er starb im April 1606 in Prag.

In Habermel vereinigen sich hohes mathematisches Verständnis und handwerkliche Präzision mit künstlerischer Begabung. Seine Instrumente nehmen den höchsten Rang ein hinsichtlich der Ausgewogenheit von Gesamtform, Schrift und ornamentalem Schmuck. Die Liniennetze, Tabellen, Teilungen und Beschriftungen selbst werden zu Schmuckelementen, und Habermel setzt den Dekor mit Mauresken, Rollwerk oder Fruchtbündeln nur sparsam ein. So bestechen seine Geräte durch ihre feine formale Gestaltung.

Die Uhren und Automaten für die Türkenverehrungen bestellte Rudolf II. in Augsburg. Dort erwarb er auch für sich manches Stück, obwohl das Beste an seinem Hof entstand. Augsburger Arbeiten aus seiner Kunstkammer sind die *Silberuhr* mit den Tiefschnittemails von David Aetenstetter (Kat. Nr. 442), der *Schiffsautomat* von Schlottheim, in dessen figürlichem Programm der verehrte Vorfahre Rudolfs, Kaiser Karl V., auftritt (Kat. Nr. 448), der *Bacchusautomat,* in dem John Leopold bei der Untersuchung für die Ausstellung ein Musikwerk entdeckte (Kat. Nr. 444), der *Zentaurenautomat,* eine Figurenuhr, die zugleich ein Trinkspiel ist und bei der die Uhr sekundär bleibt (Kat. Nr. 446) und der *Globus* von Georg Roll (Kat. Nr. 447).

Rudolf besaß in seiner Kunstkammer auch mechanisch bewegbare Puppen oder Figuren, in denen der Mechanicus als ›imitator creatoris‹ die Fähigkeit illusionierte, Unbelebtes mit Leben erfüllen zu können. An allen diesen Dingen entwickelte sich die Technik. Die Hauptaufgabe aber war die ständige Verbesserung der Uhr für astronomische Beobachtungen.

Die vielfach kunstreich gestalteten Uhren hatten außer der Weisung der Stunden oft eine Fülle von Indikationen: ein mechanisch bewegtes Astrolabium, den Stand der Sonne im Tierkreis, Tag- und Nachtlänge, das Mondalter, die Wochentage, den Kalender usw., eben die Summe der kosmischen Bewegungen. Uhren waren daher ein Abbild des Makrokosmos und insofern Nachahmung der Natur. Sie veranschaulichten die göttliche Ordnung und Harmonie. Da die Darstellung der Bewegungen der Himmelskörper durch mechanische Getriebe erfolgte, lag es nahe, das Bild der Mechanik auf das Dargestellte zu übertragen. So entstand schon früh die Vorstellung von der Himmelsmechanik, vom Kosmos als Maschine, von der »Welt als Uhr«. »Meine Absicht ist zu zeigen, daß die himmlische Maschine nicht wie ein göttliches Lebewesen ist, sondern wie eine Uhr«, schrieb Johannes Kepler.[98] Diese Maschine hatte die göttliche Vernunft geschaffen wie die Uhrmacher die Uhr. Keplers mechanistisches Weltbild stand also gegen die pansophischen Spekulationen, die in Alchimie, Astrologie und Kabbala eine Fortsetzung der Wissenschaft mit anderen Mitteln betrieben.[99] Auf dem Gebiet der Wissenschaft und der technischen Dinge erscheint in Prag ebenso der Januskopf einer Wendezeit.

Rudolf II. holte sich die besten Konstrukteure an seinen Hof und förderte ihre Begabung. Wissenschaft und technische Innovation waren mit dem Hof verknüpft und nicht mit Universität und Innungsbetrieb. Wie für die Künstler, so wurde auch für die Techniker die Kunstkammer ein ›Lernort‹.[100]

Zunächst übernahm Rudolf II. den Kammeruhrmacher Maximilians II., Gerhard Emmoser, in seine Dienste. Emmoser war 1566 nach Wien gekommen, übersiedelte nie nach Prag und starb in Wien 1584. Er schuf für Rudolf 1579 den berühmten Globus, der auf dem Rücken des Pegasus steht (Kat. Nr. 445).[101] Sein Nachfolger war Christoph Margraf, der in Prag arbeitete und dort 1604 letztmals erwähnt wird. Er gilt als Erfinder der Kugellaufuhren, bei denen eine Kugel, die entlang von feinen zickzack gespannten Drähten über eine schiefe Ebene läuft, den Zeitstandard bildet.[102] Die Durchlaufzeit der Kugel ist jeweils gleich. Im Inneren der Uhren sind bühnenmäßige Darstellungen mit Figuren bzw. gemalte Bilder, die ein Spiegel im aufgeklappten Deckel (45°) samt dem Lauf der Kugel wiedergibt. In der Spiegelung scheint die Kugel durch die Szenerie in die Höhe zu schweben. Dieses Paradox der entgegen der Schwerkraft aufsteigenden Kugel, die Undurchschaubarkeit der Mechanik und die stets wiederkehrende Bewegung wirkten wie ein Mirakel und illusionierten ein Perpetuum mobile. Die Uhren, die nicht mehr transportfähig sind, waren also Schauwunder der Kunstkammer, deren Gehäuse und Bilder künstlerisch anspruchsvoll gestaltet wurden. Margraf konstruierte auch eine Wasserhebemaschine zu Entwässerung von Bergwerken.

In noch höherem Maß als Margraf überwand JOST BÜRGI das traditionelle Handwerk, indem er in Bereiche vorstieß, die später der Ingenieurtechnik zugerechnet wurden.[103] Bürgi war 1552 in Lichtensteig in der Landschaft Toggenburg, Kanton St. Gallen, Schweiz, geboren. Der für seine astronomischen Beobachtungen berühmte Landgraf Wilhelm IV. von Hessen stellte ihn 1579 in Kassel an, und Bürgi blieb dort bis zu seiner Übersiedelung nach Prag 1604. Er starb 1632 in Kassel, wohin er ein Jahr zuvor zurückgekehrt war.[104] Bürgi war ein hervorragender Mathematiker – Wilhelm IV. nannte ihn einen zweiten Archimedes – und ein Konstrukteur von größter Eigenständigkeit. Er erfand nicht nur das Remontoir und die Kreuzschlaghemmung für Uhren, sondern es waren auch alle seine Konstruktionen von Uhr- und Globusantrieben so neu und ohne Vorbild, daß nicht festzustellen ist, wo er gelernt hat. Außerdem erfand er die Sinus-Tabellen und ein Logarithmen-System und baute nach Angaben Keplers das Modell einer kolbenlosen Pumpe. Seine Uhrwerke erreichten eine Ganggenauigkeit, die nur mehr weniger als eine Minute am Tag abwich. Eines seiner Hauptwerke ist die sogenannte *Wiener Planetenuhr*‹, in der er erstmals ein kopernikanisches Planetarium darstellte (Kat. Nr. 443). Das schöne Gehäuse der Uhr schufen dieselben (noch unbekannten) Prager Hofkünstler, die Margrafs Kugellaufuhren gestalteten. Ein Spätwerk ist die signierte Bergkristalluhr in Wien, die er um 1622/23 für Karl von Liechtenstein baute.[105] Die Werke Bürgis zeichnen sich durch die ›Schlankheit‹ und originelle Zweckmäßigkeit ihrer Konstruktion aus. Er war der bedeutendste Uhrmacher vor Christiaan Huygens, der 1658 die Pendeluhr erfand. Das Geheimnis seiner Eigenständigkeit gab er selbst preis: »Weil mir auß mangel der sprachen die thür zu den authoribus nit allzeit offen gestanden wie andern, hab ich etwas mehr, als die gelehrte und belesene, meinen eigenen gedanckhen nachhängen und neue wege suchen müssen.«[106]

Mit dem Bemühen, vor den unvergleichlichen Werken des kaiserlichen Sammlers und Mäzens vor allem den eigenen Gedanken nachzuhängen, ist wohl mehr zu erfahren über die große Welt, die sie abbilden, und über sich selbst, als aus den mageren Zeilen dieser Einführung. Alle Dinge durchwaltet die Sehnsucht nach Einheit in der Vielheit, just das, wonach auch heute der Sinn steht.

Anmerkungen

1 Lhotsky 1941–45, 180.
2 Jahrbuch XV/2, Regest Nr. 12509.
3 Fock 1974, 107 und 122.
4 Winter 1909, 397–447; Lhotsky 1941–45, 251–257.
5 Vgl. Warnke 1985. 170 ff.
6 Der Unterschied zwischen Hof- und Kammerkünstlern ist in der Literatur über diese Zeit nicht wahrgenommen worden.
7 Vgl. Mraz 1980; Mraz 1983.
8 Lhotsky 1941–45, 282.
9 Von der Gesandtschaft nach Persien an den Hof des Schah Abbas des Großen (1587–1628), die von 1602 bis 1604 unterwegs war, gibt es den interessanten Bericht von Georg Tectander. Vgl. Trunz 1986, 884.
10 Vgl. Lhotsky 1941–45, 251 u. 270–273. Kulturgeschichtlich interessant ist in diesem Zusammenhang, daß der Gesandte David Ungnad von der Hohen Pforte, wo damals der Botaniker Charles de l'Ecluse (Clusius) als Vertreter des Kaisers weilte, 1576 die ersten Roßkastanien nach Wien brachte. Durch Ogier Ghislain de Busbecq kamen 1589 Tulpen, Levkojen und Flieder nach Wien und Prag.
11 Edition: Bauer – Haupt 1976.
12 Fritz 1983, Tafel 125, Nr. 240, 241. Zu letzterer gibt es ein Gegenstück im Kunsthistorischen Museum in Wien.
13 Kris 1932, S. 51; Lhotsky 1941–45, 252.
14 Zu Vermeyen vgl.: Chytil 1921, 17 ff.; Weixlgärtner 1928, 296 f.; Zülch, Chytil 1929, 271 ff.
15 Weltliche Schatzkammer, Inv. Nr. XIa1, Gold, teilweise emailliert, Diamanten, Rubine, 2 Spinelle, 1 Saphir, Perlen, Samt; 28,3 cm hoch. Die Literatur zur Krone ist am vollständigsten zusammengestellt bei Bukovinská 1982, 49 f., Anm. 4.
16 Die Inschrift ist in allen Publikationen mit Ausnahme des Bildführers der Schatzkammer von 1987 (S. 51) falsch wiedergegeben.
17 Chytil 1921, 17 ff.; Weixlgärtner 1928, 296 f.
18 Jahrbuch XV/2, Regest Nr. 12601; dort »um 1600« datiert. Da Caspar Lehmann erst am 1. September 1601 Kammeredelsteinschneider wurde und dort als solcher genannt ist und Schweinberger im März 1603 starb, ergibt sich daraus die zeitliche Abgrenzung des undatierten Dokuments.
19 Distelberger 1985, 279.
20 Jahrbuch XIX/2, Regesten Nrn. 16232, 16267–16270; 16273–16275; aus Lissabon bietet Jeremias Weishaupt bei dieser Gelegenheit dem Hans Khevenhueller auch zwei große Smaragde, 12 und 17 Unzen schwer, für den Kaiser an. Khevenhueller rät ihm, dafür nicht viel zu zahlen, da der Kaiser von einem Smaragd Kenntnis habe, der eineinhalb Pfund wiegt. Dabei handele es sich wohl um den riesigen Smaragd aus der Grube von Muzo, Kolumbien, der im Matthiasinventar von 1619 als ungeschliffen erwähnt ist und aus dem Dionysio Miseroni 1641 ein Gefäß schnitt; heute in der Wiener Schatzkammer. Vgl. Bildführer 1987, Nr. 104. Auch er wurde also von Rudolf gekauft.
21 Jahrbuch VII/2, Regest Nr. 4666 und Chytil 1921, 46, Anm. 19. Zum Vergleich: Schloß und Herrschaft Ambras wurden 1563 für Erzherzog Ferdinand um 15 300 Gulden gekauft = ca. 10 200 Dukaten. David von Brüssel hatte für Rudolf in Italien auch die berühmte »Gemma Augustae« um 12 000 Dukaten erworben.
22 Gelwe heiratete in Frankfurt eine Tochter Davids von Brüssel. Der Sohn und Nachfolger Davids als Edelsteinschneider in Prag, Jobst von Brüssel († 1635), war mit der Tochter Jan Vermeyens, Anna Maria verheiratet. Zülch-Chytil 1928, 271–273.
23 Vgl. z. B. die Krone Christians IV. von Dänemark von 1596 in Kopenhagen.

24 Sie wurde erst 1804 die Krone des Kaisertums Österreich und war immer Privatbesitz des Kaiserhauses.
25 de Boodt (1609), 1647, Einleitung.
26 Bildführer 1987, S. 56f.
27 Bukovinská 1982, 78 und Abb. 2.
28 Eichler – Kris 1927, 32; dort Zusammenstellung beider Gruppen.
29 Wien, Weltliche Schatzkammer, Inv. Nr. XIV 7, Gold, teilweise emailliert, Rubine; 15,5 cm hoch. Bildführer 1987, 88f., Nr. 102.
30 Inv. Nr. 1940.19. Leider ist nur ein Ausschnitt von der Kuppa abgebildet in: Kolba-Németh 1973, Farbtafel III.
31 Nrn. 2023–2026, 2049, 2050.
32 Zülch – Chytil 1928, 272.
33 Kunsthistorisches Museum, Inv. Nr. P 840.
34 Bertele – Neumann 1963, 69.
35 Weixlgärtner 1928, 292; Chytil 1928, 36–79 (Zitat nach Bukovinská 1982; der Aufsatz war mir nicht zugänglich); Bukovinská 1982, 77.
36 Vgl. Bildführer 1987, Nr. 57 und 58. Auf dem Zepter kommt das weißgrundige Email mit Vögeln nur auf der Kapsel vor, die über dem obersten Diamant- und Perlenring liegt, bzw. unter den Voluten, auf denen der große Saphir steht.
37 Zusammengestellt in Eichler – Kris 1927, 32, Anm. 2.
38 Jahrbuch X/2, Regest Nr. 5611; dort irrtümlich das Jahr 1602 angegeben.
39 Die wichtigste Literatur zu Paulus van Vianen ist: Modern 1894, ter Molen 1984 und der Ausstellungskatalog Utrecht 1984/85, dem wir in der Darstellung der künstlerischen Entwicklung des Meisters im wesentlichen folgen.
40 Vgl. über diese Zeichnungen Gerszi 1982.
41 Rijksmuseum Amsterdam, 17,5 × 19 cm.
42 Gerszi 1982, Nr. 54v und Nr. 53.
43 Gerszi 1982, Nr. 50.
44 Centraal Museum. Utrecht; Utrecht 1984/85, Nr. 31.
45 Silberplakette, 8,3 × 12 cm; Rijksmuseum Amsterdam.
46 Katalog Utrecht 1984/85, Abb. 7.
47 Rijksmuseum Amsterdam, 12,7 × 9,7 cm; Utrecht 1984/85, Nr. 28; Bauer – Haupt 1976, Nr. 1693.
48 Rijksmuseum Amsterdam, 13,2 × 15,6 cm.
49 Bauer – Haupt 1976, Nr. 1730.
50 Rijksmuseum Amsterdam, 17 cm hoch, Dm. 20,3 cm.
51 Rijksmuseum Amsterdam, 41 × 52 cm.
52 Leithe-Jasper – Distelberger 1982, 108.
53 Utrecht 1984/85, Nr. 61 und 64; die Kanne auch bei Hayward 1976, Nr. 628/629; Aufsicht der Schale bei Frederiks 1952, 90, Nr. 53 L.
54 Zur Geschichte der Steinschneidekunst der Renaissance vgl. Kris 1929.
55 Fock 1976 und Distelberger 1978.
56 Zur Genealogie der frühen Miseroni in Mailand vgl. Distelberger 1983; zu deren Fortsetzung in Prag: Skřivánek 1983.
57 Vgl. Distelberger 1975, 103f.
58 Vgl. Fock 1982 und 1988.
59 Die vollständigste Aufstellung aller Steinschneider der Zeit bei Urban 1976.
60 Morigia 1595, 291f.
61 Über die beiden Nachfolger Ottavios siehe Distelberger 1979.
62 Jahrbuch XII/2, Regest Nr. 8251.
63 Ausführlicher in: Bukovinská 1970 und Distelberger 1978.
64 Distelberger 1975, 99.

65 Bildführer 1987, Nrn. 94, 95–97.
66 Über die Geschichte des Tisches ausführlich bei: Fock 1974, 145/46; Fock 1982, 264–267. Der Tisch ist leider verschollen.
67 Przyborowski 1982, 140.
68 Vgl. zur Biographie auch: Krčálová-Piacenti 1979, 251; Gonzalez-Palacios 1982, 83f. und Przyborowski 1982, II, 593/94.
69 Die grundlegende Arbeit über Florentiner Mosaik in Prag ist: Neumann 1957.
70 Neumann 1957, Abb. 216.
71 Bachter, Diemer, Erichsen 1980, 211, Nr. VI, 11.
72 Vincent 1987, 163.
73 Vincent 1987, 174.
74 Vincent 1987 passim.
75 Die wichtigste Literatur zu Lehmann: Meyer-Heisig 1963; Röver 1965, Meyer-Heisig 1967, Drahotová 1981.
76 Bauer – Haupt 1976, Nr. 1245; dort unidentifiziert; Inv. Nr. P.2258.
77 Pešatová 1968, Abb. 1 und 2.
78 Drahotová 1981, 37; Gerszi, Bodnar 1987, Nr. 1 mit Abb.
79 Auktion bei Christie's in London am 3. 6. 1986.
80 Über die Anfänge der Kunstdrechslerei siehe Diemer 1985.
81 Bauer – Haupt 1976, Nr. 958, Kunsthistorisches Museum, Inv. Nr. P 4695.
82 Vgl. Maurice 1985.
83 Nürnberg, Germanisches Nationalmuseum; Stuttgart 1979/80, 73, Kat. Nr. B 29.
84 Distelberger 1985, 285f.
85 Jahrbuch X/2, Regest Nr. 5591.
86 Winter 1909, 551; Jahrbuch XXIX, Regest Nr. 19518.
87 Inv. Nr. Kap 267; 41,5 cm hoch; unpubliziert. Auf die Figur machte mich Herr Krenn aufmerksam.
88 Unidentifiziert.
89 Bauer – Haupt 1976, Nr. 1031.
90 Jahrbuch XIX/2, Regest Nr. 16896.
91 Kunsthistorisches Museum, Inv. Nr. P 3392, Neumann 1957, 193, Abb. 218.
92 Kunsthistorisches Museum, Inv. Nr. P 4624, 14,5 cm hoch, Distelberger 1985, Abb. 273.
93 Um einigermaßen zu erklären, welche Entwicklung auf diesem Gebiet unter der Regierung Rudolfs II. vor sich ging, bedürfte es einer eigenen Einführung von größerem Umfang, als diese insgesamt hat. Der nicht darauf spezialisierte Kunsthistoriker wäre dafür nicht kompetent. Den Mangel gleichen ausführliche Katalognummern und der Verweis auf die Spezialliteratur aus. Hier seien nur wenige allgemeine Bemerkungen zur Orientierung vorangestellt.
94 Zu Person und Werk am ausführlichsten: Eckhardt 1976 und Eckhardt 1977 (mit Werkverzeichnis); dort ältere Literatur.
95 Der angeblich mit »Erasmus Habermel Pragae 1576« bezeichnete Einband (zugleich astronomisches Kompendium), ist verschollen, so daß dessen Echtheit nicht überprüfbar ist.
96 Wien, Österreichisches Museum für angewandte Kunst, Inv. Nr. F 1171; Eckhardt 1976, 60f. und Abb. 5; Eckhardt 1977, Nr. 22.
97 Nicht erst am 1. Oktober 1594; vgl. Eckhardt 1976, 62.
98 Zitiert nach: Otto Mayr, in: München 1980, 3; dazu und zum Folgenden ausführlicher bei Mayr 1987.
99 Die Uhrenmetapher übertrug man auch auf die Funktionen des Körpers und auf den Staat. (München 1980, 4ff.; zur Kritik der Uhrenmetapher siehe: Demandt 1980).
100 Maurice, alter quidam Salomon, 1985, 288.
101 Vgl. dazu auch Leopold 1986, 104–111.
102 Bertele-Neumann 1963; Katalog II, 1966, Nrn. 336, 337, 344; Maurice 1976, 158ff.
103 In ähnlicher Weise ließ das »Kunstkammerstück« die sogenannte angewandte Kunst hinter sich.
104 Zu Person und Werk: Maurice 1976, 148ff. und 159ff.; Maurice, in: München 1980, 90–104; Leopold 1986.
105 Kunsthistorisches Museum, Inv. Nr. P 1116; Leopold 1986, 204–210, dort weitere Literatur.
106 Zitiert nach Maurice 1976, 148.

336

Krone Rudolf II. 1602
Wien
S. auch Ft. 65, S. 441

DAVID HARTMANN
Tätig Prag und Kopenhagen (?)
1. Viertel 17. Jahrhundert

336 Die Krone Rudolfs II.
Prag 1610

Gouache und Aquarell auf Papier, aufgeklebt auf Karton; 39,3 × 30 cm
Bezeichnet unten rechts: ›DH Ao. 1610 in prage‹
Herkunft: Alter königlicher Besitz
Literatur: Fischer 1950, 74–78; Fillitz 1950, 79–83

Das Blatt ist die früheste bekannte Darstellung der rudolfinischen Krone, die 1602 vollendet war. Das Monogramm DH wurde auf einen gewissen David Hartmann bezogen, weil dieser 1612 für einen im Auftrag Rudolfs II. angefertigten »abrisz von deroselben cron und halspand« 280 Gulden rheinisch ausbezahlt bekam (Jahrbuch X/2, Regest 5691). 1616 wurde ein David Hartmann als Zeichenlehrer des Prinzen Christian (V.) am dänischen Königshof angestellt und ist dort bis 1627 als Maler und ›Contrafejer‹ des Prinzen erwähnt (Fischer 1950, 76). Sonst ist über diesen Namen nichts bekannt. Handelt es sich bei beiden Erwähnungen um dieselbe Person, was anzunehmen ist, würde dies auch erklären, wie das Blatt nach Kopenhagen kam.

Für diese Arbeit zahlte Rudolf II. sicher keine 280 Gulden. Sie ist auch keine genaue Wiedergabe der Krone. Die beträchtlichen Abweichungen wären undenkbar, hätte Hartmann die Krone vor sich gehabt. Die sphärischen Dreiecke der Mitrenreliefs zeigen zwar die Kaiserkrönung in Regensburg und den ungarischen Krönungsritt im wesentlichen richtig, jedoch am falschen Platz. Eine nachträgliche Umsetzung dieser Felder an der Krone ist technisch unmöglich. Fillitz vermutete, daß sie nach den Abgüssen gemalt sind, die Hainhofer in einem Brief an Herzog Philipp II. von Pommern-Stettin erwähnt (Fillitz 1950, 84; Doering 1894, 77 u. 80). Der Dekor der Emailbänder der Mitra ist eine freie Erfindung, das Kreuz auf dem Scheitel des Bügels hat keine blauen Steine auf rotem Grund, beiderseits der Stirnlilie sitzen keine Perlen, auf den Flanken des Bügels sind immer nur Doppelperlen zwischen den Rubinen usw. Andererseits gibt es im Gesamtaufbau und bei Kronreif und Lilien engste Übereinstimmungen, die eine Skizze vor dem Original voraussetzen. Das Blatt gibt also viele Rätsel auf. Sein Zweck könnte nur gewesen sein, eine ungefähre Vorstellung von der wegen ihrer Kostbarkeit legendären Krone zu geben, wofür großes Interesse bei den Fürstenhöfen bestand, wie die bei Hainhofer erwähnten Abgüsse beweisen. R. D.

Kopenhagen, Königliches Kupferstichkabinett, Tu. Mag. VII 35

ANDREAS OSENBRUCK
Nachweisbar Prag 1612–1622

337 Acht Schmuckstücke von der Juwelenmonstranz des Prager Domschatzes
Prag 2. Jahrzehnt 17. Jahrhundert
Ft. 67, S. 443

Gold emailliert, Diamanten, Rubine, Perlen
Der Schmuck wurde 1666 vom Fürsten Johann Christian Eggenberg bei seiner Hochzeit mit Ernestine von Schwarzenberg getragen
Literatur: Podlaha-Šittler 1903, 151; Podlaha 1905, 10; Podlaha 1930, 23 f.; Poche 1971, Taf. 14

Von der Monstranz sind 17 Schmuckstücke erhalten. Die Juwelen bilden eine einheitliche Garnitur, bei der die sieben Stücke mit Säugetieren untereinander ebenso gleich gestaltet sind wie die acht mit Vögeln (ein Vogel fehlt). Die beiden Typen sind offensichtlich aus je einer Form gegossen. Das größte Juwel, das einzige mit einem Hängering oben, zeigt zwei einander zugewandte allegorische Frauengestalten, denen heute die Attribute fehlen. In Anlehnung an die zeitgenössische Tradition und an zwei ähnliche Schmuckstücke in Dresden können sie als Justitia und Pax (Gerechtigkeit und Friede) identifiziert werden (vgl. Sponsel III, 1929, Taf. 2 und Holzhausen 1935, S. 173 ff.). Die linke Figur hielt in ihrer Rechten ursprünglich entweder eine Waage oder ein Schwert bzw. beides. Die einzelne sitzende Figur auf dem Schmuckstück, das gleich jenen mit Säugetieren gebildet ist, stellt Orpheus dar. Ihm fehlt die Lyra, in die er ehemals griff. Von den Juwelen mit Tieren sind hier Hahn und Strauß, Einhorn, Hirsch, Löwe und Kuh ausgewählt. Das ganze Ensemble stellt also Orpheus mit den Tieren dar. Der göttliche Sänger verstand durch die Macht seines Saitenspiels die wildesten Tiere zu bezaubern und untereinander zu befrieden. Dieses Reich des Friedens symbolisieren die beiden allegorischen Figuren, deren Juwel zum Ensemble gehört, das ursprünglich wohl eine Kette bildete.

Der anschauliche Charakter des Schmuckes macht klar, daß die überlieferte Verwendung bei der Hochzeit von 1666 keinen Rückschluß auf die Entstehungszeit erlaubt. Vielmehr waren die Juwelen damals schon etwa 50 Jahre alt. Alle Details der Goldschmiedearbeit verweisen auf die Hand des Kammergoldschmieds von Kaiser Matthias, Andreas Osenbruck. Die Fassung der großen Steine im Zentrum ist geradezu identisch mit jener der Rubine auf der Vorderseite des Kreuzes am Reichsapfel, den der Meister für Matthias schuf: die weißen ›Augen‹ an der Sockelleiste, das schmale Band darüber und die weiß emaillierte, fein ausgesägte Ummantelung des Kastens entsprechen einander vollständig. Die keulenförmigen Bögen beiderseits der Steine finden in der Vierung des Kreuzes an der Rückseite ihre Entsprechung, die Voluten, Früchte und Blätter im Zepter. Schließlich ist es auch eine Eigenheit Osenbrucks, den Grund mit einem zarten Geflecht ornamentaler schwarzer Linien zu überziehen. Die Entdeckung des Schmuckes für Osenbruck eröffnet ein neues Feld seiner Tätigkeit, das bisher völlig unbekannt war.

Auf die Frage, woher Osenbruck die Anregung für das Ensemble bekommen haben könnte, ist auf den Schmuck am sogenannten *Esterházy-Pokal* im Kunstgewerbemuseum Budapest zu verweisen (Inv. Nr. E 64.2). Die unvergleichlich lebendig modellierten Tiere und die Amoretten bzw. die ornamentalen Details dieses leider schlecht erhaltenen Ensembles führen direkt in die Werkstatt Jan Vermeyens. Osenbruck verfolgte demnach auch in diesem Fall die Spuren seines großen Vorgängers.

R. D.

Prag, Domschatz, Inv. Nr. 177

ALESSANDRO MASNAGO
Tätig Mailand 4. Viertel 16. Jahrhundert – nach 1612

338 Kamee mit ›Raub der Proserpina‹
Mailand letztes Viertel 16. Jahrhundert
Fassung Prag, um 1610 (?)
Ft. 70/2, S. 446, oben rechts

Achat foliiert; 3,1 × 4,1 cm;
Fassung Gold emailliert, 2 Rubine, 2 Diamanten; 5,4 × 6,3 cm
Die Fassung ist Andreas Osenbruck zuzuschreiben
Herkunft: Schatzkammerinventar 1750, S. 21, Nr. 116
Literatur: Morigia 1595, 294; Eichler-Kris 1927, Nr. 208 (dort ältere Literatur); Rossi 1957, Taf. LXb; Gregorietti 1969, 187; Hakkenbroch 1979, Nr. 554

Pluto entführte Proserpina, die Tochter des Zeus und der Ceres, in die Unterwelt, als sie mit ihren Gespielinnen auf einer Wiese Blumen pflückte. Auf Bitten ihrer Mutter Ceres, der Göttin der Fruchtbarkeit, durfte sie die Hälfte des Jahres zurück auf die Erde, die andere Hälfte mußte sie bei ihrem Gemahl in der Unterwelt verbringen. So entstanden die Jahreszeiten; denn immer wenn sie zurückkehrte, ließ Ceres die Erde erblühen, es wurde Frühling und Sommer; stieg sie hinab, erstarb die Natur im Herbst und im Winter. Die Kamee, hinter der graphische Vorlagen stehen, wurde von Kris überzeugend in das Werk Masnagos eingereiht.

Die Fassung datierte Kris in die 2. Hälfte des 16. Jahrhunderts. Das Volutenwerk und die Details der Goldschmiedearbeit verbinden sie jedoch engstens mit dem schweren Rollwerk an der Blume des Zepters, das Andreas Osenbruck 1615 für Kaiser Matthias vollendet hatte. Wie diese Zepterblume beweist (Ft. 66, S. 442), war Osenbruck ein hervorragender Goldschmied. Er entwickelte jedoch nicht den Phantasiereichtum Jan Vermeyens und stand diesem auch in der Feinheit der Details deutlich nach, obwohl er viele Anregungen von ihm aufnahm. In der Wiener Sammlung sind noch dreizehn weitere Kameen mit der gleichen Fassung, die kaum variiert wird. Wer eine gesehen hat, hat alle gesehen. Die Datierung um 1610 ergibt sich aus der Tatsache, daß Osenbruck nach jüngst aufgefundenen Archivalien 1612 eine Zahlung für Arbeiten erhalten sollte, die er noch für Rudolf II. ausgeführt hatte. Da seine Hand sonst von keinem Objekt aufzufinden war, ist dabei am ehesten an diese Kameefassungen zu denken, deren Beauftragung dem sparsamen Matthias kaum zuzutrauen ist.

R. D.

Wien, Kunsthistorisches Museum, Sammlung für Plastik und Kunstgewerbe, Inv. Nr. XII 30

NIKOLAUS PFAFF (?)

339 Deckelpokal aus Rhinozeroshorn
Prag 1611 *Ft. 68, S. 444*

Rhinozeroshorn, Hauer eines afrikanischen Warzenschweines, Silber vergoldet;
Höhe 49,7 cm, Breite 27,5 cm
Die Schnitzarbeit am Rhinozeroshorn Nikolaus Pfaff zugeschrieben
Herkunft: Aus der Kunstkammer Rudolfs II., Inventar 1607–1611, Nr. 28
Ausstellungen: Zürich 1946/47, Kat. Nr. 183; Stockholm 1948, Kat. Nr. 554; Kopenhagen 1948/49, Kat. Nr. 491; London 1949, Kat. Nr. 339; Washington, New York, Chicago, San Francisco 1949/50, Kat. Nr. 206; Oslo 1952, Kat. Nr. 297; Innsbruck 1952, Nr. 43
Literatur: Ilg 1891, 144, Nr. 14; Kris 1932, Nr. 80; Šip 1968, 31 f.; Bauer-Haupt 1976, Nr. 28; Hayward 1976, 273; Hernmarck 1978, 108, 267; Vocelka 1985, 142; Distelberger 1985, 276

»Das grosse geschnittene geschirr von asino indico oder renotzerhorn, welches uff dem deckel zwey schlangenhörner hatt, in silber vergult gefasst und mit abgegoßnen thierlein von silber übermalt, geziert, verferttigt Ao. 1611.« Zu schade, daß Daniel Fröschl im Inventar von 1607–1611 nicht auch noch die zwei Worte des Meisternamens hinzufügte, denn er wäre der Überlieferung würdig gewesen. Den anschaulichen Charakter des Pokals bestimmt die Grundidee, das Walten dämonischer Kräfte in der Natur zu vergegenständlichen und sie damit zu bannen. Numinoses weht auch den Inventarverfasser an, wenn er von ›Schlangenhörnern‹ spricht, wobei er wohl an sagenhafte Drachen oder Lindwürmer denkt. Ein dominantes Raubtierhaupt schließt das Stück vom

339 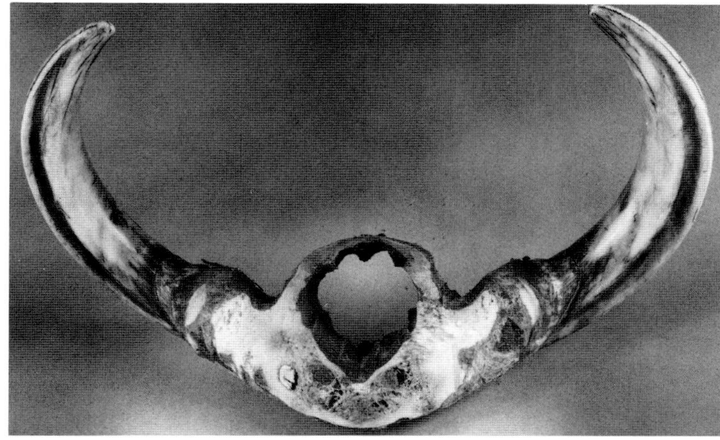

339 

Oberkieferknochen ein, in dem noch die gewaltigen Hauer des afrikanischen Warzenschweines stecken. Sie erscheinen als Hörner des aggressiven Tieres, das zwischen den gefletschten Zähnen eine ›Natternzunge‹ trug, d. h. einen fossilen Haifischzahn, der vor Gift schützen sollte. Das Getier auf Deckel und Fuß, Naturabgüsse von Spinnen, Echsen, Käfern, Fröschen und Krebsen, die realistisch bemalt waren, symbolisiert in dieser Auswahl die negativen Kräfte, die den Mikrokosmos durchwalten. Im Hornpokal selbst setzt sich diese Thematik fort. Am Schaft drängen sich Hundeköpfe durch Korallenstangen. Schlangen und Molche durchsetzen das Geäst, das die Kuppa trägt, in deren Wandung sich noch Insekten zeigen. In den Diagonalen erscheinen vier Gesichter unter dem Mundrand, zwei männliche und zwei weibliche, deren Bedeutung von den vier Elementen über die Jahreszeiten bis zu den vier Weltgegenden reichen kann. Ein makrokosmischer Bezug ist wahrscheinlich. Sie gehören im Typus nicht der Welt der gefährdenden Mächte an. Die heilsamen Kräfte symbolisiert das Horn selbst, dem viele gute Wirkungen zugeschrieben wurden, die Natternzunge und die Koralle, die nicht nur gegen »Aufwallung in den Gedärmen und im Geblüt« wirksam waren, sondern auch gegen Zauberei und bösen Blick.

Die Schnitzarbeit ist dem *Rhinozeroshornpokal mit Satyrn und Korallen* vom ›Hofbeinstecher‹ Nikolaus Pfaff (Kat. Nr. 398) so nahe, daß sie diesem Meister zuzuschreiben ist. Der Hornpokal ist demnach in Prag entstanden. Der Goldschmied steht in der Nürnberger Tradition, in der Naturabgüsse von ›Thierlein‹ seit Wenzel Jamnitzer geläufig waren. Nikolaus Schmidt († 1609) verwendet sie ebenfalls um 1600 auf seinem großen Becken, das er mit Kanne für Rudolf II. schuf und das Fröschl im Inventar für eine Arbeit des alten Jamnitzer hielt (Wien, Kunsthistorisches Museum, Inv. Nr. P 1138). Von den kaiserlichen Kammergoldschmieden dieser Zeit könnte Benedikt Krug Nürnberger Herkunft gewesen sein (aus der bekannten Goldschmiedefamilie der Krug). Wir kennen jedoch keine Werke von ihm, so daß wir mit diesem Namen in den Bereich der Spekulation kommen. In Nürnberg wurde der Pokal wohl nicht gefaßt, sonst wäre er gemarkt. Der Augsburger Anton Schweinberger, dem der Pokal früher zugeschrieben wurde, scheidet als Autor auf alle Fälle aus, weil er schon 1603 verstarb. R. D.

Wien, Kunsthistorisches Museum, Sammlung für Plastik und Kunstgewerbe, Inv. Nr. 3709

340

340

341

ANTON SCHWEINBERGER
Augsburg Mitte 16. Jahrh.–Prag 1603

340 Seychellennuß-Kanne
Prag 1602 *Ft. 69, S. 445*

Halbe Seychellennuß (von der Lodoicea Seychellarum), Silber, teilweise vergoldet; Höhe 38,5 cm, Deckelgruppe Höhe 16,9 cm
Bezeichnet auf der Unterseite des Fußes: A. Schweinberger.f.
Die Reliefs auf der Nuß Nikolaus Pfaff zugeschrieben
Herkunft: Aus der Kunstkammer Rudolfs II., Inventar 1607–1611, Nr. 296
Ausstellungen: Zürich 1946/47, Kat. Nr. 155; Amsterdam 1947, Kat. Nr. 363; Stockholm 1948, Kat. Nr. 553; Kopenhagen 1948/49, Kat. Nr. 490; London 1949, Kat. Nr. 338; Washington, New York, Chicago, San Francisco 1949/50, Kat. Nr. 205; Oslo 1952, Kat. Nr. 296; Innsbruck 1952, Kat. Nr. 42
Literatur: Leitner 1870–73; 11, Kris 1932, Nr. 79; Hayward 1976, 272 f. und Nr. 579; Bauer-Haupt 1976, Nr. 296; Hernmarck 1978, 267; Seling 1980, Bd. I, 61, Bd. III. Nr. 1030; Fritz 1983, 63 und Nr. 242; Distelberger 1985, 275 f.

Die ›Kanne‹ reiht sich ein in die Meisterwerke der Prager Goldschmiedekunst um 1600. Schweinberger gelang eine Arbeit von einzigartiger Geschlossenheit, die weit mehr ist als nur die Fassung einer seltenen exotischen Naturalie. Die Nuß wurde damals als Schwemmgut bei den Malediven gefunden und galt als Frucht des Meeres. Das erklärt die Motive aus der Welt der Seewesen, die das ganze Werk durchziehen. Zwei Rücken an Rücken sitzende Tritonen tragen das Gefäß und leiten mit ihren vorgebeugten Köpfen und ausgreifenden Armen fließend in die ausladende Horizontale des schifförmigen Kannenkörpers über. Ihrer plastischen Dynamik antwortet am Deckel die bewegte Gruppe des auf einem Hippokampen reitenden Neptun (Dreizack fehlt). Das schwere Roll- und Schweifwerk von Schnabel und Handhabe hält das Gleichgewicht in den beiden anderen Ecken der rhombischen Komposition, die in der Ansicht der Schmalseite durch die zusätzlichen Hermenhenkel abgewandelt wird. Eine gewisse Ambivalenz der Formen durchzieht die gesamte Gestaltung. Das Gefäß selbst bleibt eben durch die seitlichen Henkel in Schwebe zwischen Kanne und Terrine. Über die Tritonen des Fußes läuft ein fließendes Ornament hinweg, das seinerseits durch ihre Körper ins Gegenständliche transformiert wird. Auf den Schmalseiten vor den Tritonen kommt es übrigens zu frühen Bildungen in reinem Ohrmuschelstil. Der Wechsel von Gold und Silber in der Oberfläche steigert die Mehrschichtigkeit und wirkt zugleich klärend in den verschwimmenden Grenzen zwischen Abstraktion und Vergegenständlichung. Bei der kräftigen Handhabe am Rücken, deren optisches Gewicht den Spangen an der Flanke der asymmetrischen Nuß erst die Mitte gibt, verwandelt sich das Schweifwerk in ein geducktes Wesen, das mit seinen Flossenarmen auf die Gefäßschulter ausgreift. Anderseits durchweht das ›Reiterdenkmal‹ dieses Deckels derselbe Schwung, der das Ornament bewegt. Vergleicht man das Werk mit dem schiffsförmigen Pokal von Johann I. Lencker in der Schatzkammer der Residenz München (um 1614; Seling 1980, Farbtafel IV) oder mit der Seychellennuß auf dem Kunstschrank in Uppsala (um 1630; Seling 1980, Farbtafel III), wird augenscheinlich, in welchem Maße Schweinberger eine Harmonisierung der Formen gelungen ist. Er spielt klare vertikale und horizontale Linien (die Diagonalen der rhombischen Komposition) gegen die Dynamik von Figuren und Schweifwerk aus, wobei das Ornament deren Kreuzung verschleift. Aus dieser Spannung entstand ein Werk von innerer Monumentalität, ein Denkmal Neptuns. In spannungsreichem Kontrast zur Plastizität des Silberwerks stehen auch die subtilen Flachreliefs der Nuß mit Darstellungen von Meergötterpaaren. Sie ordnen sich stilistisch nahtlos den gesicherten Werken Nikolaus Pfaffs zu. Die Maskarons am oberen Rand wiederholen sich ähnlich am Sockel der kleinen *Venusstatuette* aus Wien (Kat. Nr. 395), und die Nymphen sind in Körpermodellierung, Gesichtsschnitt und kapriziöser Handhaltung Geschwister der *Danae* aus Lyon (Kat. Nr. 394). Der Stil Pfaffs ist offensichtlich vom Einfluß Sprangers geprägt.

Die Kanne ist die einzige gesicherte Arbeit Schweinbergers, der seit 1. Mai 1587 Kammergoldschmied Rudolfs II. war. Im Kunstkammerinventar taucht er mit mehreren Werken auf, darunter auch figürlicher Silberplastik, so daß man annehmen darf, er habe nicht der Phantasie fremder Inventoren bedurft. Seine *Seychellennuß-Kanne* atmet jedoch den Geist des Prager Künstlerkreises um Adrian de Vries und Bartholomäus Spranger, und sie hat sich dabei deutlich von Augsburg entfernt. Diese »Fassung« hat mit ihrem künstlerischen Anspruch den Bereich dessen, was man gewöhnlich unter Kunsthandwerk versteht, weit hinter sich gelassen.

Im Inventar von 1607/11 ist ein Becken Schweinbergers erwähnt (Nr. 1556), das zu dieser Kanne gehörte und unvollendet geblieben war. Daraus ist zu schließen, daß die Kanne die letzte Arbeit des Meisters war, die demnach in das Jahr 1602 zu datieren ist. R. D.

Wien, Kunsthistorisches Museum, Sammlung für Plastik und Kunstgewerbe, Inv. Nr. 6872

341

JAN VERMEYEN
Brüssel vor 1559 – Prag 1606

341 Bezoar-Becher
Prag um 1600 *Ft. 71, S. 447*

Bezoar, Gold emailliert; Höhe 14,5 cm
Herkunft: Aus der Kunstkammer Rudolfs II.
Ausstellungen: Amsterdam 1947, Kat. Nr. 377; Stockholm 1948, Kat. Nr. 414; Kopenhagen 1948/49, Kat. Nr. 357; London 1949, Kat. Nr. 402; Washington, New York, Chicago, San Francisco 1949/50, Kat. Nr. 216; Oslo 1952, Kat. Nr. 308; Innsbruck 1952, Kat. Nr. 53
Literatur: Leitner 1870–73, 12; Weixlgärtner 1928, 300f.; Planiscig-Kris 1935, 111, Nr. 25/12; Fillitz 1950, 91; Van Tassel 1973, 252 (dort weitere Literatur zu Bezoar); Cocheton-Poulet, 1973, 3584; Scheicher 1979, 166; Vocelka 1985, 142; Distelberger 1985, 231

Bezoare wurden entweder äußerlich durch Auflegen auf Wunden, Insektenstiche usw. angewendet oder innerlich, indem sie pulverisiert mit einem Getränk eingenommen wurden. Kleinere Bezoare legte man oft in Becher, um dann die heilende Wirkung des angesetzten Wassers zu genießen (z. B. Inventar 1607–1611, Nr. 13, 14, 16, 25, 290, 298). Eine andere Möglichkeit war, den Bezoar selbst auszuhöhlen und als Gefäß zu benützen. Da man dem Stein vor allem die Eigenschaft zuschrieb, den Getränken Gift zu entziehen oder es unwirksam zu machen, war ein solcher Becher ein trefflicher Schutz gegen hinterhältige Anschläge (vgl. zum Bezoar auch Kat. Nr. 409). Rudolf II. lebte in seinen späten Jahren in der Angst, ermordet zu werden und nahm Bezoarpulver auch gegen die Melancholie ein. Anselmus Boetius de Boodt berichtet in seinem Steinbuch von 1609, in dem er sich auch ausführlich über die heilsamen Wirkungen des Bezoars verbreitet, Rudolf habe aus einem Bezoar von der Größe eines Ganseies oder etwas größer einen Becher anfertigen lassen. Man habe darinnen wohlriechende Kräuter gefunden, die verkrustet waren (de Boodt [1609] 1647, Kap. CXCI). Es könnte dabei von diesem Stück die Rede sein. Unser Bezoar ist chemisch sehr komplex zusammengesetzt und enthält auch Haareinschlüsse (van Tassel 1973, 252).

Die Goldemailfassung ist ein Meisterwerk Jan Vermeyens. Er punziert hier den Goldgrund unter den transluziden Emails fast noch feiner als an den Emailbändern der Rudolfskrone. Die Kostbarkeit des Steins und die persönliche Verwendung durch den Kaiser forderten höchsten Anspruch. Die Spangen sind der unregelmäßigen Außenwandung nachgegossen. Selbst im Inneren des zweischaligen Deckels liegt noch ein minuziös emailliertes Medaillon. Auf Fuß und Deckel ordnete Vermeyen die Grotesken in perfekter Symmetrie über zwei Achsen. Diese Emails, die der Krone so nahestehen, bestätigen mit ihrem Motivreichtum viele andere Zuschreibungen an den virtuosen Meister. Die merkwürdig nackten, mondgesichtigen Köpfe der Sphingen beispielsweise wiederholen sich auf den Fassungen mehrerer Gefäße aus Achat, Jaspis oder Nephrit. Andere Ornamente variiert Vermeyen auf der Rückseite von Ottavio Miseronis *Madonnenkamee* (Kat. Nr. 375) usw. Die Nähe zur Krone und zu der erwähnten Kamee legen eine Datierung in die ersten Prager Jahre Vermeyens nahe. R. D.

Wien, Kunsthistorisches Museum, Sammlung für Plastik und Kunstgewerbe, Inv. Nr. 3259

JAN VERMEYEN
Brüssel vor 1559 – Prag 1606

342 Narwalhornbecher
Prag 1600–1606 *Ft. 72, S. 448*

Narwalhorn (›Einhorn‹), Gold emailliert, Diamanten, Rubine, Doppelkamee aus Achat; Höhe 22,2 cm

342

Herkunft: Aus der Sammlung Rudolfs II., Matthiasinventar 1619, Nr. 899
Ausstellungen: Stockholm 1948, Kat. Nr. 413; Kopenhagen 1948/49, Kat. Nr. 336; London 1949, Kat. Nr. 401; Washington, New York, Chicago, San Francisco 1949/50, Kat. Nr. 215; Oslo 1952, Kat. Nr. 307; Innsbruck 1952, Kat. Nr. 52
Literatur: Leitner 1870–73, 12; Chytil 1921, 27; Eichler-Kris 1927, Nr. 323; Weixlgärtner 1928, 297ff.; Schönberger 1935/36, 220ff.; Einhorn 1976, passim (wichtigste Literatur zum Thema Einhorn); Scheicher 1979, 166; Distelberger 1985, 281

Der Becher gehörte zu den kostbarsten Stücken des Schatzes Kaiser Rudolfs II. Er war, wie auch die Krone, nicht in der Kunstkammer aufbewahrt. Im Nachlaßinventar des Matthias von 1619 ist er unmittelbar nach den Kroninsignien angeführt. Im selben Jahr wird er auf 4500 Gulden geschätzt (Jahrbuch, Bd. 26, 1906/1907, XVII, Regest 19454). Das Kostbarste daran war das Einhorn. Der Wert der Goldemailarbeit und der Edelsteine wurde damals mit 2809 Gulden festgelegt. Schon der ›Physiologus‹, ein antikes Tierbuch, geschrieben um 200, sah im Einhorn ein Symbol Christi. Seit der Zeit um 1200 wurde das Einhorn mit dem Stoßzahn des Narwals gleichgesetzt (Schönberger 1935/36, 195). Das Horn des sagenhaften Tieres wurde zum Symbol der göttlichen Macht und der Heilssendung Christi, von dem sich alle irdische Macht herleitet. Es wurde daher für Insignien verwendet (z. B. Bischofsstäbe, Zepter des Matthias: vgl. Schönberger 1935/36, 234 ff.). Darüber hinaus schrieb man ihm größte Heilwirksamkeit zu. Nach Anselmus Boetius de Boodt, dem Leibarzt Rudolfs II., ist das Einhorn bei den Edelsteinkundigen und Fürsten seit jeher so hoch geschätzt, weil es durch nichts übertroffen wird bei der Erkennung, Vorbeugung und Überwindung jeglichen Giftes, so daß es den Preis des Goldes bei weitem übersteigt (de Boodt [1609], 1647, 429). Daraus erklärt sich der hohe Anspruch bei der Verarbeitung zu einem Gefäß.

In der Goldemailarbeit sah Chytil die Hand Jan Vermeyens, Weixlgärtner schrieb sie hingegen Andreas Osenbruck, dem Meister des Zepters, zu. Inzwischen ist unser Auge für die Eigenart der beiden Meister wesentlich schärfer geworden. An der Autorschaft Vermeyens ist nicht zu zweifeln. Zahlreiche Details und die Handweise verbinden das kostbare Stück engstens mit der Krone: Der weiße Reliefemaildekor um die Steine an Deckel, Mundrand und Boden findet sich entlang der Rubinobelisken in den kleineren Lilien der *Krone* und am *Taufkännchen* (Einleitung S. 451), die reichen Fruchtfestons am Boden, in denen oft auf einer Birne vier verschiedene Emailfarben vorkommen, haben ihre Entsprechung in den Fruchtbündeln der großen Kronlilien und das bunte Tiefschnittemail auf weißem Grund am Innenrand der Lippe in den Emailbändern der Mitra. Die Vergleiche ließen sich dabei bis in kleinste Details fortsetzen. Schließlich sei noch auf die kleinen Köpfchen mit roten Gehängen unter dem Kinn am Wulst des Bodens verwiesen, die ähnlich an den Fassungen der *Venus und Amor-Kamee* (Kat. Nr. 347) und der *Jupiter und Io-Kamee* (Kat. Nr. 348) vorkommen. In den leeren Löchern zwischen den Diamanten saßen ursprünglich wohl noch Fruchtbündel.

Die Doppelkamee auf dem Deckel stellt auf der einen Seite vermutlich Mars und Venus, auf der anderen ein weibliches Brustbild dar. Aus dem Vergleich des Schleiers und der Haarbehandlung der Dame mit der *Negervenus* (Kat. Nr. 349) und den mit ihr verwandten Stücken ergibt sich die Zuschreibung an die Mailänder Miseroni-Werkstatt. R. D.

Wien, Kunsthistorisches Museum, Sammlung für Plastik und Kunstgewerbe, Inv. Nr. 1113

343

JAN VERMEYEN
Brüssel vor 1559 – Prag 1606

343 Schale
Prag um 1600 *Ft. 73, S. 489*

Chalzedon, Fassung Gold emailliert; Höhe ohne Henkel 8,2 cm, Dm. 12,2 cm; Höhe mit Henkel 10,2 cm, Länge 17,2 cm, Breite 12,2 cm
Die Steinschneidearbeit möglicherweise von Ottavio Miseroni
Herkunft: Aus der Kunstkammer Rudolfs II., Inventar 1607–1611, Nr. 1341
Ausstellungen: Stockholm 1948, Kat. 404; Kopenhagen 1948/49, Kat. Nr. 327; London 1949, Kat. Nr. 415; Washington, New York, Chicago, San Francisco 1949/50, Kat. Nr. 222; Oslo 1952, Kat. Nr. 314; Innsbruck 1952, Kat. Nr. 59
Literatur: Leitner 1870–73, 11

Der Anspruch des Steinschneiders und des Goldschmiedes halten sich in dieser Schale die Waage. Der Glyptiker hebt die Wirkung des selten gleichmäßigen durchscheinenden Steins, indem er ihn mit größter Präzision bis auf nur etwa eineinhalb Millimeter (am oberen Rand) ausschleift. Gegen den Fuß hin wird die Wandung bis zu 4 mm stark. Die Schale bietet kaum einen Anhaltspunkt für eine Zuschreibung. Mit Ottavio Miseroni können ähnliche extreme Dünnschliffe bei Gefäßen in Wien in Verbindung gebracht werden, so daß dieses Virtuosenstück aus seinem Atelier stammen könnte.

Zum Kunstkammerstück wird die Schale vollends durch die opulente Fassung. Die hochgezogenen Handhaben bestehen aus weiß emaillierten Füllhörnern, in denen feinstens punzierte biegsame Äste stecken. Aus ihnen entwickeln sich zugleich die Spangen, die den goldenen Mundrand mit dem Standring verbinden und beide zusammen auf dem dünnen Chalzedon halten. Um die Ästchen winden sich Weinranken mit roten Trauben und oben blaue Schlangen, die tief in das Schaleninnere züngeln. Die meisterhafte Goldarbeit trägt alle Züge der Handschrift Jan Vermeyens. Das Tiefschnittemail des Mundrandes findet nur in jenem der Krone eine adäquate Entsprechung, und der minuziöse Dekor der zarten blauen Abschlußleiste wiederholt sich exakt auf der Rückseite der *Madonnenkamee* Ottavios (Kat. Nr. 375) und am Fuß der *Bacchusschale* (Kat. Nr. 366). Die Einfachheit der Schalenform und der Reichtum der Fassung steigern sich gegenseitig zu edelster Wirkung. Das Kunstkammerinventar von 1607–1611 beschreibt das Stück als »ein rund geschirl von chalzedon, das mundstuckh von gold, die handheb, fueß, fruchthörnl, nattern«.

In der Edition des Inventars ist es noch nicht identifiziert. R. D.

Wien, Kunsthistorisches Museum, Sammlung für Plastik und Kunstgewerbe, Inv. Nr. 1665

JAN VERMEYEN zugeschrieben
Brüssel vor 1559 – Prag 1606

344 Prasemschale
Prag 1600–1606 *Ft. 74, S. 490*

Prasem, Gold, teilweise emailliert, Granate, an der Spitze des Deckels ein Citrin, im Deckelinneren ein großer Amethyst, im Schalenboden ein großer Hyazinth; Höhe 23,5 cm, Dm. 17,6 cm
Die Steinschneidearbeit vielleicht von der Miseroni-Werkstatt nach Entwurf Vermeyens
Herkunft: Aus der Kunstkammer Rudolfs II., Inventar 1607–1611, Nr. 1437
Ausstellungen: Stockholm 1948, Kat. Nr. 403; Kopenhagen 1948/49, Kat. Nr. 326; London 1949, Kat. Nr. 414
Literatur: Planiscig-Kris 1935, 106, Nr. 20/8; Bauer-Haupt 1976, Nr. 1437; Scheicher 1979, 163; Leithe-Jasper–Distelberger 1982, 111; Distelberger 1985, 284

Bei diesem Prunkgefäß gehört die Krone dem Goldschmied, dessen Entwurf der Arbeit des Steinschneiders zugrunde gelegen sein muß. Dies ist wohl die Ursache für die ungewöhnliche Form der Schale mit ihrem hochgezogenen Fuß, dem schlanken Schaft und dem überaus aufwendig gearbeiteten Deckel. Sie steht in ihrer Art völlig vereinzelt da. Der lauchgrüne Stein, der sich auch in Böhmen fand, ist an Fuß und Schale extrem dünn auf 1,2–2 mm Wandungsstärke ausgeschliffen. Nur das ist ein Hinweis, daß er in Ottavio Miseronis Atelier bearbeitet worden sein könnte; der Stil Ottavios ist es nicht.

Die Goldarbeit ist mehr als eine Fassung, denn erst sie schafft aus den Steinteilen eine

344

Deckelschale. An ihrer Entstehung in Prag hat nie jemand gezweifelt. Dafür spricht allein schon die typische Versetzung von Granatbändern an Fuß, Schaft und vor allem im Schaleninneren. Die Meisterfrage wurde durch den Sammelbegriff ›Prager Hofwerkstatt‹, der gelegentlich für alles Ungeklärte steht, nie angeschnitten. Für die Gestaltung des Deckels gibt es keine Parallele. Sie macht besonders deutlich, wie der Steinschneider mit seinen leicht gewölbten herzförmigen Plättchen im Dienst des Goldschmiedes steht. Mit bekannten Prager Arbeiten ist nur die eigentliche Goldemailarbeit zu vergleichen. Hier gibt sich in kleinsten Details Vermeyen zu erkennen. Die roten Blüten finden sich auf dem Taufkännchen wieder und (ohne Kügelchen im Zentrum) unter den Perlen auf dem Kronenbügel. Die flankierenden gespaltenen Voluten, die ein Steg verbindet, sind aus den Kronenlilien bekannt. Mit freiem Auge kaum sichtbar sind die charakteristischen gegenständigen Halbmöndchen und Kreuzblätter auf den zarten weißen Emailstreifen beiderseits des Granatringes an der oberen Schaftfassung, die sich auf der *Chalzedonschale* (Kat. Nr. 343), auf der *Bacchusschale* (Kat. Nr. 366) und auf der Rückseite der *Madonnenkamee* (Kat. Nr. 375) wiederfinden. Derart miniaturhaft arbeitete in Prag nur Vermeyen, und das Motiv wiederholt sich wie eine Geheimsignatur. Nun bemerkt man auch Vermeyens Motive im schwarzen Emaildekor der glatten Goldbänder auf der Schalenunterseite. Die Verfremdung entstand durch den Wechsel der Technik, die wiederum der Einfühlung des Meisters in den Charakter des Steines entsprang, den das Gold besser hebt als buntes Email. Angesichts des Arbeitsaufwandes für den Deckel fühlt man sich an Vermeyens Fünfzeiler auf der Rückseite der Göttinger Zeichnung (Kat. Nr. 280) erinnert: »Nicht ohne Arbeit, in Hoffnung auf Gewinn, sieht man den Landmann die Ernte erwarten; so müssen auch die Liebhaber der Künste mit Herz und Sinn stetig und fleißig arbeiten, wenn sie sich im Lusthof der Künste ergehen wollen« (nach Stechow 1930, 267). R. D.

Wien, Kunsthistorisches Museum, Sammlung für Plastik und Kunstgewerbe, Inv. Nr. 1918

JAN VERMEYEN
JACOPO DA TREZZO
Vermeyen: Brüssel vor 1559 – Prag 1606
Trezzo: Mailand um 1514 – Madrid 1589

345 Kamee mit ›Bildnis der Lucretia‹
Madrid um 1560–1570;
Fassung Prag um 1602
Ft. 75/3, S. 491, unten links

Achat; 3,5 × 2,4 cm
Fassung Gold emailliert, 5,8 × 5,2 cm
Herkunft: Aus der Sammlung Rudolfs II., Matthiasinventar 1619, Nr. 926 oder 933(?)
Ausstellungen: Zürich 1946/47, Nr. 166; Amsterdam 1947, Nr. 408; Stockholm 1948, Nr. 502; Kopenhagen 1948/49, Nr. 424; London 1949, Nr. 511
Literatur: Eichler-Kris 1927, Nr. 204 (dort ältere Literatur); Steingräber 1956, S. 112 und Abb. 183; Rossi 1957, Taf. XL III C; Evans 1970, S. 119 und Taf. 90a; Heiniger 1974, 229; Hackenbroch 1979, Nr. 556; Distelberger 1985, 278 (zu Vermeyen), 282 und Abb. 270

Ernst Kris hat die Kamee mit guten Gründen Jacopo da Trezzo zugeschrieben. Der Steinschneider verstand es meisterhaft, die natürlichen Farben des Achats seinem Thema dienstbar zu machen. Vor bläulichem Grund bildet eine starke rötliche Schicht das Inkarnat der Figur. Eine dünne weiße Lage bedeckt den Körper mit dem Schleier des Hemdes.

Die wegen ihrer Schönheit und Tugend gefeierte Römerin Lucretia stößt sich verzweifelt den Dolch in die Brust, weil sie ihre Entehrung durch Tarquinius nicht ertragen kann.

Rudolf II. könnte den wunderbaren Stein aus Spanien mitgebracht haben, wo er zweifellos mit Trezzo beim Bau des Escorials zusammentraf. Erst den Meister seiner Krone hielt er für würdig, ihn zu fassen. Jan Vermeyen gleicht die unregelmäßige Form der Kamee mit Hilfe des inneren Rahmens aus und legt einen symmetrischen Kranz aus Rollwerk mit Blüten und Fruchtbündeln herum. Das Mittelmotiv in der Querachse wiederholt sich bei den Doppelperlen des *Kronreifs* (siehe Ft. 65, S. 441) und klärt uns darüber auf, daß auch dort auf den weißen Plättchen ehemals je eine Emailperle saß. Die Zuschreibung an Vermeyen gründet sich auf dieses Motiv und auf die gleiche Handweise der Goldemailarbeit. Da es geradezu eine Eigenheit dieses Meisters ist, sein ornamentales Formenvokabular von Stück zu Stück abzuwandeln, dabei aber schon einmal gebrauchte einzelne Motive wie eine Signatur stehenzulassen, ist auch die Datierung dieser Fassung in die Nähe der Krone zu rücken, die 1602 vollendet war. R. D.

Wien, Kunsthistorisches Museum, Sammlung für Plastik und Kunstgewerbe, Inv. Nr. XII 97

JAN VERMEYEN
ALESSANDRO MASNAGO
Vermeyen: Brüssel vor 1559 – Prag 1606
Masnago: Tätig Mailand 4. Viertel 16. Jahrhundert – nach 1612

346 Kamee mit ›Madonna mit dem Kind‹
Mailand um 1590
Fassung Prag um 1602
Ft. 75/4, unten rechts, S. 491

Kamee aus Achat, 3,3 × 4 cm;
Fassung Gold emailliert; 5,5 × 5,5 cm
Herkunft: Aus der Sammlung Rudolfs II., Schatzkammerinventar 1750, S. 6, Nr. 27
Literatur: Morigia 1595, S. 294; Eichler-Kris 1927, Nr. 218

Wie durch ein Wunder der Natur entbirgt sich die Madonna dem Gewölk des bunten Achats. Die himmlische Erscheinung vermittelt den Eindruck, einerseits schon immer im Stein dagewesen und andererseits eben im Prozeß des Sicherfüllens zu sein. Der Stoff der Natur erscheint als Subjekt des Sichgestaltens, die Hand des Künstlers befreite die Figur nur zur Anschauung. Die Kamee verweist exemplarisch auf die Haltung, aus der viele Kunstkammerstücke, denen seltene oder edle Materialien der Natur zugrunde liegen, zu verstehen sind. Masnago war berühmt für seine Einfühlung in die Maserung des Achats, aus der diese frappierende Identität von Natur und Gestaltung glückte.

Die Kamee ist für Masnago durch den Bericht Morigias gesichert, nach dem der Künstler für Rudolf II. eine »Madonna col Bambolino in braccio, posta in una nuvola« geschaffen habe. Wie Kris nachgewiesen hat, bekräftigt dies auch der stilistische Befund.

Die Zuschreibung der Fassung an Jan Vermeyen ergibt sich aus der Übereinstimmung mit der Goldemailarbeit der Krone. Das Mittelmotiv der von Voluten flankierten Bögen mit feinen Goldstegen findet sich ähnlich sowohl bei den Doppelperlen des *Kronreifs* als auch an der Fassung der *Lucretiakamee* (Kat. Nr. 345). Anstelle der weißen Plättchen dort sitzen hier Fruchtbündel. Vermeyens Arbeit ist demnach auch in die Nähe dieser Stücke um 1602 zu datieren. R. D.

Wien, Kunsthistorisches Museum, Sammlung für Plastik und Kunstgewerbe, Inv. Nr. XII 815

JAN VERMEYEN
Prager Werkstatt der MISERONI
Vermeyen: Brüssel vor 1559 – Prag 1606

347 Kamee mit ›Venus und Amor‹
Prag 1601–1606
Ft. 76/1, S. 492, oben links

Chalzedon, schwarz hinterlegt; 3 × 2,3 cm
Fassung Gold emailliert; 4,8 × 4 cm
Herkunft: Aus der Sammlung Rudolfs II., Matthiasinventar 1619, Nr. 2264
Literatur: Eichler-Kris 1927, Nr. 262 (dort ältere Literatur); Rossi 1957, Taf. XL II d; Gregorietti 1969, 190

Venus und Amor sind einander in vertraulicher Geste zugewandt. Kris erkannte die motivische Nähe zu einem 1601 datierte Bild gleichen Themas in Privatbesitz, das Hans von Aachen zugeschrieben wird (Abb. bei Peltzer 1911/1912, Fig. 60). Trotzdem bezeichnete er die Kamee als »italienisch, 2. Hälfte 16. Jh.«. Stil und Schlifftechnik der Venus, ihr Diadem und ihre minuziös geschnittene, reiche Frisur, die in der Frontalansicht kaum sichtbar wird, bringen sie in engstem Zusammenhang mit einer Gruppe von Kameen, die der Mailänder Miseroni-Werkstatt zuzuschreiben ist (vgl. dazu Kat. Nr. 374 ff.). Die Beziehung zu Aachens Bild läßt jedoch vermuten, daß der Stein in Prag geschnitten wurde. Neben Ottavio arbeitete dort seit 1598 auch sein Bruder Giovanni Ambrogio als Steinschneider, doch kennen wir von ihm keine gesicherte Arbeit. Das Meisterproblem muß daher vorerst offenbleiben.

Die phantasievolle Fassung zeigt klar die Handschrift Jan Vermeyens. Die astragalierte, blau-weiß-rote innere Rahmenleiste wiederholt sich ähnlich an Masnagos *Madonnenkamee* (Kat. Nr. 346), ebenso die charakteristischen Fruchtbündel und der gerauhte, mit schwarzen Linien gesäumte Grund des Volutenwerkes, die sich auch in gleicher Weise bei der *Lucretia* finden (Kat. Nr. 345). Vermeyen fordert hier für die meisterhafte Variation der Oberflächen, das Spiel der Farben und den Reichtum der Details die höchste Versunkenheit des Schauens und setzt zu allem Überfluß in die Achsen noch die feinstens ausgearbeiteten Köpfchen eines Putto, eines Bärtigen bzw. zwei Löwenköpfe. R. D.

Wien, Kunsthistorisches Museum, Sammlung für Plastik und Kunstgewerbe, Inv. Nr. XII 141

JAN VERMEYEN
ALESSANDRO MASNAGO
Vermeyen: Brüssel vor 1559 – Prag 1606
Masnago: Tätig Mailand 4. Viertel 16. Jahrhundert – nach 1612

348 Kamee mit ›Jupiter und Io‹
Mailand spätes 16. Jahrhundert
Fassung Prag 1600–1606
Ft. 76/2, S. 492, oben rechts

Achat, 5,4 × 5,8 cm; Fassung Gold emailliert; 7 × 7,5 cm
Herkunft: Aus der Sammlung Rudolfs II., Matthiasinventar 1619, Nr. 2227
Literatur: Eichler-Kris 1927, Nr. 211 (dort ältere Literatur)

Der in Liebe zu Io entbrannte Jupiter verwandelt sie in eine weiße Kuh, um sein Verhältnis vor Juno zu verbergen. Juno aber, die hier auf ihrem von Pfauen gezogenen Wagen auftritt, durchschaut ihn und verlangt die Kuh zum Geschenk. Der mutwillige Amor verbirgt sich hinter Jupiters Rücken, zu dessen Füßen der Adler den Blitz im Schnabel hält.

Die Kamee ist das Gegenstück zu *Jasons Kampf um das Vlies* (ebenfalls in Wien, Eichler-Kris, Nr. 210), den Masnago signierte, der aber nur eine einfache Fassung erhielt.

Die Fassung schrieb Kris dem Meister des Zepters, Andreas Osenbruck, zu. Sie ist jedoch engstens mit den Arbeiten Jan Vermeyens verbunden. Dies ist schon an der Feinheit des Goldemails erkennbar, an die Osenbruck nie herankommt. Die Voluten der Hauptachse, das schwellende Rollwerk mit vertiefter Goldrille und goldenem Punkt am Scheitel und die gerollten Keulen mit feinen Goldstegen variieren Motive an Masnagos *Madonna mit Kind* (Kat. Nr. 346), die minuziösen Puttiköpfchen sind Geschwister von jenem an der *Venus und Amor-Kamee* (Kat. Nr. 347). Vermeyen überrascht hier mit einer neuen Variante seines freien Formenspiels. R. D.

Wien, Kunsthistorisches Museum, Sammlung für Plastik und Kunstgewerbe, Inv. Nr. XII 15

JAN VERMEYEN
Mailänder Werkstatt der MISERONI
Vermeyen: Brüssel vor 1559 – Prag 1606

349 Kamee mit ›Negervenus‹
Mailand 3. Viertel 16. Jahrhundert
Fassung Prag 1600–1606
Ft. 76/3, S. 492, unten links

Achat, schwarz und rötlich-braun, 4,8 × 3,5 cm; Fassung Gold emailliert; 6,5 × 5,2 cm
Herkunft: Aus der Sammlung Kaiser Rudolfs II.
Ausstellungen: Stockholm 1948, Nr. 508; Kopenhagen 1948/49, Nr. 430; London 1949, Nr. 513
Literatur: Eichler-Kris 1927, Nr. 297; Distelberger 1985, 282, Abb. 268

In souveräner Beherrschung der unregelmäßigen Maserung des Achats läßt der Meister die runde Schulter und den faszinierenden Kopf der schönen Negerin in sehr hohem Relief hervortreten. Der Kontrast der samtig matten schwarzen Haut zum aufgeregten Gekräusel des Kopfschmucks und zum umschmeichelnden, reich gefältelten, durchscheinend-rötlichen Schleier bildet den besonderen sinnlichen Reiz dieses ungewöhnlichen Stückes.

Stilistisch stimmt die Kamee mit einem weiblichen Brustbild aus Achat in Wien überein, das am linken Armabschnitt die undeutliche Signatur MI (Miseroni) trägt (Eichler-Kris Nr. 296) und um die sich mehrere Kameen gruppieren lassen. Da sich der Stil der Prager Miseroni-Werkstatt deutlich davon abhebt, wird dahinter das Atelier der Mailänder Verwandten vermutet. Allerdings kann die Arbeit noch mit keinem bestimmten Namen verbunden werden.

Die Fassung, von Kris und in Abhängigkeit von diesem auch vom Autor ursprünglich dem Zeptermeister Andreas Osenbruck zugeschrieben, erweist sich im Vergleich mit jener von Masnagos *Jupiter und Io* (Kat. Nr. 348) eindeutig als Werk Jan Vermeyens: Der gleiche innere Rahmen, das gleiche Volutenwerk, die gleiche anspruchsvolle Ausführung sprechen die Formensprache dieses Meisters. R. D.

Wien, Kunsthistorisches Museum, Sammlung für Plastik und Kunstgewerbe, Inv. Nr. XII 806

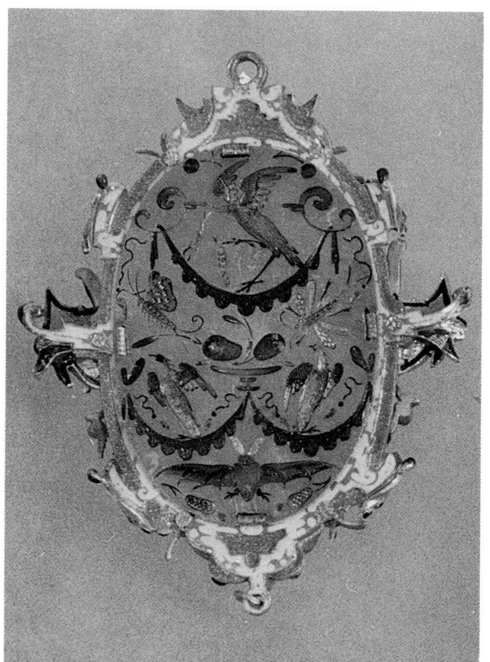

350 Rückseite

schelschale von Ottavio Miseroni (Kat. Nr. 373). In Vermeyens Formenrepertoire gehören die charakteristischen Fruchtbündel, die roten Emailgevierte auf Bögen (vgl. *Lucretia*, Kat. Nr. 345), der gerauhte Grund mit schwarzen Rändern und vor allem das feine Tiefschnittemail auf der goldenen Platte der Rückseite. Stil und Handweise dieser Grotesken mit Vögeln und Insekten sind identisch mit jener der Krone und mit der Rückseite der *Dame mit Federfächer* (Kat. Nr. 377). Wie bei letzterer variiert der Meister Motive aus den Schwarzornamenten des Ornamentstechers und Goldschmieds Hans Hensel (vgl. Bukovinská 1982, 78, Abb. 6). R. D.

Wien, Kunsthistorisches Museum, Sammlung für Plastik und Kunstgewerbe, Inv. Nr. XII 14

351 Rückseite

JAN VERMEYEN
Art des ALESSANDRO MASNAGO
Vermeyen: Brüssel vor 1559–Prag 1606

350 Kamee mit ›Leda mit dem Schwan‹
Mailand letztes Viertel 16. Jahrhundert
Fassung Prag um 1605
Ft. 76/4, S. 492, unten rechts

Achat, schwarz hinterlegt; 3,4 × 2,3 cm; Fassung Gold emailliert; 5,7 ×4,4 cm
Herkunft: Wohl aus der Sammlung Rudolfs II., Schatzkammerinventar 1750, S. 26, Nr. 144 (?)
Literatur: Eichler-Kris 1927, Nr. 229 (dort ältere Literatur); Hackenbroch 1979, Nr. 551; Bukovinská 1982, 78; Distelberger 1985, 282, Abb. 267 und 269

Die Nähe zu den Werken Masnagos begründet Kris mit der Art der Behandlung des Aktes und des Kopfes. Für die Zuschreibung, die problematisch bleibt, gibt es noch keine akzeptable Alternative, da der Kameenschnitt des späten 16. Jahrhunderts ein noch sehr ungenügend bearbeitetes Feld ist.

Die Fassung wurde von Kris in Anlehnung an ihn vom Autor dem Meister des Zepters, Andreas Osenbruck, zugeschrieben. Genauere Untersuchungen der Details lassen in ihr jedoch klar die Hand Jan Vermeyens erkennen. Die innere Leiste in Weiß, Rot, Blau findet sich in abgewandelter Form an der Fassung einer *Mu-*

ALESSANDRO MASNAGO
Tätig Mailand 4. Viertel 16. Jahrhundert – nach 1612

351 Kamee mit dem ›Auszug der Tiere aus der Arche Noah‹
Mailand Anfang 17. Jahrhundert
Fassung Prag um 1606
Ft. 70/4, S. 446, unten rechts

Achat, 4 × 4 cm; Fassung Gold emailliert; 5 × 5,9 cm
Die Fassung Jan Vermeyen zugeschrieben
Herkunft: Aus der Sammlung Rudolfs II., Matthiasinventar 1619, Nr. 2213
Ausstellungen: London 1980/81, Kat. Nr. 67
Literatur: Eichler-Kris 1927, Nr. 224 (dort ältere Literatur); Rossi 1957, Taf. LXI b; Hakkenbroch 1979, Nr. 253

Die Autorschaft Masnagos an dieser Kamee hat Kris durch Stilvergleich hinlänglich belegt. Der Meister nimmt die für Kameen ungewöhnliche, senkrecht zur Bildebene stehende Maserung des Festungsachates in annähernd konzentrischen Kreisen in der Komposition auf. Er legt in die schmalen Bänder den Bogen der ausziehenden Tiere, die Erscheinung Gottes im Himmel, den Regenbogen über der Stadt im Hintergrund und unten die Leichen der Ertrunkenen im grauen Wasser. Die Darstellung geht auf ein Bild Raffaels in den Loggien zurück, das wohl durch einen Stich vermittelt wurde. In die Rückseite ist die *Verkündigung an Maria* vertieft eingeschnitten mit der Beischrift unten: AVE·GRATIA·PLENA.

Zu einem besonderen Juwel wird das Stück durch die Fassung, in der sich dicht gedrängt kompliziertes Rollwerk ineinander verschränkt. Trotz dieser Erfindung völlig neuer Art, die sich an keinem zweiten Stück wiederholt, gibt es kaum einen Zweifel, daß dahinter nur Jan Vermeyen stehen kann. Zahlreiche Details verbinden den üppigen Kranz mit anderen Arbeiten des Meisters: die auffälligen längsrechteckigen Felder mit rotem Email, die Maskarons bzw. Köpfchen in den Achsen und die vier minuziösen Fruchtbündel finden sich an der Fassung der *Venus und Amor-Kamee* (Kat. Nr. 347), die strengen beschlagwerkartigen Ornamente, die gespaltenen Voluten und die schwellenden Bögen in den Lilien der Krone usw.

Auf der glatten, massiv gegossenen Rückseite liegt ein loser Kranz von Blumen und Tieren im Tiefschnittemail. Diesen fehlt wohl die übliche Feinheit der Zeichnung Vermeyens, doch kehren einzelne seiner Motive wieder. Die gleiche ein wenig großzügigere Handweise zeigen die Emails an der Basis der Tischuhr von Schneeberger, die 1606 datiert ist (Kat. Nr. 449). Aus gewissen Eigenheiten der Ziffernschreibung auf dem Uhrblatt (festgestellt von John Leopold), die sich auf den Umschriften der von Vermeyen gefaßten Imperatorenserie in Wien (Eichler-Kris 1927, Nrn. 357–368) exakt wiederholen, ist auch hier seine Hand nachweisbar. Es handelt sich also um späteste Arbeiten aus dem Todesjahr des Meisters, die den Eindruck erwecken, als hätten seine Kräfte plötzlich nachgelassen. R. D.

Wien, Kunsthistorisches Museum, Sammlung für Plastik und Kunstgewerbe, Inv. Nr. XII 28

352

PAULUS VAN VIANEN
Utrecht um 1570 – Prag 1613

352 Cadmus tötet den Drachen
München, Ende 16. Jahrhundert

Plakette aus Blei; Dm. 16 cm
Bezeichnet unten: P.D.V.F. (Paulus de Vianen fecit)
Herkunft: Aus der Sammlung Lanna, Prag
Ausstellungen: Prag 1912, Kat. Nr. 203
Literatur: Leisching 1909, Nr. 1963; Frederiks I, 1952, Nr. 68J; Vokáčová 1973, 37f.; Weber 1975, Nr. 924; Ter Molen 1984, Nr. 74 (dort weitere Erwähnungen in der Literatur)

Cadmus schickte seine Gefährten um Wasser aus, als er Minerva die Kuh opfern wollte, die ihm gemäß der Weissagung des Orakels von Delphi den Ort gewiesen hatte, an dem er die Stadt Theben gründen sollte. Die nahe Quelle des Mars aber bewachte ein Drache, der sich auf die Männer stürzte und sie tötete. Diese Szene beherrscht den Vordergrund der Plakette. Im Hintergrund links besiegt Cadmus den Drachen, indem er ihn mit der Lanze an den Stamm einer Eiche heftet (Ovid, Metamorphosen II, 30–94).

Die Gruppe im Vordergrund wiederholt seitenverkehrt einen Stich von Hendrik Goltzius von 1588 nach einem Bild von Cornelis Cornelisz. van Haarlem von 1585 (London, National Gallery. Abbildungen in: de Bosque 1985, 255–258). Für die Felsen benützte Vianen ein Blatt von Hieronymus Cock aus den ›Variae variorum regionum typographicae Adumbrationes‹ von 1558 als Vorlage.

Stilistisch unterscheidet sich Vianen in den frühen Werken wenig von den zeitgleichen Arbeiten in Augsburg oder Nürnberg: Die Landschaft bleibt schematisch und dekorativ in die Ferne gerückt. Seine Naturstudien setzen erst nach 1600 ein. Für die Hauptmotive der Komposition benutzte Vianen gewöhnlich noch Vorlagen, die er frei kombinierte, wie dies für Goldschmiede üblich war. Frederiks datiert die Plakette an den Anfang der Münchener Zeit Vianens um 1597. R. D.

Prag, Kunstgewerbemuseum, Inv. Nr. 11491

PAULUS VAN VIANEN
OTTAVIO MISERONI (?)
Vianen: Utrecht um 1570 – Prag 1613
Miseroni: Mailand 1567 – Prag 1624

353 Krug
Prag 1608 *Ft. 77, S. 493*

Hellbrauner Jaspis mit roten Flecken, Gold gegossen; Höhe 35,5 cm
Bezeichnet und datiert durch Gravur auf der Unterseite des inneren Fußringes: P.D.V.F 1608 (Paulus de Vianen fecit 1608)
Die Jaspiskanne Ottavio Miseroni zugeschrieben, vor 1600 (?)
Herkunft: Aus der Kunstkammer Rudolfs II., Inventar 1607–1611, Nr. 1363
Ausstellungen: Zürich 1946/47, Kat. Nr. 157; Amsterdam 1947, Kat. Nr. 365; Stockholm 1948, Kat. Nr. 463; Kopenhagen 1948/49, Kat. Nr. 386; London 1949, Kat. Nr. 457; Washington, New York, Chicago, San Francisco 1949/50, Kat. Nr. 211; Oslo 1952, Kat. Nr. 302; Innsbruck 1952, Kat. Nr. 48; Utrecht 1984/85, Kat. Nr. 23, Wien 1987, Kat. Nr. VIII 56
Literatur: Leitner 1870–73; Modern 1894, 71ff.; Schlosser 1901, 21; Kris 1929, Nr. 629–631; Kris 1932, Nr. 90; Frederiks I, 1952, Nr. 78U; Honour 1971, 100f.; Hayward 1976, 269, 274, 394; Bauer-Haupt 1976, Nr. 1363; Hernmarck 1978, 267; Distelberger 1978, 126f.; Ter Molen 1984, 23 u. Kat. Nr. 15 (dort weitere Literatur); Distelberger 1985, 277; Vocelka 1985, 138

Das einzigartige Kunstkammerstück wirkt wie aus einem Guß und entstand doch in seiner jetzigen Form in zwei Ansätzen. Der Krug hat einen polierten Standring und bedurfte ursprünglich keiner Fassung. Er war ein aus einem Block geschnittenes Virtuosenstück. Ein offenes Problem ist die Herkunft des Kruges. Aufgrund der sich an die Tradition der Mailänder Miseroni-Werkstatt anschließenden Einzelmotive, speziell des Drachens am Henkel, der mit seinen Flügeln den Schenkrand umspannt, und der Maske unter dem Schnabel, wurde das Gefäß nach Mailand lokalisiert (Distelberger 1978, 126ff.). Es gibt aber auch gewichtige Argumente für eine Entstehung im Atelier Ottavio Miseronis in Prag. Die Mailänder Krüge haben alle eine Ei-Form mit der Spitze nach unten und einen eingezogenen Halsansatz. Ihr Fuß erfordert immer eine Fassung, und die spitz zulaufenden, voneinander abgerückten Zungen des Jaspiskruges sind den Mailändern fremd. Auch die Prager Werkstatt greift in der ersten Periode häufig auf Mailänder Motive zurück. Schließlich spricht auch der weiche Schnitt der Details für Ottavio. Der Krug könn-

353

te demnach vor 1600 in Prag entstanden sein, als Ottavio gelegentlich versuchte, ohne Fassung auszukommen.

Die Fassung wurde angebracht, als der Drachenkopf, der aus einem Jaspis von körnigerer Struktur besteht, um 1608 neu angestückt werden mußte (dazu Näheres bei Distelberger 1978, 128). Da Vermeyen damals nicht mehr lebte, wurde Paulus van Vianen mit der für ihn ungewöhnlichen Aufgabe einer Gefäßfassung betraut. Er entledigte sich ihrer mit größter Bravour. Ein Draperiestück, mit einer Rosette zwischen den Brüsten des Drachens befestigt, verdeckt die Stückung. Diese Goldarbeit allein wäre ein unverständlicher Fremdkörper am Krug, der ursprünglich sogar einen Deckel aus Jaspis gehabt haben könnte, wie aus der Bildung des Schenkrandes zu schließen ist. Vianen erfindet einen Deckel, auf dem sich eine Nereide in graziler Drehung aus dem Wasser erhebt und den im Verhältnis zu ihr mächtigen Drachen an die Kette nimmt. Das Halsband des Drachens hielt man für eine spätere Zutat, die einen neuerlichen Bruch verdecken sollte. Es war aber wie der Hals ehemals seitlich durchbohrt, um den Querstab aufzunehmen, der dem Deckel als Scharnier diente, der heute ohne Halterung auf dem Krug liegt. Vianens geschmeidiges Figürchen bildet im Gesamtumriß die Antithese zu den Ausladungen des Henkels und brachte neue Proportionen und Wirkungen ins Spiel, die auch am Fuß eine Antwort erforderten. Da das Steinprofil keinen Ansatz für die Fassung vorsah, verfiel der Meister auf die geniale Idee, den breiten Ring durch vier Köpfe von Steinböcken – dem selbstgewählten Sternzeichen Rudolfs II. – zu teilen. Ihr Gehörn, das von innen abschraubbar ist, hält den gegossenen Reif. In den Flächen liegen Jupiter mit Blitz und Adler, Juno mit Pfau, Pluto mit Zerberus und Amphitrite mit Dreizack und Delphin. Ihre Köpfe erheben sich vollrund. Sie symbolisieren die vier Elemente, Feuer, Luft, Erde und Wasser. Vianen gab dem Werk durch seine Ergänzung eine neue Dimension mit einer auf den Kaiser bezogenen universalen Allegorie. R. D.

Wien, Kunsthistorisches Museum, Sammlung für Plastik und Kunstgewerbe, Inv. Nr. 1866

PAULUS VAN VIANEN
Utrecht um 1570 – Prag 1613

354 Deckelbecher mit der Geschichte von Diana und Aktaeon
Prag 1610

Gold; Höhe 18,5 cm
Bezeichnet und datiert auf der Unterseite des Fußes: S. Caes. Mtis. aur. Paulus de Viana. Vltraiectensis. fe. 1610. (Ihrer kaiserlichen Majestät Goldschmied Paulus van Vianen aus Utrecht machte es 1610)
Herkunft: Herzog Heinrich Julius von Braunschweig; Prinzessin Albertina Agnes, Leeuwarden 1681; Prinz Frederik der Niederlande 1858
Ausstellungen: Amsterdam 1858, Kat. Nr. 23; Delft 1863, Kat. Nr. 3238; Paris 1867, S. 61, Nr. 173; Amsterdam 1880, Kat. Nr. 236; New York 1979/80, Kat. Nr. 30; Utrecht 1984/85, Kat. Nr. 24
Literatur: Van der Kellen 1861, 12; Modern 1894, 68, 88; Frederiks I, 1952, Nr. 89 GG; Duyvené de Wit-Klinkhamer 1955, 185, 187; Hayward 1976, 274; Ter Molen 1984, 23, 50 und Nr. 16 (dort weitere Literatur)

Die Goldschmiedearbeiten Vianens aus seiner Prager Zeit (1603–1613) gehören zu den künstlerisch qualitätvollsten Leistungen, die damals in Europa auf diesem Gebiet erbracht wurden. Der Goldbecher ist eines der Hauptwerke des Meisters. Die Becherwandung stellt die Geschichte von Diana und Aktaeon in zwei Szenen dar: Der Jäger Aktaeon überrascht Diana beim Bad mit ihren Gefährtinnen, worauf ihn die Göttin für diesen Frevel in einen Hirsch verwandelt; Jagd auf den Hirschen, in dem man Aktaeon nicht mehr erkennt. Auf dem Deckel, den ein vasenförmiger Knauf bekrönt, sind Venus, Ceres und Bacchus dargestellt, ein Dreigespann, das in der Prager Hofkunst mehr-

354

354

354

mals zusammen auftritt (»ohne Ceres und Bacchus bleibt Venus unbeachtet«). Im Inneren des Deckels liegt eine Medaille, Heinrich Julius von Braunschweig als Kniestück mit folgender Umschrift darstellend: HENRICVS.JVLIVS.D.G.P.E.H.D.B.E.L. (= Dei Gratia Postulatus Episcopus Halberstadensis Dux Brunsvicensis Et Lunaeburgensis). Der Herzog von Braunschweig und Bischof von Halberstadt, der seit 1607 die meiste Zeit in Prag verbrachte, mit Rudolf befreundet war und Direktor des Geheimen Rats wurde, hielt sich im Jahre 1610 anläßlich des von Rudolf veranstalteten Fürstenkongresses vom 23. April an über fünf Monate in Prag auf. Er hat damals wohl selbst das kostbare Stück bei Vianen in Auftrag gegeben. Ende September oder Anfang Oktober jenes Jahres verließ der Künstler Prag für einige Zeit, um in seine Heimat zu reisen.

Die Komposition mit dem Bad der Diana wiederholte Vianen 1612 auf einer vergoldeten Silberplakette (Utrecht, Centraal Museum), für die eine Skizze erhalten ist (Frankfurt, Städel; Gerszi 1982, Nr. 75). Beide Szenen wiederholen sich – leicht variiert – auf der Ober- und Unterseite der großen ovalen Silberschüssel von 1613 (Amsterdam, Rijksmuseum; Abb. 5, S. 455).

Ereignet sich die Szene in der frühen *Cadmus-Plakette* noch in einer idealen Weltlandschaft, so rückt Vianen seit 1603 die Landschaft dem Betrachter näher. Er bettet Figuren mit idealen Formen, die sich jedoch natürlicher und lebendiger bewegen als jene der meisten Prager Maler, in einen Landschaftsausschnitt mit zahlreichen realistischen Details. Geradezu in Antithese zu den wirklichkeitsnahen Einzelheiten der figürlichen Szenen führte Vianen einen völlig neuen Ornamentstil in die Goldschmiedekunst ein, das sogenannte Kwabornament (Quallenornament) oder den Ohrmuschelstil. Bei diesem Ornament an Fuß und Deckel des Bechers scheinen alle Formen zu fließen und ihre Struktur zu verlieren. Häufig artikulieren sich schemenhafte Maskarons aus den weichen Lappen, oder es entstehen Assoziationen mit anderen anatomischen Details. Dieser Stil entwickelte sich in der nordniederländischen Graphik des späten 16. Jahrhunderts und taucht bei Vianen erstmals in der Tazza von 1607 auf (Abb. 7, S. 456). In einer bestimmten Richtung der Prager Hofkunst, die mit Verfremdung und freien Assoziationen spekuliert, konnte er sich voll entfalten. Schon vor 1606 versuchte Ottavio Miseroni die Illusion wächsener Verformbarkeit bei seinen Steingefäßen zu erwecken (vgl. Kat. Nr. 361 ff.), doch hat er diesen Faden nur kurze Zeit weitergesponnen (vgl. das Becken von 1608, Kat. Nr. 372) R. D.

Privatbesitz

CASPAR LEHMANN
Uelzen 1563/65 – Prag 1622

355 Deckelkrug
Prag um 1605

Bergkristall, Silber vergoldet, Granate; Höhe 14,5 cm
Herkunft: Aus der Schatzkammer
Literatur: Koula 1890–92, 546 ff.; Vávra 1954, 139; Meyer-Heisig 1963, 122; Röver 1965, 253; Meyer-Heisig 1967, 120 f.; Pešatová 1968, Nr. 76; Drahotová 1981, 36 f.

Das Krügelchen vertritt einen Künstler am Prager Hof, der als Kristall- und Glasschneider in hohem Ansehen stand. 1609 erhielt Caspar

Lehmann ein kaiserliches Privileg auf die Kunst des Glasschnitts. Seine wenigen erhaltenen fragilen Inkunabeln des neuzeitlichen Glasschnittes, als dessen Erfinder Lehmann gilt, dürfen dem Risiko eines Transportes nicht mehr ausgesetzt werden.

Dieses Stück aus Bergkristall illustriert seinen Stil, der sich deutlich von den italienischen Kristallschnitten abhebt. Über die Zuschreibung an Lehmann ist man sich heute einig. Sie stützt sich einerseits auf die Fruchtbündel in den Feldern zwischen den Hermen, die sich auf der *Glastafel mit dem Bildnis des Kurfürsten Christian II. von Sachsen* (Prag 1602 oder Dresden 1606, Abb. 9, S. 462) ganz ähnlich wiederholen und andererseits auf die Wildrose und Spinne auf dem Henkel, die fast identisch auf dem signierten *Losensteinbecher* von 1605 (Abb. 8, S. 461) vorkommen. Daraus folgt auch die Datierung um 1605. (Drahotová 1981, 36f.)

Die Frage, wer das Krüglein selbst gemacht hat, wurde von den Glasspezialisten immer vernachlässigt. Lehmann bekam wohl 1590 als ›Kristallschneider‹ ein Gnadengeld, doch scheint er sich allein auf den Schnitt des Dekors spezialisiert zu haben. Die einfachen konvexen Zungen und die durchbohrte Kugel auf dem Deckel können kaum für Ottavio Miseroni in Anspruch genommen werden, der überdies sein Konkurrent war. Es gab allerdings damals auch andere Steinschneider in Prag, wie etwa Zacharias Beltzer (vgl. auch Winter 1909, 540ff.), über deren Tätigkeit nichts bekannt ist. Letzteren soll Lehmann nach Sandrarts Bericht von München nach Prag geholt haben.

Die einfache Fassung mit einem geflügelten Meerweibchen als Daumenrast stammt kaum von einem Hofkünstler. Die regelmäßig gefaßten Granatreihen, die getrennt gearbeitet und montiert sind, wirken – besonders am Fußring – wie Zulieferungen einer anderen Werkstatt.

Im Prager Kunstgewerbemuseum befindet sich eine freie Kopie des Krügelchens in Kristallglas aus der Zeit zwischen 1890 und 1900, die Jan Koula, der Entdecker des Stückes für Lehmann, gravierte (Pešatová 1968, Nr. 77).

R. D.

Wien, Kunsthistorisches Museum, Sammlung für Plastik und Kunstgewerbe, Inv. Nr. 1387

355

Mailänder Werkstatt der MISERONI

356 Sogenannte Eisschale
Mailand Ende 16. Jahrhundert

Bergkristall, Fassung Gold emailliert;
Höhe 12,2 cm, Dm. 15,3 cm
Herkunft: Aus der Kunstkammer Rudolfs II.; Inventar 1607–1611, Nr. 1242
Literatur: Bauer–Haupt 1976, Nr. 1242

Der Name der flachen Schale leitet sich vom Kunstkammerinventar von 1607–1611 her, nicht von ihrem Verwendungszweck. Sie wird dort als »ein schaln geschnitten wie d'jaccio oder sam wanns gfrorn wär« beschrieben. Die Unterseite des Bodens und des Fußes blieb wohl gekörnt, um die beträchtlichen Unreinheiten des Kristalls zu überspielen. Für die Zuschreibung an die Miseroni-Werkstatt sprechen die Schaftform, die fein geschnittenen Ranken des Mundrandes und die für Mailand typischen schwarzen Emailranken der Fassung, die sich von denen der Saracchi-Werkstatt unterscheiden. Es ist kein zweites Gefäß mit dieser Körnung bekannt.

Das Stück gibt Gelegenheit zu einer kurzen Bemerkung über die Herstellungstechnik. Jedes Gefäß wurde zuerst mit einem Hammer, der eine scharf gezahnte Schneide hatte, in die grobe Form gebracht, bevor der eigentliche Schleifvorgang mit rotierendem Instrument einsetzte. Das ergab eine Oberfläche wie an der Unterseite dieser Schale. Die grobe Zurichtung

356

357

der Gefäße besorgte meist ein Gehilfe. Da die Mineralien härter als Stahl sind, benutzte man als Schleifmittel Diamantstaub, der mit Öl vermengt auf den Steinzeiger gestrichen wurde. Dieser hatte je nach Bedarf verschiedenförmige Köpfe und rotierte auf einer waagrechten Welle, die gewöhnlich wie bei einem Spinnrad mit dem Fuß angetrieben wurde. In Prag schuf man sich eigene Einrichtungen, wobei auch Wasserkraft (Mühlrad) eingesetzt wurde. Das Instrument war immer fest montiert, und der Stein mußte daran gedrückt und bewegt werden. Die Politur erfolgte in vielen Arbeitsgängen mit immer weicheren Scheiben. R. D.

Wien, Kunsthistorisches Museum, Sammlung für Plastik und Kunstgewerbe, Inv. Nr. 1373

Mailänder Werkstatt der MISERONI

357 Prunkbecken
Mailand Ende 16. Jahrhundert
Ft. 78, S. 494

Lapislazuli, Gold emailliert, Silber, Diamanten, Rubine, Chalzedonkameen; Dm. 41,7 cm
Mittelkamee und Lapislazuli-Arbeit der Werkstatt der Miseroni in Mailand zugeschrieben
Herkunft: Aus der Kunstkammer Rudolfs II., Inventar 1607–1611, Nr. 1474
Ausstellungen: Stockholm 1948, Nr. 414; Kopenhagen 1948, Nr. 349; London 1949, Nr. 474
Literatur: Leitner 1870–73, 10; Eichler-Kris 1927, 34 und Nr. 195; Planiscig-Kris 1935, 88, Nr. 12; Rossi 1957, 46; Bauer-Haupt 1976, Nr. 1474

Das außerordentlich kostbare Stück ist in der Literatur sehr vernachlässigt und immer falsch beurteilt worden. Die 24 Platten aus schönstem Lapislazuli und die Goldfassungen der Kameen und Rubine sowie die goldemaillierten Hermenspangen lokalisierten Kris und Rossi nach Florenz. Der vergoldete Silberrahmen soll für Rudolf II. – offenbar in Prag von einem deutschen Künstler – gemacht worden sein. Das Becken ist jedoch kein Pasticcio aus der Zeit von 1570 bis 1600, sondern ein vollkommen einheitliches Stück, bei dem sich alle Teile gegenseitig bedingen. Es steht insgesamt und in allen Einzelheiten in der Mailänder Tradition, wofür hier wenigstens auszugsweise der Nachweis zu erbringen ist.

Die Kombination von vergoldetem Silber und Goldemail sowie die durchbrochene Arbeit vor blauem Grund – wie hier speziell an der Rückseite – ist beispielsweise an der *Bergkristallkassette* von 1585 im Schatz des Palacio de Oriente in Madrid zu finden, an der Annibale Fontana die Platten mit dem Triumph der Elemente schnitt (Kris 1929, Nr. 498/99; Distelberger 1975, 139 ff.). Das Motiv der speichenartig angeordneten emaillierten Hermen wiederholt sich auf einem Mailänder *Bergkristallbecken* in Wien, das der Miseroni-Werkstatt zuzuschreiben und auf dessen Rückseite sogar dieselbe Schraubenform verwendet ist (Ilg 1895, Taf. XLIII). Die Fassungen der Imperatorenkameen haben ihre Vorfahren in den Steinfassungen auf dem Deckel der *Josephskanne* (Saracchi-Werkstatt) in der Schatzkammer der Residenz München (Distelberger 1975, 128 ff.). Die 12 römischen Kaiser gibt es in Wien von derselben Hand noch einmal mit Fassungen von Jan Vermeyen (Kris 1927, Nr. 357–368). Übrigens ist die Imperatorenserie ein häufiges Motiv der Zeit (vgl. die Schüssel der 12 Cäsaren der Saracchi-Werkstatt in den Alhajas del Delfin des Prado, Madrid, Kris 1929, Nr. 556, oder den Prunkschild des Lombarden Gasparo Mola in Florenz, Bargello, der überdies eine ähnliche Gitterornamentik aufweist). An der Mailänder *Prasemschale* in Wien, die ebenfalls im Besitz Rudolfs II. war (Leithe-Jasper-Distelberger 1982, 90), finden sich die charakteristischen Krallenfassungen der Rubine wieder. Die Beziehungen zu sicheren Mailänder Arbeiten ließen sich bis in die Tiefschnittemails und die bunten Fruchtbündel fortsetzen.

Die große Mittelkamee ist weder als Kreiskomposition noch in der Körpermodellierung besonders gelungen. Die Details der Behandlung von Gesicht, Haar oder Draperie verweisen auf eine Herkunft aus der Mailänder Miseroni-Werkstatt. In ihrem hohen Relief wirkt sie wie eine Vorstufe zu den vollrunden Experimenten in Achat in Prag (vgl. Kat. Nr. 379–381). – Aufgrund der aufgezeigten Zusammenhänge ist das Becken also nach Mailand zu lokalisieren. Wer die Silber- und Goldarbeit schuf, bleibt ungewiß, der Steinschnitt und die Gesamtorganisation der Herstellung lag vermutlich in den Händen der Miseroni-Werkstatt. R. D.

Wien, Kunsthistorisches Museum, Sammlung für Plastik und Kunstgewerbe, Inv. Nr. 963

358

Mailänder oder Prager Werkstatt der MISERONI

358 Schale in Gestalt eines Maskarons
Mailand um 1600

Rauchquarz, Fassung Gold emailliert;
Höhe 10 cm, Länge 16,5 cm, Breite 14 cm
Die Fassung von Jan Vermeyen
Herkunft: Aus der Kunstkammer Rudolfs II., Inventar 1607–1611, Nr. 1328
Ausstellungen: Versailles 1964, Kat. Nr. 17
Literatur: Leitner 1870–73, 15; Bauer-Haupt 1976, 1331; Distelberger 1978, 102f.

Das ganze Gefäß ist ein mächtiges Maskaron mit aufgerissenem Maul. Über den Hinterkopf breitet sich ein elegant geschnittenes Akanthusblatt bis zum Fußansatz aus. Die Ohren verlängern sich in Drachenflügel und von den Wangen aus umgreifen lange Flossen und Zotteln die geschuppte Wandung. Unter der wulstigen Unterlippe liegt ein strähniger Bart. Die sehr dickwandige, schwere Schale wirkt in ihrer kraftvollen und lebendigen Modellierung wie eine Skulptur.

Die Schale wurde in der Edition des Kunstkammerinventars von 1607–1611 und später vom Autor mit der Nr. 1331 identifiziert, die »ein zimblich groß geschirr ablang von topazio mit einem mascharon von langen harn und bart ausgebraittet« beschreibt. Dazu wird mitgeteilt, daß sie der Vetter Ottavio Miseronis nebst der drei im Inventar folgenden Schalen ungefaßt aus Mailand gebracht habe. Da die Fußfassung des Maskarons zweifelsfrei von Jan Vermeyen stammt, der 1606 starb, muß sie zum Zeitpunkt der Abfassung des Inventars bereits existiert haben und darin erwähnt sein. Die Identifizierung mit der zitierten Eintragung ist daher ein Irrtum. Das Stück ist vielmehr unter der Nr. 1328 angeführt als »ein ablang geschirr von topazio mit einem mascharon und der fueß von gold«. Die ungefaßte große Schale ist in der Wallace Collection in London erhalten (Wallace Collection Catalogues. Objects of Art. Illustrations, London 1924, S. 120, Nr. 65). Damit fällt auch die gesicherte Herkunft aus Mailand. Ein Vergleich mit dem später entstandenen Londoner Stück zeigt einerseits, daß die Wiener Schale mit dessen zotteligem Maskaron vieles gemeinsam hat, aber andererseits in den Details weicher und differenzierter geschnitten ist. Es fehlen ihr speziell die für die Mailänder Arbeiten charakteristischen Voluten und geometrischen Bänder (vgl. Kat. Nrn. 359, 360). Eine andere besondere Eigenheit der *Wiener Maskaronschale* ist die sehr starke Gefäßwandung. Ottavio scheidet stilistisch als ihr Meister aus. Nach dem gegenwärtigen Stand der Kenntnisse muß offenbleiben, ob die Schale etwa von Giovanni Ambrogio Miseroni, der für Gefäße bezahlt wurde, in Prag oder von den Verwandten in Mailand geschaffen ist. R. D.

Wien, Kunsthistorisches Museum, Sammlung für Plastik und Kunstgewerbe, Inv. Nr. 1347

Mailänder Werkstatt der MISERONI

359 Deckelschale aus Rauchquarz
Mailand Anfang 17. Jahrhundert

Fassung Silber vergoldet; Höhe 13 cm, Länge 20,5 cm, Breite 11,5 cm
Die Fassung um 1780 erneuert, hält den zerbrochenen Deckel zusammen
Literatur: Distelberger 1978, 108

Das schwere Gefäß könnte aus der Kunstkammer Rudolfs II. stammen, in der »ein groß ablanges geschirr von topazio mit einem deckel« verzeichnet ist, welches verschollen ist. Das kräftige Maskaron steht mit seinem wulstigen Profil und den großen Augen sowohl der Londoner als auch der Wiener *Maskaronschale* (Kat. Nr. 358) nahe. Am Hinterhaupt liegen Voluten, aus deren Rücken lange Blätter bis zum Fußansatz ausgreifen. Das Motiv findet sich in ähnlicher Form auf dem Deckel einer *Jadeschale* im Louvre mit Mailänder Fassung (Rossi 1957, Taf. LXIX; Distelberger 1978, 109). Zwischen Bart und Drachenflügel der Wangen entwindet sich eine Volute mit Kerben. Diesem plastischen Gekräusel steht ein glatter Schalenkörper gegenüber, den nur breite rechteckige Profilbänder gliedern, wie sie ähnlich auf einer Mailänder *Rauchquarzvase* im Prado, Madrid, vorkommen (E. Steingräber [Hrsg.], Schatzkammern Europas, München 1968, Abb. S. 45; Distelberger 1978, 107). Das Akanthusblatt des Deckels, dessen Spitze sich zu einer Handhabe aufrollt, gleicht im Schnitt jenem auf der erwähnten Pariser Schale. Die Maske mit aufgerissenem Maul auf der Deckelspitze hat ihre nächste Entsprechung an den Flanken der Mailänder Vase. Die drei Stücke in München, Paris und Madrid verbindet ihr ganzes Formenrepertoire. Dieser Befund läßt auf die Herkunft aus der Mailänder Werkstatt schließen. Die Wiener *Maskaronschale* ist dagegen in weicheren, fließenderen Formen geschnitten. Der Unterschied im Schliff der Details kann jedoch im zeitlichen Abstand oder in verschiedenen Händen derselben Werkstatt begründet sein. In den Maskarons kommen sich die Mailänder und Prager Miseroni am nächsten. Zwischen den beiden Ateliers mag noch lange eine Verbindung bestanden haben. R. D.

München, Bayerisches Nationalmuseum, Inv. Nr. R 2149

Mailänder Werkstatt der MISERONI

360 Schale aus Rauchquarz
Mailand 1607–1611

Fassung Silber vergoldet; Höhe 7,5 cm (mit Fassung), Länge 14 cm, Breite 10 cm
Die Fassung von Meister HC in Wien, um 1620–1625
Herkunft: Aus der Kunstkammer Rudolfs II., Inventar 1607–1611, Nr. 1332
Ausstellungen: Salzburg 1987, Kat. Nr. 285
Literatur: Bauer-Haupt 1976, Nr. 1332; Distelberger 1978, 103

359

359

360

Das subtil geschnittene Schälchen gehört zu jenen vier Stücken, die laut Inventar von 1607–1611 der Vetter Ottavio Miseronis aus Mailand gebracht hatte. Der Name des Vetters ist nicht bekannt. »Das ander geschirrlin in topazio«, heißt es im Inventar, »welches an beiden seitten geschnitten fast wie jacobsmuscheln, ist sonsten in forma ovale, dabey das füßlein ligt, ohngefaßt«. Die Beschreibung definiert das Stück klar. Die ›Jacobsmuscheln‹ rollen sich über den gegen die Mitte hin leicht absinkenden Rand und sind von Voluten eingefaßt. Charakteristisch für die Mailänder Miseroni-Werkstatt sind die unglaublich präzise geschnittenen Ranken. Relief- und Tiefschnitt sind – wie bei der großen *Rauchquarzschale* in London – kombiniert. Dies liegt der von plastischem Vorstellungsvermögen her konzipierten Wiener *Maskaronschale* (Kat. Nr. 358) völlig fern. Das könnte ein Argument mehr für deren Entstehung in Prag sein. Die Datierung des Schälchens zwischen 1607 und 1611 beruht auf der Annahme, daß der Inventarverfasser Daniel Fröschl schon Antiquarius war (ab 1. Mai 1607) als sie nach Prag kam, und daher von ihrer Herkunft wußte.

Die derbe Fassung des Wiener Goldschmieds aus der Zeit um 1620–1625 beweist nur abgrundtiefes Unverständnis für die kostbare Arbeit des Steinschneiders. R. D.

Wien, Kunsthistorisches Museum, Sammlung für Plastik und Kunstgewerbe, Inv. Nr. 1338

OTTAVIO MISERONI
Mailand 1567 – Prag 1624

361 Muschelschale aus Jade
Prag 1590–1600

Fassung Gold emailliert, Rubine; Höhe 15 cm
Herkunft: 1699 im Besitz von Herzog Leopold Eberhard
Literatur: Führer 1949, 42; Fleischhauer 1976, 114; Fleischhauer 1977, 22; Distelberger 1978, 128 f.

Der junge Ottavio Miseroni, der im Alter von 21 Jahren, 1588, nach Prag kam und sich erst eine Werkstatt einrichten mußte, ist am Anfang offenbar nur mit einfachen Arbeiten beschäftigt (Kris 1929, 140, Anm. 7). In dieser Schale ist eines seiner frühen größeren Werke zu vermuten. Diese Annahme gründet sich auf mehrere Argumente: Die Muschelschale und der Drache mit seinen froschartigen Hinterbeinen, der sich an das Schloß klammert, stehen in der Mailänder Tradition, erreichen aber nicht den feinen Schnitt der dortigen Miseroni-Werkstatt. Tier und Schale bilden nicht jene formale Einheit, wie sie etwa Gasparo Miseronis *Schale aus Lapislazuli* in Stuttgart (Fleischhauer 1977, Abb. S. 68; Distelberger 1978, 84 und Abb. 53) aufweist, die einen ähnlichen Vasenschaft hat. Der hundeartige Kopf des Drachens ist im Typus mit jenem der *Vianenkanne* (Kat. Nr. 353) verwandt, der mit größter Wahrscheinlichkeit von Ottavio stammt. Auch der weiche Schnitt der Details entspricht der Handweise dieses Meisters.

Die Fassung ist identisch mit jenen von zwei Wiener *Jadeschalen mit Maskarons* (Kat. Nrn. 362 und 363). Die emaillierten goldenen Reliefranken zwischen den Steinen stammen aus derselben Gußform. Da auch sie an Mailänder Vorbilder anschließen (vgl. Bergkristallkanne der Mailänder Miseroni-Werkstatt in der Münchener Schatzkammer, Kat. 1970, Nr. 352; Distelberger 1978, Abb. 86), könnte dieser Fassungstypus vielleicht vom Bruder Ottavios, Giovanni Ambrogio, stammen, der nach Morigias Bericht Juwelier war. R. D.

Stuttgart, Württembergisches Landesmuseum, Inv. Nr. KK grün 34

361

362

OTTAVIO MISERONI
Mailand 1567 – Prag 1624

362 Schale mit Maskaron aus Jade (Nephrit)
Prag 1590–1600 *Ft. 79, S. 495*

Fassung Gold emailliert, Rubine;
Höhe 19,4 cm, Länge 23,4 cm, Breite 14 cm
Herkunft: Wohl aus der Kunstkammer Rudolfs II.
Ausstellungen: Schallaburg 1974, Kat. Nr. 380
Literatur: Bukovinská 1970, 192 und Abb. 6; Distelberger 1978, 129f.

Die repräsentative Schale hat den gleichen Fuß und die gleiche Fassung, wie die Stuttgarter *Jademuschel* (Kat. Nr. 361). Von ihr aus lassen sich einige Verbindungen zu späteren Werken Ottavio Miseronis herstellen, wodurch die Zuschreibung der Jadegefäße an ihn erhärtet wird. Der gekehlte Mundrand und die das Gefäß umfangenden Flossenarme des Monsters wiederholen sich ganz ähnlich an der *Moosachatschale* (Kat. Nr. 365). Auch die Idee, diese Arme durch ein Band zu fesseln, das dem Mundrand entwächst, ist dort weiterentwickelt. Das große Maskaron gegenüber dem eingezogenen Mundstück ist ein Motiv, das in den gleichzeitigen Arbeiten der Mailänder Miseroni-Werkstatt ebenfalls mehrmals vorkommt. Die Brüder Ottavios, von denen Giovanni Ambrogio, Alessandro und Aurelio lange Zeit ebenfalls in Prager Diensten standen, haben offensichtlich den Kontakt mit ihm stets aufrechterhalten. Inwieweit sie an den Ottavio zugeschriebenen Arbeiten auch beteiligt waren, ist noch ungeklärt. Keines der Gefäße Ottavios ist signiert. Die Zusammenstellung seines umfangreiches Œuvres erfolgte teils mit Hilfe archivalischer Quellen und teils mit stilkritischen Mitteln, wobei auch signierte Kameen, Commessi oder vollplastische Werke aus edlen Steinen herangezogen wurden. R. D.

Wien, Kunsthistorisches Museum, Sammlung für Plastik und Kunstgewerbe, Inv. Nr. 1651

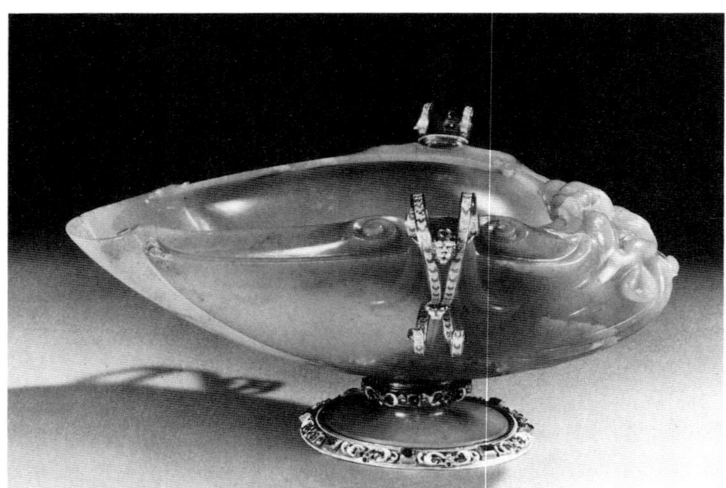

363

Gefäß ist sicher in die erste Zeit der Tätigkeit Ottavios in Prag zu datieren. Der Meister hätte auf der Höhe seines Könnens kaum mehr seine Mühe an einen so unreinen Kristall verwendet. Er erzielte später auch eine wesentlich perfektere Politur. Die zweifache Überbrückung des Gefäßes durch die Pranken zeigt seinen Ehrgeiz, sein technisches Können hervorzukehren.

Der Versuch, ein Gefäß herzustellen, das keiner Fassung bedarf, könnte auf seinen Wunsch nach Unabhängigkeit von einem Goldarbeiter zurückgehen, da er keinen zur Verfügung hatte. In Mailand wurden die Gefäße meist von einem Mitglied der Werkstatt gefaßt. Der Rauchquarz ist vermutlich gebrannt, um seine Farbe aufzuhellen. Unter dem Löwenhaupt sind dunklere Stellen verblieben. Im Kunstkammerinventar von 1607–1611 ist das Stück als »ein geschirrl von topazio, wie ein lewenhautt« verzeichnet. R. D.

Wien, Kunsthistorisches Museum, Sammlung für Plastik und Kunstgewerbe, Inv. Nr. 2349

OTTAVIO MISERONI
Mailand 1567 – Prag 1624

363 Muschelschale mit Maskaron aus Jade
Prag 1597–1600

Fassung Gold emailliert, Rubine;
Höhe 10,9 cm, Länge 22,4 cm, Breite 20,4 cm
Herkunft: Aus der Kunstkammer Rudolfs II., Inventar 1607/11, Nr. 1445
Ausstellungen: London 1949, Kat. Nr. 420
Literatur: Leitner 1870–73, 11; Bukovinská 1970, 192 und Abb. 7; Bauer-Haupt 1976, Nr. 1445; Distelberger 1978, 130

»Ein ablang geschirrl von weißem igiada mit einem lewenkopf, handheb und fuß von gold mit rubin versetzt« – so beschreibt Daniel Fröschl das Stück im Inventar der Kunstkammer Rudolfs II. Der Löwenkopf liegt auf dem Schloß der dreilappigen Muschel, deren Öffnung eigentlich sein aufgerissenes Maul ist. Der Rand des Gefäßes ist eingezogen und – wie auch unter dem Maskaron – tief unterschnitten. Die Voluten beiderseits der Henkelansätze gleichen jenen an der *Moosachatschale* (Kat. Nr. 365), bleiben hier aber nur eingeschnittenes Ornament, ohne den Rand selbst oder die Wandung mit einzurollen. Ottavio Miseroni dürfte in den frühen größeren Arbeiten in Prag die weichere Jade dem Achat vorgezogen haben. Die beginnende Auflockerung der Form, die im oberen Umriß die Waagrechte verläßt, spricht für eine Entstehung des Stückes am Ende der kleinen Reihe von Jadegefäßen.

Die Fassung verbindet die Muschel mit jener aus Stuttgart (Kat. Nr. 361) und mit der zweiten *Maskaronschale* aus Wien (Kat. Nr. 362). Diese Montierungen entstanden alle, bevor Jan Vermeyen begann, sich mit der Fassung von Gefäßen zu beschäftigen. Dies ist der Grund, weshalb die ganze Gruppe vor 1600, vielleicht sogar vor 1598, zu datieren ist. Vermeyen kommt bereits im Herbst 1597 nach Prag, doch scheint er zunächst mit anderer Juweliersarbeit beschäftigt gewesen zu sein. Die Fassungen bieten jedenfalls für die Herstellung einer relativen Chronologie der Werke Ottavios einen wichtigen Anhaltspunkt. R. D.

Wien, Kunsthistorisches Museum, Sammlung für Plastik und Kunstgewerbe, Inv. Nr. 1641

OTTAVIO MISERONI
Mailand 1567 – Prag 1624

364 Schale in Gestalt einer Löwenhaut
Prag 1590–1600

Rauchquarz; Höhe 8,9 cm, Länge 24,6 cm, Breite 9,6 cm
Herkunft: Aus der Kunstkammer Rudolfs II.
Ausstellungen: Salzburg 1987, Kat. Nr. 295
Literatur: Watteck 1972/73, 564f.; Bauer-Haupt 1976, Nr. 1326; Distelberger 1978, 131

Die merkwürdige Erfindung illusioniert die Vorstellung, als sei eine auf dem Rücken liegende Löwenhaut über eine Schale gezogen worden. Das Gefäß selbst schaut nurmehr zwischen den verknüpften Pranken vor und – wenig einladend – als Mundstück beim Schwanzansatz. Der oval über den Rücken geschlungene Schweif bildet den niedrigen Standring. Das Haupt des Löwen erinnert sowohl in der schräg abfallenden Haltung als auch in der Bildung von Nase und Augen an das Maskaron der niederen Wiener *Jademuschel* (Kat. Nr. 363), doch ist das Profil des Schnittes einfacher. Das

OTTAVIO MISERONI
Mailand 1567–Prag 1624

365 Schale aus Moosachat
Prag um 1600 *Ft. 80, S. 496*

Fassung Gold emailliert;
Höhe 17,1 cm, Länge 18 cm, Breite 14 cm
Die Fassung von Jan Vermeyen
Herkunft: Aus der Kunstkammer Rudolfs II.
Ausstellungen: Stockholm 1948, Kat. Nr. 454; Kopenhagen 1948/49, Kat. Nr. 377; Versailles 1964, Kat. Nr. 18; Schallaburg 1974, Kat. Nr. 379; Wien 1987, Kat. Nr. VIII 57
Literatur: Kris 1929, Nr. 651; Bukovinská 1970, 195; Distelberger 1978, 130f.; Distelberger 1985, 284

Wie in einem ambivalenten Prozeß des Werdens und Vergehens sind in diesem kleinen Meisterwerk das Meerwesen und das Gefäß ineinander verwoben und doch voneinander getrennt. Die regelmäßige Form der Schale zieht vor dem Tritonen den gekehlten Mundrand volutenförmig ein und beginnt sich zu verwandeln, wobei sich auch ihre Farbe verändert. Ohne Übergang entwächst ihr Brust und Kopf des kräftigen Tritonen, der außen volle Gestalt hat und mit seinen Flossenarmen und Fischbeinen ihren Körper umfängt. Gleichzeitig schieben sich vom Gefäßrand auch breite Voluten über seine Arme, als wollten sie ihn zurückdrängen. Mit der Schale und dem Tritonen geht eine Metarmorphose vor sich, die in Schwebe bleibt.

364

Das genau mag Rudolf besonders geschätzt haben. Ottavio Miseroni ließ sich dabei mit größter Einfühlung von der Maserung des Steins führen. Seine Hand hat schon Kris im Vergleich des Tritonenkopfes mit der signierten vollplastischen Figur der Magdalena in Wien erkannt. Ottavio steht in der Anlage des Werkes einerseits noch stark in der Tradition der Mailänder Miseroni-Werkstatt, hat aber anderseits seinen persönlichen Stil voll entfaltet. Zu den weichen Modellierungen, wie sie etwa an der oblongen *Jaspisschale* (Kat. Nr. 371) zu finden sind, besteht noch einiger Abstand. Dies legt eine Datierung um 1600 nahe.

Die Fassung hat alle Merkmale des Stils und der Handweise Jan Vermeyens. R. D.

Wien, Kunsthistorisches Museum, Sammlung für Plastik und Kunstgewerbe, Inv. Nr. 1987

365

366

OTTAVIO MISERONI
JAN VERMEYEN
Miseroni: Mailand 1567 – Prag 1624
Vermeyen: Brüssel vor 1559 – Prag 1606

366 Muschelschale aus Heliotrop mit Bacchusknaben
Prag vor 1605 *Ft. 81, S. 497*

Fassung Gold emailliert;
Höhe 19,3 cm (mit Bacchusknaben), Länge 19,9 cm, Breite 17,5 cm

Die Fassung von Jan Vermeyen
Herkunft: Aus der Kunstkammer Rudolfs II.; Inventar 1607/11, Nr. 1386
Ausstellungen: Amsterdam, 1947, Kat. Nr. 375; Stockholm 1948, Kat. Nr. 420; Kopenhagen 1948/49, Kat. Nr. 343; London 1949, Kat. Nr. 407
Literatur: Leitner 1870/71, 11; Ilg 1895, 21; Bauer-Haupt 1976, Nr. 1386; Distelberger 1978, 136f.; Ter Molen 1984, Nr. 29; Distelberger 1985, 284

Die Schale ist im Inventar der Kunstkammer Rudolfs II. verzeichnet. Die schwellenden Formen der siebenlappigen Muschel und der weiche Schnitt des Dekors zeigen Ottavio Miseroni auf dem Höhepunkt seines Schaffens. Aus den kräftigen Voluten am Muschelschloß entfaltet sich am Rücken ein großes Blatt, das über die Wandung Ranken entläßt. Den Fußansatz umgibt ein Blattkranz. Die Voluten und der kurze Schaft wiederholen sich in ähnlicher Form an der großen unregelmäßigen *Jadeschale* (Kat. Nr. 367) Ottavios, die wohl später entstand.

Jan Vermeyen vervollständigte mit seiner Fassung die *Bacchusschale* zu einem Hauptwerk der Prager Hofkunst. Zu den Tiefschnittemails der Lippe ist deutlich dieselbe Hand zu erkennen wie in den Ornamentbändern an der Mitrenbasis der Krone oder auf der Rückseite

367

von Miseronis *Dame mit Federfächer* (Kat. Nr. 377). Der schmale weiße Reif an der Oberseite der Fußfassung wiederholt sich identisch in Schwarz auf der Rückseite der Madonnenkamee Ottavios (Kat. Nr. 375). In einer neuen künstlerischen Dimension tritt uns Vermeyen in dem 9 cm großen, feinstens modellierten und ausziselierten goldenen Figürchen des Bacchusknaben entgegen. Hier ist seine Autorschaft erst zu beweisen: Im Kunstkammerinventar von 1607–1611 ist Vermeyen im Zusammenhang mit mehreren figürlichen Wachsbossierungen erotischen Inhalts erwähnt (vgl. Einleitung). Schon in Frankfurter Urkunden aus der Zeit von 1590–1597 wird er nicht nur als Goldarbeiter, sondern auch als »Possierer in Wachs« bezeichnet (Zülch-Chytil 1929, 272). Die figürliche Kunst war dem Meister also geläufig. Unter seinen erhaltenen Werken findet das Köpfchen des Bacchus seine nächsten Verwandten in den Köpfchen des *Narwalhornbechers* (Kat. Nr. 342): die gleiche feine Ziselierung der Augenbrauen und Haare, die gleichen gestochenen Pupillen. In der Körpermodellierung schließt sich Bacchus stilistisch nahtlos dem Kind auf der Zeichnung Vermeyens aus Göttingen (Kat. Nr. 280) an. Wie auf einer Woge sitzt der Knabe auf einem prachtvoll emaillierten ornamentalen Weinblatt über den Voluten und versucht im Becken zu fischen. Die Angel, die in der kleinen Goldhülse in seiner Rechten steckte, ist verloren. R. D.

Wien, Kunsthistorisches Museum, Sammlung für Plastik und Kunstgewerbe, Inv. Nr. 1871

OTTAVIO MISERONI
Mailand 1567 – Prag 1624

367 Schale aus Jade (Nephrit)
Prag um 1605

Fassung Gold emailliert;
Höhe 14,4 cm, Länge 20 cm, Breite 18,3 cm
Die Fassung von Jan Vermeyen
Herkunft: Aus der Kunstkammer Rudolfs II.
Literatur: Distelberger 1978, 132 ff.

Die ungewöhnliche Form der Schale wirkt wie ein Experiment Ottavio Miseronis, die Mehransichtigkeit seiner Bildhauerkollegen zu erreichen. Die Linien geraten in Bewegung und verlassen jegliche Symmetrie. Es entsteht ein abstraktes plastisches Ornament, das von keiner Seite ganz zu erfassen ist. Der Wandel der Gestalt unter verschiedenen Aspekten ist möglicherweise aufgrund von Gegebenheiten des Steines nicht ganz ohne Sprödigkeit gelungen: Bei den groben, tief unterschnittenen Voluten läßt Ottavio Faltungen entstehen, als wäre das Gefäß aus weichem Stoff gebildet; die gegenüberliegende Wandung ist ein wenig steif schräg abgeplattet und außen mit einer flachen Palmette geziert. Alle Details, wie der kurze Schaft, der Schwung der Voluten und die Unterschneidungen des Randes reihen das Stück nahtlos in das Œuvre Ottavios. Das Verlassen der Symmetrie und die beginnende Illusion der weichen Formbarkeit des Materials erlauben eine Datierung nach der *Bacchusschale* um 1605. Diesen Ansatz bestätigt auch die Fassung, die sich den späten Werken Jan Vermeyens anreiht (vgl. die innere Rahmenleiste und die Rückseite der Leda, Kat. Nr. 350).

Die Schale ist wohl mit Nr. 1444 des Kunstkammerinventars von 1607–1611 zu identifizieren: »ein groß muschelgeschir oder schalen, von griener igiada, der fuß und knopf mit Gold gefaßt und geschmeltzt«. R. D.

Wien, Kunsthistorisches Museum, Sammlung für Plastik und Kunstgewerbe, Inv. Nr. 6846

OTTAVIO MISERONI
Mailand 1567 – Prag 1624

368 Schale aus grünem Jaspis
Prag um 1605

Die Fassung Gold emailliert;
Höhe 10,1 cm, Länge 16,7 cm, Breite 13,3 cm
Die Fassung von Jan Vermeyen
Herkunft: Wohl aus der Kunstkammer Rudolfs II.
Literatur: Bukovinská 1970, 192; Distelberger 1978, 138

Die annähernd herzförmige Muschelschale stammt aus jener Periode Ottavio Miseronis in der Mitte des 1. Jahrzehnts des 17. Jahrhunderts, in der er den Eindruck geschmeidiger Formbarkeit des Steines vermitteln will. Sie erreicht in der großen *Heliotropschale* des Louvre von 1608, an der er zwei bis drei Jahre gearbeitet haben mag, ihren Höhepunkt (Kat. Nr. 372). Der Meister erzielt die Illusion, als wäre die Wandung in der Mitte der Flanken eingedrückt und der Rand eben geschmolzen und nach innen gefallen. Die fein ausschwingende Lippe ist ungemein dünn ausgeschliffen. Am Schloß der Muschel liegen oben abgeflachte Voluten, die eine schlaufenförmige Einziehung voneinander trennt. Jedes Detail soll die virtuose Überwindung der spröden Materie, die härter als Stahl ist, veranschaulichen.

368

Die Fassung gleicht jener der großen *Jadeschale* (Kat. Nr. 367) und ist ebenfalls den Arbeiten Jan Vermeyens um 1605 einzureihen. R. D.

Wien, Kunsthistorisches Museum, Sammlung für Plastik und Kunstgewerbe, Inv. Nr. 1650

OTTAVIO MISERONI
Mailand 1567 – Prag 1624

369 Deckelschale
Prag 1600–1605

Achat, Gold emailliert; Höhe 20,1 cm, Länge 16,8 cm, Breite 12,3 cm
Die Fassung von Jan Vermeyen
Herkunft: Aus der Kunstkammer Rudolfs II., Inventar 1607–1611, Nr. 1369(?)
Literatur: Kris 1929, Nr. 652; Distelberger 1978, 139f.

Die für Ottavio Miseroni charakteristischen flachen, anschwellenden Voluten, Ranken und Bänder überziehen in großen Schwüngen das merkwürdig kompakte Gefäß aus rosa Achat mit bläulichen Wolken. Die Fußform wiederholt sich bei der *Bacchusschale* (Kat. Nr. 366). Der Abstand zwischen Deckel- und Gefäßumriß, den die breite Goldfassung zu überbrücken hat, erklärt sich aus der Praxis Ottavios, die kleinere Form aus der größeren herauszuschneiden. Im Inventar von 1607–1611 wurde das Stück bislang nicht identifiziert. Vermutlich ist es in dem »ablang geschirrlin von agat, gleichsam leibfarb mit einem deckhl mit gold gefast und geschmeltzt, also auch fuß und deckhel« beschrieben. Die erste Erwähnung der Fassung meint den goldenen Mundrand, die zweite Fuß und Deckelmontierung sowie den unüberbietbar fein dekorierten vasenförmigen Knauf.

Die Fassung läßt in allen Details die Hand Jan Vermeyens erkennen. Die ähnlichsten Standringe haben die große, unregelmäßige *Jadeschale* und die weiche *Heliotropmuschel*. An diesen finden sich auch die kleinen Masken mit langgezogenen Flügeln, die hier an den Langseiten des Fußes und an der Rückseite des Deckels auftreten. Die Fledermaus an der Deckelspitze ist eine Variation aus den Rückseiten der *Ledakamee* (Kat. Nr. 350) und der *Dame mit Federfächer* (Kat. Nr. 377). Besonderes Interesse verdient der für Vermeyen ungewöhnliche Dekor des breiten Deckelrandes. Es ist ein ähnlich skizzenhafter Landschaftsstreifen mit Tieren, wie er an der ovalen *Jadeschale* (Kat. Nr. 370) vorkommt. Dadurch ist auch die Fassung dort und die Verwendung der Granatreihen Vermeyen zuzuschreiben. Die Landschaftsstreifen sind in beiden Fällen freie Improvisationen des Meisters nach denselben Stichvorlagen. R. D.

Wien, Kunsthistorisches Museum, Sammlung für Plastik und Kunstgewerbe, Inv. Nr. 1624

PRAGER HOFWERKSTÄTTEN
Prag Anfang 17. Jahrhundert

370 Jadeschale

Fassung aus Gold mit transluzidem Email und Granaten; Höhe 12,4 cm

369

370

Literatur: R. Distelberger 1978, S. 139f.; Bukovinská, in: Leids Kunsthistorisch Jaarboek 1982, S. 71–82; Schütte, in: Prag um 1600. Beiträge zur Kunst und Kultur am Hofe Rudolf II., Freren 1988

Die Fassung dieser Schale ist durch zwei Merkmale ausgezeichnet; zum einen durch eine gleichmäßig-schöne Reihung der roten Granate an der Einfassung von Gefäßfuß und Gefäßhals, die einen komplementären Farbzusammenklang mit der grünen Jade des Gefäßkörpers anstimmen, und zum anderen durch das transluzide Email des Lippenrandes der Schale, welches in kleiner, feinteiliger Darstellung verschiedene Jagd- und Landschaftsszenen wiedergibt.

Eine mit der roten Grantreihe vergleichbare Fassung ist an dem Einbanddeckel des Schriftmusterbuches von Georg Bocskay und Georg Hoefnagel (KHM; Slg. Plastik u. Kunstgew., Inv. Nr. 875) angebracht; dort ziert eine Granatreihe die Außenseiten des Bucheinbandes.

Das transluzide Email des Lippenrandes der Schale kann auf Vorlagen des Ansbacher Kupferstechers und Radierers Mathias Beitler zurückgeführt werden, der von 1601 bis 1606 in Prag tätig war und zur Untermiete bei dem gleichfalls als Ornamentstecher arbeitendem Herzig van Bein lebte. Die Vorlagen Beitlers, bzw. die seiner zahlreichen Nachstecher, sind am Lippenrand dieser Schale virtuos und eigenständig in das Goldemail umgesetzt. Auch der Deckelrand einer von Ottavio Miseroni geschnittenen Deckelschale aus rosa Achat ist mit einem ähnlichen Goldemailrand mit Jagd- und Landschaftsmotiven wie auf dieser Jadeschale gefaßt. R. Distelberger hat die Fassung der Deckelschale von Miseroni Jan Vermeyen zugeschrieben, so daß auch für diese Jadeschale eine Fassung durch Vermeyen wahrscheinlich ist. R.-A. S.

Wien, Kunsthistorisches Museum, Sammlung für Plastik und Kunstgewerbe, Inv. Nr. 1727

OTTAVIO MISERONI
Mailand 1567 – Prag 1624

371 **Schale aus Jaspis**

Prag um 1605 *Ft. 82, S. 498*

Fassung Gold emailliert;
Höhe 10 cm, Länge 22,9 cm, Breite 11 cm
Die Fassung von Jan Vermeyen
Herkunft: Aus der Kunstkammer Rudolfs II.
Ausstellungen: Zürich 1946/47, Kat. Nr. 201; Amsterdam 1947, Kat. Nr. 372; Stockholm 1948, Kat. Nr. 417; Kopenhagen 1948/49, Kat. Nr. 340; Washington, New York, Chicago, San Francisco 1949/50, Kat. Nr. 217; London 1949, Kat. Nr. 404; Oslo 1952, Kat. Nr. 309; Innsbruck 1952, Kat. Nr. 54
Literatur: Bukovinská 1970, 192; Distelberger 1978, 136; Distelberger 1985, 284

Dem wunderbar farbenprächtigen Stein entspricht der hohe Anspruch seines virtuosen Schnittes. Die Wandung der Schale faltet sich ein, als wäre sie aus Wachs modelliert, und im Zentrum artikuliert sich schemenhaft ein Maskaron wie aus einem Nebelschleier. Flache gerollte Bänder, denen an der Schmalseite ein

73 Jan Vermeyen, Schale. Um 1600 (Kat. 343)

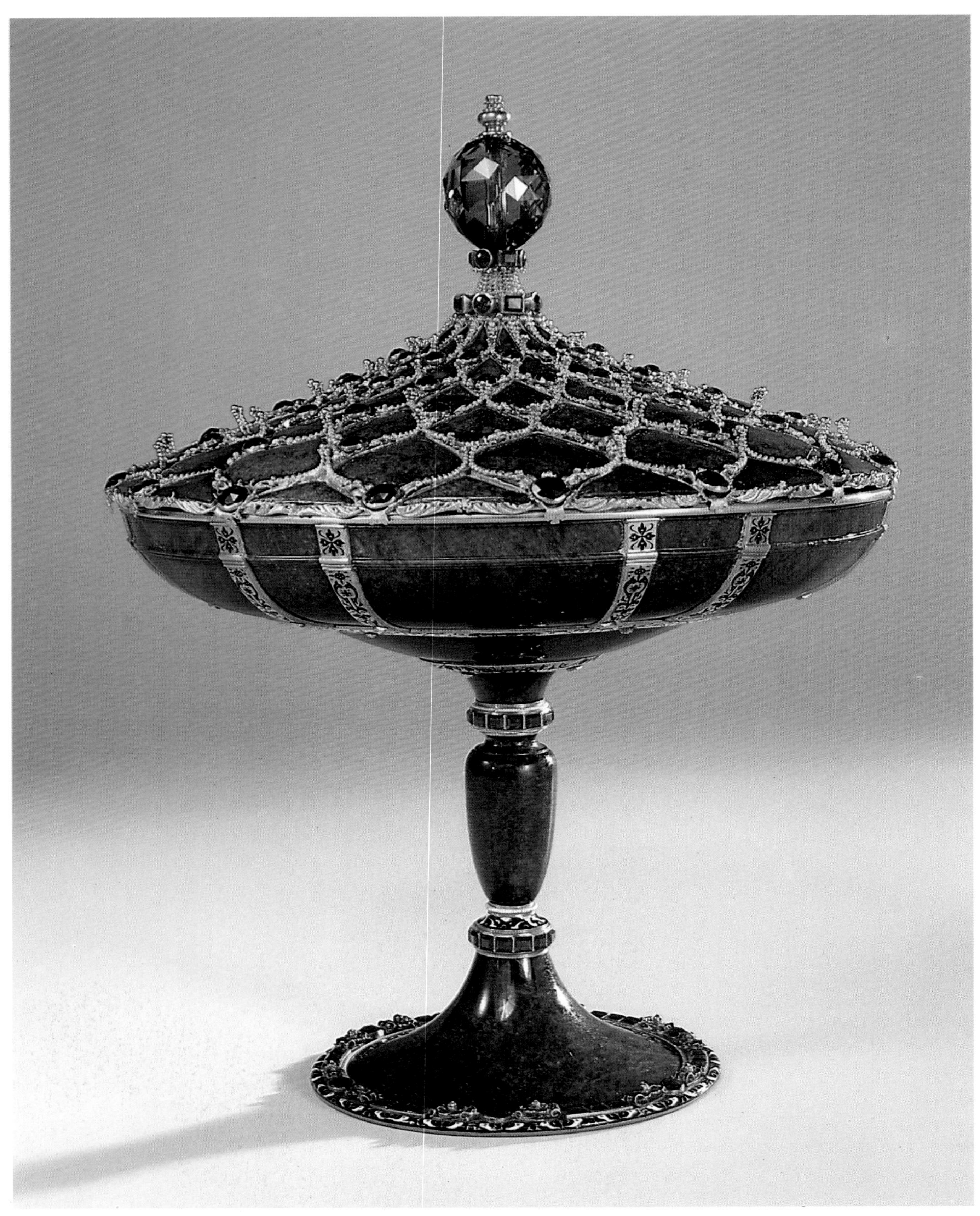

74 Jan Vermeyen zugeschrieben, Prasemschale. 1600–1606 (Kat. 344)

75/1 (oben links) Rückseite von 75/2

75/2 (oben rechts) Ottavio Miseroni, Kamee mit ›Bildnis Mariä‹. Um 1600 (Kat. 375)

75/3 (unten links) Jan Vermeyen – Jacopo da Trezzo, Kamee mit ›Bildnis der Lucretia‹. Um 1560–1570; Fassung um 1602 (Kat. 345)

75/4 (unten rechts) Jan Vermeyen – Alessandro Masnago, Kamee mit ›Madonna mit dem Kind‹. Um 1590; Fassung um 1602 (Kat. 346)

76/1 (oben links) Jan Vermeyen – Prager Werkstatt der Miseroni, Kamee mit ›Venus und Amor‹. 1601–1606 (Kat. 347)

76/2 (oben rechts) Jan Vermeyen – Alessandro Masnago, Kamee mit ›Jupiter und Io‹. Spätes 16. Jahrhundert; Fassung um 1600–1606 (Kat. 348)

76/3 (unten links) Jan Vermeyen – Mailänder Werkstatt der Miseroni, Kamee mit ›Negervenus‹. 3. Viertel 16. Jahrhundert; Fassung um 1600–1606 (Kat. 349)

76/4 (unten rechts) Jan Vermeyen – Art des Alessandro Masnago, Kamee mit ›Leda mit dem Schwan‹. Letztes Viertel 16. Jahrhundert; Fassung um 1605 (Kat. 350)

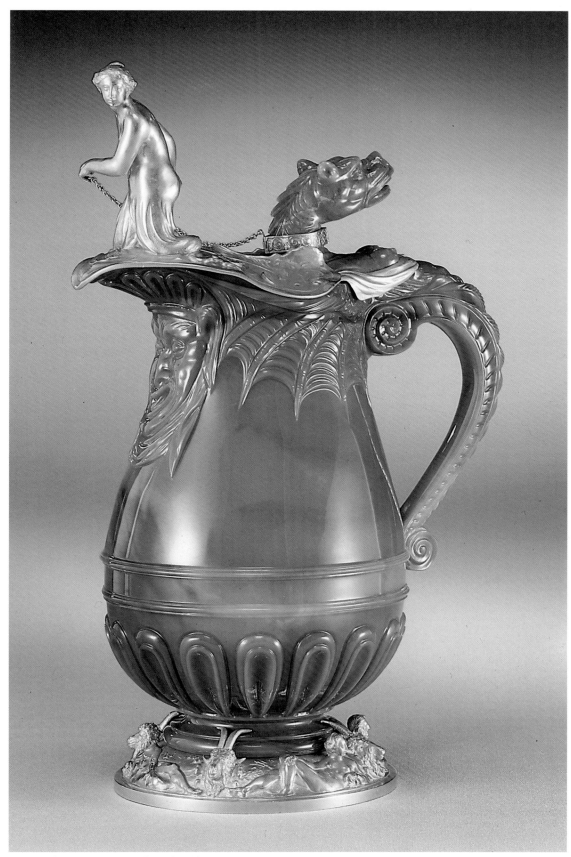

77 Paulus van Vianen – Ottavio Miseroni (?), Krug. 1608 (Kat. 353)

78 Miseroni-Werkstatt (?), Prunkbecken. Ende 16. Jahrhundert (Kat. 357)

79 Ottavio Miseroni, Schale mit Maskaron aus Jade (Nephrit). 1590–1600 (Kat. 362)

80 Ottavio Miseroni, Schale aus Moosachat. Um 1600 (Kat. 365)

81 Ottavio Miseroni – Jan Vermeyen, Muschelschale aus Heliotrop mit Bacchusknaben. Vor 1605 (Kat. 366)

82 Ottavio Miseroni, Schale aus Jaspis. Um 1605 (Kat. 371)

83/1 Cosimo Castrucci, Landschaft mit Brücke und Kapelle. 15(7?)6 (Kat. 384)

83/2 Cosimo Castrucci (?), Landschaft mit Turm und Gebäuden am Felsen (Kat. 386)

84/1 Giovanni Castrucci, Landschaft mit Obelisk und kaiserlichem Wappen. Vor 1611 (Kat. 388)

84/2 Prager Castrucci-Werkstatt, Landschaft mit der Opferung Isaaks (Kat. 390)

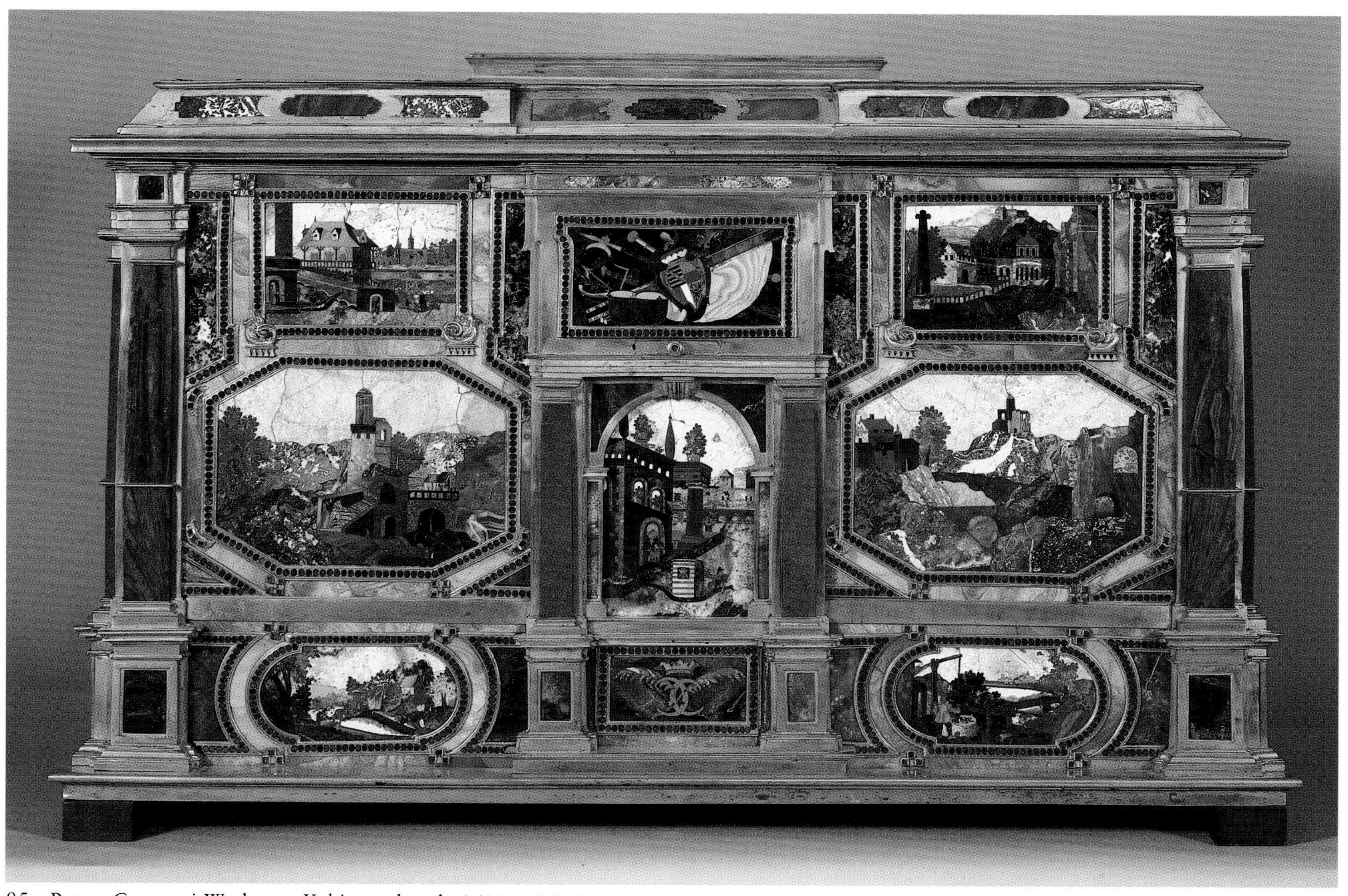

85 Prager Castrucci-Werkstatt, Kabinettschrank. 1614–1623 (Kat. 391)

86 Prager Castrucci-Werkstatt, Tischplatte. 1619–1623 (Kat. 392)

87 Juan Baptista Cuiris, Marienbild aus Federn. 1550–1580, ▷
Rahmen Mitte 18. Jahrhundert (Kat. 399)

ECCE EGO ET PATER TVVS DOLENTES QVAEREBAMVS TE

88 Erasmus Habermel, Äquatoriale Tischsonnenuhr. Vermutlich 1585/86 (Kat. 415)

370

weiches Blatt entwächst, beleben die Flächen. In diesem Gefäß ist der neue, der rudolfinische Stil Ottavios voll entfaltet. Die intensive Sehfähigkeit des Kaisers und seine Kompetenz forderten den Künstler heraus, die Grenzen seiner Möglichkeiten an der Natur abzutasten. So stellt Ottavio seine Virtuosität zur Schau, mit der er sich die widerspenstige Materie gefügig zu machen versteht, wobei er einerseits den stofflichen Charakter des Steines verfremdet und dadurch anderseits gleichzeitig dessen eigenen ästhetischen Wert erhöht. Für die Einfaltung des Randes hat er möglicherweise Anregungen von Florentiner Brunnenschalen bekommen, wie jener von Giambolognas *Samsonbrunnen* (1569/70), die 1601 als Geschenk nach Spanien kam und heute im Park von Aranjuez steht (vgl. Avery 1987, 213 f.). Die fließenden Formen der Maskarons müssen größten Eindruck auf Paulus van Vianen gemacht haben, der diesen Stil in die Goldschmiedekunst einführte. Sie können als Inkunablen des in Prag entstehenden Ohrmuschelstils gelten.

Die Fassung Jan Vermeyens, die in den zarten Profilleisten von unüberbietbarer Feinheit ist, erlaubt eine Datierung um oder vor 1605.

R. D.

Wien, Kunsthistorisches Museum, Sammlung für Plastik und Kunstgewerbe, Inv. Nr. 6866

OTTAVIO MISERONI
Mailand 1567 – Prag 1624

372 Prunkbecken Kaiser Rudolfs II.
Prag 1608

Heliotrop (Blutjaspis), Fassung Silber vergoldet; Höhe 19 cm, Länge 58 cm, Breite 33 cm
An der Schmalseite das Monogramm I·R·I (Rudolf II) unter der kaiserlichen Mitrenkrone
Herkunft: Aus der Kunstkammer Rudolfs II., Inventar 1607/11, Nr, 1376; Inventar des Kardinals Mazarin 1661, Nr. 314; Inventar König Ludwigs XIV. 1673, Nr. 23
Literatur: Barbet de Jouy 1867, Nr. 851; Marquet de Vasselot 1914, Nr. 945; Alcouffe 1974, 514 ff.; Bauer – Haupt 1976, Nr. 1376; Distelberger 1978, 134 ff.; Distelberger 1985, 284

372

373

Das einzigartige monolithe Prunkbecken, der wohl größte geschnittene Heliotrop der Welt, ist ein absolut imperiales Stück. Der Verfasser des Inventars der kaiserlichen Kunstkammer, Daniel Fröschl, hebt es besonders hervor: »Das schöne große orientalische jaspis ablange formirte geschir, grien, mit roten blutstropfen, welches der Oct: Miseron geschnitten Ao.1608, mit silber vergultem fueß«. Die roten Einsprengsel im grünen Jaspis galten als versteinertes Blut Christi und gaben ihm den Namen Blutjaspis. Dem Stein wurden besondere Heilkräfte zugewiesen.

Nach späteren Angaben der Prager Miseroniwerkstatt über den Aufwand bei der Herstellung eines Gefäßes (vgl. Distelberger 1979, 154), muß Ottavio an dieser Schale zwei bis drei Jahre gearbeitet haben. Er war in der Lage, das Becken so auszuhöhlen, daß aus dem gewonnenen Material noch kleinere Gefäße geschnitten werden konnten. Um den außerordentlichen Steinblock voll auszunützen, verzichtet er auf die Symmetrie der Form, die insgesamt wie mit bloßen Händen modelliert wirkt. Der Gefäßrand scheint aus zähflüssigem Material gebildet; in der leicht eingezogenen Mitte hängen weiche Lappen nach innen, während sich außen, wie bei der bunten *Jaspisschale* (Kat. Nr. 371), Maskarons ausformen. Die verfremdende Aufweichung der Form erfolgt im Bewußtsein der Härte des Steines. Beide werden gegeneinander ausgespielt, wozu als drittes der Reiz der natürlichen Farbigkeit kommt. Aus demselben Geist, der offenbar Rudolfs Sensualität traf, bewegt sich etwa bei Spranger der Körper einer Venus mit größter Raffinesse, wobei die nackte Haut wie Perlmutter schimmert.

Ottavio Miseroni brachte das Werk große Anerkennung. Der Kaiser erhob ihn mit Urkunde vom 2. September 1608 gemeinsam mit seinen Brüdern Alessandro, Giovanni Ambrogio und Aurelio in den Adelsstand. Aus der Begründung der Standeserhebung erfahren wir, daß »die Brüder dem Kaiser 20 Jahre und mehr in Treue und Bereitschaft am Kaiserhof in Prag gedient haben, an dem sie sich befinden und ohne Zweifel in Zukunft ständig befinden werden«.

Der schwache Fuß aus vergoldetem Silber zeigt augenscheinlich, welche Lücke der frühe Tod Jan Vermeyens 1606 hinterlassen hat, und daß diese Lücke noch nicht geschlossen war. Er allein hätte dem kostbaren Becken, das im Inventar des Kardinals Mazarin auf 10 000 Livres geschätzt wurde, eine adäquate Fassung geben können.

Das Becken fiel offensichtlich 1648 bei der Plünderung der Prager Burg den Schweden in die Hände. Wohl über Königin Maria Christine, die in Innsbruck zum Katholizismus konvertierte, kam es an Kardinal Mazarin und später an König Ludwig XIV. R. D.

Paris, Louvre, Inv. Nr. MR.143

OTTAVIO MISERONI
Mailand 1567 – Prag 1624

373 Muschelschale aus Rauchquarz
Prag vor 1622

Fassung Silber vergoldet; Höhe 12,5 cm, Länge 12,2 cm (ohne Handhabe 10,5 × 9,9 cm), Breite 8,9 cm
Herkunft: Aus der Wiener Schatzkammer
Ausstellungen: Salzburg 1987, Kat. Nr. 286
Literatur: Distelberger 1978, 146 ff.

Die Schale ist für Ottavio Miseroni archivalisch gesichert. In einem Verzeichnis der Stücke, die Ottavio am 5. September 1622 von Prag nach Wien gebracht hatte, und das der damalige Schatzmeister Kaiser Ferdinands II., Nikolaus Curland, angelegt hat, steht es als »thrinkgeschir von böhmischen topas mit einer großen doppelden rolln ohne fues« (Jahrbuch, Bd. XXXIII, 1916, Regest 20, 608, Nr. 13; ausgewertet bei Distelberger 1978, 141–152). Alle Gefäße, die Ottavio damals nach Wien brachte, waren ungefaßt. Obwohl einige von ihnen schon lange vollendet in seiner Werkstatt gelegen haben müssen, können wir doch in dieser Schale eine Arbeit aus seiner Spätzeit sehen.

Mit der »großen doppelten Rolle« sind die hohen Voluten über dem Muschelschloß bezeichnet, aus denen sich in einem Schwung die Gefäßform entwickelt. Die kräftigen scharfen Profile bilden seitlich einen spiraligen Wirbel, der nach vorne versenkte konvexe Pfeifen entläßt. Im Inneren der Schale sind in Entsprechung zu den Stegen außen schmale konkave Pfeifen eingeschnitten, die sich infolge der Wandungsstärke in der Durchsicht je nach Standpunkt verschieben. An frühere Werke aus der Zeit Rudolfs erinnern noch der gegen die Volute hin eingerollte Rand und die feine Linie der leicht ausschwingenden Lippe. Sonst aber sind alle Profile härter geworden.

Der Fuß aus etwas hellerem Rauchquarz gehörte ursprünglich zu einem ungefaßten Mailänder Schälchen aus der Kunstkammer Rudolfs II. Er wurde dieser Muschel irrtümlich von dem Wiener Goldschmied mit dem Monogramm HC verpaßt, der leider alle Werke Ottavios damals mit großem Unverständnis faßte. Seine überflüssige ›Handhabe‹ verunklärt nur die schöne Form und verdeckt den perfekten Schliff. Vom hohen Geist des rudolfinischen Hofes war in Wien nichts mehr lebendig.

R. D.

Wien, Kunsthistorisches Museum, Sammlung für Plastik und Kunstgewerbe, Inv. Nr. 1331

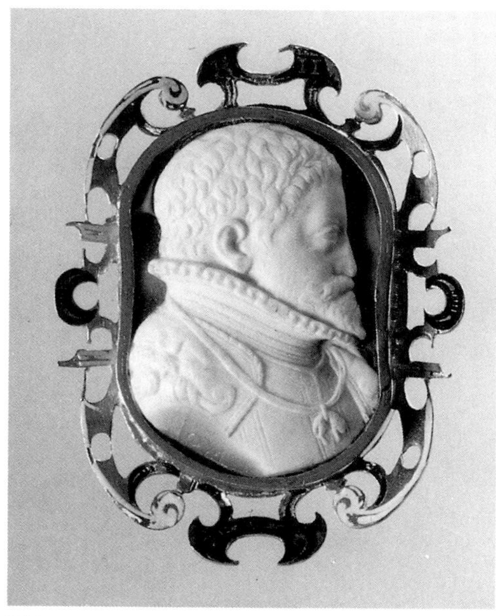

374

OTTAVIO MISERONI
Mailand 1567 – Prag 1624

374 Kamee mit Bildnis Rudolfs II.
Um oder nach 1590

Chalzedon, schwarz hinterlegt; 4,1 × 2,7 cm
Fassung Gold emailliert; 5,6 × 4,1 cm
Die Fassung von der Prager Hofwerkstatt, um 1600
Bezeichnet am Armabschnitt: OM; auf der Fassung oben die Bezeichnung R II (Rudolf II)
Herkunft: Aus der Sammlung Rudolfs II., Schatzkammerinventar 1750, S. 49, Nr. 250
Ausstellungen: Graz 1964, Nr. 111; London 1980/81, Nr. 62
Literatur: Morigia 1595, 292; Eichler–Kris 1927, Nr. 301 (dort die ältere Literatur), Kris 1929, 120 und Nr. 585; Bukovinská 1970, 187 und Abb. 1; Distelberger 1985, 253 und Abb. 266

Rudolf II., als Brustbild im Profil nach rechts dargestellt, trägt den Orden vom Goldenen Vlies am Band über der Rüstung. Die Kamee ist das erste gesicherte Werk Ottavio Miseronis. Wir haben dafür nicht nur die Signatur, sondern auch den Bericht Morigias von 1595, wonach Ottavio »in den vergangenen Jahren ein Bildnis des Kaisers in einer Kamee so naturgetreu machte, das es jeder bewundert, der es sieht«. Das Alter des Dargestellten, sein volles Gesicht und die Ausdrucksweise »in den vergangenen Jahren« sprechen für eine Datierung um oder nach 1590. Stilistisch steht das Stück in der Tradition der Bildniskamee des Jacopo da Trezzo (vgl. Onyxkameen mit Philipp II. in Florenz und London. Kris 1929, Nr. 321 und 327). Ottavio sind noch wenigstens zwei weitere Bildniskameen von Rudolf II. zuzuschreiben: eine in Wien (Eichler–Kris 1927, Nr. 316) und eine kleine in Leningrad (Kagan 1973, Nr. 49). Eine besonders schöne und große Onyxkamee mit Rudolf im Dreiviertelprofil nach rechts in der Bibliothèque Nationale (Cabinet des Médailles) in Paris, deren Meister noch ungeklärt ist, wurde erst jüngst in das Blickfeld des Interesses gerückt (Ausstellung Venedig 1987, 136; Duchamp 1987). R. D.

Wien, Kunsthistorisches Museum, Sammlung für Plastik und Kunstgewerbe, Inv. Nr. XII 58

OTTAVIO MISERONI
Mailand 1567 – Prag 1624

375 Kamee mit ›Bildnis Mariä‹
Prag um 1600
Ft. 75/1 u. 75/2, S. 491, oben rechts

Achat; 4,3 × 2,2 cm
Fassung Gold emailliert; 5,5 × 3,9 cm
Herkunft: Aus der Sammlung Rudolfs II.
Ausstellung: Oslo 1952, Nr. 349
Literatur: Eichler-Kris 1927, Nr. 306 (dort ältere Literatur); Distelberger 1985, 282, Abb. 266, 267

Die sehr flach geschnittene Kamee lebt von den zarten Farben. Die Madonna nimmt wie eine lichtdurchflutete Himmelserscheinung im Achat Gestalt an. Die Hand Ottavio Miseronis ist in der Gesichtsbildung und in der Haltung der Hand an der Brust im Vergleich mit der signierten *Magdalena* (Kat. Nr. 378) zu erkennen.

Der Kaiser muß den Stein sehr geschätzt haben. Denn trotz eines Ausbruchs rechts oben und trotz der notwendigen Ergänzung durch blaues Email unten erhielt er eine kostbare Fassung durch Jan Vermeyen. Der Kammerjuwelier Rudolfs II. gibt sich vor allem in dem unnachahmlich freien Schwung des Tiefschnittemails in der Goldplatte der Rückseite zu erkennen. Die feinstens gestochenen, bunt emaillierten Vögel und Insekten finden sich wieder auf der Krone, der schwarze Rand mit seinen Halbmöndchen und Kreuzblättern wiederholt sich im Weiß am Fuß der *Bacchusschale* (Kat. Nr. 366). Vorne umgibt den Stein innen eine astragalierte Leiste und außen ein kompakter halbrunder Reif mit gedrängter flacher Rollwerkornamentik vor gerauhtem Grund. Angesichts der Auflösung des Rahmens bei anderen Kameenfassungen Vermeyens in komplizierte Formen im hohen Relief muß man diese Arbeit in die frühe Zeit seiner Tätigkeit am Prager Hof setzen und um 1600 datieren. R. D.

Wien, Kunsthistorisches Museum, Sammlung für Plastik und Kunstgewerbe, Inv. Nr. XII 21

OTTAVIO MISERONI
Mailand 1567 – Prag 1624

376 Doppelkamee: Zwei weibliche Brustbilder
Um 1600

Achat. Randunebenheiten durch die Fassung ausgeglichen; 5,9 × 3,7 cm. Randfassung mit einem Seitenscharnier. Kupfer, vergoldet; 5,9 × 4,2 cm
Herkunft: Aus der 2. pfälzischen Gemmensammlung, die Kurfürst Johann Wilhelm (1658–1717) in Düsseldorf zusammentrug, sein Bruder und Erbe Karl III. Philipp (1661–1742) 1730 nach Mannheim und dessen Nachfolger Karl Theodor (1724–1799), seit 1778 auch Kurfürst von Bayern, 1785 nach München in das von ihm 1782 gegründete Münzkabinett verbringen ließ, wie aus den Inventaren von 1730 (Generallandesarchiv Karlsruhe 77/3894, S. 76 r Nr. 106 und 205 r Nr. 770), 1733 (Generallandesarchiv Karlsruhe 77/2760, Nr. 274), 1744/45 (Geheimes Hausarchiv München, Korr. Akt 1713 1/17 Nr. 25) und 1752 (Generallandesarchiv Karlsruhe 77/2786, Nr. 25) hervorgeht.
Literatur: H. Gebhart, Gemmen und Kameen, Berlin 1925, Abb. 202 (16. Jahrhundert); Kris, Taf. 178, Nr. 600 f.; B. Bukovinská, Anmerkungen zur Persönlichkeit Odavio Miseroni, S. 185–198

Das Inventar von 1744/45 bezeichnet die Kamee als »Ein kostbahre rahres stuck von einem gesprenkeltem schwartz und gelb melirten agat, darauf seyndt von Einem grossen Künstler 2 Differente weibsbildter geschnitten, Deren Haar und Kopf Tuch von natur distint in goldt gefast«; das von 1752 ergänzt: »ist zwar richtig vorhanden, es ist aber kein agat sondern feiner orientalischer Stein, wovon die Portraiten verschiedene Farben haben«. Aus beiden Seiten der Achatplatte ist in flachem Relief ein weibliches Brustbild geschnitten, dessen Gesicht und Brustausschnitt von langem gewellten, in der Mitte gescheiteltem Haar gerahmt ist, über das ein Kopftuch herabfällt. Die farbige Schichtung ist meisterlich ausgenutzt, die beiden Brustbilder sind einander zwar ähnlich, doch im Ausdruck wie in einigen Partien in der Farbgebung abweichend. Gesicht, Hals und die rechte

376

Haarsträhne sind fleischfarben, das übrige Haar blaßlila mit braunen Strähnen, Tuch, Gewand und Feld auf einer Seite milchig braun mit roten Punkten, auf der anderen braun mit Bänderung und dunkelbraun mit helleren Flekken. Die differenzierte Farbgebung erhöht die malerische Wirkung des flachen Reliefs, die noch unterstrichen wird durch den weichen Fall von Gewand und Haar. Dies und die ovale, unten spitz zulaufende Rahmung des Gesichtes sowie dessen Schnitt, die mandelförmigen Augen mit ausgeprägtem Oberlid, die gerade Nase und der ernste Mund zeigen unverkennbar die Handschrift von Ottavio Miseroni, vgl. besonders die Ott. M. signierte *Maria Magdalena* (Kat. Nr. 378), aber auch andere Kameen im Kunsthistorischen Museum Wien (Eichler-Kris Nr. 306ff., Kris 597/178ff.). Die Zuschreibung an diesen Künstler steht außer Zweifel. Die Doppelkamee gehört in die Zeit der Überleitung vom klassischen Gemmenschnitt, vertreten durch das *Brustbild Rudolfs II.* (Kat. Nr. 374), zu der Gruppe der Reliefmosaiken, den sog. Commessi (Kat. Nr. 384ff.), in der der Künstler die farbige Schichtung des Steines zu raffinierter malerischer Wirkung auszunutzen wußte, und ist demnach um 1600 zu datieren.

I. S.-W.

München, Staatliche Münzsammlung, Inv. Nr. 1268

OTTAVIO MISERONI
Mailand 1567 – Prag 1624

377 **Dame mit Federfächer**
Prag um 1605 *Ft. 70/1, S. 446, oben links*

Reliefcommesso auf Jaspis, Karneol und Achat auf schwarz hinterlegtem Chalzedon; 8,5 × 5,3 cm; Fassung Gold, Rückseite emailliert; Hängeperle
Die Emailgrotesken der Rückseite wohl von Jan Vermeyen
Herkunft: Wohl aus der Sammlung Rudolfs II.; Schatzkammerinventar 1750, S. 48, Nr. 242
Literatur: Eichler–Kris 1927, Nr. 303 (dort ältere Literatur); Distelberger 1985, 282, 283 und Abb. 266, 267

Das figürliche Reliefmosaik (Commesso) in der Art von Kameen gilt als eine Erfindung Ottavio Miseronis. Vermutlich wurde er dazu von den Pietre-dure-Intarsien der Castrucci-Werkstatt in Prag angeregt. Mit dieser Technik machte sich der Meister weitgehend unabhängig von der natürlichen farbigen Schichtung des Steines und erreichte neue naturalistische, stoffliche und malerische Wirkungen. So umschmeichelt hier das rötliche Haar aus Karneol in weichen Locken Nacken und Schulter aus rosa Achat. Das gelbliche Untergewand setzt sich klar vom grün gesprenkelten Achat des Obergewandes ab. Gürtel und Armband aus Jaspis bringen wieder andere Farben ins Bild. Trotz dieser neuen Möglichkeiten, sah man darin zu Recht den beginnenden Verfall des klassischen Kameenschnittes, bei dem sich der Meister vom Stein inspirieren und führen lassen mußte (Bukovinská 1970, 188). Der Vergleich mit signierten Werken Ottavios, wie etwa der *Maria Magdalena* (Kat. Nr. 378), läßt keinen Zweifel an seiner Autorschaft an diesem Stück. Die linke Hand ist beschädigt.

377

Für die Datierung bieten die Emails der Rückseite einen Anhaltspunkt. Früher für Andreas Osenbruck beansprucht (Distelberger 1985, 282), ist im Tiefschnittemail doch die Hand Jan Vermeyens zu erkennen, wenngleich er hier in der Komposition nicht die große Linie früherer Werke, wie etwa bei der Rückseite der *Maria* Ottavios (Kat. Nr. 375), erreicht. Er verarbeitet in diesem Fall in freier Weise Motive von den Schwarzornamenten des Ornamentstechers Hans Hensel (vgl. Bukovinská 1982, Abb. 6). Der regelmäßige, exakte und formbildende Stich des Goldgrundes unter dem transluziden Email ist identisch mit jenem an der Krone. Kein anderer Meister erreichte Vermeyen darin an Feinheit. Der Reliefcommesso muß also vor 1606 (Todesjahr Vermeyens), aber in einigem Abstand zur Krone entstanden sein. Ob der einfache Profilrahmen original ist, bleibt ungewiß.

R. D.

Wien, Kunsthistorisches Museum, Sammlung für Plastik und Kunstgewerbe, Inv. Nr. XII 140

OTTAVIO MISERONI
Mailand 1567 – Prag 1624

378 **Maria Magdalena**
Prag um 1610

Reliefcommesso aus verschiedenfarbigen

378

Achaten und Jaspisen, sowie aus Karneol auf Chalzedonplatte; 10,5 × 7 cm; Fassung Silber vergoldet.
Bezeichnet unten: Ott.M.
Herkunft: Schatzkammerinventar 1750, S. 50, Nr. 254
Ausstellungen: Zürich 1946/1947, Nr. 168; Amsterdam 1947, Nr. 413
Literatur: Eichler-Kris 1927, Nr. 302; Bukovinská 1970, 188 und Abb. 2; Distelberger 1985, 283 und Abb. 266

Ottavio Miseroni komponierte die Halbfigur in schönem Kontrapost der Handhaltung sowie der Drehung von Körper und Kopf in das Oval. Zehn verschiedene Steinarten in raffinierter Auswahl steigern darüber hinaus die Lebendigkeit der Darstellung. Der Reichtum der Bewegung und der Steinwahl machen die Magdalena wohl zu einem der besten Commessi des Meister.

Kris sah das Stück in unmittelbarem stilistischem Zusammenhang mit den ovalen Reliefmosaiken, darstellend die Madonna und die Hl. Anna in zwei Reliquienaltärchen der Geistlichen Schatzkammer in Wien (Inv. Nr. Kap. 219 und Kap. 220) und datierte es um 1620. Details wie die lebendige Bildung der Haare und der Hände sowie die feine Zeichnung des Gesichtes rücken die Magdalena jedoch näher an die *Dame mit Federfächer* (Kat. Nr. 377) als an die Spätwerke Ottavios. Das pokalförmige Salbgefäß ist aus dem gleichen Jaspis, wie Gürtel und Armband der Dame mit Federfächer. Der Meister übertrifft hier allerdings sein früheres Werk erheblich bei der Umsetzung der räumlichen Werte in die Fläche. Das Stück dürfte demnach in die Zeit um 1610 zu datieren sein. Dafür spricht auch die einfache Fassung mit einem vergoldeten Silberreif. Die beiden Spezialisten für Fassungen in Prag standen damals nicht zur Verfügung: Jan Vermeyen († 1606) war zur Entstehungszeit dieses Meisterwerkes schon tot, Andreas Osenbruck noch nicht in Prag. R. D.

Wien, Kunsthistorisches Museum, Sammlung für Plastik und Kunstgewerbe, Inv. Nr. XII 820

OTTAVIO MISERONI
Mailand 1567 – Prag 1624

379 Büßende Hl. Magdalena
Prag um 1605–1610

Achat; Höhe 16,4 cm
Bezeichnet unten vorne: Ott.M.F.
Herkunft: Matthiasinventar 1619, Nr. 1496
Literatur: Kris 1929, Nr. 611, Bukovinská 1970, 190

Rundplastische Figuren in Hartstein sind überaus selten. Es ist ein Zeichen von großem Selbstbewußtsein, wenn sich ein Steinschneider an ein derartiges Unterfangen heranwagt. Er hatte ja nicht die Ausbildung eines Bildhauers, und es fehlte ihm das Studium der Anatomie. Ottavio Miseroni muß also bereits auf der Höhe seines Könnens angelangt gewesen sein, als er sich entschloß, den Kaiser mit einer kleinen Skulptur zu überraschen. Das Ungewöhnliche an dieser Aufgabe spiegelt die stolze Signatur, hat er doch keines der Gefäße bezeichnet. Die Magdalena wurde als Virtuosenstück bewundert, und der Verfasser des Matthiasinventars von 1619 findet sie »gahr konstreich gemacht«. Die über den Rücken fließenden Haare und die Unterschneidung der Arme beweisen die unendliche Mühe, die Ottavio daran wandte, doch wirklich gelungen ist die Figur nicht. Es fehlt ihr sowohl das Verständnis für die organische Bewegung, als auch für das Wechselspiel von Körper und Draperie. Die Schwierigkeit der Komposition einer freiplastischen Gewandfigur haben den Meister letztlich überfordert. Das Experiment endete nur in einem Kunststück. R. D.

Wien, Kunsthistorisches Museum, Sammlung für Plastik und Kunstgewerbe, Inv. Nr. 1723

Prager Werkstatt der MISERONI

380 Herme in Nische
Prag um 1605–1610

Moosachat, Karneol, Jaspis, Perlmutter; Sockelstreifen der Nische aus bemaltem Holz (spätere Ergänzung); Höhe 16,2 cm, Breite 8,3 cm
Herkunft: Aus der Wiener Schatzkammer
Ausstellungen: Salzburg 1987, Kat. Nr. 290

Die *Herme* ist voller Rätsel, sowohl was die Meisterhand als auch den Verwendungszweck betrifft. Das Haar aus Karneol erinnert an die Reliefcommessi mit *Maria Magdalena* (Kat. Nr. 378) oder der *Dame mit Federfächer* (Kat. Nr. 377), was eine Datierung in die Zeit um 1605 bis 1610 erlaubt. Es ist jedoch so fein geflochten und differenziert geschnitten wie bei der vollplastischen Venus (Kat. Nr. 381), die auch einen ähnlichen Gesichtsschnitt hat. Das volle Gesicht mit den präzis geformten Augen und dem sensibel modellierten Mund steht einer großen *Kamee mit Omphale* in der Ambrosiana in Mailand näher als der *Magdalena* Ottavios. Diese Omphale mag in Mailand entstanden sein, doch hat sie Kris wohl irrtümlich Girolamo Miseroni, dem Vater Ottavios, zugeschrieben (Kris 1928, 391, Kris 1929, 386). Die Verwandtschaft mit der Herme zeigt, daß hier die nächste Generation am Werk ist. Ist es nicht Ottavio, so sind wir in der Herme wohl einem seiner Brüder auf der Spur, von deren Schaffen bislang nichts bekannt ist. Diese Hand (Giovanni Ambrogio?) ist auch in Kameen mit Prager Fassungen festzustellen, die bisher Ottavio zugeschrieben wurden (etwa Eichler-Kris, Nr. 307, 311, 312, 313). Die kurze Stückung am unteren Ende deutet auf eine Planänderung im Projekt, für das die Herme gedacht war, worauf kurz einzugehen ist.

In der Wiener Sammlung befinden sich noch zwei weitere *Hermen mit Nische* und einige profilierte Bogenstücke aus Achat. Es handelt sich offensichtlich um Fragmente eines Unterfangens, das aufgegeben wurde und über das es keine Nachricht gibt. Es ist sogar ungewiß, ob die Hermen ursprünglich für die Nischen gedacht waren. Eine Annäherung an das Problem erlaubt ein schlecht erhaltenes unpubliziertes Bild der Gemäldegalerie des Kunsthistorischen Museums mit der Darstellung eines tabernakelartigen Kunstschrankes (Inv. Nr. 2827). Im Mittelpunkt der Front ist eine Nische zu sehen, in der ein goldener Neptun auf einer Muschel steht. Die Ecken nehmen Hermen ein, deren Oberteil mit den erhaltenen fast identisch ist: Die Haare aus Karneol, der Halskragen aus Perlmutter und die Draperieschlaufen beim Armansatz stimmen völlig überein; nur liegen im Entwurf Voluten an den Flanken der Her-

379

380

men. Möglicherweise hatte Rudolf II. ein kostbares Möbel geplant, an dem die Steinschneider, Goldschmiede und Bildhauer seines Hofes vereint arbeiten sollten. R. D.

Wien, Kunsthistorisches Museum, Sammlung für Plastik und Kunstgewerbe, Inv. Nr. 1790

Prager Werkstatt der MISERONI

381 Venus und Amor
Prag 1600–1610

Achat; Höhe 8,3 cm, Länge 11,4 cm, Breite 10,1 cm
Herkunft: Matthiasinventar 1619, Nr. 2184
Literatur: Ilg 1895, 22, Taf. XLIII; Kris 1929, Nr. 613; Distelberger 1985, 283

Die Figurengruppe ist ein seltenes Meisterwerk der Glyptik. Technisch könnte man sie als eine Großkamee bezeichnen, deren Relief sich so weit in die dritte Dimension befreit, daß ihre Grundplatte zur Bodenplatte wird. Künstlerisch ist sie natürlich von vornherein auf die Frontalansicht von schräg oben konzipiert, und der Künstler hat die Schwierigkeiten der Anatomie und der vollplastischen Gestaltung hervorragend gemeistert. Stilistisch steht die Venus der Minerva aus Wachs in der Kugellaufuhr von Christoph Margraf von 1599 in Wien so nahe, daß man dahinter ein Wachsmodell von Jan Vermeyen als Vorlage vermuten darf. Die Zuschreibung der Gruppe an Ottavio Miseroni aufgrund der von ihm signierten *Maria Magdalena* (Kat. Nr. 378) hält einer kritischen Prüfung nicht stand. Die offensichtlichen Schwierigkeiten Ottavios mit der Anatomie bei

381

der Magdalena hätten am Akt der Venus noch deutlicher zutage kommen müssen. Auch die Draperie der Heiligen kann mit dem freien Faltengebilde des locker hingeworfenen Mantels, auf dem die Venus liegt, nicht annähernd konkurrieren. Ebenso finden die feinen hängenden Akanthusblätter an der Vase bei Ottavios Gefäßen keine Entsprechung. Ottavio läßt an seiner Figur das Inkarnat matt, und hier ist die ganze Oberfläche poliert. Der detaillierte Gesichtsschnitt von *Venus und Amor* und die differenzierte Haarbehandlung stehen der *Herme* (Kat. Nr. 380) sehr nahe. Das spricht für eine Entstehung in Prag. Der Meister war ein Miseroni. Vielleicht begegnet uns in diesem Werk, wie in der Herme, Giovanni Ambrogio Miseroni, der in den Quellen als kaiserlicher Edelsteinschneider bezeichnet wird.

Das Stück, das insgesamt den Geist der Prager Hofkunst atmet, lag offenbar bei den Kameen des Kaisers, die nicht im Kunstkammerinventar von 1607–1611 verzeichnet sind.

R. D.

Wien, Kunsthistorisches Museum, Sammlung für Plastik und Kunstgewerbe, Inv. Nr. 1750

382

383

Prager Werkstatt der MISERONI

382 Rosenkranz mit beidseitig geschnittener Kamee
Nach 1600

Lapislazuli, Gold, seidenes Band; Länge 92 cm
Kamee: Lapislazuli, Gold emailiert 6,2 × 4,5 cm mit Fassung (4,8 × 3,5 cm ohne Fassung)
Ausstellungen: Prag 1891, Nr. 56
Literatur: Šitler-Podlaha 1903 (Soupis), S. 164/165, Nr. 247, Abb. 147; Podlaha-Šitler 1903 (Poklad), S. 266, Nr. 183; Podlaha 1948, S. 37, Nr. 70b; Bukovinská 1974, S. 58–64

Der beidseitig geschnittene Anhänger, das Kreuzchen und die ziemlich großen Kugeln dieses Rosenkranzes sind aus einem auffallend schönen Lapislazuli gearbeitet. Zu welcher Zeit und unter welchen Umständen diese Arbeit in den Prager Domschatz gelangte, ist nicht bekannt. Die Kameen mit Brustbild Christi und Maria waren im 17. Jahrhundert sehr beliebt und knüpfen vor allem an den Typus der Medaillen Leone Leonis und seines Nachfolgers Antonio Abondio an. Letzterer benutzte das Ovalformat und die Kombination des Brustbildes Christi am Avers und Maria am Revers der Medaille, was in seinen Arbeiten öfter vorkommt. Die vorliegende Kamee steht seiner signierten Medaille gleichen Themas aus den Sammlungen des Nationalmuseums in Prag am nächsten. Auch wenn kleinere Abweichungen festzustellen sind – wie z. B. die Verdeckung des Ohres durch die hängenden Haare auf der Medaille –, kann angenommen werden, daß dieses Werk für die Lapislazulikamee als Vorbild benutzt wurde (Bukovinská 1974, S. 58–63, Abb. 2).

Unter den Edelsteinschneidern, die nach dem Vorbild Abondios gearbeitet haben, kommt am ehesten Ottavio Miseroni als Autor in Betracht. Wenn wir seine Commessi mit Christus und Maria aus den Sammlungen der Münchener Rezidenz vergleichen, so ist die Modellierung etwas steif, aber die Nasenlinie, die Bearbeitung der Augen wie auch die eigenartig flache Bearbeitung der Wangen sind identisch. Die Unterschiede könnten dem für solch feinen Schnitt ungewöhnlichen Material zugeschrieben werden. Unter den bekannten italienischen oder Prager Arbeiten dieses Zeitabschnittes finden wir keine aus solch prachtvollem Edelstein. War diese Kamee vielleicht eine spezielle Bestellung, in der gerade die Auswahl dieses Edelsteines eine Rolle spielte? Seine magische Wirkung beschreibt der gebildete Leibarzt Rudolfs II. Anselmus Boetius de Boodt und empfiehlt schwangeren Frauen, den Stein gegen eine frühzeitige Geburt zu tragen. Er betont sogar, daß man ihn vor der Geburt ablegen muß, damit das Kind auf die Welt kommen kann.

B. B.

Prag, Sammlungen der Prager Burg, Inv. Nr. K 251

383 Deckelkrug
Prag 1612–1618

Böhmischer Jaspis, Gold emailliert;
Höhe 14,8 cm
Die Fassung Andreas Osenbruck zugeschrieben
Herkunft: Matthiasinventar 1619, Nr. 3541; Schatzkammerinventar 1750, S. 218, Nr. 79
Literatur: Leitner 1870–73, 12

Der einfache, gedrechselte Jaspis mit leicht konischer Wandung bietet keinen Anhaltspunkt für eine Zuschreibung. Die perfekte Politur des Steins läßt jedoch vermuten, daß er aus der Werkstatt Ottavio Miseronis kommt. Der flache Boden des Krügleins ist angeklebt und wird zusätzlich durch die Fassung gehalten. Diese Montierung ist Andreas Osenbruck zuzuschreiben aufgrund der Ähnlichkeit der Ornamente mit dem Rollwerk der *Zepterblume* (siehe Ft. 66, S. 442) und mit seinen Gemmenfassungen. Auch die Handweise der Goldarbeit ist identisch mit den Vergleichsstücken. Osenbruck übernimmt das Motiv der Granatreihen von Jan Vermeyen, der es in die Prager Hofkunst eingeführt hat (Kat. Nr. 370).

Im Nachlaßinventar des Kaisers Matthias vom 5. Mai 1619 sind fünf »geschierl wie ein kriegl von pietra diasadra (Jaspis) mit einem döckel« verzeichnet, von denen nur eines gefaßt war. Das muß dieses Stück gewesen sein. Da Osenbruck erst seit 1612 in Prag nachweisbar ist, ergibt sich daraus die Datierung zwischen 1612 und 1618. Im Schatzkammerinventar von 1750 werden diese Gefäße als »Wermuth-Krügel« bezeichnet. R. D.

Wien, Kunsthistorisches Museum, Sammlung für Plastik und Kunstgewerbe, Inv. Nr. 2026

Cosimo und Giovanni Castrucci waren die wichtigsten Vertreter des sogenannten Florentiner Mosaik aus Prag. Dieser »frühe und unmittelbare Ableger der Florentiner Mosaizistenwerkstatt in Prag«, wie es Neumann (1957, S. 194) formulierte, hat sich parallel mit den Florentiner Werkstätten von den 90er Jahren ab entwickelt. In Prag ist ein im Februar 1596 geschriebener Brief bekannt, in dem sich Cosimo an Peter Vok von Rosenberg wendet (in demselben Jahr bekommt dieser Künstler vom Kaiser ein Geschenk zu seiner Hochzeit). In diesem Dokument ist Cosimo als Edelsteinschneider Kaiser Rudolfs II. bezeichnet. Giovanni Castrucci war nach Przyborowski (1982, S. 140) schon spätestens 1598 in Prag, 1605 und 1608 wurden ihm die beträchtlichen Summen von 1000 und 2270 Gulden ausgezahlt. Als kaiserlicher Kammeredelsteinschneider wurde er dann 1610 mit einem Gehalt von monatlich 20 Gulden angestellt. Giovanni war mit den großherzöglichen Werkstätten in engem Kontakt, und 1606 hat sich sogar Ferdinand I. de Medici mit der Bestellung einer Platte mit Abraham und drei Engeln für die Ausstattung der Fürstenkapelle an Giovanni Castrucci nach Prag gewendet (Przyborowski 1982, S. 140, 593). Trotz dieses engen Kontaktes der beiden wichtigsten Zentren der Steineinlegarbeit, hat sich von Anfang an in Prag ein eigener Stil entwickelt.

Neumann (1957), dem es anhand der Angaben aus dem Kunstkammerinventar von 1607–1611 und der entdeckten Signatur von Cosimo gelungen ist, die Prager Commessi-Werkstatt zu belegen, hat zugleich einen Umkreis zu diesen Arbeiten zusammengestellt. Es handelt sich vorwiegend um Platten mit Landschaftsdarstellungen, die selten reale, meist Ideallandschaften wiedergeben. Sie haben eine ähnliche Komposition, bei der sich etliche Motive manchmal wiederholen. Auch dort, wo man eine konkrete Vorlage feststellen kann, sind manche Motive ausgelassen und andere hinzugefügt (Vincent 1987). Die Qualität der einzelnen Tableaus aus den Prager Werkstätten ist verschieden und hängt damit zusammen, daß neben den Castrucci noch eine Reihe von Gehilfen tätig war.

Die verschiedenen Steinarten, aus denen die Prager Platten hergestellt wurden, sind Achat- und Jaspisvarietäten, Chalzedon, Karneol, Ametyst und Bergkristall. Viele sind böhmischer Herkunft. Die Benutzung von böhmischen Steinarten verleiht diesen Werken eine eigenartige Kolorierung, es ist aber nicht nur diese »warme und sehr bunte Farbigkeit, die Neigung zu lebhaft und verschieden gezeichneten Steinflächen, die Freude an überraschenden Materialeffekten und in der Gesamtwirkung eine gewisse Wolkigkeit und Unruhe« (Neumann 1957, S. 186), welche die Prager von den Florentiner Tableaus unterscheidet. Es hängt mit einer unterschiedlichen Erfassung der Aufgabe zusammen, die durch die spezifische Atmosphäre des rudolfinischen Hofes gekennzeichnet ist. Der Einfluß vieler verschiedener Künstlerpersönlichkeiten und die Möglichkeit zum freien Experimentieren spiegeln sich in einer künstlerischen Freiheit, in der Benutzung von einzelnen Steinplättchen mit ihren herrlichen Farben und feinen Strukturen, was sich im ganzen Aufbau der Komposition fortsetzt. Es entstehen freie künstlerische Objekte, die eng mit der ganzen Entwicklung der rudolfinischen Kunst zusammenhängen. B. B.

COSIMO CASTRUCCI
Nachgewiesen in Prag um 1596

384 Landschaft mit Brücke und Kapelle
15(7?)6 *Ft. 83/1, S. 499*

Commesso in pietre dure; 18,3 × 24,5 cm
Bezeichnet und datiert auf der Rückseite: Cosimo Castruccj Flor(en)tino Fecitt Anno 15(7?)6
Literatur: Neumann 1957, S. 194/195, 197, Nr. 1, Abb. 197; Vincent 1987, Abb. 5; Preiss 1986, S. 130, Abb. 131

Diese *Landschaft mit Brücke und Kapelle* ist bis jetzt die einzige erhaltene Arbeit dieser Art, die mit voller Signatur und Datierung versehen ist. Es ist aber eine Ironie des Schicksals, daß gerade die wichtigste dritte Ziffer undeutlich ist, man kann sie als 7 oder 9 lesen. Neumann (1957), der diese Signatur entdeckt hat, schließt keine der beiden Eventualitäten ganz aus. Auch wenn die Signatur andeutet, daß es sich um ein außerordentliches Werk dieses Künstlers handelt, ist die Entstehungszeit in den 70er Jahren sehr unwahrscheinlich. Es ist eher das Datum 1596 anzunehmen, und es handelt sich anscheinend um die erste Landschaft, die Cosimo für den Kaiser geschaffen hat. Interessant ist, daß diese Komposition bereits ganz den Charakter der ›Prager-Commessi‹ aufweist und sich von den bekannten Florentiner Arbeiten unterscheidet. Diese Platte war nicht für ein Möbelstück vorgesehen, sondern als eine selbständige künstlerische Leistung, als ein Bild mit Steinen gemalt. Das hat auch sichtlich die weiteren Commessi aus Prag beeinflußt (weitere Zusammenhänge und Probleme, die mit den Anfängen der Prager Castrucci-Werkstatt verbunden sind, wurden in einem einleitenden Aufsatz erörtert). B. B.

Wien, Kunsthistorisches Museum, Sammlung für Plastik und Kunstgewerbe, Inv. Nr. 3037

385

387

COSIMO CASTRUCCI?
Nachgewiesen in Prag um 1596

385 Landschaft mit Tempel am Flußufer

Commesso in pietre dure; 17,8 × 24,8 cm
Herkunft: Früher an einem Kabinettschrank aus dem 19. Jahrhundert angebracht
Ausstellungen: New York 1985, Kat. Nr. 29
Literatur: Neumann 1957, S. 202, Nr. 33c; Distelberger 1980, S. 63; Vincent 1987

386 Landschaft mit Turm und Gebäuden am Felsen *Ft. 83/2, S. 499*

Commesso in pietre dure; 18,3 × 25,5 cm
Herkunft: Früher an einem Kabinettschrank aus dem 19. Jahrhundert angebracht
Ausstellungen: New York 1985, Kat. Nr. 28 (dort auch weitere Literatur)
Literatur: Neumann 1957, S. 202, Nr. 33a; Wilhelm 1976, S. 24; Philipovich 1981, S. 26, Abb. 3; Distelberger 1980, S. 63; Vincent 1987

387 Landschaft mit Stadt am Flußufer

Commesso in pietre dure; 18,1 × 24,7 cm
Herkunft: Früher an einem Kabinettschrank aus dem 19. Jahrhundert angebracht
Ausstellungen. New York 1985, Kat. Nr. 30
Literatur: Neumann 1957, S. 202, Nr. 33b; Distelberger 1980, S. 63; Vincent 1987

Alle drei fast gleichformatigen Landschaftsdarstellungen sind noch im Katalog von Neumann (1957, S. 202) als Bestandteil eines Kabinettschranks aufgeführt. Wie bereits Distelberger (1980, S. 63) bemerkt hat, gehören diese Platten in die erste Phase der Castrucci-Werkstatt und sind von höchster Qualität.

Die klare und feste Komposition teilt die Fläche in drei farbig unterschiedene Gründe, wie es in der niederländischen Landschaftsmalerei üblich war. Der Vordergrund ist in dunklem Braungrün gehalten, der Mittelgrund mit dem Durchblick in das weite Land hellgrünlich und der Himmel gelbweiß. Man könnte voraussetzen, daß der Kaiser verlangte, daß diese spezielle Technik im Rahmen ihrer Möglichkeiten ähnliche Probleme wie die Landschaftsmalerei löst. Die feinen Farbtöne und reizvollen Strukturen der Edelsteine sind hier nicht nur zur treuen Wiedergabe der Vorlage benützt, sondern zugleich als künstlerisches Ausdrucksmittel angewendet.

Die *Landschaft mit Turm und Gebäude am Felsen* (Inv. Nr. 1461) ist sichtlich nach dem Stich von Jan Sadeler, der 1593 datiert ist, gefertigt, auch wenn hier eher ein Bild als Vorlage zu vermuten wäre. Es handelt sich in allen drei Fällen um prachtvolle, selbständige Meisterstücke, ›Bilder, mit Steinen gemalt‹, die durch einen eigenartigen Reiz charakterisiert sind. Sie stehen der signierten Landschaft Cosimos (Kat. Nr. 385) am nächsten, wirken aber ruhiger und geschlossener. B. B.

Vaduz, Sammlungen des regierenden Fürsten von Liechtenstein, Inv. Nr. 1460–1462

GIOVANNI CASTRUCCI
Nachgewiesen in Prag 1598–1615?

388 Landschaft mit Obelisk und kaiserlichem Wappen
Vor 1611 *Ft. 84/1, S. 500*

Commesso in pietre dure; 34,2 × 49,3 cm
Herkunft: Kunstkammerinventar 1607–1611, Nr. 2813
Literatur: Neumann 1957, S. 185, Abb. 201, S. 199, Nr. 3; Neumann 1964, S. 275, 331, Abb. 169; Vincent 1987, Abb. 6

Zwei ausführliche Beschreibungen im Kunstkammerinventar von 1607–1611: »Ein gross Quadretto von Joh: Castruzzi Hand von harten Stainen, darin ein Furmann mit geladenem Wagen vnd eine Gulia, daran des Römischen Kaysers Wappen mit dem Adler, Kron und Flüss« und »Ein Quadretto von Jo: Castruzio, ist ein Landschafftl von harten Steinen, darin ein Figürlin bey einem Schnellbrunnen vnd drey dürre Bäum, Empfangen 23. Aug. 1611« erlaubten Neumann (1957), die *Landschaft mit dem Obelisken* und die *mit drei dürren Bäumen* (Inv. Nr. 3002) als die Werke von Giovanni Castrucci zu identifizieren. Mit Hilfe des signierten Tableau von Cosimo Castrucci konnte er dann einen ganzen Umkreis von Arbeiten, meistens aus den Sammlungen des Kunsthistorischen Museums in Wien, zusammenstellen, die er als Werke der Prager Castrucci-Werkstatt bezeichnete.

Am Beispiel dieser Landschaft, für die ein Stich von Jan Sadeler nach einer Invention des Lodewyck Toeput als Vorlage gedient hat (Neumann 1957, Abb. 200), kann man gut sehen, wie in der Prager Castrucci-Werkstatt mit der Vorlage gearbeitet wurde. Auf dem Tableau von Castrucci fehlt z. B. die Reitergruppe auf der Brücke, der geflügelte Löwe am Obelisken, die Figur des betenden Knaben im Vordergrund ist durch zwei Frauengestalten ersetzt und links im Hintergrund wurde ein Ziehbrunnen hinzugefügt. Wichtig aber ist nicht, daß etliche Details ausgelassen und andere hinzugefügt wurden, sondern die Betonung einzelner Motive, die der Komposition einen eigenen Charakter verleihen und die Wirkung des Gesamtwerkes beeinflussen. B. B.

Wien, Kunsthistorisches Museum, Sammlung für Plastik und Kunstgewerbe, Inv. Nr. 3397

389

390

Prager CASTRUCCI-WERKSTATT
1596–1622?

389 Ansicht des Hradschin in Prag
Nach 1601

Comesso in pietre dure; 18,5 × 34 cm
Ausstellungen: London 1969, Nr. 107; Paris 1981, Nr. 25
Literatur: Bukovinská 1972, S. 365, Abb. 4; Bukovinská 1983, S. 444–446, Abb. 3; Poche 1979, S. 170, Abb. 154; Preiss 1986, S. 132, Abb. VII oben

Eine der bekanntesten und am meisten abgebildeten Werke der Castrucci-Werkstatt in Prag ist die *Ansicht des Hradschin,* die in drei Exemplaren erhalten geblieben ist. Die vorliegende Variante, die in den 30er Jahren in das Kunstgewerbemuseum in Prag gelangte, war Neumann (1957) noch nicht bekannt. Er erwähnt die zwei aus dem Kunsthistorischen Museum in Wien und eine weitere, die in den Inventaren der Münchener Kunstkammer Maximilians I. figuriert, die aber verschollen ist. Neumann (1965, S. 331) bestimmt als Vorlage für diese Veduten den Stich von Johann Willenberg aus dem Jahre 1601. Wenn auch die einzelnen Details des Blattes von Willenberg diesen Arbeiten entsprechen, hängen doch die auffallend betonten Türme des Rosenbergpalais, wie auch der Ludwigsflügel oder die Kleinseitener Kirchen viel eher mit dem Prospekt von Prag zusammen, der nach einer Zeichnung Philipps van den Bossche von Johannes Wechter gestochen und von Aegidius Sadeler 1606 herausgegeben wurde. Dafür spricht auch die Tatsache, daß Philipp van den Bossche vom 1. Juni 1604 bis zum Jahre 1612 am Prager Hof als Kammerseidensticker Kaiser Rudolfs II. tätig war.

Der Vorlage am nächsten steht die erste Variante aus Wien (Inv. Nr. 3060), auf der gezeigten Ansicht aus dem Kunstgewerbemuseum in Prag sind einzelne Motive überdimensioniert und mit größerer Freiheit benutzt, was dem Ganzen einen eigentümlichen Ausdruck verleiht. B. B.

Prag, Kunstgewerbemuseum, Inv. Nr. Z 314/30

Prager CASTRUCCI-WERKSTATT
1596–1622?

390 Landschaft mit der Opferung Isaaks
Ft. 84/2, S. 500

Commesso in pietre dure; 43,3 × 57,7 cm
Literatur: Neumann 1957, S. 188, Abb. 213, S. 200, Nr. 21; Przyborowski 1982, S. 257, Nr. 8.3

Diese größte Tafel der ganzen Gruppe von Commessi aus der Prager Castrucci-Werkstatt stellt die *Opferung Isaaks* dar. Interessant ist der Vergleich mit einer Platte des gleichen Themas aus den Florentiner Werkstätten. Dieses Tableau, das sich am Altar der Fürstenkapelle von S. Lorenzo befindet, war nach dem Vorbild des Lodovico Cigoli gearbeitet (Przyborowski 1982, S. 255). Die Figuren sind wahrscheinlich von Stefano Caroni und die Landschaft von Camolli di Pofirio ausgeführt. Auf der Florentiner Platte bildet die biblische Szene den Mittelpunkt der Komposition, die Landschaft dient nur als Szenerie. Auf dem Tableau aus Prag bleibt das Geschehen um Abraham und Isaak nur eine Nebenhandlung, die in die mächtig komponierte Landschaft eingesetzt ist.

Ob sich auch in Prag an den einzelnen Komponenten einer Arbeit mehrere Künstler beteiligt haben, ist bis jetzt nicht klar. Die Forschung der letzten Jahre (Przyborowski 1982, S. 140) hat aber den Beweis erbracht, daß sich Giovanni Castrucci auch mit den Figurenkompositionen beschäftigt hat. Die Unterscheidung der einzelnen Hände an den Werken der ganzen Gruppe ist noch nicht gelöst, und die Klärung dieser Frage hängt mit neuen Kenntnissen über die weiteren Mitarbeiter zusammen, beispielsweise über Giovannis Sohn Cosimo Giovanni

391

oder seinen Schwiegersohn, den begabten Giulio Piero Pandolfini. B. B.

Wien, Kunsthistorisches Museum, Sammlung für Plastik und Kunstgewerbe, Inv. Nr. 3411

Prager CASTRUCCI-WERKSTATT
1596–1622?

391 Kabinettschrank
1614–1623 *Ft. 85, S. 501*

Bronze vergoldet, Ebenholz, Commessi in pietre dure; 61 × 88 × 48,5 cm
Wappen und Monogramm des Fürsten Karl I. von Liechtenstein
Ausstellungen: New York 1985, Kat. Nr. 25 (dort auch weitere Literatur)
Literatur: Neumann 1957, S. 191/92, Abb. 217, S. 201, Nr. 32; Wilhelm 1976, S. 24; Distelberger 1980, S. 61–63; Vincent 1987

Dieser prachtvolle Kabinettschrank (oder Truhe) wurde durch das Wappen Karls I von Liechtenstein in die Jahre 1614–1623 datiert. Es ist bekannt, daß dieser Fürst zu den wichtigsten Persönlichkeiten des Prager Hofes schon während der Regierungszeit Rudolfs II., aber vor allem danach gehört. Wie Distelberger (1980) erklärte, fing er nach dem Tod Rudolfs II. mit einer regen Sammeltätigkeit an, und in den Inventaren seiner Sammlungen aus jener Zeit kommen auch viele Gegenstände aus edlen Steinen vor. Karl I. von Liechtenstein war sicher der bedeutendste Besteller in den Hofwerkstätten, die nach dem Tod Rudolfs II. auf der Prager Burg verblieben sind. Seine Stellung erlaubte ihm den Zugang zu den Werkstätten und zu den Sammlungen.

Dieses Möbelstück besteht aus 24 Commessi, davon 21 Landschaftsdarstellungen, die schon Neumann (1957) als Werke der Castrucci-Werkstatt in Prag bezeichnete. Distelberger (1980) vermutet, daß diese Landschaftstableaus bereits früher entstanden sind und als fertige Stücke später benutzt wurden. Die einzelnen Platten entsprechen in ihrer Komposition sowie in der Farbigkeit und Motivauswahl von den Commessi aus der Castrucci-Werkstatt. Es handelt sich vorwiegend um Ideallandschaften, die als Vorlagen Stiche oder Zeichnungen der niederländischen Künstler benützen, die am Prager Hof tätig waren. Die Vorlage wurde meistens nicht genau übernommen. Zu den bekanntesten Erkenntnissen über diese Landschaften gehört, daß eine davon (Deckel links von der Mitte) eine ausführlichere Variante im Kunstgewerbemuseum in Prag (Bukovinská 1972, S. 364, Abb. 3) hat und eine weitere an einem Kabinettschrank im Grünen Gewölbe in Dresden (Inv. Nr. III 56). B. B.

Vaduz, Sammlungen des regierenden Fürsten von Liechtenstein, Inv. Nr. 599

Prager CASTRUCCI-WERKSTATT
1596–1622?

392 Tischplatte
1619–1623 *Ft. 86, S. 502*

Bronze vergoldet, Commessi in pietre dure; 92,7 × 88,2 cm
Wappen und Monogramm des Fürsten Karl I. von Liechtenstein
Ausstellungen: New York 1985, Kat. Nr. 26 (dort auch weitere Literatur)
Literatur: Wilhelm 1976, S. 24; Distelberger 1980, S. 63; Philippovich 1981, S. 26, Abb. 3; Vincent 1987

Wie das vorhergehende Objekt ist auch diese außerordentlich schöne Tischplatte mit dem Wappen Karls I. von Liechtenstein versehen. Die Datierung hat Distelberger etwas eingeschränkt (1980, S. 63), da er den bekrönten Buchstaben ›F‹ an einer der Fahnen der Trophäengruppe mit der Thronbesteigung Ferdinands II. 1619 in Zusammenhang bringt. Die Fläche der Tischplatte ist durch breite Streifen aus rotbraunem Jaspis in kleinere Felder geteilt, in denen neben Platten mit Trophäendarstellungen, Wappen und stereometrischen Teilen auch acht Landschaftsdarstellungen eingelegt sind. Die Symbolik dieser Motive spiegelt die Einflüsse des rudolfinischen Milieus (Vincent 1987). Die acht Landschaftsdarstellungen hängen eng mit der Prager Castrucci-Werkstatt zusammen und stammen sichtlich auch aus einer zeitlich früheren Periode, genau wie die Landschaftseinlagen am Liechtensteinischen Kabinettschrank. Die ovale Platte mit einem Ziehbrunnen kommt in sehr ähnlicher Ausführung ebenfalls auf der Vorderseite des Kabinettschranks unten rechts vor (Kat. Nr. 391). Interessant sind die zwei großen Landschaften mit Fluß im Mittelgrund. Die eine mit dem langen Arkadengebäude zeigt nämlich den Blick auf das Areal der kaiserlichen Schleifmühle in Bubenetsch. Die unbekannte Vorlage ist wahrscheinlich auch hier nicht ganz getreu übernommen, da der Eingang in die Grotte nicht sichtbar ist. Der charakteristische Trakt jedoch mit Arkaden und das im Detail wiedergegebene Eingangstor sind bis heute so erhalten geblieben. Die gegenüberliegende Landschaft könnte eventuell das Gegenstück mit der Ansicht der Schleifmühle sein. Da es sich mindestens im ersten Fall um eine Wiedergabe einer sehr beliebten Erholungsstätte Kaiser Rudolfs II. handelt, kann man annehmen, daß diese Landschaft noch zu seinen Lebzeiten entstanden ist. B. B.

Vaduz, Sammlungen des regierenden Fürsten von Liechtenstein, Inv. Nr. 1401

392

Prager CASTRUCCI-WERKSTATT
1596–1622?

393 Hausaltärchen mit dem Wappen der Fa. Pernstein und Lobkowitz
Um 1603

Ebenholz, Commessi in pietre dure; 64 × 46 cm
Herkunft: Sammlungen der Familie Lobkowitz, Schloß Raudnitz
Literatur: Dvořák-Matějka 1910, S. 214, Abb. 128; Bukovinská 1972, S. 365/366, Abb. 6; Poche 1979, S. 170, Abb. 146; Preiss 1986, S. 132, Abb. 133; Hagemann (siehe II. Teil)

In der ersten ausführlichen Beschreibung dieses Objektes (Dvořák-Matějka 1910, S. 214) erwähnte der Autor, daß es sich dem (leider nicht näher angeführten) Inventar nach um ein Geschenk Rudolfs II. an Zdeněk Adalbert von Lobkowitz und Polyxena von Pernstein zu deren Hochzeit im Jahre 1603 handelt. Neumann hat es in Zusammenhang mit einer ähnlichen Arbeit mit dem Hl. Hieronymus aus Kremsmünster gebracht (Neumann 1963, S. 80, Abb. 95), und 1972 wurde es der Prager Castrucci-Werkstatt zugeschrieben mit der Erwägung, daß die Figur eventuell mit der Miseroni-Werkstatt in Verbindung zu setzen wäre (Bukovinská 1972, S. 365 ff.). Zuletzt befaßte sich Hagemann (siehe II. Teil) ausführlich mit der Ikonographie des Mittelfeldes mit der Hl. Margarethe (oder Hl. Helene?), die auch die neuesten Kenntnisse über die Castrucci mit einbezogen hat. Wie die Forschungsergebnisse zeigen, hat sich Giovanni Castrucci bereits um 1600 mit den figuralen Kompositionen beschäftigt (Przyborowski 1982, S. 593), und so kann auch diese etwas ausgefallene Komposition in die Castrucci-Werkstatt eingereiht werden. Die verschiedenen Spezialisten dieser Werkstatt sind immer noch unklar, und die Unterschiede sind nur in der Qualität der einzelnen Platten zu erkennen.

Der einfache, aber eindrucksvolle Aufbau des Hausaltärchens in Verbindung mit den kostbaren Commessi vermittelt uns erstens die selten erhaltene edle Tischlerarbeit der rudolfinischen Zeit, wie auch ein interessantes Beispiel eines religiösen Objektes. B. B.

Prag, Mittelböhmische Galerie, Inv. Nr. XI Ea 1

393

394

NIKOLAUS PFAFF
Nürnberg 1556 (?) – Prag (?) vor 1612

394 Danae
Prag 1601–1607

Elfenbeinrelief; 20,4 × 14,8 cm
Herkunft: Aus der Kunstkammer Rudolfs II., Inventar 1607–1611, Nr. 1785; Legat Emile Baboin, 1931
Literatur: Bauer-Haupt 1976, Nr. 1785; Distelberger 1985, 286

Nach dem Spruch des Orakels sollte Danae einen Sohn gebären, durch dessen Hand ihr Vater Akrisius sterben würde. Akrisius sperrte die Tochter in einen ehernen Turm, doch näherte sich ihr Jupiter in Gestalt eines Goldregens durch das Dach. Sie gebar Perseus, der bei Spielen in Thessalien den Großvater unversehens durch einen Wurf mit dem Diskus tötete und so das Orakel erfüllte.

Wie alle Werke in Elfenbein und Rhinozeroshorn von Nikolaus Pfaff, so bekam auch dieses Relief erst durch die Entdeckung des Inventars von 1607–1611 seinen Namen: »In einem nußbaumin schiebledlin die fabola mit dem gulden regen, hatt Ihr May. bildtschnitzer Niclaus Pfaff gar sauber von helffenbain geschnitzt.« Die bildparallele Komposition, zu der es im Nationalmuseum Stockholm eine Vorzeichnung gibt (Kat. Nr. 235), versucht natürlich in erster Linie die Figur der Danae zu inszenieren. Entwurf und Ausführung stimmen engstens überein, doch konnte Pfaff es sich nicht verkneifen, im Elfenbein ein Mäuschen unter das Bett zu setzen, das die Andacht der Dame leicht stören könnte. Es sieht aus, als hätte der Meister die *Venus* von Lambert Sustris (Paris, Louvre) gekannt, die in ähnlicher Pose des Mars harrt. Die Abwandlung der Armhaltung ist im Körper nicht mitvollzogen. Der Unterkörper wendet sich leicht nach außen, der Oberkörper nach innen (Sustris Venus stützt sich mit ihrem linken Arm nach hinten ab), in der Hüfte aber vergaß Pfaff die Drehung. Der weite Schritt des hüftlosen Genius rechts ist mißglückt. Er gewinnt keinen Raum, und das schöne Bein des Bettes, dessen Akanthus er überschneidet, steht nach den Angaben des Bodens genau zwischen seinen Füßen. Im Entwurf ist das Problem anatomisch und räumlich besser gelöst. Pfaffs hoher Anspruch scheint mit seinen Möglichkeiten zur Realisierung noch nicht ganz Schritt zu halten, weshalb das Relief wohl in die erster Prager Zeit des seit 1. Januar 1601 als kaiserlicher Bildschnitzer und Kammertischler angestellten Meisters zu datieren ist. Die Architektur bildet mit ihren geraden Linien nur die strenge Folie für das bewegte Geschehen im Vordergrund. R. D.

Lyon, Musée Lyonnais des Arts Décoratifs, Inv. Nr. 1144

NIKOLAUS PFAFF
Nürnberg 1556 (?) – Prag (?) vor 1612

395 Venus und Amor
Prag 1601–1607

Elfenbeinstatuette, Ebenholz; Höhe 19,5 cm (mit Sockel), Elfenbein, Höhe 12,9 cm
Herkunft: Aus der Kunstkammer Rudolfs II., Inventar 1607–1611, Nr. 1786
Literatur: Bauer-Haupt 1976, Nr. 1786; Distelberger 1985, 286

Die Eintragung im Kunstkammerinventar von 1607–1611 sichert die Statuette für Nikolaus Pfaff: »In einem gemeinen schechtelin ein rundt bildlin, ist ein Venere mit Cupidine, auch von helffenbain und von N. Pfaffen hand, ledig rund«. Der Hofbeinstecher schnitt die Venus und den dreiseitigen Sockel aus einem Stück, der kleine Amor ist angestiftet. Das miniaturhafte Format und die subtile Modellierung erfordern höchste Sammlung des Schauens. Mit graziöser Gelassenheit steht Venus mit einem Fuß auf dem mit Pfeilen gefüllten Köcher Amors und scheint in ihrer stillen Versunkenheit das Flehen des mutwilligen Knaben um seine Waffen nicht zu vernehmen. Pfaff schuf eine klassische Figurenkomposition unter direkter Berufung auf die Antike. Dem vorgesetzten Spielbein antwortet der abgewinkelte Arm, motiviert durch ein vor die Brust gezogenes Tüchlein. Das leicht geneigte, sinnende Köpfchen führt den Blick über den hängenden Arm wieder zum Standbein herab, von wo ihn im Aufblick der Knabe zurückweist ins schmale Gesichtchen der Venus. Die Gestaltung verlangt kein Umschreiten; nach vorne hin offen, läßt sie dem gleitenden Blick all ihre Werte erfahren.

Die Kunst der Elfenbeinschnitzerei, die in der Zeit Rudolfs II. erst wieder aufkeimte und im weiteren 17. Jahrhundert die Kleinbronze zusehends verdrängte, erreichte mit Pfaffs höfischer Preziosität gleich einen ersten Höhepunkt.

R. D.

Wien, Kunsthistorisches Museum, Sammlung für Plastik und Kunstgewerbe, Inv. Nr. 4658

395

396

NIKOLAUS PFAFF
Nürnberg 1556 (?) – Prag (?) vor 1612

396 Kybele
Prag 1605–1615

Elfenbeinstatuette, Ebenholz; Höhe 21,9 cm, Höhe der Figur 15,7 cm
Inschrift auf dem Sockel: VENERI VERTICORDIAE SVLPITIA PATERC(VLA) F. (sic statt Q.) FVL(VII) FLACCI VXOR EX C(YBELAE) PRAECIP(VO) ELEC(TA) CONSECRAVIT (Die durch die Gnade der Kybele erwählte Sulpicia Patercula, die Frau des Fulvius Flaccus, weihte sie [diese Statue] der Herzenswenderin Venus)
Herkunft: Aus der Schatzkammer
Literatur: Distelberger 1985, 286

Die in der Inschrift genannte Sulpicia, die Tochter des Servius Sulpicius Paterculus und Gattin des Quintus Fulvius Flaccus, wurde anläßlich der Weihe eines Bildes der Venus Verticordiae als die ehrbarste aller Matronen anerkannt. Das Figürchen gibt sich als ihr dankbares Weihegeschenk für die Herzenswenderin Venus.

Antikischer Geist durchweht sie. Die Muttergöttin der bewohnten Erde, Kybele, trägt die Mauerkrone auf dem Haupt und hielt Zepter und Schlüssel in den Händen (abgebrochen). Eine großzügige Draperie hinterlegt die fließenden Linien der fein modellierten Figur von klassischer Vollkommenheit. Die edle Ruhe der Haltung wandelt jene der *Venus* (Kat. Nr. 395) ins Erhabene ab.

Das Kunstkammerinventar von 1607–1611 führt außer der Venus und dem *Danaerelief* (Kat. Nr. 394) noch zwei Elfenbeinfigürchen von Nikolaus Pfaff an: eine Fortuna und »ein imperium, ist ein weiblin mit dem Zepter«. In Wien existiert noch eine bekleidete Stadtgöttin

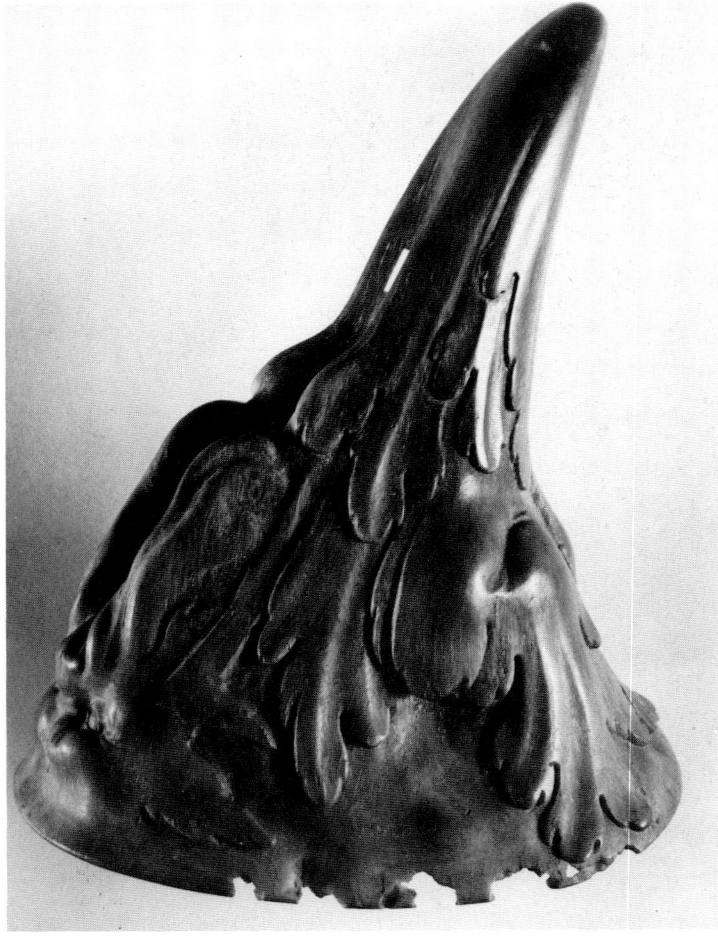

397

mit Mauerkrone, Zepter und Schlüssel von derselben Hand (Distelberger 1985, Abb. 273). Sie steht nicht in so gelöster Ponderation wie Kybele, sondern schreitet etwas steif einher. Die Modellierung, der Gesichtsschnitt, die Haarbehandlung sowie die Mauerkrone gleichen jedoch einander bei beiden Figuren völlig. Unabhängig davon, welche der beiden Göttinnen der Inventarverfasser Fröschl vor sich hatte – und eine der beiden muß es gewesen sein –, so bestimmt die eine den Meister der anderen. Dazu kommt noch die stilistische Ähnlichkeit der Danae, welche die Zuschreibung an Pfaff unterstreicht. Die Nähe zum klassischen Figurenideal ist wohl bei keinem anderen Werk der Prager Hofkunst größer als bei dieser Kybele. R. D.

Wien, Kunsthistorisches Museum, Sammlung für Plastik und Kunstgewerbe, Inv. Nr. 4621

NIKOLAUS PFAFF
Nürnberg 1556 (?) – Prag (?) vor 1612

397 Gefäß aus Rhinozeroshorn
Prag 1610

Rhinozeroshorn, geschnitzt, Höhe 22,5 cm
Herkunft: Aus der Kunstkammer Rudolfs II., Inventar 1607–1611, Nr. 12
Ausstellungen: Venedig 1987, S. 136
Literatur: Bauer-Haupt 1976, Nr. 12; Distelberger 1985, 286

Der eigenartige Sturzbecher ist im Inventar von 1607–1611 für Nikolaus Pfaff ausgewiesen: »1 rhenotzer horn zu einem trinkhgeschirr außgenommen und von N. Pfaffen mit schonen laubern und artlicher maschera geschnitten. Ao. 1610.« Pfaff hüllt die Wandung in schmiegsam und lebendig geschnittenen Akanthus. An der Stirn liegt eine Maske mit weichlappig hängenden Lefzen, wie sie en miniature ähnlich auch am Sockel der *Venusstatuette* vorkommen. Die großzügige ornamentale Gestaltung bleibt durchweg gegenständlich, nähert sich aber auf ihre Weise stilistisch den weichen Bildungen eines Ottavio Miseroni und Paulus van Vianen. Die ungewöhnliche tiefe Einkerbung der Stirnseite unter der Maske mag für den Einsatz einer Fassung gedacht gewesen sein, zu der es nicht kam. Das würde bedeuten, daß der Schnitzer schon eine Vorstellung davon hatte, wie der Goldschmied weiter arbeiten sollte. Dieser trat ja in jedem Fall erst nach ihm in Aktion. Auch der Pokal mit den Satyrn (Kat. Nr. 398) bedürfte einer Fassung, doch läßt er dem Goldschmied alles offen. Realisiert wurde die Fassung nur am Gefäß mit den Warzenschweinhauern von 1611 (Kat. Nr. 339). R. D.

Wien, Kunsthistorisches Museum, Sammlung für Plastik und Kunstgewerbe, Inv. Nr. 3737

NIKOLAUS PFAFF
Nürnberg 1556 (?) – Prag (?) vor 1612

398 Pokal aus Rhinozeroshorn
Prag um 1610–1615

Rhinozeroshorn, geschnitzt; Höhe 29,6 cm
Herkunft: Aus der Schatzkammer
Ausstellungen: Salzburg 1987, Kat. Nr. 297
Literatur: Kris 1932, bei Nr. 80, S. 51

Das Stück ist weder im Rudolfs- noch im Matthiasinventar so beschrieben, daß es identifiziert werden könnte. Zwei Satyrweibchen und ein Satyr verwandeln sich wie Daphne in einen Baum, und das Geäst ihrer Arme trägt den dreipässigen weiten Becher. Die Repräsentanten sinnlich-üppigen Naturlebens, die »nichtsnutzigen und zur Arbeit untauglichen« Satyrn (Hesiod), passen gut zum Rhinozeroshorn, dem noch heute in Afrika potenzsteigernde Kräfte zugewiesen werden. Wer die subtile, geglättete Modellierung der *Venus* und der *Kybele* von Nikolaus Pfaff genossen hat (Kat. Nrn. 395, 396), erkennt auch in diesen Figuren die Hand dieses Meisters. Das ganze spätere 17. Jahrhundert hat nichts Vergleichbares in dieser Gattung zu bieten. Im Detail sei besonders auf die schmalen Gesichter und zarten Brüstchen der weiblichen Satyrn verwiesen, auf deren lange spitze Nasen und geschlitzte Augen. Der Typus des Satyrs findet sich wieder in den männlichen Seewesen der Reliefs in der *Seychellennuß* (Kat. Nr. 340). Schon Kris ist die Nähe des korallenartigen Geästes zum großen Pokal mit den Warzenschweinhauern aufgefallen. Die Zusammenhänge, die sich fortspinnen ließen, fügen Pfaffs kleinem Œuvre mit großer Wahrscheinlichkeit ein neues Werk an.

398

Der Pokal sollte natürlich gefaßt werden, da er für sich keine ausreichende Basis hat. R. D.

Wien, Kunsthistorisches Museum, Sammlung für Plastik und Kunstgeschichte, Inv. Nr. 3701

JUAN BAPTISTA CUIRIS
Tätig in Michoacan (Pátzcuaro)
Mexiko 2. Hälfte 16. Jahrhundert

399 **Marienbild aus Federn**
Michoacan um 1550–1580
Rahmen: Wien Mitte 18. Jahrhundert
Ft. 87, S. 503

Mosaik aus Kolibri- und Papageienfedern, Papier- und Baumwollgrund auf Holz; 25,4 cm × 18,2 cm (ohne Rahmen)
Bezeichnet an der Basis des Schriftbandes: IVANES CVIRIS (ME) FECIT MICHVAC(AN)
Inschrift: FILI QVID FECISTI NOBIS SIC. ECCE EGO ET PATER TVVS DOLENTES QVAEREBAMVS TE (Sohn, wie konntest Du uns das antun, Ich und Dein Vater haben Dich voll Angst gesucht)
Herkunft: Aus der Kunstkammer Rudolfs II., Inventar 1607–1611, Nr. 617; Inventar des Wiener Kapuzinerschatzes 1752, Nr. 68
Literatur: Weixlgärtner 1929, S. 105, Nr. 129; Anders 1965, S. 36f.; Anders 1967, S. 175, 180ff.; Anders u. a. 1971, S. 42, 64ff., 94, 99, 111; Anders 1975, S. 26 u. Abb. 13; Bauer-Haupt 1976, S. 35, Nr. 617 u. S. 150, Abb. 26; Anders 1978, S. 73f.; Krenn 1986, Nr. 68 (491); Bildführer Schatzkammer 1987, S. 283f., Nr. 102

399

Zu den bedeutendsten Schöpfungen der altmexikanischen Kultur zählten Festgewänder und Kultobjekte aus Federn, die von eigenen Federarbeitern oder Amentaca ausgeführt wurden. Als Meisterstücke dieser angesehenen Kunsthandwerker galten Federbilder in Mosaiktechnik. Auf einer mehrschichtigen Unterlage aus Papier, Baumwolle und minderen Federn klebte man nach einer Vorzeichnung Partikel kostbarer Kolibri- und Papageienfedern. Zudem fanden Federn von Quetzal, Trupial, Cottinga, Löffelreiher und Kuckuck Verwendung. Da Lichtbrechungseffekte in den Federästen einen irisierenden Glanz bewirkten, schienen die Bilder geheimnisvoll zu leuchten. Die spanischen Eroberer Mexikos bedienten sich dieser Fertigkeit der Indianer und ließen christliche Motive in der altüberlieferten Technik ausführen. Ein außerordentlich wichtiges Produktionszentrum solcher Arbeiten lag westlich von Mexiko City um den Bischofssitz Michoacan, dem heutigen Pátzcuaro. Bischof Vasco de Quiroga (1537–1556) verwirklichte dort das Vorbild der ›Utopia‹ des Thomas Morus, indem er es den Indianern ermöglichte, in dorfartigen Siedlungen ihr altes Handwerk auszuüben. Das *Wiener Marienbild* stammt aus seinen Werkstätten. Um das Brustbild der Gottesmutter legt sich ein ovales Schriftband. Es gibt die Frage wieder, die Maria an den 12jährigen

Jesus richtete, nachdem sie diesen im Tempel wiedergefunden hatte (Evangelium nach Lukas II/48). Die Antwort bietet ein Gegenstück mit dem *Brustbild Christi.* Beide Arbeiten tragen die Signatur des Meisters Juan Baptista Cuiris. Der Gensname Cuiris (Ente) ist noch heute in Pátzcuaro geläufig.

Aufgrund der Vergänglichkeit des Materials ist der größte Teil der frühkolonialen Federbilder verlorengegangen, nur etwa zwei Dutzend Beispiele haben sich aus dem 16. Jahrhundert erhalten. Bei dem Wiener *Marienbild* und seinem Gegenstück handelt es sich um die einzigen signierten Exemplare. Sie ragen unter diesen Raritäten durch ihre Qualität und die vorzügliche Erhaltung hervor. Dem Künstler ist es meisterhaft gelungen, durch das unglaublich fein angeordnete Federmosaik auch die Plastizität des Kopfes zu vermitteln. Heute kann die ursprüngliche irisierende Oberflächenwirkung dieser Arbeiten in vollem Umfang nurmehr an den beiden Wiener Bildern erlebt werden. Sie könnten Kaiser Karl V. von Vasco de Quiroga selbst überreicht worden sein, als der Bischof auf einer Europareise um Unterstützung für sein Missionswerk warb. Sie gelangten in den Besitz Rudolfs II., der sie neben einer Reihe von »gemeld von federn al indiana« in seiner Kunstkammer aufbewahrte. Durch ihr geheimnisvolles, überirdisches Leuchten, das Edelsteinen gleicht, waren sie dem Kaiser vielleicht außer als exotische Kostbarkeiten auch als Träger einer höheren Wahrheit von Bedeutung. Das *Marienbild* und sein Gegenstück wurden später dem kaiserlichen Schatz im Wiener Kapuzinerkloster einverleibt. Der Rahmen ist wohl um 1750 in Wien entstanden. S. K.

Wien, Kunsthistorisches Museum, Geistliche Schatzkammer, Inv. Nr. Kap. 322

400

Mexiko um 1550–1580
Rahmen: Wien Mitte 18. Jahrhundert

400 Kanontafel aus Federn
Michoacan (Pátzcuaro)?

Mosaik aus Kolibri-, Quetzal- und Papageienfedern, Papier, Papier- und Baumwollgrund auf Holz; 27,8 × 35 cm (ohne Rahmen)
Inschrift: HOC EST ENIM CORP(VS) MEV(M). HIC EST ENIM CALIX SANGVINIS MEI NOVI (ET) AETERNI TESTAME(N)TI MISTERIV(M) FIDEI QVI PRO VOBIS (ET) PRO MVLTIS EFFVNDETVR IN REMISSIONEM PECCATOR(VM) (Denn dies ist mein Leib. Denn dies ist der Kelch meines Blutes, des neuen und ewigen Bundes; das Geheimnis des Glaubens, das für euch und für viele vergossen wird zur Vergebung der Sünden)
Herkunft: Aus der Kunstkammer Rudolfs II., Inventar 1607–1611, Nr. 612, Inventar des Wiener Kapuzinerschatzes 1752, Nr. 67
Literatur: Weixlgärtner 1929, S. 105f., Nr. 130; Anders 1965, S. 39f.; Anders 1967, S. 175, 178ff.; Anders u. a. 1971, S. 36, 90, 111; Bauer-Haupt 1976, S. 34, Nr. 612 u. S. 150, Abb. 127; Anders 1978, S. 73f.; Krenn 1986, Nr. 67 (490)

Die am Altartisch aufgestellten Kanontafeln geben Teile aus dem Kanon der römischen Meßfeier (Ordo Missae) wieder. Hier ist im oberen Teil des Mittelfeldes der Text zur Wandlung enthalten. Den unteren Teil nimmt eine Darstellung des Letzten Abendmahls ein, die beiden etwa halb so breiten Seitenfelder zeigen die Verkündigung an Maria. Links kniet Maria am Betpult und wendet sich zu dem im rechten Feld nahenden Erzengel Gabriel. Oben erscheint in einer Lünette Gottvater und erteilt seinen Segen. Die Oberfläche des Federmosaiks ist wie bei fast allen erhaltenen Beispielen durch Mottenfraß und Umwelteinflüsse weitgehend zerstört.

Von der ursprünglichen Oberflächenwirkung dieser Arbeit läßt sich heute nur durch das Wiener *Marienbild* und sein Gegenstück eine Vorstellung gewinnen. Die Kanontafel teilt die Provenienz des Marienbildes, da sie aber nicht signiert ist, kann eine Entstehung in Michoacan nur vermutungsweise angenommen werden.

Eine ungewöhnliche Gestaltungsweise zeigt das Gewand des Erzengels, das aus Resten von Quetzalfedern besteht. Mexikanische Kunst vor der Eroberung durch die Spanier und während der frühen Kolonialzeit ist nicht mit aztekischer Kunst gleichzusetzen, da die Azteken nur einen Teilstamm der im Gebiet des heutigen Mexiko lebenden Stämme darstellten. Bei den Federbildern handelt es sich um Erzeugnisse der Tarrasken, einem Stamm, der von den Azteken nie unterworfen wurde. In Michoacan waren ausschließlich tarraskische Kräfte tätig. Die Blüte dieses Zentrums endete, als 1580 der Bischofsitz nach Valladolid, dem heutigen Moralia verlegt wurde. S. K.

Wien, Kunsthistorisches Museum, Geistliche Schatzkammer, Inv. Nr. Kap. 323

401 Eppendorfer ›Alraune‹
1482

Material unbestimmt, Perlen; Höhe 35 cm (ohne Krone)
Herkunft: Aus der Kunstkammer Rudolfs II.
Ausstellungen: Hamburg 1965, ohne Nr.; Wien 1987, Kat. Nr. VIII 66
Literatur: Otto Beneke, Hamburger Geschichten und Sagen, 1. Teil, 4. Auflage, Hamburg 1887, 150–153; Walter Hävernick, Wunderwurzeln, Alraunen und Hausgeister im deutschen Volksglauben, in: Beiträge zur deutschen Volks- und Altertumskunde, 10, 1966, S. 17–23; Ausstellungskatalog: Illustrierte Flugblätter aus den Jahrhunderten der Reformation und der Glaubenskämpfe (hrs. v. Wolfgang Harms, bearbeitet von Beate Rattay), Kunstsammlungen der Veste Coburg, 1983, Nr. 137 (dort ältere Literatur)

Um 1480 lebten zu Eppendorf zwei Schwestern, die beide einen Kohlgarten hatten. Bei der einen, die fleißig war, gedieh der Kohl trefflich und brachte ihr guten Gewinn, während bei der anderen zwischen Unkraut wenig wuchs. Deshalb nahm die Faule eines Tages von der Messe eine heilige Hostie im Mund nach Hause, die sie zu Mitternacht unter einer Kohlpflanze eingrub. Nun gedieh ihr Garten besser als alle anderen. Die Nachbarn aber sahen von einem Kohlstrauch in der Nacht einen wunderbaren Glanz ausgehen und meldeten das befremdliche Phänomen zu Harvestehude der klösterlichen Obrigkeit. Die Mönche zogen mit großer Prozession zu dem Garten, gruben den Kohl aus und entdeckten ein Mirakel: Die Wurzel hatte die Gestalt des Gekreuzigten! Sie wurde »in sonderlicher Andacht« und »mit großer Reverenz« ins Kloster gebracht, 1482 in einer Silbermonstranz gefaßt und dem Volk als Heiligtum gezeigt. Die Hostienschänderin gestand ihren Frevel und wurde an Leib und Leben bestraft. Nach der Reformation kam die Wurzel in das Johanniskloster zu Hamburg und wurde so berühmt, »daß Kaiser Rudolf II. nichts sehnlicher wünschte, als sie zu besitzen«. Nach Verhandlungen mit dem »hochweisen und ehrenfesten« Rat der Stadt konnte der kaiserliche Gesandte Ehrenfried von Minckwitz die Wunderwurzel schließlich am 17. Februar 1602 in Empfang nehmen.

Die genauen Angaben der Überlieferung sprechen für einen realen historischen Hintergrund. Im 17. Jahrhundert wurde ein Flugblatt mit einem Stich von der Wurzel und ihrer Geschichte gedruckt (Coburg 1983, Nr. 137). Nach einer naturwissenschaftlichen Untersuchung wurde sie 1670 neuerlich publiziert (Coburg 1983, Nr. 137, Anm. 5). Der Hamburger Magister der Weltweisheit und Pastor zu St.

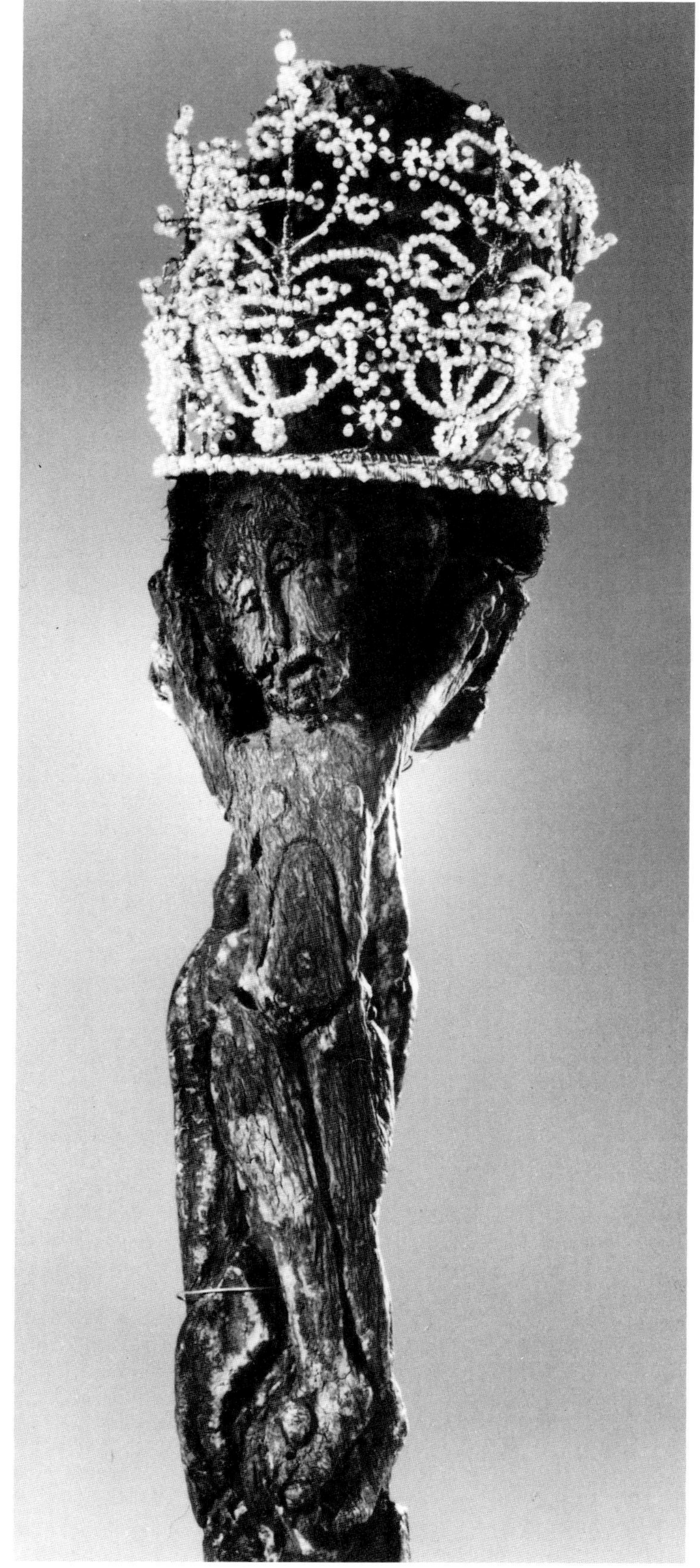

401

Johannis, Nicolaus Staphorst (1679–1731), brachte die Geschichte mit zwei Stichen in seine ›Hamburgische Kirchen-Geschichte‹ (Hamburg 1723–29).

Der natürlichen Anlage der Wurzel wurde künstlich nachgeholfen, und ein Teil der Faserwurzeln, welche die Haare bilden, ist eingesetzt. Botanisch konnte das Stück noch nicht bestimmt werden. Jedenfalls ist es keine Alraune, und es hat auch nichts mit den koboldartigen Zauberwurzeln zu tun. Vielmehr wurde sie immer als besonderes Zeichen Gottes in der Natur verstanden, dessen ganze Schöpfung an sich auf ihn verweisen soll. In Rudolfs II. Sammlungen sind derartige Kuriosa in der Minderzahl gegenüber den ästhetischen und wissenschaftlichen Spezimen. Die Monstranz wurde 1810 eingeschmolzen. R. D.

Wien, Kunsthistorisches Museum, Geistliche Schatzkammer, Inv. Nr. D 148

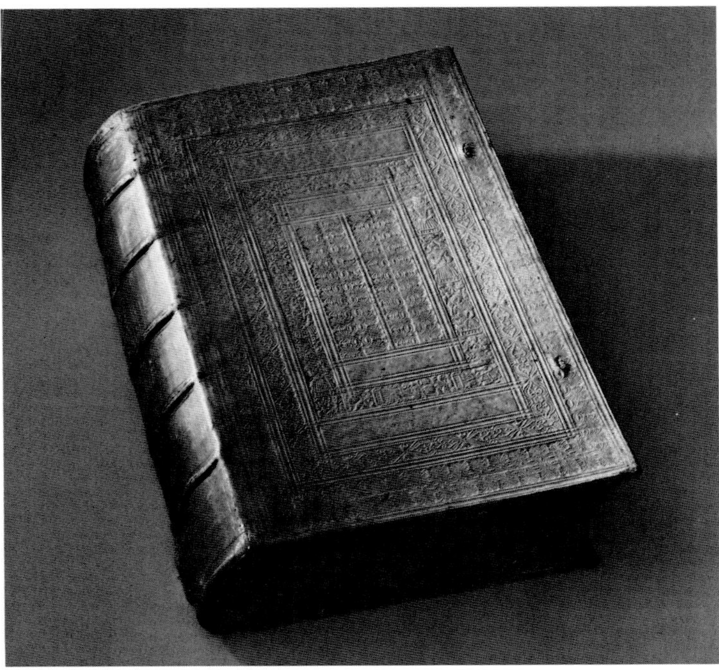

402

DANIEL FRÖSCHL
Augsburg 1573 – Prag 1613

402 **Inventar der Kunstkammer Kaiser Rudolfs II.**
1607–1611

Einband: Pergament über Karton;
19,5 × 34 cm
Blindpressung: dreifache Stricheisenlinien und Ornamentstreifen, eingepreßt mit der Buchbinderrolle
Papierblock: 415 Papierblätter. Die ehemaligen Bindeblätter abgerissen
Auf der Innenseite des Vorderdeckels: Ex libris Liechtensteinianis
Literatur: Neumann 1966, 262–265; Bauer-Haupt 1976 (Edition)

Das Inventar hat den Titel: ›Von Anno 1607. Verzaichnus, was in der Röm:Kay:May:Kunstkammer gefunden worden.‹ Es enthält Nachträge bis in das Jahr 1611. Als Verfasser wurde der Maler Daniel Fröschl festgestellt, der seit 1. Mai 1607 Nachfolger Ottavio Stradas als kaiserlicher Antiquarius war. Das Inventar war verschollen, bis es Gustav Wilhelm, der ehemalige Direktor der Kunstsammlungen des regierenden Fürsten von Liechtenstein, nach dem Zweiten Weltkrieg entdeckte. Er fertigte 1947 eine Transkription an und übertrug Erwin Neumann 1956 die Edition. Diesem gelangen zahlreiche Objektidentifikationen, doch starb er allzufrüh. Die Veröffentlichung erfolgte schließlich 1976.

Das Inventar hat die alten Vorstellungen über Rudolf II. als Sammler gründlich verändert. Hatte man vorher Rudolfs Interessen vorwiegend auf Mirabilia (Wunderdinge), Rara und Kuriosa eingegrenzt – die er natürlich auch hatte – und ihn lediglich als Gemäldesammler geschätzt, so trat nun das Bild des Universalisten und Ästheten in den Vordergrund. Seine Sammlungen hatte Schlosser noch als eine bunte und abenteuerliche Mischung ohne irgendein methodisches Bestreben beurteilt (Schlosser 1908, 76–80). Das Inventar läßt nun den universalen Anspruch einer enzyklopädischen Kunstkammer auf höchstem Niveau erkennen. Es enthält Spezimina aus den verschiedensten Bereichen der Natur (Naturalia), der Kunst und Kunstfertigkeit (Artefacta) und der Wissenschaft (Scientifica) und ist im wesentlichen nach diesen Klassen geordnet. Die Kunstkammer war also ein Spiegel des Universums, ein Mikrokosmos, dessen Zentrum der Kaiser selbst war. Aus der elitären Stellung des Kaisertums leitete Rudolf den Anspruch auf die edelsten und seltensten Gaben der Natur sowie auf die bewundernswertesten und kostbarsten Hervorbringungen menschlicher Fähigkeiten ab. Hinter dem Interesse an der Vielfalt der Dinge und Erscheinungen stand eine pansophische Sehnsucht nach einem universalen System, das alles in einer ›concordia discors‹ (Harmonie in scheinbarer Disharmonie) verbindet – wie die universale Kaiseridee Bindeglied des Reiches war.

Das Inventar enthält nur die Kunstkammer im engeren Sinn. Es fehlen rudolfinische Inventare der Gemälde, der Prunkwaffen, der Regalia und Schatzstücke, der Gemmen und Antiken, der Tapisserien und Ausstattungsstücke der Räumlichkeiten. R. D.

Vaduz, Bibliothek des regierenden Fürsten von Liechtenstein

403 **Herzförmige Flasche**
Mittelamerika und Spanien
Um 1575–1580

Schildpatt, Silber; Höhe 33,7 cm
Herkunft: Aus der Kunstkammer Rudolfs II., Inventar 1607–1611, Nr. 424
Literatur: Bauer-Haupt 1976, Nr. 424

Die Flasche ist innen durch eine gefleckte Schildpattwand bis zum Mundrand hinauf in zwei Hälften geteilt; ebenso geteilt ist der silberne Ausguß, der auch zwei Stöpsel hat. Letzterer ist so dimensioniert, daß man das Getränk offenbar direkt in den Mund rinnen lassen konnte. Die dünn geschnittenen Schildpattplatten von der Karettschildkröte wurden in heißem Zustand in die Form gepreßt und durch Druck zusammengeschweißt. Auf der Schulter liegen unbeholfen eingeritzte Ranken. Die sehr einfach gravierte Fassung der eigentlichen Flasche ist nicht europäischen Ursprungs, aber un-

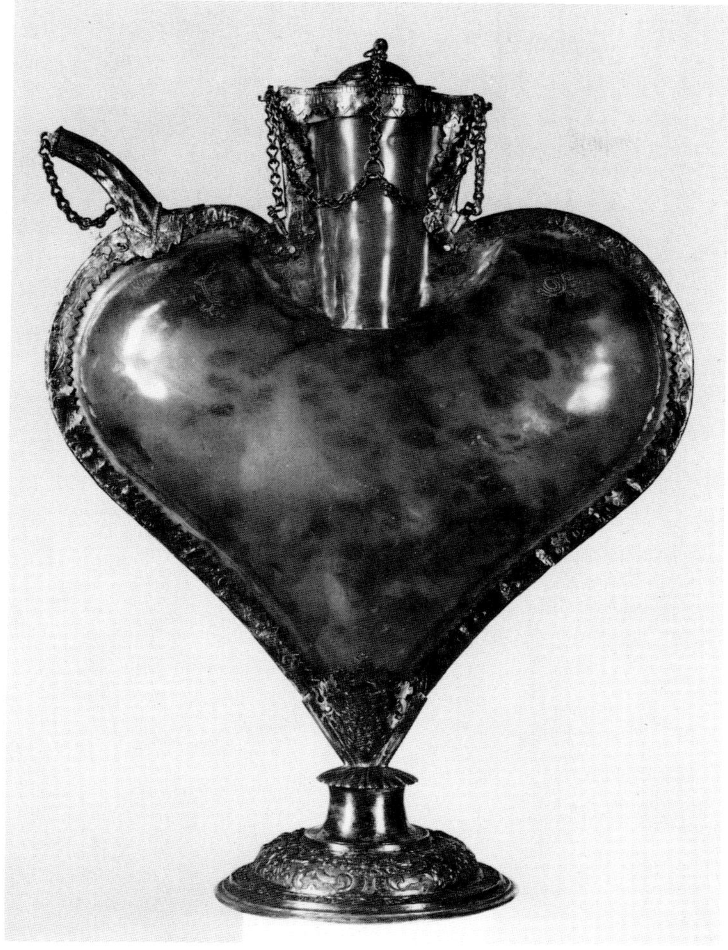

403

404

ter europäischem Einfluß entstanden. Auf dem Deckel sind in primitiven Strichen zwei weibliche und zwei männliche Köpfe eingraviert, die der Haartracht nach Europäer darstellen. Es handelt sich offensichtlich um frühe Kolonialkunst. Die Doppelflasche konnte man ursprünglich nur hängen. In Europa wurde ihre Spitze in einen silbernen Fuß gesteckt, der sich über einer Zungenscheibe kelchförmig öffnet. Die Herzspitze setzt sich unter der Scheibe fort. Die Motive der Ornamentik, Rollwerk, Fruchtbündel und Masken stehen jenen an der goldenen Taufgarnitur von 1571 in der Wiener Schatzkammer nahe (Bildführer 1987, Nr. 101), die ein spanischer Goldschmied schuf. Stilistisch ist der Fuß eine Stufe jünger. Er ist demnach wohl eine spanische (kastilische) Arbeit der Zeit um 1575–1580.

Derartige Flaschen scheinen in der kunsthistorischen Literatur völlig unbekannt zu sein. Nicht bekannt ist auch ihr Verwendungszweck. In der Kunstkammer Rudolfs II. standen sie unter den »indianischen Sachen« mit folgender Beschreibung: »2 vergulte schöne futral, darin 2 flaschen auch von tartaruga, mit silber beschlagen, sein formiert wie ein hertz und gar durchsichtig gelb« (für die zweite Flasche siehe die folgende Kat. Nr.). Sie gehören also zu den Exotika. Ihre nähere Erforschung muß Amerikaexperten anheim gestellt werden.

R. D.

Wien, Kunsthistorisches Museum, Sammlung für Plastik und Kunstgewerbe, Inv. Nr. 4126

404 Herzförmige Flasche
Mittelamerika und Spanien
Letztes Viertel 16. Jahrhundert

Schildpatt, Silber; Höhe 26,3 cm
Herkunft: Aus der Kunstkammer Rudolfs II., Inventar 1607–1611, Nr. 424
Literatur: Bauer-Haupt 1976, Nr. 424

Die Flasche ist ähnlich gemacht wie die größere (Kat. Nr. 403), doch sind alle Details perfekter. Schon die Form gelang runder. Gravierte Kreismotive, z. T. flankiert von stilisierten Vögeln, und gezackte Bänder zieren den gefleckten Körper.

An der einfachen, aber gediegen gemachten Fassung sind die aufgesetzten Blätter das auffallendste Motiv. Beide Mündungen haben je zwei gut sitzende Stöpsel. Der stilistische Unterschied dieser Montierung zum Fuß ist evident. Sie ist vermutlich ebenfalls in Mittelamerika entstanden, doch an einem anderen Ort als jene der größeren Flasche. Beiderseits des Halsansatzes sind die leeren Ösen für die ursprüngliche Hängekette. Eine Schraube hält die Herzspitze auf dem rechteckigen Fuß fest, der in Spanien ergänzt wurde. Er ist wohl etwas später zu datieren als jener der größeren Flasche. Für weitere Informationen siehe die vorhergehende Katalognummer. R. D.

Wien, Kunsthistorisches Museum, Sammlung für Plastik und Kunstgewerbe, Inv. Nr. 4100

405

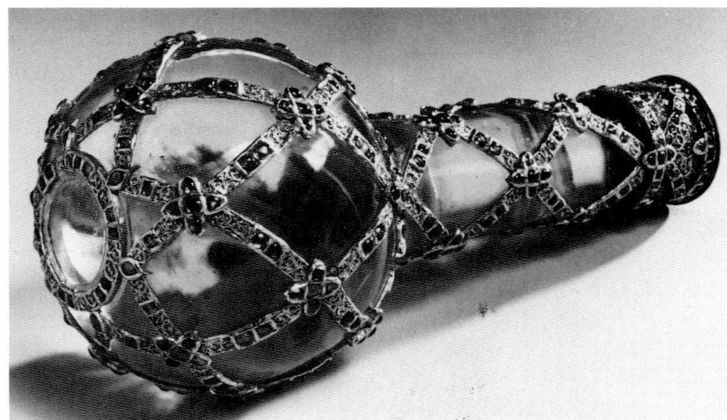

406

405 Kugel aus Bergkristall
Nicht datier- und lokalisierbar

Dm. 6 cm
Herkunft: Aus der Schatzkammer
Ausstellungen: Salzburg 1987, Kat. Nr. 293
Literatur: Schiedlausky, Günther, Kühlkugel und Wärmapfel, München/Berlin 1984, S. 8–16

Die Kugel diente zum Kühlen der Hände in der heißen Jahreszeit oder bei Fieber. Derartige Kugeln sind bereits in der römischen Literatur nachweisbar. Auch im Mittelalter pflegte man sich in höchsten Kreisen ihrer zu bedienen. Ab dem 14. Jahrhundert kommen sie in Inventaren von Mitgliedern des französischen Königshauses und von Kirchenfürsten vor (Schiedlausky 1984, 12). Der berühmte Pommersche Kunstschrank von 1611–1615 enthielt eine Kristallkugel »die hand im sommer daran zu kuelen, und die augen darin zuerfrischen«, wie Hainhofer schreibt (Schiedlausky 1984, 13). Die vorliegende Kugel ist sehr exakt geschliffen und weicht nur um annähernd einen viertel Millimeter von der Idealform ab. Trotzdem zeigen ihre Schleifspuren, daß sie mit konventionellen Mitteln, d. h. mit dem Steinzeiger bearbeitet und nicht in einer Halbkreisrinne geschliffen wurde. In der Wiener Sammlung befinden sich fünf solcher Kugeln, wovon zwei kleinere wohl für Frauenhände gedacht waren. Das Schatzkammerinventar von 1750 erwähnt zumindest zwei davon (S. 320, Nr. 145, 146). Es ist anzunehmen, daß sich auch Rudolf solcher Kugeln bediente. R. D.

Wien, Kunsthistorisches Museum, Sammlung für Plastik und Kunstgewerbe, Inv. Nr. 2315

406 Kugel mit Schaft
Persisch (?) um 1600

Bergkristall, Gold, Rubine; Höhe 14 cm
Herkunft: Matthiasinventar 1619, Nr. 1474

Die Kugel ist wohl ein orientalisches Gegenstück zur einfachen Bergkristallkugel (Kat. Nr. 405). Sie ist im Nachlaßinventar von Kaiser Matthias beschrieben als »ein kristallen knopf mit ainem stihl, mit indianischen gold eingefast und mit kleinen robin garnisiert«. Daraus ist zu entnehmen, daß sich das Stück im originalen Zustand erhalten hat. Der Zweck des Objekts war dem Inventarverfasser fremd. Es diente vermutlich zum Kühlen der Hand. Das flache, undekorierte Goldplättchen auf der Unterseite läßt schließen, daß die Kugel zweifach verwendet wurde: Auf einer Unterlage stehend, konnte die Hand darauf ruhen; wollte man sie mit sich tragen, faßte man sie beim Schaft. Der Kristall der Kugel ist wesentlich perfekter geschliffen als am europäischen Gegenstück. Die Goldbänder mit Rubincabochons liegen in vertieften Rillen des Kristalls (am Schaft teilweise ausgebrochen). In der Wiener Sammlung existiert noch ein kleineres, zierlicher geschliffenes Gegenstück, das offenbar für eine Frauenhand gedacht war. Die Stücke sind wohl durch Gesandtschaften an den kaiserlichen Hof gekommen. R. D.

Wien, Kunsthistorisches Museum, Sammlung für Plastik und Kunstgewerbe, Inv. Nr. 2232

407 Sogenannte Tischglocke Rudolfs II.
Prag (?) letztes Viertel 16. Jahrhundert

Bronze (?) vergoldet, gegossen, Eisen; Höhe 7,8 cm, Dm. 6,3 cm
Herkunft: Aus der Kunstkammer Rudolfs II.; Inventar 1607–1611, Nr. 1613
Ausstellungen: Florenz 1980, La corte... S. 354, Kat. Nr. 2/28
Literatur: Schlosser 1908, S. 90; Bauer-Haupt 1976, Nr. 1613

Die Rätsel dieses okkulten Glöckchens sind weitgehend ungelöst, und sie zu entschlüsseln, bedarf es heute mehrerer wissenschaftlicher Disziplinen. Es kann nur ein Ansatz versucht werden, in welche Richtung ein Interpretationsversuch zu gehen hat. Auf dem Glockenmantel stehen die sieben klassischen Planetengötter in ganzer Figur, und zwar in absteigender Reihe ihrer Umlaufzeiten, dreht man die Glocke im Uhrzeigersinn. Ihnen sind auf dem Glockenkranz die Tierkreiszeichen zugeordnet, deren Regenten sie sind: Steinbock und Wassermann zu Saturn, Fische und Schütze zu Jupiter, Widder und Skorpion zu Mars, Löwe zur Sonne, Stier und Waage zu Venus, Zwillinge und Jungfrau zu Merkur und Krebs zu Luna (Mond). Diese Konstellation kommt auch auf Uhren vor und hat für sich wenig Aussagekraft. Im Inventar von 1607–1611 schrieb Daniel

407

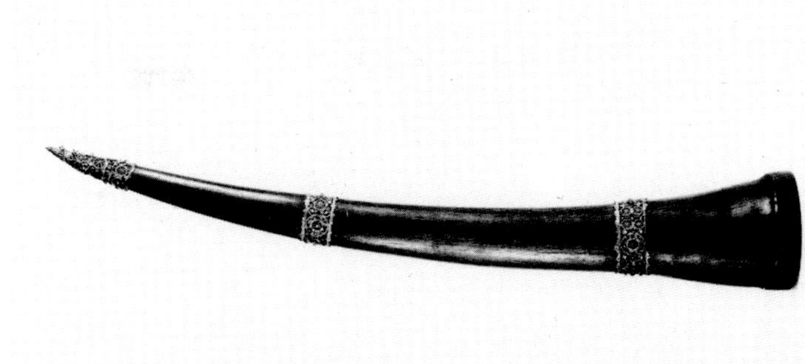

408

Fröschl zu der Glocke, zu der es ein Gegenstück gegeben hat, sie sei »von mehrerley metall«. Das ist wohl ein Hinweis, das Stück nicht astrologisch, sondern alchimistisch zu verstehen. Die Planeten bedeuten demnach die sieben Metalle (nach ihrer Reihung von Saturn bis Luna: Blei, Zinn, Eisen, Gold, Kupfer, Quecksilber und Silber). Diese Metalle sind nach alchimistischem Verständnis durch Kräfte der einzelnen Planeten entstanden und wurden daher mit deren Symbolen bezeichnet, die am septagonalen größeren Knauf des Schaftes eingraviert sind. Der Zodiakus evoziert den Makrokosmos, der in innerer Einheit mit dem Mikrokosmos gedacht wurde. Die gleiche Symbolik findet sich auf der Falttafel 3 in Stephan Michelspachers ›Cabala, Spiegel der Kunst und Natur in Alchymia‹, Augsburg 1615 (Plass u. a. 1970, Abb. S. 161). Sie illustriert die alchimistische Konjunktion im Sanctuarium der philosophischen Vereinigung, dem königlichen Brautgemach. Möglicherweise ist die Glocke aus den sieben Metallen gegossen. Die sieben Felder der Glockenhaube füllen Zeichen eines magischen Alphabets, deren Form einer altorientalischen Schrift (am ehesten der syrischen) entlehnt zu sein scheint. Ihr Sinn ist verborgen; ebenso die Bedeutung der Zeichen am kleineren Knauf. In das Innere des Mantels gravierte man in drei umlaufenden Zeilen eine Inschrift in griechischen Lettern, jedoch mit kryptischen Worten, und den eisernen Klöppel bedecken hebräische Schriftzeichen. Beide Gravuren sind ungedeutet. Das alchimistische Glöckchen bedarf noch mancher Nachhilfestunden von Eingeweihten, um seine Geheimnisse zu lüften.

Künstlerisch ist die Glocke wenig interessant. Dem Inhalt nach paßt sie in das rudolfinische Prag, doch gibt es dafür keine stilistischen Anhaltspunkte. R. D.

Wien, Kunsthistorisches Museum, Sammlung für Plastik und Kunstgewerbe, Inv. Nr. 5969

408 Rhinozeroshorn
Spanien oder Portugal
Mitte oder 2. Hälfte 16. Jahrhundert

Fassung: Goldfiligran, Rubine, Perlen;
Höhe 81 cm
Herkunft: Aus der Kunstkammer Rudolfs II., Inventar 1607–1611, Nr. 29
Literatur: Bauer-Haupt 1976, Nr. 29

Das Horn ist im Kunstkammerinventar von 1607–1611 ganz am Anfang unter der Kategorie der Naturalien, die auch künstlerisch bearbeitet sein konnten, mit den Worten eingetragen: »1 lang horn von asino indico von der kayserin Ihr Mt: verehrt, mit rubin und perlen indianischer arbeit durchbrochen, in gold gefast, geziert, in rot sametinen futral.« Dabei irrte sich der Verfasser Daniel Fröschl zweimal. Ein Rhinozeroshorn von dieser Länge kann nur von einem afrikanischen Nashorn stammen. Die aufgesteckte Verzierung aus Goldfiligran ist vermutlich nicht exotischer Herkunft, sondern in Spanien oder Portugal gearbeitet. Die aus Voluten gebildete Reihe von geschwungenen Giebelchen, welche die Bänder säumen, sind in der spanischen Goldschmiedekunst geläufig. Ebenso stehen die Rubinfassungen jenen der Löwenaugen beim spanischen *Bezoar* (Kat. Nr. 409) näher als der orientalischen Arbeit etwa der *Kühlkugel* mit Schaft (Kat. Nr. 406). Nach Fröschls Angabe stammt das Horn von der Mutter Rudolfs II., Maria, der Schwester König Philipps II. Sie kehrte 1581 nach Spanien zurück, wurde Statthalterin in Portugal und starb 1603, nachdem sie in Madrid in ein Kloster eingetreten war. Ob sie das Horn schon in Wien besaß oder erst in Portugal für Rudolf erwarb, muß offen bleiben.

409

410

Daniel Fröschl hat ein ähnliches Stück mit beinahe gleicher Fassung auf folio 12 des Codex min. 129 der Österreichischen Nationalbibliothek gemalt. Der Codex läuft unter der Bezeichnung »Museum Kaiser Rudolfs II« und enthält Tiere aus aller Welt (Vögel, Säuger, Reptilien). Das Horn hat dort mehrere Filigranringe, einen auch um den Fuß, die seitlich durch Bänder verbunden sind. R. D.

Wien, Kunsthistorisches Museum, Sammlung für Plastik und Kunstgewerbe, Inv. Nr. 3702

409 Bezoar
Spanisch (Kastilien oder Aragonien)
Mitte oder 3. Viertel 16. Jahrhundert

Bezoar, Gold, Smaragde, Granate;
Höhe 25,5 cm (mit Sockel)
Herkunft: Aus der Schatzkammer, Inventar 1750, S. 133, Nr. 16
Ausstellungen: Oslo 1952, Kat. Nr. 276
Literatur : Kris 1932, Nr. 28; Katalog 1964, Nr. 149; Van Tassel 1970, passim (mit Bezoar-Bibliographie ab dem 16. Jh.); Van Tassel 1973, 252; Cocheton-Poulet 1973, 3582 und 3585; Scheicher 1979, 16 f.

Echte Bezoare sind Magensteine der asiatischen Bezoarziege (orientalische Bezoare) oder des südamerikanischen Lamas (okzidentale Bezoare). Wohl gibt es auch Bezoare von anderen Tieren (Affe, Kamel, Rhinozeros, Pferd, Rind u. a.), doch wurde diesen weniger Wert beigemessen. Der Begriff kommt aus Persien (bâdsahr = Gegengift), wo man den Bezoar bereits in den ersten christlichen Jahrhunderten kannte. Durch den in Sevilla ansässigen arabischen Arzt Avenzoar (1091–1161) kam er in die europäische Medizin. Bezoar galt als Mittel gegen alle Arten von Gift und als Medikament gegen viele Krankheiten (Cholera, Pest, Krebs, Blattern, Herzschwäche, Epilepsie, Impotenz, Melancholie usw.). Auch als Narkotikum und Stimulans wurde er indiziert. Die orientalischen Bezoare galten als die besten, und sie kosteten zuweilen das Zehnfache des Goldwertes. Durch diese Hochschätzung eigneten sie sich als fürstliche Geschenke und erhielten dazu oft eine kostbare Fassung.

RudolfII. besaß zahlreiche Bezoare und schätzte sie überaus hoch. Das vorliegende große Exemplar von 11 cm Durchmesser ist ein okzidentaler Bezoar aus Südamerika. Er ist in Schichten aufgebaut und besteht chemisch aus Magnesiumphosphaten (Struviten). Die kostbare Fassung aus vermutlich amerikanischem Gold tragen drei Löwen mit Granataugen, deren Körper in Ranken auslaufen, die in der Mitte einen großen Smaragdtropfen halten. Die zahlreichen Smaragde bester Qualität stammen ebenfalls aus Südamerika, nämlich aus der Mine von Chivor (ehemals Somondoco), von der 1537 erstmals Steine an die Spanier gingen (Bestimmung durch Dr. Gerhard Niedermayr, Mineralogische Abteilung des Naturhistorischen Museums Wien). Läßt schon die Herkunft der Materialien aus der Neuen Welt bezüglich der relativ groben Goldarbeit auf Spanien schließen, so bestätigen dies vor allem die auf dem unteren Smaragdreif sitzenden Groteskspangen. Sie sind in der kastilisch-aragonesischen Silberkunst der Mitte und des 3. Viertels des 16. Jahrhunderts ein häufiges Motiv (vgl. Oman 1968, Kat. Nr. 110, 116, 120, 123). Fast identisch mit ihnen ist der Henkel eines Meßkännchens im Victoria & Albert Museum in London (Oman, 1968, Kat. Nr. 89), dessen Provenienz allerdings ungeklärt ist. Die Löwen sehen aus, als seien sie mittelalterlichen Bestiarien entstiegen. Für sie konnten noch keine Vergleichsstücke eruiert werden. R. D.

Wien, Kunsthistorisches Museum, Sammlung für Plastik und Kunstgewerbe, Inv. Nr. 981

410 Stapeldose aus Elfenbein
München Anfang 17. Jahrhundert

Elfenbein gedrechselt; Höhe 49,9 cm
Herkunft: Aus der Schatzkammer
Literatur: Diemer 1985, 319; Maurice 1985, Nr. 54

Im letzten Viertel des 16. Jahrhunderts kamen gedrechselte Kunststücke in Mode, und viele Fürsten übten die Drechselkunst selbst aus, auch RudolfII. Seine Kunstkammer enthielt 160 Drechselarbeiten aus Elfenbein, teils mit Ebenholz kombiniert. 1573 wird das Drechseln ovaler Formen als Neuheit erwähnt. Lomazzo schreibt diese Erfindung Leonardo zu, durch dessen Schüler Francesco Melzi sie an die Maggiore gekommen sei. Giovanni Ambrogio Maggiore gelang aber offenbar die perfekte praktische Realisierung, so daß ihn Lomazzo ebenso als den Erfinder dieser neuen Technik preist (Diemer 1985, 304 und 295). Maggiore war mehrmals in München, wo er die dortigen Hofdrechsler mit dem neuen Geheimnis vertraut machte.

Diese Stapeldose besteht aus 22 oval gedrechselten Einzelteilen. Dazu kam noch eine Aufsatzspitze, die verloren ist. Der Turm enthält drei gebauchte und eine konische Dose, drei mit senkrechter Wandung im Mittelteil, deren Boden eingeklebt ist oder war, und drei flache Dosen. Der Deckel einer Dose bildet jeweils zugleich den Boden der nächsten Aufsatzdose.

Das Stück wurde mit Giovanni Ambrogio Maggiore bzw. Georg Wecker, Dresden, in Verbindung gebracht (Diemer 1985, 319), doch gibt es zu deren Arbeiten gravierende Unterschiede. Die Stapeldose Maggiores in Wien, die Georg Hufnagel 1586 bemalte, hat nicht nur eine großzügigere vertikale Gliederung, sondern ist auch technisch anspruchsvoller gemacht. Die eingezogenen profilierten Zwischenstücke sind nicht getrennt gearbeitet, und Klebungen sind vermieden. Auch Wecker kehrt in den Details mehr den Virtuosen hervor. Hier wiederholen sich in den Deckeln immer nur ovale Profile. Klaus Maurice vergleicht das Stück mit einer von Herzog Maximilian I. von Bayern 1610 gedrechselten Dose im Bayerischen Nationalmuseum, München,und meint, es könnte auf der gleichen Drechselbank gearbeitet sein (Maurice 1985, Nr. 52 und 54). Das Wiener Stück ist zwar erheblich komplizierter gestaltet, die Annahme seiner Herstellung in München Anfang des 17. Jahrhunderts ist jedoch wahrscheinlicher als jeder andere Lokalisierungsversuch. R. D.

Wien, Kunsthistorisches Museum, Sammlung für Plastik und Kunstgewerbe, Inv. Nr. 4742

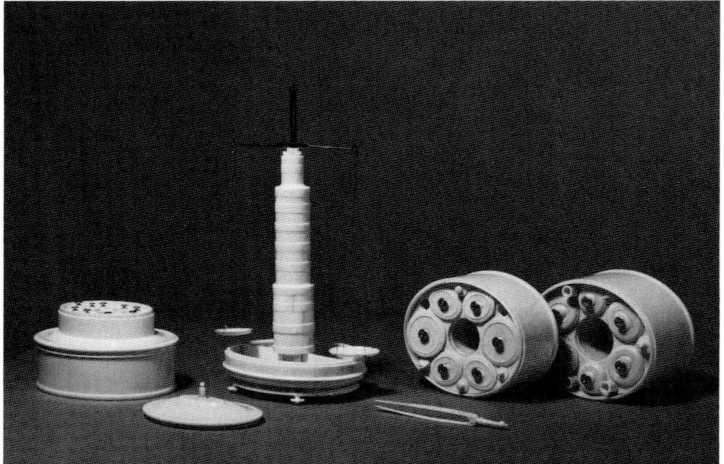

411

HANS WECKER
Tätig Prag 1. Viertel 17. Jahrhundert

411 Stapeldose, ›Apotheke‹
Prag 1610

Elfenbein, Gold, Silber, Stahl; Höhe 18,1 cm
Herkunft: Aus der Kunstkammer Rudolfs II., Inventar 1607–1611, Nr. 965
Literatur: Bauer-Haupt 1976, Nr. 965; Diemer 1985, 308; Maurice 1985, 34 und Nr. 49

Die ›Apotheke‹ besteht aus einer niedrigen Basisdose, auf der vier weitere Dosen stehen, die auf eine Mittelsäule gesteckt sind. Diese Säule ist an der untersten Dose festgeschraubt und besteht ihrerseits aus zehn abschraubbaren Döschen. In den großen Dosen befinden sich weitere 32 kleinere runde oder ovale Döschen mit goldenen Knäufen (mit Ausnahme von zweien), ein Schreibzeug mit Feder, Bleistift, Messer und Schaber, ein Pfeifchen, eine Flohfalle u. a. In der Basisdose befinden sich die Apothekerwaage, zu der fünf silberne Gewichtchen unter der Mittelsäule gehören, eine Pinzette und die Schaftverlängerung für die Schreibwerkzeuge. Unter dieser Schale liegt noch eine abnehmbare Platte mit zahlreichen Auskugelungen, offenbar, um darauf Tinkturen zu mixen. Im Inventar von 1607–1611 ist das Stück ausführlich beschrieben: »Ein ablang runde bix von helffenb(ein), item ein schreibzeug, wag, alle künstlich und sauber; hat der Holhagen goldtschmid Ihr Mt. verkaufft und der junge Wecker hatts gemacht Ao 1610«. Die ›Apotheke‹ war von vornherein als Kunstkammerstück gedacht. Sie war einerseits ein Kunstwerk, anderseits die puppenhafte Spiegelung eines Stückchens wirklichen Lebens.

411 

Über den Goldschmied Holhagen ist nichts bekannt. Der junge Wecker war Hans, dessen Vater Georg aus München stammte, dort wohl mit Giovanni Ambrogio Maggiore zusammentraf und 1576 nach Dresden ging, wo er 1578 Hofdrechsler wurde. Für Rudolf II. richtete er 1599 auf der Prager Burg eine Drechselstube ein. Wann sein Sohn Hans Wecker nach Prag kam, ist unbekannt. Im Rudolfsinventar sind neun Arbeiten mit seinem Namen verbunden, wobei es bei einem Stück heißt »hatt der junge Wecker zu Prag Ao 1601 gemacht«. Er wurde Kammerdrechsler und blieb dies auch unter Kaiser Matthias. R. D.

Wien, Kunsthistorisches Museum, Sammlung für Plastik und Kunstgewerbe, Inv. Nr. 4697–4741

412

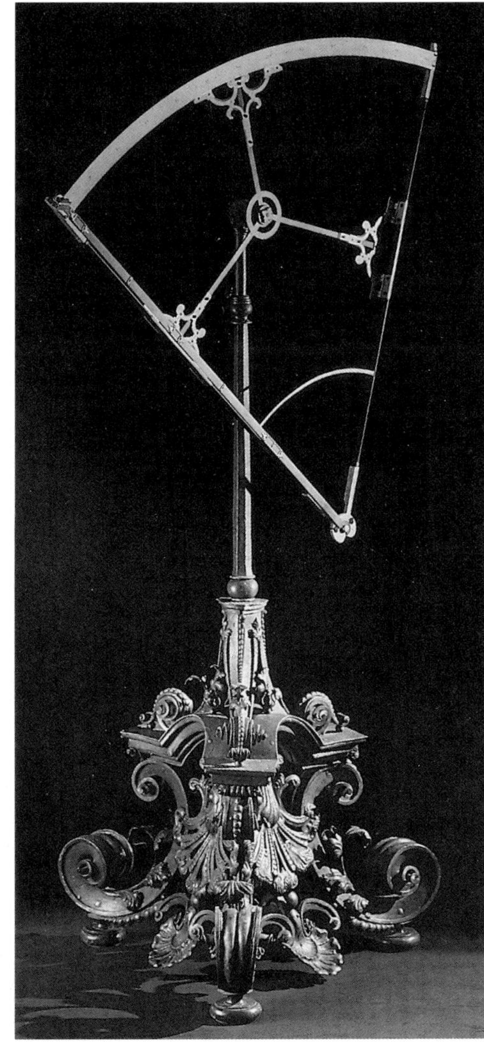

413

JOST BÜRGI
Lichtensteig (Schweiz) 1552 – Kassel 1632

412 Gerät zum perspektivischen Zeichnen
1604 (?)

Messing, vergoldet, Eisen; Länge der Diopterregel 45,3 cm
Herkunft: Vermutlich aus der Kunstkammer Kaiser Rudolfs II. in Prag
Literatur: Rössler 1932, S. 31 ff.; Katalog, 1966, S. 107/108; Zinner 1967, S. 268 ff. und 275

Das Gerät ist auf dem Prinzip eines Theodolits gegründet. Man visiert und zieht die Konturen des abzuzeichnenden Körpers mit Hilfe der Kippregel nach. Die sich dabei ergebenden Horizontal- und Vertikalbewegungen werden mit Hilfe eines aus Ringsegmenten bestehenden Übertragungssystems auf einen (bei diesem Exemplar des Geräts nicht mehr erhaltenen) Zeichentisch übertragen, wodurch sich eine annähernd exakte perspektivische Darstellung des anvisierten Gegenstandes ergibt. Dieses Exemplar ist vielleicht identisch mit jenem, welches im Mai des Jahres 1604 im Auftrag des Landgrafen Moritz von Hessen durch Jost Bürgi Kaiser Rudolf II. überbracht wurde. Es sind noch zwei andere Exemplare bekannt: eines in der Bibliothek von Stift Rein (mit einer handschriftlichen Gebrauchsanweisung), ein zweites im Hessischen Landesmuseum in Kassel (Katalog 1966, S. 107–108). Z. H.

Wien, Kunsthistorisches Museum, Inv. Nr. 788

ERASMUS HABERMEL
? – Prag 1606

413 Sextant mit Stand
1600

Bronze, graviert und im Feuer vergoldet, Eisen; Halbmesser des Limbus 131,7 cm
Bezeichnet und datiert am Okularende des Instruments: ›Pragæ fecit Erasm₉ habermel 1600‹
Herkunft: Übernommen im Jahre 1951 von der Staatssternwarte der ČSR – der Alten Sternwarte im Klementinum, Prag
Literatur: Repsold 1908, S. 30, Abb. 38; Weinek 1907, S. 88/99; Zinner 1967, S. 336; Horský 1965 (1), S. 46–49; Horský-Škopová 1968, S. 28/29; Škopová 1971, S. 277/278

Dieser Sextant ist das größte erhaltene Instrument Habermels und vielleicht auch das größte, welches er je geschaffen hat. In gewissem Sinne ist es zugleich sein Hauptwerk. Als astrometrisches Instrument gehört er (wie auch Bürgis Sextant, Kat. Nr. 433) zu der Gruppe, die Tycho Brahe in seiner ›Astronomiae instauratae mechanica‹, Wandsbek, 1598, als *Sextans volubilis* bezeichnet. Ein solches Instrument diente zur Vermessung der Winkelentfernung zweier Objekte in beliebiger Ebene.

Das Instrument ist sicher unter direktem Einfluß der Tätigkeit Tycho Brahes und seiner Assistenten in Böhmen entstanden. Zugleich ist es eine Ausnahme in Habermels Produktion, da er meistens nur kleinere Instrumente für den Kabinettgebrauch oder tragbare Reiseinstrumente verfertigte.

Doch man hat den Eindruck, daß dieses Instrument für astronomische Beobachtungen und Vermessungen – im Sinne der damaligen Ansprüche – nicht auf dem neuesten Stand ist. Zwar ist der Limbus des Instruments breit genug und mit einer sehr feinen, aber deutlich gravierten Skala versehen, auf der einem jeden Grad eine einzige Transversallinie zugeordnet ist, doch die Diopter, von denen nur die beiden Objektivdiopter erhalten sind (das Okulardiopter ging verloren), berücksichtigen die verbesserte tychonische Anordnung gar nicht, sie zeigen die älteste und ungenügende Form.

Auch war das Instrument nicht fest und stabil genug, vor allem die Festigkeit der Alhidade scheint sehr fraglich zu sein. Die Feinbewegung der Alhidade geschah mit Hilfe einer Welle mit Zahnrädern, die Kurbel, die am Okularende der Alhidade war, fehlt. Auf der Minutenskala an der Alhidade, die über die ganze Breite des Limbus geht, könnte man mit Hilfe der Transversallinien sogar einige Bogenminuten abschätzen. Diese Skala, die auf der eisernen Alhidade eingraviert ist und unvergoldet blieb, ist auf Instrumenten Habermels äußerst selten.

Der Stativ ist jedenfalls später entstanden, vermutlich um die Mitte des 18. Jahrhunderts.

Es ist nicht bekannt, für wen oder für welche Zwecke Habermel diesen Sextanten konstruierte. Er kann jedenfalls nicht – wie aus der Anordnung der Diopter klar hervorgeht – Tycho Brahe gehört haben, obwohl Tradition wie auch die ältere Literatur ihn fast immer als Besteller und Benützer dieses Instruments bezeichnen. Z. H.

Prag, Nationales Technisches Museum, Inv. Nr. 24551

ERASMUS HABERMEL
? – Prag 1606

414 Sonnen- und Sternuhr
Vermutlich 1585/86

Kupfer im Feuer vergoldet, graviert;
Dm. 12,8 cm
Bezeichnet: ›Erasmus Habermel‹ in der Widmung neben dem Wappen
Herkunft: Aus der Sammlung des Palazzo Strozzi in Florenz, erworben auf der Auktion F. Muller, Amsterdam, 1911
Literatur: Catalogue 1911, S. 22, Nr. 360; Zinner 1967, S. 336: Horský–Škopová 1968, S. 134, Nr. 150 und Tafel XXXVI und XXXVII; Škopová, 1971 S. 266 (Abb.), 268 (Abb.), 279–281

Die Anordnung dieses Instruments ist ungewöhnlich, da die bekannte Form der Höhensonnenuhr ziemlich atypisch mit einer Sternuhr (dem sogenannten Nokturnal) verbunden ist. Da andere so angeordnete Instrumente nicht bekannt sind, kann man diese Art von Verbindung von Tages- und Nachtuhr als Habermels Erfindung bezeichnen. Auf der Vorderseite der kreisförmigen Scheibe sind herzförmige Stundenlinien angebracht, wie auch die zwölf Sektoren des Tierkreises, die mit den zodiakalen Symbolen versehen sind. Die unterbrochenen Linien entsprechen dem Zifferblatt der sogenannten Planetenstunden. Der klappbare Zeiger, der mit der Aufhängevorrichtung verbunden ist, soll während der Zeitmessung in horizontaler Lage sein. Die Aufhängevorrichtung muß man zuerst entsprechend dem Kalenderdatum einsetzen (dasselbe gilt auch für die Bedienung der Sternuhr), dann zeigt der senkrechte Schatten des Zeigers die entsprechende Tagesstunde.

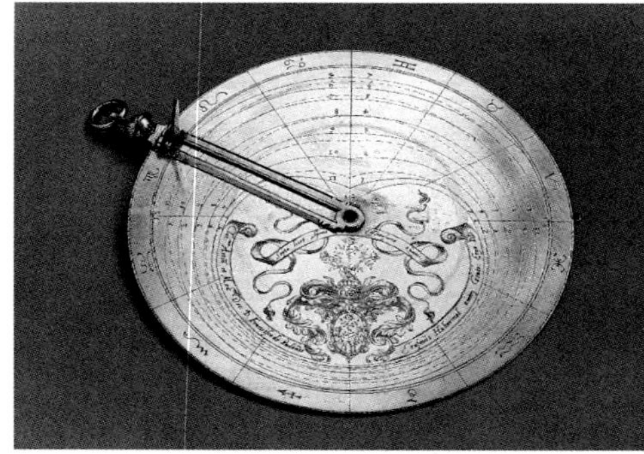
414 Rückseite

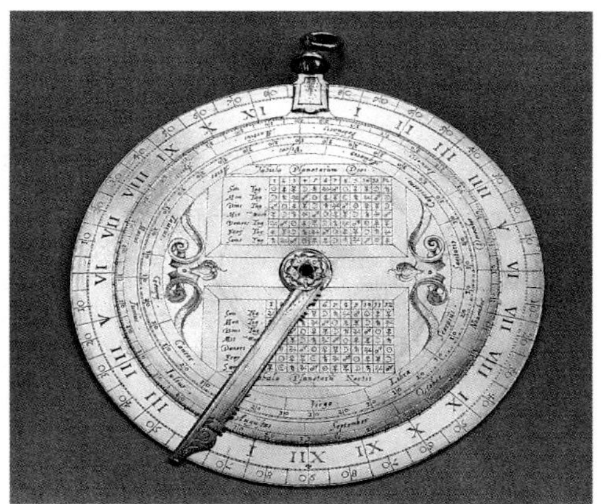
414 Vorderseite

Die Kalenderskala befindet sich am Rand einer kleineren runden Scheibe auf der Rückseite des Instruments, die mit der Aufhängevorrichtung fest verbunden ist. Es handelt sich hier um den Gregorianischen Kalender, wie aus dem Stand der Monate und der Tierkreiszeichen hervorgeht. Die Kalendereinstellung geschieht, indem man die mit einem kleinen Kreuz bezeichnete Ziffer XII auf der Rückseite der größeren Scheibe gegen das entsprechende Datum der kleineren Scheibe stellt.

Der Sternuhr ist die Rückseite des Instruments gewidmet. Wenn der Polarstern im Zentralloch des hängenden Instruments sichtbar ist, soll man den drehbaren Index, der über den Rand der größeren Scheibe reicht, so einstellen, daß er zum ersten Stern in der Deichsel des Großen Wagens (Eta Ursae Maioris, den man auch Benetnash nennt) weist. Dann kann man unter dem Zeiger an der Stundenskala die mittlere Sonnenzeit ablesen.

In der inneren Fläche der kleineren Scheibe befindet sich die Tafel der astrologischen Regenten einzelner Stunden der Wochentage, die in zwei Hälften (oben für die Tagesstunden, unten für die Nachtstunden) geteilt ist.

Die Herkunft dieses Instruments aus der Kollektion, die Erasmus Habermel dem Dr. Francescus Paduanius de Forli widmete, bezeugen hier das Wappen des Paduanius, sein Wahlspruch und Habermels Widmung, die in die leere Fläche der Vorderseite eingraviert sind. Z. H.

Prag, Nationales Technisches Museum, Inv. Nr. 2262

ERASMUS HABERMEL
? – Prag 1606

415 Äquatoriale Tischsonnenuhr
Vermutlich 1585/86 *Ft. 88, S. 504*

Kupfer im Feuer vergoldet, graviert;
Grundplatte 19,2 × 10,6 cm
Bezeichnet: ›E. Habermel fecit‹
Herkunft: Aus der Sammlung des Palazzo Strozzi in Florenz, erworben auf der Auktion F. Muller, Amsterdam, 1911
Literatur: Catalogue 1911, S. 19, Nr. 349; Zinner 1967, S. 337; Horský–Škopová 1968, S. 80/81, Nr. 75 und Tafel XX und XXI; Škopová 1971, S. 264 (Abb.), 278/279

Hier handelt es sich um ein komplexes Instrument. Als Sonnenuhr dient es, wenn die Grundplatte waagerecht und nach den Himmelsrichtungen orientiert ist. Dazu hilft eine merkwürdige Bussole mit der originalen Nadel und mit einem Pfeil für die östliche magnetische Deklination von 10°, was der Situation in Mitteleuropa in den 60er Jahren des 16. Jahrhunderts entspricht. Die Zifferblattplatte muß man dann nach der geographischen Breite des Standpunktes, das heißt nach der Skala der Polhöhe, die hier als ›Altitudo Poli‹ bezeichnet ist, in die Ebene des Himmelsäquators einsetzen und die Alhidade, deren einer Diopter leider jetzt abgebrochen ist, nach der Sonne richten. So konnte man die Zeit bestimmen. Da die Zeitskala mit Schräglinien unterteilt ist, kann man sogar einzelne Minuten ablesen. Zur Umwandlung der Zeitangaben in böhmische oder babylonische Stunden, die man vom Sonnenuntergang, bzw. Sonnenaufgang zählt, dienen die Skalen, die um die Bussole angeordnet sind.

Man konnte mit diesem Instrument auch die Höhen oder die Winkelabstände vermessen oder es zur Umwandlung der Gradangaben an die Schattenangaben und umgekehrt benützen. Jeder Grad ist mit einer Transversallinie versehen, so daß man mit Hilfe der Alhidade sogar einzelne Fünfminuten ablesen kann. Die Hilfsskala für die Bogenminuten befindet sich auf der Alhidade. Jede Seite des Schattenquadranten trägt zwei Skalen, und zwar mit 60 und mit 12 Teilen.

Auf der unteren Seite der Bussole ist das Wappen des Dr. Franciscus Paduanius de Forli eingraviert.

Die Gravierung ist sehr fein und zeigt die typischen Merkmale der habermelschen Zierweise und Technik, wie z. B. der Wechsel von hochpolierten und matten Flächen. Z. H.

Prag, Nationales Technisches Museum, Inv. Nr. 2260

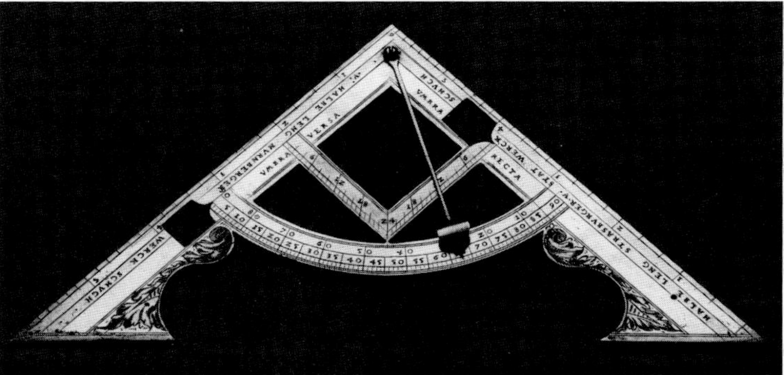

416

Vermutlich ERASMUS HABERMEL
? – Prag 1606

416 Setzwaage
Vermutlich 1585/86

Kupfer im Feuer vergoldet; Länge der Kathete 14,8 cm
Herkunft: Aus der Sammlung des Palazzo Strozzi in Florenz, erworben auf der Auktion F. Muller, Amsterdam, 1911
Literatur: Catalogue 1911, S. 23, Nr. 363; Škopová 1971, S. 282 (Abb.), 283

Hier handelt es sich um ein Mehrzweckgerät. Man kann es nicht nur als einfache Setzwaage zur Bestimmung der waagerechten Lage einer Ebene benützen, sondern auch als ein Klinometer, das die Neigung in Grade und zugleich in den Teilen des Schattenquadranten zeigt. Der Schattenquadrant hat die Seiten für die ›Umbra recta‹ und ›Umbra versa‹ beide in 24 Teile geteilt. Als Zeiger dient ein pendelförmiges Senkblei, dessen Spitze auf den Gradmesser zeigt. Man kann aber auch das Instrument flach auf dem Zeichenbrett liegend benützen, dann dienen für das Abmessen der Winkel oder für das Ablesen am Schattenquadranten die zwei Fenster in den Seiten zur Einstellung des Nullwertes.

Am äußeren Rand der beiden Katheten sind die halben Längen von verschiedenen Schuhen (Nürnberger Schuh und Straßburger Schuh) mit einer Zollteilung angebracht. Der erste Zoll ist immer in zwei Hälften, der zweite in drei Drittel ... der sechste in sieben gleiche Teile geteilt.

Obwohl das Instrument nicht signiert ist, kann man nach der Provenienz vermuten, daß es zu der Kollektion der habermelschen Instrumente für den Dr. Franciscus Paduanius de Forli gehörte. Z. H.

Prag, Nationales Technisches Museum, Inv. Nr. 2263

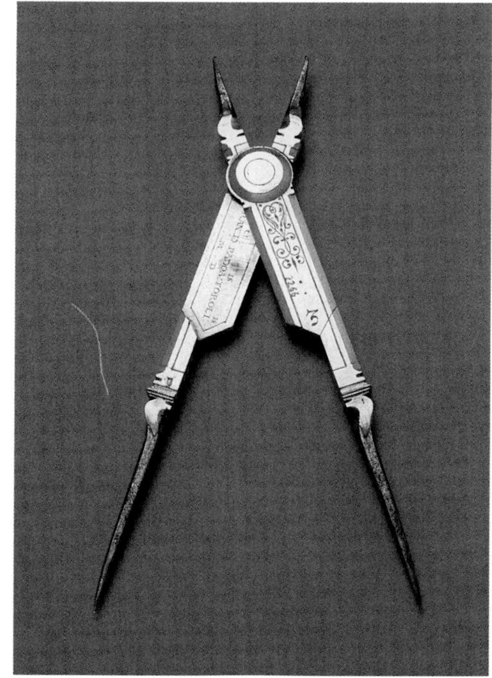

417

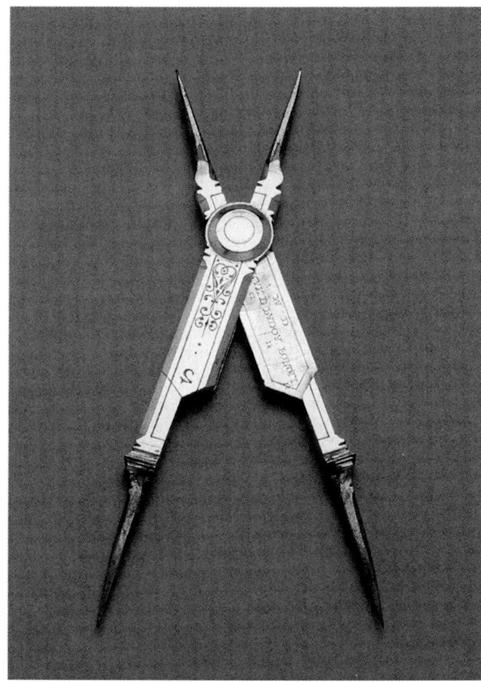

418

ERASMUS HABERMEL
? – Prag 1606

417 Zwei Reduktionszirkel
418 Vermutlich 1585/86

Kupfer im Feuer vergoldet, die Spitzen aus Stahl; Längen 15,2 und 15,4 cm
Beide Zirkel tragen auf der inneren Seite eines Schenkels die Bezeichnung ›FRAN:^{CI} D PADOA:^{IS} FOROLI:^{IS} M D‹
Herkunft: Aus der Sammlung des Palazzo Strozzi in Florenz, erworben auf der Auktion F. Muller, Amsterdam, 1911
Literatur: Catalogue 1911, S. 24, Nr. 366 und 367; Zinner 1967, S. 337; Škopová 1977, S. 270 (Abb.), 281

Zwei nach Größe und Anordnung ganz ähnliche Reduktionszirkel dienen zur Vergrößerung oder Verkleinerung von Längen in gegebenen Proportion. Der mit »2« bezeichnete Zirkel (Inv. Nr. 2267) enthält die Proportion 1:2, der mit »3« bezeichnete (Inv. Nr. 2266) die Proportion 1:3. Alle Spitzen der Zirkel sind aus Stahl. Die Bezeichnung als Eigentum des Dr. Franciscus Paduanius de Forli ist nur dann sichtbar, wenn der Zirkel geöffnet ist.

Die gravierten Ornamente entsprechen völlig der habermelschen Zierweise. Z. H.

Prag, Nationales Technisches Museum, Inv. Nr. 2266 und 2267

419

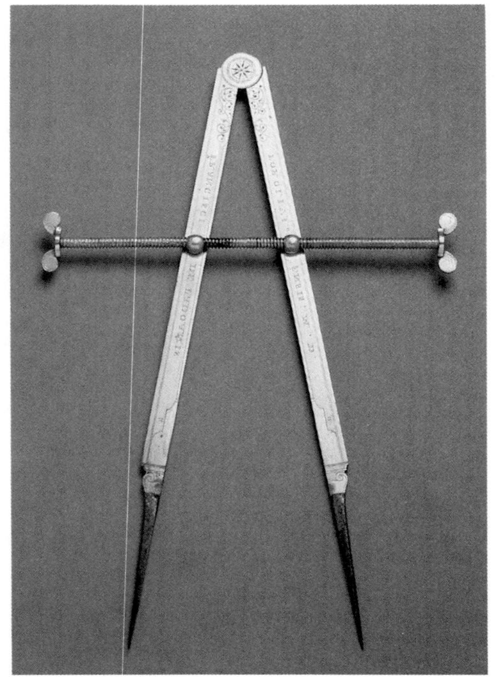

420

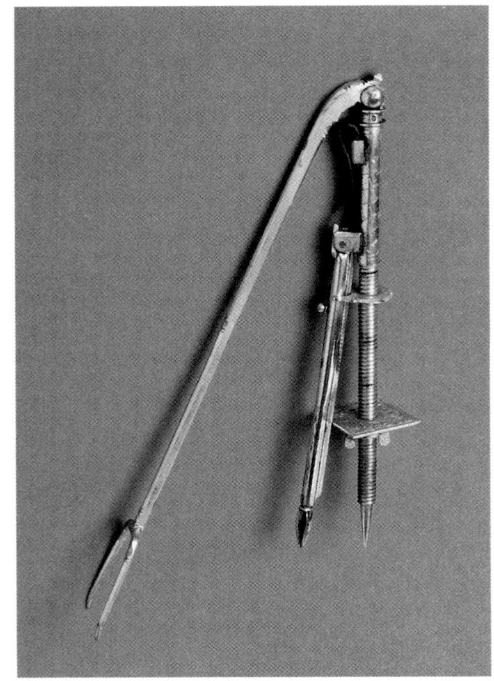

421

Vermutlich ERASMUS HABERMEL
? – Prag 1606

419 Zirkel mit Viertelkreis
Vermutlich 1585/86

Kupfer, graviert und im Feuer vergoldet; Länge des längeren Schenkels 23,5 cm, des kürzeren 18,5 cm
Herkunft: Aus der Sammlung des Palazzo Strozzi in Florenz, erworben auf der Auktion F. Muller, Amsterdam, 1911
Literatur: Catalogue 1911, S. 24, Nr. 369; Zinner, 1967, S. 337; Škopová 1971, S. 274 (Abb.), 281–83

Dies ist ein sehr kurioses, aber doch nicht zweckloses Instrument. Auffallend ist die verschiedene Länge der Schenkel und die gekrümmte Form des kürzeren. Das Instrument konnte man benutzen zur Bestimmung der Neigung (entsprechend der geographischen Breite) einer vertikalen Wandsonnenuhr wie auch einer horizontalen Sonnenuhr.

Das ganze Instrument ist mit feinen Gravierungen bedeckt, die der habermelschen Handschrift völlig entsprechen. Z. H.

Prag, Nationales Technisches Museum, Inv. Nr. 2269

ERASMUS HABERMEL
? – Prag 1606

420 Zirkel mit Fixationsschraube
Vermutlich 1585/86

Kupfer im Feuer vergoldet; Spitzen aus Stahl; Länge des Schenkels 25,2 cm
Bezeichnet: ›E H‹
Aus der Sammlung des Palazzo Strozzi in Florenz, erworben auf der Auktion F. Muller, Amsterdam, 1911
Literatur: Catalogue 1911, S. 24, Nr. 370; Zinner 1967, S. 337; Škopová 1971, S. 276 (Abb.), 283

Es handelt sich um die einfachste Form des Zirkels. Die Spitzen des Instruments sind aus Stahl. Die Schraube fixiert die konstante Öffnung der Zirkelschenkel, so daß man mit dem Zirkel sogar Kreise in eine relativ weiche Metallplatte gravieren kann. Auch dieses Instrument stammt aus der Kollektion für Dr. Franciscus Paduanius de Forli und trägt die entsprechende Bezeichnung und die Initialen des Herstellers ›E H‹. Z. H.

Prag, Nationales Technisches Museum, Inv. Nr. 2270

Vermutlich ERASMUS HABERMEL
? – Prag 1606

421 Dreiarmiger Zirkel
Vermutlich 1585/86

Kupfer im Feuer vergoldet, Stahl; Länge des Hauptschenkels 19,5 cm, Länge des Schenkels mit Gabel 24,5 cm
Herkunft: Aus der Sammlung des Palazzo Strozzi in Florenz, erworben auf der Auktion F. Muller, Amsterdam, 1911
Literatur: Catalogue 1911, S. 24, Nr. 386; Zinner 1967, S. 344; Škopová 1971, S. 280 (Abb.), 283

Ein äußerst kurioses Instrument. Man konnte es zum Zeichnen von Ellipsen und wahrscheinlich auch verschiedener Spiralen und einiger Ornamente benützen. Der Hauptschenkel ist mit einer Windung versehen und oben mit einem längeren Schenkel verbunden, der in einer Gabel endet. Der dritte Schenkel ist mit einer Zeichnenfeder versehen, die in dem hohlen Körper dieses Schenkels frei gleiten kann, so daß sie durch ihr eigenes Gewicht immer leicht auf das Zeichenbrett drückt. So ist die Länge dieses dritten Schenkels veränderlich. Er ist mit dem Hauptschenkel durch eine Sprungfeder verbunden, damit er zu diesem immer in Beziehung bleibt. Mit Hilfe der Gabel ist es möglich, den Zirkel fest auf das Zeichenbrett einzustel-

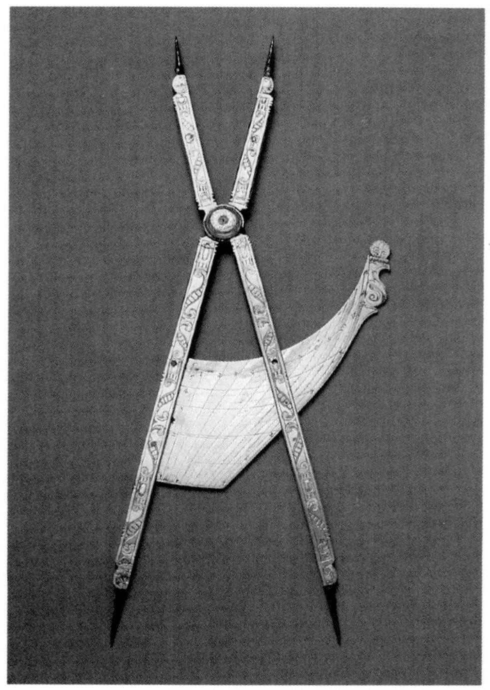

422

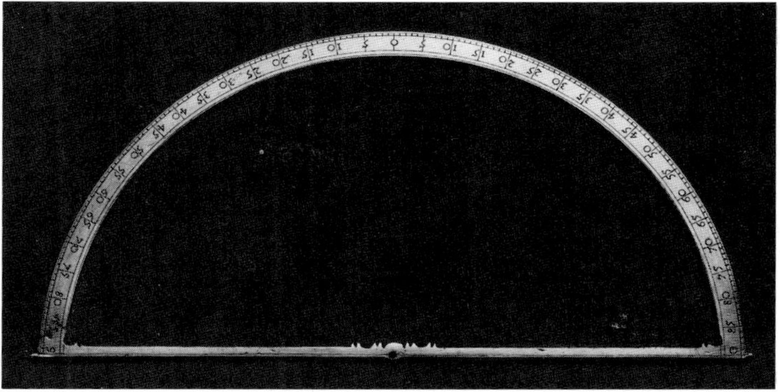

423

len, so daß das Instrument sich auf drei Punkte stützt, und zwar so, daß der Hauptschenkel entweder genau senkrecht auf dem Zeichenbrett steht oder zu ihm eine gewünschte (nicht zu große) Neigung hat. Im ersten Fall zeichnet der Zirkel einen Kreis, im zweiten eine Ellipse, die um so flacher wird, je größer die Neigung des Hauptschenkels ist.

Man kann die Entfernung des dritten Schenkels von dem Hauptschenkel dadurch beeinflussen, daß man auf die Windung des Hauptschenkels verschieden angeordnete und verschiedenförmige Scheiben einschraubt. Es ist klar, daß einige zu diesem Instrument gehörende Scheiben bereits verlorengegangen sind. Dreht man den dritten Schenkel um den Hauptschenkel, soll die Feder die Form einer Scheibe beschreiben, oder, falls die Scheibe mit der Feder verbunden ist, muß sich die Scheibe beim Drehen auf der Windung nach oben oder unten bewegen – dann wird die Feder eine Spirale zeichnen. Doch handelt es sich hier mehr um einen interessanten Versuch als um eine erfolgreiche Konstruktion.

Provenienz und Zierweise des Zirkels lassen als Konstrukteur Erasmus Habermel erkennen.

Z. H.

Prag, Nationales Technisches Museum, Inv. Nr. 2268

ERASMUS HABERMEL
? – Prag 1606

422 Reduktionszirkel mit Nomogramm
Vermutlich 1585/86 *Ft. 89, S. 553*

Kupfer, graviert, vergoldet; Länge des Schenkels 33,3 cm
Herkunft: Aus der Sammlung des Palazzo Strozzi in Florenz, erworben auf der Auktion F. Muller, Amsterdam, 1911
Literatur: Catalogue 1911, S. 23, Nr. 360; Zinner 1967, S. 347; Škopová 1971, S. 272 (Abb.), 281

Der Zirkel ist als Reduktionszirkel für die Proportion 1:2 konstruiert. Alle vier Spitzen sind aus Stahl. Die nomographische Tafel, die mit einem Schenkel des Zirkels fest verbunden ist und durch eine Spalte des zweiten Schenkels geht, ist an einer Seite in zwölf, an der anderen in neun Felder geteilt. Diese Felder, die entlang des Schenkels geführt sind, unterscheiden sich dadurch, daß hochpolierte und matte Felder einander abwechseln. Diese Felder sind durch Kreisbogen in sechs Streifen geteilt. Alle Kreisbogen sind konzentrisch, das Zentrum befindet sich im Gelenk des Zirkels. Ist der Zirkel völlig geöffnet, was der Fall ist, wenn beide Schenkel gegeneinander senkrecht stehen, ist die Endposition des Nomogramms erreicht. Beide Schenkel des Zirkels zeigen eine reiche Gravierung.

Einen sehr ähnlichen Zirkel hat im Jahre 1577 Josua Habermel konstruiert (er ist im Nationalmuseum in Prag unter der Inv. Nr. 13349 aufbewahrt). Doch der Sinn der Nomogramme bleibt unklar. Z. H.

Prag, Nationales Technisches Museum, Inv. Nr. 2265

Vermutlich ERASMUS HABERMEL
? – Prag 1606

423 Winkelmesser
Vermutlich 1585/86

Kupfer, graviert und im Feuer vergoldet; Länge 17,4 cm, Halbmesser des Bogens 8,6 cm
Herkunft: Aus der Sammlung des Palazzo Strozzi in Florenz, erworben auf der Auktion F. Muller, Amsterdam, 1911
Literatur: Catalogue 1911, S. 23, Nr. 364; Zinner 1967, S. 345; Škopová 1971, S. 270 (Abb.), 283

Der Halbkreis ist in zweimal 90 Grad geteilt, der Nullwert liegt in der Mitte des Halbkreises. Ein kleines Loch in der Mitte der Basis dient zur Einstellung des Winkelscheitels.

Es handelt sich um das einfachste und gewöhnlichste Instrument aus der Sammlung Strozzi, doch die Verzierungen der Reversseite lassen klar die Hand Habermels erkennen.

Z. H.

Prag, Nationales Technisches Museum, Inv. Nr. 2264

HEINRICH STOLLE
Tätig Anfang des 17. Jahrhunderts

424 Theodolit
Um 1610 (?)

Messing, graviert, vergoldet; Durchmesser des horizontalen Kreises 175 cm, Entfernung der Diopter auf der Alhidade 24 cm
Bezeichnet auf der nicht sichtbaren Seite des Index des horizontalen Kreises: ›Henr. Stolle Vhrm. prag fec. et Inuēt.‹
Herkunft: Aus der Sammlung Pfefferkorn

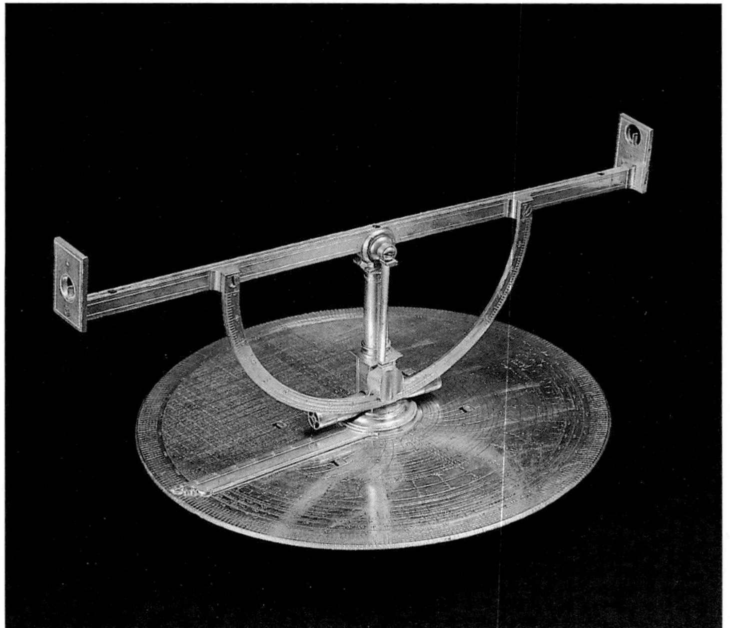

424

425

Literatur: Über Stolle: Zinner 1967, S. 545; über das Instrument: Horský–Škopová 1968, S. 34–36 und Tafel IX

Dies Instrument ist als Theodolit konstruiert, doch kann es verschiedene Aufgaben lösen.

Als Theodolit arbeitet das Instrument so, daß man vertikale Winkel (die Höhen) mit der Alhidade abmißt, dabei hilft das pendelförmige Lot als Zeiger auf dem vertikalen Halbkreis, der die Teilung von je einem Halbgrad hat. Die horizontalen Winkel kann man auf dem Rand des horizontalen Kreises abmessen, aber mit viel größerer Genauigkeit: die Transversallinien ermöglichen die Teilung eines Grads in je 10 Bogenminuten, die Skala mit dem Index ist sogar in je 5 Bogenminuten geteilt.

Die innere Fläche des horizontalen Kreises ist als Nomogramm behandelt, welches verschiedene goniometrische Aufgaben wahrnimmt. Auffallend ist hier die schon ziemlich moderne Benennung der goniometrischen Funktionen. Ein Teil des Nomogramms ist für die Werte des Sinus primus (d. i. Sinus), Sinus secundus (d. i. Cosinus), Tangens und Secans bestimmt. Außerdem finden sich Angaben für die regelmäßigen Vielecke, eine Windrose und eine Stundenskala einer azimutalen Sonnenuhr. Eine andere Skala dient zur Bestimmung der Winkel im rechtwinkligen Dreieck, wenn das Verhältnis der Katheten wie 1:1; 7:8; 5:6; 3:4; 2:3; 5:8; 1:2; 5:12; 1:3; 1:4; 1:5 .... bis 1:20 ist.

Auf der unteren Seite der horizontalen Scheibe sind 15 konzentrische Kreise graviert, die die Seiten der regelmäßigen Vielecke zeigen. Unten in der Mitte des Instruments ist ein Support, der der Verbindung des Instruments mit einem Stativ diente. Z. H.

Prag, Nationales Technisches Museum, Inv. Nr. 24868

ERASMUS HABERMEL
? – Prag 1606

425 Äquatoriale Ringsonnenuhr mit Stativ
Um 1600 *Ft. 90, S. 554*

Messing, graviert und reich dekoriert, vergoldet; Höhe 38,5 cm, der größte Durchmesser 26,3 cm
Bezeichnet: ›Erasmus Habermel fec:‹ auf dem beweglichen Teil des Meridians
Herkunft: Geschenk von R. Pfefferkorn aus New York, 1948
Literatur: Zinner 1967, S. 344; Lenfeld 1984, S. 120–123 mit Abb.

Es handelt sich hier um eine atypische Äquatorial-Ringsonnenuhr. Dieses Instrument, das bereits um die Mitte des 16. Jahrhunderts bekannt war, ist gewöhnlich zum Aufhängen konstruiert, das heißt ohne Stativ. Eine solche Sonnenuhr nivellierte sich von selbst und richtete sich nur nach dem Kalenderdatum und der Sonne. Dadurch aber ist die Angabe zweideutig. Man muß entscheiden, ob die gezeigte Zahl wirklich gültig ist, da das Instrument zugleich zwei gültige Zahlen zeigen kann: eine für die Vormittags-, die andere für die Nachmittagsstunde.

Erasmus Habermel hat uns dieser Schwierigkeit enthoben. Er hat die Sonnenuhr mit Stativ und Bussole verbunden. Ist das Instrument nach den Himmelsrichungen hin orientiert, sind die Angaben eindeutig. Der Konstrukteur hat das Gerät auf einen reich dekorierten Stand gestellt, die richtige Einstellung des Instruments muß man mit Hilfe des angeschlossenen Lots kontrollieren. Die außerordentlich große Bussole, die original ist, (mit dem Diameter 11 cm), ist durch die Angabe der magnetischen Deklination interessant.

Will man richtige Zeitangaben erreichen, muß man zuerst die entsprechende geographische Breite einstellen. Das geschieht durch das Gleiten des inneren Geräts im breiten Meridiankreis, der fest mit dem Stativ verbunden ist, bis die Angabe für ›Elevatio Poli‹ und ›Elevatio Aequatori‹ stimmt. Jetzt ist der Zifferring der Uhr mit dem Weltäquator parallel. Stellt man nun das zentrale Loch nach dem Tagesdatum (oder nach der Länge der Sonne) ein, dann zeigt der durch das Loch fallende Sonnenstrahl auf der Stundenskala die Zeit.

Der vertikale feste Meridian trägt auch eine Skala des Tierkeises, die mit einem Gregorianischen Kalender verbunden ist.

Der Teil, der oben am Gerät fehlt, war vielleicht irgendeine Verzierung, nicht aber ein Aufhängering, den das Instrument nicht benötigte. Z. H.

Prag, Kunstgewerbemuseum, Inv. Nr. 30457

426

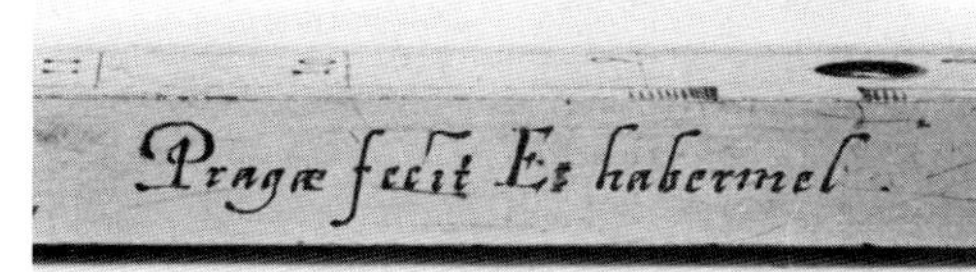

426

427

427 Deckel-Oberseite

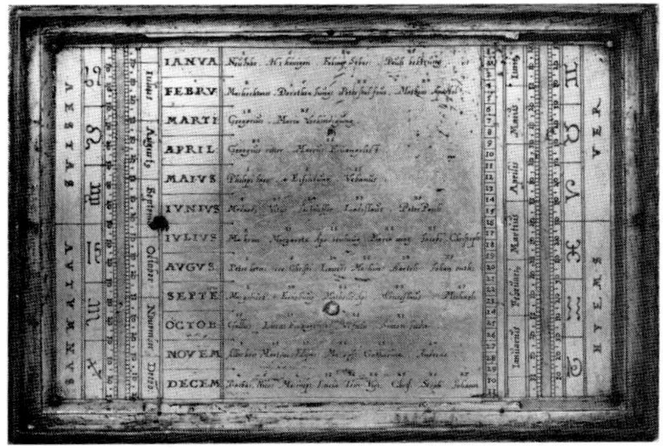

427 Deckel-Unterseite

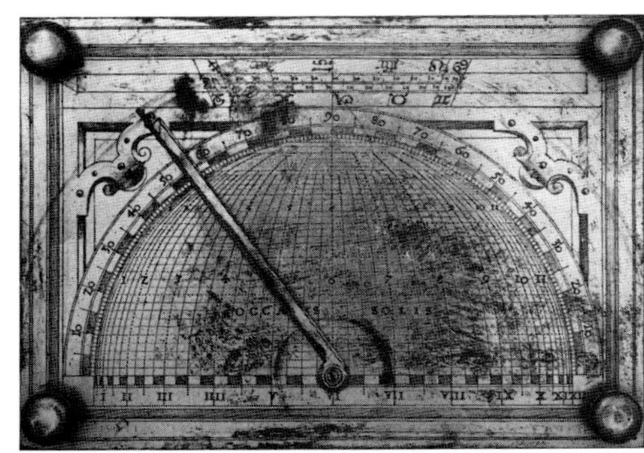

427 Dosenunterseite

ERASMUS HABERMEL
? – Prag 1606

426 Zirkelgerät mit Halbkreis
Um 1600

Messing, graviert, vergoldet; Länge des Schenkels 23,2 cm
Bezeichnet auf einem Schenkel: Pragæ fecit Es habermel
Herkunft: Im Jahr 1887 von Herrn Popper erworben
Literatur: Lenfeld 1984, S. 150/151

Was die Funktion betrifft, ist dies Instrument mit dem Artilleriebesteck identisch, das sich im Wiener Kunsthistorischen Museum (Kat. Nr. 429) befindet. In unserem Fall hat sich aber nur der Zirkel mit Halbkreis und der Geschützaufsatz erhalten. (Der Support und eventuell weitere Bestandteile fehlen).

Unterschiedlich ist hier die Anordnung der Skalen auf dem Halbkreis, es gibt Angaben für drei verschiedene Arten von Kanonenkugeln: steinerne, eiserne und bleierne. Z. H.

Prag, Kunstgewerbemuseum, Inv. Nr. 2064

Vermutlich ERASMUS HABERMEL
? – Prag 1606

427 Dose mit einem chronologisch-geographischem Nomogramm und mit einer Bussole
Ende des 16. Jahrhunderts

Messing, graviert und im Feuer vergoldet; 16 × 11,2 cm, Höhe 5,7 cm
Herkunft: Erworben auf der Auktion K. Thewall, Köln, 1903
Literatur: Zinner 1967, S. 335; Lenfeld 1984, S. 141–147

Hier handelt es sich mehr um eine wissenschaftliche Spielerei für ein Kuriositätenkabinett als um ein wissenschaftliches Instrument im eigentlichen Sinne. Der Deckel trägt auf der Oberseite eine ovale Bussole mit deutschen Bezeichnungen der vier Himmelsrichtungen und eine ganz einfache Windrose. Es wird in der Literatur darauf aufmerksam gemacht, daß die Lage der Bussole nicht die ursprüngliche ist, so daß jetzt die Hauptrichtung Norden – Süden mit der Kante des Deckels nicht parallel ist, sondern etwa 1° bis 2° nach Osten hin abweicht. Obwohl es nicht sehr wahrscheinlich ist, könnte dies vielleicht durch die Bemühung

428

verursacht worden sein, die ziemlich geringe östliche magnetische Deklination zu berücksichtigen, deren winzige östliche Abweichung der Zeit um das Jahr 1600 gut entspricht.

Auf der Innenseite des Deckels ist ein Gregorianischer Kalender, der die Aufteilung des Jahres in vier Jahreszeiten, den Stand der Sonne in den 12 Zeichen des Tierkreises für jeden zweiten Tag und die wichtigsten Feste angibt. Die Anführung des Hl. Wenzeslas am 28. September weist auf die böhmische Herkunft dieses Artefakts.

Auf der Unterseite der Dose ist ein Nomogramm, welches die nördliche Erdhalbkugel darstellt und mit einem drehbaren Zeiger versehen ist. Stellt man den Zeiger auf entsprechende Position der Sonne im Tierkreis, wozu die über dem Bild der Halbkugel mit Symbolen des Tierkreises bezeichnete Skala dient, kann man unter der Kante des Zeigers für verschiedene geographische Breiten die Stunde des Sonnenuntergangs ablesen. Z. H.

Prag, Kunstgewerbemuseum, Inv. Nr. 8691

ANONYM

428 Waage
1607

Bronze, graviert und versilbert; Länge des Waagebalkens 52 cm, Höhe 43 cm
Bezeichnet: ›1607‹
Beschädigt, nur teilweise erhalten

Diese reich dekorierte Waage mit der allegorischen Figur der Gerechtigkeit diente vielleicht zum Messen der Gewichte in der Stadt Prag oder am kaiserlichen Hof.

Technisch ist hier sehr interessant, daß der Waagebalken in der Mitte mit einer Schneide versehen ist, die ursprünglich auf einem geschliffenen Achat saß. Der Stein ging leider verloren. Z. H.

Prag, Kunstgewerbemuseum, Inv. Nr. 11488

ERASMUS HABERMEL
? – Prag 1606

429 Artilleriebesteck (Zirkelgerät) mit einer handschriftlichen Gebrauchsanweisung
Um 1600

Messing, graviert, vergoldet; Länge 28,5 cm
Bezeichnet auf dem Schenkel des Zirkels: ›Pragæ fecit Erasmus Habermel‹
In einem zugehörigen Lederetui mit vergoldeter Lederprägung
Herkunft: Vermutlich aus dem Besitz Kaiser Ferdinands II. und dem Bestand der Grazer Kunstkammer. Erworben vom Stift Rein
Literatur: Katalog 1966, S. 111; Zinner 1967, S. 344, Taf. 74; Eckhardt 1976, S. 55 bis 92, vor allem Abb. 11 (das Gerät) und Abb. 23a–b (die Handschrift)

Hierbei handelt es sich um ein Mehrzweckgerät, das aber vor allem als Artilleriebesteck benutzt wurde. Grundbestandteil ist ein Zirkel, der mit einem in Graden geteilten Halbkreis verbunden ist. Der Zirkel hat zugleich abklappbare Diopter zum direkten Visieren und damit zum Bestimmen der Winkelentfernung von Objekten. Der Zirkel dient zugleich als Proportionalzirkel, aber nur mit einer ziemlich reduzierten Menge von Angaben. Auf der Rückseite des Halbkreises befinden sich Angaben für die Seiten der regelmäßigen Vielecke und für das Gewicht der eisernen Kanonenkugeln, deren Durchmesser durch die Entfernung der Spitzen des Zirkels gegeben ist.

Beiden Schenkeln des Zirkels kann man weitere Teile hinzufügen: Zu dem Schenkel mit dem Halbkreis einen Support, mit Hilfe dessen man das Gerät auf einen Gewehrlauf setzen kann, zu dem anderen Schenkel den eigenen Geschützaufsatz, das Lot und die Bussole. Zu dem Instrument gehört ein Lederetui mit vergoldeter Lederprägung.

Die handschriftliche Gebrauchsanweisung, ein Heft mit dem Titel ›Erklerungen wie dieser Zirckel gebraucht werden kann‹, ist von Erasmus Habermels Hand geschrieben und signiert, sie umfaßt 13 beschriebene Blätter (16,5 × 20 cm). Im Text der Anweisung sind 15 Zeichnungen enthalten. Auf der ersten Seite findet sich die Anmerkung: ›Bibliothecae Archid. Ferdinandi‹. Z. H.

Wien, Kunsthistorisches Museum, Inv. Nr. 8869 (das Gerät) und 8870 (die Handschrift)

ERASMUS HABERMEL
? – Prag 1606

430 Dose mit einer Horizontalsonnenuhr und chronometrischen Angaben
Um 1600

Messing, graviert, vergoldet; 8,1 × 6,5 cm
Bezeichnet im Inneren der Dose auf der Sonnenuhr: ›Pragae fecit Erasmus Habermel‹
Literatur: Zinner 1967, S. 329–346

Diese aufklappbare Dose auf vier Füßen enthält eine Horizontalsonnenuhr mit herabklappbarem Zeiger. Das normale Zifferblatt befindet sich am Rande der Sonnenuhr, das innere Zifferblatt mit den gekrümmten Linien dient als Planetenuhr. Die Bussole ist durch die Angabe der magnetischen Deklination interessant. Ihre Lage scheint nicht die ursprüngliche zu sein, es ist nicht ausgeschlossen, daß sie jemand später korrigierte im Sinne der starken

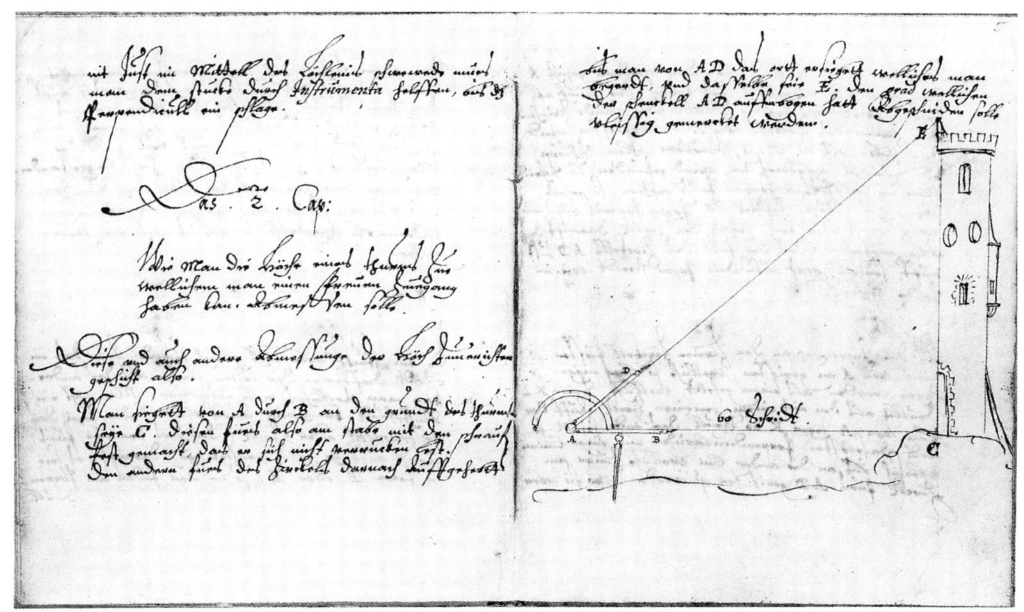

429

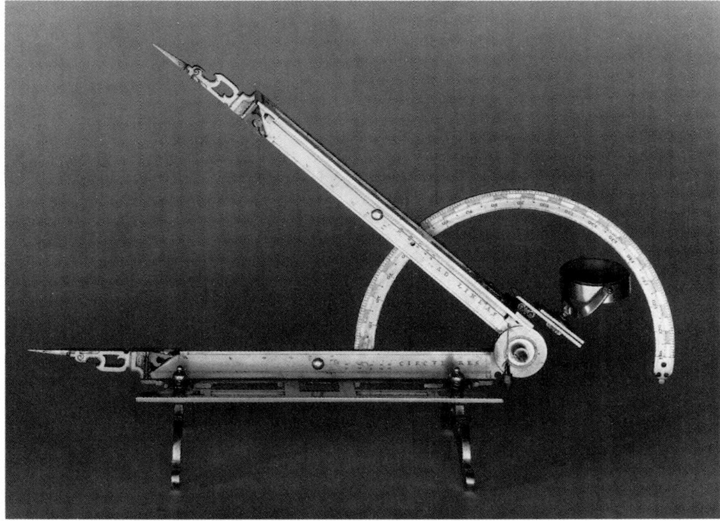

429

429

Abnahme der ursprünglich östlichen Deklination im Laufe des 17. Jahrhunderts. Die Tafel im Inneren des Deckels führt die geographischen Breiten von 16 europäischen Orten auf, in der Mitte ist eine Scheibe für die Bestimmung von Tag- und Nachtlänge und für die Zeit des Sonnenauf- und Sonnenuntergangs während des Jahres.

Auf dem Deckel ist eine drehbare Scheibe zur Anpassung der deutschen Stunden an die böhmischen und umgekehrt. Auf dem Boden der Dose ist eine Tafel mit den astrologischen Regenten einzelner Stunden der Wochentage (nur für die Zeit des hellen Tages) in einer nicht üblichen Anordnung. Z. H.

Wien, Kunsthistorisches Museum, Inv. Nr. 719

ERASMUS HABERMEL
? – Prag 1606

431 Äquatorialsonnenuhr
Um 1600

Messing, graviert; 12,7 × 12,7 cm
Bezeichnet ›Erasmŭs Habermel fec‹ unten auf der Grundplatte
Literatur: Zinner 1967, S. 329–346; Eckhardt 1976, S. 55–92

Es handelt sich hier um eine Äquatorialsonnenuhr von einer ungewohnten Konstruktion, die an Habermels äquatoriale Tischsonnenuhr erinnert (Kat. Nr. 415).

Das Zifferblatt der Sonnenuhr befindet sich auf der äußeren Seite der Oberplatte. Es ist in zweimal 12 Stunden geteilt. Den Zeiger von der vorgeschriebenen Länge muß man in das Loch in der Mitte des Zifferblattes senkrecht zu der Platte einsetzen. Dann zeigt der Schatten an den betreffenden Skalen auch die Stunde des Sonnenauf- und Sonnenuntergangs sowie die Tagesdauer. Die Visierregel ist mit der Gradteilung am Rande der oberen Platte verbunden. Auf der inneren Seite dieser Platte ist das Zifferblatt für die Planetenstunden und die Tafel der astrologischen Regenten der einzelnen Stunden der Wochentage. Für die Zeitmessung muß man die Uhr nach den Himmelsrichtungen einstellen und entsprechend der geographischen Breite öffnen. Dazu dient die Skala für ›Elevatio Poli‹ auf der Grundplatte und die Bussole. Der Zeiger über der Bussole ist mit der Windrose verbunden. Die drehbare Scheibe unten auf dem Gerät dient zur Umwandlung der deutschen in böhmische Stunden. Z. H.

Wien, Kunsthistorisches Museum, Inv. Nr. 771

430

431

ERASMUS HABERMEL
? – Prag 1606

432 Äquatorium mit geographischen Karten
Vor 1595

Kupfer, vergoldet, und Silber, graviert;
15,5 × 15,5 cm, Höhe 37 cm
Bezeichnet als Erfindung des Jakob Kurz von Senftenau, daher signiert ›Erasmus Habermel Sculpsit‹ am Rand der Oberplatte
Die Magnetnadel ist neu, einer der vier kugelförmigen Füße ist ergänzt
Herkunft: Erworben von Herrn Karl Ullmayer in Wien im Jahre 1913
Literatur: Zinner 1967, S. 329–346; Eckhardt 1976, S. 55–92

Das Äquatorium besteht aus einem Nomogramm für die Bestimmung der Zeit des Sonnenauf- und -untergangs, für die Bestimmung der Dauer des hellen Tages und der Nacht und für die Umwandlung von Stunden: der deutschen, der böhmischen (die man ab Sonnenuntergang zählt) und der babylonischen (die man ab Sonnenaufgang zählt.) Jakob Kurz (Curtius) von Senftenau, den Habermel hier als den Erfinder dieser Anordnung des Nomogramms bezeichnet (und deswegen auch sich selbst nur als denjenigen, der das Gerät graviert hat), wirkte als Vizekanzler am kaiserlichen Hof in Prag und war ein begeisterter Liebhaber der Astronomie. Er ist 1594 gestorben.

Sehr interessant und selten sind hier die zwei geographischen Karten der beiden Erdhalbkugeln, die sich im Inneren des Gerätes befinden. Die Erde ist da in eine nördliche und in eine südliche Hemisphäre geteilt. Diese Art der Abbildung ist ziemlich ungewohnt. Die Umrisse der Kontinente sind hier überraschend komplett, der Reichtum der geographischen Angaben beeindruckend. In die Mitte der Südhalbkugel (also um den Südpol) ist die Bussole gelegt. Das Segment an der Nordhalbkugel mit der Bezeichnung ›Elevatio Poli‹ dient nur als Hilfsmittel der räumlichen Vorstellung.

Z. H.

Wien, Kunsthistorisches Museum, Inv. Nr. 7246

JOST BÜRGI
Lichtensteig (Schweiz) 1552 – Kassel 1632

433 Sextant mit Stand
Um 1600

Messing, Eisen, Stativ teilweise aus Holz; Halbmesser des Limbus 112,2 cm
Herkunft: Übernommen im Jahre 1951 von der

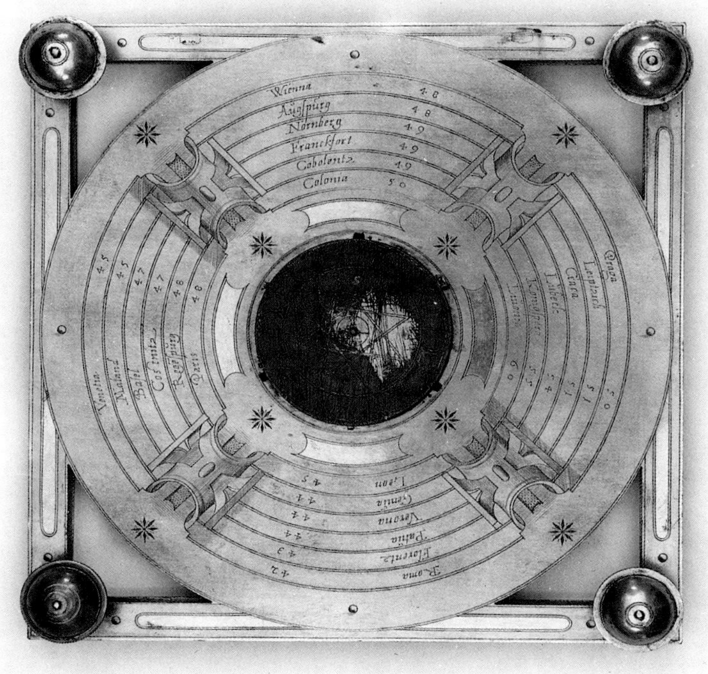

432

433

Staatssternwarte der ČSR – der Alten Sternwarte im Klementinum, Prag
Literatur: Horský 1965, Sextant astronomique de Bürgi, S. 125–129; Horský 1968, S. 280–300; Horský–Şkopová 1968, S. 29/30 und Tafel VII

Solche Sextanten dienten in der Astronomie um die Wende des 16. und 17. Jahrhunderts vor allem zur Beobachtung der Planeten, deren Positionen man so zu bestimmen pflegte, daß man ihre Winkelabstände von einigen Fixsternen mit bekannten Koordinaten untersuchte. Es handelt sich also um ein Instrument, welches die Winkelentfernung von zwei Objekten in einer beliebigen Ebene abmessen kann.

Obwohl der Sextant nicht signiert ist, zeigen doch die Anordnung der Spreizen, die Einrichtung für die feine Bewegung der Alhidade (es handelte sich um eine Kette, die entlang der Alhidade in ihrem hohlen Körper sich bewegte), und vor allem die Anordnung des Okularvisiers wie auch das allgemeine Fehlen von Schmuck und Ornament die Arbeit von Jost Bürgi. Wahrscheinlich handelt es sich um das Instrument, welches Baron Hofmann anfertigen ließ und seinem Freunde Johannes Kepler in Prag zur Verfügung stellte. Diese Ansicht kann noch bestärkt werden, wenn man den Sextanten mit dem auf dem Kupferstich vergleicht, den Jost Bürgi bereits im Jahre 1592 als Titelblatt seiner Abhandlung über sein Triangularinstrument von Anton Eisenhoit abbilden ließ (siehe Kat. Nr. 437). Alle charakteristischen Merkmale dieser beiden Instrumente sind dieselben. Die anderen Instrumentenmacher dieser Zeit schufen dagegen Sextanten, deren allgemeine Anordnung, vor allem aber die der Spreizen und Visiere, verschieden war.

Die oftmals wiederholte Ansicht der älteren Literatur, es handele sich hier um das Instrument, welches Tycho Brahe von seinem Observatorium Uranienborg auf der Insel Hven nach Prag mitgebracht hatte, ist falsch. Unser Sextant ist einer der besten und wertvollsten Instrumente der damaligen Zeit. Die Teilung des Limbus, wobei alle 10 Bogenminuten mit einer Transversallinie versehen sind, ermöglichte beim Ablesen, etwa 1–2 Bogenminuten zu unterscheiden. Die Art der Konstruktion ist ausgezeichnet, das Instrument ist fest genug, aber auch leicht beweglich. Man kann voraussetzen, daß der Konstrukteur große Erfahrungen mit astronomischen Beobachtungen hatte; auch dies trifft für Jost Bürgi zu.

Sehr merkwürdig ist das Okulardiopter. Es ist von zwei rechtwinkligen Plättchen mit senkrechten Spalten gebildet, wobei ein Plättchen fest mit einem Schenkel des Sextanten, das zweite fest mit der Alhidade verbunden ist, aber so, daß die Zentralspalte, die zwischen diesen zwei Plättchen entsteht und die man als Visierspalte zur Beobachtung nützt, immer dieselbe Breite behält.

Der Stand ist original, diente aber ursprünglich offensichtlich nur der Kabinettaufbewahrung des Instruments. Während der Beobachtung unter dem freien Himmel mußte man das Instrument in einen festen Pfeiler einsetzen.

Im Jahre 1985 wurde der Sextant restauriert. Bei dieser Gelegenheit hat man auch vom Rumpf des Standes die spätere Bemalung entfernt, so daß die Reste der ursprünglichen sichtbar sind. Z. H.

Prag, Nationales Technisches Museum, Inv. Nr. 17195

434

ERASMUS HABERMEL
? – Prag 1606

434 Immerwährender Kalender
Um 1587

Kupfer und Messing, vergoldet. Achteckige Scheibe; Höhe 36,5, Breite 30 cm
Bezeichnet oben auf der Vorderseite: ›Erasmus Habermel scu:‹
Ausstellungen: Liechtenstein: The Princely Collections, The Metropolitan Museum of Art, 1985 to 1986
Literatur: Liechtenstein 1985, S. 40–42

Dieser immerwährende Kalender ähnelt demjenigen, den Erasmus Habermel 1587 für den Fürsten Wilhelm von Rosenberg angefertigt hat (Österreichisches Museum für Angewandte Kunst, Inv. Nr. F 1171). Doch das Rosenbergsche Kalendarium ist als Erfindung (»... geordnet und gerechnet durch ...«) des aus Osnabrück stammenden Arztes Hermann Bulderus bezeichnet, und Erasmus Habermel figuriert dabei als der Hersteller. Auf unserem Instrument fehlt der Name Bulderus, doch Habermel bezeichnet sich hier selbst als »scu:« (d. h. ›sculpsit‹), also als Erzeuger. Beide Instrumente stammen demnach etwa aus derselben Zeit.

Die Vorderseite enthält die 365 Felder für jeden Tag des Jahres (die Schaltjahre sind nicht berücksichtigt), wobei für jeden Tag der Sonntagsbuchstabe, die Mondphasen, der Name des betreffenden Heiligen nach der damals in Böhmen gewohnten Art, wie auch die Stunde und Minute des Sonnenunterganges angegeben sind. Die letzten Angaben dienen dann für das Nomogramm der Planetenstände für die sieben Wochentage, das sich inmitten der oberen Scheibe befindet. Die Angaben für den Eintritt der Sonne in die Tierkreiszeichen entsprechen dem Gregorianischen Kalender; der späteste Sonnenuntergang um 8 Uhr 5 Minuten fällt auf den 21. Juni, der früheste um 3 Uhr 55 Minuten auf den 22. Dezember, was der geographischen Breite von etwa 50° (Prag) entspricht.

Mit Hilfe der Scheiben, die um den Mittelpunkt des Instruments drehbar sind, kann man entsprechend zum Kalender die Wochentage und andere Kalenderangaben (wie z. B. die Daten der beweglichen Feste) einstellen. Der längere Zeiger gilt für die Tagesangaben, der kürzere mit den Angaben des Sonnenunterganges ist mit dem Nomogramm der Planetenstände verbunden.

Auf der Rückseite ist in der Mitte die Tafel für die Vorhersage der wichtigsten Sonnen- und Mondfinsternisse für die Jahre 1582 bis 1620 (die ersten Angaben sind noch im Julianischen Kalender), am Rand sind die Angaben für Ostern, Advent, Sonntagsbuchstabe und Mondzahl für die Jahre 1582 bis 1900, wobei die innere in drei Teile zerlegte Tafel die Ostertage und Sonntagsbuchstaben nach dem Julianischen Kalender für die Jahre 1550 bis 1700 zeigt. Die obere rechteckige Tafel führt die Hauptkalenderangaben für die Sekulärjahre bis zum Jahre 4400 an. Z. H.

Vaduz, Sammlungen des regierenden Fürsten von Liechtenstein, Inv. Nr. 1440

TYCHO BRAHE
Knudstrup 1546 – Prag 1601

435 Astronomiae instauratae mechanica
Druck: Wandsbek 1598

Kolorierter Druck im Seideneinband; 25,5 × 34,9 cm
Tychos Supralibros über jedem Deckel
Herkunft: Bibliothek des Stiftes Strahov, Prag

Tycho Brahe veröffentlichte dieses Buch im Exil während seines Aufenthaltes bei seinem Freund Heinrich Rantzau auf dessen Schloß Wandsbek bei Hamburg. Hauptzweck dieses

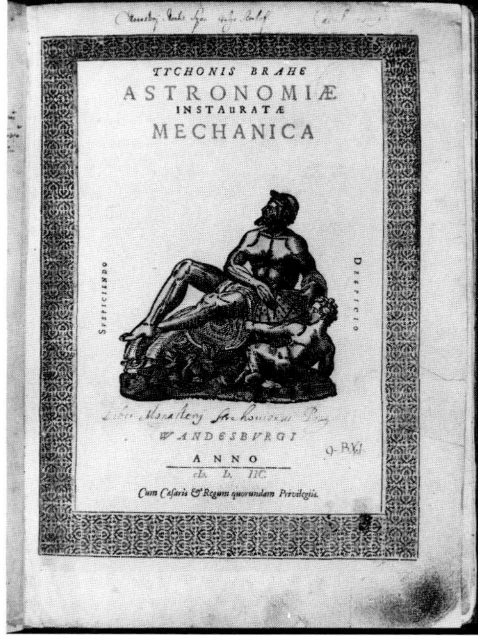

TYCHONIS BRAHE
ASTRONOMIÆ
INSTAURATÆ
MECHANICA

WANDESBVRGI
ANNO
Cum Cæsaris & Regum quorundam Privilegiis.

435

435

435

Werkes ist eine genaue Übersicht der besten astronomischen Instrumente seiner Zeit. Aus ihr geht klar hervor, welch großartiger Beitrag zur Vielfalt und Vervollkommnung Tycho selbst geleistet hat. Die meisten hier beschriebenen und abgebildeten Instrumente sind tychonische Instrumente; sie waren sein persönliches Eigentum.

Klar wird aber auch, welche geheime Absicht Tycho mit dieser Publikation verfolgte. Er wollte darauf hinweisen, welcher Reichtum an Instrumenten jetzt brachlag, der dem Fortschritt der Astronomie dienen konnte. Dies ist auch der Grund, warum er prachtvoll kolorierte Exemplare dieser Schrift den verschiedenen Magnaten Europas widmete. Jedes Exemplar wurde dabei durch den Koloristen ganz selbständig behandelt, es gibt unter den bekannten Exemplaren nicht zwei Stücke, die – was die Farben betrifft – identisch sind.

Unser Beispiel ist ebenfalls ein Widmungsexemplar, doch von besonderer Art: Auffallend ist die Tatsache, daß das Buch in Verbindung mit Tychos Privatbibliothek steht, es zeigt den typischen tychonischen Supralibros: Tychos Porträt auf dem Vorderbuchdeckel, sein Wappen auf dem hinteren Deckel. Auch im Buch selbst befindet sich ein Porträt Tychos, es handelt sich um ein Aquarell eines unbekannten Künstlers, welches hier hinter dem Titelblatt eingeklebt ist. Das Aquarell trägt das Datum ›1598‹ und ist als Bestandteil der tychonischen Devise ›ESSE POTIVS QVAM HABERI‹ geschrieben, die das Wappen unter dem Porträt umkreist.

Tycho widmete das Buch dem tschechischen Adeligen Jan Zbyněk von Hasenburg († 1616), einem großen Mäzen der Kunst und Literatur und Fanatiker der Alchimie, der wegen dieser Leidenschaft fast seine ganze Habe verlor.

Die Widmung des Buches stammt wahrscheinlich vom Beginn des Aufenthaltes Tychos in Böhmen, das heißt um die Jahreswende 1599–1600. Z. H.

Prag, Tschechisches Literaturmuseum, Signatur AG XI 56 /Tr. II 56

JOHANNES KEPLER
Weil der Stadt 1571 – Regensburg 1630

436 **Ad Vitellionem Paralipomena, quibus Astronomiae pars optica traditur**
Francofurti, apud Claudium Marnium et Haeredes Joannis Aubrii. 1604

Druck im Pergamenteinband; 16,5 × 21,1 cm, die Seiten 16 × 20,5 cm
Keplers eigenhändige Widmung und Unterschrift auf dem Vorblatt
Herkunft: Aus der ehemaligen Bibliothek des Karlskollegiums
Literatur: Urbánková 1957, S. 57, Abb. III; über den Druck: Caspar 1936, S. 45/46

Keplers ›Paralipomena‹ ist eine grundlegende Arbeit der modernen Optik. Impuls zu Keplers Studium auf diesem Gebiet war die Erfahrung, die er während der Zusammenarbeit mit Tycho Brahe erworben hatte, wie tief und eng die Fragen der Optik mit astronomischen Beobachtungen zusammenhängen. Kepler hat hier das Ziel verfolgt, »die Optik so zu verfeinern, daß sie die Astronomen befriedigen konnte«. Auch die Prager Zusammenarbeit mit Dr. Johannes Jessenius findet hier ihren Niederschlag. Wie Kepler selbst bezeugt, fußen seine Gedanken über den Sehvorgang und die optischen Eigenschaften des menschlichen Auges und vor allem über die Funktion der Augenlinse auf den anatomischen Studien, die Jessenius in Prag unternommen und publiziert hat. Auch die Wirkungsweise der verschiedenen Linsen bei Kurz- und Weitsichtigkeit hat Kepler richtig erkannt.

Dieses Exemplar des Buches hat Kepler dem Rektor, dem Dekan und den Professoren der

Prager Universität gewidmet. Zu dieser Institution hatte er immer die besten Beziehungen, er lebte sogar vom Herbst 1604 bis zum Jahre 1607 mit seiner ganzen Familie als Gast von Rektor Bacháček in einem der Kollegien dieser Universität.

Kepler, der das Buch als Ostergeschenk dedizierte, erbittet für es in der Widmung »irgendeinen dunklen Eckraum in der Bibliothek des Karlskollegium«. Die Widmung trägt das Datum 10. April 1605. Z. H.

Prag, Staatsbibliothek der ČSSR, Sign. 14 J 169, Cim. E 97

JOST BÜRGI
Lichtensteig (Schweiz) 1552 – Kassel 1632

437 Handschrift über das Triangularinstrument
Nach 1592 – bis nach 1619

Eine (nicht eigenhändige?) Handschrift mit eingeklebten Kupferstichen; 24 Blätter, 16 × 19,6 cm, Buchdeckel später
Auf dem Rücken des Buchdeckels erst später handschriftlich bezeichnet »Mathematische Kunst Jobst Bürgi«
Stecher: Anton Eisenhoit
Literatur: Horský 1968, S. 94/95, 127–142

Als Jost Bürgi während seines Aufenthalts am Hessischen Hof in Kassel sein Triangularinstrument konstruiert hatte, dachte er an eine Publikation dieser Erfindung, die auch die Arbeitsweise mit dem neuen Instrument beinhalten sollte. Zu diesem Zweck beauftragte er bereits 1592 in Kassel den Stecher Anton Eisenhoit 20 Kupferstiche der einzelnen ›Exempel‹ und einen größeren Kupferstich als Titelblatt anzufertigen. Aber erst 1602 ließ er sich das kaiserliche Privilegium zur Publikation dieses Triangularinstruments für zehn Jahre ausstellen und nach Ablauf dieser Zeit um weitere zehn Jahre verlängern. Erst 1619 hat Aegidius Sadeler in Prag, wo Bürgi schon lange Zeit tätig war, in den Kreisraum des Titelblattes Bürgis Porträt und seinen Wahlspruch in das umkreisende Oval gestochen. Der Handschrift hat es aber nur wenig geholfen.

Bürgi, der ein ausgezeichneter Mathematiker, aber kein guter Stilist war, hatte offensichtlich große Schwierigkeiten bei der Beschreibung einiger ›Exempel‹, was die Handschrift ganz klar verrät. Bürgi hat auf den Kopftitel jeder Zweitseite den Kupferstich, der das betreffende ›Exempel‹ erläutert, eingeklebt, der

AD VITELLIONEM PARALIPOMENA, Quibus ASTRONOMIÆ PARS OPTICA TRADITVR; Potißimum DE ARTIFICIOSA OBSERVATIONE ET ÆSTIMATIONE DIAMETRORVM deliquiorumq; Solis & Lunæ. CVM EXEMPLIS INSIGNIVM ECLIPSIVM. Habes hoc libro, Lector, inter alia multa noua, Tractatum luculentum de modo visionis, & humorum oculi vsu, contra Opticos & Anatomicos, AVTHORE IOANNE KEPLERO, S. C. M^tis Mathematico. FRANCOFVRTI, Apud Claudium Marnium & Hæredes Ioannis Aubrii Anno M. DCIV. Cum Priuilegio S. C. Maiestatis.

436

436

übrige Raum sollte der Auslegung dienen. Das ist aber nur unvollkommen im Fall von 14 ›Exempeln‹ geschehen, die anderen Seiten (und Bürgi setzte auch das 21. und 22. Exempel voraus, zu denen keine Kupferstiche verfertigt waren) sind leer geblieben. Der Text scheint nicht von Bürgis Hand geschrieben zu sein, es könnte sich um ein Diktat handeln, das Bürgis Schwager Benjamin Bramer niederschrieb.

Die Auslegung der durch diese Kupferstiche gegebenen ›Exempel‹ veröffentlichte erst jener Benjamin Bramer nach Bürgis Tod mit einem ziemlich veränderten und ergänzten Text im Jahre 1648 in der Schrift ›Bericht zu Meister Jobsten Bürgi seligen geometrischen Triangularinstrument‹. Z. H.

Prag, Staatsbibliothek der ČSSR, Signatur Lob. Roud. VI. Ff 18

JAROŠ GRIEMILLER VON TŘEBSKO

437a Rosarium philosophorum
1578

Illuminierte Papierhandschrift; geöffnet 34 × 21,5 cm
Bezeichnet auf dem Titelblatt: ›Jaroš Griemiller z Třebsko‹
Herkunft: Ursprünglich vom rosenbergischen Hof

Interesse an der Alchimie zeigten zu Rudolfs Zeit fast alle größeren Höfe des böhmischen Adels, vor allem aber der größte – der Hof der Rosenberger in Südböhmen. In den 90er Jahren z. B. versuchten die rosenbergischen Alchimisten in Krummau ein großes Laboratorium zu errichten.

Aber bereits im Jahre 1578 hat Jaroš Griemiller von Třebsko, über den wir fast nichts mehr wissen, für Wilhelm von Rosenberg eine tschechische alchimistische Kompilation geschrieben und ihm gewidmet.

Die Darlegungen des Jaroš gehen von der älteren Alchimie aus, die vor allem mit dem Gegensatz und zugleich der Verbindung des solaren und lunaren Prinzips arbeitet. Aber es kommen auch ganz neue Vorstellungen zur Geltung. Jaroš knüpft z. B. auch an die Gedanken an, die der englische Mathematiker, Astronom und Alchimist John Dee (1527–1608) in seinem, dem Kaiser Maximilian II. gewidmeten und 1564 in Antwerpen veröffentlichten Buch ›Monas hieroglyphica‹ geäußert hatte. Der spätere Aufenthalt Dees auf dem rosenbergischen Hof in Třeboň (Wittingau) in den 80er Jahren des 16. Jahrhunderts war also in gewissem Sinn auch durch diese Schrift des Jaroš vorbereitet. Z. H.

Prag, Staatsbibliothek der ČSSR, Sign. MS XVII E 77

437

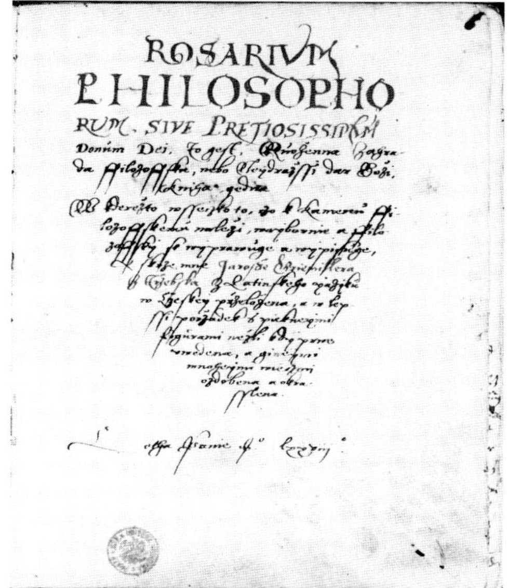

437a

437

H. M. HIESSERLE VON CHODAU
Böhmen 1575 – Prag 1665

438 Raiß Buch und Leben
Angeblich 1612, faktisch später
Ft. 91, S. 555

Papierhandschrift im dunklen Ledereinband, mit vielen Aquarellbildern;
Seite 27,1 × 38,3 cm
Die Namen des Künstlers und des Schönschreibers sind nicht bekannt.

Literatur: Über Autor und Handschrift: Lydia Petráňová, Josef Petráň und Jarmila Vacková im Buch: Příběhy Jindřicha Hýzrla z Chodů. Siehe: Příběhy 1979; über Cornelis Drebbel: Harris 1961, S. 121 ff. vor allem 142 ff.; Janáček 1987, S. 499; Über das Perpetuum mobile: Michel 1971, S. 289–294; King 1978, S. 99–101

Der böhmische Adelige Heinrich Michael Hiesserle von Chodau, dessen Familie sehr arm war, hat seine Karriere als Diener am Hof des Erzherzogs Ernst und danach als Offizier im Türkenkrieg begonnen. Später reiste er nach Westeuropa. 1612 hat er nach seinen Reisetagebüchern eine Schilderung seines Lebens zu schreiben begonnen, die er durch einen Schönschreiber und irgendeinen Maler prächtig ausführen ließ – vielleicht dienten seine eigenen Skizzen als Vorlage für die Bilder. 1614 hat er auch eine tschechische Version dieses Werkes verfaßt, die aber nur mit wenigen Bildern ausgestattet ist,

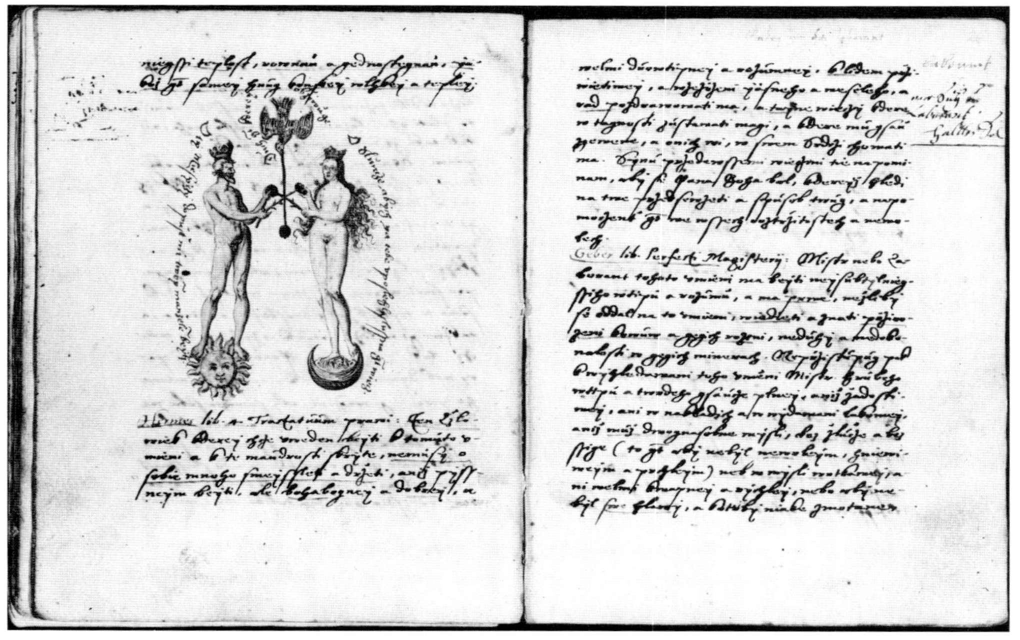

438

obwohl genug freie Seiten vorhanden sind. (Diese Handschrift befindet sich in dem Staatl. Zentralarchiv in Prag, Sign. A 215.)

Im Jahr 1607 hat Hiesserle eine Reise nach England unternommen. Er hatte auch Zutritt zum königlichen Hof und war zugegen, als ›ein Niederländer‹ dem König ein ›Perpetuum mobile‹ vorführte. Hiesserle hat in seiner Schrift auch die Abbildung und Beschreibung dieses Instruments mit einbezogen, vielleicht diente ihm als Vorlage irgendein Flugblatt (Folio 48 verso und 49 recto, verso). Er bestätigt die Tätigkeit dieses Instruments als eines wirklichen Perpetuum mobile.

Dieser ›Niederländer‹, dessen Namen Hiesserle nicht anführt, war Cornelis Drebbel (Alkmaar 1572–London 1633), einer der interessantesten Mechaniker und Erfinder, aber auch Betrüger dieser Zeit. Ab Mitte Oktober 1610 weilte er als Hofmechaniker Kaiser Rudolfs II. in Prag und blieb dort bis weit in das Jahr 1612. Zu des Kaisers Lebzeiten hatte er eine einflußreiche Position am Hof. Bereits zu Beginn seines Aufenthaltes in Prag hat er sein Perpetuum mobile dem Kaiser demonstriert, der Kaiser soll der Produktion begeistert zugeschaut haben.

Selbstverständlich war Drebbels Gerät kein Perpetuum mobile. Man kann nach der Abbildung vermuten, daß es sich um zwei voneinander völlig getrennte und ganz verschiedene Geräte handelte, die Drebbel nur zufällig in ein Gehäuse zusammengebracht hatte. Der Globus im Inneren des Geräts, der verschiedene Kalenderangaben und durch Drehen der oberen Kugel auch die Mondphasen zeigte, war vielleicht eine mechanische Uhr, die lange Zeit tätig sein konnte. Das Wasser in dem gläsernen Rohr, welches »sich von sich selbst immer bewegte ebenso wie die Flut und Ebbe«, floß nur deswegen, weil das Rohr an einem Ende geschlossen, am anderen geöffnet war. Diese Anordnung war durch eine Verzierung oben verborgen. Temperatur- und Luftdruckschwankungen verursachten dann das Steigen und Sinken des Wassers. In diesem Sinn wirkte das Instrument als ein einfaches Thermoskop. Z. H.

Prag, Bibliothek des Nationalmuseums, Sign. VI A 12

ISAAK PHENDLER
Ende 16. Jahrhundert

439 Zeichnung der Seitenansicht des rudolfinischen Wasserstollens in Prag
1593

Pergament, koloriert; 24,8 × 20,1 cm, auf einer dekorativen Stange aufgerollt
Nicht bezeichnet, die Datierung ergibt sich aus den aufgeführten Zeitangaben
Herkunft: Erworben auf der Auktion F. Muller, Amsterdam, 1911
Literatur: Ederer 1954

Zu den merkwürdigsten technischen Leistungen in Prag zur Zeit Rudolfs gehört der Bau eines Wasserstollens, der das Wasser der Moldau unter dem Berg Letná hindurchführte und den königlichen Tiergarten mit Wasser und Wasserkraft versorgte. Wie die Zeichnung zeigt, hatte der Stollen eine Länge von 591,75 Estados de Mina (1 Estados = 3,3 m). Die Arbeiten wurden im Jahre 1588 begonnen und dauerten bis 1593. Man hat in einer geraden Linie fünf Schächte in die Erde gebohrt und das Graben des Stollens zugleich von beiden Enden und von dem ersten, zweiten, vierten und fünften Schacht begonnen.

Die Zeichnung ist als Seitenprofil des Baues zu verstehen. Sie zeigt genau die Anordnung der Schächte, ihre technische Ausrüstung wie auch die Lage der Luftschächte. Sehr sorgfältig ist das Vorrücken der Arbeiten beschrieben. Es ist genau angegeben, wie weit der Stollen an Neujahr und am 1. Juli eines jeden Jahres gediehen war; die Zeit, zu der die einander entgegenarbeitenden Bergleute zusammentrafen, ist nicht nur mit dem Datum, sondern sogar auf die Stunde genau festgehalten. Auch Angaben über die Bodenbeschaffenheit und die angewandte Technik der Arbeit fehlen nicht. Die Genauigkeit dieser merkwürdigen technischen Leistung war selbstverständlich auf der vollkommenen Arbeit der Markscheider begründet.

Diese Zeichnung soll für Kaiser Rudolf II. angefertigt worden sein, vielleicht ist deswegen auch die Beschreibung in spanischer Sprache. Autor der Zeichnung ist Isaak Phendler, der als Konzipist an der böhmischen Hofkammer wirkte. Z. H.

Prag, Nationales Technisches Museum, Inv. Nr. 1848

TADEÁŠ HÁJEK VON HÁJEK
Prag 1525(?) – Prag 1600

440 Descriptio Cometae, qui apparuit Anno Domini M. D. LXXVII.
Prag, Georgius Melantrich, 1578

Druck mit einem Holzschnitt. Einband neu. Seite 13,4 × 18,6 cm
Literatur: Hellmann 1944, S. 184–206 und passim; Horský 1962, S. 98–110; Urbánková-Horský 1975, S. 55/56, Bibliographie Nr. 30 und 31

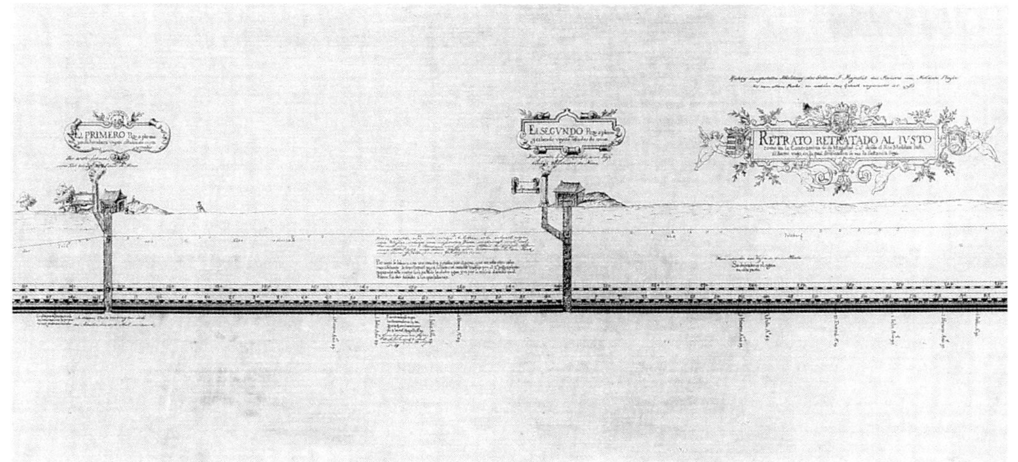

439

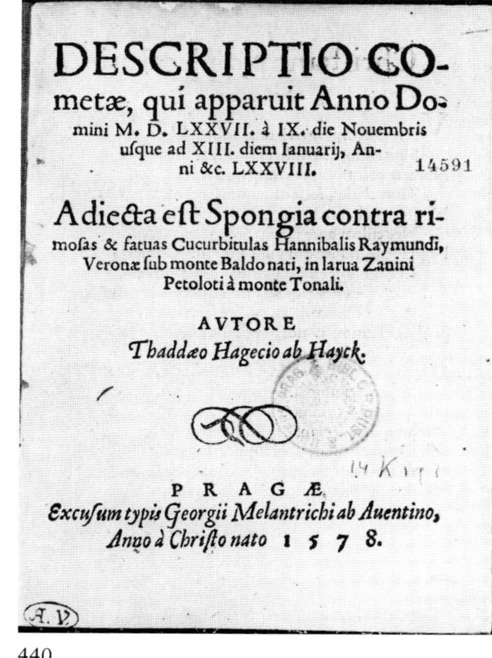

DESCRIPTIO CO-
metæ, qui apparuit Anno Do-
mini M. D. LXXVII. à IX. die Nouembris
usque ad XIII. diem Ianuarij, Anni &c. LXXVIII.

Adiecta est Spongia contra ri-
mosas & fatuas Cucurbitulas Hannibalis Raymundi,
Veronæ sub monte Baldo nati, in larua Zanini
Petoloti à monte Tonali.

AVTORE
Thaddæo Hagecio ab Hayck.

PRAGÆ.
Excusum typis Georgii Melantrichi ab Auentino,
Anno à Christo nato 1578.

440

In dieser Schrift von ziemlich geringem Umfang publizierte Tadeáš Hájek von Hájek (Thaddaeus Hagecius ab Hayck) die Resultate seiner Beobachtungen des großen Kometen am Ende des Jahres 1577. Hájek studierte ihn vom 9. November 1577 bis zum 13. Januar 1578. Am 24. Februar 1578 schrieb er bereits die Widmung an August von Sachsen.

Zu dieser Zeit hatte Hájek schon einen guten Ruf als Astronom, weil er bei genauem Studium des neuen Sterns im Sternbild der Cassiopeia in den Jahren 1572–1574 bewiesen hatte, daß es sich hier nicht, wie die meisten der Tradition verhafteten Astronomen im Geist der aristotelischen Kosmologie voraussetzten, um ein Objekt in der sublunaren Sphäre handele, das heißt in kleinerer Entferung von der Erde als der Mond.

Im Fall des Kometen von 1577 versuchte Hájek auch dessen Entfernung von der Erde zu bestimmen. Seine Berechnungen waren aber nicht korrekt, so daß er zu einem Resultat fand, der Komet sei etwas mehr als 8 Erdhalbmesser vom Erdzentrum entfernt. Doch waren seine Beobachtungen der Positionen des Haarsterns am Himmel so gut, daß Tycho Brahe sie zu seinem Versuch, die Entfernung dieses Objekts von der Erde zu bestimmen, mit Erfolg benutzen konnte.

Bemerkenswert ist der Holzschnitt (der Autor ist unbekannt), der 14 nacheinanderfolgende Positionen des Kometen am Himmel zeigt. Die Entwicklung des Phänomens ist sehr sorgfältig aufgezeigt, da der Künstler die Laufbahn nicht nur zwischen die Sternbilder, sondern zugleich in das Koordinatennetz eingereiht hat.

Z. H.

Prag, Staatsbibliothek der ČSSR, Sign. 14 K 191, Tres. Re 392

TADEÁŠ HÁJEK VON HÁJEK
Prag 1525 (?) – Prag 1600

441 Apodixis physica et mathematica de cometis
Görlitz, Ambrosius Fritsch, 1581

Größe der Seite 15,2 × 18,6 cm
Literatur: Hellman 1944, S. 184–206 und passim; Horský 1962, S. 98–110; Urbánková-Horský 1975, S. 55/56, Bibliographie Nr. 35

Hájek beobachtete auch den Haarstern vom Jahre 1580. Da ihn Tycho Brahe bereits über seine früheren ungenauen Berechnungen belehrt hatte, konnte er in diesem Fall überzeugend nachweisen, daß dieser Komet nicht näher als der Mond sei, sondern in die supralunare Region gehöre. So hat er die Ungültigkeit der alten aristotelischen Vorstellung, daß Kometen nur in sublunaren Regionen existieren können, bewiesen.

Seine Apodiktik behandelt nicht nur den Haarstern von 1580, sondern das Studium der supralunaren Region von einem neuen Standpunkt, der mit dem tychonischen verwandt ist.

Z. H.

Prag, Staatsbibliothek der ČSSR, Sign. 35 D 119, Tres. Re 387

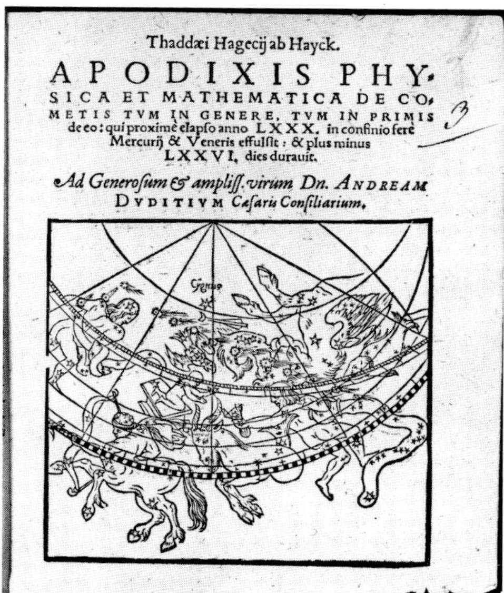

Thaddæi Hagecij ab Hayck.
APODIXIS PHY-
SICA ET MATHEMATICA DE CO-
METIS TVM IN GENERE, TVM IN PRIMIS
de eo: qui proximè elapso anno LXXX. in confinio ferè
Mercurij & Veneris effulsit: & plus minus
LXXVI. dies durauit.
Ad Generosum & ampliss. virum Dn. ANDREAM
DVDITIVM *Cæsaris Consiliarium.*

441

442

DAVID ALTENSTETTER und EIN MITGLIED DER FAMILIE GROSS (?)
Altenstetter: † Augsburg 1617

442 **Tischuhr**
Augsburg um 1585 *Ft. 92, S. 556*

Silber, teilweise vergoldet, Tiefschnittemail, Maleremail; Höhe 21,8 cm
Eingravierte Initialen DA: Seling 864 = David Altenstetter
Silbermarken: Augsburg Pyr: Seling 14 = 1580–1590; Meistermarke: wie Seling 1339, aber in Schildform = wohl Mitglied der Familie Gross
Herkunft: Aus der Kunstkammer Rudolfs II.
Ausstellungen: Stockholm 1948, Kat. Nr. 557; Kopenhagen 1948/1949, Kat. Nr. 498; London 1949, Kat. Nr. 578; Washington, New York, Chicago, San Francisco 1949/50, Kat. Nr. 208; Oslo 1952, Kat. Nr. 299; Innsbruck 1952, Kat. Nr. 45
Literatur: Rosenberg 1922, I Nr. 370e und 476e; Neumann 1961, S. 120; Katalog II 1966, Nr. 319; Maurice 1976, II, Nr. 188; Bauer und Haupt 1976, Nr. 2175; Hernmarck 1978, S. 221 und 274; Hackenbroch 1979, S. 172f.; Seling 1980, I S. 53f., III Nr. 602c und 864a

Das Silbergehäuse ist auf den vier Seiten und oben mit feinstem Tiefschnittemail geschmückt, was durch die Initialen auf dem Boden für David Altenstetter gesichert ist. Krönende Figur ist eine Minervabüste.

Das Zifferblatt der Vorderseite zeigt 2 × 12 Stunden sowie die Positionen von Sonne und Mond. Der Sonnenzeiger macht eine Umdrehung in einem Jahr und der Mondzeiger (hier abgebrochen) eine in einem syderischen Monat. In bezug auf den Sonnenzeiger macht der Mondzeiger somit eine Umdrehung in einer Lunation; Mondbahn und -phase sowie der Planetenstand erscheinen auf der Zentralscheibe des Zifferblattes.

Das große Zifferblatt der Rückseite zeigt die Minuten und die 24 Stunden, letztere nach mehreren Methoden. Der äußere, feste Ring gibt die Stunden der Normalzeit (Stundenzählung 2 × 12 Stunden mit Anfang am Mittag und Mitternacht). Die beiden anderen Stundenringe sind mit den automatisch sich einstellenden Schiebern für die Tag- und Nachtlänge verbunden: der Silberschieber zeigt die Tagesstunden an, der gebläute Stahlschieber die der Nacht. Der Stahlschieber ist mit dem um ihn liegenden vergoldeten 24-Stundenring verbunden, der die italienischen Stunden zeigt (Stundenzählung mit Anfang beim Sonnenuntergang). Die Schieber selbst sind eingeteilt für die nürnbergischen Stunden (Stundenzählung mit Anfang bei sowohl Sonnenauf- als -untergang). Im Zentrum des Zifferblattes befindet sich die Weckerscheibe. Das kleine Zifferblatt unten rechts ist die Kalenderscheibe für die Tag- und Nachtlänge und macht eine Umdrehung in einem Jahr; mit seinem Zeiger kann die Länge des längsten Tages (und daher die geographische Länge) eingestellt werden. Unten links die Wochentagscheibe.

Auf den Seiten der Uhr sind die Kontrollzifferblätter für das Viertel- und das 12-Stundenschlagwerk sowie für das Regulieren des Uhrwerks angeordnet.

Das sauber gearbeitete Uhrwerk ist zum größten Teile aus vergoldetem Messing. Es ist in der für derartige Uhren üblichen Weise aufgebaut: das Gehwerk in der Mitte, seitlich die beiden Schlagwerke, deren Räder gradwinklig zu jenen des Gehwerks sitzen.

Neumann (handschr. Aufzeichnung) hat die Uhr im Matthias-Inventar 1619 als Nr. 3684 identifiziert, in dem angemerkt ist, sie sei »des kaisers Rudolphi cammeruhr gewesen«.

J. H. L.

Wien, Kunsthistorisches Museum, Sammlung für Plastik und Kunstgewerbe, Inv. Nr. 1121

JOST BÜRGI
Lichtensteig (Schweiz) 1552 – Kassel 1632

443 Tischuhr: die sog. ›**Wiener Planetenuhr**‹
Prag um 1605 *Ft. 93, S. 557*

Messing, vergoldet, Silber, Deckfarbenmalerei, Bergkristall, Glas; Höhe 39,3 cm
Ausstellungen: München 1980, Kat. Nr. 53; Washington 1980/81, Kat. Nr. 53

443

Literatur: Von Bertele 1955 (Formentwicklung), S. 178ff.; Von Bertele und Neumann 1963, S. 67 und 73f.; Katalog II 1966, Nr. 342; Maurice 1976, II, Nr. 639; King 1978, S. 82f.; Mackensen 1979, S. 110; Leopold 1986, S. 193ff.

Das mit feinster Gravur verzierte Gehäuse hat oben einen ›kleinen‹ Kristallzylinder, von einem vergoldeten Türmchen gekrönt. Die innerhalb des Zylinders sichtbare Kugel dreht sich, wenn die Uhr in Gang ist.

Die Vorderseite wird von einer Glasplatte geschützt, die um das untere Zifferblatt mit seiner 12-Stundenteilung graviert ist. Dieser Zifferring stammt von einem späteren Umbau und gehört nicht zum ursprünglichen Entwurf. Da in der Glasplatte kein Loch zum Einstellen des kleinen rechten Zifferblattes vorhanden ist (siehe unten), kann sie nicht das Original sein: Ursprünglich war es vermutlich eine Kristallplatte, wohl mit Hinterglasmalerei in den oberen Ecken.

Das obere Zifferblatt der Vorderseite stellt ein kopernikanisches (heliozentrisches) Planetarium dar, und zwar nach einer ungebräuchlichen Methode, die wahrscheinlich zuerst 1586 vom landgräflichen Astronomen Christoph Rothmann in Kassel vorgestellt wurde. In dieser Transformation des kopernikanischen Systems werden nicht wie üblich Sonne und Sterne als feststehend dargestellt, sondern Sonne und Erde; folglich dreht sich hier der Sternenhimmel alljährlich einmal, und man muß von den Umlaufzeiten der Planeten pro Jahr eine Umdrehung abziehen. Das Zifferblatt hat fünf Zeiger: für Merkur, Venus, Mars, Saturn und Jupiter. Im Zentrum der Zeiger steht die Sonne; die Position der Erde wird durch ein Loch in der Glasscheibe angegeben (hier war ursprünglich wohl ein Metallknopf vorhanden). Das eigentliche Zifferblatt mit seiner Ekliptikteilung stellt den Sternenhimmel dar und ist ebenfalls beweglich.

Das untere Zifferblatt zeigt die Position von Sonne und Mond auf der Ekliptik und ist jenem der Silberuhr (Kat. Nr. 442) vergleichbar. Zudem hat es einen Drachenzeiger, welcher die Position der Mondknoten angibt. Die Knoten sind jene Punkte, in denen die Mondbahn die Ekliptik schneidet; nur wenn sich Sonne und Mond in unmittelbarer Nähe eines Knotens befinden, kann eine Sonnen- bzw. Mondfinsternis stattfinden. Um die Ekliptikteilung des Zifferblattes ist ein Kalenderring mit den wichtigsten Tagesheiligen graviert, die anhand des Sonnenzeigers abzulesen sind.

Die beiden ›kleinen‹ Zifferblätter der Vorderseite zeigen links die Stunden (2 × 24 Stunden, eingeteilt in jeweils 2 Stunden, siehe unten), und rechts die Sonntagsbuchstaben (nicht mit dem Uhrwerk verbunden und daher nur mit der Hand einzustellen).

Die Rückseite der Uhr hat ein großes Zifferblatt mit kalendarischen Angaben, dessen Zeiger ebenfalls mit der Hand einzustellen ist.

Die wichtigste Verzierung der Uhr ist auf den Seiten, wo jeweils eine kleine Silberstatue vor einer gemalten Küstenlandschaft steht: links Apoll und rechts ein fliegender Merkur. Hinter Apoll ist eine Darstellung des Ikarosflugs graviert; hinter Merkur Ganymed mit dem Adler. Die Seiten beziehen sich somit auf Sonne und Luft. Auf der Rückseite, unter dem Zifferblatt, befindet sich eine kleine Darstellung einer Stadt an einem Fluß (wohl Prag), auf der Oberseite der Uhr, um das Türmchen herum, die Darstellungen der sieben Planeten.

Das Uhrwerk, das zum größten Teile aus Eisen ist, besteht aus einem Gehwerk mit Remontoiraufzug. Das gewichtgetriebene Gehwerk wird jede zweite Stunde vom federgetriebenen Remontoirwerk aufgezogen, wobei zugleich die Zifferblätter der Vorderseite um zwei Stunden weitergerückt werden. Das Gehwerk hat keine übliche Hemmung, sondern es wird von einem Windflügel reguliert, auf dem die vergoldete Kugel sitzt, welche im Türmchen sichtbar ist. Ein Schlagwerk ist nicht vorhanden.

444

Obwohl die Uhr nicht signiert ist, kann sie an Jost Bürgi gegeben werden. Dafür spricht nicht nur das Remontoirwerk (wohl sicher eine Erfindung Bürgis), sondern die ganze ausgefallene Konstruktion und die außerordentlich hohe Qualität des Uhrwerks.

Das Gehäuse ist sicher als eine Prager Arbeit zu betrachten. Das kalendarische Zifferblatt der Rückseite beginnt mit dem Jahr 1600; da Bürgi jedoch erst 1604 in Prag seßhaft wurde, darf ein Entstehungsjahr um 1605 angenommen werden. J. H. L.

Wien, Kunsthistorisches Museum, Sammlung für Plastik und Kunstgewerbe, Inv. Nr. 846

SYLVESTER II. EBERLIN (?)
Um 1570 – Augsburg 1639

444 Tischautomat: Triumph des Bacchus
Augsburg um 1605

Silber, vergoldet, z. T. bemalt; Höhe 43 cm
Silbermarken (auf beiden Teilen): Augsburg Pyr: Seling 28 = 1600–1610; Meistermarke: Seling 752c (Sylvester I. Eberlin zugeschrieben, der jedoch 1592 starb. Wahrscheinlicher: = wohl Sylvester II. Eberlin) (Seling 1180 ohne Marke)
Orgelwerk von Hans Schlottheim, Naumburg a. d. Saale 1545/46–Augsburg 1625
Herkunft: Aus der Kunstkammer Rudolfs II.
Literatur: Von Schlosser 1908, S. 56f. (2. Ausg. 1978, S. 81 und 85); Rosenberg 1922, Nr. 388d; Chapuis und Gélis 1928, S. 197ff.; Katalog II 1966, Nr. 371; Bauer und Haupt 1976, Nr. 1735; Seling 1980, I, S. 89 und Nr. 177, III, Nr. 752c

Der Automat besteht aus zwei separaten Teilen: einem Wagen, der von Faunen gezogen wird, und einer Bacchusgruppe, die vom Wagen abgenommen werden kann.

Das Triebwerk im Wagen (ganz aus Eisen) bewegt die vorderen Räder und betätigt zudem den Kopf des linken und den Arm des rechten Fauns. Ein drehbares Gelenk zwischen Faunen und Wagen ermöglichte dem Stück seinen schleppenden Gang.

Im Sockel der Bacchusgruppe befindet sich

MERIDIANVS
MAGNITVDINES STELLARVM
COLVRVS SOLSTITIORVM

445

ein Orgelwerk mit sechs Holzpfeifen; es spielt eine einzige Melodie. Dieses Werk (hauptsächlich aus Eisen, aber mit Messingplatten) bewegt zudem die Figuren: Bacchus hebt den Arm, der Papagei schlägt mit seinen Flügeln und der Musikant bläst die Pfeife seines Dudelsacks.

Das Orgelwerk gleicht jenem des Schiffsautomaten (Kat. Nr. 448) und ist ebenfalls Hans Schlottheim zuzuschreiben. J. H. L.

Wien, Kunsthistorisches Museum, Sammlung für Plastik und Kunstgewerbe, Inv. Nr. 959

GERHARD EMMOSER
Rain am Lech um 1530/35 – Wien 1584

445 **Himmelsglobus mit Uhrwerk**
Wien 1579

Gehäuse: Silber, teilweise vergoldet und vergoldetes Messing; Werk: Messing und Stahl; Höhe 27,3 cm, Breite 20,3 cm, Länge 19 cm; Dm. des Globus 13,8 cm
Bezeichnet auf dem im rechten Winkel zum Meridianring stehenden Halbkreis: GERHARD EMMOSER · SAC(RAE) · CAES(AREAE) · MEIS(TATIS) (= Maiestatis) · HOROLOGIARIUS · F(ECIT) · VIENNAE · A(NNO) · 1579
Herkunft: Aus der Kunstkammer Rudolfs II., Inventar 1607–1611, Nr. 2158; Widmung von J. Pierpont Morgan 1917.
Ausstellungen: Stockholm 1966, Kat. Nr. 1225; San Francisco 1977, Kat. Nr. 144; München 1980, Kat. Nr. 113
Literatur: Collection M. Daugny 1858, S. 17, Nr. 62; Molinier 1898, S. 58, Nr. 219 und Abb. 220; Stevenson 1921, Bd. I, S. 179–180 und Abb. 73; Neumann 1966, S. 264–265, Anm. 12; Bauer-Haupt 1976, Nr. 2158; Maurice 1976, Bd. I, S. 61 und Bd. II, S. 43, Nr. 251 und Abb. 251; Scheicher 1979, S. 148; Rosenfeld 1980, S. 181–189; Leopold 1986, S. 104–111 und Abb. 64–71.

Auf der silbernen Kugel, die auf den ausgebreiteten Flügeln des Pegasus ruht, sind 52 Sternbilder, ihre Namen und die Sterne der ersten bis zur sechsten Größenordnung eingraviert, wobei die Sternformen nach ihrer Größe differenziert unterschieden sind. Die Sternbilder umfassen außer den 48, die in Ptolemäus' ›Almagest‹ aufgeführt sind, Antinous, Cincinnus und Angius in der nördlichen sowie Arsinoe in der südlichen Hemisphäre. Der Meridianring ist in Ein-Grad-Abschnitte aufgeteilt und sowohl vom Äquator bis zu den Polen als auch von den Polen bis zum Äquator mit den Gradeinheiten 5°–90° versehen. Die Quadranten des Horizontringes sind ähnlich unterteilt und numeriert. Der halbkreisförmige Ring, der am Horizontring in einem rechten Winkel zum Meridian befestigt ist, gliedert sich in Abschnitte, die die Ziffern 7–12 tragen, offensichtlich um die astrologischen Häuser zu bestimmen.

Die Kugel wird im Inneren auf der Höhe der Ekliptik und der Tierkreiszeichen durch ein flaches (abgeplattetes), kreisrundes Messingwerk geteilt, das die Himmelskugel jeden Sterntag einmal um die eigene Achse dreht und das Sonnenzeichen entlang seines Jahresweges in der Ekliptik bewegt. Die Stunde, ausgedrückt in mittlerer Sonnenzeit, wird auf dem Zifferblatt angezeigt, das am Meridian an der Spitze der Polachse befestigt ist. Ein Kalenderring, der sich innerhalb des Horizontringes des Instrumentes bewegt, gibt die Tage des Jahres an. Das federgetriebene Laufwerk ist mehrfach repariert und erneuert worden, aber von Anfang an war es an der Polachse befestigt und es drehte einen ›Mantel‹ im Kreis um sich selbst, dessen Getriebe die Himmelskugel und die Sonne bewegte. Dieser sich um die Achse drehende Mantel scheint der schöpferische Beitrag des Uhrmachers Gerhard Emmoser zur technischen Entwicklung uhrwerkbetriebener Weltkugeln gewesen zu sein. Dadurch bewegte sich nicht mehr das gesamte Gehwerk mit dem Globus, sondern nur der ›Mantel‹.

Eine Auftragserteilung für diese Weltkugel hat sich bisher noch nicht gefunden. 1966 gelang es Erwin Neumann jedoch, sie nach der Beschreibung des Inventars der Prager Kunstkammer Kaiser Rudolfs II. von 1607–1611 zu identifizieren: »ein globus uhr, tregt das pferdt *pegasus* auff dem rugken zwischen den fligeln, ist mehrtheils von silber, von Gerhardt Emoser.« Eine Inschrift innerhalb der Kugel zeigt an, daß sie 1650 repariert worden ist, wahrscheinlich, weil sie bei der Plünderung Prags durch die schwedische Armee am Ende des Dreißigjährigen Krieges beschädigt wurde. 1651 befand sich der Globus in der Sammlung Königin Christinas von Schweden. Mehr als ein Jahrhundert später, am 20. April 1770, tauchte sie beim Verkauf der Sammlung eines Avocat Fortier in Paris auf. Eine andere Inschrift innerhalb der Kugel, die auf den 1. Mai 1781 datiert ist, besagt, daß diese für »M Delacronière conseiler en la cour des aydes de paris« vom Uhrmacher Gautrin repariert wurde, der wahrscheinlich dem Laufwerk seine heutige Gestalt gab (hat alte Teile). Vermutlich wurden zu dieser Zeit auch geringfügige Änderungen am Äußeren (Ziffernblatt) vorgenommen.

Der Goldschmied, der das geflügelte Pferd schuf, und der Graveur der Sternbilder, der seine schwierige und mühevolle Arbeit so hervorragend ausführte, sind unbekannt. Auch kann die ikonographische Bedeutung des geflügelten Pferdes nicht mit Sicherheit geklärt werden, da es gewöhnlich Atlas ist, nicht Pegasus, der das Himmelsgewölbe trägt, und der Pegasus der klassischen Mythologie keine Verbindung zu dieser Rolle zu haben scheint. So mag es also einfach darauf anspielen, daß der Zeitablauf niemals verlangsamt oder aufgehalten werden kann, ein Gedanke, der in den emblematischen Kolophonen mehrerer Pariser Drucker im späten 16. Jahrhundert zum Ausdruck kommt.
C. V.

New York, Metropolitan Museum of Art, Geschenk J. Pierpont Morgan, 1917, Inv. Nr. 17.190.636

MELCHIOR MAIR
Um 1565 – Augsburg 1613

446 **Automatenuhr: Zentaur**
Augsburg um 1605

Silber, teilweise vergoldet; Tiefschnittemail, Perlen, Granate, schwarz gebeiztes Holz; Höhe 39,5 cm
Silbermarken: Augsburg Pyr: Seling 28 = 1600–1610; Meistermarke: Seling 1131 (seitenverkehrt dargestellt) = Melchior Mair
Herkunft: Aus der Kunstkammer Rudolfs II.
Ausstellungen: München 1980, Kat. Nr. 105; Washington 1980/81, Kat. Nr. 105; Wien 1987, Kat. Nr. I 11
Literatur: Ilg 1895, S. 16; von Schlosser 1908, S. 80, 82 (2. Ausgabe 1978, 125 f.); Rosenberg 1922, I, Nr. 544b; Chapuis und Gélis 1928, I, S. 29; Katalog II 1966, Nr. 368; Maurice 1976, II, Nr. 311; Bauer und Haupt 1976, Nr. 1734; Hernmarck 1978, S. 109; Seling 1980, I, S. 89, 226, III, Nr. 1131b; Heckmann 1982, S. 137; Beyer 1983, Nr. 49

Das Zifferblatt vor der Brust des Zentauren zeigt die 12 Stunden; das auf der Vorderseite des Sockels ist das Kontrollzifferblatt des 12-Stundenschlagwerks.

Der Automat hat drei Werke, alle aus Eisen, aber mit Messingplatten. Der Körper des Zentauren enthält das Gehwerk der Uhr, deren Unruhe die Augen hin- und herbewegen. Im Holzsockel befindet sich das Schlagwerk mit der Glocke und das Laufwerk, das unabhängig vom Uhrwerk ist und nur von Hand ausgelöst

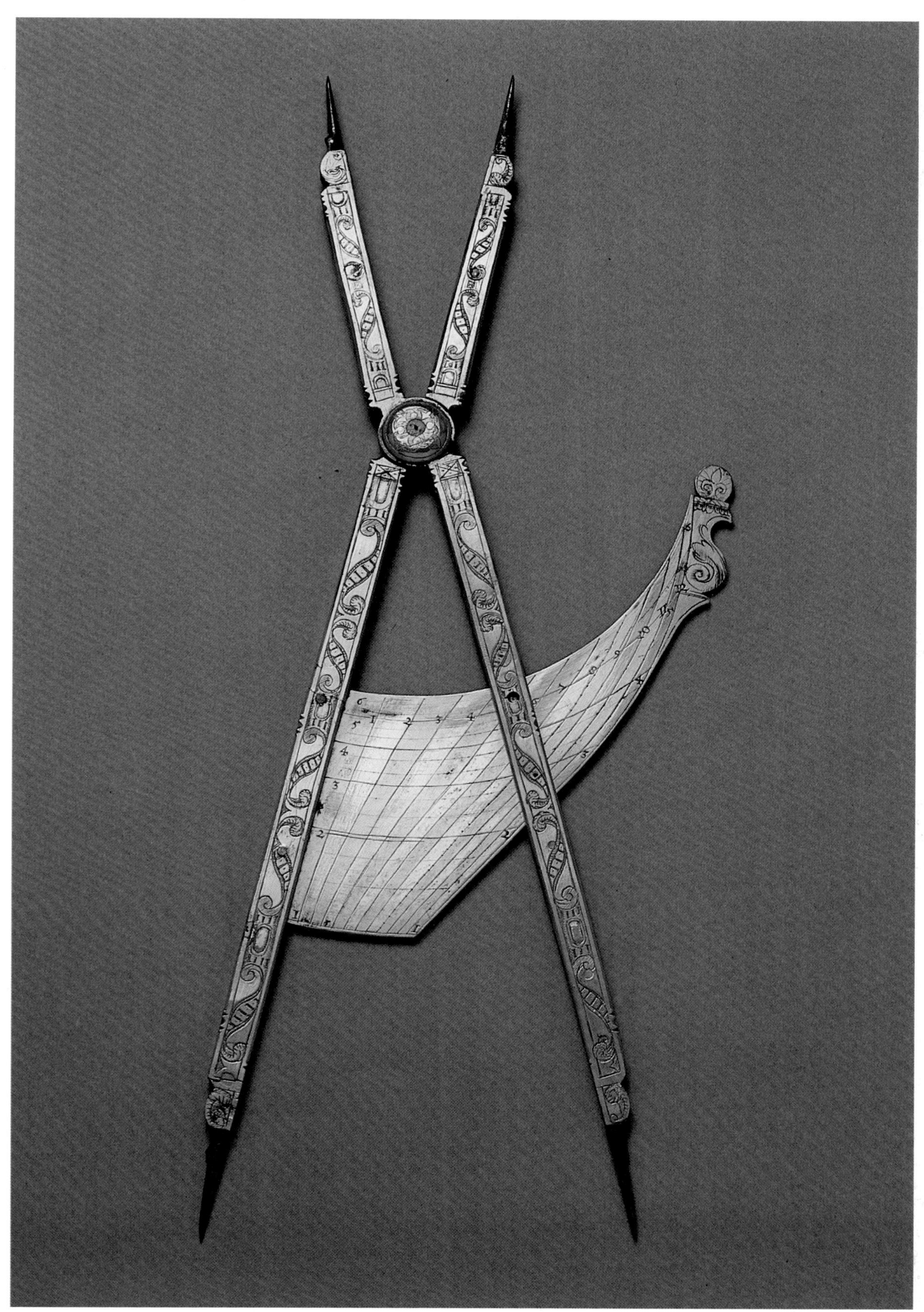

89 Erasmus Habermel, Reduktionszirkel mit Nomogramm. Vermutlich 1585/86 (Kat. 422)

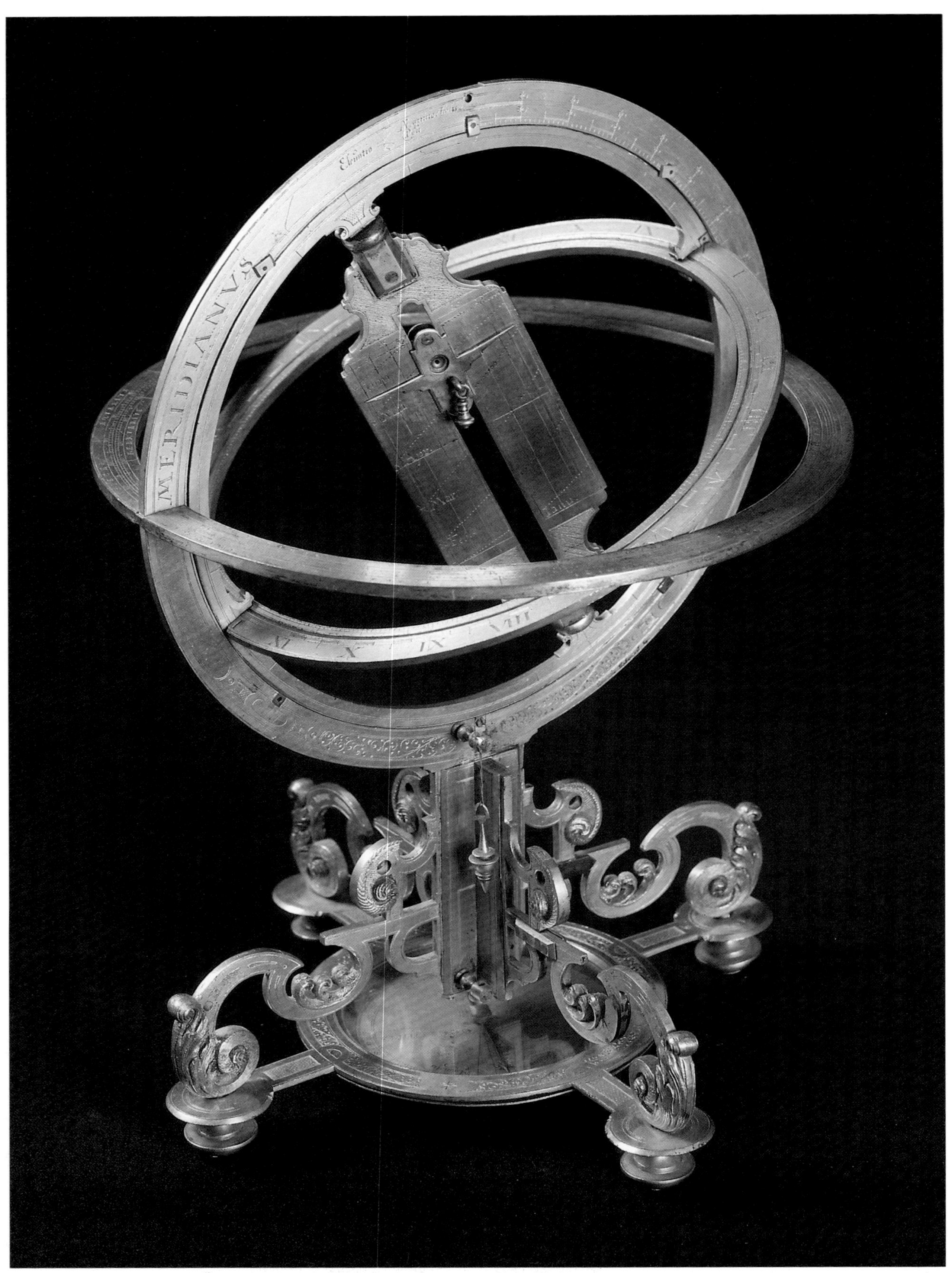

90 Erasmus Habermel, Äquatoriale Ringsonnenuhr mit Stativ. Um 1600 (Kat. 425)

91 H. M. Hiesserle von Chodau, Raiß Buch vnd Leben. Angeblich 1612, faktisch später (Kat. 438)

92 David Altenstetter – Mitglied der Familie Gross (?), Tischuhr. Um 1585 (Kat. 442)

93 Jost Bürgi, Tischuhr: die sog. ›Wiener Planetenuhr‹. Um 1605 (Kat. 443)

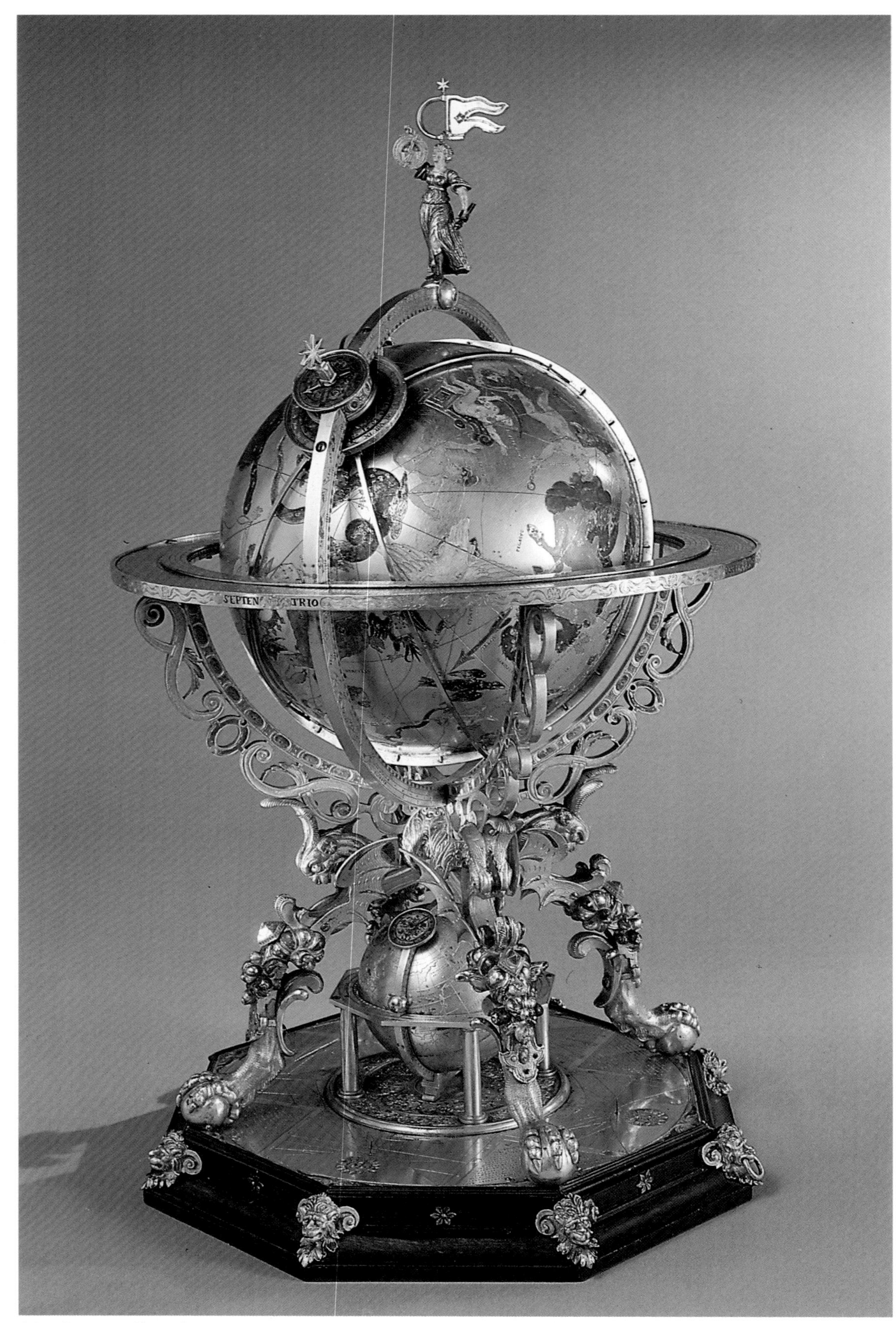

94 Georg Roll – Johann Reinhold, Mechanischer Himmelsglobus. 1584 (Kat. 447)

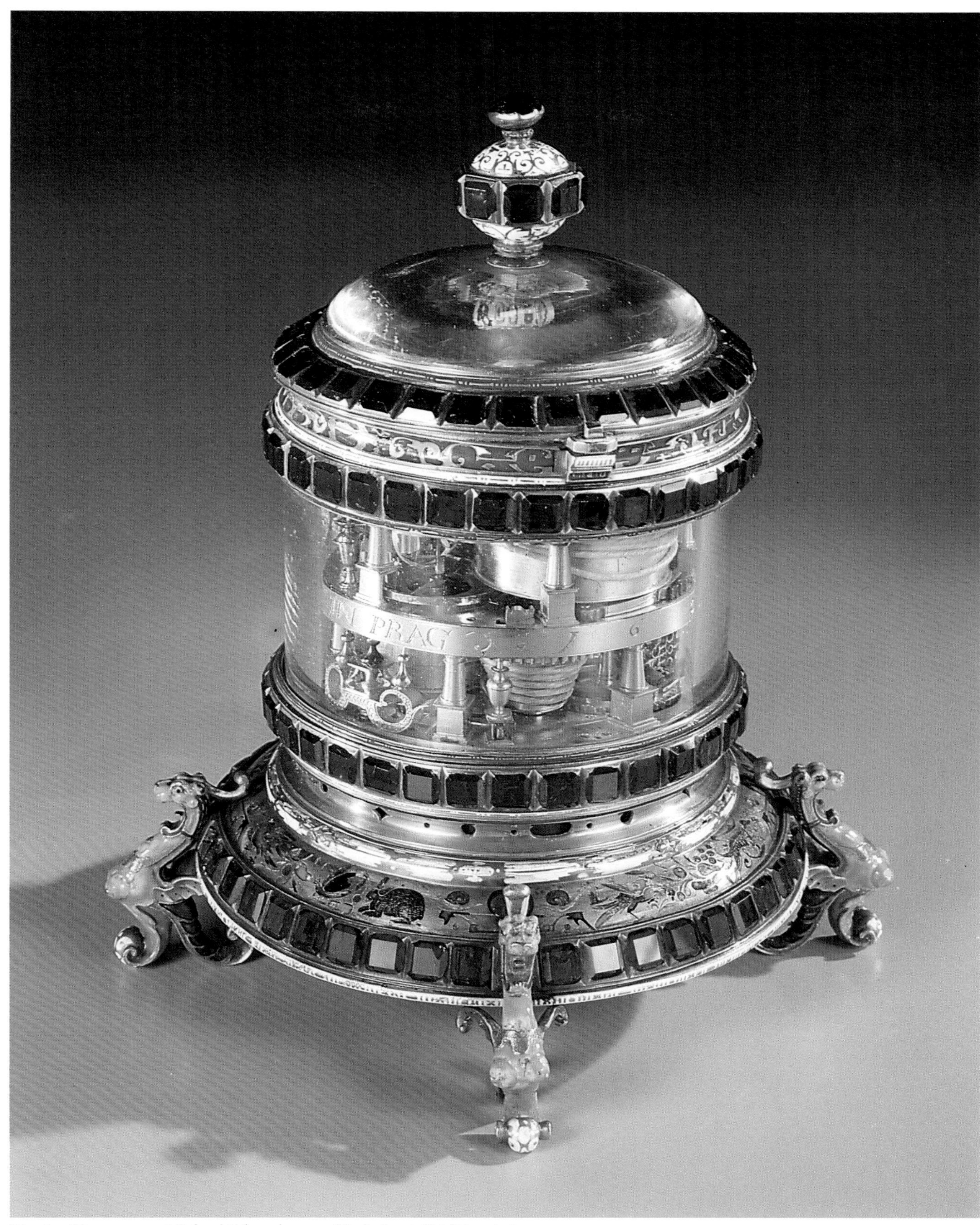

95 Jan Vermeyen – Michael Schneeberger, Tischuhr. 1606 (Kat. 449)

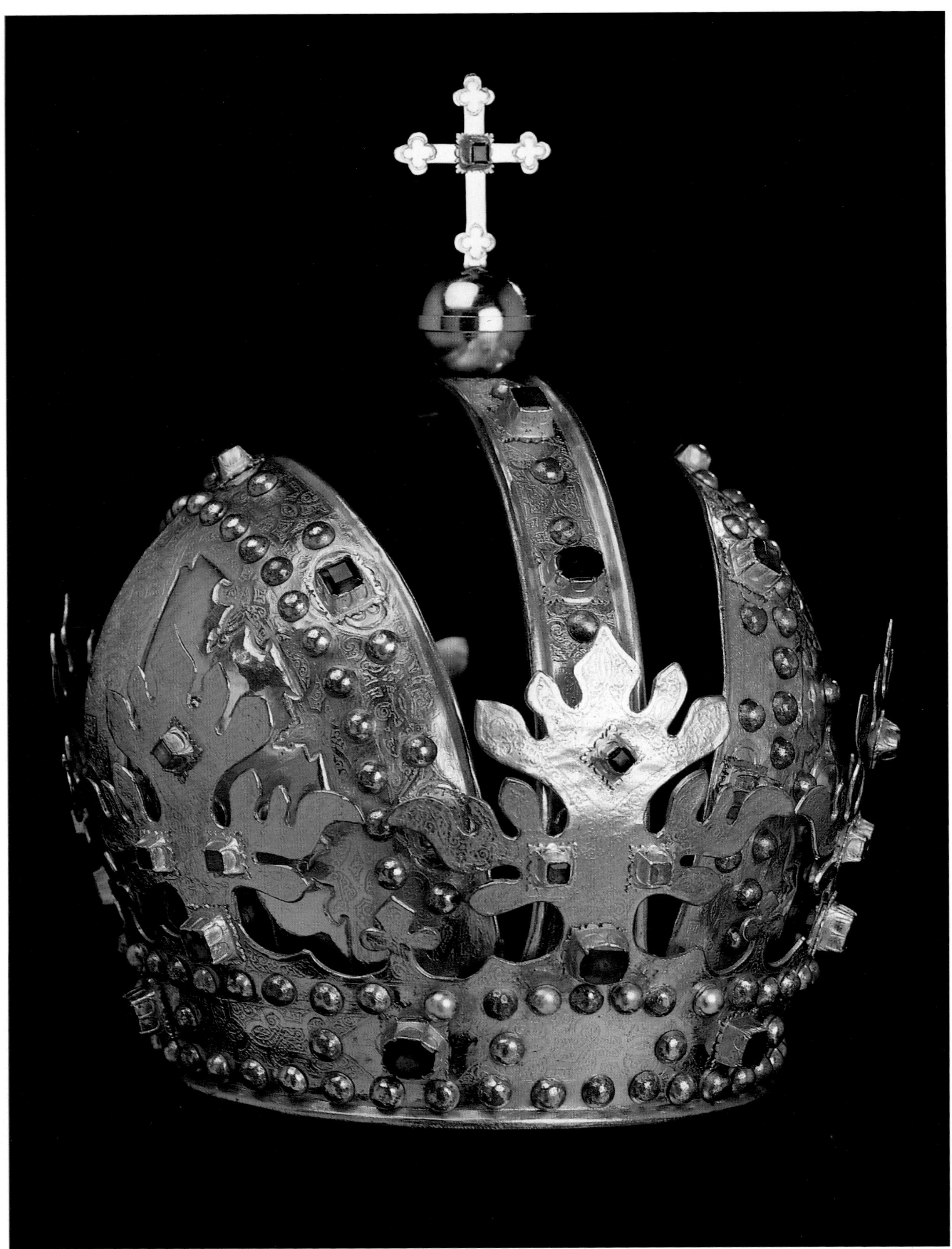

96 Augsburger Plattner (?), Funeralinsignien aus dem Prager Domschatz. Krone (Kat. 454a)

werden kann. Es läßt den Automaten über den Tisch reiten und bewegt dabei den Kopf der Frauenfigur und den des rechten Hundes, während der linke den Unterkiefer bewegt. Am Ende des Ablaufs schießt der Zentaur seinen Pfeil ab.

Der Automat wird häufig als ›Diana auf dem Zentauren‹ bezeichnet, wohl wegen der öfter verbreiteten Automaten, welche Diana auf dem Hirsch darstellen. Daß diese Frauenfigur Diana versinnbildlicht ist jedoch unwahrscheinlich: Sie trägt keine Mondsichel, sondern eine phrygische Mütze, und auch von der Symbolik her ist schwer zu verstehen, warum Diana, die erhabene Göttin, sich mit einem Zentauren auf die Jagd begibt, der im allgemeinen die grobschlächtigen Eigenschaften des Menschen darstellt und im 16. Jahrhundert oftmals mit Trunkenheit in Verbindung gebracht wurde. Es ist dabei interessant, daß im Kunstkammerinventar von 1607–1611 das Stück als »Der centaurus mit dem weiblin« angegeben wird. Der Automat dürfte also mehr als eine Darstellung vom Jagen nach irdischem Vergnügen zu verstehen sein.

Ein ähnliches, aber größeres Stück befindet sich im Grünen Gewölbe in Dresden; es wurde 1610 von Kurfürst Christian II. in Prag erworben. Maurice (München 1980) hat nachgewiesen, daß ein weiterer Zentaurenautomat 1616 von Herzog Maximilian I. von Bayern verschenkt wurde. J. H. L.

Wien, Kunsthistorisches Museum, Sammlung für Plastik und Kunstgewerbe, Inv. Nr. 1166

GEORG ROLL und
JOHANN REINHOLD
Roll: Liegnitz um 1546 – Augsburg 1592
Reinhold: Liegnitz um 1550 – Augsburg 1596

447 Mechanischer Himmelsglobus
Augsburg 1584 *Ft. 94, S. 558*

Messing, vergoldet, z. T. bemalt; Silber, Email, schwarz gebeiztes Holz; Höhe 54 cm
Himmelsglobus bezeichnet: 1584 FACTVM IN AVGVSTA PER GEORGIVM ROLL; die Sonnenuhren: IO RE
Herkunft: Aus der Kunstkammer Rudolfs II.
Ausstellungen: Stockholm 1948, Kat. Nr. 556; Kopenhagen 1948/1949, Kat. Nr. 497; London 1949, Kat. Nr. 584; Schallaburg 1974, Kat. Nr. 381
Literatur: Stevenson 1921, I, S. 181f.; Hayward 1950, S. 167ff.; Zinner 1956, S. 493; Revel 1958, S. 54f.; Von Bertele 1961, S. 17f. und 48ff.; Katalog II 1966, Nr. 389; Bobinger 1969, S. 19, 33f. und 60; Hayward 1973, S. 94ff.; Leopold 1974, S. 78f.; Maurice 1976, I, S. 168ff., II, Nr. 11; Bauer und Haupt 1976, Nr. 2160; King 1978, S. 83f.

Das reich geschmückte Gestell trägt den vertikalen Meridianring, in dem die Globuskugel an den Polen drehbar befestigt ist. Die Kugel stellt den Sternenhimmel dar und ist mit den Sternen der ersten sechs Größen sowie den Darstellungen von 49 Sternbildern (die 48 klassischen und Antinous) graviert. Die Globuskugel ragt genau zur Hälfte über den Horizontring des Gestells hinaus: Dieser Teil bildet den jeweils sichtbaren des Sternenhimmels, wobei der Beobachter im Zentrum der Globuskugel zu denken ist.

Die Kugel dreht sich während eines syderischen Tages einmal um sich selbst. Um sie liegen von Pol zu Pol zwei Stahlringe, die als Sonnen- und Mondring zu bezeichnen sind. Den Sonnenring überwölbt ein weiterer Stahlring, der locker um die Ekliptik der Globuskugel liegt und das Sonnenfigürchen trägt. Ekliptik- und Sonnenring machen eine Umdrehung in 24 Stunden und bleiben somit im Laufe eines Jahres auf der Globuskugel um eine Umdrehung zurück. Der Mondring trägt einen kleinen Mechanismus mit einem halbvergoldeten Mondkügelchen; es wird von einer Reihe von Vorsprüngen auf dem Ekliptikring angetrieben und zeigt die Mondphasen. Der Mond macht in Bezug zur Globuskugel eine Umdrehung in einem syderischen Mondmonat und in Bezug zur Sonne in einer Lunation.

Das Gestell steht auf einem Sockel mit vier Sonnenuhren, einem Kompaß, und einem kleinen (nicht angetriebenen) Erdglobus.

Das Uhrwerk sitzt innerhalb der Globuskugel. Es ist fast ausschließlich aus Eisen und besteht aus zwei aufeinander montierten Werken: oben das Gehwerk mit dem 12-Stunden-, unten das Viertelstundenschlagwerk. Außer den bereits erwähnten Funktionen treibt es am Nordpol den Stunden- und den Minutenzeiger sowie am Horizont den Kalenderring; dieser Antrieb erfolgt, da die Lage der Globuskugel für unterschiedliche geographische Breiten (Polhöhen) eingestellt werden kann, und zwar über eine teleskopische Welle. Auf dem festen Teil des Horizontringes sind kalendarische Angaben vermerkt.

Bobinger (1969) hat die Zusammenarbeit von Georg Roll und Johann Reinhold erforscht: Reinhold ist hauptsächlich als der Uhrmacher, Roll als der Unternehmer und Händler zu betrachten. Die Lieferung seiner mechanischen Globen für den Hof brachte Roll übrigens in ziemliche Schwierigkeiten. Ende 1584 kam er nach Prag und verkaufte dem Kaiser ein Exemplar für 1200 Thaler und ein weiteres an Erzherzog Ernst für 1500 Thaler. Als der Kaiser davon erfuhr, war er empört. Er vermutete, Roll habe ihm den schlechteren Globus verkauft, und er ließ ihn 1585 vom Augsburger Rat einsperren. Erst als Roll sich schriftlich entschuldigt und ausgesagt hatte, daß beide Globen völlig gleich seien, wurde er wieder freigelassen. Das sich heute in Wien befindliche Exemplar kann allerdings nicht jenes sein, das Roll ursprünglich dem Kaiser lieferte, denn es ist belegt, daß auf diesem am Verbindungsstück des Gestells der Reichsadler eingraviert war, der hier fehlt (am Londoner Globus vorhanden, siehe unten). Möglicherweise hat der Kaiser seinen Globus mit dem des Erzherzogs getauscht. Denn die Beschreibung im Kunstkammerinventar 1607–1611 scheint sich tatsächlich auf diesen Globus zu beziehen: Am Schluß der Beschreibung steht, das Stück habe »zu ober ein figur, die *Astrologia* mit einem fahnen, darin der reichsadler«. Die bekrönende Figur, mit einem Astrolabium und einem Zirkel in den Händen, stellt zweifelsohne die Astronomie dar; allerdings trägt die Fahne keinen Adler, doch wurde dieser Teil später ersetzt. Übrigens ist der Wiener Globus mit seiner farbigen Bemalung das mit Abstand reichstgeschmückte Exemplar der Roll-Reinhold Globen.

Von Roll und Reinhold sind sechs mechanische Globen bekannt, die einander alle sehr ähnlich sehen. Sie befinden sich heute im Victoria & Albert Museum, London (datiert 1584, es fehlt der Sockel); in der Eremitage, Leningrad (kalendarische Zyklen beginnen bei 1584); Staatl. math.-phys. Salon, Dresden (datiert 1586); Musée national des techniques, Paris (datiert 1588); und Osservatorio astronomico di Capodimonte, Neapel (datiert 1589, es fehlt

447

der Sockel). Außerdem haben sich ein separater Sockel (Privatbesitz) und eine Sockelplatte mit Sonnenuhren (Museo Poldi Pezzoli, Mailand) erhalten. J. H. L.

Wien, Kunsthistorisches Museum, Sammlung für Plastik und Kunstgewerbe, Inv. Nr. 854

HANS SCHLOTTHEIM
Naumburg a. d. Saale 1545/46
– Augsburg 1625

448 Tischautomat: Schiff
Augsburg 1585

Silber, vergoldet, Messing; die Segel und die Figürchen bemalt; Höhe 67 cm, Länge 66 cm
Keine Silbermarken
Herkunft: Aus der Kunstkammer Rudolfs II.
Ausstellungen: Von Schlosser 1908, 55 f.; Chapuis und Gélis 1928, I, S. 195; Katalog II 1966, Nr. 390; Bobinger 1972, S. 14 und 16; Bauer und Haupt 1976, Nr. 1751 und 2189; Haspels 1987

Das Schiff trägt auf dem Heck und auf den Seiten eine lange Inschrift:
AO 1585 DER DUBELDE (A)DELER BIN (I)CH GNANT
(BE)I ALLEN FVRSTSN VÑ HEREN GANTZ WOL BEKANT
ICH SEHEL SER KREFTIG
ES IS KEIN WINT SO MECHTIG
DER MICH KAN LETZEN
DAS SAEG ICH WARHAFTIG
YR SCHIFFERS SEIT GEDACHTIG
DAS YR EVCH GEGEN MICH NII THVT SETZEN
ES IS KEIN VNWETTER SO GROES
DAR ICH MICH AN STOES
DAS ICH NIT SOLT KONEN FAREN
DER MYR WVNSCHT VYL BOES
GEGEN DEN STE ICH BLOES
UND WIL MEIN GESCHVTS NIT SPAREN
(die eingeklammerten Buchstaben sind bei einer späteren Reparatur verlorengegangen).

Der Automat besteht aus einem Orgelwerk mit insgesamt drei Melodien (Rekonstruktion der Musik bei Haspels 1987); einem Laufwerk, das die vorderen Räder antrieb und zugleich die Trommelstöcke auf dem Fell an der Unterseite des Schiffes betätigte; und einem Sonderwerk, das (in Übereinstimmung mit der Inschrift) am Ende des Spielvorgangs eine Kanone abschoß. Der genaue Bewegungsablauf läßt sich wegen späterer Reparaturen und Ersetzungen nicht mehr mit Sicherheit feststellen. Auf dem Deck des Schiffes befinden sich vier Trompeter, deren Bewegungen mit dem Orgelwerk verbun-

den sind, sowie ein Trommler und ein Paukenspieler, die sich mit dem Laufwerk bewegen. Am Heck war vermutlich ursprünglich ein Ruder, das sich beim Fahren hin- und herbewegte. Außer dem Schuß am Ende des Vorgangs konnten drei weitere Kanonen von Hand abgeschossen werden.

Die Silbersegel des Schiffes sind mit Meeresszenen und einer Silenengruppe bemalt.

Der Automat läßt sich durch Vergleich mit für Schlottheim gesicherten Stücken mit Sicherheit diesem Augsburger Automatenmacher zuschreiben (Maurice 1976, 118f.). Die beiden anderen Schiffsautomaten Schlottheims (London, British Museum, und Ecouen, Musée de la Renaissance) unterscheiden sich zwar äußerlich vom Wiener Exemplar, doch sind sie im Getriebe klar verwandt. J. H. L.

Wien, Kunsthistorisches Museum, Sammlung für Plastik und Kunstgewerbe, Inv. Nr. 874

MICHAEL SCHNEEBERGER
JAN VERMEYEN
Schneeberger: Tätig in Prag 1602–1609
Vermeyen: Brüssel vor 1559 – Prag 1606

449 Tischuhr
Prag 1606 Ft. 95, S. 559

Gold, Tiefschnittemail, Bergkristall, Granate; Höhe 12,6 cm
Bezeichnet: MICHAEL SNEBERGER IN PRAG 1606
Herkunft: Aus der Kunstkammer Rudolfs II.
Ausstellungen: Versailles 1964, Kat. Nr. 155
Literatur: Von Bertele 1955 (Pupils), S. 97 u. 99; Katalog II 1966, Nr. 348; Maurice 1976, II, Nr. 537; Bauer und Haupt 1976, Nr. 1495 u. 2190

449

Das Zifferblatt der Uhr, das unter dem Kristalldeckel sitzt, zeigt Minuten, 12 Stunden sowie Mondbahn und -phase, letztere mittels eines halbvergoldeten Kügelchens im Stundenzeiger.

Das Uhrwerk besteht aus drei Teilen, die leicht voneinander getrennt werden können. Im Kristallzylinder sind zwei sichtbar: Oben das Gehwerk, darunter das Viertelstundenschlagwerk – vorwiegend aus vergoldetem Messing. Im durchbrochenen Teil des Sockels sitzt das 12-Stundenschlagwerk (im Gegensatz zu den sichtbaren Werken mit Stahlrädern ausgestattet) mit den beiden Glocken. Die Verbindung zwischen Gehwerk und Viertelstundenschlagwerk wird von einem Ring abgedeckt, welcher die Signatur trägt.

Die Qualität des Uhrwerkes ist hervorragend, sowohl in der Bearbeitung der Einzelteile als auch in der Originalität des Entwurfs. So wurde die Radunruhe an einer Seite durchbrochen, damit sie sich in einem Loch in einem der Uhrwerkspfeiler hin- und herbewegen kann. Von Bertele (1955) hat daraus geschlossen, daß Schneeberger ein Lehrling von Jost Bürgi gewesen sein muß; ein Beweis wurde dafür bisher nicht gefunden, aber es besteht kein Zweifel, daß diese Uhr im unmittelbaren Umkreis des großen Meisters entstanden ist.

Die Goldschmiedearbeit mit dem Tiefschnittemail wird von Distelberger Jan Vermeyen zugeschrieben. J. H. L.

Wien, Kunsthistorisches Museum, Sammlung für Plastik und Kunstgewerbe, Inv. Nr. 1148

450

451

UNBEKANNTER KÜNSTLER

450 Wanduhr
Wohl Augsburg um 1600

Silber, Messing und Kupfer vergoldet, Tiefschnittemail; Höhe 30 cm
Herkunft: Aus der Kunstkammer Rudolfs II.
Ausstellungen: Versailles 1964, Kat. Nr. 154; Augsburg 1980, Kat. Nr. 825
Literatur: Katalog II 1966, Nr. 358; Maurice 1976, II Nr. 727; Bauer und Haupt 1976, Nr. 2187

Das Zifferblatt der Uhr zeigt die 12 Stunden und die Viertelstunden. Oberhalb des Zifferblattes wird die Mondphase von einer halbvergoldeten Kugel dargestellt.

Das schöne Gehäuse enthält ein recht einfaches federgetriebenes Uhrwerk mit Gehwerk und 12-Stundenschlag. Es hat Eisenräder und Messingplatten. Zur vollen Stunde stoßen die Widder wechselweise auf die Glocke. J. H. L.

Wien, Kunsthistorisches Museum, Sammlung für Plastik und Kunstgewerbe, Inv. Nr. 837

UNBEKANNTER KÜNSTLER

451 Tischuhr
Prag um 1610

Silber, Kupfer und Messing, vergoldet; Email, Achat, Granaten, Rauchquarz, Bergkristall; Höhe 21 cm
Herkunft: Aus der Kunstkammer Rudolfs II. (dort eingetroffen am 13. September 1611)
Literatur: Leitner 1870–1873, S. 19; Katalog II 1966, Nr. 343; Maurice 1976, II, Nr. 456; Bauer und Haupt 1976, Nr. 1506

Die Uhr besteht aus zwei miteinander verbundenen Taschenuhren, wobei die linke Gehwerk und Viertelstundenschlagwerk, die rechte das 12-Stundenschlagwerk enthält. Das linke Zifferblatt zeigt Minuten und 12 Stunden. Das rechte, das über eine Querwelle mit dem linken Uhrwerk verbunden ist, zeigt Wochentag und Mondphase. Da das Innere dieses Zifferblattes die Tierkreiszeichen trägt, dürfte ursprünglich ein Jahreskalender vorhanden gewesen sein.

Wohl um 1700 wurde die Uhr auf Pendel umgebaut, wobei man u. a. sämtliche Räder des Gehwerkes ersetzte. Daß dieser Pendel eine nachträgliche Zugabe war, geriet allmählich in Vergessenheit. Leitner (1870–1873) schrieb sogar, die Uhr »dürfte wohl die erste sein, bei welcher das Pendel als Regulator angewendet wurde« und sie sei aus diesem Grund Jost Bürgi zuzuschreiben. Das Stück zeigt jedoch weder im Entwurf noch in der Bearbeitung der Einzelteile eine so hohe Qualität, daß der große Uhrmacher für sie in Frage kommt. J. H. L.

Wien, Kunsthistorisches Museum, Sammlung für Plastik und Kunstgewerbe, Inv. Nr. 1144

ANTON PEFFENHAUSER
zugeschrieben
Augsburg 1525–Augsburg 1603

452 **Harnisch zum Plankengestech aus der ›Flechtband-Garnitur‹ wohl aus dem Besitz Rudolfs II.**
1571 (?)

Die sogenannte *Flechtband-Garnitur* besteht aus je drei in Dekor und Größe leicht unterschiedlichen, aber offensichtlich zusammengehörigen Harnischen zum Plankengestech, zum Freiturnier und zum Fußturnier.
Blankes Eisen, Gold- und Schwarzätzung; Höhe 164 cm
Herkunft: Wiener Kaiserliches Zeughaus
Ausstellungen: Graz 1964, S. 129; Wien 1987, II, Nr. 24
Literatur: Leitner 1866–1870, S. 24f., T. XXXV, XXXVI; Boeheim 1889 (Führer), S. 95, Nr. 490; Boeheim 1894 (Album), S. 14, T. XXV/2; Grosz-Thomas 1936, S. 124, Nr. 32–39; Thomas 1944 (Plattnerkunst), S. 117, Abb. 49; Thomas-Gamber-Schedelmann 1963 (Waffen), Abb. 52; Thomas-Gamber-Schedelmann 1974 (Armi), S. 265, 267, Abb. 151, 159; Vocelka 1976 (Hochzeiten), S. 84; Vocelka 1978 (Festlichkeiten), S. 146

Die Bestellung der *Flechtband-Garnitur* für Rudolf (II.) und seinen jüngeren Bruder Ernst zu den Hochzeitsfeierlichkeiten von 1571 in Wien ist dokumentarisch nicht belegbar. Einzig die Provenienz aus dem Kaiserlichen Zeughaus und die Körpermaße der Harnische lassen auf zwei jugendliche, nahezu gleich große Erzherzöge als Träger schließen, deren Harnische sich zudem durch feine, aber konsequent verfolgte Unterschiede im Ätzmuster trennen. Stilistisch in die Zeit um 1570–1580 einzuordnen, vermutete B. Thomas die Hochzeitsfeierlichkeiten von 1571, der Vermählung des Karl II. von Steiermark mit Maria von Bayern als Anlaß für die Bestellung dieser luxuriösen Turniergarnituren. Ganz im Sinne der Gegenreformation wurde dieses Bündnis der beiden katholischen Länder mit großem Pomp gefeiert. Für Kaiser Maximilian II. ist für diesen Anlaß die Bestellung der berühmten *Rosenblatt-Garnitur* belegt, weshalb B. Thomas die beiden zu diesem Fest eigens aus Spanien angereisten jugendlichen Erzherzöge, Rudolf und Ernst, als Träger der *Flechtband-Garnitur* vermutete.

Im Gegensatz zur *Rosenblatt-Garnitur* findet sich auf keinem Stück der *Flechtband-Garnitur* eine Plattnermarke, doch ist die höchst qualitätvolle Plattnerarbeit gesicherten Werken des Augsburger Meisters Anton Peffenhauser nahestehend. Gänzlich unbekannt ist auch der Ätzer. Im Dekor an Textilien oder Tapeten erinnernd, überzieht die gesamte Fläche aus blankem Stahl ein höchst eindrucksvolles Muster in Gold- und Schwarzätzung: Vergoldetes Blattwerk und Hopfenblüten auf schwarzem Punktgrund füllen höchst kompliziert verschlungene Bänder, die von schmalen, vergoldeten Rankenstreifen gesäumt werden. Ch. B.

Wien, Kunsthistorisches Museum, Waffensammlung, Inv. Nr. 886f.

452

LUCIO PICCININO zugeschrieben
Tätig Mailand um 1550 – 1589

453 **Halbharnisch, Rundschild und zwei Roßstirne wohl aus dem Besitz Rudolfs II.**
1585–1590

Eisen getrieben, goldtauschiert; Höhe 96 cm
Herkunft: Wiener Kaiserliches Zeughaus
Ausstellungen: Schloß Schallaburg 1974, Nr. 408; Wien 1987, II Nr. 23
Literatur: Boeheim 1889 (Führer), S. 129, Nr. 749; Boeheim 1898 (Album), S. 14, T.

453

XXXIX; Grosz-Thomas 1936, S. 133, Nr. 69; Thomas-Gamber 1958, S. 791; Vocelka 1985 (Rudolf II.), S. 146f.

Dem Typus nach ist dieser mit Schützenhaube und Rundschild ausgestattete *Halbharnisch* die prunkvolle Ausrüstung eines Infanteristen, der seines hohen Ranges wegen zu Pferd saß. Zu den beiden Roßstirnen sind heute verlorene Sättel anzunehmen. Der Form nach 1585–1590 zu datieren, finden sich im üppig getriebenen, die ganze Fläche überziehenden Dekor Hinweise, die Rudolf II. als Träger annehmen lassen. Von goldtauschierten Längsstreifen gerahmt, wechseln in Kartuschen gestellte mythologische Figuren mit Trophäen, Fruchtgirlanden oder Maskarons.

In der Mitte der Schützenhaube halten zwei Genien eine fürstliche Blattkrone, während am Mittelstreifen des Bruststückes ein Putto einem Feldherrn eine Königskrone überreicht. Am Rücken wiederholt sich diese Szene, doch wird jetzt eine Kaiserkrone übergeben. Die hier dargestellte Rangsteigerung, vom Fürsten bis zum Kaiser, veranlaßte Gamber, Rudolf II. als Besitzer dieses Halbharnisches zu vermuten. Goldtauschierte Bänder rahmen auch die Darstellungen am Rundschild, in dessen Mitte Neptun in seinem Muschelwagen einen Gekrönten führt. Als Meister dieser Treibarbeit wird der Mailänder Künstler Lucio Piccinino angenommen, dessen gesicherte Spätwerke unserem stilistisch eng verwandt sind. Ch. B.

Wien, Kunsthistorisches Museum, Waffensammlung, Inv. Nr. A 1493

AUGSBURGER PLATTNER?
60er–70er Jahre 16. Jahrhundert

454 Funeralinsignien aus dem Prager Domschatz
1576/77 *Ft. 96, S. 560*

a. Krone
Kupfer, feuervergoldet, Glasimitationen der Edelsteine; Höhe (nach der Rekonstruktion) 32 cm
b. Reichsapfel
Kupfer, feuervergoldet, Glasimitationen der Edelsteine; Höhe 27,8 cm
c. Zepter
Kupfer, feuervergoldet; Länge 72 cm

Krone und Reichsapfel von einer Hand, Zepter verschieden
Herkunft: Prag, Schatz des Veitsdoms
Literatur: Podlaha-Šitler 1903 (Poklad), S. 272; Šitler-Podlaha 1903 (Soupis), Nr. 210, S. 155; Chytil 1921, S. 11, Abb.; Chytil 1928, S. 7, Abb.; Lord Twining 1960, S. 73, Pl. 34b

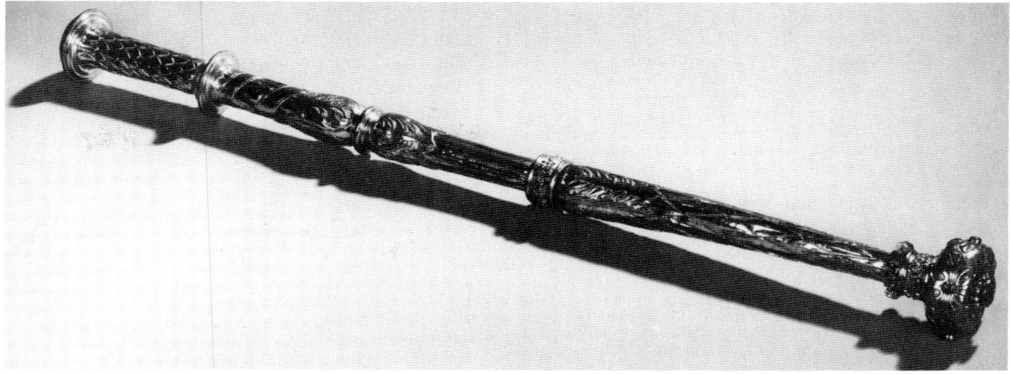
454c

454b

454a

Die *Funeralinsignien* aus dem Schatz des Veitsdoms in Prag sind zum ersten Mal im Inventar des Domschatzes aus dem Jahr 1635 erwähnt. Chytil (1921, S. 11), der diese Gegenstände in seiner Studie über die Krone Rudolfs II. kurz erwähnt, beschreibt sie als Imitationen der Kaiserlichen Insignien, die wahrscheinlich für den feierlichen Trauerzug beim Begräbnis Kaiser Maximilians II. 1577 verfertigt worden sind. Er bemerkt zugleich, daß sie noch unlängst bei den habsburgischen Totenfeiern verwendet wurden.

Die Krone ist eine typische Kaiserkrone, bestehend aus königlicher Laubkrone, einem mit Weltkugel und Kreuzchen bekrönten Bügel und einer Mitra, die ebenfalls aus Metall gearbeitet ist. Das Motiv einer ausgezackten Lilie hat sich ursprünglich am Kronreif sechsmal wiederholt. Ohne Beschädigung hat sich nur die vordere Lilic erhalten. Die fehlenden Teile wurden bei der Restaurierung 1988 von Miloslav Kubík ergänzt. Die Weltkugel mit Kreuzchen ist verlorengegangen und wurde später auf störende Weise ersetzt. Bei der letzten Restaurierung hat man an Hand zeitgenössischer Vorbilder diesen Teil maßgerecht und in seiner ursprünglichen Ausschmückung rekonstruiert.

Neben den Hauptmotiven der Dekoration fallen kleine Halbkugeln auf, die den Stirnreif, den Bügel und die Ränder der Mitra schmükken. Sie sind versilbert und sollten Perlen imitieren. Die ganze Krone ist mit Glasimitationen von Edelsteinen geziert, die in verschieden große Fassungen eingesetzt sind. Dieselbe Art von Fassungen mit Glasimitationen wurde auch für den Reichsapfel verwendet. Beide Gegenstände sind noch mit einem mauresken Ornament geschmückt. Dieser Typus der Maresken mit einem breiteren Band, das kleinere Felder mit feineren Teilchen begrenzt, kommt in den Werken der 60er und 70er Jahre des 16. Jahrhunderts vor und geht auf die Vorlagen Virgil Solis zurück. Diese Art von Ornamentdekoration wurde auch in der Plattnerkunst oft verwendet.

Das Zepter ist mit plastischen Akanthusblättern, Voluten und kleinen Maskarons geschmückt und stammt sichtbar von anderer Hand. Ob dieses Stück zur selben Zeit und als Bestandteil dieser Insignien entstanden ist, läßt sich schwer feststellen.

Die Ansicht Chytils, daß diese ›Imitationen‹ der kaiserlichen Insignien für die Totenfeier für Kaiser Maximilian II. bestellt worden sind, scheint richtig zu sein. Die Datierung der Gegenstände entspricht dieser Hypothese, und wir wissen, daß Rudolf II. die Totenfeierlichkeiten für seinen Vater sehr großzügig veranstaltet hat. Kaiser Maximilian II. war 1576 in Regensburg gestorben und wurde in feierlichem Festzug nach Prag überführt und in der Altstädter Jakobskirche aufgebahrt. Von dort aus zog dann am 22. März 1577 der prunkvolle Trauerzug zum Hradschin, wo der Verstorbene im Veitsdom neben seinen Eltern beigesetzt wurde.

Das nächsterhaltene Vorbild für die Prager Funeralkrone ist der Kronhelm zum Gedächtnis Kaiser Karl V. Es handelt sich auch hier um eine kaiserliche Mitrakrone, deren Halbkugeln aus Metall gearbeitet sind. Der ganze Kronhelm ist eine signierte Arbeit des berühmten Augsburger Plattners Anton Peffenhauser, der ihn auf Bestellung Kaiser Ferdinands I. in kurzer Zeit für die Totenfeier 1559 in Augsburg verfertigte. Auch die Prager Krone und der Reichsapfel sind höchstwahrscheinlich das Werk eines Plattners. Die Krone ist zugleich ein interessantes Glied in der Entwicklung der kaiserlichen Kronen im 16. Jahrhundert. B. B.

Prag, Sammlungen der Prager Burg, Inv. Nr. K 277–279

455 Kleidung Rudolf II.
Vor 1612

a. Langer Mantel
Goldbrauner Samtbrokat mit Pflanzenmuster, Seidenfutter, seidenen Posamenten, Posamentenknöpfen, Ripsband; Länge 143 cm
b. Weste
Goldbrauner seidener gezwickter Satin, Stoffknöpfe, Seidenband, Seidenfutter; Länge 48 cm
c. Pluderhose
Goldbrauner, seidener Samtbrokat mit Pflanzenmuster, Seidenfutter; Länge 73 cm
d. Strümpfe
Seide, vier zusammengesetzte Teile; Länge 76 cm
e. Strümpfe
Seidenes Webgarn; Länge 82 cm
f. Pantoffeln
Seidener Samt, Leder, Kork; Länge 23 cm

Herkunft: Prag, Veitsdom, Königsgruft, Sarg Kaiser Rudolfs II.
Literatur: Hilbert–Matiegka–Podlaha 1928 bis 30, S. 250–252, Abb, 68, 69; Schecker 1931, S. 261; Zeminová (im Druck)

Kaiser Rudolf II. starb am 20. Januar 1612 in der Prager Burg. Nach der üblichen Obduktion wurde der Verstorbene einbalsamiert, festlich gekleidet und im Audienzsaal öffentlich zur Schau gestellt. Ein zeitgenössischer Stich, der diese Aufbahrung wiedergibt, zeigt den verstorbenen Kaiser in spanische Tracht gekleidet, mit einem langen Mantel mit Halskrause und einem Barett. Auf einem anderen Stich von Johann Willenberger ist die Kleidung einfacher, aber die Kopfbedeckung ist eher einem Hut ähnlich (Pohlada 1914, S. 224, Taf. XXII).

Am 6. Februar wurde der Leichnam in die Allerheiligenkirche überführt, wo ihn der sächsische Gesandte Melchior Goldast von Haiminsfeld noch ansehen konnte. Er hat dies in seinem Tagebuch beschrieben: »Das Gesicht ist alles bloß und unbedeckt, mit einem Kragen umb den Halß und seidenem Baretlein auff dem Haupt, mit Buchsen oder Hosen und Wambs angezogen und einer glatten altlassenen Schauben um den Leib.« (Schecker 1931, S. 261). Am 1. Oktober abends zwischen 9 und 10 Uhr wurde der Kaiser im prachtvollen Sarg (Abb. 5, S. 53) in den Veitsdom überführt und in die königliche Gruft gestellt. Er war der letzte König Böhmens, der in dieser Gruft beigesetzt wurde.

Bei der Renovierung und Durchforschung des Domes 1928 wurde der zugemauerte Zugang zu dieser Gruft aufgemacht, und bei dieser Gelegenheit der Sarg Rudolfs II. anscheinend zum ersten Mal geöffnet. Eine, in demselben Jahr publizierte Nachricht und ein Foto zeigen den Kaiser so gekleidet wie es die zeitgenössischen Dokumente wiedergeben (Hilbert–Matiegka–Podlaha 1928–1930, S. 250/51, Abb. 68). Es fehlt nur die Halskrause, verschieden ist auch die Kopfbedeckung – anstelle des Baretts war im Sarg ein einfacher Hut. Dieser war das einzige, was man bei dieser Öffnung in den Schatz des Veitdoms übernommen hat. Zum zweiten Mal wurde der Sarg Rudolfs II. am 10. 7. 1975 geöffnet und die Bekleidung zur Restaurierung entnommen. Diese wurde 1984 von Magda Vorlová beendet.

Es handelt sich um ein selten erhaltenes Beispiel einer Renaissancekleidung, die aus einem langen Mantel in goldbraunem Samtbrokat mit Pflanzenmuster besteht, dicht mit seidenen Posamenten benäht und mit Posamentenknöpfen zugeknöpft. Die Ärmel sind oben durchgeschnitten und ebenfalls mit Posamenten verschlossen. Die Weste aus seidenem gezwickten Satin ist vorne mit Stoffknöpfchen versehen, hinten auch durchgeschnitten und mit einem seidenen Band verschnürt. Die breite Pluderhose ist aus demselben Samtbrokat genäht wie der Mantel. Zur Kleidung gehören zwei Paar Strümpfe, eines aus reiner, ganz feiner Seide genäht, das zweite aus seidenem Webgarn von so regelmäßiger und so dünner Seide, daß eine Maschinenarbeit vorauszusetzen ist. Die Pantoffeln sind aus seidenem Samt, Leder und Kork verfertigt.

Alle Stoffe sind von höchster Qualität und stammen sichtlich aus Italien. Inwieweit die Nuancen der goldbraunen Farbe, die alle Stoffe der Kleidung zur Zeit haben, den ursprünglichen Zustand zeigen, ist schwer festzustellen. In der Beschreibung sind ausdrücklich schwarze Strümpfe und roter Samt, mit dem der Sarg ausgelegt war, erwähnt. Die rote Farbe ist blaßrosa, die schwarze nicht mehr erkennbar.

Die gesamte Kleidung bestätigt, was auf den Porträts Rudolfs II. zu sehen ist, daß dieser Herrscher die spanische Mode bevorzugte und ziemlich konservativ gekleidet war. B. B.

Prag, Sammlungen der Prager Burg, Inv. Nr. PHA 27/1–6

ANONYM

456 Drei Ringe Rudolfs II.

a. Ring
Nephrit, Innendurchmesser 1,8 cm, Außendurchmesser 2,4 cm
b. Ring mit Tierkreiszeichen
Gold, Email, Diamant, Rubin, Smaragd, Innendurchmesser 1,8 cm, Außendurchmesser 2,5 cm
c. Ring
Holz, Gold, Innendurchmesser 1,8 cm, Außendurchmesser 2,5 cm

Herkunft: Prag, Veitsdom, Königsgruft, Sarg Kaiser Rudolfs II.
Literatur: Vocelka 1981, S. 329

455b
455c

455a

456a–c

Abraham Hosmannus, Schriftsteller im Dienste Kaiser Matthias', hat in seiner ›Lacrymae‹ das Begräbnis Rudolfs II. ziemlich ausführlich beschrieben. In diesem Bericht, der zwar sichtbar aus mehreren Quellen schöpft und deswegen auch etliche Ungenauigkeiten aufweist, werden drei Ringe erwähnt, die der verstorbene Kaiser an der Hand getragen hat: »... an den fingern sind drey Ringe/ einer von Bein/ in dem andern ist ein Demant/ Sáphir/ Rubin/ vnd Smaragd/ zu andeutung der 4 Elementen/..« (Vocelka 1981, S. 329). Bei der ersten Öffnung des Sargs Rudolfs II. 1928 wurde die Leiche fotografiert und dokumentiert, und es wurde ein Bericht darüber publiziert (Hilbert–Matiegka–Podlaha 1928–1930, S. 250–251, Abb. 68). Die Ringe sind nicht erwähnt. Erst im Jahre 1975 wurden drei Ringe gefunden. Der erste ist nicht aus Bein, sondern aus Nephrit, der zweite aber wirklich mit den genannten vier Edelsteinen besetzt. Der dritte, den Hosmannus nicht näher beschreibt, ist aus Holz und Gold.

Alle drei Ringe sind sehr abgeschabt und abgenützt, was für ein langes Tragen spricht. Der erste aus Nephrit ist glatt, ziemlich dickwandig und breit. Der Stein ist dunkelgrün. Der zweite Ring ist ganz aus Gold gearbeitet und aus verschiedenen Teilen kompliziert zusammengefügt. Zwischen die vier Steine in viereckigen Fassungen wurden vier Segmente eingesetzt, auf deren Oberfläche ganz fein plastisch die Tierkreiszeichen aus Gold gearbeitet sind, die Fläche ist mit Email ausgefüllt. Zwischen Diamant und Saphir ist der Steinbock, zwischen Saphir und Smaragd die Waage, zwischen Smaragd und Rubin der Krebs und zwischen Rubin und Diamant der Wassermann. Der Steinbock hat die Emailfarbe blau, Waage und Wassermann grün, der Krebs weiß. In die Innenfläche des Ringes ist ein Goldband eingelegt, auf dem die Namen der Erzengel Gabriel, Michael, Uriel und Anael (?) eingraviert sind sowie das Wort AGLA, die Ligatur der kabbalistischen Invokation, welche auf Amuletten und Ringen verbreitet war. Die Ausstattung dieses Ringes birgt in sich interessante Aspekte, die eng mit der Persönlichkeit Rudolfs II. zusammenhängen und in der Auswahl der Steine, den Zodiakuszeichen, den verwendeten Emailfarben und den Namen der Erzengel ihren Ausdruck finden. Eine detaillierte Erklärung der tieferen Deutung dieser Symbolik sollte aber einer eigenständigen Studie überlassen werden.

Die Goldschmiedearbeit, die man an der Fassung und dem Schliff des Diamanten, der als einziger nicht abgenutzt ist, beurteilen kann, wie auch an den meisterhaft durchgearbeiteten Tierkreiszeichen, ist sichtlich von einem bedeutenden Goldschmied ausgeführt. Da es sich um eine intime und für den Kaiser sicher wichtige Sache handelte, darf man voraussetzen, daß dieser Ring in den Prager Hofwerkstätten entstanden ist.

Der dritte Ring ist am wenigsten kostbar, aber um so rätselhafter. Zuerst war es anscheinend ein subtiler Holzring, der dann mit einem ganz einfachen Goldmantel geschützt wurde, so daß man das Holz nur auf der Innenseite sehen kann. Vom Holz ist nur ein Fragment übriggeblieben. Vielleicht handelte es sich um ein außergewöhnliches Holz oder es war dem Kaiser aus unbekanntem Grund sehr wertvoll.

Alle drei Ringe haben denselben Innendurchmesser von 1,8 cm, der auf eine relativ kleine Hand hinweist. B. B.

Prag, Sammlungen der Prager Burg, Inv. Nr. PHA 27/15–17

PRAGER ZINNGIESSER

457 Sarg Rudolfs II.
1612 *Original, Abb. 5, S. 53*

Zinn, teilweise polychromiert;
202 × 85,3 × 82 cm
Herkunft: Prag, Veitsdom, Königsgruft
Literatur: Hilbert–Matiegka–Podlaha 1928–1930, S. 246/7; Poche 1979, Abb. 155; Vocelka 1981, S. 326

Der ausgestellte Sarg ist eine Kopie des Originals, das bis heute in der königlichen Gruft aufgestellt ist. Die erste Beschreibung finden wir auf einem Einblatt mit dem Stich von Andreas Gentsch aus Augsburg, auf dem die Totenfeier geschildert wird: »Demnach nu alle was zu kaiserlichen Begrebnuß zuherig zugerichtet worden/hat man am Montag den 1. Tag Octobris/ zu Abends zwischen 9. vnd 10. Vhrn/ die Kaiserliche Leich/ auß aller Heiligen Capellen (da sie biß hero gestanden) mit biß in 30. Windlichtern getragen/vor der Leich her ist gangen die Clerisei im Schloß: Auch herr Graf von Fürstenberg/vnd Oberster Trautmanns dorff/ mit schwarzen Stäben: Die Träger/ seind gewesen Ihr. May. Kamerherren/vnder disen Hertzog Heinrich Julius von Braunschweig: Nach der Leich seind gefolgt/ Die oberste behemischen Land Offizier. Die Baar/ war ain Zinen Sarch/auf 10. Engelsköpfen stehn/ hett auf der Seitten Lewenkopff/ mit Ringen im Maul/auff beeden Seiten/ der Erbländer Wappen gegossen/ auff dem Teckel hett es auch 4 Ring/ ain Crucifix/Darundter S. Mariae vnnd Johannis Bildnuß: Auff den vier Egk/ auch in der Mitten 6 Engel/alles schon gegossen und gemalet vnd in die 1800 Daler geschetzt worden« (Vocelka 1981, S. 326). Dieser detaillierten Beschreibung kann man nur hinzufügen, daß auf den Stirnseiten der kaiserliche Doppeladler mit Wappen und Kaiserkrone plastisch ausgeführt ist. Alle Teile sind genau beschriftet, und die Engelsfigürchen und Wappen waren polychromiert.

Die Zinngießerei hatte zu dieser Zeit in Böhmen bereits eine lange Tradition, und die Glokkengießer Ende des 16. und Anfang 17. Jahrhundert haben sich durch viele Meisterstücke hervorgetan. Zu den bekanntesten zählt Brikcí aus Cinperk, von dem wir wissen, daß er 1588 einen Sarg für Lobkowitz gegossen hat. Da auf dem Sarg Rudolfs II. bisher keine Marke gefunden wurde, ist schwer zu bestimmen, ob diesem Meister auch diese Arbeit zuzurechnen ist oder ob sie in der Hofgießerei entstand, von der wir noch sehr wenig wissen. B. B.

Prag, Veitsdom, Königsgruft

ANONYM

458 Totenschild
Johann Christoph Popels von Lobkowitz
1613

Anlegetechnik, Aufnäharbeit mit Gold und Silberlamé, Seidenfransen, Seidenatlas, Goldkordel, Silber und Seidenfäden, mit Leim getränkte Leinenstücke, die zur Erreichung des Reliefs benützt sind; 84,5 × 76 cm

458

Am Rand die Inschrift: HANS CHRISTOF. POPL.HERR.V.LOBKOVITZ.AVF.PATEK! VND!DIWIZ!R!K:M:VND BEIDER:F:D: ALBERTI.VND.LEOP:ZV.ÖST:CAMERER.
Herkunft: Schatz des Veitsdoms in Prag
Literatur: Šittler–Podlaha 1903, S. 190, Nr. 292

Die Totenschilde bilden ein eigenartiges und seltenes Gebiet des Kunstgewerbes und gehören zugleich zu den wichtigen Bestandteilen, die von den reichen Totenfeiern des 16. und 17. Jahrhunderts erhalten geblieben sind. Die prunkvollsten Trauerfeierlichkeiten wurden bei Herrscherbegräbnissen veranstaltet, und zwar nicht nur am Sterbeort, sondern auch an anderen Stellen, wie z. B. diejenigen, die für den verstorbenen Kaiser Karl V. in den Niederlanden und in Deutschland veranstaltet worden sind. Bei diesen Gelegenheiten wurden die Schilde getragen und in der Kirche ausgestellt, wo sie dann meistens verblieben. Im Schatz des Veitsdoms haben sich zwei aus Holz geschnittene Schilde erhalten, die für das Begräbnis Kaiser Maximilians II. 1576 und Rudolfs II. 1612 geschaffen wurden. Weitere vier Schilde sind aus leichter Holzplatte mit Textil überzogen und wurden für die Mitglieder der berühmten Adelsfamilien Lobkowitz, Dietrichstein und Martinitz um 1600 hergestellt.

Der vorliegende Schild ist für die Totenfeier von Hans Christoph Popel von Lobkowitz 1613 ausgeführt worden, der zu den ranghöchsten Hofleuten gehörte. In die Mitte dieses Schildes ist das Wappen genäht, das aus Leinenstücken ausgeschnitten und mit Leim eingelassen ist, um das Relief zu erhalten. Alles ist dann mit Gold und Silberstoff überzogen und mit Gold, Silber und Seidenfäden bestickt. Die Plastizität wurde noch durch Farbtöne und die Kombination von Gold und Silber erhöht. Dieser Schild wurde 1987 von Eva Skálová sorgfältig restauriert und gehört zu den wenigen erhaltenen Beispielen einer meisterhaften Stickerei.

B. B.

Prag, Sammlungen der Prager Burg, Inv. Nr. K133

Medaillen, Münzen und Wachsbossierungen am Hofe Rudolfs II.

Rudolf-Alexander Schütte

›Bildnispfennig‹, ›Schaupfennig‹ oder ›Gnadenpfennig‹, so lauten die zeitgenössischen Bezeichnungen für Medaillen, die sich von Münzen dadurch unterscheiden, daß sie keine Zahlungsmittel sind und meist mit sehr viel höherem künstlerischen Anspruch und Aufwand als Münzen hergestellt wurden.

Ähnlich wie in anderen Kunstgattungen war Rudolf II. auch auf dem Gebiet der Medaillenkunst bestrebt, internationale Künstler an seinen Hof zu ziehen oder sie zeitweise für sich arbeiten zu lassen. Der berühmteste Medailleur am Prager Hof war Antonio Abondio, der mit seinem Stil und seiner aus Italien mitgebrachten Arbeitsweise, die Medaillenmodelle in Wachs zu bossieren, bis zu seinem Tod im Jahr 1591, eine dominierende Stellung einnahm (diese Stellung ist am Umfang, den seine Werke innerhalb der ausgestellten Medaillen einnehmen, abzulesen). Neben Abondio arbeitete Valentin Maler, der von 1569 bis zu seinem Tod 1603 in Nürnberg tätig war und auf seinen zahlreichen Reisen auch Wien und Prag besuchte, für Kaiser Rudolf II. Sowohl Maler als auch Abondio gehörten zu den Künstlern, die Rudolf II. von seinem Vater, Kaiser Maximilian II., übernahm.

Antonio Abondio wurde 1538 in Riva am Gardasee geboren. Über seine Lehrzeit und seine Jugendwerke in Italien sind wir schlecht unterrichtet; die erste gesicherte und datierte Medaille ist aus dem Jahr 1561. Bereits 1565 ist Abondio für Erzherzog Ferdinand II. von Tirol tätig, und ein Jahr später, ab 1566, stand er in Hofdiensten von Kaiser Maximilian II. Auch unter Rudolf II. blieb Abondio in Hofdiensten und arbeitete für den Kaiser bis zu seinem Tod, 1591, in Wien. Diese Tätigkeit wurde durch ausgedehnte und vielfältige Reisen sowie Arbeiten für andere Höfe und Privatpersonen, unterbrochen. Als wichtigste Reisen sind eine Fahrt in die Niederlande 1566 und eine Reise nach Spanien in der Begleitung des Gesandten Johann Khevenhüller im Jahr 1571 zu nennen. Auf der Rückreise aus Spanien machte Abondio in Augsburg und München Station und arbeitete in München für Herzog Wilhelm von Bayern.

Wichtig waren diese Reisen vor allem, weil Abondio auf diese Weise mit den berühmtesten Medailleuren seiner Zeit in Kontakt kam und sich mit ihren Werken auseinandersetzen konnte. Schon in Italien war er von Leone Leoni (1509–1590) beeinflußt, vielleicht sogar bei ihm in die Lehre gegangen; in den Niederlanden lernte er Jacques Jonghelinck (1530–1606) kennen und in Spanien den Medailleur und Goldschmied Jacopo Trezzo (1519 bis 1589), von dem Abondio ein Medaillenporträt geschaffen hat und der später auch bei den Kunstkäufen Khevenhüllers für Erzherzog Ferdinand II. und Rudolf II. vermittelt hat (vgl. Reg. 10674).

Abondio seinerseits übte einen starken Einfluß auf deutsche Medailleure aus, namentlich durch seine Technik, die Medaillenmodelle in Wachs und nicht, wie in der ersten Hälfte des 16. Jahrhunderts in Deutschland üblich, in Holz oder Stein zu modellieren.

Die Bedeutung Abondios liegt zu einem großen Teil in der Vermittlung der Wachstechnik nach Deutschland, sowohl in der Modellierung von Medaillenmodellen als auch in der selbständigen farbigen Porträtmodellierung aus Wachs, einer Technik, die in Italien schon länger als in Deutschland heimisch war. Zum anderen aber haben die Medaillen und Wachsbossierungen Abondios durch ihre hohe Qualität anregend und vorbildlich gewirkt; obwohl Abondio fast ausschließlich im Profil porträtiert hat, sind seine Medaillen nie schematisch, sondern überaus lebendig und bis in kleinste Details durchgearbeitet. Die Gestaltung der Medaillenrückseiten lebt bei Abondio durch eine aus der dreidimensionalen Plastik kommenden Auffassung, die in die eingeschränkte Dreidimensionalität des Medaillenrunds umgesetzt wird.

Eine zweite, weniger einheitliche und weniger erforschte Generation von Medailleuren setzte um 1600 mit ihren Arbeiten ein. Zu nennen sind hier Alessandro Abondio, Jan de Vos, Johann Formai und Paulus van Vianen.

Alessandro Abondio (Kat. Nr. 465) war der Sohn von Antonio Abondio; er hat mit seinen Arbeiten gegen Ende der Regierungszeit Rudolfs II. begonnen, hat später dann für Matthias II. gearbeitet und danach, bis zu seinem Tod 1648 in München. Alessandros Medaillen knüpfen an die Arbeit seines Vaters an, leiten jedoch im Verlauf seiner Schaffenszeit zu einer mehr barocken Medaillenauffassung über, mit einer Bevorzugung der ovalen Medaillenform und einem veränderten Verhältnis von Schrift und Darstellung.

Über Jan de Vos sind wir nur schlecht unterrichtet. Er war als Medailleur und Wachsbossierer auch eine Zeitlang in Prag tätig, und seine Arbeiten wurden von dem Kunstagenten Philipp Hainhofer hoch gelobt. Die hier versuchte Zuschreibung einer Medaille mit Matthias II. (Kat. Nr. 466), die vielleicht noch um eine Medaille mit Rudolf II. (Kat. Nr. 475) erweitert werden kann, ist als Hypothese zu verstehen, um die bisher in der Literatur zu undifferenziert an Vianen und Alessandro Abondio zugeschriebenen Stücke weiter aufzuschlüsseln.

Ähnlich wie mit Jan de Vos ist es mit Johann Formai; sein Namenszug auf einer Medaille, die die Siege in Tergowist und Raab darstellt (Kat. Nr. 463), ist bisher mit einer Ausnahme in der Literatur völlig übersehen worden. Stilistisch kann man dieser Arbeit noch eine weitere Medaille mit der Darstellung des Themas: Jupiter bei Danaë und des Parisurteils (Habich II/2, Nr. 3566) zur Seite stellen. Bevor das Werk dieses Künstlers weitere Konturen annimmt, muß jedoch das Verhältnis zu dem Goldschmied der Rudolfskrone, zu Jan Vermeyen, geklärt werden, da es sich hier offenbar um zwei verschiedene Künstler handelt, die schwer gegeneinander abzugrenzen sind.

Paulus van Vianen (Kat. Nr. 477 u. 478) ist neben seinen hervorragenden Leistungen in der Goldschmiedekunst und in der Landschaftszeichnung auch als Medailleur tätig gewesen. Allerdings scheint sein Anteil an der Prager Medaillenkunst bisher überschätzt worden zu sein.

Ein zu homogenes Bild ergibt sich, wenn man nur die Namen und Werke der hier aufgezählten Künstler berücksichtigt und darüber eine Anzahl unbekannter Medailleure und Goldschmiede vergißt, die mit ihren mehr für den Tagesbedarf gefertigten Auswurfmünzen das Bild der rudolfinischen Medaillenkunst vervollständigen. Auswurfmünzen sind, wie ihr Name sagt, medaillenähnliche Stücke, die zu großen politischen Anlässen in hohen Stückzahlen geprägt und unter das Volk geworfen wurden. Das Wiener Münzkabinett bewahrt einige erhalten gebliebene Stücke auf, darunter mehrere auf einzelne Schlachten der Türkenkriege.

War für die Auswurfmünzen ihre breite, massenbestimmte Meinungsbeeinflussung entscheidend, so lassen sich die Funktionen der Medaillen gut an ihren zeitgenössischen Bezeichnungen ablesen. Die wichtigste Aufgabe war zunächst einmal das gültige Festhalten des Aussehens einer bestimmten Person auf einer Medaille, in einem ›Conterfekt‹ oder einem ›Bildnispfennig‹, wie die zeitgenössischen Namen lauteten. Nicht unwesentlich war dabei die Vorstellung, daß es sich um Porträts in dauerhaften, nicht vergänglichen Materialien, meist in Gold, Silber

Antonio Abondio, Gnadenpfennig mit Erzherzog Maximilian III., 1586. Gold, emaillierte Fassung; Dm. 3 cm
Wien, Kunsthistorisches Museum, Münzkabinett
Habich II/2, Nr. 3429

oder Bronze, handelte. In einem heute nicht mehr gut vorstellbaren Maße wurden die Medaillen nicht nur gesammelt, sondern auch als Schmuckstücke, in kostbaren und fein gearbeiteten Fassungen zur Schau getragen – wie es die Bezeichnung ›Schaupfennig‹ verdeutlicht und wie es auf vielen zeitgenössischen Bildern zu sehen ist. Wichtig ist schließlich auch noch der Ausdruck ›Gnadenpfennig‹, der eine vom Herrscher vergebene, mit seinem Bildnis versehene Medaille meint, die meist kostbar gefaßt war und an einer Kette getragen wurde. Vergeben wurden die Gnadenpfennige als Belohnung für bestimmte Dienste, verstanden als Gnaden- oder Gunstbeweis des Herrschers, der seinerseits die besondere Loyalität des Trägers eines solchen Gnadenpfennigs voraussetzte. Als Beispiel stehe hier ein Gnadenpfennig mit Erzherzog Maximilian III. von Österreich von Antonio Abondio aus dem Münzkabinett in Wien (Abb.).

Auch auf dem Gebiet der Münzprägung war Rudolf II. an Verbesserungen sehr interessiert. Anders als bei den

Medaillen stehen bei der Münzprägung monetäre Überlegungen im Vordergrund, d. h., der Geldumlauf muß gesichert sein, im Einklang mit dem geltenden Münzsystem stehen, er muß stabil sein und die Möglichkeit des Betrugs und der Bereicherung an den Münzstätten weitgehend ausschließen. Doch gerade die Münzprägung bietet ein gutes massenwirksames Mittel der Verbreitung des Kaiserbildes und der Verbreitung politischer Ideen. Dies hatte Rudolf II. frühzeitig erkannt, und die bei Abondio in Auftrag gegebenen Talermodelle (Kat. Nr. 480 u. 481) zeugen davon. Bei der Umsetzung der Modelle in den einzelnen Münzstätten des Reiches mußten jedoch Qualitätsabstriche in Kauf genommen werden, wie ein Taler aus der Münzstätte Prag von 1580 aus dem Nationalmuseum in Prag zeigt (Abb.).

Taler Rudolfs II. Münzstätte Prag 1580. Dm. 4,2 cm.
Prag, Nationalmuseum

Eng mit der Medaillenkunst hängt die der Wachsbossierung zusammen, eine am Ende des 16. und zu Beginn des 17. Jahrhunderts international beliebte Kunst, die sich auf die Anfertigung kleiner, farbiger Wachs-Porträtmedaillons und auf die Herstellung einzelner, kleiner Statuetten und Figurengruppen aus Wachs verstand. Da die Medaillenmodelle nicht wie in der 1. Hälfte des 16. Jahrhunderts in Holz oder Stein gefertigt wurden, sondern in Wachs, war es bis zu dem eigenständigen Wachsporträt nur noch ein kleiner Schritt. So ist es nicht verwunderlich, daß fast alle Medailleure dieser Zeit auch als Wachsbossierer tätig waren. Für den Prager Hof sind hier zu nennen (mit den Quellennachweisen in Klammern): Antonio und Alessandro Abondio (erhaltene Wachse u. Kunstkammerinventar), Wenzel Maler (Wachs im Viktoria & Albert Museum) und Valentin Maler (Regesten), Jan Vermeyen (Kunstkammerinventar) und Jan de Vos (Berichte Hainhofers). Aber auch der Maler bzw. Kupferstecher werden im Inventar als Wachsbossierer genannt, so auch Giuseppe Axcimboldo (Kunstkammerinventar Nr. 2065) und der Augsburger Kupferstecher und Goldschmied Daniel Mignot (Kunstkammerinventar Nr. 2107). Abgerundet wird dieses Bild durch die Aufzählung einiger italienischer Namen, die uns heute jedoch nicht mehr geläufig sind: Giovan Batt, Corte, Camillo Massiano und Jac. Sanzovino.

Doch leider ist Wachs kein Material von Dauer, gegen Temperatur und mechanische Einwirkungen sehr empfindlich und über die Jahrhunderte hin mit überaus hohen Überlieferungsverlusten belegt, so daß heute nur noch geringe Bestände in den Museen erhalten sind (Kat. Nr. 494). Das Bild, welches wir uns von der Kunst der Wachsbossierung machen können, ist denn auch ein weitgehend aus schriftlichen Quellen rekonstruiertes; dennoch ist es überraschend farbig und vielfältig, denn in den Quellen werden die Wachse häufig erwähnt.

ANTONIO ABONDIO
Riva 1538 – Wien 1591

459 Medaille mit Kaiser Maximilian II. und Kaiserin Maria
1575

459

Silber, gegossen; Dm. 5,8 cm
Vorderseite: IMP:CAES:MAXIMIL:II:AVG: Brustbild mit Vlieskette nach rechts, links am Rand AN:AB:
Rückseite: MARIA IMPER:MDLXXV (Ranke), Schrift beiderseits zwischen vertieften Kreislinien
Literatur: Habich II/2, Nr. 3412; vgl. Nr. 3447 u. Nr. 3448 (Wachse mit Maximilian II. und Maria in München) und Nr. 3397 (Wachs in Wien)

Abondio stand bereits seit 1566 in Diensten von Kaiser Maximilian II. Neben Medaillen mit Maximilian II. haben sich auch zwei Wachsbossierungen (in München und in Wien) mit seiner Person erhalten. R.-A. S.

Wien, Kunsthistorisches Musem, Münzkabinett, Inv. Nr. 809 bß

VALENTIN MALER
Iglau (Mähren) 1540 – Nürnberg 1603

460 Medaille mit Kaiser Rudolf II.
1589

460

Silber, geprägt; Dm. 4,2 cm
Vorderseite: RVDOLPHVS II. ROM:IMP: AVGVS:Brustbild Rudolfs II. mit Vlieskette nach rechts
Rückseite: unten im Armabschnitt V.M. (Rosette) RVDOLPHVS II.DG RO-MA.IMPERA: SEM:AV: Der auf einem Podest stehende Kaiser, geharnischt, mit Krone, Zepter und Reichsapfel. Im Feld CVM PRI:CAE; im Abschnitt V.M.
Literatur: Habich II/1, r. 2604 (Vorderseite); Habich II/1, Nr. 2610 (Rückseite)

Valentin Maler lebte und arbeitete von 1569 bis zu seinem Tod 1603 in Nürnberg, war aber – ähnlich wie andere zeitgenössische Künstler – vielfach auf Reisen, unter anderem auch nach Wien und Prag.

Im Unterschied zu Abondio, der sich hauptsächlich mit Guß- und kaum mit Prägemedaillen beschäftigt hat, nimmt die Beschäftigung mit geprägten Medaillen im Werk von Valentin Maler einen viel breiteren Raum ein. Schon für Kaiser Maximilian II. berichten die Quellen über Zahlungen an Maler für von ihm »angefertigte präkheisen zu irer maj. piltnusphening«. (Reg. 5353 vom 5. Nov. 1576).

Die hier gezeigte Medaille Malers weist zwei Besonderheiten auf. Zum einen handelt es sich um eine Stempelkoppelung von zwei zu einer Medaille zusammengefügten Vorderseitenstempeln; beide Seiten beginnen mit der Namensnennung Rudolfs II. und seinen Titeln, und beide Seiten sind auch mit anderen Rückseiten gekoppelt worden.

Die zweite Besonderheit dieser Medaille liegt in dem Bildnis Rudolfs II.; es ist kein eigenständiges Bildnis Malers, sondern ein ganz eng an Abondio angelehntes und vielleicht sogar durch die Überarbeitung eines Stempels von Abondio entstanden (Kat. Nr. 479).

Die Medaille ist 1589, wahrscheinlich als Stück einer Serie entstanden. Das Datum ergibt sich aus den datierten Rückseiten, mit denen die Vorderseitenstempel dieser Medaille in anderen Exemplaren verbunden worden sind, und erfährt seine Bestätigung durch den dargestellten Porträttypus Rudolfs II. und die von Rudolf II. getragene Vlieskette (beides nach 1585). R.-A. S.

Wien, Kunsthistorisches Museum, Münzkabinett, Inv. Nr. 865 bß

ANTONIO ABONDIO
Riva 1538 – Wien 1591

461 Medaille mit Kaiser Rudolf II. und Erzherzog Ernst
Kurz nach 1576

461

Silber, gegossen; Dm. 3,8 cm
Vorderseite: RVDOLPHVS II ROM:IMP: SEMP:AVG: Bildnis Kaiser Rudolfs II. mit Lorbeerkranz im Profil nach rechts
Rückseite: ERNESTVS:ARCHID:AVSTRIAE. Bildnis von Erzherzog Ernst nach links
Literatur: Habich II/2, Nr. 3418

Vorderseite und Rückseite gehören zu einer Medaille zusammen und sind im Wiener Münzkabinett in zwei getrennten Abgüssen vorhanden.

Erzherzog Ernst war der älteste Bruder Kaiser Rudolfs II. und ist mit diesem zusammen von 1563 bis 1571 am spanischen Hofe Philipps II. erzogen worden. Als Statthalter in Österreich residierte Erzherzog Ernst 1583–1593 in Wien. 1577 setzte sich der Erzherzog bei seinem Bruder dafür ein, daß Antonio Abondio ein Haus am Neuen Markt in Wien, in dem der Medailleur seit 1573 wohnte, überschrieben wurde.

Die Medaille muß kurz nach 1576, der Krönung Rudolfs II. zum Kaiser, entstanden sein. Dafür spricht der frühe Porträttypus Rudolfs II., der wahrscheinlich bis zu der Verleihung des Goldenen Vlieses an den Kaiser im Jahr 1585 beibehalten wurde und gegenüber dem späteren Typus (Kat. Nr. 479) weniger streng und etwas individueller wirkt. Bei allen Medaillen, die Rudolf II. mit der Kette des Goldenen Vlieses zeigen, also 1585 oder danach entstanden sind, bilden Stirn, Nase und Kinnpartie eine schräg nach unten laufende Linie, die ebenso wie der verstärkte Schnäuzer und die tiefer liegenden Augen ein Altern des Kaisers und größere Würde andeuten.

Das harte Anstoßen des Kopfes an den Medaillenrand ist nur auf dieser Medaille mit dem frühen Porträttypus zu beobachten. R.-A. S.

Wien, Kunsthistorisches Museum, Münzkabinett, Inv. Nr. 851 bß

ANTONIO ABONDIO
Riva 1538 – Wien 1591

462 Medaille mit den Erzherzögen Matthias, Maximilian III. und den Erzherzögen Albert und Wenzel
1568

Silber, gegossen; Dm. 4,8 cm
Getrennter Abguß der Vorder- und Rückseite
Vorderseite: (Ranke) MATTHIAS MAXIMILIANVS. ARCHI. AVST. Die Brustbilder der beiden Erzherzogskinder nach rechts. Im Armabschnitt vorne vertieft AA, seitlich darüber 1568. Schrift zwischen vertieften Kreislinien
Rückseite: (Ranke) ALBERTVS. WENCESLAVS. ARCHIDV. AVSTRIAE. Die Brustbilder Alberts und Wenzels nach links. Im Armabschnitt vertieft AA, seitlich darüber 1568. Schrift zwischen vertieften Kreislinien
Literatur: Habich II/2, Nr. 3410; Ausst. Kat.: Renaissance in Österreich, Nr. 320 u. Nr. 322, S. 3711 ff.

Vorderseite und Rückseite gehören zu einer Medaille zusammen, sind aber im Wiener Münzkabinett in zwei getrennten Abgüssen erhalten.

Die hier verwendete Signatur mit den vertieft angebrachten Buchstaben AA hat Abondio bis 1570 gebraucht; danach hat er seine Medaillen mit dem Monogramm AN AB signiert.

Auch wenn man die wahrscheinlich gewollte Ähnlichkeit der Bildnisse im Sinne einer Familiendynastie in Betracht zieht, so sind sie gegenüber späteren Arbeiten von Abondio doch sehr einfach und undifferenziert gehalten; dieser Eindruck wird durch die schmucklose Kleidung der Erzherzöge noch verstärkt. R.-A. S.

Wien, Kunsthistorisches Museum, Münzkabinett, Inv. Nr. 2516 bß u. 2522 bß

462a

462b

JOHAN FORMAI
Prag Anfang 17. Jahrhundert

463 Medaille mit Kaiser Rudolf II. zu Pferd
1602 – 1608

Silber, gegossen; Dm. 7,7 cm
Vorderseite: RVDOLPHVS.II.ROM.IMP. AVG.REX.HVNG.BOH. Kaiser Rudolf II., in reichem Ornat, mit Zepter und Krone, reitet durch eine im Hintergrund mit Bergen und Burgen besetzte Landschaft nach rechts. Eine fliegende Viktoria, die in beiden Händen Lorbeergewinde hält, bekränzt das Zepter des Kaisers. Zu Füßen des Kaisers neben den Pferdehufen liegt eine nackte, händeringende Frau, die

Zwietracht symbolisierend. Auf dem schmalen Außensteg unten die Signatur: IOHAN. FORMAI. F.
Rückseite: Vor dem Hintergrund einer antiken Säulenarchitektur sitzt der Kaiser auf einem reich geschmücktem Thron, zu seiner Rechten Pax und zu seiner Linken Bellona. Rechts und links des Thrones sitzen die geistlichen und weltlichen Kurfürsten, vor den Stufen des Thrones liegt ein nackter, gefesselter Krieger auf Trophäen.
Literatur: H. Modern, in: JbKSAHK 15/1894, S. 92/93, Taf. IX,1; Habich II/2, Nr. 3564; Ter Molen, 2. Bd., Nr. 205, S. 53; R. Distelberger 1985, S. 278

Diese Medaille ist aufgrund ihrer hervorragenden Qualität in der bisherigen Literatur bis vor kurzem einhellig Paulus van Vianen zugeschrieben worden. Erst Ter Molen hat die kleine und unscheinbare Inschrift: »IOHAN. FORMAI.F.« entdeckt und eine vorsichtige Zuschreibung der Medaille an Jan Vermeyen gewagt. Jan Vermeyen war bis zu seinem Tode im Jahr 1606 Kammergoldschmied Rudolfs II. und hat neben anderen herausragenden Arbeiten die Reliefs und die Emails der Rudolfskrone geschaffen. Ist aber Jan Vermeyen mit Johan Formai identisch? Ein Stilvergleich der Reliefs auf der Rudolfskrone mit der Medaille läßt dies bezweifeln, und so kann man vielleicht vorerst annehmen, daß es sich bei Johan Formai um einen Sohn von Jan Vermeyen handelt, der mit seinem schon eingedeutschten Namen, Hans Formai, noch unter Kaiser Matthias Zahlungen erhält.

Die Medaille läßt sich auf wenige Jahre genau datieren. Sie muß nach 1602 entstanden sein und vor 1608. Um 1602 hat Rudolf II. einen neuen kaiserlichen Porträttypus eingeführt, der sein Altersporträt nach einer Vorlage des Hans von Aachen wiedergibt; dieser Porträttypus des Hans von Aachen ist auf dieser Medaille dargestellt. Ab 1608 schließlich mußte Rudolf II. in der Auseinandersetzung mit seinem Bruder Matthias den Titel des Königs von Ungarn abtreten, mit dem er auf der Medaille noch bezeichnet ist. R.-A. S.

Wien, Kunsthistorisches Museum, Münzkabinett, Inv. Nr. 22 bß

UNBEKANNTER KÜNSTLER

464 Medaille mit Adrian de Vries
1581

Bronze, einseitig; Dm. 6,8 cm
Brustbild des 81jährigen Künstlers nach rechts. Auf doppeltem Linienkreis die Umschrift:

463a

463b

464

465

466

ADRIANVS. BATAVS. HAGENSIS. AETATIS.SVE.ANO 81
Literatur: L. O. Larsson, 1967, S. 8, Anm. 5, Abb. 3; Ausst. Kat.: Giambologna 1529–1608, Wien 1978, Nr. 254, S. 312

Wenn man annimmt, daß die Medaille anläßlich des Todes von Adrian de Vries entstanden ist, ergibt sich als Geburtsjahr des Künstlers 1545. R.-A. S.

Wien, Kunsthistorisches Museum, Münzkabinett, Inv. Nr. 12.146 bß

ALESSANDRO ABONDIO
Um 1570 – München 1648

465 Medaille mit Matthias II., König von Ungarn und Böhmen 1611

Silber, gegossen; oval 4,5 × 3,5 cm
Vorderseite: MATTHIAS II.D.G.HVN.ET BOHE.REX.ARC:AVS DVX BVR:CO.TY. Brustbild nach rechts, mit verschnürter Jacke und federbesetzter Mütze
Rückseite: AMAT VICTORIA CVRAM
Der mit einem Baum bestandene Ausgang einer Felsenhöhle wird durch einen Basilisken bewacht
Literatur: Typotius, Symbola Divina, Bd. II, S. 100; F. Kenner, in: JbKSAHK 12/1891, S. 155 ff.; Habich II/2, Nr. 3588; Ausst. Kat.: Renaissance in Österreich, Nr. 311

Alessandro Abondio, der Sohn von Antonio Abondio, stand seit 1606 in Hofdiensten Rudolfs II. und war später auch für Matthias II. in Prag tätig. Seit 1619 arbeitete er in München, wo er 1648 verstarb. Alessandros Medaillen schließen sich stilistisch eng an die seines Vaters Antonio an, sind aber im Unterschied zu diesen nicht signiert und bevorzugen die ovale statt der runden Medaillenform.

Fast alle Embleme von Matthias II. tragen das Motto: ›Amat Victoria Curam‹, d. h. ›Der Sieg liebt die Sorgfalt‹ und verweisen auf die Mühe, die notwendig ist, das Erreichte – den Sieg – zu halten.

Wie aus der Umschrift ersichtlich, ist die Medaille 1611 entstanden, in unmittelbarer Folge der Absetzung Rudolfs II. und der Krönung von Matthias II. als König von Ungarn und Böhmen. R.-A. S.

Wien, Kunsthistorisches Museum, Münzkabinett, Inv. Nr. 917 bß

JAN DE VOS (?)
Tätig Augsburg und Prag Anfang 17. Jahrhundert

466 Medaille auf Kaiser Matthias II. 1612 (?)

Silber, gegossen; oval 4,2 × 3,4 cm
Vorderseite: MATTHIAS D G EL RO IMP SAGER HVN BOH REX. Brustbild mit Lorbeerkranz und Vlieskette von vorn
Rückseite: Ohne Umschrift. Ein Kranich (der die Wachsamkeit symbolisiert) steht über erbeuteten Rüstungen, in der Kralle seines erhobenen rechten Beines einen Stein haltend
Literatur: Typotius, Symbola Divina, Bd. II, Nr. XVI; Doering, Philipp Hainhofer 1896; zahlreiche Verweise auf Jan de Vos; Dworschak 1925/26, S. 67, 68, Taf XI/2; Habich 1927, S. 124–135; Habich II/2, Nr. 3556 u. Habich II/1, S. 422 ff.

Die in der Literatur wechselnden Zuschreibungen dieser Medaille an Paulus van Vianen bzw. Alessandro Abondio lassen sich stilistisch weder für den einen noch für den anderen Meister halten.

Es gibt jedoch noch einen anderen, namentlich bekannten Goldschmied, Medailleur und Wachsbossierer, der als Künstler dieser Medaille in Frage kommen könnte. Es ist der 1605 von Kaiser Rudolf II. eingestellte Jan de Vos, der auch unter Matthias II. tätig war. Von ihm sind wenig gesicherte Daten bekannt, er wird mehrfach lobend als Medailleur und Wachsbossierer in den Briefen des Augsburger Kunstagenten Philipp Hainhofer erwähnt, und es sind von ihm wenige mit seinem Monogramm IDV signierte Medaillen bekannt. Vergleicht man diese Arbeiten mit der Medaille auf Kaiser Matthias II., so fallen mehrere stilistische Übereinstimmungen auf: die Darstellung in Dreiviertelansicht, die Betonung der Halskrause und die relativ einfache Wiedergabe der Büste.

Die Zuschreibung an de Vos ist ein möglicher Diskussionsansatz, der die überalterte Zuschreibung an Vianen bzw. Alessandro Abondio ablösen könnte. Vielleicht sind noch weitere Zuschreibungen bisher unbekannter Medaillen an Jan de Vos möglich. R.-A. S.

Wien, Kunsthistorisches Museum, Münzkabinett, Inv. Nr. 904 bß

PAULUS VAN VIANEN zugeschrieben
Utrecht um 1570 – Prag 1613

467 Medaille auf die Einnahme von Tergowist (1595) **und auf die Wiedereroberung von Raab** (1598)

Kupfer versilbert; gegossen; Dm. 8,1 cm
Vorderseite: Auf dem äußeren Rand in vertiefter, kleiner Schrift: SIGIS.BATH.TRANSYL. PRINC.AQVILAE ET STELLAE CRINITAE FOELICISS PRAESAG CAES.TVRCAS.INTER.DANVB:ET SAV FLV.AD TERGOVIST. FORTITER FVGAVIT. MDVC D XVIII OCTOB
Die Darstellung auf der Vorderseite bezieht sich auf die Einnahme von Tergowist, der Hauptstadt Siebenbürgens, durch Sigismund Báthory im Jahre 1595. In der Mitte sitzt Bellona auf einer Flußinsel, mit einem Zepter in der Hand, und von der geflügelten Siegesgöttin bekränzt. Vor ihr lagern die durch ihre Attribute gekennzeichneten Flußgötter Save und Donau; zu ihren Füßen ertrinkende Türken. Hinter Bellona ist links eine Schlachtendarstellung und rechts eine Stadtanlage (Tergowist) zu sehen. Oben in den Wolken hält der kaiserliche Adler den Türkenhalbmond in den Fängen
Rückseite: IAVARIN AVTORE DEO.AVSPICIO RVDOLPH.II.CAES.NVRE OPPORTVNISS:LVNAM OBDVCENTAE DIRECTORE ADOLPH COM.A SCHWARZENB.RECVPERATVR. A MDIIC. D XXIX.MART.
Die Rückeroberung von Raab unter Adolph von Schwarzenberg ist hier durch eine an eine Säule gelehnte junge Frau gekennzeichnet, die

467a

467b

von Viktoria bekränzt wird und die die zu ihren Füßen kniende Fortuna zwingt, ihre Fußfesseln zu lösen. Auf der Säule sitzt ein Adler, am Säulenfuß liegen Mühlensteine und ein Merkurstab. Im Hintergrund wird die Festung Raab gestürmt. Ein über dem Schlachtfeld schwebender Rabe (Raab) deutet auf den Namen der Stadt. Oben in den Wolken verhüllt Juno die in der Hand Dianas befindliche Mondsichel; eine Anspielung auf den verhüllten Mond während der Schlacht, der die Einnahme von Raab wesentlich erleichterte

Literatur: Habich II/2, Nr. 3565; L. O. Larsson 1967, S. 39–42, Abb. 76–80; Ter Molen, 2. Bd., Nr. 199, S. 51/52; G. Galavics 1986, S. 32ff., Abb. 21

Die Motive dieser Medaille gehen auf Ölskizzen des Hans von Aachen zurück. Von Aachen hat eine Reihe von ›Inventiones‹ zu den ungarischen Schlachten gemalt, die nicht nur dieser Medaille als Vorlage gedient haben, sondern auch Adrian de Vries für sein gegen 1603 entstandenes Relief mit der Allegorie über den Krieg in Ungarn.

Wenn man Paulus van Vianen als Schöpfer dieser Medaille annimmt, so kann die Medaille erst nach 1603, dem Beginn der Tätigkeit Vianens in Prag, entstanden sein. Dies paßt gut mit dem etwa zur gleichen Zeit (1603) geschaffenen Türkenkriegs-Relief von Adrian de Vries zusammen. Nimmt man jedoch eine Entstehung der Medaille kurz nach der Wiedereroberung von Raab an, so würde dies die Autorschaft van Vianens ausschließen, da er zu dieser Zeit noch in München tätig war. R.-A. S.

Wien, Kunsthistorisches Museum, Münzkabinett, Inv. Nr. 67 bß

468

469

ANTONIO ABONDIO
Riva 1538 – Wien 1591

468 Medaille mit Paulus Sixtus Trautson
1574

Silber, gegossen; Henkelspur; Dm. 3,7 cm
Vorderseite: PAVLVS SIXTVS TRAVTHSON BARO. Brustbild nach rechts, rechts am Rand AN.AB
Rückseite: (Ranke) TEMPORE PERFICITVR (Ranke) 1574. Dicht neben einer alten Palme wächst eine junge
Literatur: ADB 38/1894, S. 522–524; Habich II/2, Nr. 3374 (vgl. auch Nr. 3468); R.J.W. Evans, [2]1984, S. 71/72

Paulus Sixtus von Trautson hatte, wie sein Vater Johann, wichtige Hofämter unter Kaiser Rudolph II. inne und gehörte zusammen mit Wolfgang Rumpf bis in das Jahr 1600, dem Jahr ihrer gemeinsamen Entlassung aus Hofdiensten, zu den engsten Ratgebern Rudolfs II.

Ob es einen konkreten Anlaß zum Guß der Medaille gab, läßt sich nicht mehr feststellen; der um 1550 geborene Trautson gehörte bereits Ende 1576 zu den Hofräten Rudolfs II. Vielleicht ist die Medaille, die schon 1574 gefertigt ist, anläßlich seines Eintrittes in den Hofdienst (noch unter Kaiser Maximilian II.) entstanden. Das Motto des sprechenden Emblems auf der Rückseite der Medaille lautet übersetzt: ›Durch die Zeit vollendet‹ und weist auf das Wachsen der jungen Palme hin, die mit dem Fortschreiten der Zeit die Größe der alten Palme erreichen wird.

Zu Trautson, Khevenhüller und Harrach (Kat. Nr. 469) scheint Abondio gute Beziehungen gehabt zu haben; er nennt sie in einem Bittbrief an Rudolf II. als Zeugen eines Versprechens von Kaiser Maximilian II., ihm (Abondio) ein Haus am Neuen Markt in Wien zu schenken. (Reg. 11568) R.-A. S.

Wien, Kunsthistorisches Museum, Münzkabinett, Inv. Nr. 4871 bß

ANTONIO ABONDIO
Riva 1538 – Wien 1591

469 Medaille mit Leonhard und Barbara Harrach

Silber, gegossen; Henkelspur; Dm. 3,6 cm
Vorderseite: LEONHARDVS AB HARROCH BARO IN RORAV ET PVRCHEN: S:C:M:INT:CON:ET CVB: Brustbild nach rechts, unten am Rand AN:AB
Rückseite: BARBARA AB HARROCH CONGIVGE. Brustbild nach links, unten am Rand AN:AB, Schrift beiderseits zwischen vertieften Kreislinien
Literatur: Habich II/2, Nr. 3362 (3389 u. 3390); NDB 7/1966, S. 697ff.

Leonhard von Harrach war sowohl unter Kaiser Maximilian II. als auch unter Rudolf II. Reichshofrat und Obersthofmeister. Er ist später noch auf zwei weiteren Medaillen (wahrscheinlich anläßlich der Verleihung des Goldenen Vlieses im Jahr 1585) von Abondio porträtiert worden und starb 1590 in Wien. R.-A. S.

Wien, Kunsthistorisches Museum, Münzkabinett, Inv. Nr. 13912 bß

470

Nachfolger des
ANTONIO ABONDIO

470 Medaille mit Antonio Abondio
1570er Jahre

Blei, gegossen; einseitig, Dm. 4,5 cm
* ANTONIVS * (Blattranke) * ABBONDIO * (Blattranke)
Literatur: Habich II/2, Nr. 3493

Obwohl es sich hier um ein sehr qualitätvolles Bildnis mit vielen Anklängen an den Stil Abondios handelt (so z. B. in den Blattranken in der Umschrift, die Abondio ähnlich auf seinen frühen Medaillen verwandt hat), fehlt in der Gesichtsmodulation und in der fast schlichten Wiedergabe der Kleidung seine Handschrift.

Vergleicht man das Porträt auf der Medaille mit dem Stich von Rota (Kat. Nr. 471), so läßt sich eine ungefähre Altersgleichheit der Dargestellten feststellen; d. h., daß die Medaille in den 1570er Jahren entstanden sein muß. Einen Anlaß für die Herstellung der Medaille und den ausführenden Künstler können wir jedoch nicht benennen. R.-A. S.

München, Staatliche Münzsammlung

471

MARTINO ROTA
Sebenico um 1520 – Wien 1583

471 Porträtstich von Antonio Abondio
1574

Kupferstich; 15,3 × 11,7 cm
In einer ovalen Umrahmung ist das Bildnis des 36jährigen Abondio von schräg vorn wiedergegeben; ein Pelzmantel mit reichem Kragen weist auf die angesehene Stellung des Künstlers hin. Auf einer an den Seiten eingerollten Kartusche ist folgende Inschrift zu lesen: M.D.LXXIIII/ANTONIV S:ABVNDIVS.A.F./ANNO SVAE AETATIS XXXVI: Rechts darunter: Martinus Rota F.
Die ovale Rahmung ist von einem rechteckigen Rahmen mit doppelter Eierstableiste gefaßt; in den vier Ecken des Rahmens befinden sich verschlüsselte, allegorische Hinweise auf die Person Abondios, die bisher jedoch noch nicht zu einer sinnvollen Interpretation zusammengefügt werden konnten. Lediglich die beiden oberen Embleme finden sich in der Emblemsammlung des Typotius, jedoch sind sie Embleme auf verschiedene Personen und lassen sich in ihrer Bedeutung nicht ohne weiteres auf Abondio übertragen.
Literatur: Habich II/2, Abb. 504; The Illustrated Bartsch, Bd. 33, 1979, S. 64

Das Bildnis ist von Martino Rota gestochen, der als Porträtmaler und -stecher von 1568 bis zu seinem Tode 1583 in Diensten von Kaiser Maximilian II. und Kaiser Rudolf II. stand. Abondio hat seine Medaillen mehrfach nach den Vorlagen von Rota geschaffen, so daß eine Zusammenarbeit der beiden aus Italien stammenden Künstler vermutet werden kann. R.-A. S.

Wien, Albertina, Inv. Nr. HB 30 Suppl. p. 35

ANTONIO ABONDIO
Riva 1538 – Wien 1591

472 Medaille mit Kaiser Rudolf II.
Vor 1585

Silber vergoldet, gegossen; Dm. 4,8 cm
Vorderseite: RVDOLPHVS II ROM IMP: AVG: Brustbild des Kaisers nach rechts, links am Rand AN:AB
Rückseite: (Ranke) SALVTI PVBLICAE (Ranke). Ein zwischen Wolken schwebender Adler strebt einem Lorbeerkranz zu, der von einem Strahlenring umgeben ist

472a

472b

Literatur: Typotius, Symbola Divina, Bd. I, Nr. XXXIII/2 u. Nr. XXXIV/2; Habich II/2, Nr. 3419; R. J. W. Evans, [2]1984, Abb. 13 u. 15c

Auf der Rückseite dieser Medaille sind Elemente aus zwei verschiedenen Emblemen des Kaisers kombiniert. Die 1601 bis 1603 in drei Bänden erschienene Emblemsammlung des Jakob Typotius mit dem Titel ›Symbola Divina et Humana …‹ enthielt nicht nur alle Embleme Rudolfs II., sondern auch die von anderen weltlichen und geistlichen Potentaten. In diesem Fall sind die Embleme Nr. XXXIII/2 und Nr. XXXIV/2 aus dem ersten Band kombiniert worden. Zu interpretieren zum einen (Emblem Nr. XXXIII/2) als Adler, der die Mitte des Himmels hält, zu Größerem strebt, die Feinde niederwirft und mit dem Lorbeerkranz belohnt wird. Zum anderen aber (Emblem Nr. XXXIV/2) wendet sich der Adler zu Gott, dargestellt durch den Strahlenkranz der Sonne, dem der Kaiser Wünsche ›für das öffentliche Wohl‹ (= SALUTI PUBLICAE) offenbart.

473

Die Medaille ist vor 1585, der Verleihung des Goldenen Vlieses an Rudolf II., entstanden und zeigt den Porträttypus des jungen Kaisers. Aufgrund der Kombination zweier Embleme auf der Rückseite der Medaille, die als bildlich-programmatische Regierungserklärung aufgefaßt werden kann, aufgrund der kostbaren Ausführung der Medaille (vergoldet) und der relativen Größe des Stückes (4,8 cm) kann man eine Entstehung bald nach Regierungsantritt Rudolfs II. annehmen. R.-A. S.

Wien, Kunsthistorisches Museum, Münzkabinett, Inv. Nr. 862 bß

UNBEKANNTER KÜNSTLER
Prag Anfang 17. Jahrhundert

473 Medaille mit Kaiser Rudolf II.
1602–1608

Silber gegossen; Henkelspur; Dm. 3,2 cm
Vorderseite: RVDOLPHVS.II RO.IM.REX. HV.BO. Brustbild von vorn, mit Lorbeerkranz und Vlieskette
Rückseite: FVLGET CAES ASTRVM. Wendekreis; unten das Sternbild des Steinbocks, oben ein zwei Sternen zufliegender Adler, darüber die Kaiserkrone
Literatur: Typotius, Symbola Divina, Bd. I, Nr. XXXVIII; H. Modern, in: JbKSAHK 15/1894, S. 97, Taf. X, 5; Habich II/2, Nr. 3550; Ter Molen, 2. Bd., Nr. 204, S. 52/53; Vocelka 1981, S. 36ff.; Vocelka 1982, S. 45–56, hier Abb. 8

›Es erstrahlt der Stern des Kaisers‹ lautet die Übersetzung vom Motto dieses Emblems auf der Rückseite der Medaille. Ebenso wie auf den beiden folgenden Medaillen (Kat. Nr. 474 u. Nr. 475) weist Rudolf II. auf seine Sternzeichen-Gleichheit mit Kaiser Augustus hin, die er als göttliches Zeichen einer glücklichen Regentschaft interpretiert.

Für die Frage nach dem Künstler dieser Medaille gibt es keine gesicherten Anhaltspunkte. Nach dem Porträttypus ist sie nach 1602 entstanden und vor 1608, da Rudolf II. in diesem Jahr den Titel des Königs von Ungarn, mit dem er noch auf der Medaille bezeichnet ist, an seinen Bruder Matthias abtreten mußte. Dieser Medaillentypus ist sehr beliebt gewesen, denn es gibt mehrere untereinander nur leicht variierte Ausführungen, sowohl in gegossener (Kat. Nr. 474) als auch in geprägter Form (Kat. Nr. 482). Paulus van Vianen (bzw. seine Schule) oder Alessandro Abondio hier als Künstler zu nennen, wie teilweise in der Literatur zu lesen ist, entbehrt gesicherter Grundlagen. Von Vianen haben wir kein gesichertes Porträt von Rudolf II., und Alessandro Abondio hat, wie sein Vater Antonio Abondio, fast ausschließlich im Profil porträtiert. Zudem spricht der etwas dekorative Charakter der Medaille, besonders aber der ornamentale Volutenabschluß der Büste, nicht für Vianen oder Alessandro Abondio, und so muß man sich wohl bis auf weiteres damit begnügen, den Künstler nicht benennen zu können. R.-A. S.

München, Staatliche Münzsammlung

UNBEKANNTER KÜNSTLER
Prag Anfang 17. Jahrhundert

474 Medaille mit Kaiser Rudolf II.

Silber, gegossen; Dm. 4 cm
Vorderseite: RVDOLPHVS II RO IM REX HV BO. Brustbild von vorn, mit Lorbeerkranz und

474

475

Vlieskette; Schultern durch Löwenprotomen betont
Rückseite: In einem Eichenkranz OB CIVES SER, darunter zwei mit ihren Schwänzen verschlungene Sternbilder des Steinbocks, auf eine Erdkugel gestützt
Literatur: Habich II/2, Nr. 3549; Ter Molen, 2. Bd., Nr. 204, S. 52/53

Das Emblem auf der Rückseite dieser Medaille OB CIVES SER(VATOS) d. h.: ›wegen Errettung der Bürger‹ ist nicht in der 1601–1603 in Prag erschienenen Emblemsammlung des Jakob Typotius zu finden und somit erst später, aus aktuellem politischen Anlaß, in die Reihe der Embleme Rudolfs II. aufgenommen worden.

Sowohl der dargestellte Eichenkranz, die sogenannte Bürgerkrone, als auch die beiden Sternbilder des Steinbocks weisen auf Kaiser Augustus hin. Nach der Schlacht bei Actium (31 v. Chr.), in der Octavian (Augustus) seinen Rivalen Antonius und die mit ihm verbündete Kleopatra besiegt hatte, wurde ihm die Bürgerkrone, die Belohnung für die Errettung der Bürger, verliehen. Ähnlich ist der Sinn dieser Medaille zu verstehen. In einer Zeit äußerster politischer Konflikte, in der sich Rudolf II. immer mehr und immer unzugänglicher in die Prager Burg zurückzog, ließ er seine Ansprüche gegenüber Gegnern und Nachwelt durch eine sorgfältig durchdachte ›Propaganda‹-Kunst dokumentieren. Diesem Anliegen diente auch der direkte Vergleich mit Augustus auf der Rückseite dieser Medaille – auf der Vorderseite der Medaille verstärken die Löwenprotomen auf den Schulterstücken, wie sie ähnlich auf der großen Bildnisbüste Rudolfs II. aus dem Jahr 1607 von Adrian de Vries zu sehen sind, den Eindruck von Stärke. R.-A. S.

München, Staatliche Münzsammlung

UNBEKANNTER KÜNSTLER
Prag Anfang 17. Jahrhundert

475 Medaille mit Kaiser Rudolf II.

Silber, gegossen; oval 3,5 × 4,5 cm
Vorderseite: RVDOLPHVS II ROM IMP AVG REX HVNG BOE. Brustbild von schräg vorne, mit Lorbeerkranz und Vlieskette
Rückseite: ASTRA VADVNT VIRTVTE. Erdkugel, Sternbild des Steinbocks, darüber ein kleiner Stern und ein auffliegender Adler
Literatur: Typotius, Symbola Divina, Bd. I, Nr. XXXVIII/1; Habich II/2, Nr. 3553; Ter Molen, 2 Bd., Nr. 204, S. 52/53

Das Porträt auf der Vorderseite dieser Medaille ist jenen auf den beiden vorangegangenen Medaillen (Kat. Nr. 473 u. Nr. 474) sehr ähnlich, so daß man ein und denselben unbekannten Künstler für diese Stücke annehmen kann.

Die Rückseite dieser Medaille bezieht sich (wie schon bei Kat. Nr. 473) auf das Sternbild des Kaisers und ist eine Variante des bei Typotius an entsprechender Stelle wiedergegebenen Emblems. R.-A. S.

Wien, Kunsthistorisches Museum, Münzkabinett, Inv. Nr. 860 bß

ANTONIO ABONDIO
Riva 1538 – Wien 1591

476 Medaille mit Kaiser Rudolf II.
1585–1591

Gold, gegossen; gedrehte Fassung; Dm. 3,1 cm
Vorderseite: RVDOLPHVS II ROM:IMP: AVG: Brustbild mit Harnisch und drappiertem Mantel nach rechts; links am Rand AB
Rückseite: TV CEDE MALIS (Ranke). Ein dreiköpfiges Ungeheuer steht einem in Wolken gehüllten Schild und Schwert gegenüber.

476

Schrift beiderseits zwischen vertieften Kreislinien
Literatur: Typotius, Symbola Divina, Bd. I, Nr. XXXVI/2; Habich II/2, Nr. 3427

Die Umschrift auf der Rückseite fordert auf, nicht vor dem Bösen, d. h. den Türken, zurückzuweichen. In den ›Symbola Divina et Humana‹ des Jakob Typotius wird das dreiköpfige Ungeheuer (der 3. Kopf sitzt auf dem Schwanz) als Symbol für die mit einer Dreizahl negativer Eigenschaften ausgestatteten Türken erklärt. Das Ungeheuer wird schließlich im Krieg von Bellerophon besiegt; gegen das Ungeheuer kann nur das Schild und Schwert der Christen standhalten.

Die Entstehung der Medaille läßt sich auf wenige Jahre genau datieren; sie ist nach 1585, der Verleihung des Goldenen Vlieses an Rudolf II., und vor 1591, dem Tod Abondios, entstanden. Im Unterschied zu den frühen Porträts von Rudolf II. durch Abondio (Kat. Nr. 461 u. Nr. 472) zeigt dieses ›gealterte‹ Porträt den Kaiser mit vollerem Bart und kräftigem, gedrehtem Schnäuzer. R.-A. S.

Wien, Kunsthistorisches Museum, Münzkabinett, Inv. Nr. 840 bß

477

Nach PAULUS VAN VIANEN
Utrecht um 1570 – Prag 1613

477 Plakette mit den Sieben Freien Künsten

Kupfer vergoldet, gegossen, gelocht;
Dm. 7,8 cm
Im Freien sitzen sieben Frauen in einer Gruppe zusammen; durch ihre Attribute sind sie als Personifikationen der ›Artes Liberales‹ gekennzeichnet und lassen sich einzeln benennen: die in einem Buch lesende Grammatik und hinter ihr die Musik mit einer Flöte sowie rechts daneben die Dialektik mit einem Schlangenstab. In der Mitte der Gruppe sitzt die zeichnende Arithmetik, rechts neben ihr die als Rückenakt gegebene Geometrie mit der Weltkugel und am rechten Rand schließlich die Astronomie und die Rhetorik.
Die Gruppe ist gerahmt von einem im Vordergrund stehenden Cello und Baumgruppen rechts und links im Hintergrund.
Literatur: V. Vokáčova, S. 41; I. Weber, Nr. 786 A; Ter Molen, 2. Bd., Nr. 124 u. Nr. 38; R. Distelberger, S. 278, Abb. 191

Diese Plakette gibt einen Ausschnitt aus einer etwas größeren wieder; auf ihr ist Minerva dargestellt, die die durch Pinsel und Palette gekennzeichnete Malerei zu der rechts lagernden Gruppe der Sieben Freien Künste führt. Als Vorlage dieses Motives diente ein Stich, den Aegidius Sadeler kurz vor 1596 nach einem Gemälde des Hans von Aachen gestochen hat.

So ist es wahrscheinlich, daß Paulus van Vianen gegen 1600 in München eine Schale mit dem Motiv der Minerva, die die Malerei zur Gruppe der Sieben Freien Künste führt, nach der Vorlage seines Freundes Hans von Aachen gefertigt hat, die jedoch nur in einer Kopie, der sogenannten ›Cellini-Schale‹ des Louvre, überliefert ist. Nach dem Original Vianens sind nicht nur die Schale im Louvre, sondern auch weitere Plaketten gegossen worden, die in einem zusätzlichen Schritt dann noch einmal auf das Motiv der Sieben Freien Künste (ohne Minerva mit der Malerei) reduziert worden sind. Die Behandlung der Bäume links und rechts auf der Plakette mit den Sieben Freien Künsten deutet in ihrer malerischen Wiedergabe, die sehr an die Zeichnungen Vianens erinnert, darauf hin, daß schon Vianen selbst die Motivreduktion vorgenommen haben könnte.

R.-A. S.

Prag, Kunstgewerbemuseum, Inv. Nr. 11921

UNBEKANNTER KÜNSTLER
1. Hälfte 17. Jahrhundert

478 Schalenboden mit der Allegorie des Glücklichen Regiments

Silber, getrieben; Dm. 16 cm
In einer Landschaft, die im Hintergrund links eine Hafenstadt zeigt und rechts ein Schiff auf hoher See, ist im Vordergrund eine Ansammlung von Göttern und anderen Figuren zu sehen; oben in den Wolken steht mit flatterndem Gewand ein Windgott
Literatur: V. Vokáčova, S. 39/40; I. Weber, Nr. 949; Ter Molen, Nr. 194; R. Distelberger, S. 278, Abb. 190

Eine Zuschreibung des Schalenbodens an Paulus van Vianen, wie sie in der Literatur teilweise vertreten wird, läßt sich aufgrund stilistischer Merkmale nur schwer halten. Die Darstellung der Stadt im Hintergrund und die teilweise etwas steife Behandlung der Figuren sprechen gegen die Annahme einer Arbeit von Vianen; die Rückenaktfigur der Ceres hingegen, rechts im Vordergrund, läßt zwar an Vianen denken, reicht aber nicht für eine Zuschreibung an ihn aus, so daß man den Künstler in die Vianen-Nachfolge zu Beginn des 17. Jahrhunderts einordnen müßte. Für diese Annahme spricht auch, daß sich die Allegorie nicht in eine Beziehung mit dem rudolfinischen Hof bringen läßt.

R.-A. S.

Prag, Kunstgewerbemuseum, Inv. Nr. 11449

ANTONIO ABONDIO
Riva 1538 – Wien 1591

479 Medaillenstempel (Vorderseite) mit Kaiser Rudolf II. und Stempelabschlag

Stempeleisen; Dm. der Prägefläche 4,7 cm
Vertieft, in Negativform: RVDOLPHVS II ROM:IMP:AVG: Brustbild Rudolfs II. mit Vlieskette nach links
Literatur: Habich II/2, Nr. 3420; Kat. der Stempelslg. Wien, Bd. I, S. 60, Nr. 122, Taf. XIII/8

Dieser Stempel ist wahrscheinlich ein Medaillen- und nicht ein Münzstempel, da die Titulatur des Kaisers nur in der verkürzten Form (ROM:IMP:AVG) erscheint, wie auf anderen Medaillen auch (Kat. Nr. 472 u. Nr. 476) und nicht in der vollen Länge, wie es auf Münzprägungen üblich ist.

Wichtig ist diese Aussage deshalb, weil man bisher nicht angenommen hat, daß Abondio sich auch mit Prägemedaillen beschäftigt hat;

478

aus Gründen, die wir nicht kennen, blieb es aber ein Einzelfall. Zum Einsatz ist der Stempel nicht gekommen.

Interessant ist die Frage nach der Ausführung des Stempelschnittes. Entgegen der Literatur gibt es gute Gründe für die Annahme, daß der Stempel nicht von einem unbekannten Münzmeister nach einem Entwurf von Abondio ausgeführt wurde, sondern von Abondio selbst. Zum einen gibt es eine Quellennotiz, daß Abondio dem wieder eingestellten Eisenschneider der Wiener Münzstätte, Jacob Scherer, behilflich sein wolle und ihm »alle Beforderung laisten und was Er Eisenschneider nit versteht ime solches zaigen und weisen« wolle (Hofkammerarchiv Fasc. 17508 vom 6. April 1585). Und zum anderen liegt ein Vergleich Abondios mit Valentin Maler nahe, von dem gut belegt ist, daß er eigenständig Stempel geschnitten und zur Prägung gebracht hat.

R.-A. S.

Wien, Kunsthistorisches Museum, Münzkabinett, Inv. Nr. 168 (4617)

ANTONIO ABONDIO
Riva 1538 – Wien 1591

480 Probeguß für einen Talerstempel mit Rudolf II.
1578

Silber, gegossen; Dm. 4 cm
Vorderseite: RVDOLPHVS:II:D:G:ROM:IMP: S:A:G:H:B:REX. Brustbild des jungen Kaisers nach rechts, unten am Rand AN:AB
Rückseite: ARCHIDVX AVSTRIAE DVX: BVRG:MARCH:M: Gekrönter Doppeladler mit dem Reichsapfel auf der Brust, im Feld rechts das Zepter, links ein Schwert
Schrift beiderseits zwischen vertieften Kreislinien
Literatur: J. Newald, S. 232ff.; Habich II/2, Nr. 3416; Dietiker, S. 103ff.; K. Vocelka 1981, S. 36ff.

Bei diesem Stück handelt es sich um eine prägemäßig flach gegossene Probe für die Talerprägung. Sie ist in die ersten Regierungsjahre Rudolfs II. zu datieren und hat als vorbildlicher Entwurf für die Taler- und Halbtalerprägungen in Wien, in den böhmischen Münzstätten und in Kremnitz bis in das Jahr 1602 gedient. Bereits für den 4. März 1578 haben wir eine Nachricht in Form einer Quellennotiz, die davon berichtet, daß Rudolf II. der böhmischen Kammer »zwai model unserer bildnuss zu fertigung des groben Behmischen münzgepräges« sendet (Reg. 8191). Erst mit einer Resolution vom 2. November 1602 hat Rudolf II. eine Änderung der Vorlage verfügt; auf der Vorderseite zeigten Taler und Halbtaler seit dieser Verfügung ein etwas älteres Brustbild des Kaisers sowie auf der Rückseite einen Doppeladler ohne Reichsapfel, Zepter und Schwert.

Das Vorbild für die Taler- und Halbtalerprägungen, die durch ihre unzähligen Ausprägungen ein nicht zu unterschätzendes Mittel der öffentlichen Wirksamkeit des Kaiserbildes und seines Anspruches waren, ließ Rudolf II. durch den best verfügbarsten Medailleur, durch Antonio Abondio, entwerfen; die Ausführungen hingegen wichen von diesem hohen Vorbild durch geringere Qualität meist erheblich ab. Dies ist durch die Unordnung des damaligen Münzwesens erklärbar, so daß es für viele Münzstätten zunächst einmal ein Ziel war, einen geregelten Münzbetrieb einzurichten bzw. zu überwachen (z. B. auch in Wien, das zu

479

480

481

482

Beginn der Regierungszeit Rudolfs II. keinen geregelten, kontinuierlichen Münzbetrieb hatte), und außerdem waren Münzmeister und Eisenschneider in erster Linie eine Frage der Kosten. R.-A. S.

Wien, Kunsthistorisches Museum, Münzkabinett, Inv. Nr. 844 bß

ANTONIO ABONDIO
Riva 1538 – Wien 1591

481 Talerstempel (Vorderseite) mit Kaiser Rudolf II.
1577

Stempeleisen; Dm. der Prägefläche 4,2 cm
Vertieft, in Negativform: .RVDOLPHVS.II.D. G.EL.RO.IMP.S.A. Um die Inschrift ein Perlenrand. Brustbild Rudolfs II. nach links, unter dem Armabschnitt ein Delphin und die Jahreszahl 1577
Literatur: Kat. der Stempelsammlung Wien, S. 1198 ff.

Ob dieser Stempel im Zusammenhang mit den Entwürfen für die Taler- und Halbtalerprägung stand, also ein Alternativmodell zu dem letztlich ausgeführten Vorbild von Abondio war (Kat. Nr. 480), muß offenbleiben.

Bestechend an diesem Stempel ist die außerordentlich hohe Qualität, die sich unter anderem im Harnisch mit dem Medusenhaupt, in der Wiedergabe der Haare oder in der ornamental-dekorativen Anbringung des Delphins im Armabschnitt zeigt. Der Perlkreis um die Inschrift und der Delphin neben der Jahreszahl sind nicht typisch für die Werke Abondios, aber die hohe Qualität des Entwurfes und der Ausführung machen eine Zuschreibung an ihn sehr wahrscheinlich. R.-A. S.

Wien, Kunsthistorisches Museum, Münzkabinett, Inv. Nr. 169 (4616)

UNBEKANNTER KÜNSTLER

482 Stempel für eine Medaille (Vorderseite) mit Rudolf II.
1602–1608

Stempeleisen; Dm. der Prägefläche 3,4 cm
Vertieft, in Negativform: RVDOLPHVS II. RO.IM.REX.HV.BO. Um die Inschrift ein Perlrand. Brustbild des Kaisers von halb links vorne mit Lorbeerkranz und Vlieskette über einem ornamentalen Volutenband
Literatur: Kat. der Stempelsammlung Wien, S. 1198 ff.

Zu dem Vorderseitenstempel dieser Medaille bewahrt das Wiener Hauptmünzamt mehrere Rückseitenvarianten mit verschiedenen Emblemen Rudolfs II. und mit seinem gekrönten Monogramm auf. Ein Vergleich des Stempels mit den gegossenen Medaillen desselben Typus (Kat. Nr. 473 u. Nr. 474) zeigt, daß der Entwurf für die gegossenen und die geprägten Stücke von ein und demselben Künstler gemacht wurde.

Durch den Porträttypus (nach dem Vorbild des Hans von Aachen) und die Inschrift (mit dem Titel des Königs von Ungarn) läßt sich der Stempel in die Jahre von 1602 bis 1608 datieren. Die Verbreitung desselben Medaillentypus durch gegossene und die in höherer Auflage herstellbaren geprägten Stücke läßt einen sehr entschieden geführten Schritt zur pro-kaiserli-

483

484

485

chen, öffentlichen Meinungsbeeinflussung in den Jahren 1602 bis 1608 – in dem Konflikt mit dem Bruder Matthias und seinen Parteigängern – erkennen. R.-A. S.

Wien, Kunsthistorisches Museum, Münzkabinett, Inv. Nr. 171 (4626)

ANTONIO ABONDIO
Riva 1538 – Wien 1591

483 Plakette mit Mars
(Aus einer Folge von Planetengöttern)

Blei, gegossen; 9,9 × 6,3 cm, an allen vier Ecken abgeschrägt (in altem Holzrahmen)
Mars in voller Rüstung von vorne, die linke Hand auf einen am Boden stehenden Schild gelegt, zu seiner Rechten ein Panzerhemd
Literatur: F. Dworschak 1954, S. 97–99; I. Weber, Nr. 646, 1; Ausst. Kat.: 900 Jahre Stift Göttweig, 1983, Nr. 585

Diese drei Plaketten gehörten zu einer Serie von sieben Planetengöttern; sie fanden als dekorative Rahmung eines Prunkspiegels (London, Wallace Collection) und als Verzierung einer Tischplatte (London, Viktoria & Albert Museum) Verwendung.

Leider haben sich außer den drei hier gezeigten Plaketten mit den Planetengöttern und der Plakette mit der Toilette der Venus (Kat. Nr. 486) keine weiteren Plaketten mit mythologischen Themen von Abondio erhalten. Es ist aber anzunehmen, daß es aufgrund der Beliebtheit mythologischer Themen auch von Abondio weitere Plaketten mit solchen Darstellungen gegeben hat. Wahrscheinlich sind die Plaketten mit den Planetengöttern nach einer graphischen Vorlage entworfen; eine Stich-Serie von 12 antiken Göttern von Jacobo Caraglio könnte die Plaketten von Abondio beeinflußt haben, jedoch nicht im Sinne einer direkten Übernahme. R.-A. S.

Göttweig, Kunstsammlungen des Stiftes Göttweig

484 Plakette mit Merkur
(Aus einer Folge von Planetengöttern)

Blei, gegossen; 9,6 × 5,3 cm, die oberen Ecken abgeschrägt (in altem Holzrahmen)
Merkur mit Flügelschuhen, Flügelkappe und Caduceus eilt nach rechts. Unten rechts ein Hahn, im Abschnitt AN.AB
Literatur: F. Dworschak, 1954, S. 97–99; I. Weber, Nr. 646, 2; Ausst. Kat.: 900 Jahre Stift Göttweig, 1983, Nr. 583

Göttweig, Kunstsammlungen des Stiftes Göttweig

485 Plakette mit Venus
(Aus einer Folge von Planetengöttern)

Blei, gegossen; 10,1 × 6,2 cm, die oberen Ecken abgeschrägt (in altem Holzrahmen)
Venus von vorne, nur mit einem an beiden Armreifen befestigtem Rückentuch bekleidet. Ihre linke Hand ruht auf dem Kopf des geflügelten Amors. Amor mit Kopfbinde hat Köcher und Pfeile um die Hüfte gehängt und schmiegt sich an den linken Oberschenkel der Göttin
Literatur: F. Dworschak 1954, S. 97–99; I. Weber, Nr. 646, 3; Ausst. Kat.: 900 Jahre Stift Göttweig 1983, Nr. 584

Göttweig, Kunstsammlungen des Stiftes Göttweig

486

487

te Mund. Die Behandlung der Haare, das Hinzufügen einer Ohrperle sowie sämtliche Nebenfiguren gehen auf Abondio zurück. R.-A. S.

Wien, Kunsthistorisches Museum, Sammlung für Plastik und Kunstgewerbe, Inv. Nr. 9008

ANTONIO ABONDIO
Riva 1538 – Wien 1591

486 Plakette mit der Toilette der Venus
Ende 1580er Jahre

Bronze, gegossen; oval 9,2 × 7,1 cm
Brustbild der Venus mit leicht nach links geneigtem Kopf vor einem gedachten Spiegel. Eine kämmende Dienerin und eine weitere, die einen geflochtenen Zopf und das Gewand der Venus hochhält, sind links und rechts zu sehen. Der nackte Amor umhalst die Göttin und hält mit seiner Linken einen Handspiegel empor. Oben das Dürer-ähnlich ineinandergestellte Monogramm.
Literatur: L. Planiscig 1924, Nr. 459, S. 269; Habich II/2, Nr. 3470; I. Weber, Nr. 650; R. Bauer u. H. Haupt (Hrsg.), Kunstkammerinventar, Nr. 2039 u. Nr. 2133; Ausst. Kat.: Dürers Verwandlung in der Skulptur, 1981, Nr. 84, 85

Von dieser Plakette gibt es zahlreiche, in ihrer Größe leicht variierende Abgüsse (meist in Blei). Eine Variante der Plakette zeigt nur Venus mit Amor, ohne die beiden Dienerinnen.

Eine figürliche Wachsplastik dieses sehr beliebten Themas ist bereits im Kunstkammerinventar von 1607–1611 erwähnt; dort heißt es unter Nr. 2039: »Ein Venere, so ihr har kembt und Cupido helt ihr den spiegel für, beid nakkendt, von Abundi.«

Schon das nach dem Vorbild Dürers ineinandergestellte Monogramm Abondios weist auf die Entstehung dieser Plakette im Zusammenhang mit der Dürer-Renaissance hin. Einen weiteren unterstützenden Hinweis für diese Aussage ist wiederum im Kunstkammerinventar zu finden. Für die Praxis der Modellierung nach Dürer gibt es in bezug auf Abondio folgenden Hinweis: »Von laibfarbem wax nach AD manier ein bassarilevo, ist ein weiblin, darhinter 3 andere gesichter, vom alten Abundi.« (Nr. 2133)

Die Plakette ist gegen Ende der 1580er Jahre entstanden. In dieser Zeit hat Abondio mehrfach nach Dürer-Vorlagen gearbeitet. Besonders gut läßt sich der Amor dieser Plakette mit dem Christuskind einer 1587 datierten Plakette von Abondio vergleichen (Kat. Nr. 490), um auf diese Weise einen festen Anhaltspunkt für die Datierung dieser Plakette in die Jahre um 1587 zu erhalten.

Für das Gesicht der Venus auf der Plakette gibt es eine Lucretia-Zeichnung Dürers von 1508 (heute in der Albertina in Wien), die Abondio als Vorbild gedient haben könnte. Kopiert sind aus der Zeichnung das von unten gesehene Gesicht, die nach schräg rechts oben gerichteten Augen und der kleine, halb geöffne-

ANTONIO ABONDIO
Riva 1538 – Wien 1591

487 Christus-Medaille

Bronze, gegossen; oval 4,3 × 3,7 cm
Vorderseite: Brustbild Christi mit angedeutetem Heiligenschein nach links. Rechts im Feld in hebräischer Schrift: Josua. Unten die Signatur AN:AB.
Rückseite: Christus mit gefesselten Händen als Schmerzensmann, eingerahmt von zwei Engeln, die Geißelsäule und Kreuz sowie einen ausgebreiteten Mantel halten. Am Boden weitere Leidenswerkzeuge
Literatur: G. F. Hill 1920, S. 68/69, Abb. 41; Habich II/2, Nr. 3464; B. Bukovinská, in: Uméni 22/1974, S. 58–64

Obwohl Abondio mit seiner Christus-Medaille den in der 2. Hälfte des 16. Jahrhunderts gängigen Porträttypus Christi aufgreift, erfährt dieser Typus in seiner Darstellung die überzeugendste Wiedergabe. Auf diese Weise wird die Christus-Medaille Abondios zum Vorbild für andere Künstler und macht im Einzelfall Händescheidungen schwierig (Kat. Nr. 489 u. Nr. 491). R.-A. S.

Wien, Kunsthistorisches Museum, Münzkabinett, Inv. Nr. 15222 bß

488

489

VALENTIN MALER
Iglau (Mähren) 1540 – Nürnberg 1603

488 Christus-Medaille
1583

Bronze, gegossen, gefaßt; Dm. 4,1 cm
Vorderseite: EGO SVM VIA VERITAS ET VITA (Joh. 14,6). Brustbild Christi nach, mit aufgesetzter Dornenkrone. Im Armabschnitt VM und darunter am Rand C. Pri:CAE.
Rückseite: ET LIVORE EIVS SANATI SVM9 ESA:53 Christus im Elend. Christus sitzt, nur mit einem Lendentuch bekleidet, auf einem Steinblock; das schräg gestellte Kreuz lastet auf seinen Schultern. Unten C PRI:C sowie die Jahreszahl 1583 und im Steinblock die Initialen VM
Literatur: G. F. Hill 1920, S. 76, Abb. 53; Habich 1920/21, S. 69–78, hier S. 70/71; Habich II/1, Nr. 2591; Ausst. Kat.: W. Jamnitzer, S. 458, Nr. 677

Die Komposition der Rückseite, die Hinwendung beider Arme zur linken Seite und die damit kontrastierende Kopfhaltung nach rechts, zeigen große stilistische Anlehnung an Michelangelos Christus in Sta. Maria sopra Minerva in Rom. R.-A. S.

Prag, Kunstgewerbemuseum, Inv. Nr. 12208

UNBEKANNTER KÜNSTLER
Kopie des 18. nach einem unbekannten Original des 16. Jahrhundert (?)

489 Christus-Plakette

Bronze, gegossen; Dm. 7,7 cm
EGO SVM VIA VERITAS ET VITA (Joh. 14,6). Brustbild Christi nach links. Umschrift zwischen vertieften Kreislinien
Literatur: L. Planiscig 1919, S. 196, Nr. 428; G. F. Hill 1920, S. 60/61, Abb. 30

Aufgrund ihrer hohen Qualität und eines sehr feinen Gusses ist diese Plakette sowohl Antonio Abondio als auch Leone Leoni zugeschrieben worden. Doch neben Stilmerkmalen des 16. Jahrhunderts, wie die auf ein Wachsmodell deutenden Schriftkreise oder die detailreiche Modellierung der Haare, wird der Gesamteindruck dieser Plakette eher durch Merkmale, die auf das 18. Jahrhundert deuten, bestimmt. Gegenüber den Christus-Medaillen von Antonio Abondio oder von Valentin Maler (Kat. Nr. 487, 488) fällt der vergrößerte Armabschnitt, der schwerere Gewandung sichtbar werden läßt, sowie die geknickte Nasenlinie und die hoch geschwungenen Augenbrauen auf, so daß eine Entstehung der Plakette im 18. Jahrhundert wahrscheinlich ist. R.-A. S.

Wien, Kunsthistorisches Museum, Sammlung für Plastik und Kunstgewerbe, Inv. Nr. Pl. 7789

ANTONIO ABONDIO
Riva 1538 – Wien 1591

490 Plakette mit Madonna und Kind
1587

Silber, gegossen, vergoldet; oval 10,9 × 8,6 cm (Fassung mit erhöhtem Schriftrahmen und gravierter Inschrift auf Paul Sixt Trautson)
Vorderseite: Vertieft auf erhöhtem Rand: (Goldschmiedezeichen? und Blümchen) O SANTA MARIA DEPRECOR TE MEMENTO (Goldschmiedezeichen?) MEI * ORA PRO ME FILIVM TVVM ATQ DEI
Brustbild der Madonna nach rechts mit Heiligenschein, an ihrer linken, entblößten Brust der Christusknabe mit Heiligenschein. Unten rechts auf der Brüstung AN.AB.
Rückseite: Erhöhter Blattkranz. (Stern) PAVLVS.SIXTVS.TRAVTHSON.BARO.ANNO CHRISTI.M.D.LXXXVII. Dreifach behelmtes, reich verziertes Wappen von Paul Sixt Trautson

490

Literatur: Habich II/2, Nr. 3468; I. Weber, Nr. 651 A, S. 287; R. Bauer u. H. Haupt (Hrsg.), Kunstkammerinventar, Nr. 2105

Von dieser Plakette gibt es mehrere Exemplare in verschiedenen Größen; im Kunstkammerinventar von 1607–1611 ist ein figürliches Wachs des gleichen Themas aufgeführt. Dort heißt es: »Unnser frawen bild mit dem kindl IHS., brustbild vom alten Abundi.« (Nr. 2105)

Auch diese Plakette scheint (ähnlich wie Kat. Nr. 486) auf ein Vorbild der Dürer-Zeit zurückzugreifen. R.-A. S.

Budapest, Nationalmuseum

ANTONIO ABONDIO zugeschrieben
Riva 1538 – Wien 1591

491 Christus-Büste

Bronze, gegossen; Höhe 23,5 cm (mit Sockel)
Christus von vorn, den Kopf leicht nach rechts gewandt. Das lockige Haar fällt gleichmäßig auf die Schultern herab, der Kinnbart ist zweigeteilt. Das Gewand liegt in leichten Parallelfalten und ist über den Schultern durch einen Umhang betont.
Literatur: U. Schlegel, in: Pantheon 24/1966, S. 388–396

Antonio Abondio hat nicht nur Medaillen gefertigt, sondern auch Kleinplastiken in Wachs und Metallen hergestellt. Die früheste Nachricht einer Kleinplastik von ihm stammt aus dem Jahr 1568. Für ein von Maximilian II. veranstaltetes Festschießen auf dem Prater hat Abondio eine silberne Sau zum Preis von 40 Talern gegossen (Reg. 5117). Auch im Kunstkammerinventar von 1607–1611 sind zahlreiche figürliche Wachsplastiken von Abondio aufgeführt, von denen man sich einige auch im Guß ausgeführt denken muß.

Leider ist von diesen Stücken kein einziges überliefert. Auch die hier gezeigte, ihm in der Literatur zugeschriebene Christus-Büste, von denen es mehrere Exemplare – teils in verschiedenen Größen und leichten Abänderungen – gibt, sind untereinander doch zu verschieden und mit der Christus-Medaille von Abondio (Kat. Nr. 487) nur bedingt vergleichbar, als daß sie sich Abondio zuschreiben ließen.

So muß man vorerst davon ausgehen, daß die Christus-Büsten das Werk eines namentlich nicht bekannten Künstlers gegen Ende des 16. Jahrhunderts sind. R.-A. S.

Berlin, Staatliche Museen Preußischer Kulturbesitz, Skulpturengalerie, Inv. Nr. 10/62

491

491

ANTONIO ABONDIO
Riva 1538 – Wien 1591

492 Der Sündenfall

Feder in Braun; 26,6 × 19,6 cm
Adam und Eva sitzen links unter einem hohem Baum, unter ihnen ein liegendes Wildschwein. Die verführende Schlange ist mit Ausnahme ihrer beiden Schlangenbeine mit weiblichem Kopf und Körper dargestellt
Bezeichnet unten links u. rechts: Ant abbondio
Wasserzeichen: ähnlich Briquet 7106
Herkunft: Aus den Sammlungen Praun, Esterházy (Lugt 1965)
Literatur: E. Fučíková, in: Umĕni 27/1979, S. 491/492; E. Fučíková 1986, S. 16, Abb. 6; Ausst. Kat.: Meisterzeichnungen des Künstlerkreises um Kaiser Rudolf II., 1987, S. 26/27

Dies ist die einzige erhaltene Zeichnung von Abondio. In der Art und Weise, die plastische Modellierung der Körper durch kleine Striche und Häkchen wiederzugeben, ähnelt sein Zeichenstil dem von Adrian de Vries. Er unterscheidet sich jedoch von diesem dadurch, daß Abondio keine Lavierungen verwendet.

An der vorliegenden Zeichnung fällt der flüssige Zeichenstil auf, der durch zweimalige Darstellung des Apfels den Ablauf des Geschehens deutlich macht. Die Zeichnung läßt sich gut als vorbereitende Skizze zu einem farbigen Wachsrelief vorstellen. R.-A. S.

Budapest, Museum der Bildenden Künste, Inv. Nr. 1786

492

493

UNBEKANNTER KÜNSTLER
Prag nach 1585

493 Wachsmedaillon mit Kaiser Rudolf II.

Farbiges Wachs auf einer geschwärzten Metallplatte, in einem profilierten Holzrahmen; Dm. (m. Rahmen) 10,7 cm
Brustbild Rudolfs II. im Profil nach rechts; in spanischer Hoftracht, bestehend aus einem schwarzen Spitzenwams, einem schwarzen Mantel und schwarzem Hut. Goldene Vlieskette, weiße Halskrause und hautfarbenes Gesicht sind als Kontrast zu der schwarzen Kleidung herausgehoben. Das Wachs ist auf eine geschwärzte Metallplatte aufgebracht und von einem mehrfach profilierten Holzrahmen eingefaßt
Literatur: Vgl. Bauer u. Haupt (Hrsg.), Kunstkammerinventar Nr. 2068 ff.

Dieses Wachsmedaillon ist 1940 aus dem Österreichischen Museum für Angewandte Kunst in das Kunsthistorische Museum übernommen worden und läßt sich vor diesem Datum nicht weiter zurückverfolgen.

Außer einem Wachstäfelchen in London (von Wenzel Maler [1606] im Viktoria & Albert Museum) und dem hier gezeigten Wachsmedaillon haben sich keine weiteren Wachse mit der Person Rudolfs II. erhalten; daß es jedoch zahlreiche Wachse mit seinem Bildnis gegeben hat, zeigt ein Blick in das Kunstkammerinventar von 1607–1611. Dort sind unter der Rubrik: »In Runden Gedrehten Bixlein von Wachs Sachen« mehrere Wachsbildnisse Rudolfs II. aufgeführt. Doch schon der Schreiber des Inventars wußte nicht bei allen Wachsbossierungen einen Künstlernamen anzugeben, bei mehreren Stücken nennt er jedoch den »alten Abundi«, d. h. Antonio Abondio, als ausführenden Künstler. Ob Abondio als Schöpfer des hier gezeigten Wachsmedaillons in Frage kommt, läßt sich kaum sagen, da neben Medailleuren auch Goldschmiede und Bildhauer in Wachs gearbeitet haben, von deren Werken sich aber nichts erhalten hat – damit sind Vergleichsmöglichkeiten mit anderen Wachsen auf Rudolf II. nicht gegeben. Die sicheren von Abondio gefertigten Wachse auf andere Personen, die sich erhalten haben, scheinen das hier gezeigte Wachs an Qualität noch zu übertreffen und sind meist auch kostbarer, d. h. in Silberdöschen, gefaßt. R.-A. S.

Wien, Kunsthistorisches Museum, Sammlung für Plastik und Kunstgewerbe, Inv. Nr. 9874

BLASIUS EBISCH
Tätig Breslau letztes Viertel 16. Jahrhundert

494 Druckstock mit Bildnis Rudolfs II.
Breslau 1585

Messing graviert; 12,3 × 10,2 × 1,3 cm
Bezeichnet und datiert an der Schmalseite links (Gravur): BLASIVS.EBISCH·FECIT:IN BRESLAV:1·5·8·5:
Unter der Krone nochmals die Jahreszahl 1585
Umschrift: RVDOLPHVS : II. D(EI) G(RATIA) : ROM(AMORVM). IMP(ERATOR) : SEMP (ER) : AVG(VSTVS) : GERMAN(IAE)-HVNG (ARIAE) : BOHE(MIAE) : DALM (ATIAE)ETC.REX.ARCHID(VX) : AVSTRI(AE) : D(VX) : BVRG(VNDIAE)ETC.
Herkunft: 1961 aus dem Kunsthandel

Rudolf II. ist jünger dargestellt als er 1585 war. Dem Stempel liegt vermutlich ein Stich von Martino Rota von 1577 zugrunde, auf dem Rudolf noch den kurzen Bartflaum und den gezwirbelten Schnurrbart trägt (Abb. bei Heinz 1963, 114). Hier kommt der Lorbeerkranz hinzu, der Rudolf ebenso als Kaiser ausweist wie Mitrenkrone und Insignien. Der Vliesorden, den Rudolf am 2. Juni 1585 (alten Stils = 23. Mai nach dem Gregorianischen Kalender) erhielt, fehlt noch, so daß das Stück bald überholt war.

Außen ziert die Platte eine Wappenleiste mit den folgenden Wappen (in ihrer Reihenfolge von rechts nach links und von oben nach unten): Altungarn, Neuungarn, Böhmen, Dalmatien, Kroatien, Bosnien (als Anspruchswappen), Österreich, Burgund, Habsburg (der Löwe zu dieser Zeit oft ungekrönt), Mähren (?),

494

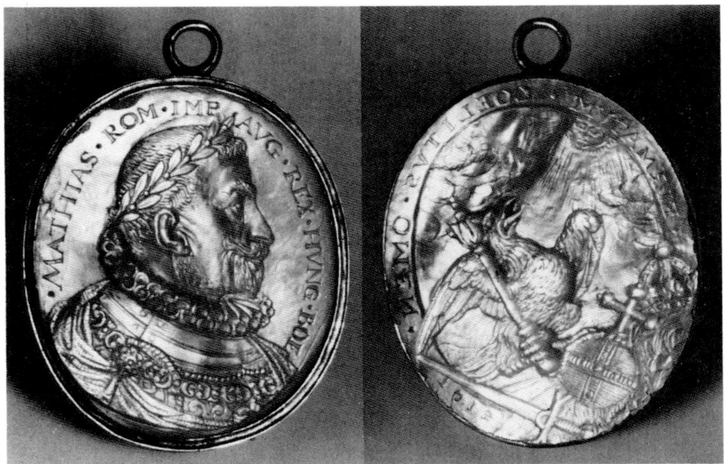

495

Tirol. Der Prägestempel diente vermutlich zur Herstellung von Golddruck auf Bucheinbänden.

Über Blasius Ebisch ist nichts bekannt. Seine ›hinterlassene‹ Tochter heiratete 1592 den Wappen- und Formschneider Augustin Fribil (Freuel oder Frewell), was besagt, daß er damals nicht mehr lebte (Schultz 1885, 51). R. D.

Wien, Kunsthistorisches Museum, Sammlung für Plastik und Kunstgewerbe, Inv. Nr. 10.003

UNBEKANNTER KÜNSTLER

495 Kamee mit Bildnis von Kaiser Matthias
Nürnberg 1613

Perlmutter, Fassung Silber, vergoldet;
3,7 × 3,1 cm
Umschrift vorne: MATHIAS·ROM(ANORUM)·IMP(ERATOR)·AVG(VSTVS)·REX·HVNG(ARIAE)·BOE(MIAE).
Auf der Rückseite: FIRMATVM COELITVS OMEN 1613. (Das vom Himmel bekräftigte Zeichen)
Herkunft: Matthiasinventar 1619, Nr. 2988
Ausstellungen: Graz 1964, Kat. Nr. 128
Literatur: Eichler-Kris 1927, Nr. 431 (dort ältere Literatur); Kris 1929, Nr. 623; Pazaurek 1937, 34

Die Rückseite mit der Devise zeigt einen Adler nach links, zur Sonne aufblickend, die ein Gewölk teilt. Mit dem rechten Fang auf dem Reichsapfel stehend, hält er mit dem linken das Zepter. Vor ihm steht die Krone, unter ihm liegt das Schwert. Die Zuschreibung an Dionysio Miseroni durch Kris ist hinfällig, weil man heute weiß, daß dieser 1613 bestenfalls sieben oder acht Jahre alt war. Das von Kris herangezogene mit D.M signierte Vergleichsstück, eine Perlmutterkamee mit Rudolf II. im Profil nach rechts, die sich heute im Hessischen Landesmuseum in Darmstadt befindet, ist nicht von derselben Hand (Pazaurek 1937, Taf. XXX/2). Der Meister ist wohl überhaupt nicht unter den Prager Hofkünstlern zu suchen. Die Büste breitet sich ohne plastisch-räumliche Wirkung dekorativ in der Fläche aus. Der ziemlich grobe deskriptive Realismus in der Schilderung der Physiognomie, der Details der Büste und der Stofflichkeit der Draperie weist in die Richtung der ›Kontrefeiter‹ und Medailleure von Nürnberg. Vielleicht hat sich der sehr unterschiedlich arbeitende Christian Maler mit der Kamee erkenntlich gezeigt, als ihm der Kaiser 1613 ein Privileg auf seine Schaumünzen erteilte. Er war der Sohn Valentin Malers, hatte dessen Werkstatt in Nürnberg übernommen, war 1607/08 in Wien und hatte für Matthias Schaumünzen auf seine böhmische Thronfolge sowie auf seine Türkensiege gemacht. Stilistisch läßt sich eine Zuschreibung allerdings schwer belegen, da die ungewöhnliche Arbeit in Perlmutter nicht direkt mit den Prägemedaillen vergleichbar ist. Die dekorativ-flächige Bildung der Büste und die mittelmäßige Qualität allein können dafür angeführt werden. R. D.

Wien, Kunsthistorisches Museum, Sammlung für Plastik und Kunstgewerbe, Inv. Nr. XII 73

Die Prager Judenstadt zur Zeit der rudolfinischen Renaissance

Vladimír Sadek

Das Bild der Prager Renaissance wäre nicht vollständig, bliebe unerwähnt, daß sich ihr Einfluß auch auf die Prager Judenstadt erstreckte, wo während der 2. Hälfte des 16. Jahrhunderts günstige Bedingungen für gesellschaftliche und geistige Entfaltung geschaffen wurden. Historiker des Prager Ghettos bezeichnen daher diese Periode als das ›Goldene Zeitalter‹ der Prager Judengemeinde, in der innerhalb einer kurzen Zeitspanne eine Reihe Gelehrter, Denker und Wissenschaftler ihre Tätigkeit ausübte. Die Renaissance im Prager Ghetto zeigte jedoch spezifische Züge, da die neuen Ideen nicht nur von seiten des rudolfinischen Kreises kamen, sondern auch durch Einwirkung der jüdischen Renaissance in Italien, die jene neuen Ideen dem Kulturerbe und den Traditionen des Judentums gewissermaßen anpassen und sie für die Juden Mitteleuropas annehmbar machen mußten.

Um den Einfluß der Renaissance auf die Judengemeinde Prags genügend würdigen zu können, sei zuvor deren Geistesleben während des Mittelalters kurz beschrieben. Obwohl die Juden sich bereits seit dem 10. Jahrhundert in Prag niedergelassen hatten, sind gesicherte Belege ihrer Kulturaktivität und literarischen Tätigkeit erst ab dem 12./13. Jahrhundert erhalten, als eine zahlreichere Judengemeinde in Prag existierte. Aus dieser Zeit stammen auch die ältesten Kunstdenkmäler des Prager Ghettos. In der Architektur ist da vor allem der spröde Bau der Altnaisynagoge zu nennen, die als Schöpfung der Zisterziensergotik zwar nicht aus der Hand jüdischer Baumeister stammt, ihrem Stil nach jedoch dem jüdischen Geist der Zeit entsprach, welcher dem Einfluß einer pietistisch-mystischen Strömung der ›Frommen‹ innerhalb des deutschen Chassidismus ausgesetzt war. Es sind dies ferner einige Manuskripte in hebräischer Sprache, die vorerst der ornamentalen Ausstattung und Illustration entbehren, ähnlich den ältesten, schlicht ornamentierten Grabsteinen des Prager Alten jüdischen Friedhofs aus dem 15. Jahrhundert. Genau wie die erhalten gebliebenen Denkmäler besaß auch die geistige Kultur der Prager Juden im Mittelalter in beträchtlichem Maße religiös-asketischen Charakter. Es handelt sich da zumeist um religiös-juristische Texte, abgefaßt in Form von Fragen und Antworten oder Kommentaren und Nachträgen zu älteren Gesetzesformen. Desgleichen war auch die Poesie ausschließlich religiös, ihr vornehmster Vertreter der Prager gelehrte Rabbi und Dichter Awigdor Kara, dessen Grabmal von 1493 der heute älteste Stein des Prager Judenfriedhofs ist. Insgesamt kann man sagen, daß der geistige Horizont der Prager Juden ein engerer war, ähnlich wie in den Nachbarstädten, in den Judengemeinden der südeuropäischen und islamitischen Länder, die im Laufe des Mittelalters zur vornehmsten Wiege der jüdischen Philosophie, Mystik, Poesie und der religiösen Studien wurden. Doch auch hier gab es Ausnahmen von der Regel. Eine solche Ausnahme in Prag war an der Wende vom 14. zum 15. Jahrhundert der gelehrte und allseitig gewandte Job Tom Lipmann Mühlhausen, in dessen Werk sich die Bibelanalyse mit philosophischen und kabbalistischen Betrachtungen mischt. Seine Person kann daher als Vorläufer der Renaissance gelten, die ungefähr hundert Jahre später wesentlich ins Leben des Prager Ghettos eingreifen wird.

Zur ersten Manifestation der neuen Ideen kommt es im Ghetto von Prag im Zusammenhang mit der Entstehung des hebräischen Buchdrucks, dessen Grundlagen in Spanien und Italien gelegt worden waren. Prag wurde zum ersten Zentrum des hebräischen Buchdrucks nördlich der Alpen, und bereits die ersten hier entstandenen Drucke weisen ein hohes Maß an handwerklicher und künstlerischer Verarbeitung auf. Dies gilt namentlich für jene hebräischen Drucke, die der ersten Prager Druckerwerkstatt der Gersonidenfamilie entstammen, die zu Beginn des 16. Jahrhunderts vom Drucker Gerson Kohen gegründet wurde. Es scheint, daß diese ersten hebräischen Drucke nicht nur der Verbreitung von Kultur und Bildung dienten, sondern auch der neuen Kunstform. Die reichgeschmückten Titelseiten Gersonidischer Drucke (z. B. Prager Pentateuch von 1518 und 1530, Prager Oster-Haggada von 1526) bedeuteten für manche Ghettobewohner das erste Bekanntwerden mit figurativer Kunst, die vom mittelalterlichen Judentum aus religiösen Gründen als dem Zehngebot widersprechend und die religiöse Kontemplation störend abgelehnt wurde.

In der eigentlichen rudolfinischen und nachrudolfinischen Zeit dringt jedoch die neue Kunst ins Ghetto ein und bewirkt einen weitreichenden Aufschwung. Neben der

Altnaisynagoge entstehen der Renaissancesaal der Hohen Synagoge, das Gebäude des Prager jüdischen Rathauses, unweit davon die Meiselsynagoge, deren ursprüngliche Gestalt in der Beschreibung des Historikers David Gans erhalten ist. Beim Alten jüdischen Friedhof wächst ein Komplex kleinerer Bauten, unter denen die Klausen-Synagoge und die talmudistische Schule einen besonderen Rang einnehmen – letztere von Rabbi Löw gegründet. Auch auf dem Areal des benachbarten Friedhofs entfaltet sich die Kunst der Renaissance (und später des Barock) in Grabplastik und Relief, das an sich ganz besonders von einer starken Einwirkung der Renaissance auf die Prager Judengemeinde Zeugnis ablegt. Vom Ende des 16. Jahrhunderts sind uns auch die ältesten synagogalen Textilien erhalten, die bisweilen ältesten bekannten Belege synagogaler Kunst in Prag. Im Hintergrund all dieser Denkmäler (deren etliche zahlreichen Ghettobränden zum Opfer fielen) ahnt man ein dynamisch-ökonomisches und soziales Gären, welches das Prager Ghetto der rudolfinischen Zeit ergriff, nachdem es die Krise in der Mitte des 16. Jahrhunderts überwunden hatte, während der es zu einer kurzfristigen Verbannung der Juden aus Prag gekommen war.

Die neuen Ideen der Renaissance führten auch zu einer wesentlichen Ausweitung und Bereicherung des geistigen Horizonts der Prager Juden. Gelehrte studierten nicht nur traditionelle religiös-juristische Texte, sondern auch die der mittelalterlich-jüdischen Philosophie, die eine Abstimmung aristotelischer Lehre mit der Bibelautorität anstrebte. Und ebenso wie im christlichen Europa, wo Aristoteles allmählich durch die neuplatonische Philosophie verdrängt wurde, beginnt auch im Prager Ghetto das Studium jüdischer Mystik, der sogenannten Kabbala, überhandzunehmen, die Analogien aufweist mit Strömungen europäischen Gedankengutes der Renaissance, namentlich mit dem Werk Jakob Böhmes (1575–1624).

Gleichzeitig nehmen jüdische Gelehrte die Erkenntnisse der zeitgenössischen Astronomie begierig auf, genau wie die der Naturwissenschaften und der Geographie. In den Vordergrund tritt nun der Astronom, Geograph und Historiker David Gans (1541–1613), Autor der astronomisch-geographischen Schrift ›Nechmad we-na'im‹ (Angenehm und lieb) und der historischen Chronik ›Zemach David‹ (Sproß Davids), einer unmittelbaren Quelle der Geschichte des Prager Ghettos in rudolfinischer Zeit (Kat. Nr. 500).

Von der Gelehrtenplejade, die innerhalb kurzer Zeit in der damaligen Judengemeinde Prags wirkte, wollen wir am Schluß dieses kurzen Aufsatzes noch wenigstens einen typischen Renaissancegelehrten und Polyhistor, Joseph Schelomo ben Elijahu Delmedigo aus Kreta (1591–1655) erwähnen, der in Prag seine letzten Lebensjahre verbrachte und auf dem Alten jüdischen Friedhof begraben liegt. Namentlich soll auch des bemerkenswerten Werkes des Prager Rabbi Löw (Jehuda Liwa ben Bezalel, gest. 1609) gedacht werden, welches die Grenzen des Prager Ghettos bedeutungsmäßig entschieden sprengt. Wenn auch heutzutage der Hohe Rabbi Löw für die meisten vor allem als Held der Legende von der Erschaffung des künstlichen Wesens Golem figuriert, hat man es in der Tat mit einem Gelehrten zu tun, dessen Bedeutung als jüdischer Religionsphilosoph, als Pädagoge (Rabbi Löw ist Schöpfer einer pädagogischen Reform, deren Grundsätze zuweilen an die pädagogischen Ideen von J. A. Comenius erinnern) und Ethiker überragend ist. Es ist daher kein Zufall, daß Rabbi Löw Symbol und Verkörperung des Prager Renaissanceghettos in rudolfinischer Zeit geworden ist.

496

Wahrscheinlich Werkstatt der Familie PERLSTÜCKER (Perlzstiker)

496 Vorhang einer Synagoge
1592

Textilmosaik von angewandten Seidenstoffen auf Seidensamtgrund, goldene und silberne Fäden, Bullion, Pailletten, Stickerei mit Flußperlen, Brokatstoff, Florenz, 16. Jahrhundert; 230 × 163 cm
Oben die hebräische Widmungsinschrift: »Gabe des Katzins und Vorgesetzten Herrn Mordechai, Sohnes Herrn Schemuels, seliger Erinnerung, genannt Mayzl, und dessen Gemahlin, der freigebigen Frau Frumet, Tochter des Katzins Rabbi Isaak Rofe (Arzt), seliger Erinnerung, am Neujahrstage ›Freude‹ = 353 der kleinen Zahl (1592).« Erneuern ließen Alufen und Vorgesetzte der Stadt im Jahre 527 der kleinen Zahl (1767). Bei Erneuerung angefügt: »Jahresfeier des Sterbetages Herrn Mordechais, oberwähnten, ist Monat 2-adar des Jahres ›bedeutsamer Mensch‹ = 361 der kleinen Zahl (1601). Jahrestag des Entschlafens der Gemahlin Frau Frumet 23. Schebat 385 (1625)«
Restauriert 1981, V. Šolcová
Herkunft: Geschenk an die Maiselsynagoge, später in der Altnaisynagoge (Altneusynagoge) in Prag aufbewahrt
Ausstellungen: Prag 1984, S. 9
Literatur: J. Čermáková, 1982, S. 27. Anm. 23; O. Herbenová, 1968, S. 112, Abb. 2; J. Kybalová, 1985, S. 245–246, Abb. 179; O. Muneles, 1965, S. 108; Abb. 56, 57; H. Volavková, 1949, S. XV, 6, 7, Abb. 13, 14, 15

In der Werkstatt der Familie Perlstücker wurde wahrscheinlich auch dieser Vorhang hergestellt, den Marcus Mordechai Maisel, Primator der damaligen Judenstadt und Großfinanzier Kaiser Rudolfs II. für seine Privatsynagoge eigenhändig bestellt hat. Ihm hatte der Kaiser Ehrenprivilegien einschließlich des Fahnenrechts gewährt. Anstatt der volutenhaften protoäolischen Kapitelle des *Perlstücker-Vorhangs* (Kat. Nr. 497) schwebt hier über den salomonischen Säulen die Reichskrone mit hebräischen Buchstaben KT, Krone der Thora, eine Bezeichnung in Zusammenhang mit dem traditionellen astrologisch-hochzeitlichen Motiv ›Liebe der Krone zur Thora‹ Pentateuch, als Manifestation der höchsten Weisheit. Durch Verbindung des heiligsten jüdischen Kultsymbols mit der Reichskrone wird eine Angleichung Kaiser Rudolfs an den weisen König Salomo evoziert, der für die Juden eine Hoffnung auf die Erneuerung einer weit zurückliegenden Vergangenheit darstellte. Durch das Anbringen dieses Vorhangs vor das synagogale Heiligtum erwies Marcus Mordechai Maisel dem Kaiser die höchste Huldigung, die jenseits der Tore einer Judenstadt möglich war. J. Šm.

Prag, Staatliches Jüdisches Museum, Inv. Nr. 31749

Werkstatt der Familie PERLSTÜCKER (Perlzstiker)

497 Vorhang einer Synagoge
1547 und 1592

Textilmosaik mit angewandten verschiedenfarbigen Seidenstoffen auf samtseidenem Grund, gestickt mit goldenen und silbernen Fäden, Borten und Bullion; 208 × 132 cm
Oben die hebräische Widmungsinschrift: »Und der Herr gab Salomo die Weisheit, damit er geschickt mit Gold und Silber arbeiten könne (Ex 31,4), und allerlei Zimmerhandwerk und Handwerk und Gesticktes von blauem Posament und Scharlach (Ex 35, 35) 352 der kleinen Zahl (1592). Schelomo, Sohn des Märtyrers Rabbi Abraham, seliger Erinnerung, genannt Perlzstiker, im Jahre 307 (1547). Krone der Thora. Pinkas, Sohn Rabbi Schelomo Schalit Perlzstikers, im Jahre ›nikraw‹ wurde geopfert = 352 (1592). In der Mitte im Schachbrettfeld: Schelomo, Golda«
Die Stickerei auf braunem Samt wurde im Jahre 1547 von Schelomo Schalit Perlzstiker und seiner Frau Golda begonnen und 1592

497

vollendet. Die Mosaikstickerei ist mit dem Jahr 1592 datiert und signiert vom Sohn Pinkas und Frau Guntzl. Restauriert 1976, J. Sikytová
Herkunft: Geschenk an die Altnaisynagoge zu Prag
Ausstellungen: Prag 1984, S. 9, 18
Literatur: J. Čermáková, 1982, S. 26, Anm. 21; O. Herbenová, 1968, S. 110, 122, Abb. 1; O. Muneles, 1965, S. 107, 108, Abb. 56, 57; J. Polák, 1931, S. 29, 30, Abb. 1; H. Volavková, 1949, S. XI

Dieser Vorhang, der nach biblischem Gebot als Schutz des Heiligtums vor das synagogale Tabernakel gehängt wurde, ist der älteste erhaltene der Welt. Zentrales Motiv ist das Säulenpaar Jachin und Boaz des Salomonischen Tempels, oben von protoäolischen Volutenkapitellen bekrönt, die für die Bauten der Zeit Salomos bezeichnend sind. Das Säulenpaar steht antithetisch zu dem Säulenpaar habsburgischer Welterrschaft. Die Stickerei am Vorhang hängt mit der zeitgemäßen Vorliebe für Mosaiken zusammen und knüpft wahrscheinlich an eine heute nicht mehr belegbare Phase von musivischen Textilbildern an, die in den kaiserlichen Werkstätten hergestellt wurden und von sog. Florentiner Edelsteinmosaiken inspiriert sind. Salomon Perlzstiker und sein Sohn Pinkas betrieben ihr Handwerk lediglich innerhalb des Ghettos. Offiziell aber, um dem Druck der Stadtzünfte nachzukommen, bekannten sie

498

sich zu einem anderen, möglicherweise auch nichttextilen Handwerk, welches ihnen von Amts wegen bewilligt worden war. Der Vater Salomon figurierte wahrscheinlich vor Amtspersonen der Altstadt als Schnurmacher. J. Šm.

Prag, Staatliches Jüdisches Museum, Inv. Nr. 27365

Wahrscheinlich Angehörige der Familie KARPEL

498 Vorhang einer Synagoge
1601/02

Textilmosaik von Seidenstoffen auf Samtgrund, goldene und silberne Fäden, Bullion, Pailletten, Halbedelsteine, Stickerei mit Damaszenermuster, Italien, 90er Jahre des 17. Jahrhunderts; 215 × 132 cm
Oben die hebräische Widmungsinschrift: »Nathan, Sohn Herrn Jissachar genannt Karpel Zaks, Hadasi, Tochter Rabbi Mosches, seliger Erinnerung, im Jahre 362 der kleinen Zahl (1601–02)«
Herkunft: Geschenk an die Altnaisynagoge in Prag
Ausstellungen: D. Altshuler, 1983, Kat. Nr. 2, Fig. 111
Literatur: J. Čermáková, 1982,, Anm. 25; O. Herbenová, S. 124; Abb. 4; O.Muneles, 1965, S. 108, Abb. 59–61; J. Polák, 1931, S. 30–31

Die Technik des Textilmosaiks hielt sich bei der Herstellung von synagogalen Textilien bis zum Ende des 17. Jahrhunderts, wie auch für etliche Zweige des rudolfinischen Handwerks im Prager Milieu. Wir vermuten, daß der Stifter Nathan Karpel Zaks Goldschmied war und daß er diesen Vorhang mit seiner Frau verfertigt hat. Im Medaillon des Ornamentstreifens sind drei Karpfen als Familiensymbol abgebildet. Zwei gestickte Reichskronen über den Säulen des salomonischen Tempels knüpfen an die Ausstattung des Vorhangs von M. M. Maisel (Kat. Nr. 496) an und sind damit zwei interessante Beispiele der heute nicht mehr in dieser Form erhaltenen Reichskrone, bevor sie durch den Goldschmied Jan Vermeyen im Jahre 1602 neugestaltet wurde. Der Vorhang entstand in einer für die Judenstadt äußerst bewegten Zeit. Im Jahre 1602 stirbt M. M. Maisel, die Böhmische Kammer beschlagnahmt sein riesiges Vermögen, und der Kaiser erläßt Anordnung zur Auflösung seiner Privilegien, einschließlich des Fahnenrechts. Gleichzeitig kommt es zu Versuchen, die Juden aus Prag zu vertreiben. J. Šm.

Prag, Staatliches Jüdisches Museum, Inv. Nr. 27, 391

ANONYM

499 Thoramantel
1592

Hellbrauner Seidensamt, Perlstickerei mit Rubinen geschmückt, Flittergoldborten, Seidenfransen
Oben die hebräische Widmungsinschrift: »Erneuert durch Vorgesetzte der Gemeinde im Jahre 459 der kleinen Zahl (1699). Gabe des Katzins Mordechai, Sohn Rabbi Samuel Maisls, seliger Erinnerung, und seiner Frau Frumet, Tochter des Rabbi Katzin Isaak Rofe (Arzt), seliger Erinnerung, im Jahre ›am Neujahrestag Freude‹ = 353 der kleinen Zahl (tischri 1592)
Herkunft: Geschenk an die Maiselsynagoge in Prag
Ausstellungen: Prag 1956, S. 13, Abb. 11
Literatur: L. Kybalová, 1973, S. 29; O. Muneles, 1965, Abb. 27

Diese Textilie diente zur Verhüllung der Thora, verbunden mit der alten Vorstellung vom kosmologischen Königsgewand, das die Weltherrschaft demjenigen sichert, dem es geschenkt wurde. Die Stickereien in der traditionellen

499

Technik mit Flußperlen, die bei Herstellung synagogaler Textilien bis ins 17. Jahrhundert verwendet wurden. Die Ummantelung ist im Vermächtnis des Stifters Marcus Mordechai Maisel vom Jahre 1601 erwähnt und sollte, zusammen mit weiteren Kultgegenständen, an Festtagen in die Synagoge gebracht werden. Es gibt keinen Zweifel, daß Mordechai Maisel dieser Textilie einen sehr hohen Wert beigemessen hat. J. Šm.

Prag, Staatliches Jüdisches Museum, Inv. Nr. 31853

DAVID BEN SCHELOMO GANS
Lippstadt 1541 – Prag 1613

500 Sefer Zemach David (Sproß Davids)
1592

Papiereinband, 70 und 124 fol.
14,7 × 18,3 cm, Papiereinband

Druckerei der Gersoniden, Prag; bezeichnet auf dem Titelblatt: »Gedruckt in der Hauptstadt Prag unter der Regierung unseres Herrn Kaiser Rudolf, erhöht werde Seine Majestät, durch zwei Teilhaber, Schelomo Kohen und den Sohn seines Bruders, des jungen und weisen Mosche Kohen ... im Jahre 352 nach der kleinen Zahl.« (1592)

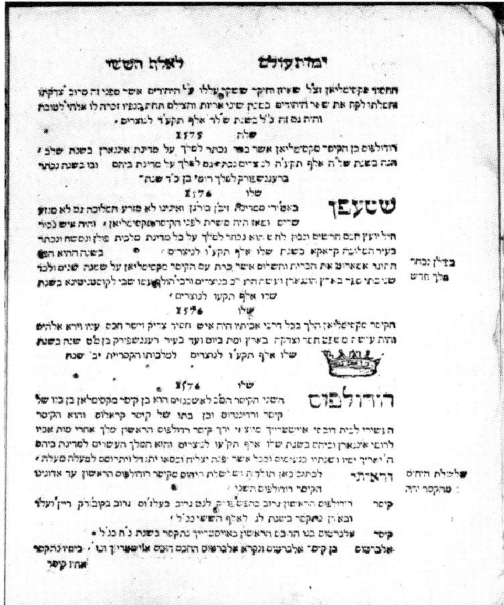

500

Ausstellungen: Kepler und Prag, Prag 1971
Literatur: B. Nosek, Katalog mit einer Auswahl hebräischer Drucke Prager Provenienz, I. Teil: Drucke der Gersoniden im 16. und 17. Jahrhundert, in Judaica Bohemiae, VIII, 1972, Nr. 1, S. 3–15; J. Šedinová, Czech History as Reflected in the Historical Work by David Gans, in Judaica Bohemiae, VIII, 1972, Nr. 2, S. 74–83

Zweiteilige Chronik, die die Geschichte der Juden und die Universalgeschichte seit der Erschaffung der Welt bis zum Jahre 1592 umfaßt, – das erste hebräische Werk dieser Art in Mitteleuropa. Der Autor zeigte durch sein Heranwagen an den historischen Stoff eine Reihe historiographischer Prinzipien der Renaissance auf.

Die graphische Gestaltung der Titelblätter beschränkt sich auf einen schlichten Rahmen, der im zweiten Teil der Schrift mit den typischen Ornamenten der Gersoniden-Werkstatt angereichert ist. Bei manchen Exemplaren sind in den Text des zweiten Teils Holzschnitte von Kronen eingefügt, um die bedeutenden Herrschern gewidmeten Absätze zu markieren, beginnend mit Kaiser Justinian im Jahre 528.

J. Š.

Prag, Staatliches Jüdisches Museum, Sign. Jc 4279

501

MORDECHAI BEN ABRAHAM JAFE
Prag 1530 – Posen 1612

501 Sefer Lebusch ha-buz we-argaman, Sefer Lebusch ir Schuschan (Gewand von Batist und Scharlach, Gewand aus der Stadt Schuschan) 1609

Ledereinband, 116 und 210 fol.
19,4 × 31 cm
Druckerei der Gersoniden, Prag; bezeichnet auf dem Titelblatt: »Gedruckt in der Hauptstadt Prag unter der Regierung unseres Herrn, römischen Kaisers Rudolf, erhöht werde Seine Majestät und erhoben sein Königreich … 310 nach der kleinen Zahl … Mosche, Sohn des Bezalel Katz seligen Andenkens, Drucker.«
Literatur: B. Nosek, Katalog mit einer Auswahl hebräischer Drucke Prager Provenienz, I. Teil: Drucke der Gersoniden im 16. und 17. Jahrhundert, in Judaica Bohemiae, X, 1974, Nr. 1, S. 25–26, 28, 31–32, 36

Vierter und fünfter Teil der Sammelschrift Lebusch ha-malchut (Königliches Gewand), Ausarbeitung des religiös-juristischen Codex Schulchan aruch (Gedeckter Tisch) von Joseph Kar (1488–1575).
Die Ausschmückung der Titelblätter beider Schriften ist identisch – ein durchgehender Rahmen unter Verwendung architektonischer Elemente nebst tierischer und vegetabiler Motive und menschlicher Figuren. Auch das Signet der Gersoniden-Druckerei ist miteinkomponiert – segnende Hände und über diesen der Name Mordechai Kohens, des Sohnes und Nachfolgers des Gründers dieser Druckerei. Das Emblem der segnenden Hände wiederholt sich am Schluß beider Schriften, diesmal geschmückt mit der Krone der Priesterschaft, getragen von Engeln (Anspielung an die traditionelle Familienherkunft), und der Inschrift ›Familie ha-Gerschoni‹.

J. Š.

Prag, Staatliches Jüdisches Museum, Sign. 2891 b

502

SCHEM TOB BEN JOSEF FALAQUERA
Spanien 1225 – 1290

502 Sefer Zori ha-jagon (Balsam für den Gram) 1612

Papiereinband, 20 fol.
13,5 × 16,7 cm
Druckerei der Familie Bak, Prag: Bezeichnet auf dem Titelblatt: »Gedruckt zum zweiten Male hier zu Prag durch den Drucker Jakob bar Gerschon Bak.«
Literatur: B. Nosek, Katalog mit einer Auswahl hebräischer Drucke Prager Provenienz, II. Teil: Die Buchdruckerei der Familie Bak. Die Buchdruckerei des Abraham ben Schimon Heida, genannt Lemberger, in Judaica Bohemiae, XI, 1975, S. 37–38, 42

Dies ist eine philosophische Abhandlung über die Verfassung der Seele im Unglück. Die graphische Gestaltung der von der Bak-Druckerei herausgegebenen Drucke (Anfang 17. – Ende 18. Jahrhundert) sind insgesamt schlichter als die der Gersonidischen. Am dekorativsten sind auch hier wieder die Titelblätter, vor allem in den Anfangsjahren der Druckerei. Für die Gestaltung des Titelblattes ›Zori ha-jagon‹ wurden zwei Bildstöcke mit Pflanzenfriesen verwendet, nebst zweier anderer mit den Figuren der alttestamentarischen Propheten Habakuk und Sophonias: Die Bezeichnung beider Figuren in lateinischer Schrift zeigt an, daß es sich hier um einen in einer christlichen Druckerei entlehnten Druckstock handelt. J. Š.

Prag, Staatliches Jüdisches Museum, Sign. 13214

JEHUDA LIWA BEN BEZALEL,
genannt RABBI LÖW
Worms 1512 – Prag 1609

503 **Gur arje Jehuda** (**junger Löwe**)
1578

Ledereinband, 228 fol.
18,5 × 29,2 cm
Druckerei der Gersoniden, Prag; bezeichnet auf dem Titelblatt: »Gedruckt unter der Regierung unseres edlen Herrn römischen Kaisers und Königs Rudolf, erhöht werde Seine Majestät und erhoben sein Königreich. Und es wurde diese Arbeit hergestellt im Hause des ehrbaren und edlen Greises Mordechai, Sohn des Gerschom Katz seligen Andenkens, hier in der Hauptstadt Prag im Jahre 378 nach der kleinen Zahl«
Literatur: B. Nosek, Katalog mit einer Auswahl hebräischer Drucke Prager Provenienz, 1. Teil: Drucke der Gersoniden im 16. und 17. Jahrhundert, in Judaica Bohemiae, X, 1974, Nr. 1, S. 26, 29, 33

Kommentar zur Pentateuchauslegung von Schelomo ben Jicchak von Troyes genannt Raschi (1040–1105). Für hebräische Drucke aus der Gersoniden-Druckerei (2. Viertel 16. – Mitte 18. Jahrhundert) wurden eine elegante und reine Form der Lettern und eine Ausstattung mit Holzschnitten charakteristisch, die sich vor allem auf den Entwurf von Titelblättern konzentrierte. Die dekorative Umrahmung der Titel folgt zum Teil Vorlagen des italienischen Buchdrucks, unterliegt aber gleichzeitig den Einflüssen der heimischen Produktion dieser Zeit.

503

Während der Regierungszeit Rudolfs II. begann sich dieser Ausstattungstyp bereits durchzusetzen und schuf allmählich den spezifisch pragerischen Charakter Gersonidischer Drukke. Deren Ausstattung beruht fortan auf architektonischer Umrahmung, bereichert allerdings durch Elemente der Renaissance, die sich wechselseitig ergänzen und von traditionellen jüdischen Motiven durchdrungen sind. Seitenüberschriften und freie Stellen im Text sind oft mit zierlichen typographischen Füllornamenten, wie Lindenblüten, Kleeblättern und Vierblätter-Rosetten belebt, die für die Gersonidischen Veröffentlichungen charakteristisch wurden. J. Š.

Prag, Staatliches Jüdisches Museum, Sign. 3578

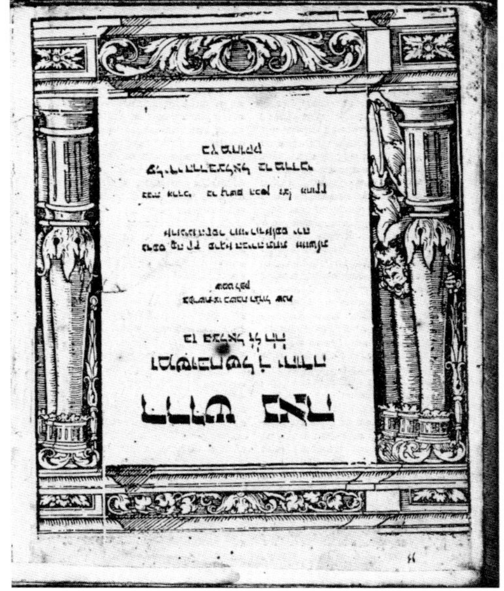
504

JEHUDA LIWA BEN BEZALEL,
genannt RABBI LÖW
Worms 1512 – Prag 1609

504 **Derusch nae u-meschubbach . . .
be-paraschat zaw be-schabbat
ha-gadoeschenat 349 lp q**
(**Schöne und erfreuliche Predigt . . . zur wöchentlichen Abteilung ›Gebiete‹ am Großen Schabbat des Jahres 349 nach der kleinen Zahl**)
1589

Ledereinband, 30 fol.
14,5 × 18,9 cm
Druckerei der Gersoniden, Prag; bezeichnet auf dem Titelblatt: »Gedruckt in der Hauptstadt Prag unter der Regierung unseres Herrn römischen Kaisers Rudolf, erhöht werde Seine Majestät . . . im Hause des Mordechai bar Geschom ha-Kohen seligen Angedenkens, Drukkers, durch Bezalel bar Mordechai Katz, Drucker.«
Literatur: B. Nosek, Katalog mit einer Auswahl hebräischer Drucke Prager Provenienz, I. Teil: Drucke der Gersoniden im 16. und 17. Jahrhundert, in Judaica Bohemiae, X, 1974, Nr. 1, S. 26, 29, 33

Der Text auf dem Titelblatt ist architektonisch umrahmt mit Säulen der Figur eines Schildträgers sowie vegetabilischen Friesen. J. Š.

Prag, Staatliches Jüdisches Museum, Sign. 12210

505

505

505

Prag um 1600

505 Amulett in Form eines Choschen
Ft. 70/3, S. 446, unten links

Onyx, Gold emailliert; die 12 Steine im Uhrzeigersinn: Smaragd, gebrannter Amethyst (für Topas), Rubin, Saphir, Korund (für Diamant), schwarzer Onyx, Moosachat (oder Heliotrop), Hessonit (wohl für Hyazinth gehalten), Almandin (für Amethyst), Achat, Türkis, Karneol; 6,8 × 5,8 cm

Inschriften in hebräischer Schrift der Tradition der Aschkenasim vom späten 16. und frühen 17. Jahrhundert. Unter der Mitrenkrone: Kaiser Rudolf. Beim siebenarmigen Leuchter: Du bist ewiglich machtvoll, o Herr. O gewaltiger Gott, sei gnädig dem erhabenen König, stärke und segne ihn; verleihe ihm Gnade und Macht über alle lebenden Dinge und Herrschaft über das Volk unter seiner Führung durch die Heiligen Engel Hadarniel, Gabriel und ...liel. Amen. Sela. Gesegnet sei Sein Name, dessen glorreiches Königtum für alle Ewigkeit ist.

Um den Text die Namen der 12 Engel (im Uhrzeigersinn): Dimiel, Gavriel, Shaviel, Maroniel, Gabiel, Zuriel, Haniel, Barkiel, Nuriel, Paniel, Kahatiel, Uriel.

Über den Engeln die 12 Tierkreiszeichen; über diesen die 12 Söhne Jakobs: Benjamin, Joseph, Asher, Gad, Naphtali, Dan, Zevulun, Issachar, Judah, Levi, Shimon, Reuven. Tierkreiszeichen und Namen sind in aufsteigender Ordnung, vom Jüngsten zum Ältesten, von der Geburt zum Tod, gereiht.

Auf der Rückseite des Steines in den beiden Hauptachsen außen die lateinischen Buchstabenkombinationen (im Uhrzeigersinn): LA, AA, DA, GG.

Herkunft: Wahrscheinlich aus den Sammlungen Rudolfs II.; Schatzkammerinventar 1750, S. 41, Nr. 213

Ausstellungen: Klagenfurt 1985

Literatur: Van Sacken und Kenner, The Royal Cabinets of Medals and Antiquities, Wien 1866, 468, Nr. 207

Choschen heißt die Brustplatte des jüdischen Hohepriesters, die mit 12 Steinen besetzt ist, welche die 12 Stämme Israels symbolisieren. Durch den gravierten Onyx läuft eine Bohrung vom Sternbild der Fische zur Jungfrau, eine Aszendentachse, die sich als Interpretation einer klassischen astrologischen Tafel versteht, in der die 12 Zeichen und die 12 Häuser abgesteckt sind. Die Rückseite verschließt ein goldener Deckel mit Scharnier und Verschluß. Darauf ist ein eingraviertes Quadrat, das außen verschiedene Tetragramme und in den Ecken griechische Kreuze enthält, innen den Davidstern, dem der Stern Salomons (Drudenfuß) eingeschrieben ist, während in den Feldern verteilt in lateinischen und hebräischen Buchstaben die Worte DIES und JESUS stehen, graviert von einem christlichen Schreiber. Auf der emaillierten Innenseite des Deckels erscheint Christus auf dem Regenbogen als Richter mit Schwert und Lilienstamm.

Daß dieser Choschen keinen Feingehaltsstempel hat, verwundert nicht: Arbeiten für den königlichen Hof oder solche, die im Auftrag des Königs angefertigt wurden, bedurften keines Prägestempels, der als bürgerlich-konventionelle Garantie galt. Der hier ausgestellte Choschen wird zum ersten Mal im ältesten Inventar der Wiener Schatzkammer erwähnt, das 1750 von Joseph Angelo de France für die Kaiserin Maria Theresia erstellt wurde. 1779 wurde der Choschen umgelagert und taucht ab 1800 wiederholt in Inventaren des Kabinetts für Medaillons und Ringe auf. Frühe Inventare erwähnen die Herkunft des Choschens nicht, aber Van Sacken und Kenner ergänzen ihre Angaben wie folgt: »... von den Juden von Prag als Geschenk an Kaiser Rudolf II.«

Während der Herrschaft Rudolfs II. erlebten die Juden eine Zeit der Stabilität und des Aufschwungs, die die Schutzherrschaft Rudolfs ermöglichte.

So ist es naheliegend, daß es der Wunsch der jüdischen Gemeinde in Prag war, ihrem wohltätigen Herrscher ein Amulett zu schenken, um ihn vor Bösem zu schützen und seine Kräfte zu mehren. Unwahrscheinlich ist, daß sie um 1600 ein Amulett mit Kreuzformen versehen haben sollen, aber vielleicht hat die jüdische Gemeinde die Hilfe eines christlichen Schreibers in Anspruch genommen, um dem Kaiser einen allumfassenden Zauber zu schenken. Es ist auch möglich, daß die Juden dem Kaiser den gravierten Onyx überreichten und Rudolf die Goldfassung in Auftrag gab, um das Amulett zu vervollständigen. Bis in den Archiven des Wiener Museums ein früheres Dokument über den Choschen gefunden wird, das eine genauere Interpretation erlaubt, sind wir weiterhin auf Spekulationen angewiesen.

Rudolf war ein leidenschaftlicher Sammler und Förderer der Künste, aber auch fasziniert vom Okkultismus. Was für ein besseres Geschenk als einen Choschen – getragen vom Hohepriester von Israel – konnte es geben, ein Amulett, das die Mystik magischer Edelsteine, Zauberformeln, Anagramme aus den heiligen Buchstaben des Namen Gottes und – aus Gründen der Ausgewogenheit – christliche Symbole als Gegengewicht zu den jüdischen trägt?

J. D.

Wien, Kunsthistorisches Museum, Inv. Nr. XII 383

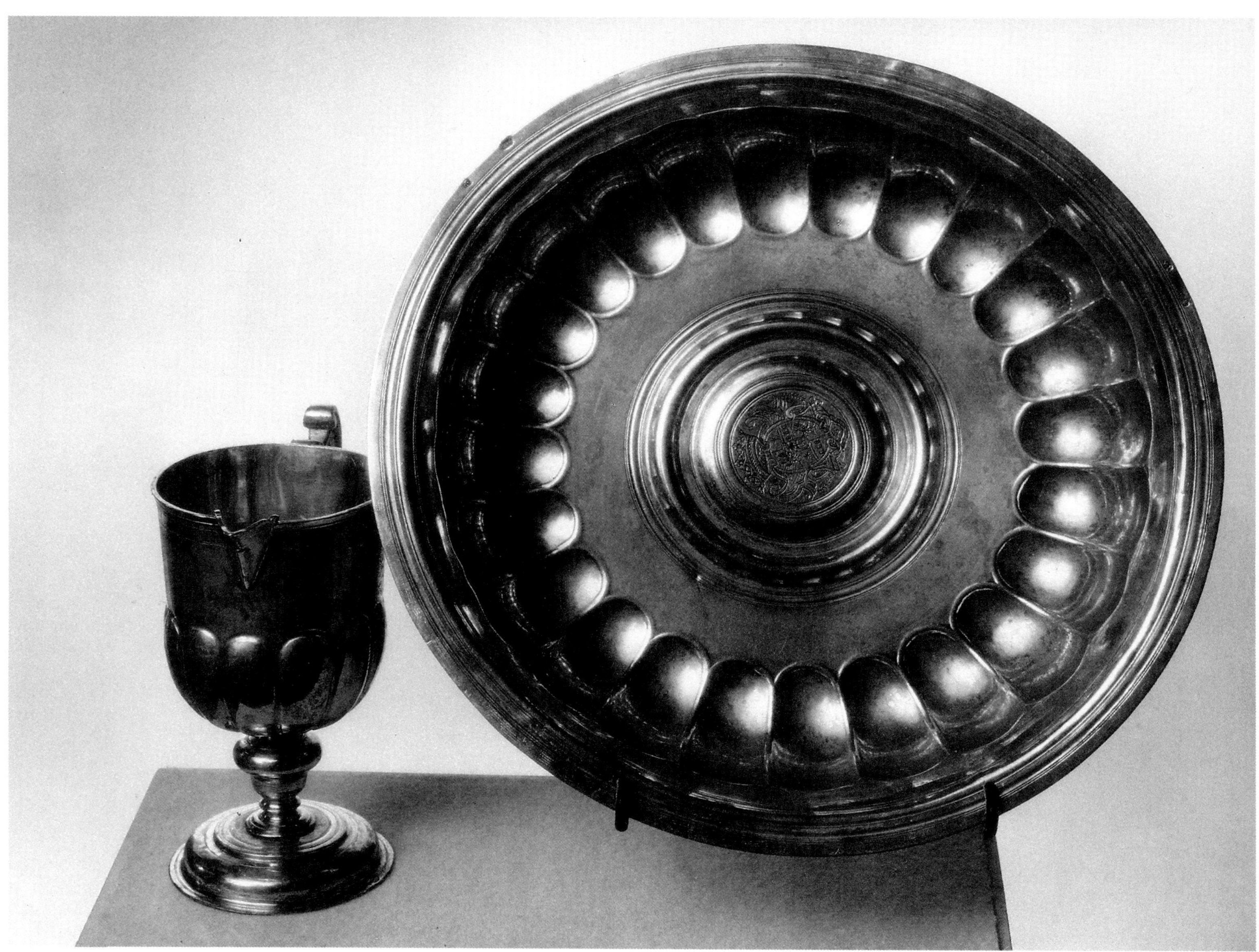

506

JEREMIAS WILD DER ÄLTERE

506 Levitengarnitur
Um 1590

Silber, teilweise vergoldet, getrieben, ziseliert; Höhe der Kanne 15 cm, Dm. 8 cm, 350 g, Schüssel 55 cm, Dm. 28,5 cm, 620 g
Augsburger Marke, J. W.
Herkunft: Brünn
Literatur: Prague Ghetto in the Renaissance Period, Prag 1965

J. D.

Prag, Staatliches Jüdisches Museum, Maiselsynagoge, Inv. Nr. 3804, 3825

UNBEKANNTER KÜNSTLER

507 Becher

Silber, teilweise vergoldet, getrieben, ziseliert, Höhe 14,2 cm, Dm. 8,9 cm, 210 g
Augsburg I. R. III–509
Herkunft: Brünn
Literatur: Prague Ghetto in the Renaissance Period, Prag 1965

J. D.

Prag, Staatliches Jüdisches Museum, Maiselsynagoge, Inv. Nr. 12 223

UNBEKANNTER KÜNSTLER

508 Schuppenbecher

Silber, teilweise vergoldet, getrieben, ziseliert; Höhe 24,5 cm, Dm. 8 cm, 360 g
Unlesbare hebräische Aufschrift
Herkunft: Brünn
Literatur: Prague Ghetto in the Renaissance Period, Prag 1965

Eine silberne, teilweise vergoldete Kanne mit Lavabo (Levitengarnitur) sowie zwei Becher für das Weinsegnen sind die ältesten Belege des Prager Renaissance-Ghettos in der Abteilung für Gebrauchsgegenstände aus Edelmetall des Staatlichen Jüdischen Museums. Neben den Etrogschüsseln und Beschneidungsmessern (aus Perlmutter, Bein oder Filigran mit Edelsteinen), die sich oft in den Raritätenkammern des 17. Jahrhunderts vorfinden, gehören sie zu den kostbarsten Gegenständen der Prager Sammlung.

Kanne und Schüssel wurden zum zeremoniellen Händewaschen vor dem Priestersegen der Leviten benutzt unter Assistenz der Kohens, welche die Wasserschüssel bei der Händebegießung hielten (Birkat Kohanim – II. B.M.6, V, 24–26). Solche Garnituren kommen in öffentlichen wie in privaten Sammlungen sehr selten vor. Auch das Prager Museum besitzt nur wenige vorwiegend neuzeitliche Arbeiten. Die Silberarbeit (Inv. Nr. 3804, 3825) ist ein Werk des Jeremias Wild und mit der Augsburger Marke bezeichnet. (Das heraldische Wappen am Mantel der Kanne und in dem Spiegel der Schüssel wirft die Frage auf, ob nicht der Eigentümer ursprünglich ein Adeliger war und erst danach die jüdische Gemeinde.)

Ein größerer Becher mit der Augsburger Marke und der Signatur I. R. ist durch die sechskantige Kuppa mit Lappendekor in dem unteren Teil für die Kiddusch-Becher der Augsburger und Nürnberger Goldschmiedekunst dieses Zeitabschnittes charakteristisch. Dieses Stilelement setzt sich in mehreren Varianten bis zum Ende des 18. Jahrhunderts fort. Der Kiddusch-Becher wurde als Weihbecher für den Segensspruch in der Synagoge wie auch zu Hause (bei Hochzeiten, Beschneidungen, Sabbat und an allen anderen Feiertagen) benutzt. Der Weinbecher, über dem der Segen (durch einen Mann – den Senior) ausgesprochen wurde, war allen Familienmitgliedern heilig und wurde oft von einer Generation an die nächste vererbt. Der Becher mit konischer Kuppa und Schuppenmuster (Kat. Nr. 508) gehörte wahrscheinlich dem Rabbi Löw. J. D.

Prag, Staatliches Jüdisches Museum, Maiselsynagoge, Inv. Nr. 3939

507

508

Ausstellungen

Amsterdam 1858
Catalogus van voorwerpen uit vroegeren tijd. Arti et Amicitiae. Amsterdam 1858.

Amsterdam 1880
Catalogus der tentoonstelling van kunstvoor werpen in vroegere eeuwen uit edele metalen verwaardigd. Arti et Amicitiae. Amsterdam 1880.

Amsterdam 1947
Kunstschatten uit Wenen. Meesterwerke mit Oostenrijk. Rijksmuseum Amsterdam, 10. Juli – 12. Okt. 1947.

Amsterdam 1955
De triomf van het maniërisme: De europese stijl van Michelangelo tot El Greco. Rijksmuseum Amsterdam 1955.
Masters Prentkring. Rijksmuseum Amsterdam 1955.

Augsburg 1968
Augsburger Barock. Augsburg, Rathaus und Holbeinhaus, 15. 6. – 13. 10. 1968. Augsburg 1968.

Augsburg 1980
Welt im Umbruch: Augsburg zwischen Renaissance und Barock. I, II. Augsburg 1980.

Basel 1967
Unbekannte Handzeichnungen alter Meister 15.–18. Jahrhundert. Sammlung Freiherr Koenig-Fachsenfeld. Kunsthalle Basel. Basel 1967.

Basel 1984
Spätrenaissance am Oberrhein: Tobias Stimmer 1539–1584. Kunstmuseum Basel 1984.

Berlin 1975
Pieter Bruegel d. Ä. als Zeichner. Berlin. Staatliche Museen Preussischer Kulturbesitz, Kupferstichkabinett. Berlin 1975.

Berlin 1979
Manierismus in Holland um 1600. Kupferstiche, Holzschnitte und Zeichnungen aus dem Berliner Kupferstichkabinett. Staatliche Museen Preussischer Kulturbesitz, Kupferstichkabinett. Berlin 1979.

Bielefeld 1952
Aufgang der Neuzeit. Deutsche Kunst und Kultur von Dürers Tod bis zum Dreißigjährigen Krieg 1530–1650, 15. 7. – 15. 10. 1952. Germanisches Nationalmuseum Nürnberg. Bielefeld 1952.

Boston 1981
Printmaking in the Age of Rembrandt. Museum of Fine Arts. Boston 1981.

Braunschweig 1976
Europäische Kleinplastik aus dem Herzog Anton Ulrich-Museum. Braunschweig 1976.

Bregenz 1967
Meisterwerke der Plastik aus Privatsammlungen im Bodenseegebiet. Bregenz, Künstlerhaus, Palais Thurn und Taxis. 1967.

Brünn 1961
Ausstellung der Nationalgalerie Prag. Brünn 1961.

Budapest 1931
Német rajzok 1400–1650 (Deutsche Zeichnungen). Hrsg. von Edith Hoffmann. Szépmüvészeti Muzeum. Budapest 1931.

Budapest 1934
Rajzoló eljárások (Zeichnerische Verfahren). Hrsg. von Edith Hoffmann. Szépmüvészeti Muzeum. Budapest 1934.

Budapest 1941
Kéziratok és miniatúrák (Manuskripte und Miniaturen). Hrsg. von Edith Hoffmann. Szépmüvészeti Muzeum. Budapest 1941.

Budapest 1961
A manierizmus korának müveszete. Szépmüvészeti Múzeum. Budapest 1961.

Budapest 1967
Bruegel töl Rembrandtig. Budapest. Szépmüvészeti Muzeum 1967.

Delft 1863
Catalogus der tentoonstelling van voor Nederland belangrijke oudheden en merkwaardigheden. Delft 1863.

Dresden 1969
Dresdener Zeichnungen 1550–1650. Inventionen Sächsischer Künstler in europäischen Sammlungen. Staatliche Kunstsammlungen. Dresden 1969.

Dresden 1972
Europäische Landschaftsmalerei 1550–1650. Albertinum. Dresden 1972.
Zeichnungen alter Meister aus der Eremitage zu Leningrad. Die Sammlung Brühl. Staatliche Kunstsammlungen Dresden, Kupferstich-Kabinett, Ausstellung im Albertinum 1972. Dresden 1972.

Dresden 1977
Meisterzeichnungen aus der Graphischen Sammlung der Nationalgalerie Prag. Albertinum. Dresden 1977.

Düsseldorf 1967
Handzeichnungen alter Meister. Aus dem University College London. Kunstmuseum Düsseldorf, 17. 3. – 3. 4. 1967. Düsseldorf 1967.

Düsseldorf 1969/70
Meisterzeichnungen der Sammlung Lambert Krahe. Kunstmuseum Düsseldorf 1969/70.

Florenz 1964
Mostra di disegni fiamminghi e olandesi. Firenze Gabinetto disegni e stampe degli Uffizi 1964.

Florenz 1980
La corte . . .: Firenze e la Toscana dei Medici nell' Europa del Cinquecento. La corte il mare i mercati; La rinascta delia Scienza; Editoria e Società. Astrologia, magia e alchimia. Firenze. Museo di Storia della Scienza 1980.

Florenz – Paris 1980/81
Attraverso il Cinquecento Neerlandese. Disegni della Collezione Frits Lugt. Institut Néerlandais, Parigi; L'Epoque de Lucas de Leyde et Pierre Bruegel. Dessins des Anciens Pays-Bas. Collection Frits Lugt, Institut Néerlandais. Paris. Florenz – Paris 1980–1981.

Frankfurt 1981.
Dürers Verwandlung in der Skulptur zwischen Renaissance und Barock. Frankfurt 1981.

Frankfurt 1986/87
Die Bronzen der Fürstlichen Sammlung Liechtenstein. Frankfurt, Kunsthalle, 1986/87.

Frauenholz 1804
Catalogue d'un collection de dessins de peintres Italiens, Allemands et des Pays-Bas qui se trouvent dans le celèbre cabinet de Mr. Paul de Praun et qui est maintenant à vendre au magazin des Frauenholz et Comp. á Nuremberg 1804.

Graz 1964
Graz als Residenz: Innerösterreich 1564–1619. Grazer Burg, 6. Mai – 30. September 1964. Graz 1964.

Hamburg 1965
Die ›Alraune‹ von Eppendorf 1482. Museum für Hamburgische Geschichte, März–April 1965. Hamburg 1965.

Hamburg 1986
Renaissance des Nordens. Meisterzeichnungen aus der École Nationale Superieure des Beaux-Arts in Paris. Hamburger Kunsthalle 1986.

Hämeenlinna 1960
Sakfalaista piirustustaidetta 1400 – ja 1500 – luwuilta. Koottu valtion taidekokoel mista Weimarissa (DDR). Hämeenlinnan taidemuseossa, 14. 2. – 6. 3. 1960; Turun taidemuseossa, 13. 3. – 3. 4. 1960. Hämeenlinna 1960.

Harlem 1867
Pays Bas, catalogue spécial; Exposition universelle de 1867 à Paris. Harlem 1867.

Innsbruck 1952
Kunstschätze aus Wien. Tiroler Landesmuseum Ferdinandeum. Innsbruck, August–Oktober 1952.

Kopenhagen 1948/49
Kunstskatte fra Wien, Statens Museum for Kunst. Kopenhagen, Dezember 1948 – Februar 1949.

London 1949
Art Treasures from Vienna. Tate Gallery. London 1949.

London 1969
Baroque in Bohemia. Victoria & Albert Museum. London 1969.

London 1969/70
German Drawings from the Collection of H. M. the Queen, University College, London and Courtauld Institute of Art. Dec. 1969 – March 1970. The Courtauld Institute Galleries. London 1969.

London – Paris – Bonn – Brüssel 1972
London – Paris – Bonn – Brüssel 1972 – Flemish Drawings of the Seventheenth Century from the Collection of Frits Lugt. Institut Néerlandais. Paris 1972.

London 1980/81
Princely Magnificence. Court Jewels of the Renaissance. 1500–1630. London. Victoria and Albert Museum, 15. Oktober 1980 – 1. Februar 1981.

Los Angeles 1977
Alvar Gonzales-Palacios: The Art of Mosaics. Selections from the Gilbert Collection. County Museum of Art. Los Angeles 1977.

Los Angeles 1982
Alvar Gonzales-Palacios, Steffi Röttgen und Claudia Przyborowski: The Art of Mosaics. Selections from the Gilbert Collection. County Museum of Art. Los Angeles 1982.

Mailand 1987
Da Dürer a Böcklin. Disegni tedeschi, svizzeri, olandesi, fiamminghi dalle collezioni di Weimar (XVI–XX secolo) a cura di Renate Barth. (Mostra) Museo Correr, Venezia 19. 6. – 20. 9. 1987. Milano 1987.

München 1971
Dürer-Renaissance. Sonderausstellung, Alte Pinakothek. München 1971.

München 1980
Die Welt als Uhr. Deutsche Uhren und Automaten 1550–1650, Hrsg. von Klaus Maurice und Otto Mayr. Bayerisches Nationalmuseum. München 1980.
Wittelsbach und Bayern. Bd. II/1 u. II/2: Um Glauben und Reich. Kurfürst Maximilian I. Hrsg. von H. Glaser. München. 1980.

München 1983/84
Zeichnungen aus der Sammlung des Kurfürsten Carl Theodor. Ausstellung zum 225jährigen Bestehen der Staatlichen Graphischen Sammlung München. Neue Pinakothek 1983–84.

Münster – Baden Baden 1980
Stilleben in Europa. Westfälisches Landesmuseum für Kunst und Kulturgeschichte Münster und Staatliche Kunsthalle Baden-Baden 1980.

New York 1979/80
William and Mary and their house. New York 1979/80.

New York 1985
Liechtenstein – The princely collections. Hrsg. von John P. O'Neill. New York. Metropolitan Museum 1985.

Nürnberg 1952
Aufgang der Neuzeit. Deutsche Kunst und Kultur von Dürers Tod bis zum Dreißigjährigen Kriege, 1530–1650. Germanisches Nationalmuseum. Nürnberg 1952.

Nürnberg 1955
Kunst und Kultur in Böhmen, Mähren und Schlesien. Germanisches Nationalmuseum. Nürnberg 1955.

Nürnberg 1985
Wenzel Jamnitzer und die Nürnberger Goldschmiedekunst 1500–1700. Hrsg. von G. Bott. Nürnberg 1985.

Oslo 1952
Kunstskatter fra Wien. Nasjonalgalleriet Oslo, 19. Mai – 13. Juli 1952.

Paris 1930
Art flamand. Dessins, enluminères, livres illustrés appartenant à la donation Jean Masson. Bibliothèque Nationale. Paris 1930.

Paris 1972/73
L'Ecole de Fontainebleau. Grand Palais. Paris 1972–73.

Paris 1981
Le Baroque en Bohème. Paris, Grand Palais, 18. 9. – 7. 12. 1981. Paris 1981.

Prag 1912
Rudolf II. Eine Ausstellung von Werken seiner Hofkünstler und Bildnissen von Persönlichkeiten an dessen Hof. Prag, Juni–Juli 1912.

Prag 1976
100 (Sto) starých ceských kreseb z Grafické sbirky v Praze. Prag, Belvedere 1976.

Prag 1979
Rudolfínská kresba. Narodní Galerie Prag. Jiřský Klášter. Prag 1979.

Prag/Hanau 1979
Die Kunst der Renaissance und des Manierismus in Böhmen. Prag/ Hanau 1979.

Prag 1982
Antické tradice v českém umēní. Výstava uspořadana u přilezitosti 16. mezinárodni konference EIRENE, Praha 31. 8. – 4. 9. 1982.

Princeton 1982/83
Drawings from the Holy Roman Empire 1540–1680. The Art Museum, Princeton University, Oct. 3 – Nov. 21, 1982; National Gallery of Art, Washington, D.C. Jan. 27 – April 11, 1983; Museum of Art, Carnegie Institute. Pittsburgh, April 23 – June 19, 1983.

Rotterdam 1963
De Sadelers, Jan-Raphael-Egidius. Museum Boymans-van Beuningen. Rotterdam 1963.

Rotterdam – Paris – Brüssel 1977
Hollandse en vlaamse tekeningen uit een Amsterdamse verzameling. Rotterdam, Paris, Brüssel 1977.

Salzburg 1983
Die Salzburger Skizzenbücher des Paulus van Vianen. Salzburger Barockmuseum 1983.

Salzburg 1987
Fürsterzbischof Wolf Heinrich von Raitenau, Gründer des barocken Salzburg. Residenz-Neugebäude und Dommuseum, Salzburg 1987.

Meisterzeichnungen des Künstlerkreises um Kaiser Rudolf II. aus dem Museum der Schönen Künste in Budapest, 26. 6. – 6. 9. 1987. Salzburger Barockmuseum.

Schallaburg 1974
Renaissance in Österreich. Schloß Schallaburg, Mai–November 1974.

Stockholm 1948
Konstskatter från Wien. Nationalmuseum Stockholm, Mai – August 1948.

Stockholm 1966
Christina Queen of Sweden – a personality of European civilisation (Nationalmusei Utställingskatalog 305). Nationalmuseum Stockholm 1966.

Stockholm 1984/85
Bruegels Tid. Nederländsk Konst 1540–1620. Hrsg. von G. Cavalli-Björkman, L. O. Larsson und B. Magnusson. Stockholm. Nationalmuseum 1984/85.

Stuttgart 1967
Unbekannte Handzeichnungen alter Meister 15.–18. Jahrhundert. Sammlung Frh. Koonig-Fachsenfeld. Staatsgalerie Stuttgart 1967.

Stuttgart 1979/80
Zeichnung in Deutschland: Deutsche Zeichner 1540–1640. Hrsg. von Heinrich Geissler. 2 Bände. Staatsgalerie Stuttgart 1979–1980.

Stuttgart 1984
Zeichnungen des 15. bis 18. Jahrhunderts. Staatsgalerie Stuttgart 1984.

Turin 1980
Il Ritratto e la figura in Europa dal XV al XIX secolo. Esposizione vendita, 5. 12. 1980 – 25. 1. 1981; Galleria dipinti antichi.

Utrecht 1984/85
Zeldzaam Zilver uit de Gouden Eeuw. De Utrechtse edelsmeden Van Vianen. Centraal Museum Utrecht, 14. Dez. 1984 – 10. Febr. 1985.

Venedig 1987
The Arcimboldo Effect. Transformations of the Face from the Sixteenth to the Twentieth Century. Palazzo Grassi. Venedig 1987.

Versailles 1964
Vienne à Versailles. Les grandes collections autrichiennes au chateau de Versailles, Mai–Okt. 1964.

Washington, New York, Chicago, San Francisco 1949/50
Art Treasures from the Vienna Collections. National Gallery of Art, Washington D.C.; Metropolitan Museum of Art, New York; The Art Institute of Chicago, Chicago; M. H. de Young Memorial Museum, San Francisco 1949/50.

Washington 1980/81
The Clockwork Universe. German Clocks and Automata 1550–1650 Ed. by K. Maurice and O. Mayr. Washington 1980/81.

Washington, Chicago, Los Angeles 1985
Leonardo to Van Gogh. Master Drawings from Budapest. Museum of Fine Arts, Budapest; National Gallery of Art, Washington, 12. 5. – 14. 7. 1985; The Art Institute of Chicago 27. 7. – 22. 9. 1985; Los Angeles County Museum of Art 10. 10. – 8. 12. 1985. Washington 1985.

Washington 1986
The Age of Bruegel: Netherlandish Drawings in the Sixteenth Century. National Gallery of Art. Washington 1986.
Renaissance Master Bronzes from the Collection of the Kunsthistorisch Museum in Vienna. Hrsg. von M. Leithe-Jasper. Washington, National Gallery of Art 1986.

Weimar 1981
Rembrandt und seine Zeitgenossen. Handzeichnungen niederländischer und flämischer Meister des 17. Jahrhunderts aus dem Besitz der Kunstsammlungen zu Weimar 1981.

Wien 1967/68
Graphische Sammlung Albertina. Zwischen Renaissance und Barock. Das Zeitalter von Bruegel und Bellange. Werke aus dem Besitz der Albertina. Ausstellung 9. 11. 1967 – 18. 2. 1968. Wien 1967 (= Die Kunst der Graphik. Bd. 4).

Wien 1974
Renaissance in Österreich. Schloß Schallaburg, 2. verbesserte Auflage. Wien 1974 (Katalog des Niederösterreichischen Landesmuseums N.F. 57).

Wien 1978/79
Giambologna 1529–1608: Sculptor to the Medic Royale Scottish Museum Edinburgh, Victoria and Albert Museum London. Kunsthistorisches Museum. Wien 1978–79.

Wien 1985
Albrecht Dürer und die Tier- und Pflanzenstudien der Renaissance. Graphische Sammlung Albertina, Wien 1985.

Wien 1987
Zauber der Medusa. Europäische Manierismen. Katalog zur ... Ausstellung der Wiener Festwochen, 3. 4. – 12. 7. 1987 im Wiener Künstlerhaus. Wien 1987.

Zürich 1946/47
Meisterwerke aus Österreich. Kunstgewerbemuseum. Zürich, 27. Okt. 1946 – 2. März 1947.

Verzeichnis der abgekürzt zitierten Literatur

D. **Alcouffe:** ›The Collection of Cardinal Mazarin's Gems‹. In: The Burlington Magazine, Bd. CXVI. 1974, S. 514–526.

S. **Alfons:** ›Giuseppe Arcimboldo‹. In: Symbolister Tidsskrift for Konstvetenskap 31. Malmö 1957. A manierizmus Korának müveszete. Budapest 1961.

F. **Anders:** Mexikanische Federarbeiten der Kolonialzeit (Anzeiger der phil.-hist. Klasse der Österreichischen Akademie der Wissenschaften. Jg. 1965, So. 3). Wien – Graz – Köln 1965.

F. **Anders:** Arte Plumario. Mexikanische Federmosaikarbeiten in europäischen Sammlungen. masch. Habil. Wien 1967.

F. **Anders:** Francisco de la Maza, Teresa Castello Yturbide, Marita Martînez del Rîo de Redo. Arte Plumario y de Mosaico. (Artes de Mexico XVII/137, 1971).

F. **Anders:** Kunst und Kunstgewerbe Altmexikos (Twede Kroon-Voordracht, 4. April 1975). Amsterdam 1975.

F. **Anders:** ›Der altmexikanische Federmosaikschild in Wien‹. In: Archiv für Völkerkunde. Bd. 32 (1978), S. 67–88.

Ch. **Avery:** Giambologna. The complete sculpture. Oxford 1987.

M. **Bachtler,** P. **Diemer,** J. **Erichsen:** Die Bestände von Maximilians I. Kammergalerie, Das Inventar von 1641/42, in: Quellen und Studien zur Kunstpolitik der Wittelsbacher vom 16. bis zum 18. Jahrhundert, München 1980, S. 191–252.

J. **Balogh:** Katalog der ausländischen Bildwerke des Museums der bildenden Künste in Budapest. IV–XVIII. Jahrhundert. 2 Bde. Budapest 1975.

H. **Barbet de Jouy:** Galerie d'Apollon. Notice des Gemmes et Joyaux. Paris 1867.

R. **Barthes:** Arcimboldo, Mailand 1978.

A. **Bartsch:** Le peintre graveur. 22 Bde. Wien 1801–1821.

The Illustrated **Bartsch.** Hrsg. von Walter L. Strauss und Tomoka Shimura. New York 1980.

R. **Bauer** und H. **Haupt:** ›Das Kunstkammerinventar Kaiser Rudolfs II. 1607–1611.‹ In: Jahrbuch der Kunsthistorischen Sammlungen in Wien. Bd. 72. 1976.

R. **Baumstark:** Meisterwerke der Sammlungen des Fürsten von Liechtenstein: Gemälde. Zürich 1980.

A. **Bechtold:** ›Hieronymus Scotus‹. In: Archiv für Medaillen- und Plaketten-Kunde IV. Halle an der Saale 1923/24, S. 103–118.

S. **Béguin:** Pour Speckaert. Album amicorum J. G. van Gelder. Den Haag 1973, S. 11–15.

E. **Bender:** Matthäus Gundelach. Leben und Werk. o. O. 1981. Phil. Diss. Frankfurt a. M. 1980.

O. **Benesch:** Beschreibender Katalog der Handzeichnungen in der Graphischen Sammlung Albertina. Die Zeichnungen der niederländischen Schulen des XV. und XVI. Jahrhunderts. Wien 1928.

O. **Benesch:** The Art of the Renaissance in Norther Europe. Cambridge, Mass. 1947.

O. **Benesch:** ›Die großen flämischen Maler als Zeichner.‹ In: Jahrbuch der Kunsthistorischen Sammlungen in Wien. Band 53, 1957, S. 9–32.

O. **Benesch:** Meisterzeichnungen der Albertina. Salzburg 1964.

P. **Bergner:** ›Matthias [sic!] Gundelach, Kammermaler Rudolfs II.‹. In: Jahrbuch des kunsthistorischen Instituts der k. k. Zentralkommission für Denkmalpflege. Bd. 5. 1911, Beibl. Sp. 183–188.

I. **Bergström,** Georg Hoefnagel: le dernier des grands miniaturistes flamands, L'Œil, 101, 1963, S. 2–9, 66.

I. **Bergström:** Flower Pieces of Radical Composition in European 16th and 17th Century. Album Amicorum J. G. Van Gelder. Den Haag 1973.

I. **Bergström:** Hans Hoffmann's Oil Painting »The Hare in the Forest« in: Prag um 1600. Beiträge zur Kunst und Kultur am Hofe Rudolfs II. Freren 1988.

W. **Bernt:** Die niederländischen Zeichner des 17. Jahrhunderts I–II. München 1957/58.

W. **Bernt:** Die Niederländischen Maler und Zeichner des 17. Jahrhunderts. 5 Bände. München 1980.

H. **von Bertele:** ›Jost Burgi's pupils and followers.‹ In: The Connoisseur. March 1955. S. 96 ff.

H. **von Bertele:** Globes and Spheres – Globen und Sphären – Globes et sphères. Lausanne 1961.

H. **von Bertele** und E. **Neumann:** Der kaiserliche Kammeruhrmacher Christoph Margraf und die Erfindung der Kugellaufuhr, in: Jahrbuch der kunsthistorischen Sammlungen in Wien, Bd. 59, 1963, S. 39–89.

A. **Beyer:** Arcimboldo Figurinen, Kostüme und Entwürfe für höfische Feste. Frankfurt a. M. 1983.

A. **Beyer:** Faszinierende Welt der Automaten. Uhren, Puppen, Spielereien. München 1983.

J. **Bialostocki:** Les bêtes et les humains de Roelant Savery, Bulletin du Musée national de Varsovie, 1958, S. 69–92.

Bildführer 1987: Weltliche und Geistliche Schatzkammer. Bildführer, Wien 1987.

A. **Blunt:** Artistic Theory in Italy 1450–1660. Oxford – New York 1985.

P. P. **Bober** und R. **Rubinstein:** Renaissance artists and antique sculpture. A handbook of sources. London 1986.

M. **Bobinger:** Christoph Schißler d. Ä. und d. J. Augsburg – Basel 1954.

M. **Bobinger:** Alt-Augsburger Kompaßmacher (Abhandlungen zur Geschichte der Stadt Augsburg, Schriftenreihe des Stadtarchivs Augsburg, Bd. 16). Augsburg 1966.

M. **Bobinger:** Kunstuhrmacher in Alt-Augsburg. Augsburg 1969.

M. **Bobinger:** ›Der Augsburger Uhrmacher Hans Schlothaim.‹ In: Schriften des Fachkreises ›Freunde alter Uhren‹ in der Deutschen Gesellschaft für Chronometrie 11, 1971/72, S. 8 ff.

E. **Bock:** Staatliche Museen zu Berlin. Die Zeichnungen alter Meister im Kupferstichkabinett. Hrsg. von Max J. Friedlaender: Die deutschen Meister. 2 Bde. Berlin 1921.

E. **Bock:** Die Zeichnungen in der Universität Erlangen. Frankfurt am Main 1929.

E. **Bock** und J. **Rosenberg:** Staatliche Museen zu Berlin. Die Zeichnungen alter Meister im Kupferstichkabinett. Die Niederländischen

Meister. Beschreibendes Verzeichnis sämtlicher Zeichnungen. Text- und Tafelband. Berlin 1930.

W. **von Bode:** »Die Kleinmeister der holländischen Schule in den Sammlungen des Fürsten Liechtenstein«, Die graphischen Künste 17, 1894, 2 Bde.

S. **Bodnár:** ›Hans Hoffmanns Zeichnungen in Budapest.‹ In: Acta Historiae Artium 32. 1986, S. 73–121 (im Druck).

W. **Boeheim:** Führer durch die Waffensammlung. Wien 1889.

W. **Boeheim:** Album hervorragender Gegenstände aus der Waffensammlung des Allerhöchsten Kaiserhauses 2 Bde. Wien 1894 und 1898.

L. J. **Bol:** Holländische Maler des 17. Jahrhunderts nahe den großen Meistern. Braunschweig 1969.

A. B. **de Boodt:** Gemmarum et lapidum historia. (Hanau 1609.) Leiden 1647.

G. **Boon:** ›Roelant Savery te Praag‹. In: Bulletin van het Rijksmuseum Amsterdam IX. 1961/64, S. 145–148.

R. **Van den Brande:** Die Stilentwicklung im graphischen Werke des Aegidius Sadeler. Diss. Wien 1950.

C. **Bravo-Villasante:** ›Introducción‹. In: J. de Borja, Empresas morales. Madris 1981, S. V–XXXI.

A. E. **Brinckmann:** Süddeutsche Bronzebildhauer des Frühbarock. München 1923.

M. **Brix:** ›Trauergerüste für die Habsburger in Wien.‹ In: Wiener Jahrbuch für Kunstgeschichte 26. 1973, S. 209–265.

G. **Bruck:** ›Habsburger als »Herkulier« ‹. In: Jahrbuch der kunsthistorischen Sammlungen in Wien 50. Wien 1953, S. 191–199.

A. **Buck:** Einleitung [Broschüre beigelegt zu] J. Sambucus, Emblemata, Antverpiae 1564. Budapest 1982.

I. **Budde:** Beschreibender Katalog der Handzeichnungen in der Kunstakademie Düsseldorf. Düsseldorf 1930.

B. **Bukovinská:** Anmerkungen zur Persönlichkeit Ottavio Miseronis. In: Umění, Nr. 18/2, 1970, S. 185–198.

B. **Bukovinská:** ›Dalši florentské mozaiky z Prahy.‹ In: Umění XX. 1972, S. 363–370.

B. **Bukovinská:** ›Rudolfínská Kamej zu Svatnovítského Pokladu‹ (Eine rudolfinische Kamee aus dem Domschatz von St.-Veit). In: Umění 22, 1974, S. 58–64.

B. **Bukovinská:** ›Pražský hrad na »florentských mozaikách« z rudolfínských dílen.‹ In: Umění XXXI. 1983, S. 444–446.

J. **Burian:** »Saveryho pohled na Malostranské Náměstí«, Umění V, 1957, S. 772.

J. **Burian:** Sprangerova alegorie z roku 1607, Umění VII, 1959, S. 54–56.

M. **Caspar:** Bibliographia kepleriana. Ein Führer durch das gedruckte Schrifttum von Johannes Kepler. München 1936.

M. **Caspar:** Johannes Kepler. Stuttgart ^{3}1958.

G. **Cavalli-Björkman:** Dutch and Flemish Paintings I. Stockholm 1987.

G. **Cavalli-Björkman:** ›Worship of Bacchus and Venus, Titian & Rubens Bacchanals. Papers given at a symposium in Nationalmuseum. Stockholm March 18–19 1987.‹ In: Nationalmusei Skriftserie 10. Stockholm 1987, S. 93–106.

J. **Čermaková:** ›Rideaux de tabernacle des synagogues du 16e et 17e siècle (partie de la collection textile du Musée Juif d'Etat).‹ In: Judaica Bohemiae 18. I, 1982, S. 22–23.

R. **Chadraba:** Die Gemma Augustea und die rudolfinische Allegorie, Umění XVIII, 1970, S. 289–297.

A. **Chapuis und E. Gélis:** Le monde des automates. Paris 1928.

E. **Chmelarz:** Georg und Jakob Hoefnagel, Jahrbuch der Kunsthistorischen Sammlungen des Allerhöchsten Kaiserhauses XVII, 1894, S. 275–290.

K. **Chytil:** Umění v Praze za Rudolfa II., Prag 1904.

K. **Chytil:** Umění a umělcí na dvoře Rudolfa II. 40... tabule. Slovni doprovod. Praha (um 1912).

K. **Chytil:** La Couronne de Rudolphe II. Prag 1921.

K. **Chytil:** Koruna Rudolfa II. a jelî autor, in: Ročenka kruhn pro pěstování dějin umění za rok 1928 (1929), S. 36–79.

J.-J. **Cocheton** und J. **Poulet:** ›Histoire des Bézoards. De la croyance légendaire à la pathologie humaine‹. In: Semaine Hôpitale 49. no. 52. Paris 1973, S. 3581–3586.

T. **DaCosta Kaufmann:** ›Arcimboldo's Imperial Allegories.‹ In: Zeitschrift für Kunstgeschichte 39. 1976, S. 275–296.

T. **DaCosta Kaufmann:** ›Hand-colored Prints and »pseudomanuscripts«. The curious case of Codex 7906 of the Österreichische Nationalbibliothek‹. In: Codices manuskripti 2. Wien 1976, S. 26–31.

T. **DaCosta Kaufmann:** Variations on the Imperial Theme in the Age of Maximilian II. and Rudolf II. New York – London 1976.

T. **DaCosta Kaufmann:** Arcimboldo au Louvre, Revue de Louvre et des musées de France, XXVII, 1977, S. 337–342.

T. **DaCosta Kaufmann:** Empire Triumphant. Notes on an Imperial Allegory by Adrian de Vries, in: Studies in the History of Art, 8/1978, S. 63–75.

T. **DaCosta Kaufmann:** ›Remarks on the Collection of Rudolf II.: The *Kunstkammer* as a Form of Representatio‹. In: Art Journal 38, 1978, S. 22–38.

T. **DaCosta Kaufmann:** ›The eloquent Artist: towards an Understanding of the Stylistics of Painting at the Court of Rudolf II.‹ In: Leids Kunsthistorisch Jaarboek 1. 1982, S. 119–148.

T. **DaCosta Kaufmann:** Ancients and Moderns in Prague: Arcimboldo's Drawings in the Silk Industry, Leids Kunsthistorisch Jaarboek, II, 1983.

T. **DaCosta Kaufmann:** ›Arcimboldo and Propertius. A classical source for Rudolf II. as vertumnus.‹ In: Zeitschrift für Kunstgeschichte 1. 1985.

T. **DaCosta Kaufmann:** L'École de Prague. La peinture à la cour de Rodolphe II. (Écoles et mouvements de la peinture 2.) Paris 1985.

T. **DaCosta Kaufmann:** Éros et poesia: la peinture a la cour de Rodolphe II., Revue del'art 69, 1985, S. 29–46.

T. **DaCosta Kaufmann:** Eros et Poesia. Word & Image 1987.

A. **Davies:** A van Everdingen. Diss. Harvard University, Cambridge, 1973; Garland Press.

A. **Demandt:** Technik und Zeit, Vortrag zur Eröffnung der Ausstellung »Die Welt als Uhr«, München 1980 (Beilage zum Katalog).

K. **Demus:** Kunsthistorisches Museum, Wien. Verzeichnis der Gemälde, Wien 1973.

E. **Dhanens:** Jean Boulogne. Giovanni Bologna Fiamingo. Douai 1529 – Florence 1608. Verhandelingen, Koninklijke Vlaamse Academie voor Wetenschappen, Letteren en Schone Kunsten van Belgie, Klasse der Schone Kunsten, Verhandeling Nr. 11. Brüssel 1956.

D. **Diemer:** ›Giovanni Ambrogio Maggiore und die Anfänge der Kunstdrechselei um 1570‹. In: Jahrbuch des Zentralinstituts für Kunstgeschichte. Bd. 1. 1985, S. 295–342.

D. **Diemer** und H. **Krumper:** Ausstellungskat. München 1980, S. 279–311.

H. A. **Dietiker:** Böhmen. Katalog der Habsburger Münzen 1526–1887. München 1979.

E. **Diez:** Der Hofmaler Bartholomäus Spranger, Jahrbuch der Kunsthistorischen Sammlungen des Allerhöchsten Kaiserhauses, XXVIII, 1909–10, S. 93–151.

R. **Distelberger:** ›Die Saracchi-Werkstatt und Annibale Fontana‹. In: Jahrbuch der Kunsthistorischen Sammlungen in Wien Bd. 71, 1975, S. 95–164.

R. **Distelberger:** ›Beobachtungen zu den Steinschneidewerkstätten der Miseroni in Mailand und Prag‹. In: Jahrbuch der Kunsthistorischen Sammlungen in Wien. Bd. 74, 1978, S. 79–152.

R. **Distelberger:** ›Dionysio und Ferdinand Eusebio Miseroni‹. In: Jahrbuch der Kunsthistorischen Sammlungen in Wien Bd. 75, 1979, S. 109–188.

R. **Distelberger:** ›Pierres precieuses du Liechtenstein.‹ In: Connaissance des Arts Nr. 343. 1980, S. 61–67.

R. **Distelberger:** Nuove ricerche sulla biografia dei fratelli Gasparo e Girolamo Miseroni, in: Firenze e la Toscana dei Medici nell'Europa dell'500, Bd. 3 (Relazioni artistiche. Il linguaggio architettonico), Florenz 1983, S. 877–884.

R. **Distelberger:** ›Gold und Silber, Edelsteine und Elfenbein‹. In: Ferdinand Seibt (Hrsg.): Renaissance in Böhmen. München 1985, S. 255–287.

O. **Doering** (Hrsg.): Des Augsburger Patriciers Philipp Hainhofer Beziehungen zum Herzog Philipp II. von Pommern-Stettin. Correspondenzen aus den Jahren 1610–1619. Quellenschriften zur Kunstgeschichte IV. Bd. Wien 1896.

A. **Dorner:** Meisterwerke aus d. Provinciale Museum in Hannover. Berlin 1927.

O. **Drahotová:** ›Comments on Caspar Lehmann, Central European Glass and Hard Stone Engraving‹. In: Journal of Glass Studies. 23. 1981, S. 34–45.

H. **Dressler:** Alexander Colin. Phil. Diss. Freiburg i. Br. 1973. Karlsruhe 1973.

I. L. E. **Dreyer** (Hrsg.): Tychonis Brahe Dani Opera omnia. Tomus II. und III. Hauniae 1915 bzw. 1916.

L. **Dunand:** ›La figuration, dans les estampes de Diane surprise au bain par Acteon. A propos d'une gravure de Jean-Théodore de Bry au Musée des Beaux-Arts‹. In: Bulletin Musées et Monuments Lyonnais. 6. 1977–81 (No. 4. 1980), S. 385–411.

Th. M. **Duyvené de Wit-Klinkamer:** ›Een Drinkschaal van Paulus van Vianen.‹ In: Bulletin van het Rijksmuseum Amsterdam II. 1954/4, S. 75–83.

Th. M. **Duyvené de Wit-Klinkamer:** ›De schaal von Paulus van Vianen‹. In: Bulletin van het Rijksmuseum 3. 1955, S. 91–92.

Th. M. **Duyvené de Wit-Klinkamer:** ›Diana en Actaeon door Paulus van Vianen‹. In: Nederlands Kunsthistorisch Jaarboek 6. 1955.

Th. M. **Duyvené de Wit-Klinkamer:** ›Eine Ansicht von Salzburg auf einer Plakette von Paulus von Vianen.‹ In: Mitteilungen der Gesellschaft für Salzburger Landeskunde. 100. 1960, S. 529–531.

M. **Dvořák** und B. **Matějka:** Raudnitzer Schloß (Topographie der Historischen und Kunst-Denkmale im Königreich Böhmen Bd. XXVII: Der politische Bezirk Raudnitz. II. Teil). Prag 1910.

F. **Dworschak:** ›Der Manierismus in der deutschen Medaille. Hubert Gerhart – Al. Colin – G. P. de Pomis – P. van Vianen‹. In: Archiv für Medaillen- und Plakettenkunde V. 1925/26, S. 61–68.

F. **Dworschak:** ›Unbekannte Plaketten von Antonio Abondio‹. In: Blätter für Münzfreunde und Münzforschung 78. 1954, S. 97–99.

W. **Eckhardt** und E. Habermel: Zur Biographie des Instrumentenmachers Kaiser Rudolfs II., in: Jahrbuch der Hamburger Kunstsammlungen, Bd. 21, 1976, S. 55–92.

W. **Eckhardt, E.** und J. Habermel: Kunstgeschichtliche Anmerkungen zu den Werken der beiden Instrumentenmacher, in: Jahrbuch der Hamburger Kunstsammlungen, Bd. 22, 1977, S. 13–74 (mit Werkverzeichnis).

A. **Ederer:** ›Vzácný dokument první tunelové stavby v Čechách.‹ In: Svět techniky Bd. 5, 1954, S. 566–568.

J. **Ehrmann:** Hans Vredeman de Vries, Gazette des Beaux-Arts, LXXXXIII, 1979, S. 13–26.

F. **Eichler** und E. **Kris:** Die Kameen im Kunsthistorischen Museum. Beschreibender Katalog (Publikationen aus den kunsthistorischen Sammlungen in Wien Bd. 2). Wien 1927.

J. W. **Einhorn:** Spiritualis Unicornis. Das Einhorn als Bedeutungsträger in Literatur und Kunst des Mittelalters (Münsterische Mittelalterschriften Bd. 13). München 1976.

E. Ritter **v. Engerth:** Kunsthistorische Sammlungen des Allerhöchsten Kaiserhauses: Gemälde. Beschreibendes Verzeichnis von Eduard R. v. Engerth. II. Band. Niederländische Schulen. 1884; zweite durchgesehene Auflage. Wien 1892.

E. Ritter **v. Engerth:** Kunsthistorische Sammlungen des allerh. Kaiserhauses. Gemälde. Beschreibendes Verzeichnis Bd. 3: Deutsche Schulen. Wien 1886.

K. **Erasmus:** Roelant Savery, sein Leben und seine Zeit, Halle 1908.

K. **Erasmus:** »De Teekeningen van Roelandt Savery«, Kunst und Kunstleven I, 1911, S. 5–8.

K. **Ertz:** Josse de Momper der Jüngere. Die Gemälde mit kritischem Œuvrekatalog. Freren 1986.

K. **Ertz:** Jan Brueghel d. Ä. Die Gemälde mit kritischem Œuvrekatalog. Köln, 1979.

J. **Evans:** A History of Jewellery 1100–1870. London 1951, [2]1970.

R. J. **Evans:** Rudolf II and His World: A Study in Intellectual History 1576–1612. Oxford 1973, [2]1984.

G. **Faggin:** De gebroeders Frederick en Gillis van Valckenborch, Bulletin Museum Boymans van Beuningen, XIV, 1963, S. 2–16.

H. **Fillitz:** ›Studien zur Krone Kaiser Rudolfs II.‹. In: Saertryk af Kunstmuseets Årsskrift 1950, S. 79–93.

E. **Fischer:** ›Eine Zeichnung der Krone Rudolfs II.‹. In: Saertryk af Kunstmuseets Årsskrift 1950. S. 74–78.

V. **Fleischer:** Fürst Karl Eusebius von Liechtenstein als Bauherr und Kunstsammler, 1611–1684. Wien.

W. **Fleischhauer:** Die Geschichte der Kunstkammer der Herzöge von Württemberg in Stuttgart (Veröffentlichungen der Kommission für geschichtliche Landeskunde in Baden-Württemberg, Reihe B. 87. Band), Stuttgart 1976.

W. **Fleischhauer:** Württembergisches Landesmuseum Stuttgart. Kunstkammer und Kronjuwelen. Stuttgart 1977.

C. W. **Fock:** Der Goldschmied Jaques Bylivelt aus Delft und sein Wirken in der mediceischen Hofwerkstatt in Florenz, in: Jahrbuch der kunsthistorischen Sammlungen in Wien, Bd. 70, 1974, S. 89–178.

C. W. **Fock:** Vases en lapis-lazuli des collections médicéennes du seizième siècle, in: Münchner Jahrbuch der bildenden Kunst, Bd. 27, 1976, S. 119–154.

C. W. **Fock:** Pietre Dure Work at the Court of Prague; Some Relations with Florence, in: Leids Kunsthistorisch Jaarboek Bd. 1, 1982, S. 259–269.

C. W. **Fock:** Pietre Dure Work at the Court of Prague and Florence: Some Relations: in: Prag um 1600 Beiträge zu Kunst und Kultur am Hofe Rudolf II., Freren 1988.

M. **Frankenburger:** Die Alt-Münchner Goldschmiede und ihre Kunst. München 1912.

H. G. **Franz:** Meister der spätmanieristischen Landschaftsmalerei in den Niederlanden; in: Jahrbuch des Kunsthistorischen Instituts der Universität Graz 3/4, 1968/69, S. 19–71.

H. G. **Franz:** Zum Werk des Roeland Savery, Kunsthistorisches Jahrbuch Graz, XV–XVI, 1979–1980, S. 175–186.

J. W. **Frederiks:** Dutch Silver. Bd. I. Den Haag 1952.

H. **Friedel:** Bronzebildmonumente in Augsburg 1589–1606. Bild und Urbanität. Abhandlungen zur Geschichte der Stadt Augsburg Bd. 22. Augsburg 1974.

T. **von Frimmel:** Kleine Galerie-Studien, I, 1892.

R. **Fritz:** Die Gefäße aus Kokosnuß in Mitteleuropa. 1250–1880. Mainz 1983.

E. **Fučíková:** Kresby z doby mezi renesanči a barokém. Phil. Diss. Praha 1967 (Maschinenschrift).

E. **Fučíková:** »Quae praestat iuvenis vix potuere viri«: Hans von Aachens Selbstbildnis in Köln, Wallraf-Richartz-Jahrbuch, XXXIII, 1971, S. 115–121.

E. **Fučíková:** Umělci na dvoře Rudolfa II. a jejich vztah k tvorbě Albrechta Dürera, Umění, XX, 1972, S. 149–166.

E. **Fučíková:** Sprangerův obraz Venuše a Adonis v zámecké galerii v Duchcově, Umění, XX, 1972, S. 347–362.

E. **Fučíková:** Rudolfínská kresba. Národni Galerie v Praze, Jíršký klášter, prosinek 1978 – leden 1979 (Katalog). Praha 1978.

E. **Fučíková:** ›Studien zur rudolfinischen Kunst: Addenda et Corrigenda.‹ In: Umění 27. 1979, S. 489–514.

E. **Fučíková:** ›Einige Erwägungen zum Werk des Jacopo und Ottavio Strada‹. In: Leids Kunsthistorisch Jaarboek, I, 1982, S. 339–53.

E. **Fučíková:** ›Veduta v Rudolfinském krajinařstvi.‹ In: Umėmí XXXI. 1983, S. 391–399.

E. **Fučíková:** Towards a reconstruction of Pieter Isaacsz's early career, Nederlandish Mannerism, ed. by Görel Cavalli-Björkman (Stockholm 1985), S. 165–175.

E. **Fučíková:** Die rudolfinische Zeichnung. Prag 1986.

E. **Fučíková:** Die Kunstkammer und Galerie Kaiser Rudolfs II. als eine Studiensammlung, Akten des XXV. Internationalen Kongresses für Kunstgeschichte, Wien 1983, Band IV: Zugang zum Kunstwerk: Schatzkammer, Salon, Ausstellung, »Museum«, Wien 1986, S. 53–58.

G. **Galavics:** Kössünk Kardot Az Pogány Ellen. Török Háorúk És Képzömüvészet. Budapest 1986.

B. **Geiger:** I pitturi ghiribizzosi di Guiseppe Arcimboldo, pittore illusionista del cinquecento. Florenz 1954.

B. **Geiger:** Dipinti ghiribizzosi di Giuseppe Arcimboldo, Mailand 1954.

H. **Geissler:** Zeichnung in Deutschland. Deutsche Zeichner 1540–1640. Staatsgalerie Stuttgart, Graphische Sammlung, 1. 12. 1979–17. 2. 1980. Katalog, 2 Bde. Stuttgart 1979.

T. **Gerszi:** ›Contribution à l'art des peintres allemandes de la cour de Rodolphe II.‹ In: Bulletin du Musée National Hongrois des Beaux-Arts. 13. 1958, S. 21–43.

T. **Gerszi:** ›Unbekannte Zeichnungen von Jan Speckaert.‹ In: Oud Holland LXXXIII. 3/4, 1968, S. 161–180.

T. **Gerszi:** Netherlandish drawings in the Budapest Museum. Sixteenth-century drawings. 2 Bände. Amsterdam – New York 1971.

T. **Gerszi:** Beiträge zur Kunst des Hans von Aachen, Pantheon XXIX, 1971, S. 390–395.

T. **Gerszi:** ›Die humanistischen Allegorien der rudolfinischen Meister‹. In: Evolution générale et développements régionaux en histoire de l'art (Actes du XXIIe CIHA). Budapest 1972, Bd. I, S. 755–62.

T. **Gerszi:** ›Les attaches de Paulus van Vianen avec l'art allemand.‹ In: Bulletin du Musée Hongrois des Beaux-Arts 44. 1975, S. 71–90.

T. **Gerszi:** ›Bruegels Nachwirkung auf die niederländischen Landschaftsmaler um 1600.‹ In: Oud Holland 90. 1976/4, S. 201–229.

T. **Gerszi:** Le Problème de l'influence réciproque des paysagistes rodolphins; in: Bulletin du Musée Hongrois des Beaux-Arts, No. 48–49, 1977, S. 105–128.

T. **Gerszi:** ›Pieter Bruegels Einfluß auf die Herausbildung der niederländischen See- und Küstenlandschaftsdarstellung.‹ In: Jahrbuch der Berliner Museen XIV. 1982, S. 144–187.

T. **Gerszi:** Paulus van Vianen. Handzeichnungen. Hanau 1982.

T. **Gerszi:** ›A newly identified drawing by Joseph Heintz the Elder‹. In: Essays in northern european art, presented to Egbert Haverkamp-Begeman on his sixtieth birthday. Doornspijk 1983, S. 94–96.

T. **Gerszi:** ›A Newly Identified Drawing by Joseph Heintz the Elder. Studies in Northern Art. In Honour of Egbert Haverkamp-Begemann 1984, S. 94–96.

T. **Gerszi:** Joos de Momper und die Bruegel-Tradition. Netherlandish Mannerism. Papers given at a Symposium in Nationalmuseum Stockholm 1984. Stockholm 1985.

T. **Gerszi:** ›Dessins de Jan de Mont‹. In: Bulletin du Musée Hongrois des Beaux-Arts 68–69. 1987.

G. **Glück:** Fälschungen auf Dürers Namen aus der Sammlung Erzherzog Leopold Wilhelms, Jahrbuch der Kunsthistorischen Sammlungen des Allerhöchsten Kaiserhauses, XXXVIII, 1909–10, S. 1–25.

H. G. **Gmelin:** Dürerrenaissance um 1600, Hannover 1979.

O. **Göller:** Graf Christoph II. von Fürstenberg und der Maler Matthäus Gundelach, Mitteilungen des historischen Vereins für Mittelbaden, XVII, 1931, S. 99–113.

A. **Gonzales-Palacios** und S. **Röttgen:** Katalog, in: The Art of Mosaics. Selection from the Gilbert Collection, Los Angeles County Museum of Art, Los Angeles 1982.

B. **von Götz-Mohr:** ›Leidende Heroen. Christus im Elend und Heiliger Sebastian von Adrian de Vries. Dürer, Michelangelo und die Antike.‹ In: Ausstellungskat. Frankfurt 1986/87, S. 43 ff.

B. **Graeci:** Hrsg. von V. von Willamowitz-Moellendorf. Oxford 1905.

O. **Granberg:** Catalogue raisonné de tableaux anciens inconnus jusqu'ici dans les collections privées de la Suède. Stockholm 1886.

O. **Granberg:** Inventaire général des trésors d'art. Peintures & sculptures principalement de maîtres étrangers en Suede. I–III. Stockholm 1911–1913.

O. **Granberg:** Svenska konstsamlingarnas historia från Gustav Vasas tid till våra dagar. Stockholm 1929.

G. **Gregorietti:** Il gioiello nei secoli. Mailand 1969.

O. **Gronau:** ›Mattheus Gundelach, ein hessischer Maler des 17. Jahrhunderts‹. In: Hessenland. Zeitschrift für hessische Geschichte und Literatur, XXIX, 1915, S. 305–308.

F. **Grossmann:** »The Drawings of Pieter Bruegel the Elder in the Museum Boymans and some problems of attribution«, Bulletin Museum Boymans V/2, 1954, S. 44–63.

A. **Grosz** und B. **Thomas:** Katalog der Waffensammlung in der Neuen Burg. Wien 1936.

G. **Grzimek:** Vom Aufgang der Neuzeit. Handbuch von Gemälden des europäischen Manierismus. Katalog der Sammlung der Familie Grzimek, Ravensburg und Friedrichshafen. Ravensburg o. J. (um 1965).

G. **Habich:** ›Zum Medaillen-Porträt Christi‹. In: Archiv für Medaillen- und Plakettenkunde II. 1920/21, S. 69–78.

G. **Habich:** ›Jan de Vos oder Paulus van Vianen?‹. In: Das Schwäbische Museum 1927, S. 124–135.

G. **Habich:** Die Deutschen Schaumünzen des XVI. Jahrhunderts. 4 Bde. und 1 Regbd. München 1929–1934.

Y. **Hackenbroch:** Renaissance Jewelry. New York und München 1979.

B. **Haendcke:** Die schweizerische Malerei im XVI. Jahrhundert diesseits der Alpen. Aarau 1893.

B. **Haendcke:** Joseph Heintz, Hofmaler Kaiser Rudolfs II., Jahrbuch der Kunsthistorischen Sammlungen des Allerhöchsten Kaiserhauses, XV, 1894, S. 45–59.

M. L. **Hairs:** Les peintres flamands des fleurs au XVIIe siècle. Paris (2nd edition, 1965; 3rd edition, 1985).

W. **Harms** – U.-B. **Kuechen:** ›Einführung‹. In: J. Camerarius, Symbola et emblemata. Graz 1980.

W. **Harms:** ›On Natural History and Emblematics in the 16th Century‹. In: The Natural Sciences and the Arts: Aspects of Interaction from the Renaissance to the 20th Century. An International Symposim (Acta Universitatis Upsaliensis, Figura Nova Series 22), hrsg. von Allan Ellenius. Uppsala 1985, S. 67–83.

L. E. **Harris:** The two Netherlanders. Humprey Bradley and Cornelis Drebbel. Cambridge 1961.

B. **Harris Wiles:** The Fountains of the Florentine Sculptors and their Followers. Cambridge, Mass. 1933.

F. **Hartt:** The Drawings of Michelangelo. London 1971, New York 1979.

F. **Haskell** und N. **Penny:** Taste and the antique. The Pure of classical sculpture 1500–1900. New Haven 1981.

J. J. L. **Haspels:** Automatic musical instruments, Their mechanics and their music 1580–1820. Zwolle 1987.

J. F. **Hayward:** ›The celestial globes of Georg Roll and Johannes Reinhold.‹ In: The Connoisseur. December 1950, S. 167 ff.

J. F. **Hayward:** ›The Roll and Reinhold celestial globe of the Emperor Rudolf II.‹ In: The Connoisseur. June 1973, S. 94 ff.

J. F. **Hayward:** Virtuoso Goldsmiths and the Triumph of Mannerism 1540–1620. London 1976.

H. **Heckmann:** Die andere Schöpfung. Geschichte der frühen Automaten in Wirklichkeit und Dichtung. Frankfurt 1982.

W. S. **Heckscher:** ›Renaissance Emblems: Observations Suggested by Some Emblem-Books in the Princeton University Library‹, The Princeton University Library Chronicle, XV, 1954, S. 55–68 (= 1985, S. 111–25).

W. S. **Heckscher:** ›Goethe im Banne der Sinnbilder. Ein Beitrag zur Emblematik‹, Jahrbuch der Hamburger Kunstsammlungen, VII, 1962, S. 35–56 (= Derselbe, Art and Literature: Studies in Relationship, hrsg. von Egon Verheyen. Baden-Baden 1985.

R. **an der Heiden:** Die Porträtmalerei des Hans von Aachen, Jahrbuch der Kunsthistorischen Sammlungen in Wien LXVI, 1970, S. 135–226.

R. **an der Heiden:** Zu neu aufgefundenen Gemälden Hans von Aachens, Pantheon, XXII, 1974, S. 249–254.

E. A. und J. **Heiniger:** The Great Book of Jewels. Boston 1974.

J. **Hejnic** und J. **Martínek:** Rukovět humanistického básnictví v Čechách a na Moravě. 1. 2. Praha 1966.

G. **Heinz:** ›Studien zur Porträtmalerei an den Höfen der österreichischen Erblande‹. In: Jahrbuch der Kunsthistorischen Sammlungen in Wien, Bd. 59. 1963, S. 99–224.

J. **Helfertová:** ›Castra doloris doby barokní v. Čechách.‹ In: Umění XXII. 1974, S. 290–308.

C. D. **Hellman:** The Comet of 1577: Its Place in the History of Astronomy. New York 1944.

U. Lee **Hendrix:** Joris Hoefnagel and Four Elements. A Study in sixteenth Century Nature Painting. Diss. Princeton University, Princeton 1983.

A. **Henkel** – A. **Schöne:** Emblemata: Handbuch zur Sinnbildkunst des XVI. und XVII. Jahrhunderts. Stuttgart 1967.

M. D. **Henkel:** Illustrierte Ausgaben von Ovids Metamorphosen im XV., XVI. und XVII. Jahrhundert. Vorträge der Bibliothek Warburg. Hrsg. von Fritz Sazl. Leipzig – Berlin 1930.

O. **Herbenová:** ›Synagogenvorhänge des 17. Jahrhunderts aus Böhmen und Mähren.‹ In: Waffen- und Kostümkunde. München – Berlin 1968 (Sonderdruck).

C. **Hernmarck:** Die Kunst der europäischen Gold- und Silberschmiede von 1450–1830. London – München 1978.

K. **Hilbert,** J. **Matiegka** und A. **Podlaha:** ›Královská hrobka v chrámě sv. Vita na Hradě Pražském.‹ in: Památky archeologické XXXVI. 1928–30, S. 241–257.

G. F. **Hill:** The Medallic Portraits of Christ. Oxford 1920.

O. **Hirschmann:** ›Karel van Mander Haarlemer Akademie.‹ In: Monatshefte für Kunstwissenschaft XI. 1918.

O. **Hirschmann:** Hendrick Goltzius. Meister der Graphik VII. Leipzig 1919.

O. **Hirschmann:** »Die Handzeichnungen Sammlung Dr. Hofstede de Groot im Haag«, Cicerone, VIII, 1916.

E. **Hodnett:** Marcus Gheeraerts the Elder of Bruges, London, and Antwerp. Utrecht 1971.

E. **Hoffmann:** Német rajzok 1400–1650 (Ausstellung Budapest, Dezember 1931, Katalog). Budapest 1931.

F. W. H. **Hollstein:** German Engravings, Etchings and Woodcuts ca. 1400–1700. I–XXVIII. Amsterdam 1949–1986.

Hollstein's Dutch and Flemish Etchings, Engravings and Woodcuts. Ca. 1450–1700. Vol. XXI: Aegidius Sadeler to Raphael Sadeler II. Ed. by K. G. Boon, comp. by Dieuwke de Hoop Scheffer. Amsterdam 1980.

W. **Holzhausen:** ›Eine Zeichnung des Adriaen de Vries im Staatlichen Kupferstichkabinett zu Dresden.‹ In: Die Graphischen Künste, N. F. 5/1940, S. 72–74.

H. **Homan:** Studien zur Emblematik des 16. Jahrhunderts. Utrecht 1971.

H. **Honour:** Goldsmiths and Silversmiths. London 1971.

A. J. **Hoogewerff:** Het Landschap van Bosch tot Rubens. Antwerp, 1954.

Z. **Horský:** K astronomické činnosti Tadeáše Hájka z Hájku. In: Ročenka Universitní knihovny v Praze 1960–1961, Praha, Státni pedagogické nakladatelství, 1962, S. 98–110, 215, 223, 232.

Z. **Horský:** ›Sextant astronomique de Bürgi.‹ In: Acta historiae rerum naturalium nec non technicarum. Special Issue 1. Prague 1965, S. 125–129.

Z. **Horský:** ›Eine Handschrift über das Triangularinstrument.‹ In: Acta historiae rerum naturalium nec non technicarum. Special Issue 4. Prague 1968, S. 94–95, 127–142.

Z. **Horský:** ›Bürgiho sextant ve sbírkách NTM.‹ In: Sborník Národního technického muzea v Prahe – Acta Musei Nationalis Technici Pragae 5, 1968, S. 280–300.

Z. **Horský:** ›Bohemia and Copernicus.‹ In: Memoirs and Observations of the Czechoslovak Academy of Sciences (The 500th Anniversary of the Birth of Nicholas Copernicus. Nr. 15. Praha 1975, S. 46–102.

Z. **Horský:** Kepler v Praze. Praha 1980.

Z. **Horský:** Die europäische Bedeutung der böhmischen Tradition der »neuen Wissenschaft« im 16. Jahrhundert. Im Druck.

Z. **Horsky** und O. **Škopová:** Astronomy. Gnomonics. A catalogue of instruments of the 15th to the 19th Centuries in the collections of the National Technical Museum (Národní technické muzeum, Praha). Prag 1968.

A. **Ilg:** Führer durch die Sammlung kunstindustrieller Gegenstände. Wien 1891.

A. **Ilg:** Album von Objecten aus der Sammlung kunstindustrieller

Gegenstände des AH. Kaiserhauses. Arbeiten der Goldschmiede- und Steinschlifftechnik. Wien 1895.
E. **Iwanoyko:** Gdański okres Hansa Vredemana de Vries, Posen 1963.

S. **Jacob:** Deutsche Kunst des Barock, Herzog Anton Ulrich-Museum, Braunschweig 1975.
B. **Jacoby:** Studien zur Ikonographie des Phaeton-Mythos. Phil. Diss. Bonn 1971.
H. **Jantzen:** Das niederländische Architekturbild, Leipzig 1910.
C. H. **Josten:** ›An unknown chapter in the life of John Dee.‹ In: Journal of the Warburg and Courtauld Institutions, vol. XXVIII. 1965, S. 233–257.

Kaufmann s. DaCosta Kaufmann
H. **Kaufmann:** ›Dürer in der Kunst und im Kunsturteil um 1600.‹ In: Anzeiger des Germanischen Nationalmuseums 1940–1953 (1954), S. 18–60.
D. **van der Kellen:** Antiquités des Pay Bas. Den Haag 1861.
U. **Keller:** Reitermonumente absolutistischer Fürsten. Staatstheoretische Voraussetzungen und politische Funktionen. Münchener Kunsthistorische Abhandlungen. Bd. 2. München 1971.
F. **Kenner:** ›Bildnismedaillen der Spätrenaissance‹. In: Jb. der Kunsthist. Slgn. des Allerhöchsten Kaiserhauses 12. 1891, S. 84–164.
H. **Keutner:** Giambologna: il Mercurio volante e altre opere giovanili. (Lo specchio del Bargello Nr. 17). Florenz 1984.
H. C. **King** und J. R. **Millburn:** Geared to the Stars. Ehe Evolution of Planetariums, Orreries, and Astronomical Clocks. Toronto-Buffalo – London 1978.
J. H. **Kolba** und A. T. **Németh:** Goldschmiedearbeiten (Kunstschätze des Ungarischen Nationalmuseums), Budapest 1973.
L. **Konečný:** [Besprechung von Hodnett 1971], Umění, XXVIII, 1975, S. 82–91.
L. **Konečny:** ›Hans von Aachen and Lucian, an Essay in Rudolfine Iconography.‹ In: Leids Kunsthistorisch Jaarboek 1. 1982, S. 237–258.
F. **Koreny:** A Hare among plants by Hans Hoffmann. Art et Auction. Hrsg. von Tim Ayers. London 1984.
J. **Koula:** ›Nové Lehmannovo dílo‹. In: Pamatky archaeologické a Mistopisne 15. 1890–1892, Spalte 545–550.
G. **Krčálová:** Zámek v Bučovicích (Das Schloß in Bučovice). Praha 1979.
J. **Krčálová** und K. Aschengreen **Piacenti:** Castrucci, in: Dizionario biografico delgi italiani, XXII, Rom 1979.
S. **Krenn:** ›Der ehemals im Wiener Kapuzinerkloster deponierte kaiserliche Schatz und seine Inventare von 1626 und 1752‹. In: Jahrbuch der Kunsthistorischen Sammlungen in Wien Bd. 82, 1986.
F. **Kriegbaum:** Hans Reichle, in Jahrbuch der kunsthistorischen Sammlungen in Wien 5, 1931, S. 189–266.
E. **Kris:** Georg Hoefnagel und der wissenschaftliche Naturalismus. Festschrift für Julius Schlosser, hrsg. von A. Weixlgärtner und L. Planiscig, Wien, Leipzig, Zürich 1927, S. 243–263.
E. **Kris:** ›Di alcune opere inedite dell'Ambrosiana‹. In: Dedalo Bd. IX. 1928, S. 387–399.
E. **Kris:** Meister und Meisterwerke der Steinschneidekunst in der italienischen Renaissance. 2 Bde. Wien 1929 (Reprint Wien 1979).
E. **Kris:** Goldschmiedearbeiten des Mittelalters, der Renaissance und des Barock. Beschreibender Katalog (Publikationen aus den kunsthistorischen Sammlungen in Wien Bd. V). Wien 1932.
R. **Kuchynka:** Manuál pražského pořádku malířského z let 1600–1656, Památky arxhoelogické, XXVII, 1915, S. 24–36.
R. **Kuchynka:** Dětřich Ravesteyn, dvorní malíř Rudolfa II., Časopis Společnosti přátel starožitností českých, XXX, 1922, S. 80–83.
Kunstkammerinventar, siehe Bauer und Haupt
Y. **Kuznetsov** (és mások): Western European Drawings. The Hermitage. Leningrad 1981.
L. **Kybalová:** ›Die ältesten Thoramäntel aus der Textiliensammlung des Staatlichen jüdischen Museums in Prag (1592–1750).‹ In: Judaica Bohemiae 9. 1. 1973, S. 23–42.
J. **Kybalová:** Innenraum und Kunstgewerbe in der Renaissance in Böhmen. München 1985, S. 205–244.
J. **Kybalová:** Plastik. In: Renaissance in Böhmen. Hrsg. von Ferdinand Seibt. München 1985, S. 246 ff.

J. **Landwehr:** German Emblem Books 1531–1888: A Bibliography. Utrecht – Leiden 1982.
L. O. **Larsson:** Adrian de Vrieś Porträtbüsten, in Konsthistorisk Tidskrift 32, 1963, S. 80–93.
L. O. **Larsson:** Adrian de Vries. Adrianus Fries Hagiensis Batavus 1545–1626. Wien – München 1967.
L. O. **Larsson:** ›Hans Mont van Gent‹. In: Konsthistorisk Tidskrift 36/ 1967.
L. O. **Larsson:** Adrian de Fries z Praze, in Umení 1968, S. 255–295.
L. O. **Larsson:** ›Bemerkungen zur Bildhauerkunst am rudolfinischen Hofe.‹ In: Umění 18/1970, S. 172 ff.
L. O. **Larsson:** Von allen Seiten gleich schön. Studien zum Begriff der Vielansichtigkeit in der europäischen Plastik von der Renaissance bis zum Klassizismus. Uppsala 1974.
L. O. **Larsson:** Gianlorenzo Bernini und Joseph Heintz. In: Konsthistorisk Tidskrift. 44. 1975, S. 23–26.
L. O. **Larsson:** ›Bildhauerkunst und Plastik am Hofe Kaiser Rudolfs II.‹ In: Leids Kunsthistorisch Jaarboek 1982, S. 211–235.
L. O. **Larsson:** ›Merkur auf Stjärneborg. Eine Bronzestatuette Johan Gregor van der Schardts im Besitz Tycho Brahes.‹ In: Kunstsplitter. Festschrift für Wolfgang J. Müller zum 70. Geburtstag. Husum 1984, S. 72–79.
L. O. **Larsson:** Zwei Frühwerke von Adrian de Vries, in: Netherlandish Mannerism. Papers given at a Symposium in Nationalmuseum, Stockholm 1984. Stockholm 1985, S. 117–126.
L. O. **Larsson:** ›Die großen Brunnen und die Stadterneuerung um 1600.‹ In: Ausstellungskatalog Elias Holl und das Augsburger Rathaus. Regensburg 1985, S. 135–147.
G. **Ledda:** Contributo allo studio della letteratura emblematica in Spagna (1549–1613). Pisa 1970.
F. **van Leeuwen:** »Iets over het handschrift van de ›naer het leven‹ tekenaar«, Oud Holland 85, 1970, S. 25–32.
F. C. **Legrand** und F. **Sluys:** Arcimboldo et les arcimboldesques. Paris 1955.
J. **Leisching:** Sammlung Lanna. Prag Bd. 1. Leipzig 1909.
M. **Leithe-Jasper:** Renaissance Master Bronzes from the Collection of the Kunsthistorisch Museum in Vienna. London 1986 (zugleich Ausstellungskat. Washington, National Gallery of Art; Los Angeles, County Museum of Art und Chicago, The Art Institute of Chicago).
M. **Leithe-Jasper** und R. **Distelberger:** Kunsthistorisches Museum Wien I. Schatzkammer und Sammlung für Plastik und Kunstgewerbe. London – München 1982.
Q. **v. Leitner:** Die hervorragendsten Kunstwerke der Schatzkammer des österreichischen Kaiserhauses. Wien 1870–73.
M. **Lejsková-Matyášová:** Program štukové výzdoby tzv. soudnice zámku v Bechyni‹. In: Umění, XXXI, 1973, S. 1–17.
J. **Lenfeld:** Sluneční hodiny ze sbírek UPM v Praze. (Acta PUM XVI –

řada D. 4 Supplementa). Umĕleckoprůmyslové muzeum v. Praze. Praha 1984.

J. H. **Leopold:** Die große astronomische Tischuhr des Johann Reinhold. Luzern 1974.

J. H. **Leopold:** Astronomen, Sterne, Geräte. Landgraf Wilhelm IV. und seine sich selbst bewegenden Globen. Luzern 1986.

A. **Lhotsky:** Die Geschichte der Sammlungen (Festschrift des Kunsthistorischen Museums zur Feier des fünfzigjährigen Bestandes, 2. Teil) 1. Hälfte, Wien 1941–45.

S. **Lichtenstein:** ›Delacroix Emblematicus, his Unknown Studies after Giulio Bonasone‹. In: Journal of the Warburg and Courtauld Institutes, XXXIX, 1976, S. 275–80.

W. **Liedtke:** »Flemish Paintings in the Collection of the Princes of Liechtenstein«, Tableau 8/13 (December 1985), S. 76–81.

R. **Liess:** »Die Kleinen Landschaften Pieter Bruegels d. A.«, Kunsthistorisches Jahrbuch Graz XVII. 1981.

D. **Limouze:** Aegidius Sadeler (1570–1629): Drawings, Prints and the Development of an Art Theoretical Attitude. Prager Symposium 1988.

H.-J. **Ludwig:** Die Türkenkrieg-Skizzen des Hans von Aachen für Rudolf II. Phil. Diss. Frankfurt 1978.

A. **Lugli:** ›Le Symbolicae quaestiones di Achille Bocchi e la cultura dell'emblema in Emilia‹. In: Le arti a Bologna e in Emilia dal XVI al XVII secolo, hrsg. von A. Emiliani (C.I.H.A., Atti del XXIV Congresso Internazionale di Storia dell'Arte, Bd. 4). Bologna 1982, S. 87 ff.

F. **Lugt:** École Nationale Superieure des Beaux-Arts Paris. Inventaire général des dessins des écoles du nord. I. École Hollandaise. Paris 1950.

Lundberg: ›Några bronzer ur Carl Gustaf Tessins skulptursamling.‹ In: Konsthistorisk Tidskrift 39/1970, S. 105–120.

L. **von Mackensen** (Hrsg.): Die erste Sternwarte Europas mit ihren Instrumenten und Uhren. 400 Jahre Jost Bürgi in Kassel. München 1979 (2. Aufl. 1982, 3. Aufl. 1988).

B. **Magnusson:** The de la Gardie Collection of Drawings. Nationalmuseum Bulletin 1982. Vol. 6 Nr. 3. Cat. Nr. 165.

M. I. **Majskaja:** Podgotovitelnij rusunok Hansa von Aachena iz sobranija GMII imeni A. S. Puschkina dlja schivopisnogo cykla »Allegorii tureckich vojn«, Muzej, IV, 1983, S. 127–135.

C. **van Mander:** Utlegghing op den Metamorphosis. Publius Ovidy Nasonis. Anhang zum Schilderboek. Haarlem 1603–1604.

C. **van Mander:** Das Leben der niederländischen und deutschen Maler. Übersetzung und Anmerkungen von Hanns Floerke. I, II, München und Leipzig 1906.

A. P. **de Manidargues:** Arcimboldo le Merveilleux, Paris 1977.

G. **Marlier:** »L'heureux exil qui guida Roelandt Savery au paradis des animaux«, Connaissance des Arts. S. 86–95.

S. **Massari:** Giulio Bonasone. Catalogo. Rom 1983.

K. **Maurice:** Die deutsche Räderuhr, 2 Bde. München 1976.

K. **Maurice:** Rudolf – alter quidam Salomon. Marginalie zur Wissenschaft am Hof in Prag, in: Renaissance in Böhmen, hg. von Ferdinand Seibt, München 1985, S. 287–314.

K. **Maurice:** Der drechselnde Souverän. Materialien zu einer fürstlichen Maschinenkunst. Zürich 1985.

M. **Mauquoy-Hendricks:** Belgische Portreten in de prentenkunst. Brüssel 1960.

M. **Mauquoy-Hendrickx:** Les estampes des Wierix conservées au Cabinet des estampes de la Bibliothèque Royale Albert Ier. Catalogue raisonné, Bd. III/1. Brussel 1982.

O. **Mayr:** Uhrwerk und Waage, Autorität, Freiheit und technische Systeme in der frühen Neuzeit, München 1987.

Ch. **von Mechel:** Verzeichnis der Gemälde der Kaiserlich Königlichen Bilder Gallerie in Wien. Wien 1783.

J. J. **Merlo:** Kölnische Künstler in alter und neuer Zeit. Hrsg. von E. Firmenich-Richartz und Hermann Keussen, Düsseldorf 1895.

E. **Meyer-Heisig:** ›Caspar Lehmann: Ein Beitrag zur Frühgeschichte des deutschen Glasschnittes‹. In: Anzeiger des Germanischen Nationalmuseum. 1963. S. 116–131.

E. **Meyer-Heisig:** ›Caspar Lehmann‹. In: Kunstjahrbuch der Stadt Linz 1967, S. 117–129.

H. **Michel:** ›Le mouvement perpetuel de Drebbel.‹ In: Physis, vol. 13, 1971, S. 289–294.

A. **Michels:** Philosophie und Herrscherlob als Bild. Anfänge und Entwicklung des süddeutschen Thesenblattes im Werk des Augsburger Kupferstechers Wolfgang Kilian, 1581–1663. Münster i. W. 1987. (= Kunstgeschichte. 10).

H. **Mielke:** Hans Vredeman de Vries: Verzeichnis der Stichwerke und Beschreibung seines Stils. Diss., Berlin 1967.

H. **Mielke:** ›Antwerpener Graphik in der 2. Hälfte des 16. Jahrhunderts: Der Thesaurus veteris et novi Testamenti des Gerard de Jode (1585)‹, Zeitschrift für Kunstgeschichte, XXXVIII, 1975, S. 29–83.

H. **Mielke:** Manierismus in Holland um 1600. Kupferstiche, Holzschnitte und Zeichnungen (Museums-Katalog, Staatl. Museen Preuß. Kulturbesitz, Kupferstichkabinett). Berlin 1979.

H. **Modern:** ›Paulus van Vianen.‹ In: Jahrbuch der kunsthistorischen Sammlungen des Allerhöchsten Kaiserhauses 15. 1894, S. 60–102.

H. **Möhle:** ›Neue Beiträge zu Matthäus Gundelach‹. In: Festschrift Friedrich Winkler. Berlin 1959, S. 268–279.

J. R. **ter Molen:** Van Vianen een Utrechtse familie van zilversmeeden met internationale faam. 2 Bde. Phil. Diss. Leiden 1984.

P. **Morigia:** La nobilità di Milano. Mailand 1595.

H. **Mortensen:** Portraetter af Tycho Brahe. Astronomiska Sällskapet Tycho Brahe Arsbok. Lund 1946.

G. **Mraz:** Die Rolle der Uhrwerke in der kaiserlichen Türkenverehrung im 16. Jahrhundert, in: Ausstellungskatalog: Die Welt als Uhr. Deutsche Uhren und Automaten 1550–1650, München 1980, S. 39–54.

G. **Mraz:** Risse der Rüstungen und Handfeuerwaffen für die Türkenverehrung 1590, in: Jahrbuch der kunsthistorischen Sammlungen in Wien, Bd. 79, 1983, S. 107–125.

K. **Müllenmeister:** »Das Stallinterieur als eigenständiges Genre«, Roelant Savery in seiner Zeit. Walraf-Richartz-Museum. Köln 1985, S. 46–50.

K. J. **Müllenmeister:** Roelant Savery. Die Gemälde mit kritischem Œuvrekatalog. Freren 1988.

O. **Muneles** (Hrsg.): Prague Ghetto in the Renaissance Period. Ausstellungskatalog II. Prag 1965.

L. **Münz:** The Drawings of Bruegel. London 1961.

G. K. **Nagler:** Neues allgemeines Künstlerlexikon, XV. München

Netherlandish Mannerism, Papers given at a Symposium in Nationalmuseum Stockholm, September 21–22, 1984, edited by Görel Cavalli-Björkman, Stockholm 1985.

E. **Neumann:** ›Florentiner Mosaik aus Prag.‹ In: Jahrbuch der Kunsthistorischen Sammlungen in Wien 53 (N.F. XVII). 1957, S. 157–202.

E. **Neumann:** ›Die Tischuhr des Jeremias Metzker von 1564 und ihre nächsten Verwandten.‹ In: Jahrbuch der kunsthistorischen Sammlungen in Wien 57. 1961, S. 89 ff.

E. **Neumann** und H. **Fillitz:** ›Kunstgewerbe.‹ In: Barock in Böhmen. München 1964, S. 273–288.

E. **Neumann:** ›Das Inventar der rudolfinischen Kunstkammer von 1607/11‹. In: Analecta Reginensia. Queen Christina of Sweden, documents and studies. Stockholm 1966, S. 262–265.

J. **Neumann:** Die Gemäldegalerie der Prager Burg. Prag 1966 (Englische Ausgabe, Prag 1967).

J. **Neumann:** ›Kleine Beiträge zur rudolphinischen Kunst und ihre Auswirkungen.‹ In: Umění XVIII/2. 1970, S. 142–167.

J. **Neumann:** ›Rudolfínské umění II: Profily malířů a sochařů. In: Umění. 26. 1978, S. 303–347.

J. **Neumann:** ›Die Bildhauerkunst am Hofe Rudolfs II.‹. In: Die Kunst der Renaissance und des Manierismus in Böhmen. Hrsg. von J. Hořejši u. a. Prag 1979, S. 210–222.

J. **Neumann** 1979: J. Hořejší, J. Krčálová, J. Neumann, E. Poche, J. Vakková, Die Kunst der Renaissance und des Manierismus in Böhmen, Prag 1979, S. 172–217.

J. **Neumann:** Rudolfínská Praha. Praha 1984.

J. **Neumann:** Die rudolfinische Kunst und Niederlanden, Netherlandisch Mannerism. Hrsg. von Görel Cavalli-Björkmann, Stockholm 1985, S. 47–60.

J. **Newald:** ›Das österreichische Münzwesen unter den Kaisern Maximilian II., Rudolf II. und Matthias‹. In: Numismatische Zeitschrift 17. Wien 1885, S. 167–416.

A. **Niederstein:** Das graphische Werk des Bartholomäus Spranger, Repertorium für Kunstwissenschaft, LII, 1931, S. 1–35.

L. **Nuti:** Georg Hoefnagel's Urban Imagery. Prager Symposium 1988.

V. **Oberhammer:** Die Bronzestandbilder des Maximilian-Grabmals in der Hofkirche zu Innsbruck. Innsbruck 1935.

K. **Oberhuber:** Die stilistische Entwicklung im Werk Bartholomäus Sprangers. Diss. Wien 1958.

K. **Oberhuber:** ›Die Landschaft im Frühwerk Bartholomäus Sprangers.‹ In: Jahrbuch der Kunstsammlungen in Baden-Württemberg 1. 1964, S. 173–187.

K. **Oberhuber:** ›Anmerkungen zu Bartholomäus Spranger als Zeichner.‹ In: Umění 18. 1970. S. 213–222.

L. **Oehler:** Niederländische Zeichnungen des 16.–18. Jahrhunderts. Fridingen 1979.

K. **Oettinger:** Die Bildhauer Maximilians am Innsbrucker Kaisergrabmal (Erlanger Beiträge zur Sprach- und Kunstwissenschaft, Bd. 23). Nürnberg 1966.

C. **von der Osten Sacken:** San Lorenzo el Real de El Escorial. Studien zur Baugeschichte und Ikonologie (Studia iconologica I). Mittenwald-München 1979.

K. T. **Parker:** Catalogue of the Collection of Drawings in the Ashmolean Museum, Osford, I: Netherlandish, German, French and Spanish Schools, Oxford 1938.

K. T. **Parker:** Ashmolean Museum Oxford. Report of the visitors. Oxford 1960.

G. **Parthey:** Allgemeiner Deutscher Bildersaal. Bd. 1. Berlin 1863.

G. E. **Pazaurek:** Perlmutter. Berlin 1937.

R. A. **Peltzer:** ›Der Hofmaler Hans von Aachen, seine Schule und seine Zeit‹. In: Jahrbuch der kunsthistorischen Sammlungen des Allerhöchsten Kaiserhauses 30. Wien 1911/12, S. 59–182.

R. A. **Peltzer:** ›Johann Gregor von der Schardt (Jan de Zar) aus Nymwegen, ein Bildhauer der Spätrenaissance.‹ In: Münchner Jahrbuch der Bildenden Kunst X/1916–1918, S. 198–216.

R. A. **Peltzer:** Hans von Aachen, eine Nachlese, Wallraf-Richartz-Jahrbuch, V, 1928, S. 75–84.

A. S. **Pérez:** La literatura emblemática española (Siglos XVI y XVII). Madrid 1987.

Z. **Pešatová:** Bohemian Engraved Glass. Prag 1968.

E. **von Philoppovich:** ›Eine bunte Welt aus Steinen – Steinintarsien: Italienische Technik in Prager Werkstätten.‹ In: Kunst und Antiquitäten Nr. 5. Sept.–Oct. 1981, S. 22–27.

A. **Pigler:** ›Notice sur Dirck Quade van Ravesteyn.‹ In: Oud Holland LXIII. 1948, S. 74–77.

A. **Pigler:** Barockthemen. 2. Budapest 1974.

K. **Pilz:** ›Hans Hoffmann, ein Nürnberger Dürer-Nachahmer der 2. Hälfte des 16. Jahrhunderts.‹ In: Mitteilungen des Vereins für Geschichte der Stadt Nürnberg 51. 1962, S. 236–272.

L. **Planiscig:** Die Estensische Kunstsammlung Bd. 1 Skulpturen und Plastiken des Mittelalters und der Renaissance. Wien 1919.

L. **Planiscig:** Die Bronzeplastiken, Statuetten, Reliefs, Geräte und Plaketten (Publikationen aus den Sammlungen für Plastik und Kunstgewerbe Bd. IV). Wien 1924.

L. **Planiscig** und E. **Kris:** Katalog der Sammlungen für Plastik und Kunstgewerbe. Wien 1935.

E. **Poche:** Svatovítský Poklad (Der Domschatz zu St. Veit). Prag 1971.

E. **Poche:** ›Das Kunsthandwerk zur Zeit der Renaissance und des Manierismus.‹ In: Die Kunst der Renaissance und des Manierismus in Böhmen. Prag 1979, S. 148–171.

A. **Podlaha:** Illustrierter Katalog des Prager Domschatzes. Prag 1905, [2]1930, tschechische Ausgabe 1948.

A. **Podlaha** und Ed. **Šittler:** Der Domschatz in Prag. Topographie der historischen und Kunstdenkmale im Königreich Böhmen. Prag 1903.

J. **Polák:** Nápisy pražských peroches z let 1547–1806. In: Kniha o Praza. Praha 1931, S. 25–44.

J. **Pope-Hennessy:** Renaissance Bronzes from the Samuel H. Kress Collection. London 1965.

F. **Porzio:** Il mondo illusorio di Arcimboldo, Mailand 1979.

Prag um 1600. Beiträge zur Kunst und Kultur am Hofe Rudolfs II. Freren 1988.

M. **Praz:** Studies in Seventeenth-Century Imagery. Rom 1964 (2. Ausg.).

P. **Preiss:** Dve Arcimboldovy Kresby Rudolfa II. Casopis Národniho muzea. CXXVI. 1957.

P. **Preiss:** ›Prager Marginalien zu Guiseppe Arcimboldo.‹ In: Alte und Moderne Kunst IX. 77. 1964.

P. **Preiss:** Guiseppe Arcimboldo. Prag 1967.

P. **Preiss:** Italští uměli v Praze. Praha 1986.

E. **Preißig:** Aegid Sadeler, Theatrum morum: Artliche Gespräch der Thier (Prag 1608). Einleitung zu der von Gesellschaft deutscher Bücherfreunde besorgten Neuausgabe. Prag 1938.

C. **Przyborowski:** Die Ausstattung der Fürstenkapelle an der Basilika von San Lorenzo in Florenz. Versuch einer Rekonstruktion. Diss. Berlin 1982.

A. **Radcliffe:** ›Giambologna's Twelve Labors of Hercules.‹ In: The Connoisseur. CLXXXIX. Sept. 1978, S. 12 ff.

O. **Raggio:** In: Ausstellungskatalog New York 1985, S. 57.

O. **Raggio:** In: Ausstellungskatalog Frankfurt 1986/87, S. 136 ff.

H.-J. **Raupp:** ›Zum Thema Kunst und Künstler‹. In: Heinrich Geissler. Zeichnung in Deutschland. Katalog. Bd. II. Stuttgart 1979, S. 224.

H.-J. **Raupp:** »Bemerkungen zu den Genrebildern Roelandt Saverys«, Roelant Savery in seiner Zeit. Köln, Wallraf-Richartz Museum, 1985, S. 39–45.

J. Q. **van Regteren Altena:** The Drawings of Jacques de Gheyn. Bd. 1. Amsterdam 1936.

J. Q. **van Regteren Altena:** ›Carel van Mander.‹ In: Elsevir' Maandschrift XCIII. 1937, S. 153–169.

Joh. A. **Repsold:** Zur Geschichte der astronomischen Meßwerkzeuge von Purbach bis Reichenbach. 1450–1830. Leipzig 1908.

J. F. **Revel:** ›Quand les instruments scientifiques sortaient des mains des orfèvres ...‹ In: Renaissance des Arts 77. Juillet 1958, S. 54.

R. **Reynolds-Cornell:** Wittnessing an Era: Georgette de Montenay and her Emblems ou Devises Chrestienns. 1985.

R. **Reynolds-Cornell:** ›Reflets d'une époque: Les devises ou emblèmes chrestiennes de Georgette de Montenay‹. In: Bibliothèque d'Humanisme et Renaissance, XLVIII, 1986, S. 373–86.

E. K. J. **Reznicek:** ›Jan Harmensz. Muller als tekenaar‹. In: Nederlands Kunsthistorisch Jaarboek, VII, 1956, S. 65–120.

E. K. J. **Reznicek:** Die Zeichnungen von Hendrick Goltzius. I–II. Utrecht 1961.

E. K. J. **Reznicek:** ›Bartholomäus Spranger als Bildhauer.‹ In: Festschrift Ulrich Middeldorf. Berlin 1968, S. 370 ff.

H. **Robels:** Niederländische Zeichnungen vom 15. bis 19. Jahrhundert im Wallraf-Richartz-Museum Köln. Köln 1983.

F. **Rossi:** Italienische Goldschmiedekunst. München 1957 (italienische Ausgabe Mailand 1956).

G. **Rössler:** ›Ein unbekanntes Instrument von Jost Bürgi im Hessischen Landesmuseum zu Kassel.‹ In: Zeitschrift für Instrumentenkunde Bd. 52, 1932, S. 31 ff.

A. **Rotondò:** ›Bocchi, Achille‹. In: Dizionario biografico degli Italiani, Bd. XI, Rom 1969, S. 67–70.

R. **Rouček:** Kresba od Sprangera k Antonínu Manesovi‹. In: Dilo. 33. 1943–44, S. 233–245.

F. **Röver:** ›Caspar Lehmann aus Uelzen. Zur Biographie und Herkunft des ersten europäischen Glasschneiders der Neuzeit‹. In: Niederdeutsche Beiträge zur Kunstgeschichte 4. 1965, S. 251–267.

G. **Rózsa:** ›Isaak Majors ungarische Schlachtenbilder.‹ In: Acta Historiae Artium Tom. XVII. Fasc. 3–4, 1971, S. 269–280.

J. **von Sandrart:** Academie der Bau-, Bild- und Mahlerey-Künste von 1675, hrsg. von A. R. Peltzer, München 1925.

H. **Schecker:** ›Das Prager Tagebuch des Melchior Goldast von Haiminsfeld in der Bremer Staatsbibliothek.‹ In: Abhandlungen und Vorträge der Bremer wissenschaftlichen Gesellschaft V. 1931, S. 220–280.

E. **Scheicher:** Die Kunst- und Wunderkammern der Habsburger. Wien 1979.

E. **Schilling:** Die Meisterzeichnungen. Nürnberger Handzeichnungen des XV. und XVI. Jahrhunderts. Freiburg im Breisgau 1928.

U. **Schlegel:** ›Einige italienische Kleinbronzen der Renaissance‹. In: Pantheon 24. 1966, S. 388–396.

J. **von Schlosser:** Album ausgewählter Gegenstände der kunstindustriellen Sammlung des AH. Kaiserhauses. Wien 1901.

J. **von Schlosser:** Die Kunst- und Wunderkammern der Spätrenaissance. Leipzig 1908.

J. **von Schlosser:** ›Geschichte der Porträtbildnerei in Wachs.‹ In: JbKSAHK 29/1911, S. 171–258.

F. **Schmid:** The practice of painting. London 1948.

B. **Schnackenburg:** ›Beobachtungen zu einem neuen Bild von Bartholomäus Spranger.‹ In: Niederdeutsche Beiträge zur Kunstgeschichte 9. 1970, S. 143–160.

U. **Schneede:** Interieurs von Hans und Paul Vredeman de Vries, Nederlands Kunsthistorisch Jaarboek, XVIII, 1967, S. 127–166.

G. **Schönberger:** ›Narwal-Einhorn. Studien über einen seltenen Werkstoff‹. In: Städel-Jahrbuch Bd. IX. 1935/1936, S. 167–247.

L. **Schürenberg:** ›Ein Nachtrag zum Werk des Joseph Heintz‹. In: Oberrheinische Kunst. Bd. 8. 1939, S. 98–102.

G. **von Schwarzenfeld:** Rudolf II. Ein deutscher Kaiser am Vorabend des Dreißigjährigen Krieges. München [2]1979.

S. **Segal:** The Flower Pieces of Roelandt Savery, Leids Kunsthistorisch Jaarboek, I, 1982, S. 309–337.

S. **Segal:** »Roelandt Savery als Blumenmaler«, Roelant Savery in seiner Zeit. Wallraf-Richartz Museum, Köln, 1985, S. 55–64.

H. **Seling:** Die Kunst der Augsburger Goldschmiede 1529–1868. 3 Bde. München 1980.

J. **Seznec:** The survival of The Pagan Gods. New York 1961.

J. **Šip:** ›Die Paradieses-Vision in den Gemälden Roelandt Saverys‹. In: Jahrbuch der Kunsthistorischen Sammlungen in Wien. Bd. 65, 1969, S. 29–38.

J. **Šip:** Roeland Savery in Prague, Umění, XVIII, 1970, S. 276–283.

J. **Šíp:** »Savery in and around Prague«, Bulletin du Musée National de Varsovie 14/1–4, S. 69–75.

J. **Šíp** und O. J. **Blazicek:** Flämische Meister des 17. Jahrhunderts. Hanau, 1963.

O. **Škopová:** ›Přístroje Erasma Hebermela ve sbírkách NTM.‹ In: Národní technické muzeum 1908–1961–1971 k dvacátému výročí postátnění 1. Praha 1971, S. 263–287.

F. und M. **Skřivánek:** Die Familie Miseroni und die Entwicklung ihres Wappens, in: Adler. Zeitschrift für Genealogie und Heraldik, Bd. 13, Heft 3, 1983, S. 65–79.

R. **Slotta:** ›Matthäus Gundelach: Allegorie des Bergbaus‹. In: Der Anschnitt. Bd. 39. 1987. H. 4 (= Meisterwerke bergbaulicher Kunst und Kultur, Nr. 39).

E. J. **Sluijter:** ›Some observations on the choice of narrative mythological subjects in late mannerist painting in the Northern Netherlands‹. In: Netherlandish Mannerism, hrsg. von Görel Cavalli-Björkman, Stockholm 1985, S. 61–72.

B. **Spaanstra-Polak:** ›The Birth of Athena. An Emblematic Representation‹. In: Album Amicorum J. G. van Gelder, hrsg. von J. Bruyn u. a., Den Haag 1973, S. 298–305.

J. **Spicer:** »›De Koe voor d'aerde statt‹: the origins of the Dutch cattle piece«, in Essays in Northern European Art Presented to Egbert Haverkamp-Begemann. Doornspijk, S. 251–56.

J. **Spicer:** »›Rolant Savery in seiner Zeit‹, a review«, Burlington Magazine, February, S. 167–68.

J. A. **Spicer:** »The ›naer het leven‹ drawings: by Pieter Bruegel or Roelandt Savery?«, Master Drawings VIII/1, New York 1970, S. 3–30.

J. A. **Spicer** [Durham]: The Drawings of Roelandt Savery. Phil. Diss. Yale University, New Haven, Conn. 1979.

W. **Stechow:** »A Painting by Roelandt Savery«, John Herron Art Institute Bulletin XLIV/3, 1957, S. 36–51.

E. **Steingräber:** Alter Schmuck. Die Kunst des europäischen Schmuckes. München 1956.

P. **von Stetten d. J.:** Kunst-, Gewerb- und Handwerksgeschichte der Reichs-Stadt Augsburg. Bd. 2. Augsburg 1788 (Nachtrag).

E. L. **Stevenson:** Terrestrial and Celestial Globes, their History and Construction. New Haven, Conn. etc. 1921.

E. **Štikova:** Nové cítění kresby u Roelanta Saveryho v okruhu rudolfínské Prahy, in: Hollar XXXI, 1960, S. 152–161.

W. L. **Strauss:** The Complete Drawings of Albrecht Dürer. I–VI. New York 1974.

W. L. **Strauss:** Hendrick Goltzius 1550–1617. The Complete Engravings and Woodcuts. New York 1977.

R. **van Tassel:** Bezoars and the Collection of Henri van Heurck (1838–1909). Antwerpen 1970.

R. **van Tassel:** ›Bezoars‹. In: Janus. Revue internationale de l'histoire des sciences, de la médicine de la pharmacie et de la technique 60. 1973, S. 241–259.

Y. **Thiéry:** Le paysage flamand au XVIIe siècle. Paris (revised edition 1986).

Y. **Thiéry:** »Découverte de deux originaux de Roland Savery pour des gravures d'après cet artiste, par Egide de Sadeleer«, Revue belge d'archéologie et d'historie del'art XXVII/1–4, 1953, S. 69–75.

B. **Thomas:** Deutsche Plattnerkunst. München 1944.

B. **Thomas** und O. **Gamber:** ›L'arte milanese dell'armatura.‹ In: Storia di Milano. Bd. 11. Mailand 1958, S. 698–841.

B. **Thomas,** O. **Gamber** und H. **Schedelmann:** Die schönsten Waffen und Rüstungen aus europäischen und amerikanischen Sammlungen. Heidelberg – München 1963.

B. **Thomas,** O. **Gamber** und H. **Schedelmann:** Armi e Armature Europee. Mailand 1974.

F. **Thöne:** Werke des Hans Vredeman de Vries in Wolfenbüttel Pantheon, XX, 1960, S. 248–255.

F. **Thöne:** Wolfenbüttel, Geist und Glanz einer alten Residenz, München 1963.

C. **de Tolnay:** Die Zeichnungen Pieter Bruegels. Zürich 1952.

T. **Tomasi:** Il Giardino dei semplici dello Studio Pisano. Collezionismo, scienza e immagine tre cinque e seicento. Livorno e Pisa: due citta e un territorio nella politica dei Medici, Pisa 1980, S. 514–526.

L. **Tongiorgi Tomasi:** Daniel Fröschl before Prague: His Artistic Activity in Tuscany at the Medici Court. Prager Symposium 1988.

H. **Trevor-Roper:** Princes and artists. Patronage and ideology at four Habsburg courts. 1517–1633. London 1976.

E. **Trunz:** ›Pansophie und Manierismus im Kreise Kaiser Rudolfs II.‹. In: Die österreichische Literatur. Ihr Profil von den Anfängen im Mittelalter bis ins 18. Jahrhundert (1050–1750). Unter Mitw. von Fritz Peter Knapp hrsg. von Herbert Zeman. Graz 1986. S. 865–986.

J. **Typotius:** Symbola Divina et Humana Pontificum Imperatorum Regum. 3 Bde. Prag 1601–1603. Unveränderter Nachdruck Graz 1972.

S. **Urbach:** ›Ein Burgkmairbildnis von Albrecht Dürer? Problem des Budapester Bildes. Ein Versuch.‹ In: Anzeiger des Germanischen Nationalmuseums. 1985, S. 73–90.

S. **Urban:** Řezáčí drahých kamenů v Čechách v 16. a. 17. století, Acta UPM, D. Supplementa 2. Prag 1976.

E. **Urbánková:** Rukopisy a vzácné tisky pražské Universitní knihovny. Praha 1957.

E. **Urbánková** und Z. **Horský:** Tadeáš Hájek z Hájku (1525–1600) a jeho doba. Praha 1975.

J. **Vacková:** ›Epitafni obrazy v předbělohorských Čechách‹. In: Umění. Bd. 17. 1969, S. 131–156.

E. **Valentiner:** ›Hans Speckaert. Ein Beitrag zur Kenntnis der Niederländer in Rom um 1575.‹ In: Städel Jahrbuch 7–8. 1932, S. 163–171.

L. **Varga:** ›Sámboky János emblémai‹, Könyv és Könyvtár, IV, 1964, S. 193–226.

J. J. **Marquet de Vasselot:** Catalogue sommaire de l'orfèvrerie, de l'émaillerie et des gemmes du moyen âge au XVIIe siecle. Paris 1914.

J. R. **Vávra:** Das Glas und die Jahrtausende. Prag 1954.

L. **Vertova,** G. **Licinio:** I pittori Bergamaschi dal XIII al XIX secolo. II Cinquecento. 2, Bergamo 1976, S. 513–589.

Q. **Vetter:** ›O Tadeáši Hájkovi z Hájku.‹ In: Zeměměřičský věstník. č. 2, 1926, S. 110–113.

T. **Vignau Wilberg-Schuurman:** Die emblematischen Elemente im Werke Joris Hoefnagels, Leiden 1969.

T. **Vignau-Wilberg:** Die Randilluminationen und Initialen. Das Gebetbuch Kurfürst Maximilians I. von Bayern. Bayerische Staatsbibliothek München. Frankfurt a. M. – Stuttgart 1986.

C. **Vincent:** Prince Karl I of Liechtenstein's Pietre Dure Tabletop, in: Metropolitan Museum Journal 22, 1987 (erschienen 1988), S. 157–178.

K. **Vocelka:** Habsburgische Hochzeiten 1550–1600. Wien – Köln – Graz 1976.

K. **Vocelka:** ›Die Wiener Feste der frühen Neuzeit in waffenkundlicher Sicht.‹ In: Jahrbuch des Vereins für Geschichte der Stadt Wien. Band 34. Wien 1978, S. 133–148.

K. **Vocelka:** Die politische Propaganda Kaiser Rudolfs II. (1576 bis 1612). Wien 1981.

K. **Vocelka:** ›Repräsentation und Propaganda unter Rudolf II. Zu den politisch-gesellschaftlichen Aspekten kultureller Phänomene‹. In: Leids Kunsthistorisch Jaarboek I. 1982, S. 45–56.

K. **Vocelka:** Rudolf II. und seine Zeit. Wien – Köln – Graz 1985.

V. **Vokáčová:** ›Práce Paula Van Vianen Ve Sbírbách UPM V Praze (Das Werk Pauls van Vianen in den Sammlungen des Kunstgewerbemuseums in Prag)‹. In: Acta UPM VIII C. Comentationes 1. Festschrift zum 70. Geburtstag von Emanuel Poche. Prag 1973, S. 37–50.

H. **Volavková:** The Synagogue Treasures of Bohemia and Moravia. Prag 1949.

G. F. **Waagen:** Die vornehmsten Kunstdenkmäler in Wien. Wien 1866.

N. **Watteck:** ›Bergkristallverarbeitung in Salzburg‹. In: Mitteilungen der Gesellschaft für Salzburger Landeskunde. Bd. 112/113. 1972/73, S. 541–566.

I. **Weber:** Deutsche, Niederländische und Französische Renaissanceplaketten 1500–1650. Modelle für Reliefs an Kult-, Prunk- und Gebrauchsgegenständen. 2 Bde. München 1975.

W. **Wegner:** Kataloge der Staatlichen Graphischen Sammlung München, I: Die Niederländischen Handzeichnungen des 15.–18. Jahrhunderts. Text- und Tafelband. Berlin 1973.

W. **Wegner** und H. **Klein:** ›Skizzenbuchblätter von Paulus van Vianen mit einer Ansicht von Salzburg.‹ In: Mitteilungen der Gesellschaft für Salzburger Landeskunde 96. 1956, S. 207–216.

H. **Weihrauch:** Bayerisches Nationalmuseum. Katalog XIII. 5. Die Bildwerke in Bronze und anderen Metallen. München 1956.

H. **Weihrauch:** Europäische Bronzestatuetten 15.–18. Jahrhundert. Braunschweig 1967.

H. R. **Weihrauch:** ›Das Grabmalprojekt für Herzog Wilhelm V. von Bayern.‹ In: Ausstellungskat. München 1980, S. 175–184.

L. **Weinek:** ›Einiges über Tycho Brahe und dessen Wirken in Prag.‹ In: Astronomische Beobachtungen an der k. k. Sternwarte in Prag 1901–1904. Prag 1907, S. 88–99.

A. **Weixlgärtner:** ›Die weltliche Schatzkammer in Wien. Neue Funde und Forschungen II‹. In: Jahrbuch der Kunsthistorischen Sammlungen in Wien. Bd. II. 1928, S. 267–315.

A. **Weixlgärtner:** Führer durch die Geistliche Schatzkammer, Wien 1929.

A. **Welcker:** ›Naar anleiding von de aan Adriaen de Vries toegeschreven teekeningen‹. In: Oud Holland 59/1942, S. 123–127.

G. **Weyde:** ›Barockzeichnungen in Pressburg.‹ In: Mitteilungen der Gesellschaft für vervielfältigende Kunst LI. 1928, S. 26–27.

R. S. **Westman** und J. E. **McGuire:** Hermeticism and the Scientific Revolution. Papers read at a Clark Library Seminar, March 9, 1974. William Andrews Clark Memorial Library, University of California, Los Angeles 1977.

H. E. **Whetey:** The Paintings of Titian. III. London 1975.

F. **Wickhoff:** ›Die italienischen Handzeichnungen der Albertina.‹ In: Jahrbuch der kunsthistorischen Sammlungen des Allerhöchsten Kaiserhauses. 12. 1891. S. CCV–CCXIV, 13. 1892, S. CLXXV bis CCLXXXIII.

A. **Wied:** Lucas van Valckenborch, Jahrbuch der Kunsthistorischen Sammlungen in Wien, LXVII, 1971.
Wilberg siehe Vignau-Wilberg
G. **Wilhelm:** ›Die Fürsten von Liechtenstein und ihre Beziehungen zur Kunst und Wissenschaft.‹ In: Jahrbuch der Liechtensteinischen Kunstgesellschaft I. 1976, S. 13–179.
E. **Wind:** Pagan Mysteries in the Renaissance. London 1958.
Lord **Wining:** A History of the Crown Jewels of Europe. London 1960.
F. **Winkler:** Die Zeichnungen Albrecht Dürers. I–IV. Berlin 1936–1939.
Z. **Winter:** Řemeslnictvo a živnosti XVI. věku v Čechách (1526–1620). Prag 1909.
Z. **Wirth:** Prague in Pictures of Five Centuries. Prag 1954.
A. **Woltmann** und K. **Woermann:** Geschichte der Malerei. Bd. 3. Leipzig 1888.
A. **von Wurzbach:** Niederländisches Künstler-Lexikon. 3 Bde. Wien – Leipzig 1906–11.

F. **Yates:** Giordano Bruno and the hermetic tradition. New York (1969).

J. **Zezula** und R. J. **Clements:** ›La Troisiè Lyonnaise: Georgette de Montenay‹, L'Esprit Créateur, V, 1965, S. 90–101
J. **Zimmer:** Joseph Heintz der Ältere als Maler (1564–1609). Bamberg 1967. (Phil. Diss. Heidelberg 1967.)
J. **Zimmer:** Zum »Stil« in der rudolfinischen Kunst. In: Umění, Bd. 18. 1970, S. 110–127.
J. **Zimmer:** Joseph Heintz der Ältere als Maler. Weißenhorn 1971.
J. **Zimmer:** Joseph Heintz der Ältere: neue Ergebnisse zum Werk des Malers, Alte und moderne Kunst, XXIX, Nr. 163, 1979, S. 9–13.
J. **Zimmer:** Joseph Heintz und die Fugger, Alte und moderne Kunst XXX, Nr. 168, 1980, S. 17–23.
J. **Zimmer:** ›Joseph Heintz in Augsburg und Haunsheim – Überblick und neue Aspekte.‹ In: Zeitschrift des Historischen Vereins für Schwaben. Bd. 79. 1985, S. 163–165.
J. **Zimmer:** ›Giovanni Contarini – ein »rudolfinischer« Künstler?‹. In: Bemerkungen zu Kunst und Kultur am Hofe Rudolfs II. Freren 1988.
J. **Zimmer:** Joseph Heintz der Ältere. Zeichnungen und Dokumente. München, Berlin 1988.
E. **Zimmermann:** ›Herkules, Deïaneira und Nessus – Eine Bronzeskulptur des Adriaen de Vries im Bad. Landesmuseum.‹ In: Jahrbuch der staatl. Kunstslg. in Baden-Württemberg VI/1969, S. 55 ff.
E. **Zinner:** Deutsche und niederländische astronomische Instrumente des 11.–18. Jahrhunderts München 1967.
K. W. **Zülch:** Die Künstlerfamilie van Valckenborch – nach den Urkunden im Frankfurter Stadtarchiv, Oud Holland, XLIX, 1932, S. 221 ff.
W. K. **Zülch** und K. **Chytil:** ›Archivalische Beiträge zu Hans Vermeyen und Andreas Osenbruck, den Verfertigern der österreichischen Kroninsignien‹. In: Jahrbuch der Kunsthistorischen Sammlungen in Wien. N.F. Bd. 3. 1929, S. 271–274.
A. **Zwollo:** Pieter Stevens, ein vergessener Maler des Rudolfinischen Kreises; in: Jahrbuch der Kunsthistorischen Sammlungen in Wien 64 (Neue Folge XXVIII), 1968, S. 119–180.
A. **Zwollo:** Hans Bol, Pieter Stevens en Jacob Savery, enige kanttekeningen in: Oud Holland 84, 1969, S. 298–302.
A. **Zwollo:** Pieter Stevens, Neue Zuschreibungen und Zusammenhänge; in Umění 18, 1970, S. 246–259.
A. **Zwollo:** Pieter Stevens: Nieuw werk, contact met Jan Brueghel, invloed op Kerstiaen de Keuninck; in: Leids Kunsthistorische Jaarboek 1982, S. 95–118.
A. **Zwollo:** Ein Beitrag zur Niederländischen Landschaftsmalerei um 1600. Stadtansichten und antike Ruinen unter besonderer Berücksichtigung des Rudolfinischen Kreises; in: Umění 31, 1983, S. 399–412.

Die Bestandskataloge der Museen wurden, wenn von den Autoren der Katalogbeiträge zitiert, unter dem Namen des jeweiligen Bearbeiters in die Literaturliste aufgenommen.

Abbildungsnachweis

Schwarz-weiß Abbildungen

ACL, Brüssel 247
Albertina, Wien S. 77, 87, S. 302, S. 388, 177, 196, 208, 210, 213, Vergleichsabb. zu 238, Vergleichsabb. zu 239, 258, 259, 323 b, 471
Jörg P. Anders, Berlin 181, 194, 201, 207, 223, 239, 244, 253, 283, 284, 289
Aus dem Archiv der jeweiligen Autoren S. 63, S. 65 (Abb. 3), S. 65 (Abb. 4), S. 78 (Abb. 4), S. 79, S. 80 (Abb. 6), S. 80 (Abb. 7), S. 82 (Abb. 8), S. 82 (Abb. 9), S. 92 (Abb. 9), S. 92 (Abb. 10), 7, S. 130, S. 132 (Abb. 5), S. 134, 54, 57 (Detail), 76, S. 178, S. 183, S. 187, 96, 101, S. 310, S. 312, 161, 242, 281, S. 462 (Abb. 9), 340, 341, 350, 360, 369, 395, 396, 397, 399, 456 a, 456 b, 456 c, 459, 461, 462 b, 463 a, 463 b, 464, 465, 469, 475 (rechts), 481, 483, 484, 485, 486, 487, 488, 489, 490
Ashmolean Museum, Oxford 222, 278
Badisches Landesmuseum, Karlsruhe 62
Rüdiger Bartz, Neuwied 354
Bayerische Staatsgemäldesammlungen, München 132
Bayerisches Nationalmuseum, München 53, 359
Foto-Archiv Dr. Beck, Augsburg 271
Per Bergström, Stockholm S. 137, 68 (links), 72 (rechts)
Bildarchiv der österreichischen Naitonalbibliothek, Wien S. 76, S. 77, 14, 17, 18
Bildarchiv Foto Marburg, Marburg 127
Bittermann, Wien 48 (links)
A. C. Cooper, London S. 309
Deutsche Fotothek, Dresden 248
Fotografovala Soňa Divišová, Prag 9, 10, 11, 12, 13, 15, 16, 19, 20, 21, 22, 23, 24, 26, 27, 28, 29, 30, 31, 32, 33, 34, 35, 36, 37, 38, 39, 40, 41, 42, 43, 44, 45, S. 181, S. 182 (Abb. 4), 88, 90, 119, 137, 198, 209, 220 a, 220 b, 257, 263, 299, 304, 305, 306, 307, 308, 324
École Nationale Supérieure des Beaux-Arts, Paris 291
Eidgenössische Technische Hochschule, Zürich 185
Fitzwilliam Museum, University of Cambridge, Cambridge 255
Frequin-Photo, Den Haag 321, 322
Reinhard Friedrich, Berlin 491
Fotografoval Vladimír Fyman, Prag 69 (rechts), 188, 250
Gabinetto Fotografico, Florenz 94
Germanisches Nationalmuseum, Nürnberg 102, 203, 234, 262
Graphische Sammlung der Universität, Erlangen 215, 216
Graphische Sammlung, Staatsgalerie, Stuttgart 134, 266, 302
Louis Held, Weimar S. 306, 200
Prassky Hrad, Prag 455 a, 455 b, 455 c
Fotografoval Jaroslav Jeräbék 89, 140
Józsa, Budapest 78, 79
Museumsfoto B. P. Keiser, Braunschweig 74, 100, 267
Inge Kitlitschka-Strempel, Klosterneuburg S. 78 (Abb. 3), 80
Ralph Kleinhempel, Hamburg 285
Königliche Bibliothek, Stockholm 1
Koninklijk Museum voor Schone Kunsten, Antwerpen 166
Jiří Kopřiva, Prag S. 89
Kulturgeschichtliches Museum, Osnabrück 141
Kunstgeschichtliches Seminar und Kunstsammlung, Georg-August-Universität, Göttingen 179, 280
Kunstgewerbemuseum, Prag 295, 426, 427, 428, 477, 478
Kunsthistorisches Institut der Rijksuniversiteit, Prentenkabinet, Leiden 238, 265
Kunsthistorisches Museum, Wien S. 46, S. 47, S. 51, S. 64, S. 68, S. 133, 49, 50, 51, 52, 57, 58, 61, 77 (S. 170), S. 184, S. 185, 92, 95, 103, 104, 105, 107, 112, 117, 129, 135, 146, 154, 155, 156, 159, 164, 168, 171, 172, 174, 175, S. 451, S. 452, S. 462 (Abb. 10), 337, 339, 342, 344, 351, 353, 355, 356, 357, 358, 362, 363, 364, 365, 366, 367, 368, 370, 373, 374, 377, 378, 379, 380, 381, 383, 398, 400, 401, 405, 406, 407, 408, 409, 410, 411 (S. 530), 429, 430, 431, 432, 433, 442, 443, 444, 446, 448, 449, 450, 451, 452, 453, 460, 462 a, 466, 467 a, 468, 472 a, 472 b, 475 (links), 479, 480, 482, 493, 494, 495, 505
Kunstmuseum, Bern 128
Kupferstichkabinett der Öffentlichen Kunstsammlung, Basel S. 189
Landschaftsverband Rheinland, Landesbildstelle, Düsseldorf 260
Louvre, Paris S. 67, S. 132 (Abb. 4)
Collection F. Lugt, Paris S. 305, S. 310
Metropolitan Museum of Art, New York 66, S. 321, 445
Musées de la Chambre de Commerce, Lyon 394
Museum der bildenden Künste, Leipzig 254
Museum für Kunst und Kulturgeschichte der Stadt Dortmund, Schloß Cappenberg, Dortmund 122
National Galleries of Scotland, Edinburgh 197
Nationalmuseum, Stockholm 46, 55, 56, 63, 68 (rechts), 72 (links), 75, 235, 286
Národní Galerie, Prag 82, 120, 125, 126, 136, 152, 158, 176, 352
Niedersächsisches Landesmuseum, Landesgalerie, Hannover 157
Ateljé Norr, Katrineholm 97
Pfauder, Dresden 81, 131, 167, 182 b, 182 c, 182 d
Paul Prokop, Prag S. 53, S. 86 (Abb. 1), S. 86 (Abb. 2), S. 87 (Abb. 3), S. 87 (Abb.4), S. 88, S. 90, S. 91, 4, 6, 25, 69 (links), 70, 73, S. 182 (Abb. 3), 109, 178, 193, 273, 275, 296, 325, 326, 327, 328 a, 328 b, 329, 331 a, 331 b, 332, 333 a, 333 b, 334 a, 334 b, 335 a, 335 b, S. 461, 382, 393, 412, 413, 414, 416, 423, 435, 436, 437, 437 a, 438, 439, 440, 441, S. 577, 496, 497, 498, 500, 501, 502, 503, 504, 506, 507, 508
Puschkin Museum, Moskau 183
Rheinisches Bildarchiv, Köln 187, 261
Rijksmuseum-Stichting, Amsterdam 221, 285, 293, S. 453, S. 454, S. 455, S. 456 (Abb. 6), S. 456 (Abb. 7)
R.K.D., Den Haag 276
Sammlung de Boer, Amsterdam 241
Sammlungen der Prager Burg, Prag 454 a, 454 b, 454 c, 458
Schloß Skokloster, Stockholm 111, 173
J. Schulz, Berlin S. 323
Schurz, Dresden 182 a, 186, 240, 243, 256

Tom Scott, Edinburgh 251, 252
Service Photographique, Paris 372
Fotografoval Čestmír Šíla, Prag S. 128
Sindhöringer, Wien 48 (rechts), Vergleichsabb. zu 78, 99, 113, 343, 390, 403, 404, 411 (S. 529), 451
Udo F. Sitzenfrey, Wien S. 52, 47, 71, 77 (S. 169), 91, 93, 447
Skulpturensammlung, Dresden S. 135
Fotografovala Marie Šonkova, Prag 110
Staatliche Graphische Sammlung, München 206, 294
Staatliche Kunsthalle, Karlsruhe 264
Staatliche Kunstsammlungen, Kassel 199, 290
Staatliche Kunstsammlungen, Weimar 195
Staatliche Münzsammlungen, München 470, 473, 474
Städtische Kunstsammlungen, Augsburg 130
Städtisches Bodensee-Museum, Friedrichshafen 123
Statens Museum for Kunst, Kopenhagen 336
A. Szenczi Mária, Budapest 83, 84, 85, 86, 160, 184, 202, 204, 205, 212, 214, 224, 225, 226, 227, 228, 230, 231, 236, 237, 279 a, 279 b, 279 c, 279 d, 288, 297, 298, 301, 303, 309, 310, 311, 312, 313, 314, 315, 316, 317, 318, 320, 323 a, 492
Szépmüvészeti Museum, Budapest 217, 218, 229, 233, 268
Hans Thorwid, Stockholm 67
Uffizien, Florenz 189, 190, 191, 192
University College, London 211
University of Amsterdam, Kunsthistorisch Instituut, Amsterdam 232, 249, 282 a, 282 b, 287 a, 287 b
Victoria & Albert-Museum, London 59, 98
Atelier Walter Wachter, Schaan 64, 65, 153, 385, 387, 391, 392, 402, 434
Westfälisches Landesmuseum für Kunst und Kulturgeschichte, Münster 139
Württembergisches Landesmuseum, Stuttgart 361

Farbtafeln

Albertina, Wien 277
Foto Albrecht, Innsbruck S. 194, 129
Jörg P. Anders, Berlin 223, 284
Chaucer Fine Art, London 101
Erik Cornelius, Stockholm 115
Alexis Datlos, Stockholm 46, 63
Domschatz, Prag 337
Foto Erre, Locarno 169
Germanisches Nationalmuseum, Nürnberg 127
Marianne Haller, Perchtoldsdorf 49, 51, 357
Gerhard Howald, Bern 128
Kunsthistorisches Museum, Wien 8, 146, 155, 156, S. 449, S. 452, 338, 339, 340, 341, 342, 343, 344, 345, 346, 347, 348, 349, 350, 351, 353, 362, 365, 366, 371, 375, 377, 384, 388, 390, 399, 442, 443, 447, 449, 505
Melas Kyriazi, London 138
Photo Meyer, Wien 92, 116, 154
Museum der Bildenden Künste, Budapest 202, 204, 218, 233
Museum für Kunst und Kulturgeschichte, Dortmund 122
Nationalmuseum, Stockholm 56, 246, 286
Niedersächsisches Landesmuseum, Landesgalerie, Hannover 144, 145, 157
H. & a. Pfeifer, Wien 112, 113
Photobusiness, Leopoldsdorf bei Wien 93, 124, 164
Milan Posselt, Prag 89, 110, 126, 136, 140, 152, 158
Paul Prokop, Prag 3, 70, 88, 106, 108, 114, 121, 125, 137, 162, 180, 275, 415, 422, 425, 438
Sammlungen der Prager Burg, Prag 454
Sammlungen des regierenden Fürsten von Liechtenstein, Vaduz 64, 150, 386, 391, 392
Schloß Skokloster, Stockholm 111
University College, London 211
Photo Wachter, Wien 159, 174
Westfälisches Landesmuseum für Kunst und Kulturgeschichte, Münster 139
Zabert, Turin 133

Die Fotos ohne Seitenvermerk beziehen sich auf die Katalognummern.

Die nicht aufgeführten Fotografien stammen aus den Archiven der einzelnen Autoren.

Künstlerverzeichnis

Das Register bezieht sich lediglich auf den eigentlichen Katalogteil, nicht dagegen auf die Abhandlungen. Die Zahlen hinter den Schlagworten sind die Katalognummern.